全国教育科学“十一五”规划重点课题研究成果

ZHONGGUO JICHUJIAOYU XUEKENIANJIAN

中国基础教育学科年鉴

信息技术卷

XINXIJISHUJUAN

2010

北京师范大学出版集团
BEIJING NORMAL UNIVERSITY PUBLISHING GROUP
北京师范大学出版社

图书在版编目(CIP)数据

中国基础教育学科年鉴．信息技术卷．2010 / 李艺主编.—北京：北京师范大学出版社，2011.3
ISBN 978-7-303-11606-5

I. ①中… II. ①李… III. ①基础教育—中国—2010—年鉴②计算机课—教学研究—中小学 IV. ①G639.2-54②G633.672

中国版本图书馆 CIP 数据核字（2010）第 263049 号

出版发行：北京师范大学出版社 www.bnup.com.cn
北京新街口外大街 19 号
邮政编码：100875
印　　刷：江苏凤凰盐城印刷有限公司
经　　销：全国新华书店
开　　本：140 mm × 260 mm
字　　数：827 千字
印　　张：56.5
版　　次：2011 年 3 月第 1 版
印　　次：2011 年 3 月第 1 次印刷
定　　价：185.00 元

责任编辑：梁志国　　装帧设计：揽胜视觉
责任校对：张春燕　　责任印制：马鸿麟

全国教育科学“十一五”规划
重点课题

课题负责人	曹志祥　夏锦文　刘　军
专家组组长	夏锦文
专家组副组长	张连红　刘　坚　郭宁生
年鉴总主编	刘　军
核心组成员	李水平　严华银　马　复
	王晓英　钱再见　吴小晴
	仇奔波　吴　伟　陆　真
	汪　忠　韩中健　周　兵
	姚　红　李　艺　朱家雄

学科年鉴编写委员会

专家指导委员会

顾　　问　谭浩强　吴文虎

主　　任　王吉庆

委　　员　傅德荣　郭善渡　李　艺　董玉琦

苗逢春　张剑平　解月光　张义兵

段　青　李冬梅

编写委员会

学科主编　李　艺　钟柏昌

本卷主编　李　艺　钟柏昌

核心成员　钟柏昌　刘　敏　戴　玉　谢　华

本卷作者　钟柏昌　段　青　王振强　魏雄鹰

朱　唯　冯　继　高淑印　李晓平

吴　凝　时　霞　刘　敏　戴　玉

谢　华　梁志国

名师名校名刊评委会

主　　任　李　艺

委　　员　钟柏昌　段　青　王振强　魏雄鹰

吴　凝　李晓平　高淑印

总　序

21 世纪初启动的基础教育课程改革，从实验到推广，已经走过十年的历程了。十年改革，促进了先进教育理念的广泛传播，推动了教育教学实践的深刻变革，对我国基础教育的改革与发展、教育现代化水平的提高产生了重大而深远的影响。

伴随着课程改革的不断推进，我国基础教育课程资源的开发与建设工作受到了前所未有的重视，得到了前所未有的发展。十年来，经国家审查通过的基础教育教材已经覆盖义务教育 22 个学科、普通高中 16 个学科，共 330 余种，彻底改变了计划经济时代一纲一本的局面。不仅资源的数量种类空前丰富，而且质量和水平明显提升；现代信息技术推广使用，呈现方式和传输方式发生巨大变化；开发主体多元，社会参与资源开发的积极性日渐提高；国家和地方的基础教育资源中心相继成立。一大批具有中国特色、富有时代特点、体现素质教育要求的课程资源得到开发与应用，受到广大师生的喜爱，得到社会的好评，为培养青少年的创新精神和实践能力，为亿万学生的德、智、体、美全面发展，作出了重要贡献。课程资源开发、建设与应用的丰硕成果，既是课程改革成就的生动体现，也是课程改革得以健康、顺利开展的有力支撑。

当前，我国基础教育已经发展到一个新阶段。为了坚持教育的公益性和普惠性，保障人民群众享有接受良好教育的机会，最近颁布的《国家中长期教育改革和发展规划纲要（2010～2020年）》提出了努力办好每一所学校、教好每一个学生的奋斗目标。提高质量是基础教育改革发展的核心任务，促进公平是国家坚持的基本教育政策。面对基础教育改革发展的新形势、新任务，基础教育课程改革也进入总结经验、完善制度、突破难点、深入推进的新阶段。要在总结经验的基础上，清醒地分析课程改革面临的困难和问题，着力加强课程改革保障机制建设，深化基础教育课程改革。

对于与课程改革紧密相连的基础教育课程资源的开发、建设与应用，在充分肯定成绩的同时，也要客观地分析面临的困难和问题。比如，从总体上看，新开发的资源水平参差不齐，优质教育资源缺乏；资源的开发与深刻变革的教学模式不相适应，能为教学提供有效服务的资源不足；资源开发与应用缺乏规范的管理，资源分散，难以集中共享；即使是基于网络的资源，也由于缺乏协调机制，共享不充分；对于面广量大的学科资源，缺乏必要的汇总、分类、整理，更缺乏深入系统的研究，大大影响了资源的保护和综合开发应用。对这些问题，全国教育科学“十一五”规划重点课题“基础教育学科资源保护开发与应用研究”给予了关注。课题组的专家团队通过调查取样，对课程改革以来我国基础教育课程资源，主要是学科资源开发建设工作现状作了深入分析，并开展了实验研究和比较研究，总结课程改革以来我国基础教育课程资源开发与应用的成绩、经验，分析问题与不足，为我们全面把握和衡量基础教育学科资源开发与应用的状况与发展动态提供了富有价值的研究成果。尤为可贵的是课题组的专家们研究的步伐并未止于对现状的分析与总结，而是针对基础教育课程资源分散、难以为广大教师及专业工作者有效利用的突出问题，提出了编纂《中国基础教育学科年鉴》的对策性构想，并且直接参与编纂工作。这个课题从立项至今，两年有余，课题成果除了有关基础教育学科资源保护开发与应用的研究报告外，还包括语文、数学、英语、政治、历史、地理、物理、化学、生物、音乐、美术、体育与健康、信息技术、通用技术和学前教育皇皇十数卷的《中国基础教育学科年鉴》（以下简称《年鉴》），可喜可贺。

《年鉴》对我国基础教育课程改革与建设中产生的浩如烟海的资源与信息进行了分类与整理，对优秀资源和重要信息进行了汇总和推介。同时，拓宽视野，放眼世界，介绍了国外基础教育课程资源开发与应用的动态。提供的信息量大，覆盖面广，时效性强。《年鉴》对信息与资源不仅进行了汇总，同时也进行了梳理、分析、比较、鉴别。《年鉴》的编写不仅是资源收集聚合的过程，也是总结研究的过程。

《年鉴》的编纂和出版，是一项开创性的工作。《年鉴》不仅可作为从事课程资源开发的专业工作者的参考材料，而且将为教育行政管理者、教研人员和科研工作者的管理、决策和教研、科研工作提供资料和依据，对广大中小学教师从事教育和研修，也是有益的帮手。关注中国教育改革的国外同行和专家，也会把《年鉴》作为了解中国基础教育的一个重要窗口，开展交流的一个重要平台。

正因为《年鉴》的编纂是一项开创性的工作，它富有探索性，必定会留下不少需要完善和提高的空间。我想，走进这个平台，利用这个载体和工具的专业工作者和教育工作者，也一定会像关心基础教育课程资源开发和应用一样，关心《年鉴》，促进它的提高与成长。

王　湛

2010年9月30日

王湛，教育部原副部长，现任教育部总督学顾问、国家基础教育课程教材专家工作委员会主任.

总 前 言

课程改革以来，我国基础教育领域发生了巨大的变革，语文、数学、英语、政治、历史、地理、物理、化学、生物、音乐、美术、体育与健康、信息技术、通用技术和学前教育等学科在课程与教学方面都有了重大发展，涌现出一大批优秀的成果。对这些成果进行分类、整理与总结是十分必要的。为此，“基础教育学科资源保护开发与应用研究”课题应运而生，并且被列为全国教育科学“十一五”规划重点课题。

《中国基础教育学科年鉴》是该课题的重要成果之一，通过对我国基础教育学科资源进行搜集、整理、归纳，从而实现资源的综合应用、开发和保护。依据我国课程的设置，《中国基础教育学科年鉴》设置语文、数学、英语、政治、历史、地理、物理、化学、生物、音乐、美术、体育与健康、信息技术、学前教育等学科分卷，自 2008 年始，每学科每年出一卷，主要内容包括专家视野、政策文件、概况与摘要、学科动态、研究机构、学术团体、名校名师、大事记、著作及论文索引等。2008 年之前的学科资源将以回顾版的形式进行整理保护。

《中国基础教育学科年鉴》的出版弥补了我国基础教育各学科一直以来没有年鉴的缺憾，意义重大。

1. 收集基础教育学科资料，总结基础教育课程改革过程中的经验

各级教育行政部门为指导课程改革下发了系列规范性文件，各级教研部门做出了许多有创意的举措，课程专家研究出了众多的理论成果，一线教师积极探索、勇于实践，积累了宝贵的经验。科学、全面、系统地总结经验，认定和推广优秀成果，推进国家基础教育发展，是一项重大历史使命。《中国基础教育学科年鉴》对浩如烟海的各学科信息资源进行分类、整理和总结，为基础教育课程改革提供翔实的资料，为各级行政管理者及教研人员提供有效的信息，为学校之间加强交流搭建平台，促使教育工作者及时总结基础教育课程改革过程中的经验。

2. 促进基础教育学科教学的发展

基础教育课程改革要求教师成为研究型的教师。要成为一名研究型的教师，就必须做一个终身学习者。《中国基础教育学科年鉴》有利于我国基础教育教师及时了解国内各地以及国外基础教育动态，开阔视野，完善自己的知识体系，提高自身的教学和科研能力，同时也为学生自主学习提供了丰富的素材，有利于提高学生的自主学习能力。

3. **有利于推进中外教育文化交流**

胡锦涛总书记在党的十七大报告中明确提出“加强对外文化交流”“增强中华文化国际影响力”的要求。《中国基础教育学科年鉴》总结我国基础教育学科教学发展状况，同时借鉴国外基础教育学科教学经验，加强中外文化教育特别是基础教育领域的交流与合作，向世界传播中华文明。

《中国基础教育学科年鉴》的编写是一个规模宏大、涵盖我国基础教育各个学科的工程，由南京红色历程文化教育有限公司策划，得到了教育界诸多专家、学者和一线教师的热情支持，特别是得到教育部基础教育课程教材发展中心和南京师范大学、北京师范大学等高校以及各省市教育部门的支持与帮助。参加编写的人员包括教授、副教授、研究员、副研究员，中学特级教师、高级教师和一级教师数百人。北京师范大学出版集团北京师范大学出版社担负了繁重的出版工作，付出了大量人力、财力和辛勤劳动。在此，向关心和支持这项工作的单位和个人，向工作在第一线的所有同志表示衷心感谢！

《中国基础教育学科年鉴》涉及我国基础教育学科资源的搜集、整理、总结，所以书中有大量已发表论文的摘要。因涉及范围太广，故无法一一通知原作者。如有稿费问题，请作者与教育部基础教育课程教材发展中心基础教育学科资源保护开发与应用研究课题办公室[①]联系，稿费将按国家标准支付。

尽管我们已经付出了极大的努力，但疏漏和谬误在所难免，敬请专家和广大教师指正。

《中国基础教育学科年鉴》编写委员会

2010 年 12 月 14 日

① 江苏省南京市宁海路 122 号南京师范大学专家东楼一楼．联系电话：025－83200848.

前　言

受教育部基础教育课程教材发展中心和全国教育科学规划重点课题“基础教育学科资源保护开发与应用研究”课题组的委托，我们组织开展了《中国基础教育学科年鉴·信息技术卷2010》的编写工作，以对年度基础教育阶段信息技术课程的理论与实践做全局性的回顾和总结。

本册年鉴主要收录了2009年度中小学信息技术学科的历史资料。本册年鉴一共设置八个栏目，主要内容如下。

一、专家视野，对2009年度全国中小学信息技术课程的发展状况作了简要回顾，主要内容涉及教材建设、师资队伍建设、课程评价等方面。

二、政策文件，以摘要方式描述了与信息技术学科相关的主要国家政策和部分有代表性的地方政策，主要涉及地方信息技术课程标准、中考、会考、高考政策。

三、概况与摘要，主要内容遴选自2009年全国发表的与信息技术教育相关的论文摘要，按照研究主题的不同归属，共分为信息技术课程研究、信息技术教材研究、信息技术教学研究、信息技术教学评价研究、信息技术课程整合研究五大类。每一大类内容的排列，没有明确标出“小学”“初中”“高中”的学段分类，而是采用隐性分类排列，具体为：小学内容位于初中之前，初中内容位于高中之前，各学段均适用的放在最前面。

四、课程资源，教学案例集锦共收录了中国教育技术协会信息技术教育专业委员会（以下简称“专委会”）主办的2010年全国中小学信息技术课程案例大赛一等奖获奖教案；各地比较典型的小学、初中、高中试卷；专委会2009年主办的全国普通高中信息技术优质课获奖视频目录。

五、学科动态，主要涉及2009年与信息技术教育相关的会议和交流活动、重大课题介绍、教师继续教育、中国港台地区及国外信息技术教育发展动态，另外还特别收录了全国八个省份2009年度信息技术教研工作总结以飨读者。

六、中学名校、名师介绍，分优秀教研组和年度人物两部分。入选名单是在各省教研室报送材料的基础上经年鉴名师名校名刊评委会评选得出，具有一定的代表性。

七、大事记，按月份顺序排列了 2009 年部分信息技术教育相关的会议、年会、比赛等。

八、论著索引，包括著作索引和论文索引，方便读者查询检索相关代表性论著。

在此需要特别感谢年鉴专家指导委员会各位成员的支持与信任，还要感谢各位参编者的辛苦工作，感谢各地信息技术教研员的倾力配合，感谢图书编辑为篇幅如此冗长的图书付出的辛勤汗水。

本册图书的出版是 2009 年年鉴的延续，作为一个持续性的编写工作，欢迎读者提出宝贵意见（李艺：yilisd@163.com），以便完善后继年鉴的编写工作，更好地反映我国中小学信息技术学科的发展状况。

编　者

2010 年 12 月 16 日

目　录

专家视野

政策文件

概况与摘要

课程资源

学科动态

中学名校、名师

大事记

论著索引

专 家 视 野

中国信息技术课程发展概况

近些年来，全国各地都在积极开设信息技术课程，信息技术课程的外部发展环境与内在课程体系较之10年前有了显著变化：课程培养目标由计算机的操作变为“信息素养”的培养；教材编写上，呈现百家争鸣的格局；师资队伍更加壮大，专业化程度有所提高；在教学评价方面，由单纯的总结性评价发展为诊断性评价、过程性评价和总结性评价，更加注重过程性评价的实施，同时信息技术走上入高之路。本文主要回顾和分析近些年来中小学信息技术课程建设的发展状况，并总结一些宝贵经验。分析维度涉及信息技术课程的教材建设、师资队伍建设、课程评价等。

信息技术教材建设

信息技术教材是信息技术课程教学活动的重要依据。现阶段使用的教育部2000年颁布的《中小学信息技术课程指导纲要（试行）》（以下简称《纲要》）已不再适应中小学信息技术教育发展的需要。各地涌现出大量自主构建教学内容体系的中小学信息技术教材，从而出现了百花齐放、百家争鸣的格局。下面从教材内容及结构、教材使用情况、教材管理制度、教材配套资源建设等方面进行阐述。

1. **教材内容及结构**

据不完全统计，目前我国已出版了两三百种不同版本的信息技术教材。以现行小学信息技术教材为例，教材内容基本上集中在鼠标操作、键盘输入、浏览器的使用、画图软件、文字输入、论坛介绍、邮箱的使用、幻灯片的制作等方面。以现行初中信息技术教材为例，教材内容基本上包括了信息技术基础、网络与多媒体制作、电子表格与动画制作等方面。以不同版本的高中信息技术课程教材为例，教材内容基本上涵盖了信息技术概述、操作

---

① 《中小学信息技术教育》编辑部．为了更好地前行——信息技术教育发展现状综述［J］．中小学信息技术教育，2009（12）．

系统、网络基础及其应用、文字处理的基本方法、数据库初步、程序设计方法、计算机硬件结构及软件系统等方面。[①]综观各阶段的教材内容，不同地区的信息技术课程内容普遍存在着不同程度地重复设置，比如小学已学过 Word，PowerPoint 等，初中又重新学习；初中学过的知识点高中又涉及。整个课程缺乏统一的规划和有效的设置，造成教学资源的浪费；而且信息技术课的教学内容仍然重在强调操作性技能的学习，教学内容的调整速度也远远落后于信息技术发展速度。例如，目前开源操作系统、开源软件已经发展成熟，但是中小学的信息技术教材仍以传统的 Windows XP 甚至 Windows 98 为平台学习微软公司的 Office 2000 或 2003 办公操作软件。

目前，信息技术教材中的单元活动主要分为两种结构：一种是知识主导，活动穿插；一种是任务主导，知识穿插。多数教材以正文、实践活动、任务操作展开单元教学内容。各版本教材中，单元、知识点、活动、任务之间的组织关系及其侧重点各不相同，设计取向迥异。[①]

在教材编排方式上，以螺旋式编排为主。现行小学信息技术教材的螺旋式编排主要表现为：基于内容模块的螺旋上升和基于知识点的螺旋上升。例如，在人教版教材中，多个年级都有“网络应用”的内容，每次重复，学生都可以在巩固原有知识的基础上学习新知识，这可以看做是“基于内容模块的螺旋上升”；在介绍“用表格表达信息”这个知识点时，依次通过文字处理、演示文稿和网页制作等模块展现，不同模块的侧重点不同，并表现出一定的递进关系，这可以看做是“基于知识点的螺旋上升”。但是，还有个别教材中，存在一些不必要的重复，主要表现为简单操作重复过多、个别概念重复过多、综合活动步骤非常相似等。

此外，不同版本的教材还呈现了以下特点：对操作过程和方法的介绍详略不一；对课后练习题设计的分歧很大；普遍重视综合实践活动的设计；情感、态度和价值观多以渗透的方式引入。[②]

2. 教材使用情况

在教材选用上，各省市使用的教材并不完全相同，同一个省份允许使用多种版本的教材，如云南省在 2009 年秋季高中教材选用工作中，选取了浙江教育出版社、广东教育出版社和教育科学出版社出版的《高中信息技术》教材，其中浙江教育出版社出版的《高

① 郭芳，慈黎利，宗世哲．义务教育阶段信息技术教材的现状与设计［J］．中小学信息技术教育，2009(1).

② 慈黎利，郭芳，人民教育出版社信息技术编辑室．对现行小学信息技术教材内容的调查分析与启示［J］．中国信息技术教育，2008(5).

中信息技术》教材被云南省 8 个地区选用，使用人数共计 11.6 万，约占该省当季同类教材使用总人数的 55%。又如海南省使用了教育科学出版社和中国地图出版社两种版本的高中信息技术课程教材。其中，共有 14 个市县和直属学校使用教育科学出版社教材，11 个市县和直属学校使用中国地图出版社教材。具体使用情况如表 1 所示。

表 1　海南省高中信息技术课程教材使用情况表

版本	使 用 市 县
教育科学出版社	海口市，文昌市，琼海市，屯昌县，澄迈县，儋州市，三亚市，乐东县，昌江县，海钢，洋浦，海南中学，国兴中学，海师附中
中国地图出版社	万宁市，定安县，临高县，五指山市，琼中市，保亭县，陵水县，白沙县，东方市，农垦局，海南二中

在教材使用方式上，江苏省从 2008 年春季起，将信息技术教材纳入循环使用的行列。面对纸质教材的这一变化，出版立体化教材和电子教材的呼声开始在业内响起。

3. 教材管理制度

《基础教育课程改革纲要》指出：要建立教材编写的核准制度，教材编写者应根据教育部《关于中小学教材编写审定管理暂行办法》，向教育部申报，经编写资格核准通过后，方可编写。要完善教材审查制度，除经教育部授权省级教材审查委员会外，按照国家课程标准编写的教材及跨省使用的地方课程的教材须经全国中小学教材审查委员会审查；地方教材须经省级教材审查委员会审查。教材审查实行编审分离。

近年来，各地教育行政部门纷纷采取了信息技术教材评价与审查准用制度，在教材的立项、编写、推广、使用等方面都建立了管理制度。通过教材审定委员会对送审教材进行封闭式的审查，以是否通过为选用的基本条件。这种举措不但利于教材质量的提高，也使教材的开发、推广、选用，在一定程度上做到相对的公平与公正①。到 2009 年为止，我国教育部批准了五套国家级教材，主要是教育科学出版社、中国地图出版社、浙江教育出版社、广东教育出版社和上海科学教育出版社出版的信息技术教材。

4. 教材配套资源建设

当前中小学教材的配套资源建设包括相关的素材光盘、辅导练习、教学参考书、网络资源等。这些资源建设的质量水平参差不齐，很多资源建设并不能真正达到辅导教师教学和学生学习的

① 《中小学信息技术教育》编辑部．为了更好地前行——信息技术教育发展现状综述［J］．中小学信息技术教育，2009（12）．

目的。而且在资源建设的过程中也没有充分利用 Web 2.0 时代的各种新技术和新理念。

综上所述，在信息技术教材内容及结构方面，要不断调整，反映信息技术的最新发展趋势，了解信息技术的最新成果及其应用；教学内容的安排要继续遵循螺旋上升原则，充分考虑学生差异、学生认知规律和心理发展水平，便于学生学习过程中的协作交流和多样化学习方式的选取。在教材管理与选用方面，要进一步坚持和完善评价与审查准用制度，鼓励教材的多样化发展，实行优胜劣汰制度。此外，要进一步完善教材配套资源的建设。

信息技术学科师资队伍建设

教师作为新课程的实施者，成为关系到课程改革成败的关键因素之一。只有信息技术教师具备正确的教师信念、拥有丰富的专业知识和技能，才能把信息技术新课程贯彻落实。近些年来，信息技术课程师资队伍建设主要体现在以下几个方面：

1. ***教师学历和专业化程度逐渐提高***

许之民、许之安等人从 2008 年上半年开始，利用参加各种信息技术教研活动的机会，对安徽省芜湖市与广东省佛山市南海区 24 所中小学校信息技术课程开设现状进行了调查，发现信息技术教师毕业于教育技术专业的为 31 人，比例占到 30.4%，计算机专业的教师为 59 人，占 57.8%，数、理、化等相关专业毕业的教师为 10 人，占 9.8%，其他专业的为 2 人，占 2%。“主观意愿”选择做信息技术教师的为 75 人，占 73.5%；作为“谋生手段”的为 27 人，占 26.5%[①]。此外，2008 年 4 月，孙莉利用自行设计的高中《信息技术》学科教师基本情况调查表对廊坊市区及 8 个市辖县的 20 所学校中的 52 位一线学科教师进行了调查。结果表明：教师队伍的专业化程度明显提高。参与调查的 52 名教师中，来自教育技术和计算机专业的教师为 47 人；毕业于师范院校的教师有 37 人，本科及本科以上学历者更是达到了 50 人，占调查人数的 96%以上；只负责学科教学的专职教师人数也有了明显增加，为 29 人，超过了 50%。[②]。

从总体上看，高中信息技术教师队伍建设取得了一定的成绩，信息技术教师队伍结构日益趋于专业化，教师的专业自主意

① 许之民，许之安．新课改背景下信息技术教师角色的重定位［J］．现代教育技术，2009(4).

② 廊坊市高中《信息技术》学科教师现状调查与分析［J］．中国信息技术教育，2009(4).

识正在觉醒，教学专业化水平正在提高，信息技术教师对本学科的未来充满希望。这与教育主管部门和学校的重视以及广大一线教师的不懈努力是分不开的。

不过，小学阶段的教师学历和专业化程度仍然不容乐观。不少小学信息技术教师都是从其他学科改行过来的，更有少数学校安排那些比较年轻或者对计算机比较感兴趣的教师兼任信息技术教师，他们既教信息技术课，又教其他科目。还有一些学校，计算机专业毕业的教师在学校任物理、数学等中考或统考学科，而信息技术课则用于辅助他教的考试科目。①

2. **教师角色定位不明**

一些中小学虽然有了信息技术专业教师，却往往身兼数职，成为"电教保姆"。甚至有的教师的角色是领导检查时的"守门员"、电脑故障时的"维修员"、教师做课件时的"协理员"，不能像语文、数学、英语等学科教师那样集中精力潜心教学。②

许之民、许之安等人的调查显示，不管是沿海的发达地区，还是内地的欠发达地区，不管是信息技术课程开展较好的学校，还是未充分开展的学校，每位信息技术教师一般都要带 6 个班以上的信息技术课，有 6 所（25%）学校的教师甚至要带 10 个班以上的信息技术课。除此之外，部分信息技术教师还要从事如下工作：①常规电教工作，诸如学校大礼堂开会准备相关电子材料、会议摄影与摄像、校广播台音响设备维护与管理、校园网维护与管理、微机室电脑维护、多媒体教室维护、行政办公电脑维护、打印机耗材维护等；②信息学奥赛、机器人比赛、全国电脑制作活动比赛等；③各学科教师计算机维护，以及各学科专题网站或教学课件制作等；④全校信息技术培训等。③

不过，这种现象在一些实验省份有所改善。广东深圳市罗湖区出台的《中小学信息技术教师工作量计算参考意见》中，学校机房的日常维护、学校网站维护、教学资源库的建设与管理、学校办公电脑的日常维护、为学校活动拍摄录像等细碎的"杂务"都被细心地逐一折算成了课时数。④ 由于各地教育的发展情况不

① 胡运震．中小学信息技术教育的现状及对策［J］．中国教育信息化，2009(22).

② 同上．

③ 许之民，许之安．新课改背景下信息技术教师角色的重定位［J］．现代教育技术，2009(4).

④ 信息技术课程·发展才是硬道理［DB/OL］．http：//www.hengqian.com/html/2010/1－22/a1793070516.shtml.

同、对信息技术课程的重视程度不同，像这种温暖而贴心的工作量计算办法，对于我国大多数信息技术教师来说，仍然是一种奢望。

3. **教师培训有待提高**

基于新课程和新教材的培训采取“国家级研修—省级培训—教材培训—校本教研”的立体化培训模式，分别就新课程理念、教学内容、教材使用、教学方法等方面具体展开。这些活动既为课标研制者及教材编写者提供了与一线教师互动交流、释疑解惑的机会，又能促进教师更好地理解课标精神，领会教材意图并落实到教学实践中。①

例如，2009 年 8 月 16～24 日，云南省普通高中新课程信息技术学科在云南师范大学进行了必修模块的教材培训，分别举办了浙江教育出版社、广东教育出版社和教育科学出版社三场培训，来自 16 个市（州）的 733 名高中信息技术教师参加了培训。又如，山东省高中信息技术学科举办了远程研修。研修期间，先后组织了两次在线研讨，生成了大量的课程资源。在研修中，学员发表文章 3 341 篇，提交作业 25 786 篇，发表评论 265 520 条，人均发表作业 8.82 篇，评论 90.78 条，指导教师点评 40 365 条，推荐文章 2 291 篇，课程团队专家推荐文章 361 篇。被专家和指导教师推荐量列全部 15 个学科前茅，一定程度上展现了信息技术教师的风采。

然而，部分欠发达省市的教师培训情况很难让人满意。孙莉等人于 2008 年做的调查中显示，廊坊市近五年来参加教师培训和学科教研情况为：省级及以上培训的仅有 10 人，不到 20%，没有参加过培训的 13 人，超过 20%；学科培训省级及以上的仅有 1 人，不到 2%，市级学科培训也只有 15 人，不到 30%，而没有参加过任何学科培训的也达到了 15 人，接近 30%。②

尽管部分地区教师培训情况不够理想，但并未影响到全国范围内教师培训工作的热情和力度。并且一些较为偏远的地区，如云南，也在积极创造条件进行新课程培训。相信不久的将来，教师的培训工作会更加普及。

4. **有待树立正确的教师信念**

一般认为，教师专业结构主要包括教师信念、教师知识和教

① 李艺．信息技术课程十年回顾：成长的快乐［J］．中小学信息技术教育，2009(4).

② 廊坊市高中《信息技术》学科教师现状调查与分析［J］．中国信息技术教育，2009(4).

师能力。其中，教师信念作为教师专业结构中的较高层次，对其他两个方面具有统领作用。整体而言，当前信息技术教师的信念与新课程所倡导的理念具有较高的一致性，这反映出信息技术教师信念已经在向理解和接纳新课程理念的方向转变。但有些积极信念在教师教学中并没有得到很好的践行，有时甚至出现信念和行为相矛盾的情况。此外，还有一些与新课程相悖的消极信念的存在，需要进行转变与重建。

2008 年 9 月 1～30 日，李岩、解月光等人对刚进行首轮实验的某省会城市的一所省重点高中的 5 名信息技术教师进行了关于教师信念的调查研究，反映了省会重点高中信息技术教师信念的基本状况：信息技术教师拥有非常积极的、坚定的课程价值信念；对课程内容和教科书具有积极的信念，但与行为并不一致；关于课堂管理的信念比较消极；既深信《课标》中三维目标的合理性，又确信三维目标在现阶段无法全部落实；信息技术教师关于教学设计的信念几乎都是积极的；具有消极的学习评价信念；信息技术教师的专业地位认同信念非常消极；积极的学科内容知识信念和消极的学科教学法知识及教育理论信念；积极的教学反思信念和消极的外部支持信念。①

许之民、许之安等人对 24 所中小学校信息技术课程开设现状的调查中显示，72.5%的信息技术教师（74 人）表示对自己的工作缺乏足够的满意度，学校对本学科重视度不够，在工资待遇、评优等方面比不上其他学科，而信息技术教师在这种环境下只能顶着各种压力默默付出。②

总之，信息技术师资建设问题是影响信息技术课程发展的主要问题。信息技术师资建设与多方因素有关，其中信息技术教师的专业化发展问题比较突出，具体表现在信息技术教师学历水平低，不够专业化（有非计算机专业教师代课）水平；信息技术教师的教学地位不被重视，角色定位出错（工作范畴超出信息技术学科）；信息技术教师自身发展机会少（教师培训不够普及）。当前，我国各个地区已经将信息技术教师专业发展作为信息技术学科建设中的主要问题加以解决。但是，教师专业发展不是一劳永逸的事情，不是靠几次培训或几次成功的教学研究就可以完成的，而是持续开展的、伴随教师职业生涯的全过程。

① 李岩，解月光．信息技术教师专业发展中的教师信念重建 [J]．现代教育技术，2009(12).

② 许之民，许之安．新课改背景下信息技术教师角色的重定位 [J]．现代教育技术，2009(4).

信息技术课程评价

评价是教育教学活动过程的一个关键环节。课程评价改革是课程改革的重要内容，实现课程改革的必要条件之一就是建立与之相适应的评价体系和评价工作模式，新一轮的基础教育课程改革把课程评价观和课程评价方式的转变作为重要课题。下面从以下几个方面来阐述当前我国信息技术课程评价的发展现状。

1. 评价理念更新

湖北省的王问洋提出信息技术课堂教学评价的理念是“三维”教学目标的和谐性。新课程明确提出要实现三维目标：知识与技能、过程与方法、情感、态度和价值观。用三个维度的信息技术教学目标分析以前不同时期的课堂教学评价理念：知识、技能、应用，发现以前的评价均侧重于知识与技能。在课堂教学中落实“三维”教学目标是新课程的核心，是信息技术课程的总目标——提升学生信息素养的具体体现。“三维”教学目标实施的和谐性是当前信息技术课堂教学评价的新理念。

2. 当前常用的评价方法

信息技术课程评价既要关注评价结果，更要关注教与学的过程，对学生的信息意识、信息伦理修养、信息技能等进行全面评价。目前常用的几种评价方法有：

（1）“纸笔式”评价

纸笔式评价是比较传统的评价方法，但是其简单易行、公平竞争的特性让它一直在信息技术课程评价中占有一席之地。近年来，部分学者在“纸笔式”评价上有所创新，如李武学等人采用“客观题题库测评、学生填涂机读卡、光电阅读机程序统计分析结果”的形式进行“纸笔式”评价。这样，可以更清楚地了解全班学生对某一知识点的理解情况，为教师调整教学目标和改进教学方式提供依据，使教学更有效、更有针对性。①

（2）过程性评价

关注过程是评价观的一个崭新转变，它代表着未来信息技术课程评价发展的方向和趋势。过程性评价主要依据三个方面的内容，一是学生，如学生的作业、作品、考试试卷等；二是学习小组、同伴，如小组活动的记录、小结等；三是教师，如教师对学生学习情况的观察记录等。此外家长的反馈也可以作

---

① 李武学．提高信息技术教学评价实效的四种方法［J］．中小学信息技术教育，2009(10).

为过程性评价的有效补充。过程性评价强调多元评价、即时评价与延时评价相结合、定量评价与定性评价相结合、评价主体多元化。[①]

(3) 电子档案袋式评价

电子档案袋式评价，即让学生将学习期间制作的所有电子作品存放在服务器的个人文件夹中，记录学生某一阶段的成长发展状态和所取得的进步。教师在教研会上对学生的电子作品进行集体评价，尽量反映出学生的真实水平，尽量发现学生的闪光点，并以等级方式呈现评价结果。[②]一般学校从学生入学开始，就可以采用该方法记录其学习过程和评价结果。

3. 信息技术高考

目前，信息技术课程是否进入或如何进入我国现行的高考评价序列的问题，依然是课程发展的关键。

当前信息技术课程进入高考分为三种方式，其中之一是在基本能力测试中涉及有关技术的内容，如山东省高考采用3+X+1方案。另一种是信息技术学科以基础会考或学业水平考试的方式参与高考，如海南省、江苏省。这种方式可以在一定程度上，为信息技术课程的发展带来有益的影响。但是考试实施起来也存在很多问题，如海南省采用笔试方式不能完全体现学科的真正内涵，不能完全反映出学生的实际水平。江苏省目前机考自动组卷难度有差异、判分系统的限制使知识点考查存在欠缺、需要提高题库水平等。另外，在各地学业水平考试的实施过程中，学校和考生应付考试情况比较普遍，难以反映学生真正的能力水平，使得这种考试应有的评价效果大打折扣。[③]还有一种方式是以正式考试科目进入高考，如2009年浙江省推出的信息技术高考方案，见表2。其中，技术考试包括信息技术和通用技术，先实行由学生在信息技术和通用技术中自主选考一科，以后待条件成熟时过渡到两科必考，按一定比例合成总分。实行全省统考，一年提供两次考试机会，由学生自主决定参加考试的时间和次数（限定在两次以内），并从中选择一次考试成绩计入总分。成绩两年内有效。

---

① 陈冶．高中信息技术课程过程性评价的组织与实施［J］．中国科教创新导刊，2007(19).

② 李武学．提高信息技术教学评价实效的四种方法［J］．中小学信息技术教育，2009(10).

③ 胡秀琴，涂涛，黄振余．“非主流”学科赴高考（三）——敢问信息技术课程路在何方［J］．中国信息技术教育，2009(17).

表 2 浙江省 2009 年信息技术高考方案

类别	考试科目	其他评价项目
一类（重点本科）	3[语数（文/理）外]+X[综合（文/理）]+自选模块	学业水平测试 综合素质评价
二类（一般本科）	3[语数（文/理）外]+X[综合（文/理）]	
三类（专科、高职）	3[语数（文/理）外]+技术（信息技术/通用技术）	

据调查，目前信息技术课程的评价还普遍存在三个方面的问题：一是教学评价形式单一。以四川省为例，教学评价以会考为主，无法真正检验出学生掌握和应用信息技术的能力。二是评价内容不统一。各学校独立组织本校的信息技术教学评价，特别是在初中，教材不同，评价内容也五花八门。三是缺乏针对学生个性能力的评价方式。通过简单的考试，无法对学有专长的学生进行客观评价。①

综上所述，我们要完善评价机制，促进课程良性发展。如，信息技术课程的总结性评价宜采用笔试和综合任务题相结合的方式进行。由李艺教授牵头的"信息技术课程总结性评价"研究小组的研究结果表明，笔试也可以实现对知识与技能、过程与方法、情感、态度和价值观三维目标的综合测量。②此外，在课堂教学评价中要尤其注意过程性评价，采用多种评价方式，多管齐下，切实落实信息技术新课程的评价，发挥评价的实效。

总　　结

在信息技术时代加速发展的今天，随着信息技术在社会发展中的地位日益突出，信息技术教育也越来越受到人们的重视。年轻的信息技术学科也建立了自己的学科地位。致力于信息技术教育的专家学者和一线教师在不断探索信息技术学科理论和总结实践经验的过程中，会逐步将信息技术学科建设的更加完备。信息技术学科的教材体系、师资力量以及课程评价也会随着社会的重视程度增加和国家政策的推动而不断完善。

① 李武学．提高信息技术教学评价实效的四种方法［J］．中小学信息技术教育，2009(10).

② 李艺．信息技术课程总结性评价研究报告［R］．

政　策　文　件

信息技术课程标准

2009年广东省《广东省义务教育阶段信息技术课程标准》摘要

义务教育阶段的信息技术课程是以培养学生信息素养、促进学生全面与持续发展为宗旨的基础性课程，应突出体现基础性与技术性、普及性与发展性、科学性与人文性的和谐统一，并使信息技术教育面向全体学生。课程目标根据知识和技能、过程和方法、情感、态度和价值观三个维度设计，注重学生信息素养的整体提高。三个维度相互渗透，融为一体，使信息技术的学习融入日常生活、学习中，通过信息的获取、加工、管理与思想的表达，实现交流，展开合作。

课程标准在“总目标”之下，按4～6年级、7～9年级这两个学段，分别提出“阶段目标”，体现信息技术课程的整体性和阶段性。各个学段相互联系，螺旋上升，最终全面达成总目标。信息技术课程存在两条主线，一是关注学生信息文化理念的养成；二是培养和提高学生信息技术操作技能。各学段课程的任务界定如下：

4～6年级：培养学生的基本信息技术操作技能，形成对信息技术的初步认识，丰富学生对信息技术的感性经验，养成良好的信息技术使用习惯。

7～9年级：在信息技术应用中继续提高信息技术操作技能和综合应用能力，培养运用信息技术解决实际问题的方法和能力，初步养成信息文化的理念。

中　　考

天 津 市

根据《天津市2009年初中毕业生区县级学业考查指导意

见》，信息技术考查包括在线考查、电子作品评价和电子学习档案袋评价三种形式。在线考查和电子作品评价在区县教育局领导下，由区县招办和教研室负责组织实施。电子学习档案袋评价由学校在日常教学中组织实施。在线考查满分为 100 分，电子作品评价和电子学习档案袋评价满分均为 10 分。在线考查分为客观题（包括选择题和判断题）和主观题两大类，每类试题约占 50%。难度比例为 8∶2∶0。在线考查分值占总成绩的 80%，电子作品评价和电子学习档案袋评价各占总成绩的 10%。在线考查时间为 45 分钟，电子作品评价测试时间为 15 分钟，电子学习档案袋评价在日常教学中完成。下面列出《天津市 2009 年初中毕业生区县级学业考查指导意见》。

天津市 2009 年初中毕业生区县级学业考查指导意见（节选）

一、考查科目、形式及考查办法

（一）考查科目

综合实践活动（信息技术、研究性学习、劳动与技术教育）、音乐、美术。

（二）考查形式、办法、分值与时间

1. 综合实践活动

（1）信息技术考查包括在线考查、电子作品评价和电子学习档案袋评价三种形式。在线考查和电子作品评价在区县教育局领导下，由区县招办和教研室负责组织实施。电子学习档案袋评价由学校在日常教学中组织实施。在线考查满分为 100 分，电子作品评价和电子学习档案袋评价满分均为 10 分。在线考查分为客观题（包括选择题和判断题）和主观题两大类，每类试题约占 50%，难度比例为 8∶2∶0。在线考查分值占总成绩的 80%，电子作品评价和电子学习档案袋评价各占总成绩的 10%。在线考查时间为 45 分钟，电子作品测试时间为 15 分钟，电子学习档案袋在日常教学中完成。

（2）研究性学习考查采用定性评价与定量评价相结合，以定性评价为主。

（3）劳动与技术教育评价考查采用过程性评价和纸笔测试相结合的方式进行。

（三）考查日期

1. 综合实践活动

（1）信息技术在线考查、电子作品测试、上交电子学习档案袋，建议安排在七年级修业结业后的 2009 年 6 月上旬进行。

二、成绩呈现方式

考查成绩均以等级形式呈现。评价等级为合格、不合格两等。不合格者准予一次补考。

三、考查范围

（一）综合实践活动

1. 信息技术

依据《中小学信息技术课程指导纲要（试行）》，结合我市信息技术课程实施的实际情况，主要从信息获取、信息加工与表达、信息管理、信息技术与社会等方面进行考查。

（1）在线考查具体包括以下内容：

① 列举信息技术的应用实例，了解信息技术的历史和发展趋势。

② 了解计算机系统的硬件系统和软件系统，掌握信息在计算机中的表示方法，能够安全地使用计算机。

③ 掌握互联网信息搜索的主要策略与技巧，能够合法的获取网上信息。

④ 能根据任务需求，加工和处理文本、表格、图像、音频与视频等信息。

⑤ 能够选择适当的工具软件处理多媒体信息，呈现主题，表达创意。

（2）电子作品测试主要考查以下几个方面：

① 作品主题的选择。

② 作品呈现形式与作品制作工具的选择。

③ 作品素材的收集、管理与加工。

④ 作品的整体呈现。

山 东 省

在 2009 年山东省初中毕业考试与高中段学校招生考试（简称“中考”）中，信息技术主要是作为一门考核或考察科目。根据《济南市 2009 年中小学招生工作意见》，信息技术考试实行等级考核，考核分合格与不合格两个等级，允许考核不合格的考生重考一次。2009 年中考只允许信息技术等级考核合格的考生报考普通高级中学。根据《青岛市教育局 2009 年全市初中毕业与普通高中招生工作的通知》，信息技术作为会考科目实行上机操作考试，试卷分值为 100 分，考试时间为 90 分钟。根据《2009 年枣庄中考信息技术考试工作方案》，信息技术考试采取“无纸化”形式，考试时间为 60 分钟。考试成绩总分为 20 分，同时由山东省教育招生考试院按照山东省中小学信息技术等级证书考试将成绩分为 A（优秀）、B（良好）、C（及格）、D（不及格）四个等级，成绩在C级以上者由山东省中小学信息技术等级证书考试办公室颁发带有照片的等级证书。下面列出《2009 年枣庄中考信息技术考试工作方案》。

2009 年枣庄中考信息技术考试工作方案

一、考试时间

信息技术考试时间：5 月 16 日～6 月 10 日

二、考试知识范围和考试形式

考试采用“无纸化”形式，使用市电教馆统一配发的信息技术考试软件，考试知识范围不超出初中阶段现行的泰山出版社与青岛出版社的信息技术教材内容，考生在计算机上完成考试答题，系统自动评分，考试时间为 60 分钟。

三、组织方式

信息技术考试由各区（市）教育局负责实施，枣庄十五中、解放路学校由市中区教育局负责。电教馆负责考点配置及验收、考前指导、考务培训，各区（市）电教站负责施考。

四、考试过程管理与监督

各考区除成立考区领导小组和根据工作任务组成若干考试工作小组外，同时将社会监督员派往各考点，考点所在学校成立考试管理小组。考试工作小组人员组成：组长 1 人，系统管理员每机房 1 人，监考员每机房 2～3 人（40 台微机以下 2 人，41 台微机以上 3 人），社会监督员每机房 1 人，候考室监考员 1 人。考点学校管理小组人员组成：主考 1 人，副主考 1 人，本校系统管理员（兼引导员）1 人，候考室监考员 1 人，宣传、后勤、保卫等工作人员 1～2 人。监考人员原则上选聘非计算机专业人员担任，社会监督员由考试实施单位聘任。各机构工作人员要明确职责，恪尽职守。

考试组织严格实行考试工作小组负责制、后勤保障和学生安全校长负责制、考点学校人员回避制。不得聘请考生直系亲属担任系统管理员、监考员和社会监督员等参加考务工作。

五、考试成绩的确定、等级证书的颁发

信息技术考试总成绩 20 分。同时由山东省教育招生考试院按照省中小学信息技术等级证书考试成绩分为 A（优秀）、B（良好）、C（及格）、D（不及格）四个等级，C 级以上者由省中小学信息技术等级证书考试办公室颁发带有照片的等级证书。

江苏省

2009 年江苏省信息技术学科作为考查学科之一参与中考，各县市具体考试形式会有不同。根据《2009年苏州市初中毕业、升学考试方案》，信息技术作为考查项目之一，由学校组织进行在场测试。用时为60分钟，成绩分为“合格”与“不合格”两类，合格者准予初中毕业。信息技术成绩可供各类高中段学校录取时参考，录取中的参考权重由各地根据实际制定，并须报市教育局备案。根据《扬州市2009年初中毕业升学考试和高中招生方案》，信息技术作为考查项目，采取上机操作的考试形式，由县（市、区）组织考查，成绩作为综合素质评价“学习能力”的重要内容。根据2009年淮安市《市教育局关于2009年初中毕业与升学考试的实施意见》，信息技术作为中考考核科目之一，采取上机操作的考试形式，考试时间为30分钟，满分为10分。下面列出《淮安市2009年初中毕业、升学考试信息技术考试说明》。

淮安市2009年初中毕业、升学考试信息技术考试说明

一、考试目标

本次考试为初中信息技术课程的终结性水平考试，考核初中信息技术的基础知识、基本操作技能以及应用信息技术解决实际问题的能力。具体要求如下：

1. 了解信息技术基础知识。
2. 掌握Windows XP操作系统基本知识和基本操作。
3. 熟练使用Word 2000进行文字处理。
4. 了解Excel 2000的基本知识，掌握Excel 2000的基本操作。
5. 掌握获取图片的途径与方法，熟悉典型的图像处理软件，掌握其基本应用技能。
6. 了解网络基本知识，初步掌握互联网信息的查找与下载。

二、考试时间及方式

考试安排在2008年4月份，学生上机完成答题，30分钟内完成。

三、试题分值及结构

试题满分100分（按10%计入中考文化总分）。题型有单项选择题和操作题两项。单项选择题为5题，每题2分，共10分；操作题为4题：有Windows操作题（20分）、Word操作题（25分）、Excel操作题（25分）、打字题（20分），共90分。

四、考试范围

模块一：信息技术基础

（一）信息与信息技术

1. 信息与信息技术的概念

2. 信息的编码

（1）二进制概念

（2）数据编码：ASCII 码知识

（二）计算机与信息技术

1. 计算机的产生、发展和应用

2. 计算机的特点

3. 计算机安全的含义及常见的安全措施

4. 计算机病毒的概念、特点及预防措施

5. 知识产权及其保护

6. 使用计算机的道德规范

（三）计算机的组成及原理

1. 计算机系统的组成

（1）硬件和软件

（2）硬件的基本组成和软件分类

2. 中央处理器的组成及常见型号

3. 存储器

（1）分类及特点

（2）容量单位

4. 常见的输入、输出设备及作用

5. 计算机工作原理

模块二：操作系统基础

（一）Windows XP 的基本操作

1. 操作系统的概念及常见的操作系统

2. 鼠标器和键盘的使用

3. Windows XP 的桌面组成

4. Windows XP 窗口和对话框的组成及操作

（二）我的电脑

1. 查看计算机资源

2. 管理计算机资源

（1）选定文件和文件夹

（2）创建文件和文件夹

（3）复制文件和文件夹

（4）移动文件和文件夹

（5）删除文件和文件夹

（6）文件和文件夹改名

（7）查找文件和文件夹

（8）设置文件和文件夹的属性

(9) 创建快捷方式

(10) 常见的文件格式和缩略图图标

(11) 文件的压缩与解压缩（用 WinRAR 软件）

模块三：文字处理

(一) 认识 Word 2000

1. Word 2000 的启动和退出

2. Word 2000 窗口的组成

3. 文档的创建、打开和保存

(二) 文本编辑

1. 汉字输入（每分钟输入 12 个汉字）

2. 简单文本编辑

(1) 文字的插入、删除、移动、复制、撤销、恢复等

(2) 文字的选定

(3) 文字的查找和替换

(4) 文字格式的设置，包括字体、字型、字号、字色、字符间距等

(5) 文字修饰的方法，包括加粗、倾斜、下划线等

(三) 文章的编辑与排版

1. 艺术字、文本框的插入和编辑方法

2. 表格的建立和编辑

(1) 建立表格

(2) 编辑表格：选定，插入、删除行和列，合并单元格

3. 设置段落格式

(1) 缩进（掌握首行缩进和左缩进）

(2) 行距和段间距

(3) 对齐方式

4. 设置页面

5. 设置页眉页脚

模块四：数据处理

(一) 认识 Excel 2000

1. Excel 2000 启动和退出

2. 单元格、工作表、工作簿的概念

(二) Excel 2000 的基本操作

1. 工作表基本操作：数据的输入、修改、复制、删除、移动、插入、单元格的合并等

2. 工作表的格式设置：文字、数据格式、对齐方式、边框的设置

3. 工作表数据的运算：公式、常见函数（求和、求平均数、求最大值、求最小值、求绝对值）的输入和使用、相对引用和绝对引用

4. 工作表的数据排序

模块五：图片的获取与加工

（一）图片的获取

1. 获取图片的途径与方法

2. 图片的常见类型和格式

（二）图片的处理

1. 常见的图片处理软件

2. 图片处理的基本方法（调整色彩、旋转与裁剪、格式转换等，以 ACDSee 6.0 为操作软件）

模块六：网络基础

（一）网络的概念

1. 计算机网络的含义

2. 互联网的基本服务功能

3. TCP/IP 协议

（二）互联网信息的查找与下载

1. IE 窗口的基本组成

2. 网址的一般表示格式

3. 信息的浏览

4. 信息的搜索（分类搜索与关键字搜索）

5. 信息的下载（下载文字、图片、网页、文件等）

6. 电子邮件的发送和接收

（1）电子信箱地址格式

（2）免费电子信箱的申请

（3）用免费电子信箱收发邮件

河北省

根据《河北省 2009 年初中毕业与升学考试和普通高中招生制度改革的意见》，信息技术作为专门性发展素质考查科目之一，纳入综合素质评价体系。综合素质评价结果既作为学生初中毕业成绩，也作为其进入普通高中学校的升学成绩。在作为学生初中毕业成绩依据时，应以等级制的方式呈现；在作为学生进入普通高中学校升学成绩时，既可采用等级制也可采用分数的方式呈现。信息技术满分为 10 分，得分可转化为 A、B、C、D 四个等级。根据《遵化市教育局 2009 年中考信息技术考试实施方案》，

信息技术将采取统一组织、统一考试内容、统一评分标准、统一用计算机评定成绩的方法。每场考试时间为 20 分钟，满分为 20 分，最后成绩计入中考总分。根据《石家庄市教育局关于做好 2009 年初中毕业与升学考试工作的通知》，将采取“综合素质评价+毕业考试”的办法认定初中毕业生是否具备毕业资格。信息技术将作为综合素质评价中专门性发展评价的一项，考试满分为 10 分。根据《张家口市 2009 年初中毕业与升学考试和普通高中招生制度改革的意见》，信息技术教育考试将作为专门性发展素质考查之一，纳入综合素质评价。综合素质的评价结果以等级制的方式呈现，具体分为 A、B、C、D 四级。

会　考

湖南省

根据 2009 年《湖南省普通高中信息技术学业水平考查指导纲要（送审稿）》，信息技术作为普通高中学业水平考查科目之一，由市州统一命题、统一考试、统一阅卷。采用无纸化上机闭卷方式，在规定时间分批次完成。考查内容包括必修模块“信息技术基础”和“算法和程序设计”“多媒体技术应用”“网络技术应用”和“数据库管理技术”等选修模块中的一个模块。考查成绩分成合格和不合格，对考试不合格者，可提供一次补考机会。若补考不合格，则需参加下一年度的补考。单次考查时间定为 70 分钟，满分为 100 分，其中必修模块占 60 分，选修模块占 40 分。下面列出《湖南省普通高中信息技术学业水平考查指导纲要（送审稿）》。

湖南省普通高中信息技术学业水平考查指导纲要（送审稿）（节选）

四、考查内容与要求

考查内容依据教育部颁发的《普通高中技术课程标准（实验）》（信息技术），并结合我省教学实际制定，具体说明如下：

1. 必修模块“信息技术基础”。

2. 选修模块“算法与程序设计”“多媒体技术应用”“网络技术应用”“数据管理技术”中任选一项。

3. 根据我省的教学实际情况，“人工智能”模块暂不列入考查范围。

具体考查内容以及能力层级要求如下表：

主题	内容项目	能力层级			
		识记	理解	简单应用	综合应用
信息技术基础					
第一部分信息获取	描述信息的基本特征	√			
	了解信息技术的概念	√			
	列举信息技术的应用领域	√			
	了解信息技术的发展历史与趋势	√			
	知道信息来源的多样性及实际意义		√		
	能根据问题确定信息需求和信息来源，并选择适当的方法获取信息			√	
	掌握网络信息检索的几种主要策略和技巧，能合法获取网上信息			√	
	掌握信息价值判断基本方法，学会信息的鉴别与评价			√	
第二部分信息加工与表达	根据任务需求，熟练使用文字处理、图表处理等工具软件加工信息，表达意图				√
	能够选择恰当的工具软件处理多媒体信息，呈现主题，表达创意				√
	合乎规范地使用网络等媒体发布信息、表达思想			√	
	初步掌握用计算机进行信息处理的几种基本方法，认识其工作过程与基本特征		√		
	了解编程解决问题的基本过程	√			
	通过部分智能信息处理工具软件的使用，体验其基本工作过程，了解其实际应用价值	√			
第三部分信息资源管理	了解当前常见的信息资源管理的目的和方法，描述各种方法的特点	√			
	分析常见信息资源管理方法的合理性			√	
	了解利用数据库对大批量数据进行存储、管理以及高效检索等方面的优势	√			
	了解使用数据库管理信息的基本思想	√			
第四部分信息技术与社会	知道信息技术对社会发展、科技进步以及个人生活与学习的影响，能够列举和分析信息技术改变我们生活与学习的案例			√	
	能够利用现代信息交流渠道解决学习和生活中的问题			√	
	知道与信息活动相关的法律、法规知识，认识网络使用规范和有关伦理道德的基本内涵，能够识别并抵制不良信息			√	

续表

主题	内容项目	能力层级			
		识记	理解	简单应用	综合应用
第四部分 信息技术与社会	掌握病毒防范与信息保护的基本方法			√	
	了解计算机犯罪的危害性以及信息技术可能带来的不利于身心健康的因素	√			
	掌握信息安全的有关常识		√		
算法与程序设计					
第一部分 计算机解决问题的基本过程	了解分析问题、确定算法、编程求解等计算机解决问题的基本过程	√			
	认识算法的概念、特征与作用		√		
	能用自然语言、流程图、伪代码描述简单算法。			√	
	了解程序设计语言、编辑程序、编译程序、连接程序以及开发环境等相关知识，比较编译型语言与解释型语言的优势与不足	√			
	掌握计算机程序的基本概念，了解程序设计的三种基本结构			√	
	了解计算机程序的执行过程	√			
第二部分 程序设计语言初步	能使用可视化程序开发工具设计简单界面			√	
	知道常用的数据类型、变量、常量的含义，学会定义常量、变量的数据类型			√	
	知道程序中运算符、函数、表达式的表示方式，能够转换数学表达式为程序接受的表达式			√	
	能实现顺序、选择、循环结构			√	
	理解模块化程序设计思想		√		
	掌握调试、运行程序的方法			√	
	了解面向对象程序设计语言的基本思想	√			
	熟悉对象、属性、事件、事件驱动等概念，并学会应用			√	
	初步掌握面向对象程序设计的基本方法		√		
	能够说出程序设计语言产生、发展的历史与过程，能解释其意义	√			
第三部分 算法与问题解决举例	理解解析法的基本概念及基本过程		√		
	学会使用解析法分析简单问题，设计算法，编写程序求解实际问题				√
	理解穷举法的基本概念及过程		√		
	学会使用穷举法分析简单问题，设计算法，编写程序解决实际问题				√

续表

主　题	内　容　项　目	能力层级			
		识记	理解	简单应用	综合应用
第三部分 算法与问题解决举例	理解数组的概念		√		
	学会使用数组存储批量数据的基本方法			√	
	掌握使用顺序查找、折半查找算法设计程序解决问题的方法				√
	掌握使用选择排序和插入排序算法设计程序解决问题的方法			√	
	了解递归法的基本概念及特点			√	
	能够使用递归法设计算法、编写递归函数、编写程序、求解问题				√
网络技术应用					
第一部分 互联网应用	了解互联网服务的基本类型、特点与应用领域	√			
	了解互联网服务组织的类型、提供的服务与服务特点	√			
	了解互联网信息检索工具的类型与特点	√			
	知道搜索引擎、元搜索引擎等互联网信息检索工具的产生背景、工作原理与发展趋势		√		
	掌握常用互联网信息检索工具的使用方法，能熟练使用检索工具获取所需信息			√	
	了解与人们学习、生活密切相关的互联网应用技术的基本使用方法，初步了解其基本工作思想	√			
	能够根据实际需求选择恰当的方式方法，利用互联网获取所需信息、实现信息交流				√
	理解互联网在跨时空、跨文化交流中的优势及其局限性		√		
第二部分 网络技术基础	了解计算机网络的主要功能、分类与拓扑结构	√			
	理解网络协议的基本概念		√		
	描述网络的开放系统互联协议（OSI）分层模型的基本思想；描述互联网 TCP/IP 协议的基本概念、思想与功能	√			
	列举并解释网络通信中常用的信息交换技术及其用途		√		
	了解浏览器/服务器（B/S）结构，客户机/服务器（C/S）结构的概念与特点	√			

续表

主题	内容项目	能力层级			
		识记	理解	简单应用	综合应用
第二部分网络技术基础	理解IP地址的格式与分类，知道子网和子网掩码的概念		√		
	知道域名的概念和域名解释的基本过程		√		
	知道互联网IP地址、域名的管理办法及相应的重要管理机构		√		
	了解小型局域网的构建方法与使用方法，并能通过网络实现资源共享		√		
	了解网络服务器的主要作用与基本原理；知道代理服务器的概念及其作用	√			
第三部分网站设计与评价	知道WWW、网页、主页、网站的基本概念及其相互关系		√		
	理解动态网页的概念，能解释其工作过程		√		
	能使用常用网页制作软件制作与发布动态网页			√	
	学会规划、设计、制作、发布与管理简单网站的基本方法				√
	掌握对常见网站的建设质量与运行状态进行评价的方法			√	
数据管理技术					
第一部分数据管理基本知识	知道数据管理技术的概念及其应用		√		
	了解数据管理技术的产生历史及发展趋势	√			
	能够使用现有数据库辅助学习，开展专题研究			√	
	掌握关系数据库中的库、表、字段、记录等概念			√	
	理解“关系”的含义及关系数据模型		√		
	了解数据库在多媒体和网络方面的应用方法和应用价值	√			
第二部分数据库的建立、使用与维护	初步掌握数据收集、数据分类、建立关系数据库模型的基本方法		√		
	学会使用实体—关系图描述关系数据模型			√	
	熟悉一种关系数据库管理系统软件，掌握建立数据库结构、添加数据、编辑数据库的常用方法				√
	掌握常用的数据筛选、排序及统计的方法			√	
	掌握数据检索和报表输出的基本方法			√	

续表

主　题	内　容　项　目	能力层级			
		识记	理解	简单应用	综合应用
第二部分 数据库的建立、使用与维护	掌握数据库链接、数据导入与导出的基本方法			√	
	了解结构化查询语言 SQL 的基本概念	√			
	掌握 SQL 的数据查询语句（SELECT）的基本使用方法			√	
	掌握 SQL 的基本数据操作语句（INSERT、DELETE、UPDATE）的使用方法			√	
第三部分 数据库应用系统	理解层次和网状数据模型的基本概念		√		
	理解数据库、数据库管理系统、数据库应用系统的概念，描述它们之间的区别和联系		√		
	描述数据库应用系统在信息资源管理中的作用	√			
	了解数据库应用系统的开发流程	√			
	初步掌握设计和实现简单数据库应用系统的基本方法		√		
	理解关系数据规范化的思想与意义，知道其价值与作用		√		
多媒体技术应用					
第一部分 多媒体技术与社会生活	了解多媒体技术现状与发展趋势	√			
	知道多媒体技术对学习、工作和生活的影响		√		
	能通过案例分析，了解多媒体技术在数字化信息环境中的普遍性	√			
	了解多媒体作品的集成性、交互性等特征	√			
	认识多媒体技术在呈现信息、交流、表达思想的生动性和有效性	√			
第二部分 多媒体信息采集与加工	了解常见的多媒体信息如声音、图形、图像、动画、视频等的类型、格式及其存储、呈现和传递的基本特征	√			
	掌握选择合适工具采集声音、图形、图像、动画、视频等信息的方法				√
	理解多媒体信息采集的基本工作思想		√		
	能根据信息呈现需求，使用适当的工具对声音、图形、图像、动画、视频等信息进行适当的处理				√

续表

<table>
<tr><td rowspan="2">主 题</td><td rowspan="2">内 容 项 目</td><td colspan="4">能力层级</td></tr>
<tr><td>识记</td><td>理解</td><td>简单应用</td><td>综合应用</td></tr>
<tr><td rowspan="5">第三部分多媒体信息表达与交流</td><td>能根据给定的案例，从问题实际出发，规划、设计多媒体作品</td><td></td><td></td><td>√</td><td></td></tr>
<tr><td>掌握采用非线性方式组织多媒体信息的方法</td><td></td><td></td><td>√</td><td></td></tr>
<tr><td>能根据表达、创作的需要，使用适当的多媒体编辑或集成工具制作多媒体作品</td><td></td><td></td><td></td><td>√</td></tr>
<tr><td>能对他人的多媒体作品作出恰当的评价</td><td></td><td>√</td><td></td><td></td></tr>
<tr><td>能使用一种常见的工具制作简单的虚拟现实作品，并能描述其基本特点</td><td></td><td>√</td><td></td><td></td></tr>
</table>

说明：对考查内容可能涉及的相关软件类型、软件版本，各市、州可根据所用教材和实际教学条件自行规定

五、考查方式、时量与分值

综合考查由各市、州统一命题、统一考试、统一阅卷，采用无纸化上机闭卷方式，在规定的时间分批次完成。成绩记合格和不合格，对考试成绩不合格者，可提供一次补考机会。若补考不及格，则需参加下一年度的补考。

单次考查时间定为70分钟，分值满分为100分，其中必修模块占60分，选修模块占40分。

四 川 省

根据《四川省教育厅关于做好2009年普通高中信息技术学科毕业会考工作的通知》，信息技术实行上机操作考试的形式，机考有“有盘工作站方式”（以下简称有盘机考）、“无盘工作站方式”（以下简称无盘机考）以及“网上操作考试”（以下简称网考）等三种形式，各学校视条件选择相应的机考形式。地震灾区暂无条件实行机考的极少数学校，由市、州教育局报经四川省教育厅同意后，参加全省统一命制试卷的笔试。下面列出《四川省教育厅关于做好2009年普通高中信息技术学科毕业会考工作的通知》。

四川省教育厅关于做好2009年普通高中信息技术学科毕业会考工作的通知

各市、州教育局：

现将我省2009年普通高中信息技术学科毕业会考有关事项通知如下，请遵照执行。

一、考试内容和标准

考试内容为教育部《中小学信息技术课程指导纲要（试行）》（教基［2000］35 号）规定的全部基本模块的内容和四川省高中信息技术毕业会考考试标准。

二、参考对象

全省所有普通高（完）中应届高中一年级学生。

三、考试办法

本学科会考主要实行上机实际操作考试（以下简称机考）。全省所有普通高（完）中学校原则上都必须参加机考。

机考分有盘工作站方式（以下简称有盘机考）、无盘工作站方式（以下简称无盘机考）以及网上操作考试（以下简称网考）。机考软、硬件基本配置要求为：服务器以 Windows NT4.0 以上（含 Windows NT4.0）为网络操作系统；工作站硬件配置不低于奔腾 133、内存 16 MB，操作系统不低于 Windows 95。省级示范高中以上和有盘网络教室两间以上（包含两间）的普通高（完）中必须参加有盘机考（参加网考的学校除外）。

在泸州市、南充市等部分学校进行网上考试，其他市（州）在去年基础上根据实际情况和模拟测试增加参加网考高（完）中学校。

地震灾区暂无条件实行机考的极少数学校，由市、州教育局报经我厅同意后，参加全省统一命制试卷的笔试。

四、会考登记

参考的学校按我省高中毕业会考有关规定进行登记，登记日为 2009 年 4 月 1～5 日。各市、州教育局须于 2009 年 4 月 20 日前以电子邮件（考前数据统计表下载网址：http：//www.scjyzb.net，考前数据报送的邮箱地址：huikao @scjcjy.net）和书面两种方式报送我厅技装处。

五、考试日期和时间

考试日期和时间按照《四川省教育厅关于调整我省高中毕业会考科目和时间的通知》（川教基［2002］44 号）、《四川省教育厅关于调整高中毕业会考部分科目考试时间的通知》（川教函［2008］474 号）执行。

机考和网考时间从 2009 年 6 月 27 日上午 9：00 开始，最迟必须于 2009 年 7 月 1 日结束。补考时间为 2009 年 9 月 18 日一天。

机考和网考每场考试时间均为 60 分钟。笔试时间为 90 分钟。

六、考场设置

机考、网考的考场设在本校网络教室，每个考室要实行单人、单桌、单机。每考室设两名监考人员、一名机考服务器管理人员。笔试考场设置由参加笔试学校所在市、州教育行政部门确定。各级教育行政部门要按规定派员巡视考场。

七、评卷、成绩统计及管理

评卷工作由市、州教育局根据省教育厅制定的考试评分标准、评卷办法和评分软件统一组织进行。

学生成绩均按百分制计算，并使用等级分。等级划分为优（80分以上）、良（70～80分）、及格（60～70分）、不及格（60分以下）。各市、州教育局要按高中毕业会考有关成绩管理要求汇总学生考试成绩，并按规定与高中毕业会考其他科目一并上报、考核。

八、会考经费

按照省物价局《关于调整计算机学科统考收费标准的通知》（川价函［1999］第97号）规定，信息技术会考科目按每生6元收取考务费。会考经费的收取和上缴按照原规定执行。

九、会考组织及分工

各级教育行政部门要加强领导，实行分级分工负责，统一组织实施，保障考试顺利进行。省上负责高中信息技术科目会考的命题、制卷、机考软件制作、培训会考骨干管理人员、全省机考成绩分析等工作；市、州负责机考环境检查和机考软件安装的指导、评卷和报送数据、确定县（市、区）和学校的职责等工作。各地的会考工作要在市、州教育行政部门的统一领导下组织实施，由基教科（处）负总责，技装、教研部门分工协作。各部门的具体职责分工由各市、州自定。

十、其他

除本通知有明确规定外，普通高中信息技术科目会考的其他有关事项按《四川省人民政府关于〈四川省普通高中毕业会考实施方案〉的批复》（川府函［1992］114号）规定执行。

2009年3月12日

北 京 市

根据《2009年北京市普通高中会考信息技术考试说明》，信息技术会考建议采用书面笔答、上机操作的方式。书面笔答以知识性内容为主，上机操作以作品制作为主。书面笔答试卷可包括填空题、选择题、简答题等题型，答题时间建议为90分钟。学生平时学习成绩可按适当比例计入会考分数。书面笔答、上机考试及平时成绩分数及各种题型所占比例由各区县确定。学业成绩分为优秀、良好、合格、不合格四个等级，不能达到及格等级标准要求的为不合格。成绩达到合格以上等级，考生方可获得《北京市高中会考合格证》，它是考生取得《北京市普通高中毕业证》的重要依据。信息技术学科会考成绩将记入高中学生综合素质评价手册，为高等院校招生提供重要基础性信息。下面列出《2009年北京市普通高中会考信息技术考试说明》。

2009 年北京市普通高中会考信息技术考试说明（节选）

一、会考的性质与功能

北京市普通高中信息技术会考，是考查考生信息技术学科学习是否达到国家要求的高中毕业合格标准的水平考试，也是检查和评价高中信息技术学科教学质量的手段之一。

北京市普通高中信息技术会考的对象主要是具有北京市普通高中学籍的高中学生。信息技术学科高中会考成绩达到合格以上等级，考生方可获得《北京市高中会考合格证》，《北京市高中会考合格证》是考生取得《北京市普通高中毕业证》的重要依据。信息技术学科会考成绩将记入高中学生综合素质评价手册，为高等院校招生提供重要基础性信息。

二、会考范围

高中信息技术会考的内容为与信息技术学科规定学分相对应的模块教学内容，即信息技术基础模块和学生所学习过的一个选修模块的内容。

三、会考基本要求

高中信息技术会考对考试内容掌握程度的要求，从知识、技能、情感三个方面由低到高划分为 A、B、C 三个层次。前一个层次是后一个层次的基础，较高层次包括较低层次的要求。具体含义如下表。

	层次	各层次要求	内容描述中使用的行为动词
知识	A 了解	再认或回忆事实性知识；识别、辨认事实或证据；列举属于某一概念的例子；描述对象的基本特征等	知道、描述、列举、识别、认识
	B 理解	把握事物之间的内在逻辑联系；在新旧知识之间建立联系；进行解释、推断、区分、扩展；提供证据；收集、整理信息等	理解、解释、比较
	C 应用	归纳、总结规律和原理；将学到的概念、原理和方法应用到新的问题情境中；建立不同情境之间的合理联系等	掌握、分析、评价、发现、归纳

续表

层次	各层次要求	内容描述中使用的行为动词	
技能	A 模仿操作	在原型示范和他人指导下完成操作	尝试、模仿
	B 独立操作	独立完成操作；在评价和鉴别的基础上调整与改进；与已有技能建立联系等	获取、加工、管理、表达、发布、交流、制作、选择、画出，转化、创建
	C 熟练操作	根据需要评价、选择并熟练操作技术和工具	熟练使用、熟练操作、有效使用、合乎规范地使用、创作
情感	A 经历感受	从事并经历一项活动的全过程，获得感性认识	亲历、体验、感受、交流、观察、考察、参观
	B 反应认同	在经历基础上获得并表达感受、态度和价值判断；作出相应的反应等	关注、借鉴、欣赏、遵守、抵制
	C 领悟内化	建立稳定的态度、一贯的行为习惯和个性化的价值观等	形成、养成、确立、树立、构建、增强、提升、保持

四、会考内容标准

信息技术学科必修模块——信息技术基础

单元	会考内容	层次要求		
		知识	技能	情感
信息获取	信息的基本概念和基本特征	B		
	信息来源的多样性	A		
	网上信息检索的几种主要策略与技巧	A	A	
	信息技术的应用实例	A		
	根据问题分析信息需求和信息来源，并选择适当的方法获取信息		C	
	合法地获取信息	A	B	
信息加工与表达	计算机的功能和特征	A		
	信息加工和表达方法的多样性	A		
	综合运用文字、表格处理软件加工与表达信息		C	
	选择恰当的工具软件处理图像、声音、视频等多媒体信息		B	
	制作网页发布信息		B	
	程序设计在解决问题中的作用	A		

续表

单元	会考内容	层次要求		
		知识	技能	情感
信息资源管理	用文件管理信息		C	
	用电子表格对信息进行分类管理		B	
	用数据库应用系统进行数据管理的优势及基本思想	A		
信息技术与社会	信息活动相关的法律、法规	C		C
	区分不良信息，健康使用信息技术的习惯			C
	网络使用的规范、伦理道德	A		
	养成自觉遵守网络道德规范的良好习惯			C
	计算机病毒，计算机犯罪		B	C
	病毒防范、信息保护的基本方法，网络交流中的安全意识，安全的信息活动习惯			C

信息技术学科选修模块 1——算法与程序设计

单元	会考内容	层次要求		
		知识	技能	情感
计算机解决问题基本过程	计算机解决问题的基本过程	A		
	算法的概念、特征	A		
	算法的自然语言、伪代码、流程图描述方法	A		
	计算机程序	A		
	程序设计语言、编辑程序、编译程序、连接程序以及程序开发环境等基本知识	A		
	程序的三种基本结构	A		
程序设计语言初步	机器语言、汇编语言、高级语言的特点	A		
	算术运算符、关系运算符、逻辑运算符	B	B	
	常用函数		B	
	表达式		B	
	顺序、选择、循环结构程序		B	
	结构化程序设计思想，设计方法	A		A
	面向对象的程序设计思想，设计方法	A		A
	设计程序解决简单实际问题	C	B	A
	调试、运行程序		B	
算法与问题解决例举	解析法	B	A	
	穷举法	B	B	
	数组	B	B	
	用选择法对数据进行排序	A	B	

信息技术学科选修模块 2——多媒体技术应用

单元	会考内容	层次要求		
		知识	技能	情感
多媒体与社会生活	多媒体技术的产生与发展	A		
	多媒体技术的应用领域	A		
	多媒体呈现信息、交流思想的直观性、生动性和有效性	B		A
	多媒体作品的集成性、交互性等特征	A		A
多媒体信息采集与加工	音频、图形、图像、动画、视频的常用类型、格式	A		
	音频、图形、图像、视频数字化的基本原理	A		
	流媒体的特性与应用领域	A		
	多媒体信息存储、呈现和传递的基本原理与特征	A		
	音频、图形、图像、视频、动画等信息采集的常用工具	A		
	选择适当的工具，分别对音频、图形、图像、视频、动画信息进行采集		B	
	针对任务需求分析并选择适当的多媒体工具和方法	C		
	音频、图形、图像、动画、视频等多媒体信息的编辑加工		B	
多媒体信息表达	根据需要选择适当工具创作多媒体作品		C	
	规划、设计、制作多媒体作品的一般方法	A		
	多媒体信息的非线性组织方式	B	B	
	多媒体作品的评价	C		
	简单的虚拟现实应用		A	

信息技术学科选修模块 3——网络技术应用

单元	会考内容	层次要求		
		知识	技能	情感
互联网应用	互联网服务的基本类型、特点与应用领域	A		
	搜索引擎的工作原理	A		
	搜索引擎的使用方法		C	
	根据实际需求选择恰当的方式方法，利用互联网获取所需信息、实现信息交流		B	
网络技术基础	计算机网络的主要功能、分类与常用的拓扑结构	A		
	网络协议的基本概念	B		
	网络的开放系统互联协议（OSI）分层模型	A		
	TCP/IP 协议的基本概念及功能	A		
	网络通信中常用的信息交换技术及其用途	A		

续表

单元	会考内容	层次要求		
		知识	技能	情感
网络技术基础	浏览器/服务器（B/S）结构、客户机/服务器（C/S）结构的概念与特点	A		
	IP 地址的格式与分类	A		
	域名的作用和域名解释的基本过程	A		
	互联网 IP 地址、域名的管理办法及相应的重要管理机构	A		
	局域网的构建与使用方法；网络服务器的主要作用与基本原理	A		
	代理服务器的概念及作用	A		
网站设计与评价	WWW、网页、主页、网站的基本概念及其相互关系	B		
	动态网页的概念、工作过程	B		
	能够根据实际任务的需求，使用常用的网站制作软件规划、设计、制作与发布动态网站		B	

信息技术学科选修模块 4——数据管理技术

单元	会考内容	层次要求		
		知识	技能	情感
数据管理基本知识	数据管理的一般过程	A		
	数据管理技术对人类社会的重要性	A		
	数据管理技术在生活学习中的应用实例	A		A
	数据管理技术的产生与发展	A		
	数据库、数据库管理系统、数据库应用系统、数据库系统的概念	A		
	数据库系统的主要特性	A		
	概念模型、实体（集）、联系、实体—关系图的含义	B		
	数据规范化的基本思想	A		
	范式的概念	A		
	通过分析实际问题的需求，确定实体与联系，画出实体一关系图		B	
	层次与网状数据模型的概念	A		
	关系、关系数据模型及关系表、属性、关键字的概念	B		
	实体一关系图转化为关系数据模型		B	

续表

单元	会 考 内 容	层次要求		
		知识	技能	情感
数据库的建立、使用与维护	数据表、字段、记录等概念	B		
	根据关系模型确定数据库中各个数据表的结构以及表间关系		B	
	收集数据、整理数据的方法		B	
	创建数据库、数据表结构、表间关系等操作		C	
	插入记录、修改记录、复制记录、删除记录、更新数据等操作		C	
	修改数据表结构及表间关系的操作		C	
	选择查询、投影查询、连接查询以及交叉表查询等操作		C	
	结构化查询语言 SQL 的基本概念	A		
	SQL 语言的 INSERT、DELETE、UPDATE、SELECT 语句对数据库进行编辑与查询		C	
	数据库中数据输出的多种形式	A		
	数据输出报表		C	
	数据的导出、外部数据的导入等操作		C	
	数据安全意识			C
	计数、求和、求平均、求最大值和最小值等统计操作		B	
	进行简单的数据分析，并得出结果		A	
数据库应用系统	数据库应用系统的设计流程	A		
	设计和实现简单数据库应用系统的基本方法	A		
	利用系统提供的工具，在不编写程序的情况下设计一个简单的数据库应用系统		A	
	生活学习中常见的数据库应用系统		A	

信息技术学科选修模块5——人工智能初步

单元	会 考 内 容	层次要求		
		知识	技能	情感
知识及表达	人工智能的基本概念和基本特点	A		
	人工智能的发展和作用	A		
	人工智能技术的主要应用领域和典型应用	A		
	知识的概念、知识的分类和知识的表示方法	A		

续表

单元	会考内容	层次要求		
		知识	技能	情感
推理与专家系统	专家系统的作用与类型	A		
	专家系统的基本结构	A		
	专家系统正向、反向推理、不精确推理的基本原理	A		
	专家系统解释机制的基本概念及其在专家系统中的重要作用	A		
	专家系统外壳的概念	A		
	使用一个简易的专家系统外壳，开发简单的专家系统		B	
人工智能语言与问题求解	人工智能语言 Turbo Prolog 的基本语句	A		
	使用 Turbo Prolog 语言设计程序求解简单问题，上机调试、执行相应的程序		A	A
	用递归算法解决问题	A		
	状态空间的概念与方法	A		
	搜索的概念以及盲目搜索和启发式搜索	A		

五、会考等级标准

高中信息技术会考考生的学业成绩分为优秀、良好、合格、不合格四个等级。优秀、良好、合格的等级标准如下所示，不能达到及格等级标准要求的为不合格。

优秀等级要求：

灵活应用信息技术基本概念、原理；在生活和学习中熟练运用信息的获取、加工、管理、表达与交流的多种方法和操作技能；能够根据需要选择高效的工具和优化的方法交流思想、开展合作，能创造性地探索并解决日常生活、学习中的实际问题；具有明确的与信息化社会相适应的价值观。

良好等级要求：

掌握信息技术基本概念，正确运用常用术语；运用多种基本方法独立进行信息的获取、加工、管理、表达与交流，掌握基本操作技能；能够根据需要选择适当的工具和方法交流思想、开展合作，解决日常生活、学习中的实际问题；了解信息技术对社会的影响；明确社会成员应承担的责任，形成与信息化社会相适应的价值观。

合格等级要求：

理解信息技术常用的基本概念，了解常用术语；运用基本的方法独立进行信息的获取、加工、管理、表达与交流，具备基本的操作技能；能够利用信息技术工具解决日常生活、学习中的问题；了解信息技术对社会的影响，知道社会成员应承担的责任，初步形成与信息化社会相适应的价值观。

六、会考形式与试卷结构

高中信息技术学科会考建议采用书面笔答、上机操作的方式。书面笔答以知识性内容为主，上机操作以作品制作为主。书面笔答试卷可包括填空题、选择题、简答题等题型。考试日期建议安排在高一年级第二学期期末，答题时间建议为90分钟。学生平时学习成绩可按适当比例计入会考分数。书面笔答、上机考试及平时成绩分数及各种题型所占比例由各区县确定。

安徽省

根据《安徽省2009年普通高等学校统一招生考试工作指导方案（征求意见稿）》，普通高等学校统一招生考试模式为“3＋文科综合/理科综合＋学业水平考试＋综合素质评价”。其中学业水平测试设语文、数学、外语、人文与社会基础、科学基础和技术素养六个科目，信息技术将作为技术素养的科目之一。信息技术实行上机考试，考试时间为45分钟，分值为40分。考试成绩使用等级制，成绩按所有考生成绩分布划分为A、B、C、D四个等级。其中排名为前25%的考生为A级，前25%～60%的考生为B级，前60%～95%的考生为C级，剩下的为D级。学生每科目考一次，成绩为D等级的学生可参加补考，补考时间安排在高三年级第一学期，补考成绩分为合格、不合格两个等级。

河南省

根据2009年《河南省普通高中学业水平考试方案》，普通高中学业水平考试包括考试科目和考查科目，信息技术将作为考试科目之一，实行无纸化考试。学业水平考试成绩实行等级制，分为A（优秀）、B（良好）、C（及格）、D（不及格）四个等级。根据《2009年河南省普通高中信息技术学业水平考试说明通知》，信息技术学科学业水平考试范围划定为：必修学分规定的学习内容，即必修模块内容和其中一个选修模块内容。选修模块的考核，考生可从“选修1算法与程序设计”“选修2多媒体技术应用”“选修3网络技术应用”和“选修4数据管理技术”中任意选择一个模块进行考试。“选修5人工智能初步”模块由于受条件所限，目前暂不列入选考范围。下面列出《2009年河南省普通高中信息技术学业水平考试说明通知》。

2009 年河南省普通高中信息技术学业水平考试说明通知

为使广大师生及时、准确、全面地了解 2009 年河南省普通高中信息技术学业水平测试的考务流程、基本题型、要求以及操作环境，切实为考生做好服务工作，使考生能在我省第一次组织的学业水平考试中取得优异的成绩，应广大学校及考生的要求，河南省教研室专门组织制作了此套模拟题库练习系统，供广大参加普通高中信息技术考试的考生复习迎考使用。

一、系统简介

本系统专为河南省普通高中信息技术学业水平考试设计制作而成，主要应用于任课老师（包括监考老师）熟悉考试考务流程，检测教学效果以及考生复习迎考。本套练习系统的内容涵盖了普通高中信息技术课程必修内容和选修内容，题型结构与试题的难易系数与正式考试完全相同，考生测试环境与真实的普通高中信息技术学业水平考试环境也完全一致，在测试过程中有智能提示，能做到即测即评，能最为有效地提高考生的学业水平测试成绩。

二、系统功能

1. 考生信息模块

（1）系统提供包含 240 个考生（每个选修模块 60 个学生）的数据包供练习使用。

（2）用户可自行添加或编辑考生信息（如实现新增、修改、删除、导入照片等）。

2. 评分模块

（1）在考试练习中有智能的提示，考生既可以看到自己的成绩，还可以查看自己的卷面评析，能了解自己的答题哪些对了，哪些有错，错在哪些步骤等。

（2）同时老师也可在监考端看到学生的成绩及试卷评析，了解考生的卷面答题状况。

3. 考试流程及管理功能与正式考试完全一致，有异常情况管理、收卷管理、重考续考管理等。

4. 在组织考生练习后，可清空考生作答痕迹及成绩信息，以便组织下一批次练习。

三、考试范围及试卷结构（以考务会议发布的为准）

（一）考试范围

依据《普通高中信息技术课程标准（实验）》和《河南省普通高中学生学业水平考试方案》，我省普通高中信息技术学科学业水平考试范围划定为：必修学分规定的学习内容，即必修模块内容和其中一个选修模块内容。根据《河南省普通高中课程设置方案（试行）》结合我省实际，选修模块的考核，考生可从“选修1：算法与程序设计”“选修2：多媒体技术应用”“选修3：网络技术应用”和“选修4：数据管理技术”中任意选择一个模块进行考试。“选修5：人工智能初步”模块由于受条件所限，目前暂不列入选考范围。

（二）试卷结构

每个考生的试卷包括第一卷和第二卷两部分，总分100分，考试时间60分钟。第一卷为必修模块内容，满分60分，第二卷为考生选报的选修模块内容，满分40分，对每个考生来说第一卷和第二卷的内容都是必答内容，但第二卷的内容会因考生选报选修模块的不同而不同。

试卷格式及题型分布如下：

第一卷（信息技术基础 满分60分）

一、选择题（30分）

单项选择题15个，每小题2分，共30分。本题型每小题包括一个题干和A、B、C、D四个备选答案，其中只有一个答案是正确的。

二、判断题（10分）

判断题5个，每小题2分，共10分。本题型每小题包括一个题干，根据题干描述判断对错。

三、操作题（20分）

1. Word操作题（10分）

本题10分，要求学生根据题目要求，在Word环境下完成规定的文本信息处理操作。

2. Excel操作题（10分）

本题10分，要求学生根据题目要求，在Excel环境下完成规定的数据信息处理操作。

第二卷（1　算法与程序设计 满分40分）

一、选择题（20分）

单项选择题10个，每小题2分，共20分，本题型每小题包括一个题干和A、B、C、D四个备选答案，其中只有一个答案是正确的。

二、分析填空题（10分）

填空题2个，每题5分，共10分。本题型要求学生根据题目要求，分析完成填空。主要考查对算法的理解和程序设计的掌握。

三、操作题（10 分）

VB 程序设计题 1 个，共 10 分，主要考查 VB 环境下编程解决问题的能力。

第二卷（2　多媒体技术应用　满分 40 分）

一、选择题（20 分）

单项选择题 10 个，每小题 2 分，共 20 分，本题型每小题包括一个题干和 A、B、C、D 四个备选答案，其中只有一个答案是正确的。

二、操作题（20）

1. Photoshop 操作题（10 分）

本题 10 分，要求学生根据题目要求，利用 Photoshop 完成图像的加工和处理操作。

2. Flash 操作题（10 分）

本题 10 分，要求学生根据题目要求，利用 Flash 完成动画作品的创作操作。

第二卷（3　网络技术应用　满分 40 分）

一、选择题（20 分）

单项选择题 10 个，每小题 2 分，共 20 分，本题型每小题包括一个题干和 A、B、C、D 四个备选答案，其中只有一个答案是正确的。

二、分析填空题（10 分）

填空题 2 个，每题 5 分，共 10 分。本题型要求学生根据题目要求，分析完成填空。主要考查对网络知识的理解和掌握。

三、操作题（10 分）

Frontpage 操作题 1 个，共 10 分，主要考查利用 Frontpage 制作网页和简单网站的能力。

第二卷（4　数据管理技术　满分 40 分）

一、选择题（20 分）

单项选择题 10 个，每小题 2 分，共 20 分，本题型每小题包括一个题干和 A、B、C、D 四个备选答案，其中只有一个答案是正确的。

二、分析填空题（10 分）

填空题 2 个，每题 5 分，共 10 分。本题型要求学生根据题目要求，分析完成填空。主要考查数据库基本理论和数据表的基本操作。

三、操作题（10 分）

Access 操作题 1 个，共 10 分，主要考查利用 Accss 管理系统建立简单的数据库，通过对表的设计和操作，掌握基本的数据库应用。

江 西 省

根据2009年《江西省普通高中学业水平考试实施方案（试行)》，信息技术科目考核内容为必修模块的内容，采用上机操作的考试方式。学业水平考试成绩以等级呈现，学业水平各科卷面原始分满分为100分，根据考生得分成绩按百分比划分A（优秀)、B（良好)、C（及格)、D（不及格）四个等级。根据2009年《江西省普通高中新课程信息技术科学业水平考试大纲》，信息技术考试时间为40分钟，试卷由选择题和操作题组成。下面列出《江西省普通高中新课程信息技术科学业水平考试大纲》。

江西省普通高中新课程信息技术科学业水平考试大纲

一、命题指导思想

江西省普通高中信息技术科学业水平考试命题，以教育部制定的《普通高中技术课程标准（实验)》、省教育厅颁布的《江西省普通高中学业水平考试实施方案（试行)》和本考试大纲为依据，并结合我省普通高中教学实际情况进行命题。

全面评价学生在知识与技能、过程与方法、情感、态度和价值观三个维度上信息素养的发展状况。考虑不同地域、学校、学生之间的差异，实现考试过程与学习过程的有效链接，发挥考试对教与学的促进作用。注重对知识的理解和运用，尽量贴近时代、贴近社会、贴近学生实际。试题考试目标明确、难易适当，能够真实反映学生的学业水平。

二、考试要求

1. 基本要求

（1）知识与技能要求

根据《普通高中技术课程标准（实验)》，高中信息技术教学中的“知识与技能”要求如下：

① 理解信息及信息技术的概念与特征，了解利用信息技术获取、加工、管理、表达与交流信息的基本工作原理，了解信息技术的发展趋势。

② 能熟练地使用常用信息技术工具，初步形成自主学习信息技术的能力，能适应信息技术的发展变化。

（2）过程与方法要求

根据《普通高中技术课程标准（实验)》，高中信息技术教学中“过程与方法”的要求如下：

① 能从日常生活、学习中发现或归纳需要利用信息和信息技术解决的问题，能通过问题分析确定信息需求。

② 能根据任务的要求，确定所需信息的类型和来源，能评价信息的真实性、准确性和相关性。

③ 能选择合适的信息技术进行有效的信息采集、存储和管理。

④ 能采用适当的工具和方式呈现信息、发表观点，交流思想、开展合作。

⑤ 能熟练运用信息技术，通过有计划的、合理的信息加工进行创造性探索或解决实际问题，如辅助其他学科学习、完成信息作品等。

⑥ 能对自己和他人的信息活动过程和结果进行评价，能归纳利用信息技术解决问题的基本思想方法。

（3）情感态度与价值观要求

根据《普通高中技术课程标准（实验）》，高中信息技术教学中“情感态度与价值观”的要求如下：

① 体验信息技术蕴涵的文化内涵，激发和保持对信息技术的求知欲，形成积极主动地学习和使用信息技术、参与信息活动的态度。

② 能辩证地认识信息技术对社会发展、科技进步和日常生活学习的影响。

③ 能理解并遵守与信息活动相关的伦理道理与法律、法规，负责任地、安全地、健康地使用信息技术。

信息技术学业水平考试中，考核的学科能力以上述三维目标为主要内容，包括以下几方面：

（1）观察能力

必修模块：能正确认识有关信息技术设备（如多媒体计算机设备）的相关部件及结构特点，能正确了解常用软件操作过程中的相关信息。

选修 1A1：能认真观察并正确认识网络技术给人们的生活、学习、工作带来的巨大变化。

选修 1A2：能认真观察并正确认识数据管理技术对人类社会生活的重要影响。

选修 1B1：能认真观察并正确认识多媒体技术呈现信息、交流思想的生动性和有效性及特点。

选修 1B2：能认真观察并正确认识有关实际生活中解决问题的程序化思想，理解使用计算机解决问题的三个阶段。

（2）记忆能力

必修模块：能准确记住并再现信息技术的基本概念、基本知识，掌握信息技术的基本操作及解决实际问题的基本方法等。

选修 1A1：能准确记住并再现网络技术的基础知识、基本应用技能、网站设计制作的基本方法。

选修 1A2：能准确记住并再现数据管理技术的基本概念、基本知识，VFP 设计环境下的常用语句格式和作用，能观察并重现 VFP 界面及常用对象的属性设置等。

选修 1B1：能准确记住并再现多媒体信息采集、加工的基本概念及基本操作方法。

选修 1B2：能准确记住并再现常用算法和程序设计的基本概念、基本知识，VB 设计环境下的常用语句格式和作用，能观察并重现 VB 界面及常用对象的属性设置等。

（3）操作能力

必修模块：能运用计算机等信息技术工具进行信息的获取、加工、管理、表达与交流等。

选修 1A1：能结合实际条件，运用网络技术解决日常学习和生活中的问题，能掌握网站设计的基本技术与评价方法。

选修 1A2：能运用 VFP 设计制作简单的数据库，能利用数据库处理日常学习与生活的具体问题。

选修 1B1：能根据信息呈现需求，选择适当的工具和方法，对多媒体信息进行采集、加工、表达、交流。

选修 1B2：能运用 VB 设计环境进行类、对象的设置，以及进行简单程序设计。

（4）分析和解决问题的能力

必修模块：能运用所学的知识与方法正确、合理地解决实际问题，以及能适应信息技术不断更新与发展。

选修 1A1：能运用所学的知识与方法，根据需要正确合理地通过网络技术来解决实际问题，能根据自己的构思来设计制作网站。

选修 1A2：能运用所学的知识与方法正确、合理地利用数据管理技术来解决实际问题，并具备初步的数据库管理系统的设计能力。

选修 1B1：能运用所学的知识与方法，根据表达、交流或创作的需要，选择适当的媒体和多媒体编辑（或集成）工具完成多媒体作品，实现表达意图。

选修 1B2：能运用所学的知识与方法正确、合理地利用算法和程序设计的思想来解决实际问题，并具备初步的软件工程的设计能力。

2. 考试要求

江西省普通高中新课程学业水平考试要求划分为认知性要求、技能性要求、体验性要求，每个领域的要求又由低到高划分为三个层次，高层次的要求包含低层次的要求。

（1）认知性考试要求的水平层次——A

A1 了解水平：描述、列举、列出、了解、熟悉。

A2 理解水平：解释、比较、检索、知道、识别、理解、调查。

A3 迁移应用水平：分析、设计、制订、评价、探讨、总结、研究、选用、选择、学会、画出、适应、自学、发现、归纳、确定、判断。

（2）技能性考试要求的水平层次——B

B1 模仿水平：尝试、模仿、访问、解剖、使用、运行、演示、调试。

B2 独立操作水平：获取、加工、管理、表达、发布、交流、运用、制作、操作、搭建、安装、开发、实现。

B3 熟练操作水平：熟练操作、熟练使用、有效使用、合乎规范地使用、创作。

（3）体验性考试要求的水平层次——C

C1 经历（感受）水平：亲历、体验、感受、交流、讨论、观察、（实地）考察、参观。

C2 反应（认同）水平：关注、借鉴、欣赏。

C3 领悟（内化）水平：形成、养成、确立、树立、构建、增强、提升、保持。

三、考试范围与模块

普通高中信息技术学业水平考试的知识范围是依据《普通高中技术课程标准（实验）》中的有关规定，包括“必修：信息技术基础”“选修 1A1：网络技术应用”“选修 1A2：数据管理技术”“选修 1B1：多媒体技术应用”“选修 1B2：算法与程序设计”共五个模块，其中必修模块是全体考生必考的模块，选修 1A 和选修 1B 两类四个模块由考生选择其中之一。

2010 年普通高中信息技术学业水平考试的范围暂定为必修模块。

四、考试形式

普通高中信息技术学业水平考试采用上机考试形式，考试时间为 40 分钟，满分为 100 分。

五、试卷结构

普通高中信息技术学业水平考试的试卷结构如下：

1. 考试内容分布

必修：占60%。

选修（含1A和1B）：占40%。

2010年，必修占100%。

2. 试题类型分布

必修：选择题占20%，操作题占40%。

选修（含1A和1B）：选择题占15%，操作题占25%。

2010年全部为必修，选择题约占35%，操作题约占65%。

3. 试题难度分布

容易题：70%。

稍难题：20%。

较难题：10%。

上 海 市

根据2009年《上海市普通高中学业水平考试实施细则（试行）》，信息技术（信息科技）采用上机考试的形式，考试时间为60分钟，试卷满分为120分。考试成绩分“合格”“不合格”两类；“合格”成绩再分为A、B、C、D四个等级，A等约占20%，B等约占30%，C等约占25%；“不合格”以卷面成绩60分以下或者约占2%。

新疆维吾尔自治区、新疆生产建设兵团

根据2009年《新疆维吾尔自治区、新疆生产建设兵团高中学业水平考试实施方案》，信息技术作为学业水平考试的统考科目之一，由自治区、兵团统一制定标准，统一命题，暂由地、州、市、师组织实施，考试时间为90分钟。学业水平考试统考成绩实行等级制，学生考试成绩按A、B、C、D划分为四个等级。A为优秀，B为良好，C为及格，D为不及格。考试成绩只记载等级，不公布原始分数，成绩将作为高校招生录取的重要依据之一。

陕 西 省

根据2009年《陕西省普通高中学业水平考试实施细则（试行）》，信息技术是普通高中学业水平考试的科目之一，采取操作考试的方式，考试时间为40分钟，卷面满分为100分。操作考试按照合格、不合格两个等级评定，60分（含60分）以上为合格，

60 分以下为不合格。

云 南 省

根据 2009 年《云南省普通高中学业水平考试方案（试行）》，信息技术将作为普通高中学业水平考试的科目之一，实行网上考试的方式。考试时间为 60 分钟，试卷的满分为 100 分。考试成绩分为 A（优秀）、B（良好）、C（合格）、D（不合格）四个等级。

高　　考

浙 江 省

根据《2009 年浙江省信息技术高考考试说明》，信息技术高考的考试内容包括必修模块——信息技术基础、选修模块 1——算法与程序设计和选修模块 2——多媒体技术应用。考试采用闭卷、书面考试形式，考试时间为 90 分钟，试卷满分为 100 分，其中必修模块占 55%，选修 1 或选修 2 模块占 45%。试卷包括选择题和非选择题，其中非选择题包括填空题、判断题、连线题、简述题等题型。试卷包括容易题、中等难度题和难题，以中等难度题为主。下面列出《2009 年浙江省信息技术高考考试说明》。

2009 年浙江省信息技术高考考试说明

一、考试性质

普通高等学校招生全国统一考试（简称“高考”）是由合格的高中毕业生和具有同等学力的考生参加的选拔性考试。高等学校根据考生的成绩，按已确定的招生计划，德、智、体全面衡量，择优录取。因此，高考应有较高的信度、效度、必要的区分度和适当的难度。

二、考试要求

信息技术高考重视对考生知识、能力和信息素养的考查，注重理论联系实际，注重信息技术和社会、经济发展的联系，注重信息技术知识和技能在生产、学习、生活等方面的广泛应用，以有利于激发考生学习信息技术的兴趣，培养实事求是的态度，形成正确的价值观，促进“知识与技能”“过程与方法”“情感态度与价值观”三维课程培养目标的实现。

（一）考试目标

信息技术高考在考查知识的同时，注重考查能力，并把对能力的考核放在首要位置。通过考核知识及其操作运用来鉴别考生能力的高低，但不把某些知识与某些操作运用能力简单地对应起来。

目前，信息技术高考要考核的目标主要包括以下几个方面：

1. 知识与技能要求

① 理解信息及信息技术的概念与特征，了解利用信息技术获取、加工、管理、表达与交流信息的基本工作原理，了解信息技术的发展趋势。

② 能熟练地使用常用信息技术工具，初步形成自主学习信息技术的能力，能适应信息技术的发展变化。

2. 过程与方法要求

① 能从日常生活、学习中发现或归纳需要利用信息和信息技术解决的问题，能通过问题分析确定信息需求。

② 能根据任务的要求，确定所需信息的类型和来源，能评价信息的真实性、准确性和相关性。

③ 能选择合适的信息技术进行有效的信息采集、存储和管理。

④ 能采用适当的工具和方式呈现信息、发表观点、交流思想、开展合作。

⑤ 能熟练运用信息技术，通过有计划的、合理的信息加工进行创造性探索或解决实际问题，如辅助其他学科学习、完成信息作品等。

⑥ 能对自己和他人的信息活动过程和结果进行评价，能归纳利用信息技术解决问题的基本思想方法。

3. 情感、态度和价值观要求

① 体验信息技术蕴涵的文化内涵，激发和保持对信息技术的求知欲，形成积极主动地学习和使用信息技术、参与信息活动的态度。

② 能辩证地认识信息技术对社会发展、科技进步和日常生活学习的影响。

③ 能理解并遵守与信息活动相关的伦理道德与法律、法规，负责任地、安全地、健康地使用信息技术。

（二）考试能力要求

信息技术高考中，考核的学科能力包括以下几方面：

1. 观察能力

“信息技术基础”模块（以下简称“必修模块”）：能正确认识有关信息技术设备（如多媒体计算机设备）的相关部件及结构

特点，能正确了解常用软件操作过程中的相关信息。

“算法与程序设计”模块（以下简称“选修 1”）：能认真观察并正确认识有关实际生活中解决问题的程序化思想，理解使用计算机解决问题的三个阶段。

“多媒体技术应用”模块（以下简称“选修 2”）：能认真观察并正确认识多媒体技术呈现信息、交流思想的生动性和有效性及特点。

2. 记忆能力

必修模块：能准确记住并再现信息技术的基本概念、基本知识，掌握信息技术的基本操作及解决实际问题的基本方法等。

选修 1：能准确记住并再现算法与程序设计的基本概念和基本知识、VB 设计环境下的常用语句格式和作用，能观察并重现 VB 界面及常用对象的属性设置等。

选修 2：能准确记住并再现多媒体信息采集、加工的基本概念及基本操作方法。

3. 操作能力

必修模块：能运用计算机等信息技术工具进行信息的获取、加工、管理、表达与交流等。

选修 1：能在 VB 环境中进行简单程序设计和调试。

选修 2：能根据信息呈现需求，选择适当的工具和方法，对多媒体信息进行采集、加工、表达、交流。

4. 分析和解决问题的能力

必修模块：能运用所学的知识与方法，正确、合理地解决实际问题，能适应信息技术不断更新与发展的要求。

选修 1：能运用所学的知识与方法，正确、合理地利用算法和程序设计的思想来解决实际问题，并具备初步的软件工程的设计能力。

选修 2：能运用所学的知识与方法，根据表达、交流或创作的需要，选择适当的媒体和多媒体编辑（或集成）工具完成多媒体作品，实现表达意图。

三、考试内容

根据普通高等学校对新生文化素质的要求，依据中华人民共和国教育部颁布的《普通高中技术课程标准（实验）》（信息技术部分）以及《浙江省普通高中新课程实验信息技术学科教学指导意见》和现行的《普通高中课程标准实验教科书·信息技术基础》《普通高中课程标准实验教科书·算法与程序设计》《普通高中课程标准实验教科书·多媒体技术应用》（均为浙江教育出版社出版）中的教学要求，确定高考信息技术考试内容。

高中信息技术高考的知识范围包括“必修——信息技术基础”“选修1——算法与程序设计”和“选修2——多媒体技术应用”三个模块。其中必修模块是全体考生必考的模块，选修1和选修2两个模块由考生选择其中之一。详细内容及具体说明列在本考试说明的“知识内容表”中。

对各部分知识内容要求掌握的程度，在“知识内容表”中用数字Ⅰ、Ⅱ标出。Ⅰ、Ⅱ的含义如下：

Ⅰ. 对所列知识要知道其内容及含义，并能用自己的语言或动作进行表达、判断和直接运用。

Ⅱ. 对所列知识要理解其确切含义及与其他知识的联系，能够用所学的信息技术知识和操作方法解决实际问题，熟练应用信息技术进行信息的处理。

必修——信息技术基础

第一单元　信息与信息技术		
内容	要求	说明
1. 信息、信息的载体及信息的特征	Ⅰ	
2. 二进制、十六进制与十进制数的相互转换	Ⅱ	限于正整数
3. ASCII码和汉字编码	Ⅰ	ASCII字符编码表中，不需要记忆具体的字符和编码
4. 声音、图像和视频等的信息编码原理	Ⅱ	计算图像数字化后所占的字节数，仅限于黑白位图图像
5. 信息技术的发展和应用	Ⅰ	
6. 知识产权和信息安全	Ⅱ	
7. 网络道德规范	Ⅰ	
第二单元　信息的获取		
内容	要求	说明
1. 信息的来源与获取方法	Ⅰ	
2. 网上信息的浏览与获取：①保存网页内容；②收藏夹的使用	Ⅱ	
3. 网上资源检索	Ⅱ	元搜索引擎不作要求
4. 评价互联网信息资源的三种主要方式	Ⅰ	
第三单元　信息的表达与交流		
内容	要求	说明
1. 信息表达方式与表达技术	Ⅰ	

续表

内容	要求	说明
2. 电子邮件与电子公告板的应用：①电子邮箱的申请和电子邮件的收发；②电子邮件账号的设置；③电子公告板的基本操作	Ⅱ	
3. 网站、网页的基本概念	Ⅰ	
4. 网站的策划和构思	Ⅱ	
5. 网页制作及调试：①表格的插入及属性设置；②单元格属性设置；③文字、图片的插入并进行相应的设置；④超链接的设置；⑤网页基本属性设置；⑥网页的预览、调试与发布	Ⅱ	

选修 1——算法与程序设计

第一单元　算法		
内容	要求	说明
1. 使用计算机解决问题的一般过程	Ⅰ	
2. 算法及算法的表示方法	Ⅱ	
3. 用自然语言和流程图表示算法	Ⅱ	
4. 顺序、选择和循环三种基本结构	Ⅱ	
第二单元　VB 程序设计		
内容	要求	说明
1. 面向对象程序设计的基本思想与方法	Ⅰ	
2. 类、对象、属性、方法、事件和事件处理的概念	Ⅰ	
3. VB 应用程序的界面设计与调试	Ⅱ	
4. 事件处理代码的编制方法	Ⅱ	
5. VB 基本数据类型、常量、变量与数组	Ⅱ	
6. VB 各类表达式与标准函数	Ⅱ	
7. 常用 VB 语句	Ⅱ	
8. 顺序、选择、循环三种控制结构的程序实现	Ⅱ	
9. 过程、事件处理过程、自定义函数	Ⅱ	

续表

第三单元　算法的程序实现		
内容	要求	说明
1. 枚举算法及程序实现	Ⅱ	
2. 解析算法及程序实现	Ⅱ	
3. 排序算法及程序实现：①冒泡排序；②选择排序	Ⅱ	
4. 查找算法及程序实现：①顺序查找；②对分查找	Ⅱ	
5. 递归算法	Ⅰ	“递归算法程序实现”不作要求

选修 2——多媒体技术应用

第一单元　多媒体技术及发展		
内容	要求	说明
1. 媒体和多媒体的概念	Ⅰ	
2. 多媒体技术的概念和特征	Ⅰ	
3. 多媒体技术的应用与发展	Ⅰ	对“计算机动画所涉及的主要技术”“数字电视、数字电视流程”“虚拟现实”“数字式多媒体音箱”“头盔式显示器”“数字化地球”等概念不要求识记
4. 多媒体计算机系统的组成	Ⅰ	“VCD标准画面尺寸”“1394卡”不作识记要求
5. 各种多媒体数据文件及格式、多媒体数据压缩技术	Ⅰ	对各种数据压缩标准不要求识记
第二单元　媒体的采集与制作		
内容	要求	说明
1. 文本素材的采集与处理	Ⅱ	“表格数据转换成图形文件的操作”不作要求
2. 图形与图像、位图与矢量图的概念	Ⅰ	
3. 图片素材的采集与加工：①图层的编辑；②设置指定区域的颜色；③图像的裁切、大小调整、羽化效果、亮度对比度调整、自由变换、旋转翻转；④规定图片区域的选定、复制；⑤选择工具的使用；⑥添加文字并设置文字效果；⑦蒙板工具、吸管工具、图章工具的使用；⑧图层样式的设置、图层的混合模式及不透明度的设置；⑨常用滤镜效果的设置	Ⅱ	“从视频文件中截取图片”不作要求

续表

内容	要求	说明
4. 音频信号数字化及存储量的计算	Ⅱ	
5. 声音媒体的采集与制作：①成品声音文件的使用；②语音旁白的录制；③音乐和语音的合成；④声音文件格式的转换	Ⅱ	“声音素材的截取”不作要求
6. 计算机动画的基本概念	Ⅰ	
7. 二维动画的制作：①时间轴、层、帧、库、元件的概念；②文档属性的设置；③层与帧的基本操作；④实例属性的设置；⑤文本及应用；⑥逐帧动画、简单对象的移动和变形；⑦元件的编辑、应用与管理；⑧音频素材的应用	Ⅱ	“三维动画制作”不作要求
8. 视频素材的采集与处理	Ⅰ	
第三单元　作品的设计与合成		
内容	要求	说明
1. 多媒体作品的需求分析	Ⅰ	
2. 多媒体作品的规划和设计	Ⅰ	“脚本编写”不作要求
3. 多媒体创作工具及分类	Ⅰ	
4. 多媒体作品的合成	Ⅱ	
5. 多媒体作品的调试和递交	Ⅱ	

四、考试形式及试卷结构

信息技术高考采用闭卷、书面考试形式，考试时间为90分钟，试卷满分为100分，其中必修模块占55%，选修1或选修2模块占45%。

试卷包括选择题和非选择题，其中非选择题包括填空题、判断题、连线题、简述题等题型。

试卷包括容易题、中等难度题和难题，以中等难度题为主。

江苏省

根据《江苏省2009年普通高等学校招生工作意见》，江苏省普通高考模式为“3＋学业水平测试＋综合素质评价”，其中学业水平测试科目包括政治、历史、地理、物理、化学、生物、技术（含通用技术和信息技术）七门，普通类考生须选择选修测试（以下简称“选测”）科目两门，必修测试（以下简称“必测”）

科目五门。其中选测科目由考生在历史、物理中选择一门，在政治、地理、化学、生物中选择一门。七门学业水平测试科目中，考生选定的两门选测科目之外的五门为必测科目。必测科目各科满分为 100 分，按考生得分分为四个等级，用 A、B、C、D 表示。技术科目分为合格、不合格，不合格视为 D 级。学业水平测试说明请参阅《2008 年江苏省普通高中信息技术学业水平测试说明》。

山东省

根据《2009 年普通高校招生全国统一考试山东卷考试说明》，山省高考仍将采取“3＋X＋1”的模式，所有考试科目除英语听力外，均由山东省组织专家自行命制。“1”指基本能力测试，基本能力的考试范围涉及高中新课程的技术（含通用技术和信息技术）、艺术、体育与健康、综合实践活动、人文与社会、科学六个学习领域的必修内容及相关内容。试题设计具有基础性、整合性、导向性、开放性、时代性五个特点。在基本能力测试中不机械划分各科所占比例，采用笔试、闭卷的考试形式。考试用时为 120 分钟，试卷卷面分值为 100 分，其中，信息技术部分共有 6 个题目，共计 8 分，以考生实际得分的 60％计入高考总分。

概 况 与 摘 要

信息技术课程研究

概　　况

2009 年有关信息技术课程的研究，主要集中在课程的实施和发展、课程目标及内容体系的建设、课程标准研究、信息技术课程的跨文化研究、信息技术教师专业发展五个方面。

信息技术课程的实施和发展

本部分的研究主要集中在对当前信息技术课程实施现状的分析和课程发展的回顾与展望。

关于信息技术课程发展的研究较为突出，尤其是信息技术课程发展历程的回顾，如李艺在《信息技术课程十年回顾：成长的快乐》一文中，从宏观层面回顾了信息技术教育的十年历程。又如《中小学信息技术教育》编辑部撰写的《为了更好地前行——信息技术教育发展现状综述》一文中，通过调研和采访，从教学实践层面全景扫描了信息技术教育十年来的发展变化以及目前现状。影响信息技术发展的因素研究也备受关注，黎霞的《信息技术教育发展的路径依赖因素分析研究》一文从经济学中“路径依赖”的视角对影响信息技术教育发展路径的因素进行了分析，并提出变迁路径的对策；邓轶在《中小学信息技术教育之路》一文中阐述了中小学信息技术教育面临的三大问题，并提出策略。

关于信息技术课程实施的研究，如下两个方面较引人关注。一是对信息技术课程的价值探讨，如王虹丽在《对信息技术课程价值的认识》一文中从理论与实践发展两个层面探讨了信息技术课程的价值和地位；陈延光在《课程的价值取向问题分析》一文中指出高中信息技术课程发生了一些特色化价值发展倾向。二是对信息技术课程实施现状进行调查与分析，如王秋爽、董玉琦在《义务教育阶段信息技术课程现状调查与分析——对吉林省长春市某区的个案研究》一文中提供了对吉林省长春市某区义务教育阶段信息技术课程的调研数据和分析结论。梁银英、米维娜、王海燕在《基于学生视角的高中信息技术新课程实施分析——来自宁波市普通高中的调查》一文中通过分层抽样调查，从学生的视角分析信息技术新课程的实施状况。

课程目标及内容体系建设

课程目标研究方面，情感、态度和价值观目标逐渐受到重视。其中，王荣良、李树培等学者的研究较为深入，在《信息技术情感目标：我们的使命、选择与行动》一文中强调信息技术课程中情感教育的重要性，提出信息安全意识和信息伦理必然成为信息技术课程的重要情感内容和目标；在《信息技术课程情感、态度和价值观辨析》一文中从两个层面和四个方面来分析信息技术课程中的情感、态度和价值观目标；在《信息技术课程情感、态度和价值观目标的难为与能为》一文中阐释了信息技术课程中情感、态度和价值观的主要内容，建构可能的信息技术情感目标教学策略。

在课程内容体系建设方面，主要集中在课程的开发方面，尤其关注校本课程的开发。在《信息技术“自助餐式”校本课程的开发与研究》一文中，吕炳群提出了信息技术自助餐式校本课程的优势及若干开发方法；在《高中〈动画制作〉校本课程开发》一文中，练玉娟把理论研究和实践研究有机整合，构建出新课标下高中《动画制作》校本课程内容的体例和课程内容的设计框架，开发出新课标下高中《动画制作》校本课程。此外，赵春声在《信息技术隐性课程的开发与利用》一文中初步探讨了隐性课程的开发与利用。

课程标准研究

课程标准的研究逐渐引起人们的重视，尤其是义务教育阶段信息技术课程标准的重构问题成为讨论焦点。王吉庆在《义务教育阶段信息技术课程亟须更新〈纲要〉》一文中从宏观层面分析了《纲要》重构的必要性与原则。肖焕之在《走出义务教育阶段信息技术课程认识的误区》一文中提出义务教育阶段信息技术课程标准的重构为当务之急；在《义务教育信息技术课程标准再思考》一文中指出国家制定统一的义务教育信息技术课程标准是义务教育信息技术课程走向成熟的需要，并探讨了重构标准的方法。

信息技术课程的跨文化研究

信息技术课程的跨文化研究主要体现在两个方面。一是介绍国外信息技术课程。如：任海涛在《英国新中学信息通信技术（ICT）课程述评》一文中阐述了英国新中学课程改革的背景与实施以及ICT课程的目标与学习计划结构；黄松爱在《日本高中信息课程的新变化》一文中介绍了日本将于2013年开始实施的新《学习指导要领》一文中高中信息课程的修改要点和新的“信息”课程标准、内容及要求。二是中外信息技术课程的比较研究。谭敬德、谭光运在《中印初中信息技术教育课程之比较》一文中从五个方面比较分析了中国和印度初中信息技术教育课程。

信息技术教师专业发展

关于信息技术教师专业发展的研究焦点，大体分为两个方面：一是教师的现状研究；二是教师的培训研究等。

信息技术教师现状主要包括对教师角色定位、教师信念、幸福指数、职业压力、专业能力和素质等相关研究。孙莉在《廊坊市高中〈信息技术〉学科教师现状调查与分析》一文中通过问卷调查的形式对廊坊市的部分一线学科教师进行了调查，并认真分析有效数据。王广新、马洪波在《中小学信息技术教师职业压力的调查与分析》一文中以山东省潍坊市为个案，通过实证测试，探究了中小学信息技术教师职业压力的结构，以及教师感知职业压力的差异表现。另外，陈梅、李龙在《关于信息技术教师能力培养的思考》一文中提出信息技术教师的能力结构。

作为信息技术教师专业发展的重要方式，教师培训的研究略显不足。齐颖在《信息技术教师网络实训平台建设》一文中提出了一种可操作性较强的实践型网络实训平台，可以帮助信息技术专业师范生和在岗教师进行主动有效的专业学习和实践型专业训练。

总体而言，关于信息技术课程的研究主要有如下特征：涉及面广，从不同方面及不同层面展开研究；理论研究与实地调查研究并重；敢于提出革新思想；某些方面的关注程度不够。

论 文 摘 要

关于信息技术教师能力培养的思考

陈 梅 李 龙

随着中小学信息技术必修课程的开设，培养合格的信息技术课程的专业教师成为高等师范院校的重要任务之一。通过调查研究和分析，提出了信息技术教师的能力结构应由学科教学能力、教学设计能力、媒体与资源应用和开发能力、教学研究能力组成，并根据信息技术教师能力结构的要求，运用教学系统设计的方法对培养信息技术教师的课程体系进行了初步设计，以供商榷。

《中国电化教育》2009 年第 4 期

教师专业能力持续性发展的“区域性合作型”研究

孙　众　吴敏华　徐克强

教师专业化发展进程中，职前与职后的一体化、连贯化培养是较为理想的模式。本研究通过在区域教育中，建立高等师范院校和中学之间的合作伙伴关系，以师范生课程建设、教育实习、区域学科竞赛、区域集体教研、大学参与中学校本研修等方式，探索实现教师专业能力持续性发展的“区域性合作型”人才培养模式。本模式以中学机器人教学为切入点，通过几年的实践，在学科建设、教师专业发展、学生能力提升、双方合作研究等方面均取得了较好的效果。

《中国电化教育》2009 年第 11 期

信息技术课程情感、态度和价值观目标的难为与能为

王荣良　李树培

本次课程改革明确提出情感、态度和价值观目标，搭建起促进完整的人之发展的三维目标体系。然而情感、态度和价值观教学的总体现状不容乐观，再加上信息技术课程操作性强、发展变化快、师资不足等特点，使得信息技术课程情感、态度和价值观的教学难上加难。本文针对这一问题，试图理清情感、态度和价值观目标所面临的困境，阐释信息技术课程中情感、态度和价值观的主要内容，建构可能的信息技术情感目标教学策略。

《中国电化教育》2009 年第 3 期

信息技术课程实施中学生交互体系的构建

钱旭升

信息技术课程的实施不是由教师教授有关信息技术课程的基本知识、发展学生的基本技能，而主要是发展具有文化交互意义的、个性化的自由学习者，其交互体系可以从主体、学习内容与

时间三个方面进行建构。从交互主体来看，可分为学生与社会、与家庭、与教师、与同辈学习群体、与学习内容等的交互；从学习内容来看，可分为知识、情感与人格的交互等三方面的交互；从时间视域来看，可分为同步交互和异步交互。

《电化教育研究》2009 年第 10 期

边远地区农村中小学信息技术教师幸福指数的调查——以青海省民和县农村中小学教师为个案研究

刘永福　张成英

学校对信息技术教师地位和个人发展的重视程度会反映出学校对信息技术教育的重视程度。本研究以青海省民和县 10 个乡镇近 50 名从事信息技术工作的中小学教师为样本，从教师幸福管理的角度出发，采用了问卷调查和实地访谈相结合的方式，探讨了目前青海边远地区中小学信息技术教师的幸福现状和幸福体验，发现存在的问题，并从教育管理学的角度提出了几点参考性的建议。

《中国远程教育》2009 年第 4 期

提高信息技术教师专业素质的基本途径

周国喜

在大力推进中小学普及信息技术教育的形势下，加强信息技术教师队伍建设，已经成为教育行政部门及学校迫切需要解决的现实问题。本文从学习、借鉴、探索、反思、创新等方面来探讨提高信息技术教师专业素质的基本途径。其中，在学习方面主要从学习内容和如何学习两方面来探讨；在借鉴方面主张以听课的方式进行；在探索方面强调要超越课堂、超越教材、超越教师；在反思方面提出反思是业务能力和专业素质提高的重要动力；在创新方面主要从教育观念、教学方式、师生关系和评价方式上创新。

《教育信息技术》2009 年第 12 期

浅谈信息技术课践行生命化教育

郑燕玉

主要阐述了生命化教育的含义以及信息技术课践行生命化教育的必要性，并重点阐述了在信息技术课中践行生命化教育的具体实践过程及教育教学感悟：（1）教学首先要直面生命，真爱、尊重、欣赏生命。(2) 课程内容融于生活、回归自然，呈现知识“生命态”。(3) 教学过程凸显生命主体，注重生命体验。(4) 教学评价赏识生命，激发生命智慧。

《教育信息技术》2009年第6期

推进云南省边远地区信息技术教育

周清松

首先分析了信息技术在教育中的三大作用：学习对象和目标、教学工具和学习工具；分析了信息技术在教育中的三个阶段：独立开设信息技术课程、成为教学工具和学习工具、学科课程信息化。然后在访问调查和实地调查的基础上阐述了云南省边远地区的中小学信息技术课的开展情况，得出一些有共性的结论。最后呼吁推进云南省边远地区信息技术教育，让边区的孩子共享优质资源。

《中小学信息技术教育》2009年第10期

为了更好地前行——信息技术教育发展现状综述

《中小学信息技术教育》编辑部

通过对一线信息技术教师和教研员进行调研和采访，并对调研资料进行整理和汇总，全景扫描了信息技术教育十年来的发展变化以及目前的现实情况。重点阐述了信息技术教学、信息技术教材建设、信息技术研训和信息技术评价四个方面的发展历程和发展现状。教学方面，主要从课程目标、教学理念、教学实施、对教材的处理、对课堂的驾驭和制约教学发展的因素等方面进行分析；教材建设方面，主要分析了教材的多样化发展、教材评价与审查准用制度、教材的形态、教材存在的问题；研训方面，主要从新课程培训、实地教研、网络教研和存在的问题等方面进行分析；评价方面，主要从信息技术高考、不同学段的评价方式和存在的问题等方面进行分析。

《中小学信息技术教育》2009年第12期

义务教育阶段信息技术课程亟须更新〈纲要〉

王吉庆

分析了更新《纲要》的必要性，并以江苏省2007年出台的指导纲要为范例，阐述了建立新纲要的出发点应包括两方面内容：一方面从信息社会对于学生的发展需要出发，理清义务教育各个学习阶段的发展目标与内容；另一方面，从各个地区经济发展和教育信息化的规划所预期提供的条件出发。给出了课程体系重构与细化的建议：首先，要建立课程各个阶段的目标体系，即建立逐步提升的信息素养层次目标，且需要与相应的课程内容相辅相成，形成体系；其次，在具体内容的分布上，要考虑到信息活动各个环节在每个阶段的整体提升；再次，拓展模块要突出各自的特点。

《中小学信息技术教育》2009 年第 1 期

聚焦信息技术课程实施与信息技术教师成长——中国教育技术协会信息技术教育专业委员会第四届学术年会综述

李　赫　董玉琦　李兴保

根据中国教育技术协会信息技术教育专业委员会第四届学术年会的主题和内容进行综述，重点阐述了信息技术课程区域发展、信息技术课程实地调研、信息技术教师专业发展、教育信息化领域的前沿与热点问题。为进一步研讨当前我国中小学信息技术课程实施的现状、问题与对策，进而促进信息技术课程的发展与信息技术教师的成长作出一点贡献。

《中小学信息技术教育》2009 年第 1 期

义务教育信息技术课程标准再思考

肖焕之

首先，以“为何颁布课程标准这么难”进行发问，分析了国家制定统一的义务教育信息技术课程标准是义务教育信息技术课程走向成熟的需要。然后介绍了上海市和江苏省的义务教育信息技术新课程结构。接着探讨了如何重构义务教育信息技术课程标准。最后，给出了课程的内容结构和知识体系构建的策略，指出打破操作软件界限的、寻求知识内在联系的、体现地方差异并融合地域文化的、螺旋式上升的知识体系已被广泛认同。

《中小学信息技术教育》2009 年第 4 期

信息技术课程十年回顾：成长的快乐

李　艺

若将 1999 年颁发的《关于深化教育改革全面推进素质教育的决定》中所提到的“在高中阶段的学校和有条件的初中、小学普及计算机操作和信息技术教育”，作为拉开我国中小学信息技术教育的序幕，到现在刚好十年。从《普通高中技术领域课程标准（信息技术）》的研制、教材编写、师资队伍建设、课程发展的关键——进入我国现行的高考评价序列等方面回顾了信息技术教育的十年历程，最后简略地指出成绩背后存在的诸多尚待解决的问题。

《中小学信息技术教育》2009 年第 4 期

义务教育阶段信息技术课程现状调查与分析——对吉林省长春市某区的个案研究

王秋爽　董玉琦

采用问卷调查、访谈及听课等形式对吉林省长春市某区 42 所中小学进行了调研，并从基础设施、开课情况、教材的选用、师资状况、督导和培训等方面对调研结果进行了分析，得出以下初步结论：2000 年全国中小学信息技术教育工作会议以后，该区信息技术课程的开展实行统一管理，逐步形成了专门的管理体制。在信息化投入、设施设备的配备、教师培训、教学督导等方面有了逐步提高，但在推进义务教育阶段信息技术课程的发展过程中，各类学校表现出较大的差异性。最后给出了三点建议：（1）推进课程建设均衡发展；（2）尽快制定小、初、高一贯制的课程标准；（3）提升信息技术教师的专业发展空间。

《中小学信息技术教育》2009 年第 1 期

教研相伴且行且思——记我的一次基于课题研究的教研活动经历

王敏军

围绕浙江省富阳市教育局教研室成功申报的浙江省教研系统规划课题《小学信息技术差异性教学的实践与研究》，记叙了基于该课题研究的教研活动经历。首先阐述了一次面向全市的阶段性成果展示观摩活动中的教学实践，由自己亲自执教。然后通过主持和把关一系列的教学观摩活动，探讨了城乡间的信息技术差异和差异性的课堂教学实践与研究，发现：（1）在受降镇，信息技术在农村走得好艰难；（2）在富春，信息技术在城镇行得挺稳健；（3）在常安镇，信息技术在农村也有奔头。最后，从显性收获、隐性收获和构建教研与教师学习的共同体三个方面介绍了此次课题教研活动如何帮助自己成长。

《中小学信息技术教育》2009 年第 4 期

“小团体”滚出“高效率”——记一个区域的信息技术教研方式变革历程

费海明

阐述了浙江省宁波市江北区信息技术教研方式的一次变革：由“大团体”变为“小团体”，由“集中式”变为“分散式”，由“独立式”变为“滚动式”。首先，阐释“小团体”形式的教研尝试主要经历了以下关键过程：知晓形式意义、自愿组建团队、统一研究主题、公开发布信息、网络观摩评价。然后，从“小团体滚动式”教研的概念出发，以一次课例研究为例，解析了“小团体滚动式”教研活动的开展策略。接着，总结得出“小团体滚动式”的教研实验引发了区域教研深层次的变革，即：从单进程到多进程，从旁观者变多能者。最后，就自愿组团如何协调好人才资源、小团体教研如何实现纵深发展等问题进行了研究后的再思考。

《中小学信息技术教育》2009 年第 9 期

从教师视角看我国信息技术课程目标的定位

毕景刚　赵梦笔

信息技术课程目标定位直接影响该课程的发展。将提升学生的信息素养作为我国信息技术课程目标，基本符合我国当前的国情。首先从信息技术课程目标的内容，课程目标的含义及要求、依据及关系、功能，信息素养的含义等方面阐释了我国信息技术课程目标研究的背景。然后对我国信息技术课程目标的定位进行了分析，认为该课程目标定位是信息社会的需要，是信息技术课程性质的需要，是新课程改革的需要，也符合 STS 教育理论。

《教育探索》2009 年第 3 期

信息技术情感目标：我们的使命、选择与行动

王荣良　李树培

情感教育是完整教育过程的一个重要组成部分，信息技术课程的情感教育非常重要。首先，阐述了情感发展之于人的重要性，提出在纷繁复杂的信息时代，信息安全意识和信息伦理必然成为信息技术课程的重要情感内容和目标。其次，阐述了情感教育之于信息技术课程的重要性，提出青少年信息伦理教育是信息技术价值观的主要体现，与青少年信息伦理相关的常见问题主要

有如下四种：(1)个人隐私问题;(2)知识产权问题;(3)网络沉迷问题;(4)信息犯罪。最后，阐明了信息技术课程情感目标的重要使命是基于信息伦理的道德教育，并提出了履行这一使命的具体做法。

《中国信息技术教育》2009 年第 11 期

信息技术课程情感、态度和价值观辨析

王荣良　李树培

试图从源头上理清信息技术课程中情感、态度和价值观的主要内容。阐述了情感、态度和价值观教育的三大误区:(1)对情感目标的泛化。(2)对情感目标的窄化。(3)对情感目标的虚无化。从两个层面和四个方面来分析信息技术课程中的情感、态度和价值观目标。具体来说，从以下两个层面来理解该信息技术课程中的情感、态度和价值观目标:(1)学科学习过程中学科本身所蕴涵的情感目标;(2)与信息技术学习密切相关，但又超越信息技术学科本身的情感、态度和价值观。从以下四个方面来阐述信息技术课程情感、态度和价值观的内涵:(1)科学态度和技术文化;(2)信息伦理;(3)合作精神与创新意识;(4)超越信息技术学科的情感、态度和价值观。最后，分析说明了情感、态度和价值观目标在三维目标中的位置。

《中国信息技术教育》2009 年第 1 期

对信息技术课程价值的认识

王虹丽

随着信息技术课程在理论与实践层面逐渐走向丰富，信息技术课程的价值研究则显得越来越为紧迫。阐述了价值的概念，从信息技术课程的理论与实践发展两个层面探讨了信息技术课程的价值和地位。在实践发展层面，指出由于信息技术课程价值不明晰，导致技术价值取向至上；在理论研究层面，指出信息技术课程研究体系在很长一段时间里仍然没有建立起来，课程价值研究是课程理论研究的逻辑起点。描述了国内信息技术课程价值研究的现状，指出信息技术课程的价值问题越来越受到人们的重视。最后，由价值概念出发，进行从一般到特殊的推演，获得信息技术课程价值概念中的要素及其关系的认识，并对信息技术课程的社会价值和个人价值进行具体阐述。

《中国信息技术教育》2009 年第 15 期

文化教育视域中的信息技术教育

沙凤林

当前，在信息技术教育“工具性”和“技术性”认识的影响下，信息技术教学目标定位偏离正确方向，造成课堂教学内容单薄、气氛沉闷，不利于国家教育意志体现、新课程改革向前推进和“校本课”教学有效实施。对此，必须以学生发展为本位，转变落后观念，把信息技术教育置于文化教育层面理解并落实，提高教师素质，推进教材改革，完善评价机制，多措并举，纠正信息技术教育中的偏向，促进信息技术教育和谐健康发展。

《中国信息技术教育》2009 年第 20 期

素质教育观下信息技术教育特征与教学策略

周爱清

在素质教育观下，由信息技术科学的特殊性所决定，信息技术课程的教育具有下列显著特征：(1)发展性；(2)延伸性；(3)协同性；(4)主体性；(5)开放性。强调素质教育观下的信息技术课程的教学必须是全面发展的教学，并提出以下几点要求：(1)加强知识发生过程的教学，活化学生思维过程，是素质教育所提倡的淡化教学形式、注重教学实质的根本要求；(2)创设教学情境，让每一个学生从中获得成功体验，是素质教育所提倡的愉快教育的核心精神；(3)减轻教学负荷，使教学中的合理要求变成学生内在的思维渴求，使课堂向课外延伸，是素质教育所提倡的主体性教育的根本保证；(4)创设教学民主氛围。

《中国信息技术教育》2009 年第 20 期

英国新中学信息通信技术（ICT）课程述评

任海涛

阐述了英国新中学课程改革的背景与实施方案，指出英国新中学课程改革主要是基于《每个孩子都重要》绿皮书、14～19 岁教育改革以及中学课程的反思等三个大背景。2008 年 9 月，在英格兰地区将实施“新中学教育课程”，实施对象为第三学段和第四学段的学生，从 7 年级开始，逐年实施。介绍了英国的新中学 ICT 课程的目标与学习计划结构，指出总体目的是使所有的年轻人能够成为：（1）成功的学习者，能够享受学习，取得进步和有所成就；（2）自信的个体，能够安全、健康地生活，并且自我实现；(3) 负责任的公民，对于社会作出积极的贡献，指出课程学习计划由课程目的、ICT 的重要性、关键概念、关键过程、范围与内容以及课程机会等几个部分构成。详细描述了课程学习计划的具体内容并总结出英国新中学 ICT 课程的特点与启示。

《中国信息技术教育》2009 年第 11 期

美国计算机协会 K－12 阶段计算机科学课程模型述评

钱松岭　董玉琦

以 2006 年第二次修订的美国“计算机协会 K－12 阶段计算机科学课程模型”为研究对象。重点阐述了该课程模型的研制背景与目的、课程目标、设计原则、各级的具体内容与目标、课程实施的主要策略等。其中，K－12 阶段计算机课程的目标是：(1) 从小学开始向所有学生介绍计算机科学的基本概念；(2)在高中阶段开设计算机科学课程并占课程的学分；(3)在高中阶段为学生提供额外的计算机课程，引起学生兴趣并能进一步深入学习，为他们将来的工作或大学的学习做好准备；(4)促进全体学生计算机科学知识的增长，特别是那些占学习计算机课程比例较小的群体。课程模型包括四个级别的课程：(1)水平 1：“计算机科学基础”；(2)水平 2：“现代世界中的计算机科学”；(3)水平 3：“作为分析与设计的计算机科学”；(4)水平 4：“计算机科学主题”。从而使学生把重点放在他们特别感兴趣的特殊计算机领域。

《中国信息技术教育》2009 年第 15 期

美国中小学信息教育改革的新动向

刘彦尊　李雅君

美国在近 20 多年的教育改革中，一直将中小学信息教育作为一项要点。美国中小学信息教育改革新动向主要表现为：在信息化基础设施建设方面，不断降低生机比，提升学校联网率，增加资金投入；在信息教育课程方面，开发了 K－12 信息教育课程标准，充实课程内容，改变课程实施方式；在信息教育教学方式方面，改革趋向是由直接式教学向建构式教学转变，大力发展网络教学；在信息教育教师培养方面，注重教师终生专业发展与培养，将信息技术应用能力列入教师资格审查标准之中。美国中小学信息教育改革不拘泥于单一改革的模式为中小学生获得 21 世纪所必需的基本技能提供了先决条件。

《中国教育信息化》2009 年第 24 期

中小学信息技术教育的现状及对策

胡运震

以一名从事信息技术教育研究工作的教育局电教中心基层工作人员的身份，对所辖基层学校进行了广泛调研，发现近年来教育主管部门因区域教育现代化的验收需要，为学校配备了大量的教育信息化设备，这些装备为信息技术教育的有效开展提供了硬件基础，但现阶段中小学信息技术教育的现状仍不容乐观，主要表现在：(1)信息技术师资力量薄弱，整体素质不高；(2)信息技术教师角色的错误定位；(3)对信息技术课程的错误认识。通过探究和分析造成该现状的原因，认为中小学“数字化校园”的创建对信息技术教育有巨大的推动作用，主要表现在：(1)迫使教育工作者提高认识，转变观念；(2)迫使信息技术教师加强学习，转变角色；(3)迫使学校加大投入，完善装备；(4)迫使广大教师立足应用，注重信息技术与新课程的有效整合。

《中国教育信息化》2009 年第 22 期

基于公司商业培训模式的中小学信息技术教育进展状况及启示

赵苗苗　胡卫星

学校外基于公司运行模式的信息技术培训逐渐兴起，并快速发展，尤其是针对中小学生的信息技术教育正在如火如荼地开展。从教学实施理念、教学内容体系、教学模式方法、教学评价方式等方面介绍了校外基于公司商业运行模式的信息技术培训的现状。归纳出校外基于公司商业运行模式的信息技术培训对校内信息技术教育的启示：(1)教学实施理念上要满足学生的学习需求，满足学生的个性化发展要求；(2)教学内容上要重视学生学习兴趣的激发和维持，做到内容体系的螺旋上升；(3)教学模式方法上要突出知识的实用性，实现知识与学生生活经验的有机整合；(4)教学评价上要做到过程性评价和终结性评价，认知与动作、情感评价的有机结合。

《中国信息技术教育》2009 年第 7 期

信息技术教师实践共同体活动过程模型初探

马　静

在参与校内跨学科共同体、校际学科教科研共同体、基于教育研修网而形成的“虚拟”共同体等多种共同体活动的基础上，总结出一种根据共同体内部成员特点来分工协作实践共同体活动过程的模型。这一共同体活动模型的基本步骤为：(1)提出问题；(2)理论学习与案例分析相结合；(3)分组研修；(4)内部展示；(5)实践优化；(6)教学应用与公开展示。这一模型将不同类型的共同体成员，如青年教师、核心骨干教师和外部专家，进行分工，细化各类成员的研修活动流程，并绘制出共同体教研活动人员分工及工作流程图以促进理解。

《中国信息技术教育》2009 年第 17 期

透视“被尴尬”——信息技术教学困惑（一）

郎冠明

以嘉宾访谈的形式，与山东省平度第一中学的洪登胜、河北省张家口市北新村小学的王晓静、黑龙江省讷河市第四中学的鲍禹、湖南省长沙市芙蓉区育英学校的陈彪晗四位嘉宾共同讨论，探讨了大多数信息技术教师在学校、社会、学科发展及自身发展面前的困境和尴尬现状以及信息技术应该培养学生哪些能力、素养等问题。在信息技术教师发展方面，洪登胜认为信息技术教师面临以下尴尬：师资不足、身兼多职、同课多授、教研“稀少”、硬件不足、态度不端；王晓静表达了身兼多职，缺少同行交流的无奈，感慨了目前学生起点差异之大以及教材版本之多、更新之快；鲍禹指出了城乡信息技术教学两极分化严重，教师的教学能力良莠不齐。在信息技术学科价值方面，洪登胜用锄头和梳子来比喻信息技术学科；王晓静认为信息技术是信息时代的要求，为学科整合奠定了基础，是与世界对接的窗口。陈彪晗认为该学科极具工具性，应该和其他学科结合起来学习。在学生能力、素质的培养方面，嘉宾们也各抒己见。

《中国信息技术教育》2009 年第 19 期

透视“被尴尬”——信息技术教学困惑（二）

郎冠明

通过访谈江苏省连云港市教育局教研室的王超、湖南省宜章一中的郑玉、湖南省长沙市长郡中学的石东妮、湖南省长沙市芙蓉区育英学校的陈彪晗、山东省淄博第七中学的张红霞、江苏省新海高级中学东方分校的张久娟等嘉宾，共同探索信息技术学科、教师、学生的发展之路。在信息技术教师发展方面，王超认为，教师应与学生共同学习计算机，教研员应在埋头做事的同时抬头看路。郑玉认为，不但要做好“勤杂工”，更要努力做好本学科的教学和信息学奥林匹克竞赛培训工作，要本着“授人以渔”的思想，开展培训其他学科教师的工作。石东妮认为要摒弃抱怨，扎实做事。陈彪晗提出要提高教师的专业技术水平，注重从细处思考。张久娟提出要在教研中发展，多争取、少放弃。在“教什么”“如何教”方面，郑玉提出了优化课堂教学的办法。张久娟提出了不同学段的教学应该有不同的侧重点。在培养学生的信息技术能力与素养方面，王超提出要技术与能力并重，通才与专才并重。石东妮强调要开展丰富多彩的社团活动。张红霞提出要培养学生动手实践、创新能力，探究问题、解决问题的能力，合作、交流能力，终生自主学习能力。

《中国信息技术教育》2009 年第 21 期

反思信息技术教育

钱晓菁

首先，提出目前信息技术教育存在的问题，指出小学、初中、高中都在开设信息技术课，但是不同的学段之间至今尚无一个系列的课程标准。然后，从信息技术学科中的信息技术教育和其他学科中的信息技术教育两个方面分别展开分析，指出为了信息技术课程的良性发展，各个学段的教学内容及方法应该有所侧重，强调其他学科中的信息技术应用是信息技术课程的延伸和拓展，学生信息素养的提升必须纳入学生的日常学习、生活中。最后，提出目前待解决的几个问题：(1)教育部或各地区尽快制定各学段之间可衔接的课程标准或指导纲要；(2)信息技术学科教师的专业水准及学习能力有待提高；(3)其他学科教师的信息技术素养有待提高。

《中国信息技术教育》2009 年第 4 期

信息技术“自助餐式”校本课程的开发与研究

吕炳群

阐述了自助餐式校本课程以及信息技术自助餐式校本课程的基本内涵。论述了自助餐式校本课程的特点和优势，主要表现在以下几个方面：(1)很好地克服了学生的个体差异性；(2)体现以人为本的教学理念；(3)提高学生的学习兴趣，形成积极主动的学习态度；(4)整合各项校本文化和资源；(5)体现时代特点。提出了进行信息技术自助餐式校本课程开发的若干方法：(1)根据学生个体差异进行分层开发;(2)根据学生兴趣情感进行综合开发;(3)根据学校传统文化进行整合开发;(4)结合时代发展特点不断提升课程;(5)采用任务驱动模式进行项目开发;(6)采用研究性主题活动设计课题。

《中国信息技术教育》2009年第20期

信息技术隐性课程的开发与利用

赵春声

阐述了隐性课程和信息技术隐性课程的基本内涵，并以现代课程论中隐性课程的理论为指导，对信息技术隐性课程的开发与利用进行了初步探讨。指出开发信息技术隐性课程的意义为:(1)开发隐性课程有利于形成正确的价值观;(2)开发隐性课程有利于培养和谐的师生关系;(3)开发隐性课程有利于拓展学生的探究领域，提高对知识的综合运用能力。论述开发与利用信息技术隐性课程应从三个方面着手:(1)教材中的隐性课程;(2)教师的隐性课程;(3)学生的隐性课程。

《教学与管理》2009年第10期

信息技术教育发展的路径依赖因素分析研究

黎　霞

信息技术教育是培养学生信息素养、提高实践能力的必由之路。信息技术教育实践在开展的过程中，既取得了很大的成效，也存在着许多障碍和问题。从经济学中“路径依赖”的视角对影响信息技术教育发展路径的因素进行分析。先借用路径依赖理论论证了信息技术教育发展中存在路径依赖。再结合信息技术教育领域的特征，阐释影响信息技术教育发展的路径依赖因素主要有以下几个方面:(1)宏观政策的导向和压力;(2)持续不断的经济投入;(3)思维路径依赖和转轨成本;(4)相关人员的培训。最后，提出促使信息技术教育发展路径变迁的几点对策:(1)发挥宏观政策的积极导向作用，构建共同愿景;(2)加大投入，合理配置;(3)树立典型，示范推广;(4)人才培养。

《软件导刊·教育技术》2009年第8期

中小学信息技术教育之路

邓　轶

阐述了中小学信息技术教育面临的三大问题:(1)中小学信息

技术教育地区差异显著;(2)教育信息资源的严重匮乏、重复建设、分类标准混乱等,给信息资源的检索、共享带来很大的困难;(3)教师的信息化水平跟不上中小学信息技术教育发展的需要。针对以上问题,提出要分两个阶段进行信息技术普及工作:(1)搞好资源建设,营造信息技术学习环境,提高教师信息化水平。这一阶段是以中小学开设信息技术课程为主,以学科整合为辅进行普及中小学信息技术教育,在普及的过程中着重注意以下几个问题:①积极推动课程改革;②提高信息技术教师的专业化水平;③加强课程资源的建设;④更新传统的教学结构。(2)改变教学结构,实现学科的全面整合。这一阶段的课程设置有两个方案:①基础教育阶段不开设信息技术课程;②基础教育阶段开设信息技术课程。

《现代教育技术》2009 年第 13 期

中小学信息技术教师在学校教育中应具备的素质

王俊英　彭　立

分析了中小学信息技术教师素质的现状,针对中小学信息技术教师素质存在的问题,用哲学的观点分析了中小学信息技术教师应具备的认知素养、技能素养和情感素养。指出信息技术教师应具备的认知素养有:(1)全新的教育理念;(2)学科专业知识素养;(3)相关学科知识素养。信息技术教师要掌握的信息技术实际操作技能主要有:(1)对计算机及其外部设备有基本的了解,能够排除简单的机器故障;(2)能够熟练安装操作系统,并有效地维护系统免受病毒感染;(3)能熟练运用 Internet 网络,懂得一定的网络连接知识;(4)掌握常用的应用软件安装和使用方法;(5)对社会性软件有所了解,如 Blog、Wiki、即时通信工具等。在论述应具备的情感素养时,强调信息技术教师应该尊重他人、注重合作、具有社会责任感、爱好知识并且有自我效能感和积极的学习态度。

《软件导刊·教育技术》2009 年第 12 期

新课改背景下信息技术教师角色的重定位

许之民　许之安

采用问卷调查法和实地访谈法,对安徽省芜湖市与广东省佛山市南海区 24 所中小学校信息技术课程开设现状进行了调查。通过对有效问卷的数据进行认真统计与分析,发现当前中小学信息技术教师主要面临如下问题：（1）信息技术课程受重视程度不够；（2）日常教学辅导与电教设备维护工作的协调不畅；（3）课程内容重复设置，课程建设迫在眉睫；（4）学生家中电脑成为娱乐工具，信息技术教育的延伸有待深入。最后，以专业化发展视角对新课改背景下信息技术教师的角色定位进行了认真思考，主要从信息技术教师应成为学科知识的权威、课程的建设者和开发者、学生学习的知心伙伴、教师信息素养的直接培训者等方面进行了阐述。

《现代教育技术》2009 年第 4 期

信息技术教师专业发展中的教师信念重建

李　岩　解月光

在教师专业发展的研究中，教师信念、教师知识和教师能力是三个主要的维度。其中，教师信念在教师专业结构中位于较高层次，它统摄着教师专业结构中的其他方面。所以，研究信息技术教师信念对促进信息技术教师专业发展具有重要意义。文章通过对教师专业发展与教师信念相关理论的论述，结合信息技术教师的课程信念、学生信念、教学信念、自我信念等，提出信息技术教师信念体系的重建策略，即“应试教育的学校文化向素质教育的学校文化的变革”“将促进信息技术教师信念生成与转变作为教师教育的重要目标”和“信息技术教师应积极在实践中进行教学反思”。

《现代教育技术》2009 年第 12 期

中小学信息技术教师职业压力的调查与分析

王广新　马洪波

以山东省潍坊市中小学信息技术教师为调查对象，采用问卷调查法，从教师自我认知的视角加以实证测试，探究了中小学信息技术教师职业压力的结构，以及教师感知职业压力的差异表现。采用 SPSS 12.0 统计软件对有效问卷的数据进行统计和分析，提取出教师职业压力的六大主因素：工作特征压力因素、职业乐趣压力因素、职业发展压力因素、专业技能压力因素、教学保障压力因素、人际关系压力因素等。进行了教师背景因素在职业压力各因子上的差异分析以及教师教学效能感与教师职业压力各因子的相关性分析。得出以下结论：(1)中小学信息技术教师群体普遍存在着职业压力；(2)中小学信息技术教师压力形成有着明显的职业特点；(3)中小学信息技术教师的教学效能感对职业压力有显著影响。提出如下建议：(1)中小学信息技术教师要增强个人教学效能感，减轻自我压力；(2)中小学信息教师要关注自身的职业发展，开展职业生涯管理。

《中国成人教育》2009 年第 13 期

信息技术教师网络实训平台建设

齐　颖

为方便快捷地提高信息技术专业师范生和在岗教师的实践教学能力，帮助其进行主动有效的专业学习和实践型专业训练，提出了一种可操作性较强的实践型网络实训平台。建设该平台的依据如下：(1)以新课改理念为依据；(2)就业者和从业者的主观需求；(3)以中学信息技术的师资培训现状为契机。网络实训平台的设计思路为：突出新课标的核心教育理念，体现出高中信息技术课程设计的特点。平台框架应主要涵盖高中信息技术新课程的必修课与选修课两个部分六个模块。网络实训平台的建设方案如下：依托各相关高校和中学的校园网实现并发挥其功能，基本框架包括教学法规与信息、解读新课程理念、自主学习模块、教学研究成果推介、教育评价展示与探讨、校园网教学训练专栏、实训室教学操作管理、校园网终端回放评议、教学资源参考论坛、网络安全技术共享 10 个项目。

《中国成人教育》2009 年第 19 期

实践　历练　成长——小学信息技术课程理念与实践发展冲突之我见

曹献平

从三个方面阐述小学信息技术课程理念与实践发展的冲突：(1)新课程学生观理念与教学方式的冲突。强调以学生为本，首先要注重学生思维的发展，而不是流于形式的热闹的“师生互动”；(2)新课程理念与教学实践环节的冲突。主要从预设课程与实际课堂教学的冲突、过程指导与方法指导的冲突、分组合作与教学效益的冲突、分成教学方式和教学效益的冲突等方面进行具体阐述；(3)新课程中信息技术教师现状与发展的冲突。

《中国信息技术教育》2009 年第 11 期

走出义务教育阶段信息技术课程认识的误区

肖焕之

探讨了义务教育阶段信息技术课程最缺什么，提出比信息技术课程评价更重要、比信息技术硬件建设更急需的是一个较完善的信息技术课程体系，义务教育阶段信息技术课程标准的重构为当务之急。讨论了小学阶段是否有必要开设信息技术课，呼吁开好、开足信息技术课程。分析并指出信息技术课程在我国必将长久存在，并且会随着信息技术的发展日益普及和深入。从实践层面分析了义务教育阶段信息技术教师应该努力的方向。

《中小学信息技术教育》2009 年第 1 期

新课改与小学信息技术教学

王兆凯

信息技术课是一门知识性与技能性相结合的基础工具课程。主要任务是培养学生对以计算机和网络为核心的信息技术的应用能力、学习能力和探索、创新能力。探究了小学信息技术教学实践中的一些做法，提出小学信息技术教学可采用创设情境、激发兴趣、培养能力；自主、合作、探究，让学生当主人、当老师；完善课堂教学评价，改革检测方法等基本做法。

《新课程研究（基础教育）》2009 年第 1 期

中印初中信息技术教育课程之比较

谭敬德　谭光运

通过文献研究和比较研究，并结合我国中小学信息技术教育的最新发展，对中国和印度初中信息技术教育课程的课程性质、设计理念、教学目标和内容、课程教学评价、课程实施方式等方面进行比较分析，寻找彼此的差异以及值得借鉴的地方。指出印度初中信息技术教育给我们以下启示：(1)注重以目标为导向，以活动为载体，螺旋上升地设置课程内容；(2)突出信息技术社会道德规范教育，强调对知识产权、个人隐私保护意识的教育，注重病毒防范意识培养；(3)以学生学习活动的展示为依据评价学生的学习结果。

《中国教育信息化》2009 年第 24 期

英国初中信息技术课程教学解析

关　伟

基于 2007 年英国重新修订的国家课程标准，介绍了英国初中信息技术（Information and Communication Technology，ICT）课程的教学目标、教学内容、教与学的过程、教学评价，并结合具体实例对其进行简要分析。在教学目标方面，主要从信息获取、发展思维、信息交流、评价四个方面阐述了初中阶段学生需要掌握的ICT技能与方法；在教学内容方面，指出英国国家课程标准在教学内容的选择和组织上具有很大的灵活性，但都是以教学目标为基本依据；在教与学的过程方面，指出英国ICT课程教与学的过程也采用了多样化的教学方式来支持不同教学目标的达成；在教学评价方面，指出教学评价的目的是促进学生的全面发展，评价贯穿于整个教与学的过程中，并处处以学生为中心。同时，还总结出了值得我国学习和借鉴的六个方面。

《中小学信息技术教育》2009年第8期

高中信息技术教师教学反思的现状与思考

王海燕　常会玲

新课程的实施，对信息技术教师提出了新的挑战，教师要迎接这种挑战，就必须不断提高自身的专业素质，而教学反思是其形成教学实践智慧、提高自身素质、加快专业成长的有效方法之一。鉴于此，笔者通过对陕西省多个地区信息技术学科骨干教师教学反思情况的调查与跟踪，结合自身教学实践，深入分析了信息技术教师教学反思中主要存在的教学反思的程度不深入、教学反思的环节不完整、教学反思的方法不丰富、教学反思的经验不交流等问题，在借鉴传统教学反思经验的基础上，针对中学信息技术学科特点，结合现代教育技术之优势，从学校、教师和学生三方面，提出了一些贴近中学信息技术教学实践的教师教学反思的想法和建议，以期能帮助高中一线教师认清并克服这些障碍因素，提高教学反思能力。

《中国电化教育》2009年第10期

廊坊市高中信息技术学科教师现状调查与分析

孙　莉

利用自行设计的高中信息技术学科教师基本情况调查表对廊坊市区及8个市辖县的20所学校中的52位一线学科教师进行了调查。调查表的设计参考了教育部颁布的《中小学教师教育技术能力标准》，调查过程中共发出80份问卷，有效回收52份。通过对有效问卷的数据进行认真统计与分析，得到了以下结果：(1)教师队伍的专业化程度明显提高；(2)教师自身专业发展的机会偏少；(3)教师的学科教学能力有待提高。希望通过具体真实的客观数据，正确认识该地区高中信息技术学科教师的发展现状与存在问题，进一步思考促进教师队伍建设和专业发展的有效对策。

《中国信息技术教育》2009年第4期

高中《动画制作》校本课程开发

练玉娟

高中《动画制作》校本课程脱胎于高中信息技术课程的选修2《多媒体技术应用》（广教版），是其第五章第二节《动画的制作》的延续与拓展。旨在依据高中信息技术新课程标准的理念，采用基于设计的研究方法，把理论研究和实践研究有机整合，构建出新课标下高中《动画制作》校本课程内容的体例和课程内容的设计框架，开发出新课标下高中《动画制作》校本课程。研究过程分为四个阶段：研究准备阶段、理论研究阶段、实践研究阶段以及总结反思阶段。从课程目标的设计原则、课程内容的组织原则、课程与教学的有机整合原则、课程评价的原则四个方面阐述了新课标下《动画制作》校本课程开发的原则。最后，描述了新课标下《动画制作》校本课程的体例设计和内容的设计框架。

《中国信息技术教育》2009年第23期

课程的价值取向问题分析

陈延光

先探讨了高中信息技术课程的价值定位问题，指出高中信息技术课程发生了一些特色化价值发展倾向，主要表现为：(1）综合化发展倾向。即信息技术课程在前期阶段尚作为独立学科，但是到了中后期不少学校将其直接纳入基本能力教学管理，使得信息技术在基本能力的框架下，与其他领域的内容掺杂在一起；(2）课程多核心倾向。高中信息技术新课程倡导的是以信息素养为核心的课程价值取向。由于各地课程发展的不均衡，受设备、师资、学生水平、评价机制等多种因素的影响，课程的核心发生偏移，甚至出现多核心现象。再以信息素养为例探讨了新课程中的核心概念问题，指出高中信息技术课程应重视对概念的引导性界定，并在实例中进行落实，以免造成观念的混乱，扰乱课程的进程。最后，给出了选修课内容的价值取向建议，主张消除“门类”“模块”概念。

《中国信息技术教育》2009年第15期

信息技术新课程标准的理解与实施

谢香芽

高中新课程改革意义重大，在这次课程改革中要取得好成绩，应该做好以下工作:(1)提高认识，正确理解信息技术在学生成长和社会进步中的重大意义;(2)要正确理解信息技术课程结构，重视培养学生的信息素养;(3)全面科学地理解课程目标和内容;(4)根据教学内容选择正确的教学模式;(5)重视教学评价过程，提高学生信息素养。

《新课程学习》2009 年第 9 期

日本高中信息课程的新变化

黄松爱

介绍了日本将于 2013 年开始实施的新《学习指导要领》中高中信息课程的修改要点和新的“信息”课程标准、内容及要求。其中，修改要点主要有：现行的高中信息学科必修模块“信息 A”“信息 B”“信息 C”的内容重新组合成“社会与信息”和“信息科学”两个模块，学生在其中选一个模块进行学习；两个模块的特点各有侧重；引入了一系列的学习活动。在课程标准及内容方面，提出了高中信息课程的总目标，并分别提出了“社会与信息”“信息科学”两大模块各自的目标和内容构成。在课程要求方面，主要对各个模块的教学计划制订以及内容处理提出了具体的要求。

《中国信息技术教育》2009 年第 13 期

台湾地区新高中资讯课程评介

陈晓慧　刘向永

简要介绍了我国台湾地区教育主管部门于 2008 年 1 月 24 日公布的新修订的“普通高级中学课程纲要”，重点介绍了此次新资讯科课程纲要修订的情况。首先提出台湾地区新的高中课程纲要给予了资讯科课程应有的重视，并从新资讯科课程的主要科目、学习重点、主要特色三个方面进行具体阐述。然后介绍了本次资讯科课程纲要的修订主要遵循的四个理念:(1)重视资讯科学技术基础知识;(2)强调思维及运用计算机解决问题的能力;(3)由日常生活导入学习;(4)提供选修的弹性。接着以图表的形式列出了台湾地区《资讯科技概论》课程的教材纲要。最后，从科学与应用之争、生活化等方面总结了台湾地区新高中资讯课程给我们的启示。

《中国信息技术教育》2009 年第 9 期

当前高中信息技术选修课程实施现状分析及改进策略

赵丹丹　王基一

通过模块形式呈现信息技术选修课程是本次课程改革中的一个亮点。但从《普通高中信息技术课程标准》要求到最终落实，每下一级，都会打一些折扣，最后执行时，已经与原来的要求相差甚远。这使信息技术选修课程的价值锐减。为了有效解决选修课程目前存在的问题，实现选修课程的价值，解读了《普通高中信息技术课程标准》，分析了地方层面对选修课程的指导意见和学校在选修课程的实施现状，指出了高考、师资力量和教学资源三个方面影响着信息技术选修课程的开设，并从模块设置、教学评价和教学管理三个方面提出了改进措施，以期实现信息技术选修课程的价值，提高学生的信息素养。

《中国教育信息化》2009 年第 22 期

基于学生视角的高中信息技术新课程实施分析——来自宁波市普通高中的调查

梁银英　米维娜　王海燕

采用自编调查问卷对宁波市普通高中一年级学生进行了分层抽样调查，试图从学生的视角分析信息技术新课程的地位、学习氛围、教师所采用的教学方式、教学效果、评价方式等。调查结果表明：(1)随着新课程的实施，信息技术课程地位有所提高，学生喜欢信息技术课程且比较重视对该课程的学习。但家长的认识不足，部分家长担心学生使用计算机会影响学习；(2)学校营造的信息技术硬件学习环境普遍较好，但软环境的营造有待进一步加强；(3)在教学方式上，教师基本能够较好地把握课堂教学方式，而对学生课余兴趣和能力培养欠缺；(4)信息技术课堂的教学效果得到学生的认可，大部分学生都有新的收获；(5)评价方式有待改善。针对问题提出了以下解决对策：(1)营造利于信息技术课程学习的软环境；(2)更新信息技术教学方法，提高教学效果；(3)结合信息技术课程进行有效的教学评价。

《中国教育信息化》2009 年第 22 期

信息技术教材研究

概　况

教材是开展信息技术教学的基础性资源，是直接体现课程理念的载体。2009 年信息技术教材方面的研究，主要集中在教材编写的依据、教材的设计开发、内容体系的构建、教材配套资源的开发、教材编写的跨文化研究等方面：

教材编写的依据

课程标准是教材开发的基本依据，年龄特征则是教材编写的重要依据之一。林众在《年龄特征是信息技术教材编写的重要依据》一文中强调，信息技术教材编写中要关注中小学生心理发展年龄特征的问题，既要考虑中小学生认知和人格发展的年龄特征与信息技术教材结构设计的关系，又要用发展的观点合理地安排信息技术的知识内容和操作技能，还要掌握好“弹性”原则。

教材的设计开发

主要从目前教材存在的问题出发，提出教材的设计思路。如郭芳、慈黎利、宗世哲在《义务教育阶段信息技术教材的现状与设计》一文中提出目前教材主要存在的五大问题，并提出了教材的设计思路：注重信息素养的培养；平衡教材内的基础性、时代性、科学性、层次性；正确处理教材内容与学科知识体系的关系；体现教与学方式的多样化；倡导利用信息技术进行创新实践。姜霞在《对信息技术教材二次开发的几点建议》一文中结合实例，给出了对高中新课程信息技术教材二次开发的一些建议。

内容体系的构建

在教材设计理念的指导下，运用合理的方法将要涉及的知识以合理的方式组织和呈现是构建教材内容体系的重要方面。如黄应会在《对小学信息技术教材基础知识模块编写的分析与思考》一文中，考查了近年出版的几套小学信息技术教材，重点关注各版本教材是否介绍信息技术基础知识的相关内容，涉及了哪些知识点以及知识点首次出现的时间，占用的课时、呈现特点等，并提出在教材编写中处理信息技术基础知识模块时要遵循的原则。

教材配套资源的开发

新课程改革为课程资源的开发与利用提出新的课题，但目前教材配套资源存在诸多不足之处，这就引起了大家对于教材的配套资源的关注。黄应会在《新课程改革挑战教材配套资源开发》一文中提出要从资源服务意识和需求意识、生成性资源的开发、习题资源的开发、无形资源的开发、合理配置各种形式的资源等方面开发教材配套资源。

教材编写的跨文化研究

随着我国对外交流的逐渐增多，信息技术的蓬勃发展，教材编写的跨文化研究也逐渐受到重视。在《中国信息技术教育》编辑部摘编自赖清国、韩长泽等人的论文《台北市小学资讯素养与伦理教材编写及推动概述》一文中重点从教材编辑规划、各单元主题及学习重点两个方面介绍了台北市“资讯素养与伦理”小学版教材课程的内涵；杨炼也在《韩国ICT教育发展对我国中小学信息技术教材开发的启示》一文中阐述了韩国的教育信息化现状及发展历程，介绍了ICT在韩国教育信息化中的应用，总结了韩国ICT课程的教育特点，并借鉴韩国部分经验对我国中小学信息技术教材开发的思路作了展望。

由于目前我国各地信息化程度存在较大差异，中小学信息技术教材呈现多样性、多层次、多起点的特点。因此，一方面，各地学校要因地制宜，充分考虑当地信息化发展水平、学校师资和机房设备等资源的情况，选择适合的教材进行教学；另一方面，要重视课程创生的实践，即在基于现有教材的基础上，根据学生情况和实际生活经验，灵活运用、充实教材；同时，要注意批判性地借鉴国外教材的经验。

论　文　摘　要

新课程改革挑战教材配套资源开发

黄应会

通过调查发现了目前教材配套资源存在的诸多不足之处，提出要从以下几个方面关注配套资源的开发：(1)增强资源服务意识和需求意识；(2)重视生成性资源的开发，保证学生知识与技能的可持续性发展；(3)关注习题资源的开发，确保教师顺利开展学习评价，利于学生的自主学习；(4)重视无形资源的开发，提升资源服务的精神价值，利于情感目标的培养；(5)有机整合、合理配置各种形式的资源。

《中小学信息技术教育》2009 年第 7 期

现有信息技术教材对欠发达地区的不适应性探究

胡金艳　张丽莉

信息技术课程的特色决定了其建设和实施对设备具有很强的依赖性，我国各地区间物质技术条件发展处于极不平衡的状态，试图通过一套信息技术教材适应所有地区的需要是不现实的。现有的信息技术教材多数是针对较为发达地区的设施设备条件而编写的，对欠发达地区具有诸多不适应性，主要体现在：教材内容难度偏大缺乏基础性；教材内容陈旧，远滞后于技术的发展；教材内容脱离学生的生活实际；配套光盘内容需要创新。

《软件导刊·教育技术》2009 年第 4 期下半月

年龄特征是信息技术教材编写的重要依据

林　众

首先，阐述了认知和人格发展的年龄特征与信息技术教材结构设计的关系。然后，提出要从学生的知识结构发展的特征出发，合理有序地安排教材的知识内容，具体要注意以下方面：(1)从“零”起点传授信息技术知识，以突出直接的生活知识向间接的科学知识的发展；(2)应遵循由易到难、科学有序的原则，以突出从情境性知识向考虑解决问题方法的策略性知识发展；(3)引入语提升要循序渐进、螺旋上升，以突出知识升华的规律。接着，指出要从学生操作技能发展的特点出发，合理有序地安排“动手实践”内容，具体要注意以下方面：(1)操作技能按其复杂程度，分为初级操作技能和高级操作技能；(2)操作技能的形成必须经过从认知到实践的过程；(3)操作技能的形成与其他各成分有关系，要坚持“弹性”原则，处理好年龄特征与个体差异的关系。

《课程·教材·教法》2009 年第 9 期

中学信息技术教材教法课程教学改革研究

吴丽华

通过有计划、有目的地开设“中小学信息技术教材教法”课和进行讲课训练，是高师院校计算机科学与技术专业学生获取、形成信息技术课堂教学技能的重要途径。结合教学实践，运用教学设计系统方法，探讨了高师院校《信息技术教材教法》的课程改革问题。以推动地方高师信息技术教育自身的发展，从而便与中学信息技术课程形成衔接为目的，具体从教学观念、教学内容、教学方法、学习者特点、教学策略、教学评价等方面作出针对性的分析，并提出相应的改革对策。

《中国科技信息》2009 年第 15 期

云时代的中小学信息技术教材建设

李 梅 胡继强

首先阐述了云计算的基本概念，四大主要特征：云端存储数据、云端提供软件服务、随时随地提供服务、充分满足用户需求，云时代给教育带来的机遇和挑战。然后阐述了中小学信息技术教材建设现状及其存在的问题和不足：教材编写指导思想需要修订；教材编写定位需要调整；教材内容选择需要与时俱进；教材内容组织呈现过于呆板；教材配套资源建设有待进一步完善。最后给出了云时代中小学信息技术教材建设对策：更新指导思想，准确把握定位；更新教材内容，合理组织呈现；重构配套资源，深挖网络潜能；加强道德渗透，提升社会责任。

《中小学电教》2009 年第 6 期

义务教育阶段信息技术教材的现状与设计

郭 芳 慈黎利 宗世哲

近年来，我国各地编写出版了数百种义务教育阶段信息技术教材。通过对这些教材的广泛调研，提出目前的教材主要存在以下几个方面的问题：(1)出版品种过多、过杂，缺乏多层次的特色教材；(2)教材修订推广不及时，严重滞后于信息技术的发展；(3)教材缺乏立体化设计，忽视配套资源的开发；(4)教材设计思路模糊，不能充分表达课程内涵；(5)教材内容体系多样化，难以与高中教材衔接。按螺旋层次划分了义务教育阶段信息技术课程的知识体系，主要分为基本知识和拓展知识两部分。提出了教材的设计思路：(1)注重信息素养的培养；(2)平衡教材内的基础性、时代性、科学性、层次性；(3)正确处理教材内容与学科知识体系的关系；(4)体现教与学方式的多样化；(5)倡导利用信息技术进行创新实践。

《中小学信息技术教育》2009 年第 1 期

网游进教材之我见

李 卿

由一款名为《摩尔庄园》的网络游戏被写入武汉市小学四年级信息技术教材的事例说起，探讨了网络游戏进教材的利弊，认为以积极的态度来应对网络游戏进教材一事更为科学，并从以下几个方面论证了网络游戏走进课堂是教育界对网络游戏更正确的定位，是对预防学生上网成瘾的一种更加积极有效的探索：(1)网络游戏是把双刃剑，有利也有弊；(2)要把握游戏尺度，在引导学生使用网络游戏的同时，强调培养学生的自制能力。

《中小学信息技术教育》2009 年第 12 期

对小学信息技术教材基础知识模块编写的分析与思考

黄应会

首先考查了近年出版的几套小学信息技术教材（人教版、北师大版、冀教版、苏科版），重点关注各版本教材是否介绍信息技术基础知识的相关内容，涉及了哪些知识点以及知识点首次出现的时间，占用的课时、呈现特点等。然后通过以上分析，提出在教材编写中处理信息技术基础知识模块时要遵循的原则：(1)正确认识信息技术基础知识的地位。指出信息技术基础知识的相关内容应列入小学信息技术教材；(2)合理控制内容的难度。具体要做到：在广度上，适当控制知识点的量；在深度上，遵循概念形成规律，恰当处理概念性知识点的描述方式，并把整个义务教育阶段作为一个整体来统筹安排，让学习难度在不同阶段体现出一定的梯度；(3)灵活把握知识首次出现的时机。认为，只要时机恰当，遵循学生的认知规律，前后知识的关联合情合理，就可以介绍信息技术基础知识；(4)创设利于知识掌握的任务情境。强调任务情境的描述要简明、清晰、易懂。

《中国信息技术教育》2009 年第 3 期

台北市小学资讯素养与伦理教材编写及推动概述

赖清国　韩长泽

首先阐述了台北市小学资讯素养与伦理教材编写的背景，介绍了台北市教育局推动小学“资讯素养与伦理”教育的实施策略。然后从教材编辑规划、各单元主题及学习重点两个方面介绍了“资讯素养与伦理”小学版教材课程的内涵。接着检视了各校提供给教育局资讯室的2007学年台北市资讯素养与伦理教学的资料，从以下两个方面总结得出台北市2007学年小学教师实施“资讯素养与伦理”教学的概况：(1)台北市2007学年小学“资讯素养与伦理”授课统计；(2)资讯教师和非资讯教师对“资讯素养与伦理”教学授课的意见。

《中国信息技术教育》2009年第11期

对信息技术教材二次开发的几点建议

姜　霞

高中新课程改革为课程资源的开发与利用提出新的课题。教材不再是课堂教学唯一的目标和内容，对教材的二次开发是教师专业化面临的挑战之一。结合实例，给出对信息技术教材二次开发的一些建议：(1)教材二次开发要结合学生特点，将原有知识系统化；(2)教材二次开发要帮助学生掌握学习方法；(3)教材二次开发要符合学生认知规律，注重理论与实践的结合。

《中国教育技术装备》2009年第29期

韩国ICT教育发展对我国中小学信息技术教材开发的启示

杨　炼

以在韩国留学期间对韩国ICT（信息通信技术）教育的较为全面的了解为基础，阐述了韩国的教育信息化现状及发展历程，介绍了ICT在韩国教育信息化中的应用，总结了韩国ICT课程的教育特点：(1)突出ICT课程建设的规范性。(2)强调ICT与其他课程整合的针对性：针对不同的学科开发相适应的整合教材；针对不同学科教师进行有针对性的培训；开发网络培训系统，提高教师培训效率。然后结合自己在初中信息技术教材开发中的经验，分析了我国中小学信息技术教材的现状与主要类型。最后借鉴韩国部分经验对我国中小学信息技术教材开发的思路作了展望：统一标准；注重学生信息素养全面发展；提供最新技术信息和教学指导思想；教材内容应涵盖多媒体资源库和在线平台；以教材为标准，强化课程评价体系。

《中国教育技术装备》2009年第26期

高中信息技术教材的开发与应用

岳俊华

从目前设计新的高中信息技术教材所迫切需要解决的三个问

题出发，首先分别阐述了高中信息技术教材中“多媒体信息技术应用”“信息技术基础”“人工智能初步”等模块的主要编写思路。然后阐述了高中信息技术的特点，提出教材内容要注意贴近学生的生活和学习实际。接着提出教材编写时要注重信息技术知识与技能、过程与方法、情感、态度和价值观的多重建构。最后强调要注重信息技术学习内容的适应性、选择性和开放性。

《中小学教育》2009 年第 12 期

信息技术教学研究

概　　述

有关信息技术教学的研究和探讨历来是信息技术教育领域最热门、最受课程专家和一线教师关注的话题。综观 2009 年中小学信息技术与课程整合方面的研究成果，发现研究内容主要集中以下几个方面：一是教学基本理念；二是教学方法和教学模式；三是教学策略和教学机智；四是教学随笔。

教学基本理念

教学理念主要指信息技术教育、教学所应遵循的基本指导思想和信念，是人们对信息技术教学和学习活动内在规律的认识的集中体现，如新课程理念。理念的解读和阐释可以为一线教师实施教学提供指导。如张宏在《新课程教学目标的准确定位》一文中从教学目标的定义出发，以图表的形式对比分析了《指导纲要》和《课程标准》，并结合教学实践，深入探讨了教学目标定位问题；肖若全在《信息技术教学：“技能”向“素养”转变》一文中认为培养学生学习和应用信息技术的意识和兴趣，培养学生信息能力和信息伦理道德观，是信息技术教师应该下工夫研究的事情。

教学方法和教学模式

教学方法是指为培养学生的信息素养，完成教学任务而采取的教与学相互作用的活动方式的总称。常用的信息技术教学方法有讲授法、教练法、讨论法、WebQuest、任务驱动法、基于问题的学习（PBL）、范例教学法、项目研究法等。其中，任务驱动法仍然是大家普遍关注的方法，如汪志平在《从新课标视角再论任务驱动式教学》一文中分析了网络环境下任务驱动式教学存在的问题，并从教学任务的设计、教学情境的创设、教学过程的监控、教学效果的评价等方面提出了网络环境下任务驱动教学的实施策略；曹书成在《任务驱动教学法的实施策略》一文中从任务设计的策略、创设情境的策略、课堂协作交互的策略三个方面提出了任务驱动教学法的实施策略。此外，基于项目的学习也备受关注，如彭景在《基于项目的学习在信息技术教学中的应用——以〈我的中国自助游〉为例》一文中探究了在高中信息技术教学中如何进行基于项目的学习；邬彤在《基于项目的学习在信息技术教学中的应用》一文中分析了在信息技术教学中应用基于项目的学习模式的优势及主要环节。

教学模式是与教学方法非常类似的一个概念，指反映特定教学理论的逻辑轮廓，为实现某种教学任务的相对稳定而具体的教学活动结构。通常教学模式俗称大方法，它不仅是一种教学手段，而且是从教学原理、教学内容、教学目标、教学过程直至教学组织形式的整体、系统的操作样式。有关教学模式的研究和实践主要集中在如下两个方面：一是尝试结合新课程理念和时代需要，构建新颖、实用的教学模式。例如，郭艳丽在《开发视觉/空间智能的信息技术教学模式探讨》一文中认为开发视觉/空间智能的信息技术教学应采用“分阶段模式”；刘赵民在《高中信息技术课立交桥教学模式的探究》一文中从立交桥教学模式的可行性出发，探索了其实施过程和方法。二是教学模式和流程中的细节。例如，如何设定好教学目标、教学中如何渗透情感性目标的培养、如何进行良好的导课设计和结课处理、如何进行有效的课堂管理等。

教学策略和教学机智

教学策略是指在教学过程中，为完成特定的目标，依据教学的主客观条件，特别是学生的实际，对所选用的教学顺序、教学活动程序、教学组织形式、教学方法和教学媒体等的总体考虑。如张丽霞在《“信息技术”课程教学中挑起“认知失衡”的策略》一文中分析了中小学信息技术课程中挑起“认知失衡”的作用，并从促进课程任务的完成角度提出挑起“认知失衡”的策略；徐建刚在《信息技术理论课的有效教学策略探究》一文中对提高信息技术理论课教学的有效性做了一些探索，总结出了几个关键策略；张金平在《农村中学信息技术课堂教学的优化策略》一文中对农村中学信息技术课堂教学的常见情况进行分析，并根据信息技术教学的要求和学生的心理特点，提出了一些优化策略。

课堂教学机智是指在教学过程中面对千变万化的教学情境，迅速、敏捷、灵活、准确地作出判断、处理，以保持课堂平衡的一种心理能力。它是一种“应急”的智力活动，体现出教师的教学智慧。胡国华在《生成性教学，彰显信息技术课堂生命力》一文中提出了生成性教学的几大策略；蔡萍莉在《达不到预设结果的课堂也精彩》一文中结合自己的教学实践指出，信息技术教师要善于捕捉和利用课堂上出现的生成性资源，根据课堂上碰到的意外的思维火花，巧妙及时地变换教学内容。

教 学 随 笔

教学随笔是教师通过自己的教育实践活动后所产生的对教学设计、教学效果、教学思想等引发的思考、感悟，从而对教育活动进行的一种叙述、分析、总结。钱春平在《构建有效信息技术课堂——市小学信息技术课堂教学研讨活动有感》一文中以参加市组织的一次教学研讨活动为契机，结合执教老师呈现的课堂教学，探讨了对有效课堂的认识，并针对信息技术教师在构筑有效课堂时遇到的问题，提出解决策略；钱世伟在《让学生收获有思想的信息技术——有感于〈我为神七飞天做小报〉教学设计》一文中以“多让学生收获带着思想的信息技术”为努力方向，通过对自己的一课《我为神七飞天做小报》的教学设计的思考，摸索出让学生收获带着思想的信息技术的几条路径。

综上所述，当前有关信息技术课堂教学的理论，如教学指导思想的阐释与解读等仍存在不足；部分教师在实际教学中对于教学方法、教学模式的正确把握和合理应用仍有待改进；课堂教学的有效性有待加强；教学反思的理论有待升华。

论 文 摘 要

过程启发式教学法在信息技术课程中的应用与思考

宋伟娜

启发式教学法始终贯穿在教学过程中，由于许多教师没有认真领会到启发式教学的实质，或者对启发式教学艺术运用不当，在教学实践中经常出现“启而不发”的现象，或是一种结果启发。本文所探讨的是如何在信息技术教学过程中很好地使用启发式教学法，避免结果性的启发，探索注重过程的启发式教学，它是教师根据学生获得和掌握知识与技能所需要的思维过程和思维方法，按思维流程设计相应的启发式问题，启发学生思考和完成学习任务，并逐步过渡到让学生向自己提出问题、自我启发完成学习任务的教学方法。信息技术课程中应用过程启发式教学可以提高学生上机操作的能力和速度，可以摸索出更快更好的操作技巧，事半功倍。

《中国电化教育》2009 年第 4 期

基于任务驱动的协作学习活动的研究与实践

张红波

基于任务驱动的协作学习是一种值得探讨的教与学的方法。以中学信息技术课为研究平台，选取了三个协作学习主题，并对各主题进行协作小组任务分配，设计实施了教师组织协作学习的流程、学习者基于任务驱动实施协作学习的流程。通过行动研究法分析了基于任务驱动的协作学习在信息技术课中开展所出现的问题及对策，总结了协作学习开展的可行性与教师应注意问题。

《中国电化教育》2009 年第 12 期

例谈信息技术教学中的情感教育

孙艳秋

笔者认为情感是教学的“催化剂”，信息技术课就如同人的生命一样，有生命线，也有情感线。本文结合教学实践，从信息技术课堂中教学内容的选择、教学情境的创设、教师与学生的情感共鸣、如何做好评价、课外活动的拓展等方面进行了总结。笔者相信随着信息技术的发展，如何把握好每一节课，根据实际情况对学生进行情感方面的教育，是每一位信息技术教育者需要思考的问题。

《中国电化教育》2009 年第 10 期

智能机器人的教学探索

王　佩

通过中学课堂教学与实践的多年经验积累，结合本校智能机器人走进课堂的发展历程，探讨了智能机器人的教学实践问题。首先分析了智能机器人的研究领域与学科范围，在此基础上从教材选择、学习方式以及教学方式、参加多种活动等方面探索了智能机器人的教学实践策略，旨在引起大家一起参与智能机器人教学方式的研究，为学生科学素养以及创新精神的培养开拓一个新的空间。

《中国电化教育》2009 年第 2 期

面向课堂情境的设计研究实践框架

杨南昌

针对目前设计研究在干预系统设计内容上的研究缺失和学校教育实践革新的现实需要，基于现有学习科学研究和作者自身的课堂实践研究，构建了一个面向课堂情境的设计研究实践框架。该实践框架和其所隐含的设计原型、干预设计系统和基于证据的评价等思想丰富和拓展了当前的设计研究过程模式理论，为推动设计研究在课堂实践的深入发展提供了更加切实的系统行动指南。

《中国电化教育》2009 年第 1 期

渗透性德育在初中信息技术教学中的调查研究

张　婷　李红波　张　仙

在信息技术教学中开展渗透性德育是新课改的要求。采用问卷调查法和个别访谈法，以桂林市内 7 所中学的 40 位信息技术课教师和 200 名学生为样本，从三个维度七个方面探究了初中信息技术教学中教师开展渗透性德育和学生习得德育知识的情况。其中，三个维度主要是遵纪守法、道德品质、心理品质三个方面的教育。遵纪守法教育包括两个方面：遵守学校和公共场所的纪律和规章制度；遵守信息法律、法规，形成良好的计算机使用道德。道德品质教育包括三个方面：爱国主义及世界观、人生观的教育；培养学生社会责任感和爱护公共财物；遵守网络道德和网络责任。心理品质教育包括两个方面：提高信息判断能力及安全意识；培养竞争意识及团队合作精神。

《中国电化教育》2009 年第 1 期

未成曲调先有情——谈计算机课堂的导入策略

董福生

计算机的课堂导入在整个课堂教学中起着提纲挈领的特殊作用。教师如果能够设计出构思巧妙、想象奇特的导入方式，就能够把学生的注意力集中起来，从而为课堂教学奠定一个良好的基础。从计算机课堂教学新课导入的视角，探讨了能激发学生学习热情的行之有效的导课方式。它们主要有：(1)热点引趣——新闻引导法；(2)悬念激疑——实验探究法；(3)设问激趣——情境引导法；(4)实例感受——价值激励法；(5)温故引新——承上启下法；(6)作品展示——成功体验法。

《中国电化教育》2009 年第 2 期

信息技术教学中核心问题的设计原则

苏　梅

有效的“问题教学”能促进学生高层次思维的发展以及自主学习能力的提高。但在实际教学应用中出现了提问随意、问题多而杂、问题设置不恰当、问题设计缺乏新意等情况，影响教学效果。通过研究发现，为一堂课创设一个核心问题，并以此核心问题的解决为主线，贯穿整个教学活动，这样的“问题教学”可以实现其有效性。着重探讨了就核心问题的设计应遵循的基本原则：(1)要具有实际应用性；(2)要具有情境的真实性或仿真性；(3)要有恰当的开放性；(4)要具有可操作性。

《中国电化教育》2009 年第 5 期

信息技术课堂教学中的学生元认知能力培养

丁革建　曾棕根　杨双丽　张晓燕

元认知能力是学习能力的基础，通过有意的训练可以提高学生的学习能力。学科教学可以促进学生元认知能力的提高，但学科的差异影响了元认知能力培养的策略。从信息技术学科特点、教学模式和信息能力的培养目标三个方面论述了信息技术课堂教学有助于培养学生元认知能力，并着重从六个方面探讨了学生元认知能力培养的教学策略，即：把信息处理过程上升到元认知过程的高度，促进元认知的学习；善用任务驱动教学方法，强化目标意识，减少学生学习的盲目性；创设真实的信息处理任务，激发学生学习动机；使用“自我提问单”，加强自我监控训练；巧用 Blog 引导学生反思，激发学生元认知体验；应用信息技术课堂的多元评价，提高学生自我评价能力。

《中国电化教育》2009 年第 10 期

“信息技术”课程教学中挑起“认知失衡”的策略

张丽霞

皮亚杰的认知发展理论指出，学生的认知结构是通过同化与顺应过程逐步建构起来的，并在“平衡—不平衡—新平衡”的循环中不断丰富和发展。结合该理论，分析了中小学信息技术课程教学中挑起“认知失衡”的作用如下：(1)有利于激发学生认知内驱力；(2)有利于促发同化与顺应活动；(3)有利于培养学生主动发现问题的意识。并从促进课程任务的完成角度提出应从三方面着手挑起“认知失衡”：(1)挑起“信息技术知识”类的“认知失衡”策略；(2)挑起“信息技术应用”类的“认知失衡”策略；(3)挑起“情感、态度和价值观”类的“认知失衡”策略。

《电化教育研究》2009 年第 5 期

开发视觉/空间智能的信息技术教学模式探讨

郭艳丽

当今的时代是一个“视觉时代”，视觉经验成为我们生活中最重要也最可依赖的经验。在教育教学中，如何开发学生的视觉/空间智能是一个值得探讨的问题。首先简要阐明了视觉/空间智能的概念和在信息技术课中开发学生视觉/空间智能的意义，接着探讨了开发视觉/空间智能的信息技术教学模式并进行了详细说明。认为开发视觉/空间智能的信息技术教学应采用“分阶段模式”。这种模式分成四个阶段，即“唤醒、拓展、教学和迁移”，具有两条轴线：“唤醒”和“拓展”是智能轴线，“教学”和“迁移”是课程轴线。该模式又分成六个步骤：创设情境——智能练习——活动导入——自主完成活动——评价总结——反思迁移。

《电化教育研究》2009 年第 1 期

对新课标下信息技术学科备课的几点思考

蒋　虹

随着新课程改革的进一步深入和信息技术新教材的实施，一线教师的当务之急就是考虑如何用新教材来上好每一堂课。备课是能否上好课的前提和先决条件。分析了信息技术学科的备课现状：集体备课流于形式；网络资源“拿来主义”；教学理念陈旧、老套；备课过程缺乏“互动生成”环节。从备课内容、备课形式、备课方式三个方面积极思考了信息技术学科备课的改革方法。

《中小学信息技术教育》2009 年第 1 期

透视优质课谈教师备课

俞燕丽

以优质课评比中的所见所感为源泉，提出备好课不仅是讲好课的重要前提，是提高教学质量的基本保证，也是教师不断丰富自己的教学经验和提高专业水平、业务能力的重要途径。结合实例重点探讨了几大备课原则：（1）以课程标准与教学指导意见为纲，合理利用并超越教材；（2）以学生的发展为本，激发学生的学习兴趣；（3）以先进理念的教法为根，丰富创新学习方法。

《中小学信息技术教育》2009 年第 4 期

众人拾柴火焰高——“好看簿”上的备课故事

江　平

随着新思想、新技术的不断涌现，基于 Web 2.0 技术的新备课方式优势日显。“好看簿”是一个基于 Web 2.0 的图片博客网站。通过参与“好看簿”中“基于‘好看簿’的社会化教学活动设计研究”小组的活动，并结合教学实践，提出了“好看簿”上备课的几大优势：(1)教师共同参与教学设计；(2)教师共建备课资源；(3)师生共同参与备课。认为基于 Web 2.0 的备课方式在未来必将发挥更重要的作用。

《中小学信息技术教育》2009 年第 6 期

现代信息技术教学的发展特征研究

马会梅　杨建朝

研究现代信息技术教学的发展特征，对于我们有效地发展信息技术，推动基础教育课程改革的科学化进程，提高教育教学质量，均具有重要意义。探讨了现代信息技术教学的发展特征，主要表现在如下几个方面：(1)理论基础的广泛性；(2)价值目标的全面性；(3)内容结构的丰富性；(4)工具手段的科技性；(5)具体实施的综合性。

《中小学信息技术教育》2009 年第 4 期

信息技术教学：“技能”向“素养”转变

肖若全

认为培养学生学习和应用信息技术的意识和兴趣，培养学生信息能力和信息伦理道德观，是信息技术教师应该下工夫研究的事情。主要从以下几方面探讨了信息技术课堂教学如何实现“技能”向“素养”的转变：(1)培养信息意识，把生活实例应用到课堂中；(2)培养信息兴趣，正确引导学生的学习方向；(3)培养信息能力，引导学生综合运用信息技术；(4)创新评价体系，实现“技能”向“素养”的转变。

《中小学信息技术教育》2009 年第 7 期

教学双赢

肖凤霞

从教学实践出发，结合具体实例探究了案例教学的内涵，总结了案例教学的五条优点:(1)着眼点在于学生创造能力以及实际解决问题能力的发展，而不仅仅是获得那些固定的理论知识和操作步骤;(2)它是一种“做中学”的形式，让学生在活动中获取知识，提高技能;(3)通过案例不仅可以让学生获得认识，而且有利于提高其表达、讨论技能，增强面对困难的自信心;(4)大大地缩短了教学与实际生活的差距;(5)在案例教学中，教师实际上从讲台前站到了学生的背后，既调动了学生的积极性，也使学生有了更多展示自己能力的机会。指出教师在选择和撰写案例的时候应注意以下几个方面：时效性、趣味性、价值性、真实性、生活性等。

《中小学信息技术教育》2009 年第 7 期

让学生收获有思想的信息技术——有感于《我为“神七”飞天做小报》教学设计

钱世伟

遵循以人为本的理念，以“多让学生收获带着思想的信息技术”为努力方向，通过对自己的一课《我为“神七”飞天做小报》的教学设计的思考，摸索出让学生收获带着思想的信息技术的几条路径:(1)在任务驱动中赋予思想;(2)在导语设计中点燃梦想;(3)在拓展作业中解放思想;(4)在板书设计中体现妙想。指出激发学生做一个有梦想的人才是信息技术教师的深层次追求。

《中小学信息技术教育》2009 年第 7 期

信息技术教学中人文教育不可偏废

仲伟权

积极反思了我们的教育方式，认为如果我们的教育只有科技教育，没有人文教育，注定培养出来的学生是不全面的。首先分析了人文教育的内涵，然后阐述了人文教育的缺失所带来的负面影响，接着结合自己的教学实践，以讲述计算机病毒、黑客，“网页制作”这一单元的教学，“电子表格处理与分析”这一章的教学为例，阐述了信息技术教学中要随时渗透人文教育，最后阐述了在培养学生的人文素养方面教师应具备的素质。

《中小学信息技术教育》2009 年第 11 期

眼界　学科素养的灵魂——对开阔信息技术学科眼界的思考

高建君

学科教师教育眼界的深度和宽度直接影响了学生的学科眼界，进而影响了学生的学科素养，影响了学生对学科价值的认同和追求。结合自身教学实践探讨了对开阔信息技术学科眼界的思考和做法。首先思考了信息技术教学中，教师在教学眼界的开拓方面存在的问题：(1) 学习内容以知识点为主，缺乏系统的技术眼界；(2)学习方式以模仿操作为主，缺乏自主探究的眼界；(3)教学过程以讲练为主，缺乏技术人文的眼界；(4)评价标准以统一为主，缺乏追求个性的眼界。然后从开阔技术人文的眼界、开阔技术广度的眼界、开阔技术应用的眼界、开阔技术的情感眼界、开阔技术评价的眼界等方面探讨了开阔信息技术学科眼界的具体做法。

《中小学信息技术教育》2009 年第 5 期

利用 STAD 策略优化教学——以《图文混排》为例

李远航　秦丹

STAD 被称为“学生小组—成就型合作学习”，是对合作学习的新发展，也是当前在学科教学中被广泛关注的合作学习策略之一。STAD 策略具体包括一个常规的教学过程、混合能力分组的合作学习、小测验以及对超过自己过去记录的小组成员给予认可和奖励。依据 STAD 策略，可以将合作学习过程划分为 6 个步骤：分组——呈现课程材料——介绍 STAD——合作探究——测验——认可小组成就。以《图文混排》为例，探讨了该策略在信息技术学科中的应用。主要探讨了以下几个方面：(1)设计思路：STAD 策略应用基础；(2)教学准备：STAD 实施的材料；(3)学生准备：STAD 实施的小组形成；(4)学习过程：STAD 应用；(5)评价过程：STAD 特色。

《中小学信息技术教育》2009 年第 3 期

渗透学习策略有妙招

邓其畅

探讨了如何在信息技术教学中渗透学习策略，让学生在学习信息技术知识与技能的过程中学会并运用学习策略。首先阐述了学习策略的具体内涵，然后提出了一些具体做法：（1）运用任务前策略准备教材：①吃透教材内容，运用组织策略板书本节课的主要知识点；②运用组织策略实施信息技术与其他学科的整合；③运用精细加工策略安排教学内容。（2）运用任务前策略准备教学环境：①熟悉教学设备的操作；②创设师生互动的教学环境。（3）运用任务中策略准备教学方法：①通过设计学生自主学习，培养学生灵活运用组织策略；②运用任务驱动教学法，培养学生灵活运用精细加工策略；③运用探究性学习的教学方法，培养学生灵活运用精细加工策略；④运用“小组合作学习”的教学方法，培养学生灵活运用精细加工策略及组织策略。

《中小学信息技术教育》2009 年第 7 期

游戏程序加工在教学中的实现

李慎东

借助 Moodle 教学平台，以“‘雷电’游戏程序的简单加工”为主线，引导学生通过 VB 源程序体验游戏并发现游戏中存在的问题，进一步引导学生学会查看对象、修改对象属性和变量值，以小组合作形式让学生尝试解决游戏中存在的问题，试图阅读程序代码和代码添加，使学生明白通过编写程序代码就可以完善程序的功能。结合教学实际，重点阐述了“雷电”游戏程序加工在教学中的实现过程并给出了关键部分程序代码。

《中小学信息技术教育》2009 年第 4 期

“玩转”信息技术课

钟秋群

认为信息技术课堂教学应一切从“玩”出发，让“玩”变成学习，体现教师智慧经营课堂的思想。结合自己的教学实践，提出了“玩转”信息技术课的几点策略：(1)努力激发“玩”的欲望。教师要尽可能多地为学生提供“玩”的内容，从而激发学生“玩”的欲望，让学生爱上信息技术课；(2)全力营造“玩”的氛围。要提供一种安全的心理环境，即民主、宽松、和谐、自由的氛围，对学生的行为给予尊重、鼓励和支持；(3)积极体验“玩”的激情。如，让学生自己设计玩法、给学生腾出充足的“玩”的时间；(4)经常交流“玩”的经验。可采用“互动式课堂”这一教学模式促进经验交流；(5)自由回味“玩”的乐趣。

《中小学信息技术教育》2009 年第 7 期

“支架式教学”在信息技术教学中的应用研究

王志忠

探讨了“支架式教学”在信息技术教学中的应用，首先研究了“支架式教学”是什么以及如何实施“支架式教学”两大关键问题，认为“支架式教学”是一种培养理念同时也是一种教学策略。然后通过在课堂中开展行动研究进一步探索“支架式教学”：(1)主动适应，进行基于教学模式的行动研究。通过大量的教学实践，形成了较为适合于中小学信息技术教学的“支架式教学”模块：“情境与导入”模块、“引导探索”模块、“自主、协作探索”模块、“交流评价”模块；(2)剖析任务，进行基于教学理念的行动研究。将“支架式教学”与学习任务的设计、完成过程相结合，开展了两个方面的行动研究：①任务的设计：改“微软操作培训”为提供有挑战性的、有层次的学习任务；②任务的完成过程：改全程演示为有策略地提供帮助与支持。最后，对“支架”的内涵和外延进行重新认识，进一步深化研究。

《中小学信息技术教育》2009 年第 7 期

从新课标视角再论任务驱动式教学

汪志平

网络环境下任务驱动式教学对学生的主动参与和自我管理能力提出了更高的要求。分析了网络环境下任务驱动式教学存在的问题：教学任务设计偏离方向；教学情境的创设难以把握；教师对学生完成任务的监控乏力；教学效果认定困难。通过调研从中小学教学实践层面重新认识了网络环境下任务驱动教学存在的问题：在很大程度上偏离了“任务驱动”教学本真的方向。最后，从教学任务的设计、教学情境的创设、教学过程的监控、教学效果的评价等方面提出了网络环境下任务驱动教学的实施策略。

《中小学信息技术教育》2009 年第 7 期

任务驱动教学法的实施策略

曹书成

针对信息技术课堂上任务驱动教学实施过程中出现的问题，提出了任务驱动教学法的实施策略：(1)任务设计的策略。“任务”要从课堂实际出发，以学生为中心，把握好“任务”的密度、难度、精度和梯度，才能产生最佳的教学效果；(2)创设情境的策略。从教学情境的生成、教学资源环境的生成、创设探究与合作学习情境、课堂辅助学习情境的生成四个方面探讨创设情境的策略；(3)课堂协作交互的策略。支持协作交流的课堂技术可分为以下三种：①课堂技术支持学习者与学习媒体资源环境的交互；②课堂技术支持学习者与学习者之间的交互；③课堂技术支持学习者与教师之间的互动。

《中小学信息技术教育》2009 年第 1 期

如何在信息技术课上开展合作学习

李冬梅

合作学习有助于学生获取知识与技能，对发展人际关系、培养合作精神和合作能力起着非常重要的作用。先从合作学习的概念、合作学习的目的、合作学习的方法三个方面探讨了什么是合作学习。再阐述了适合合作学习的教学内容。最后以高中新课程必修模块“多媒体信息加工与表达”所设计的实践活动案例“我的同学，我的校园”为例分析了合作学习的备课方法：(1)选择内容，设计互助学习任务；(2)划分小组；(3)确定小组分工合作的方法；(4)设计与准备学习资源；(5)设计评价与奖励方案；(6)安排时间与空间。

《中小学信息技术教育》2009 年第 10 期

谁说女子不如男——浅谈信息技术教学中提高女生学习兴趣的教学方法

王晓燕

从自身的教学实践出发，总结了女生不爱操作计算机、抵触信息技术课的原因，通过积极思考和实践检验，提出了提高女生的学习兴趣的几种方法：(1)单独辅导和公开鼓励表扬相结合；(2)通过聊天拉近关系，克服女生上信息技术课的恐惧心理；(3)利用女生自身特点，发挥优势，提高学习积极性；(4)成立全校女生信息技术兴趣小组，鼓励女生积极参加；(5)对于特别内向的女学生，我采取了游戏驱动法。

《中小学信息技术教育》2009 年第 7 期

WebQuest 教学设计之探究

马　慧　叶　飞

首先介绍了 WebQuest 的概念和教学目标定位，阐述了

WebQuest 由六大模块组成：情境、任务、资源、过程、评价和总结。然后以教学案例《装饰小报》为例进行实践探索，结合 WebQuest 的教学模式，将 Word 图文混排的知识运用到“家乡的介绍和宣传”的主题中，要求学生围绕该主题展开讨论，利用网络收集资料，并进行小报的设计和制作。最后，进行如何有效探究的教学反思，认为教师在为学生提供资源时，要注意从提供解决问题的思路和方法、培养学生思维能力的角度出发，选取合适的资源，才能实现更为有效的探究。

《中小学信息技术教育》2009 年第 1 期

信息技术教学的关键环节之一——教学设计

李冬梅

从信息技术教学设计需要考虑的问题和几个关键原则两个方面探讨了信息技术教学中的教学设计问题。首先以局部教学设计为例提出了信息技术教学设计需要考虑如下问题：前期分析，根据前期分析得出的学习需求写出教学目标，设计教学策略，设计评价策略。然后阐述了信息技术教学设计有如下几个关键原则：(1)以学生为主体的原则和实践性原则：①要给学生动手做的时间，提高他们的实践能力；②要给学生想的空间，提高他们的创新能力；③提供丰富的学习资源。(2)基于“问题解决”的原则：①基于“问题解决”的教学设计要选择好主题；②在问题的设计上要全面化、具体化。(3)评价原则：①评价要放在课后；②评价要面向全体学生；③要设计评价量规，并事先让学生了解评价量规。

《中小学信息技术教育》2009 年第 3 期

信息技术课堂任务的有效设计——以 Excel 教学内容为例

许云峰　张利波

以 Excel 教学内容为例探讨了信息技术课堂任务的有效设计，提出了以下几点看法：(1)任务设计有效度。将效度按用处划分为三类：专用效度、对比效度和创新效度，并结合实例：怎样修饰看得更清晰——《Excel 单元格修饰》进行具体分析；(2)任务设计有梯度。应根据不同学生的掌握程度，设置多级阶梯任务，并结合实例：计算平均日照——《Excel 公式》进行具体分析；(3)任务设计有深度。认为信息技术教学还要朝问题解决方向深化，教会学生使用信息技术解决生活中问题的方法与步骤等，并结合实例：猜想欧姆定律——《Excel 图表创建》进行具体分析；(4)任务设计有广度。提出任务要带有一定的发散性和辐射性，并结合实例：找出低于平均水质的水系——《Excel 筛选排序》进行具体分析；(5)任务设计有温度。提出温度设计的关键是任务贴近学生的生活，结合学生的兴趣爱好，满足学生的情感需求，并结合实例：你出生的那天是星期几——《Excel 单元格设置》进行具体分析。

《中小学信息技术教育》2009 年第 6 期

信息技术课堂有效提问的设计

任满琴

首先通过对比分析两则关于信息技术课堂提问的案例，说明问题设计是否有效直接关系到教学的成败，然后从有效问题的特征出发，从以下方面对信息技术课堂有效提问的设计策略进行了探讨：(1)围绕三点，精心设问：教师应深钻教材，围绕重点、难点、关键点精心设问；(2)难度适宜，启发引导：在提问之前，教师应对学生的已知区、未知区和最近发展区有充分了解，使问题落在学生的最近发展区之内；(3)目的明确，分类设计：提问要有明确的目的性，这是课堂提问成败的先决条件；(4)层次分明，循序渐进：教师的问题要按照教材知识结构的内在逻辑顺序和学生认知活动的层次进行设置。

《中小学信息技术教育》2009 年第 5 期

书写智慧共同成长——2009 年全国信息技术课程教学案例大赛综述

钟柏昌　徐劲梅　李艺

对中国教育技术协会信息技术教育专业委员会 2009 年全国信息技术课程教学案例大赛中的参赛案例进行了分析。先从参赛案例的内容分布方面分析，发现案例教学内容的分布冷热不均，案例教学内容有一定程度的重复交叠，螺旋上升和内容衔接等问题仍有待解决。再对精彩案例进行述评，发现案例的教学内容丰富、设计合理，教学形式多样、方法新颖。接着从以下几个方面汇总了案例中出现的共性问题：案例文体的描述问题；教育理念的认识问题；教学目标的定位问题；教学细节的把握问题。最后，阐述了教学案例的价值，认为教学案例是一种表达，也是一种积累。

《中小学信息技术教育》2009 年第 11 期

如何讲好《信息技术及其应用》

李冬梅

首先从科学技术的产生与发展的角度来分析信息技术的主要特点，得出结论：信息技术的本质特点是对人类智力能力的扩展。也就是说，信息技术是扩展人的信息器官功能的一类技术。然后通过比较人类的信息器官及功能和信息技术的基本内容来阐释信息技术的内涵。最后，从当今信息科学家正在做什么入手，探讨了信息技术的前沿应用，并列举了“仿生眼”帮盲人复明、“舌头驾驶系统”助残障人活动、无音通话系统等几个案例，借以抛砖引玉。

《中小学信息技术教育》2009 年第 2 期

谨防信息技术课堂教学四条“歧路”

李政森

在信息技术课堂教学中，透过看似平常的情境，可以发现隐藏在其中的问题。为了更好地把握信息技术课堂教学、更有效地经营课堂，提出要谨防以下四种现象引发的“歧路”：(1)小小课堂，戴顶帽子××牌，教师不知出啥牌。针对该现象指出，信息技术课堂不一定要扣上多大价值的观念帽子，如果硬要给信息技术课堂冠以诸如“倡导绿色理念，打造生态课堂”之类的帽子，反而可能会窄化课堂教学思路，弱化课堂教学的真正内涵；(2)教师的激情点燃不了学生的热情。针对该现象指出，教师应该从以下几个方面点燃学生的热情：营造良好的教学情境；选择贴近学生生活的教学内容，设计学生感兴趣的学习任务；讲究一定的激趣技巧；(3)不喜欢信息技术教师拿着课本上课。针对该现象论证了信息技术课堂应该是无纸化的观点存在误区；(4)教案，在课前就完成了的事。针对该现象，提出教师应兼顾课堂生成和课堂教学任务的完成。

《中小学信息技术教育》2009 年第 11 期

如何修炼有效的信息技术课堂

杨　玲

从以下四个方面分析了课堂有效教学的主要策略，以期提高课堂教学的有效性。(1)巧设教学目标，发展学生潜能。具体要把握以下几点：教学目标定位要准确；教学目标要有可操作性，特别是“知识与技能”目标，要能够检测和量化；教学目标要体现层次性；(2)优化情境设计，激发学生兴趣。具体要把握以下策略：情境创设要目的明确，紧紧围绕教学目标，为教学服务；情境创设要以学生已有经验为基点；情境创设要有整体性，尽量在同一主题下创设教学情境；(3)加强组织引导，活动不是“味精”。具体要注意：处理好教学内容与活动的关系；处理好学生与活动的关系；教师要充分发挥自己的作用，合理引导；(4)把握课堂提问，促进学生思考。具体策略有：问题的难易要适度，并形成恰当的层次结构；选择合适的提问方式，给学生足够的思考时间；丰富答理方式，及时恰当地反馈。

《中小学信息技术教育》2009 年第 5 期

信息技术课堂教学失效现象聚焦及成因解析

郭凤广

首先举出信息技术课堂教学的几个场景并结合自身经验对信息技术课堂教学失效现象进行诊断，总结出目前信息技术课堂教学的失效现象如下：(1)教师备课浅尝辄止；(2)课堂秩序难以掌控；(3)学生主体地位缺失；(4)教学过程表演过多；(5)学习评价存在不足。然后从教育环境、教师素养和学生特征三个层面对信息技术课堂教学失效的原因进行分析：(1)教育环境。影响信息技术课堂教学的外部因素；(2)教师素养。影响信息技术课堂教学的主导因素；(3)学生特征。影响信息技术课堂教学的内部因素。最后提出在信息技术课堂教学中，师生双方应该加强沟通，共同优化智力因素和非智力因素，打造高效课堂。

《中小学信息技术教育》2009 年第 5 期

基于 XML 的中学机房作业管理系统

张　峰

阐述了在信息技术课的机房教学中经常会碰到的一些问题，如学生作业文件的存取、发放和评价等。指出很有必要开发一套符合中学教学需要且简单实用的作业管理平台。针对中学信息技术课的特点，开发出了基于 XML 和 AJAX 技术的 B/S 模式机房作业管理系统，重点阐述了系统的总体设计、工作流程、关键技术与实现方法。这一系统将有助于提高课堂管理和作业管理的有效性，增强课堂教学的趣味性，更好地落实学生信息素养的培养。

《中小学信息技术教育》2009 年第 10 期

课堂调控令教学“起死回生”

费海明

课堂调控就是指教师在教学过程中对课堂教学的管理、调节和控制，以最终实现教学目标。指出要仔细思考信息技术课堂教学中存在的关键元素，并琢磨其内在的规律性，寻找可以事先准备的有效策略。结合具体教学实践案例，探讨了课堂调控的几大策略，主要有:(1)调控学习步调，让教学从混乱到有序。具体方法有：铺设规约、集中注意力。(2)引导多层互动，让教学从平静到活跃。一般做法是：不要畏惧教学冷场，可以耐心地让学生思考几秒钟，然后让学生分组交流。(3)应用问题探询，让教学从偏移到“正途”。问题探询的关键在于运用紧跟问题之后的追问手段。

《中小学信息技术教育》2009 年第 1 期

信息技术教学的关键环节之二——课堂教学的组织与引导（上）

李冬梅

课堂教学组织与引导，就是让学生在一个民主、宽松、自由、活泼的课堂气氛中，充满兴趣地、全身心地投入到学习活动中，让学生的知识、能力和情感等得到全面发展。结合具体课例，从课堂的切入点、学习动机和课堂气氛、课堂的动态生成、个体差异四个方面探讨了课堂教学的组织与引导方法。具体提出:(1)找准切入点，让学生尽快投入学习中。总结出两点重要的课堂教学的引入策略：点评作业、让课前的教学准备工作起辅助作用。(2)激发学习动机，营造民主宽松的课堂气氛。要做到：①教师要具有亲和力；②对学生的兴趣感兴趣；③给学生充分的时间和空间；④时刻激励学生。

《中小学信息技术教育》2009 年第 4 期

信息技术教学的关键环节之二——课堂教学的组织与引导（下）

李冬梅

通过具体教学案例及对案例的分析，从关注课堂动态生成及重视学生个体差异两个方面继续探究了信息技术课堂教学的组织与引导方法。在“关注课堂动态生成，引领学生思维”方面要做到如下几点:(1)激发学习新知识过程的动态生成，灵活调整教学策略;(2)恰当处理实践活动中的动态生成，鼓励学生探究。在“重视个体差异，让每个学生体验学习的成功”方面要做到如下几点：(1)建立教学网站；(2)利用刚开始实践的时间帮助困难学生；(3)开展小组合作学习。

《中小学信息技术教育》2009 年第 5 期

让信息技术课堂成为创新的沃土（上）——如何培养学生的观察力与想象力

李冬梅

信息技术学科具有内容的综合性、设计的创新性、操作的实践性等特点，有利于学生创新能力的培养。结合具体教学案例，主要从以下几个方面探讨了如何培养学生的观察力和想象力，激发学生的创造力。(1)创新能力培养的关键在创新素质。主要体现在：①强烈的自信心和内在动机；②敏锐的观察力和丰富的想象力；③独立的思维精神和辩证的思维方式；④动手实践能力；⑤冒险精神和承受挫折能力；⑥坚强的意志力和百折不挠的精神。(2)培养学生的观察力和想象力，激发创造力的。主要策略有：①创设情境，搭建空间；②以身示范，树立榜样；③展示作品，开阔视野；④总结反思，二次创作。

《中小学信息技术教育》2009 年第 11 期

让信息技术课堂成为创新的沃土（下）——自信心和意志力的培养

李冬梅

通过具体案例和案例反思，结合自身教学经验，探讨了信息技术课中学生自信心和意志力的培养问题。首先阐述了如何培养学生的自信心，指出自信心是在做事中得到提高的，具体到信息技术学科，就是在上机动手实践、完成作业的过程中提高的。然后阐述了如何培养学生的意志力，提出以下几点策略：(1)从小事做起，严格要求。如：规范命名文件和文件夹；规范使用电子邮件；按时提交作业；(2)培养兴趣，激发内在动机；(3)设计有一定难度的实践内容，并及时鼓励学生。

《中小学信息技术教育》2009 年第 12 期

如何培养学生的自主学习能力

周慧敏

信息技术教学中学生自学能力和独立解决问题能力的培养不容忽视。培养学生的自主学习能力是一项观念性、知识性、策略性和操作性很强的活动。结合近几年的信息技术课教学实践，立足于学生自主学习能力的培养进行积极的探索和实践，总结出一些行之有效的策略:(1)营造轻松、和谐的学习氛围。(2)激发学生自主学习的动机。(3)为学生的自主学习提供丰富的资源。(4)对学生进行学习方法的指导。

《中小学信息技术教育》2009 年第 9 期

信息技术教学中如何引导学生探究

周爱清

说明信息技术课中让学生自己动手实践和主动探究的重要性，结合实例，探讨信息技术教学中引导学生主动探究的方法主要有:(1)用问题启迪学生的思维。其中，问题有两层含义：一是指信息技术操作的主题；二是指信息技术操作所要解决的矛盾或疑难；(2)用情境搭建认知的阶梯。指出信息技术课的情境主要有道德感情境、美感情境、理智感情境和综合情境。教学中应根据不同的操作任务精心设计适宜的情境;(3)用资源拓展思维的空间;(4)用思考促成意义的建构;(5)用探究提升运用的能力。

《中小学信息技术教育》2009 年第 12 期

探究　实践　领悟——提升学生信息能力的三部曲

周　卫

信息技术课的核心目标是提升学生的信息素养。而在信息素养中，信息意识是先导，信息知识是基础，信息能力是核心，信息道德是保证。经过教学实践的多次验证，总结出三阶段教学实践思路，即：在联系生活的基础上，“提出问题，探究知识；解决问题，具体实践；验证知识，领悟提高”。利用这一思路，循序渐进地提高了学生发现问题、分析问题和解决问题的能力，提升了学生的信息能力。

《中小学信息技术教育》2009 年第 11 期

利用学案构建信息技术课堂的自主学习模式

李辉波

结合教学实践探讨了如何利用学案构建信息技术课堂的自主学习模式。主要在以下几个方面着手构建:(1)构建新教材，弥补教材不足。具体指出，通过编写学案来构建新教材，应对教材中操作实践的内容进行具体化、深入化、扩展化，并根据教学目标，设计出同学们容易理解、步骤明确的实践操作内容，来引导学生完成操作和实践的学习内容。(2)构建新问题，启发思考和质疑。具体指出，在学案的编写过程中要注意问题设计的灵活性、新颖性、科学性、启发性等，让问题成为课堂的导线，与课堂融为一体。(3)构建新任务，促进知识和技能的运用。具体指出，在学案教学过程中，要构建与当前学习主题相关的、尽可能真实的学习情境，引导学习者带着真实的“任务”进入学习情境，使学生的学习直观化和形象化。(4)构建新思维，促进知识迁移。具体强调，信息技术课堂的学案导学应创设条件、环境和氛围，拓宽学生思维的广阔性，加强思维的针对性，提高学生推理、想象和求异创新能力。

《中国信息技术教育》2009 年第 12 期

初中信息技术课的游戏设计

马秀芳

为了将学生对电脑游戏的兴趣转化到信息技术课学习上来，以期提高学生的学习兴趣与程序设计能力。深圳市中小学信息技术课教材编写组尝试在初中信息技术课中增加了游戏设计的内容，让学生通过学习游戏的设计与开发，实现对算法分析、程序设计、多媒体处理等知识与技能的学习。利用一个专门用于设计游戏的工具 Game Maker，以一个名为“1945”的具体游戏为例，说明了游戏的基本设计思路、设计框架与实践活动。具体从以下几个方面进行说明：构思游戏主题、明确游戏风格、撰写设计文档、确定游戏基本要素与素材、应用 Game Maker 实现游戏、游戏的调试与完善。

《中国信息技术教育》2009 年第 7 期

让生活融入信息技术课堂

丁　红

认为信息技术课不应该只是机械的操作步骤和操作过程的学习，应该包含更多的生活需求中有“血”、有“肉”的东西。在教学实践中尝试了关注学生在实际生活中有关计算机和网络应用的点点滴滴，试图让生活融入信息技术课堂，让信息技术走向生活。具体做法如下：(1)提供生活材料，创建生机盎然的课堂情境。主要从两个方面着手：引入地方特色资源和借助电脑游戏资源。(2)创设生活氛围，营造和谐向上的课堂情境。主要从以下两个方面论述：创设实际生活情境和尊重学生生活需求。(3)融合生活细节，呈现人文交融的课堂。主要从以下两个方面探讨：养成良好操作习惯和营造和谐师生关系。

《中国信息技术教育》2009 年第 10 期

如何开展信息技术服务性学习

方 顾

从信息技术服务性学习的活动内容、活动形式及评价机制三个方面阐述了信息技术服务性学习的实践策略。在活动内容方面，指出活动内容的确定要遵循两个原则：活动内容在难度上需要符合学生的知识能力基础；活动内容一定要避免各类潜在的安全隐患。在活动形式方面，提出可以有多种活动形式，并以“少先队红领巾社团”活动形式为例展开分析。在评价机制方面，根据美国教育改革中的服务性学习联合会修正的服务性学习基本要求，阐释了信息技术服务性学习的评价内容。

《中国信息技术教育》2009 年第 13 期

生成性教学，彰显信息技术课堂生命力

胡国华

“生成”是新课程的价值取向，是当前课堂教学改革的热点问题。从教学实践层面上探讨了生成对于构建和谐的、富有生命力的信息技术课堂的重要作用，提出了生成性教学的几大策略：(1)关注学生成长，充分发挥学生的主体地位。(2)精心预设，实现教学目标向学习目标的转化。(3)灵活设计教学流程，大胆预留学习空间。(4)敏锐捕捉生成性资源，充分发挥其教育、教学价值。(5)不断进行教学反思，促进积极有效的生成。

《中国信息技术教育》2009 年第 15 期

信息技术课中学生学习差异归因及教学对策

张 群

信息技术课程是一门实践操作性非常强的课程，学生的计算机基础水平参差不齐。探讨了在差异存在且不可能消除的前提下，如何在信息技术课堂教学中实施有差异的教学，促进有差异的发展，提高信息技术课堂教学的实效。首先分析了学习差异主要体现在两个方面：认知因素的差异和基础知识、技能差异。然后表明了对学习差异的正确认识，强调一方面要尊重差异，差异客观存在；另一方面要利用差异，差异是一种资源。最后提出了

利用学习差异进行教学的实施策略:(1)面对差异，精心设计教学环节。(2)利用差异，开展合作学习活动。(3)评价差异，实现及时客观的反馈。

《中国信息技术教育》2009 年第 5 期

探索博客在信息技术教学中的应用

陈 敏

随着浙江省信息技术新课程的实施，对教师的日常教学提出了更高的要求，网络应用于教学的功能得到了更深更广的认识和开发。博客（Blog）也在这时渗透到了中学的信息技术教育教学领域。就博客这一新生事物在信息技术教育教学中的应用进行了深入探究。从博客的概念及特征出发，具体阐述了博客在信息技术教学中的应用如下:(1)过滤和分类管理信息。(2)辅助管理课堂教学。(3)记录学生的学习、成长情况，制作成电子档案。(4)增强了学生的自主学习能力。

《中国信息技术教育》2009 年第 8 期

信息技术教学中生成性资源开发的探索

严惠娥

无论教师在备课时考虑得如何周全，必然会在课堂中与学生积极思考的心灵有所撞击。探讨了如何开发和处理这些课堂中智慧所撞击出的“火花”——生成性资源。首先从生成性资源的内涵出发，结合自己的教学实践和反思，提出了几个有利于生成性资源产生的渠道:(1)将“舞台”还给学生。(2)通过小组间的比赛来完成教学任务。(3)充分利用展示台的魅力。然后进一步探究了课堂教学中生成性资源的开发办法:(1)发挥主题，催化生成。(2)才华展示，促进生成。(3)恰当评价，拓展生成。(4)巩固知识，深化生成。

《中国信息技术教育》2009 年第 10 期

信息技术合作学习教学模式探讨

朱云燕

首先探讨了合作学习教学模式的内涵，提出合作学习教学模式由四个基本要素组成，即合作小组、小组成员、教师和合作学习环境。然后从竞争、合作、解决问题三个方面阐述了合作学习教学模式的应用。接着提出了合作学习教学模式的优点:(1)能够让全体学生积极、主动参与到学习当中，开发每一位学生的创造性潜能，提高教学效率。(2)让学生的主体地位更加突出。(3)让学生的协作精神与交往能力得到极大的提高和培养。最后提出了合作学习模式要注意的几大问题：(1)建立相对稳定的小组，培养有一定能力的组长。(2)对课堂纪律进行适当的调节。(3)合作学习要实实在在，不能流于形式，搞花架子。(4)合作学习的活动设计和结果评价要恰当。

《中国信息技术教育》2009年第12期

信息技术课中电子作业收发方法的优化

王俊策

随着信息网络技术的发展，信息技术电子作业日益成为一种有效、便捷的作业传递方式，特别是在创建绿色校园的背景下，这种无污染的作业传递方式更是被大家所接受。探讨了网络环境下学生电子作业的传递方式，主要有：教学网站法；E－mail法；FTP法；“多媒体网络教室”软件法；目录共享法。针对各种传递方式所存在的不足，提出了电子作业收发方法的优化，即“目录共享＋特殊权限＋多媒体网络教室法”，具体操作如下：(1)共享“作业”目录。(2)设置“作业上交”目录特殊权限。(3)共享“班级”目录。(4)创建快捷方式。(5)完善体系。(6)规划格式。

《中国信息技术教育》2009年第10期

信息技术课堂教学的几点再思考

陆　英

在信息技术正发生日新月异的变化的背景下，对信息技术课堂教学进行了深入思考，从以下几个方面提出认识：(1)教学模式的转变。认为信息技术教师必须要转换角色，从以教师教为主转变为以学生学为主，使学生养成勤动手、多动脑以及自己分析问题，解决问题的习惯。而理论教学部分的学习也可转变为边讲边练、边看演示边操作。(2)设练习环境，提高学习兴趣。举例说明信息技术教师要寓教于乐，创设良好的练习环境，培养学生的学习兴趣，使他们愿意学，主动学。(3)教学中注意范例的使用。(4)尊重个性发展，树立新型师生关系。(5)网络教学的应用。认为网络教学的运用可以提高学生的自主学习能力，开发学生的创新潜能，更能促进学生知识的积累。

《中国信息技术教育》2009年第19期

绩效最大化：合作学习的必然选择——信息技术课堂有效合作策略探析

肖年志

从对合作学习绩效的内涵认识出发，结合信息技术教学实践，从五个方面探讨了提高合作学习的绩效的相关策略。(1)选择适宜的主题。认为适宜的主题往往具有可合作性与激发性两大特征。(2)提出明确的任务。论证了只有明确了学习任务，小组活动的指向才明确，“心往一处想，劲往一处使”才成为可能，整体效率才会提升。(3)规划互赖的团队。从小组规模、小组成员和组员职责三方面阐述了如何在信息技术教学中对学习小组进行合理的规划。(4)引导有序的进程。指出要想使进程有序，必须将鼓励、指导和监督等教学引导行为贯穿于整个合作学习过程中。(5)开展多元的评价。要做到：评价对象的多元化；评价内容的多元化；评价方式的多元化。

《中国信息技术教育》2009 年第 9 期

研究性学习在信息技术教学中的探索

邬　彤

根据研究性学习的特点，首先从阐释了信息技术教学中应用研究性学习教学模式的五大优势：促进信息技术教学目标的实现；研究性学习过程是对信息技术综合应用的过程；有助于提高学生的自主学习能力和团队协作精神；有助于加强信息技术与其他学科之间的联系；有助于学生发展高层次思维能力。然后以用研究性学习模式进行《数据管理技术》的教学为例，来说明“研究性学习”教学模式实施的过程:(1)明确研究课题的目标。(2)激发兴趣，确定主题。(3)组织小组，确定分工。(4)完成主题，形成成果。(5)展示成果，评价总结。同时，还对实践过程中课题的设定、教师的主导作用、学生的全员参与、全程性多角度的评价等关键问题进行了深刻的反思。

《中国信息技术教育》2009 年第 9 期

建立小型实验室——中学信息技术课程之“做中学”

李伟东

从自身教学实践层面出发，提出在日常的信息技术学科教学中，通过建立小型实验室的方式，让一部分对信息技术感兴趣的学生在“做中学”，能充分调动学生的学习兴趣，培养其分析问题和解决问题的能力。首先举例说明了建立小型实验室的意义，然后阐述使用小型实验室可以解决两大问题：让学生掌握使用的知识和辅导学生参加比赛。最后提出了小型实验室的辅导方法：教师讲解；学生互教互学；引导学生寻找和使用资源。

《中国信息技术教育》2009 年第 13 期

达不到预设结果的课堂也精彩

蔡萍莉

课堂教学是千变万化的，再好的预设也不能预见课堂上出现的各种意外。通过记叙自己在讲授“在 Word 中设置文字的字体、字号、字型以及字的颜色”这节课时所遇到的一些突发事件和学生迸发出的智慧火花，阐明了自己的处理方式和感想。指出，信息技术教师要善于捕捉和利用课堂上出现的生成性资源，根据课堂上碰到的意外的思维火花，巧妙及时地变换教学内容。这一做法主要基于以下几个原因：(1)新课程标准理念下的教学目标，必须从学生的角度出发，行为的主体必须是学生，而不是以教师为行为主体。(2)应该倾听孩子们的心声。(3)要让孩子们成为“生成性资源”的解决者。(4)教学相长。

《中国信息技术教育》2009 年第 13 期

何不给游戏一个更“磊落”的空间——记信息技术课堂“游戏问题”小插曲

杜为锋

从自己的教学实践出发探讨了中小学生爱玩游戏的一些问题。首先记叙了在某堂课上发现并阻止几位学生玩游戏，在课后通过和学生比赛玩游戏借机进行思想教育的事。然后通过调查寻找学生爱玩游戏的原因，并提出适度地玩游戏对学生有益的几个方面。最后，针对部分中小学生投入大量时间玩游戏的现象，提出了几点建议：(1)以疏为主，忌盲目堵塞。(2)顺势调整，正确引导。(3)深层激发，提倡创造。(4)建立校园虚拟社区，形成良好的网络道德观。

《中国信息技术教育》2009 年第 21 期

我的课改实践之旅

张秉英

结合自身教学实践，阐述了自己使用《信息技术基础（必修)》教材的一些心得，提出了如下建议:(1)紧抓课堂常规，按照教材组织教学。(2)不断优化教学环节，力求最佳教学设计。对课堂教学中的“引入”环节做了详细阐述。针对学生水平的差异，总结出一些有效的教学方法：“任务驱动式”教学法；自主、合作、探究互补的学习方式；使课堂形成和谐自由的氛围，让学生充分发挥聪明才智。同时也总结了一些措施来改善课堂教学中的成果展示环节。另外，在反思评价、成果欣赏方面也提出了自己的心得体会。(3)灵活应用新课标和新理念进行教学。具体做法有：多接触优秀的课堂，多向课改中的优秀同行学习；多学习新的教学理念，锻炼扎实的课堂基本功；走出封闭和孤立。

《中国信息技术教育》2009 年第 5 期

透视——信息技术教学困惑（三）

郎冠明

以嘉宾访谈的形式，与湖南省教育科学研究院的杨玲、甘肃省教育科学研究所的冯继甘、南京师范大学教育科学学院的钟柏昌三位嘉宾共同讨论，探讨信息技术教学中的“困惑”，并提出一些解决方案。在教学“困惑”方面，杨玲从教学目标、教学内容的处理不当，教学方式、方法的错误运用以及课堂提问流于形式等方面阐述了信息技术课堂中的低效教学现象；钟柏昌提出培养学生能力要突出“四基”：基础知识、基本技能、基本方法、基本态度，并重点从外因和内因两个方面剖析信息技术教师专业发展目前存在的困难。在反思教学“困惑”方面，杨玲从教学目标、教学内容、教学方法、提问策略等方面阐释了如何提高课堂教学的有效性；钟柏昌另辟蹊径，从课程基础、课程地位和资源条件三方面挖掘出信息技术学科和教师的几大优势，为信息技术教师指点迷津。在如何驾驭课堂、驾驭课程、驾驭专业发展方面，冯继甘提出要启发思考、引导质疑、探究学习，提高评价能力，提升教研能力，提升自身专业素养；钟柏昌重点强调了教师对课程的重新建构、对教材的二次开发能力。

《中国信息技术教育》2009 年第 23 期

能力培养要从细微处着手——由一堂信息技术课引发的思考

欧　云

从自己教学实践中一次“不充分”的备课出发，进行积极思考，提出信息技术教师应该注重学生多方面能力培养的问题，尤其要重视在常态教学中将能力培养渗透到教学的细节当中。并具体阐述了从细微处着手培养学生能力的策略：(1)通过常规管理培养学生自我管理能力。(2)通过课堂练习培养学生的实践动手能力。(3)通过情感教育培养学生的信息甄别能力和自我防范能力。(4)通过单元式的主题活动培养学生的创新能力。(5)通过阶梯形的学习任务培养学生的独立性和自学能力。(6)通过作品展示交流培养学生的表达能力。(7)通过课堂小结培养学生的思维能力。

《中国信息技术教育》2009年第7期

信息技术实验课教学的地位与作用

于莲花

从信息技术实验课的概念和重要性出发，探讨了信息技术实验课教学的地位与作用。首先，从“实验”的定义讨论信息技术实验课，重点考查了教学活动中的实验定义。然后以化学实验课为例，从其他学科实验课来考查信息技术实验课。接着，从信息技术课程自身考查信息技术实验课。最后呼吁信息技术教师对信息技术实验课进行深入的思考和实践，从而为信息技术课程系统的完善添加有益的部分。

《中国信息技术教育》2009年第21期

搬家搬出来的教学模式

孙德宝

在激发学生学习网络技术的积极性成为困扰信息技术教师的一个难题的情况下，从学校计算机房的升级改造搬迁当中获得灵感，找到了一个解决《网络技术应用》模块教学瓶颈的方法。具体实践如下：将学校仓库里的废旧电脑重新搭配组装，向学校申请一间教室作为网络实验室，并把旧机房淘汰的交换机、HUB、路由器、旧网线等一系列设备、物品全部配备到实验室，使同学们在该实验室动手实践的过程中学习《网络技术应用》。并提出，在教学实践中，教师先得信任学生的能力，相信学生有能力通过自学、小组合作、积极探究等途径完成预设的任务。还可配合“男女搭配”“连堂课”等形式形成科学高效的教学模式。

《中国信息技术教育》2009年第13期

任务驱动　分层分组　有效快乐——新课程背景下信息技术课程教学模式浅析

陈世勇

从信息技术课程的教学现状与课程目标相去甚远的现实出发，探讨了如何将信息技术课程的目标落在实处的问题，并结合自身学习、探索、实践的经验，总结出了一套教学模式——“任务驱动、分层分组、有效快乐”。首先从理论角度分别阐述了任务驱动、分层分组和有效快乐的内涵，然后提出几点注意事项:(1)任务之前要有情境导入，激发兴趣。(2)任务内容要注重课程整合和回归生活。(3)任务结构要模块化，层次化，面向全体学生，适宜合作学习。(4)任务要具有开放性，有利于培养学生的创新能力。(5)分组要按知识结构均衡小组成员。(6)教师要进行及时的引导、释疑和评价。最后以课例的形式从实践层面上分析该教学模式。

《中国信息技术教育》2009 年第 18 期

浅谈总任务下的信息技术分层教学

李玉玲

从分层教学的概念和特点出发，结合自身分层教学的实践，探讨了分层教学的课前准备、分层教学的实施过程、分层教学的评价等方面的问题。在课前准备方面，从对教学对象进行分析和分组，对教学任务的分层设计，进行分层备课三点展开；在实施过程方面，从布置任务、明确目标、适当练习、因材施教四点进行阐述；在评价方面，认为可以采用交作品的形式来完成考核任务，并针对不同层次的学生设置不同的考核标准。

《中国信息技术教育》2009 年第 18 期

信息技术学科分层教学的理论与实践

刘俊玉

结合自身教学实践，主要从信息技术学科的角度来探讨如何应用分层教学理论使每个学生都能得到发展。首先，从分层教学的概念、理论基础和理论依据、指导思想三方面对分层教学进行理论思考。然后，从学生分层，分层备课，分层授课、训练和辅导，分层评价等方面阐述了信息技术课堂中分层教学的实施策略。最后，探讨了分层教学的效果和存在的问题，并提出分层教学应本着为各类学生提供最优质服务的思想，给学生提供各种选择的机会，使每个学生在原有的基础上都有所发展。

《中国信息技术教育》2009年第13期

《信息及其特征》教学设计比较研究

刘自红　解月光　钟永江　王柏松

通过对《信息及其特征》这一节课同题异构教学设计方案比较研究，分析得出几个教学设计各自优势与不足，找到问题所在。遵照课程标准、针对信息技术学科本身的特点，根据理想教学设计的原则与方法，将本节课运用基于问题的教学模式，主导——主体教学方法进行了与信息技术的整合设计，这种理想教学设计方案解决了同题异构中出现的问题，使学生不仅学习到信息技术学科的基本知识，而且信息技术素养得到了提升，思维能力得到培养。

《中国信息技术教育》2009年第13期

信息技术教学设计中的问题分析

王振宏

教学设计被称做“桥梁科学”，它是实施新课程教学的关键。分析了信息技术教学设计中存在的问题。首先从信息技术课教学设计应具备的特点出发，重点分析了课程标准的“教学建议”中对新课程教学的基本指导思想进行建议的五个方面。然后从“冰冻主题教学”探讨了教学方法的适应性与灵活性。最后，提出信息技术教学需要透过浮华落实教育本质。

《中国信息技术教育》2009年第17期

“斐波那契”狂想——信息技术校本课程的一次创意尝试

魏小山

从创意入手，设计了一系列专题校本课程，自己编写教材，让学生在生动而富有创意的课堂内容中，潜移默化地学会如何用所学的知识来解决学习、生活中遇到的问题，学会如何学习。阐述了系列专题课程中的精彩一课《“斐波那契”狂想》的教学实践过程，在教学实践中运用发散思维，以某一知识点为圆心向四周扩散，学生在一系列的探索当中学到了很多领域的知识，而且逐渐学会运用所学的“知识点”揭示许多奥秘，提高生活、工作效率，懂得用知识来欣赏艺术、享受生活。

《中国信息技术教育》2009 年第 5 期

一次分层教学实验的设计与实践

周玳珈

使用广东教育出版社出版的必修教材《信息技术基础》3.3 节《多媒体信息的加工与表达》进行教学实验，同时在教学实验中配合使用选修教材《多媒体技术应用》，并采用构建网站及设计主题任务的支架式教学和任务驱动教学两种教学手段，采用分层教学多种模式中的“班内分层目标教学模式”进行教学。这一分层教学实验方案及实施过程如下：(1)了解差异，分类建组。(2)针对差异，分类目标。(3)面向全体，因材施教。(4)阶段考查，分类考核。(5)发展性评价，不断提高。

《中国信息技术教育》2009 年第 17 期

转轴拨弦三两声，未成曲调先有情——谈信息技术课堂导入与情境创设

刘　倩

好的课堂导入可以诱发学生的学习愿望，建立起良好的课堂秩序，唤醒学生已有的经验和意识。通过描述两次信息技术教坛新秀中的不同主题的两节课的情境导入，从课堂导入与情境创设的角度反思了这两个案例，认为情境创设要达到以下几点要求：(1)情境创设要有现实性。提出情境的创设应符合客观现实，还要符合大多数学生的实际情况，不能为教学随意捏造情境。(2)情境创设要有趣味性。提出情境的创设要以学生感兴趣的事件为背景，来激发学生自主探究的愿望。(3)情境创设要有探究性。提出运用现成的作品来描绘情境，不仅能培养学生的观察力、想象力，而且还能激发学习兴趣。

《中国信息技术教育》2009 年第 13 期

信息技术教学情境创设的忧与思

周　卫

情境创设是新课程改革中的一大亮点，同时也是当前课堂教学中一道亮丽的风景线。针对目前信息技术课看似热闹但课堂效率低下现象，对信息技术教学中的情境创设进行了理性思考。认为目前信息技术教学情境创设有以下几大问题：逢课必

有，无趣，无效，虚假，烦琐。提出信息技术教学情境创设中需要注意以下几个问题：以教学目标为准绳，真实性原则，生活性原则。

《中国信息技术教育》2009年第13期

关注信息技术课堂管理细节

马　芳

课堂管理贯穿于整个课堂教学过程之中，而并不局限于一节课的某段时间里，其过程大致可分为课前管理、课中管理以及课后管理三个阶段。结合日常教学经验，探讨了如何关注信息技术课堂管理的细节问题，从而提升信息技术学科教学品质。在课前管理方面，主要注意以下几个细节问题：学生出勤、备齐教材、学生上机控制；在课中管理方面，认为，教师在课堂中对细节的管理大体分为四个方面：制度管理、座位管理、团队管理和评价管理；在课后管理方面，强调课后管理主要包含两部分内容，一是教师的课后反思，二是机房的收尾工作。

《中国信息技术教育》2009年第21期

信息技术课堂上的“键盘事故”——学生心理因素对课堂纪律的影响与对策

方立群　朱宝仪

一节课上某学生拔出了同学的键盘按键，从对这件事情的“冷处理”中得到启示：洞悉学生心理，保护学生的自尊心，提高学生学习的积极性，对保证信息技术课堂教学的正常开展非常重要。并进一步探讨了基于学生心理因素导致的课堂纪律问题。首先，阐述了该类课堂纪律问题的主要表现。然后，提出了该类课堂纪律问题出现的主要原因：偏差的学习动机、消极的学习情绪、失落的好奇心理、薄弱的自控能力，并分别针对这些原因提出了相应的对策。

《中国信息技术教育》2009年第23期

“双手”打造信息技术高效课堂——谈信息技术课堂有效管理策略

王佐军

就如何实现信息技术课堂的有效管理，打造高效的信息技术课堂进行了探讨，认为必须一手抓“硬件”建设，一手抓“软件”建设，两手都要硬。其中，“硬件”是指信息技术课堂的管理制度，指出与学生签订“上机合同”是课堂有效管理的开始，为每一名学生“量身定座”是课堂有效管理的保障；“软件”是预防学生犯错误的有效策略，提出不断激发学生的兴趣是课堂管理最有效的方法，激励是有效课堂管理的核心。同时，还提出科学运筹时间是课堂有效管理的重要内容。

《中国信息技术教育》2009 年第 18 期

直面信息技术课堂的问题行为

陈正石

结合自身的一些课堂经历，探讨了信息技术课堂的纪律问题。主要从以下几个方面阐述了解决课堂纪律问题的策略：(1)反“刺头”策略。通过阐述自己与某一“刺头”学生的故事，总结得出：对待“刺头”类的学生，教师要冷静、理智，避免和这类学生发生正面冲突或争执，尊重学生人格。然后，找对切入点解决问题。(2)基本方法大一统，应用恰当才是真。举例说明了同样的通过提问来促使学生安静，不同的提问技巧将取得不同的效果，并总结出了提问的七大技巧。(3)课前思课——能保证课堂秩序井然。(4)机房整理不可少，预防节外再生枝。

《中国信息技术教育》2009 年第 23 期

新课改下关于课堂教学有效性的思考

相　礼　陈　越

结合自己的工作经验和课堂教学实际，探讨了新课改的环境下，如何使课堂教学变得更加有效的问题。主要从以下几个方面提出自己的认识：(1)从“演员”到“导演”——正确理解教师角色的定位。认为教师要“掌控”课堂上所有的教学活动，适当引导和讲解，不宜全部让学生自主交流。(2)小组合作探究学习模式的有效性。(3)课堂导入的有效性，把学生注意力迅速拉回到课堂上。(4)把握好课堂教学时间上的有效性。(5)课堂提问的有效性。(6)多媒体辅助教学的有效性。

《中国信息技术教育》2009 年第 12 期

多元智能教学策略在信息技术课堂上的初探

蒋小东

从多元智能理论的内涵出发，探讨了信息技术课堂上多元智能教学策略的使用问题。认为要从以下几个方面着手：(1)多给学生“说”的机会、“表达”的机会，促进学生言语智能的培养。(2)解决具体问题，促进数学逻辑智能的发展。(3)利用课堂师生互动，以作品展示的形式，促进学生空间智能、自然观察智能的发展。(4)采取多元评价方式，促进学生内省智能的培养。(5)开展合作学习，提高人际交往智能。(6)营造音乐环境，激发音乐智能。

《中国信息技术教育》2009年第14期

浅谈如何提高信息技术理论学习成效

王　睿

针对信息技术理论学习方面学生的学习兴趣不高、基础知识薄弱、知识点记忆困难等一系列问题提出了自己在教学实践中尝试的几种可参考的方法。主要有:(1)内驱力的形成。首先要让学生明确学科知识的综合；其次，让学生理解知行合一的原理性。(2)改变学生惯性思维：①将实践思维引向理论思维；②细节思维走向战略思维；③单一感官思维走向多感官思维；④突破惯性思维，将简单的问题复杂化，复杂的问题简单化。(3)多用联想记忆法。(4)不要太刻板，迷信于教材。

《中国信息技术教育》2009年第16期

信息技术网络教学课合作学习策略浅谈

毛永峰

从目前信息技术网络教学课堂中不当运用合作学习方式的现状出发，进行认真思考，提出了在采用网络教学模式的课堂教学中，教师应用合作学习方式的策略:(1)科学分组，培养合作意识。(2)创新合作，凸显个体差异。依据这种思想，提出合作方式可以分为互助型合作，即互惠型合作；辅导型合作，即“小老师”型合作；研究型合作，即组内各成员共同探讨和研究。(3)人性评价，彰显个体特性。重点分析了评价方式和评价范围。

《中国信息技术教育》2009年第18期

浅探信息技术的课堂管理问题与解决策略

肖伟东

首先，分析了课堂管理和信息技术课的内涵以及课堂管理的几个关键因素。然后，从信息技术课堂管理现状出发，探索性地提出了自己在实践中总结出的信息技术课程新的课堂管理方式与策略。主要从以下几个方面展开：(1)针对教学内容、教学方式引起的问题。(2)针对教学软、硬件引起的问题。(3)针对学生知识水平参差不齐的问题。(4)针对课程地位和观念引起的问题。

《中国信息技术教育》2009 年第 16 期

信息技术课的“有效备课”

王金霞

要使课堂教学有效率，提高备课的效率是前提。深入探讨了信息技术课的有效备课问题。提出了几大策略：(1)养成良好的学习习惯，形成专业知识体系。具体从信息技术教师的知识结构和能力结构两个方面阐述了如何形成专业知识体系。(2)优化备课的各环节，提高备课的针对性和完备性。要求：备课于心，对课程资源进行收集、鉴别与筛选；形成清晰而明确的教学目标；设计教学策略。(3)坚持教学反思、集体备课等活动。

《中国信息技术教育》2009 年第 12 期

一花独放不是春，百花争艳春更浓——信息技术课堂中的差异化教学策略

林大锋

“分层递进式教学”是差异化教学的一个有效载体，它是一种策略，也是一种模式，更是一种教学思想。从现阶段信息技术课堂教学中普遍存在的问题：学生操作水平“多级化”、课堂教学模式“齐步走”、学习任务布置“一刀切”、教学评价偏离“最近发展区”出发，探讨了分层递进式教学模式，并从学生主体、教学目标、课堂案例、教学模式和差异化评价等方面重点论述了“分层递进式”教学模式的设计思想和实施过程，也期望通过对此种教学模式的探讨，为当前学科的有效教学与研究打开一个突破口。

《中国信息技术教育》2009 年第 16 期

信息技术理论课的有效教学策略探究

徐建刚

根据大量的优秀教学案例研究并结合自己的课堂教学实践，对提高信息技术理论课教学的有效性做了一些探索，总结出以下几个关键策略：(1)深入研究教学内容，精心设计教学过程。(2)理

论联系生活实际，激发学生学习兴趣。(3)用多媒体教学手段，将抽象知识直观化。(4)灵活运用语言艺术，课堂氛围生动有趣。(5)发挥教师集体智慧，不断改进课堂教学。

《中国信息技术教育》2009年第12期

农村中学信息技术课堂教学的优化策略

张金平

对农村中学信息技术课堂教学的常见情况进行分析，并根据信息技术教学的要求和学生的心理特点，提出了一些优化策略，主要有：(1)增强学习信息技术的时代紧迫感与使命感。(2)创新信息技术教育的课堂教学方法。指出中学信息技术理论教学要深入浅出，要抓好信息技术课的核心和重点——上机操作。(3)力求体现学生的主体地位，变被动接受为主动学习。要做到：提高教学内容的趣味性；经常进行成果展示，增强学生自信。

《中国信息技术教育》2009年第6期

巧搭情境桥，轻驾信息课——浅谈信息技术课堂的情境创设

赖春华

通过互听公开课，然后进行评课和反思，再进行教学实践以检验探索的效果，最后总结出信息技术教学中创设情境的几种方法：(1)创设精彩的故事情境，把学生吸引到课堂。具体做法为：设计一个精彩的故事情境导入新课，引出学习任务；让学生融入故事情境中的“角色”，完成学习任务；让学生创设情境，延伸学习任务。(2)创设现实生活中真实情境，激发学生的学习兴趣。(3)创设想象情境，提高思维的灵活性。(4)创设游戏情境，寓教于乐。(5)创设质疑情境，巧问设疑，激发学生思考。(6)创设竞赛情境，体验成功。(7)创设纠错情境，加深对知识的理解。

《中国信息技术教育》2009年第3期

任务驱动教学模式中的协作知识建构

林　铭

深入探讨了在中小学信息技术课中采用何种教学策略来实现任务驱动教学模式中的协作知识建构理念，从而使两者有效整合，完成新课改的教学目标的问题。首先，阐述了任务驱动教学模式的四阶段教学过程：呈现任务——明确任务——完成任

务——评价任务。然后阐述了协作知识的构建及其过程：共享——论证——协商——创作——反思。接着探讨了任务驱动教学模式中协作知识构建的几大策略：(1)利用“任务”搭建协作知识建构平台。(2)用自主协作学习策略实施协作知识建构活动。(3)提供丰富学习资源以保障协作知识建构顺利开展。(4)采用及时评价来促进协作知识建构。

《中国信息技术教育》2009 年第 1 期

从陶宏开整治网瘾谈当今中小学信息技术教学的侧重点

李锦良

网瘾青少年的出现除了需要家庭、社会的教育外，学校的素质教育和信息技术教育应该发挥关键作用。通过对网瘾青少年产生的原因进行分析，结合陶宏开教授帮助网瘾青少年成功戒除网瘾的宝贵经验，探讨了在中小学信息技术课中如何有效控制或者减少网瘾青少年数量增长的教学侧重点。这些教学侧重点主要有：(1)信息技术课堂教学要整合素质教育。(2)要加强信息技术课堂教学中学生的信息素养教育。(3)针对网瘾青少年，给予正确的引导。

《中国信息技术教育》2009 年第 10 期

信息技术课程情感目标的教学准备策略

王荣良　李树培

从布鲁姆等人在制定情感领域目标分类学时倍感压力的原因出发，首先，分析了情感目标在三维教育目标体系中的地位和价值，阐述了情感目标的存在样态和基本实现路径。然后从以下几个方面阐述了信息技术课程中情感目标的教学准备策略。(1)教师责任与信息技术价值观的认识。(2)学生需要真实情感的体验。(3)教材拓展与超越技术思维方式的挖掘。(4)情境营造与项目活动的设计。

《中国信息技术教育》2009 年第 3 期

信息技术课程情感目标的课堂教学策略

王荣良　李树培

在课程改革的大背景下，结合教学实践，试图阐述信息技术课程情感目标的教学策略，以梳理和总结可资借鉴的思考和实践维度。主要从以下几个方面具体阐述：(1)教学机智：预设与生成的平衡。认为运用信息技术手段解决信息技术问题，本身就是信息技术课程情感、态度和价值观教育的体现。同时应该灵活机智地处理课堂生成性资源。(2)教学内容：科学与人文的交融。技术操作的学习需要借助一定的数据、情境或案例。(3)教学过程：接受与探究的互补。认为信息技术除了作为学习内容之外，更应该成为促进学习者学习的媒介和工具。并强调了项目活动之于教学过程的重要意义。(4)言传身教：学高与身正的共生。提出信息技术教师要开展多种课堂教学活动来实现信息伦理教育。

《中国信息技术教育》2009 年第 5 期

新课程教学目标的准确定位

张　宏

从教学目标的定义出发，首先通过图表，从宏观目标、课程内容设置、单元目标举例、教材呈现、教师教学和学生学习几个方面对比分析了《指导纲要》和《课程标准》。然后结合教学实践，从以下几个方面探讨了教学目标定位问题:(1)理解课程，树立宏观目标。具体指出，信息技术教育需要理解课程内涵、研究课程标准、分析课程要求、确立教学目标、适应课程发展。(2)理解教材，突出重点目标。教师要适应教材变化，改变教学习惯，根据本地实际和学生情况，依据课标，结合教材，分析、梳理教材中的教学重点。(3)理解技术，显现价值取向。认为技术是学生掌握知识与技能的必要条件。淡化技术、脱离技术，信息技术课程可能成为“空中楼阁”。

《中国信息技术教育》2009 年第 3 期

只闻其声　不见其人——新课程信息技术合作走班教学初探

郑超华

从论述新课程如何改变了教师的教学生活出发，提出在新的课程体系中，两位或更多教师一起走进课堂，即：教师可作走班教学，将由可能成为必要。阐述了自己在一堂公开课上与历史教师进行合作走班教学的实践，并进行深入反思，提出了教师合作走班教学的几大优势:(1)有利于发挥教师特长，使教学走出“高耗低效”的困境。(2)有利于教师之间的优势互补，提高整体教学水平与革新能力，以适应发展学生综合素质的需要。(3)充分开发教师资源，体现了“从做中学”“从教学中学习教学”的思想，把情境学习理论、人际互动理论从学生的学习领域运用到教师的学习与工作领域。同时也对教师合作走班教学存在的问题进行了反思。

《中国信息技术教育》2009 年第 4 期

中学生信息技术道德教育初探

董德隆　王守春

当今社会已进入以网络为标志的信息时代，信息技术道德教育是网络时代道德教育的重要内容。对中学生信息技术道德教育进行了一些有益的实践与探索，并提出具体策略如下：(1)加强校园网站建设，充分发挥校园网的作用。具体指出要将校园网建设成为中学生喜爱的网络，并充分运用校园网络资源开展道德教育。(2)充分发挥教师在信息技术道德教育中的作用。认为任课教师除了要具有丰富的专业知识、清晰的思维、创新的激情，还要具有积极进取的精神风貌、光明磊落的行为品格、精益求精、严谨缜密的科学态度、勤勉务实的工作作风等。(3)搞好信息技术道德教育与学科教学的渗透。举例说明了只有与多学科教学的有效整合，才能提高信息技术道德教育在学科教学中的渗透质量。

《中国信息技术教育》2009 年第 6 期

心理学知识在信息技术课堂的应用

王贤灿

提高学生的信息素养是信息技术教育的培养目标。心理学知识应用于信息技术课堂可以很好地提高信息技术教育的教学质量。根据心理学知识的相关理论，在信息技术课堂教学中应注意以学生为本，让学生全面参与教育教学的各个方面，提倡在信息技术教学中应用任务驱动法等教学策略，提倡合作学习和小组协作学习，提倡学生进行自我评价。

《教育信息技术》2009 年第 9 期

基于“学习共同体”的综合活动在信息技术课中的应用

廖　丽

首先阐述了信息技术综合活动课的意义和主要特征。然后阐述了基于“学习共同体”的综合活动课应用问题，主要有以下步骤：(1)学习共同体的构建：①共同体成员的组织；②活动时间安排；③学习环境的创设。(2)学习共同体主题设计。要考虑以下几个方面：①要以发展学生的能力为目的，关注来自学生的课题，关注学生的兴趣、经验及学生的现实生活，还要具有一定的开放性、复杂性和真实性；②考虑主题对学生的价值；③基于周边环境可利用的资源。④不可忽视教师这一要素。(3)学习资源的准备。(4)教师指导策略的选择。(5)学习成果的交流及评价反馈。

《教育信息技术》2009 年第 6 期

优化信息技术课堂教学的有效策略

张春凤

在全面推进素质教育的今天，在新一轮基础教育课程改革到来之际，结合自身的教学实践和思考，探讨了优化信息技术课堂教学的有效策略问题。具体的策略可以简单归纳为“两个关注”，“两个落实”：“以学定教，以教促学”，关注学生参与课堂教与学的有效性，关注教师在课堂中准确定位的有效性；落实信息技术课堂上作业的有效完成和有效评价，落实信息技术课后教学反思的有效完成。

《教育信息技术》2009 年第 7 期

在信息技术教学中培养学生的创新思维能力

陈梦斯

创新思维是发明或发现一种新方式用以处理某种事物的思维过程。结合教学实践，从培养学生积极的求异性、敏锐的观察力、创造性的想象、独特的知识结构以及活跃的灵感等五个方面来阐述如何在信息技术教学中培养学生的创新思维能力。在激发学生的学习兴趣，培养求异性方面，提出了三种方法：游戏诱导法、设疑导入法和实物激趣法。在培养学生创造性的想象力方面，提出要建立和谐民主的师生关系，搭建宽松的学习平台；在培养学生敏锐的观察力方面，鼓励学生要敢于尝试，勇于展示自我；在培养独特的知识结构方面，举例说明如何引导学生运用已掌握的知识来解决实际问题；在培养学生活跃的灵感方面，强调了发散思维和收敛思维的重要作用。

《教育信息技术》2009 年第 3 期

信息技术课教学过程中学生自主参与能力的培养

林淑芳

随着信息技术课程的普及和课程改革的不断推进，如何在信息技术课教学过程中提高学生自主参与学习的能力，是广大信息技术课教师们关注的重点之一。在信息技术课教学实践中做了一些尝试，从以下三个方面着力提高学生的自主参与意识和能力：(1)转变师生角色，增强学生自主参与意识。(2)精心设计教学内容，激发学生自主参与的兴趣。(3)重视创作教学实践活动，提高学生自主参与的能力。

《教育信息技术》2009 年第 6 期

新课程理念下的小学信息技术课堂教学

莫雪芬

在新课程理念的指导下，经过两年在信息技术课堂教学中大胆的尝试和不断的反思，提出了信息技术课堂教学实施的八个环节。(1)以兴趣为起点。具体要做到：①用情感染学生，激起学习兴趣；②设计令人兴奋的刺激，激起学习兴趣；③用困惑的问题激起学生求知的兴趣。(2)以活动为主线。(3)以任务为驱动。应注意以下几点：①把任务融入到活动中，在活动过程中完成任务；②任务要有梯度性；③适当提供寻求帮助的办法和一些学习资源。(4)以网络为平台。(5)以协作为形式。要注意以下两点：合理灵活的分组和教师的适当引导、鼓励与促进。(6)以探究为手段。提出探究任务必须要适度，要使学生感兴趣。(7)以评价为激励。(8)以实效为目的。

《教育信息技术》2009 年第 1 期

新课改下的初中信息技术课堂教学

林伟和

探讨了在知识经济的时代背景下，如何根据新课程改革的要求更有效地开展初中阶段的信息技术课堂教学。认为应该从以下方面着手：突破传统的信息技术课堂教学模式，注重学生为学习的主体，教师是课堂教学的组织者和引导者；并以兴趣为引导、主题任务探究、先学后教、协作互帮、当堂训练、及时反馈评价为课堂的主要过程模式，借助校园网络平台等多媒体教学手段，进行高效的初中信息技术课堂教学。

《教育信息技术》2009 年第 6 期

信息技术课程网络化“协作——探究”教学模式研究

胡水星

通过分析当前信息技术课程教学模式的现状，在建构主义、人本主义理论的基础上，结合信息技术教学特点，建构起一种既能发挥教师的主导作用又能充分体现学生主体作用的新型网络化“协作——探究”教学模式，并对该模式的具体实施策略进行了设计。最后根据该教学模式实施的具体流程：学习目标设定——学习小组组建——任务情境设计——学习资源设计——学习过程设计——互动策略设计——反思评价设计，以初中信息技术课程内容“制作一份电子报”的教学活动为例进行了教学实践。

《教育信息技术》2009 年第 6 期

让“节外生枝”引领“满园春色”

欧阳聪华

目前现代信息教育的本质是面向未来，而未来社会的变革必然给未来的教育带来一系列新的问题和挑战。面对这些问题和挑战，一线的教师该怎么应对？如何才能真正做到使“教育面向未来”？如何适应未来教育发展的需要，是教育工作者亟待解决的问题。本文结合现代教育理念，主要从自己讲授“网络搜索”内容的实践出发，阐述了信息技术教师在遇到课堂上的突发问题时应该如何处理的问题，强调教师要善于利用这些课堂生成性资源。

《教育信息技术》2009 年第 1 期

基于中学信息技术课的协作学习模式的应用研究

张红波　赵文强

首先，以协作学习思想为指导，构建了中学信息技术课开展符合学生实际情况的协作学习过程的模式，并结合图表分析了该模式所包含的三大阶段和 7 个主要部分。然后，以中学信息技术课程教学为实验平台，采取行动研究法研究并分析了中学信息技术课开展协作学习的教与学模式的构建并通过问卷调查法和访谈法收集数据，分析并提出了在应用该模式时要注意的问题。

《现代教育技术》2009 年第 9 期

竞赛式教学法在中小学信息技术教学中的应用——以“Word 文本处理”课堂教学为例

王秀荣　孙良林　冯旭鹏

竞赛式教学法应用于信息技术的课堂中，使教师们所期望的“任务驱动”“自主学习”“协作学习”“激发兴趣”以及“创新意识”等得到了实现。首先介绍了竞赛式教学法的内涵，呈现了采用竞赛式教学法的操作流程图。然后分别用讲授式教学法和竞赛式教学法对两个初始情况无显著差异的班级进行对比实验，比较了实验结果的同时重点以“Word 文本处理”课堂教学为例分析了竞赛式教学法的步骤和特点。最后阐述了竞赛式教学法在应用中要注意的几个问题。

《现代教育技术》2009 年第 9 期

如何开展信息技术课的实践操作

曹振雄

信息技术是一门技术性、灵活性和实践性非常强的课程，如何开展好信息技术课的实践操作至关重要。经过多年的教学经验和实践，总结了有助于学生在实践操作中“事半功倍”、高效地学好信息技术知识的几大方法：(1)掌握学生特点，有助于合理安排操作任务和科学管理实践操作。(2)严松结合，有利于学生的上机实践操作。(3)师生共同操作实践，有利于激发学生操作兴趣，激发师生共同进取。

《现代教育技术》2009 年第 13 期

新课改背景下中小学课堂教学目标编写中的问题、原因与对策

吴忠良

在中小学课堂教学设计的实践中，教学目标编写存在着种种误区和问题，已经严重影响了课堂教学质量。首先指出了四个现存问题：(1)观念上重视教学目标而在教学实践中忽视了教学目标。(2)不能正确认识教学目标和其他教学设计要素的关系。(3)不能正确编写合格的课堂教学目标。(4)不能正确按照新课标要求，编写三维教学目标。然后从教学设计和新课改的高度分析了问题产生的原因。最后，从教学设计培训、新课程培训角度提出了解决问题的对策。

《现代教育技术》2009 年第 1 期

娱教技术及其在中学信息技术课程教学中运用的初探

周　鹏　刘世清　杨　杨

首先探讨了娱教及娱教技术的基本内涵，阐释了娱教技术的目的与主要特点。然后从教学内容的发展趋势、教学内容的组织、教学内容的知识结构等几个方面对中学信息技术课程内容进行了相应的分析，并总结出四大特点。最后结合中学信息技术课

程教学内容的特点和娱教技术的特点，提出了运用娱教技术与中学信息技术课程教学结合的具体做法：(1)以学生为中心组织教学。(2)基于娱教理念的游戏情境教学设计。(3)将教学与日常生活相联系。

《现代教育技术》2009年第3期

浅谈课题模式在信息技术中的应用

黄晓哲　刘其亮

从信息技术课程教学的现状出发，结合具体教学实践，探讨了课题模式在信息技术中的应用问题。首先阐述了课题教学模式的特点：(1)打破了传统的教学模式。(2)多渠道的信息获取方式。(3)有益于学习的交流方式。(4)个性的评价方式。然后阐述了课题教学模式的基本程序：(1)选定课题。(2)学生创作。(3)作品展示。(4)给出评价。

《中国教育信息化》2009年第22期

信息技术背景下有效教学的特征及其策略

杨　玲

首先从教学目标、教学情境、教学活动、课堂提问等方面对当前信息技术课堂教学有效性缺失的状况进行分析。然后针对以上几个方面，从以下几点着手提出了提高课堂有效性的主要策略：(1)教学目标设计的策略。主要有：①目标定位要准确；②要有可操作性，要能够检测和量化；③要体现层次性；④教学目标不能太多，要突出重点。(2)情境创设的策略。主要有：①要目的明确，紧紧围绕教学目标，为教学服务；②要以学生已有经验为基点。③要有整体性，尽量在同一主题下创设教学情境。(3)教学活动选用的策略。①处理好教学内容与活动的关系；②处理好学生与活动的关系；③教师要充分发挥自己的作用，合理引导。(4)课堂提问的策略。主要有：①问题的难易要适度，并形成恰当的层次结构；②选择合适的提问方式，给学生足够的思考时间；③丰富答理方式，及时恰当地给予反馈。

《中国电化教育》2009年第6期

信息技术背景下有效教学的特征及其策略

卢尚建

首先分析了信息技术背景下有效教学的特征：教学具有浓厚

的民主氛围，教学促进学生的自主学习，教学彰显学生的个性，教学充满情境化，教学加强互动性。由此提出信息技术背景下有效教学的策略主要有:(1)以目标为导向的激励策略。具体分为三个步骤：①目标建立初期，教师和学生共同参与决策，从上到下层层分解教学目标，明确具体落实的程序；②教师在目标实施过程中要进行目标监控；③进行目标的反馈和指导。(2)创造恰当的情境策略。要注意：①应创设有价值的、能为学生所理解的、贴近学生生活经验的或是能引起学生认知冲突的情境；②围绕教学目标，精心设计情境及之后的活动，把知识目标用小情境串起来，使情境创设和之后教学活动的开展成为有机整体。(3)教学过程最优化策略。强调了要在特定的教学情境下，选择最佳的教学方法。(4)实施多元化教学评价策略。强调教学评价的综合性，过程性评价和终结性评价相结合，评价方式的多元化，评价重心由结果向过程的转移。

《电化教育研究》2009 年第 12 期

“任务驱动”怎样做到“辨证施治”——对信息技术教学“任务驱动”模式的理解和应用

苗逢春

首先探讨了信息技术课程中“任务驱动”教学模式的来源，举例说明了有效任务驱动教学中任务的几种典型类型：结合现实情境的作品制作类任务，借助信息技术解决现实问题的综合任务，模拟现实信息技术项目的项目类任务。然后从“驱动”的角度提出了任务设计的几个原则：任务不是软件操作的摆设；任务情境要贴近学生兴趣；任务难易适度并最好包含认知冲突；任务的解决要凸显技术的实践价值；任务的要求应引导问题解决并易于评价；任务情境应具有较强的选择性。最后提出了帮助学生迁移知识，积淀信息素养的几种措施：利用“知识链接”促进系统知识建构；总结通用的操作技巧和系统方法；利用任务变式提高认知灵活性。

《基础教育课程》2009 年第 5 期

小学信息技术差异性教学的实施策略

朱雪峰

信息技术学科对学生的操作技能和理解能力都有很强的要求。由于家庭背景、智力水平等的不同，学生学习信息技术时表现出的能力差异更明显。探讨了小学信息技术课中如何开展差异性教学的问题。首先分析了学生能力差异产生的原因：不同家庭环境的差异；学生性格、学习兴趣和自控能力的差异；学生本身素质的差异。然后阐述了实施差异性教学的六大原则：更新观念，尊重学生差异；深入观察，鉴别学生差异；开发资源，利用学生差异；形成小组，发展学生专长；弹性设计，预留发展空间；情境评估，促进全面发展。最后提出了差异性教学的实施策略：创设和谐自由的教学氛围；加强课堂内教学的互助；实施分层教学。

《中小学信息技术教育》2009 年第 3 期

留白　让课堂更精彩——谈小学信息技术教学留白艺术

秦晓静

留白，是一种艺术的表现手法，在艺术创作中，为了更充分地表现主题，作者会有意识地留出空白，求其空灵，虚中求实。从心理学和美学角度来看，空白易使人产生一种急于填补、充实并使之完美的倾向。结合教学实践，从以下几个方面探索了小学信息技术教学中需要讲究的留白艺术：(1)教材留白，活化资源：①解读留白，挖掘内涵；②填补留白，创意建构。(2)教学留白，创造资源：①知识留白，给予学生自主权；②引入留白，给予学生注意权；③提问留白，给予学生思考权；④操作留白，给予学生创作权。

《中小学信息技术教育》2009 年第 6 期

自主探究构建有效信息技术课堂——《写信交流》教学例谈

吴春玲

《写信交流》是三年级下册“汉字录入”单元的一节综合实践课。在巩固学习汉字、标点符号的录入等知识点同时，要求学生学会用电脑写信，表达真情实感。阐述了该课的教学过程：(1)情境导入，初步感知；(2)任务驱动，自主探究；(3)课堂小结；(4)拓展提高。最后，针对该教学案例进行了反思与评析，提出：(1)兴趣是最好的学习动力；(2)要调查学情；(3)任务驱动，体现学生主体、教师主导的地位；(4)学生在学习过程中没有很好地落实情感体验，忽视了同学之间的互助，以后可考虑小组竞赛形式，加强小组凝聚力；(5)突破了传统的教师评价方式，引入了学生自评、互评，以后可增加小组互评和自评。

《中小学信息技术教育》2009 年第 7 期

在信息科技课程中培养学生的自主学习能力

叶天萍

根据小学三年级学段学生的心理特征和学习目标，结合自身教学实践，探讨了信息技术课程中培养学生自主学习能力的一些经验和方法。主要有:(1)有快乐的教师才有快乐的课堂。要做一名快乐的教师，创更多快乐的元素。(2)有成功的体验才有学习的自信心。要让学生少一份遗憾，给学困生多一级台阶。(3)会关注信息才会解决问题。要练就一双关注信息的眼睛。(4)会正确地归因才会有长足的进步。要注重过程性评价，关注学生自身的纵向发展。

《中小学信息技术教育》2009 年第 7 期

小学信息技术课堂教学中的精讲多练

秦晓静

小学信息技术课程教学中，教师的精讲与学生的多练互为依托。提出精讲是“基石”，为多练打下基础；多练是“保证”，为巩固精讲内容，为下阶段精讲创造条件，做好准备。结合教学实践，详细阐述了“精讲”和“多练”的内涵并给出了具体做法指导。“精讲”方面，要做到讲清重点、化解难点、点拨疑点；“多练”方面，要做到目标“准”、内容“精”、形式“活”、层次“清”。

《中小学信息技术教育》2009 年第 10 期

角色扮演——小学信息技术课堂的有效教学探析

安　然

通过对徐州市 10 所小学的信息技术课堂的调研分析，从小学信息技术课程普遍存在的几种问题出发，探究了小学信息技术课堂的有效教学问题。首先分析了小学生认知特点及有效教学的内涵，然后提出小学信息技术课堂中要运用角色扮演来进行有效教学，具体应从以下几个方面着手：分析教材，把握教学目标；区别对待，强化兴趣；体会成功，成就激励，保持兴趣。

《中国信息技术教育》2009 年第 10 期

农村小学信息技术教师的惑与思

金荣泽

很多农村小学信息技术教师都有这样的困惑：在学校从早忙到晚，但工作得不到认可的情况时有发生。针对这种状况进行思考，探讨了摆脱这种困惑的若干方法：(1)要有一个比较合理的职业规划。(2)农村小学信息技术教师要建立适合自己发展的知识储备。(3)农村小学信息技术教师要提高自己的课堂教学水平，有如下两种方式：①积极参加课堂教学活动；②向其他学科教师学习。(4)农村小学信息技术教师业务能力的提升，有如下四种方式：①积极参加信息技术教育培训；②积极进行自我反思；③参与教育论坛讨论，交流思想，促进成长；④阅读教育教学经典。

《中小学信息技术教育》2009 年第 12 期

合作学习在小学信息技术教学中的应用

李瑞亭　张平英

从合作学习的概念出发，针对教学实践中合作学习存在的一些问题，系统的研究和反思了合作学习在小学信息技术教学中的有效性。首先，阐述了小学信息技术课中合作学习的现状：(1)表面形式上的合作泛滥。(2)学生依赖心理强、个体责任意识淡薄。(3)教师对小组合作学习的要求、评价不到位。然后针对这些问题具体提出如下策略：(1)正确分组是有效开展合作学习的前提。详细阐述了指定分组和兴趣认同分组方法。(2)明确合作的目标、建立合作的规则是有效开展合作学习的基础。(3)精选合作内容是有效开展合作学习的保证。(4)正确的评价是有效开展合作学习的保障。

《中国信息技术教育》2009 年第 3 期

小学信息技术课中操作任务设计的研究

陈三林

信息技术课是一门实践性很强的课程，在进行信息技术的教学时，采用“任务驱动”教学法非常适宜。然而，要达到预期的教学效果，关键是“任务”的选择与设计。结合具体实例，重点阐述了进行“任务”设计时重点要考虑的几个问题：(1)要能体现教学目标。(2)要注意分散重点、难点。(3)要符合学生认知水平。(4)具有可操作性。(5)要与学生的生活实际密切结合。

《中国信息技术教育》2009 年第 4 期

刍议新课标下小学信息技术教学的创新

熊开武

认为要让小学信息技术教学适应新课程标准的要求，就必须对教学进行创新。结合自身教学实践，提出创新教学应从以下三个方面入手：(1)有效的教学内容。认为，教学中不能抓住教材不放，而应该根据教学实际，敢于大胆创意，大胆设计，让教学内容更生动，更及时，更能吸引学生。(2)合理的教学组织。主要从激发学生的创新热情、创设和谐的教学氛围、重视学生的实践活动三方面进行探讨。(3)科学的学习方法。提出了几种行之有效的学习方法：自主学习法、问题学习法、尝试学习法、合作学习法等。

《中国信息技术教育》2009 年第 8 期

谈小学信息技术课堂的有效练习

杨　飞

在小学信息技术教学中，巧妙设计教学任务，合理安排课堂练习对培养学生动手实践、自主探索的能力起着至关重要的作用。结合自身教学实践，探讨了小学信息技术课堂的有效练习应该如何开展的问题。提出应从以下几个方面着手：(1)巧妙设计教学任务，完成教学目标。具体要做到四点：①设计任务，明确教学目标；②分析任务，提高教学效益；③完成任务，完成教学目标；④评价任务，监测教学效果。(2)合理安排课堂练习，巩固教学目标。要做到以下四点：①准确设计；②精心思索；③分层设计；④形式灵活。

《中国信息技术教育》2009 年第 14 期

小学信息技术学科表现性学习策略的研究

王　高

表现性学习是一种基本的学习方式——使学生通过在一定情境中的“表现”来主动获取知识技能，它强调真正的学习不仅需要内化吸收，更需要内化后的外化运用。从信息技术表现型课堂的特点出发，结合自身教学实践，从三个方面探讨了表现性学习策略的构建方法，即：(1)呈现表现任务，激发表现欲望。(2)明确、完成表现性任务的策略。要做到以下五点：①提供大量学习资源。②充分利用“高手”进行有效指导。③让学生在各种形式中交流。

④充分保证探索和交流时间。⑤体现层次性。(3)评价表现性任务的策略。

《中国信息技术教育》2009 年第 14 期

构建和谐的信息技术课堂——小学信息课管理和教学有效性的探究

张小芬

通过自身在教学过程中的探索和实践，探讨了小学信息技术课进行有效管理和教学的方法。主要有：(1)创建和谐的学习氛围，激发学生学习信息技术的兴趣。具体措施有：①加强信息课的组织建设。②使学生养成尊重他人、爱护自己与他人物品的习惯。③引导学生正确利用资源促进学习。④实施任务型的课堂教学模式。(2)让德育融入课堂，提高信息技术课管理的有效性。(3)打破“各自为战”的模式，充分发掘，利用资源，主动与学科整合。具体措施有：①认真学习、分析、修改、扩充其他学科的教学课件。②大胆引入学习型软件。③利用网络，收集涉及各个学科领域的相关知识，促进其他学科教学。

《中国信息技术教育》2009 年第 16 期

构建有效信息技术课堂——市小学信息技术课堂教学研讨活动有感

钱春平

以参加市组织的一次以构筑有效课堂为主题的教学研讨活动为契机，结合苏教版《信息技术》上册第十九课“下载图片”的课堂教学，探讨了对有效课堂的认识，针对信息技术教师在构筑有效课堂时遇到的问题，提出解决策略：(1)创设有效的教学情境。提出教师要从学生生活需要出发设计有效教学情境。(2)设计有效的驱动任务。提出任务要有四“性”：趣味性、操作性、合作性、生活性。(3)选择有效的教学方法。要做到：在选择教法之前，钻研教材，掌握教材的特点；根据学生的年龄特征和个性差异来选择；考虑到教师自己的特点；注意各种教法的相互渗透和相互补充。(4)掌握有效的学习方法。应从以下几个方面着手：有效使用教材、建立教学平台、学会协作学习。

《中国信息技术教育》2009 年第 22 期

浅谈信息技术教学中培养学生的自主学习能力

杨振宇

从小学阶段的自主学习的定义和特征出发，以小学信息技术课《PowerPoint 2000 的教学》这一内容的教学为例，探讨如何在小学信息技术教学中培养学生自主学习的能力。主要策略有：创设情景，提出问题，激发学生的学习需要；提供资源，及时指导，给予自主学习空间；自由交流，自主表达，展示自主学习成果；自我修改，自主完善，实现自我发展目标。

《中国信息技术教育》2009 年第 24 期

运用“任务驱动”理论，建立新的信息技术课程教学模式

吴　迪

从“任务驱动”教学模式的基本内涵出发，探讨了小学信息技术教师如何利用“任务驱动”的模式进行教学，以保持学生兴趣，更高效地完成课堂教学任务的问题。并以广州市小学信息技术教科书第二册第三章“多媒体作品”第四节“动画设置和演示播放”的“我是出色的销售员”的动画设置一课的教学设计为例，具体阐述了如何在小学信息技术课堂运用“任务驱动”教学理论。并积极进行反思，提出以下注意事项:(1)“任务”设计要具体明确。(2)“任务”设计要难度适宜。(3)“任务”设计要具有趣味性。

《教育信息技术》2009 年第 7 期

初中信息技术课堂有效教学的思考

刘　琼

信息技术作为新课标体系下初级中学的一门必修课，有其课程要实现的教学目标，但初中阶段的部分学生进入信息技术课堂却有着娱乐而非学习的潜意识反应，此反应与初中信息技术课程目标有不相适应的地方。探讨了如何解决课程的目标要求与学生的内心反应之间的矛盾，以提升初中信息技术课堂教与学的有效性。主要从教学情境创设、教学方式、学习方式、评价方式等几个方面进行阐述，并结合教学实践，用生动的例子加以辅助说明。

《中国电化教育》2009 年第 3 期

信息技术教学中主题探究活动的思考与实践

方　琴

信息技术教学中主题探究活动符合建构主义理论下的“5E”学习循环模式，可在“5E”学习循环模式指导下，逐渐形成较为

稳定的教学活动结构框架和活动程序。基于“5E”模式的五大基本要素——参与（Engage）、探究（Explore）、解释（Explain）、拓展（Extend）和评价（Evaluation），结合中山市信息技术八年级教材的具体章节，探讨了信息技术教学实践，并通过一堂成功的主题探究活动课例，展示了主题活动的结构和特点。

《中国电化教育》2009 年第 4 期

让有效教学落实到信息技术课堂中

朱　艳

从有效教学的内涵出发，结合江苏省通州市初中信息技术课本上册第六单元《图片的获取与加工》第二节《图片的处理》，探讨了如何让有效教学落实到信息技术课堂中的问题。结合自身教学实践，提出了以下几个观点:(1)教学目标要有效。(2)课前准备要有效。要做好以下三个方面的准备：有效地使用教材；有效地了解学情；有效地准备素材。(3)教学行为要有效。要从如下方面着手：有效的导入；有效的细节处理；有效的课堂提问；有效的课堂评价。(4)教学收尾要有效。

《中小学信息技术教育》2009 年第 5 期

在信息技术教学中融入人文内涵——记我的一次教研经历

金　敏

本文以自己在 2008 年参加的杭州市初中信息技术学科优质课评比中的《Excel 函数妙用》一课为线索，叙述了该节参赛课从构想到现实、从肤浅到成熟的研究过程，也记录了教研组教师严谨科学的教研态度和对教学孜孜不倦的追求。具体来讲，先从教学设计、教学导入、教学过程三方面展开阐述，然后就该课做了课后反思，提出:(1)信息技术教师必须注重自身的人文修养，把培养学生的人文素养提上日程。(2)信息技术教学设计应与社会生活紧密结合，使专业的内容彰显出人文精神。(3)信息技术教学过程中应努力营造和谐的人文氛围，在课堂节奏的把握中让学生“动”起来。最后还总结了教研心得。

《中国信息技术教育》2009 年第 1 期

初中信息技术探究式教学的策略研究

张永芬

首先从理论基础、基本程序、教学原则、策略的特点、实施建议等方面探讨了探究式教学的内涵和外延。然后结合自己的教学实践——讲授 PowerPoint 中插入图片、文字、声音等多媒体信息，具体阐述了在初中信息技术教学中应用探究式教学的几个步骤：(1)创设情境，引入主题。(2)导入新知，自主学习。(3)学生汇报学习成果，坚持小组合作。(4)加强集体交流。(5)作品展示，效果评价。(6)知识拓展，激发兴趣。

《中国信息技术教育》2009 年第 6 期

浅谈初中信息技术课的“自助式”教学

汤小姗

从“自助式”教学模式大的框架出发，结合自身教学实践，探讨了如何在信息技术课堂中采用“自助式”教学策略，培养学生“自主探究”的能力。具体从以下几个方面展开阐释：(1)自学——引导学生自主学习。提出了一些具体方法：由老师设计预习题案；学生独立完成预习题案；学生总结自主学习时遇到的疑难问题和困惑之处。(2)助学——指导学生互相学习。提出助学分为两种：生生互助和师生互助。(3)反馈——注重自主实践，品尝学习的乐趣。最后，提出了“自助式”教学的几点技巧：(1)鼓励学生敢于发表自己的见解，在自主思考中培养学生自主学习能力。(2)满足学生好提出问题的特点。(3)培养学生持久不衰的学习兴趣。

《中国信息技术教育》2009 年第 7 期

新课改下的初中信息技术课的教学

金哲安

结合自身教学实践，探讨了新课改后如何通过对信息技术课程的教学，使学生具有获取信息，传输、处理和应用信息的能力，具有良好的信息素养的问题。主要应从以下几个方面着手：(1)注重赏识学生，改革教学方法，激发学生兴趣。(2)灵活、创造性地使用教材。(3)在“纠错过程”中学会获取知识。(4)培养学生的创新意识和创造能力。(5)注重与其他学科的整合，发挥信息技术课优势，提高教学效果。

《中国信息技术教育》2009 年第 16 期

“七环节”教学法打造信息技术课堂教学新模式

卢金燕

以新标准为指向、有新教材配套的课堂，教学成败的关键在于方法。针对初中信息技术新教材中多以日常应用软件为主要内容的现状，在教学中尝试了“赏、析、合、述、点、帮、溯的‘七环节’教学法，”努力探索信息技术课堂教学新模式，以促进学生素质的全面提高，向新标准更进一步靠拢。“赏”是指带有主观评价的一种观赏，用喜悦的心情去观赏、去揣摩；“析”是指学生赏析后教师的分析，教师的“析”可以引发学生的思维向纵深推进；“合”是指合作；“述”是指讲述，是由各组推选人员进行介绍，也可小组轮流进行；“点”是指点出学生讲述中的精彩点和不规范点，点出学生较难把握的技术点；“帮”是指简单的“互助”；“溯”是指回溯、回顾，简言之就是课堂的梳理和反思过程。

《中国信息技术教育》2009 年第 24 期

浅谈渔农村初中信息技术的分层教学

蔡海斌

以渔农村学校为个案，结合自身教学实践，探讨了初中信息技术教学中的分层教学模式。首先对刚入学的七年级新生的基础与兴趣进行调查，据此将学生分为优等生、中等生、后进生三个层次，并实行动态的升降级分层制，同时巧妙安排各层次学生的座位。然后在教学实践中，分别从教学目标的分层、教学过程的分层、课堂练习的分层、考核与评价的分层四个方面实施分层教学。

《中国信息技术教育》2009 年第 17 期

在程序设计教学中引入能动模式，提高课堂教学有效性

黄转群

从主观能动性的概念和初二信息技术教学中的“程序设计”的难点出发，尝试在“程序设计”教学中引入能动性教学，即由老师提出问题，启发学生思考并通过讨论找到问题的解决方法，让学生明白应当做什么，怎么做，从而通过解决问题，归纳出学到的知识并形成完整的知识系统。并以初二程序设计“Visual Basic 的分支结构”为例阐明了能动模式程序设计教学的实践。最后对能动式程序设计教学模式进行小结并对教师提出了五点要求。

《中国信息技术教育》2009 年第 24 期

信息技术课堂中有效教学情境的创设

毛卫平

结合浙教版信息技术教材七年级（上）中部分课文的情境创

设案例，探讨了信息技术课堂中有效教学情境的创设问题。首先，探讨了有效教学情境创设的构成要素：(1)创设前提——建立和谐的课堂氛围。(2)创设重点——营造良好的主动学习环境。(3)创设关键——选择恰当的呈现方式。其次，探讨了有效教学情境创设的基本要求：情境求“趣”、形式求“新”、内容求“实”。接着，提出了有效教学情境创设的策略：(1)通过分析学习主体创设情境，保证教学情境的针对性。(2)通过分析学习对象创设情境，保证教学情境的服务性。(3)把握情境的延续性设计，保证教学情境的科学性。最后，在对有效教学情境创设的反思中提出，有效教学情境创设要符合学生的认知结构，要具有挑战性，要体现时代性。

《中国信息技术教育》2009 年第 23 期

信息技术教学中非智力因素的培养策略

孙惠国

非智力因素，是指与认识没有直接关系的情感、意志、兴趣、性格、需要、动机、目标、抱负、信念、世界观等。认为在信息技术教学中注重对学生进行非智力因素的培养，非常有利于信息技术教学，有利于新课程培养目标的实现，也有利于学生全面、健康地发展。具体阐述了在初中信息技术教学中培养学生的非智力因素的策略。主要有：(1)创设情境教学，激发学习兴趣。(2)指导实际操作，培养优良品质。(3)采用分组学习，培养合作意识。

《中国信息技术教育》2009 年第 3 期

高中信息技术异步分层教学的实践与思考

陈笑玲

针对信息技术课堂中由于各种因素造成学生基础参差不齐、教学进度无法统一的问题，着重探讨如何在网络环境下开展信息技术课程异步分层的教学模式，通过“情境设定，分层定标”“围绕任务，分层探讨”“集体回授，异步释疑”“整体评价，激励提高”的四个环节来实现分层教学，最终达到缩小个性差异、提高全体学生学习能力和操作技能，最终完善信息技术课堂。并提出异步分层教学中要注意的问题：(1)要注意调动学生的积极性。(2)要注意灵活性。(3)要注意各层次的连续性。

《中国电化教育》2009 年第 5 期

基于项目的学习在信息技术教学中的应用

邬 彤

基于项目的学习是一种新型的研究性学习模式，它强调学生对真实问题进行自主探究，强调小组合作学习，强调实践创新，这与信息技术教学理念相吻合。首先分析了在信息技术教学中应用基于项目的学习模式的优势：(1)与信息技术教学的总体目标相一致。(2)促进信息技术教学目标更好地实现。(3)有助于加强信息技术与其他学科之间的联系。(4)是对“任务驱动”教学法的补充。然后阐述了信息技术教学中应用基于项目的学习的主要环节：(1)选择项目，成立学习小组。(2)制订计划和小组分工。(3)活动探究。(4)作品制作。(5)交流成果。(6)活动评价。接着以全日制普通高中《信息技术》网络技术应用分册的《规划和设计网站》为例，对教学中的主要环节进行了深入的探讨。

《中国电化教育》2009 年第 6 期

信息技术复习：从技术方法中渗透生活智慧

王 力

对即将跨入高校的预科生来讲，如何在信息技术复习中完成认知的迁移和信息素养的提升显得尤为重要。首先采用问卷调查法从信息意识、信息道德、信息知识、信息能力四个方面对学生差异与学习需要进行了现状调查和分析。然后在调查和分析的基础上提出了发展策略——关注生活的基本技能，并分 5 个专题开展教学：信息社会与网络生活、秀一把 Office、声音的采集与加工、图像处理、视频编辑与动画创作。

《中小学信息技术教育》2009 年第 1 期

信息技术课“说什么”与“怎么说”之我所见

刘 超

以自己所教授的高一两个班共 80 余名学生作为调查对象，调查他们对信息技术课的看法和建议。发现学生普遍反映教师在课上“说什么”和“怎么说”存在问题。针对这些问题，结合自己教学过程中的一些典型案例，阐释了一些改进效果明显的做法和体会。在“说什么学生才肯学”方面，认为实用的内容、有趣的内容、前沿的内容是关键内容。在“怎么说学生才爱学”方面，认为要做到以下几点：以生为本，共建课程；科学规范，体系严谨；直观显见，突破难点。

《中小学信息技术教育》2009 年第 1 期

基于项目的学习在信息技术教学中的应用——以《我的中国自助游》为例

彭 景

基于项目的学习模式是一种在美国、法国、日本等发达国家广泛运用的教学模式。这种学习模式可以培养学生的多种素质。以基于项目的学习案例——《我的中国自助游》为例，探究了在高中信息技术教学中如何进行基于项目的学习。具体从以下几个方面进行阐述：(1)项目前提。(2)项目背景。(3)项目规划与实施，包括五个方面：①分工与进度。②分析需求。③信息的收集与管理。④信息的分析与处理。⑤制作多媒体指南，汇报小组成果。(4)交流与评价，包括两个方面的内容：①制定项目评价量规。②班内交流汇报。

《中小学信息技术教育》2009 年第 4 期

三“心”二“艺”VS三“心”二“异”——高中信息技术教学问题解决之探讨

杨 梅

探讨了高中信息技术教学中一些问题的解决方法，以期用教学机智去经营课堂。首先阐述为了调动学生的积极性，分层教学要多关注学生的三“心”二“异”：自信心、自卑心、虚荣心；男女生的差异、住校生和走读生的差异。然后提出教师要用自己的智慧和一些拥有独立个性的学生“斗智斗勇”，具体做法为：具备三“心”——“爱心”“耐心”“责任心”；巧用二“艺”——“语言的艺术”“行为的艺术”。

《中小学信息技术教育》2009 年第 7 期

信息技术课：来点哲理好不好

魏 宁

认为在基础教育阶段，特别是高中新课程阶段，信息技术教师应在教学中有意渗透哲理思维，积极开展一些有针对性、带有哲理性质的问题的探讨。首先论证了计算机、信息技术与哲理的关系，然后阐述了高中信息技术教学中培养学生的哲理思维的几种方法：(1)信息获取——挖掘生活实例，渗透哲理思维。(2)信息加工与表达——借助生动案例，升华哲理思维。(3)信息技术与社会——设置两难困境，启发哲理思维。

《中小学信息技术教育》2009 年第 9 期

概念资源图在信息技术教学中的实践探究

秦红斌

从概念资源图的功能和要素出发，在听课的基础上，利用上海教育资源库概念资源图，对地图版高中信息技术《计算机的硬件构成》这节课进行了二次设计，并在教学中进行实践。首先从教学设计思路、教学内容分析、学生学情分析、教学重点和难点、教学策略等方面阐述了概念资源图在教学准备中的应用。然后从以下几个方面详细阐述了概念资源图在教学过程中的应用：(1)新课引入：用概念资源图创设情境。(2)合作探究：用概念资源图进行协作学习。(3)交流履示：用概念资源图表达知识。(4)学习评价：用概念资源图评价学习效果。(5)教师点拨。(6)小结与作业。最后，对概念图在信息技术教学实践中的应用进行了深入的反思。

《中国信息技术教育》2009 年第 5 期

兴趣引导与科学管理并举——高中信息技术教学方法的探究

马淑华

针对现阶段高中信息技术教学中存在的一个显著矛盾：学生对信息技术课的浓厚兴趣或毫无兴趣，结合教学实践，进行了深入的思考。认为，为了激发学生的学习兴趣，应该从以下几个方面着手：(1)做好充足的课前准备。(2)自己动手制作图文并茂的教学课件，营造轻松愉快的学习氛围，提高学生的学习兴趣。(3)科学管理，因材施教，灵活掌握学习内容。(4)建立融洽的师生关系。

《中国信息技术教育》2009 年第 6 期

高中信息技术教学现状与对策初探

张　云

由于目前普通高中的信息技术课评价制度并没有根本改变，所以普通高中实际开设的信息技术课还存在着许多问题。目前高中信息技术教学的现状如下：课程地位低下、学习目的不明、教学内容陈旧、教学方式单一。针对这些现象，提出了以下对策，以期有效解决教学中的问题，提高教学效率：(1)确立信息技术课的基础性、工具性学科地位。(2)校本教材与课程教材相结合。(3)实现多层次教学。(4)开展教学研究，提高教学水平。

《中国信息技术教育》2009 年第 8 期

高中信息技术课立交桥教学模式的探究

刘赵民

高中信息技术课立交桥模式是根据学生的客观差异性而设立的多层面、立体交叉培养学生信息技术素养的分层次教学法。从立交桥教学模式的可行性出发，探索了其实施过程和方法。首先，从以下方面展开阐述：(1)学生分层办法及步骤：①全面了解学生，正确定位；②分层的目标设置原则。(2)不同层次的教学目标及其要求：①高职类学生的教学目标是取得全国计算机等级考试证书。②对普高类学生进行辅导时以会考大纲为准，进行基础性辅导，让学生能够掌握书本知识并能熟练操作使用计算机，最低要达到等级考试合格的目标。③奥赛类学生的教学目标是参加全国信息学联赛。④计算机作品制作类学生的教学目标是培养学生的动手能力，参加省、市每年的计算机作品制作活动。(3)教学模式的分类。然后，展示了取得的初步成绩。最后，进行了深入的总结与反思。

《中国信息技术教育》2009 年第 18 期

以建设的观点发展实验课

王爱胜　中德吉

以山东省教育厅组织的 2009 年暑期教师网络培训为契机，探讨了“如何上好信息技术实验课”的问题，重点针对该次活动中的几个优秀观点进行讨论。首先，从青岛市城阳第三高级中学的东志建老师对自己早期的实验课探索的描述出发，探讨了如何降低实验课风险的问题，得出结论：全面的、实践性太强的常态化实验课的确是有困难的，而部分的内容、部分的时间、部分的人员进行部分的研究，是可以取得好的学习效果的。然后，以枣庄市第三中学张艳红的《必修中的实验课——我设想讲数字化信息采集一课》一文为例，讨论了软件操作课实验的价值取向：一是可以了解新软件或陌生操作的效果、作用；二是在熟悉软件的条件下，探索、发现、实验、总结经验。

《中国信息技术教育》2009 年第 21 期

高中信息技术教学中如何促进学生的有效学习

邝宇新

从有效学习的基本定义出发，围绕“在高中信息技术教学中如何促进学生的有效学习”展开论述，主要从把握备课重点、课堂上的有效教学、学生的尝试学习、有效评价四个方面详细阐述了如何实现学生的有效学习，并结合具体的课堂教学案例——《制作奥运宣传片的三维动画片头》来具体说明实现有效教学的方法。最后，分析了学生进行有效学习的效果。

《教育信息技术》2009 年第 2 期

高中多媒体技术应用教学中学生创新能力的培养

杜飞雪

阐述了在高中多媒体技术应用课程中应该如何培养学生的创新能力。主要从以下四个角度着手:(1)以疑启思，激发创新欲望，营造创新的环境。(2)培优扶差，树立自信，培养创新精神。要做到：①任务分层，关注全体学生；②关注学困生，培养他们的自信；③关注学优生，促进他们的挑战精神和冒险精神。(3)激情引趣，开启创新思维。(4)总结归纳，在运用中升华创造性思维。重点强调了要及时归纳和及时评价。

《教育信息技术》2009 年第 6 期

群体动力学在欠发达地区信息技术课中的运用——以广东省普宁市实验中学为例

何 剑 何 蕾

高中新课程改革自从 2004 年起在全国部分省市进行试点以来，目前已经进入全面实施阶段。普宁市实验中学，位于广东省东部的“欠发达地区”。以该学校为例，根据多年的工作经验，从硬件条件、学生素质、师资力量、科研水平以及其他方面对欠发达地区高中信息技术课教学发展的制约因素进行了分析，并从群体动力学理论的基本内涵出发，阐述了该理论运用于教学的可行性和实施策略以及该理论运用于教研的模式。

《现代教育技术》2009 年第 1 期

信息技术教学设计与实践探索——基于“合作型任务驱动”教学设计模式的尝试

李子运　陈剑俊

重点研究了在高中信息技术课程的教学过程中尝试“合作型任务驱动”教学设计模式。该模式融合了多种当代流行教学思想，结合信息技术课程的特点和当前学校教学的实际情况，具有可操作性。本文将该模式的设计、实践过程整理出来，并提供翔实的教学设计案例，又针对该教学案例的效果进行调查给出数据分析，为信息技术课程的教学提供参考。

《现代教育技术》2009 年第 2 期

体验新课程　综合优化高中信息技术课堂教学

孔祥兴

新课程改革已有一段时间了，如何优化新课程下的课堂教学，提高信息技术课程的教学质量，推进新课程深化改革，实现学生信息素养的培养，是每位信息技术教师所关注的课题。本文主要从以下几个方面探讨了信息技术教学的优化策略：(1)课堂教学环境的优化。主要体现在以下几个方面：①创作资源的优化；②教学辅助工具的选择优化；③学习协作环境的优化。(2)教学内容的确定与优化。主要体现为：①教学内容的背景化；②教学内容的新颖化；③教学内容的应用化；④教学内容与其他学科的整合化；⑤教学内容的思想文化挖掘；⑥教学内容的错误确定验证；⑦分组练习的设计优化。(3)教学方法的优化。具体要做到：①教师为主导，学生为主体，练习为主线；②激发学生兴趣，调动学生的学习积极性；③培养学生的自学能力。(4)教学导入的优化。包括：①热点导入；②材料导入。

《中国教育信息化》2009 年第 16 期

新课标下的高中信息技术教学

田立霞　张玉翠

高中阶段新课程改革的全面实施，信息技术课程改革也随之深入。从新课程标准出发，通过对信息技术新课程标准的认识和理解，在新课程标准的教育教学理念下将高中信息技术教学创造性地运用于实践，改进教学方法，更新教学观念；改进学生的学习方式；拓展思维，优化重组教材，创造性地使用教材；提高教学效果，提升学生的信息素养，全面推动高中信息技术新课程改革的顺利实施。

《教学研究》2009年第3期

信息技术教学评价研究

概　况

综观2009年中小学信息技术评价方面的研究成果，发现研究内容主要集中在四个方面：一是教学评价体系及量规的构建；二是信息技术课堂评价；三是信息技术学业评价；四是信息技术高考。

教学评价体系及量规的构建

教学评价体系及量规的构建主要是基于教学实践和国家新的信息技术课程标准。这方面的研究中，较具代表性的有：陈嵘在《浅谈初中信息技术学生评价标准》一文中试图制定符合新课改要求的初中信息技术学生评价标准；朱虹在《信息技术协作学习模式的学习评价体系构建策略》一文中归纳出了协作学习模式下对学生学习情况进行评价的两种基本策略，并在《巧用评价量规达成三维目标——中小学信息技术教学评价量规构建例析》一文中构建了一套常用的针对中小学信息素养三维目标培养的评价量规；郑仁凯、郑雅芬在《在信息技术教育中建立“快”“乐”评价体系》一文中构建了“快”“乐”评价体系，以期这种评价方式能够既有效地推动课堂教学，又深受学生的喜爱。张明华在《新课程下高中信息技术学科学习评价的研究》一文中着重探讨了杭州市余杭高级中学在建立适合本校特点的评价指标以及评价系统开发上所做的尝试研究。

信息技术课堂评价

关于信息技术课堂评价的研究主要集中在评价方法存在的问题分析、多元评价方法的归纳总结、课堂评价的目标分析、课堂评估的依据等方面。较具代表性的研究有：李冬梅在《什么样的信息技术课是好课》一文中试图从根本上探索一堂好的信息技术课应该具备的基本条件；曹林男、王问洋、金慧莉、沙有威、高淑印等在《如何对信息技术课堂教学进行评估（一）》一文中探讨了新课程给信息技术课堂教学评估造成的积极作用和消极影响，信息技术课堂教学的评价理念等问题；王问洋、曹林男、武健、梁锦明在《如何对信息技术课堂教学进行评估（二）》一文中，从教学设计、教学过程等方面共同探讨了信息技术课堂教学评估的具体标准。此外，也有学者开始重视信息技术课程情感目标的教学评价问题，如王荣良、李树培在《信息技术课程情感目标的教学评价的问题及策略》一文中强调对教学的评价更应该关注学生的精彩观念、学习状态和教师自己的教学智慧。

信息技术学业评价

信息技术学业评价在国内主要是指终结性评价，这方面的研究集中在以下几个方面：一是对国外评价方式的研究与学习，如初晓婧在《对英国 A-Level 课程试卷及评分标准的分析与借鉴》一文中从试题类型和试题设计两个方面分析了 A-Level 试卷及评分标准。二是国内信息技术考试命题研究，张钰、朱彩兰在《信息技术课程考试命题问题例谈》一文中以南京一中高一年级的 531 位学生为样本，通过收集各省市必修模块的试题并组织学生进行相应的测试，并分析测试结果，探讨了信息技术课程考试命题问题；李艺、陈雅蓉、夏燕萍等在《信息技术课程题库建设方法研究》中基于信息技术课程机考现状，重点探讨了如何组织题库建设和实施考试。三是具体评价方式的实施策略，如作品评价法的使用，郭艳丽在《信息技术课中作品评价法的使用》一文中阐述作品评价法的概念及其实施过程，并举例分析说明了作品评价法的实施策略。

过程性评价也逐渐引起人们重视，袁红新在《江苏启东：区域推进信息技术过程性评价》一文中阐述了区域推进信息技术课程过程性评价的准备工作、重点工作及可能遇到的难题；孙萍在《高中信息技术学科发展性评价维度探究》一文中根据新课标评价理念和学生实际情况，初步制定了一套高中信息技术学生发展性评价细则。此外，档案袋评价方法强调了学生的学习过程评价，也引起人们关注，如周旭初在《建立数字化成长档案　留下学生发展的足迹》中对档案袋评价方法做了具体阐述。

信息技术高考

信息技术是否能顺利进入高考，以什么样的形式进入高考，进入高考后可能遇到的新问题等一直是信息技术学科相关人员密切关注的焦点。如，杨伟、李妮、张丽、倪震祥、吴海青在《“非主流”学科赴高考（一）——敢问信息技术课程路在何方?》

一文中共同探讨了信息技术学科纳入高考这一改革趋势问题；陈夫义、徐强、史弘文、王超在《“非主流”学科赴高考（二）——敢问信息技术课程路在何方?》一文中共同探讨信息技术学科的高考形式、高考命题实施等问题；胡秀琴、涂涛、黄振余在《“非主流”学科赴高考（三）——敢问信息技术课程路在何方?》一文中探讨了信息技术纳入高考所遇到的问题、信息技术纳入考高的优缺点、高考下的信息技术课程发展、高考下的信息技术教师发展等问题。

总体来看，信息技术评价方面的研究正蓬勃开展，日趋成熟。学者们开始重视教学评价体系及量规的构建；开始重视过程性评价的实施；努力尝试最有效的评价模式和方法。其中，关于信息技术进入高考的模式、方法、实施保障等的研究需要进一步加强，这将有利于充分发挥信息技术课程的价值，推动该学科的全面发展。

论　文　摘　要

我们真的了解“待评生”吗——利用 Moodle 提高“待评生”作品评价等级的实践

郤云江　潘瑛璐

“待评”是指教师在等待学生修改“不合格”等级作品，以进行第二次评价时，对作品暂定的等级。基于“待评生”与其他学生之间的差距越来越大的现状，选择了两个班级中的 6 位“待评生”，对他们的听课状态、上机操作、完成作品的情况等学习过程进行了跟踪观察，记录了他们在课堂学习中的表现，分析了造成以上表现的原因以及他们在学习中遇到的困难，并积极思考和寻求给予“待评生”有效帮助的方法。尝试了使用一种新型的学习管理系统 Moodle 对课堂教学进行拓展和补充，构建了课前预习、课后复习平台，构建了自助学习平台，构建了多元化主体的评价平台，有效地促进了“待评生”的学习，取得了比较明显的效果。

《中小学信息技术教育》2009 年第 5 期

建立数字化成长档案　留下学生发展的足迹

周旭初

档案袋评价方法强调评价与教学的有机结合，强调学生的学习过程评价。从建立学生数字化成长档案袋的优势出发，首先阐述了学生数字化成长档案袋的设计；然后阐述了学生数字化成长档案资料的收集，指出收集的资料内容可以形式多样，收集过程中可以采用定期与不定期、定主题与不定主题相结合的方式；最后，阐述了体现学生的发展印迹的评价：(1)记录点滴成长经历的课堂评价。(2)展示经典成长历程的作品评价。(3)呈现精彩成长过程的活动评价。

《中小学信息技术教育》2009 年第 3 期

江苏启东：区域推进信息技术过程性评价

袁红新

课程实施以来，为了更好地提高课程实施质量，江苏启东明晰了过程性评价实施的规划、设计、组织、实施、管理五个基本环节，具体研究每一环节的操作策略，对某些环节中的重点工作进行攻关。在课题研究基础上，进行了区域推广实验。经过一年多的运行，课程实施质量明显提升。以此为背景，阐述了区域推进信息技术课程过程性评价的准备工作：构建良好的课程实施环境，调动实验教师的积极性。强调了区域推进信息技术课程过程性评价的重点工作：落实课程目标、促进师生的有效发展，多元评价，电子学习档案管理，有效的观察与沟通，任务设计与作业、作品的有机结合，制定简洁明了、具有可操作性的量规。也提出了目前存在的两大问题：很难全面介入对学生学习过程的评价；时间消耗过大，全面推广较难。

《中小学信息技术教育》2008 年第 10 期

什么样的信息技术课是好课

李冬梅

首先阐述了课堂教学的本质问题，然后试图从根本上探索一堂好的信息技术课应该具备的基本条件：(1)教师在课前是否做了充分、恰当的准备和预设。如：是否深入研究了学生；是否研究了学习内容，是否目标明确，是否体现了学科价值；学习策略是否恰当，学习活动是否多样、有效而富有弹性。(2)课上学生的学习活动及动态生成要处理得当。主要体现在：是否创设了宽松、和谐、安全的学习环境；是否激发了课堂动态生成，学生是否全身心地投入到学习活动中；是否恰当处理和利用了动态生成，激发了学生的思考与想象。(3)学生的学习效果。主要从三个方面进行考查：学习目标是否达成；学习效率是否高效；能否引发继续学习的意愿。

《中小学信息技术教育》2008 年第 9 期

提高信息技术教学评价实效的四种方法

李武学

针对目前信息技术课程的评价普遍存在三个方面的问题：教学评价形式单一，评价内容不统一，缺乏针对学生个性能力的评价方式，并结合自身长期的教学实验，总结出了提高信息技术教学评价实效的四种方法："纸笔式"评价，作品式评价，过程式评价，电子档案袋式评价，并分别从基本内涵、适用环境和实施方法三个角度具体阐述。

《中小学信息技术教育》2009 年第 10 期

信息技术教学的关键环节之三——教学评价

李冬梅

教学评价对反馈学生表现、促进学生学习起着至关重要的作用，是课堂教学的又一个关键环节。从教学评价的类别及其基本内涵出发，结合教学中的具体案例，探讨了信息技术教学评价的一系列问题。首先，提出了当前信息技术教学评价需要关注的问题：(1)评价要面向全体学生，具有公平性。(2)过程性评价要提供频繁、及时、详细、积极、具体明确的反馈。然后阐述了如何选择恰当的评价方案，设计评价方案。最后，结合自身教学实践，提出了要建立激励机制，突出评价的正面反馈。

《中小学信息技术教育》2009 年第 6 期

基于学习过程的学生作品交流评价

曾伟锋

首先，提出了学生作品的交流评价环节对提高学生观察、分析和评价作品的能力至关重要，分析了目前信息技术课上学生作品交流评价的一般做法和不足。然后，经过过观察、学习和尝试，提出要较好地解决这些问题，重要的是关注学生作品交流与评价的中间过程，确立学生的主体地位，学生能主动积极地参与到作品交流评价的各个环节中来，积极地思考、讨论、交流、反思。同时教师在设计课程的时候要注意循序渐进，符合学生的认知规律。

《中国信息技术教育》2009 年第 20 期

巧用评价量规达成三维目标——中小学信息技术教学评价量规构建例析

朱 虹

以多年教学实践为基础，从量表的基本内涵和设计评价量规时应注意把握的四条原则出发，结合国家新的信息技术课程标准，将知识与技能、过程与方法、情感、态度和价值观三个课程目标作为评价量规的三个重要维度，并通过确定量化评价的指标，为不同的指标指定不同的权重，构建一套常用的针对中小学信息素养三维目标培养的评价量规，并以表格的形式分别呈现了作品量规、综合量规、过程量规、行为量规，以期为中小学信息技术教学评价作出一点贡献。

《中国信息技术教育》2009 年第 11 期

信息技术课程教学质量与评价的探究

许 军

针对目前很多学校重硬件轻软件，重效应轻效果，忽略信息素养的培养目标和学生信息能力的形成的状况，笔者提出只要从评价方法和手段上加以改革，就可以解决这种现象，并积极探索了小学信息技术课程新的评价方式，认为新的评价方式应该体现以下几个方面的特点：(1)充分体现评价内容的综合性。(2)真正实现“积效”与“过程”的结合。(3)评价要注重应用性和可观测性。(4)学习评价应具有开放性。

《中国信息技术教育》2009 年第 22 期

浅谈新课程理念下信息技术考试命题

方其桂

通过组织安徽省的信息技术考试命题工作，研究其他省市的会考、高考题目，在试题材料的选择、教学目标的实现、问题的设计和考试的导向等方面积累了一些想法，并结合具体实例从以下几个方面加以阐述：(1)通过正面引导实践、侧面指导实践、反面教导实践突出教学导向的实践性。(2)要从过程与方法，情感、态度、价值观方面兼顾教学目标的全面性。(3)通过创设情境、贴近现实强调试题材料的人文性。(4)以文字简练、图文并茂、贴近学生的方式提高试题内容的易读性。

《中国信息技术教育》2009 年第 11 期

信息技术课程题库建设方法研究

李　艺　陈雅蓉　夏燕萍

首先考察了全国各地信息技术课程机考现状，发现较为突出的几个问题：(1)信息技术教师命题经验少，成熟试题和典型试题积累少，而传统考试命题组织方法又不适合该课程。(2)对信息技术题库规模的要求加大了命题压力。(3)开发组织外行，导致试题与考试支持系统的配合不力。(4)试题缺乏规范化管理。然后基于以上问题，重点探讨了如何组织题库建设和实施考试。在题库开发方面，强调要周密考虑知识体系列表的制定、试题原始设计和试题变形设计；在考试支持策略的制定方面，主要从试卷管理与生成策略技术、附加要求、评价活动的后期分析等方面进行阐述；在题库数据库设计与开发方面，提出要设计并开发独立于考试系统之外的题库数据库，并描述该题库数据库的设计思路和重要细节；在考试支持系统开发与系统测试方面，也做了简要的说明。

《中国信息技术教育》2009 年第 15 期

在信息技术教育中建立“快”“乐”评价体系

郑仁凯　郑雅芬

在多年的信息技术教育工作中反复实践、摸索、研究，构建了“快”“乐”评价体系，以期这种评价方式能够既有效地推动课堂教学，又深受学生的喜爱。首先阐述了“快”“乐”评价体系的目的。然后介绍了“快”“乐”评价体系的内容。接着分别从“快”从何而来、“乐”从何而来两个方面探讨了“快”“乐”评价体系中的“快”与“乐”如何体现的问题。最后阐述了“快”“乐”评价体系在教育教学中发挥的作用：(1)学生在评价过程中发现了自己的优点和不足，并加以改进。(2)学生参与评价，充分体现了评价主体的多元性。(3)与教学紧密结合，丰富了信息技术教育。(4)让学生在积分兑换中获得成功与快乐的体验。

《中国信息技术教育》2009 年第 11 期

信息技术协作学习模式的学习评价体系构建策略

朱　虹

通过近年来基于任务驱动的协作学习模式的课题研究和实

践，逐步归纳和总结出了对学生学习情况进行评价的两种基本策略，即：协作学习过程评价和协作学习成果评价。其中，过程评价考核的内容以学生协作能力为主，主要采用小组协作学习档案法；成果评价考核的内容以学生的创新能力和综合应用能力为主，同时考核掌握的信息技术基本知识和基本技能。并以图文并茂的形式具体阐述了两种评价方式的具体操作。

《中国信息技术教育》2009 年第 12 期

如何对信息技术课堂教学进行评估（一）

曹林男　王问洋　金慧莉　沙有威　高淑印

几位校领导、信息技术教研员、一线教师代表共同就“如何对信息技术课堂教学进行评估”这个话题展开讨论，大家各抒己见，分别从不同的视角谈想法、谋突破。在探讨新课程给信息技术课堂教学评估造成的积极影响和消极作用时，王问洋对我国中小学信息技术教育各个发展时期的课堂教学评价理念进行了简短的回顾；沙有威举例说明了要认真研究信息技术新课程给课堂教学评价带来的变化；金慧莉从教学目标的设定探讨了信息技术课堂教学“评价难”的核心因素。在讨论当前信息技术课堂教学的评价理念时，王问洋认为目前信息技术课堂教学评价的理念是“三维”教学目标的和谐性；高淑印提出一节好课的评价必须坚持以学生发展为本的课改核心理念，并就具体操作上要注意的几个方面进行了说明；曹林男论证了对信息技术教师的评价要多元化；沙有威提出课堂教学评价需要关注学习方式的转变，关注学生的差异性，关注“常态教学”。

《中国信息技术教育》2009 年第 1 期

如何对信息技术课堂教学进行评估（二）

王问洋　曹林男　武　健　梁锦明

几位校领导、信息技术教研员、一线教师代表共同探讨了信息技术课堂教学评估的具体标准。在教学设计方面，梁锦明提出要有透彻的学生分析；武健提出要有合理的教学目标。在教学过程方面，梁锦明和曹林男提出一堂好的信息技术课要有良好的情境创设，要培养学生的创造性思维；梁锦明提出要设置恰当的任务驱动；王问洋和武健提出要使用适当的教学方法；王问洋、武健和梁锦明分别从三维目标中“过程与方法”的教学，技术探究，完备的分工计划和充分的展示讨论等方面举例阐述了一堂好课需要完备的教学环节；曹林男则指出另一指标：教师应具备很强的教学组织能力；武健和曹林男一致认为丰富的教学机智至关重要；梁锦明、武健和王问洋分别从评价量规、学生自我评价、及时性评价等方面阐述了又一评估方法：是否有完善的课堂评价。

《中国信息技术教育》2009 年第 3 期

如何对一所学校的信息技术教育教学工作进行评估

徐　强　李冬梅　王问洋　毛澄洁

几位校领导、信息技术教研员、一线教师代表共同就如何评价一所学校的信息技术教育教学工作进行了探讨，主要围绕软硬件环境、课程设置、师资队伍、教学效果的评价展开阐述。在软硬件环境评估方面，主要指标有:(1)计算机的数量和质量、校园网的建设以及软硬件设备的管理方法和手段等硬件环境因素是否完备;(2)是否有丰富的素材、详细的技术支持、教学网站、学案等教学资源;(3)是否有先进的建设理念;(4)是否有教师激励机制。在课程设置方面，主要指标有:(1)是否按规定开齐国家法定课程;(2)是否开设校本课程;(3)是否设有课外兴趣小组。在师资队伍评价方面，主要指标有:(1)是否有满足教学需要的专职教师;(2)专职教师的业务水平如何。(3)是否有信息技术学科教研组;(4)是否提供培训机会。在教学效果评价方面，主要指标有:(1)教学成绩是否突出;(2)办学特色是否鲜明。

《中国信息技术教育》2009 年第 5 期

如何评估一个区域的信息技术教育教学工作

王问洋　高淑印　徐　强

几位校领导、信息技术教研员、一线教师代表共同就如何评价一个区域的信息技术教育教学工作进行了探讨，从以下方面提出了一些可供参考的评价指标。在组织和政策保障方面，主要指标有：政府的支持力度，如制定相关政策、投入必备资金、开展有效教学研究与必要的督导评估等。在教学设施建设方面，主要指标有:(1)生机比、师机比、网络教室与班数比率达到相关要求;(2)硬件投入资金充足。在课程建设方面，主要指标有:(1)教师教学能力和水平;(2)教学设备的使用率高，教学资源应用有效;(3)对教学过程的监督得力;(4)按规定开齐必修课程的高中、初中、小学的比率达到国家相关要求，并按新课程理念实施教学;(5)过程性评价与总结性评价相结合;(6)建立统一的信息技术学科教学检测机制。在教师队伍建设方面,主要指标有:(1)保证信息技术专任教师队伍的组成,人员和职称结构合理;(2)教研评比活动开展情况;(3)参加课改培训的情况。在教育成果方面,主要指标有:(1)教师在上一级组织的各种评比活动的获奖情况;(2)区域内教学研究活动正常开展情况。

《中国信息技术教育》2009 年第 7 期

信息技术课程情感目标的教学评价的问题及策略

王荣良　李树培

首先阐述了教学与评价的关系,强调对教学的评价更应该关注学生的精彩观念、学习状态和教师自己的教学智慧。然后分析了新课程实施以来,信息技术课程情感教学评价目前存在的问题:(1)情感评价的内容不明。(2)情感评价的方式不当。(3)评价结果的处理不妥。接着在简单介绍情感、态度和价值观的一般评价方法后,主要阐述了在复杂的课堂情境中,教师对学生情感、态度和价值观表现进行即时性评价应注意的几个方面:(1)平常时刻的隐性渗透。(2)关键时刻的显性引导。

《中国信息技术教育》2009 年第 7 期

农村初中信息技术课教学评价的探索

杨　彬

首先从农村初中信息技术课程的特点、教学目标,是否调动学生学习的主动性和积极性,是否发挥学生的创造力和创造潜能等方面论证了传统的评价模式已经不能胜任要求。然后通过借鉴成人计算机的"无纸化"考试和全国中小学生电子作品比赛的方式,自修民族贫困地区综合素质培训教材,分片区总结并制订了牟定县 2006 年、2007 年初中信息技术课程评价方案。指出"无纸化"考试+作品考试或"笔试+作品考试"相结合的评价模式,是农村初中信息技术课在新课改中有效的评价方式,既能考查学生实际操作能力和评价学生作品,又能鼓励学生创新。

《中国教育信息化》2009 年第 16 期

浅谈初中信息技术学生评价标准

陈　嵘

本文试图制定符合新课改要求的初中信息技术学生评价标

准，评价标准由“评价指导思想”“评价原则和方法”“评价内容和要求”“学生成绩评定方法”组成。特别是在“评价内容和要求”中，依据省义务教育信息技术课程指导纲要，根据本市的教学实际，按《信息识别与获取》《信息存储与管理》《信息加工与表达》《信息发布与交流》四个模块提出具体评价要求，每个模块都由评价要点、评价内容与评价建议、成绩评定建议等三部分组成。

《中国信息技术教育》2009 年第 8 期

初中信息技术课教学效果的评测

张向东

概述了黑龙江省哈尔滨市初中信息技术课教学效果测试的试行内容和现状，希望它能帮助一线教师走出对信息技术教学评价的困惑。首先，阐述了信息技术教学评定的目的。然后结合实例，从以下两个方面阐述了初中信息技术教学评价尝试的现状：(1) 对教师“教”的评价。要注意评价教学效果时，不仅要看学生对知识掌握的情况，还要注意学生能力的培养和价值主体的建构。(2) 对学生“学”的评价。这部分的评价应由情感态度评价和考试评价两部分组成。

《中国信息技术教育》2009 年第 9 期

浅议初中信息技术课堂教学评价

马能旺

围绕“初中信息技术课堂教学评价”这个主题进行阐述，首先从以下几个方面阐述了信息技术教学评价的目标：(1)激发学生的学习兴趣。(2)全面了解学生的学习状况。(3)引导学生学习行为。(4)促进教师水平不断提高。然后结合教学实践，提出了信息技术课程评价的基本原则：(1)围绕教学目标原则。(2)全面性原则。(3)个体性原则。(4)多元化原则。

《中国信息技术教育》2009 年第 12 期

信息技术课中作品评价法的使用

郭艳丽

普通高中信息技术课程标准明确指出可以采用作品评价法进行教学评价，实施作品评价法可以全面考察学生的学习过程和信息素养的养成。首先说明实施作品评价法的必要性，接着阐述作品评价法的概念及其实施过程，指出其实施过程主要经历以下几个环节：创设情境、作品准备过程、作品创作过程、作品评价和展示过程。最后举例分析说明了作品评价法的实施策略，即：(1)定量评价与定性评价相结合。(2)自评、互评与教师评价相结合。(3)全面客观地进行评价。(4)关注个别差异，进行个性化评价。

《中国电化教育》2009 年第 6 期

对英国 A-Level 课程试卷及评分标准的分析与借鉴

初晓婧

英国的 A-Level 课程是一种发展较为成熟且在国际享有较高知名度的课程。它的考试是一种经过长期的理论研究和反复的实践检验后逐渐形成的稳定、规范并且受到普遍认可的学业评价方式。A-Level 考试相当于国内的高中会考、高考。首先对 A-Level 课程进行了简单介绍，然后重点从以下几个方面分析了 A-Level 试卷及评分标准：(1) A-Level 试题类型：主要有简答题、论述题等。(2) A-Level 试题的设计。分别从情境的设计和内容的设计两个方面展开讨论。

《中小学信息技术教育》2009 年第 1 期

信息技术课程考试命题问题例谈

张　钰　朱彩兰

以南京一中高一年级的 531 位学生为样本，通过收集各省市必修模块的试题并组织学生进行相应的测试，并分析测试结果，探讨了信息技术课程考试命题问题。测试结果发现有大量题目正确率较低，对这些正确率较低的题目进行了分析，原因如下：(1)教材差异。(2)问题指向不明确。主要表现在：答案的多样性；问题含糊不清；问题过大。(3)学生常识缺失。主要原因有：初中、高中教学内容的衔接问题；社会常识缺失。(4)人性化缺失。并针对以上原因，结合实例给出了相应的建议和对策。

《中小学信息技术教育》2009 年第 5 期

苏北地区农村高中信息技术课程评价方法研究

秦吉远

首先阐述了当前苏北地区农村高中信息技术课程评价中存在

的问题，主要有:(1)学校和任课教师对信息技术教学评价重视程度不够。(2)评价范围不全，评价过程困难。(3)学生信息技术基础差，对信息课认识不足，有些学生甚至不屑评价。然后提出了苏北地区农村高中信息技术课程评价的最佳方法，主要有:(1)观察记录评价法。(2)作品展示评价法。(3)综合分析评价法。(4)调查评价法。

《中小学信息技术教育》2009 年第 11 期

“小设置 大作用”之网页作品教学评价设计

王国顺

以高一《信息技术基础》（必修）第六章“网页的设计和制作”为例，思考了怎样能够展示学生的网页作品，让所有同学都能快速浏览到网页作品，互相比较、求同存异，使学生在制作网页作品中既能体现个性又能体现创新精神的问题。提出以下解决办法:(1)利用 IIS 和 SERV－U 辅助教学，提高教学评价的效率和效果。主要优势有：比较容易实现，充分利用机房的网络功能，操作简单方便，可以营造仿真环境，拓展技能。(2)发挥教学评价对教学的诊断、激励和促进作用。强调整个教学评价中要注意做到全面性、个体性、动态性的原则，并提出了结合教学评价，在教学过程中要注意的几个方面。

《中国信息技术教育》2009 年第 14 期

“非主流”学科赴高考（一）——敢问信息技术课程路在何方?

杨　伟　李　妮　张　丽　倪震祥　吴海青

以讨论的形式，邀请了山东省滨州一中的杨伟、山东省青岛平度市高级中学的李妮、江苏省新海高级中学的张丽、江苏省扬州中学的倪震祥、海南省海口市第一中学的吴海青等五位嘉宾共同探讨了信息技术学科纳入高考这一改革趋势问题。首先，讨论了各地信息技术学科纳入高考的时间和形式及其作用，吴海青就海南省的信息技术高考发表看法：改革力度不够，出现应试教育等问题，考试结果有失公平；张丽在介绍江苏省将信息技术纳入高考的具体做法后，从两个方面阐述了这一举措对于信息技术学科发展的促进作用；倪震祥从三个方面阐述了这一举措对信息技术教育的促进作用；杨伟从三个方面阐述了这一举措给信息技术学科和教师带来的发展机遇和无奈。然后，吴海青反思了信息技术高考中遇到的具体问题；张丽表达了对高中信息技术学业水平测试的三点忧虑；倪震祥从教师和学生的角度探讨了信息技术课程教学的无奈和尴尬；李妮提出山东高考基本能力测试中需要改进和完善的三大方面。最后，针对存在的问题，思考了应对策略，认为信息技术课教师应该在认真教书的同时，总结和研究试题，以研究带动教学；要注意丰富信息技术高考的内涵等。

《中国信息技术教育》2009年第13期

"非主流"学科赴高考（二）——敢问信息技术课程路在何方?

陈夫义　徐　强　史弘文　王　超

以讨论的形式，邀请了海南省教育研究培训院的陈夫义、海南省海口市教育研究培训院的徐强、江苏省无锡市教育研究中心的史弘文、江苏省连云港市教育局教研室的王超等四位嘉宾共同探讨信息技术学科的考试形式、命题实施等问题。在对信息技术纳入高考的看法方面，陈夫义从高考成绩的高利害关系出发，认为将信息技术纳入高考是各方面力量充分博弈的结果；徐强主要从三方面探讨纳入高考对信息技术课程实施的意义；史弘文认为关注高考的同时，更应关注该学科自身的发展。在考查形式方面，陈夫义提出仅限于纸笔考试的评价并不全面，建议"基础会考"还应包括实践操作，注重必修和选修模块的考试相结合；徐强以海南省"基础会考"为例，提出单纯纸笔测试的缺点，给出改进的方法；史弘文对比分析上机考试和纸笔考试，更倾向于纸笔考试，强调命题重要性的同时给出了一些命题策略。在基于现实的思考方面，陈夫义建议继续作为"基础会考""学业水平测试"等内容来探索和完善该课程考试；徐强从课程评价、差异与公平、面对尴尬的设想三方面展开论述；史弘文论证了机考方式的重要作用；王超则认为不能完全寄托于高考，提倡将高考变为"扶手"而非"绊脚索"。

《中国信息技术教育》2009年第15期

"非主流"学科赴高考（三）——敢问信息技术课程路在何方?

胡秀琴　涂　涛　黄振余

以讨论的形式，邀请了山东教育学院的胡秀琴、西南大学新闻传媒学院的涂涛、广东省东莞市教育局教研室的黄振余等三位嘉宾共同探讨信息技术学科纳入高考的问题，在前两期讨论的基础上，对该话题进行了概括和总结。在"成长"需要过程方面，胡秀琴总结了纳入高考的两种方式及其优缺点；黄振余提出，进入高考是课程实施的迫切需要，但这需要一个不断完善、发展的过程；涂涛分别从积极和消极的角度概括了该学科纳入高考的优势和劣势。在讨论纳入高考所遇到的问题时，胡秀琴论证了基本能力目标和课程培养目标不存在错位；黄振余提出如何命题是关键，问题是有益之师；涂涛建议合理分配信息技术水平考试在高考评分体系中所占比例，科学制定不同地区、水平的信息技能评价机制。在讨论高考下的信息技术课程发展时，胡秀琴认为课程存在和发展的真正动力是其承载的教育任务与价值；黄振余提出要处理好该课程纳入高考与课程、评价的关系。涂涛提出在发展战略上要统一认识，在战术、战法上要统筹发展。在讨论高考下的信息技术教师发展时，一致认为教师只有先重视自身专业化发展，“不抛弃、不放弃”自身优势，学科才可能真正被重视，信息技术才能真正被纳入高考。

《中国信息技术教育》2009 第 17 期

新课程背景下的高中信息技术课堂教学

冯士海　于学凤

随着高中新课程的实施，在新的课程理念指导下的高中信息技术课堂教学，发生了很大的变化。主要探讨了如何评价新课程背景下的一节好课，认为应该从以下几个方面来考虑：(1)体现新课程的培养目标。(2)创造性地使用教科书。(3)建设新型的课程文化——民主、平等、科学、对话、协商。(4)体现课堂教学的生成性。(5)倡导多元化的学习方式。从自主学习、合作学习、探究学习三个方面展开具体论述。

《中国信息技术教育》2009 年第 17 期

高中信息技术教学方法的评析与应用策略

刘向永　董玉琦

2004 年，普通高中信息技术课程改革正式开始实施。目前已经有十余个省份参与了高中信息技术课程实验。高中信息技术课程实施的一个关键点就是教学方法的选择与采用，这也是目前高中信息技术教师最感困惑与迷茫的地方。通过对高中信息技术教学方法进行问卷调查以及教师访谈，对国内相关文献进行研究，试图从高中信息技术教学方法的现状与困惑出发，对目前四种主要的高中信息技术教学方法进行了分析与比较，并提出了“理性看待、多样采用、创新应用”的教学方法应对策略。

《现代教育技术》2009 年第 2 期

新课程下高中信息技术学科学习评价的研究

张明华

从目前浙江省高中信息技术学科学习评价方面存在的问题出发，介绍了在新课程背景下，如何根据新课程的评价理念和要求建立一套比较科学有效、便于操作的信息技术学习评价体系，着重探讨了杭州市余杭高级中学在建立适合本校特点的评价指标以及评价系统开发上所做的尝试研究。其中，在评价指标研究方面，主要阐述了评价实施原则、评价内容、具体评价指标和综合评价认定；在评价系统的开发方面，主要阐述了学习评价系统的设计理念、学习评价系统的功能设计框架、学习评价系统的技术架构；同时，也对该学习评价系统的试运行效果进行了评价和反思。

《教育信息技术》2009 年第 6 期

高中信息技术学科发展性评价维度探究

孙　萍

针对目前高中信息技术学科教学评价方面存在的评价方法单一、评价过程简单、评价方式主观等不足，在新课标评价理念的指导下，根据学生实际情况，初步制定了一套高中信息技术学生发展性评价细则。其中，评价原则有：(1)注重过程性评价，全面考察学生的学习过程和信息素养的养成；(2)发挥教师在评价中的主导作用，创造条件实现评价主体的多元化；(3)以定性评价为主，适当的定量评价相辅。评价维度主要由学生的学习行为、学习质量、项目作业以及模块测验四个部分组成。评价细则的具体指标有：学习行为评价指标、课堂学习质量评价指标、项目作业评价指标、模块测试。综合评价认定则以学习模块为划分点。最后，还在新高一两个班使用该评价细则进行实证研究，并将实验效果与另外两个对比班进行比较分析和反思。

《教育信息技术》2009 年第 9 期

信息技术课程整合研究

概　况

综观 2009 年中小学信息技术与课程整合方面的研究成果，

发现研究内容主要集中在三个方面：一是信息技术与课程整合的现状研究；二是信息技术与课程整合的理论研究；三是信息技术与课程整合的有效性研究；四是信息技术与课程整合中的技术应用研究。

信息技术与课程整合的现状研究

主要集中在对信息技术与课程整合中出现问题的总结，比如，对信息技术与课程整合的错误认识，把信息技术与课程整合等同于计算机辅助教学；信息技术与课程整合在实践层面的偏差：重形式、轻收效，过度依赖信息技术等。通过分析这些问题产生的根源，提出了相应的改善对策。

信息技术与课程整合的理论研究

信息技术与课程整合理论上的研究主要集中在对整合理论、模式、整合策略、评价系统、应用框架等的研究，其中关于整合理论和整合模式的研究较具代表性。

在整合理论的研究方面，体现了跨文化、跨学科、整合理论的重构等方面。如何克抗在《对国内外信息技术与课程整合途径与方法的比较分析》一文中分析和比较了较有代表性的西方国家和我国是如何通过信息技术与课程整合来有效提升学科教学质量与学生的能力素质的；张文兰、焦伟婷、刘斌在《基于教育生态学基本规律分析信息技术与课程整合》一文中从教育生态学的基本规律（迁移与潜移规律、平衡与失调规律、竞争机制与协同进化规律等）出发分析了信息技术与课程整合的过程以及整合中各要素的相互作用；朱永海在《论信息技术与课程有效整合的三个层次》一文中从课程知识层面、课程经验层面和课程文化层面提出了以人为本的信息技术与课程的双向互动整合。沙景荣、姚勇伟、王艳艳等在《信息技术支持中小学课堂教学的作用到底是什么》一文中指出信息技术支持课堂教学的作用就是要营造人—媒体—环境之间联动的学习空间，促进人们学习的积极性和主动性。

整合模式的研究是当前的热点，从不同视角出发提出了各种不同的教学模式，有基于资源的教学模式研究，有基于理论的教学模式研究，还有针对信息技术课程整合的行动研究。如王亚伟在《用5W/5E模式进行课程整合设计》一文中提出利用5W/5E作为教学设计工具，可以让教师轻松、无缝和有效地把技术注入到教学项目中；叶良明、靳跃在《“主导—主体—主线”教学模式的构建与实践》一文中对信息技术与高中数学课程整合的“主导—主体—主线”三位一体的自主探究式教学模式进行了深入分析。

信息技术与课程整合的有效性研究

信息技术与课程整合的有效性研究也是大家普遍关心的问题。主要关注信息技术在教学中应用的实效，如郭丽文在《关于信息技术在教学中应用实效的思考》一文中结合具体实例思考了信息技术在教学中应用实效的问题，并提出了克服网络教学的形式化和低效现象的策略。另外，也重视影响信息技术在教学中应用效果的因素分析，如王佑镁在《影响信息技术与课程整合效能的教师个人变项分析》一文中从教师个人变项出发，深入挖掘影响教师进行有效信息技术与课程整合的因素。这些研究都为提高信息技术与课程整合的有效性提供了依据。

信息技术与课程整合中的技术应用研究

主要关注的是当前课程中常用的技术，如多媒体、电子白板、概念图软件、Blog、Wiki 等技术，以及在教学中刚刚使用的一些新技术，如移动技术、Diigo、Google 服务、SURF 工具等。在这些研究中，基于技术的教学平台的研究日益突出，主要集中在教学平台的开发和设计、教学平台的应用等方面，如：李忠在《Z＋Z 智能教育平台在中学数学教学中的应用》一文中将一款融工具性和资源性于一体的数学智能软件——Z＋Z 智能教育平台与数学教学整合，取得了明显的教学效果；郑兰琴、张进宝、陈鹏、张璐、尹东梁等在《基于 Multipoint 技术支持的课堂互动教学平台 MouseMischief 的应用研究》一文中通过教学实验探索出 MouseMischief 支持小学课堂互动教学的三种应用策略及课堂教学设计的流程。另外，利用社会性工具支持教学的趋势明显，如柴琅琅、赵呈领在《Diigo 在高中英语写作教学中的应用》一文中使用“社会化批注”网站 Diigo 促进了高中英语写作课程的教学。同时，移动技术应用于教学的研究开始起步，张渝江翻译的文章《利用移动技术促进学习——一份来自国外的研究报告》一文中阐述了移动学习的现状，强调了移动学习能改善教育的五个机会及五个行动目标。

整体而言，过去的一年，大家仍反复关注整合问题，整合的研究发展迅速。理论研究和学科案例建设受到足够重视，但学科案例方面研究冷热不均，整合学科以语、数、英为主；教学模式和学习模式的研究略显不足；整合方面的评价研究薄弱；师资培训方面的研究不够。

论　文　摘　要

超越技术“整合”走出“七年之痒”

蒋鸣和

2000年以来，信息技术与课程整合最显著的进展是数字化资源通过多媒体技术广泛进入课堂。主要围绕如何超越技术“整合”进行探究，提出了走出“七年之痒”的几大策略：(1)首先在观念上要有所突破，要敢于超越技术“整合”，走向应用创新。认为要重点要研究新技术进入教育教学领域后，给教学环境会带来的变化及其对教学的基本要素之间的协同关系所产生的新的影响，进而在新的学习环境下构建教和学的新模式。(2)要在理论挖掘上下工夫。提出教师要高度关注学习理论的新发展，在实践中创造性地应用学习理论。(3)要改变目前的实践模式，通过课题研究来实施。

《中小学信息技术教育》2009年第2期

从课程整合概念的分化说开去

孙月圣

信息技术与课程整合的“小整合观”将课程等同于教学，将信息技术与课程整合等同于信息技术与学科教学整合。认为从整个基础教育改革的角度出发，“小整合观”比较符合当前发展趋势和实践要求。并从经验上的整合、学习理念上的整合、学习目标上的整合、课程标准上的整合、学习内容及进度上的整合、学习方式上的整合等方面探讨了“小整合观”背景下课程整合的一些途径。最后提出“小整合观”背景下课程整合深层次发展所要注意的几个方面：(1)要运用先进的教育思想和理论为指导。(2)要充分重视各学科的教学资源库建设。(3)革新教材内容和教学安排。(4)信息技术要与传统教学活动、媒体进行整合。

《中小学信息技术教育》2009年第3期

信息技术与课程整合的误区及对策

叶　波

首先阐述了信息技术与课程整合在观念层面的两大误区：

(1)把信息技术与课程整合等同于计算机辅助教学;(2)错误理解信息化环境下的教育教学。然后阐述了信息技术与课程整合在实践层面的偏差:(1)重形式，轻实效;(2)过度依赖信息技术。最后在认真分析和思考的基础上，提出了信息技术与课程整合的对策:(1)更新教育理念，提高对整合的认识;(2)提高教师利用信息技术进行教学的业务水平。

《中小学信息技术教育》2009 年第 5 期

语文教学与信息技术整合的目标何在

靳瑞芳　胡兆玮

试图用一种新的思维视角，跳出目前的过程论或方式论，改用目标论来全方位重新反思、审视信息技术与语文学科整合的课堂实践。首先提出语文教学与信息技术整合的基点在于目标整合，探讨了“为谁而整合”“整合的目标走向”两大问题。然后明确提出语文教学与信息技术整合的目标是全面提高学生的语文信息素养，并从知识与技能，过程与方法，情感、态度和价值观三个方面具体阐释了语文新课程与信息技术整合后的目标。

《中小学信息技术教育》2009 年第 10 期

学用　会用　用好　用足——从教育信息化应用层次看课程整合的发展趋势

朱向军　谢同祥

首先探讨了信息技术与课程整合在教育信息化应用中的层次定位，认为信息技术在教育教学中的应用存在层次上的差异，依其使用的程度可分为四个层次：初步学用信息技术、熟练使用信息技术、整合运用信息技术和创新应用信息技术。然后介绍了信息技术与课程整合的发展趋势：由单课教学整合向单元教学整合转变；由学科内整合向学科之间整合转变；由信息技术与知识传授的整合向信息技术与资源运用的整合转变。最后，指出社会对教育的需求、教育理论与实践的发展、教师的专业化成长、信息技术的更新等推动了信息技术与课程整合向更高层次发展。

《中小学信息技术教育》2009 年第 10 期

关于信息技术在教学中应用实效的思考

郭丽文

信息技术应用于课堂教学的实效性是促进教学资源开发、教学内容深化、教学过程优化、教学质量提高的关键。结合具体实例思考了信息技术在教学中应用实效的问题，首先指出信息技术应用于课堂教学必须考虑以下四个要素：教学内容、教学活动、媒体应用、技术支持。然后提出要从以下几个方面克服网络教学的形式化和低效现象：(1)教学与技术要有机整合。(2)凸显网络环境下教师的主导作用。(3)关注网络课的类型。

《中小学信息技术教育》2009年第1期

信息技术与物理课程的优化整合

张立霞

首先阐述了现代信息技术在物理教学中的应用及优势：(1)形象生动的多媒体模拟动画。(2)在课堂中播放录像，让学生身临其境。(3)应用实物投影仪提高教学效率。(4)利用丰富的网络资源，开展探究性学习。然后提出了现代信息技术在物理教学中的困惑，认为物理课上演示的课件灵活性和交互性不强，并提出要恰当地在教学中运用多媒体，需把握好以下两点：(1)课件的作用是辅教、辅学。(2)课件的运用要适时、适度、适用。

《中小学信息技术教育》2009年第10期

信息技术与中学化学教学的整合研究

董前荣

为改变目前化学教学中存在的一些不良状况，积极探索信息技术与化学教学有效整合的途径和方法。首先分析了信息技术与化学教学整合的优势：(1)信息技术能创造一种“轻松愉悦”的课堂氛围。(2)使用信息技术因材施教。(3)信息技术能激发学生的好奇心和创造力。(4)信息技术能减轻教师负担，便于教师间的学习与交流。然后提出信息技术与化学教学整合要注意的几个方面：(1)教师要努力提高信息技术水平。(2)教师要提高多媒体课件的制作水平。(3)教师要找准信息技术与学科的整合点。

《中小学信息技术教育》2009年第2期

信息技术在地理教学中的最优化应用

王树声

地理教学方法正面临着信息技术不断发展的挑战。通过信息技术的应用，可以帮助学生进行思维训练和提升学科能力。

重点阐述了地理教学中能充分利用信息技术的几大内容及利用方法：(1)空间定位与空间结构、空间联系的分析；(2)区域特征分析与区域差异的比较；(3)区域发展研究与条件分析；(4)生产活动与区际联系的区位因素评价；(5)地理统计图表和联系框图的运用与分析；(6)地理原理与地理规律的阐释说明与分析应用；(7)地理事物、地理现象的发展过程展示；(8)同一时间地理事物在不同空间的差别；(9)同一空间在不同时间内地理现象的不同反映；(10)相同事物之间的区别、不同事物之间的联系等的分析。

《中小学信息技术教育》2009 年第 2 期

Z+Z 智能教育平台在中学数学教学中的应用

李　忠

Z+Z 智能教育平台是一款融工具性和资源性于一体的数学智能软件，相较于传统的多媒体教学，Z+Z 智能教育平台应用于数学教学的优势主要体现在以下方面：提高学生想象力，培养学生创造性思维；兼顾学生的认知能力差异，形成不同教学方法。Z+Z 智能教育平台和数学教学整合要注意以下原则：必须符合数学学科的特点；和学生进行充分的动态交互；应针对不同的教学内容探究不同的教学模式。Z+Z 智能教育平台在数学教学中的应用主要有：直观、准确、形象的作图可以加强对数学概念的理解；规范作图体现函数的拐点、凸凹性、递增递减等数学特性。

《中小学信息技术教育》2009 年第 3 期

合理使用白板技术有效提升课堂效率

陆　琪　杨明辉

交互电子白板的设计在某种程度上体现了以人为本的理念，较好地适应了课堂上教师边走、边说、边写的行为习惯，同时更人性化地体现了师生互动的环节。将交互电子白板技术引入课堂虽然弥补了单纯播放 PPT 的一些缺憾，也存在一些教学结构性上的问题，针对这些问题从以下三个方面提出了一些解决方案：(1)围绕教学目标设计教学活动，实现结构与弹性的结合。(2)巧妙地使用电子白板功能，提升教育教学效果。(3)准确看待技术，有效改进教育教学思路。

《中小学信息技术教育》2009 年第 5 期

利用多媒体技术革新习作教学

张　瑾

写作文和教作文一直是令广大师生头痛的事，结合自身教学实践，提出充分利用多媒体技术形象生动、感染力强的优势可以革新习作教学。主要应做好以下几个方面的工作：(1)创设意境，激发学生写作兴趣。(2)提供素材，增加写作选材的广泛性。(3)图文并茂，培养学生观察分析能力。(4)以说促写，提高学生口语表达能力。(5)再现场景，培养学生思维的多元性。(6)拓展阅读，培养学生积极探索的能力。

《中小学信息技术教育》2009 年第 4 期

用 5W/5E 模式进行课程整合设计

王亚伟

首先介绍了 5W/5E 模式，我们通过询问 5W 来开始课程和技术的整合应用，它具体指：What（什么）、Who（谁）、Where（在哪里）、When（什么时候）以及 Why（为什么）；我们用 5E 来指导教师如何应用技术来实现教学目标，它具体指：Engage（吸引）、Explore（探究）、Explain（解释）、Elaborate（加工）、Evaluate（评价）。然后指出利用 5W/5E 作为教学设计工具，可以让教师轻松、有效地把技术注入到教学项目中，并使用 5W/5E 模式设计了一堂技术整合课——五年级作文《手的世界》进行说明。

运用协同阅读工具提升语文教学——SURF 工具的教学实践应用与反思

张　阳　袁华莉　杨现民

首先，介绍了北京师范大学现代教育技术研究所开发的嵌套于 Vclass 平台中的协同阅读工具——SURF（Sharing Unique Reading Feeling）。该工具旨在辅助网络环境下的语文阅读教学，可以辅助教师进行阅读信息监控，实现学生对阅读文本的摘录、注释、评论、图形标注、网络搜索、概念图绘制等功能，还可以共享阅读批注信息等。然后，将 SURF 工具应用到小学三年级语文课堂教学中，经过一个学期的实践，发现学生在各方面取得显著进步：(1)养成良好的阅读习惯。(2)增强交流和探讨。(3)激发联想，产生共鸣。(4)提高写作水平。接着，指出教师在引导学生使用 SURF 工具时要注意以下几个方面：(1)阅读主导，工具辅导。

(2)循序渐进，发挥作用。最后，给出了改进 SURF 工具的建议：(1)预设一套完善的标签分类系统。(2)合并相似或重复功能。(3)设置“我的书柜”，增强课内外的链接。

《中国信息技术教育》2009 年第 19 期

Google 服务在教育教学中的应用

周 伟

通过对 Google 服务的学习实践，尝试探索其在教育领域的应用。首先介绍了 Google 提供的具有社会性特征的服务内容，分析了将这些服务应用到教育领域的技术优势和成本优势。然后从以下几个方面提出了 Google 服务在教育教学中的应用：(1)利用 Groups 与在线文档功能开展网上科研活动。(2)利用 Blog 构建教师博客。(3)利用 Gmail 和 Gtalk 促进教师之间的互动交流。(4)利用 Calendar 分享日程。(5)利用 Google 搜索进行网上资源管理。

《中国信息技术教育》2009 年第 11 期

利用移动技术促进学习——一份来自国外的研究报告

张渝江（译）

该报告首先描述了移动学习的现状，然后强调了移动学习能改善教育的五个机会：(1)鼓励“随时随地”学习；(2)帮助教育资源不足地区的孩子们得到学习的机会；(3)提升 21 世纪的社会交互；(4)适应各种学习环境；(5)激发个性化的学习经验。接着从负面因素、文化标准和态度、没有移动学习理论、技术和使用标准的不统一、物理属性的限制等方面阐述了移动学习的主要挑战；从扩展为智能手机、使用手机定位、整合手机操作系统、改进交互方式等方面阐述了对孩子们学习影响最大的几种未来手机的发展趋势。最后，概述了移动学习的五个行动目标：学习、开发、促进、准备和鼓舞，该行动目标旨在把移动学习从参差不齐和各有亮点的状态，转变为集中力量发展，以扩大其教育影响。

《中国信息技术教育》2009 年第 17 期

数学课堂 Wiki 携手 Z+Z

赖婷瑶

首先介绍了什么是 Z+Z 智能教育平台和 Wiki（维客）网络

平台。然后阐述了Z+Z和Wiki应用于教学中的优势及互补性，指出Z+Z智能教育平台是智能的工具箱、真切展示知识的表现环境、强大的教学资源库；Wiki在为师生搭建网络协作学习平台时具有优势：它既能充分发挥学生的能动性和创造性，又有利于师生、生生之间的交流和对话。然后在组合Wiki与Z+Z平台的基础上，利用基于项目的小组合作模式开展了教学活动，过程如下：(1)明确项目任务。(2)分解学习目标和任务，建立学习小组。(3)制订组内分工计划。(4)按计划完成学习任务。(5)利用Wiki平台汇报学习、探究的成果。(6)总结评价。

《中国信息技术教育》2009年第15期

维基平台在中学德育中的应用研究

乔骁杰

尝试利用维基这一新型的网络技术来搭建一个集开放、平等和协作于一体的德育平台，以期改善德育现状，促进德育的创新和发展。首先阐述维基平台应用的意义：转变德育理念、丰富德育内容、创新德育形式。然后提出维基平台应用的原则：自主与引导相结合，个人与团队相结合，自由和约束相结合。接着阐述维基平台在德育组织中的应用方法：建立班级维基，建立社团维基，建立项目维基；在德育活动中的应用方法：深化主题性德育活动，提升专门性德育活动，支持自发性德育活动；在德育课程中的应用方法：作为德育课程资源库，作为德育课程开发平台，作为德育课程在线笔记；在德育评价中的应用：有助于完善德育评价的思路，有助于完善德育评价的主体，有助于完善德育评价的方式。最后对维基平台在中学德育中的应用进行反思，并给出相关建议。

《中国信息技术教育》2009年第16期

对信息技术与学科整合的思考与认识

沈雪明

结合自身的教学实践以及观摩的一些整合课，提出了对整合的一些思考和认识。首先阐述了信息技术与课程整合的概念、最终目的以及类别。然后针对信息技术与学科整合提出了几点思考：(1)定位要准确。信息技术应该是课程教学的工具。(2)运用要适当。应根据教学需要选用合适的技术。(3)操作要实在。要有效地整合各类教学资源。(4)站得高一些。要有效地共享教学资源。

《中国信息技术教育》2009年第15期

课程整合诊断书

韩小伟　王爱俊

信息技术与学科整合的灵魂是将信息技术作为一种工具，方法和思想融入到学科教学的各个层面。通过摆出事实，剖析成因，给出对策帮助部分教师领悟整合的理念和实质。从以下方面展开:(1)针对认为整合是一种固定模式的观念，分析得出这是教条主义、思想僵化、理念不清、定位不准的表现。提出对策：更新观念，提升素养，挑战自我。(2)针对认为整合的主导是信息技术，即信息技术水平越高，整合越有效的观念，分析得出这是重形式、轻内容、得其皮毛、哗众取宠的表现。提出对策：自我反思，洗去浮华，返璞归真。(3)针对认为整合的主体是教师，即教师是主角，学生是看客的观念，分析得出这是偏离主体，主次不分，目中无“人”的表现。提出对策：关注学生，把握尺度，以“人”为本，求同存异。

《中国信息技术教育》2009 年第 19 期

交互式电子白板在教学中的优势和误区——以英语课堂应用为例

张　敏

交互式电子白板是一款全新的、功能强大的高科技教学工具，其特殊的技术正好能够适合课堂教学的发展需求，它既继承了普通黑板这一教学手段的优点，又整合了现代多媒体教学的优势，特别是它在交互式学习、合作式学习、启发式学习等方面具有独特优势。结合自己的英语教学实例，探讨了交互式电子白板在教学中的优势和误区。首先阐述了交互式电子白板的功能优势：演示功能、资源库功能、拍照功能、探照灯功能、幕布功能、拖曳和声音链接功能。同时，也阐述了应用交互式电子白板教学存在的误区，主要表现在:(1)教学复杂化。将其复杂化为课件操作;(2)无视学生的自主性。不管合适与否，直接把提前做好的材料拿过来用。

《中国信息技术教育》2009 年第 21 期

在教学中提高信息技术应用创新的有效性

刘卫平

提出教学实践评优中的技术应用创新，可以从两个方面来理解：一是新技术的应用；二是技术的新应用。后者对于经济条件欠发达地区、学校，更为务实。重点从以下几个方面阐述了如何提高信息技术应用创新的有效性：(1)技术应用创新应该为“教”与“学”服务。(2)技术应用创新应该能向常态教学转化。(3)技术应用创新应该重视教学设计与技术应用设计。(4)技术应用创新应该重视反思性说课。

《中国信息技术教育》2009 年第 9 期

利用概念图辅助英语课堂教学

张程程　袁华莉

首先简单介绍了概念图的基本内涵，阐述了概念图的教育特点：形象性、直观性，层次性，关系性，可扩展性。然后基于自身教学实践，从概念图在支持英语阅读、口语表达交际、英语写作、合作学习活动等四个方面进行了探讨，并给出了具体的案例片断。具体来说，在英语阅读方面，概念图主要从要点摘要、阅读理解、复述与回忆等方面提供支持；在口语表达交际方面，概念图主要从复习交际活动、新授口语交际等方面提供支持；在英语写作方面，概念图主要从选材、构思等方面提供支持；在辅助合作学习方面，概念图有助于学生表达观点。

《中国信息技术教育》2009 年第 9 期

基于 Multipoint 技术支持的课堂互动教学平台 MouseMischief 的应用研究

郑兰琴　张进宝　陈　鹏　张　璐　尹东梁

课堂教学过程是师生之间相互交流相互影响的动态过程，积极地参与和互动对促进学生理解知识、能力生成非常重要。基于 Multipoint 技术开发的 MouseMischief 平台因其强大的互动性、及时反馈、支持小组协作以及研发低成本等特征成为支持课堂互动的有效工具。本文通过教学实验探索出 MouseMischief 支持小学课堂互动教学的三种应用策略即全班模式、小组模式和个别化模式，同时指出应用 MouseMischief 进行课堂教学设计的流程可以分为前端分析、教学过程实施和教学评价三个阶段。最后通过现场观察、课堂实录分析、访谈、问卷调查等方法分析应用效果。结果表明，利用 MouseMischief 平台不仅能够创造积极的参与环境，提高学生的参与性，促进学生对知识的理解和能力的生成，而且能增进同伴或小组学习，并提供及时的反馈。

《中国电化教育》2009 年第 10 期

对国内外信息技术与课程整合途径与方法的比较分析

何克抗

从基础教育在信息化发展新阶段所面临的挑战出发，介绍了当今世界各国为迎接这一挑战所采取的，比较具有代表性且有一定权威性的最新应对举措与做法——涉及如何通过信息技术在教学中的运用（即信息技术与课程整合）来有效提升学科教学质量与学生的能力素质。作者将这些不同应对举措与做法分成两大类：国外学者的对策（包括联合国教科文组织的对策、美国学者的对策、日本学者的对策）和中国学者的对策，并在分别介绍了二者的对策之后，作了深入的比较、分析，从两种对策所遵循的教育思想、关于教师作用的理解、问题解决思路与策略等方面进行差异比较，以便为广大读者提供可借鉴的经验。

《中国电化教育》2009 年第 9 期

基于 Web2.0 的生物资源库设计研究

祁玉娟　杨世伟

资源库的建设应当以服务为中心，积极吸引用户参与，实现资源的多重分类和信息的自动推送。在介绍了生物资源库的研究现状及湖南科技大学生命科学学院和教育学院自主开发的生物资源库之后，基于以上资源库建设观念，把 Web 2.0 软件的部分技术集成到生物资源库中，利用 RSS 和论坛来实现用户参与资源建设，利用 Wiki 和自由标签来完善资源库的资源组织。实践及研究发现基于该理念的生物资源库可以提高用户的参与积极性并获得较高的评价，是学科资源库建设的新趋势。

《中国电化教育》2009 年第 6 期

基于 Wikipedia 的资源型化学教与学

陈　凯　陈　博　陆　真

Wikipedia 是基于 Wiki 技术的目前全球最著名的英文网络百科全书，它利用超级链接构建化学信息网络，展现大量的化学知识及与相关情境素材，鲜明体现了 Web 2.0 特征。首先举例分析了 Wikipedia 中的化学信息资源内容，Wikipedia 中的化学信息特点。然后提出基于 Wikipedia 的丰富化学资源，可以将其应用于化学新课程教学备课、化学主题科普论文写作，更可将其应用于开展多元化的化学教学活动。

《中国电化教育》2009 年第 1 期

基于系统视角的学校信息技术与课程整合 EIPO 评价模型

谢忠新

学校信息技术与课程整合是一个系统，为了有效开展学校信息技术与课程整合评价，文章在介绍了信息技术与课程整合评价研究的现状，分析了影响学校开展整合的因素的基础上，提出了基于系统视角的学校信息技术与课程整合 EIPO 评价框架，从整合的保障要素、输入要素、过程与方法、成效四个方面设计了评价指标与指标评价要点，并采用专家咨询法确定指标权重，构建了学校信息技术与课程整合 EIPO 评价模型。

《中国电化教育》2009 年第 5 期

信息技术支持中小学课堂教学的作用到底是什么

沙景荣　姚勇伟　王艳艳

以兰州市城关区中小学课堂教学中信息技术应用的 166 个教学片段为研究样本，采用内容分析法，从媒体要素、媒体作用以及教师教学事件出发，统计分析了当前信息技术支持中小学课堂教学的现状，并认为信息技术支持课堂教学的支点在于学生思维能力的全面发展，并非仅仅作为信息呈现的工具；信息技术支持课堂教学的载体在于教学系统设计，并非机械地操作各类技术手段；信息技术支持课堂教学的价值在于营造师生积极参与的学习空间，并非仅仅服务于教师的单向信息传输；信息技术支持课堂教学的效果在于教学事件的丰富性和学生知识建构能力的提高，并非知识传输总量的增加。究其本质而言，信息技术支持课堂教学的作用就是要营造人一媒体一环境之间联动的学习空间，调动学生学习的积极性和主动性。

《中国电化教育》2009 年第 9 期

中小学英语自适应阅读系统初步研究

傅　骞　韩政清

已有的研究结果表明，个性化阅读材料的提供是有效阅读活动开展的前提和关键。随着网络阅读的不断普及，如何利用信息技术在 Web 上为中小学生提供最合适的阅读材料，从而尽快地提高学习者的语言能力就变得很有意义。本文在相关研究的基础之上，结合当前信息技术发展的现状，完成了一个实用的中小学英语自适应阅读系统的开发。该系统由语言能力特征量辅助标注模块、英语知识等级参照库、英语阅读资源库、学生阅读能力采集模块、个性化阅读材料选择模块五部分组成。

《中国电化教育》2009 年第 1 期

语文说明文教学支持平台的设计及应用

张亚媚　钟绍春　钟永江　徐　彤　孙　欢

首先分析了当前说明文教学存在的问题及信息技术支持下的说明文教学发展趋势，提出了说明文教学与信息技术整合的有效方法。然后阐述了说明文教学支持平台的内容结构（科学知识、难点重点、补充的阅读文章、分层的练习拓展、师生交互的平台和教学课件）和功能结构（基础知识库、策略方法库、学习成果库和学习工具库）。最后指出应用该平台进行课堂教学模式设计时，需要注意的问题：课件要体现探究性、练习要体现个性化，并以一个具体的案例说明该平台的教学应用模式。

《中国电化教育》2009 年第 2 期

从三维动画课程网站个案解析云计算在教学中的实际应用

高义栋　缪静霞　霍丽荣

首先概述了云计算与云计算辅助教学的基本内涵，介绍了云计算辅助教学在我国的发展现状。然后以云计算与课程整合的视角，从教学功能维度出发，解析了一个基于 Google 协作平台建构的实际应用于教学的课程网站案例，阐述了其设计思路、实现方法，并调查分析了学生的实际使用情况，以期为云计算在其他学科教学中的应用提供一定借鉴。

《电化教育研究》2009 年第 12 期

关于深化信息技术与语文课程整合的几点思考

石义堂

信息技术与语文课程整合已经成为语文课程改革与发展的内在要求与必然趋势，但当前在整合过程中依然存在着盲目化、简单化、形式化、功利化的弊端。要革除这些弊端，就必须了解信息技术与语文课程各自的本质特点与内在要求，使两者之间达到高度契合，深化整合的程度。具体来说，基于语文课堂教学的特质，信息技术在语文课堂教学中的应用应该着重把握好以下三个方面的内容：补充、提供必要的历史文化性信息，弥补师生信息的不对称性；为听说读写的能力训练提供技术手段的支撑，促进学生学习方式的转变；调动学生多种感官，营造形象化语文环境，激发学生感情，帮助学生更好地理解文本内容。此外，在信息技术应用于语文课堂教学的过程时，应该注意把握好“适度性”“目的性”“层次性”等三个问题。

《电化教育研究》2009 年第 6 期

十年来我国信息技术与课程整合研究的回顾与反思

黄德群

以信息技术与课程整合为关键词，采取内容分析法对自1999～2008年期间国内相关期刊上公开发表的论文进行统计与分析。研究结论如下：(1)从时间纬度看信息技术与课程整合研究变化趋势：①整合的研究发展迅速；②几年的论文数基本持平，说明大家反反复复关注整合问题。(2)从类别纬度分析信息技术与课程整合的研究现状与研究热点：①重视理论研究和学科案例建设，分别占到了 39.5％和 31.9％。②整合方面的评价研究薄弱，只有 0.6％。③师资培训方面的研究不够，仅占了 2.8％。④教学模式和学习模式的研究均显不足，相对而言，教学模式方面的研究较突出，占到了 13.6％。⑤学科案例方面研究冷热不均，整合学科以语、数、英为主。同时也发现了整合中存在的一些问题：(1)理论研究文章多，但很宽泛，不深入。(2)动辄模式研究，概念名称混乱，整合实践无所适从。(3)在理论研究与实践探索中存在严重跟风现象。最后，对信息技术与课程整合进行了反思与展望。

《电化教育研究》2009 年第 8 期

信息技术与高师“数学教育学”课程整合的实践探索

康世刚

信息技术与高师“数学教育学”课程整合目标在于优化“数学教育学”的课程教学和培养具有信息技术与数学课程整合能力的新型数学教师。在信息技术与“数学教育学”课程整合的实践探索中，通过把整合的理念贯穿“数学教育学”课程实施的全过程、重组“数学教育学”的课程内容、转变教与学的方式、开发课程资源并以师范生的信息技术能力为基础、培养师范生的整合能力等策略的实施，在增强“数学教育学”的实践性、丰富课程资源、转变师范生的学习方式以及提高师范生课程整合能力等方面取得了明显的效果。

《电化教育研究》2009 年第 5 期

信息技术与课程整合之时空追问

朱永海

信息技术与课程整合作为一种时空变迁的过程，必然伴随着价值的追求与转移。在教育“技术化”阶段，在微观时空分化基础上，信息技术的时空“功能链”与课程的时空变量整合，在构建数字化的学习方式和信息化课程环境下，信息素养和技术素养等新文化素养成为整合的一种价值追求，实现信息技术应用于课程的目的。在技术“教育化”阶段，从宏观上来看，信息技术打通了作为空间形态知识课程观与时间形态活动课程观之间的壁垒，建构成作为二者统一的经验形态的课程观，并把经验转化为思想、情感与价值，在信息文化空间里创生信息化课程文化，最终教育与技术走向了双向互动的过程。总之，信息技术与课程整合是一个不断进行着的目标重构与价值重塑的时空过程。

《电化教育研究》2009 年第 1 期

《信息与传播技术教师能力标准》概览——政策框架、能力标准模块和执行指南

马　兰　唐玉霞

联合国教科文组织《信息与传播技术教师能力标准》为培养和发展全体教师的信息和传播技术能力提供了准则，制订了指导方针。该项目通过三个文件为信息与传播技术教师能力标准提供了完整的框架：(1) 阐释基本的“政策框架”；(2) 在分析影响教育改革因素的同时，根据政策框架和教育改革的因素，提出“教师能力标准模块”；(3) 详细说明在每一个能力模块中教师所需掌握的具体技能。该项目的总体目标不仅在于改进教师的专业实践，同时还开辟了优质高效教育制度的途径，以培养睿智明理的公民和素质优异的劳动者，最终实现促进国家经济和社会发展的目标。

《远程教育杂志》2009 年第 2 期

概念图教学应用效果的调查分析

刘富逵　王卫军

概念图作为一种教与学的工具，由于其能以图形形式表示复杂的知识结构，呈现各知识点间的联系，其强大的功能正日益凸显。采取问卷调查法，以大学生为研究对象，对概念图对学生元认知学习技能的影响、概念图对教学的影响、学生使用概念图的

情况、学生使用概念图工具的体会等方面进行了调查分析，初步证实了概念图的使用有助于教学与学习的改善，从而使学生的学习能力得到了训练与提高，同时也提出了概念图在教师教学方面和学生学习方面的应用建议。

《远程教育杂志》2009 年第 17 期

Web2.0 技术学习的作用研究

庄秀丽　张春雷

本研究基于连续三年开展的以 Web2.0 技术学习为核心内容的课程教学实践，重点以该课程 2009 年春季学期学生业绩表现记录为引用案例。对以 Web2.0 技术学习为核心内容的课程对学习者可能产生的作用进行了研究。研究发现，Web2.0 技术自身社区化不断生长的配置资源的机制，使得学习者可以通过营造社区、创设环境变被动学习为主动学习；通过拓展连接的人群结构聚合所需的资料，深化对群体智慧产生的作用机制与发生过程的认知；可以实践基于网络一起做事的方法，逐步形成参与、分享、共创的用网行为习惯。Web2.0 技术虽然为这些作用的生成提供了可能性，但要在课程教学中把这种可能性转变为实际作用。还需要依赖学习者自我的实践，以及教师对课程教学的设计与引导。

《中国远程教育》2009 年第 11 期

论信息技术与课程有效整合的三个层次

朱永海

首先分析了当前我国信息技术与课程整合以及课程之间整合成效不显著的主要原因，提出要想改变当前状况，必然要把当前的客体整合与主体整合结合起来，一方面要体现出技术的应用价值，另一方面要关注课程的动态演变，并且以人为内在的价值尺度，实现以人为本的信息技术与课程的双向互动整合，这种双向互动整合体现在三个层面：课程知识层面的贯通、课程经验层面的融合和课程文化层面的创生，并最终使这三种不同的课程观借助于信息技术走向统一融合。

《中国远程教育》2009 年第 3 期

“Google 云”实现学生电子作品的展示与互评

高义栋　杨小飞

在本科生《三维动画》课程的教学中，采用 Google 套件建立了课程协作平台（网址：http：//3d.maxclass.cn）进行辅助教学，并通过教学中的不断摸索与尝试，发现课程平台中最具特色和最有借鉴价值的模块是利用Google sites实现的学生电子作品展示与互评系统（笔者将其称为“作品展厅”）。该系统实现了对学生电子作品的“展”与“评”的功能，对提升学生学习兴趣、完善互动评价机制起到了很好的作用。主要从作品展评的意义、搭建环境、设计思路和实现方法等方面对该系统做了详细介绍。

《现代教育技术》2009年第10期

基于教育生态学基本规律分析信息技术与课程整合

张文兰　焦伟婷　刘　斌

教育生态学是依据生态学的原理，研究各种教育现象及其成因，进而掌握教育发展规律，揭示教育发展趋势的一门学科。文章先从教育生态学的基本规律（迁移与潜移规律、平衡与失调规律、竞争机制与协同进化规律等）出发，分析了信息技术与课程整合的过程以及整合中各要素的相互作用，揭示了整合现状产生的原因。然后提出教育生态学基本规律对整合的几点启示：重视整合中“明显的物质迁移”的同时，更要关注课程教学中“不明显的知识潜移”；处理好整合中的“平衡与失调”关系是整合顺利实施的关键；处理好整合系统中的竞争关系，将推进整合的深入开展。最后指出整合系统将遵循着这些规律，在不断的失调平衡中前进。

《现代教育技术》2009年第11期

信息技术与课程整合阶段公开课成本分析

周　娟　郭　莉

教育信息化建设有启动、培训、整合、变革四个阶段。分析信息技术与课程整合阶段公开课的成本可以在促进公开课教学效益最大化的基础上帮助教师及管理者合理地管理与控制资源，减少人们对公开课的投入，以促进中小学教育信息化的科学可持续发展。首先概述了信息技术与课程整合阶段的公开课的基本内涵，然后从非货币成本和货币成本（包括财务成本、时间成本和机会成本）两个方面探讨了信息技术与课程整合阶段的公开课成本问题。

《现代教育技术》2009年第5期

学校信息技术与课程整合的影响因素与推进策略

谢忠新

首先通过文献计量学方法，初步确定学校信息技术与课程整合的影响因素：教师的因素、学生的因素、教学资源的因素、信息化硬件设施的因素、各类软件与技术的因素、学校课程整合氛围的因素、学校整合的保障因素等。然后运用解释结构模型法来构建影响学校信息技术与课程整合因素的结构模型。接着通过实证数据统计分析，对学校信息技术与课程整合影响因素与学校整合之间的关系进行偏相关分析法。最后提出了学校信息技术与课程整合的推进策略：注重整合过程的科学与有效；关注学校教师整合能力的建设；关注学校信息化教学资源的建设；关注整合保障因素的建设。

《现代教育技术》2009 年第 9 期

基于 Web 2.0 的高中地理课程资源的创新应用

赵　华

首先简单介绍了 Web 2.0 的含义及其在教育中的应用。然后应用 Web 2.0 的多种元素，对地理学科教学资源进行二次开发或拓展，构建了有效的地理校本教学资源系统。接着提出了基于 Web 2.0 的地理课堂教学结构，并以人教版高中地理必修 2 第四章第三课《传统工业区和新工业区》第一课时为例，应用基于 Web 2.0 的地理校本教学资源系统，实施了有效的地理课堂教学。最后对该次基于 Web 2.0 的地理课堂教学进行了深入的反思。

《教育信息技术》2009 年第 9 期

信息技术与英语课程整合中存在问题及对策

欧友湘

首先分析了当前信息技术与英语课程整合中所存在的问题：以辅代主，即以“机灌”代“人灌”；以人机对话代替师生互动、生生互动；以课件代替全部传统教学媒体；以形象思维代替抽象思维；以信息技术手段代替教学目标。然后针对问题提出了相应的对策：把信息技术作为英语教学的辅助工具；把信息技术作为英语教学的交流工具；把信息技术作为英语教学获取资源的工具；把信息技术作为英语教学的探究工具；把信息技术作为辅助英语教学的一种手段。

《教育信息技术》2009 年第 1 期

思维导图在支架式教学中的运用探究

严光壁　黄宇星

思维导图是一种表达发散性思维有效的描述工具。而支架式教学是基于建构主义的自主教学策略。利用思维导图构建教学支架，可以有效促进自主探究学习。提出了在运用思维导图构建教学支架时，教师应考虑的三个问题：(1)为学生提供思维导图。(2)支架的淡入与淡出。(3)教师应基于思维导图为不同学生提供额外的教学支持，以促进学生知识构建和任务。并结合信息技术课程中“小鸭戏水”的教学实例，具体分析运用思维导图构建有效的教学支架，开展自主探究活动的过程和方法。

《教育信息技术》2009 年第 12 期

信息技术与课程整合教学中的交互研究

王映雪　肖映铭

首先阐述了信息技术与课程整合教学交互的含义，概括了信息技术与课程整合中的教学交互类型：人与教学媒体的交互；人与学习资源的交互；人与人的交互；概念交互。然后提出了交互设计的几大原则：科学适用原则、自主学习原则、协作学习原则、开放共享原则。接着按教学交互类型分别阐述了交互设计实施过程中应该具体考虑的因素。最后提出交互设计应注意的几个事项：(1)树立交互意识，优化交互设计。(2)注重学习活动的设计与实施。(3)建立发展的教学评价观。(4)平等对话、建立和谐的师生关系。

《教育信息技术》2009 年第 3 期

信息技术在数学课堂教学中的有效应用

贾雪梅

首先阐述了信息技术在数学课堂应用中无效和低效的表现及成因：(1)信息技术应用目标错位。(2)信息技术应用层次低下。(3)信息技术应用方法不当。然后从以下几个方面提出了提升信息技术在数学课堂教学中应用有效性的基本措施：(1)信息技术应用于数学课堂，不是为技术而技术，而是要让数学课成为真正的“数学课”，实现课堂教学的数学教育价值。(2)信息技术进入数学课堂，要把握好“度”的问题。(3)信息技术进入数学课堂，要处理好形象思维和抽象思维的关系。(4)信息技术进入数学课堂，要积极开展数学实验。

《教育信息技术》2009年第3期

中学思想政治课与信息技术整合的教学改革新探

张立波

首先指出目前我国中学政治课改革的现状并不乐观，认为中学思想政治课与信息技术整合发展方向是课程改革、应对现实的有效途径之一。然后阐述信息技术与中学思想政治课的整合应具有以下特征：基础性、多元性、现代性、开放性、综合性。接着指出要从以下几个方面进行信息技术与思想政治课整合的基础建设：(1)确立灵魂：政治思想素养与自主性信息素养结合培养。(2)奠定基础：纸质教材与多媒体教材配合建设。(3)搭建平台：教学网站与电子资料库配套运用。最后，从课程整合的教学设计、创新教学模式两个方面探讨了整合课的教学实践模式。

《教育信息技术》2009年第8期

信息技术与课程整合的课堂教学问题析解

李　允

首先指出信息技术为教育教学提供了新的媒体和手段，改善了教育的环境，丰富了教育的形式和外延，却对学校教育的主阵地——课堂教学改革收效甚微，其原因是没有在触及教学与信息技术本质的意义上进行合理应用。然后从以下几个方面重点阐述了信息技术与课程整合的课堂教学中主要存在的问题：教学要素“基质”与“派生”的本末倒置；教学过程“预设”与“生成”的顾此失彼；教学媒体“传统”与“现代”的随心所欲；教学资源“显性”与“隐性”的形神分离。

《中国教育学刊》2009年第9期

信息技术与课程整合的误区与对策分析

孙月圣

首先分析了信息技术与课程整合的八大误区：教学过程完全受信息技术的支配；为技术而技术，忽视学科的特点；过度关注课件，忽视教学过程；无效的小组合作与探究；教学情境创设偏离教学目标；注重活动形式，轻视活动效果；过分依赖网络资源，忽视其他教学资源；对信息技术与学科整合教学缺乏正确的评价标准。然后针对出现的整合误区，提出以下解决方式：以先进的教育教学理论为指导；建立完善的保障体制，确保深层次的整合；创建新型的教学结构，实现教与学方式的变革；要依据各门学科特点进行整合；各门学科课程要主动适应信息技术；注重各门学科间的横向联系；要从表面走向深入与实际；注重教师和学生信息素养的培养与提高；采用多元灵活、人性化的课程评价体系。

《中国成人教育》2009 年第 18 期

影响信息技术与课程整合效能的教师个人变项分析

王佑镁

推进信息技术与课程整合是教育技术深层次应用的重要途径，教师作为课程整合的实施者，是真正发挥整合实效的关键。在文献综述的基础上，采用抽样调查方法，以瑞安市的五所中学在职教师为施测对象，从教师个人变项出发，深入挖掘影响教师进行有效信息技术与课程整合的因素。研究发现，教师的个人因素中的年龄、网络使用、培训、教学经历、使用频率和输入法六项因素对信息技术与课程整合产生了显著的影响，而服务学校、性别、教龄、学科、网络条件等因素则未产生显著影响。

《开放教育研究》2009 年第 6 期

信息技术在幼儿英语活动中的应用和误区

陈艳霞

主要探讨了在幼儿英语教学活动中，如何把信息技术与英语教学有机地结合起来，使信息技术与英语课程的教与学融为一体，提高教与学的效率。具体来说，首先强调了信息技术辅助教学要适应幼儿英语教学法的需要，然后提出了信息技术在幼儿英语教学活动中的应用方法：用多媒体创设英语交际情境，提供直观教材；将语言操练融于生动有趣的电脑游戏中；利用信息技术辅助角色表演；用直观的动画方式帮助幼儿理解语法现象，解决发音难题。然后提出信息技术应用于幼儿英语教学时常常出现的误区：忽略以幼儿作为为主体的语言应用和全身反应学习法，使幼儿沦为被动接受多媒体音像信息的客体。

《教育信息技术》2009 年第 2 期

信息技术与幼儿园教学整合策略的研究

周菊芳　徐玲芳　蒋　晨

以“十一五”期间申报实施的苏州教育科学规划重点课题《信息技术与幼儿园教学整合策略的研究》为研究重点，首先进一步完善了课题管理机制，然后依据先进性、实用性原则、系统性原则、多样性原则对参与研究的教师进行日常培训以提高其信息技术素养。最后结合幼教五大领域六大学科的特点，通过对有效途径、经验策略、介入时机、资源利用等问题的研究，优化教学过程，提出了信息技术与学科整合的系列策略。具体来说，形成的策略包括:(1)网络资源利用方面的“时空二拓展”策略。(2)教学活动组织层面的“四步走”策略：①激情诱趣，调动感官；②提高效率，化解难点；③丰富认知，手脑并用；④情感互动，师生共鸣。(3)教学评价中的“三结合”策略：①群体评价与个别评价相结合；②知识传授与信息反馈相结合；③分析与决策相结合。

《中国信息技术教育》2009 年第 10 期

网络环境下小学数学课堂教学的有效性探索

赵　红

人类社会进入信息时代以来，以多媒体和网络技术为核心的信息技术，日益成为拓展人的智能的创造性工具，把网络技术与数学课堂教学相结合必将提高数学课堂教学的有效性。主要阐述了如何运用网络技术，提高数学课堂教学的有效性。具体来说，主要从以下几个方面着手:(1)情境创设的有效性。(2)新知探究的有效性。(3)练习设计的有效性。(4)拓展活动的有效性。

《教育信息技术》2009 年第 1 期

SURF 支持下的小学语文“动物情”主题阅读课教学设计

何　颖

以 Vclass 课堂互动教学平台为支撑，并应用 SURF 工具优秀的在线批注与讨论功能，为学生创设了一个自由开放的阅读空间，很好地支持了学生的自主阅读和协同阅读。主要从教材分析、教学目标、学情分析、教学策略、教学环境与资源、教学过程六个方面进行阐述。教学过程主要有:(1)激情导入，回顾课文。(2)呈现任务，自主阅读。(3)批注浏览，协同阅读。(4)教师引导，讨论交流。

(5)集体回顾，知识强化。

《中小学信息技术教育》2009 年第 4 期

信息技术演绎灵动体验——例谈信息技术与小学《品德与社会》的有效整合

潘国新

以苏教版六年级下册《品德与社会》第二单元《地球生病了》为例，阐述了在教学中如何将信息技术与品德学科整合，提升课堂体验质量。主要方法有：(1)巧用媒体，创设情境，拨动心弦，让体验生动起来。具体方式有：情境凸显、场景模拟、制造情感落差等。(2)立足网络，拓展阅读，激活思维，让体验丰满起来。具体方式有：主题引领、自主选择。(3)借助论坛，互动交流，探讨感悟，让体验活泼起来。具体方式有：组组互动、师生互动。(4)依托网站，自主作业，展示个性，让体验灵动起来。具体方式有：成果展示、课外指导。

《中小学信息技术教育》2009 年第 5 期

用电子地图辅助“确定位置”的教学

陈　纯

在小学中年级的科学课中，“确定位置”的教学可以帮助学生解决一些现实生活中的问题。但是传统的教学方法面临诸多难题，而电子地图工具则可以解决“确定位置”的难题。选择了 Google Earth 和图吧两种电子地图工具有效开展了“确定位置”的教学，希望解决科学中传统教学的难题。主要步骤有：(1)利用 Google Earth 上的卫星地图测量距离，绘制路径，训练学生准确描述路线的能力。(2)用图吧查询到目的地的公交线路，训练学生使用电子地图确定路径的能力。(3)建议学生实践检验电子地图的准确性，培养学生的方向感和正确的媒体观。

《中小学信息技术教育》2009 年第 6 期

基于信息技术环境下的小学德育创新机制研究

沈建山　刘　东

借助课题研究，探寻信息技术和传统德育的有机整合，开辟德育新途径。首先提出要立足学校德育的日常管理，将学校德育创新机制的构建常态化；继续加强软硬件和潜件建设，为学校德育创新机制的构建提供基本保障；以多样化德育论坛为抓手，注重总结反思，不断提升本课题研究的质量水平。然后重点阐述了以下六个专项重点子课题的研究，探索具有鲜明个性特色的学校德育模式：(1)校园金太阳电视台的德育应用模式研究。(2)家校互动网络平台的构建及其应用模式研究。(3)基于信息技术应用的主题中队会活动的策划和实施研究。(4)基于信息技术应用的10分钟信息课的策划和实施研究。(5)构建基于信息技术环境下学生综合活动体系的实践研究。(6)学校心理健康教育网站的建立及其应用研究。

《中小学信息技术教育》2009年第9期

在协作式教学模式中整合信息技术

钟莲花

通过一节小学五年级数学课，分析了如何在协作式教学模式中整合信息技术。该课采用的是"协作式教学模式"，它试图以小组学习的形式，通过学生之间的交流、合作促进学生在认知、情感和社会性等方面的成长。它的基本程序如下：提出问题或课题——合理分组——竞争合作、交流讨论——总结和反思。信息技术在协作式整合教学模式中起到很大的作用，主要是交流和讨论的作用。

《中国信息技术教育》2009年第21期

信息技术支持语文学科教与学的研究

邵 瑜

开展信息技术支持语文学科教与学的研究，并非单单停留在信息技术的"支持"（鼓励和帮助）层面。我们倡导在小学语文的教与学中，师生能利用信息技术获取、传递、加工、存储和呈现信息，并将此类信息整合后运用于语文课堂，拓宽语文教学的思路，提升语文教学的内涵，实现语文素养和信息技术能力的双赢。并依据不同学段的教学特点，尝试开展识字教学、阅读教学、课外阅读教学、语文综合实践学习，积极探索信息技术在小学语文各阶段的应用形式。最后在研究成果的基础上提出了信息技术支持语文学科教与学的优势：(1)提供学习支架，实现了语文教学的有效化；(2)架构数字交流平台，实现了语言表达的"草根"化；(3)进行教学空间拓展，实现了语文教学的综合化。

《电化教育研究》2009年第5期

关于信息技术与小学语文课程整合的思考

吴伟民　李婷

为适应当今社会信息化的发展趋势，我国已经确定在中小学普及信息技术教育，并特别强调要加强信息技术与其他课程的整合。采用问卷调查法和访谈法相结合的方法，对信息技术与小学语文课程整合的现状（以青岛市为例）进行了初步的调查研究，并结合案例分析了信息技术与小学语文课程整合的实践中存在的问题，期望通过对已有的信息技术与小学语文课程整合模式的改进，进一步探讨怎样实施信息技术与小学语文课程整合以达到最优的教学效果。

《电化教育研究》2009 年第 9 期

基于超级画板的小学数学教学实践研究

唐彩斌　彭翕成

我国自主创新研发的动态几何软件超级画板应用到小学数学教学中，产生了积极的实效。基于教学实践，结合具体案例，从以下几个方面阐述了超级画板对小学数学教学的积极影响：让不完全归纳更完全，数学推理更严谨；让不变在变化中更明显，数学本质更突显；让直观形象更“入微”，数学理解更到位；让数学更好看更好玩，学生的学习兴趣更浓厚等。最后总结得出超级画板应用到小学数学学科的作用还可以通俗地归纳为三个方面：第一，本来就要做的事，做得更快更容易了，效率提高了。第二，有些过去想到做不到的事，可以轻松实现了。第三，过去想不到或者不敢想的资源可以创造了。

《中国电化教育》2009 年第 11 期

信息技术与初中数学教学整合的现状调查——以兰州市城关区为例

潘敬贞　杨晓宏

采用问卷调查法和访谈法，调查了兰州市城关区的一些初中学校，并利用 Microsoft 的 Access 软件进行数据录入和统计分析，了解了该地区信息技术与初中数学课程整合的实践情况。主要调查结果如下。(1)学生信息素养方面：初中学生信息素养较高，但使用信息技术工具的机会不多。(2)数学教师的信息技能方面：大部分教师应用信息技术工具的意识很强或比较强；利用的信息技术工具单一，制作课件水平不高。(3)整合方面：学生非常喜欢信息技术与数学教学整合；教师使用信息技术组织探究活动的频度较低；不同学校对整合的必要性和效果看法不同；(4)学生对待网络学习与传统学习的看法：大部分学生喜欢网络学习；少数学生偏爱传统学习。(5)整合存在的问题：时间太少；不熟练信息技术工具，课件制作能力不强。最后，针对存在的问题提出了相应建议。

《中小学信息技术教育》2009年第3期

新课程理念下的信息技术与初中几何整合模式研究

余 扬 李献业 董双威 李庆辉

主要针对当前我国信息技术与初中几何课程整合过程中存在的问题进行了剖析，提出了对初中几何课型进行分类整合研究的方法，总结出不同课型的教学整合点及解决办法，进而针对不同课型提出了几种适用的整合模式，这些内容只是初步的探索，意在抛砖引玉，希望观点能引起有关专家、学者、同行的关注。希望大家一起继续深入研究整合的有关问题，以促进初中几何教学的发展。

《中国信息技术教育》2009年第5期

ICT在英国中学历史教学中运用的理念与实践

陈新民

英国的中学历史教学十分重视ICT的运用，并在教学理念、教学要求和教学策略方面都进行了细致、深入的探讨。可以说，在当今的英国中学历史教学中，ICT已不仅是一种收集和呈现信息资料的工具，更是一种理解的工具、探究的工具和交流的工具。据此，本文从英国中学历史教学中ICT运用的教学理由、教学要求和教学策略三方面分别加以阐述，并在此基础上得出对我们改进历史教学的几点启示：加强ICT在历史教学中运用的适切性研究；制定历史学科的ICT学习标准；运用ICT转变历史学习方式。

《中国电化教育》2009年第10期

信息技术与高中化学实验整合点的诊断及解决方法

丁建军 钟永江

试图从信息技术与高中化学实验整合点的诊断及解决方法上初步探讨信息技术与化学实验教学的整合问题。首先，诊断出信息技术与各类化学实验的整合点，并从以下几个方面进行细致分析：(1)利用信息技术快速获得信息，使化学实验基础知识做到模块化、综合化、网络化。(2)利用信息技术改变知识的呈现形态，将实验过程以虚拟的方式展现在课堂上。(3)利用信息技术为学生创设各种实验情境，激发兴趣。(4)利用信息技术将知识转化成能力，使用信息技术可以模拟实验，再现实验装置、实验过程和实验现象，也可以在模拟实验室里自己动手“做”实验，既提高了课堂容量，还有利于比较、加深理解记忆。(5)利用信息技术增强系统训练，满足不同层次的学生在不同学习阶段的需求。(6)增大信息量。

《中国信息技术教育》2009 年第 9 期

Diigo 在高中英语写作教学中的应用

柴琅琅　赵呈领

Diigo 是一个“社会化批注”网站，结合了社会化书签、摘录、批注、标签以及全文检索等易用的分享和交互功能。首先比较了 Diigo 与其他类似社会性软件的功能特点，分析了 Diigo 对于高中英语写作的促进作用。然后提出了 Diigo 在英语写作中的应用模式，并对该模式中的学习环境 Diigo Group、教师活动、学生活动、动态评价等模块进行了解析。最后，设计了一个 Diigo 在高中英语写作课程中的应用案例，进一步阐述该应用模式的具体实施步骤。

《中国信息技术教育》2009 年第 13 期

“主导—主体—主线”教学模式的构建与实践

叶良明　靳　跃

首先对信息技术与高中数学课程整合的“主导—主体—主线”三位一体的自主探究式教学模式进行了分析，提出了“三位一体”探究式教学模式的优势：信息技术成为学生的认知工具，形成任务驱动式的教学过程，能力培养和知识学习相结合，促进个别化学习和协作学习的和谐统一；信息技术与高中数学课程整合的基本原则：有利于学生认识数学的本质；利用信息技术来呈现以往教学中难以表述的课程内容；鼓励学生利用计算机进行探索和发现。然后构建了三位一体探究式教学模式，其主要由“创设情境—提出问题—自主探索—网上协作—网上测试—课堂小结”六个环节组成，并通过“基于信息技术的高中数学自主探究式教学模式”案例进行深入具体地探讨。

《中国电化教育》2009 年第 3 期

课程资源

教学案例集锦①

小学教案

调整幻灯片

孙红霞②

一、教学内容

《调整幻灯片》是江苏科学技术出版社《小学信息技术（下册）》第25课的内容，是在学生已掌握编辑演示文稿、在幻灯片中插入图片及设置背景等基本操作的基础上，通过浏览视图对幻灯片进行移动、复制及删除等操作，达到调试、整理幻灯片的目的。重点是移动、复制及删除幻灯片，类似的操作方法学生以前在画图和Word文档中已经学习过。本课主要是以半成品PPT连环画作为载体，对这些知识点进行重组学习。难点是将浏览视图切换成普通视图进行幻灯片编辑，学生通过学习，建立起成熟的演示文稿的概念，并从中了解信息处理的条件和方法。本节课起到了承上启下的作用，既是对前面内容的总结，又是对后面知识进行综合运用的引领。

二、教学对象

本课教学对象是小学六年级学生，他们具有一定的操作能力，掌握了一定的学习方法，且具备一定的欣赏能力和研究能力，对于Word的基本操作比较熟练。所以本课的教学让学生在自主尝试探究的基础上运用知识迁移法学会归纳操作的一般方法。

---

① 本部分案例均选自中国教育技术协会信息技术教育专业委员会主办的2010年全国信息技术课程教学案例大赛一等奖作品。有关活动详情请查阅年鉴第五部分或案例大赛网站：case. ictedu. cn

② 江苏省江阴市第三实验小学．

三、教学目标

1. 知识与技能

（1）掌握在浏览视图下浏览幻灯片的方法。

（2）掌握对幻灯片进行移动、复制及删除操作的方法。

2. 过程与方法

（1）通过小组讨论、独立尝试，学会选定幻灯片，并能根据需要调整幻灯片的位置。

（2）通过幻灯片放映的教学，强调“先选定，再操作”的原则。

3. 情感、态度和价值观

通过浏览、调整半成品 PPT 连环画，培养学生善于分析问题、解决问题的能力。使学生在学习中学到本领，在实践中掌握技能，在展示中体验成功的快乐。

四、教学重点与难点

教学重点：移动、复制及删除幻灯片

教学难点：编辑幻灯片

五、设计思路

整节课，我围绕半成品 PPT 连环画这一主题情境，把一个个真实鲜明的任务架设其中。首先通过欣赏童话故事《木偶奇遇记》作品发现问题引入课题，接着产生学习幻灯片浏览视图的需求，然后学生根据故事情节发现作品中存在着内容重复、遗漏、顺序颠倒等错误，由此随机教学幻灯片删除、复制、移动等操作，使学生在调整 PPT 连环画的过程中完成知识的建构。最后在巩固练习少年英雄故事《小兵张嘎》作品的同时重温英雄事迹，增强学生爱国主义情感。

六、教学准备

网络环境下的多媒体电脑室，传奇世纪电子教室软件。

1. PPT 连环画《木偶奇遇记》（半成品）

① 封面

② 能工巧匠，木偶诞生

③ 仙女施法，接受考验

④ 卖书看戏，贪玩逃学（内容隶属于第⑤张，删除）

⑤ 贪玩逃学，骗至马戏团
⑥ 再次受骗，变成毛驴
（后缺一张“仙女帮助，获救回家”，复制③再编辑）

⑦ 父子重逢，智斗鲸鱼

⑧ 艰难逃生，掉进大海（顺序颠倒，移动）

⑨ 被赋生命，幸福生活

2. PPT连环画《小兵张嘎》(半成品)

① 抗战时期，相依为命{(缺少封面，复制⑧再编辑)

② 历经艰辛，投奔八路

③ 奶奶牺牲，连长被抓（顺序颠倒，移动）

④ 缴获敌枪，偷藏老鸹窝

⑤ 被捕拷问，坚强不屈

⑥ 配合八路，里应外合 }（内容啰唆，删除一张，并改为“配合八路军，全歼敌人”）

⑦ 攻打岗楼，全歼敌人 }

⑧ 战斗结束，交枪获赠

七、教学过程

1. 创设情境，激趣导入

师：同学们，你们听过《木偶奇遇记》这个童话故事吗？

谁能简单地叙述一下主要情节？（学生叙述故事主要情节：一个老木匠做成了一个小木偶，许愿想让它变成自己的儿子，仙女施加魔法但要木偶接受考验。调皮的小木偶皮诺丘贪玩逃学，结果被骗至马戏团，在仙女的帮助下获救回家。结果再次被骗，变成了毛驴，在逃生时掉进大海，与父亲重逢智斗鲸鱼，最后仙女将小木偶变成真正的男孩。）

师：让我们再次和小木偶皮诺丘一起，经历一段难忘的、充满冒险和爱的教育的成长过程吧！

小明同学制作了PPT连环画《木偶奇遇记》，你们在欣赏时仔细观察，能发现什么问题？

生：（略）

师：对，小明同学制作PPT连环画时比较粗心，可能这些错误他自己都没察觉到，那如何对幻灯片进行调试、整理呢？这就是我们这节课所要学习的内容。

揭题，板书：调整幻灯片

[设计意图：学生第一次接触PPT连环画这种形式，很新奇，尤其内容是他们耳熟能详的经典童话故事《木偶奇遇记》，学生学习兴趣浓厚，参与积极性高。通过欣赏半成品作品，发现问题，提出问题，产生自发的主动解决问题的需求。]

2. 任务驱动，导学达标

任务一：幻灯片浏览视图

学生打开PPT连环画《木偶奇遇记》作品，比比谁能最先找到错误？(学生很难发现)

教师分别演示讲解幻灯片普通视图和类似在Word文档中有

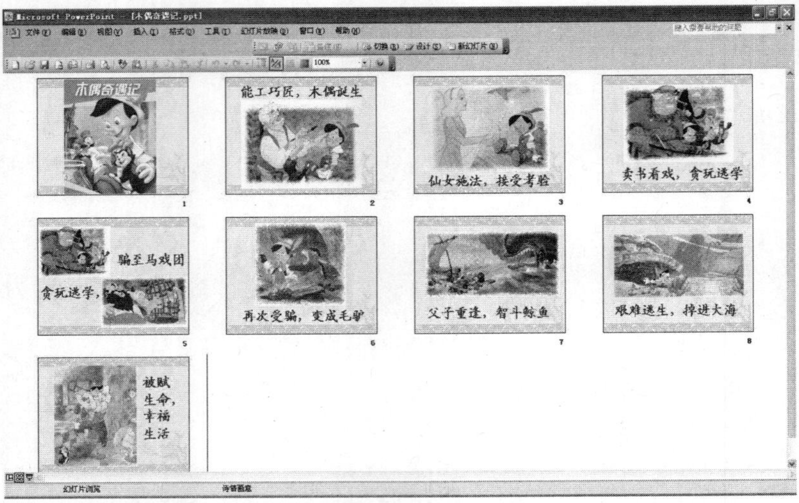

预览整体效果功能的幻灯片浏览视图按钮。

学生尝试用菜单命令法切换到幻灯片浏览视图，观察幻灯片在普通和浏览下的显示效果，并交流比较两种视图的适用场合。

学生自学课本 P131“知识屋”。师生交流总结。

[设计意图：教师通过演示单击浏览视图按钮，让学生对幻灯片浏览视图有一个初步认知，同时激发学生的探究欲望：还有什么方法切换到幻灯片浏览视图？单击和双击幻灯片有什么区别？把问题抛给学生，让学生带着问题尝试探究，任务明确具体，学生探究便会积极主动。]

任务二：幻灯片操作

师：在幻灯片浏览视图中我们对每张幻灯片都一目了然，请你对照故事情节来找一找这个 PPT 连环画有哪些错误？（以下三个幻灯片操作根据学生回答随机教学）

△删除幻灯片

（学生找错）第 4 张幻灯片的内容“卖书看戏，贪玩逃学”是第 5 张内容“贪玩逃学，骗至马戏团”的一部分，属于重复，应该删除。

教师引导学生回忆在 Word 文档中是怎样删除多余段落的，学生运用知识迁移尝试操作，教师巡视，随时解决学生在学习过程中遇到的问题，遇到共性的问题让学生停下来集中讲解。

学生介绍删除幻灯片的多种方法，教师强调要先选定再操作。

教师板书：删除幻灯片　选定

[设计意图：利用学生已经掌握在 Word 文档中删除段落的知识，通过知识迁移来学习删除幻灯片，降低学习的难度，给学生建立信心。]

△移动幻灯片

（学生找错）第 7 张幻灯片“父子重逢，智斗鲸鱼”和第 8 张幻灯片“艰难逃生，掉进大海”顺序颠倒了，应该是小木偶在逃生时掉进大海遇见父亲然后智斗鲸鱼。

学生自主尝试移动幻灯片，如果遇到困难，可以通过以下几种形式求助：①通过老师为大家准备的自学课件学习；②查阅教材；③与同学商量；④向老师求助。

指名一位学生上台演示。师板书：移动　拖动

［设计意图：教师把时间还给学生，把学习的主动权还给学生，让他们真正成为学习的主人，成为主动的发现者和探索者。］

△复制幻灯片

（学生找错）第 5 张幻灯片“贪玩逃学，骗至马戏团”之后少了仙女来解救小木偶使其回家的情节。

师：可以用什么方法来添加幻灯片？（插入新幻灯片）

师：有没有更简便的方法？仙女在这个 PPT 连环画中有没有出现过？能不能将第 2 张幻灯片（“仙女施法，接受考验”）克隆复制出一张，只需将文字内容稍作改动？

学生思考以前哪里用过克隆技术？（画图、Word 文档）操作方法是怎样的？（学生归纳，师板书：复制　选定—复制—粘贴）

指名一位学生上台示范复制幻灯片，其余学生观看，纠正错误。全体学生操作。

学生讨论移动幻灯片和复制幻灯片有什么区别。

教师边提问边演示如何在浏览视图中对幻灯片进行编辑？（双击）学生修改文字。

［设计意图：授之以渔，教师在教知识的同时注意总结规律，培养学生的自学能力。复制操作虽然以前学过，但步骤多易出错，通过学生回忆、板书归纳，再指名示范，使学生加深印象，明确步骤。］

3. 综合练习，发展思维

师：在即将迎来新中国成立 60 周年大庆之际，少年兴则国兴，少年强则国强。说起少年英雄，小兵张嘎大家都不陌生吧！谁来概括一下这个故事的主要情节？

学生概括，教师表扬。

小红同学制作了 PPT 连环画《小兵张嘎》，你们能帮她完成后期调整吗？

学生打开作品，通过幻灯片浏览视图观察其中有哪些错误？交流打算如何来修改？

[设计意图：由学生感兴趣的童话故事过渡到少年英雄故事，在巩固练习的同时重温英雄事迹，增强爱国主义情感。教师引导学生带着问题走向实践，培养学生的意识及运用知识解决实际问题的能力，即学以致用，这是学习的最终目标。]

4. 作品展示，评价激励

不同层次的学生练习要求不同，学有余力的同学可对作品进一步美化修饰，评价标准也不同。

[设计意图：让不同的人在课堂上得到不同的发展，真正体现“人人都能学好”和“不同的人学到不同的东西”的教学理念，使每个学生都能在课堂学习中找到自己的位置，对上课产生兴趣，激发学生学习的积极性。]

5. 归纳总结，拓展延伸

（1）请学生来小结：通过本课的学习有哪些收获？

（2）教师总结：今天学习了通过浏览视图进行幻灯片的相关调整，课后同学们可以将作品进一步美化。喜欢自己编故事的同学可以上网收集素材，自己创编一个故事连环画，老师期待着你们有新的作品产生。

[设计意图：学习是一个不断积累不断完善的过程，一堂课的结束并不意味着学习的终点而是另一个新的起点。这一环节，教师引导学生将学习的时空由课内向课外拓展，将学习的目标向更高延伸，让学生在不断地探索过程中享受到无尽的快乐。]

板书设计：

第 25 课　调整幻灯片

幻灯片浏览视图

幻灯片操作
- 移动　拖动
- 删除　选定
- 复制　选定—复制—粘贴

八、教学反思

1. 半成品加工，让技术与素养有机融合

我结合教学内容制作了半成品 PPT 连环画，并对关键教学技术进行“留白”，使师生补充以后即变成“成品”。同时“讲”与“练”提供不同的半成品，以防止学生进行简单的技术模仿。

2. 知识迁移，发展学生信息技术的综合能力

移动、删除及复制操作以前曾在画图和 Word 文档中学习过，我充分挖掘信息技术课前后知识之间的纵向联系，恰到好处地进行知识迁移，使学生所学的新知与旧知发生联系，培养学生举一反三、触类旁通的学习能力，提高学习效率，发展学生信息技术的综合能力。

3. 随机教学，尽享自主学习的乐趣

我将幻灯片移动、删除及复制 3 个操作隐含在 PPT 连环画故事情节中，根据学生找错结果随机教学，营造一个宽松、自主的学习环境，使学生变被动学习为主动愉快的学习。

教学存在的不足是学生虽然知道普通视图与浏览视图的区别，但在两者间切换不够灵活，一定程度上影响了教学进度与效果，还有个别学生是在普通视图中对幻灯片进行移动、删除操作的，教师应及时对这些现象给予引导和提醒。

寻宝——动作设置

吕 琳[①]

一、教学内容

本课选自清华大学出版社《信息技术》小学版第二册第三单元中的内容。本单元共 6 课，本课为本单元的最后一课，教材中的教学内容是学习应用设计模板创建演示文稿；学习为对象添加动作设置；学习录制声音及在幻灯片中插入音乐的方法。

根据以往教学经验及对学生年龄特点的分析，考虑到本课涉及的教学任务较多，因此，我对教材内容进行了剪裁处理，考虑如下：

首先，考虑到超链接的概念在计算机的学习中具有重要的地位，而且又是学生难以理解的概念，因此，我决定本课教学以为对象添加动作设置为主要内容。

其次，对具体教学任务的选择，我认为学生对教材中设计的任务（为作品添加目录并设置超链接）兴趣不大。因此，我选择了让学生设计寻宝游戏这一任务，让学生在游戏的环境下，经历

① 北京市西城区中古友谊小学．

发现问题、分析问题、解决问题的过程，使学生知道超链接的概念，学会为对象添加动作设置的方法。

二、教学对象

本课的教学对象是小学五年级学生。

1. 学生初始能力

学生已经学会了打开、退出 PowerPoint 的方法，能够使用 PowerPoint 制作简单的作品并能够保存文件。但学生在操作熟练程度上还存在一定差异。

2. 学生特点

学生乐于参与课堂活动，具有较强的好奇心，具有一定的自学能力。

三、教学目标

1. 知识与技能：（1）学生了解超链接的概念。

（2）学生学会动作设置的方法。

2. 过程与方法：学生经历发现、分析、解决问题的过程，能够设置幻灯片的快速跳转。

3. 情感、态度和价值观：通过作品的制作，学生获得成功的体验。

四、教学重点与难点

教学重点：学生学会动作设置的方法。

教学难点：幻灯片之间的链接关系。

五、教学过程

教学环节	教师活动	学生活动	设置意图
创设情境，发现问题。3 分钟	今天，我们要来玩一个游戏，叫做寻宝。展示寻宝第一关：  拿到宝物的方法就是用你的鼠标在宝物上轻轻移过，宝物就归你了 请同学们打开 D：\寻宝.ppt，尝试寻宝 明确规则后，继续尝试寻宝，发现问题	观看演示 打开寻宝游戏，尝试寻宝，探究寻宝规则 寻宝规则：游戏里，用自选图形绘制的是“充了电的电网”，不能碰，要想拿到宝物，一定要绕过这些电网。否则，会显示第一关闯关失败 发现问题：拿到第一关的宝物后，进入第一关成功界面，鼠标单击其中的“继续”按钮，无法进入第二关	根据学生爱玩游戏的心理，创设游戏情景，激发学生学习兴趣 在游戏过程中，学生自己发现问题，引发好奇心

续表

教学环节	教师活动	学生活动	设置意图
导入主题。3分钟	游戏里一共有几张幻灯片 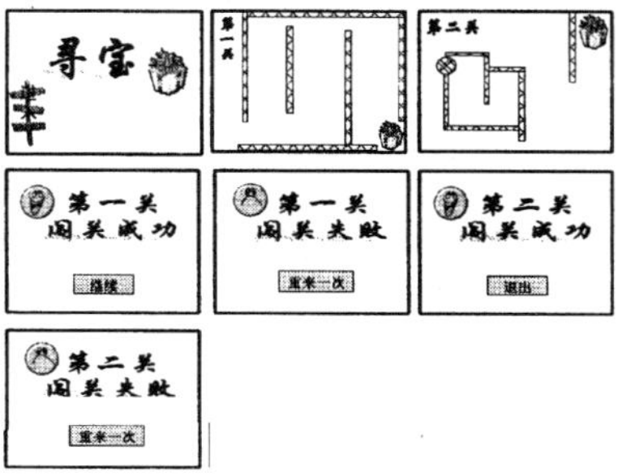 观察幻灯片的编号顺序与刚才播放的顺序一致吗 一般情况下，幻灯片是按编号顺序播放的。但是今天我们可以让幻灯片跳着播放。这就需要为图片、自选图形、文字这些对象添加动作设置	观察、发现幻灯片播放顺序与编号顺序不同	引导学生发现幻灯片的播放顺序是可以调整的，引出本课教学内容——动作设置
自学新知，检查效果。18分钟	1. 感知链接点和链接目标 当鼠标移过第一关电网时，就会播放第几张幻灯片 当鼠标移过第一关宝物时，会播放第几张幻灯片 单击第一关闯关成功幻灯片中的继续按钮，会播放第几张幻灯片 根据学生发言，教师板书链接关系 2. 动作设置——单击鼠标 自学 D：\ 自学资料 1 中，为“继续”按钮添加动作设置的方法 反馈： （1）学生演示方法 （2）选中的重要性 （3）对超链接的认识 动作设置——鼠标移过 发现问题 当鼠标移过第二关电网时，会播放第几张幻灯片呢？当鼠标移过第二关宝物时，又会播放第几张幻灯片呢 请你在练习纸上画出来 （练习纸上画有七张幻灯片的缩略图） 为电网充电的方法也是运用了动作设置。先自己试试，看能不能找到方法。如	聆听，回答问题 播放第五张幻灯片 播放第四张幻灯片 播放第三张幻灯片 自学设置方法 指名演示方法。其他学生观看演示 回答问题 继续寻宝，发现问题：第二关中的电网没电。鼠标移过时，没有任何作用 在练习纸上勾画幻灯片之间的链接关系 先自己尝试寻找方法，如果找不到方法，可借	以谁作为链接点和链接目标，对正确添加动作设置很重要。因此，学生初次接触此部分内容时，应在教师的引导下完成，有助于学生形成清晰的认识 在兴趣的引导下，学生的自学会更具有实效性 在教师引导下，使学生经历发现、分析、解决问题的过程 由于之前已讲明幻灯片之间的链接关系，因此，此时让学生自己在练

续表

教学环节	教师活动	学生活动	设置意图
	果找不到的话，D：\ 自学资料 2 中有为电网充电的方法 反馈： （1）学生演示方法 （2）鼠标移过和单击鼠标的区别 小结：动作设置时，要根据最后播放的效果，来选择是设置单击鼠标时的动作，还是设置鼠标移过时的动作	助自学资料 2 自学设置方法 指名演示方法。其他学生观看演示	习纸上勾画链接关系，巩固新知。学生在后面的制作过程中，也可以通过制作检验自己勾画的链接是否正确 明确动作设置中的两种设置方法会产生不同的效果。以后在制作过程中，学生就要根据所需效果，选择适当的设置方法
上机完成任务。10 分钟	出示要求： 1. 完成整个寻宝程序的设置 2. 在第二关中设置新的电网，并充电	学生完成设置 1. 为第二关中的电网充电 2. 为第七张幻灯片中的“重来一次”按钮，添加动作设置 3. 创作自己的电网	独立运用所学知识，完成设置，巩固操作 其中第七张幻灯片中的“重来一次”按钮，未添加动作设置。学生遇到此问题时，无需教师提示，就会根据之前学到的知识，自觉进行设置。此时学生独立完成分析、解决问题的过程，并能根据效果，选择适当的设置方法
展示交流。5分钟	展示 1～2 名学生设计的电网	观看展示，指名学生试玩	增强互动性，提高学生的兴趣

续表

教学环节	教师活动	学生活动	设置意图
总结延伸。1分钟	今天，我们学习了一个非常有用的命令，叫做动作设置 请你回家也设计一个寻宝程序，邀请你的爸爸、妈妈一起来寻宝	跟随教师总结全课	总结全课主要内容，激发学生制作游戏的愿望，向课后延伸

六、教学反思

1. 关注预设与生成，教学设计合理，有效的完成教学目标

本课教学目标有四点，在实际授课过程中，四个教学目标均达到，全班学生在学习的过程中始终都处于兴奋状态，每个学生都能在课堂中完成作品的制作，获得成功的体验。

本课重点是动作设置方法的学习。整节课，学生始终围绕这一重点内容进行思考、操作。首先学生通过试玩，发现问题——第一关的“继续”按钮无用，由此引出需要为“继续”按钮添加动作设置。然后教师引领学生分析链接关系，并让学生自学设置的方法。经过反馈（学生演示），学生明确设置的方法。随后教师的追问，帮助学生清晰一些概念，例如选定的必要性及对超链接的认识。此时学生基本掌握了本课的重点内容。

本课难点在于幻灯片之间的链接关系，教学中借助对幻灯片之间的勾画，使学生感受链接点与链接目标的关系，感受超链接这一学生感觉生疏概念的含义，并让学生试着说说什么是超链接。最后，让学生自己动笔在练习纸上勾画链接关系，再次强化对难点的理解，突破难点。

2. 创设情境，巧设任务，充分抓住学生心理年龄特点

本课以寻宝游戏情境引入，找准了学生的心理年龄及认知特点，有效地吸引了学生的注意力，激发学生的学习愿望。教学过程中学生不断变换角色，有时是小探险家在游戏中寻找宝物；有时是设计师的助手帮助设计师设置游戏；有时是小小设计师，开发自己的游戏；最后，他们又化身为游戏的挑战者，挑战高难度的游戏关卡。学生在不断的角色变换中，始终保持着浓厚的学习兴趣。

3. 有效的过程性评价，提高课堂教与学的效果

课堂中，教师将激励评价贯穿始终，为学生创设轻松和谐的学习氛围，增强学生继续学习的信心，促进学生积极、有效地完成学习任务。最后，在完成本课学习任务的基础上，教师又提出

了新的任务——让学生回家后自己创作寻宝游戏，将本课知识向课后进行了延伸。

以上仅是在教学实践、改革的道路上做了一点点的尝试，如有不妥之处，欢迎批评指正。

SWISHmax 按钮的制作

杨国项[①]

一、设计理念

1. 兴趣是最好的老师，本课乘着世博的春风，从贴近学生生活，能够引起学生兴趣的卡通动画形象——海宝入手，创设能够激发学生参与激情的教学情境。

2. 美国心理学家比格说过：学校的效率，大半依学生所学材料，可能迁移的数量的质量而定，因而学习迁移是教学最后必须依托的基石，所以本课根据教材特点，改变学生的学习方式，利用迁移规律，在自主探究和小组合作中完成知识的学习，提升学习的能力。

二、教学内容

《计算机动漫》是我校结合学校动漫特色，响应教育局号召，加强综合实践课程而开设的校本课程。本学期主要学习简单但功能强大的 SWISHmax，这个软件可以和 Flash 相媲美，但制作上要比 Flash 简单得多。本课是在学生已学习过基本操作、绘图工具、特效制作和精灵制作以后，学习如何制作按钮，为以后制作网页导航条打下坚实的基础。

三、教学对象

学生对 SWISHmax 软件已经会进行一些基本操作，初步具备制作文字特效的能力，对 SWISHmax 的功能有着好奇心，虽然在操作上表现出一定的差异，但六年级学生的想象力比较丰富，有着较强烈的求知欲与不怕困难、勇于探索的决心，因此如何引导他们主动参与学习，使每个同学各尽其能就成了本课是否成功的关键。

四、教学策略

通过特效及精灵的学习，学生对“插入”菜单有了一定的了解，所以学生对插入艺术字和自选图形的方法不难发现，但因为是 Word 2003，要注意引导学生如何处理绘图画布问题。对于文字环绕方式是两者插入之后遇到的第一个问题，应多加引导，本

---

① 江苏省无锡市南长街小学.

课的知识点比较多、细，完成同一个知识点有不同的方法，不同的知识点之间又有着相近的操作，看似独立的艺术字和自选图形，实质上两者之间有相通之处。所以教学中不必面面俱到，重在培养学生利用知识迁移的规律自主探究、自主发现，协作学习的意识，学会举一反三、触类旁通。

基于教材的知识结构，从学生的兴趣出发，根据他们的心理特点，本课以他们感兴趣的卡通画为话题，以猫和老鼠为主线，将所学知识点贯穿在一起。

整个课堂教学流程为：听音乐谈世博——中国馆介绍——加入精灵——其他馆介绍——交流评价——总结拓展。

五、教学目标

1. 知识与技能。知道并掌握按钮的结构和制作方法。

2. 过程与方法。以海宝的活动为主线，借助迁移规律以自主探究和小组合作的方式，引导学生进入、编辑按钮。

3. 情感、态度和价值观。通过世博会场馆的介绍，培养学生学习的能力、探究的意识、合作的精神以及正确的审美观。让学生在解决问题过程中，体会成功的快乐。

4. 行为与创新。借助所学知识，创作出具有创意性的作品，体会 SWISHmax 软件在解决生活和学习实际问题中的作用。

六、教学重点与难点

教学重点：制作按钮的方法；世博会场馆的介绍。

教学难点：对动画进行美化，使动画更具审美意义。

七、教学方法与手段

方法：情景法、任务驱动、迁移法。

手段：多媒体教学网络；教师讲与学生的实践相结合。

八、教学准备

网络教室、范例、视频、学件。

九、教学过程

1. 创设情景，激趣导入

（1）播放世博会主题曲的视频。

师：同学们，看……这是刚刚在我们的上海开幕的什么会？世博会，它的全称是 2010 上海世界博览会。它的吉祥物是什么？

生：海宝。

师：海宝这个名字有什么含义？请说说海宝的含义。

生：海宝，以汉字“人”字为核心创意，配以代表生命和活力的海蓝色。它的欢笑，展示着中国积极乐观、健康向上的精神面貌；它挺胸抬头的动作和双手的配合，显示着包容和热情；它翘起的大拇指，是对来自世界各地的朋友发出的真诚邀请。

师：看来，大家都很喜欢海宝，今天，海宝也来到了我们课堂上，看，它来了……

（2）打开动画片

师：今天，海宝要来为我们介绍上海世博会的几个场馆，看，这是它带来的一段介绍中国馆的动画。（播放动画），在这段动画里面，有一个我们以前没有学过的知识，这就是我们今天要学习的内容：按钮。

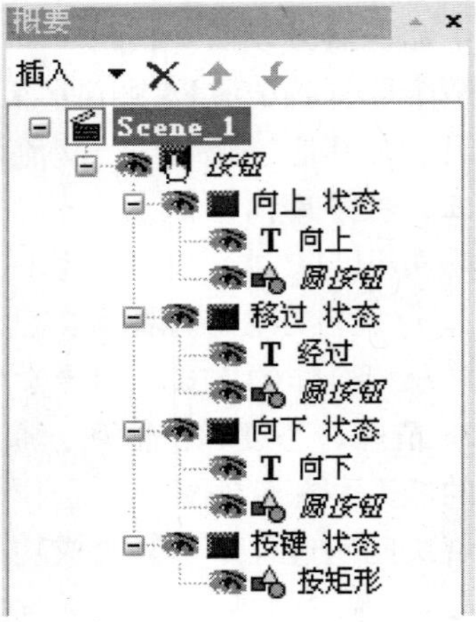

[设计意图：苏霍姆林斯基认为“学习兴趣是学习活动的重要动力”。孩子们的天性是好奇，好奇使他们的思维富有创造力；把握好孩子们的天性，以卡通动画为话题，激发他们的求知欲。]

2. 教师讲解，获取新知

师：那怎样制作“按钮”呢？先看老师制作。（教师讲解制作按钮的方法）

（1）单击菜单—插入—按钮；

（2）单击概要区中按钮向上状态的图标，在场景中画按钮的外形，再写入说明文本；

（3）选取最上层的有一个小手的“按钮”图标前的“—”号，在按钮面板中的“有分隔经过状态”“有分隔向下状态”“有分隔按键状态”前打勾，就会生成按钮的四个状态；

（4）调整一下各个状态下按钮的颜色和说明文本，一个标准的按钮就生成了。

几个小技巧

（1）使用右键弹出菜单也可创建按钮的四种状态，在按钮面板中如打勾后再消除，原先设置的按钮状态全部消失，必须重新设置。

（2）创建按钮后，如果移动整个按钮或加动作语句，一定要先选取整个按钮，即点选带小手的图标。

(3) 先设置好按钮向上的状态后再设置另三种状态，可减小工作量。

(4) 想让鼠标放上去时出现更多的变化，可在相应的状态下加精灵或形状。

学生尝试，制作按钮。

教师巡视。

[设计意图：利用讲解新知，培养学生的学习能力，发挥他们的求知意识；通过师生互动，突破知识的重难点，并帮助一部分自学能力欠缺的学生，也为学习能力强的学生提供展示的舞台。]

3. 自主探究，加入图片

师：按钮制作好了，可是海宝用来介绍我们中国馆的这张图片又怎样制作呢，先仔细看看海宝带来的动画：鼠标移动到按钮上就会出现中国馆的图，而按下按钮的时候，又会出现中国馆的介绍。

下面请同学们自己尝试着去制作。

学生尝试制作，教师巡视。

师：请一位同学演示他是怎么做的。

学生：继续完成任务。教师进行个别辅导或集体反馈。

[设计意图：借助迁移规律，进一步培养学生自主学习、合作探究的能力，并在交流中取长补短，在解决知识重难点的同时为后面的完善作品做好铺垫。]

4. 加入精灵

师：同学们都制作好了中国馆的介绍。但是，海宝的动画里面还有其他一些元素，比如：舞动的五角星、跳跃的海宝等，这又是怎么做的呢？请同学们继续尝试制作。

学生尝试制作，教师巡视。

师：请一位同学演示他是怎么做的。

学生继续完成任务。教师进行个别辅导或集体反馈。

[设计意图：借助迁移规律，进一步培养学生自主学习、合作探究的能力，并在交流中取长补短，在解决知识重难点的同时为后面的完善作品做好铺垫。]

5. 放手尝试，展现个性

师：同学们都制作好了中国馆的介绍，海宝很高兴，它直夸同学们真聪明。它还带来了一个更加丰富的动画，你们看……介绍的场馆真多呀。你们想挑战吗?

师：在接下来的创作中我们要注意设计的标准，指出作品评价标准并结合范例作解释：颜色协调；位置得当，布局合理；界面美观，富有创新；最重要的是能与同小组同学进行交流合作。

师：明白要求了吗?那就在你现有作品的基础上赶快加工吧!

生：完善作品。

[设计意图：不同范例的演示，进一步启发学生的想象力，培养他们积极思考，大胆创新的能力；放手让学生尝试，在巩固所学知识的同时使他们的个性得以展现，给不同层次的学生留有展示的空间；设计标准的呈现避免学生在操作中的盲目性。]

6. 自评互评，交流提升

师：下面请同学们在自评的基础上先开展组内评价，再推荐好的作品在全班范围内展示评价。

生：组内评价推荐。

师：推荐的作品，由推荐人先来说说推荐的作品，然后再由其他同学来发表见解。

生：全班评价。

教师：从不同的角度，点评作品，点评学生。

[设计意图：评价以鼓励学生的自主和创新精神为原则，开展多元评价，激发学生主动参与学习的意识，体会成功的快乐，正确对待他人和自己的作品，培养学生评论的能力，促进学生智力的发展。]

7. 总结延伸，拓展知识

师：在今天的作品中，我们用了哪些新的知识?

生：按钮。

师：其实，按钮在我们制作动画的时候非常有用。看看老师这边的作品：幻灯片按钮、网页的导航按钮等。希望学有余力的同学去试一试，记得跟老师分享你们的作品。

学生在世博会主题音乐声中离开教室。

[设计意图：通过总结，加深学生对知识的记忆，并在肯定学生的同时提出新的希望，让学生明白知识的无穷性，激发他们进一步探究知识的意识，培养他们独立思考及发现问题的能力，

体会信息技术在生活中的作用。再次播放音乐，让学生在愉悦中结束本课的学习。]

十、教学反思

本课我以近期比较热门的上海世博会为主线，将世博会吉祥物海宝请到课堂中，通过一个个层层递进的任务，把整个SWISHmax按钮制作的教学过程串联了起来，这样原本单调的学习过程就变成了一个充满乐趣、充满想象、不断创新的过程，变成了一个科学的、有计划的动手实践过程；综观整节课，以主体参与、动手实践、小组合作、共同提高为原则，思路清晰，教学过程逻辑性强，评价及时、到位，真正将学生置于在学习的主体位置；整节课学习气氛很浓，通过情境的创设，使学生真正“动”了起来，思维“活”了起来。课堂中生成了不少有亮点的作品，学生的作品有新意。有学生下课说，这节课简直太有意思了。

独特的水杯——自选图形的应用

王文静①

一、教学内容

《自选图形》是北京市海淀区小学信息技术实验教材五年级上册的内容。五年级的学生已经初步掌握了Word基本知识，此课是指导学生掌握如何利用自选图形为寓言故事的四幅图绘制说明框，但是根据对学生的学习前测和为了让学生更多地感受自选图形丰富的图形素材，采用小学美术五年级上册第14课《杯子的设计》为学习内容，尝试进行学科整合。抓住学生熟悉的素材，在教授信息技术的同时，让学生体会信息技术在学习生活中的作用，进一步培养学生的信息素养。

二、教学对象

心理特征：五年级学生的思维从以具体形象思维为主要形式逐步向抽象逻辑思维过渡。学生能够从多角度思考问题，此时是培养他们发散思维的最佳时机。他们已能较为主动、积极地学习。

知识技能：五年级的学生经过两年的学习对计算机的基本操作已经熟悉，学生已经初步掌握了Word基本知识，本单元前几课更深入地学习了字体格式的设置，表格的应用，接触了绘图工

① 北京市海淀区中国人民大学附属小学.

具栏，此时学习自选图形，恰好能够满足学生的需要。因此学生在学习这堂课的时候，学习兴趣应该很高。

学习前测
在所选的项目上画√。 （1）你知道 Word 软件中的自选图形吗？（①知道　②不知道）。 （2）你能在 Word 文档里找到自选图形的按钮吗？（①能　②不能） （3）你会在 Word 里利用自选图形绘图和加标注吗？（①会　②不会）如果会，请把你知道的图形画出来。 （4）你会为自选图形填充颜色吗？（①会　②不会） （5）你会在自选图形中添加文字吗？（①会　②不会） （6）你会调整几个自选图形的叠放次序吗？（①会　②不会）

三、学习前测分析

问题（1）选择会的 90%；问题（2）选择会的 90%；问题（3）选择会的 40%；问题（4）选择会的 80%；问题（5）选择会的 15%；问题（6）选择会的 10%。

四、教学目标

1. 知识目标

（1）掌握在 Word 中插入自选图形的方法。

（2）学会为自选图形填充效果、设置线条、调整叠放次序、添加文字的方法。

2. 能力目标

通过水杯的设计培养学生的设计意识和审美能力。

3. 情感目标

激发学生学习信息技术的兴趣。体会信息技术在生活中的应用。

五、教学重点与难点

1. 教学重点

（1）在 Word 中插入自选图形的方法。

（2）为自选图形填充效果、设置线条、调整叠放次序、添加文字。

2. 教学难点

调整图形叠放次序的方法。

六、教学过程

教学环节	教师活动	学生活动
（一）创设情境，激发学习兴趣，导入新课	（1）师：同学们，我们每天喝水都离不开杯子，我们一起先来欣赏一下中国古人使用的水杯（出示课件） 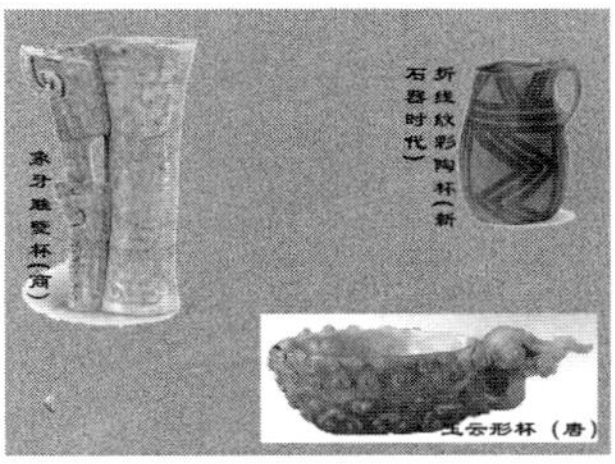 师：这些杯子有的华贵，有的质朴，它们充分显示出我国古代劳动人民有着高超的设计水平 （2）欣赏完古人使用的杯子，我们再来看看现代人使用的各式各样的杯子 	观看 观看，思考 学生回答喜欢的杯子和原因。从造型、图案、文字等方面回答
（二）新授 1. 观看一组制作好的水杯	师：同学们请一边看，一边想想你最喜欢哪一个杯子，为什么 （3）师：谁来说说你最喜欢哪一个杯子 根据学生回答板书造型、图案、文字 师：这节课我们就用 Word 文档来设计制作独特的水杯 板书课题：独特的水杯 师：我们先来观看一组用 Word 文档设计制作的水杯 （投影课件）	学生观看，思考
2. 插入自选图形 （1）自主尝试 （2）学生演示，教师补充	师：同学们请仔细观察，制作这些水杯用到了哪些图形 师：在 Word 中，我们能从哪里找到这些图形呢 师：这节课我们就利用自选图形来设计独特的水杯。板书副标题——自选图形的应用 师：请同学们打开一个 Word 文档，试试看能找到自选图形吗？能在自选图形中找到我们刚才说到的那些图形吗？如果找到了请尝试着插入几个你喜欢的图形 广播：	学生回答：椭圆、圆柱、笑脸、心形…… 学生回答：自选图形 学生尝试

续表

教学环节	教师活动	学生活动
3. 学习为自选图形填充效果、设置线条、调整叠放次序、添加文字的方法（重点解决学习前测中的问题 5、6）	请演示学生打开几类自选图形。并让其给大家演示插入一个自选图形  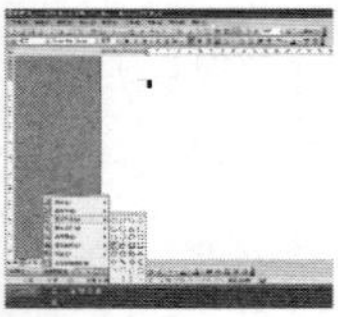 教师补充讲解	一名学生边演示边讲述 视图——工具栏——绘图 打开绘图工具栏，单击自选图形按钮 学生演示
(1)尝试练习，发现问题	自选图形共有 8 类图形	
(2) 学生提出问题 (3) 学生演示解决提出的问题，教师补充讲解	师：请同学们尝试画一个水杯，遇到困难，可先在小组内交流。解决不了的问题一会儿我们共同解决 教师边总结学生问题边板书： 颜色与线条　叠放　文字　技巧	学生尝试
4. 教师演示“鱼杯”的制作技巧 （巩固叠放次序技能）	（绝大部分问题都会有技能较高的学生给予讲解和解决，老师此时重要的是把握课堂的节奏，指导学生互动，适时点评，根据学生问题，随机进行） 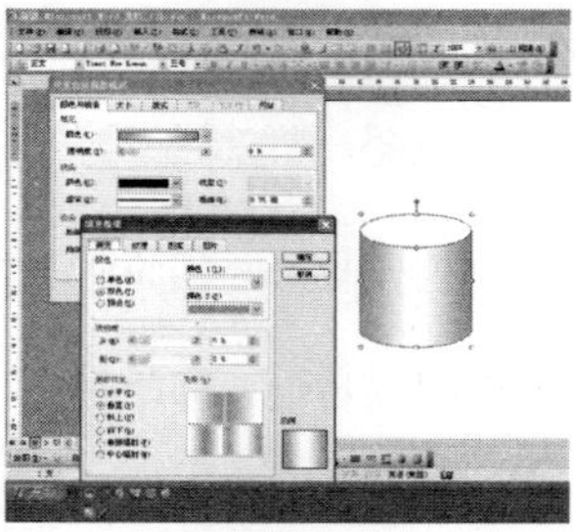 在画好的椭圆杯子上覆盖一个椭圆形，将它的线条设为黑色，填充为白色，这样就可以得到我们想要的形状（合理的遮盖这一技巧绝大部分同学都有困难，而掌握了该技巧对学生创作出更有个性和创意的作品帮助非常大） 	学生提出如何过渡填充效果）；如何添加文字；如何叠放；如何将水杯看起来有厚度；如何遮盖住一部分图形等 ① 颜色：选中——右击——设置自选图形——颜色与线条——颜色——填充效果——渐变 ② 文字：选中——右击——添加文字 ③选中——右击——叠放次序

续表

教学环节	教师活动	学生活动
（三）作品创作 1. 注意事项	师：同学们，我们掌握了这些创作技巧，就一定能制作出一个自己满意，别人认可的水杯吗？设计时我们还要注意些什么 制作要求： ① 水杯设计上明确的主题 ② 水杯设计独特，图案新颖、别致 ③ 水杯颜色搭配协调	生：构思大胆，设计合理，实用美观
2. 学生创作	完成作品请同学们填写学习反馈表 教师巡视，指导学生	学生操作，完成练习
（四）展评	师：好了，老师发现同学们都完成了任务，下面就请几个同学来展示一下他们的作品	学生展示得意作品，学生互评，教师点评
（五）小结	师：同学们，这节课我们应用自选图形设计了水杯。我们的生活中，无一不与设计有关，小到一块橡皮，大到我们的教室、校园、城市建设都渗透了设计师高超的设计水平。只要我们善于寻找、发现、欣赏、大胆尝试，相信未来我们中间也会走出伟大的设计者	

学习评价表

姓名　　　　班级

一、请在相应的选项后面画√。

你会为自选图形填充过渡效果吗？（①会　②不会）

你会在自选图形内添加文字吗？（①会　②不会）

你会调整图形叠放次序吗？（①会　②不会）

你会将自选图形的填充和线条设置成无色吗？（①会　②不会）

你完成了水杯的设计制作吗？（①完成　②没有）如果完成了，你满意吗？（①满意　②较满意　③不满意）你认为你的作品还应该在哪些方面继续改进？（①设计构思　②制作技巧）

二、1. 你最欣赏的水杯是哪个同学设计的？为什么？

2. 这节课你还有什么感言，请简单写下来。

七、教学反思

本节课紧紧围绕着“独特的水杯”这一主题进行教学，设计紧凑连贯，环环相扣，从观看各式各样的水杯引入，激发学生兴趣入手，通过自主探究、教师指导、互助学习以及最后的作品展示和点评，较好地完成了教学任务。

通过多次教学，我感受最深的有三点：

1. 主题的选取

一堂成功的信息技术课，主题的选取至关重要，学生信息技能的学习是以老师选取的主体材料为载体的。信息技术课是一门知识性和技能性相结合的学科，基于这课程整合的教育理念下，本节课我结合美术课选取了水杯的设计为主题，学生兴趣浓，学习主动，同时学生在学习信息技能的同时培养学生的设计意识和创新精神，使学生更好地体会信息技术在学习生活中的作用，潜移默化地培养学生的信息素养。

2. 学生作品分析

杯子的设计应该在画图软件中进行，但是我在 Word 中进行教学目的是让学生感受到自选图形提供的多种图形素材，从学生作品分析看，学生使用了基本形状的圆柱、圆弧、笑脸、心形……；箭头总汇中的左右箭头、燕尾形……；标注等几十种图形，涉及除连接符以外的其他七类自选图形，充分感受到了 Word 提供的丰富的图形素材。

3. 学习反馈表的使用

反馈表有利于学生巩固新知，体会成功。这种评价方式既能够帮助学生总结本节课所学的内容，又充分考虑到了个体差异，以自己为起点，和自己来做比较，帮助学生树立了自信心。同时教师的主导作用和学生的主体作用得到了充分的体现，更有利于培养学生善于发现问题、解决问题的能力。

4. 精心准备范例

对帮助学生创作作品起到很重要的作用。这样可以帮助学生开阔视野，打开思路。为了绘制好展示的杯子，我查了大量杯子的图片，参看美术教材，绘制出六类不同的杯子。再补充以恰当的创作技巧，学生创作的作品可以说超过了我的预期。不仅创作出了传统的单耳杯，还有双耳杯、对杯、功能多样的咖啡杯，杯耳有利用心形等图形复制叠加绘制的，也有利用两个图形填充不同颜色遮挡绘制的，等等。

段 落 排 版

王 颖[①]

一、指导思想与理论依据

新课程所提倡的探究学习，其主要目的是改变学生学习方式，培养学生学习独立性与自主性，引导他们学会自主发现问题，在实践中探究，体验成功的乐趣。因此在本课的教学设计中，我为学生创设轻

① 北京市顺义区天竺中心小学校．

松自然的学习环境，引导学生讨论、分析和交流，充分发挥学生的主体性。实现对文档合理的段落排版，从而实现了信息的加工和处理。

二、教学背景分析

1. 教学内容

《段落排版》一课内容有：设置段落的对齐方式、设置段落的首行缩进、设置段落的行距。本课是新授课，是对文档进行段落排版的初步尝试。通过本课的学习，使学生体会到段落排版对规范文章版面、增强文章可读性的重要意义。

2. 学生情况

学生心理特点：本课教学对象为五年级学生。此年龄段的学生已经具有一定自主学习能力和探究的能力，并且对任何事情充满好奇心，尤其对信息技术具有强烈的求知欲。

前期知识水平：学生已经熟悉了 Word 的基本操作，会设置文字的字体、字号、字形、颜色；并通过语文课的学习了解了文章题目要居于中央位置、段落的首行应该空出两个字的位置、文章要有合适的行距等基本常识。

3. 课堂教学整体设计思路

本课教学设计主要分为“创设情境、引入新课——研究探索、学习新知——深化拓展、实践应用——作品展示、交流评价——总结交流、共同提高”五个环节。“研究探索、学习新知”环节又分为三个部分：设置对齐方式、设置首行缩进、设置行距。这三个部分新知的学习是通过对一篇课文的版面逐步进行调整，使其符合人们阅读习惯的过程实现的。

本课教学设计秉承以学生为主的理念，教师只起引导作用。首先让学生根据日常阅读习惯和经验发现文章中存在的问题；其次师生共同分析问题，研究解决问题的方案；最后学生在探究中找出办法解决问题，完成本课新知的学习。最后的拓展环节，学生通过对电子小报的排版完善，将所学的知识转变成技能，从而充分体验到排版的重要意义。

4. 教法与学法

（1）教法：任务驱动教学法。

（2）学法：探究学习、自主学习。

（3）技术准备：多媒体教学网络，学习资料。

三、教学目标

1. 知识与技能

（1）知道文章要题目居中、段落首行缩进、行距适中等简单的排版知识。

（2）能够根据需要对文章进行对齐方式、首行缩进、行距的设置。

2. 过程与方法

通过典型文档的分析，归纳总结出对文档进行段落排版的方法；通过应用对齐方式进行段落排版，了解五种对齐方式的作用，并能根据实际情况选择合适的对齐方式；通过设置首行缩进，感受此方法的规范与快捷；通过为文章设置行距，体会恰当的行距设置在排版中所起的作用。

3. 情感、态度和价值观

（1）体验段落排版的功能，感受其中蕴涵的民族文化。

（2）通过信息技术在生活中的应用，着力提升学生的信息素养和审美情趣。

四、教学重点与难点

教学重点：设置对齐方式、首行缩进、行距的方法。

教学难点：根据需要进行合理的段落排版。

五、教学过程

教学流程	教师活动	学生活动	设计意图
创设情境，引入新课	【导入】同学们，在我们学过的一篇文章中有这样一句话：满月的小猫更可爱，腿脚还不稳，可是已经学会了淘气。一根鸡毛，一个线团，都是它们的好玩具，要个没完没了。哪篇文章啊 【提问】学过这篇文章，你有什么感受 【过渡】这篇文章内容很美、生动地写出了猫的各种神态。可是这样一篇内容生动优美的文章，如果是这样一个版面，给你什么感觉 【分析】什么原因让我们有这种感觉呢 【出示】投影展示文章《猫》	背诵句子 交流学习文章后的感受 看大屏幕展示的文章，交流视觉感受	通过背诵语文课文中优美的句子引入本课，让学生感受好的文章内容给人精神上的愉悦享受。再通过展示同样内容、没有整齐排版的文章，让学生体会排版对于增强文章可读性、体现文章整体美感的重要作用，从而引出本课主题
研究探索，学习新知	【板书】题目没居中，首行没空两个字，空字太多、太少 行距太大、太小 【提问】（1）为什么要把题目放中间 板书：题目居中　醒目突出 （2）怎样让题目居中 【演示】（1）指名学生演示题目居中的办法 （2）指名使用不同办法使题目居中的学生演示	思考排版中存在的问题 交流观察到的问题 思考题目居中的作用 思考设置题目居中的办法	学生在语文课的学习中已经了解了文章题目要居于中央位置、段落的首行应该空出两个字的位置、文章要有合适的行距等基本常识。所以此环节秉承以学生为主的思想，让学生去发现并提出这些问题

续表

教学流程	教师活动	学生活动	设计意图
	（3）教师引导学生尝试使用“段落”窗口中的“对齐方式”使题目居中的办法 分析：各种办法的可行性	观看演示，比较不同方法的可行性	
	【提问】每段的段首，我们总是习惯空两个字。其实在比较早期的时候，没有标点，文章也不分段落，更别说段首空两个字了。那现在我们为什么分开段落，并且还要给段首空两个字呢？在 Word 中该怎么解决这个问题呢	尝试新办法 思考解决办法	
	板书：首行缩进　整齐规范 【演示】 （1）指名学生演示使段首空两个字的办法 （2）教师引导学生使用“段落”窗口中的“首行缩进”使段首空两个字 比较：哪种办法效率更高	观看演示 学习新办法	此处通过演示让学生了解常用的敲空格键使题目居中的办法是不对的，并通过教师的引导让学生了解使用段落窗口中“对齐方式”命令设置题目居中的方法
	【提问】 （1）行距太大给你什么感觉？这样好吗 （2）行距太小给你什么感觉？这样好吗 （3）如何调整行距	交流行距不合适的弊端 思考调整行距的办法	
	板书：行距适中　便于阅读 【演示】教师引导学生尝试设置行距 【过渡】大家看，现在的文章与最初那篇版面凌乱的文章相比，给你什么不同的感觉啊？这就是我们对文章进行段落排版之后的效果，想不想亲自动手试试把自己电脑上《猫》这篇文章也变成像老师这篇一样美观、规范呢	体会段落排版后文章的效果	此处师生共同研究更规范和更有效率的为段首设置首行缩进的办法，并体会为段落设置首行缩进的意义

续表

教学流程	教师活动	学生活动	设计意图
	板书：段落排版 【任务一】现在请你打开桌面上《猫》这篇文档，试着对它进行段落排版 【小结】大家都是操作小能手，对文章的段落排版完成的都非常好。通过对文章进行段落排版，我们让题目居中了，这样看起来更加的醒目突出；对段落设置了首行缩进，让文章看起来更加整齐规范；设置了适中的行距，让文章更加便于阅读	对文章进行段落排版	在学会调整行距的过程中，体会合适的行距方便阅读的意义 通过这个练习让学生对探究所得到的知识进行梳理和练习，使之形成技能
深化拓展，实践应用	【过渡】老师还有一个更精彩的文档提供给大家。这是一篇内容与我们生活息息相关的电子小报，它通过文字和表格等形式向我们传达了生活小常识，非常有实用价值。但它现在这个版面的表达效果你满意吗 【任务二】那它存在哪些问题呢？你们能根据刚才学到的技能自己解决吗？现在请你打开桌面上《生活小常识》文档，动手试试 【巡视指导】观察了解学生学习情况 【讨论】当版面大小一定时，如何调整行距为最合适的大小来使版面达到最好的效果 【继续任务】请你继续对小报进行操作	观看小报版面，发表看法 对电子小报进行排版完善 交流更为灵活的调整行距的办法	在小报的练习中，引导学生根据需要尝试应用分散对齐、两端对齐及合适的行距，从而感悟到信息技术的应用要从需求出发
作品展示，交流评价	【展示】经过大家的努力，每组的小报都有了很大的改观。快让我们来欣赏一下吧。谁愿意先来展示你们的作品 【评价】在这个作品中，有哪些地方你比较欣赏？还有什么建议吗 【小结】电子小报作为一个图文混排的作品，大家在排版时一定要注重文字的清晰和可读性；在美化过程中要恰如其分地表达衬托效果，切不可过分花哨，喧宾夺主 【完善】请你继续对小报进行完善	展示作品 交流评价 继续完善小报	通过展示评价作品，让学生体验成功感，取长补短，相互促进、相互学习

续表

教学流程	教师活动	学生活动	设计意图
总结交流，共同提高	【谈话】 （1）这节课你学到了哪些知识 （2）你有什么感受 【师生小结】 段落排版一定要根据不同阅读人群的实际需要来进行。比如说儿童读物，为了避免儿童的阅读疲劳，每一页的文字要少，行距大一些；对于有一定阅读能力的成人来说，每页的文字可以多一些，行距小一些；对于老年人来说，就要本着字大行稀的原则来进行段落排版。相信学了今天的知识，同学们以后的电子作品会更加的整齐、规范和美观	谈收获	通过完善小报使交流评价中所学到的知识得到练习和应用 通过畅谈收获，对知识进行再次梳理，加深印象 小结的过程强化学生根据需求应用信息技术的意识，让学生真正能学以致用，将学习与生活相联系

本课有意创造轻松、开放的学习氛围，将评价的权利教给学生。

在课堂巡视过程中，教师对学生的操作进行指导和针对性评价；对于学生展示的操作办法及学习成果，主要采用生生互评的方式来评价。力求在这个过程中让学生学会欣赏别人，发现彼此的优点，互相学习。对于同学提出的建议有选择地采纳，不断提高自己。同时在这个过程中，也有利于教师提取教学效果的相关信息，从而不断对教学方式和教学策略进行调整和改进

教学反思

本节课的教学以创设轻松愉悦的学习氛围为根本，力争最大程度调动学生的学习积极性，充分发展学生探究能力和自学能力。使学生不仅学会技术，更能根据需要应用技术服务于生活。

综观本节课的教学活动，有以下几点成功之处：

1. 突出学生主体意识，发展探究能力

课堂的学习模式始终以学生探究学习和自主学习为主，教师只扮演引领和引导角色，力争最大程度上发挥学生的主动性。例如在解决问题环节的处理上，总是先请学生分别提出解决办法，并组织学生对提出的多种解决办法进行分析比较，最终论证得出最正确和规范的办法。这种学生主动参与学到的知识是非常扎实的。

2. 突出信息技术要服务于生活的理念

本课课堂教学不是让学生直接接触知识，而是先通过发现问题、提出问题的过程引出需求，接着再为满足需求引出新知识。例如在课堂中，学生很容易发现文章《猫》的题目没有居中的问题，在学生提出这个问题的时候教师追问："为什么我们要把题目居中呢?"此时学生在交流中能得出题目居中是为了更醒目突出的结论。这时教师再问："那怎样使题目居中呢?"这样就自然而然地引出了为题目设置合适的对齐方式的新知识，也让学生感悟到学习信息技术就是为了解决现实中的问题，服务生活。

3. 突出课堂中蕴涵的内涵

本课知识层面上是要学生学会简单的段落排版的知识；情感上想让学生在学会知识、掌握技能的过程中感悟段落排版给电子作品带来的视觉上的美感，也从中感悟民族传统文化的魅力。例如在课堂导入中师生共同背诵文章《猫》的语句，感受文章内容的生动与优美。紧接着出示排版混乱的同样内容的文章，让学生充分感受内

续表

教学流程	教师活动	学生活动	设计意图
容美只是文章美的一部分，整齐的排版同样对文章有很重要的作用。对于文章排版上需要调整的题目不居中、段首没空两个字、行距太大或太小的问题，多问学生几个为什么，让他们在应用知识解决问题的过程中也感受题目居中、段首空两个字、行距要适中对于增强文章可读性、便于人们阅读的重要意义。 值得探讨之处： 对学生驾驭知识能力的培养：本课涉及的段落排版在某种程度上是学生接触较少的内容，因此学生在理解之后不容易灵活应用。这就需要教师再对课堂做细致设计，对学生进一步引导，使其真正能使用这些技术更好地为生活服务。 总之，在这堂课的教学活动中，始终为学生创设轻松自然的学习环境，引导学生讨论、分析和交流，充分发挥学生的主体性，在探究自主学习知识的同时感受信息技术与生活的紧密联系！			

管 理 邮 箱

王 东①

一、教材分析

本课是江苏省中小学教研室根据《江苏省义务教育信息技术课程指导纲要（试行）》的要求于 2007 年 7 月编写的小学《信息技术》下册第 13 课的内容。在本课之前已经学习了申请电子邮箱、收发电子邮件、漂亮的电子邮件和添加附件这些内容，在本课的学习中主要学习建立和使用通讯录、清理电子邮箱这两大内容。同时本课也是对免费电子邮箱这一学习模块的总结和提高。

（一）教学目标

1. 知识与技能

（1）学会建立通讯录，并利用其发送邮件。

（2）学会对电子邮箱进行清理。

2. 过程与方法

教师讲授与学生自主探究相结合。

3. 情感、态度和价值观

（1）让学生养成遵守网络道德规范的良好习惯。

（2）培养学生合理使用网络资源的意识。

（3）通过建立、使用通讯录和联系人，增进同学之间的友谊。

（二）教学重点与难点

1. 重点：建立通讯录和利用通讯录发送邮件。对电子邮箱进行清理。

2. 难点：利用“通讯录”和“联系人”发送邮件。

① 江苏省无锡市江阴市虹桥小学．

二、学情分析

学生在学习本课之前通过对前面几课的学习已经对 126 电子邮箱有了比较全面的认识，也学会了收发电子邮件和添加附件的操作，对免费电子邮箱这一学习模块的兴趣已经有所减弱，但本课的建立和使用通讯录以及清理电子邮箱的学习是真正让学生掌握邮箱操作非常重要的一个环节，为此在本课学习中如何再一次激发学生的学习兴趣显得尤为重要。本课的学习既有知识新的建构，又有对已学内容的复习巩固。在免费电子邮箱中建立通讯录的方法有两种，在教授时不仅要让学生掌握而且还要让学生明白在什么时候用哪一种方法比较好。对电子邮箱进行清理这个内容的学习上也可以让学生从已经掌握的知识上迁移获取新知，以达到授人以渔的效果。

三、教学过程

教师活动	学生活动	设计意图
【创设情景，复习旧知】 师：同学们，前两堂课上老师已经带大家申请好了 126 的免费电子邮箱，也带大家学会了收发电子邮件，昨天，你们语文老师张老师听我说了教了你们收发电子邮件，非常高兴，因为最近有个征文比赛，假如你们学会了发电子邮件，可以把你们的征文直接发到她的电子邮箱中了，她也会把修改意见直接发到你们的邮箱中，她的电子邮件地址是：hqxxzhyy1998@126.com，你们会给她发送电子邮件吗？谁能来给大家演示一下 【提出问题，引出新知】 师：这些就是我们前两堂课上所学的知识了，我们只要登录我们的 126 邮箱，点写信，填入张老师的电子邮件地址，再把作文 Word 文档作为附件添加进去，然后点发送就行了。但是，同学们你们有没有注意到呢？张老师的电子邮件地址是由英文字母和数字组成，很难记住，而我们以后又要经常和张老师通过电子邮件联系，同学们有什么好的办法呢（启发性提问和交流……） 【新授，新建联系人，解决任务一】 1. 组织学生分小组进行协作探究并归纳总结 方法一： （1）单击“通讯录” （2）单击“新加联系人” （3）输入相关资料（带 * 的为必须填写） 2. 补充提高：把新建联系人加到特定联系人组里（新建联系人组）	1. 学生代表操作演示发电子邮件（操作准备：Word 文档“征文.doc”） 2. 其他学生观察 学生回答提问： （1）我们可以记在纸上 （2）把张老师的电子邮件地址保存在邮箱中的通讯录中 （3）学生五人一小组进行操作尝试，添加张老师和她的电子邮件地址到通讯录 （4）尝试添加到联系人组 （5）学生互相帮助、检查并汇报探究结果	1. 创设一个真实的情境，激发学生的学习兴趣 2. 复习巩固收发电子邮件、添加附件的内容 3. 为本课学习任务展开作铺垫 1. 揭示任务一：建立通讯录 2. 组织学生通过小组协作探究完成新知的建构，培养学生团结协作的精神

续表

教师活动	学生活动	设计意图
【引出任务二，布置新的学习任务】 师：现在同学们邮箱的通讯录中已经有了张老师的邮箱地址了，那么我们下次再要给张老师发电子邮件还用不用和原来那样把张老师的电子邮件地址填到收件人里呢？有没有更简便一些的方法呢？提示同学们在建好的通讯录中找找看。同学们可以互相讨论 师：非常好，同学们已经通过自己的努力找出了方法：单击“联系人”后面的“给他/她发信”，进入“写信页面”发信。那么，现在就请同学们用这种最便捷的方法给张老师发一封电子邮件，告诉她你们已经掌握了这种新的和她交流的方法了 提示：第一次发给别人邮件，最好在邮件主题上写明是谁的邮件，比如：邮件主题为“我是六（3）班赵明” 邮箱安全知识普及：电子邮件也是传播病毒的一个途径，我们平时一般不要轻易打开陌生人发来的电子邮件。虽然现在许多电子邮箱也都提供了邮件杀毒功能，但我们在下载了电子邮件中的附件后仍要先杀毒再打开 【导入问题，引出任务三】 师：假如张老师看到我们班有这么多同学已经掌握了和她交流的新方法，一下子收到了这么多同学们发的邮件肯定高兴万分的，为了交流方便，她肯定也会想把同学们的姓名和邮箱地址记录到她的通讯录中，刚才我们已经学会了在通讯录中新建联系人，那么我们能不能利用已经收到的邮件来减少建立通讯录的工作量呢？要知道，你们只要建张老师一个人的通讯录，可张老师却要给我们全班每一位同学建通讯录 方法二： 接收陌生电子邮件地址邮件，并添加到通讯录 【提出新问题，布置学习任务四】 师：同学们通过一段时间的学习，我们也接收了一定数量的信件，但是电子邮箱容量是有限的，如果邮箱满了，别人发给你的新邮件就无法收到。同时，邮箱里的信件过多也会影响我们的阅读。所以，对于过期或没有用的邮件，应及时删除 那么如何进行删除呢？请同学们回忆一下，在操作系统中我们删除文件的操作是分几步完成的？（请一个同学上台演示）	1. 学生探究出通过通讯录直接发邮件 方法：点击联系人前标记给联系人直接发邮件 2. 学生汇报探究结果，并互相交流 3. 每个学生用探究出的方法给张老师的邮箱发一封电子邮件进行新知的巩固练习 1. 学生小组探究 得出方法：点[添加到通讯录]，然后在弹出的对话框中输入相关信息，然后再点确定 2. 学生练习巩固新知。学生互发邮件，在已收到邮件上操作把对方添加到通讯录中 1. 请一个学生演示如何删除电脑 D 盘上的无用文件 2. 学生以小组为单位尝试删除电子邮箱中的电子邮件得出方法：（1）在收件箱电子邮件前勾选中要删除的电子邮件。（2）点 删除 按钮。（3）在已删除文	1. 引导学生自主探究从而完成知识的建构 2. 用真实的学习任务进一步激发学生学好、用好知识的兴趣 3. 培养学生良好的使用网络资源的习惯和方法 1. 以小组为单位的学习模式用先学会的学生带后学会的学生 2. 培养学生的动手操作能力 3. 让学生在收发好友邮件的操作过程中感受友情 1. 培养学生从旧知迁移到新知的能力，“授人以渔” 2. 培养学生合理利用网络资源的意识 3. 通过不发垃圾邮件等教育学生养成良好的遵守网络道德规范的习惯

续表

教师活动	学生活动	设计意图
实际上，我们清理126邮箱中电子邮件的方法和操作系统中删除文件差不多，请同学们试一试 完成任务后，教师出示问题： 删除126邮箱中电子邮件分为几步操作？每一步做什么 【总结】 师：这节课同学们通过探究很好地学会了建立通讯录和利用通讯录发送邮件，以及清理电子邮箱的操作。这样同学们能更方便地和同学、老师、朋友联系了。另外在学习的过程中，同学们互帮互助的精神我想也肯定让同学们学会了协作学习，请同学们保持，下课后请把你的好朋友、好同学加到你的通讯录中，多一个朋友，你就多了一条通向成功的道路。让我们一起加油	件夹中再进行一遍操作进行彻底删除 3. 学生整理自己的邮箱，删除一些无用邮件 结束：学生讨论总结本课内容	1. 让学生在讨论总结中相互学习、相互促进，共同提高 2. 培养学生对所学知识系统化的能力，进一步巩固所学知识 3. 进一步激发学生学习的兴趣

四、教学反思

在充分考虑了本课的教学内容在教材中的地位，以及学生在此学习阶段的特点，在教学设计时首先考虑的是再次激发学生的学习兴趣，也就是本课的激趣导入的情境设计，为避免导入的假、大、空，教案结合学生参加的语文学科的征文比赛，以用电子邮件的方式和语文老师交流征文的具体任务为主线给学生一个真实的学习目的来充分激发学生的学习兴趣，为本课学习任务的展开做好铺垫。

在学习本课知识的时候结合导入环节把本课的学习任务进行细化，设计了给老师发一封电子邮件、记住老师的电子邮箱地址(新建通讯录)、利用通讯录给老师发电子邮件、帮助老师把收到的电子邮件地址添加到通讯录、清理电子邮箱等环节，充分发挥“任务驱动”教学方法在信息技术教学中的优势，一个个任务环环相扣，一方面不断激趣，一方面引导学生完成知识的建构。

在本课的学习中，学生则是通过自主探究，小组合作，在完成设计的一个个任务的过程中巩固已学知识并且掌握本课新知。

在教案的设计中，学生的操作成果主要通过小组互评的方式来得到同学和老师的肯定和承认，让学生体会成功的感觉。但也应注意避免检测面狭窄的弊端，要照顾每一个个体的学习成果。

海 上 日 出

杨明杰[①]

一、教材分析与处理

本节课选自黑龙江教育出版社出版的小学信息技术教科书第五册第二单元《创作环保宣传画片》第十二课《海上日出》中的第一课时，主要内容是掌握图形元件、直线运动的另一种方式，以及插入引导层制作曲线运动动画效果。这部分内容是Flash教学中极其重要的一课，它既是对上一课帆船直线运动及图层知识的巩固而又有所延伸，曲线运动更是动画作品制作中经常用到的内容，我们必须引导学生熟练掌握，为今后动画创作打好基础。

二、学情分析

本课的教学对象是五年级的学生，通过前面的学习，他们对于Flash界面已经熟悉，并且也已掌握了创建图形元件以及直线运动的一种方法，因此，在这一课我主要采用自主学习的方法，设计了层层深入的任务，引导学生自主探究、合作交流，意在发挥他们的主体作用，培养学生的学习能力、合作能力与创新能力。

三、教学目标

目标维度	行 为 目 标
知识与技能	掌握制作图形元件、直线运动的另一种方法。插入引导层，让“太阳”元件沿轨迹运动
过程与方法	学生通过自主学习、探索操作、交流合作，完成知识的理解和掌握
情感、态度和价值观	让学生在感受动画乐趣的同时，增强信息技术的学习兴趣

四、教学重点与难点

教学重点：图形元件、直线运动的另一种方法。插入引导层，让太阳元件沿轨迹运动。

教学难点：让“太阳”元件沿轨迹运动。

确立依据：本课是一节在学生微机室进行的实践课，学生通过前几节课的学习已经学会了动作补间动画，那么动作补间动画的直线、曲线运动是学生感兴趣的。但制作过程中，运动对象与

① 黑龙江省五常市山河屯林业局实验小学.

引导线不重合，或引导层的位置不对，都不能实现最终效果，故设置难点为让太阳元件沿轨迹运动。

五、教学方法

任务驱动教学法、情境教学法。

六、教学准备

准备 Flash 文件《大海》、课件文件、第五册信息技术教科书。

七、教学流程

<table>
<tr><th>教学过程</th><th>教师活动</th><th>学生活动</th><th>教学资源</th><th>设计意图</th></tr>
<tr><td>创设情境
导入新课</td><td>这节课，我们仍然按照以往的惯例，根据《评价表》结合同学们的课堂学习状态将评出星级队员（专注星、交往星、思维星、倾听星、创意星）。希望同学们都能按星级队员的标准要求自己
师：同学们，上节课我们导演了《大海行船》的动画，这节课我们依然是导演兼编剧，再编一个《海上日出》的动画，怎么样？大导演们，能实现吗</td><td>生：有信心</td><td>学生课堂学习状态评价表<table>
<tr><th></th><th>评定内容</th><th>评价指标</th><th>设置星级</th><th>自评</th><th>互评</th></tr>
<tr><td>1</td><td>注意状态</td><td>在教师讲解或演示时能目光注视老师（或显示器）。独立阅读思考、练习或操作时神情专注。</td><td>专注星</td><td></td><td></td></tr>
<tr><td>2</td><td>交往状态</td><td>与老师交流语言得体，彬彬有礼。同学之间能开展友好的合作。</td><td>交往星</td><td></td><td></td></tr>
<tr><td>3</td><td>思维状态</td><td>能用自己的语言有条理地去解释、表述所学知识。</td><td>思维星</td><td></td><td></td></tr>
<tr><td>4</td><td>倾听状态</td><td>在同学发言时，能做到认真倾听。</td><td>倾听星</td><td></td><td></td></tr>
<tr><td>5</td><td>创作作品</td><td>能主动完成学习任务，并将所学知识应用于创作动画作品中。</td><td>创意星</td><td></td><td></td></tr>
</table></td><td>创设情境，明确本节课学习任务</td></tr>
<tr><td>自主探索
协作学习</td><td>1. 读
师：在制作之前，我们先请出我们的好朋友？它是谁？（书）现在让我们把书翻到第 59 页——《海上日出》一课。一起到书中寻找制作的方法
（1）请同学们默读第 59 页至第 61 页内容</td><td>学生认真读书</td><td>打到《海上日出》一课。总结三步法
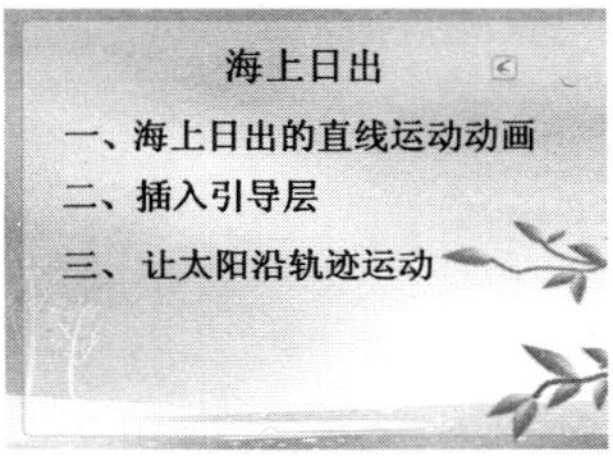
</td><td>培养学生读书的习惯。从书中寻找方法为下一步“试”做准备</td></tr>
</table>

续表

教学过程	教师活动	学生活动	教学资源	设计意图
	（2）相信认真读书的你，已经幸运地得到了制作方法。谁能把书中的制作方法说给大家听？（学生说）教师打开课件：三步法			
	2. 试 师：我们已经从书中得到了制作方法。下面请同学们根据书本中的方法，开始行动吧	上机尝试制作	打开“大海”文件 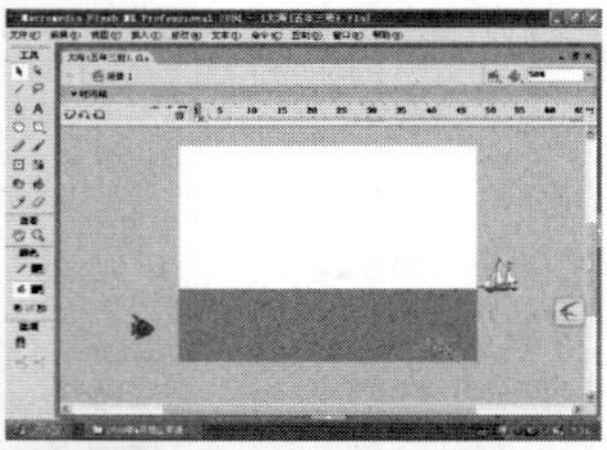 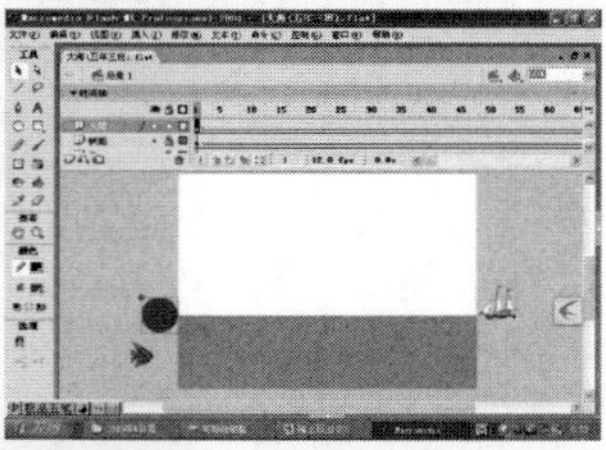 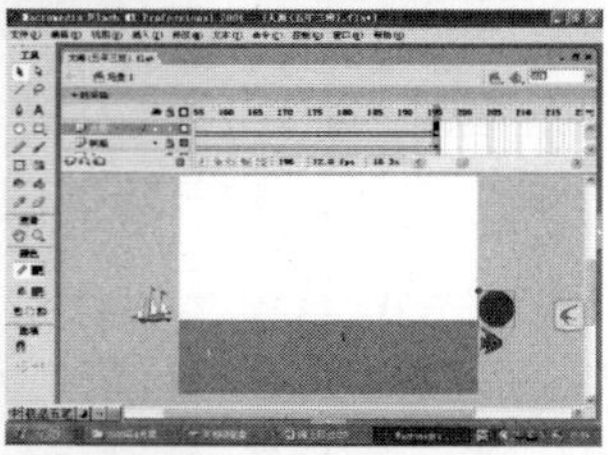 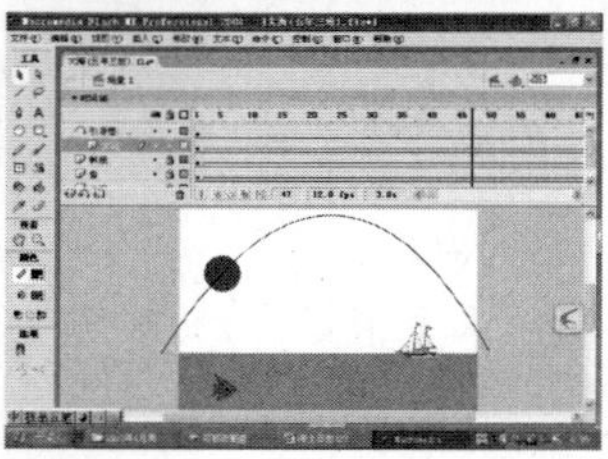	学生通过尝试操作，遇到的问题可能就是本节课的重点和难点，在下面的“导”过程就可以有针对性的进行突破

续表

教学过程	教师活动	学生活动	教学资源	设计意图
	3. 导 （1）请两名同学到前面演示制作《海上日出》的直线动画。一名学生当指挥官，一名学生当操作员 在演示过程中，请同学分析比较制作“太阳”元件直线动画与制作“帆船”元件直线动画方法有什么不同？（总结出制作直线动画的两种方法）出示课件：直线运动动画 （2）请两名同学到前面演示制作插入引导层。一名学生当指挥官，一名学生当操作员 （3）请两名同学到前面演示制作让太阳沿轨迹运动。一名学生当指挥官，一名学生当操作员 （4）有的同学在尝试过程中遇到了问题，你们愿意帮助他吗 谁来说一说你遇到了哪些问题？你能帮他解决这个问题吗 告诉我，你是通过什么方法知道的 你真聪明，同学们，从他的发言中你学会了什么？能给大家讲一讲吗 预设可能出现的问题： （1）引导线没有画在引导层，而画在了元件图层	学生认真观看操作演示过程 学生发言谈遇到的困难	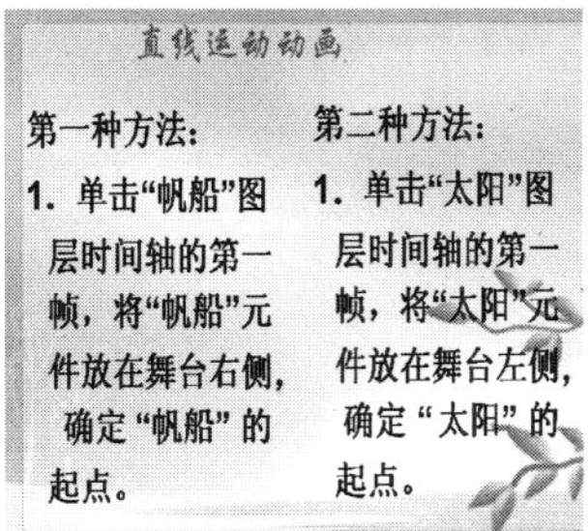 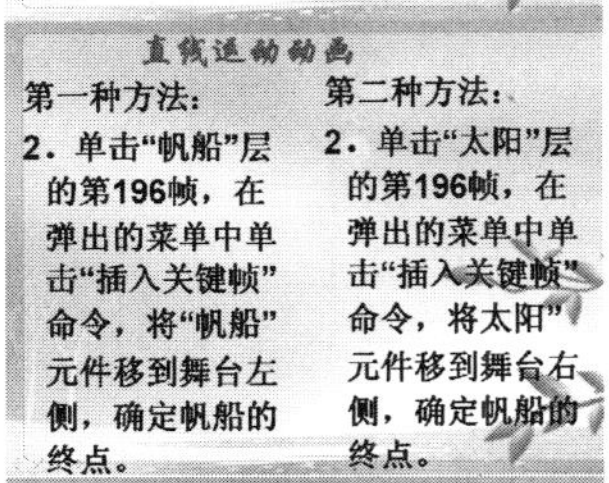 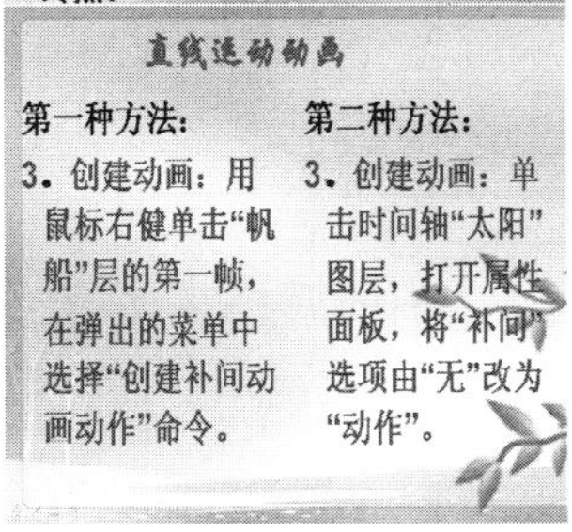 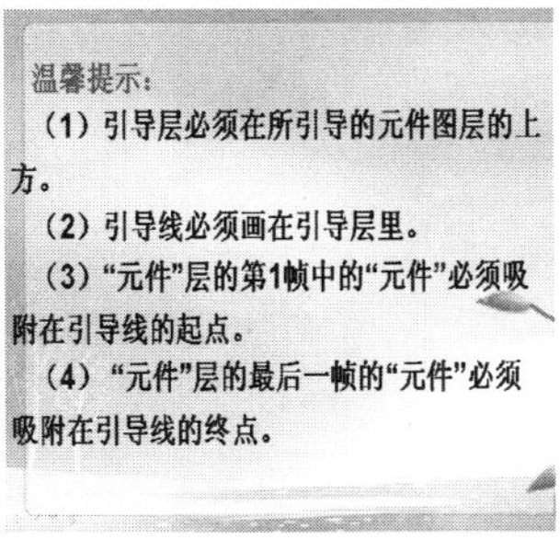 	学生演示与教师引导相结合，既可以给学生一个展示的机会，也保证了学生对重难点问题的全体突破 教师在此环节，主要是引导和激励学生的探索学习，让学生通过观察、比较、探究等一系列学习活动，归纳出引导层与引导线的用法，加深对所学的引导层和引导线知识的理解，从而掌握曲线运动的本质

续表

教学过程	教师活动	学生活动	教学资源	设计意图
	（2）引导线绘制时没有一次完成，中间有断开，或两次完成 （3）元件与引导线的起点、终点没有吸附好 最后，收集制作过程中出现的问题，师生共同研究总结。强调注意事项 强调制作曲线运动动画，要注意以下几点。出示课件：温馨提示 （1）引导层必须在所引导的元件上方 （2）引导线必须画在引导层里 （3）引导线：我们也可以用“铅笔”工具、“直线”工具绘制引导线，而且引导线可以是任意曲线。利用这一点，我们可以给小鸟、小鱼等画出运动轨迹			
	4. 练 师：让我们感谢三组代表精彩演示。下面同学们上机操作完成《海上日出》中“太阳”元件的曲线动画作品 操作成功的同学请你们再当一次指挥官，有耐心、细心地指挥其他没有完成任务的“操作员”。帮助没有完成任务的同学	继续上机操作，同桌可以互相交流		让制作成功的学生辅导制作困难的学生，从而解决学生差异问题

续表

教学过程	教师活动	学生活动	教学资源	设计意图
巩固新知 创新应用	任务一：爱心行动 创设一个帮助“小鱼”元件添加引导层，制作引导线，让小鱼沿引导线自由自在地游泳的情景 1. 师：动画中“小鱼”元件想请各位导演帮忙，你们愿意帮助它吗？请看显示器 课件出示：爱心行动 2. 请同学们思考，说一说，你想用什么方法帮助“小鱼”元件 3. 上机操作 任务二：创意园（听音乐创作动画） 引导学生结合本节课所学知识从“大海”文件库中选自己喜欢的元件做动画，进行作品创作 1. 师：小导演们，让我们展开想象的翅膀，飞到大海上空，想象我们还会看到什么 出示课件：创意园 2. 心动不如行动，大家伴着音乐，开始行动 （教师走到学生中间去指导，参与学习活动）	学生讨论、分析制作方法，进行创作	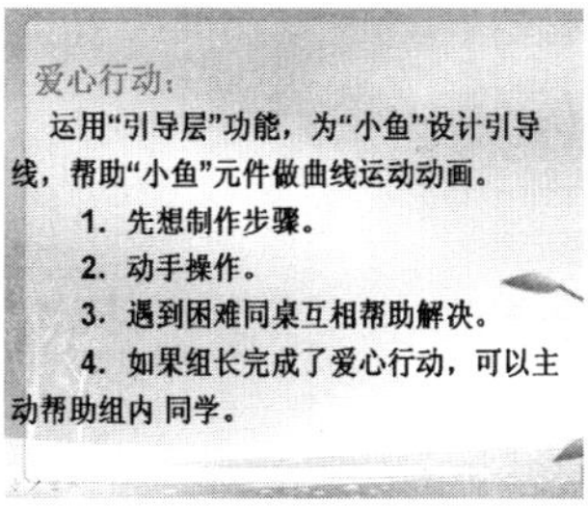 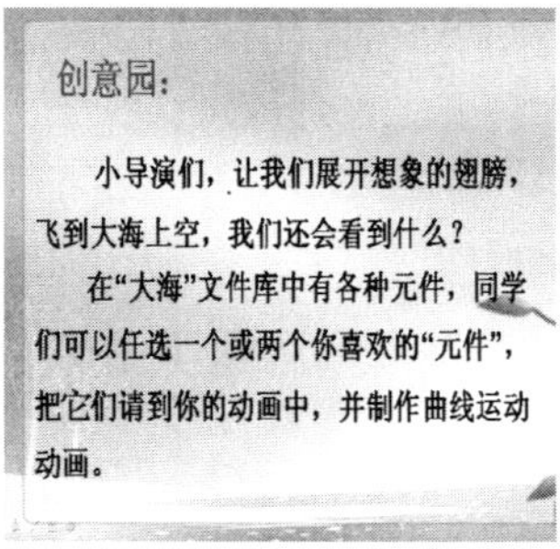	本环节的设计，意在培养学生的创新意识，这种练习设计既可以巩固本节课的知识点，又给了学生较大的创造空间，使他们能创作出具有个性的作品

续表

<table>
<tr><th>教学过程</th><th>教师活动</th><th>学生活动</th><th>教学资源</th><th>设计意图</th></tr>
<tr><td rowspan="2">作品展示

评出星级队员</td><td>1. 展示作品
师：现在是我们精彩展示的时间了，我们采用两种展示形式：一种是自我推荐，自信的你可以主动介绍自己的作品。另一种是同桌推荐，如果你认为你的同桌作品值得你欣赏，你可以推荐他的作品
教师根据实际情况给出鼓励评价</td><td>观看作品，互相交流</td><td>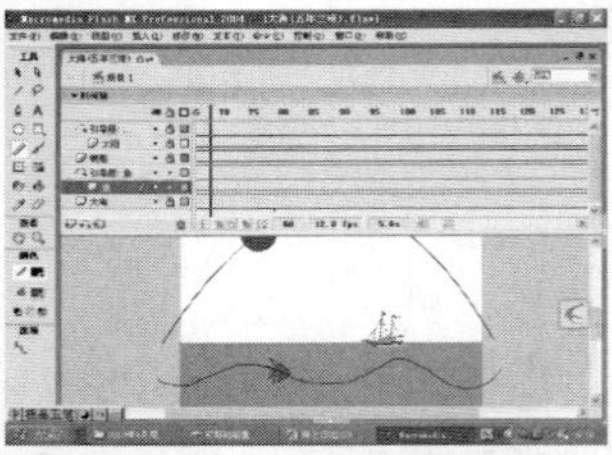
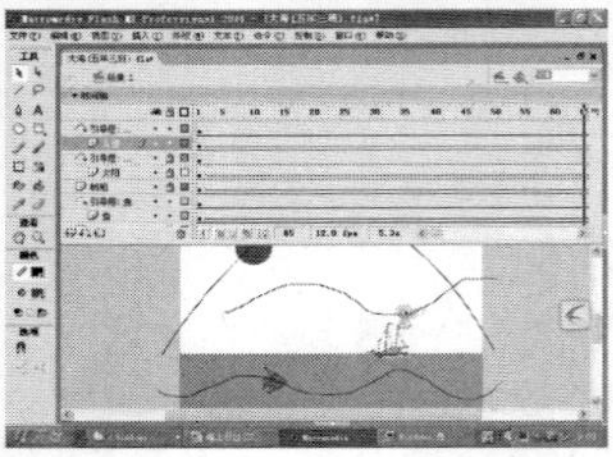</td><td>积极评价引导，拓展创新</td></tr>
<tr><td>2. 根据“评价表”评出星级队员
师：现在请同学们打开桌面上的“评价表”文件，同桌两人结合“评价表”为自己和同桌评星</td><td>先自评，再同桌互评</td><td>学生课堂学习状态评价表
<table>
<tr><th></th><th>评定内容</th><th>评价指标</th><th>设置星级</th><th>自评</th><th>互评</th></tr>
<tr><td>1</td><td>注意状态</td><td>在教师讲解或演示时能目光注视老师（或显示器）。独立阅读思考、练习或操作时神情专注。</td><td>专注星</td><td></td><td></td></tr>
<tr><td>2</td><td>交往状态</td><td>与老师交流语言得体，彬彬有礼。同学之间能开展友好的合作。</td><td>交往星</td><td></td><td></td></tr>
<tr><td>3</td><td>思维状态</td><td>能用自己的语言有条理地去解释、表述所学知识。</td><td>思维星</td><td></td><td></td></tr>
<tr><td>4</td><td>倾听状态</td><td>在同学发言时，能做到认真倾听。</td><td>倾听星</td><td></td><td></td></tr>
<tr><td>5</td><td>创作作品</td><td>能主动完成学习任务，并将所学知识应用于创作动画作品中。</td><td>创意星</td><td></td><td></td></tr>
</table></td><td>通过评星级队员这一环节，也是对学生课堂学习状态的一个总结</td></tr>
<tr><td>归纳总结</td><td>师：同学们，在这节课中你都有哪些收获？说得真好，老师希望你们在今后的学习生活中勤动脑，勤思考，多操作，通过自己的努力，创作出更多优秀的动画作品！相信未来的动画制作大师将在你们中产生</td><td>学生谈收获</td><td></td><td>引导学生归纳本节课所学的知识</td></tr>
</table>

八、教学反思

1. 回顾本课的教学过程，感觉成功之处有以下几点：

（1）本课我主要采用了“任务驱动”法，把“自学—尝试—创新”的思想渗透在整个教学过程中，使学生在明确目标任务的前提下，通过“读—试—导—练”系列活动，充分发挥学生主体作用，最大限度地发挥学生的学习积极性。

（2）运用学生课堂学习状态评价表，结合学生课堂学习状态情况，设立“专注星”“交往星”“倾听星”“思维星”“创意星”，从五方面累积星数评出星级队员，从而激励学生自主参与学习活动。

2. 今后改进的方向有以下几点：

（1）应注意课堂的语言表达艺术。多用鼓励的语言调动课堂学习的氛围。根据学生的心理特点应该经常给予学生鼓励，也会促进课堂学习效果的实现。

（2）关注学生的个体差异性。学生完成任务的时间长短不一，在课堂中，对很快完成任务的学生，教师应该及时给他们安排一些新任务，如对作品进行完善，也可以让他们依据自己的兴趣，继续进行与任务相关的深入的探究。

总之，在以后教学工作中我要考虑学生个体的差异性，要站在学生的角度思考问题，尽量为学生搭建一个因人而异的发展平台，使学生在接受知识的过程中，培养他们热爱信息技术、愿意继续探索信息技术奥秘的信心。

学生课堂学习状态评价表

	评价内容	评 价 指 标	设置星级	自评	互评
1	注意状态	在教师讲解或演示时能目光注视老师（或显示器）。独立阅读思考、练习或操作时神情专注	专注星		
2	交往状态	与老师交流语言得体，彬彬有礼。同学之间能开展友好的合作	交往星		
3	思维状态	能用自己的语言有条理地去解释、表述所学知识	思维星		
4	倾听状态	在同学发言时，能做到认真倾听	倾听星		
5	创作作品	能主动完成学习任务，并将所学知识应用于创作动画作品中	创意星		

自由的小海龟

袁菊明①

一、教学内容

课文分为两部分。第一部分通过“画楼梯”学习四个基本命令：前进、后退、左转、右转。第二部分通过“画等边三角形”学习小海龟方向的变化与转弯命令之间的关系以及计算小海龟的

① 江苏省常州市第二实验小学.

转角。本课是 logo 单元的第二课，本课的学习是整个单元的基础，第一部分的四个简单命令是以后画任何图形所必需的最基本的命令，第二部分的方位与转弯命令之间的关系及转角的计算是画任何图形（尤其是转角非 90 度的图形）的基石。

二、教学对象

本课的授课对象是五年级的学生，他们爱尝试、好动手操作，有一定的理解能力，可以进行简单的逻辑思维推理，能够运用所学的知识在一定程度上作出推论，但仍然离不开具体事物的支持。

在知识层面上，学生已经认识 logo 的界面，并且学会了三个基本命令：显龟、藏龟、清屏，以及命令的输入格式，如命令不区分大小写，命令与参数之间要有空格，一条命令输入完后按回车键执行。还具备了一定的数学知识，圆周角 360 度，平角 180 度，直角 90 度，以及等边三角形的特征。这些都为本节课的学习奠定了基础。

三、教学目标

目标维度	行为目标
知识与技能	能描述前进、后退、左转、右转的作用 初步掌握小海龟方向的变化与转弯命令之间的关系 会根据小海龟的朝向选择恰当的转弯命令，会计算转弯的角度 会用 logo 语言命令画简单的图形
过程与方法	通过尝试、体验、交流感知四个命令的作用 通过课件的直观演示，教师的启发、引导促进对距离、角度、方位的理解
情感、态度和价值观	通过直观的操作方法，促进空间想象能力

四、教学重点与难点

教学重点：掌握四个基本命令的作用与格式。

教学难点：

1. 小海龟方向的变化与转弯命令之间的关系。
2. 计算小海龟旋转的角度。

五、教学过程

第一课时			
教学阶段	教师活动	学生活动	设计意图
尝试体验自主学习	1. 操作体验 （1）动动手 （2）说一说	学生上机输命令，完成表格	

续表

<table>
<tr><th colspan="4">第一课时</th></tr>
<tr><th>教学阶段</th><th>教师活动</th><th>学生活动</th><th>设计意图</th></tr>
<tr>
<td>尝试体验

自主学习</td>
<td>在命令窗口中输入下面的命令，观察小海龟的动作并完成表格（一）
<table>
<tr><th>命令</th><th>小海龟的动作</th></tr>
<tr><td>Fd 100</td><td></td></tr>
<tr><td>Lt 90</td><td></td></tr>
<tr><td>Bk 100</td><td></td></tr>
<tr><td>Rt 90</td><td></td></tr>
</table>
请学生说说输入命令后小海龟怎样运动的
老师对学生的回答及时评价：你回答的真好，说明你观察得很仔细
2. 认识命令
命令里的 Fd、Bk、Lt、Rt 是最基本的画图命令，请同学们自学课文第 6 页，你能完成表格（二）吗
学生汇报自学成果，通过汇报检验学习效果
<table>
<tr><th>命令</th><th>作用</th><th>英文缩写</th><th>名称</th><th>数字的意义</th><th>基本格式</th></tr>
<tr><td>Fd 100</td><td></td><td></td><td></td><td></td><td></td></tr>
<tr><td>Lt 90</td><td></td><td></td><td></td><td></td><td></td></tr>
<tr><td>Bk 100</td><td></td><td></td><td></td><td></td><td></td></tr>
<tr><td>Rt 90</td><td></td><td></td><td></td><td></td><td></td></tr>
</table>
</td>
<td>学生回答：输入命令 Fd 100 后，小海龟向前走了 100 步
输入命令 Lt 90 后，我发现小海龟转向了左边，90 度
输入命令 Bk 100 后，我发现小海龟倒着走了 100 步。输入命令 Rt 90 后，我发现小海龟向右转了 90 度

学生自学

学生汇报</td>
<td>让学生在“自己动手”“自己观察”中学习，不仅使学生对新知识更容易理解，而且有利于培养学生敢于尝试、敢于动手的胆量和能力

五年级的学生已经具备了一定的自学能力，课文中对这些命令的解释、使用有详细的说明，因此，命令的学习就由学生自学掌握，一来培养学生的自学能力，二来强调学生主体意识的发挥</td>
</tr>
<tr>
<td>任务驱动

初步应用</td>
<td>1. 输入下面命令：
Cs　Fd　200
观察图形结果，你发现什么了
2. 为什么会出现这种情况呢？请同学们到书上去找答案，把书翻到第 7 页，自学“探究园”下面的这一段
3. 通过自学，你知道了什么</td>
<td>学生上机尝试
回答：小海龟从“视图”窗口中的另一边出现了

学生自学
学生汇报自学情况</td>
<td>转变传统的教学方式，让学生经历发现、探索获取知识的过程，使学生真正成为学习的主人</td>
</tr>
</table>

续表

第一课时			
教学阶段	教师活动	学生活动	设计意图
观察分析 灵活运用	课件出示图： 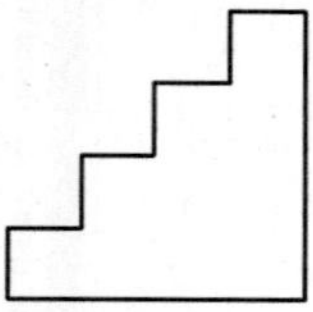 1. 图中画的是什么 2. 请学生用今天学过的命令画出这个图形，并尝试不同的画法(你能编出几种不同的程序?)	学生回答：楼梯 学生先相互说一说该如何操作，再上机体验	通过画楼梯再次巩固四个命令的学习，“你能编出几种不同的程序”促使学生发散思维，同时达到灵活应用，在应用中进行内化
学习反馈查标测标	教师巡视，观察学生的学习效果，对学习困难的学生进行指导 组织学生交流展示编写的不同程序	学生倾听，观看，并发表自己的不同见解	展示学生编写的程序，一来激发学生的成就感，二来促使学生之间的思维互补
第二课时			
教学阶段	教师活动	学生活动	设计意图
复习旧知 情境导入	1. 复习交流：上节课我们学习了哪四个命令？它们分别有什么作用 2. 独立回顾：你能写出这四个命令的基本格式吗？请一位同学把命令的基本格式书写在黑板上。其他同学写在老师发给你们的白纸上 3. 观察分析：老师用这些命令画出下面的图形： 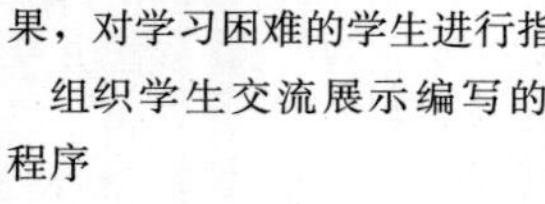…… 仔细观察这些图形，你能找出它们相同的地方吗 4. 导入新课：转弯是直角的图形我们已经会画了，那下面这些图形呢？这节课我们一起探讨小海龟转不同角度的情况，学会画不同的图形 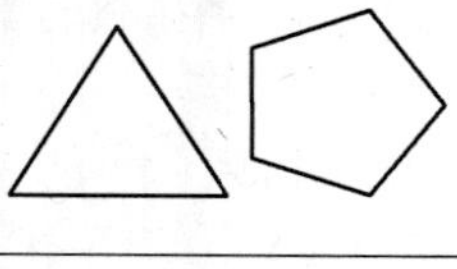……	学生思考，并回答 学生动手书写 学生回答：这些图形的转角都是90度	复习旧知，了解学生知识点掌握的情况，为新课的学习做好准备 通过问题激发起学生的求知欲望，吸引学生的注意

续表

第二课时			
教学阶段	教师活动	学生活动	设计意图
	1. 引导观察：首先我们要搞清楚小海龟的方向与转弯命令之间的关系（课件直观演示，教师问题引导） 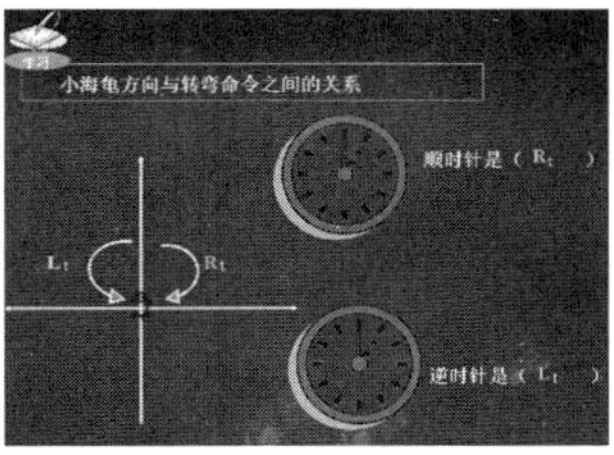 提问： 如果让小海龟转向右边（左边），转弯的命令是什么？如果用时针的方向表示小海龟的方向应该是什么	学生倾听，观看，同时思考并回答老师在讲解过程中的提问 回答（1） Rt 顺时针 回答（2） Lt 逆时针	借助课件的直观动画演示和过程中的互动，引导学生理解方位与转变之间的关系
直观演示	2. 激发需求：这是个等边三角形，它有什么特征？假设小海龟沿着等边三角形顺时针方向旋转，如何画出这个三角形呢	学生回答：三条边相等，三个角相等并且每个角都是60度	通过问题帮助学生沟通数学与当前学习的联系，为分析和计算旋转角度做好准备
学习新知	3. 指导深入：在写程序前首先让我们来分析图形，分析是我们编程中必不可少的环节 （1）借助课件，分析过程中学会根据小海龟的朝向与旋转方向计算小海龟旋转的角度 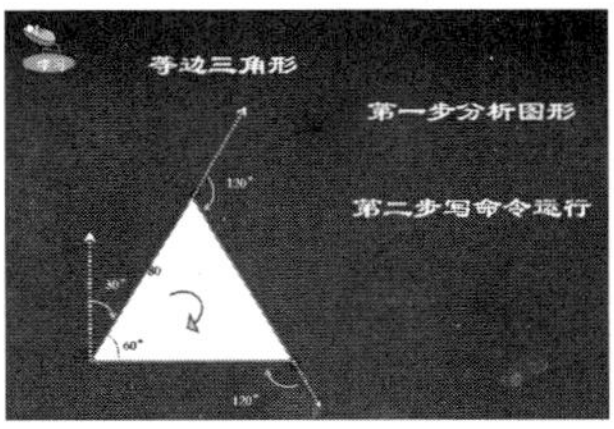 （2）根据刚才的分析，请学生写出命令运行 （3）追问：如果让小海龟逆时针方向旋转，该如何画三角形 （4）比较前后两个程序，有什么不同	学生观看，并思考回答老师引导过程中的提问 学生写出命令，上机操作，并比较发现两个程序的不同	通过画等边三角形让学生学会根据小海龟的朝向计算小海龟旋转角度的方法，引导和帮助学生进行有意义的知识建构。同时渗透程序编写的思路，第一步分析，第二步写命令运行。并通过及时上机操作和对比运用，理解、消化所学的新知

续表

第二课时			
教学阶段	教师活动	学生活动	设计意图
巩固方法 拓展认识	1. 出示几种小海龟运动的不同情况，请学生计算小海龟旋转的角度 2. 组织学生交流分析计算的结果	学生思考，可做适当计算再回答	及时拓展小海龟不同旋转的情况，帮助学生巩固深化的同时激活学生独立探索的愿望
活学活用 内化新知	1. 出示两幅图，请学生任选一幅上机画图，教师巡视，个别辅导 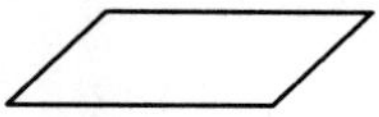 图一 平行四边形 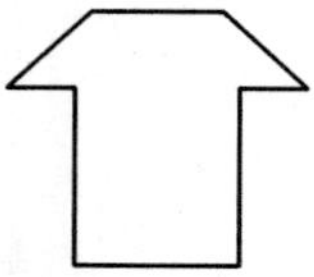 图二 小房子 2. 你还会画出哪些图形	学生上机操作 学生可以运用这些基本命令和分析计算的方法大胆地设计和创作	出示两幅不同难度要求的图，指导学生根据自己的学习能力进行选择，同时鼓励学有余力的学生自由创作图形，这种半开放的任务让学生个性得到发展，满足各种层次学生的要求，体现分层教学，同时引导学生活学活用，在用的过程中内化和探索新知
归纳总结 完成构建	1. 这节课我们学习用“前进”“后退”“左转”“右转”命令画出不同角度的图形，同学们在画的过程中你认为要注意些什么 2. 根据学生回答进行梳理、总结： （1）小海龟的朝向 （2）根据小海龟转弯的方向，选择转弯命令和计算转弯的角度	学生倾听、交流、回答	帮助学生系统梳理，形成清晰的知识结构和过程方法结构，促进“知识与技能”维度学习目标的达成

六、教学反思

本课分为两课时，第一课的设计思想是由浅入深，由易到难，从基本命令的体验中理解命令的内涵并尝试运用。第二课的设计思想是化抽象为具体，以直观演示和方法指导帮助学生理解和建构程序的编制和运行。

这两节课体现了如下特点：

1. 基于学生又引领学生的学习需求

课文通过画楼梯，让学生学习四个简单的命令，在设计时我考虑到五年级的学生由于初次接触 logo，缺乏相关知识积累和方法支撑，如果直接出示楼梯图请学生模仿记忆，学生会丧失学习的愿望，也体会不到学习的乐趣。因此，本课的设计从直观入手，让学生在“做中学”，通过观察小海龟直观的运动，结合自学，理解和掌握四个简单命令的用法。然后通过设计开放的探究问题和作业要求，由易到难，层层深入引导学生通过画规定的图、变化的图、自己设计的图，不断激发学生学习的愿望，使学生在实践中内化新知，在运用中熟练掌握，从而有效增强了学生学好、会学、爱学的积极心态。

2. 尊重教材中渗透过程的培养目标

课堂上，老师顺应学生的认知规律，引导学生观察、比较、操作，注重知识和技能的落实。在此基础上，一给学生充分自主探究的时空，在体验变化的基础上自学感悟变化的原因。二注重引导，在观察中学会分析，在尝试中学会计算，在反思交流中把握完整的学习过程结构。三是练习过程中的分层要求，引导能力层次高的同学写出不一样的程序，设计出不同的图形，使学生从中明白，小海龟的起笔不一样，小海龟的转向不一样，就会有不一样的程序，取得了较好的教学效果。

在这两节课的实施过程中，教师努力扮演引导者的角色，或引导学生在“做中学”，或引导学生独立去思考实践，或引导学生在观察中体悟，成为学生学习不断推进过程中必不可少的助推器。

反思重建：课堂所使用的图形中，生活化的图形太少，数学课的图形较多，综观两节课，第一节课中只有楼梯，第二节课中只有荷花、小房子，即使有部分能力较强的同学有了自主的设计和创造，但毕竟这样的体验还属于少数人。因此，可以引入更多生活化的图形，以更好地激发学生的兴趣，增强学科知识的趣味化。

幻灯片链接

赵伟华[①]

一、教材分析

本课是苏教版《小学信息技术》第 27 课《幻灯片链接》中的内容。在这节课之前，学生已经学会了编辑演示文稿，插入图片、文本框、自选图形等知识。幻灯片链接是 PowerPoint 教学中的重点部分，实用性大，它可以使演示文稿操作起来更加方

① 江苏省南通市启秀小学.

便、快捷、连贯。本课教学的难点是如何让学生体会链接的作用，掌握文本链接和动作按钮的制作方法。

二、学生分析

本课的教学对象是五年级的学生，他们经过一年多的系统学习，已经初步掌握了信息技术的相关知识，对计算机的操作已经比较熟悉，大多数学生对学习信息技术有较强的兴趣。本年段的学生求知欲强、求胜心强，喜欢表现自我，这些都成为信息技术课调动学生学习积极性的重要内在因素。

三、教学目标

目标维度	行　为　目　标
知识与技能	1. 理解超级链接的作用 2. 掌握在 PPT 中创建文本链接和动作按钮的方法
过程与方法	1. 能够根据需要创建文本链接和动作按钮 2. 通过使用超链接，感受链接的作用 3. 能在学习活动中进行合作、交流
情感、态度	1. 能在教学活动中感受祖国的繁荣昌盛 2. 能以主人翁的姿态介绍学校，培养学生的集体荣誉感

四、教学重点与难点

教学重点：体会超链接的作用，会创建文稿内部的文本链接和动作按钮。

教学难点：文本链接的制作方法。

五、教学方法

引导自学法、任务驱动法、分层教学法、小组合作学习、诱导启发。

六、教学过程

1. 引入新知

（1）教师分别说出关于上海世博会的几个关键词，学生可以在教师叙述的过程中随时举手猜一猜是哪个活动？

[设计意图：用关键词的方式能让学生较快地集中注意力，进入学习状态。]

（2）那么你们想不想先睹为快呢？走，跟老师一起去看看吧！

先带领学生看几张世博会展馆的效果图，然后请学生打开桌面上介绍世博会的 PPT，让学生自行放映浏览，并从中挑选出 1～2 个自己最喜欢的展馆，待会交流。

[设计意图：让学生在欣赏展馆效果图的过程中体会美、享受美、感受美。]

现在，老师和你们来个比赛，比一比谁能在一个同学说出其中一个展馆名称后，第一个找到这个展馆，并演示出来。谁战胜了老师就可以在学习成果本上添加1颗星，怎么样，敢不敢和老师比试比试?

因为这次共有260多个不同的展馆，老师精选了其中的60个展馆，同学们从画面上的这些展馆中选择1～2个最喜欢的展馆。

[设计意图：通过师生竞赛活动，激发学生的求胜欲，并用奖励成果星的方式进一步调动学生的积极性。]

(3) 谁来和老师比?谁来向大家介绍你自己最喜欢的展馆?(学生用无链接的PPT，教师用有链接的PPT)

(4) 准备好了吗?预备，开始!看来是老师快噢，想不想再比一比?

(5) 那让我们一起先回到第1张，预备，开始!老师好了，你们回到第1张了吗?返回第1张的速度老师也比你们快很多噢!

(6) 第二局谁来和老师比?谁来说展馆名称?

(7) 预备，开始!看来还是老师快噢!为公平起见，我们来个五局三胜制怎么样?(最后一次教师可以与所有学生比)

[设计意图：通过学生多次操作，让学生在实际操作中体会没有链接的PPT在演示时速度很慢。最后一次教师速度可以稍慢一些，让学生可以发现老师的幻灯片与自己的幻灯片有什么不同之处。]

(8) 看来五局都是老师快，其实无论比赛多少局肯定都是老师快。同学们，你们有没有发现为什么老师比你们快呢?这次比赛公平吗?为什么不公平?

[设计意图：通过老师的提问，让学生发现原因，培养学生的观察能力，在实际上课时如有较多学生发现不同之处，则可以不用比赛这么多局，直接让学生说一说你发现哪些不同之处?然后直接进入新授环节。]

(9) 老师的幻灯片和你们的幻灯片哪里不同?看上去不是一样的吗?(老师的第一张幻灯片上的文字是可以点的，我们说出展馆名称后，老师点击相应的名称后一下子就到了，根本没有像我们一样一张一张地找。)

(10) 是吗?(演示1～2个)你观察得很仔细。那为什么返回第一张的时候也是老师快呢?(返回时老师也是点击一个像房子一样的图形，一下子就返回到第一页，也没有一张一张返回。

(11) 同学们所发现这两个不同之处，正是我们今天要学习的第27课《幻灯片链接》中的知识，想不想学?

(12) 像第一张幻灯片上这种可以点击的文字，我们称它为“文本链接”，(板书：文本链接) 其他幻灯片上像房子一样的图形，我们称它为“动作按钮”。(板书：动作按钮)

(13) 想不想知道文本链接和动作按钮是怎样制作出来的呢？

2. 教学“文本链接”

(1) 那就请同学把书翻到第 138 页，先自学“文本链接”的制作过程。

(2) 同学们都看懂了吗？谁来说一说制作文本链接有几个步骤？

(3) 哪位同学能把每个步骤中最关键词、句找出来？板书：①打开________文稿。②选定________文字，右击，超链接，对话框。③左侧，链接到，本文档中的位置，选择________幻灯片，确定。④播放。

[设计意图：通过学生自学书本，培养学生的自学能力和概括能力。]

(4) 现在哪位同学愿意上来按照这四个步骤，试着为其中一个展馆名制作文字链接？有谁愿意来配合他？(一位学生操作，一位学生读提示) 同学们都看清楚了吗？那赶快试试吧！

[设计意图：通过学生演示制作过程和学生自己的叙述，既让学生充分表现了自己，又调动了其他学生的学习积极性。]

(5) 请同学们打开桌面上的“我的世博会”幻灯片。为第一张幻灯片上的文字制作文本链接。(学生操作，教师巡视，动作快的学生可以帮助其他学生)

[设计意图：充分发挥学生小组长的功能，让学生在学习中互帮互助，既让做得快的学生得到了进一步的巩固和锻炼，又节约课堂教学的时间。]

(6) 做好了吗？我们一起来看看同学们的成果，谁来演示一下，看看能不能很快跳转到想要的展馆。(2～3 位学生)

(7) 有了“文本链接”幻灯片演示起来你感觉怎么样？(快多了)

3. 教学“动作按钮”

(1) 文本链接我们已经制作成功了，那想要迅速地返回第一张，我们还要制作什么？(动作按钮)

(2) 动作按钮又是怎样制作出来的呢？这回我们不看书，直接在 PPT 菜单中找一找，看看我们要用到的“动作按钮”躲在哪个菜单里？看谁速度快？

(3) 找到了吗？“动作按钮”躲在哪个菜单中？“动作按钮”有哪些类型？有没有我们所需要的返回第一张这种类型的“动作

按钮”？

［设计意图：“动作按钮”的制作相对来说步骤较为简单，直接让学生从菜单中找出相关的命令，既培养了学生的手眼配合的能力，又让学生体会到自学成功的成就感。］

（4）找到了吗？谁来说一说“动作按钮”在哪个菜单里？“动作按钮”有几种不同类型？（板书：幻灯片放映，一共有12种。）

（5）有没有我们所需要的返回第一张这种类型？

（6）那就请同学们尝试着在幻灯片上添加我们所需要的“动作按钮”。

（7）学生做，教师巡视。

（8）都做好了吗？谁来给大家演示一下你是怎么制作“动作按钮”的？

（9）哪个同学能用几个关键词概括一下刚才这位同学的操作过程。（板书：幻灯片放映菜单，“动作按钮”，选定一个，拖动鼠标。）

（10）学生展示，看看效果如何。同学们有没有发现，有了文本链接和“动作按钮”的PPT，操作起来就怎么样了？（方便、快捷）

4．链接练习

（1）同学们，今天我们课堂里来了许多听课的老师，你们能不能用刚刚所学的文本链接和“动作按钮”的制作方法来完善一张幻灯片，向在座的听课老师介绍我们的校园呢？有信心完成吗？

（2）好，请同学们打开桌面上“我的学校”这个PPT文件开始制作。

［设计意图：利用校园大改造的机会，让学生通过PPT对学校进行介绍，培养学生的集体荣誉感。］

（3）学生制作，教师巡视，解决问题。

（4）谁来演示一下？老师来点，你来演示，看看效果怎样。

5．课堂小结

今天我们学习了什么知识？这堂课你有哪些收获？

6．布置作业

课后，请同学们运用今天所学到的知识制作一张展示自己的PPT，比一比谁做得好？能完成任务吗？

［设计意图：利用学生喜欢表现的欲望，使学生在课后能够认真完成作业。］

七、板书设计

幻灯片链接

文本链接	动作按钮
（1）打开______文稿。	（1）幻灯片放映菜单
（2）选定______文字，右击，超链接，对话框	（2）选定
（3）左侧，链接到，本文档中的位置，选择______幻灯片，确定	（3）拖动
（4）演示	

八、课后反思

本节课原先的设计思路是先向来听课的老师介绍本校的环境和各类专用教室，但在试教时发现学生进入学习的状态比较慢，反而是对后面世博会的内容表现出极大的兴趣。因此试教后将教案重新进行了设计，在体会链接的作用时，首先设计了学生与教师进行比赛的环节，学生在强烈的求胜欲驱使下，深深地体会到在 PPT 上加入了链接才能使操作和演示过程更加快捷和方便，这一环节在实际上课时效果非常的好，一下子就激起了学生的求知欲，通过对比，学生很快就发现了教师所使用的幻灯片与自己所使用的幻灯片上的两大不同点。接着引导学生自学 PPT 中两种链接方式，很快，大多数学生便掌握了相关的方法。最后让学生运用今天所学知识完善介绍学校的 PPT，并让最先完成的学生使用大屏幕进行操作演示，进一步巩固链接制作的过程和方法。整个教学过程层次比较清楚，完成了既定的教学任务，但在学生自学的环节中没有考虑到学生的年龄特征，自学完毕后没有强调每个步骤的注意点而是直接让学生操作，部分学生没有能够完成文本链接的制作，有的学生将“动作按钮”摆在画面的中央，有的在第一张上面也制作了“动作按钮”，因此在练习阶段不得不再次强调了相关的注意点，影响了教学过程的流畅性。在对学生的评价仅使用了演示和成果星的方式还显得比较单一，时间长了对学生的吸引力不大，今后还需要进一步创新信息技术课堂上的评价方法。

会写字的毛笔

刘雪静①

一、教材分析

本册书中《未来的闪客》这一单元是一个选修单元，但学生

① 天津市塘沽区实验学校．

对它却有着浓厚的兴趣，而《会写字的毛笔》这一课在本单元中是学生第一次自己亲手制作完整的动画作品，所以我认为应该在这一课中让他们体会到 Flash 并没有想象中的那么难，把他们对动画制作的兴趣保持下去是本节课教学的一个关键因素。基于对教材的理解，本课以《魔术揭秘》为实例，让学生理解逐帧动画的制作原理，掌握“翻转帧”的技巧后，制作出“会写字”“会画画”的毛笔，或者自己设计一个逐帧小动画，这样不仅吸引学生的注意力，而且为他们提供了想象创意的空间，寓学于乐。

二、学情分析

本册教材的教学对象是小学五年级的学生。由于我校在中低年级段一直开设信息技术校本课程，因此，在进行本课内容学习前，学生们已经具备了初步的电脑知识，能模仿制作简单的电脑作品。但这个阶段的孩子的弱点也较突出，他们喜欢自己动手获得直接经验，忽略老师和课本所提炼的间接经验，这不利于良好学习习惯的养成。而本课又是独立制作的第一个完整 Flash 动画，因此，引领学生在实践基础上建构方法就显得至关重要了。前几课中学生已经掌握了动画的原理、帧的相关知识，以及动作渐变动画的做法，所以这节课在学习逐帧动画时教师要把两种动画的不同之处介绍给学生。

三、教学目标

1. 学生通过学习理解分解组件的含义，并会对文字进行分解组件的操作。

2. 掌握逐步擦除文字时如何控制笔顺的方法，学会翻转帧的使用，理解逐帧动画的制作原理。

3. 理解每帧插入同样的图片与使用元件的不同。

四、教学重点与难点

教学重点：分解组件及翻转帧的操作。

教学难点：擦除文字时的笔顺问题。

五、教学策略

在本节课的教学中，利用任务分层解决“吃不饱”和“吃不了”的问题，我们决不能牺牲一部分来换取另一部分的发展，必须充分尊重每一位学生；而且教师提出问题是为了让学生解决问题，或者说是为了引出更深层次的问题，把问题从学生的知识层面上展开，然后深化，进而升华；要通过不同阶段的质疑、分析、解疑来调动学生的思维，让他们学得深入、学得系统。

六、教学过程

（一）以情激趣，导入新课

师：为学生表演一段小魔术《会隐身的文字》，当学生兴趣被充分调动起来的时候，教师再顺水推舟地表演第二个电脑魔术《会写字的毛笔》，同时播放课件。（一支毛笔写出：同学们好，我想和你交个朋友可以吗?）。

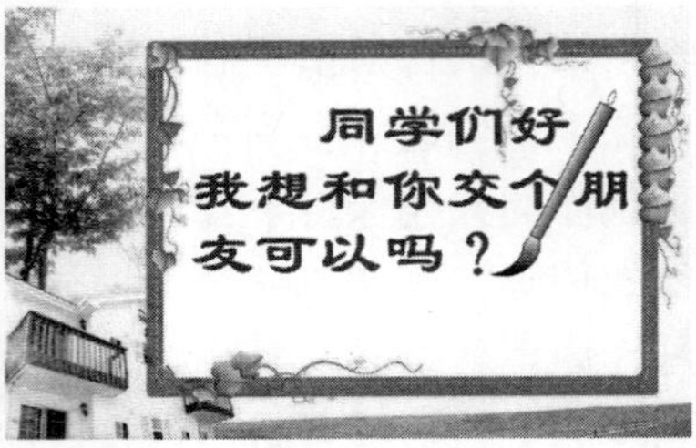

生：感受魔术的神奇。

师：想学会这个电脑魔术吗？这节课我们就对《会写字的毛笔》进行魔术大揭秘。

[设计意图：这样的导入，加上课件的作品欣赏，激发了学生的情感，又用学生感兴趣的魔术引起其兴趣，集中学生的注意力，引导学生一步一步往前探索。]

（二）学生探究，获得新知

师：我们再看一次课件，请你认真观察这个动画作品分为几个部分?

生：文字和毛笔两个部分。

师：我们先来揭秘文字部分。刚才“会写字的毛笔”向你提出了一个问题，能不能通过自己的努力在第一帧输入你的答案，并且把它们修饰得更加美观？遇到困难可以自学教材 P89 的内容，也可以和你旁边的同学讨论一下。

生：边看书边动手尝试，同伴间互相协助。

师：巡视并进行个别指导。

教师请学生演示操作过程。

[设计意图：这一环节采用自学、演示与学生同步交流的方法来完成。教师适时提出疑问，学生自学、思考，解决疑问。在这一阶段老师不仅要教会学生完成任务，更要教会他们在遇到问题时如何去解决，养成良好的学习习惯非常重要。因此教师要避免唱独角戏，与学生达成一种互动，这种互动就是靠教师的质疑和学生的解疑来维系，那么知识点也就在这种预设中生成。]

（三）教师导航，领悟方法

师：假如让你完成文字部分，你想采用什么方法?

生：在回答第二个问题时，可能会有多种方法，比如第一帧留下第一笔，其他的内容全部擦掉；第二帧留下前两笔，其他的擦除。以此类推……或是逆向思维倒数第二帧擦除最后一笔，倒数第三帧擦除最后两笔，以此类推……

师：这两种方法虽然不是最简便的方法，但是也是可以实现的。（所以要保护学生这种爱思考爱动脑的学习习惯，教师不可以

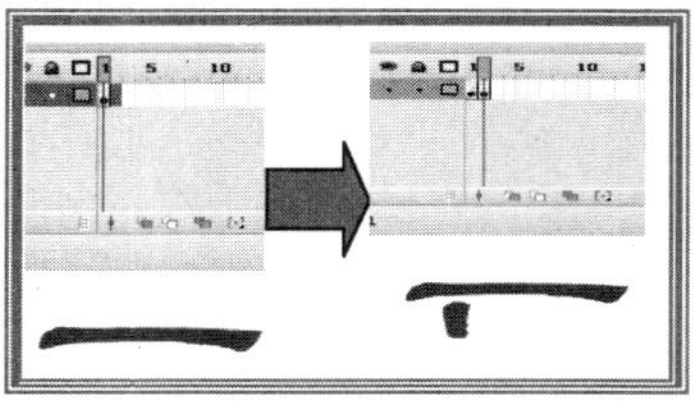

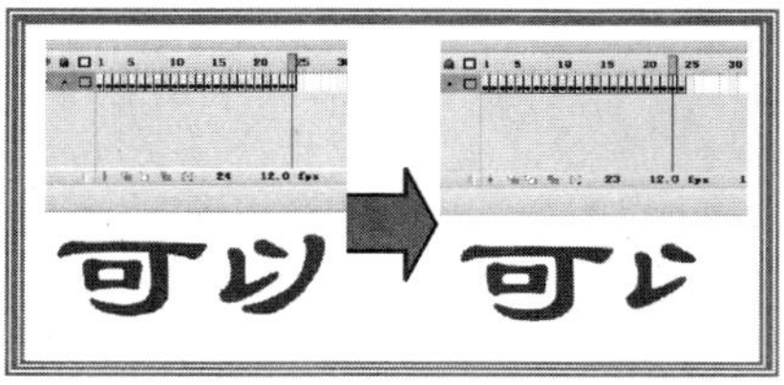

一味否定学生的方法）我们在做数学题的时候经常可以有一题多种解法，但我们一般会先择一种最简便的方法。

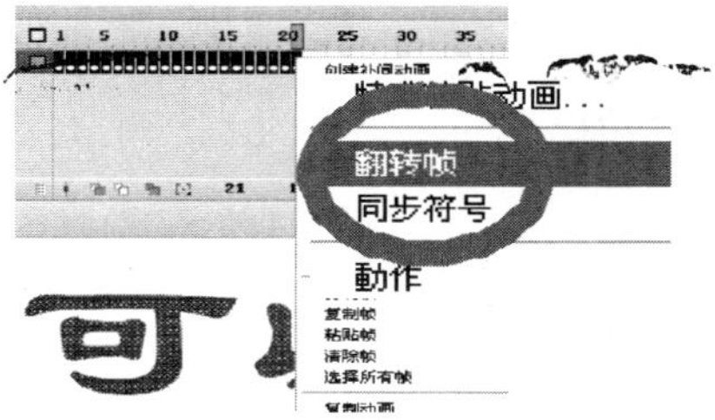

教师边演示边讲解：“每插入一个关键帧后都擦除所剩下部分的最后一笔，直到擦完为止，这时我们播放，是文字一笔一笔被擦掉的效果，然后再选中所有帧进行翻转帧的操作，就形成了文字一笔一笔被写出来的效果了。”（特别要强调本课的难点是笔顺的问题）这个时候学生已经跃跃欲试了，教师故意留下伏笔让他们自己试一试。

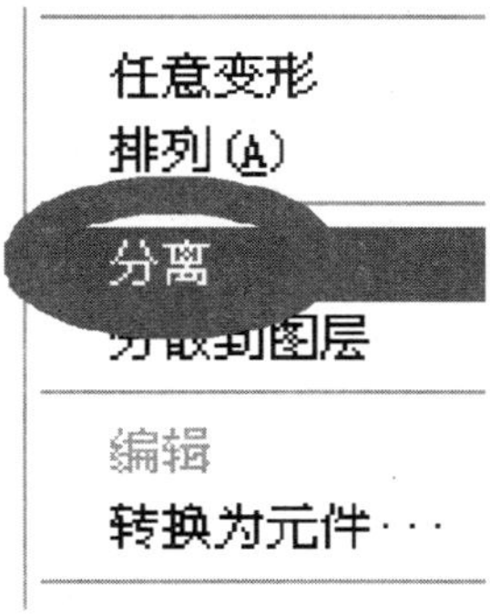

学生实践并提出疑问：为什么文字擦除不掉？

当学生遇到困难时，是给他们传授知识的最好时机。教师边演示边讲解：“现在计算机会把输入的这个词当做一个整体来看待，我们必须选中它对它进行分解的操作，这时计算机把这个词中的每一个字当做一个整体来对待，显然还是达不到我们的要求，那么就再进行一次分解的操作，将文字分解到笔画，我们就可以顺利地操作了。

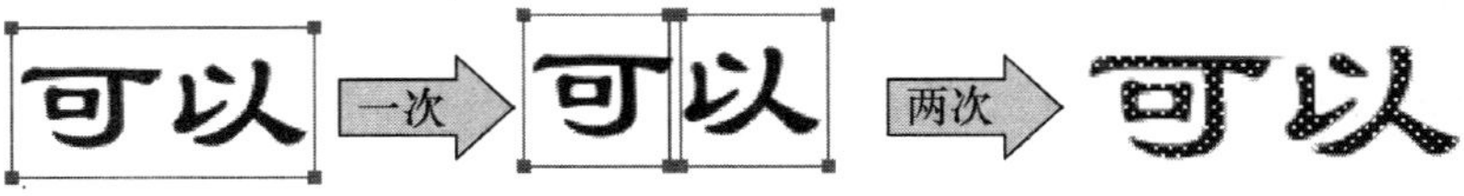

学生实践操作，教师巡视并个别指导。

［设计意图：这部分是本课的重点。所以，我选择的是由教师来引导学生去分析、思考，然后找到方法后，再去提炼最简单、最省时的方法，这也是学生在日常生活中做事情需要遵循的

方法。而怎么用技术去实现呢？由于这个内容比较抽象且不容易理解，由教师直观演示的方法来突破本课的重点。

（四）温故知新，分层练习

师：文字部分我们已经做好了，毛笔我为同学们准备了素材文件，那怎样将毛笔这个演员请到我们文字所在的这个舞台上来献艺呢？

生：先将毛笔这个演员请到后台休息室（库）中，再从休息室中把它（元件）请到舞台上。

师：除了使用库中元件的方法以外还有什么方法可以在文件中添加毛笔？比较一下这两种方法，哪种更好？为什么？

学生对教师提出的问题通过看书或讨论的方式进行探讨并发表自己的见解。

教师强调“复制”“粘贴”和插入“元件”都可以实现添加毛笔，但插入的是相同的“元件”，就不会增加动画文件的大小，文件越小就越节省磁盘空间，便于携带，所以用插入“元件”的方法好。

师：把演员毛笔请到舞台上，它应该放到什么位置上呢？请你们在小组中边尝试边讨论一下吧！

学生讨论后得出结论：毛笔的笔尖应对准每一帧中文字最后一笔的末端。

学生实践操作，教师巡视指导。

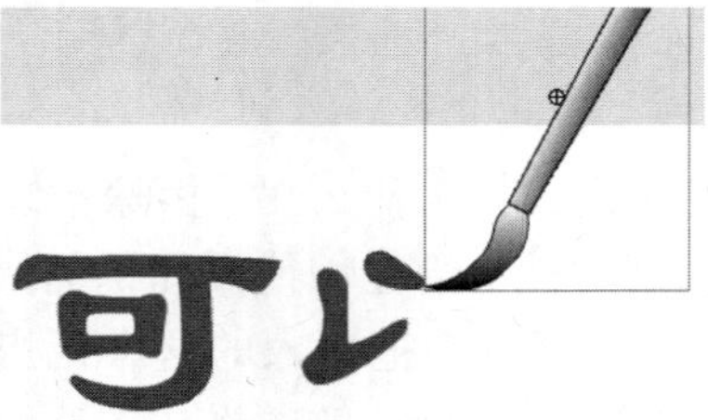

师：做完的同学可以根据自己的实力在下面练习中任选一题。

1. 请用你的毛笔写出“可以”两个字。（基础任务　必做）

2. 请用你的毛笔画出文件中的简笔画玫瑰花。（进阶任务）

3. 请利用所学逐帧动画的原理自己设计一个逐帧小动画。（提高任务）

（五）作品展示，教学评价

评价环节必不可少，它是体现学生这节课的学习效果，也能体现老师教学效果的重要环节。这节课准备采用师评和学生互评的方式，优秀作品给予肯定，可以评出技术创新奖、超越自我奖等，凡是能够完成进阶任务或提高任务的同学可以获得技术创新奖（奖励班级中能力突出的学生）；超越自我奖奖励给比自己原有水平有所进步的学生，让学生觉得自己的作品虽然不是最优秀的，但是付出的努力是可以被大家肯定的（此奖是奖励班级中大部分学生的）；当然作品的不足之处教师可提出修改意见，以促进学生作品质量的再提高。

（六）巩固新知，重点提炼

师：通过这节课对电脑魔术的揭秘，我们班的同学都有所收获，因为你们通过动脑思考、动手操作，创造了“奇迹”，我相信你们在今后的人生中只要用智慧＋勤奋，就会创造出更多、更伟大的“奇迹”。在结束这节课之前我为同学们总结了四点本课的知识点，请你们一定要牢记。

1. 文字必须经过两次分解，直到分解到笔画后，才能擦除部分笔画。

2. 在擦除笔画时一定要使用逆向思维，注意笔顺问题。

3. 将毛笔以元件的形式加入到每一帧中比复制、粘贴到每一帧中更省空间。

4. 利用逐帧动画的原理，我们不仅能让毛笔写字、让毛笔画画，还能作出很多有趣的动画作品，并且应用我们以前学习的补间动画与逐帧动画相配合，我们还能作出更精彩的动画片呢！

[设计意图：巩固新知，重点提炼的目的是帮助同学们把本节课的知识点系统化、理论化，从而形成技能储存在自己的长期记忆里，以便今后应用，并且为下一节动作渐变动画做好铺垫。在本课结尾处再次提及电脑魔术的揭秘，告知学生其中的奥秘即学生的动画创作，由此引起学生的情感共鸣。]

七、教学反思

在本节课的教学中，我做到任务步步深入，结合语言诱导营造的热烈氛围，激发学生的学习动机和挑战性，突出学生的主体地位，注重全体学生的参与。

通过教师提问的“导”和“引”，让学生巩固练习、自我完善，为学生创设最大限度的自主学习的空间，问题的设置切合学生实际，让学生确实有能力解；问题的设置由浅入深，能让学生在思考问题的同时不自觉地深化对知识的认识；问题设置有针对性，每一个问题都要有针对的知识点，不提泛泛的问题；问题的设置有层次性，先设置几个简单的几乎是一目了然的问题，再设置几个开放的、思维要求比较高的问题，让学生充分发挥自己的思维。任务的布置以及评价分层，充分尊重班级中各层次的学生。

本节课的教学环节设计是信息技术课堂比较常见的，似乎没有什么新意，但本课突出的是细节，让学生在不断的质疑中探索和在实践中反复，目的是让学生学得扎实，这也是学生在学习Flash起步阶段所决定的，只有具备扎实的基础和解决问题的能力，才能有更大的突破。

美化校园——图形的翻转和旋转

张　翼①

一、教学内容

《美化校园——图形的翻转和旋转》是小学信息技术课画图模块中第一单元《简单绘图工具》的第六课《调整图形》一课中的教学内容。在本单元，学生已经学习了简单的绘图工具和选定复制图形的方法。本课是本单元的最后一课，要学习“翻转/旋转”命令，并且综合运用本单元知识，完成相关任务。本课是学生以形象直观的方式初次接触到翻转、旋转和角度。正确地运用本课所学工具，不仅能提高学生的信息技术素养和技能，而且也能为学习相关数学知识打下良好的基础。在本课教学中，运用任务驱动和循序渐进的方法，逐步帮助学生掌握图形的旋转和翻转技巧，理解水平、垂直、角度等数学知识。

二、教学对象

根据三年级学生的年龄特点和认知水平，虽然他们对抽象知识的理解能力不强，注意力不能长时间集中，但是他们对游戏充满了兴趣，乐于承担任务和帮助他人。因此，本课采用了任务驱动的教学方法，并且主要体现了在玩中学的教学设计思想。在“美化校园”的总任务下展开教学活动，结合学生的生活实际，通过学生身边一个个小任务逐步引导学生认识、掌握所学知识。在愉快的游戏中不知不觉地完成本课的教学任务。尤其是运用学生喜爱的游戏形式，辅助学生学习角度的相关知识，帮助学生建立知识的初步印象，为完成相关教学任务打下良好的基础。

三、教学目标

1. 知识与技能

（1）了解画图中如何利用菜单中的命令进行图形的调整。

（2）学习“图像”菜单中的“翻转/旋转”命令。

2. 过程与方法

在美化校园的任务中探究掌握翻转、旋转和角度的相关知识。

3. 情感、态度和价值观

（1）运用分层递进、逐步提高的方法，认识和掌握图形的翻

① 北京东城府学胡同小学．

转和旋转。

（2）在美化校园的任务中，增强保护环境、绿化自然、节约资源的意识。

四、教学重点与难点

教学重点、难点：会使用“图像”菜单中的“翻转/旋转”命令对图像进行调整。

五、教学方法

情境引入法，任务驱动法。

六、教具准备

教师演示课件、自编游戏软件、学生素材。

七、教学过程

教学阶段	教师活动	学生活动	设计意图
情境导入	导入： 出示游戏《小小园艺师》，让同学们在玩游戏的过程中，感知本课所学知识	观看演示	通过教师制作的游戏，情境引入
	 提示： 使用键盘方向键和空格键操作 提问： 你在游戏中都做了什么呀	生：进入小游戏 生：种树、安插护栏、更正路标	迅速激发学生的学习兴趣 创造出本课第一个学生学习的兴奋点
探索新知	进一步提问： 在游戏中，小树和护栏有什么变化 那你们想知道小树和护栏转动的奥秘吗 我们就一起来探索吧 出示课题： 《美化校园——图形的翻转和旋转》 创设情境： 春天来了，为了美化我们的校园，学校给我们同学布置了一个小小的任务，希望我们能帮助管理员来设计、美化学校的环境，有信心完成吗	生：树转动90度或180度，护栏翻转 生：想 生：有信心	学生对图形旋转角度有充分感知和初步认识 为本课的教学重、难点进行分层次突破。通过学生身边的情境引导学生。激发学生的兴趣和进取心

续表

教学阶段	教师活动	学生活动	设计意图
探索新知	任务一：设计美化校园 请打开"美化校园"文件  教师提问： 在学校旁的绿地中来设计如何美化 试操作： 怎么才能把树种在学校旁的绿地上呢？请你先试着种一棵小树 生成 1： 请完成的同学上来演示。教师小结图形旋转的方法 步骤： 选中图形 打开"图像"菜单—"翻转"和"旋转"命令 选择旋转的角度 生成 2： 师：刚才没有成功的同学遇到了什么问题 相信有很多同学都和你一样，这也是我们今天要探索的内容 演示讲解翻转和旋转 师：图形在旋转的时候需要设定不同的角度，请你仔细观察这些图形的变化（演示课件） 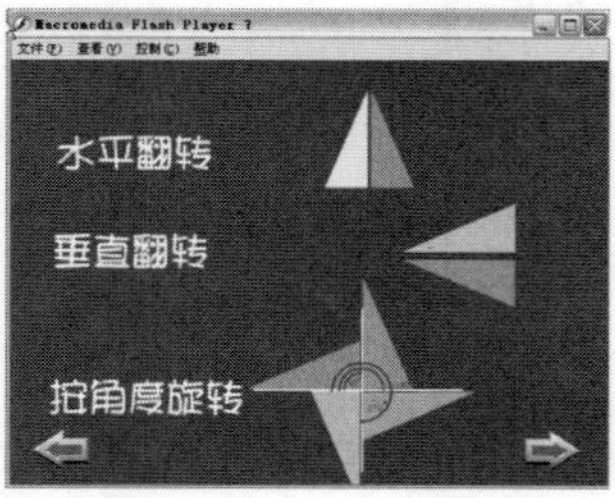 总结： 水平翻转、垂直翻转和按一定角度旋转有什么不同	生：打开文件 生：可以在校园旁种上一些花草树木 学生试着操作 请完成的同学演示和描述操作的方法 学生演示 认真观看同学演示 生：旋转后小树还是倒着 学生根据演示操作，总结旋转与翻转的不同。配合手势，加深理解	引导学生观察分析，避免盲目操作 让学生通过尝试操作，自主探索。帮助学生建立感性认识，为突破重点做好准备 根据学生的生成情况进一步讲解，在学生遇到困难不能克服时，教师给予必要的指导和讲解 在学生有了初步感知、尝试操作后，教师帮助学生梳理总结相关知识，把感性认知上升到理解相关知识 运用手势等肢体语言进一步强化学生理解和记忆 通过设计开放性的任务，学生可以根据自己的能力和喜好来有选择地完成，照顾不同层次的学生

续表

教学阶段	教师活动	学生活动	设计意图
	学生操作，完成任务 要求：1. 先植树，再种花 2. 植物要栽种的整齐、美观 完成的同学可以保存好文件，然后指导、帮助身边的同学 任务二：添加美丽的倒影 小树们迎着春风，好像在欢唱春天到来，它们还在小河边欣赏着自己美丽的倒影！你们能画出它们迷人的水中倒影吗 提问：要想画出小树的倒影，需要用到什么命令呢？如何才能让倒影显现得更逼真呢？请你和身边的同学讨论一下 汇报：交流结果 步骤： 1. 用任意选取工具沿着小树边缘拖动指针，环绕一圈，即选定图片 2. 按“Ctrl”键拖动，复制选定的小树 3. 选择“图像”菜单—“翻转/旋转”—“垂直翻转”命令。然后拖动已翻转的小树到倒影的位置上 4. 单击喷枪，对水中的树影进行喷刷，形成逼真的效果 展示评价作品	学生完成任务、保存作品 生：能 生：思考，小组交流，怎么样画出逼真美丽的倒影 生：总结各种方法 学生操作，教师辅导 （提示：如果树距离水边远，那么倒影也会距离水边远一些）	设计有梯度和连贯性的任务，让学生能及时运用所学知识，完成相关任务 通过讨论，学生在老师的帮助下理清学习思路，了解完成任务可以从哪几方面入手
巩固提高	任务三（拓展练习） 同学们出色地完成了学校的任务，小树要在校园中健康茁壮地生长，还需要我们来浇水。可是，校园中的水管突然断开了，你们能帮助管理员赶快修好吗 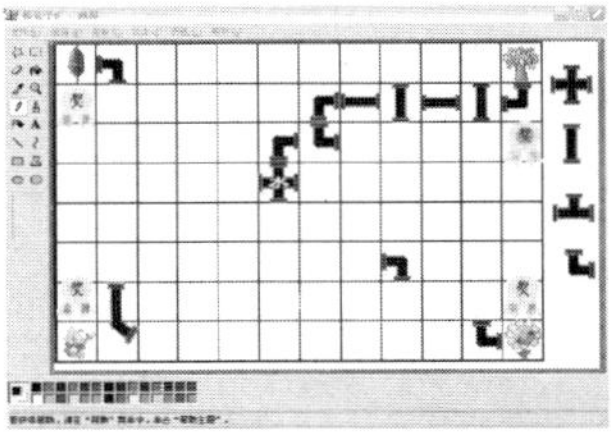 修好全部水管的同学可以指导、帮助身边的同学 小结：安装好水管的同学不仅美化了我们的校园，而且还节约了水资源，是大家的小模范	生：能 学生根据自己的能力，选择完成任务	运用游戏的方式，激励学生灵活运用本课所学知识，促进学生拓展学习

续表

教学阶段	教师活动	学生活动	设计意图
本课小结	大家今天都掌握了“水平翻转”“垂直翻转”“按角度旋转”命令的使用。在课堂上，我们用电脑美化了校园。在生活中，我们更要爱护、保护身边的优美环境		
板书设计	美化校园——图形的翻转和旋转 水平翻转　垂直翻转　按角度旋转 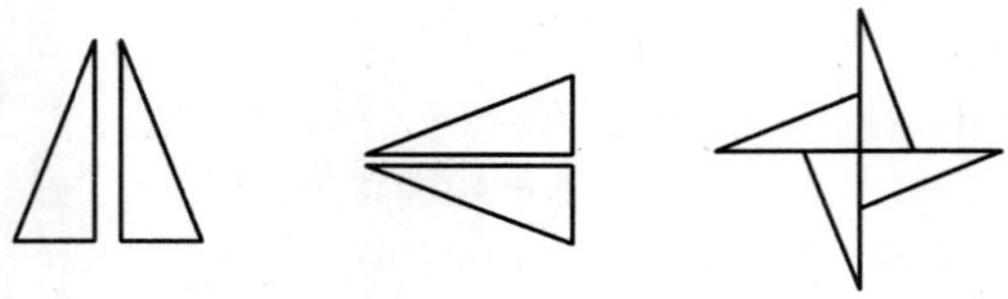		

八、教学反思

本节课为学生创设了一个既贴近生活又富有创意的教学总任务，通过游戏导入，活跃了课堂气氛。在自主探究中发现问题，在讨论中拓展所学知识。并且运用不同难度的任务为学有余力的同学留下了更多的创作空间。

在教学中，通过分层次设计的三个任务逐步使学生掌握了“翻转/旋转”命令的使用，并且在任务中讲解了相关的数学知识，从而使学生不仅学习了信息技术知识，提高了信息技术素养，而且培养了学生学科间融会贯通的能力，为学生今后的学习打下了坚实的基础。

本课中，通过游戏的合理运用，有效地促进了学生学习新知识和分散教学难点，起到了事半功倍的教学效果。同时，本课也促使我思考在常态教学中如何合理地设计使用游戏，希望能运用多种形式的游戏促进学生的学习。

轻叩文字编辑的大门

李毓嘉[①]

一、教学内容

本课是广州市信息技术教科书第二册中《写信》的知识点内容，它以宁宁给爷爷的一封信为例，向学生讲授字符修改的方法，作用就犹如叩开文字编辑的敲门砖，既承接上一节“汉字输入”的技巧对字符操作进行深化拓展，同时又为下一节“写诗”学习字块作知识准备。

① 广东省广州市荔湾区康有为纪念小学．

二、教学对象

本课教学对象是海珠实验小学异地教学的四年级学生。目前，他们已能在金山文字中输入保存文字。但从以往本校学生学习的效果来看，参与自主学习的氛围不高。根据观察分析，教学内容的趣味性和交互性，是影响他们学习热情的重要原因。因此，必须找准符合学生个性心理特征的切入点，对他们施以连续互动的刺激，才能有效调动起主动参与的积极性。

三、教学目标

1. 知识与技能

（1）掌握光标移动、插入字符的操作方法。

（2）学会使用退格键与删除键。

2. 过程与方法

以故事情境贯穿课程主线，让学生随情节发展主动学习，大胆尝试。

3. 情感、态度和价值观

在改错活动中提升学生编辑文章的能力，拓宽想象力空间。

四、教学重点与难点

教学重点：字符的删除、插入和改写操作。

教学难点：退格键和删除键的光标定位方法。

五、教学策略

创设阿里巴巴智斗强盗首领的故事情节为课程主线，由解谜游戏引入，将学习字符修改的方法制造成破解文字修改密码的悬念，串起光标定位和修改字符的课程内容，促使学生思考推测可能的方法和结论，逐个清除“悬念”。在故事结尾处，以阿里巴巴给强盗首领留信的形式，让学生找出信中的错误，并运用学会的知识解决字符修改的问题，体验成功的喜悦。

六、教学过程

1. 激趣导入（3分钟）		
活动内容	通过故事情境引出课程主题：破解文字修改的密码	
活动目的	以情境引入来吸引学生的注意力，让学生对“文字修改”充满好奇心	
教学资源	教师活动	学生活动
	（1）出示阿里巴巴和四十大盗的图片，创设故事情境：在上一回的故事里，阿里巴巴打败了强盗们。可强盗们并不死心，没过多久，他们又卷土重来了	（1）聆听教师讲解，随故事情节与教师互动

续表

教学资源	教师活动	学生活动
	（2）提出任务：这一次，他们还是把抢夺来的财宝藏在宝库里，只不过开启宝库的咒语不再是“芝麻开门”了。狡猾的强盗首领把进入宝库的方法隐藏在“密码表”里。同学们，你能解开表格中隐藏的秘密吗	
	（3）出示“密码表”，提出任务：使用键盘上的方向键移动红框连字成句。看看表格里隐藏了什么秘密	（2）打开文件，自己阅读题目按要求完成任务
	（4）出示破解结果：想进宝库先破解文字修改的密码。过渡：现在我们知道进入宝库的方法，只要紧跟老师的指引，一定能破解文字修改的密码（出示板书）	（3）聆听老师讲解，思考操作方法
活动反思	对学生耳熟能详的阿里巴巴和四十大盗的故事重新赋予充满想象力的续编，是为了在新课导入环节铺设出神秘奇妙的故事情境，进而引导学生独立揭开妙趣横生的密码谜题，让他们兴趣高涨，思维活跃，自觉投入到探究性学习中来	
2. 学习新知（6分钟）		
活动内容	（1）以对比演示的方法指明方向键和鼠标定位的作用 （2）通过“移光标”的游戏加深学生对插入点的理解	
活动目的	掌握使用方向键和鼠标定位光标插入点的方法	
教学资源	教师活动	学生活动
	（1）设问：刚才我们使用键盘上的什么键来解开密码表的秘密的？出示金山文件，过渡：其实在金山文字中，方向键也有同样作用	（1）根据实际操作的情况，答出“方向键”
	（2）对比“密码表”指出移动的红框变成闪动的竖线，这就是光标，可用方向键移动它（出示板书）	（2）观看老师操作
	（3）指出光标所在的位置称为插入点（出示板书）	

续表

<table>
<tr><th>教学资源</th><th>教师活动</th><th>学生活动</th></tr>
<tr><td></td><td>（4）设问：除了方向键可以移动光标确定插入点位置外，还有其他更简便的方法改变光标位置吗</td><td>（3）根据个人理解的情况，答出“鼠标”及其操作方法</td></tr>
<tr><td></td><td>（5）过渡：有了光标插入点这个工具，我们就能破解文字修改密码</td><td>（4）聆听老师讲解</td></tr>
<tr><td>活动反思</td><td colspan="2">形象直观的对比手法可以帮助学生更有效地迁移知识，触类旁通。因此，由谜题文件的“红框”到金山文字的“竖线”，改变的只是光标的外观形式，不变的是它的操作属性。学生了解到这一点，就会通过比较很容易地将移动“红框”的技巧迁移到“光标”的知识中，而且他们还会不断拓宽思维，由对鼠标的认识和比较推想出更便捷的方法来改变“插入点”位置，完善自己的知识结构</td></tr>
<tr><td colspan="3">3. 加深认识（23 分钟）</td></tr>
<tr><td>活动内容</td><td colspan="2">善用帮助提示，以破解谜题的形式探究字符修改的方法</td></tr>
<tr><td>活动目的</td><td colspan="2">掌握删除、插入、改写字符的操作</td></tr>
<tr><th>教学资源</th><th>教师活动</th><th>学生活动</th></tr>
<tr><td>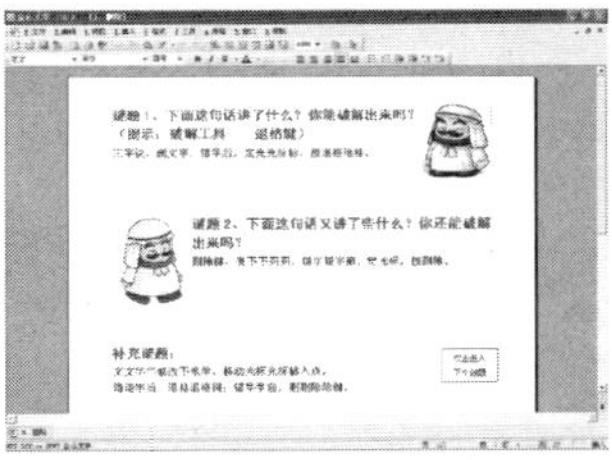</td><td>（1）指引学生打开金山文件“删除”，提出任务：我们一起来看看谜题 1。利用“提示”工具我们应该怎样破解？过渡：删除错字还有其他方法吗？破解完谜题 2 再告诉老师</td><td>（1）阅读提示，思考并尝试操作，指名演示结果</td></tr>
<tr><td></td><td>（2）归纳讲解板书：删除错字时，光标在错字后用退格键；在错字前用删除键。提出任务：尝试运用刚归纳的口诀破解补充谜题</td><td>（2）聆听老师讲解，视实际掌握情况尝试完成拓展任务</td></tr>
<tr><td>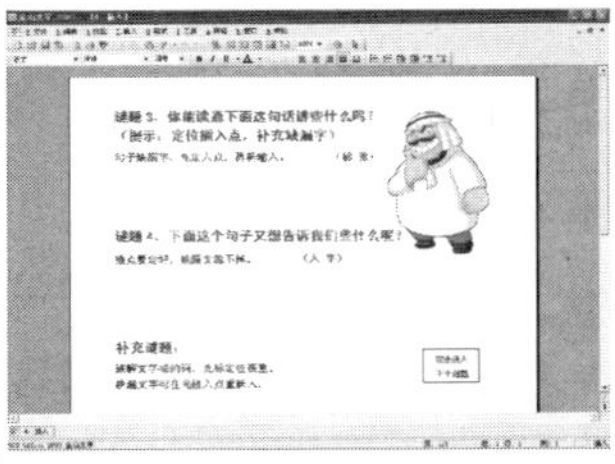</td><td>（3）出示金山文件“插入”，设问：有了谜题 1 和谜题 2 的破解经验，我们可以继续破解其他谜题。现在，我们来看谜题 3，这句话应该怎么使用提示来破解呢？请同学来说一下。完成得快的同学还可以试着解答谜题 4 和补充谜题</td><td>（3）按提示操作，指名回答</td></tr>
</table>

续表

教学资源	教师活动	学生活动
	（4）归纳讲解板书：插入缺漏字符前先确定光标在缺漏字符后面	（4）聆听老师讲解
	（5）出示金山文件“改错”，提出任务：破解了删除和插入这两组谜题之后，请同学们再利用帮助提示，自己尝试破解谜题 5 和谜题 6	（5）阅读提示，思考并完成任务，指名回答
	（6）归纳讲解板书：要改写错字，可先删错字再插文字；或者相反	（6）聆听老师讲解
活动反思	将破解谜题作为探究性学习的任务，学生容易接受也乐意去完成。但这股热情一旦遇上知识瓶颈，学生立马就会产生畏难情绪。因此，需要有巧妙的点拨，使学生懂得化外部辅助资源为己用，才能凭借提示打开疑问的缺口，从而逐步突破难点	
4. 回顾总结（3 分钟）		
活动内容	重温板书，以口诀作知识概括，回应“破解文字修改的密码”	
活动目的	系统总结新课知识，为下一环节内容做准备	
教学资源	教师活动	学生活动
	（1）设问：谁来说说今天我们学习了字符修改的哪些方法窍门	（1）指名回答
	（2）过渡：这些方法窍门不就是我们一直寻找的文字修改密码吗	（2）点指板书，回答“文字修改的密码”
	（3）过渡：宝库大门终于打开了，阿里巴巴将强盗的财宝留下一小部分给自己，其余都分发给了穷人，而且为了教训狡猾的强盗首领，阿里巴巴特意留下一封信	（3）聆听老师讲解
活动反思	谜题破解完毕，学生掌握了字符修改的方法，但这并不意味着学习活动就此结束，还必须及时回顾所学要点，加深认识。重温板书，既可以强化学生对新课知识点的记忆，又能够回应课程主题，紧循故事情节发展顺势引出修改信中错误的教学内容	

续表

5. 巩固深化（5分钟）		
活动内容	创设故事情境，修改信件中的错误内容	
活动目的	通过改信练习的形式，巩固所学的知识	
教学资源	教师活动	学生活动
	（1）出示“阿里巴巴的信”，设问：大家看出这封信有什么毛病吗？	（1）指名回答，标识信中错误
	（2）指引学生修改“信”中错误	（2）聆听老师讲解，按指引操作
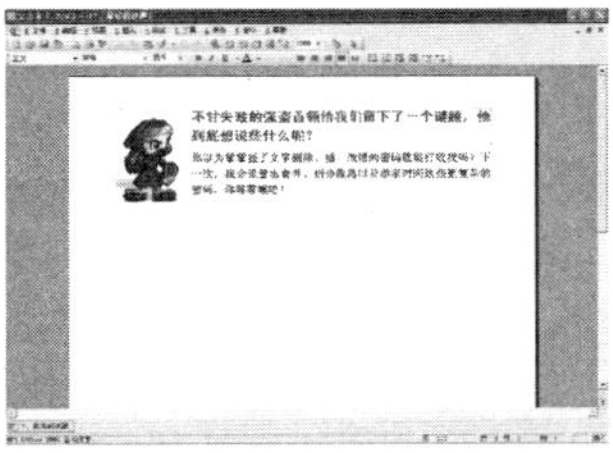	（3）出示“最后的迷题”，加深学生对修改方法的认识，同时预示下节课的学习内容	（3）阅读提示，思考并尝试操作
活动反思	从“阿里巴巴的信”中，学生看到了他们熟悉的文字错误，这是他们现在最渴望得到的“试刀”机会，好将刚刚学到的字符修改方法拿来初试牛刀。因此，老师只需将操作要求布置清楚，学生自然就会发挥他们特有的热情和智慧主动完成任务，同时也为下节课的学习形成知识积累	

七、教学反思

能够有幸参加广州市小学信息技术异地教学优质课比赛，对我来讲是一次很大的挑战，也是检验我的教学组织能力、授课能力的极佳锻炼机会。但是，一直以来都萦绕在我心底的问题又逐渐浮现出来：上公开课到底是要气氛，还是要效果？我个人认为，一节成功的公开课应该是十分有效果的过程，也应该是十分出彩的。所以，在我的脑海里，我一直在设计这样一堂课——既能让学生掌握知识，又能展示教师的风采。

考虑到是异地教学，学生对教师的教学风格和策略都很陌生，一时未必能够适应。因此，我在设计导入环节时，采取解谜的方式引出课程主题，目的是为了更快拉近老师与学生的距离，活跃课堂气氛。在紧随其后的教学环节里，学生能积极思考，主动学习，这都跟导入环节的设计不无关系。异地教学还有一个需要关注的焦点，就是要对学生做足功课，根据他们接受能力的不同，设计不同层次的教学要求。因此，我在知识新授环节设计了基本要求（“谜题”）和拓展要求（“补充谜题”），保证困难生“吃得下”的同时，又要让优生“吃饱吃好”。

从课堂效果来看，学生积极参与，思维活跃，已达到预期的教学目标。更令我感到欣慰的是，学生能真真正正地学到知识，扎扎实实地掌握技能。这才是我们授业讲课的根本目的。

曲线工具的应用

洪优萍[①]

一、教学内容

本课内容来自浙江科学技术出版社教材《小学信息技术》的第一册。本册教学内容就是围绕计算机中的画图软件展开的，通过美丽校园的主题活动来落实画图软件的基本知识点。本课的教学内容取自《我为学校添绿色》一文，以“曲线的应用”为教学切入点。

“运动”是一个永恒的话题，运动中的人可以通过视频、图片剪影等方式来记录，本课则结合曲线教学，将运动中的人抽象化，以线条的模式描绘运动中的人。曲线的应用面很广，通过这节应用课的教学，学生就能感受到它的魅力。此外，本课还有一个重点，从具体的运动中的人抽象到线条，这个分析过程正体现一种做事情的分析模式，在过程中渗透思想。

二、教学对象

本课的教学对象是三年级的小学生，他们的抽象思维模式比较薄弱，利用曲线来描绘运动中的人，他们就会遇到两个难点，即运动中的人抽象为线条、如何用曲线来描绘运动中的人的线条。围绕这两个点，教师需要给学生搭起脚手架，从不会到有点感觉，再到成为他自身的分析，需要一个支撑；从曲线的工具使用到应用，从心中的线条到表达的曲线，这里需要教师帮着学生一把，只有打好了这个基础，才能有创造的实力。当然，学生的水平是有差异的，允许差异性的存在，所以在课堂需要一个分层教学，任务设置上，体现出层次。

三、教学目标

1．知识与技能

（1）观察人在运动时的运动姿态，能初步分析出运动姿态中的身体、四肢的线条。

（2）根据身体、四肢的线条特点，在画图软件中，学会确定

---

① 浙江省杭州师范大学东城实验学校．

相对应的曲线工具的起点、落点与弯曲点。

（3）能利用曲线工具与椭圆工具，描绘出一个运动中的人。

（4）能利用曲线工具，结合其他工具，描绘出一个运动场景。（看实际课堂情况调整。）

2. 过程与方法

（1）在经历同学动作猜运动项目、观察 2008 年北京奥运会运动标志图的过程中，初步明确人的运动姿态可以从身体、四肢来分析，初步感知用线条来表达身体与四肢。

（2）通过真人运动照片中的人物勾勒，初步学会从真实的人到线条的抽象。

（3）在尝试、教师指导过程中，基本确定曲线与身体线条的起点、落点、弯曲点的对应。

3. 情感与态度

在作品创作过程中感受运动的乐趣，体验电脑创作的成就感。

四、教学重点与难点

教学重点：能利用曲线工具与椭圆工具，描绘出一个运动中的人。

教学难点：观察人在运动时的运动姿态，能初步分析出运动姿态中的身体、四肢的线条；根据身体、四肢的线条特点，在画图软件中，学会确定相对应的曲线工具的起点、落点与弯曲点。

五、教学方法

根据教学目标和学生情况，本课是通过情境导入、观察、对比分析、提问、讨论、探究和范例演示等方法来设计教学的。

六、教学过程

（一）情境导入，初步感知

1. 欣赏奥运会上的运动剪影

……

［设计意图：从奥运会剪影出发，欣赏运动的人，从而打开孩子的创作思维。］

2. 猜一猜“我喜欢的运动项目”

活动说明：请一些同学做一个运动动作，其他同学来猜一猜，并说出是从哪里看出运动项目的。

［设计意图：通过这个过程，可以分析出从运动姿态到运动项目是看人的身体与四肢。］

3. 看 2008 年北京奥运会运动标志图，说出运动项目

……

［设计意图：在欣赏 2008 年北京奥运会图标的过程中，明白运动还可以用线条来表达。］

（二）用线条分解运动

1. 师生共同观察、分解运动

活动说明：观察人在运动时的姿态，用线条去分析人的身体、四肢。（以课件形式展示。）

［设计意图：通过真人照片，从奥运回归到校园运动，师生从头、身体、四肢三部分共同探讨运动的人身上的线条。］

2. 独立观察、分解

学生活动：

（1）根据教师提供的照片，选择其中一个运动的人，用彩笔在活动纸上，用线条的形式分析运动的人。

（2）思考：如何用我们学习的画图软件来表现运动的人？

（图为教师提供的真实活动照片）

［设计意图：这是一个从抽象到实践的过程，让学生对线条

表现运动，有一个直观的认识。]

（三）用曲线描绘运动

1. 学生演示，教师引导

（1）请同学说一说，用画图工具中的什么软件来表达运动？（提出曲线工具。）

（2）请个别同学演示，过程中教师指导。（这个过程中，落实难点：曲线的起点、落点、弯曲点与身体曲线的对应。）

（3）学生说一说如何描绘，教师总结，得出曲线描绘口诀：起点终点看距离，身体弯曲看腰部，四肢弯曲看关节。

2. 学生尝试

活动说明：利用曲线，画出一种你喜欢的运动，选择它的一种或两种运动姿态来画。

3. 反馈评价

（1）曲线工具的应用进行反馈。

（2）高层次作品展示，提出高要求。

图 1

图 2

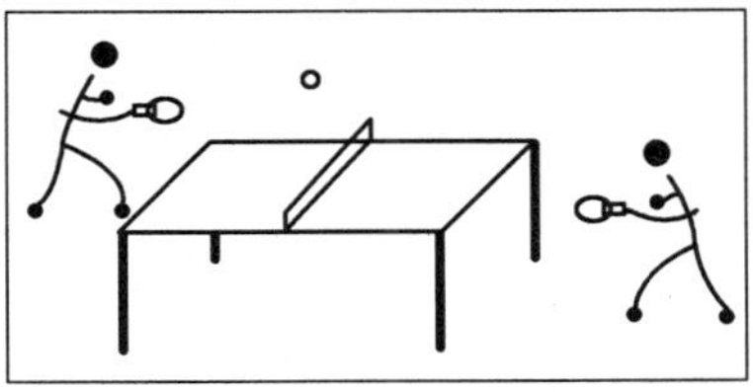

图 3

出示图 1，是为了说明可以通过复制/粘贴、水平翻转表现出一组或几个运动的人。

出示图 2 和图 3，是为了可以利用运动器材或运动场地，表现出运动场景。

[设计意图：在学生讨论的基础上，请同学演示，过程中教

师指导，再来总结过程，这是教师与学生一起探讨的过程；从学习到实践需要一个过程，接着请学生自己描绘一个运动的人，从而落实目标；过程中少不了的当然是反馈评价，既是对前期的一个检验，也是对后期的一个高层次提升；最后是学生在原有基础上的创意制作。]

4. 学生继续创作

三星级：运用曲线工具，表现出一个运动的人。

四星级：运用复制/粘贴、水平翻转表现出一组或几个运动的人。

五星级：利用运动器材或场地，表现出运动场景。

（四）作品汇展

1. 展示作品：展示全班同学作品

2. 说一说

（1）你喜欢的作品。

（2）上完这节课后的感受。

七、教学反思

设计好这一课的时候，心情自然不错，觉得这样的设计才符合学生。从动作的分析，围绕头、身体、手臂、腿出发，根据这些部位的特点，来选择相对应的工具，再来反馈分析，如何抓特点，如何从特点来精选。不过，上完课就显得挺无奈。

（一）从分析到实践，缺少坡度

[现象]

第一环节上，首先带着学生一起分析，一个运动姿态包括什么，有什么特点，然后让学生来画一画这些运动姿态。无奈的是，很多学生都是从细处入手，画头，画了眼睛、鼻子、头发等，画得很仔细。于是，拿出一些符合简单绘画的作品进行分析，围绕动作特点与工具使用，希望能带给那些仔细画的学生一个方向。

事实上，反馈后，有些学生还是按照原有思路进行，因为之前的创作他们不想舍去。

[思考]

三年级的学生，从分析到操作，少不了一个环节，那就是教师指导的过程。这节课上，在分析环节上，设计时害怕学生们的思维被框住，于是教师就没有一个现场演示的过程，跟着就放手让学生去发挥，提出的要求也很简单，照着照片中的一个人物来描绘。

虽然有了分析，但是学生们的思维还是停留在原有基础上，他们照着原有思想，进行绘画，并没有放到简单这个点上；在一些弯曲的点上，分析的时候有提及，但是学生操作的时候，还是会出现问题，会按照原有想法来描绘，从开始的头部细画。

其实，对于三年级的学生来说，教师需要给他们一个坡度，也就是教师指导的坡度。干什么？怎么干？口头的描述不能带给学生最直观的认识，所以这里的坡度可能会影响后面的发挥，不过可以再后面增加一个拓展思维的环节，起到一个过渡作用。

（二）作品呈现单一，学生思维不开阔

［现象］

在题材选择上，第一次选择的是奥运会的一些图片，学生的思维就比较扩散，但是因为这离生活比较远，于是第二次展示的图片选择了学生们平日生活中的图片。设计时，以为这样更贴近生活，学生更容易抽象动作。

事实上，观察后，发现学生们的作品就比较狭隘了。跑步、排球是我前面让他们照着照片试一试绘画的动作，这个环节的绘画直接影响了后面的思维扩散。因为学生喜欢在原有基础上进行操作，进行修改或进一步美化。

即使，谈了喜欢的运动，学生们还是会继续原有基础上的操作。

［思考］

实际上课后，发现学生的思维有点狭隘。不过这和我前面让学生看着照片绘画有关系，照片呈现的比较少，运动类型相对就较少。这里的操作上，就需要一个打开思维的环节，而且是连续着前面的环节，与后续环节的展开。

应该使学生谈一谈自己喜欢的运动，打开思维；修改并保留原有创作，在此基础上增加一项自己喜欢的运动，这样可能会更好。

（三）内容选择上，对于学生来说要求过高

［现象］

请教了一些美术老师，都说人物是最难画的，这个设计到比例、抽象等过程，对于三年级学生来说，太难了。可以选择画其他的，比如房子、花、飞行器等，都好发挥，但是在人物绘画上，对于学生来说要求过高。

［思考］

线条、几何拼合，这两个点的描绘本来就已经让课堂满满了；内容上，运动的人更增加了难度，这让课堂难以负荷。

既然这样，就舍弃一点，从线条或几何拼合，选择一项来进行或许更好。比如就从线条出发，那就是一节曲线的应用课，从运动的人的线条分析，到线条起点、落点、弯曲点的对应，到线条的描绘人的运动，围绕一点展开可能就更容易把握课堂。

曲线画图——金色的秋天

王　冉①

一、教学背景分析

（一）教学内容

授课软件是 Windows 自带的“画图”软件，重点讲解用曲线工具画一个弯的曲线、两个弯的曲线、封闭曲线的方法及固定方法，使学生掌握基本的使用方法，能使用曲线工具完成绘画作品的补充，并从中体会学习信息技术的乐趣。

（二）学生情况

授课年级是三年级，作为学习应用软件的“第一站”，通过几次的学习，学生已经掌握了铅笔、橡皮、颜料填充、直线、矩形、椭圆、刷子等基本工具，学习了选定、复制、粘贴图形的方法，为本课的学习奠定了基础。由于年龄、课程和练习条件的限制，学生的操作水平不一，技术掌握熟练程度参差不齐。

（三）教学方式

讲授演示法，合作学习法，自主探究法。

（四）教学手段

视听讲解，合作探究，实践练习。

（五）技术准备

学生画图素材，教师课件。

二、教学目标

（一）知识与技能

1. 学习用曲线工具画三种不同的曲线（一个弯的曲线、两个弯的曲线、封闭曲线）。

2. 有效使用曲线工具，补充完成绘画作品。

（二）过程与方法

1. 学生在自学探究和合作学习中认识曲线工具，了解三种不同曲线的画法。

2. 学生尝试在画图软件中，综合运用曲线和其他工具，补充完成绘画作品。

（三）情感、态度和价值观

学生学会与他人合作学习，并且用绘画作品展现秋季的优美

---

① 北京市东城区美术馆后街小学 .

风光。

三、教学重点与难点

（一）教学重点：学会三种曲线的不同画法。

（二）教学难点：掌握曲线的固定方法，使用曲线工具补充完成绘画作品。

四、教学过程

教学阶段	教师活动	学生活动	设置意图	时间安排
创设情境	1. 同学们，一年四季你最喜欢哪一个季节 2. 我和很多同学一样最喜欢秋天（出示课件） 因为秋天有漫山遍野的红叶，有一望无际的金灿灿的稻谷，还有挂满枝头的累累硕果和人们喜悦的笑脸，秋天是收获的季节……秋天属于所有勤劳的人们	学生回答 学生观看	与学生在谈话中沟通，了解学生对于季节的认识程度，引出本课所需的情境——秋天	1分30秒
温故知新	我把我喜欢的秋天画了出来（出示“秋”）  请你看一看，画里面都出现了哪些图形和线条，你能用什么方法画出来	学生观看、思考、回答	复习旧知识，学生在观察中发现“曲线”	1分
新课讲解	1.【看一看】图中哪些部分出现了曲线 一个弯的曲线  远山、稻谷的梗、太阳 两个弯的曲线  田野 封闭曲线  花瓣、稻谷树叶	学生观察、回答	通过观察教师范例，初步了解本课的学习内容	1 分30秒
	2. 我们用铅笔或者刷子，不能画出平滑的曲线，找一找工具栏里，有没有合适的工具呢	学生观察	引导学生认识曲线工具	

续表

教学阶段	教师活动	学生活动	设置意图	时间安排
	3.【试一试】有了曲线工具，我们就能很容易的画出各种形状的曲线了。请你和同组得同学一起动手试一试，能不能画出这三种曲线？如果画不出来，想一想问题出在哪儿	学生合作，讨论尝试	学生通过合作和尝试，初步体验“曲线”工具的用法，利用学生在尝试中发现的问题，引出后续教师讲授，加深新知识的印象	1分
	4.【讲一讲】 （1）问学生：你发现问题了吗？（曲线固定不了）你是不是也遇到了这样的问题，有什么好办法吗 学生解答，教师演示讲解固定方法 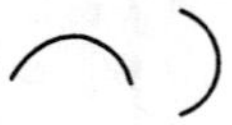 一条线段，拖动一次，调整好位置单击鼠标固定 【做一做】用这样的方法，快速地画出一个弯的曲线	学生解答，教师演示讲解 学生练习		3分
	（2）两个弯的曲线你是怎么画出来的？请一位学生讲解演示，教师总结 一条线段，反向拖动两次，松开鼠标固定 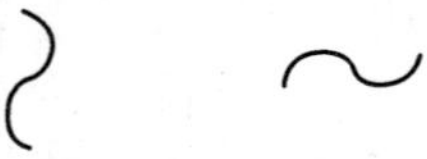 【做一做】按照他介绍的方法画一画两个弯的曲线	学生讲解演示，教师补充 学生练习	通过分层次的教师讲解、学生讲解、学生自主探究，采用不同的教学策略，重点讲解三种曲线的固定方法，突破教学难点	3分
	（3）封闭曲线很多同学感觉很难画，其实掌握了窍门很简单。请打开书P49页，书上的图例介绍了“ABC”画法 【试一试】请你看一看，照样子画一画 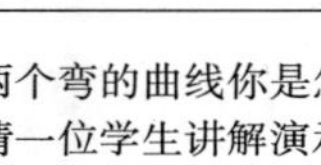 画出的学生讲解画法，教师演示：在两个点单击鼠标，这两点之间就出现了一条线段，拖动这条线段就会出现封闭图形，调整好形状，松开鼠标固定 【做一做】请你再试试，画出封闭曲线	学生自学封闭曲线的画法 学生讲解 教师补充 学生练习		3分

续表

教学阶段	教师活动	学生活动	设置意图	时间安排
	5. 计时小测试：一分钟内快速画出这三种曲线 6. 画这三种曲线的方法一样吗？请你试着填空 根据课件提示，学生回答填空，教师总结板书 一个弯的曲线　一条线段，一次拖动（同方向单击） 两个弯的曲线　一条线段，两次拖动（反方向） 封闭曲线　两个点，一次拖动	学生计时练习 学生总结画法	计时小测试巩固学习内容，监控学生学习情况，提醒学生精确度和速度 学生总结，教师纠正，加深对难点的理解	1分 3分
实践操作	【画一画】你会用“曲线”工具了吗 我要考考你了 在下列图形中，请你任选两个，试着用“曲线”工具画出，比比看谁画得又快又漂亮  画完的同学试着给图形和边线填上你喜欢的颜色 教师小结：一个弯的曲线有一种特殊情况，像练习中的月牙，圆弧比较饱满，这样的曲线在画的时候可以先画出一条线段，向一侧一点拖动鼠标，再向一侧另一点拖动鼠标，经过两次拖动调整好形状松开鼠标固定 用“曲线”工具画图你还有什么问题吗	学生操作 教师指导 学生观察	通过简单练习，使学生基本掌握“曲线”工具的使用方法，在操作中逐步熟练 讲解一个弯的曲线的特例，补充可以拖动两次鼠标固定形状的方法	3分 1分

续表

<table>
<tr><th>教学阶段</th><th>教师活动</th><th>学生活动</th><th>设置意图</th><th>时间安排</th></tr>
<tr><td>拓展提高</td><td>1. 秋天是丰收的季节，我们把美丽的秋天画下来，装饰咱们的计算机教室，好吗
2. 这里有几幅没完成的画
【读一读】每幅图的要求是什么
【练一练】（打开文件夹 D:\秋天），选择喜欢的一幅，用“曲线”工具补充完整
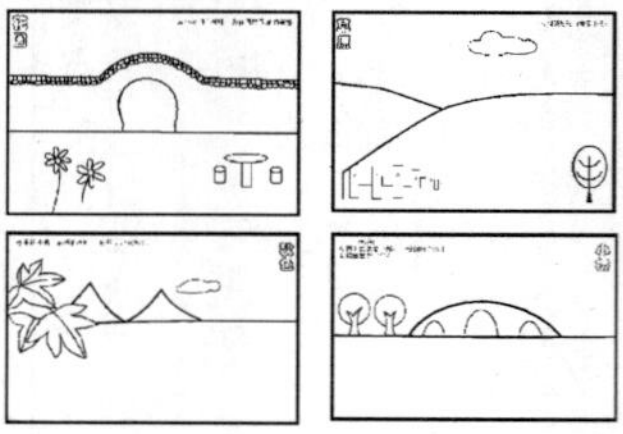
要求：
（1）根据要求，添加内容。想想还能画些什么
（2）用“曲线”工具，把画面补充完整，再填颜色</td><td>学生完成作品

教师巡视指导</td><td>引导学生用所学新知解决实际问题，通过练习，提高操作水平

使用半成品加工的策略，帮助学生进一步掌握“曲线”工具的使用方法</td><td>15 分</td></tr>
<tr><td>分享交流</td><td>教师大屏幕循环播放展示学生作品
请你看一看大屏幕，欣赏一下自己的作品</td><td>学生观看</td><td>观看展示作品，发现别人作品的优点，提高学生审美和评价能力</td><td>1 分</td></tr>
<tr><td>效果评价</td><td>大家都完成了自己的作品，请你给自己打打分，在相应的分数上打钩
<table><tr><th>学习内容</th><th>学习成绩</th></tr><tr><td>认识“曲线”工具</td><td>1 2 3 4 5</td></tr><tr><td>会用“曲线”工具画简单图形</td><td>1 2 3 4 5</td></tr><tr><td>能用“曲线”工具和其他工具完成创作画</td><td>1 2 3 4 5</td></tr></table></td><td>学生自评</td><td>通过学生在课后进行自我评价，了解学习的状况，优点和不足</td><td>1 分</td></tr>
<tr><td>归纳总结</td><td>这节课你们学会了什么
你能说一说这三种曲线的画法吗
我们今天只画了秋天，还有的同学喜欢春天、夏天和冬天，请试着画一画你喜欢的季节</td><td>学生回答，巩固重、难点知识</td><td>总结知识点，巩固知识</td><td>1 分</td></tr>
</table>

四、教学反思

（一）多重教学策略的选择

本课选取三年级画图《曲线画图》为教学内容，根据课程内容和学生特点以“金色的秋天”为题，引导学生观察绘画作品，发现三种不同的曲线线条，再用曲线工具尝试绘画，根据学生自学情况采用了学生讲解、教师讲解、合作探究学习等策略分层次突破三种曲线的画法。“一个弯的曲线”相对简单，由学生在尝试操作的基础上讲解，教师演示；“两个弯的曲线”采用教师讲解，明确分别向两侧拖动固定曲线的方法；“封闭曲线”采用学生看书自学的方法，通过观察教材中曲线的关键点，尝试画出封闭曲线，然后由作出的同学讲解方法，教师补充，随讲随练。采用不同的教学策略既突出了教学的重点，又发挥了学生的主体作用，为学生掌握三种曲线的不同画法起到了关键作用。学生在自学和讲解的过程中获得了积极的成功体验。

（二）教学环节巧妙安排

在学习三种不同曲线的固定方法基础上，安排了“一分钟”小测验，教师在课件中使用“一分钟计时器”，学生在一分钟内迅速画出三种曲线，以检验学生掌握画法的程度，提示学生精确度和速度。

根据学生掌握情况，教师布置了包含曲线的简单图形，并在图示中用彩色线条标示出，要求学生任选两个图形用曲线工具画出，学生在操作中既复习了曲线工具的使用方法，又为后面的作品完成起到铺垫作用。

扩展练习设计了“半成品加工”任务，4 幅不同作品，4 道需要补充的小问题，学生选择喜欢的一个作品根据提示用曲线工具补充完成，还可以配合其他工具进行创作，最后填色。

评价阶段设计了“自我评价表”，采用学生自评的方法，在观察其他学生作品的基础上为自己打分，总结本节课学习技能的掌握和课堂任务的完成情况，符合课程需要。

整节课以学生的问题为出发点，扩展练习突出了教学重点。教学任务由浅入深，步骤清晰，符合学生认知特点，由学生自主选择，关注了学生的主体需求。课堂节奏紧凑，学生学习兴趣较高，预设与课堂生成基本一致，效果较好。

（三）教学实践中的启迪

在课程实施中也有一些问题需要改进。在课堂中学生讲解“两个弯的曲线”画法时口述正确，但是操作错了，这是预设与生成中出现的差异，是课堂教学的契机，教师应抓紧这个有利时机问学生“你是否也出现了这样的问题？怎么解决？”在讲解完让学生再试试，这样可以使学生熟练掌握，把问题在课堂上消化。教师在课堂中忽略了这一点，在以后的教学中需要特别注意。

在课堂的巩固环节，学生完成包含曲线的简单图形绘制后，教师讲解“一个弯的曲线”中的特殊形状“月牙形”的曲线，“月牙形”的曲线是弧形饱满的一个弯的曲线，教师没作为教学重点，只作为补充讲解，在讲解完后直接进入了扩展练习环节。在课堂中，这里可以适当停顿，安排学生动手练一练，使学生熟悉画这种特殊曲线应采取的画法，真正做到学一点，会一点。

综观这节课，教学设计充分发挥了学生的主体作用，关注了学生的需求和课堂的实效性，在有限的 40 分钟内，学生较好地掌握了曲线工具的使用方法，并完成了作品的补充绘制，课堂气氛活跃，学习效果良好。课堂实施中教师还可以多发掘出现的小问题，及时纠正，突出课程的实效性。

网上交流信息——神奇的电子邮件

黄秋凤①

一、教学内容

《网上交流信息——神奇的电子邮件》是北京师范大学出版社出版的《小学信息技术》五年级下册第二单元第 2 课中的内容。本课不仅要让学生认识电子邮件、申请免费的邮箱，而且要学会电子邮件的接收与普通邮件的发送、知道网上功能给我们的生活会带来极大的方便和快捷，从而使学生更加热爱科学，热爱网络化的生活。因此本课在教材中占据重要的地位和作用。

二、学生情况

1. 年龄及心理特点

本课的教学对象为五年级的学生。他们已具有了一定的抽象思维能力，对枯燥的说教和单一陈旧的学习方式已不感兴趣。同时，学生个体之间在思维、认识、兴趣爱好等方面的差异日渐增强。

2. 前期知识水平

五年级的学生，已具备一定的中文打字基础，都了解互联网在社会上得到广泛应用的事实，能利用 IE 浏览器访问网站，浏览网站资源，同时，也掌握了一些简单的搜索方法。根据课前调

① 北京市顺义区东风小学．

查，10%的学生已经拥有了自己的电子邮箱，考虑到学生的起点不同，我将学生进行分组，有效地运用“协作学习法”，以“小组合作、组间交流”的模式，增强学生的团体协作能力，真正提高课堂时效。

三、教学方法

任务驱动、协作学习、自主学习。

四、教学目标

1. 知识与技能

（1）能够正确书写电子邮件的地址。

（2）能通过自学申请免费邮箱。

（3）能根据需要接收电子邮件、发送普通邮件。

2. 过程与方法

在为卡酷频道发送电子邮件的任务设计中，通过自主学习申请免费邮箱、与老师进行收发邮件的练习，进一步感受网上功能给我们带来极大的方便和快捷，从而使学生更加热爱科学，热爱网络化生活。

3. 情感、态度和价值观

（1）感受网络提供的便利与快捷，体验交流的愉悦。

（2）进一步养成遵守网络道德规范的良好习惯。

（3）能够判断不良信息，养成健康、安全的自我防范意识，形成主动、自觉抵制不良信息的习惯。

五、教学重点与难点

1. 教学重点

（1）申请免费邮箱。

（2）电子邮件的接收与发送。

2. 教学难点

电子邮件的发送。

六、教学过程

（一）激发兴趣，导入新课

导入：以前我们在学习互联网功能的时候知道了互联网能够帮助我们实现信息的交流，下面谁来说一说在网上都有哪些方式可以与异地的亲人朋友进行交流呢？

揭题：今天我们来学习其中的一种方式——电子邮件

[设计意图：从生活导入，密切知识与生活的联系，创设问题情境。]

比较信邮与电邮

每天晚上7点都是卡酷频道“闪天下”栏目开播时间，现在

“闪天下”栏目正在征集同学们的意见，希望大家说一说你喜欢看的动画片，对“闪天下”栏目有什么建议都可以写下来发给他们。

出示联系方式：

地址：北京市海淀区西三环北路 3 号北京卡酷动画卫星频道有限公司

邮编：100089

电子邮箱：kakutv@126. com

提问：(1) 你打算选择哪种联系方式？为什么？学生回答问题并说明原因。

(2) 邮件有哪些优点？(根据学生的回答适时板书)

[设计意图：用学生喜欢的电视栏目引出任务，贴近学生的生活，激发学生的兴趣。通过两种联系方式的比较，让学生初步感知电子邮件的优越性。]

(二) 自主实践，学习新知

布置任务一：申请免费的 126 邮箱

提问：哪些网站可以申请到免费的邮箱呢？出示：新浪、雅虎、126 申请免费邮箱的界面。

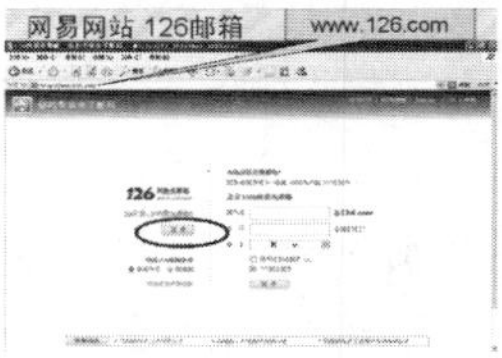

出示：下面我们一起看看申请一个 126 的免费邮箱的方法。

申请免费邮箱的方法：

- 登录提供免费邮箱的网站 www. 126. com
- 点击“注册免费邮箱”
- 为自己的邮箱起一个好名字
- 按要求填写申请表
- 提交申请表

(1) 电子邮箱地址的格式。

我们先来了解一下电子邮箱地址的格式。

[设计意图：对解决问题所需的基础知识先进行准备练习，然后从准备知识过渡到尝试知识，为学生解决尝

试问题铺路架桥。]

（2）注册邮箱的要求。

① 用户名要简单好记，并注意不要与其他同学重复；

② 密码不要过于简单，最好定期更换密码，以防被盗；

③ 在网站注册免费邮箱时，要认真阅读服务条款，仔细填写注册信息。

[设计意图：在让学生上机实践前了解关于注册邮箱的一些注意事项很重要，例如用户名要记牢、定期更换密码等，为后面的学习奠定基础。]

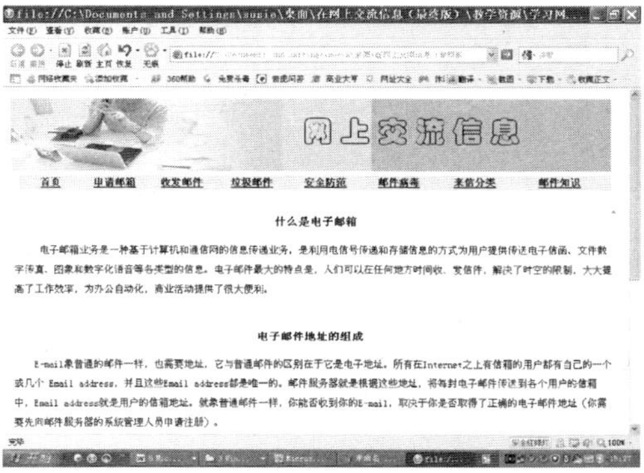

> 学习方法：
> ● 自己上机尝试
> ● 到校园学习网站上学习
> ● 请教同学或老师
> 注：已经有 126 邮箱的同学，可以选择其他网站再申请一个免费邮箱。（基础较好的同学）

学生上机操作，教师巡视指导。

[设计意图：新知识让学生自己上机去探索，这样学生经过自己的努力，找到的答案记忆会比较深刻。采用尝试教学法中的结合式，把学生自学与尝试操作结合起来，既省时，又能顾及学生之间的差异性。同时人机学习，为学生提供一个直观的自学平台。]

（三）自主探究，完成任务

布置任务二：收发邮件

现在，我们的邮箱当中已经有系统发给我们的第一封邮件，同学们现在看一下吧！

提问：请同学们认真观察在一封邮件中都包含了哪些关键

信息？

[设计意图：接收邮件比较简单直观，教师只进行简单引导，学生自主探索，相互探讨即可。]

提问：可以用什么方式将你们的邮箱地址告诉老师？引导回答用发送邮件的方式。

下面请大家到校园学习网站上学习如何发送普通邮件。有问题可以请教老师或同学。邮件的内容写清你的姓名和组号。

[设计意图：学生在校园学习网站的帮助下自学，培养学生的自学能力和小组合作意识。]

[广播]

写邮件的几个重要元素：
收件人地址输入一定要准确；
主题要清晰明了；
正文内容就如我们平时写信，最好有称呼、有内容、有落款。
注：发完邮件的同学可以到淘宝网站上继续学习其他知识。
老师邮箱：susie75@126.com

1. 学生上机操作，教师巡视指导。

2. 指名学生演示。

[设计意图：学生演示一方面给他们以展示的机会；另一方面起到了引领示范的作用。]

提问：刚才老师已经收到了大家发的邮件了，大家看，老师的邮箱邮件太多了，怎么办？

[设计意图：引导学生观看教师的邮箱，让学生明白整理邮箱的重要性，同时告诉学生要养成定期清理邮箱的习惯，以防邮箱空间不足，无法接收邮件。]

演示：如何添加到通讯录。

（四）深化新知，拓展延伸

布置任务三：给卡酷频道发送邮件

现在很多同学已经迫不及待地想为卡酷频道发送邮件了，在发邮件前我们先看一看要求。

要求：
1. 以小组为单位把你们的建议发给卡酷频道。
2. 要注意文明用语。
3. 注意书写格式，语句要通顺，能够体现我们东风小学健康向上的精神风貌。

学生上机操作，教师巡视指导。

[设计意图：学生以分组的形式可以互相讨论，老师在巡视中对提出的问题给予指导。]

查看邮件：

刚才同学们已经向卡酷频道提出了自己的建议，相信卡酷频道一定会仔细考虑同学们的建议并加以改善。

下面请大家查看一下收件夹，老师为你们每人发了一封电子贺卡，六一儿童节快到了，在这里老师提前祝大家节日快乐，赶快打开看一看吧。

刚才有同学问老师贺卡是怎么发的？其实发送电子邮件还有很多奥秘，比如如何发声音、图片文件？抄送和暗送是怎么回事？这些内容我们下节课一起来研究。

[设计意图：向学生的邮箱发送电子贺卡，一方面是告诉学生电子邮件的知识还有很多，从而引出下节课的学习内容，使学生的学习兴趣延伸到课后；另一方面是在儿童节即将来临之际，祝大家节日快乐，进一步加深师生感情，体现教师对学生的人文关怀。]

请学生畅谈通过本节课的学习自己都有哪些收获。

[设计意图：通过畅谈收获，再一次地对这节课所学的知识进行梳理，并加深印象。]

总结：虽然电子邮件为我们提供了方便，可是随着电子邮件的普及，也给了一些人以可乘之机，经常向我们的邮箱发一些不良邮件。不良邮件主要有两类：病毒邮件和垃圾邮件。

现在的免费邮箱一般都为用户提供了病毒检测和邮件过滤功能，对于来历不明的邮件附件，打开前要先用杀毒软件进行检查；对于垃圾邮件，可以通过邮件过滤的形式进行拦截。

引导学生填写课堂评价表。

[设计意图：由于学生刚刚申请了免费邮箱，可能了解的不多，因此这部分内容主要以教师讲解、演示为主。引导学生养成健康、安全的自我防范意识，形成自觉抵制不良信息的习惯。]

七、板书设计

网上交流信息

——神奇的电子邮件

电子邮件：	邮箱格式：susie1830	@	126.com	写邮件：收件人的地址
免费 速度快 功能多	用户登录名	固定分隔符	邮件服务器名称	主题 正文内容

学生课堂评价表（自评表）

评价要点		评价等级		
		A（优）	B（良）	C（一般）
知识与技能	正确书写电子邮件的地址			
	学会申请免费邮箱			
	学会接收电子邮件			
	学会发送普通邮件			
过程与方法	认真、积极地参与学习活动			
	能提出不同的见解			
	能恰当提出解决问题的办法			
	能总结出电子邮件的优点			
情感、态度和价值观	有较强的学习兴趣			
	能独立思考，自主学习			
	遇到困难时，能积极寻求解决办法			
	具有协作意识			

八、教学反思

在这节课中，我主要采用尝试教学法、任务驱动法以及小组合作。在课堂中我没有采用传统说教的方式进行教学，而是给学生提供多种自学的途径：如课件演示、校园网站等，学生可以根据自己的兴趣和基础的不同选择一种方式来进行学习，并且教师进行指导，学生之间也可以互相研究。我给学生安排以小组为单位为卡酷频道发送电子邮件，这样防止乱发的现象，从而使学生在轻松、和谐的学习环境中自主学习，主动求知，完成学习任务。

为了让学生一开始就对申请电子邮箱有一个明确认识，所以在教材处理上，我把“什么是电子邮箱、邮箱地址的格式”放在前面来讲，激发学生发邮件的热情，再引出“要想接发邮件，必须有自己的邮箱”，进而激发学生迫切想拥有自己邮箱的愿望，再讲申请免费邮箱的步骤。由于本节课是教材内容的转折点，知识不好理解，比较抽象，根据这个特点，我通过多种渠道，向学生提供丰富的有关电子邮件的知识，如校园网站、制作课件等。既拓宽了学生的知识面，开扩了视野，又使教材内容得到适当的补充，使内容更加贴近生活，易于理解，使学生的学习更具有趣味性、多元化。在此基础上，我创设一些问题，向学生布置任务，与学生共同探索、研究完成任务，学生始终处于发现问题、研究问题、解决问题的主动求知状态中，这样，教材的处理更符合学生的认知规律，也更能够体现出教材本身的编写思想。

全能小编辑——文字格式的设置

任 辉[1]

一、指导思想与理论依据

1. 美国心理学家维特罗克提出“生成学习模型”：学习生成过程是指学习者根据自己的态度、需要、兴趣和爱好以及认知策略（指学习者对信息进行加工的特殊方式，这种加工方式是通过以前的多次学习逐渐形成的，并且保存在大脑的长时记忆中）对当前环境中的感觉信息产生选择性注意，获得选择性信息并利用原有的认知结构（指贮存在长时记忆中的各种表象、事件、判断与技能，即过去的经验与知识）而完成该信息的意义建构从而获得新知识、新经验的过程。

2. 基础教育课程改革强调学生的主体性，充分发挥学生在学习过程中的主动性、积极性和创造性。教师是教学过程的组织者、指导者、促进者和咨询者。

二、教学背景

教材内容：本课所使用的教材是海淀区实验教材《小学信息技术》，教材通过螺旋上升的方式逐步提升小学生的信息素养。本课设计以该教材四年级上册《中文输入与 Word 基础》第六课《字符格式的设置》为准。本课承上：初步认识 Word，新建保存文档，在 Word 中进行中英文输入，编辑修改文档，段落格式设置；启下：插入图片、艺术字等进一步美化文档知识，班牌、贺卡设计创作。

教学对象：本课教学对象是小学四年级学生，在知识储备上，三年级信息技术课已经通过学习画图中添加文字而对文字格式的设置以及文字与画面相适应方面具有初步认识；同时在本册前几课学会熟练地在 Word 中输入中英文以及选定、移动、编辑修改文本，进行段落格式设置；在心理特点上，四年级学生的抽象逻辑思维比照三年级学生已经有一定发展，能分析、综合、比较、抽象概括一些较复杂的内容，理解能力明显提高；但是因对生活缺乏更多的细致观察，做事缺少耐心，因此对于事物表象产生的原因不愿探究或认识不足，容易盲目做事。

三、教学目标

1. 知识与能力

学会设置文字的字号、字体、字形和颜色。

---

① 北京市海淀区北京大学附属小学．

2. 过程与方法

(1) 在设置文档字符的过程中，学会合理设置字符格式的方法。

(2) 通过感受文字格式的变化，增强观察的能力。

3. 情感、态度和价值观

通过设置文字格式，制作漂亮的文档，提升审美意识。

四、教学重点与难点

1. 教学重点

设置文字的字号、字体、字形和颜色。

2. 教学难点

合理设置文字格式。

3. 教学重、难点分析

在学习了 Word 的部分基础知识（包括中英文输入、编辑修改文本、设置段落格式等）之后，学生在制作文档的过程中，产生了美化文档、增强作品美观性的需要，而首要的就是对文字的加工处理——即文字的字体、字号、字形和颜色的设置，同时此知识也是后续进一步美化文档、综合运用知识创作的必要的知识储备，因此文字格式的设置成为教学重点内容。

尽管学生的抽象逻辑思维有了一定的发展，理解能力有所提高，但是因学生对生活缺乏更多的细致观察，做事缺少耐心，因此对于事物表象产生的原因不愿探究或认识不足，容易盲目做事。所以在合理设置文字格式方面还需要教师辅以演示、实例等，增强学生的感性认识，帮助引导学生突破此教学难点。

五、教学方法、学习方法

1. 教学方法

演示法、讲授法、观察法、交流讨论法。

2. 学习方法

自主探究、交流讨论、实践操作。

六、教学准备、媒体的运用

(1) 教材；(2) 演示课件；(3) 学生练习；(4) 投影、多媒体广播。

七、教学过程

（一）作品对比，兴趣激发

教师展示“童谣集锦 1”和“童谣集锦 2”，请学生对比观察哪个作品更清楚、美观。

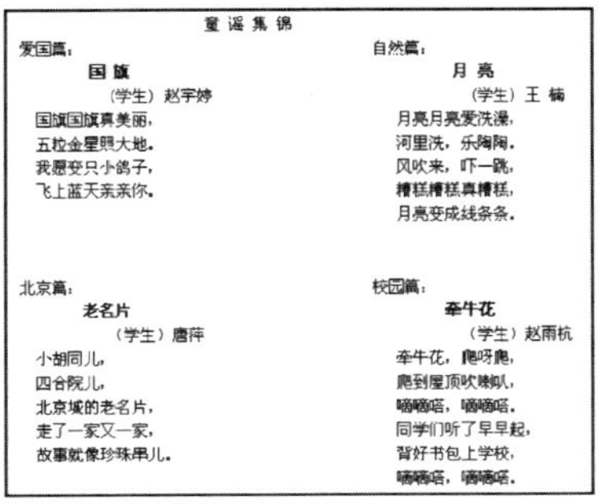

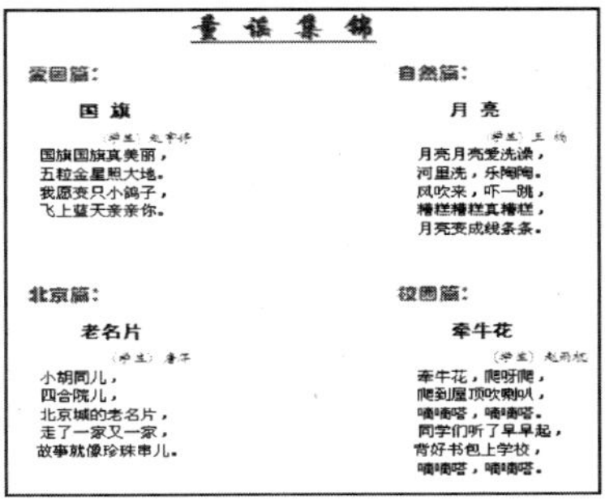

学生对比观察后回答：童谣集锦2（请学生回答原因，学生可能回答：字的大小、颜色、样式、形状发生了变化，使作品变得清楚、美观。）

教师引出本课任务：学习文字格式的设置，作为一名小编辑整理学校征集到的童谣。

板书课题：文字格式的设置

［设计意图：利用作品对比，引导学生观察，积累相关经验，激发学生兴趣。］

（二）搭建阶梯，自主探究

问题一：如何设置文字的大小、样式、颜色和形状？（教师出示）

板书：大小　样式　颜色　形状

学生打开“尝试练习”文件，自主探究尝试设置文字格式。

教师提示学生：查阅教材、交流讨论。

预设：

1. 未选定文字就进行操作——教师引导学生回忆所学：先选定文本然后进行操作；

2. 不知道文字的“样式”“形状”对应术语——教师提示：文字样式即字体，文字形状即字形改变，如加粗、倾斜、加下划线。

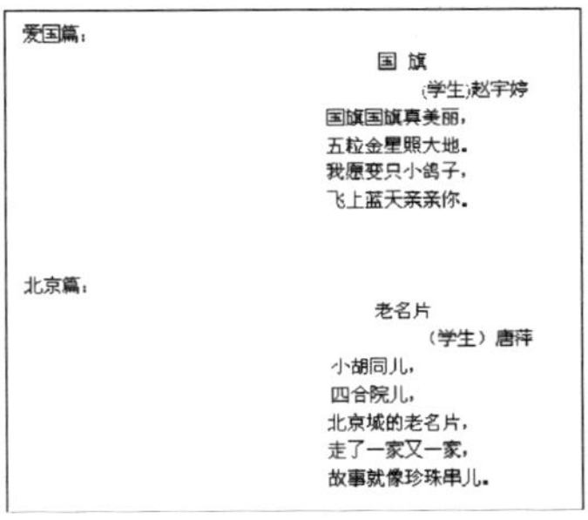

学生尝试操作完毕，教师请学生演示操作，并适当总结方法：

设置文字大小——调整字号　设置文字样式——改变字体

设置文字颜色——选取 A　设置文字形状——选取 B I U

板书：字号　字体　A　B I U

预设：

1. 不清楚字号大小的两种表示方法——教师予以讲解：文字型表示中数越大，字越小；数字型表示中数越大，字越大。

2. 字号能否输入更大的数字——如果有知道的学生请学生演示讲解；若没有则教师演示在字号选择框中输入更大的数字。

3. 文字字形设置中注意到下划线按钮的选择多样——及时表扬学生，请学生演示下划线多样选择。

4. 一篇文章中文字字号、字体、字形、颜色设置多样——如果设置合适（重点突出，分类清楚），则及时表扬，使学生形成初步感知：文字设置应恰当，适合文章；如果设置不恰当，则先不予以评断，在下一环节活动中予以解决。

［设计意图：使学生由实际操作引发学习需要，通过自主探究、知识迁移、教师引导完成教学重点的学习，为后续教学难点的突破奠定基础。］

（三）生活引导，观察思辨

如果上一环节活动中出现设置不合理作品，则在此演示；如果未出现明显不合理作品，则在此出示“错误示例”。（如下图）

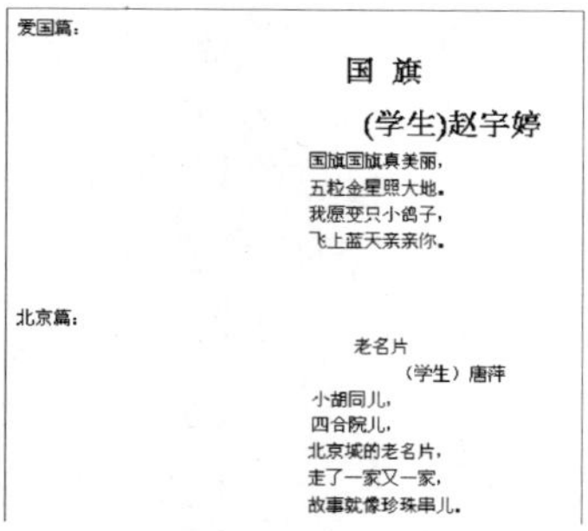
爱国篇：

国 旗

(学生)赵宇婷

国旗国旗真美丽，
五粒金星照大地。
我愿变只小鸽子，
飞上蓝天亲亲你。

北京篇：

老名片

（学生）唐萍

小胡同儿，
四合院儿，
北京城的老名片，
走了一家又一家，
故事就像珍珠串儿。

请学生观察：你认为文字的设置合适吗？为什么？

学生交流讨论后发言。

预设：

1. 学生能够认识到文字格式的设置应该恰当，比如颜色不能太多，使文章显得杂乱等——及时表扬学生，肯定学生的想法；然后演示教师课件，引导学生观察，加深认识、了解：合理设置文字格式的依据是什么？

2. 学生不能够认识到合理设置文字格式或认识很浅显——教师直接演示课件，引导学生观察、认识：我们为什么要合理设置文字格式？

教师演示课件：

引导学生观察：生活中哪些地方用到了文字格式的设置？

学生交流讨论：设置后的文字起到了什么作用？

学生发言讲述进行文字格式设置所起到的作用：突出强调重点；分门别类；美观，增强艺术可看性。教师适当归纳总结，引导学生应根据需要合理设置文字格式。

学生根据观察讨论，再次修改“尝试练习”并保存。教师巡视指导，关注有困难的学生。

［设计意图：通过课件中实际生活的演示，增强学生的感性认识，辅以教师的引导，帮助学生顺利突破教学难点。］

（四）关注全体，分层练习

教师布置分层练习：

练习一：“招聘启事”——为把学校征集的童谣编辑成册，学校大队委准备面向全校同学发出“招聘启事”来吸引更多小编辑加入。请你这位小编辑帮助大队委检查并修改“招聘启事”。

> 招聘启事
>
> 因学校征集童谣工作的需要，现在面向全校同学招聘小编辑，要求如下：1. 阅读写作能力强。2. 电脑操作熟练。有意者请速到大队部报名，过期不候。
>
> 大队部

练习二：“名片设计”——作为一名小编辑需要经常与同学，甚至不认识的同学或老师、朋友交流，为了更方便地与人交往，请你在 Word 中为自己设计一个名片来帮助自己的编辑工作。

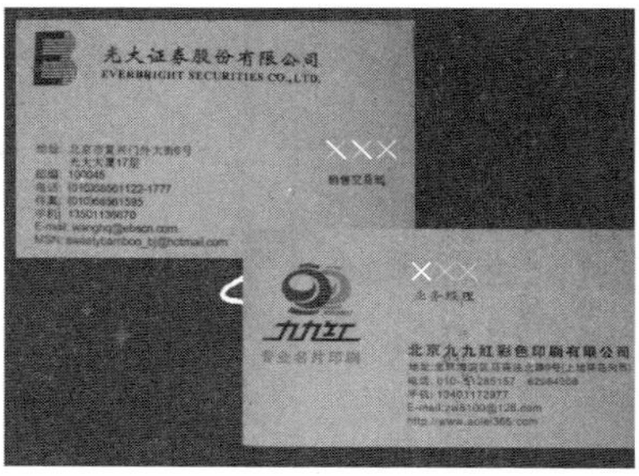

（提示：可以参考“生活示例”课件中的相关图片资料。）

练习三：“童谣配画”——学校的小画家们也创作了很多画提供给童谣编辑部使用，请你这位小编辑为小画家的画搭配上合适的童谣，并运用所学知识合理设置其中的文字。（相关童谣可以参考“童谣”文件。）

［设计意图：巩固所学知识，关注全体学生，培养学生善于观察、善于思考的能力以及综合运用知识的能力。］

（五）组织展示，评价提升

教师请学生进行交流欣赏（可以打破座位限制），然后进行自我推荐或推荐他人。

学生欣赏评价，进行自评和互评。教师适当点评。

作品评价标准：

1. 作品符合题目要求；
2. 文字格式设置合理；
3. 作品具有个性特色。

学生完成自评表。

	很好	一般	再努力
学会设置文字格式；恰当运用所学知识创作作品			
善于观察思考，作品具有个性特色			
正确欣赏评价他人作品			

［设计意图：通过展示评价，生生互动，使学生获得成功的体验；提升学生欣赏作品的意识水平。］

（六）回顾铺垫，总结期待

请学生谈收获，教师适当总结学生发言，回顾本课知识。请学生提出问题。

预设：

1. 名片设计中的页面为什么跟平常使用页面不同？边框是怎么放进来的？

2. “童谣配画”中的文档中的图片是如何放进来的？已有的童谣有没有更快的方法放进童谣配画中？

教师为后续学习铺垫：我们还有这么多的问题需要解决，想知道答案吗？我们在后面的几节课中会陆续揭晓答案，敬请期待，同样也期待你的积极参与和奇思妙想。

学生提交本课作业，下课。

[设计意图：通过回顾总结知识，提出新问题，再次激发学生学习兴趣，为后续课程开展作铺垫。]

八、创新特色

1. 本课从学生身边生活出发，围绕生活实际出现的问题，充分利用实际生活实例，为学生创设主动建构所需的学习环境和条件，让学生在发现问题、解决问题的过程中乐学会学。

2. 教学过程通过“支架式”“启发式”等自主学习策略，为学生搭建了向上攀升的阶梯，同时辅以实时适时点拨、生生互动等，激发学生主动建构知识意义。

我的电子小报

保安璞[①]

一、教学内容分析

本课是佛山市《信息技术》编委会编写的《小学信息技术》四年级下册第八课的内容。本课属于综合课。制作电子小报，是对前面所学知识的综合应用，但本课又有自己的重点和难点，如：确定电子小报的主题，对电子小报进行规划，围绕小报主题收集选择素材，进行版面设计等，对提高学生的综合信息能力具有深刻意义。对于小学四年级的学生，建议以设计制作一个版面的电子小报入手开展学习。

1. 教学重点

了解电子小报的基本构成要素，掌握电子小报的报头设计要求，了解电子小报的版面布局方法。

2. 教学难点

报头的设计要求、版面布局的简单方法。

课时安排：2课时。第一课时制作报头，主要通过一些例子，让学生了解电子小报的特征，明确电子小报的报头构成，尝试进行报头设计；第二课时进行小报的版面布局设计，为加入文字与图片做准备。

① 广东省佛山市禅城区石湾第一小学．

二、教学对象分析

本课的教学对象是小学四年级的学生。学生在学习本课之前，已经学习了文字的修饰、文档的分栏、版面的修饰及插入符号、插入图片及文本框、使用表格以及插入艺术字等内容，但学生尚未尝试过综合应用以上知识完成一件作品。另外，学生对于什么是电子小报，其制作要求是什么，制作的方法怎样等还不清楚。学习中可能出现以下情况：（1）学生对前置知识掌握得较好，能迅速转入对知识的综合应用；（2）学生掌握前置知识，但应用不熟练，操作所需时间较多；（3）学生遗忘前置知识，综合应用有困难。针对学生不同的情况，教师引导学生借助课本和教师提供的辅助学习资源等，采取自主学习、协作学习、小组活动等多种方式开展学习活动。

三、教学目标分析

1. 知识与技能

了解电子小报的构成要素及版面设计的一些简单方法，用Word的相关知识（如插入文本框、插入图像、艺术字、修饰文字等）尝试电子小报的报头设计及版面设计。

2. 过程与方法

通过观察对比、主动质疑及实例分析、模仿制作等过程，制作小报的报头、设计小报的版面。通过观看演示、互动评价与交流等课堂活动开展有效的学习。

3. 情态、态度和价值观

通过欣赏优秀电子小报，体验电子小报的制作过程，感受信息技术在生活中的实际作用，学会关注与捕捉身边的信息知识，养成从生活中学习的信息意识。

四、设计理念

本课的设计，第一，注重联系生活实例展开教学，以学生熟悉的学习报为例子切入学习；第二，注重分层任务的设计，实现面向全体学生，尊重个体差异发展；第三，充分发挥学生的学习主动性，在教师的引导下进行观察分析、实践操作，以及课堂交流等，有效地开展学习活动；第四，充分利用课本，并提供学习辅助资源，拓宽对学生的助学渠道。

五、教学策略与媒体设计

1. 教法

应用启发式教学策略，借助学生熟悉的报刊，引导学生质疑、分析、归纳，找出电子报刊应包含的要素；应用助学策略与合作学习策略，引导学生利用书本的提示和教师提供的学习辅助资源以及采取同伴互助等多种方式获取知识，通过评价手段反馈教学效果，了解学生学习困难，通过讨论、交流等及时对学生提供帮助指导。

2. 学法

学生通过观察、质疑、思考、看书、查阅教师提供的学习辅助资源、进行尝试操作、同伴互助等，在良好的互动氛围中开展学习活动。

3. 媒体设计

可供学生自由浏览的电子报刊样例、学生优秀电子报刊作品。

六、教学过程设计

教学环节一：引入

<table>
<tr><th>教学内容</th><th>时间</th><th>教师活动</th><th>学生活动</th></tr>
<tr><td>欣赏小报，揭示课题</td><td>2 分</td><td>展示学生熟悉的报纸（图）及电子小报，请学生欣赏并思考：
你在小报中看到哪些信息（小报名称、具体内容、出版日期、编者等）
板书：电子小报</td><td>欣赏教师展示的电子小报，观察并找出报纸包含的信息，回答教师提问</td></tr>
<tr><td colspan="4">教学评价：会观察、会发现小报中必须包含的信息</td></tr>
<tr><td colspan="4">
羊城晚报 YANGCHENG EVENING NEWS
广货赴桂开拓合作新商机
市区道路仅有两个测速仪
印尼一运输机坠毁68人死
安置困难群体就业
新购20万人份达菲 指定110家定点医院
广东首例甲流患者检测结果仍呈阳性
劳动部门：不挑不拣30天介绍工作
警告级别仍为5级
金饰已取回，未追究任何人责任
吃的省了 用的贵了
储蓄少了 投资多了

［设计意图：通过欣赏生活中的报纸，初步认识报纸的构成信息，从整体上感知报纸的结构。同时，引起学生对学习制作电子小报的兴趣］</td></tr>
</table>

教学环节二：认识报纸的结构

教学内容	时间	教师活动	学生活动
1. 思考如何制作小报	2分	请学生思考：如果让你来制作一份电子小报，你要怎样制作？你能提出哪些学习问题？（简要地板书学生提出的问题）	思考，提出关于如何制作电子小报的问题
2. 认识小报两大版块		课件展示报纸的两大部分：报头与内容	观察，认识报头与内容版面，从整体上认知小报
教学评价：会思考，能提出学习问题			
［设计意图：设疑促思，通过设疑“假如自己制作一份电子小报，要怎样制作”，引导学生主动思考电子小报应该包含哪些内容，自己提出学习问题。并利用几份小报进行对比，引导学生认识小报的两大构成部分：报头与内容部分］			

教学环节三：认识电子小报的报头构成

教学内容	时间	教师活动	学生活动
1. 了解小报报头包含的要素	6分	利用课件，引导学生欣赏电子小报的报头设计，认识小报的报头包括：名称、出版日期、出版单位、编者等；然后出示普通（纸质）报纸和电子小报，引导学生对比：电子小报和普通报纸的报头有什么相同的地方？（有小报名称、出版日期、出版单位、编者、版面数、期刊号等）	认识报头的构成 观察、感受电子小报和普通报纸的异同，对比找出两者相同之处，小组交流，归纳出小报报头所应包含的内容
		观察报头设计，你能发现哪些信息 	
2. 明确报头包含的内容		教师根据学生的回答，进行板书： 报头：小报名称/出版日期/出版单位/编者/版面数/期刊号……	小组派代表回答教师提问：报头包含的内容有哪些
3. 了解小报报头包含的信息		拓展认知：引导学生思考从小报的报头可获得哪些信息？（如：小报的主题范围、小报适合的阅读对象等，以及报名的设计要醒目等） 揭示课题，并板书“报头设计”，形成完整课题：电子小报的报头设计	思考教师提问，尝试回答 进一步明确报头设计要突出内容，要醒目

续表

<table>
<tr><th>教学内容</th><th>时间</th><th>教师活动</th><th>学生活动</th></tr>
<tr><td></td><td rowspan="2"></td><td colspan="2">观察小报的名称，谈谈你的想法

</td></tr>
<tr><td>4. 归纳报头包含的信息</td><td>引导学生看板书归纳，再次明确小报的报头包括哪些信息</td><td>汇报：小报的报头包括哪些内容</td></tr>
<tr><td colspan="4">教学评价：会对比，会归纳，并能从看见的小报名称等信息，思考到小报主题相关的信息</td></tr>
<tr><td colspan="4">[设计意图：通过对报头构成要素的分析，使学生了解小报的报头包括小报名称、出版日期、编者、出版单位等，同时，认识到小报名称对于小报要呈现内容起着高度概括的重要作用，认识到定一个恰当的小报名称的重要性]</td></tr>
</table>

教学环节四：电子小报报头设计基础练习

<table>
<tr><th>教学内容</th><th>时间</th><th>教师活动</th><th>学生活动</th></tr>
<tr><td rowspan="2">巩固练习
1. 判断报头要素是否齐全</td><td rowspan="3">12 分</td><td>出示练习：请判断下面的报头缺少了哪些内容？（第一份：缺少出版日期；第二份：缺少编者和出版单位等）</td><td>观察教师给出的小报报头，找出缺少了哪些内容</td></tr>
<tr><td colspan="2">练习内容：
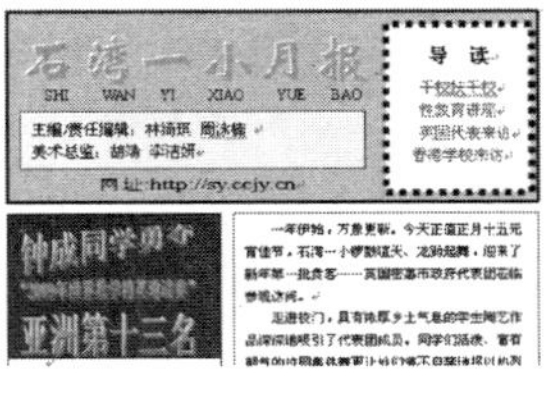

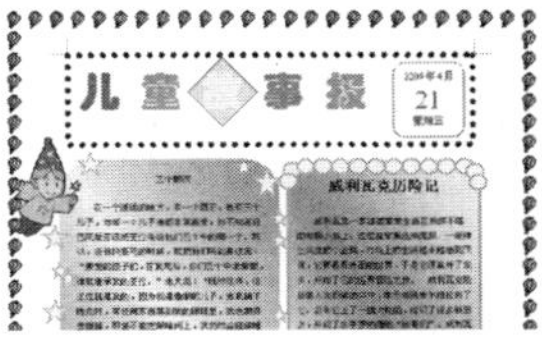
</td></tr>
<tr><td>巩固练习
2. 确定小报名称</td><td>请学生根据小报内容，为一份缺名称的小报取一个合适的名称
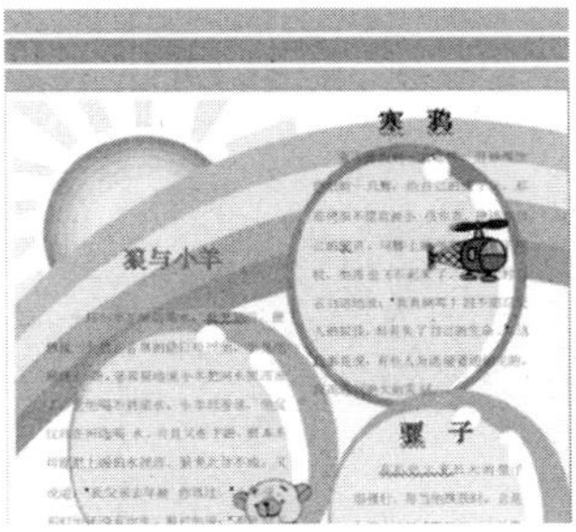</td><td>多人发言，尝试为小报取一个合适的名称
在实践中懂得小报名称与小报内容的相关性</td></tr>
</table>

续表

教学内容	时间	教师活动	学生活动
巩固练习 3. 修改报头		出示练习：请打开“练习一（爱心报）.doc”对其中的报头进行修改，使小报名称更加醒目，报头内容更突出 	打开教师给出的练习文档，实践操作，利用前面所学的修饰文字等知识，修改报头
教学评价：掌握小报报头包含内容，会发现，会动手			
［设计意图：通过判断练习，帮助学生巩固对小报报头构成的认识，通过修改练习，引导学生利用前面所学知识如文字的修饰等，尝试设计小报报头。以较低难度的练习，帮助四年级的小学生进一步掌握报头各部分的构成及体会报头的设计方法］			

教学环节五：电子小报报头设计提高练习

教学内容	时间	教师活动	学生活动
1. 分层练习：学生选择内容进行练习，尝试设计小报报头	8分	请学有余力的学生自由选择其中一个练习内容进行报头设计练习： （1）打开教师提供的练习文件“练习二（寓言）.doc”（其中有内容，无报头，报头位置留空）  （2）请学生自定小报主题，设计个性化小报报头	打开教师指定文件，准备自己动手完成难度更大些的练习：小报报头的完整设计 更灵活地应用所学知识进行报头设计练习（难度较高）

续表

教学内容	时间	教师活动	学生活动
2. 小组讨论如何进行报头设计		布置学习任务：为该小报设计一个合适的报头。讨论： （1）定什么样的小报名称 （2）除了小报名称，还应该包含哪些信息？这些信息怎样呈现 根据学生的回答，建议学生使用已学过的知识如艺术字、文本框等设计报头，添加报头要素	讨论小报的报头，提出小报名称的参考意见 明确报头还应该包含的内容，如出版日期、出版单位、编者、版面数、期刊号…… 明确可以使用艺术字、文本框等技术进行报头的设计
3. 小组合作进行报头设计拓展练习		让学生尝试制作报头，教师进行巡视指导。针对学生在编辑的过程中可能碰到的问题，如文本框的定位等进行处理	尝试制作小报的报头 两人一组开展小组学习
4. 人文知识介绍		介绍《人民日报》报名由毛泽东主席题写等相关知识	聆听教师介绍，拓展认知
教学评价：会灵活应用所学知识进行尝试，能完成小报报头的设计			
［设计意图：通过引导学生对有内容无报头的小报进行报头设计的讨论，进一步让学生明确电子小报应该有一个能高度概括内容的小报名称，并应该在报头中包含一些必要的小报元素。利用小组合作，设计报头的活动，使学生在实践与讨论中加深对小报报头的理解。相关人文知识的介绍，让学生拓宽认识，了解报纸名称来历等知识］			

教学环节六：电子小报报头设计交流与学习情况反馈，课堂评价

教学内容	时间	教师活动	学生活动
作品展示与交流	7分	展示部分学生设计的电子小报报头，请学生欣赏、评价，提出修改建议 引导学生从以下几方面进行评价： （1）小报名称是否体现小报内容 （2）报头是否包含必要的小报信息 （3）报头的设计是否主次分明，清晰美观，风格是否与内容协调	自我推荐作品进行展示，集体欣赏同学作品，尝试对作品进行评价，提出修改建议 在交流中明确小报报头制作的要求：小报名称突出，报头要素齐全

续表

教学内容	时间	教师活动	学生活动
教学评价：(1) 学生结合评价引导自评、互评。(2) 教师对学生学习过程的投入情况与所取得的进步情况进行评价，肯定学生在学习中表现出的大胆质疑、努力探究与合作学习的精神			
[设计意图：通过作品展示与交流，在欣赏与评价中加深对报头的理解。教师要发现学生有创意的报头设计，通过展示，鼓励学生在学习活动中进行有创意的报头设计，以此鼓励学生对知识进行灵活地应用]			

教学环节七：学习总结

教学内容	时间	教师活动	学生活动
1. 总结	3分	引导学生归纳本课学习的重点，回顾学习的收获，激励学生的自信。谈一谈：今天学会了什么？还有什么收获？自我评价： ☐ 我知道小报的报头包括哪些内容 ☐ 我学会了设计小报的报头 ☐ 我喜欢本课的学习 ☐ 我对自己的学习感到满意 ☐ 本课所学知识在生活中的应用	回顾所掌握的知识，进行学习总结与评价
2. 布置作业		(1) 上“百度网”查询： ☐“报纸的起源” ☐“报名题写” (2) 自定小报主题，用笔和画纸设计一份小报报头草图	记录作业
教学评价：会归纳，会总结，客观地进行自我评价			
[设计意图：通过总结，帮助学生梳理知识结构，加深对所学内容的印象。布置作业，引导学生拓展学习内容，了解与报纸相关的知识，学会拓宽知识面的方法]			

七、教学反思

本课内容，经过多次的课堂教学实践，体会如下：

第一，教学设计能挖掘出课本所涉及的知识，对教材的处理比较到位。将小报的设计分为报头设计和版面设计两课时，便于学生学习掌握。第二，以主题方式开展教学活动，学生的学习活动显得有实际意义，学生课后可以把知识应用到实际当中，进行作品创作。第三，学生的学习积极性很高，很投入，老师注意过程评价，及时的教学反馈使课堂产生了动态生成的效果。第四，学生的情感体验真实感人，如有学生在学习反思中说：“通过这节课，我学到了设计板报的报头，要有题目、刊号、日期、版号、出版社……让我明白，一个小小的报头也要如此精细（精心）地编写。”还有学生写道：“没想到看报容易做报难，光是标题就有许多要求。今天真让我长了见识！”另有学生写道：“我学习到了如何在电脑上做报纸的报头，比如要有主题，导读……明白了只有做好报头，才可以吸引读者，读者才肯看下面的内容。”

从学生的学习反思来看，本课的知识目标得以较好地实现，学生的情感体验也比较深刻。因此，备课中对学生学习需求的了解和创设符合学生兴趣与认知水平的教学情境，是实现有效的任务驱动与充分发挥学生主动探究学习能力的前提条件。

我是小导演——Flash 中的图层

刘晓烨①

一、教材分析

本课选自“闪亮的世界，多彩的生活”Flash 教学网站中“轻松入门”阶段的第五课，此网站是由东城区信息中心的教研员为我们推荐的网站，这节课教学重点在于两点：掌握插入和编辑图层的操作；理解图层的概念。教学难点为制作多图层动画。

二、学生分析

学生是小学四年级的学生，刚开始接触 Flash 软件的学习，学生通过前四节课的学习，已经掌握了调色板的使用、属性面板的使用、元件的新建与使用、形状补间动画和移动补间动画的制作方法这五方面的知识与技能。

为了学生既能在轻松愉悦的氛围中学习，又能达到良好的教学效果，我根据制作中遇到的问题层层深入，解决问题，将所有的知识点都融入问题之中。并且设置了学生感兴趣的情境、创造了充分展示学生创造力的空间。我采用了实物演示法、示范演示法、任务驱动法、启发教学法、对比教学法、小组合作学习法。使学生自主投入到创造的氛围中，充分发挥学生的想象力和创造力。

三、教学目标

1. 知识与技能

（1）掌握插入和编辑图层的操作。

（2）理解图层概念。

（3）尝试制作包含 3～5 个图层的动画。

2. 过程与方法

（1）学生观看图片和动画，体会动画这种媒介的特点。

① 北京市东城区黑芝麻胡同小学.

（2）教师运用实物演示、操作演示和讲解的方法，结合学生自主尝试，学生理解了图层的概念，学会了插入和编辑图层的操作。

（3）通过完成教师布置的拓展任务，进一步巩固图层的操作，加深对图层概念的理解。

（4）学生通过教师设置的“当个小导演”的情境，运用给定图片素材编排小故事，并制作动画，进一步巩固图层的操作，受到信息素养的相关教育。

3. 情感、态度和价值观

（1）在教学中，学生观察动画的不同，培养学生观察能力。

（2）学生在小组交流中，锻炼了自己与人交流和合作的能力。

（3）通过给定素材，完成新的多层动画，学生的创新能力得到提高。

（4）向学生渗透信息素养教育。

四、教学课时及准备

教学课时：新授课 1 课时，巩固课 1 课时。

教学准备：动画示范、幻灯片、图片素材、未完成和已完成的演示用 Flash 动画。

五、教学过程

（一）情境引入

1. 出示一幅静止的画面，请学生说一说画面讲述了什么故事？

2. 静止的画面动起来（实际上是一个 Flash 小动画），学生观看，发现动画讲述的事情和刚才自己看到的画面完全不同。

3. 引导学生说出：静止的画面有一定的局限性和不确定性，而动画可以讲述完整的事件。

4. 今天我们继续学习 Flash 动画的制作。

（二）新课讲授

1. 这个动画和我们以前学过的动画有什么不同？（教师可以

播放此前学习的一个动画效果。)

2. 引导学生说出：这个动画画面丰富，元素很多。(有背景、有卡通人物，动静结合等。)

师：同学们想作出这样的小动画吗？(生：想)

3. 自主尝试制作。

(1) 老师提前准备好一只帆船行驶的动画源文件，请学生打开，说一说有什么问题？(没有背景图片)

(2) 自主尝试插入背景图片。

(3) 发现问题：背景图片把帆船盖住了，并且补间动画的实线箭头变成了虚线，播放时出现了问题。

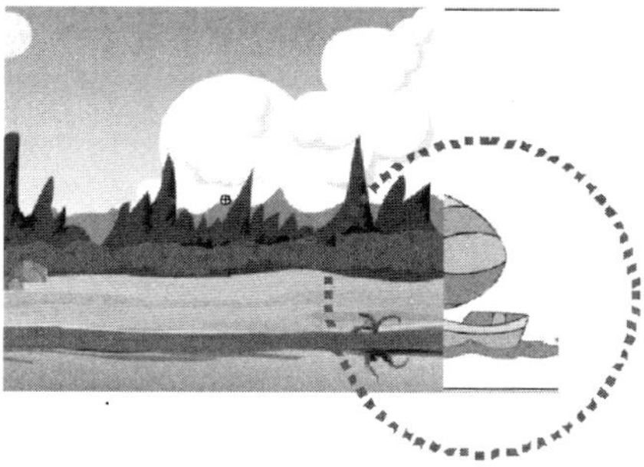

(4) 解决问题：教师播放教师制作的动画源文件，引导学生进行比较，得出结论：教师的动画源文件多了一个图层。

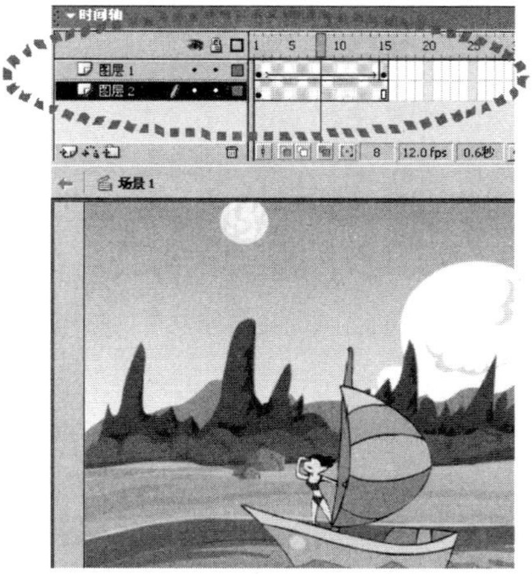

师：这就是问题的关键，正因为有了这个图层，老师的动画才没有问题。

那么图层是什么呢？它有什么作用呢？

4. 图层的概念。

实物展示（透明胶片，每个胶片上贴着一个图片）

(1) 教师拖动小女孩的胶片，小女孩动了起来，但是其他图片并没有动。

(2) 学生观察并思考：图层的概念和作用是什么？每个图片元素的叠放次序如何？

(3) 教师引导学生总结出图层的概念：图层相当于透明的胶片一样，层与层之间互相联系，又互不干涉。

知道了图层的概念和作用后，怎么插入图层呢？

5. 插入图层的方法。

(1) 插入—图层；(2) 时间轴上的按钮。

6. 自主尝试插入图层。

将刚才导入图片的步骤按 Ctrl＋Z 撤销。

插入完后将背景图片导入到这一层。

发现问题：背景将帆船盖住了。

学生观看教师源文件，发现图层的顺序有问题，应该是背景最底下。

7. 调整图层顺序的方法（拖曳）。

明确只要是背景层就要放在所有图层的最下边。

学生调整完进行播放检验。

师：播放帆船游动和小女孩跑步同在一个画面上的动画。

学生思考：这个动画多了小女孩跑步的画面，想一想在刚才动画的基础上又该如何做呢？

生：在原有动画的基础上，完成小女孩跑步的制作。

师：如果还想加上其他元素呢？

所以我们说，在 Flash 制作过程中，需要几个元素就要插入几层。

8. 修改图层名称。

播放教师课件，对比：发现图层一多，容易混淆，引出修改图层名称的方法。

学生自主尝试修改图层名称。

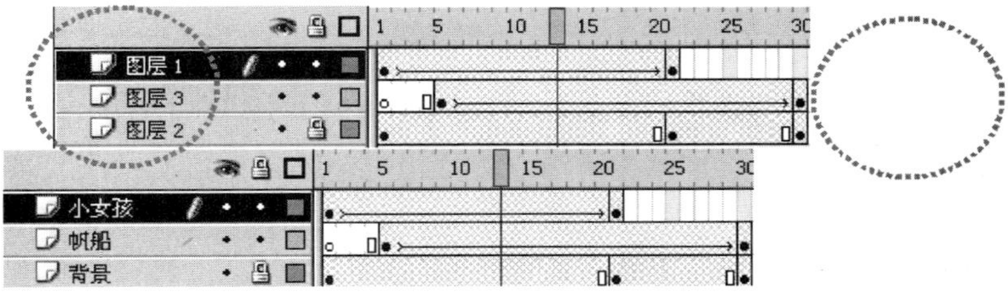

（三）巩固练习——当个小导演

1. 教师播放范例，打开学生思路。

师：我还可以说出我这个动画的小故事，边播放边说。仔细听，老师说的故事包含了哪些要素？（时间、地点、人物和故事情节。）

时间	
地点	
人物	
故事情节	

2. 布置任务：用所给素材，选择时间、地点和人物，4～5个人一组编故事，并制作成动画效果。每组制作具有简单故事性的小动画。制作之前先将表格填写完整。

（四）展示评价

1. 明确要求：屏幕出示评价表，教师说：在我播放每个小组动画的时候，每个同学从屏幕上这几个方面进行评价。看完后，本组小组长组织本组成员进行评议，最后决定将组内的三张笑脸分别投给哪些组，贴在黑板的表格里。

Flash 制作 	
编故事情况 	
讲故事情况 	

2. 请做好的组将动画进行播放，教师轮流用控制台播放。

3. 先请同学说说故事情节，再请本组人进行讲解。结果可能是不同的。因此进行信息素养教育。

4. 进行评价：组内从三个方面进行评价。

5. 投票：组长将本组的三张笑脸进行投票，不同颜色代表不同的内容。

6. 最后统计综合，可以当场制作成柱形统计图，使学生一目了然。

7. 评出最佳操作奖、最佳编剧奖和最佳讲述奖。

（五）总结

今天我们学到了什么？

最后教师播放已经做好的带有声音的动画，学生初步感受声音的作用。

师：其实一个动画效果有了画面没有声音，是不够生动，也不够明确。所以下节课我们要讲给动画加入声音。而且可以是自己录制的声音。

六、教学反思

（一）优点

1. 引入部分，学生观看静止的图片和动画，此环节学生很感兴趣，达到了良好的教育效果。

2. 根据动画制作过程中出现的问题，层层深入，解决问题，顺理成章，学生从中既能体会到制作动画的步骤，又能掌握解决问题的方法。

3. 实物展示也是本课突破重点的手段，学生通过透明胶片的实物展示，理解了图层的概念和作用，以及图层的层次关系。

4. 巩固练习——当个小导演，此环节是本课的亮点环节，学生利用所给素材，分小组合作学习，完成多层 Flash 动画。这个环节充分调动了学生的积极性，为学生提供了创作的空间，使课堂气氛达到高潮，学生们表现出了前所未有的热情和能力。

（二）不足

1. 在讲授图层的操作和使用环节，还应该再简练一些，可以节省更多的时间。

2. 小组合作学习中，应该对本组学生进行更为细致地分工，以免出现有的学生不动脑的现象，虽然学习积极性高，但是有个别学生的热情不在创作本身上，这一点应该加强设计和管理。

我与世博同行——宣传海报制作

尹 婷[1]

一、教学内容

《我与世博同行——宣传海报制作》是江苏省科学技术出版社《小学信息技术》（下册）继 Word 教学内容之后的一节综合应用课。在前一阶段教学中 Word 的基本知识和基本操作技能已经教授完毕，本节课要求学生利用已学的基础知识和已具备的基本操作技能制作一张世博的宣传海报。

二、教学目标

1. 知识与技能

（1）能知道海报是由报头、宣传词、宣传画、制作人姓名等组成；了解宣传海报主题呈现方式及特点。

（2）能知道页面设置的方法，并根据需要设置纸张大小、页面方向等。

（3）会恰当选择和灵活运用 Word 中的菜单命令（如：艺术字、图片、文本框等），呈现主题，表达创意。

2. 过程与方法

能根据任务导航，选择合适的菜单命令制作一张世博会宣传海报。在过程中充分发挥学生的主体性作用，学生会在教学情境下进行自主探索和实践操作，发挥设计才能和创意，并学会评价作品。

3. 情感、态度和价值观

（1）通过这节课培养学生利用计算机解决实际问题的能力，逐步形成基本的信息素养。

（2）在活动中培养学生的创新能力、交流、合作的精神。

（3）能对自己和他人的创作过程和作品进行负责、客观地评价，培养学生审美的意识。

三、教学重点与难点

教学重点：掌握制作宣传海报的方法。

---

① 连云港市猴嘴小学.

教学难点：合理布局版面、不同插入对象之间的色彩搭配。

四、学生情况分析

本课的教学对象为五年级学生，在教学本课前，学生已掌握了 Word 的基本操作，如插入图片、调整图片的大小和位置、插入艺术字等操作。学生具备一定的独立思考和解决问题的能力，并渴求通过自身努力来探究运用所学知识解决实际问题。在理解教材的基础上，结合学生的年龄特点，设计本课以达到提高学生将所学应用到生活中的能力的目的，激发学生对信息技术的持久兴趣。

五、教学设想

开始以谈话和开心抢答引入本课教学内容，不仅可以集中学生的注意力，同时在这一过程中还可以根据学生回答情况得知学生对世博的了解程度，紧接着引出本课的学习任务——制作一张世博宣传海报。选择这个主题，更贴近学生生活，更有利于激发学生制作的热情。

在范例欣赏过程中，通过学生观察、讨论、交流、总结归纳，学生能够知道海报的组成要素和设计特点；紧接着分析如何利用已学 Word 中的知识点把海报的组成要素实现。通过“连一连”使学生更能明确海报每一个组成要素在 Word 中的知识点分布。

本课的核心就是根据五项任务来完成一张海报设计制作的全过程。考虑到学生之间存在差异，在操作过程中难免遇到操作上的疑问，学生可以参照“技能手册”、请教同组的成员、请教课本、请教老师来完成。

六、教学准备

知识竞答题、主题曲《微笑上海》、世博图片素材、宣传海报范例参考、海宝支招.doc。

七、教与学的实际过程描述

教学步骤	师生活动	设计理念
谈话导入 巧引课题	师：2010 年 5 月 1 日是个特别的日子，大家知道它为什么特别吗 生：五一国际劳动节 师：对，但是今年的这一天和往年的是不一样的！现在给大家一个提示，请看大屏幕 【课件出示：海宝图片并播放上海世博会主题曲】 生：海宝，世博会在这一天举行 	多媒体展示图片和歌曲，使学生产生精神上的共鸣，快速进入学习状态

续表

<table>
<tr><th>教学步骤</th><th>师生活动</th><th>设计理念</th></tr>
<tr><td></td><td>师：海宝有几个问题想考考大家，大家愿意替它解答吗？
生：愿意
【课件出示】学生读题并回答
师：看来大家对世博会知道的还真不少，但在我们身边还有很多同学不知道呢。大家想不想当一名世博会宣传部的设计师呢？制作一张海报让更多的人知道世博，了解世博呢
这节课我们就来探究如何制作一张世博会宣传海报
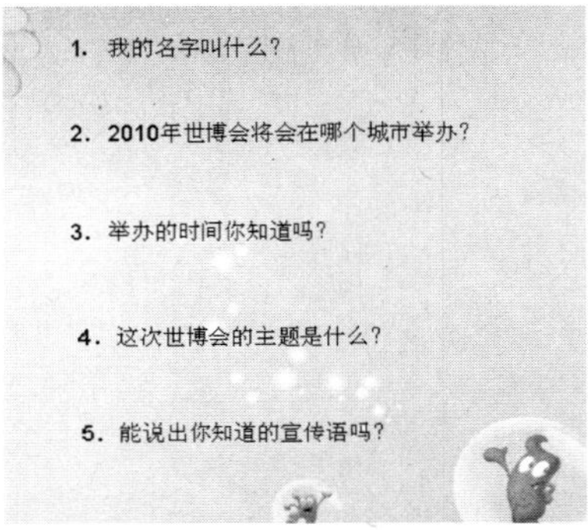

【课件出示课题：我与世博同行——宣传海报制作】</td><td>世博常识问答环节也蕴涵着宣传海报的组成部分。给下面的范例欣赏中的小组讨论作铺垫</td></tr>
<tr><td>范例欣赏

明确任务</td><td>【课件出示：世博海报】
1. 看一看：学生观察海报
2. 说一说：以小组为单位讨论海报的组成部分及特点
生：与世博相关的图案、宣传语、世博会举办城市，等等
生：主题要突出、色彩要亮丽、宣传语要和主题有联系
教师总结并归纳海报的组成要素
【黑板板书：海报是由报头、宣传词、宣传画、制作人姓名等组成】
小结：宣传海报以其鲜艳的色彩、鲜明的主题吸引着人们的目光，在生活中可以告知人们一些重大的事情，而且海报有一定的装饰性
师：了解了这么多有关海报的知识，大家已经迫不及待地想自己设计一个了，那还等什么呢
明确设计思路：
师：你认为在 Word 中制作海报，需要用到学过的哪些知识
学生回答（自选图形、文本框、图片等）</td><td>引导学生观察，在观察过程中让学生对宣传海报有一个感性的认识，在讨论交流中唤起学生探究的欲望</td></tr>
</table>

续表

<table>
<tr><th>教学步骤</th><th>师生活动</th><th>设计理念</th></tr>
<tr><td></td><td>【黑板板书：连一连】

报头　宣传词　宣传画　制作人姓名 ……
自选图形　艺术字　文本框　插入图片 ……

请学生完成，教师做补充（连线并非是单一的）
师：刚刚经过大家共同的努力我们了解了海报的组成要素以及在 Word 中设计制作要具备的本领，在动手之前，我们先来欣赏一下其他班级小设计师们设计制作的海报
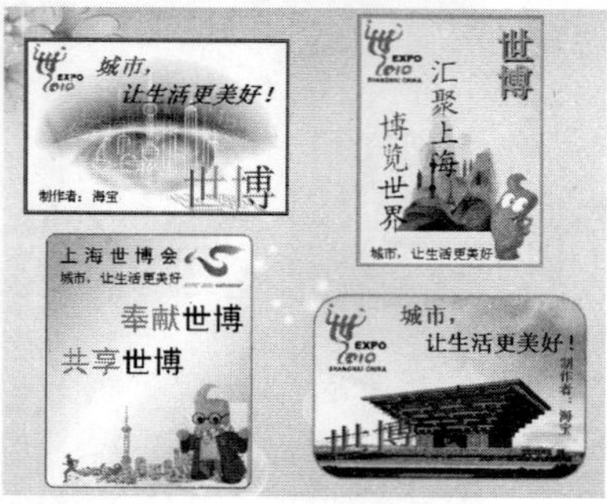
【课件出示】学生欣赏
师：有没有信心超过他们？现在就行动吧</td><td>连一连，学生能明确在 Word 中制作宣传海报要具备的基本技能
通过欣赏同年级学生的作品，更能激发学生尽善尽美地制作宣传海报的意愿</td></tr>
<tr><td>任务导航

尝试操作</td><td>告知学生素材所在位置以及在遇到问题的时候记录下自己的问题，可以向海宝支招．doc［见附件 1］或者同学或者老师寻求帮助（播放主题曲）
任务一：请将页面设置为宽 21cm，高 15cm，方向设置为“横向”
任务二：选择一种你想要的页面边框效果进行设置
任务三：艺术字插入“世博”两个字，设置合适的艺术字环绕方式
任务四：选择你设计的海报中所需要的图片，插入并进行图片大小和格式的设置
任务五：从下面的宣传标语中选择一条或者自己写一

1．城市，让生活更美好
2．欢迎参加 2010 上海世博会
3．中国有一份幸运　世界将添一片异彩
4．汇聚上海　博览世界
5．走进东方文明　展现世界未来
6．以我文明新貌　喜迎世博盛会
7．奉献世博　共享世博
8．了解世博　参与世博</td><td>任务导航可以让学生明确制作一张海报要具备的流程，但又不是唯一的

培养学生自主学习，协作学习的能力。让学生自我演绎、归纳、发现，突出教学过程的主体性、开放性和实践性</td></tr>
</table>

续表

教学步骤	师生活动	设计理念
	条宣传标语，以文本框的形式介绍你的宣传标语。运用同样的方法，把世博会举办的时间、举办的地点、设计者的名字放置在海报恰当的地方 学生应用所学知识，完成五项任务	
释疑解难 完善作品	师：大家在制作过程中，遇到了什么问题，有解决不了的问题吗 **问题记录卡** **1. 在制作过程中，你在哪项任务中出现了问题?** **2. 你的问题是什么?** **3. 你是怎么解决这个问题的?** 教师根据问题记录卡内容组织释疑解难。方式一共有三种：①我求助；②我帮你；③我发现 请学生完善作品，教师指导	运用问题记录卡能更好地发现学生制作过程中的共性问题
交流评价 完善认知	【课件出示】评价依据（由各个小组推荐一名小专家，组成 4 人专家组） 要素齐全　主题突出　突出个性　设计美观 构思：有创意 图形：简洁、美观 色彩：对比强烈 文字：精炼、准确、朗朗上口 1. 专家组指导学生进行小组自评 2. 教师、专家组学生开展组间互评 3. 教师、专家组对优秀作品点评 对于学生都赞赏的海报，请制作者边操作边口述操作步骤和操作技能，以检测技术操作过程，巩固技能 专家组评选设计之星 3 名，构图最美设计师 1 名，色调搭配最协调设计师 1 名  专家组给优秀作品颁发“设计小能手”勋章	通过此环节，学生学会评价他人的作品，提高学生的评价能力，培养学生的审美情趣。在交流过程中增进学生间感情，有助于培养学生学习他人长处的意识。以专家组的形式来评分更有说服力
总结延伸	说一说本课你都有哪些收获 师生共同总结制作海报的步骤：设置海报版面大小及页面边框底纹，插入艺术字“世博”，插入所需图片，插入文本框添加标语等信息，保存 结束语：同学们设计了这么多漂亮的世博海报，老师会将优秀的海报打印出来，课后我们把这些海报贴在学校的宣传栏中，让更多人知道世博，了解世博	谈收获旨在对学生所学知识进行梳理，使学生进一步构建自己的知识体系

八、教学反思

本节课的教学，采用任务驱动的教学方式，通过范例欣赏解析、学生自主操作、合作探究等方式引导学生巩固知识、增强技能，并完成一张宣传海报，总体效果较好，但仍有不足，现总结如下：

（一）任务驱动，引导学生自主学习

任务驱动是一种在信息技术应用软件学习中被广泛采用的方法，其最突出的特点是围绕任务展开教学。因此任务的设计、编写非常重要，既要注重方法和知识体系，还要融进信息技术的综合性、实用性，并融入到生活实际应用中。

在本课，我设计了制作世博宣传海报任务。这个任务对于五年级的学生来讲，能将以往所学的知识进行综合应用是非常不容易的，因此我将这一任务分解成为五项小任务。我在布置任务之初，引导学生思考，完成这一总任务需要哪些技能。配合板书"连一连"，学生很快就能将任务完成过程细化到各个已学的知识点中，这样的好处，一方面是总的任务被分解细化，利于学生自主完成；另一方面，也使学生明确，在以后完成类似的任务时，都需要分解细化的步骤。

（二）合理利用课前预设和课中生成

既然涉及的知识点比较多，因此在实际动手环节中学生会产生很多问题。所以在制作前我充分考虑到这一点，制作了海宝支招的文档。这样学生通过提示能充分地体验解决问题的过程。如果自己实在解决不了，在释疑解难环节，全班来讨论并支招。经过这一系列的过程，学生对问题的理解无疑更深入了，对知识点的把握也更加扎实了，取得了比较好的效果。

（三）本课待改进之处

对学生间的个体差异关注的不够，一部分学生用时很短，相对而言一部分学生操作的时间长些，这样的情况就造成任务完成早的学生没事干，同时也说明了调控课堂和分层教学的能力还需要加强。在评价环节怎样发挥专家组的实际作用，还需要深入探究。

小熊请客——图片的复制

蒋春风[①]

一、指导思想与理论依据

随着信息技术的飞速发展，在新的教学理念、教学模式指导下，以学生为中心的教学模式在信息技术教学中得到广泛应用。在本课教学中，教师从学生的主体地位出发，精心设计每个教学

---

① 北京市顺义区尹家府小学.

环节，组织学生通过完成任务、自主操作、合作交流等方式来掌握和应用信息技术。

二、教学背景分析

（一）教材分析

1.《小学信息技术》教材三年级下册第二单元安排了四个课题，用8课时学习使用画图软件的基本工具，让学生们能运用自己的“画笔”讲述“小熊请客”的小故事。

2. 本课教学是第二单元的第6课时，是学习运用“粘贴来源”命令复制整张图片以及图片局部的复制、粘贴的操作。

（二）教学对象

年龄及心理特点：本课的教学对象为三年级学生，此年龄段学生活泼好动，求知欲望强，喜欢参与各种活动，对学习画图很感兴趣。由于我校地处农村，大部分学生家中没有计算机，所以，在学习过程中，一方面应多给学生探究实践的机会；另一方面培养学生自主学习的意识。

已有知识水平：三年级的学生通过前面内容的学习，已经掌握了铅笔、直线、曲线、椭圆、矩形、圆角矩形、多边形、用颜色填充、橡皮、选定等简单的绘图工具的操作，并能运用这些绘图工具画出丰富的有变化的图形，还学习了文件的保存、打开命令，对于文件存放的路径已经熟练掌握，这对本课要学习“粘贴来源”中找到图片存放的路径起到了很好的铺垫。学生对图片局部的复制、粘贴以及整张图片的粘贴操作是第一次接触，因此，本课通过学生观察自学、自主探究、协作交流等方法让学生自主探索新知识，体验成功的快乐。

教学方式与手段：在本课教学中，采用了任务驱动教学方式，设计了三个任务：《小熊请客》《安排食物》《美丽的小花园》。通过演示作品、教师引领、学生实践、师生总结等手段，将教学内容融入其中，完成本课的教学任务。另外，本课还运用了自主实践、小组协作等教学方式。

三、教学目标

1. 知识与技能

（1）能根据需要使用“复制/粘贴”命令插入图片，并能调整图片的大小和位置。

（2）能根据需要使用“粘贴来源”命令插入图片，并能调整图片的大小和位置。

（3）能区别使用“粘贴来源”与“复制/粘贴”命令。

2. 过程与方法

通过演示对比、小组合作、讨论交流、自主实践的过程，掌握“粘贴来源”“复制/粘贴”命令的方法并感悟其作用，在完成《小熊请客》《安排食物》《美丽的小花园》等任务，体会“复制/粘贴”“粘贴来源”命令的区别与联系。

3. 情感、态度和价值观

(1) 在完成三个任务的过程中，激发学习信息技术的兴趣，体会小组合作的乐趣及取得成功后的自豪感。

(2) 通过理解故事内容，培养学生热爱小动物的情感。

四、教学重点与难点

教学重点：“复制/粘贴”与“粘贴来源”命令的使用。

教学难点：“复制/粘贴”命令的使用以及灵活运用“复制/粘贴”与“粘贴来源”命令。

使用“复制/粘贴”的方法需要同时打开两个窗口进行操作，同时配合选定工具和任意形状的裁剪工具才能完成本课的任务，因此将此知识点确定为本课的难点。

五、教学过程

教学流程	教师活动	学生活动	设计意图
激发兴趣引入新课	1. 欣赏课件《小熊请客》  	认真观看课件	通过小熊请客的故事情节引入，激发学生的兴趣，顺利的导入新课
自主探究尝试实践	出示任务一：《小熊请客》 （学习“粘贴来源”命令） 小熊打算请小动物们来家做客，可是只有小猴子没来，原来小猴子迷路了，我们一起帮助小猴子来到小熊家	打开“小熊请客”文件	通过帮助小熊找到迷路的小猴子，激发学生的兴趣，

续表

教学流程	教师活动	学生活动	设计意图
	● 参考学习小助手 学习小助手 学习方法： 学习中遇见问题后，可以问同桌、问老师、看其他同学的操作 小助手： 1. 在“编辑”菜单上，单击“粘贴来源”命令 2. 找到并双击要插入的文件（位置：D：\ 小熊请客） 3. 拖动图片并正确定位 ● 教师巡视指导 ● 指名学生演示 ● 小结	借助学习小助手，尝试“粘贴来源”命令 学生展示操作，并讲解	从而引出“粘贴来源”命令，通过参考学习小助手完成任务，有助于培养学生自主学习的能力。在完成本环节任务的同时为后面的学习奠定基础
巩固新知 逐步体验	任务二：《安排食物》 （学习“复制/粘贴”命令） 在大家的帮助下，小猴子来到了小熊家。你们看，小熊正高兴地为小动物们准备午餐呢，但是怎样摆放呢 ● 引导学生打开“安排食物”文件夹  安排食物场景  食物（所有食物在一张图片上） ● 学生上机尝试 （预设：在尝试过程中学生会用前面学习的“粘贴来源”命令，但是很快会发现食物放一张图片上无法摆放）	打开“安排食物”文件夹	任务二的设计主要是引出“复制/粘贴”命令，用前面学习的“粘贴来源”命令无法解决此问题，需要选取图片的局部进行复制，进一步合理地安排图片的位置以及图片的大小，并让学生体会：选择局部图像时，要先选定，再复制 使用“复制/粘贴”的方法需要同时打开两个窗口进行操作，是本课的难点，需要教师适当的点拨，以起到引领示范的作用，便于学生接受

续表

教学流程	教师活动	学生活动	设计意图
	● 展示作品：解决在操作中遇到的问题（用“粘贴来源”无法摆放食物） ● 引出“复制/粘贴”命令 ● 教师作适当的示范 ● 学生完善作品，教师巡视指导 提问：“粘贴来源”与“复制/粘贴”区别是什么？引导学生根据需要灵活应用	请学生说出遇到的问题及解决方法 观看示范 完善作品 思考回答问题	通过总结两种方法的区别，便于学生灵活应用两种方法解决问题
拓展练习 交流评价	出示任务三：《美丽的小花园》 ● 引导学生打开“美丽的小花园”文件 ● 出示温馨小提示 温馨小提示 根据自己的爱好，帮助小熊设计一个漂亮的小花园 ● 精心设计小花园，布局要合理美观 ● 能说出自己的想法 ● 小组讨论：你想怎样设计小花园  ● 说出自己的设计方案 ● 上机操作，教师巡视指导 ● 展评作品	打开“美丽的小花园”文件 认真观看 4～6 人一小组讨论 介绍自己想法 上机实践 展示作品 评价作品	这一环节主要是让学生进一步巩固知识，形成技能，充分发挥学生的想象力，帮助小熊设计小花园，培养学生的思维和设计能力 通过评价作品，增强学生的自信心，培养语言表达能力，学会欣赏别人作品，有助于提升自身的成就感
总结交流 共同提高	师生总结	学生总结 填写评价表	总结本课所学知识，体会两种命令的作用

续表

板　书
小熊请客 （一个窗口）“粘贴来源” ——→ 整张图片 （两个窗口）“复制/粘贴” ↗ → 图片的局部
学习效果评价设计

评价原则：激励评价全程性，师生、生生交互性

评价方法：过程性评价和终结性评价相结合

评价角度：情感、态度，能力，知识，合作意识，创新思维

学生自我评价表

学到的本领	熟练的运用	会用但不熟练	我能帮助同学
1. 会用“粘贴来源”命令			
2. 会用“复制/粘贴”命令			
3. 明白“粘贴来源”和“复制/粘贴”命令的区别			
4. 能综合运用所学知识进行创作			
5. 作品有新意			
6. 有较强的学习兴趣			
合　计	今天我得了______颗红星		

六、课后反思

本课的教学共有两条主线：一条是教师以故事情境导入，并以故事情节贯穿始终，这是情感主线；另一条是“粘贴来源”“复制/粘贴”命令的学习及两个命令的区别，这是知识主线。

① 情境导趣，以乐促学

快乐之一：在观看《小熊请客》的动画故事中，学生们有着掩饰不住的快乐，因为看动画本身就有强烈的吸引力，更何况又是平时最熟悉和喜爱的卡通人物，他们更是喜出望外！

快乐之二：当孩子们把小猴成功请进小熊家时，他们为能帮助小动物而快乐。

快乐之三：在美化小花园时，孩子们非常投入，在体验团结的力量，享受学习的快乐！

② 情境导思、水到渠成

一堂信息技术课，所有的精华都集中蕴藏于孩子们的不断操作与探究过程中，在帮助小熊找到迷路的小猴子时，通过参考学习小助手完成任务，有助于培养学生自主学习的能力。摆放食物

环节是本课的难点，采取教师适当点拨的方式，以起到引领示范的作用，便于学生接受。最后的拓展练习，充分发挥了学生们的想象力，培养了他们的思维和设计能力。整节课全体孩子都在享受着学习的快乐，而这一切都源于教学情境的创设。

③ 激励评价，贯穿始终

本课采用学生自评、互评、教师参与的评价方式，以过程性评价和总结性评价相结合，通过具体、明确的目标使学生产生强烈的自我达标意识。

修 改 图 形

袁 瑜[①]

一、教材分析

《修改图形》是江苏省《小学信息技术》教材上册第 12 课的教学内容。共分三个部分，第一部分结合对图形进行细微修改，来学习“放大镜”工具的使用方法；第二部分主要通过比较“橡皮”工具、“选定”工具的适用范围，确定这些工具的适用范围和使用方法；第三部分主要介绍如何使用“裁剪”或“选定”工具来修改图形的方法。

二、学生分析

教学对象是小学三年级学生，他们已经学习过画图的一些基本操作，对使用“橡皮”修改图形、“放大镜”观察图形细微处等单项操作都了然于胸，但对画图工具的选择和画图技巧的使用方面存在一定的问题，《修改图形》是教材关于画图知识的进一步认识，并且贯穿着以后整个的画图知识教学，是学生能够顺利、快捷操作使用画图的基础之一，所以这一课教学非常重要。针对学生年龄小、认知水平较低且注意力不能长时间集中这些特点，教师要创设生动的情境，调动学生多重感官的参与，激发学习内驱，重、难点知识让学生通过与生活经验知识迁移、自主探究和小组合作等主要学习方式完成，教师适当个别指导也必不可少。

三、教学目标

1. 知识与技能

理解“橡皮”“选定”和“裁剪”等绘图工具的使用方法。

2. 过程与方法

通过尝试操作，掌握“橡皮”“选定”和“裁剪”等绘图工具适用的范围和使用的方法，培养学生的观察能力、判断能力及

① 江苏省无锡市惠山区藕塘中心小学.

动手实践的能力。

3. 情感、态度和价值观

学习统筹完成事情的过程，发扬团结协作的精神。

四、教学重点与难点

教学重点："选定""裁剪""放大镜"等工具的使用方法。

教学难点：熟练地判断"橡皮""选定""裁剪"工具的适用范围并能灵活地运用。

五、教学准备

将图片"捡西瓜"（有漏洞）和"练习"通过远程控制软件发到每台学生机上。

六、案例描述

片段一：讲故事，引入教学内容

师：前段时间，各大电视台都在热播电视剧新版《西游记》，大家看过吗？那里面有哪四个主要人物？你觉得孙悟空和猪八戒哪个厉害？

生：孙悟空。

师：看来大家对《西游记》都很熟悉，由于孙悟空比猪八戒厉害得多，所以平时这个孙猴子一直要捉弄猪八戒。唐僧让猪八戒出去找食物，猪八戒顶着个大箩筐在路上走着走着，突然发现路边的西瓜地里有一个很大很大的西瓜（图片展示：图 1）。正当他想去摘的时候，孙悟空驾着筋斗云正好经过，被他看到了这一幕。这孙猴子眼睛一转就想出了一个坏主意，只见孙猴子轻轻地吹了口气，地上的西瓜就变成了透明的（图片展示：捡西瓜）。这下猪八戒可看傻了，他想："咦，我怎么会这么倒霉，刚才还在的西瓜怎么一会儿就没了。"他想请我们的小朋友来帮助他找回西瓜。小朋友愿不愿意帮助我们的猪八戒啊？

生：（情绪高涨）愿意。

图 1

师：说说你准备怎么帮？

图 2　捡西瓜

生：帮西瓜涂上颜色。

师：你准备使用什么工具为西瓜涂上颜色？

生 1：油漆桶。

生 2：喷枪。

生 3：刷子。

师：在这里使用哪个工具最方便？

生：油漆桶。

[评析：在学生情绪高涨地说愿意帮忙时，教师没有马上让学生去上机操作，而是通过"怎么帮""使用什么工具最合适"等问题帮助学生理清思路，提高了学生操作的有效性。]

片段二：查漏补缺，用生活经验说明操作问题

根据以往的教学经验，很多学生在出现渗漏问题以后，马上联想到用"放大镜"去查找漏洞，而不是将出现的错误"撤销"。所以在这里，教师通过一段对话将学生在操作过程中可能出现的错误提前提示给学生，提高学生操作的有效性，也节省了课堂教学的时间。

师：那老师就来试一试用"油漆桶"工具来涂色。（故意找有漏洞的那块涂色）出现的是什么问题？

生：颜色漏到外面去了。

师：怎么会出现这个问题？

生：图形上有漏洞。

师：怎样去解决？

生：用"放大镜"找漏洞。

师：如果杯子上有裂痕，倒水进去就会漏出来，我们首先想到的是将漏出来的水擦掉还是先将杯子修补好？

生：恍然大悟。

[评析：新知识的掌握不仅可以通过学科知识的整合，更可

以通过生活经验的迁移得来，这样更容易培养学生良好的学习习惯和思维方式。]

片段三：故事续说，比较操作掌握重点

师：在同学们的帮助下，猪八戒又能看见地上的大西瓜了。孙悟空发现同学们都很聪明，也很乐于助人，就不再捉弄猪八戒了，悄悄地飞走了。孙悟空可是一个筋斗十万八千里呢，怎么让孙悟空一下子飞走呢？想一想我们应该使用哪个工具？

预设：根据学生已有的操作经验，学生会说到“橡皮”“油漆桶”等已学过的工具，教师只要演示一下，让学生发现使用这些工具并不能快速地擦除孙悟空。由于学生学习水平的差异性，基础好的学生会说到“选定”“裁剪”等没有学过的工具。

情况 1：也是最理想的，学生只说到“选定”工具，那么让学生演示操作方法。让全体学生练习后教师归纳：“橡皮”工具，主要用于小面积图形的修改；“选定”工具，主要用于大面积图形的修改。

情况 2：如果学生先说到“裁剪”工具，那么同样让学生演示操作，并提问学生还有什么工具可以快速地擦除图形？如果有学生说到“选定”工具，那么同样让学生演示一下“选定”工具的操作方法。学生练习后教师归纳：“橡皮”工具，主要用于小面积图形的修改；“选定”“裁剪”工具，主要用于大面积图形的修改。如果没有学生会说“选定”工具，教师提示并介绍“选定”工具的使用方法，并总结归纳。

[评析：根据学生已有的知识经验，有很大一部分学生会在平时操作中会主动尝试一些新的工具。而画图工具的使用方法比较简单，因此学生很容易尝试成功。生教生比师教生更容易让学生接受，真正体现出教学中学生的主体地位和教师的主导作用，变“教”师为“导”师，充分发挥学生的主观能动性。]

片段四：故事延续，突破难点

故事：猪八戒看到西瓜以后，匆忙扔掉了大箩筐去摘西瓜，他非常害怕大西瓜突然又不见了。

接着片段三的两种情况进行教学。

情况 1：有了前面的操作，学生马上想到的就是前面让孙悟空消失的“选定”工具。但在简单的尝试后发现，使用“选定”工具会将猪八戒的部分剪掉。

师：“选定”工具只能选中矩形部分的图形，而大箩筐和猪八戒粘连，是一个不规则图形，所以我们应该选择“任意形状的裁剪”这个工具，它可以选定任意形状的图形。

教师演示“裁剪”工具的使用方法。

情况 2：“选定”工具和“裁剪”工具，哪个更合适呢？让学生先仔细观察大箩筐和孙悟空在形状上有什么区别？

生：大箩筐和手有粘连的部分，而孙悟空是单独的一个图形。

师：想一想，有粘连后使用“裁剪”工具比较好，还是“选定”工具比较好。

学生上机尝试后就会发现用“选定”工具会将猪八戒身体的部分也剪掉。得出应该使用“裁剪”工具。

学生练习。

教师归纳：

大面积规则图形（矩形区域）的修改可以使用“选定”工具；

大面积不规则图形（任意形状）的修改可以使用“裁剪”工具。

学生操作，在大箩筐和猪八戒手交叉的地方可以使用“橡皮”工具做细微的调整。

[评析：本课的教学重点是熟练地判断“橡皮”“选定”“裁剪”工具的适用范围，如果直接把“裁剪”和“选定”的适用范围归纳给学生，学生的印象并不深刻。先让学生在操作中遇到问题，产生解决问题的需求后印象会更深。]

七、教学后记

在实践中我们发现生本教育能提高学生的学习积极性和学习成果，但是花费的时间也是成倍地增加。往往在教师抛出一个问题，让学生小组合作、自主探究一番后，课堂的 40 分钟时间也在悄然消失，往往学生、老师感觉意犹未尽，下课铃声就已经响了，而一节课的教学任务也没有完成。因而在本课教学设计时，教师对如何提高课堂的有效性做了精心地设计。

（一）有效的素材准备

通过孙悟空和猪八戒这两个家喻户晓的人物，为学生创设一个熟悉的环境，让他们去联想、去判断。不但能激发他们的学习兴趣，而且能加深对问题的理解。

（二）有效的知识迁移

在操作出现失误时，学生往往不会想到“撤销”，教师由杯子漏水的生活经验引导学生思考如何处理误操作，使知识更加生动、易懂。

（三）有效的操作行为

实践操作是信息技术学科所特有的教学环节，而有效的操作行为将成为有效课堂的提升。我们在教学中，要从操作前、中、后三个方面去实施与落实。

1. 重视操作前的讨论与分析

操作前的有效交流，可起到确立求知目标，启发多样想法，激发创作思维等作用。本课创设了帮助猪八戒找西瓜这一情境后，没有马上让学生动手尝试，而是通过“怎么帮”“使用什么工具最合适”等一系列提问引导，启发学生在动手操作之前必先“胸有成竹”。

2. 重视操作中的观察与辅导

学生操作练习时，应是信息技术教师最忙的时候。教师要巡视观察学生操作的全过程。注意发现一些典型问题，以便进行集中辅导。而对于个别学生的问题，则要做好单独指导，争取让每个学生都跟上学习进度。

3. 重视操作后的交流与反思

操作后不能匆匆收尾，要做好对知识的提炼。可以在交流中挖掘操作过程中的亮点，发现共性的问题，提炼操作过程中的规律方法。在学生明确“选定”和“裁剪”工具的使用方法后，教师让学生交流比较选择他们认为最方便、最快捷的方法进行操作，并总结归纳“选定”与“裁剪”工具的适合场合，这样更能节省时间而且教育的根本目的不是要让学生掌握每一种方法，而是要教会学生用最优的方法去解决问题，从而使个案提升到一般处理方法。

修饰我的演讲稿——设置字体、段落格式

董淑香①

一、教材分析

《修饰我的演讲稿——设置字体、段落格式》是义务教育山东省小学课本《信息技术》第二册（下）第三课的内容，本课通过文字修饰、段落排版两个教学任务的设计，让学生初步掌握如何在 Word 中对已输入的文字或文章进行修饰、美化。

二、学情分析

本课教学对象是小学四年级学生，已经学习过“写字板”，利用知识迁移，再通过前两个课时的学习，学生已能够熟练地在 Wcrd 中输入全篇文章，了解段落的含义，能够运用所学知识对文章进行分段，会保存作品。大部分学生已不满足现状，对文字

① 山东省烟台市莱阳市盛隆小学.

或句子的字体、大小、颜色及段落格式等个性化的设置充满了强烈的欲望。故此，本课教给学生的学法是“接受任务—思考讨论—合作操练”，体现以学生为主体，教师为主导的新课程理念。让学生带着一个个任务通过自主学习，实际操作，课堂讨论，协作探索，在完成任务的过程中不知不觉实现知识的传递、迁移和融合。

三、教学目标

1. 知识与技能

了解各种字体、字号、颜色以及段落对齐方式，理解它们的作用，掌握设置的具体方法，并能将其应用于实践和日常的学习与生活之中。

2. 过程与方法

通过学生的自主探究学习，培养他们的观察与审美能力，以及对信息的加工处理能力和创新设计能力。

3. 情感、态度和价值观

发展个人爱好，激发学生的学习兴趣。在同学之间的交流合作中，培养学生互相帮助、团结协作的良好品质。

四、教学重点与难点

教学重点：字体、字号、颜色及段落格式设置的具体操作方法。

教学难点：段落格式的设置及分栏的应用。

突破重、难点的措施：演示、动手操作与交流合作。

五、教学方法

本课采用的主要教学方法有：“任务驱动法”“创设情境法”以及“学科整合”等。

以任务驱动法为主，在任务设计上注重与语文等学科的整合，给学生创设一个学习的情境，让学生带着一个个任务展开研究式、探索式学习，再通过学生交流、教师引领的方式，针对学生制作情况的反馈，简单任务直接演示、复杂问题分步解决，逐步揭示学习内容，从而获得真正的知识和能力。

六、教学准备

1. 多媒体课件《喜羊羊的烦恼》。

2. 多媒体网络教室。

3. 学生机准备 Word 文档《喜羊羊的演讲稿》、学生自己写的电子日记。

七、教学过程

（一）创设情境，激趣导入

课件展示故事：《喜羊羊的烦恼》。

故事大意：羊村长宣布要竞选班长，最有竞选实力的就数喜羊羊和美羊羊了，他们都暗自给自己加了一把劲，距竞选还有一天时，两个人各自完成了一篇竞选演讲稿。

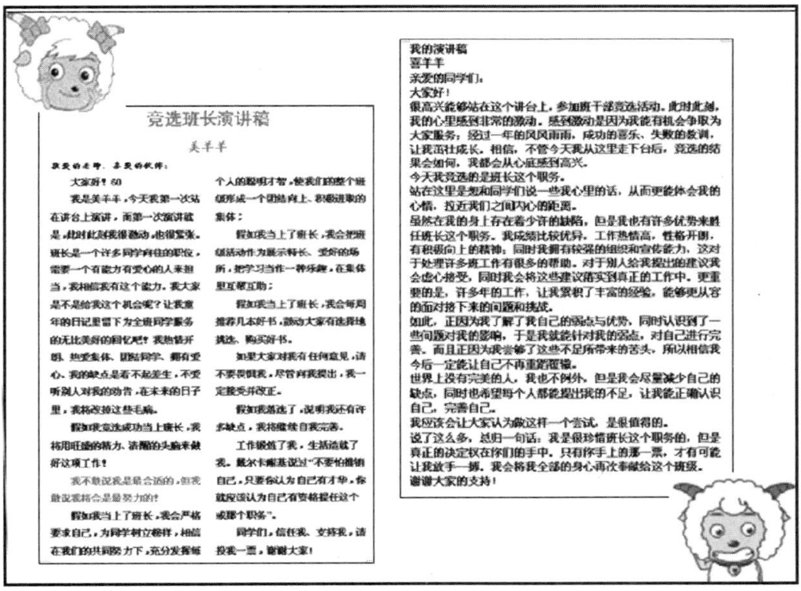

竞选班长演讲稿

美羊羊

亲爱的老师、亲爱的伙伴：

大家好！60

我是美羊羊，今天我第一次站在讲台上演讲，而第一次演讲就是，此时此刻我很激动，也很紧张。班长是一个许多同学向往的职位，需要一个有能力有爱心的人来担当，我相信我有这个能力。我大家是不是给我这个机会呢？让我童年的日记里留下为全班同学服务的无比美好的回忆吧！我热情开朗、热爱集体、团结同学、拥有爱心。我的缺点是看不起差生，不爱听别人对我的劝告，在未来的日子里，我将改掉这些毛病。

假如我竞选成功当上班长，我将用旺盛的精力、清醒的头脑来做好这项工作！

我不敢说我是最合适的，但我敢说我将会是最努力的！

假如我当上了班长，我会严格要求自己，为同学树立榜样，相信在我们的共同努力下，充分发挥每个人的聪明才智，使我们的整个班级形成一个团结向上、积极进取的集体；

假如我当上了班长，我会把班级活动作为展示特长、爱好的场所，把学习当作一种乐趣，在集体里互帮互助；

假如我当上了班长，我会每周推荐几本好书，鼓动大家有选择地挑选、购买好书。

如果大家对我有任何意见，请不要畏惧我，尽管向我提出，我一定接受并改正。

假如我落选了，说明我还有许多缺点，我将继续自我完善。

工作锻炼了我，生活造就了我。戴尔卡耐基说过"不要怕推销自己，只要你认为自己有才华，你就应该认为自己有资格担任这个或那个职务"。

同学们，信任我、支持我，请投我一票，谢谢大家！

我的演讲稿
喜羊羊
亲爱的同学们：
大家好！
很高兴能够站在这个讲台上，参加班干部竞选活动。此时此刻，我的心里感到非常的激动。感到激动是因为我能有机会争取为大家服务；经过一年的风风雨雨，成功的喜乐、失败的教训，让我茁壮成长。相信，不管今天我从这里走下台后，竞选的结果会如何，我都会从心底感到高兴。
今天我竞选的是班长这个职务。
站在这里是想和同学们说一些我心里的话，从而更能体会我的心情，拉近我们之间内心的距离。
虽然在我的身上存在着少许的缺陷，但是我也有许多优势来胜任班长这个职务。我成绩比较优异，工作热情高，性格开朗，有积极向上的精神；同时我拥有较强的组织和宣传能力，这对于处理许多班工作有很多的帮助。对于别人给我提出的建议我会虚心接受，同时我会将这些建议落实到真正的工作中。更重要的是，许多年的工作，让我累积了丰富的经验，能够更从容的面对接下来的问题和挑战。
如此，正因为我了解了我自己的弱点与优势，同时认识到了一些问题对我的影响，于是我就能针对我的弱点，对自己进行完善。而且正因为我尝够了这些不足所带来的苦头，所以相信我今后一定能让自己不再重蹈覆辙。
世界上没有完美的人，我也不例外，但是我会尽量减少自己的缺点，同时也希望每个人都能提出我的不足，让我能正确认识自己，完善自己。
我应该会让大家认为做这样一个尝试，是很值得的。
说了这么多，总归一句话：我是很珍惜班长这个职务的，但是真正的决定权在你们的手中。只有你手上的那一票，才有可能让我放手一搏。我会将我全部的身心再次奉献给这个班级。
谢谢大家的支持！

课件展示：喜羊羊、美羊羊作品对比。

引导学生观察：谁的作品更美观一些？

学生通过已有的生活体验，肯定会发表自己的评价，认识到文章版面的美观。

适时导入：你愿意帮助喜羊羊把自己的作品也美化一下吗？通过今天的学习，我们就能帮喜羊羊解决这个难题。

课件出示课题：修饰我的演讲稿——设置字体、段落格式

[设计意图：通过展示两篇作品，激发学生的探索欲望，使之在完成任务过程中更为主动地获取知识，提高能力，实现学习目标。]

（二）步步为营，导学达标

本环节以完成两个任务展开分层教学。

1. 自主学习，完成任务一

课件展示两件不同的作品（一件是修饰过的，另一件是没有经过修饰的），请学生欣赏、简单评价。教师引导学生指出字体、字号、颜色、段落格式等方面的不同，提示字体、字号、段落格式等术语的含义。

（1）迁移知识，提出任务：要想将文字变漂亮，并不是一件困难的事，同学们以前不是学习过“写字板”吗？Word 中的设置方法与“写字板”差不多，喜羊羊同学的演讲稿就放在你的桌面上，请同学们打开桌面上《喜羊羊的演讲稿》文件，参照课本 14～16 页的内容，通过设置字体、字号、颜色等帮助喜羊羊将文字变得更美观。（课件提示：操作之前要先选中哦!）

（2）学生自学，操作实践：学生依照范例，参照课本内容，自学本部分知识，完成学习任务。教师巡视，了解学生情况，进行个别指导，引导学生互相帮助，协作学习。

[设计意图：学生在三年级时已经学习过“写字板”软件，并且掌握了参照课本上的示例自学知识的本领，再通过尝试操作与协作学习，大多数学生能完成任务，稍落后的学生也只需略加指点。在获得知识的同时，更能激发学生的学习热情，也培养了他们良好的学习习惯，对于以后自学其他软件，会有很大的帮助。]

（3）交流展示，评价反馈：通过网络广播，展示学生作品，师生共同欣赏、评价。请一名学生演示操作过程，共同回顾制作方法。

[设计意图：在课堂教学过程中，及时对学生的学习效果进行评价，可以检验和促进每个学生达到预期的目标，发现教学中的问题。目的在于加深学生对知识的记忆、理解。]

（4）教师指点，拓展知识：在学生演示完上一个操作过程后，让学生单击“格式”菜单栏中的“字体”，会有什么发现？这时学生会惊奇地发现这里“字体”“字号”“字体颜色”等都有了。适时对“字体”对话框加以介绍。引导学生用不同的方法解决问题。

2. 合作探究，完成任务二

（1）提出任务：喜羊羊对你设置的文字格式非常满意，可它发现还有几个地方需要修饰一下：

（课件展示：《喜羊羊的请求》）

① 将标题设置居中。

② 将正文每一自然段的开头空出两个字。（即：首行缩进 2 个字符）

③ 尝试为文章设置合适的行距。

（2）学生操作：对文稿进行段落格式的修饰。

操作过程中，适当引导：除了在“格式工具栏”中选择使用按钮外，可以使用“格式”菜单中的“段落”命令，打开“段落”对话框进行设置。

请在“段落”对话框中单击你感兴趣的选项，看看它究竟有些什么本领吧！

（3）小组分工，探索学习。

学生们认真地研究着他们喜欢的按钮的特点和作用，如：单击“对齐方式”按钮，可以更改段落的对齐方式。选择特殊格式里的“首行缩进”，可以设置首行缩进的字符数等。

教师巡视指导，及时指点、提醒，强调关键操作。

（4）展示与评价：完成任务后小组汇报，集体讨论，交流并修改作品。

展示学生作品，师生共同欣赏，归纳总结，并给探究成功的学生以展示自我的机会，演示并介绍自己的做法。在学生探究发现的基础上，教师再引导学生深入感知，解决重点、难点问题。

（5）完善作品：给学生时间，继续完善作品。

[设计意图：这个环节是本课的重点部分。在本环节中我抛出一个个任务，激发学生的好奇心、求知欲，从而促使学生去自我探索、自主学习和团体协作，达到掌握操作和使用的目的。]

（三）实践运用，提高发展

（1）提出任务：请同学们打开课前输入的 Word 文档——《我的日记》，今天我们要把作品修饰得更漂亮。

我们可以用什么方法来修饰它呢？

孩子们争先恐后地发表自己的意见，如：把题目加粗居中，改变字体、字号、颜色等使文字更漂亮。

（2）接着，学生开始了自己的创作。

（3）作品展示，分组评价。

[设计意图：在这里激发学生创作的积极性，使学生自觉地、愉快地创作。]

（四）归纳总结，完成构建

（1）学生说学习收获、发现与设想。

（2）分组评选，进行自评、互评。

（3）教师总结鼓励。

［设计意图：学生通过自评、互评来认识自我、评价自我、完善自我、培养自我。分组评选，是为了降低学生挑战的难度，激励学生进步。］

（五）知识拓展，开阔视野

课件展示：这些字漂亮吗？这也是同学们自己创作的，它的创作方法也在我们这节课学习的“格式”工具栏中的“字体”对话框里，感兴趣的同学可以课后尝试一下！期待你的杰作！

［设计意图：结束课程时提出的任务，将学生对本课的兴趣引向课外；对教材的深入挖掘和拓展，将本单元的学习推向了一个高潮，学生的学习热情可以直接延续到紧随其后的课程中。］

八、教学效果与体会

这堂课教师力求导得得法，学生学得积极主动，使整个学习活动成为学生主动参与、自主探究、创造想象的全过程。创设情境有效地吸引了学生的注意力，激发了学生的学习兴趣；自主学习培养了学生的自学能力，发挥了学生的主观能动性；教师适时适度地提问使学生由上课初时的好奇，到课中的跃跃欲试，至自学时的专心致志；知识拓展又为学生发展发散思维开辟了空间；学生作品的上传与展示为学生建立了一个自主、平等的交流平台。

反思这个过程，我认为：教学是否成功，关键在于是否做到了学生的主体地位与教师的主导地位相结合。在学生进行自主探究时教师不要过多地干涉和限制，以使他们能大胆地实践、充分地联想，从而引发创造思维。但在学生探究时，教师也不能完全甩手不管，在学生实践中发现问题时要个别问题个别指导，重、难点问题统一讲解。

有趣的七巧板——图形的翻转和旋转

邓志红[①]

一、教学背景分析

1. 教学内容

本次新授内容《有趣的七巧板——图形的翻转和旋转》是三年级《画图——图形的翻转和旋转》一课。

本次教学活动，通过学生玩七巧板游戏，了解七巧板的结构、规则和历史；通过学生用七巧板拼图等操作实践，掌握图形操作的基本方法；通过创意想象，体验画图软件中图形翻转和旋转的神奇效果，激发学生学习计算机的兴趣，挖掘中国传统智力

① 北京市昌平区景山实验学校．

游戏七巧板的巧妙与有趣。力求使学生在玩中学、玩中练、玩中体验计算机与传统游戏的情趣所在。

在课堂教学中将任务进行了细致的划分，使学生能够根据不同环节逐步深入地完成课堂任务。如课堂任务从照猫画虎、牛刀小试到大显身手，由易到难、由浅入深的引导学生，收到了很好的效果。

2. 教学对象

学生特点：小学三年级的学生，年龄小、爱问好动、想象力丰富，认知特点以形象思维为主，对实际操作活动有着浓厚的兴趣，因此，在学习过程中，应用计算机软件来实现七巧板游戏对三年级学生来说不仅符合他们的兴趣，更符合他们的认知特点。并且鼓励学生自己观察，亲自动手操作，学会合作和交流，师生共同归纳总结、体验学习。

学习现状：三年级学生对画板的学习内容比较感兴趣，并且知识掌握比较熟练。

学习瓶颈：但对某些细微的技巧不够重视，因此操作时容易忽略。

3. 教学方式

采用启发讲授、任务驱动、学生实践的方法。

4. 教学手段

通过七巧板游戏、教学课件、教师设问创造学习情境，借助电脑拼图游戏开展学习活动。

5. 技术准备

本课教学在机房多媒体环境下进行，学生能很好地使用计算机。

教师教学资料包括：教学课件、七巧板游戏、画图软件中七巧板图形。

二、教学目标

1. 知识与技能

（1）了解七巧板的结构、规则和历史。

（2）学会电脑画图软件中图形翻转和旋转的操作方法。

2. 过程与方法

通过观察教师示范，自己动手实践，学会用翻转和旋转的方法有目的地修改变化图形。

3. 情感、态度和价值观

通过创意想象，拼出有各自特色的图案，体验画图软件中图形翻转和旋转的神奇效果，体验中国传统智力游戏七巧板的巧妙与有趣。

三、教学重点与难点

1. 教学重点

通过用七巧板拼箭头、人物等，学会画图软件中图形翻转和旋转的操作方法。

2. 教学难点

结合学习和生活实际，利用翻转和旋转的方法进行有目的地修改变化图形。

四、教学过程

教学环节	教师活动	学生活动	设计意图
新课导入	（一）创设情境，激发兴趣 1. 师生同玩七巧板游戏 师：同学们玩过七巧板吗 生：玩过 师：你们用七巧板可以做什么游戏呢 生：用七块板拼出各种各样的图形 学生动手玩七巧板游戏	进行游戏	创设情境 引出新课 培养学生 学习兴趣
	2. 引入课题：有趣的七巧板 师：今天我们就应用正在学习的画图软件来玩一玩七巧板游戏 提问：七巧板包括哪些图形 生：包括两个大三角形、两个小三角形、一个中三角形、一个平行四边形、一个正方形 提问：那你们知道玩七巧板有什么规则吗 生：这七块板在使用的时候不能重复使用，也不能少用一块，而且七块板之间绝对不能重叠 师：你们知道七巧板是哪个国家发明的吗 生：中国（学生了解七巧板的历史）	提出问题 学生思考并回答	了解历史，增强民族自豪感
新授与实践	（二）照猫画虎 1. 学生打开指定画图窗口 师：这就是七巧板游戏中的七块板。我们平常玩的七巧板是装在什么形状的盒子中的 生：正方形 师：我们今天的第一个任务就是将这七块板还原成一个正方形 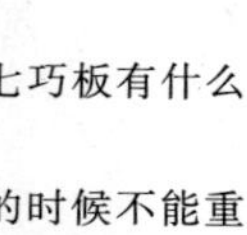 2. 教师进行示范，学生复习“图形的复制与粘贴”，完成正方形的拼图 方法一：Ctrl＋鼠标左键 方法二：编辑菜单—复制与粘贴	学生打开给定的画图窗口进行拼图 学生复习图形的复制、粘贴操作	学生复习知识点

续表

教学环节	教师活动	学生活动	设计意图
新授与实践	（三）牛刀小试 师：刚才，老师将组合过程给同学们示范了，大家做得很好，第二个任务给大家一个新的图形——箭头  “翻转/旋转” 师：图像菜单中“翻转/旋转”命令可实现图形的变形 教师演示翻转和旋转的原理	学生尝试（接受、质疑、明确） 学生练习图形的翻转、旋转操作	教师讲解引入新的知识点
	（四）小结 教师通过演示讲解，突出操作中应注意的事项 （1）图形的选定：图形应先选定再复制 （2）角度的选定：根据图形实际情况翻转和旋转 师：七巧板可以拼出变化万千、丰富多彩的图案来。但画图软件对图形只能进行 90 度旋转，不能进行 45 度旋转，所以不能拼出所有图形。因此老师事先给定两种旋转角度的图形：一种是 90 度的七巧板图形，另一种是 45 度的七巧板图形，这样同学们就可以选择需要的图形进行组合了	学生明确操作要点 学生打开指定画图窗口	教师总结知识点
	（五）大显身手 师：第三个任务同学们可以选择自己喜欢的图形用七巧板把它拼出来吧 	学生创造性地应用所学知识	培养学生认真观察的习惯

续表

教学环节	教师活动	学生活动	设计意图
	师：将拼出的整个图形进行翻转与旋转 	动手实践	培养学生自主学习、自主探究的能力
展示评价交流	（六）选择一部分学生的作品全班展示 课堂评价采取学生自评、生生互评、师生评价	分享作品	学生获得成功的体验，达到共同促进的目的
作业	（七）课后作业 师：应用七巧板可以拼出日月山河，飞禽走兽，物品器皿，风景建筑，还有人类日常生活的不同动态……同学们你们可以运用自己的想象力和创造力，拼出变化万千、丰富多彩的图形来 教师展示一组形形色色的七巧板图，给学生创意的灵感 1. 利用画图软件中的各种工具，填充颜色，增加元素，使图像更加形象逼真 	课后作业	学生对学习的知识进行拓展和延伸
	2. 将七巧板拼出的几个图形组合成一幅有主题的图画 		鼓励学生敢于想象、大胆创新
保存	将文件保存到指定位置	保存课堂练习	分析学生学习情况

五、学习效果评价设计

1. 评价方式

选择一部分学生的作品全班展示，通过展示提高学生的成就感，达到共同促进的目的。

2. 评价量规

（1）拼图符合七巧板的规则；

（2）拼出的图形：摆放整齐、搭配合理；

（3）能发挥想象，作品有创意。

六、教学反思

小学阶段是童年过渡到少年时代的时期，小学生活泼好动，对周围充满了好奇心，但因心理发展不均衡，注意力不集中，兴趣容易转移，在这节课教学实践中，为了使学生对计算机操作感兴趣，我采用了以下一些方法，收到了较好的教学效果：

1. 新课导入是一个比较成功的环节。从教学载体上，选择学生们喜闻乐见的七巧板游戏。苏霍姆林斯基说过："世界通过游戏展现在孩子面前，人的创造才能也常常在游戏中表现出来。没有游戏也就没有充分的智力发展。"学生们通过玩游戏不仅学习了有关计算机的操作，而且在玩的过程中充分开发了想象力与创造力。

2. 分层次教学任务的设计，在课堂教学中帮助学生理顺思路，简化操作过程，由易到难，由浅入深逐步完成课堂练习，也是本节课的成功点之一。

在教学环节中，任务步步深入，结合语言诱导营造的热烈氛围，激发学生的学习动机和挑战性。在师生同"玩"的过程中，突出学生的主体地位，注重全体学生的参与，通过教师的"导"和"引"，让学生巩固练习、合作讨论、自我设计，为学生创设最大限度的自主学习的空间。任务的分层布置，也有利于实施分层教学。

3. 及时讲解重点、难点，讲清操作步骤。学习是以学生为中心的教学过程，教学过程变成学习过程，教会学生学习是整个教学设计的主旨，因此在进行具体的教学设计时应考虑学生的学习需要，对于学生较难理解的知识和含义，教师应该及时讲解，及时小结，否则学生容易在学习过程中走过多的弯路，影响学习效率。

在幻灯片中插入图形素材

程学莲[①]

一、教学内容

《在幻灯片中插入图形素材》是人民教育出版社《信息技术》

① 广东省深圳市宝安区龙华中心小学.

小学版第五册（深圳市电化教育馆编著）第五课，本课是在学生刚刚认识了 PowerPoint 软件，并能运用 PowerPoint 软件制作简单的文字幻灯片以后，学习在幻灯片中插入图形素材。教材中将本课内容设置为插入图片和艺术字。我在教学设计时重新处理教材，将设置幻灯片背景这一内容组合到这一课，本节课将主要学习设置幻灯片的背景、插入图片和艺术字。本节课的学习为后面制作更加漂亮的幻灯片做好铺垫。

本课教学课时为：1 课时（40 分钟）

二、教学对象

学生在前几课已经认识了 PowerPoint 软件，并能运用 PowerPoint 软件制作简单的文字幻灯片，为学习本课打下了基础。本课的教学对象为小学四年级学生，针对他们对信息技术课程有学习热情，但注意力不够持久的特点，教师在设计教学过程时，关注学生的个性发展，培养学习兴趣，让学生按自己的个性亲身体验整个活动过程，培养他们处理信息的能力，就成了教师首先考虑的问题。但由于学生知识水平限制，他们在展现自己个性时可能在选择图片和输入内心的感受（文字）时有些犹豫不决。

三、教学目标

（一）知识与技能

1. 学会设置幻灯片的背景，学会在幻灯片中插入图片和艺术字。

2. 培养学生的语言表达能力、协作能力、实际操作能力和自主学习、自主探索的能力。

（二）过程与方法

在这节课中，教师以体现“展现学生的个性”为主题，将学生的情感寓于知识、技能的学习之中，学生通过自主探究、小组协作、小组竞赛等方式掌握知识和操作技能。

（三）情感、态度和价值观

1. 鼓励学生创造与众不同的作品来展现自己的个性，表达自己的心愿或愿望。

2. 逐步提高学生利用信息技术传递自己的思想、表达情感的能力。

3. 培养学生积极思考、团结协作的精神，增强自信心。

四、教学重点与难点

1. 教学重点：掌握插入图片和艺术字的方法。

2. 教学难点：如何根据自己的个性来选择素材、展现自己的个性。

教学难点分析：因为插入图片和艺术字的知识在 Word 软件中已经学习过，利用知识的迁移学生很容易就学会操作方法，所以我以凸现学生“个性”为主线，让学生体会到制作电子作品并不是简单的图形素材的堆砌，而这正是学生学习的难点所在。

五、教学策略

本课采用任务驱动、演示教学、自主探究等方法，每组配备小组长、“小义工”，有效地实现学生之间的团结协作；引导学生谈个性、谈想法，通过师生和生生共同交流的形式，培养学生选择、处理信息的能力和语言表达能力。

注重学生课堂常规管理，运用“铃声”提醒学生暂时停止操作，使整节课有收有放。

六、教学资源

多媒体网络计算机室、图片素材多张、教学课件，课堂控制铃声，“小义工”证书，加“星”评价，课堂评价量规表、作品评价表。

七、教学过程

教学环节	活动时间	教学活动		活动目的
		教师活动	学生活动	
心理测试 明确主题	3分钟	1. 出示一个圆，问：它像什么 指名学生回答，肯定学生的答案 2. 出示“心理测试”——颜色知性格（将圆形填上喜欢的颜色，就能知道你是什么性格） 指名学生选颜色，不同的人有不同的个性，表示喜欢每一个有个性的孩子 3. 教师给予评价，给每个小组献上一颗“星”，根据学生的回答引入这节课将自己的个性展现出来（板书课题） 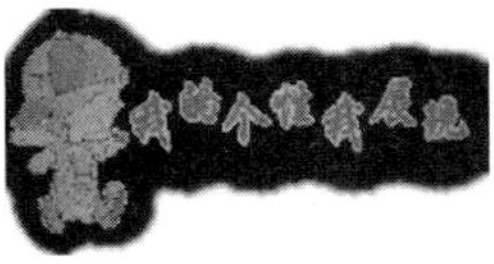	1. 学生发挥想象，说出像太阳、月亮、地球、篮球等 2. 学生说出喜欢的颜色，点击颜色出现相应的个性描述，学生读出来，全班同学给予不同个性的同学掌声	激发学生的想象；通过“心理测试”，让学生在好奇中对自己的个性有所了解并知道不同颜色表现不同的个性这一理论。这一环节充分调动了学生的学习热情。为本节课的活动埋下伏笔

续表

教学环节	活动时间	教学活动		活动目的
		教师活动	学生活动	
设置颜色 明确个性	4分钟	1. 布置任务一：请为幻灯片设置自己喜欢的背景颜色 2. 请学生上台演示设置幻灯片背景的方法；提示要选择自己喜欢的颜色 教师板书： 设置背景（格式——背景） 肯定学生的操作，奖励该学生所在小组一颗“星” 3. 教师巡视，辅导 4. 评价反馈 点击“时间到”控制铃声，提示学生时间到，组长检查每个小组的完成情况，给全部完成的小组奖 2 颗“星”；其他奖 1 颗“星”	1. 认真听，明确任务，讨论方法 2. 学生观察操作方法 3. 学生动手操作，遇到困难可以查看“小助手”，也可请“小义工”帮忙	1. 培养学生自主学习的习惯 2. 增强学生的自信心、表现力。让学生感受成功的快乐 3. 培养学生自主解决问题的能力 4. 激发学生学习热情，重视学生的个性差异。让学生体验成功的快乐
插入图片 彰显个性	11分钟	1. 先让学生猜测教师喜欢什么颜色（指名说猜测结果）教师表扬学生的大胆猜测，出示一个设置了橙色背景的幻灯片（喜欢橙色：说明教师是一个热爱生活、积极向上的人） 2. 展示几幅图片，让学生选择其中最能展现“橙色”个性的图片 3. 布置任务二（如下图）： 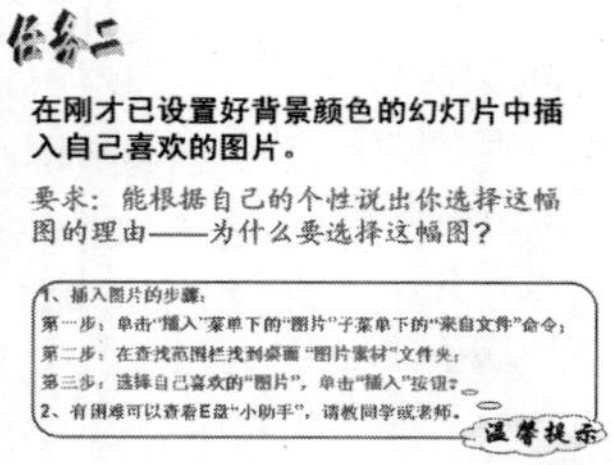 （本任务的图片素材在 D 盘“我的个性我展现”文件夹下） 教师提示：选择的图片要与自己的个性相似，要注意画面的美观 教师引导学生通过多种方式自学：	1. 学生说出猜测的颜色 2. 学生选择图片、说出选择的原因 3. 明确教师的要求，为自己的创作做好准备 学生利用多种学习方式学习并尝试操作，认真选择适合自己个性的图片。保存、上传作品	1. 让学生体会不同的颜色体现不同的个性 2. 激励学生，让学生感受不同颜色表现不同的个性。引导学生有目的选择图片 3. 培养学生的自学能力和动手操作能力

续表

<table>
<tr><th rowspan="2">教学环节</th><th rowspan="2">活动时间</th><th colspan="2">教学活动</th><th rowspan="2">活动目的</th></tr>
<tr><th>教师活动</th><th>学生活动</th></tr>
<tr><td></td><td></td><td>（1）看课本第10页；（2）和同学或老师讨论；（3）查看屏幕的“温馨提示”
表扬“小义工”，提示学生保存、上传作品
4. 请学生上台来演示插入自己选择的这幅能展现个性的图片。（指名两个学生）
教师板书：插入图片（插入——图片——来自文件）
引导学生将图片调整到合适的大小、摆放到合适的位置，以示美观
再给2分钟时间学生练习插入图片
5. 展示几位同学作品，请学生说出自己的个性和选择图片的原因；作品的美观评价；加“星”
师生探讨评价标准，并出示评价标准：
<table><tr><th>评价项目</th><th>具体要求</th><th>满意</th><th>基本满意</th><th>不满意</th></tr><tr><td>背景</td><td>与文字、图片搭配协调，符合个性</td><td></td><td></td><td></td></tr><tr><td>文字</td><td>修饰美观、彰显个性</td><td></td><td></td><td></td></tr><tr><td>图片</td><td>位置适中、大小合适、突出个性</td><td></td><td></td><td></td></tr><tr><td>表达</td><td>符合主题、语言表达流畅</td><td></td><td></td><td></td></tr><tr><td>效果</td><td>画面协调、符合任务要求</td><td></td><td></td><td></td></tr></table>A. 满意　B. 基本满意　C. 不满意
6. 评价反馈</td><td>4. 学生演示插入图片的方法；调整图片大小、将图片放到幻灯片合适的位置
学生继续完成“任务二”
5. 学生谈个性、说出选择图片的原因；评价作品</td><td>4. 学生做小老师，给学生成就感，让学生领悟插入图片的方法并会简单的编辑图片。
5. 倾听学生的心声，彰显学生个性，共同分享快乐、表达情感！学生的语言表达能力进一步得到提高，同时有助于教学难点的突破
反馈学生的完成情况，激励学生主动协作互助</td></tr>
</table>

续表

教学环节	活动时间	教学活动		活动目的
		教师活动	学生活动	
插入艺术字 个性展现	11分钟	1. 出示 2 张幻灯片（1 张只有图片，1 张多了表达自己个性的艺术字），让学生观察不同之处   师引导学生通过多种方式自学插入艺术字的方法 2. 请学生演示插入艺术字的方法 提示：输入自己想说的话（展现自己个性的语言）；艺术字工具栏中有很多秘密，等着同学们去探索 教师板书：插入艺术字（插入——图片——艺术字） 3. 布置任务三：在刚才已设置好背景和图片的幻灯片中用艺术字输入自己想说的话（体现个性的话） 教师播放创作音乐，巡视辅导 提示：查看屏幕的“学习途径”；要注意作品的美观，表扬“小义工” 4. 评价反馈	1. 学生认真观察，发现不同之处是“多了艺术字” 学生利用多种学习方式自主探究 2. 学生观察方法，知道“艺术字工具栏”的作用 3. 明确任务 构思、想象自己要说的话；创作，互相交流、协作 动手创作，主动帮助他人	1. 培养学生的观察能力和分析问题的能力 让学生养成自学的好习惯，自主探究“插入艺术”的方法 2. 突出重点，深化理解 3. 给学生机会，让学生展现自我，培养学生的创造能力 让学生真正实现“我的个性我展现”的主题思想
创意无限 展现自我	10分钟	1.（出示“创意无限、彰显个性”任务）基本目标：继续完成刚才的作品，作品能展现自己的个性 提高目标 根据素材中提供的图片，自由设计一份作品，要求： （1）设置喜欢的背景颜色；（2）插入合适的图片；（3）输入自己想说的话；（4）背景、图片和文字要搭配协调，展现自己独特的个性 提示：对照评价标准进行个性化的修改，保存、上传作品 2. 展评 “个性展示台”——展示学生作品，让学生将自己的个性展现给大家，与大家分享 3. 课堂评价	1. 学生明确创作要求，设计富有个性的作品并保存、上传作品 2. 根据“作品评价标准”评选优秀作品。小组评、师生互评，欣赏作品；尽情展现自己的个性	1. 培养学生良好的电脑操作习惯，张扬学生个性，使学生的情感得到升华！也使教学难点得以突破 2. 肯定全体学生，让学生体验成功的快乐，体会到信息技术给我们带来的乐趣，提高了学生的信息素养

续表

<table>
<tr><th rowspan="2">教学环节</th><th rowspan="2">活动时间</th><th colspan="2">教学活动</th><th rowspan="2">活动目的</th></tr>
<tr><th>教师活动</th><th>学生活动</th></tr>
<tr><td></td><td></td><td><table>
<tr><td>姓名</td><td colspan="4"></td></tr>
<tr><td colspan="2">评价标准</td><td>自评</td><td>小组评</td><td>老师评</td></tr>
<tr><td>课堂表现</td><td>积极主动参与课堂，与同学进行探讨交流，能大胆表现自己才华、积极主动帮助小组和周围的同学</td><td></td><td></td><td></td></tr>
<tr><td>作品效果</td><td>突出个性，符合任务要求，思路清晰，布置合理，富有创意</td><td></td><td></td><td></td></tr>
</table></td><td>3. 学生对照“课堂评价量规”表进行评价，先自评、组长带领组员逐个评价，然后小组总评，经过老师点评后，为评为“优秀”的小组加上“团结互助”标志，最后评选出本节课的“最佳表现小组”并颁奖</td><td>通过评价，让学生学会欣赏自己和他人，享受成功的喜悦；同时对自己的整堂课的表现加以认识，发挥评价促进学生发展的功能</td></tr>
<tr><td>交流收获课外延伸</td><td>1 分钟</td><td>小结、谈感受</td><td>学生谈收获、感受</td><td>梳理本课的知识点；使知识、技能更进一步</td></tr>
</table>

八、教学反思

（一）自认为较成功之处

1. 站在学生的角度来设计教学。在教学过程中紧紧围绕“展现学生个性”这一活动主题，以“心理测试”这一热门话题引入课堂，激发学生展现个性的欲望；在选择自己喜欢的背景颜色和图片时，让学生说出选择的理由，用语言表现学生的个性特点；最后让学生将自己的真切感受用自选的艺术字展现到自己的作品中并声情并茂地表达出来，让学生的情感得到升华！

2. 自主探究，协作共进。为了培养学生的自学、合作学习能力，我引导学生用多种方法进行自学；学生按优差互补的原则分组，由组员自己选出组长，探究新知识、操作中遇到难题，首先由组员帮助解决，在教学过程中实现学生的全员参与，在完成“任务”时需小组每个成员都完成才加“星”，并设置“团结互助”奖，以体现小组的团队精神，更有利于学生之间的感情交流，使不同程度的学生都有一定的提高。

3. 体验成功，增强信心。作为教师，不仅要激发学生心灵深处的求知欲望，更要让学生获得成功的情感体验，增强他们的自信心。在这节课中，我在展现学生“个性”的基础上，组织学生对课堂表现和作品效果进行合理的评价，让学生对照“课堂评价量规”和“作品评价表”，先自评，再小组评，最后全班评价；学生畅所欲言，提出了很多好的建议，这让我感到由衷喜悦！

（二）不足与改进

1. 有些同学的作品不够美观、不符合生活实际，如文字与背景颜色的搭配不够和谐、美观，这恰恰反映出我在“作品美观”方面引导是不够的，在今后的课堂教学中，应正确地引导，提高学生的审美能力。

2. 要进一步探索小组合作学习方式的有效性，多关注学习有困难的学生，客观的评价学生的课堂表现和作品等。

学生作品1

学生作品2

路线图上的动画——指定轨迹运动

鄢晓珑[①]

一、教学内容

“指定轨迹运动”是广东省小学信息技术教材第三册（上）第8课内容，是学生在学习了层的操作基础上来学习制作引导层动画，是动画制作中使动画过渡更合理、更流畅的一个重要技能。目的是通过老师的引导和学生的练习，让学生们进一步功固所学过的知识，并且在这一基础上，让学生学会如何灵活运用多种工具，掌握创作技巧，拓展延伸，从而逐步培养和提高学生学以致用和综合运用的能力。让学生投入地创作，学会综合动画制作必要的操作方法和技巧。

二、教学对象

从心理特点和学习能力分析，本课的教学对象为六年级学

① 广东省东莞市常平镇中心小学．

生，他们对动画能较真实的反映生活中的事物，惊叹不已，充满了学习的渴望，喜欢自己动手操作，在教师的引导下，具有一定的分析和解决问题的能力，这为本课的学习提供了保障。从知识掌握情况来看，学生通过前面的学习已经掌握了图层、帧、关键帧等基本概念，能根据要求制作出简单的动画，这是本课的学习前提。

三、教学目标

目标维度	行 为 目 标
1. 知识与技能	（1）理解引导层概念 （2）掌握建立引导层的方法，学会制作引导线动画 （3）掌握设置影片停止命令的操作
2. 过程与方法	通过体验路线图上的动画制作过程，掌握指定轨迹运动动画的基本操作方法。
3. 情感、态度和价值观	通过路线图动画创作，使学生知道交通标志的含义，增强学生的交通法规意识，通过学生的动手操作，激发学生的学习兴趣，体验探索与创造的快乐。

四、教学重点与难点

1. 教学重点：引导层的添加，引导线的应用。

2. 教学难点：引导线应绘制在引导层中，如何使元件吸附到引导线上。

五、教学策略

本课以“自主、协作、探究”新课程理念为指导，在教学中，采用了范例教学法以及任务驱动教学方法，设置了三层任务，即基本任务、巩固任务、拓展任务，目的在于拓展学生思维，鼓励学生积极、自主研究引导线效果和制作方法。学生的学习任务均来自于学生的学习与社会生活，体现了信息技术的文化性和综合性。学生通过小组合作学习的方式，共同探讨、解决操作中遇到的问题。

六、教学准备

多媒体广播系统、大屏幕投影机。

七、教学过程

教学环节	教师活动	学生活动	设计意图
兴趣引入	1. 创设任务情境 外校的同学乘车来我校参加校际篮球比赛，但不知走哪条	置身于教师创设的任务情境中，学生对任务充满好奇	设置动画任务的情境，引导学生用

续表

教学环节	教师活动	学生活动	设计意图
	路才能到达我们学校，让我们帮帮他们，用Flash软件制作一幅动态路线示意图，使他们能顺利的到达我校 出示课题：《路线示意图动画——指定轨迹运动》 2. 演示“路线图上的动画”效果 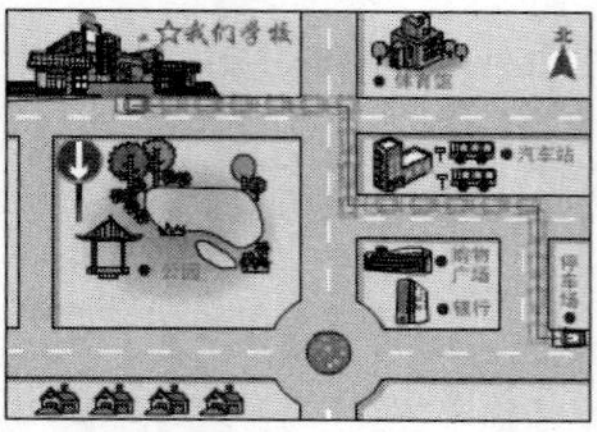	认真观察，发现校车能沿着标示的路径行驶，渴望掌握制作方法	所学的动画知识来解决生活中的实际问题
问题探究	与学生共同分析动画 1. 请同学们说说，校车的行驶过程可以用到我们学过的哪种动画形式 2. 能不能将地图与校车元件放在同一图层里？为什么 小结归纳：同学们真聪明，知道运用上节课我们学习的多图层动画的知识，我们来看看按同学们的设想能不能完成动画效果（演示动画） 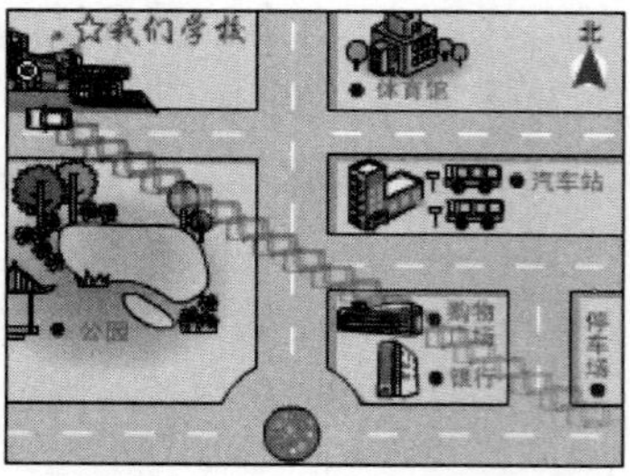 3. 你发现了什么问题？	学生：校车的行驶动画可以用动作补间动画 学生：不能，在地图背景中，为了使校车移动，要将它单独放在一个图层里 观察，思考 发现校车没有沿着道路行驶，而是从停车场直线运动到学校位置，动画的效果与生活中的实际情况不符	回顾上节课所学的知识，并加以梳理，在学生已有的认知水平上，进行知识迁移，发现用所学多层动画的知识不能完成动画，帮助学生理解引导层的作用
学习新知	怎样让校车沿着我们指定的路线行驶呢？“引导层”就可以帮到你，引导层能够牵引着运动对象沿着指定的轨迹运动，让我们一起来学习“引导层”的相关知识 1. 请同学们打开桌面上的网站，学习插入引导层和绘出引导线的方法，在学习的过程中遇到问题可以与旁边的同学讨论解决	打开学习网站，在学习过程中相互帮助 	通过网站学习引导层动画的制作过程，使学生对这个制作过程有一个感性认识，使学生

续表

教学环节	教师活动	学生活动	设计意图
	巡视学生学习情况，参与学生的讨论，并要求学生在学习过程中填写好学习卡片。通过学习卡片的填写，反馈学生自学情况，对学习困难学生加以点拨 2. 布置基础任务：请你打开桌面上的“制作素材”文件，按学习网站介绍的方法，完成校车沿着指定轨迹到达学校的动画 巡视学生操作情况，提示学生如果忘记步骤，可再次打开网站的操作视频进行学习 3. 请一位同学上台，与老师组成学习小组，老师说方法，学生演示操作 （1）动画中“校车”图层要沿轨迹运动，所以要选中该图层，并为它创建一个引导层 （2）在引导层中画出引导线，为“校车”绘制行驶路线 （3）把运动物体吸附到引导线上 （4）设置停止命令 对巡视过程中发现多数学生共性问题进行分析，强调学习卡片中指定轨迹运动的三个必备条件	填写学习卡片 1. 引导层必须要在（被引导层）上方；2. 引导线必须绘制在（引导层）中；3. 校车必须吸附在（引导线）上 对照网站所学知识，实践操作完成任务，遇到问题与相邻的同学讨论、交流 学生示范，教师讲解，师生互动，生生互动 操作：选中“校车”图层，单击“添加运动引导层”按钮 操作：选择“钢笔”工具，绘出引导线 操作：选择“校车”图层第一帧，把中心点放到引导线的起点上，选择结束帧，把中心点放到引导线的末端 操作：双击“时间轴控制”下的“Stop”命令	初步理解和掌握引导层的作用和创建方法，知道如何绘制引导线，了解引导层动画的制作方法和要点。 基本任务在教材与网站上有详细的步骤，加上学生与教师互动演示，其目的是让每个学生都能完成任务，都能体会到成功的喜悦 在巡视过程中留意优秀学生的作品，并让学生互动，体现了学生为主体，教师为主导的教学原则
巩固练习	校车的司机发现同学们刚才规划的这条到学校的路，车流量比较大，为了避免堵车，耽误行程，请你找出其他行驶路线 1. 请小组相邻的同学相互讨论，还有几条到达学校的路线？注意单行线标志，有哪些路段是不能行驶的 2. 布置巩固任务：请同学们规划另	 还有三条路线，其中有两条路线是不能行驶的，因为所经过	考虑学生学习水平的差异，在巩固练习中采用小合作学习的方式，学生在小组内交流、合作完成任务

续表

教学环节	教师活动	学生活动	设计意图
	外一条行驶路线并制成动画 教师巡视指导、个别辅导答疑。提示学生注意单行线标志	的路段有单行线标志，不能逆向行车 根据交通法规，规划行驶路线，完成动画制作	
拓展提高	外校的同学通过同学们绘制的行驶路线，已经来到了学校，看！精彩的篮球赛上，主队还落后 2 分，最后时刻，我校队员投出了一个 3 分球，球投进了吗 布置提高任务：请同学们试着制作一段篮球队员投篮的动画	可进一步探索多个图层中引导层的添加方法 	尊重学生的个性发展，都给了学生大胆创作的空间
评价总结	展示、评价学生作品，让学生说一说这节课运用动画的语言完成一个怎样的故事，进行了怎样的操作，强化引导层动画的操作方法	学生完成评价，对所学任务编成故事与其他同学分享，对所学的指定轨迹运动的知识进行小结	总结提升学生对引导层、引导线的认识理解

八、教学反思

本课的教学设计遵循学科教学规律，体现了教师为主导，学生为主体，实践操作为主线的教学理念，采用了故事化的情境设置，巧妙的把各个知识点穿插到故事中，在切合主题的前提下充分发挥学生的发散思维。本节课以故事的发展为主线，让学生经历了导入——感知——探究——实践——评价——总结等环节，把交通安全教育与信息技术教育有机结合起来进行作品的创作，较好的完成了教学目标。本课还呈现出以下的特点：

1. 学生在教师的引导下探究问题合理的解决方案，在本课的设计中学生可以规划出许多条到达学校的路，在教师的引导下，学生结合交通安全单行线标志的知识，学生就能很快地发现最佳行驶路线。

2. 学生根据自己的意愿进行作品的创作，从而引导故事的发展。在本课设计的拓展任务中：三分球投进了吗？学校篮球队有没有赢得比赛？比赛后又发生了怎样的故事？这都给了学生大胆创作的空间。达到了尊重学生个性的发展目的。

3. 在教学总结评价上，我把主动权交给学生，让学生结合自己作品的内容，运用所学轨迹运动的知识，自由评论。在教学实践中，学生常常会出乎教师意料，学生的评论非常精彩。

4. 不足之处：对于部分学生来说，本课拓展练习还是有一定难度的，在规定的时间内不能完成作品，影响了最后的评价总结。

5. 改进之处：可采用小组协作学习的方法，小组内的成员互帮、互助。

帮垃圾分类回箱——制作多图层动画

鄢晓珑[①]

一、教学内容

本课是广东省小学信息技术教材六年级（上册）的教学内容，在整册教材中，本课起到承前启后的作用，前面的几课习了元件的创建和基本的操作以及形状、动作补间动画为这课的学习起到了很好的铺垫作用和必要的准备。学生学习了多图层的操作后，为后续的 Flash 动画的学习打下了良好的基础。本课的知识点较多，尤其在“图层的操作”这一部分，涉及新建图层、重命名图层、锁定图层等，加上“分图层设置动作补间动画”这个内容操作量较大，整节课有一定的难度。

二、教学对象

在前面的学习中，学生已经对 Flash 有了初步的认识，并理解了 Flash 动画中的关键帧、元件以及舞台等知识，能够制作简单的动画、动作补间动画和逐帧动画。由于学生们在画图单元的学习中有一定的绘画基础，他们在制作简单动画的基础上，迫切想再添加符合自己需要的动画，渴望能创作出更复杂的动画，学生这种强烈的求知欲望成为了学习本课的强大动力，为本课的学习打下了良好基础。

三、教学目标

1. 知识与技能

了解图层的含义，掌握新建图层的方法，能根据需要进行图层的重命名、锁定、改变图层叠放次序等操作，会设置多个图层动画效果。

2. 过程与方法

通过自学探究、小组协作学习制作多图层动画的过程，体验、掌握 Flash 动画制作中的使用图层技能方法及其作用。

3. 情感、态度和价值观

（1）通过制作多图层动画的学习活动，养成垃圾分类放置的

---

① 广东省东莞市常平镇中心小学.

良好习惯。（2）初步培养学生使用信息技术方式表达自己的情感，感受运用信息技术创作作品的乐趣。

四、教学重点与难点

1. 教学重点：插入图层、制作多个图层的动作补间动画。

2. 教学难点：图层的概念与图层的操作。

五、教学理念

有效的信息技术课不能单纯地依赖模仿和记忆，动手实践、自主探索、合作交流是学生学习信息技术的重要方式。本节课就紧紧围绕这一理念，创设教学情境，引导学生观察思考，发现问题，提出问题，探究问题的解决方法并用操作去验证自己的猜想。充分发挥学生的主动参与意识，尊重学生的自我发现和与众不同的方法，鼓励创新思维，用恰当的评价为学生树立学好信息的信心，促进学生生动活泼、全面和谐地发展。

六、教学策略

本课的教学设计以创新教育理论和建构主义学习理论为指导，符合课堂教学学为主体、教为主导、文化为主线的创新教学原则，采用“主题性”教学策略，改变了信息技术学科单纯的由教师讲解演示传授，学生被动接受的传统教学模式。教学中设计了学生感兴趣的环保作为知识技能教学的载体，力求为学生营造一个宽松、自主的信息技术文化氛围，让学生主动参与，乐于探究，培养学生的学习兴趣和自主学习能力，培养学生的合作精神和审美能力以及学生的信息素养，使学生体验成功的喜悦，增强自信心。

七、教学环境

拥有教学交互控制系统和投影机的多媒体网络教室。

八、教学过程

教学环节	教师活动	学生活动	设计理念
情境导入	同学们，地球的资源是有限的，将我们日常生活中产生的废弃物分类放置，有利于资源的循环利用 老师这里有两个环保标志，你知道它们的含义吗 让我们从身边的小事做起，制作一段宣传短片，帮垃圾分类回家 板书展示课题：《帮垃圾分类回家》	 根据教师展示的环保标志回答：可回收标志和不可回收标志	创设环保情境，自然过渡，并激起学生的学习兴趣

续表

教学环节	教师活动	学生活动	设计理念
问题探究	播放动画，组织学生观察，引导学生回答可以用到哪些我们已经学过的知识  组织学生动手操作，尝试用前面所学的知识来制作香蕉皮投入不可回收箱的动画效果	观察思考 可以用到制作动作补间动画的知识 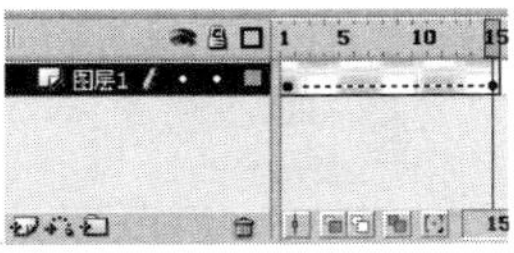 尝试操作，发现时间轴上出现虚线，用所学过的知识不能解决问题	通过用以前的方法来制作，引起认知冲突，引导学生去探究解决问题的方法
自主学习新知验证猜想	结合教具，组织学生做实验，引出解决问题的方法：制作多图层动画（并板书） 1. 老师通过两个小实验，帮同学们一起解决这个问题，刚才我们把“香蕉皮”和“垃圾箱”放在了同一个地方，我们移动“香蕉皮”垃圾箱会一起移动，聪明的你能想出一个什么办法来解决这个问题 2. 教师归纳总结：老师可以将你的想法复述一遍吗？我们可以拿两张投影片，第一张投影片放“香蕉皮”，第二张投影片放“垃圾箱”，这时动画的各部分就不相互影响了。老师手中的投影片在 Flash 动画中的名字叫——图层，为了制作这个动画我们需要两个图层	通过实验探究解决问题的方法 思考提出自己的见解 探索出可以用两张投影片分别放置两个不同的元件，这样物体的运动就不会相互影响 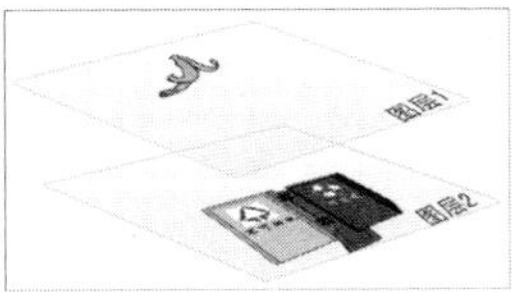 总结出要分别为“香蕉皮”和“垃圾箱”建立一个图层 仔细观察老师的演示，发现“香蕉皮”投到“不可回收”箱外	通过使用实物的直观演示，能快速理解动画中的图层，并将学生对图层的认知有效迁移到 Flash 动画中

续表

教学环节	教师活动	学生活动	设计理念
	3. 通过教具演示，引导学生再次发现问题  “香蕉皮”怎么投到“不可回收”箱的外面，你可以采用什么方法来解决问题 4. 鼓励学生通过操作验证猜想 教师就把同学们的想法，命名为生1（姓名）猜想，大家一起通过操作验证生1猜想 5. 提出添加图层的学习任务，自主完成学习 要验证猜想，需要具备相应的知识，可以采用以下两种学习方式进行学习：你可以自学课本第49页至52页的内容，知道图层的操作方法和分图层设置动作补间动画的方法。也可以打开自学网站，在图层的操作栏目中有相关的操作方法和视频 教师巡视、检查学生学习情况 相邻的同学组成学习小组，完成学习任务的小组，思考以下的问题： （1）我将使用了（ ）个图层 （2）我将最底层图层重命名为（ ） （3）为防止误操作，应把（ ）锁定	生1：思考后，提出可通过应调换图层的叠加顺序解决问题  学生选择一种学习方式进行新知的学习  学生带着问题学习，能回答出“插入新图层”“锁定图层”的方法	让学生感受由自己担当主角的课堂教学的趣味性。教师充分给予鼓励和肯定，让学生学有回报，使每个学生有主体感和成就感。实践证明，采用探究性的学习，鼓励性的评价，能够充分发挥学生自主性，调动学生的积极性

续表

教学环节	教师活动	学生活动	设计理念
	6. 布置基础任务：制作出“香蕉皮”投入“垃圾箱”的动画 如果在操作过程中遇到了问题可以采用以下方法解决：请教同小组的其他同学；或者举手示意老师参加你们小组的讨论 教师鼓励学有余力的同学，探究两图层以上的复杂动画的制作方法 已经完成了动画的同学，看看库中还有什么垃圾，你能为它们找一个家吗 7. 小组代表演示添加图层操作方法，巩固学生对新知的操作 8. 教师小结新知要点，针对学生操作过程中多数学生遇到的问题进行分析讲解	学生进行操作，完成教师布置的任务，教师相机指导 部分同学打开教学素材库中的元件，尝试多个图层操作 生 1：图层重命名 双击“图层 1”的文字部分，输入图层名 生 2：新建图层 单击“插入图层”按钮 生 3：分图层动画 在“垃圾箱”图层，插入帧，使画面延长，在“香蕉皮”图层制作动作补间动画 师生互动，学生观察其他小组演示操作。根据自己的掌握的知识，回答老师的问题	注重学生学习水平的差异，分层教学 培养学生的自学能力。包括观察能力和上机尝试能力 建立平等的师生地位
巩固新知	教师发现我们班的同学不仅能进行两个图层动画的制作，而且有部分同学还会多个图层动画的制作，把猜想升华为我们班的猜想。让我们一起来看看提高任务 提高任务：请你为库中的各种垃圾找到合适的垃圾箱，不要放错位置 教师巡视指导学生进行动画制作	进行知识的迁移，通过前面的学习发现物体同时运动时，要将不同的运动对象放在不同图层中 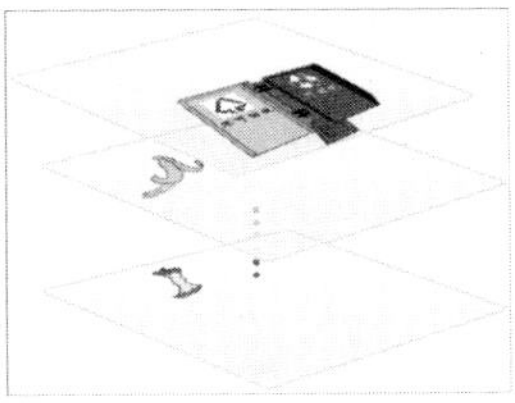 生生互助，进行多图层动画的操作	开放教学；打破传统师生间的结构关系，让学生自主创新。抓住学生感兴趣的事和物，利用学生爱表现的特点，将知识融入到任务中
主题升华技术拓展	地球是我们赖以生存的家园，保护环境的故事发生在校园、在春游的路上，环保知识就在我们的身边，下面我们看		

续表

教学环节	教师活动	学生活动	设计理念
	看还有哪些精彩的任务等着我们 拓展任务：为你制作的“垃圾分类回箱”动画，加上背景层；并和小组的其他同学分享你的故事 教师巡视指导、个别辅导答疑	学生进行主题动画创作 	适当设置有难度的练习，激发学生进一步学习的兴趣，引导学生在自主探究过程中取得的成果与小组的同学分享
总结评价	1. 已经完成任务的同学可以离开自己的座位，看看小组内其他同学的作品，小组长总结每位同学的意见，推选出你们小组最优秀的作品 2. 教师根据学生作品内容，扮演家长、志愿者、社区人员等角色，让学生对本节课主题方面、技能方面的进行总结评价	学生在小组内进行评价 分小组进行展示 对所学知识技能进行总结	培养学生自评、互评的能力和互相学习、启发的合作精神。学会评价，也是一种提升自我水平的好途径

九、教学反思

本课创设了环保情境，设置了贴近学生生活的学习任务，学生在完成任务的过程中不断发现问题，通过自主学习主动探究问题的解决方法，掌握了制作多图层动画的相关知识。具体来说，此教学设计呈现出以下几个特点：

1. 图层的概念是本课的难点，在教学过程中教师如用“图层就像透明的玻璃纸。”等语言描述来讲解层的概念，学生很难有感官上的认识。如何给学生最直观的感受？在本节课设计了教师与学生一起做实验的环节，通过教具的演示，使学生能很快地发现问题，并找到解决问题的方法。这时，教师再适时地引出层的概念——老师手中的投影片在 Flash 动画中的名字叫图层。通过实验给学生最直观的认识，学生的认知水平能从“图层”的感性认知，上升到“物体同时运动时，要将不同的运动对象放在不同图层中”的理性认知。

2. 在实验的基础上，学生探究出解决问题的方法后，需要学习新知上机操作。在设计中我将实践操作转化为对实验猜想的验证过程，并用学生的姓名命名猜想，用实践操作去验证猜想，调动了学生的学习热情。根据学生认知水平差异，组成学习小组，在学习过程中互帮、互助，鼓励学有余力的学生继续探究，将猜想升华；让各层次的学生都有收获。

3. 在本节课设计的总结评价环节，教师根据学生作品内容，扮演不同的角色，让学生对情感与技能进行总结，教师用角色特定的语言对学生进行评价。这种在情境中评价总结的策略，在实际教学中，能赋予学生一个自主展示的舞台，效果是比较明显的。

没有缺陷，没有遗憾的课不是完善的课，本节课的教学仍有值得反思改进之处：(1) 由于内容较多，对课堂时间的把握不够好；(2) 教师需练就一种富有儿童化趣味的语言，使课堂更生动；(3) 各教学环节的过渡还不够自然，过渡性语言还需要斟酌。

制作目录页——超级链接

邓长良①

一、教学目标设计

(一) 教学目标

1. 知识与技能

(1) 认知 PPT 编辑、演示的常规结构——线性结构；因需而生引导学生了解“选择演示”结构的意，进而认识超级链接的含义与意义。

(2) 学习设置超级链接实现“选择演示”结构；运用超级链接实现目录页与相对应详细页之间的正确跳转。

2. 过程与方法

(1) 在学习的过程中，感受一件主题作品目录页与超级链接的必要性。

(2) 在设计、制作与展示评价的过程中，感受与体会结构处理的意义。

(3) 综合运用所学美化作品目录页及返回按钮的效果。

3. 情感、态度和价值观

由作品嵌入“哥本哈根世界气候大会”的内容题材引导学生走近“低碳生活”；在“发表感言”的制作中深化教育主题。

(二) 教学重点与难点

学习设置超级链接；运用超级链接实现目录页与相对应详细页之间的正确跳转；感受与体会设计软件结构处理的意义。

① 北京市海淀区羊坊店第四小学.

二、教学背景

（一）教材分析

本单元教材，从任务驱动的角度分析，是整体上的一个综合任务分几个环节与步骤来完成。有如下几个显著的特点：

1. 除“超级链接”与“动作设置”之外，没有新的知识技能点；是对上一单元知识与技能的综合运用与恰当回顾。

2. 要认识并初步尝试软件开发制作的全过程。

3. 重点知道结构设计与实现、软件测试与调试的意义与操作。

本课的重点就是引领学生初步理解“结构设计与实现”的意义，掌握基本的方法。

（二）学情分析

在此前的学习中，学生对 PPT 软件已经有了较为全面的认识，相关的基础性操作也已比较熟悉。根据这一情况，教学中教师要以“引”为主：“引领”学生探索新知；“引领”学生设计创作有特色的目录页；“引领”学生在学习与创作中感悟信息技术的魅力。

三、教学过程

（一）教学总体设计

三条线索贯穿始终，突出重点，有机互补。

知识线：问题引导，层层递进

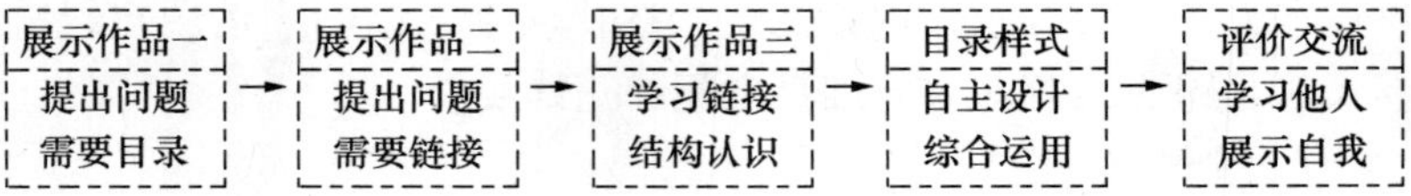

德育线：自然渗透，逐步深化

以作品为载体，自然嵌入“哥本哈根世界气候大会”这个主题；课堂教学活动，教师很少提出“我们要怎么做”这样的语言，但学生在学习的过程中受到的教育自然有效，学生在“发表感言”中深化了教育主题。

兴趣线：贴近学生，引领注意

以“喜羊羊与灰太狼”的形象制造兴趣线，激发与保持学生学习的兴趣。

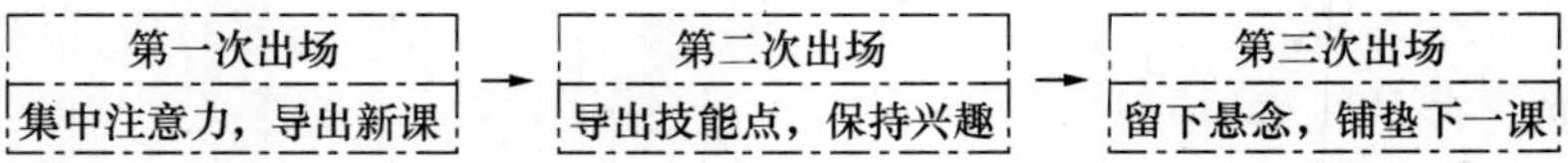

（二）教学环节设计

环节一：课堂前导（正式上课之前的组织）

1. 游戏引导（Flash 课件：抓住灰太狼）

教师展示一个用 Flash 制作的小游戏：运行后屏幕出现“大棍子”及“灰太狼”，让学生用鼠标“打”灰太狼。（学生操作：不成功；教师操作：成功）

2. 语言引导

同学们，想知道你们为什么“打”不着它呢？相信通过今天的学习，聪明的孩子一定会找到答案的，但是前提是大家一定要认真地上好今天的这节课。

环节二：课堂导入

1. 作品引导：今天，我们继续学习 PPT 软件的知识。课前，教师利用 PPT 软件制作了一份电子报刊，我们先一起来欣赏：展示：哥本哈根——低碳生活……（范例作品一：只演示第一页）

2. 语言引导：今天，我们就一起在学习信息技术的同时，走近哥本哈根，了解低碳生活。老师收集了哪些资料呢？……

环节三：工具学习与作品设计

1. 认识 PPT 编辑、演示的常规结构——线性结构；初步感受“选择结构”

（1）展示主题作品（无目录、无链接）：（范例作品一）

哥本哈根世界气候大会（2009.12.7—2009.12.18）

提出问题——我们怎样才能快速地知道这件主题作品有哪些内容呢？——作品需要目录页。

（2）展示主题作品（有目录、无链接）：（范例作品二）

感受一件主题作品目录页的必要性——有了目录页，作品的内容就一目了然了；

认识 PPT 编辑、演示的常规结构——线性结构（板书图解说明）；

细节设计——教师故意把学生肯定感兴趣的“灰太狼：喜羊羊，全是你惹的祸”“喜羊羊出奇制胜”放在后面，以便导出“超级链接”。

提出问题——同学们最想了解哪项内容？我们有没有办法直接进入到那一页去阅读？——目录需要做链接。

（3）展示主题作品（有目录、有链接）：（范例作品三）

感受一件主题作品超级链接的必要性（利用电脑功能，实现电子版作品的快速选择阅读）。

初步认识“超级链接”。

2. 学习设置超级链接，实现目录页与详细页之间的跳转

个别学生或教师演示：

（1）设置超级链接，实现由目录页进入与之相对应的详细页，调试。

（2）设置返回按钮：实现目录页与详细页之间的跳转，调试。

强调：操作的要点；全体学生操作：完成一次进入与返回的操作。

教师板书图解、语言说明——

（1）超级链接，选择结构的实现；

（2）表面上看，作品还是以前的线性结构，我们通过设置文字或图形的超链接，实现了跳转，方便了我们的阅读；

3. 设置超级链接；综合运用所学美化作品目录页及返回按钮的效果；发表自己的感言

（1）引言：运用我们今天学习的超级链接，再配合以前学习的知识与技能，我相信同学们一定能作出便于阅读、界面漂亮的目录页。

（2）范例引导：（范例作品五）

简单的文字修饰目录页——提示重点；艺术字目录页——美化页面效果；版式变化的目录页——美化页面效果。

（3）充分发挥自己的聪明才智，制作漂亮的目录页及各详细页的返回按钮：

制作要求

基本要求：设置超级链接，实现目录页与相对应详细页之间的正确跳转；

快速阅读作品内容，在“我的感言”页发表自己的感言。

提高要求：充分发挥自己的聪明才智，综合运用知识技能美化目录页的效果。

环节四：作品展示与交流

1. 组内交流

2. 全体交流

（1）展示部分学生的作品；

（2）作品评价：

学生自评——哪些地方满意，哪些地方还有待改进。

学生互评——哪些地方值得学习与借鉴，哪些地方你有更好的建议。

教师评价——点评。

环节五：课堂小结

1. 教师指导学生总结自己的学习收获。

2. 教师总结，提示重点：线性结构——选择结构；
处理方法——超级链接。

环节六：拓展延伸

同学们，现在你们知道“狡猾的灰太狼”是怎么回事了吗？我想揭示“灰太狼”背后的秘密，还是留给大家，请同学们抽时间预习第七课，相信你肯定会弄明白的。

四、学习效果评价

学习过程评价

设计形式：采用分组的形式，全组成员学习任务完成后，组长负责“栽小树”。

设计目的：渗透小组协作、互助的意识，引导学生进行较有效的合作学习的实施；教师能够及时地了解学生的学习情况，获得较全面、准确的反馈信息，在关注全体的同时，对学习有困难的学生给予有针对性的帮助。

作品评价：学生自评——哪些地方满意，哪些地方还有待改进。

学生互评——哪些地方值得学习与借鉴，哪些地方你有更好的建议。

教师评价——点评。

五、教学反思

（一）教学目标落实情况

从本节课的实施效果看，本课教学目标落实是到位的。教学环节二中，教师教学通过三个示例文件逐步导出主要问题，学生在其中“认识了PPT编辑、演示的常规结构——线性结构；感受了一件主题作品目录页与超级链接的必要性”。在之后的环节三“工具学习与作品制作”的过程中，学生在学习技术的同时，较深刻地感受与体会结构处理的意义。

重点处理方面，老师通过“关键性语言”“板书演示说明”及“作品制作要求”突出了重要知识技能点的重要地位。例如教学语言方面的提点——“有了目录页，作品的内容就一目了然了”；“有没有能直接看到任意一项内容的办法呢？”……

（二）设计思想实现情况

教学总体设计：三条线索贯穿始终，突出重点，有机互补。

从实际效果看，本课教学结构严谨，实施顺畅，这得益于“兴趣线与知识线”的设计；德育方面，教师并没有说“我们要怎么怎么做”，但学生自然而然地受到了教育，这一点从学生作品“我的感言”中可以找到足够的证据。

（三）两点需改进

1. 从实施效果看，本课“作品评价”环节实施不够充分；如果多留一点时间在评价上，势必会挤占学生作品创作的时间，这方面我还需多做研究。

2. 由于借学生上课，师生间不太了解，因此在处理“工具学习——超链接”设置的问题上，教师采用了“个别先演示——全体观察后尝试”的设计。考虑是否可以大胆一些，放开学生全体探索，这样能够更充分的体现“引导主动，面向全体”。

制作逐帧动画

黄华文[①]

一、教学内容分析

“制作逐帧动画”是广东省小学信息技术教材第三册（上）第三课的教学内容，逐帧动画（Frame By Frame），这是一种常见的动画手法，是在时间轴上逐帧绘制帧内容，Flash 将这些帧内容连续播放，形成动画效果。由于是一帧一帧的画，所以逐帧动画具有非常大的灵活性，几乎可以表现任何想表现的内容。本课是学生在初步认识了 Flash 软件的基础上来学习制作逐帧动画，是学习动画制作最基本的一个技能，也是制作动画的基础，更重要的是需要充分调动学生的学习兴趣，对制作动画有自己独特的见解和想法，善于开拓自己的思维，为以后的学习打下坚实的基础。

二、学生情况分析

本册教材的教学对象是小学六年级学生，通过第一课导入 Gif 动画来认识动画的一些基本概念，对 Flash 动画软件有了一定的认识，通过对第二课《快乐绘图》的学习，学生已经可以运用 Flash 软件中的绘图工具绘制一些简单的图形，学生的兴趣随之也越来越浓厚。但制作的作品都还是静态的，同学们对动画怎样动起来让作品更精彩也有了自己的想法和求知的欲望。根据同学们基本具备了自主探究、合作交流的学习技能，动手操作能力比较强的这一特点，需要深入挖掘教材内容，根据学生生活实际，精心设计，充分发挥同学们的创造性。

三、教学目标

1. 知识与技能

（1）理解帧、关键帧、空白关键帧的概念。

（2）掌握制作逐帧动画的方法。

---

① 广东省东莞市石龙镇爱联学校.

(3) 掌握改变影片播放速度的两种方法。

2. 过程与方法

在引导学生学习知识的同时，也注重能力的培养；在解决问题的过程中，培养学生的自学能力和对知识的应用能力；在观察、分析和交流的过程中，培养学生的创新思维和口头表达能力。

3. 情感、态度和价值观

(1) 创设情景，通过重温澳门回归十周年的倒计时动画的演示，激发学生的学习兴趣和热情，了解澳门回归祖国后的繁荣昌盛。

(2) 寓情感于技术，寓技术于生活，通过学生对红绿灯动画的创作，激发学生的学习兴趣，体验探索与创造的快乐，通过观察，总结出“心头常亮红绿灯，安全出行伴人生”的正确人生观。

四、教学重点与难点

教学重点：掌握制作逐帧动画的方法。

教学难点：(1) 各种帧之间的区别；

(2) 改变影片播放速度的两种方法；

(3) 分析素材，利用现有资源对作品进行再创作的能力。

五、教学策略

针对小学六年级学生的年龄特点和心理特征，结合他们的认知水平，本节课采用以“任务驱动”、学生自主学习为主，以讲授法、演示法为辅的教学方法。在教学中教师利用多媒体网络教学系统进行演示和引导，控制和参与整个教学过程，学生通过观察分析，上机练习，结合“任务”进行学习和交流。培养学生自主学习和探究学习的能力，培养学生与他人合作的良好习惯，提高学生信息获取、信息加工处理和信息应用的能力。

六、教学环境

(1) 教师机一台，学生用机 50 台组成局域网。

(2) 多媒体教学网络教室及教学相关网络课件。

七、教学过程

教学环节	教师活动	学生活动	设计意图
课前准备	调动学生的学习热情 协助学生进行合理分组，同桌同学二个人为一小组，互相协作完成课堂任务 提供学习共享学习资源，让学生获取资料，提供发挥创意的环境	消除上课前的紧张情绪 打开课本复习第一课有关动画原理的知识 知道动画中帧的概念。理解一张图片就是一帧这样初步的认识	课堂学习简介及相关准备 通过自主学习巩固之前所学的知识，初步掌握动画的原理

续表

教学环节	教师活动	学生活动	设计意图
创设情境 激趣导入	 提问：前天是 2009 年 12 月 20 日，同学们知道这个是什么日子吗 师：播放澳门回归倒计时动画，观看效果，说一说其中包含了几个画面 板书展示课题：制作逐帧动画	同学观看澳门回归倒计时动画以及澳门社会欣欣向荣的精彩画面 生：澳门回归十周年 倒计时动画从 10 到 1 共有 10 个画面 感受：现在的澳门真美丽，有机会我也想去看一看，走一走 齐读课本第 22 页第一段有关逐帧动画的内容	通过课件创设氛围，让学生深深感受澳门回归祖国带来的自豪，精彩的动画引起学生的共鸣，启动学生的求知欲，有主动学习的冲动
自主学习 合作交流	出示上一节课的同学们的习作（上一节课的显身手作品） 师：同学们能告诉老师这些上一节课的作品和这个澳门回归倒计时动画有什么区别吗 师：这样的动画精彩吗，同学们想跟着学习吗？今天我们就来学习如何制作一个这样一个逐帧动画 师：下面就请同学们浏览 D 盘“制作逐帧动画”文件夹里的学习网站来学习，在学习的基础上点基本任务，了解本课的要求 教师在教室进行巡视，对有问题的学生进行单独辅导	生：之前的作品都是静态的，只是单一的画面 生：想（求知欲和主动学习的气氛相当浓厚） 访问教学网站，进行自主学习 同学有问题在组内互帮、互学 	承前启后，激发同学们主动学习的求知欲 用教学网站引导学生根据提示进行自主学习，并进行实践操作 在自主学习的基础上进行合作交流，让已经领悟和掌握知识点的同学对其他同学进行组内互助学习
成果展示 方法分享	组织学生进行教学网站中基本任务的学习 现在谁愿意把你刚才学到的知识给大家演示一下 帧：关键帧、过渡帧、空白关键帧（板书）	基本任务：在第 1 帧设置交通灯为红色、灰色，然后在第 2、3 帧插入关键帧，分别设置交通灯的颜色为灰、黄、灰和灰、灰、绿。在第 4 帧插入帧，延长显示时间	指导学生利用已有知识经验进行建构 通过学生实践探讨、

续表

教学环节	教师活动	学生活动	设计意图
	对基本任务完成的情况进行小结 小结：刚才这几位同学演示得都非常好，看来同学们的自主学习能力都非常强！下面请同学们继续上机练习，把刚才几位同学讲解的知识点进行重温和巩固	生 1 操作演示：设置文档属性 生 2 操作演示：设置逐帧动画 生 3 回答帧的基本操作有哪些 生 4 回答各种帧之间的区别 生 5 操作演示：如何调整播放速度	分析讨论，得出设置逐帧动画的方法，强化教学重点 检查学生自主学习的效果，对重点、难点让学生当小老师进行演示和示范
任务驱动 学以致用	问题提出：同学们刚刚完成了红绿灯的动画，那么这个动画中红绿灯在现实生活起了什么作用？交通安全需要同学们一同参与。播放交通安全文明视频 师：同学们刚刚看的这个文明视频与我们做的红绿灯动画有什么区别吗，我们可以怎样改进 师：那我们就一起来设置一个倒计时动画吧，请同学们打开学习网站中的提高任务，明确一下制作的要求，看完之后，同桌组成一个创作小组互相探讨如何制作，小组成员之间要协议好分工，各司其职，完成提高任务 未完成课本上例题的同学继续这个任务 教师巡视，及时处理同学们遇到的问题和反馈信息，并记下典型问题	学生畅所欲言，你一言我一语，总结出“心头常亮红绿灯安全出行伴人生” 生：可以设置红绿灯的倒计时，让驾驶员能清楚地知道红绿灯变换时的具体时间，提高安全性 提高任务：让红绿灯动画设计成“倒计时”动画，要求：红灯10帧，黄灯3帧，绿灯5帧  小组间分工合作，创作有倒计时的红绿灯。在操作中发扬师生互动，生生互助的协作精神	进行情感、态度和价值观的正面教育 学生尝试操作，教师巡视，个别辅导 培养合作、分享的意识，同时强化主体意识
拓展延伸 巩固提高	请根据你的创意，自己设计一个逐帧动画作品。可以是对红绿灯动画的再创作，可以是自己设计的一个小故事等 也可以选择课本的显身手任务，制作一个变脸的逐帧动画	学有余力的同学在完成提高任务的基础上进行此项任务 要求同学们联系生活实际，给同学们提供了一个自我创作的实践机会	以学生为主，注重学生个体化差异，体现分层次教学，突破教学难点

续表

教学环节	教师活动	学生活动	设计意图
作品展示 评价总结	教师选择具有代表性的几个学生作品通过多媒体网络教室向全班同学展示并请作者自评及同学间进行互评  师：刚才你们看到的作品中，你最喜欢谁的作品？我们在本节课学习了什么？你对自己的今天的学习情况满意吗？通过今天的学生，你有什么收获和发现吗？请在课本的“小盘点”学习收获表格中进行自评	同学完成拓展任务并进行创新尝试。选择优秀的作品进行展示，供学生讨论评价，交流制作技巧 学生展开自评和互评，每位学生填写学习收获表 通过今天这节课的学习，我们不仅学会了利用 Flash 制作逐帧动画，也了解到交通安全和我们的生活息息相关，也对文明社会有了更深的认识 学生总结与质疑： （1）通过这堂课，我学到了什么 （2）同伴的作品好在哪里？利用了什么技术 （3）你还有更好的建议和设想吗？请说出来和同学们一起分享	作品展示 学生欣赏作品，进行自评和互评 同学们自己进行小结并互相交流经验与心得 引导学生归纳本节所学的知识 培养学生交流评价的能力、自我展示的能力
教师寄语	今天，我们学会了如何设置逐帧动画！完成了自己第一个真正意义上的动画作品，你们真棒！今后的课程会越来越精彩，但也会更难，相信同学们发挥自己的创新精神，利用兴趣这个最好的老师，以后的作品也会更精彩。同学们有信心吗	同学们齐响应：有	情感目标的提升，让同学们对课程的学习热情不减

八、教学反思

1. 本课是我市学科带头人的一节展示课，全市来校听课的信息技术教师近 150 人，一开始学生明显被这庞大的队伍震撼到了，显得比较紧张和拘谨。课前在老师的调动下，把这堂课当成普通的一节教学课来对待，发挥同学们的学习积极性，让同学们的慌乱的心情很快平息下来，进而化压力为动力，争取给听课的教师一个良好的印象。这需要教师在课前做好充分的准备工作，也要求对课堂有一定的调控能力。

2. 生活化情境导入，激发学习兴趣。本次上课的时间是12月22日，恰巧离澳门回归十周年纪念日非常接近，电视、报纸、网络等各种媒体都在之前进行了铺天盖地的宣传和报导，于是我联系生活实际，适时的在情境导入环节使用了澳门回归十周年倒计时这样一个动画，让学生感受到信息技术在生活中的作用无处不在，加强了学生对信息技术学习的兴趣，也利于三维目标中情感目标的达成。

3. 在本课教学中过程，以学生为主，采取了学生自主学习、探究，任务驱动式的教学方法，引导学生在主动学习的过程中发现问题、通过自主探究、学习小组成员间的交流与合作，分析问题进而解决问题，同学们在获取知识的同时，也激发了他们的学习积极性，提高了课堂效率。

4. 采用分层次教学和合作探究，但是容易忽略了学生个体化差异在班级中的具体表现，例如，在学生自主学习环节、提高任务环节，都安排了学生两人小组进行组内互帮、互学，课堂教学中大部分同学都能很好地完成任务，但仍然出现了小组两位同学都不能完成任务而茫然失措，无所事事的现象。

5. 在评价环节，我想如果引入竞争机制，把全班分成几大组进行小组竞赛，优秀的作品进行适当的表扬和奖励，更能激发学习的积极性，把课堂气氛推向高潮。

修改图形

胡 佳[①]

一、教材分析

《修改图形》是江苏省小学信息技术教材上册第14课的教学内容，教学对象为三年级学生。我们在利用画图软件创作图画的时候，经常会出现需要修补的时候，因此本课是教材中画图单元的一个具有特殊操作意义的重要内容。通过本节课的学习，使学生能运用“橡皮/彩色橡皮”“裁剪”和“放大镜”等工具对自己画出的各种图形进行修改，激发他们对电脑绘画的兴趣，培养学生创新思维的能力。

二、学生分析

学生在学习本课内容之前已经熟练掌握“画圆”“填充颜色”“画矩形”和“画线”等操作技能。现在的学生接触电脑比较早，

① 江苏省无锡市东林小学.

对于“画图”软件有一定了解，也比较感兴趣，因此在教学中，我增加了彩色橡皮的使用，让学生体会画图软件的奇妙功能。在教学过程中，通过设置闯关游戏，让学生在动手操作的过程中体验到成功的快乐。趣味的练习方式有利于增强他们的学习兴趣，提升他们的操作技能。

三、教学目标与要求

1. 知识与技能

（1）掌握使用“橡皮”“裁剪”“选定”和“放大镜”等绘图工具来修改图形的技能。

（2）掌握彩色橡皮的使用方法。

2. 过程与方法

课时安排为一课时。学生在游戏闯关的过程中，通过自主探究、教师引导等多种方法掌握多种修改图形的方法。

3. 情感、态度和价值观

培养学生的观察能力及动手实践的能力，激发学生的创新意识和自主探索的精神。

四、教学重点与难点

1. 教学重点：掌握“橡皮”“裁剪”“选定”和“放大镜”工具的使用方法。

2. 教学难点：熟练综合应用各种工具修改图形，彩色橡皮的使用方法。

五、教学准备

多媒体软件平台、学件一个、学生练习用素材图片若干。

六、教学过程

（一）激趣导入

师：你们喜欢画图画吗？喜欢玩游戏吗？你们知道画图软件里也可以玩游戏吗？想不想玩？今天，我们就一起来玩闯关游戏。

（二）教学新授

教师边说边演示：在你们的桌面上有一个“游戏大观园”，双击打开后，就是胡老师为大家准备的游戏大餐了。如果你在游戏闯关的过程中，遇到阻碍，还可以打开“攻关秘笈”，查看顺利闯关的方法哦。

1. 橡皮工具、放大镜工具

『游戏：大家来找茬』

师：先来看看第一个游戏：大家来找茬。这里有初级和高级两关。

（1）初级

师：我们先试试简单的。左边的是原图，你能找一找右边的图画和原图哪里不同吗？（个别学生回答）

师：大家一眼就看出来了，真厉害！你会把右边的图画改成和原图一模一样吗？可以用什么方法。（个别学生回答：橡皮工具）

师：请你们试一试用橡皮工具修改右边的图画。

学生练习，教师巡视指导。

学生演示。

师：大家看，橡皮擦掉多余的泡泡后，露出了一块白色的区域，我们还必须用涂色工具填上颜色。这样的操作比较麻烦，有没有简单的方法呢？（个别学生回答）

小结：我们可以把颜料盒中的背景色改成和画图区一样的背景颜色，这样橡皮的颜色和图画的背景颜色一致，擦掉泡泡后也不会留下白色区域。

（2）高级

师：刚才大家观察得都很仔细，一下子就改好了，让我们来挑战一下高难度的吧！请你们打开“高级”的那幅图画，找一找右边的图画和原图有哪些不同的地方，找到后想办法改成和原图一样。提示一下，共有三处不同。同桌之间可以协作，一起找一找，改一改。

学生尝试练习，教师巡视指导，提示有问题可以求助“攻关秘笈”。

师：谁来说说，你找到了哪几个不同的地方？（个别学生回答）但胡老师发现同学们在给窗户涂色时，颜色流到了外面，这是怎么回事呢？（生：有漏洞）漏洞究竟在哪里呢？怎么找漏洞？（生：放大镜）

原图

小结：请大家注意，在对图形进行涂色时，如果发现颜色流到外面，就是图形没有画封闭，我们可以用放大镜放大图画找到漏洞，补好后，再给图形涂色。

师：这个问题解决了，还有两处不同，谁来帮胡老师修改？

（学生演示，师提示：在画图时，如果要画细小的部分，我们也同样可以用放大镜放大图画后再画，这样可以使图画画得更精细、更准确。）

2. 选定、裁剪工具　『游戏：爱“拼”才会赢』

师：刚才我们闯过了第一关，现在来看看第二关：爱“拼”才会赢。

（1）初级

这是个拼图游戏，同样有难、易两种，我们先来试试简单的吧。

（打开“初级”图）

师：这是一个没有堆完的雪人，想一想，怎么把雪人堆完整呢？谁愿意先来试试。

（学生演示使用选定工具）

师：使用选定工具选定图形时，要注意不能多选也不能少选。

学生演示移动被选定的图形，发现问题：背景色把雪人下面一部分遮住了。

师：后面的一块白色把雪人遮住了，怎么办呢？（个别学生回答）

师：你们学会了吗？请大家也去试一试，把雪人堆好。

学生练习，教师巡视指导。

学生展示

（2）高级

师：同学们玩过七巧板吗？这次，我们就要用七巧板来拼一个图形。（打开“高级”图）请大家观察一下这几个图形，能用选定工具选定吗？为什么？怎么选定这几个图形呢？请大家自学“攻关秘笈”的相关内容，然后试着把这个图形拼完整。

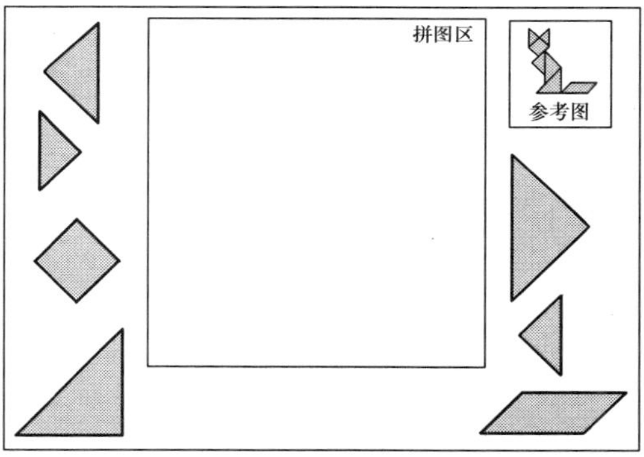

学生自学并练习，教师巡视指导。

学生展示并评价。

3. 清除选定区域 『游戏：变脸』

师：前面两关我们都顺利闯过了。接下来的第三关，不仅考大家的技术，而且还要考大家的反应哦。让我们一起看看第三关游戏：变脸。

（打开“变脸”图）

师：看，这个苹果娃娃不知道遇到了什么事，让它这么生气。不过，生气的表情可不太好看啊，还是开心一点比较好，怎样才能给它换个快乐的表情呢？谁来说一说，可以怎么改？（学生回答）

师：对，我们可以用橡皮把生气的嘴巴、生气的眉毛都擦掉，重新画上开心的表情。不过，嘴巴、眉毛的区域都比较大，

用橡皮擦起来，太慢了。老师告诉大家一个窍门（教师边讲解边演示）：用选定工具选定嘴巴，然后单击“编辑”菜单的“清除选定区域”命令。看，一下子就被擦掉了吧。这种方法可以用来擦除大块面的图形。同样的，我们可以把眉毛擦掉，然后我们就可以画上新的表情了。

师：当然除了开心的表情以外，苹果娃娃一定还有很多其他的表情，同桌之间可以讨论一下，发挥你们的想象力，给苹果娃娃改一个表情吧，看谁把苹果娃娃变得更生动!

学生练习，教师巡视指导。

学生展示并评价

4. 听话橡皮　『游戏：魔术花』

师：通过给苹果娃娃变脸的游戏，我发现大家都很爱开动脑筋。看来下面的一关：“魔术花”一定难不倒大家了。

（打开“魔术花”图）

师：花瓶中插了各种颜色的花朵，这一关的要求是把所有紫色的花朵都变成深蓝色。大家观察一下，这些花朵是用什么工具画的？（生：喷枪）可以用涂色工具去改颜色吗？

（生：不能）这可怎么办呢？看来只能求助于“攻关秘笈”了。

（学生打开“攻关秘笈”，查看相关内容，教师讲解演示）

师：因为橡皮还可以这样来改变图形的颜色，所以这时的橡皮也叫做彩色橡皮。请你用彩色橡皮修改花朵的颜色吧。（再次提醒学生注意前景色和背景色的设置）

学生练习，教师巡视指导。（完成快的同学可以再改变其他花朵的颜色）

学生展示交流

（三）综合练习

师：看来大家都是高手，顺利闯关成功，看看电脑送给我们什么礼物呢？原来是一幅蝴蝶的图画。这只蝴蝶的花纹比较简单，也没有颜色。刚才，我们在闯关的过程中学到了很多本领，你能利用这些本领，加上自己的想象力把这只蝴蝶变得更美吗？

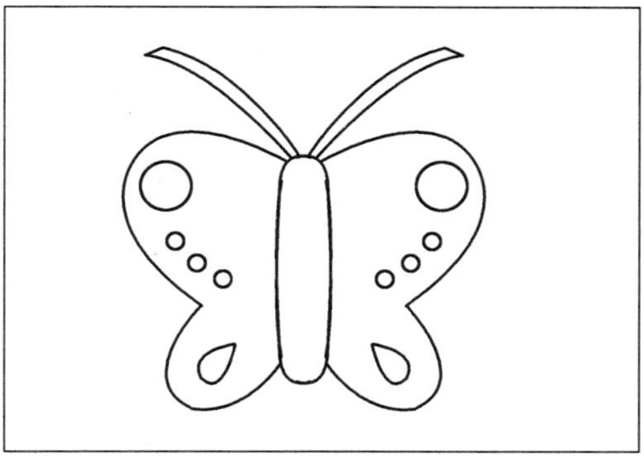

学生练习，教师巡视指导。

学生展示交流并评价

（四）课堂小结

师：今天，我们一起玩了很多的游戏。你能说一说，你在玩的过程中学到了哪些知识？

小结：大家在平时的绘画过程中，也可能遇到需要我们美化图画、修改图画的情况。今后，我们就可以用今天所学到的修改图形的知识来解决啦。希望每一位同学都能综合利用各种工具，来画出属于自己的漂亮的图画。

七、教学反思

现代学生接触电脑较早，许多学生在教学画图软件之前，就对它有了一些了解，但对许多操作的掌握都是比较浅显的。因此考虑到三年级学生的年龄特点及已有知识，设计了由易到难的四个闯关游戏，在游戏中渗透了教学内容，强化了学生可能平时接触过但知之不深的多项操作技能。在本课教学中，学生学习兴趣浓厚，学习目的明确，操作达成度高，学习主体性得到充分体现。在游戏中，教师预设了小陷阱和障碍，教学时，教师只有少数的演示操作，而多数都通过学生演示、小组讨论、观看学件、自主探究等方式让每个学生都积极参与到学习活动中。一个个有趣的游戏任务牢牢吸引了学生的注意力，增强了课堂的教学效果。当学生完成了前三个任务后，教材上的内容可以说已经结束了，但考虑到教学前，学生已对橡皮、选定、放大镜几个工具有些简单认识，经过强化练习后，教师决定拓展橡皮的一个特殊功能：彩色橡皮。显然这个环节的设置，让学生感到什么新奇，取得了较好的效果。

新课程理念指导我们对学生的信息技术操作，不能一味手把手的教，要让学生学会思考和学习的方法。唯有这样，学生们才能乐学；教师们也才能乐教。

在教学中，也有些遗憾的地方。学件的设置，让学生感到新奇，但也有一些学生，每一次的操作都必看学件，缺少了自己的思考。个别学生把注意力过多地放在学件的观看上，在规定的时间内没有及时完成自己的操作。因此，如何更合理有效地发挥好学件的作用，是我们信息技术教师所要思考的一个问题。

初 中 教 案

从互联网上获取信息

王 娴[①]

一、教材内容

《从互联网上获取信息》是依据新时代出版社《信息技术基础》教材七年级上册第三单元的一节自编课，也是对教材活用的一次尝试。重在培养学生从网络上获取信息的能力，学会如何高效地获取有用信息，从而帮助我们的学习和生活。通过本节课的学习，让学生掌握如何利用网络来获取资源的过程与方法，给学生的学习和生活提供更广阔的空间。让学生亲身体验互联网是信息的宝库，本课是通过任务驱动来完成教学内容。

① 新疆生产建设兵团农十师 190 团中学．

二、教学对象

学生对学习内容十分感兴趣，教师要把控学生的这种状态，所以我在本课的引入部分就注意到了这一点，既充分的调动他们的学习兴趣，又以任务驱动完成教学目标。

本课主要是通过学生自学，在尝试的基础上逐步掌握新知识，目的是提高学生学习的应用能力。从而能提出问题，并能自行解决的问题的能力。同时在使用某种搜索引擎时，要引导学生识别信息，同时对查找到的多种信息的解释进行比较，选择可靠性高的解释。在教学中也可让学生查询一些感兴趣的内容，提高学生的学习热情。

教材中给出的网址、网页内容如果有变化，教师可灵活掌握。

三、教学目标

（一）知识与技能目标

了解网络相关术语，认识网上收集信息的两种方式，掌握搜索引擎的使用方法与技巧。了解互联网是个信息宝库，能为我们提供很多方便。

（二）过程与方法

教学过程讲练结合，首先明确学习任务，即要做什么，然后讲述技能技巧，最后进行练习。教学方法上主要是演示法和任务驱动法；学习方法以自行操作和组内合作形式进行学习。

（三）情感、态度和价值观

1. 鼓励学生对新内容要勇于尝试，能及时发现问题，并解决问题。

2. 引导学生树立正确的信息道德观，要求学生要合情、合理、合法的使用网络资源。

让学生感受到网络给他们的生活和学习带来极大的便利的同时也存在着很的风险。

四、教学重点与难点

1. 教学重点：掌握搜索引擎的使用方法，使其在网络中高效地获取信息；熟练地掌握搜索技巧极大的提高信息的获取效率。

2. 教学难点：掌握搜索引擎的搜索技巧。

五、教学策略

倡导自主学习，即从“以教为主”改为“以学为主”的模式，在课堂中老师的角色由讲授者变为指导者。课上所采用的是分层式教学模式，让不同的层次的学生都能进行自主学习，在任务布置上有层次性，针对不同层次的学生的操作能力，在教学中设计了相应的课堂演练题目，既有适合优秀学生的较深层次的任务，也有适合于基础较差学生的较浅层次的任务，适时地教给这些学生具体的操作步骤和方法的指导，从而提高他们的学习兴趣。使学生有更多的自主创新发展的空间。

六、教学资源

多媒体网络教室、相关课件。

七、教学思路

巧妙设计导入情境，带领学生自主的进入网络世界，查找与自己感兴趣的话题。通过自主学习，引领学生主动学习，同时同学之间要互相帮助，加强探究合作的意识，目的是提高学生自主学习和合作交流的能力。

以兴趣为诱导，以自主学习为主，以任务驱动为辅，以小组合作为主要活动方式。

八、教学过程

（一）导入新课（2 分钟）

上节课我们已经学习了如何浏览网页。但是，互联网上的信息如海纳百川般庞杂，我们该如何在网络中快速查找到自己需要的网站和信息呢？这节课我们就来学习利用一个网络“秘密武器”——搜索引擎，来帮助我们搜索侦察网络中我们所需要的各种各样的信息吧！

希望大家都能学会使用这种武器，成为一名优秀的网络“侦察员”。好吧！从现在开始就让我们一起步入这激动人心的一课——从互联网上获取信息。

板书课题：第四课　从互联网上获取信息

（二）讲授新课（侦察兵训练活动）（25 分钟）

要让大家成为优秀的侦察员，不发“武器”是不行的，老师现在就有这个武器，这个武器的学名就叫搜索引擎。

接着老师打开的页面就是“百度”搜索引擎的主页。（让学生仔细观察老师的操作步骤）

利用“百度”搜索“什么是搜索引擎”步骤。（课件展示）

什么是搜索引擎？

1. 搜索引擎：它是互联网上的一类网站，是将网上的信息分类并建立索引，当我们发出搜索请求的时候，它就会在这个数据库中搜索，找到的一系列相关信息，最后将查找到的结果以网页的形式展现。通常搜索到的网页摘要（不一定是网页的中一段），其中您的原始查询词，都用粗体字高亮（醒目的红色）显示，以

便宜阅读。(出示课件)

2. 老师用“百度”搜索引擎，找到“什么是搜索引擎”概念。那么其实在网络中还有其他很多种搜索引擎，就让我们一起利用“百度”查找一下，互联网上还有其他的搜索引擎吧？(要求学生注意老师的操作步骤)

3. 如何使用“百度”来搜索信息。

学生尝试使用“百度”查找信息，根据学生自身的掌握程度来选择练习题目。

(1) 查找网上与自己同名同姓的人。

(此题对同学们来说非常有诱惑力，大家都想知道和自己同名同姓人的信息。他是干什么的？他在哪里？查完之后交流自己的查找信息。此外要严格控制时间，不能让同学们过多的驻足在此。)

[设计意图：让同学们能说出自己是如何使用搜索引擎。]

(2) 介绍新疆喀纳斯美丽的月亮湾。(图片、文字)

(谁找的最快？他是怎么找的？他的关键字和你的一样吗？评价学生……教师巡视并指导。)

师：什么是关键字搜索。如果查找的是一个词组或多个汉字，最好的办法就是将它们用双引号括起来，这样得到的结果最少、最精确。

[设计意图：倡导自主学习，同时转变教育观念，充分体现“以学为主”，提高学生自行解决问题的能力。]

(3) 利用“百度”查找一个有关英语学习的网站。

学生在利用“搜狗”查找之后，老师给出另外一个搜索引擎——“雅虎”搜索。

(4) 利用“雅虎”查找一个有关英语学习的网站。(课件出示以上四道题目)

老师只介绍“雅虎”的界面，让学生观察这种搜索引擎的不同之处，通过学生自学讨论查找方法，让学生对两种搜索引擎搜索到的结果进行对比，看看哪种搜索引擎查找到的信息最准确、最详细。

分类列表查询法又叫顺藤摸瓜法。

分类列表搜索：一层一层地点击下去，好比顺藤摸瓜，它对一些关键字不太确定的资料查询十分有效。雅虎中国 (http://www.yahoo.com.cn/)、新浪 (http://www.sina.com/) 就把网上的各种资料归类整理，分得很细，有旅游、休闲与运动、娱乐、健康与医药、艺术与人文等很多类别，而且每一大类的链接进入后分成很多小类，一层一层地进入链接，分类也就越来越细，离你的目标也就越来越近。由于都是链接形式，所以使用起来又方便又简单。

(5) 自由查找信息。(充分放手让学生自己查找一些自己关心的信息，如：正在学习的语文课所讲的知识图片信息；数学课堂提高练习中的竞赛题等，限时 5 分钟)

[设计意图：让学生们共同分析讨论，练习 (1)、练习 (2) 是一个特定具体的问题，用关键词索引型搜索引擎比较适合。]

练习 (3)、练习 (4) 需要查找与某一主题相关的一类网站，使用分类目录型检索更方便、结果更精确。(师生共同讨论总结，课件展示)

除了会使用以上两种搜索引擎，你还能用其他的搜索引擎进行信息的查找吗？

4. 常用的搜索引擎：

(1) 百度中文搜索引擎 http：//www. baidu. com

百度，2000 年 1 月创立于北京中关村，是全球最大的中文搜索引擎。

(2) Google 中文搜索引擎 http：//www. google. com

Google 是万维网上最大的搜索引擎，使用户能够访问一个包含超过 80 亿个网址的索引，始终保持着自己在搜索领域的领先地位。

(3) 雅虎搜索 http：//www. yahoo. com. cn

雅虎在访问量、广告、家庭和商业用户领域均属领先者。雅虎是全球最大的互联网品牌，拥有全球最大的网络用户群，并致力于成为消费者生活中日益重要的组成部分。

(三) 课堂竞赛活动 (网络侦察兵实战训练) (15 分钟)

(课件出示比赛规则及竞赛题目)

[设计意图：今年新疆阿勒泰地区的大雪灾情十分严重，让同学们感受到灾区人民是怎样抗击风雪，从而是怎样进行抗灾自救的。]

通过综合练习，培养学生实践动手能力及归纳能力。以小组竞赛的形式，培养和提高学生的协作竞争意识。(课件出示合作探究问题，课件展示)

(四) 归纳总结 (3 分钟)

让我们对获胜的小组表示祝贺，其他组虽然没赢得比赛也没关系。你们已经在活动中体会和感受了常用的搜索引擎的作用。今天是大家初步学习搜索引擎，所以老师出的竞赛题不是很难，

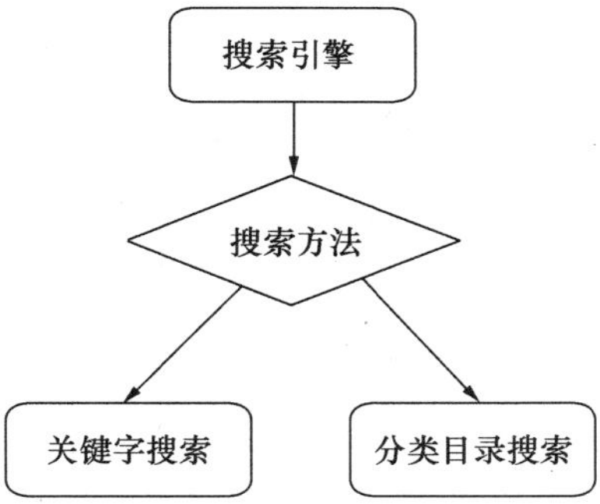

在实际生活中并不是每个问题都能使用搜索引擎，一步得到答案，大多数时候都是经历多个步骤，所以在网上获取信息，需要掌握技巧，更需要多体会、多总结，也需要永不放弃的精神，同样在对待我们的学习和生活中的其他事情也应如此。

九、教学反思

本课在讲授时，能密切联系学生实际生活，对教材内容进行了灵活处理。最后通过简单的归纳总结，加深学生的理解和记忆，帮助学生建立一个比较完整的知识结构。同时，还进一步的提高学生发现问题和解决问题的能力。

本节课的成功之处在于：（1）学生的积极参与，活跃了课堂气氛，使学生在“比”“帮”“超”地学习氛围中牢固掌握了知识。（2）在信息的查找过程中，使学生充分体验到了成功的喜悦。让学生从中感受到学习知识的快乐，从而发挥了学生主体的作用。但这节课也有不足之处：（1）没有照顾到学生的个体差异性，应该随时让那些动作快的学生当教师的“小帮手”，去指导那些动作慢的学生。（2）在课上时间的安排过于死板，应该多给学生说话的机会，让他们能自己提出问题，并能自己想办法解决问题。

课堂活动记录表

一、完成“网络大练兵”题目，并填写下表：

（1）查找网上与自己同名同姓的人。

（2）介绍新疆喀纳斯美丽的月亮湾。（图片、文字）

（3）查找一个有关英语学习的网站。

（4）自由查找信息。

① 你使用哪种搜索引擎？

百度 http://www.baidu.com

雅虎搜索（http://www.yahoo.com.cn）

Google 中文搜索（http://www.google.com）

其他____________________

②你使用哪种搜索方法？

单个关键字查找（　　）

多个关键字查找（　　）

分类目录查找（　　）

分类目录和关键字相结合查找（　　）

二、“网络侦察兵”评价表

1. 用同一个搜索引擎，关键词分别是：阿勒泰抗击雪灾图片和“阿勒泰抗击雪灾图片”，得到的网页数量相同吗？如果不同，你觉得哪个更多？为什么？你能从中得出什么结论？

2. 查找新疆地区的部分城市的天气预报。（如：北疆与南疆的不同城市）

请先选择“网络实战”题目，搜索过程中完成下表的填写。

搜索的题目	搜索信息的时间	搜索结果数目	信息的准确性

图表的制作——节约用水　从我做起

孟凡英[①]

一、指导思想及设计理念

初中的信息技术教育需要在巩固兴趣、发现特长的基础上不断地进行拓展、提升，使学生初步具备一技之长。通过自主选择和综合运用学科相关知识及技能的同时，培养学生的动手实践和实践创新的能力，提高分析问题、解决问题能力。

二、学情分析

1. 教学内容分析：本节内容是北京教改实验教材初二第 5 册信息技术，第五章 Excel 第五节制作图表。主要是利用向导制作图表的基本方法，根据数据表的特点及需求来选择合适的图表类型。

2. 教学对象分析：教学对象为初二年级的学生，学生已经掌

① 北京市顺义区第五中学.

握了 Excel 的基本操作，这节课教学内容学生容易掌握操作方法，但对于学以致用的能力是易忽略和有待于提高的。此外，学生在其他学科中曾多次见过统计图表，对于“图表的制作”过程在心理上应该是希望知道的，因此，学生的求知欲望是高涨的。

三、教法学法分析

以任务驱动来推进自主探究和小组合作学习。针对本节的两个重点：图表建立的方法和图表类型的选择，采用讲授和任务驱动为主；在基本任务完成后，以自主探究和小组分工合作的教学组织形式完成学习任务，培养学生团结协作学习的意识和学以致用的分析、解决问题能力。

四、教学目标和重点难点

（一）教学目标

1. 知识与技能

（1）理解常见的三种图表类型的作用及特点。

（2）掌握在 Excel 中运用“图表向导”制作图表的方法。

（3）能够根据实际需要在柱形图、饼图、折线图中选择合适的图表类型。

（4）初步学会根据图表进行简单的数据分析。

2. 过程与方法

（1）循序渐进，自主选题。从教师演示——模仿——发现问题，学生讲解——独立制作折线图——自己确定图表类型及制作（自选内容，有难易）——分析图表——阅读资料、总结——汇报。

（2）通过比较三种不同图表类型的用途及特点、体验使用图表呈现信息的过程、理解用图表显示数据并分析结果的优势。

3. 情感、态度和价值观

通过对“节约用水”数据的探讨，各小组分别从不同的视角围绕这一问题进行信息的收集、数据处理、汇报发言等活动的展开，树立节水意识。

（二）教学重点

1. Excel 图表向导建立图表。

2. 根据数据表的特点及需求来选择合适的图表类型。

（三）教学难点

根据数据表的特点及需求来选择合适的图表类型。

五、教学资源

多媒体网络教室、课前调查表 . xls、制作图表 . xls、学习任务单 . doc、节约用水 . exe（自制电子报刊）、三种图表类型特点 . xls

六、教学过程

教学环节	教师活动	学生活动	设计意图
新课导入	1. 问卷调查：（统计结果、输入数据） （1）你洗脸时是不是随时关闭水龙头 A. 是 B. 不是 C. 不一定 （2）请问你家里安装了节水设备了吗 A. 安装了节水龙头等 B. 没有安装 C. 不清楚 2. 小结：	思考 举手 由一名同学统计结果 思考 回答	屏幕广播 通过日常生活数据的统计，导入新课
新课讲解	【教师演示】图表向导的操作方法 1. 制作柱形图的操作步骤 2. 重点强调 数据区域的选取 图表选项——标题、数据标志	观察、思考回答 倾听、观察	强调重点 化解难点
热身赛制作 1. 柱形图 2. 制作饼图 3. 制作折线图 4. 小结	热身赛规则，分 ABCD 四个大组 进行热身赛——竞赛任务 1：制作柱形图 按照“竞赛任务 1”要求比赛开始 【提示】完成的小组成员之间相互检查，看看标题、X 轴、Y 轴以及数据标志这些信息是否有遗漏 教师巡视、指导；宣布做的最快的同学 【发现问题】——学生演示讲解，教师补充 提问：……教大家一招 学生演示操作方法 学生继续完善作品 教师巡视、指导；宣布做的最快的同学 进入热身赛——竞赛任务 2：制作“饼图” 教师按照“竞赛任务 2”中的比赛要求和规则开始 巡视、指导；宣布做的最快的同学 【提示】在“数据标志”里加上数值、百分比	理解规则 分组比赛 动手操作 完成任务 学生演示讲解 观看 分组比赛 动手操作 完成任务	屏幕广播 解除屏幕 体验创建图表的过程与方法 屏幕广播 解除屏幕广播 利用知识的迁移解决问题，从而制作饼图和折线图

续表

教学环节	教师活动	学生活动	设计意图
	进入热身赛——竞赛任务3，选用另外一组数据“北京市重复用水”工作表中的数据制作折线图 教师巡视、洞察学生操作，指导 表扬光荣榜上的同学 教师展示刚才生成的柱形图、饼图、折线图 师生分析： 环节1：如何根据图表进行简单的数据分析？ 提问：能直观、形象地知道什么信息？生答：…… 环节2：三种类型的图表各有什么特点？ 提问：比较图表，它们各自擅长描述什么？自己的专长是什么？换句话说“特点”是什么？ 生答：……；师结展示：三种图表的特点。 环节3：如何选择合适的图表类型？ 师生分析：柱形图、饼图、折线图和数据的关系 结论：根据数据的特点及问题的重点（需求）来选择合适的图表类型	分组比赛 动手练习 观看 观察、分析、倾听、总结、回答	屏幕广播 师生共同分析三种类型图表的特点 强调重点化解难点 为下面的自主学习作铺垫
综合比拼 1. 交待任务 2. 完成任务 3. 汇报发言	接下来我们的任务更具挑战性——综合展示大比拼，任务从剩下的3个工作表中任意选取一个，按照提示进行操作。竞赛规则是不分大组，以你邻近的人为互帮小组。最后我们分主题（工作表）选出几名同学进行展示汇报，选出“综合展示之星” 教师巡视、洞察学生操作，指导 【提示】结合自己的图表和浏览“节约用水”电子报刊填写汇报内容 转播学生屏幕，汇报展示 ……	认真听讲 知道任务要求 合作学习 动手完成任务 展示作品 汇报发言	使学生明确任务 解除屏幕广播 给学生展示自己的机会
总结	围绕以下两点，同学们谈谈本节课的收获： 1. 用图表向导制作统计图表的方法有哪几步？ 2. 会根据实际需要选择合适的图表类型吗？	思考 回答	梳理知识

七、板书设计

光 荣 榜

组别	A	B	C	D
任务 1				
任务 2				
任务 3				

图表的制作（一）

一、常用图表的类型：

柱形图、饼图、折线图

二、比一比　赛一赛

1. 热身赛

2. 综合比拼

八、课后反思

1. 任务设计恰当合理。无论是技术还是德育的设计，体现“随风潜入夜，润物细无声”，使学生对信息技术的学习不仅停留在学习技术层面，更贴近学生生活，体会到学以致用。

2. 课件为学生自主学习锦上添花。Zinemaker 制作的具有强烈视觉冲击力的“节约用水”电子报刊，作为学生自主学习的课件，变枯燥的 Excel 制作图表为学生爱看的报刊。活跃了课堂气氛，开阔了学生视野。

Excel 数据计算

王丽丽①

一、教学理念

“授人以鱼，不如授之以渔。”通过《Excel 数据计算》这节课，我希望学生能够学会利用 Excel 进行数据计算的方法，从而解决生活中的实际问题。作为一节技术学习的新授课，我不仅要求学生掌握基本的运算符和常用的四大函数，而且能够掌握利用信息技术工具解决问题的方法。在遇到实际问题时，能举一反三，会搜索并运用教师没有教授过的函数，灵活编写公式，解决问题。

二、教材分析

本课内容选自华东师范大学出版社初中信息科技第一册第四

① 上海市世界外国语中学.

单元“数据表格处理”。教材要求学生能利用运算符和函数进行数据运算和统计等基本操作。但是我希望学生不仅能掌握基本的公式编写方法和会使用四个常用函数，而且能学会搜索合适的函数，解决复杂计算问题的方法，并能综合“常量、引用、运算符、函数”进行数据计算，灵活运用 Excel 解决生活中的计算问题。学生在本节课中的认知结构如下图：

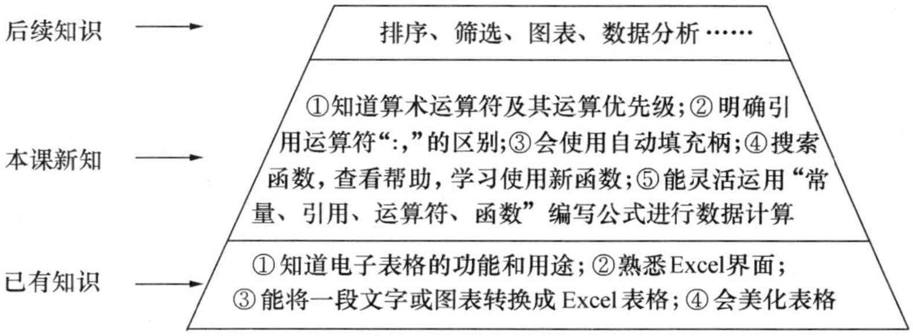

三、学生分析

通过前两次课，学生已经了解表格的应用场合和电子表格的优势，学会了表格的制作与修饰。这一节课，学习利用公式进行数据计算。基于七年级学生有数学学科的运算符及其优先级的概念，所以教师在教学时，由数学运算符知识迁移到 Excel 运算符的使用及优先级。同样，由数学中的乘幂运算引申到 Power 函数。另外，基于初中生的好奇的年龄特点，教师将“棋盘上的麦粒”作为课的引入，并穿插在运算符、引用、寻找函数解决问题、以及课后作业的环节，让学生始终保持学习兴趣，并顺利地引出知识点。根据学生的水平差异，教师在课堂作业设计中，分为基本作业和拓展作业。

四、教学目标

1. 知识与技能

（1）知道算术运算符及其运算优先级。

（2）明确引用运算符“:,”的区别

（3）能利用运算符和引用单元格进行数据计算。

（4）掌握四种常见函数的使用方法。

（5）熟练使用自动填充柄。

2. 过程与方法

（1）通过寻找函数，计算“棋盘上的麦粒”的比赛，学会“根据实际情况，搜索合适函数，解决复杂的数据计算问题”的方法。

（2）通过查看 Excel 实例帮助和自身实践，学会综合运用

"常量、引用、运算符、函数"编写公式的方法。

3. 情感、态度和价值观

树立"利用电子表格进行数据处理，解决生活中实际问题"的意识。

五、教学重点与难点

本节课的教学重、难点有二：（1）搜索合适的函数，以解决复杂计算；（2）引用单元格。

六、教学策略

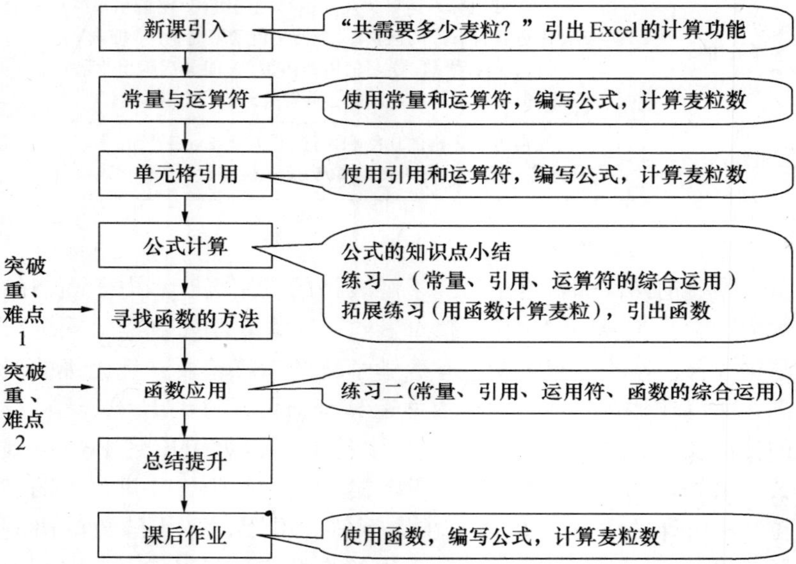

1. 重点与难点的突破

本节课为两课时（前五环节为一课时，第六、七、八环节为一课时），主要采用"讲授法"和"竞赛法"。通过互动演练，学习新知；通过学生竞赛，自主探究。

针对重点与难点：（1）教师以"棋盘上的麦粒"的实例比赛，让学生学会寻找函数的方法。（2）教师通过引导学生观察、比较、实践，明确引用运算符"：，"的区别，使其学会单个单元格、连续区域、不连续区域的引用。

2. 作业设计有梯度

资源文件名称	工作表名称	知识点和使用目的
棋盘上的麦粒 . xls	常量和运算符	（用于引出"常量和运算符"环节） 使用常量和运算符，编写公式，计算麦粒数

续表

资源文件名称	工作表名称	知识点和使用目的
	单元格引用	（用于引出“单元格引用”） 使用引用和运算符，编写公式，计算麦粒数
	函数应用	（用于引出“寻找函数，解决问题”环节） 使用函数，编写公式，计算麦粒数
Exercise1. xls	帮助	提供公式运用的实例说明
	运算符和公式	练习使用常量、引用和运算符编写公式
	中印人口	练习使用常量、引用和运算符编写公式，学习使用填充柄复制公式和填充序列号
Exercise2. xls	前七张工作表	函数应用实例，前四个为基本函数，后三个为拓展 （SUM/AVERAGE/MAX/MIN/ PRODUCT/ POWER/RANK）
	购物清单	熟悉运算符和引用，练习 SUM 函数，熟练使用自动填充柄复制公式
	学生成绩统计表	练习四个基本函数，熟练使用填充柄复制公式
	拓展——奥运跳水	练习四个基本函数，Rank 函数，绝对/相对引用，熟练使用填充柄复制公式

七、教学资源与平台

1. 三个 Excel 文件（棋盘上的麦粒、Exercise1、Exercise2）
2. PPT 课件
3. 思维导图 Mind Manager 的课堂知识点总结
4. Moodle 学习平台

八、教学过程

教学环节	教师活动	学生活动	设计理念
新课引入	1. 故事设疑 大家有没有听过《棋盘上的麦粒》这个故事？师生互动，简要讲述故事内容。展示利用 Excel 制作的棋盘，提问：总共需要多少麦粒呢（悬而不答） 2. 新课引入 利用 Excel 的计算功能解决实际问题	聆听 思考 回答	设置悬念，激发兴趣；凸显 Excel 解决实际计算问题的作用

续表

教学环节	教师活动	学生活动	设计理念
常量和运算符	1. 使用运算符 ［提问］棋盘的第一格、第二格、第三格，分别放多少麦粒（每一格中的麦粒是前一格的 2 倍） ［互动演示］在 Excel 中演示计算，如在第三格中输入公式“＝2＊2”，引出运算符 2. 运算符的知识 ［提问］屏幕显示一列数学运算符，另一列 Excel 运算符，让学生做连线题，并思考运算的优先级是如何的 ［归纳］Excel 中的运算符优先级和数学中的运算优先级是一致的。“加减乘除”分别对应“＋ － ＊/”，并以“＝”开始公式	观察公式输入 思考并回答运算符的优先级	通过互动演示，让学生对 Excel 的公式计算，有感性的认识 将数学运算符号和 Excel 算术运算符及优先级对应，体现知识的迁移，方便记忆理解
单元格引用	［提问］如果第 7 格的麦粒计算错误，数字发生了变化，那么第 8 格的麦粒数能不能相应变化呢 ［演示］将第 7 格麦粒数改为 60，第 8 格仍显示 128。若将第 8 格的公式由“＝64＊2”改为“＝H8＊2”，结果自动发生变化 ［提问］观察公式的变化，想一想为什么结果会自动更新 ［归纳］打开 Excel 帮助，输入“单元格引用”，查看 Excel 在线帮助。展示 PPT，说明单元格引用的作用	观察 思考 回答区别	通过实践，体会单元格引用的作用 学习查看 Excel 在线帮助的方法
公式计算	1. 公式的知识 Excel 中的公式类似数学表达式，先输入等号“＝”，开始公式，一般包含以下某项或所有内容： （1）函数 （2）引用 （3）常量 （4）运算符 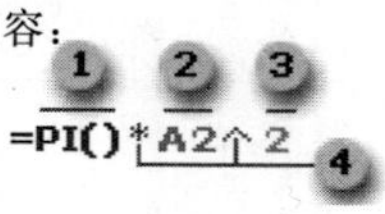 2. 学生练习一（Exercise1. xls） （1）基本练习 ① 先查看《帮助》工作表，熟悉运算符、引用和公式	聆听 思考	对公式包含的内容有初步的认识 查看《帮助》工作表，加深对公式的理解 熟练运用“常量、引用、运算符”进行公式计算

续表

<table>
<tr><th>教学环节</th><th>教师活动</th><th>学生活动</th><th>设计理念</th></tr>
<tr><td></td><td>② 使用“常量、引用、运算符”编辑公式，完成《运算符和公式》工作表和《中印人口预测表》
<table>
<tr><th>操作要求</th><th>公式（结果）</th></tr>
<tr><td>计算 10＋6 的值</td><td></td></tr>
<tr><td>将 A2 单元格的值和 33 相乘</td><td></td></tr>
<tr><td>将 A3 单元格的值除以 C2 单元格的值</td><td></td></tr>
<tr><td>计算（30 － 10）× 2 的值</td><td></td></tr>
<tr><td>计算（10^2 － 3）÷ 4 的值</td><td></td></tr>
<tr><td>计算 10×2×6×30×4×3 的值</td><td></td></tr>
</table>
（2）赛一赛（拓展）
使用函数，简化“棋盘上的麦粒”的计算
（3）作业交流
针对基本练习，交流易错点</td><td>练习

交流</td><td>《中印人口》表，初次练习填充柄的公式复制和填充序列号功能

“麦粒计算”的比赛，再次调动学生积极性，并为引出下一环节的函数作铺垫

交流巩固该环节知识点</td></tr>
<tr><td>寻找函数解决问题</td><td>1.“棋盘上的麦粒”函数应用的交流
让学生上台演示，如何用函数计算每一格的麦粒，大致有两种方法
（1）Product 函数
利用乘积函数，引用前一单元格的数值乘以 2。
（2）Power 函数
结合数学的乘幂，说明 Power 函数功能
2. 寻找函数的方法
（1）根据学生回答，归纳三种寻找函数的方法
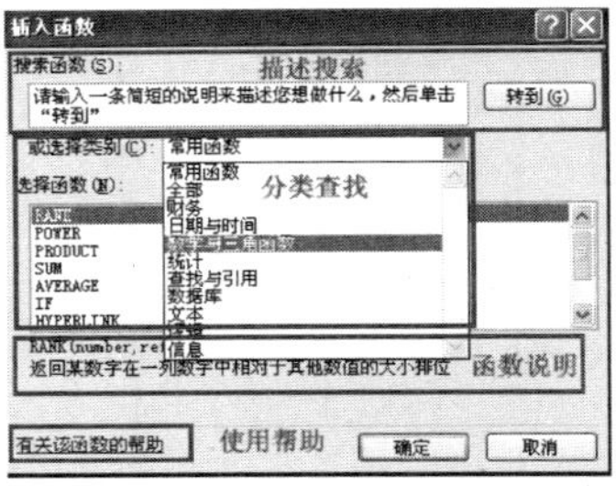
</td><td>两位学生上台演示讲解自己是如何找到函数，解决“棋盘上的麦粒”的计算问题的

聆听思考</td><td>通过寻找函数计算麦粒的环节，学会“搜索合适的函数，解决复杂的数据计算问题”的方法</td></tr>
</table>

续表

教学环节	教师活动	学生活动	设计理念
	① 借助函数分类，查找函数 ② 利用查询，搜索合适的函数 ③ 利用搜索引擎，描述问题，搜索合适函数 （2）鼓励结合“函数说明”，选择合适的函数，并点击“有关该函数的帮助”，学习使用新函数 3. 小结 遇到实际问题时，能综合运用三种寻找函数的方法，查找到合适的函数，解决复杂的计算问题		
函数应用	1. 找一找，谁最快（Exercise2. xls） ［提问］大家看《学生成绩统计表》，需要统计平均分、最高分、最低分和总分，分别是哪四个函数？谁能用刚才的方法，最快找到 ［归纳］求总分－SUM，求平均分－AVERAGE 求最高分－MAX，求最低分－MIN 2. 学生练习二（Exercise2. xls） （1）要求：参考 Exercise2 工作簿中的前 6 张函数实例工作表（第 7 张《Rank 函数》工作表先隐藏），完成《购物清单》《学生成绩统计表》，尝试《拓展——奥运跳水》工作表 （2）练习辅导：教师巡视时，提醒学生思考函数使用技巧，加快练习速度 （3）作业点评 ① 技巧演示：学生演示自己快速完成函数练习的技巧 巧做：能用函数或引用的，不用常量 快捷：用工具栏中的常用函数按钮 增速：自动填充柄的巧妙运用 ② 难点讲评 正确选择数据区域（演示连续/不连续区域的选择方法，引导学生思考运算符“：，”的区别） 绝对/相对引用（拓展） 讲解《拓展——奥运跳水》工作表中的排名 Rank 函数 3. 想一想：四个常见函数的应用场合	比赛查找四个基本函数 完成练习 Exercise2 思考 演示 回答	实践查找函数的方法 通过练习 Exercise2，巩固函数运用 通过作业交流，掌握灵活运用“函数、引用、运算符、常量”编写公式的方法和技巧 通过自身实践，体会引用运算符“：，”的区别 通过思考常见函数应用场合的问题，进一步树立学技术，用技术，解决实际生活问题的意识

续表

教学环节	教师活动	学生活动	设计理念
总结提升	1. 公式计算 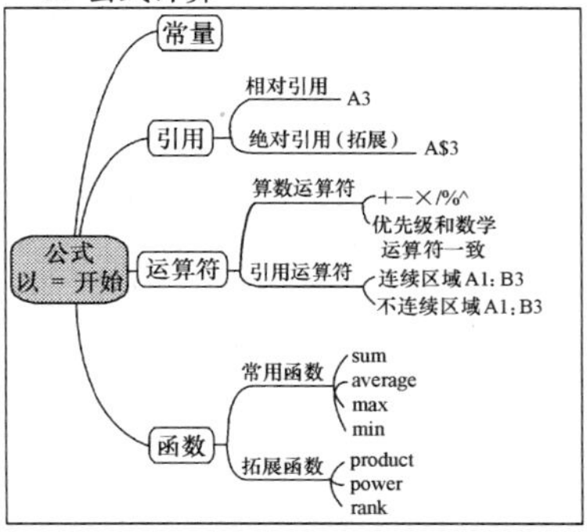 2. 学会“搜索合适的函数，解决复杂的数据计算问题”的三种方法 3. 树立“利用电子表格进行数据处理，解决生活中实际问题”的意识	思考 互动回答 聆听	以思维导图的形式，师生互动，总结本节课的知识点，加深印象，知识点成体系 强调查找使用新函数的方法 鼓励学生能举一反三，解决实际问题
课后作业	用函数完成“棋盘上的麦粒”的总数的计算		拓展应用

九、学习评价

1. “棋盘上的麦粒”激发学生的学习兴趣

通过设疑引入，竞赛激励，“棋盘上的麦粒”串接了多个教学环节，学生的情绪高涨，所以2课时的学习，一点也不觉得无聊。

2. 走弯路，记得更牢

虽然“赛一赛”这一拓展环节，只有小部分学生找到使用函数计算麦粒的方法，但是，因为大多数的学生走了弯路，反而使得他们更牢地记住了三种寻找函数的方法。

3. 知识点掌握良好

从课后批阅 Exercise1 和 Exercise2 的作业情况来看，学生掌握知识点较好。

十、教学反思

1. “棋盘上的麦粒”，串接了整堂课的知识点，吸引了学生的兴趣。

教师事先利用 Excel 制作了棋盘，而这一实例分别用在了“新课引入、常量和运算符、单元格引用、寻找函数解决问题、课后作业”五个环节，将“公式、常量和运算符、引用、函数”这一节课的知识点，自然地串接起来。而且故设悬疑，竞赛激励，使得学生的学习兴趣高涨。

2. “查找函数”的方法学习，放大课堂效益。

教材要求学生掌握四个常用的函数，但在实际生活中，这四个函数是远远不够的，而课堂时间有限，不可能每个函数逐一讲解，所以学生只有掌握查找函数的方法，并能参考帮助自学使用，才可能解决生活中的复杂计算问题。

3. 练习实例的选择，贴近学生生活。

所有的练习素材来源于学生的日常生活，学生感兴趣，也更能理解公式运用的意义所在。

4. 实例中的帮助，更符合学生的实际需求。

在 Exercise1 和 Exercise2 中，教师分别提供了“运算符和公式”帮助，以及“七个函数的应用实例”。这样直接的帮助，比按 F1 弹出的软件自带帮助，更具针对性。学生只要点击单元格，就能在编辑栏中查看公式，配合文字的说明，简明易懂，有助自主学习。

程序的分支结构

刘　芳①

一、教学内容

本课采用的是北京出版社、北京教育出版社《信息技术》教材第五册第八章内容（适合八年级下）。本章内容是编程解决问题，初中学生要达到的目标是能够了解程序设计的过程，初步体会程序设计思想，掌握简单的程序设计语句。教材中强调了编程解决问题的过程，对于三大结构没有更多细致的描述和讲解，而理解编程的三种结构对帮助理解编程的逻辑有重要作用。因此每节课教师都要在熟悉教材的基础上提炼知识点，重新设计实例和任务，力求能够以趣味、实用吸引学生探究编程的三大结构的特点，用任务驱动的方式达到教学目标。分支结构引入了条件判断，使程序设计更加具有解决问题的实际意义。理解了分支结构的执行过程，能为今后理解循环结构打下良好的基础。因此将这节课放在顺序结构和循环结构之间是合乎初二学生的认知规律的，能循序渐进地将程序设计思想展现给学生，有助于培养学生的逻辑思维能力。

二、教学对象

本校学生基础一般，起点也参差不齐，在初二阶段开始两极分化，对程序设计接受能力相差很多。在此阶段，学生逻辑思维开始发展，但还处于形象思维向逻辑思维过渡的初级阶段，初步

① 北京市丰台区第二中学.

接触程序设计难免会有畏难情绪，没有兴趣也没有信心，因此需要教师用心引导，精心设计每节课的实例，让学生在程序设计过程中能充满好奇和乐趣，每一节课都能体会到成功的喜悦，进而培养学生主动提出问题、分析问题、解决问题的意识。

学生在此前已经熟悉了用 VB 进行程序设计的一般过程：设计界面、设置属性、编写代码、运行调试；对用流程图描述算法也有了一定的了解，学会了使用 TextBox、Label、Command 等控件以及它们的基本属性设置，能够运用控件属性和赋值语句完成程序的输入和输出；掌握了用顺序结构结合数学计算公式解决一些实际的计算问题。为了激发学生的学习程序设计的热情，同时引入了 Image 图像控件，学生能够运用 Visible 属性让图片显示或隐藏。

三、教学目标

目标维度	行 为 目 标
知识与技能	1. 理解并能用自然语言描述程序分支结构的执行过程 2. 理解和识记 If 条件语句的格式和流程图 3. 初步应用 If 条件语句编程解决简单实际问题
过程与方法	1. 在分析游戏执行过程中理解分支结构程序的执行过程 2. 在实践中掌握 If 条件语句，利用分支结构解决简单实际问题
情感、态度和价值观	1. 体验分支结构的执行过程，学会应用分支结构分析和解决简单实际问题 2. 进一步激发学生学习程序设计的热情，克服学习编程的畏难情绪

四、教学重点与难点

教学重点：分支结构的执行过程。

教学难点：应用分支结构（If 语句）解决简单实际问题。

五、教学准备

（一）教师准备

计算机教室、教学广播系统，投影；用作演示的 VB 程序范例；教学演示文稿；猜谜游戏的可执行程序“猜谜 . exe”；用作练习的图片素材。

（二）学生准备

1. 回忆 VB 中 TextBox、Label、Command 等控件知识，运用赋值语句输入输出的方法。

2. 下载教师提供的练习用文件（. frm . vbp）、学案参考（. ppt）、你的身材标准吗？ （. exe）、猜数游戏（. exe）、图片 smile. jpg、sad. jpg。

六、教学策略

教学流程上以加涅的九段教学法（引起注意→告知学习目标→刺激回忆→呈现刺激材料→根据学习者特征提供学习指导→诱导反应→提供反馈→评定学生成绩→促进知识保持与迁移）为基础设计，简化流程，尽量淡化讲练过程，突出学生的主动参与。本节课是教师精心设计实例，用猜谜游戏这一类能激发学生兴趣的小程序，代替常用的购物打折等计算类问题，引出整节课。学生在课前准备时打开“猜数游戏”和“你的身材标准吗?”尝试游戏，已经对游戏的类型有了初步的感知——计算机可以通过一定的条件判断决定程序走向并给出结果。当教师再给出猜谜游戏后，所有学生都被吸引，积极地参与到了学习中来（引起注意）。完成一个类似的猜谜游戏作为本节课基本任务（告知学习目标）；谜面让学生自由发挥，根据自己的谜底设置不同条件，激发学生兴趣，让学生真正体会技术是为内容服务的。师生共同分析游戏执行过程，从而找到程序执行的方式，利用流程图理解分支结构的执行过程，落实 If 语句的格式。巩固任务中加入了图片的隐藏和显示，能够激发学生尝试更多的效果，从而体会游戏设计中的创意设计，促使学生深入理解程序块在分支结构中的作用，促进知识的保持和迁移。

七、教学方法

讲练结合、任务驱动。

八、教学过程

（一）创设情境（引起注意）

（教师展示猜谜游戏）断的一半、接的一半，接起来，还得断。（打一字）

学生猜谜底，回答。答案为“折”。观察答对或错时游戏界面的变化。

[设计意图：学生的思维活动是建立在浓厚的兴趣和丰富的情感基础上的。所以，要让学生自觉自主地学习，首先要唤起他们的学习兴趣，吸引他们进入学习的境界。]

（二）引出课题（告知学习目标、呈现刺激材料）

师：作为游戏玩家，我们已经猜出了答案，现在我们变换角度，作为游戏的设计者，这个有趣的猜谜游戏，我们是否能用刚刚学过的顺序结构编程解决呢？为什么？

学生回答：“解决不了，顺序结构单击按钮应该出现的结果是可以确定的。”

教师提问：当点击“对不对”这个按钮时，计算机做了什么工作？

学生：思考回答“判断”。

教师：肯定学生的结论。计算机判断后根据输入的情况给出的结果不能同时出现，这用顺序结构是没办法实现的，因为顺序结构每一条语句都要顺序执行，不会有选择和跳过的情况出现。程序设计中除了顺序结构，还有能够实现逻辑判断并执行不同程序功能的“分支结构”。

（三）分析问题

教师带领学生分析猜谜游戏程序的执行过程：

1. 输入答案——获取数据；

2. 如果答案正确，那么点击按钮输出“你真棒！加油”——在 Label 中输出结果

否则，点击按钮会输出“再想想”（板书关键字）

学生：用自然语言描述游戏的执行过程，与教师一起分析思考。

[设计意图：提高学生对问题的描述能力，体会并分析程序执行过程，强调“如果”“那么”“否则”，为引出 If 语句格式作铺垫。]

（四）讲解新知（提供学习指导）

教师活动：

1. 讲解分支结构（选择结构）

当程序执行到某一步时，会遇到一个条件判断，程序会根据不同的结论执行相应的分支。

2. 演示分支结构的流程图

3. 对应板书中的“如果、那么、否则”关键字讲解 If 条件语句的格式

```
If  条件  Then
    语句组 1
Else
    语句组 2
End if
```

强调条件语句的执行过程：是二选一的。

4. 引导学生注意：(1) If 语句要以 End If 结束；(2) 语句组要缩进，增强可读性。

学生听讲，适当笔记，通过读流程图理解分支结构执行过程，识记 IF 语句格式。

[设计意图：在理解的基础上学习新知。提醒学生注意细节，

养成良好的编程习惯。]

（五）模仿创新 完善程序（刺激回忆、诱导反应）

教师：引导学生说出编程解决问题的步骤

1. 设计界面（学生资源中已给出）

2. 设置属性（参考学案中的属性设置表格）

初始状态：负责输入的 Textbox 文本框内容清空；

3. 编写代码

帮助具体分析猜谜游戏的程序代码：

（1）事件过程：command1 _ Click（）；

（2）输入：将输入的答案赋值给变量 x；

（3）条件：，x=“折（正确答案）”（字符型数据，用引号表示，强调英文状态下的双引号）；

（4）条件成立时：在标签中输出“聪明！加油”；

（5）条件不成立时：在标签中显示“再想想……”。

4. 运行调试

学生对应着学案中的猜谜游戏流程图体验编程的各个步骤，完成基本任务。

[设计意图：能读懂具体程序的流程图，并能根据流程图明确需要完成的程序代码，将二者建立联系，突破难点，并能在 VB 环境中编写程序、调试程序，掌握 If 条件语句的书写和使用。]

（六）展示交流（提供反馈、评定学生成绩）

教师巡视辅导，选择典型问题和优秀作品展示。

学生适当交流评价，找到自己出现的问题，修改调试。

[设计意图：展示优秀作品可增强学生成就感；由学生互相帮助分析解决典型问题，有助于更好地理解程序，更能养成学生主动探究的习惯。]

（七）回归生活 学以致用（促进知识保持与迁移）

教师布置拓展任务——根据身高 h 和体重 w 的标准计算公式判断一个人的身材是否标准。标准为 s=（h－100）＊0.9。通过读具体流程图，能够补全关键代码即可。

提示可先完成“太瘦、超重”两种情况，然后将其中一种情况再做一个分支结构——分支结构的嵌套。如：

1. 当体重 w 超过标准 s 的 10%时，提示过重；

2. 不超重的情况

（1）当体重 w 低于 s 的 90%时，提示体重过轻。

（2）其他情况则提示身材标准。

学有余力的学生查看答案，观察“你的身材标准吗?”流程图，补全不完整的程序代码，体会分支结构在生活中的广泛应用，了解分支结构的嵌套方法。

[设计意图：联系生活实际，将条件由等式变为不等式，适当了解多于两种情况时如何应用 IF 语句解决问题，拓宽思路。用补全代码的方式更能使学生排除畏难心理，饶有兴趣地探究和实践，在不断修正中找到思路。]

（八）小结

1. 当条件成立时执行 Then 后面的语句，否则执行 Else 后面的语句，是二选一的。

2. 每个 If 语句都要以 End If 结束

（九）课后作业（促进知识保持与迁移）

举例说出一个生活中可利用分支结构编程解决的实际问题。在笔记本中描述你想解决的问题，并画出解决问题的算法流程图。下节课上机编程调试。

九、教学反思

任务的设计不仅要考虑信息技术学科内容的知识结构，同时也要充分考虑到学生的认知结构和学习特点，由浅入深、合理安排。根据初二学生的认知水平，我设计了猜谜游戏，类似于 QQ 登录窗口，但是谜面学生可以自由发挥，充分调动了学生的积极性。用这种实例代替购物打折计算类问题引入，更容易使学生主动参与进课堂中，每个同学都带着极大地热情体验了程序设计的方法，体会了计算机解决问题的过程。

（一）成功之处

1. 教学设计中的问题及对策

（1）Text 控件默认不能输入中文，需要改变 IMEMode 属性，由 0 改为 1。这个知识点初二学生不需要掌握，在本节课也不是重点内容，因此教师在提供学生使用的工程文件时已设置好，避免不必要的问题出现。

（2）为了节约时间落实教学重点，教师没有让学生自己设计界面，而是提供了设计好的界面，界面中的控件属性还需学生自己修改后方能正常使用。

（3）讲解中充分结合流程图辅助分析，能更好地培养学生的编程思路和设计规范。

2. 分层教学的实施

学生关于信息技术的很多知识并不来自课堂，这意味着其信息技术起点水平参差不齐，在学习的过程中也往往分化很快，会给教学带来诸多不便，需要教师在课堂设计中充分考虑不同层次学生的需求，设置不同层次的任务，让每个学生在同一节课都有所收获：如引导基础较差的学生完成最基本的任务即可，使他们逐步树立信心，并不断培养进一步学习的兴趣；让基础扎实的学生在完成基本任务的基础上能够在教师提示下加入图片，使所做游戏效果更加生动形象；而对“吃不饱”的学生则设置了拓展任务 2，一个 If 语句嵌套的程序，“你的身材标准吗?”程序代码需要学生补全，而不是全部写出来，降低了难度，也给学生考虑多种情况提供了思路，使其对分支结构的理解不断拓宽和加深，充分激发了学生主动探究的愿望，树立了强烈的自信，找到程序设计的乐趣。

对于学有余力的学生，除了让他们充当小老师，适时帮助一两组同学解决常见疑问，提高他们分析问题、解决问题的能力，增强他们的信心和成就感。

（二）不足之处

对于出现的问题，只能够选择部分出现频率高的加以展示，让学生一起分析，不能够在课上总结归类，因此部分学生出现的问题没有及时解决。

评价环节略显不足。教师只在巡视过程中随机点评，结合展示时的点评，不足以激励多数同学。可以尝试设置学生互评环节，激发学生更大热情，同时提高学生语言表达能力。

初识 Flash 动画

蒋　蕾①

一、教材分析

本课是江苏科学技术出版社 2007 版新教材第 8 单元动画制作的第一课时。我将本单元的第 1 节（动画基础知识）、第 2 节（初识 Flash 动画软件）内容以及第 3 节（制作基本动画）中的部分内容进行选择和组合，形成了本课的教学内容。

教材首先介绍了动画的起源和基本原理（这部分的内容较少，只是点到为止，需要教师再增加一些资源），引导学生去探究动画是如何演变和生成的；其次介绍动画制作的几款常用软件（重点介绍了 Flash 软件），为后面 Flash 动画的制作进行铺垫；最后分析了几个简单的 Flash 动画的制作过程（没有详细阐述两类基本动画即逐帧动画和关键帧动画的概念以及两者之间的区别，这部分内容需要教师重点讲解），让学生初步体验动画制作

① 江苏省无锡市外国语学校.

的基本流程。

二、学情分析

动画是信息的一种重要表现形式，学生通过电视、网络等媒介都欣赏过各种各样的动画。但是他们对动画的认识仅仅停留在欣赏层面。而接触过 Flash 这个软件的学生更是屈指可数，再加上教材中没有对 Flash 动画进行大篇幅详细深入地介绍，因此，学生对于 Flash 动画的认识是非常浅显和模糊的。只有通过一些接近学生生活的或是学生感兴趣的事例逐步引导学生从动画的表面深入到动画的内部，了解其本质和成因，才能促使学生从欣赏动画转向探究动画，从模仿制作转向自主创作。

三、教学目标

（一）知识与技能

1. 了解动画的起源和基本原理。

2. 初识 Flash 软件，了解 Flash 界面各组成部分的名称及作用。

3. 理解逐帧动画和关键帧动画的概念及区别。

4. 掌握简单的逐帧动画和关键帧动画的基本制作方法。

（二）过程与方法

1. 通过“手翻书”的视频，帮助学生理解动画的原理。

2. 让学生利用 Flash 软件来实现“手翻书”的效果，感受计算机动画技术的优越性。

3. 通过“苹果落地”的动画制作，让学生体验逐帧动画和关键帧动画的一般制作过程和基本操作方法。同时，总结出两者的特点及区别。

（三）情感、态度和价值观

1. 从具体的动画例子中，让学生体验到善于思考的重要性，激发学生自主探究的热情。

2. 通过教学评价，引导学生进一步认识计算机动画的艺术性，提高学生欣赏动画的水平。

四、教学重点与难点

教学重点：简单的逐帧动画和关键帧动画的基本制作方法。

教学难点：逐帧动画和关键帧动画的概念及区别。

五、教学策略

在教学过程中，我主要采用了三种教学策略：半成品加工策略、分层教学策略和支架式教学策略。（见图 1）

半成品加工策略的应用主要为了简化学生从头开始制作作品的过程，减少重复操作，更重要的是让学生着重体验新知识点或要点，提高教师课堂讲授和学生实践学习的效率。分层教学策略

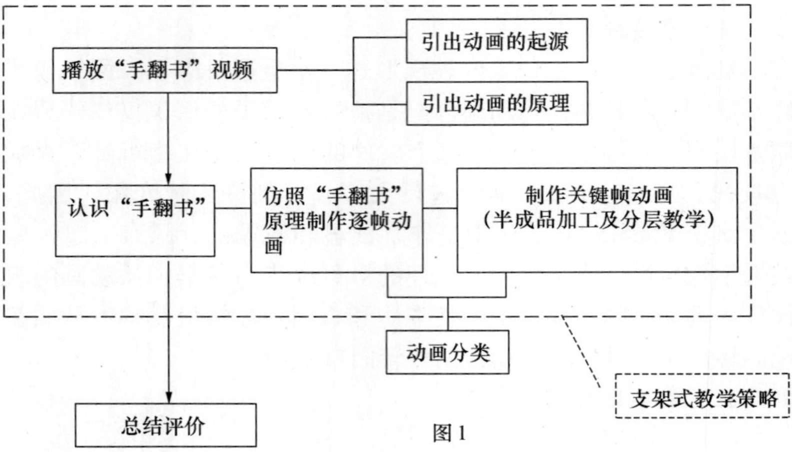

图1

的应用主要是为了能确保各个层次的学生在相同时间内都能找到符合自己能力水平的任务，也激励他们始终能朝着下一个目标奋进。支架式教学策略的运用则是通过为学生搭建的一个个支架，引导他们一步步自主探索越来越深入的知识，培养学生自主探究知识的能力。支架式教学策略贯穿整个教学过程。

六、教学过程

片段一：动画的起源和基本原理

（1）首先来看一段视频（打开 apple. wmv）。视频（见图 2）中出现了一本书，是一位学生手绘出来的，他将切苹果的过程分解成若干个动作，依次画在纸上，然后装订成书。当快速翻动书本的时候，纸上的人物就动了起来，只见两道刀光，苹果立刻一分为四，颇有点侠士的风范。在我小的时候还经常能在书摊上买到类似的画面更精美的书，现在已经越来越少了。这种书有个专门的名称，有谁知道叫什么？

图 2

［设计意图：用一段简短的视频，激发学生的学习兴趣。同时引出“手翻书”这一动画的雏形，使学生很自然地、饶有兴趣地去了解动画的起源。］

（2）手翻书作为一种古老的文化，曾经给了很多人快乐的童年，但也时常让他们感到非常困惑。为什么静止的图画通过翻动，就能使里面的人物“动”起来。其实，奥秘不在书里，而是在于人类的眼睛。人眼有个“视觉暂留”的特性，在眼前已经翻过去的画面不会立刻在人眼中消失，而会停留一小段时间。在前一张画面还没消失之前，下一张画面已经展现在眼前了，所以人就会觉得每张翻动的画面之间好像是连贯的，没有间断，因而观赏到了流畅的动态影像。这就是动画赖以生存与发展的基本原理——“视觉暂留原理”。

[设计意图：从学生共同感受到的一个“困惑”中，寻求答案，抓住学生的好奇心，让他们跟随老师一起去寻求答案，而这个答案就是动画的基本原理，实现了知识点的顺利过渡。]

片段二：初识 Flash 软件

(1) 随着信息技术的发展，人们渐渐地不再满足于靠手翻书来观看一些粗糙的动画，计算机的诞生更是让一些动画爱好者萌生了这样的想法：能否仿照手翻书的工作原理，利用电脑绘制一张张画面，然后再通过某个软件来自动播放呢？

今天，我们就要来亲自试试这样的想法是否可行。我这里已经帮同学们准备好了 6 张图片（见图 3），每张图片代表动画的一个分解动作，只要连续播放这 6 张图片，就可以看到苹果落地的动态的影像。

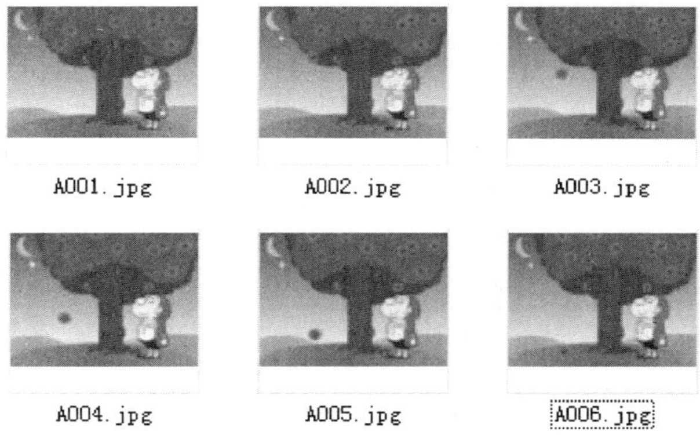

图 3

[设计意图：顺应学生的认知规律，将学生的思路从“纸张版手翻书”引入到制作“电子版手翻书”的情景中来，为利用 Flash 软件进行动画制作进行铺垫。]

(2) 我们用什么软件来实现上述想法呢？大家所知道的用来制作动画的软件有哪些呢？

[设计意图：通过学生回答，简单介绍学生提出的各种动画制作软件，同时，告诉学生目前较为主流的用于制作动画的软件叫 Flash。]

(3) 打开课件界面介绍.swf（见图 4，此课件是用 Flash 做的，右侧红色文字都做成了按钮，教师讲解的时候可以直接拖动文字放到相应的组件上方，让学生一目了然，印象深刻），介绍 Flash 软件的界面，使学生了解舞台、图层、帧和面板等组成部分的功能及操作方法。

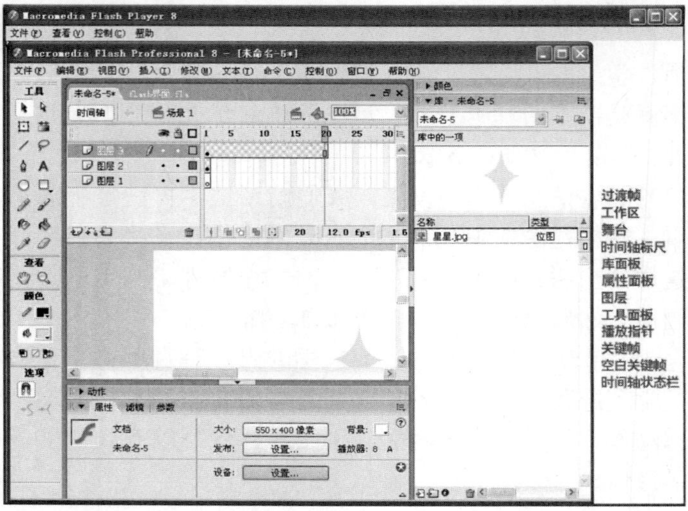

图 4

［设计意图：让学生初步了解 Flash 软件的界面组成和一些基础操作，为下面要进行的动画制作环节打基础。］

片段三：制作逐帧动画

(1) 通过上述学习，相信大家对 Flash 软件有了一定了解。下面我们要做的就是利用 Flash 软件来实现 6 张图片的连续播放，制作出苹果落地的动画效果。（这个动画的制作，基础操作可以请学生上台操作，几个关键操作如图片的导入、对齐面版的使用和 swf 文件的生成等由教师操作演示，在师生共同协作下完成动画的制作。）

(2) 同学们能看出来这个动画讲述的是什么故事吗？三百多年前的一天晚上，一位在花园里赏月的青年，突然看到有个东西从树上掉下来，仔细一看是一只熟透的苹果。从苹果落地这一理所当然的现象中他顿悟到了苹果下落的原因，发现了万有引力定律。他就是英国科学巨匠牛顿。从古至今，有很多人都看到过苹果从树上掉落，为什么唯独牛顿发现了这个伟大的宇宙规律？我想这是与他善于思考分不开的，所以我也希望同学们在学习中能积极动脑，主动去探索知识的奥秘。

［设计意图：从具体的动画例子中，让学生体验到善于思考

的重要性，激发学生自主探究的热情。]

（3）刚才我们制作的动画是将预先画好的图片，一帧一帧地播放出来的。我们把这样的动画叫做“逐帧动画”（见图 5）。

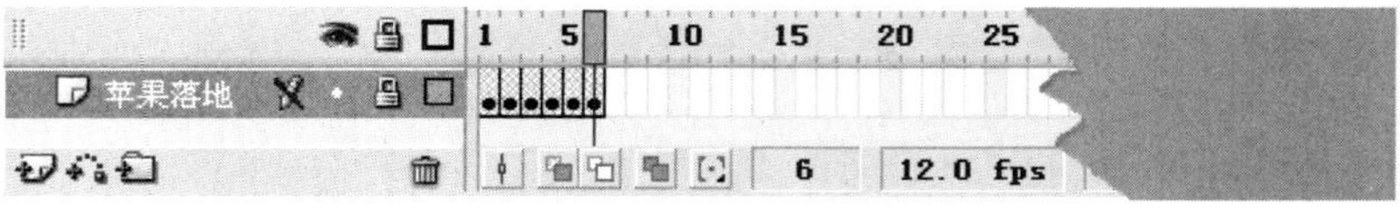

图 5

［设计意图：看似上述过程是验证了“电子版手翻书”的可行性，实则巧妙引出了“逐帧动画”概念，并让学生了解了逐帧动画的基本制作过程。］

（4）让学生自己练习上述范例，同时，再布置几个类似的小练习。如将书本 P138 页图 8.1－1 中的 8 张豹奔跑的分解图片，利用 Flash 软件，制作出豹奔跑的动画等。

［设计意图：让学生通过自己的实践，加深对逐帧动画的理解，并亲自体验利用 Flash 软件来制作简单的逐帧动画的过程。接受能力较强的学生可以继续完成教师提供的拓展题，进行更深入地探究。这就是分层教学策略的一个应用。］

片段四：制作关键帧动画

（1）逐帧动画在制作时需要把每个动态的画面一个个画下来，然后一帧帧地播放，比较麻烦。那有没有更好的办法呢？（请学生谈谈自己的设想）

（2）我们再次来观察一下刚才的动画，有哪些部分是动起来的，哪些部分是从头到尾都不动的呢？（让学生观察后回答）

如果我们把不动的画面做成背景，动的部分单独从画面中提取出来做成动画，那制作的效率就会大大提高。

［设计意图：逐级提问，慢慢引导学生去寻找更好的动画制作方式，提出自己的设想，激发学生探究的积极性。］

（3）预先利用 Flash 做好一个半成品作品（见图 6），即将静止的物体（天空、人物、树木等）单独放一个图层，将运动的苹果放一个图层。打开半成品后，教师重点演示苹果由树上落到地上的动画效果的制作过程。

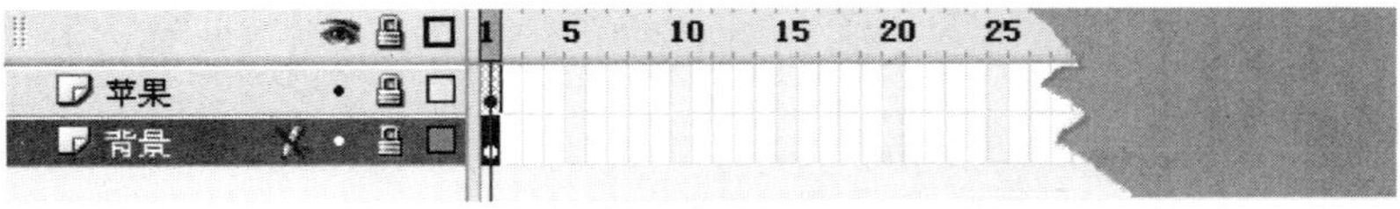

图 6

[设计意图：省去一些学生已经学习过的基础步骤，直接讲解重点操作。这不仅减少了知识点的重复，更重要的是让学生着重体会到了信息技术操作的新知识点或要点，大大提高了教师课堂讲授和学生实践学习的效率。这就是半成品加工策略的一个应用。]

(4) 这种用关键帧设定运动物体的初始状态和结束状态，而中间运动环节由电脑自动生成的动画，我们称为关键帧动画（见图 7)。

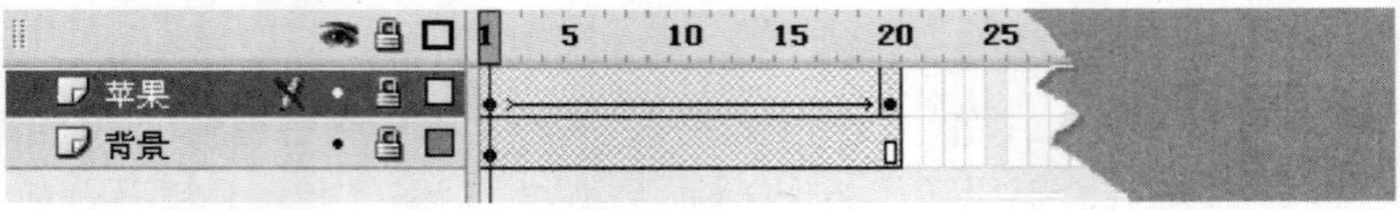

图 7

(5) 让学生自己练习上述范例，同时，再布置几个类似的小练习。如书 P146 页“移动的小球”的简单动画等。

[设计意图：让学生通过自己的实践，加深对关键帧动画的理解，并亲自体验利用 Flash 软件来制作简单的关键帧动画的过程，以及关键帧动画和逐帧动画在制作方式上的区别。]

片段五：小结

七、教学评价

教学过程中，我主要采用了两种评价方式：(1) 课上，我设计了很多问题，引导学生积极思考。所以，对一些回答问题出色的学生分别给予了 1～5 分的平时分加分奖励。由课代表负责记载，下课后登记到课堂评价表上。学期末的时候作为学生平时考察的一个重要指标。(2) 利用屏幕广播功能，随机抽取学生的作品进行当堂点评。

八、教学反思

在此教学过程中，我主要采用了三个提高课堂教学有效性的策略：半成品加工策略、分层教学策略、支架式策略。

半成品加工策略主要体现在让学生制作关键帧动画的时候，我提供给了学生一个已经做了一半的作品（其中大部分操作学生在前面学习中已经掌握，不必要重复练习)，学生只需要完成新传授的几个重点操作步骤，就能将半成品加工成一个成品，短时间内就能观看到一个完整的动画。

逐帧动画和关键帧动画的制作是本课的教学重点，所以我准备了较多习题给学生。但各个学生对于知识的掌握程度各不相同，所以我在准备习题的时候也是按照难易程度准备了一些拓展题。在统一练习的时候，要求每个学生从基础题开始做起，基础题是必须各自独立完成的，接受能力强的学生可以继续做拓展题，进行深入学习。按照此策略进行，能确保各个层次的学生在相同时间内都能找到符合自己能力水平的任务，也激励他们始终能朝着下一个目标奋进。

支架式教学策略源于前苏联著名心理学家维果斯基的“最近发展区”理论。“支架”本意是指建筑行业中使用的脚手架。在这里是用来形象地比喻教师围绕学习主题，搭建出概念框架，由浅入深引导着学生逐步掌握、消化所学的知识和技能，从而使他们一步步向上攀爬，进行更高水平的认知活动。本课中，我也搭建了一些支架。第一个支架是通过播放“手翻书”的视频让学生了解手翻书是什么，手翻书为什么能产生动态效果等；第二个支架是提供给学生一组连贯动画的分组图片，让学生根据手翻书的原理自己来制作简单动画，并引出逐帧动画的概念；第三个支架是通过一些例子让学生感受到逐帧动画制作起来比较烦琐，提示学生能否从动画中将静止的物体和运动的物体从画面中分离出来，然后把静止的物体作为背景，而将运动的物体单独作出动态效果，这样就能大大减少重复劳动。经过提示，然后再引导学生去思考如何实现我们的设想，这样就很自然地引出了关键帧动画的概念。学生通过教师搭建的一个个支架，一步步地去探索。而等到学生对基本知识能熟练运用的时候，教师就可以撤走一个个支架，放手让学生自主探索学习了。

通过运用上述三种提高课堂教学有效性的策略，我成功地把多个看似没有关联的知识点有机地组合在了一起，而且根据学生的认知原理来搭建一个个支架，引导学生在探索中逐步提高自己的认知水平。经过反思，我同时也发现在课程实施中存在几点不足：①本课知识容量安排地多了一些，导致时间过于紧凑，留给学生自主探索和练习的时间不足。②由于时间关系，对于学生的课堂评价环节没有完全展开，对学生作品的点评不足。在今后的课堂教学中，我将不断去发现与尝试新的有效性教学策略，让课堂 40 分钟发挥更大的效能。

管理文件资源——井井有条的个人资料

杨毅逵[①]

一、教材分析

本课是教育科学出版社七年级上册《信息技术》第一单元第五课：管理文件资源——井井有条的个人资料。“资源管理器”

① 福建省厦门市厦门理工学院附属中学（厦门市杏南中学）.

是 Windows 操作系统的重要组成部分，资源管理器的功能很强大，使用方便，可用于查看系统文件和资源，完成对文件的多种操作。应要求学生能熟练操作，为以后的学习打好基础。

二、学生分析

对于初一年级学生来说，他们对计算机有着很浓厚的兴趣，但存在明显的层次差异。本课是学生熟练使用计算机的必备基础之一。通过对此内容的学习使学生较为熟练地掌握对文件的各种操作。这些知识对该年龄段的学生来说有一定的理解难度。于是我在课堂教学中，用“学案导学”和“任务驱动”的教学方式，结合多媒体课件演示、讲解、练习，教学中多举例，努力促使学生与实际生活应用相联系，从而提高学生的学习主动性和思维积极性。

三、教学目标

1. 知识与技能

（1）掌握资源管理器程序的启动和退出的方法，会用资源管理器浏览资源。

（2）掌握文件及文件夹操作（新建、复制、移动、删除、重命名）的方法。

（3）理解文件、文件夹、路径的概念，会简单搜索查找文件和其所在的文件夹。

2. 过程与方法

能教会学生进行观察、比较、分析，训练学生的开放性思维，锻炼学生的自学能力，提高学生管理计算机文件的能力和意识。

3. 情感、态度和价值观

（1）培养学生自觉探究的学习习惯。

（2）养成良好的管理、查找文件及文件夹的习惯。

四、教学重点

（1）查找文件和文件夹。

（2）文件与文件夹的操作。

五、教学难点

（1）文件与文件夹概念的理解，“树形”结构的理解。

（2）复制与移动的区别。

六、教学方法

讲授法、启发法、演示法、讨论法、练习法、合作学习、自主探究。

七、教学多媒体与教具准备

（1）多媒体网络教室。

（2）“极域电子教室”教学辅助软件。

（3）本课教学课件、学案。

八、教学过程

教学环节	教学程序		设计意图
	教师活动	学生活动	
设置疑问	案例引入 教师要求：请同学们打开上一章综合活动中采集的图片 李明在计算机中忙乱地查找（他的文件没有分类管理），我的文件呢		从学生身边的现象提出问题，发现信息资源管理的重要性
	提问：同学们，你遇到过这样尴尬的事吗 案例体现了不重视信息资源的管理给我们带来的不便 出示课题：管理文件资源——井井有条的个人资料	回顾自己在信息资源管理方面的问题 体验不重视信息资源的管理会给生活带来不便 了解学习课题	调动学生自身经历，体验信息资源管理的重要意义
讲授新课	（一）浏览资源管理器中的资源		
	1. 资源管理器的启动和退出 教师介绍资源管理器 教师让学生自己操作打开资源管理器窗口，鼓励学生灵活操作多种方法 教师巡视指导，进行评析 师：打开“资源管理器”的方法很多，补充几种方法 （1）右击“我的电脑”窗口中任一个驱动器或文件夹图标，然后选择“资源管理器” （2）按住 Shift 键，双击“我的电脑” （3）按住键盘上 Windows 专用键，再按“E”键	学生回想启动应用程序的方法并操作，思考是否还有其他方法来启动资源管理器 可参阅 ftp 服务器 ftp://192.168.0.1 由教师提供的学习材料 让学生必须掌握一种方法，了解其他方法	进一步思考启动方法，培养学生使用多种方法解决问题的能力 通过这个例子，大家要知道在生活中碰到问题时要敢于尝试采用不同的方法去解决
观察分析理解操作	2. 资源管理器的界面说明 （1）菜单栏、工具栏和状态栏 其中的内容与 Windows XP 窗口基本一致	学生回忆 Windows XP 窗口的组成与之比较 学生观察并理解说出与“我的电脑”窗口区别	观察后再总结有助于学生更深的理解

续表

<table>
<tr><th rowspan="2">教学环节</th><th colspan="2">教学程序</th><th rowspan="2">设计意图</th></tr>
<tr><th>教师活动</th><th>学生活动</th></tr>
<tr><td></td><td>（2）工作区
资源管理器窗口的工作区可分为左右两大部分　左边显示的是文件夹的层次结构。右边是显示左边窗口所选的文件夹中的具体内容
教师提示“+”“—”号</td><td>学生操作并回答所操作的结果：“+”号和“—”号的区别
思考此结构时，学生绘画自己的家谱图与之比较，从而理解“分层”结构</td><td></td></tr>
<tr><td rowspan="4">深入探究，研究问题，联系实际，化解难题</td><td>（二）查找文件和文件夹</td><td></td><td></td></tr>
<tr><td>1. 文件及文件夹的概念
在日常生活中，我们常常把一组文字、符号或图表等称为文件，如学籍档案、成绩册等。它们通常都放在文件夹或文件柜里。在计算机中保存的文章、图片、声音、动画等数据都是以文件的形式进行的</td><td>学生观察并区别文件与文件夹的图标
学生联想到图书馆借书的情况。对比下图：<table><tr><td>图书馆</td><td rowspan="3">比作</td><td>计算机</td></tr><tr><td>书</td><td>文件</td></tr><tr><td>书架或目录</td><td>文件夹</td></tr></table></td><td>首先认识文件和文件夹图标，初步了解文件名（结合学案）
通过比喻和联系实际让学生更深一步理解文件和文件夹概念，以及文件夹的层次结构</td></tr>
<tr><td>比如：日常生活中，稿纸多了，用小抽屉分类，小抽屉多了，用柜子存放</td><td>学生类推：计算机用不同层次的文件夹管理</td><td>学生讨论和思考问题，通过启发，逐步理解</td></tr>
<tr><td>2. 文件名
为了区分不同内容的文件或对不同内容的文件进行不同的处理，每个文件我们都给它取一个名字——即文件的名字，也称文件名
文件名由主文件名和扩展名组成，其格式如下：
主文件名．扩展名
如：readme. doc
3. 查找文件和文件夹
猜谜语</td><td>学生阅读“小知识”P31<table><tr><td>文件扩展名</td><td>文件类型</td></tr><tr><td>Txt</td><td>文本文件</td></tr><tr><td>Jpg Gif Bmp</td><td>图形文件</td></tr><tr><td>Wav Mid Mp3</td><td>声音文件</td></tr></table>试一试
1. 一位同学到教师机操作演示：查找谜底文件</td><td>通过探究，调动学生学习热情，帮助学生更好地理解课程内容</td></tr>
</table>

续表

教学环节	教学程序		设计意图
	教师活动	学生活动	
	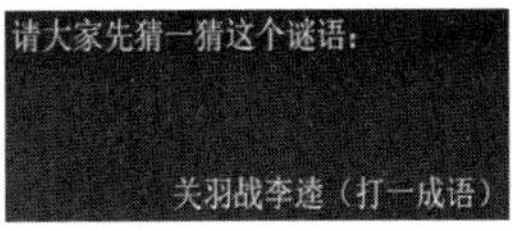 （谜底文件藏在教师机电脑某文件夹内……） 探究：使用资源管理器中的“搜索”工具，快速查找所需文件和其所在的文件夹的方法	2. 分别尝试找出D盘中的Word文件、图形文件、声音文件 3. 试描述谜底文件“谜底.txt”文件的路径 提示：通配符“*”和“?”在查找文件时的重要作用	
	（三）文件和文件夹的操作		
实践操作注意技巧	1. 新建及重命名文件夹 教师演示 在D盘上建立一个名为“初一”的文件夹 小提示 （1）在同一文件夹中不能出现两个同名文件或文件夹，就如一个学校不能出现两个同名的班级名称一样 （2）为文件改名时不要改变文件的扩展名	学生操作：在E盘上建立一个名为“初一”的文件夹 学生尝试 （1）在“我的文档”中新建同名文件 （2）在C盘新建“初一”文件夹	通过实例，帮助学生理解，尝试技巧，要求学生注意方法
实践操作 注意技巧	2. 选定一组文件或文件夹 文件和文件夹的选定采用边讲解边演示的方法，逐一地介绍“单一选定、连续选定、不连续选定、全部选定、反向选择”的操作 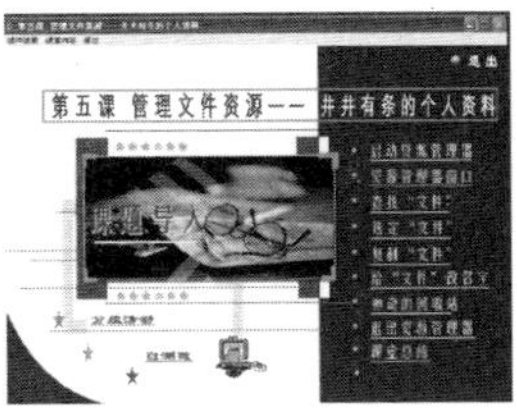 （课件附图 如上） 请一学生到教师机上来操作演示，其他学生通过大屏幕观看演示 （1）如何选定一个文件或文件夹 （2）如何选定多个文件或文件夹	学生可通过浏览课件来进行自主学习 试一试：选中“我的文档”中的一个文件或文件夹 试一试：在“我的文档”中按下面操作： （1）选定不相邻的文件或文件夹：按住Ctrl键同时用鼠标单击选择 （2）选定相邻的文件或文件夹：把鼠标移至需要操作的最前或最后一个文件或文件夹，按住Shift键同时用鼠标单击选择最后或最前一个文件或文件夹 （3）选定全部文件或文件夹：单击菜单“编辑”下的“全部选定”	鼓励学生使用多种方法解决，熟练掌握其中的一种方法 通过观察、分析移动和复制的区别，培养学生的观察总结能力 通过比较，寻找合适的方法，灵活运用方法及时归纳

续表

教学环节	教学程序		设计意图
	教师活动	学生活动	
操作演示 观察分析 比较探究	3. 文件或文件夹的复制与移动 (1) 文件或文件夹的复制 教师演示（操作方法） 方法一、利用复制按钮和粘贴按钮 方法二：目标位置不同 拖曳鼠标到异盘（其他盘）；按住 Ctrl 键拖曳鼠标到同盘（相同盘） (2) 文件或文件夹的移动 教师演示（操作方法） 方法 1：利用工具栏上的剪切按钮和粘贴按钮 方法 2：拖曳鼠标到同盘 4. 文件或文件夹的删除 小组合作，自主学习各种删除文件或文件夹的方法 注：删除的文件或文件夹需经过确认后方可删除 观察删除文件及文件夹后出现的对话框有何不同	鼓励学生另寻方法 （分四人一组讨论下列问题并选代表发言） (1) 移动与复制的区别 (2) 用拖曳鼠标的方法进行复制和移动有什么区别 (3) 分别在哪些情况下使用方法一和方法二 试一试：利用 Delete 键删除 C 盘文件夹“初一” 思考： (1) 如果不小心误删除了，如何恢复 (2)（拓展）如果误删除了文件，且回收站又被清空了，有无办法恢复	操作过程学生互相帮助，共同完成操作，体现合作精神
	（四）神奇的回收站		
	教师讲授：被删除的文件或文件夹往往会临时存放在“回收站”。我们可以把“回收站”中一些被误删除的文件或文件夹内容恢复到原来的磁盘位置 拓展：如果不小心把回收站也清空了，可以利用软件：例如 Handy recovery（数据恢复）找回文件	试一试： 将刚刚删除的文件夹恢复 思考：Shift＋Delete 组合键，直接删除文件，有何不同	实践体验，对比体会知识点
课堂小结	自测练习：(3 分钟) 学生操作实践多媒体课件最后的练习题，进行自我检测，以巩固课堂学习，培养自己的动手能力 投影回顾： (1) 文件管理是操作系统的一项重要功能，其中文件的复制、移动、删除等是使用计算机的基本操作，应熟练掌握	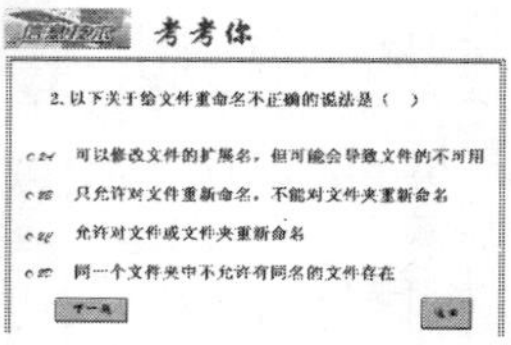	进一步巩固课堂讲授知识，训练操作能力，及时发现知识漏洞，加以补充

续表

教学环节	教学程序		设计意图
	教师活动	学生活动	
课后延伸	(2) 进行文件管理操作，可以使用菜单、工具按钮，还可使用鼠标拖动（初学者不要使用），使用工具按钮方便、快捷且安全 (3) 教师介绍桌面上的“我的电脑”也有类似资源管理器的功能	学生通过观看投影，回顾浏览本课要点 学生根据本课学习体会与收获，填写 ftp://192.168.0.1 中提供的“自我评测表”，并提交	教师通过学生的“自我评测表”及时了解学生的学习成效
课后延伸	1. 每位同学回家之后，根据今天学习的内容，把自己家里的电脑整理一下，如“某某软件要安装在 D 盘什么目录下，音乐要放在哪个目录下，图片要放在哪个目录下” 2. 学了资源管理器这部分内容后，大家回去了解一下自己的电脑被你管理的怎么样，是不是合理	鼓励家中有电脑的学生要努力养成好习惯	鼓励学生在有条件的情况下，课余继续学习，提高计算机操作水平

九、教学板书

第五课　管理文件资源——井井有条的个人资料

（一）浏览资源管理器中的资源（P24）

1. 浏览窗格中的内容

2. 资源的分层结构

3. 改变右窗格中资源的显示方式

（二）查找文件和文件夹（P26）

（三）文件和文件夹的操作（P27）

1. 建立文件夹

2. 选定一组文件或文件夹

3. 复制与粘贴文件或文件夹

4. 更改文件或文件夹的名称

5. 删除文件或文件夹

（四）神奇的回收站（P31）

十、教学反思

本课是在学生具有一定 Windows 操作基础上，用 Windows 资源管理器对文件或文件夹操作，考虑不同学生的接受能力和操作速度有所差别，同时培养学生的自学能力和探究能力。作为初一的学生，学生间个体差异明显，知识技能差异较大，极大地制约了课堂教学的效果，因此本节课采用：教师将要讲授的内容和所演示的详细操作及学生要完成的任务制作成 Authorware 课件，并将操作演示融入课件，设置自测题，方便学生根据学习需要浏览该课件进行学习和完成任务。教师引导、帮助和检查学生的学习和完成情况。

整节课的讲述中，联系实际，运用形象比喻，注意使用生动简捷的语言。在教学过程中采用不同的方式实施教学，穿插教师讲解、课件演示、学生实际操作和学生演示，便于学生理解和掌握知识，调动学生的学习兴趣及积极性，加强学生的主体参与度。以学生的探究学习、团结协作为主，努力调动了学生的积极性，充分体现以学生为主体的教学理念。通过教学任务的完成，培养了学生理论联系实际的学习能力，能学以致用。通过合理的评价方式，让学生有成就感，让学生乐学，进而好学。

值得注意的是：本课教材内容比较侧重基础知识，由于城乡差异，学生的知识技能差异明显，这部分内容有一部分学生在小学时已有初步学习过，但总体来说掌握得比较肤浅，有一部分学生在小学时没有学习过信息技术课，操作技能明显偏弱。因此，在如何更好地创设学习情境，有效发挥小组协作学习、运用学案课件自主探究、分层教学指导方面，是我在教学中需要反复思考的问题。

动画补间我来做

方亚萍①

一、教学内容

本课内容选自西安交通大学出版社《信息技术》（八年级上册）第二单元第二节。本节课的主要内容是根据表达需要制作动画补间动画。

二、教学对象

1. 初二的学生无论理解能力还是操作能力都较以前有明显提高，通过前面两节课的学习，学生基本上对 Flash 的一些基本概念和操作都有所了解和掌握，这些概念包括动画原理、图层、帧、关键帧、空白关键帧以及工具箱中基本工具的使用。

2. 这一年龄段的学生好奇心强，喜欢钻研，富于创造力。所以课堂上更要善于把握和利用他们的这些特点。

① 陕西省西安市西北工业大学附属中学.

3. 当然，千人千面，每个学生在具体的认知和学习过程中也都会有差异和差距。本着分类推进，让不同层次的学生都有所收获并不断提高的原则，应在教学策略和任务设置上考虑这些因素。

三、教学目标

1. 知识与技能

（1）了解元件和库的意义和作用，会将需要的外部素材导入库，并合理应用。

（2）动画补间原理。

2. 过程与方法

能够根据主题需要制作各种类型的动画补间动画。

3. 情感、态度和价值观

（1）继续感受 Flash 动画制作的强大功能。

（2）通过半封闭式任务的完成，鼓励其敢于想象、敢于大胆尝试。

（3）培养孩子们遇到问题自己解决的习惯。

四、教学重点与难点

教学重点：了解动画补间的原理，理解元件和库的概念，各种类型动画补间的制作要点。

教学难点：动画补间的原理，如何通过调整起始关键帧和结束关键帧来完成动画制作。

五、教学思路及方法

在教学过程中，坚持学生的主体地位，引导学生在理解动画补间原理的基础上自主探究，在半封闭式任务驱动下启发、鼓励学生充分发挥主观能动性，大胆想象，敢于动手尝试，并最终完成任务。针对不同层次的学生，设计了具有难易梯度的任务让学生自主

图 1

选择。在此过程中坚持鼓励，以激发学生的创作兴趣和热情。同时，为了帮助学生能够顺利完成任务，设计了一个帮助文档，学生可以根据自己遇到的问题进行查看，培养其自主学习的能力。

六、课前准备

教学广播系统、制作“春天来了”的动画、本班上节课的作业文件夹、自评表、帮助文件、共享素材文件夹。

七、教学过程

（一）导入新课

教师播放动画“春天来了”并提问“这是谁的上节课作品”?

学生观看动画，并猜测谁是动画的作者。作者站出来了，不过他认为这个作品只有一部分内容是他做的，也有一些效果不是他做的。

教师让学生具体说说看，哪些内容是他的，哪些不是。

生：背景图片、太阳、蝴蝶都是，可太阳是静止的，蝴蝶也是只在花上忽闪着翅膀。

师：好，观察得很仔细，那你能评价一下修改后的动画吗?

生：整个画面显得更加生动逼真，富有生气了。

师：好，既然这样，那我们今天就来进一步完善我们的动画，我们今天的任务就是让大家用 Flash 的创建补间动画命令制作一系列动画效果。

[设计意图：从修改学生自己的作品入手，让学生更直观地理解和体会到将要学习的内容会达到哪些意想不到的效果，更加能够激起学生的学习兴趣。利用上节课的作品继续完善也体现出了任务的连贯性，使学生的知识结构紧凑，易于下一步的构思和创作。]

（二）动画补间动画的制作

1. 元件和库的概念及相应操作

教师讲解概念：元件是 Flash 中一个比较重要而且使用非常频繁的概念。狭义的元件是指用户在 Flash 中所创建的图形、按钮或影片剪辑这三种元件。元件可以包含从外部导入的素材。元件一旦被创建，就会被自动添加到当前影片的库中，然后可以自始至终地在当前影片中重复使用。举个例子来说，Flash 的场景就相当于舞台，那么元件可以相当于一些做好的道具或者演员本身，库相当于后台放道具和演员休息的地方。

学生应理解元件和库的概念，并按照要求进行操作：打开上节课自己的作业，打开菜单栏的插入“新建元件”选项，理解元件的三种类型；从共享文件夹中选取自己喜欢的素材导入到库；打开菜单栏的窗口“库”感受元件的存在。

2. 简单运动渐变动画的制作

学生首先跟随教师的操作提示来完成太阳的升起动画。

教师讲解动画补间的原理是：首先需要具备两个前提条件，起始关键帧和结束关键帧，然后使用创建补间动画命令。需要注意的是应用于动画补间的对象必须具有元件或者群组的属性。利用动画补间方式可以制作出多种类型的动画效果，例如位置移动、大小变化、旋转移动、逐渐消失等，制作动画补间类型动画的一般步骤是：起始关键帧上放置对象，然后根据需要在该图层后面某帧处插入关键帧作为结束关键帧。再回过头来对起始关键帧和结束关键帧上的对象根据动画需要进行调整，例如：相对位置的变动、大小的调整，透明度的改变等。最后右键单击两个关键帧中间的任意一帧应用创建补间动画命令，并对属性面板根据动画需要进一步设置。此时该图层有一条带箭头的直线连接前后两个关键帧，表示已经成功设置了动画补间。（讲解截图见图 2）

图 2

［设计意图：本环节首先教师提示让学生自己动手制作一段简单的位置移动动画，目的是激发学生的兴趣和学习热情，也为接下来的理论讲解做好思想铺垫，以利于学生更好地理解原理，更为学生自主完成下一个任务创造条件。］

3. 动画补间我来做

教师将三个任务要求展示给大家

（1）蝴蝶翩翩起舞（设计意图：这个任务是最容易实现的一个，因为跟孩子们练习的太阳升起属于一种类型，位置移动类）；

（2）车轮滚滚向前行（设计意图：此任务除了涉及位置的移动外还要对属性面板的旋转进行相应设置）；

（3）自绘圆形太阳元件，太阳冉冉升起，阳光越来越强烈

(设计意图：此任务主要考察运用动画补间命令实现对象的淡入淡出效果)。

学生根据自己的兴趣至少选取一个任务来自主完成，学有余力的学生可以考虑多完成几个。中途遇到困难可以去参考相应的帮助文件。(帮助文件截图见图 3)

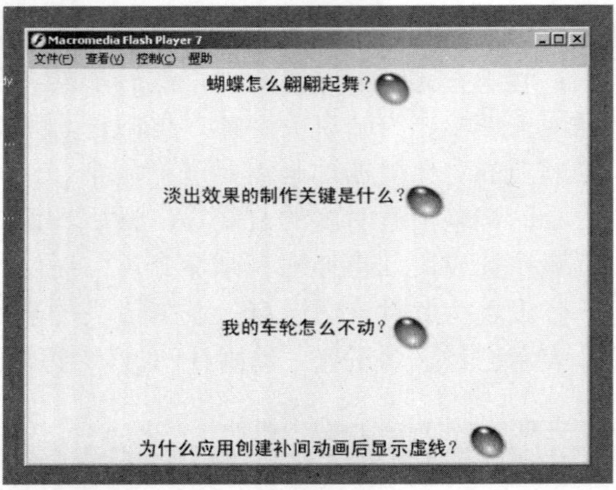

图 3

[设计意图：考虑到学生认知水平和动手能力以及兴趣爱好的差异，设计具有难易程度不同和最终效果不同的半开放式任务供学生选择。这样更符合以人为本的教育理念和原则。]

注：任务中所涉及的蝴蝶和车轮都在素材文件夹里。

(三) 自评和互评

学生活动：填写自我评价表，欣赏别人的作品并互评。自我评价表见图。

表　自我评价表

姓　名		完成任务个数	
完成任务过程中遇到的主要问题			
查阅帮助文件次数			
本节课的收获			

(四) 教师总结

同学们，大家觉得今天的这节课有意义吗？有收获吗？想一想，我们都感受了 Flash 的哪些功能，这些功能能够作出什么效果。现在老师总结一下：本节课我们主要的内容就是应用创建补间动画命令来制作各种效果，首先对对象的要求必须是元件或者群组，然后需要在起始关键帧和结束关键帧上根据需要对该对象进行编辑操作，最后一步应用创建补间动画命令。

八、教学反思

1. 本节课的重点内容是让学生使用创建补间动画命令制作各种效果，在让学生体验的时候我选择的是对象移动的实现，体验完成后我让一个学生总结这个效果的特点时，该学生一本正经的话让全班人都开心地笑了，这个学生说："老师呀，我觉得咱们现在好像在上物理课，刚才的效果就是典型的匀速直线运动嘛!"学生的观察力和想象力真的让我很吃惊。所以到后面几个班上课的时候，在体验之前首先告诉学生，接下来我们一起来实现匀速直线运动，学生们听到这句话都会开心地笑起来。

2. 本来按照教材 Flash 应该在初二的上半学期学习，但是由于甲流的影响上学期的信息课都是在教室上的，所以就把操作性强的 Flash 留到了这个学期。考虑到经过初二一个学期的成长，学生们的理解能力肯定有很大的提高，所以我决定把重点放在让学生们理解补间动画的原理上，理解了原理也就等于掌握了最根本的东西。从课堂学生们的表现来看，我的做法是对的。

3. 当然，任何一种方法都不会是十全十美的，为了照顾到全体学生，我又在作业设计上做文章，让所有的学生都可以轻松上手。动手能力强的学生可以多完成几个任务，动手能力稍微弱的学生完成一个任务就可以了。

4. 帮助文件的设计旨在培养学生们自己去想办法解决问题的想法和习惯。从最后学生的自评表上反映的情况来看，确实起到了一定的作用。

九、点评意见

评委 1：对学生从已有知识与能力以及心理方面的分析恰当到位。教学目标制定具体明确，教学过程充分体现了教师对学生的引导，环节清晰，在教学过程中很好的体现出了教学评价。教学反思具体明确，有一定的深度。

评委 2：引入较能吸引学生，知识点讲解也较为透彻，教学流程和教学思路清晰，重视学习反馈，如果能深入浅出一点就好。

合成全景图像

郝　丽[①]

一、指导思想与理论依据

本节课设计的指导思想是体现初中信息技术课程标准的基本

① 北京市石景山区蓝天第二中学.

理念：提高学生的信息素养，培养信息时代的合格公民。在信息社会中，学习的资源无限扩大、异常丰富，学习的内涵和外延都在不断地扩展。要使学生能够利用信息技术和信息资源解决实际问题就必须教育学生学会学习、掌握学习方法，从被动性的学习转向自主性的学习。因此，在教学设计上遵从学生是学习的主人，以学生发展为本的教学理念，在教学目标的确定上注重对学生能力的培养。

本节课的定位在于“了解”“知道”和“初步感受”的程度上，没有过度地展开。旨在让学生通过对全景图知识的学习，初步感受多媒体技术的魅力，通过体验全景图的制作，开阔学生的视野，激发学生对多媒体技术进行更深入学习和研究的兴趣。

二、教学内容

结合本校学生和教学环境的特点，深入地二次开发由北京出版社、北京教育出版社出版的初中《信息技术》（第 4 册）第三章文字信息处理与（第 6 册）第十章图像处理的教材内容相结合，设计了“我的祖国”的主题活动，制作介绍祖国大好河山的电子报刊，庆祝建国 60 周年。

利用“我的祖国”的主题活动，贯穿了两章的教学内容。本节课主要介绍了“合成全景图像”。

三、教学对象

初一学生已经具备一些信息技术基础知识，有一定的信息搜索获取、加工、表达、发布交流的基本能力，对应用软件有一定的认识和使用经验。多数学生会使用数码相机拍摄相片，在拍摄过程中，时常会遇到由于相机的镜头视角不够，不能取得全景图像的问题。他们希望通过计算机软件来加工图像以弥补相机的不足。他们对运用信息技术解决生活中遇到的问题有浓厚的兴趣。

四、教学目标

1. 了解全景图的概念及拼接模式。

2. 知道全景图的制作流程，学会使用给定素材合成全景图。

3. 初步感受多媒体技术的魅力，通过体验全景图的制作，激发学生对多媒体技术的兴趣。

五、教学重点与难点

教学重点：全景图的概念及合成过程。

教学难点：合成全景图像。

六、教法与学法

本节课以“兴趣”为起点，以活动为主线，螺旋式的设置教学内容，主要运用任务驱动法突出教学重点，指导学生运用自主学习、实践探究、互动交流等学法来完成知识的建构。在整个的教学过程中，老师只是作为学生主动建构知识的帮助者和促进者。

七、教学用具

计算机及多媒体网络教室系统、PhotoStitch 软件、教学网站等。

八、教学过程

（课前 2 分钟预备）

复习提问（4 分钟）

观看视频《往事存照》

提问：50 年前人们是如何拍摄大幅场景的？现在的人如何拍摄大幅场景的？（50 年前人们使用接片的方法，现在的人们使用数码相机）

引入新课（1 分钟）

在拍摄一些大的场景图像时，往往会感到相机的镜头视角不够广，总是不能取得全景图像，除了影片中提到的两种方法外，通常人们会利用计算机及一些应用程序，采取后期制作合成的方法，拼合成一个更大的全景图像。合成全景图像的效果就好像使用非常宽的广角镜头拍摄的图像一样。

讲授新课（38 分钟）

合成全景图像

（一）全景图像

什么是全景图像？

全景图像是对场景的超大视角乃至 360 度完整场景范围进行展示的图像。

（二）四种拼接模式

1. 垂直拼接。

播放演示：

适合制作大楼、高耸的摩天建筑、高塔、大树或瀑布等全景图。

2. 水平拼接。

播放演示：

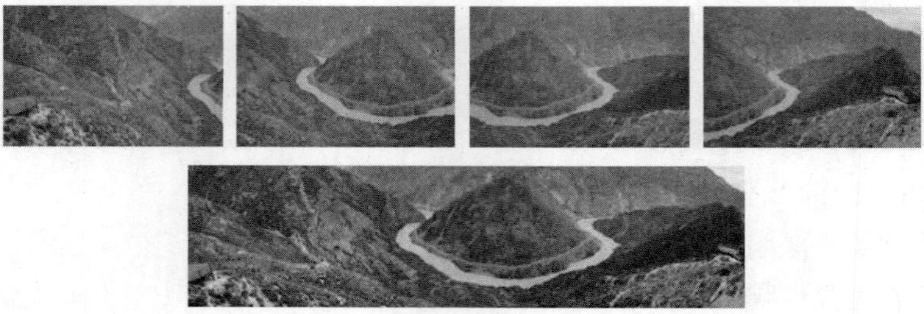

适用于制作大幅的风景、城市风光等全景图，让相机的标准镜头发挥广角镜头的作用。

3. 旋转 360 度拼接。

播放演示。

无论你是处于群山之中、树丛中，还是在你自己的庭院里，将照片以 360 度模式拼接让你仿佛置身其中。

4. 矩阵（m · n）拼接。

播放演示：

适用于所有可容纳在矩形范围内的场景，如寺庙、纪念馆、雕像、壁画、字画等。

（三）全景图的制作流程

1. 确定主题——确定场景。

2. 采集图像——使用码相机拍摄图像并导入计算机中。

3. 加工素材——调整个别图像的效果。

4. 选择合成工具——PhotoStitch 软件。

5. 合成全景图——（教学网站）。

（四）合成全景图

自主学习：浏览教学网站——“自主学习”——“认识 PhotoStitch 软件”的启动方法，工作界面。

提问：1. 如何启动 PhotoStitch 软件?

2. 说明 PhotoStitch 软件窗口各部分的名称?

答案：1. 常用的启动方法：①双击桌面上的快捷图标；②单击“开始”菜单→程序→Canon Utilities→PhotoStitch→PhotoStitch。

2. 菜单栏、操作提示区、工具栏、编辑区。

将全班学生分成两组，一组同学完成任务一，另一组同学完成任务二。

任务一：合成垂直全景图——千年柏树

自主学习：浏览教学网站——自主学习——合成垂直全景图

将 E：\全景图素材\千年柏树文件夹中的千年柏树（1）.jpg、千年柏树（2）.jpg、千年柏树（3）.jpg 合成全景图像，文件命名为“千年柏树.jpg”，保存在 E：\初一（3）班文件夹中。

完成了任务一的同学完成任务二。

任务二：合成水平全景图——金沙江大拐弯

自主学习：浏览教学网站——自主学习——合成水平全景图

将 E：\全景图素材\金沙江大拐弯文件夹中的金沙江大拐弯（1）.jpg、金沙江大拐弯（2）.jpg、金沙江大拐弯（3）.jp、金沙江大拐弯（4）.jpg 合成全景图像，文件命名为“金沙江大拐弯.jpg”，保存在 E：\初一（3）班文件夹中。

完成了任务二的同学完成任务一。

学生演示操作：合成水平或垂直全景图

总结：合成全景图像的基本步骤：

1. 打开要合并的图像文件，并按照正确的合并顺序排列。

2. 开始合并图像。

3. 将合并后的图像保存在文件中并查看图像。

任务三：合成旋转 360 度全景图——稻城亚丁

自主学习：浏览教学网站——自主学习——合成旋转 360 度全景图

将 E：\全景图素材\稻城亚丁文件夹中的稻城亚丁（1）.jpg～稻城亚丁（10）.jpg 合成全景图像，文件命名为“稻城亚丁.jpg”，保存在 E：\初一（3）班文件夹中。

完成的同学查看合成图像的拼接处有无错位现象。

拓展探究：如果图像的拼接缝隙有错位现象，如何解决？

提示：

1. 参见软件窗口“2.合并”中“操作提示区”的提示。

2. 参见“帮助”菜单中的“步骤 2：合并图像”——“修正合并结果”“指定重叠区域”与“指定两个或多个对应区域”。

学生演示：修正合并结果

拓展探究：拍摄用于拼接全景图的相片时，应注意哪些问题？

总结：现场的光线反差不可太大，镜头不可倾斜，相机要保持水平从左向右移动，相邻的相片要有 1/3 左右的重叠图像，要注意将运动的物体拍摄在图像的中间，不要让移动物体出现在图像的重叠区域。

总结归纳：（1 分钟）

合成全景图像

（一）全景图像

（二）种拼接模式

（三）全景图的制作流程

（四）合成全景图

课后作业：（1 分钟）

为制作“我的祖国”电子报刊采集图像信息，并合成全景图像。

九、教学反思

1. 通过课堂教学实践，达到了教学设计的目的，成功地组织学生学完了本节课的知识。总的来说本节课的教学目标达成情况较好，学生通过体验合成全景图的过程，了解了全景图的概念及拼接模式，能够说出全景图的制作流程，并学会使用给定的素材合成全景图像，初步感受到了多媒体技术的魅力，很好地激发了学生继续学习多媒体技术的兴趣。

2. 复习提问环节播放的视频《往事存照》，讲述的是摄影师王可信在 1959 年建国 10 周年之际，接到了一个拍摄一张反映天安门广场全貌相片的任务。这在当时几乎是不可能完成的任务。播放过视频后随即引出今天的新课：利用计算机及一些应用程序合成全景图像。通过设置情景激起学生的学习兴趣，为帮助学生更好地理解全景图的概念作铺垫，收到了较好的效果。学生通过本节课的学习深刻地体会到，应用多媒体技术可以使一个初中生很轻松的完成 50 年前国家级摄影师都认为是不可能完成的任务。

3. 课堂上充分地给予了学生"讲"的机会，其中一位学生在给大家讲解合成垂直全景图的操作过程时，由于一时的紧张，忘记将图像按照正确的顺序排列，导致合成的图像面目全非，引来全班的哄堂大笑，但同时也给了我一个很好的教学契机，使学生能够对此知识点牢记于心，从而收到了意想不到的教学效果。

4. 教学过程环节紧凑，层层递进，教学设计合理，符合学生的认知水平，学生容易接受。

5. 采用任务驱动下分组探究学习，充分发挥组长、优秀学生的助手作用。

6. 给予学生充分的时间让学生自主学习、自主探究，解决问题。教会学生在使用其他软件时，也可以通过软件的操作提示或帮助功能解决遇到的问题。

桥文化之旅

沈妹红①

一、设计思想

信息技术学科是一门技术性、操作性比较强的学科，如果专门讲授技术，难免会令学生觉得枯燥无味，所以想到结合桥文化，将操作知识融入其中，通过寻找世界之最、中国之最，激发学生求知欲，从而以使学生在感受各国桥梁文化的氛围下，学习技术知识。

二、教材分析

本节内容"数据的处理与统计"是第四单元《数据统计与分析》学习 Excel 的核心内容，知识点多且都是重点，本节课是第2课时，讲解数据的查找、排序和筛选，它们都是在大量数据记录中选取记录，一起讲授，更易于理解学习。

三、学生分析

本节教学对象是初一年级学生，他们处于接受新事物快、好奇心强的时期，对于 Excel 软件已经熟悉，并且已经学会利用公式法和函数法进行数据的统计。

四、教学目标

（一）知识与技能

1. 掌握主要关键字、次要关键字、"与"和"或"的概念。

2. 掌握数据的查找、排序、筛选操作。

---

① 江苏省无锡市凤翔实验学校．

3. 能利用这些操作解决实际中的数据管理与分析的问题。

（二）过程与方法

本节课采用任务驱动、自主探究、交流合作的学习方法，让学生学会相关操作，培养学生分析问题、解决问题、自我评价的能力。

（三）情态、态度和价值观

1. 培养学生勇敢尝试、充当小老师的勇气。

2. 让学生感受互帮互助、共同协作学习的氛围。

五、教学重点与难点

教学重点：数据的查找、排序和筛选。

教学难点：运用所学知识解决实际生活问题。

六、教学方法

任务驱动、自主探究、讲练结合。

七、教学准备

1. 世界大桥统计表。

2. 学案一份。

3. 生活中运用到数据分析的一些表格。

八、教学过程

（一）创设情境，引出课题

（课件：PPT 展示课题，播放背景音乐）

师：老师刚才播放的音乐，同学们知道名字么？（学生齐答：回家）

师：家是每个人的港湾，逢年过节，我们都要回家，今年春节过年，我也回家了，回家路上拍摄了不少风景哦，今天老师拿了几张给大家分享。

（课件：PPT 展示播放几张江阴大桥风景图）

师：同学们知道江阴大桥有多长么？是什么时候建成的？（学生无人应答）

[设计意图：刚过完中国传统的春节，同学们都还很兴奋，一首“回家”音乐，根据自己亲身经历，引起学生共鸣，拉近师生距离。]

（二）切入主题，学习查找

师：不知道没关系，老师这里有一个世界大桥统计表，请同学们在表格里找找看，看哪位同学找得最快。（课件：PPT 演示打开世界大桥统计表）

学生查找后回答长度和建成年份。

师：同学们刚才是如何查找的呢？一行一行看过去的么？你的眼睛累不累呀，有没有更简单点的方法来查找呢？请同学们可以查看书上 P65 页（4）部分查找内容进行学习。

［设计意图：由学生亲眼从大量数据记录中查找单个记录，感受眼睛搜索的难度。］

学生上台操作演示。

师：利用关键字查找，可以找到我们需要的内容。同学们都查到了吗？请举手。

［设计意图：请学生上台操作演示，让学生充当小老师。通过学生举手进行教学反馈。］

师：下面请查一下“悉尼港桥”和“上海杨浦大桥”分别是建成于哪年，完成学案上第一部分内容。不会做的同学可以向相邻座位的同学询问请教。（课件：PPT 展示题目）

世界大桥统计表

桥名	全长/km	大桥类型	结构形式	所在国家	建成年限
多多罗大桥	890	大跨径斜拉桥	主钢边砼混合梁，双塔双索面	日本	1999
诺曼底大桥	856	大跨径斜拉桥	主钢边砼混合梁，双塔双索面	法国	1995
武汉白沙洲长江大桥	618	大跨径斜拉桥	主钢边砼混合梁，双塔双索面	中国	2000
厄尔松海峡桥	16	跨海大桥	主钢边砼混合梁	瑞典和丹麦	2000
切萨皮克海湾桥	27.2	跨海大桥	主钢边砼混合梁	美国	1964
澳凼大桥	2.5	跨海大桥	连续钢箱	中国	1974
大贝尔特桥	17.5	跨海大桥	连续钢箱	丹麦	1998
大带桥	1624	大跨径悬索桥	连续钢箱	丹麦	1998
费雷泽诺桥	1298.5	大跨径悬索桥	简支钢桁	美国	1964
金门大桥	1280	大跨径斜拉桥	简支钢桁	美国	1937
濑户内海大桥	9.6	跨海大桥	简支钢桁	日本	1988
明石海峡大桥	1991	大跨径悬索桥	简支钢桁	日本	1998
Rion - Antirion Bridge	560	大跨径斜拉桥	钢主梁，四塔双索面	希腊	2004
法赫德国王大桥	25	跨海大桥	钢主梁	沙特	1986
湖北鄂东长江大桥	926	大跨径斜拉桥	钢箱箱，双塔双索面	中国	在建
名港中央大桥	590	大跨径斜拉桥	钢箱箱，双塔双索面	日本	1998
香港青马大桥	1377	大跨径悬索桥	连续钢箱	中国	1997
梅克金海峡桥	1158	大跨径悬索桥	简支钢桥	美国	1957
南京长江二桥	628	大跨径斜拉桥	钢箱箱，双塔双索面	中国	2001.3
南京长江三桥	648	大跨径斜拉桥	钢箱箱，双塔双索面	中国	2001.3
苏通大桥	1088	大跨径斜拉桥	钢箱箱，双塔双索面	中国	在建
香港昂船洲大桥	1018	大跨径斜拉桥	钢箱箱，双塔双索面	中国	在建
杭州湾跨海大桥	36	跨海大桥	钢箱梁	中国	2008
润扬长江大桥	1490	大跨径悬索桥	钢箱梁	中国	2005
武汉阳逻长江大桥	1280	大跨径悬索桥	钢箱梁	中国	在建
浙江舟山西堠门大桥	1650	大跨径悬索桥	钢箱梁	中国	在建
卢浦大桥	550	大跨径拱桥	钢箱拱	中国	2003

［设计意图：查找是自我学习，考虑学生层次，让学生查找两座大桥，给予自学能力差的同学再次练习的机会，同时加深知识印象。再通过学生举手，了解学生掌握情况。］

师：下面一起来欣赏这两座大桥的风采。（课件：PPT 展示两座大桥的图片及介绍文字）

[设计意图：欣赏自己努力找出来的成果，让学生充满成就感，同时也扩展了其知识面。]

（三）不能查找，引出排序

师：这两座桥分别建于 1932 年和 1994 年，那么世界上究竟建成年份最久远的大桥是什么桥呢？（学生思考）我们一起看这上面的年份数字，有点杂乱无章，要是把建成年份从早到晚依次排列，这样就一目了然了。同学们会做吗？（学生思考）

[设计意图：一起分析探讨，在查找方法不可行的情况下，寻求新的解决方法。]

（广播演示）师：其实 Excel 数据处理软件功能很强大，本身就有排序功能，请同学们看好哦，表格上的数据马上会发生神奇的变化。首先选中标题下面的表格数据，单击"数据"菜单，再单击"排序"命令，弹出窗口，想一想"主要关键字"我们选择什么？（生：建成年限）请同学们自己试试看，不会的同学可以向同座位邻近或组长请教。

[设计意图：在学生好奇的前提下，直接讲解，演示操作，然后再实际操作，易于掌握。鼓励学生互帮互助，培养不会就问的习惯。通过学生举手查看学习情况。]

师：最古老的大桥是什么样子的呢？我们也一起欣赏。（课件：PPT 展示）

[设计意图：文史结合，展现桥梁文化，给枯燥的操作课程附上文化气息。]

师：最早建造的大桥，历史悠久，时间最长，现在我又不禁好奇世界上长度最长的大桥是什么桥，我们能否把长度按从大到小排列呢？请大家完成学案上第二部分的题目。

师：找得快的同学，再找找跨海大桥类型里最长的大桥是哪座桥？想想如何设置关键字。

[设计意图：考虑学生的知识差异，设计稍复杂的题目给理解

较快的学生，同时保证理解较慢的学生有充裕的时间慢慢练习。

教师请学生上台操作演示。（学生操作时，教师在旁边讲解“主要关键字”“次要关键字”）

[设计意图：让学生充当老师，锻炼勇气，展示自己，教会其他同学。完成的好坏都要给予学生鼓励。]

师：从这两道题目中，我们可以得出结论，数据的排序是按照关键字段，将一列数据重新排列，当出现“主要关键字”相同值时，我们可以利用“次要关键字”或“第三关键字”来进行排序。

[设计意图：学习新知后，稍作总结，给学生整体的知识概念。]

师：世界上最长的大桥，跨海大桥里最长的大桥，我们再来一睹它们的风采吧。（课件：PPT 展示）

（四）排序复杂，可以筛选

师：杭州湾跨海大桥是跨海大桥里最长的，那么我们中国最长的大跨径拱桥是哪座呢？如果我们排序，关键字该如何设置？（学生回答 ）（广播：教师根据学生回答演示）

[设计意图：前后承接，既是复习，也是导入。]

师：有没有简单的方法，比如能不能先把中国的大桥提取出来，其他国家的大桥隐藏，再提取出大跨径大桥，最后才排序呢？（学生思考）同学们可以从书上 P67 页（6）筛选进行学习，尝试操作。

[设计意图：学生在好奇心趋势下自我学习，培养其自主学习知识和自我解决问题的能力。]

师：有同学找出来了吗？是什么桥？请一位学生上台操作演示。（教师根据演示讲解）

师：他做得对不对？是不是该表示祝贺一下？你们都找出来了吗？再给你们一些时间进行筛选。

[设计意图：给学生展示自己的机会，学生除了会学，也要会讲会做，演示后由其他学生鼓掌表示祝贺，增长学生自信心。考

虑层次差异，适当再给学生时间复习操作。]

师：Excel 表格中的“自动筛选”功能能按照我们的意思筛选出想要的数据，而把不相干的数据隐藏掉，但是现在有个问题，隐藏掉的数据，能不能再显示出来呢？请同学们试一下。

[设计意图：筛选除了学会选取记录，还要学会显示隐藏的记录，也为下面做好铺垫。]

师：中国最长的大跨径拱桥是什么样子呢？一起来目睹它的风采吧。（课件：PPT 展示）

师：自新世纪以来，中国的桥梁业也在飞速发展，那么从 2000 年到 2010 年，10 年内，中国建了哪些桥，你们能找出来吗？教师提示可以考虑“自定义……”

[设计意图：通过由易到难的题目，学生逐步掌握“筛选”主要功能。]

学生上台演示操作。筛选 2000 年到 2010 年是选择“与”还是“或”？“与”表示条件是同时满足，“或”表示条件只要满足一个就可以。（学生回答）

[设计意图：学生演示，教师讲解，加强知识理解。]

师：新世纪以来，中国建造了 11 座桥，可见中国的科技发展很迅速。刚才我们找出了这么多桥，那么同学们，你们最喜欢哪座桥呢？（课件：PPT 展示）（学生回答）

[设计意图：构建主题完整，总体展现桥梁风采，提升学生文化素养。]

（五）走进生活

师：世界上的大桥还有很多，每个人都会有自己欣赏喜爱的大桥，希望每位同学都能到自己喜爱的大桥上实地参观一下，走访一下。我们刚才通过欣赏各种大桥，学习了在 Excel 表格中查找数据以及对数据的排序和筛选。（课件：PPT 展示，分述查找、

排序和筛选的功能运用)

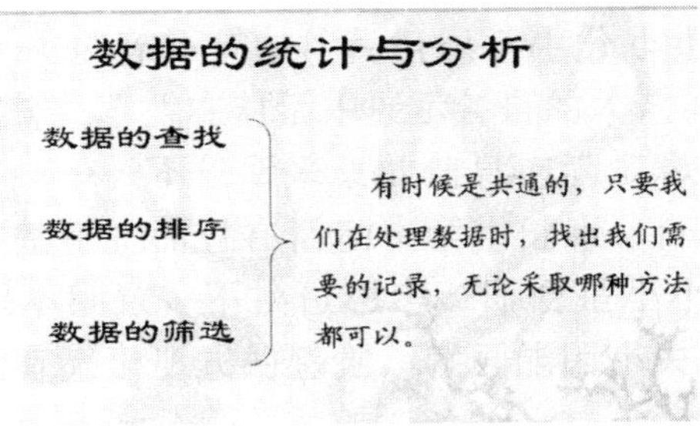

师：其实这些都是数据处理的方法，生活中在运用的时候，它们有时候是共通的，只要我们在处理数据时，灵活运用，找出我们需要的记录，无论采取哪种方法都可以。

[设计意图：整体总结知识要点，陈述功能运用，加深知识印象。]

师：同学们想一下，数据的查找、排序和筛选，我们生活中应用在什么地方呢？(学生回答)

师：上学期我们举行的艺体节比赛，每个班的成绩总分都统计出来了，你能给七年级各班分数进行排名吗？(课件：打开艺体节统计表)刚结束的冬奥会，我们中国获多少枚奖牌，获奖牌总数第几名(课件：打开冬奥会表格)，同学们能否排列出来呢？再比如我们要去买房子，我资产只有20万，想在房价表中搜索20万到25万的房子，你会筛选出来吗？(课件：打开房价表)，等等，都运用了很多。

师：下面请同学们任意选择你感兴趣的表格进行分析。每个表格里需要如何处理，老师都用红色字在表格里注明了。做好的同学请上交给老师。

[设计意图：学习信息技术的目的就是运用所学的技术知识，解决生活中的问题。由学生讲述事例，教师补充，让学生了解生活中会运用到数据分析的地方，再亲手做一做，既复习了所学知识，也提高了学生解决实际问题的能力。]

九、教学后记

数据的查找、排序和筛选功能，三个知识点相对来说简单易学，如果纯粹技术讲解，比较枯燥，而且容易遗忘，结合桥文化之旅，将三个知识点融入其中，设计由易到难的题目，教师从旁辅助引导，引起学生好奇心，在其好奇心的驱使下，通过自我学习、教师讲解、学生演示的方法，在欣赏桥文化的同时，逐步掌握知识。整体设计自我感觉比较严谨，环环相扣，前后承接自然。

本课教学班级学生，比较聪明，知识内容不难，尽量让学生自主学习，通过自己看书、自己尝试摸索操作、自己上台演示、自己解决问题。努力培养学生一个意识：学习不是很难的事，自己就可以解决的，老师只是辅助作用，关键靠自己。考虑学生知识结构有差异，学习能力有差异，针对不同的学生设计简单题目和稍难题目，在操作过程中，通过学生互帮互助，教师指导，尽量让每位学生都能掌握知识点。学习信息技术的目的是提高学生信息素养，能够运用所学的技术知识在生活中灵活运用，讲课结束之余，稍作介绍在生活中运用数据的查找、排序和筛选的方面，然后练一练，将信息技术引入生活。

让飞机飞起来——循环结构的应用

刘青梅①

一、教学内容

本节课内容是循环结构 For...Next 语句的应用，共需两个课时，这是第二课时，在此之前，学生掌握了 VB 编程的基本要领和过程，初步认识了程序运行三种基本结构：顺序结构、分支结构、循环结构。并且通过第一课时的学习，掌握 For...Next 语句的格式及功能，能运用 For ... Next 语句来解决有规律性重复运算的问题。我的目标是通过本课的学习，既能巩固上一节课所学的循环结构，又能进一步学习 For...Next 语句在面向对象编程中的应用，提高同学们的编程能力，让学生初步学会面向对象的编程。

二、教学对象

本节课的教学对象是初二级学生，学生通过第一节的学习对 For...Next 语句的格式、功能及执行过程有了一定的了解，但初二学生的理解能力有限，很多学生难以建立循环语句执行的物理模型，而 For...Next 语句是整章的重点与难点。为此，本节课通过不断让学生对对象进行编程，编写出使各种对象变化运动的程序，激发学生的学习兴趣，使学生加深对 For...Next 语句格式、功能的理解和应用。

三、教学目标

根据教学大纲和使用的教材、学生学习的特点以及新课标的

① 广东省佛山市顺德区南江中学.

要求，可以从以下三个方面来进行整体设计，建立目标体系。

（一）知识目标

1. 进一步熟悉 Left、Top 属性的使用。

2. 学会运用 For...Next 语句来解决有规律性的对象运动问题。

3. 理解 For...Next 语句的循环变量、循环条件和循环体在解决实际问题中的应用。

（二）能力目标

1. 通过观察、思维、记忆、想象培养学生在现代程序设计过程中所需要的基本能力。

2. 培养学生学会有条理地思考、分析、解决问题的能力。

（三）情感目标

让学生学会大胆探索、善于归纳、应用、培养学生个性。

四、教学重点与难点

教学重点：循环变量、循环条件和循环体的关系及语句执行过程，并能运用 For...Next 语句来编制简单的小程序。

教学难点：根据实际问题，确定程序中的循环变量、循环条件和循环体。

五、教学策略

本节采用任务驱动法、分析法，通过教师的情景设置，将复杂的问题简单化，通过提问引导学生自主探究，不断提高学习梯度，使学生在不知不觉中掌握知识。

另外针对程序设计的枯燥、难懂这两个特点，我运用了体悟教学法、问题教学法。针对学生的基础和思维的参差不齐采用分层教学法。面向全体学生，引导学生自主学习，发挥教师的主导作用。所拟订的教法是：演示—提问—点拨—操作—反馈。

六、教学媒体选择

多媒体教学平台，预设的几个 VB 小程序，教学课件。

七、教学过程

（一）演示动画、引入新课

[设计意图：通过让学生观看演示的动画和听教师对动画的分析，熟悉 Left 属性、理解循环体和循环结构的运行过程，激发同学们的学习的兴趣。]

师：展示程序“小车动起来”，利用按钮控制小车行驶，引起学生兴趣，并引出本节课的第一个任务：看了动画后认真思考、分析实现这个动画的原理。

师：演示小车运动的界面。

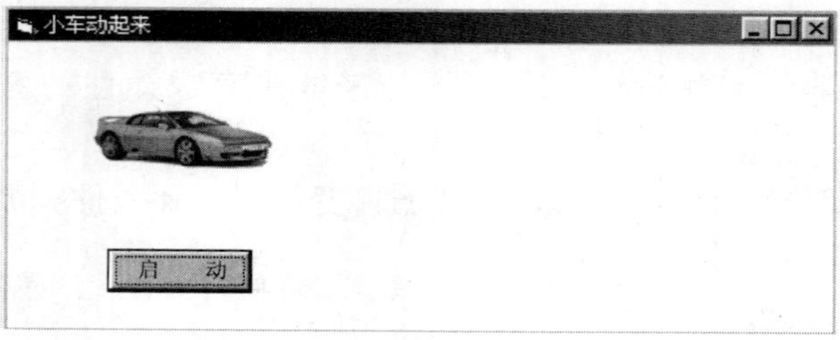

师：分析小车运动的慢动作。

师：提示小车运动的具体分析图。

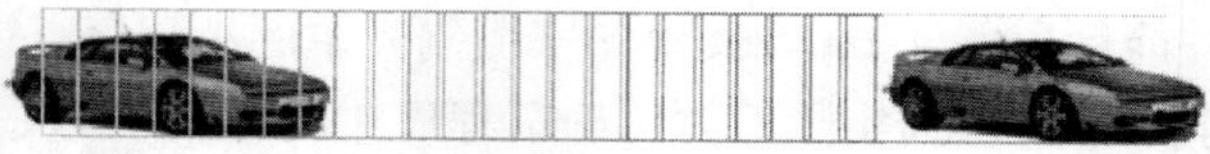

动画原理分析

师：小车要开起来了，那么究竟是什么让它动起来的呢？

生：动画是一张张图片连续播放的效果，也就是一张图片的位置在不断发生变化而得到的效果。

师：当小车在不断地向右方前进的时候，图片的什么属性值在不断变化？

生：图片的 Left 属性值在不断变化，由于在很短的时间内 Left 属性值在不断发生变化，因此看起来就像是小车在移动了。

师：请同学们思考，写出实现小车移动的语句。

生：写出以下语句：

nleft＝nleft＋2

Image1. Left＝nleft

师：如何才能让这两个语句不停地执行呢？

生：For... Next 语句。

生：写出如下代码图

代码设计图

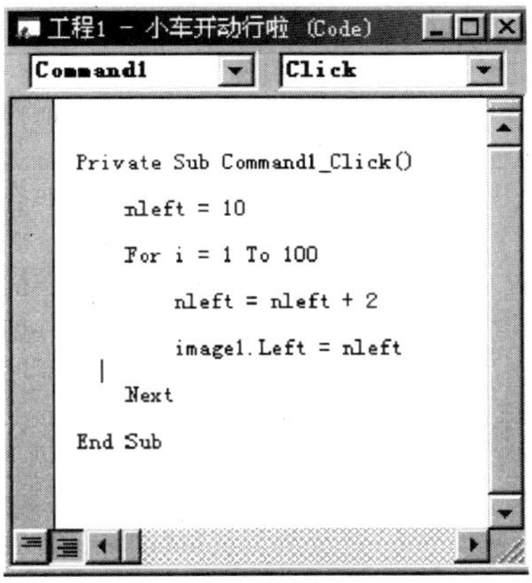

程序设计框图

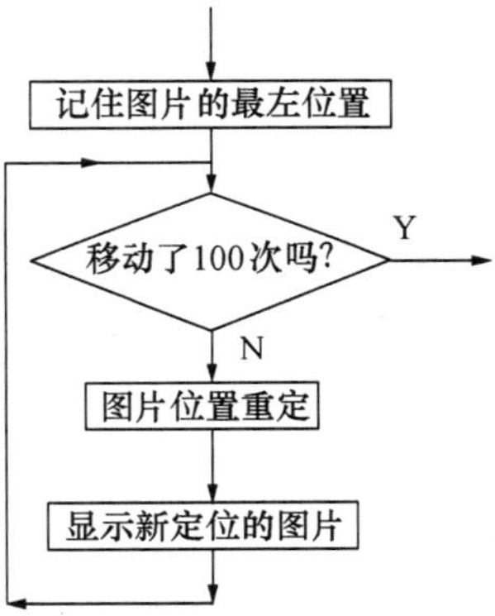

循环语句的分析

师：什么变量不断控制循环变化?

生：i 不断控制循环变化。

当 i=1 时，图片框 Image1 的左位置是 2；

当 i=2 时，图片框 Image1 的左位置是 4；

当 i=100 时，图片框 Image1 的左位置是 200；

当 i=101 时，这时的 i 值大于终值，循环语句结束，去执行 Next 的后续语句。

师：总结 For... Next 之间的语句为循环体。

任务一：参照刚才的程序范例，自己编写一个让船航行动起来的程序。

[设计意图：模仿实例，加固知识，让学生能独立编写简单的 VB 小程序。]

（二）拓展探究、培养能力

任务二：编写一个让降落伞在下降的程序。

［设计意图：通过类比运用知识，培养思考、分析、解决问题的能力。］

师：演示降落伞在下降的动画，解释 Top 是设置对象到窗体顶部边界的距离。并提问学生以下几个问题：

1. 认真思考降落伞在下降过程中是什么属性在不断地改变。

2. 实现动画的循环体是什么？

3. 用 For... Next 语句实现让循环体循环执行。

4. 写出实现动画的代码。

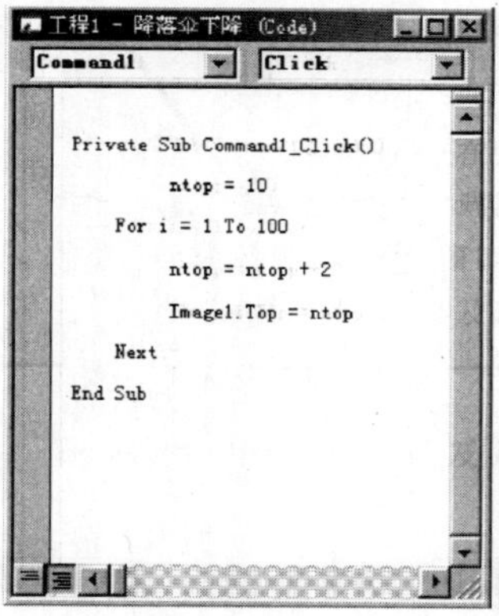

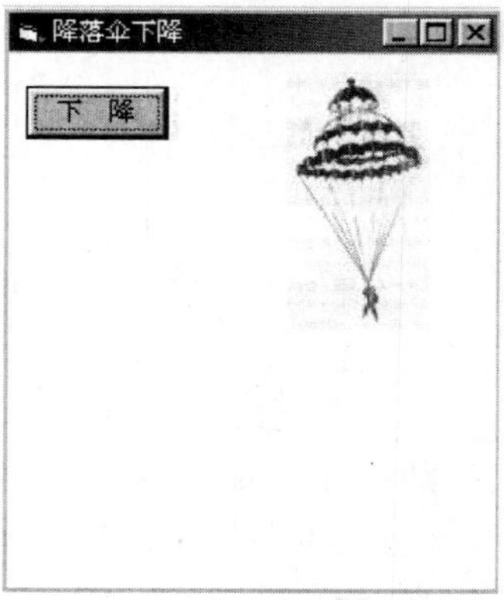

提问结束后，教师适当加以点评。

1. 表扬大部分编出正确程序的同学，指出一些学生编程过程中所犯的错误，出示正确程序。

2. 给学生介绍“空循环”作用（举生活的实例解释一下）。

（1）空循环：For... Next 语句里没有循环体称为空循环。

（2）空循环的作用：将它和循环体放在一起，起到延长时间的作用。

（三）综合知识、互动突破

［设计意图：让学生带着问题去思考，变被动学习为主动学习。这部分其实就是任务驱动式学习，利用学生的好奇，善于思考的心理特点，让他们自主学习。］

1. 师生综合以前所学过的知识

（1）复习：停止、复位、退出的编程代码。

（2）Left 属性：设置对象到窗体左边界的距离；

Top 属性：设置对象到窗体顶部边界的距离。

任务三：编写一个程序让飞机飞起来。

教师提示：当飞机不断地向右下方飞行的时候，图片的 Top、Left 属性值同时不断地发生变化。这里我们要实现飞机向右下方运动的语句是什么呢?

家庭作业：编写一个飞机投炸弹的程序。

[设计意图：反馈学生对本节课的理解及拓展应用能力。]

八、教学评价

在整个教学过程中，我始终坚持教师的主导作用与学生的主体作用相结合的原则，通过引导学生动眼看、动口说、动脑想、动手做，参与知识的产生、发展和运用过程，使学生的思维从被动变为主动，让学生在轻松愉快的氛围中掌握知识、形成能力。这既符合学生的认知规律，又体现了“以学生的发展为本”的教学理念。

课堂评价表设计：学生填写课堂自评。

九、教学反思

本节课的优点，用小车运动的慢动作分解来呈现循环的效果，直观形象，易于接受，注重以学生为主体，师生互动逐层推动教学的进行，使枯燥而难懂的 For 语句的内容变得生动形象，使学生在完成过程中更透彻地理解 For 语句，由浅入深，引导学生思考学习，容易理解和掌握。体现了新课程理念中“以人为本”的思想。

在教学中发现，由于学生的差异，我在设计任务时，实现因人而异，对一般的学生以教会基本语句并结合控件的使用为主，例如让小船航行起来，使教学过程轻松有趣。而对于接受能力强的学生，设计难度大一点的任务，使对程序设计有兴趣的学生可以尝试深层次探究学习。对任务进行分层设计收到了非常好的课堂效果，这样一来使各个层次的学生都积极地参加到我的课堂中来。

不足之处，本节课在初二年级 9 个班里都讲授过，学生兴致较高，从而基本掌握了循环语句的执行过程及应用。特别是对 Top 和 Left 的属性掌握比较好，但是基础知识较弱的同学容易在写代码的过程中出现各种错误，具有一定的学习困难。今后要进一步想办法让基础知识较弱的学生掌握起来没有困难。

设计封面

彭晓慧[①]

一、教学内容

《设计封面》是浙江教育出版社《信息技术》七年级下册第二单元《制作电子杂志》的第 1 课，是整册教材的第 8 课。本单元内容主要是设计制作一份完整的电子杂志。通过对杂志的封面、目录、各版块内容的制作，反复运用学过的操作让学生去“做”，同时，每一课都有新的知识侧重点，让学生在做中不知不觉掌握操作技能，感受信息技术对自己的学习带来的帮助。

本课“设计封面”是制作电子杂志的第一步，主要是通过对封面的设计，让学生学会图片与艺术字的插入、设置等基本操作，同时初步培养学生对封面框架的合理布局能力，为今后完成整个杂志的制作奠定基础。

二、教学对象

本课教学对象是初一年级学生，大部分学生同学在小学阶段已经初步掌握了 Word 的使用，有一定的软件操作能力和自学能力，所以艺术字与图片的操作对学生而言相对不难，但是由于学生初步接触页面的布局，对封面布局不易理解，因此，教师在教学中应予以简单明白、深入浅出的分析。

三、教学目标

知识与技能：了解杂志封面的组成和布局；熟练掌握图片和艺术字的插入；熟练掌握图片和艺术字大小位置的更改。

过程与方法：通过给旧杂志设计封面，在观察、归纳、尝试、实践中掌握设计封面的知识。

情感、态度和价值观：通过对封面的设计，初步培养学生对封面框架的合理布局能力；培养其运用信息技术进行作品创作的兴趣；养成自主探究的学习习惯。

① 浙江省衢州市兴华中学.

四、教学重点与难点

教学重点：封面的合理布局；图片和艺术字的插入、图片和艺术字大小位置的更改。

教学难点：让学生初步学会封面的合理布局。

五、教学媒体准备

多媒体网络教室、一本没有封面的杂志、教学课件、任务清单、图片素材。

六、教学过程

（一）创设情境，巧妙引课

师：同学们，你们看过中央电视台的《交换空间》栏目吗？（这是一个“家装”设计节目）其中有个版块叫做“旧物改造”，彭老师最爱看了。在这个版块里，只要主持人随便拿出一件旧物，一经设计师的巧手设计就可以变废为宝。

正好，彭老师在前两天收拾房间的时候发现了一本旧杂志，今天我给它带来了（展示旧杂志）——这是一本缺了封面的杂志，所以想请同学们当一回设计师，利用 Word 设计一张封面，完成“旧物”改造，老师会从同学们完成的作品中挑选一幅最满意的打印出来，粘贴在这本旧杂志上作为封面。大家敢接受挑战吗？

［设计意图：通过设置“交换空间旧物改造→为旧杂志改头换面”这样一个情境，既大大激发学生的兴趣，又能让学生联系生活实际，在角色体验中感受信息技术对自己生活的帮助。］

（二）思考观察，交流互动

在学生跃跃欲试的情况下教师随机采访：这位设计师，你觉得一本杂志封面必须具备哪些元素呢？

［设计意图：在这里运用“设计师”这个词继续把学生带入到角色中，同时引出封面设计知识。］

生：杂志名称、出版日期……

师：说的真不错，看来平时观察得非常仔细，有点设计师的潜质。不过，在动手设计之前我们还是再给自己充充电，接下来一起进入“知识加油站”环节，更深入地了解制作杂志封面的一些基本要求。

演示“知识加油站”课件。

学生讨论并欣赏课件，小结杂志封面必须具备的要素，以及杂志封面的设计要点与布局。

［设计意图：从让学生根据平时的观察讨论封面的要素，产生初步的认知，再到进入“知识加油站”环节“充电”，层层落实，既符合学生的认知过程，又能进一步提醒学生在动手之前多

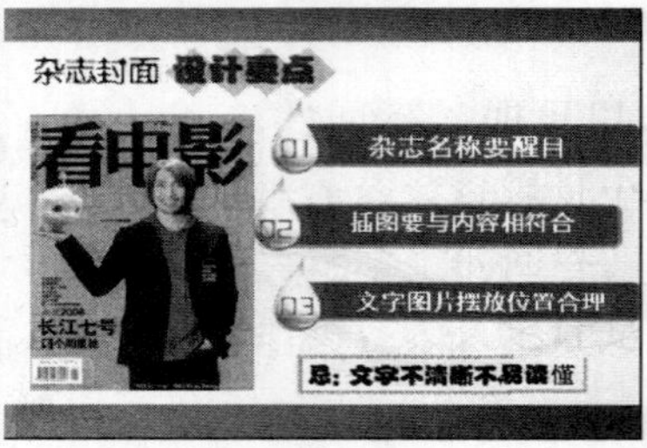

学习、多观察、多思考，养成良好的习惯，这样才能事半功倍。]

（三）任务布置，自主探究

师：看了这么多，也了解了这么多杂志封面的设计知识，现在如果让你开始动手设计制作封面，你会利用 Word 中的什么工具来完成呢？

生：艺术字、图片、自选图形……

师：好，接下来，老师把鼠标还给同学们，开始设计的第一步——

1. “设计基本功”训练（插入、调整图片和艺术字）

师：请同学们打开桌面上的“任务清单”，并且把书本翻到第 35 页，动手完成尝试题（3 分钟时间），完成的同学请举手示意。

尝 试 题
新建 Word 文档，结合书本，作出以下尝试。（限时 5 分钟） 1. 插入封面背景和艺术字。 请在文档中插入一幅自己认为合适的图片作封面背景。（背景图片可从桌面上的“素材”文件夹中获得） 在文档中插入艺术字“意林”作为杂志名称。 2. 试着移动和改变艺术字的大小 对图片和艺术字进行移动及大小的更改操作。 思考：各种环绕方式有何区别？

师：请说说你是怎么完成的？（请学生演示）有没有不一样的方法？

教师在学生演示中补充和渗透知识点和操作技能。

[设计意图：由学生自学课本尝试完成基本功训练，让学生在自主探究中充分地动脑、动手；在尝试之后由学生演示自己学习的成果，既给学生一个展示自我的机会，又借学生的手与口，完成新知识的落实。两者均充分体现了以学生为主体、教师为主导的特点。]

师：掌握了这些设计基本功后，现在老师把舞台还给大家，开始设计的第二步——

2. “设计比拼”，大秀才艺

师：请同学们利用艺术字和图片完成杂志封面，学有余力的同学，还可以尝试利用其他工具进行美化（限时18分钟）。好，开始！

设计比拼
杂志名称：意林 刊号：2009年9月 精彩内容：水浒英雄的成与败 我的爸爸季羡林 父亲的含义是榜样 文人与做官 比拼要求：（1）必须具有杂志封面的基本组成要素（杂志名称、刊号、内容提要、图片等） （2）版面布局合理 （3）文字清晰易读 （4）设计大方美观

[设计意图：从“设计基本功”训练到“设计比拼”，目的是让学生在知识技能落实的基础上通过实践应用加以巩固，同时在比拼中列出要求，能让学生更有目的地设计封面。]

（四）作品欣赏 交流评价

师：3，2，1…时间到！请同学们把手离开鼠标，我们一起来欣赏大家的设计成果。

教师引导学生从三方面展开评价：

你觉得自己作品最大的优点是什么？

看了他的作品，你想对他说什么？

你能接受他的建议吗？

教师根据学生掌握技能情况随机点评。

[设计意图：在展示与评价环节中，教师以教学目标为依据引导学生展开评价，运用自评、生评与师评相结合的形式，让学

生在评价中进一步提升作品质量，轻松建构起学生的知识结构。］

（五）课堂小结　延伸运用

师：每一位同学都是小设计师，课后老师会从当中选一张作为杂志封面。我相信以后当老师翻着这本很有纪念意义的杂志，感觉一定很棒！

［设计意图：前后情境呼应，肯定学生学习成果，同时增加学生成就感。］

师：小结一下，今天，你们学会了什么本领？

学生回答，教师用课件展示知识点。

师：学会了这些本领可以干什么？（提示：不仅可以应用在杂志的封面设计中，还可以应用在书籍、唱片、影集、笔记本等各个地方，使这些物品增添光彩，吸引人们的眼球。）

（课件展示设计精美的唱片、影集、笔记本的封面。）

师：我们现在接触的只是 Word 很少的一部分功能，但只要我们努力学习、注意观察、勤加应用，就可以作出更优秀的作品。同学们回家后可以运用我们今天这堂课所学习的本领，为你们家的旧书、本子等设计一张漂亮的封面。

最后，老师想送同学们一句话：我未必能做到最好，但只要努力我一定可以做得越来越好！

［设计意图：课堂小结不仅关注知识的回顾整理，还对学生在知识掌握、技能提高、情感态度的发展等方面作了全面的总结，为技能教学增添一分别样的人文底蕴，同时注重知识延伸，再次引导学生要运用所学加强实践应用。］

七、教学反思

本节课突出了以学生为主体、教师为主导的新课标理念，课堂气氛活跃，教学进展顺利，师生交流融洽，圆满完成了预期的教学目标，并呈现出如下鲜明的特点。

1. 情境设置“生活”化。在课前，我通过热门节目《交换空间》导入，由“旧物改造”引到“为老师的旧杂志改头换面”，这一巧妙的情境设置既大大激发了学生的学习欲望，又促使学生联系生活实际，在角色体验中感受信息技术对自己生活的帮助。

2. 知识学习“科学”化。在学生跃跃欲试、准备动手设计封面之前，我特别组织学生先思考交流、再学习，让学生对杂志封面有了一个感性的认识与了解之后，再通过“设计基本功”训练，落实本节课操作技能，然后开展“设计比拼”，在实践中加以巩固运用，一步步层层深入，环环相扣，非常符合学生的认知过程，一节课下来学生学得很轻松。

3. 作品评价“多元”化。在教学过程中我注重运用评价来鼓励、肯定学生，运用评价来回顾、落实本节课教学目标。通过自评、生评、师评这些丰富的评价互动，让学生在交流中一同进步、提高。很多同学在评价的时候能客观地表达自己的观点、建议，而“设计师”们也能虚心地接建议，整个评价气氛热烈，使本课达到了一个高潮。

4. 知识延伸“实际”化。在课后，我注重知识方面的延伸，鼓励学生在课后利用所学知识加强实践与应用，渗透信息技术应用于生活、为生活服务的理念，取得了良好的反响。

神奇的 Flash 遮罩动画

王梅婷①

一、教学内容

《神奇的 Flash 遮罩动画》是教育科学出版社《信息技术》八年级下册的一课，学时安排为 1 课时。我在对教材进行了详细解读后，大胆尝试对教材的二次创编。教材是制作“七彩艺术字”的遮罩动画，我觉得这个内容虽然具有代表性，并不能达到激发学生兴趣的目的，于是增加了制作“照片揭秘”动画，用于激发学生学习兴趣并较好地认识遮罩原理，而将课本实例“七彩艺术字”作为深入领会遮罩原理的补充练习。

在设计“照片揭秘”动画时并不是单纯地提出任务，而是将其制作成“揭秘游戏”的形式导入，从而很好地激发了学生学习的兴趣。教学过程中选用的素材为贴近学生生活实际的班级学生照片和学生喜爱（熟悉）的明星照片，让学生在新奇、跃跃欲试中学习，并很好地学会将信息技术联系到生活实际的能力。

二、教学目标

1. 知识与技能

（1）使学生理解 Flash 中遮罩动画的含义及工作原理。

（2）通过观看源文件，理解遮罩层与被遮罩层的关系，学会创建遮罩图层。

（3）掌握“照片揭秘”“七彩文字”等遮罩动画实例的制作。

2. 过程与方法

（1）学会分析遮罩动画实例，通过启发、引导学生从中学习其使用的技术、技巧。

（2）通过自主探究完成遮罩动画的创作，培养学生自主学习

---

① 福建省厦门市杏南中学．

的能力、探索创新的能力和综合运用知识的能力。

3. 情感、态度和价值观

(1) 感受运用 Flash 软件创作动画作品的乐趣，使同学们在操作的同时获得成功的喜悦。

(2) 体验信息技术蕴涵的神奇的功能，形成和保持对信息技术的求知欲。

(3) 利用班级学生照片、明星照片做实例，培养学生联系生活实际的能力，增强学生的集体观念，增进同学之间的友谊。

三、教学重点与难点

1. 教学重点

遮罩动画的原理及利用遮罩图层实现遮罩动画效果。

2. 教学难点

理解遮罩层与被遮罩层的关系。

四、教学方法

演示讲解法、任务驱动法、自主探究法、教具演示分析法。

五、教学手段与教学媒体

1. 教学环境：计算机安装 Flash 8 软件，教师机可进行网络广播教学。

2. 课前准备：遮罩动画实例《照片揭秘——猜猜他＼她是谁》《七彩艺术字》《浏览照片》等

课件“Flash 遮罩动画 . swf”。

六、教学过程

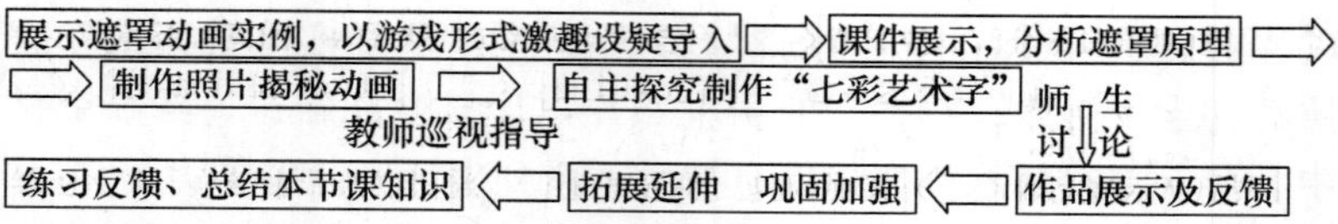

教学环节	教师活动	学生活动与设计意图
环节一 展示遮罩动画实例 游戏激趣导入新课	游戏导入 照片揭秘——猜猜他＼她是谁 利用各种不同形状的位置、大小变化产生显示照片局部的遮罩效果，让学生猜猜照片中的人物是谁（其中有学生照片也有明星照片）  	学生观察动画，根据遮罩所显示出的人物照片局部判断出人物是谁。在游戏过程中感觉遮罩动画的神奇作用 设计意图 情境设置的成功与否直接关系到学生学习的兴趣，而且一定要选择与他们学习生活密切相关的内容。动画来源于生活，也可以再现生活

续表

教学环节	教师活动	学生活动与设计意图
	教师展示课件： 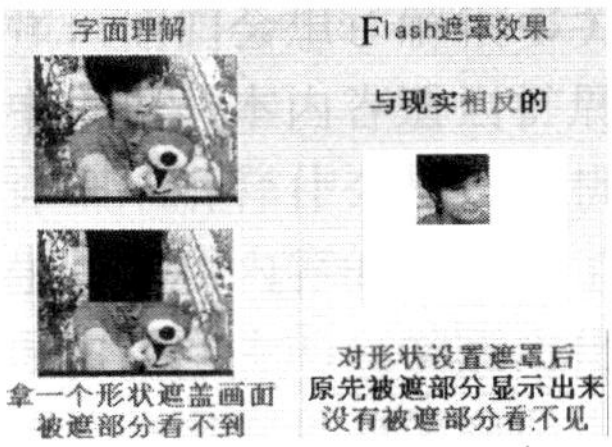 	利用学生熟悉的人物为对象设计情境引入，一是激发学生的好奇心和学习兴趣；二是让学生能明确本节课学习目标——Flash遮罩动画
环节二 展示课件，分析遮罩原理	通过与“字面理解”遮罩含义进行对比，并通过图片直观的分析，让学生对Flash遮罩原理有初步的理解，为下一步创作遮罩动画作准备。在分析过程中引导学生带着问题有目的地进入本节课实例创作  领会原理：遮罩层的作用相当于打开了一个窗口，透过这个窗口可以看到被遮罩层的内容 1. 遮罩层在被遮罩层的上面 2. 遮罩层决定看到的形状（透明） 3. 被遮罩层决定看到的内容	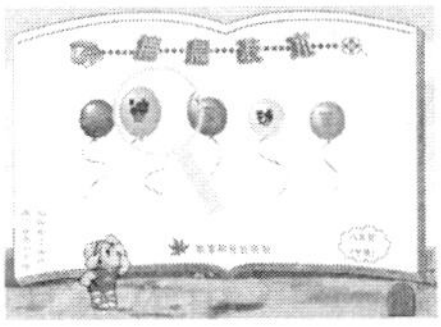 学生观看课件 思考：制作遮罩动画至少需要几个图层？遮罩层和被遮罩层有什么关系？ 设计意图 结合形象化的事物，帮助学生理解遮罩动画的原理，从而利于学生的记忆。在课堂的设计中，教师要避免枯燥的说教和灌输，利用课件的演示，给学生一个直观的认识，从而激发学生浓厚的兴趣，使学生主动地去学
环节三 初步体验遮罩原理	制作“照片揭秘”动画 教师分析实例动画效果及产生原理，提供“课堂作业.fla”半成品，文件库中已包含照片，已建立好两个图层（形状和照片） 任务分析：利用形状浏览照片的遮罩效果，其中形状图层包含形状位置、大小、颜色等补间动画，从而产生如导入部分显示照片局部的遮罩效果  实例效果图	学生观察教师演示讲解，思考教师提出的任务 设计意图 本环节是这节课的重点内容，是学生初步探究并应用遮罩原理制作动画的开始，在这个环节中，老师不能完全放手给学生，要讲、练结合，时刻提醒、引导学生，让学生围绕老师提供的问题（遮罩层与被遮罩层的上下关系、遮罩层形状颜色是否影响遮罩效果、如何创建遮罩等）来进行探究

续表

教学环节	教师活动	学生活动与设计意图
	“课堂作业 .fla”半成品组成部分如下： 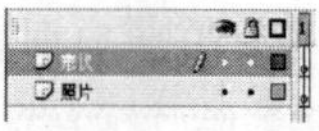 建立好的图层  库面板中导入照片 制作要点： （1）在照片图层上的第 1 帧，从库面板中选择一张照片放在舞台上，并在该图层的第 40 帧插入帧 （2）在形状图层的第 1 帧，绘制一形状，让形状遮住照片，并在该图层的第 10、20、30、40 帧处插入关键帧，分别改动几个关键帧的位置与大小，可创建补间动画 （3）对形状图层单击右键，选择遮罩层 （4）测试影片，观看效果 教师巡视指导，展示评价部分学生作品，小结“照片揭秘”动画创作过程存在的问题	学生根据“照片揭秘”动画半成品及教师提供的素材进行创作 其中教师提供的照片有班级学生的照片和明星的照片：   设计意图： 在练习时采用半成品用意在于，建立图层和导入图片的方法在之前已经介绍过，大部分学生已经掌握，无需让学生再操作，这样可以节省时间。同时，对于个别尚未掌握或已遗忘了的学生来说也不会因为不会建立图层和导入图片而无法进行新知识的学习 在这一环节练习中用到的照片为学生照片和明星照片，学生看到这些照片都产生了很高的学习热情，这是调动学生主动学习、乐于学习的重要因素 展示作品给学生充分展示自己学习成果，使学生有一种成功感
环节四 深入领会遮罩原理	自主探究制作“七彩艺术字” 教师展示“七彩艺术字”动画源文件，引导学生观察该图层包含图层及关系 （1）文字图层（在上）：文字“走进 Flash 动画世界” （2）七彩椭圆（在下）：从左向右移动的七彩椭圆 分析原理	学生观察“七彩艺术字”动画 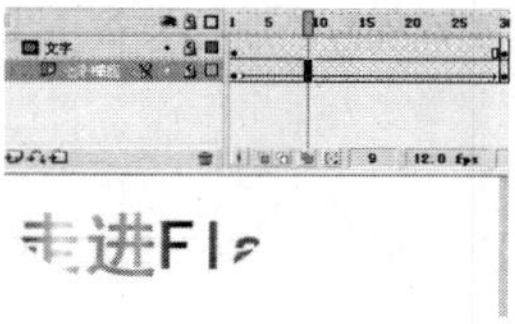 学生思考 （1）为什么将图层设置了遮罩后，黑色文字会变成彩色的？

续表

教学环节	教师活动	学生活动与设计意图
	图1 一张字被挖空的纸片  图2 一张绘制七彩椭圆的纸片  教师引导学生自主探究制作“七彩艺术字”动画，制作要点： 文字在上，椭圆在下 文字不动，椭圆运动 教师巡视指导，展示评价部分学生作品，小结“七彩艺术字”动画创作过程存在的问题 归纳要点： （1）要产生遮罩效果，至少需要几个图层 （2）遮罩层与被遮罩层的位置关系（谁在上，谁在下）如何	（2）若是文字动而底图不动会怎样呢 学生观察教具演示效果，结合动画中的两个图层，加深理解遮罩动画原理并自主探究制作“七彩艺术字”动画 设计意图 这一部分是体现学生自主学习和动手能力的关键部分，在制作过程中，教师主要起引导作用，放手让学生自主探究，围绕教师提出的问题进行思考，我希望学生要在课堂所讲的基础上学会遮罩原理的其他应用并对遮罩原理有更深入的理解。 展示作品给学生充分展示自己学习成果，使学生有一种成功感
环节五 归纳 总结	遮罩层动画的特点 （遮罩层/被遮罩层）决定看到的形状 （遮罩层/被遮罩层）决定看到的内容 练习反馈 1. 选择题（具体参看课件） 2. 判断题（具体参看课件） 设计意图 在课堂小结部分采用“练习反馈”形式进行，将本节课要点整理成“选择题与判断题”让学生一起思考并回答，既有效地帮学生梳理知识点，同时较好地检查学生掌握情况	学生观看课件，整理本节课学习要点，思考并回答问题  
环节六 拓展与 提高	课后拓展 展示更多由遮罩技术实现的精彩动画，分析 Flash 遮罩的实现并不难，难的是创意，只要你善于学习，善于思考，你就能创作出精美的动画作品 引导学生课后通过书籍及网络学习更丰富的动画创作技术	学生观看其他遮罩动画 探照灯动画、展开的画卷动画、水波荡漾动画、放大镜动画、毛笔写字动画、电影片头动画…… 引导学生根据本节课所学知识分析这些动画是如何设计与制作的，激发学有余力和感兴趣的同学课后思考，拓展提高

七、教学板书

神奇的 Flash 遮罩动画

（一）知识介绍

1. 什么是遮罩动画

2. 遮罩动画的作用

3. 构成遮罩层/被遮罩层的元素

4. 遮罩中可以使用的动画形式

5. 创建遮罩动画的方法

（二）实例探究

1. 照片揭秘

2. 七彩艺术字

八、教学反思

（一）比较成功环节

1. 导入部分设计生动有趣

本节课将遮罩动画做成“照片揭秘”的游戏，显示出照片的局部，让学生猜他/她是谁，学生的兴奋点马上被调动起来了，整个教学也按照老师设置的内容进行下去。

2. 教学素材贴近生活

在制作“照片揭秘”动画时，提供给学生的素材贴近学生实际生活，能激发学生的学习兴趣，使学生乐学。

3. 用半成品、分层教学

考虑到学生的层次可能参差不齐，因此讲课时给学生已经导入好照片的“半成品”，避免了上课时出现因个别学生不会导入图片而耽误时间。

4. 任务设置课内外结合、由易到难

本节课用到的实例有两个，一个是“照片揭秘”；另一个是“七彩艺术字”。这两个任务设置能够循序渐进，层层递进，符合学生的学习习惯，让所有的学生都能体验成功，并且给学有余力的学生提供了更广阔的探究空间。

（二）存在问题

1. 第一个实例练习时，对有些知识点的讲解，比如设置了遮罩后，图层会锁定只是一带而过，没有详细说明，导致学生在后续操作的时候出现不能修改的问题。

2. 第二个自主探究任务——七彩艺术字的制作对一些学生来讲有些困难，主要原因一是对文字工具的使用不很熟悉；二是前面所学的内容不够扎实，对哪一图层作为遮罩层，哪一图层作为被遮罩层理解不清，导致图层混乱。教师应在两个任务过渡时加以对比和强调，同时应对学生比较少用过的工具有更详细的介绍。

3. 在评价环节中，通过局域网络多媒体教学软件的“投影学生机屏幕”功能将学生的作品投影到大屏幕的方式来展示学生作品。因部分学生任务尚未完成，故很多学生并未能参与到评价过程中，多为教师评价，学生自评和互评较少，在今后的教学过程中要加强引导，规范评价方案，设置更有效有趣的评价办法，让实例展示平台更加丰富和方便。

声音的获取与加工

吴新燕①

一、教材分析

本课内容依照江苏省中小学教学研究室主编的《初中信息技术》（上册）第七章第一节《声音的获取与加工》内容而实施教学。本课教学旨在落实《纲要》中的四个方面：“信息的识别与获取”——议信息的获取途径，能根据自身需要或环境选择最合适获取方式；“信息的存储与管理”——知文件格式，能有效地保存与管理声音信息文件；“信息的加工与表达”——会声音信息的基本采集、编辑、格式转换及保存方法；“信息的发布与交流”——选择合适的方式发布与表达自己的声音信息。

在教学环境上，我以简单小巧的 Windows 系统自带的“录音机”程序取代了教材中推荐的较为专业的 GoldWave 软件。理由是本课的主要任务是“了解声音信息获取方式，体验声音信息的加工基本流程，体会技术服务于生活的优势”。结合初一学生的实际乐理知识基础与对复杂软件的操控能力不足等实际情况，我认为 GoldWave 等软件对操作者的乐理知识要求高，功能多，容易对学习造成不必要的干扰。

二、学情分析

因为江苏省信息技术学科开设时间不长，不同地区甚至同一区域不同学校的硬件基础不同，所以同学们学习信息技术的经历也差异较大。本课的施教对象是我校初中一年级学生。以调查摸底，我校的初一学生对除 Office 组件之外的大型复杂应用软件的学习与应用经历很少。虽然绝大多数学生对音视频信息有很强的探究兴趣，但他们极少有自己采集与加工音视频的体验。同时他们现有的乐理知识基础也不多。因而我在工作中坚定两点：（1）软件很

① 江苏省锡山市高级中学实验学校.

多，能用简单的，不选教复杂的。简单的工具更容易让学生把注意力放在重点知识的探究上。(2) 教实用技能，让学生在打开计算机时能想起有比玩游戏更有意义的事可做！

三、教学目标

（一）知识与技能

1. “信息的识别与获取”——议信息获取途径，能根据需要或环境选择最适合方式。

2. “信息的存储与管理”——知音频文件常见格式，有效地保存与管理声音信息文件。

3. “信息的加工与表达”——会声音信息的基本采集、编辑、格式转换及保存方法。

4. “信息的发布与交流”——选择合适的发布与表达声音信息的方式。

（二）过程与方法

通过情境渲染，请同学们集思广“议”电脑中声音信息的获取途径，鼓励学生树立“人人为我，我为人人”的文明网络信息应用模式。接下来在“小记者采访”情境中自主探究声音信息的采集、编辑、格式转换及保存的基本方法；通过比对，发现不同声音文件格式的差异，鼓励学生勇于选择合适的发布与表达声音信息的方式，引导互助学习。

（三）情感、态度和价值观

通过本课的学习，获取更多才艺展示技能，提高技术服务于生活的意识，倡导健康向上的生活方式，提升“人人为我，我为人人”的文明网络信息应用模式。

四、教学过程

（一）数字世界的音频信息从哪里来

教师课前播放优美的诗朗诵作品《面朝大海，春暖花开》。

师：同学们，你们刚才听到的朗诵好听吗？你们也经常用电脑听音乐是不是？可你们有没有想过：数字世界的音频信息从哪里来呢？

生：网络下载……

师：是的，浩瀚的网络世界为我们提供了取之不尽的音频资源。可你们有没有想过，昨天歌手在舞台上唱的歌，怎么今天就在网络上找得到？公路上汽车的鸣笛声又是如何进入电脑的？

生：可能会提到录制。

师：其实，多数音频都是很多热心的人事先通过录制工作存进数字世界，我们才得以共享的，我们班有没有同学自己录过音？

生1：用MP3录过。

生2：用手机录音。

生3：用电脑录音……

师：除了多媒体电脑可以录音，现代的很多电子产品也都可用来获取声音信息，同学们很细心！

[设计意图：课间的诗朗诵旨在营造高雅的课间环境，为倡导健康、高雅的生活方式打伏笔。开始时的提问，意在引发学生的讨论，落实信息获取方式的思考。同时也暗地里引导学生关注生活，思考生活万象的可能实质。]

（二）记录下我们自己的声音

1. 录音的基础原理

师：录音前，你要准备什么？

生1：选好歌，再准备MP3。

生2：要有电脑，打开录音机程序，就可以录了。

以目前身边人手一机的电脑录音为例，要从硬件与软件两方面准备：

硬件准备：麦克风、耳机、多媒体计算机——声卡；软件准备：Windows自带的录音机软件、GoldWave、Cooledit……

原理：

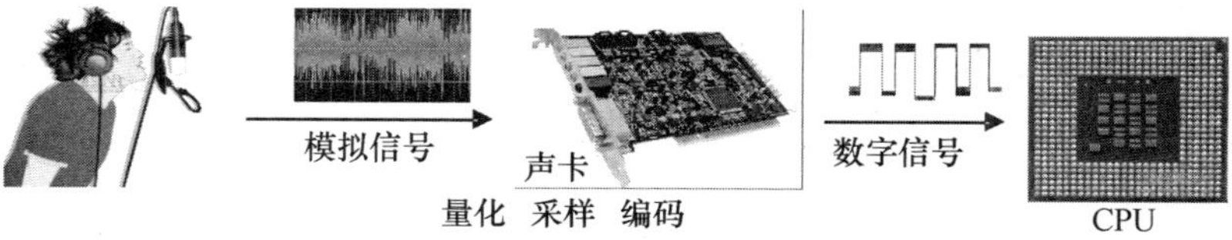

说明：用MP3等设备录音有硬件与软件两方面准备问题，只是它们的软件是专门的、嵌入的，我们不需要专门操作，不易感觉得到。

[设计意图：不作重点展开，只简单介绍原理，扩展学生知识面，满足学生对技能原理层面知识的渴求。]

2. 初次尝试试机

师：今天，我们用简单的一款录音软件来体会录音工作。

请同学们打开Windows自带的录音机软件（开始→程序→附件→娱乐→录音机）自己录一段，试试麦克风、耳机是不是好用，看看自己会不会快速了解这款软件的界面。

学生录音、保存、试听。

教师发现在活动中，学生的录音大多没有质量，应是教师组织时没有考虑到任务的细化：

（1）界面：因与学生常见的复读机操作按键类似，所示重点只提一下滑块的作用。

（2）播放器与编辑器的不同。（以朗诵范例讲解）

（3）文件格式：以多文件格式的《茉莉花》文件为例，让学生对比扩展名及文件大小。

[设计意图：这是一个正式活动前的试机工作，旨在快速熟悉软件环境，检查相关设备，难点在于因为系统默认的文件关联原因，同学们要了解播放器主要服务于放音，而录音工作需要编辑器的支持方可。]

3. 角色交换练习（重点）

师：下面我们正式录音。刚发现有同学在试音过程中只录下了“喂喂喂”或“咳咳咳”等没什么意义的声音。所以下面我们的录音就请同学们以采访学校才艺之星为背景展开活动。

教师请两人一组，同学 A 饰记者，同学 B 饰采访对象。

A：请问你今天给我们展示什么才艺?

B：我给大家唱歌（说笑话、口技……）。

C：大家欢迎!

B：……

保存文件。

生：交换角色每人做一个文件，确保每人有采访记录。

[设计意图：通过扮演小记者与采访对象，以小组互访合作的方式采集原始信息。]

（三）让我们的采访更顺畅（难点）

师：在刚才的录音中，你们遇到什么烦恼？我们可以怎样解决它?

学生举手发言，表达采访录音中遇到的不足。

教师与学生一起总结常见的问题与可能的解决策略：

1. 噪音（课堂上不可回避，自己在家里基本没有）——用背景音盖。

2. 多余的话——删除。

3. 礼节表示——插入（在采访对象接受采访前先插入掌声以示礼节）。

4. 继续访谈——续录。

5. 声音小——增减音量（有没有命令可以帮我们？效果）。

师：请看助学案中的操作纲要，找解决的具体技能。注意滑块定位时停止播放。

学生根据自己的不满，明确解决的策略，找到相应的技能支持。

教师请学生示范基本操作。

[设计意图：学生通过实践，必然会遇到一些问题，先在理论层面提出解决策略，后在助学稿中找解决方案，能帮助学生培养思维能力及自主探究能力。]

（四）美化我们的采访成果

师：现在，我们的基本采访工作完成了，能不能混入一点背景音乐，抵消一点噪音的同时也提升一下采访环境，也美化一下我们的采访成果？

生：……（混音）

师：请比较插入声音与混入声音的不同。

生：……

师：（图示总结不同）——（主音）……（辅音）、（插入点）

1. 混入

2. 插入

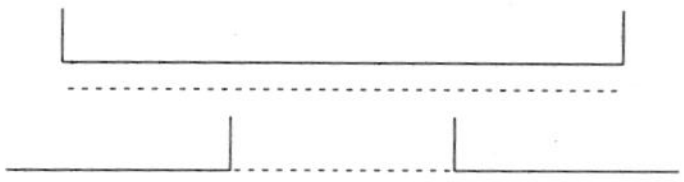

[设计意图：倡导文明、高修养的生活方式，满足学生对信息的艺术性加工要求，提高所采集信息的艺术表现力。]

（五）保存压缩

师：文件大，不方便上交与携带，如何解决？

生：RAR 软件压缩。

师：对于声音文件如果用以前我们通常的压缩方式保存，有没有作用呢？（请同学们比较源文件与 RAR 文件的大小）

不少学生发现文件大小变化不大。

师：由于声音文件的特殊性，我们不能用通常的压缩方法，而是以格式转换的方式压缩。如前面提到《茉莉花》一曲，不同的格式，文件大小差异很大。请看教师的格式转换操作……

生：模仿着完成从 WAV 到 MP3 的图式转换，然后比较大小变化……

师：看来压缩的概念不等于应用压缩软件，声音文件的压缩则是靠格式转换来实现的。

[设计意图：音视频文件的操作必然会遭遇文件大小问题，所以本着传授实用技能的原则，虽然本课内容已经很多，但我还是加入了压缩的知识，希望同学们在以后的技能运用中能熟悉，进而能够应用。]

（六）作业评价

师：同学们，我们的采访工作现在可以“收工”了吧？请把你们的成果提交上来。

学生动手改名（基本能自觉地按规则用机号+姓名的方式重命名）、提交……

师：谁愿展示自己的采访成果?

不少同学表示乐意展示自己的采访成果。

教师按提交时间与自愿程度选一些作业展示点评，从技术、表演、对话流畅度等方面积极评价学生作业，给出“全优作业”“最佳技术”“最佳表演”“最佳记者”等作业。

[设计意图：正面评价学习成果，给学生一个展示自己的机会。因为课时紧，时间不足，难以安排学生自评与同学互评了。]

（七）总结

师：马上就要下课了，请同学们回想一下，数字世界的声音资源是如何从自然世界中获取的。我们在方便利用丰富资源的同时，又可以为别人做些什么，也要注意什么?

师：出示关键词：人人为我，我为人人、版权、技术使我们的生活更美好!

[设计意图：整理课堂重点，升华课堂内含。]

五、教学反思

就《声音的获取与加工》一课的教学得失，我反思如下：

（一）提问细节要逐级而上，促成有效互动

我为阐述“获取音频信息资源的途径”教学目标，设计了提问：“通常采用哪些方法获取?”原本预期学生能回答出网上下载、CD盘中拷贝及录音等常见的方法。但在现实课堂中，多数学生只能想到网上下载的单一方法，不能很好地衔接下文。这时我主动干预：网络上的声音信息又是从何而来?此时还只有少量学生想到录音上传，课堂明显冷场。教师又进一步补问：当从网络上找不到特定信息怎么办时学生才想到录音，终于打通了道口。课后反思如能把三个问题提出的顺序调整为：“有哪些途径获取信息?”“网上找不到特定的信息又如何?”及“反思网络资源的丰富，提倡同学们为网络作贡献”三步走，不仅有效降低了课堂提问难度，促成师生间的有效互动，避免一开始的冷场，还在提问中有机融合了为信息世界做贡献的思想教育，提升了课堂的理念。看来，提问细节，顺序而上，课堂互动才会顺势而上。

（二）操作细节要规范可行，凸显学科特色

当前，信息技术课堂中的随意化倾向较为突出，除了师生语言随意外，更常见的是操作细节的随意，比如文件命名随意确定、操作素材随意选取、信息浏览无目的……在课堂中，我对试音环节也是草率行事：用 Windows 自带录音机软件试录。任务中毫无提示与要求，不少同学只会对着麦克风喊“喂喂喂”或“咳咳咳”等声音。虽然试音目的达成，但课堂干瘪、无灵性。于是在下面的正式录音环节中，我组织学生分小组，角色扮演，互动采访。这样，学生在对话中展示各自的才艺：唱歌、朗诵、英语对话、口技……不仅所采集的信息饱满多彩，为下面的编辑环节打下了基础，而且在活动中学生健康、自信。由此我明白了如果备课不细致，不换位思考，即便是小小的操作细节，就可能使课堂有流于形式的感觉，就可能因小失大影响课堂的教学品质。

（三）探究细节要有效帮助，避免盲目行动

本课的探究环节做得流畅、成功。这种精彩源于探究细节中我及时、有效地帮助了学生：（1）在采访后，我有意让学生审听录制效果，让学生有机会自己发现问题，进而对后面的学习产生急迫的需求；（2）发现问题后，不急于让学生直接操作，而是让他们先思考“可能怎样处理?”养成遇到问题时先思考策略的习惯；（3）我提供了详细的助学稿，能具体指导他们的操作。这三个帮助，目标指向性强，启发及时，有效地避免了学生学习过程中的盲目性。课后的评议中，同事们对这一探究活动也给予高度评价。

（四）评价细节要顺学而导，聚焦学科内涵

本课的评价细节有得有失。可能是因为学生对采访录音活动感兴趣，才艺表演让他们有表现的机会，所以本课的学习成果丰硕！这为评价活动的开展提供了充分的资源保障。在作业评点中，我从技能应用、才艺展示、对话交流等不同的维度充分肯定了学生的作品，让学生不但明确本课的具体技能，还了解到综合素养提升的重要性，体会到信息技术学科的工具性与基础性。不足的主要是评价环节的时间不充裕，本可能出彩的学生自评工作没有展开。

使用引导线

张光伟[①]

一、指导思想与理论依据

以新课改的精神为依据，以培养学生信息素养为宗旨，采用小组协作、任务驱动教学方式，通过对航模飞机沿曲线运动动画效果的剖析、模拟实践及综合实践等环节，引导学生运用引导层

① 北京市牛栏山一中实验学校.

实现物体沿轨迹运动的动画效果，并采用恰当的动画方式表现作品的内涵。引导学生分析问题、讨论并交流，充分发挥学生的主体性，实现了信息的再加工和再应用。

二、教学内容

本课内容参考北京教育出版社《信息技术》第四册第四章《Flash 动画制作》中的第四节“使用引导线”。教学内容有：添加引导层和引导线，制作引导线动画。本课是学完逐帧动画、运动渐变动画和形状渐变动画之后的后续课，在 Flash 动画中，使用引导线是在运动渐变动画的基础上，添加引导线，控制物体的运动轨迹。本课是初步尝试，它在本章中占有重要地位和作用。

三、教学对象

本课教学对象为初一年级学生。学生来自不同的区县，信息技术知识水平存在一定的差异，学生的认知能力、自主学习能力各不相同。大多数学生没有进入青春期，对任何事情充满好奇心。尽管 95％的学生没有学过动画的制作，但是对 Flash 动画创作具有强烈的求知欲。前期知识水平：经过前面几节课的学习，现在已经基本掌握了逐帧动画、运动渐变动画和形状渐变动画的制作，基本熟悉了帧的操作。

教学方式：任务驱动模式，小组协作、自主学习、探究学习。

技术准备：局域网、多媒体教室、教学课件、学习资料、学习资源。

四、教学目标

1. 知识与技能

（1）学会创建或取消引导层，能够合理地选择工具，画出引导线。

（2）理解引导线的作用，知道引导层和被引导层之间的关系。

（3）初步使用引导线制作出引导层动画，知道元件中心点必须与引导线起点和终点对齐。

（4）知道属性窗口参数的设置，根据实际需求调整。

（5）能够结合文本信息采用较为合理的动画形式创作出简单的动画作品，实现信息再加工。

2. 过程与方法

能从日常生活中“航模飞机”的动作设计，发现和归纳利用引导线实现飞机动画制作的过程、思想与方法。能根据任务的需求和要求，合理设置属性窗口参数。根据主题创作动画，实现信息的再加工。通过自评、展示与交流，对自己和他人的作品进行较为简单地评价，有助于提高信息素养。

3. 情感、态度和价值观

体验引导线动画在表现作品中的作用和魅力，激发学习兴趣和创作欲望，增强创新意识，逐步提升信息素养和审美情趣。

五、教学重点与难点

1. 教学难点

（1）使用引导线创作动画的一般过程与方法；

（2）根据实际需求设置属性。

2. 教学难点

（1）元件的中心点必须与引导线的起点和终点对齐；

（2）根据实际需求设置属性窗口的参数。

六、教学过程

教学阶段	教师活动	学生活动	设计意图	时间安排
情景导入 剖析样例	伴随着春天的脚步，我校为了丰富学生的课外生活，即将开展一次航模表演赛 1. 情景导入 展示片段 航模表演赛的动画片段 提出问题 你能实现飞机从起飞到降落的动画效果吗？请说出你的理由 伴随着春天的脚步，我校为了丰富学生的课外生活，即将开展一次航模表演赛 1. 逐帧动画 这种方式非常麻烦 2. 剖析样例 根据学生对上述问题的回答，剖析样例中的飞机做曲线运动的原因 时间轴及舞台效果见附录 1 3. 小结 场景中的元件如果沿着不规则曲线运动，必须创建一个特殊的图层——引导层，添加合理的引导线实现动画效果	倾听并观看屏幕 思考问题 发表观点和看法 回答问题 倾听	展示航模表演赛的动画片段，通过问题分析，引出解决问题的方法及困惑 通过师生间的交流，培养学生分析问题和语言表达能力 再剖析样例，知道引导层动画的思想与方法，为导入新课展开铺垫。同时激发学生的创作欲望	2 分钟 3 分钟

续表

教学阶段	教师活动	学生活动	设计意图	时间安排
模拟实验 构建知识	环节一：添加引导线制作动画 1. 布置任务 任务一：打开 D 盘“动画制作”文件夹中的“航模飞机”文件，制作引导线动画，实现飞机从起飞到降落的动画效果 思考题 (1) 在具体实现过程中，你遇到什么问题？采取什么方法解决 (2) 元件能够沿着曲线运动，最重要的因素是什么 (3) 引导层与被引导层有什么关系 2. 展示与交流 展示实现上述问题的过程方法及出现的问题，交流思考题 3. 小结 (1) 实现引导层动画的过程 ① 选中需要添加引导线的图层，单击添加运动引导层 ② 在引导层中利用铅笔等工具添加引导线 ③ 在被引导层中，调整元件的位置 (2) 重要因素 ① 对某层操作时，锁定其他图层 ② 引导线必须有起点和终点，且不封闭和不能中断 ③ 元件的起始帧、终止帧的中心点必须与引导线的起点和终点对齐 (3) 引导层中的引导线在测试影片时不被显示，它促使被引导层按引导线中的轨迹运动 修复作品 修复作品。预设效果见附录 2 提问：你能看出动画效果有什么不满意的地方吗 分析：飞机总沿着一个方向运动，需要调整。飞机在转弯前，要减速。添加关键帧，再调整属性窗口的设置。见附录 3	参考下面的步骤，完成任务 操作步骤 1. 在“飞机”图层的第四十帧处插入关键帧 2. 锁定其他图层，选中“飞机”层，单击按钮，添加一个引导图层 3. 在引导层的第一帧处利用铅笔工具，画出平滑的运动曲线 4. 选中“飞机”元件，利用箭头工具，将其中心点与引导线的起点对齐，第四十帧元件的中心点与终点对齐（选中选项中的吸附按钮） 5. 设置补间动画形式为“动作” 6. 测试影片 展示结果并交流 观察屏幕并倾听 记忆知识 修复作品 结合飞机的方向和速度发表个人观点	明确任务要求，亲身经历与体验利用引导线实现元件沿着轨迹运动的效果，归纳引导层动画制作的过程、思想与方法，理解引导线的作用，知道引导层与被引导层的关系 培养学生发表观点及语言表达能力。对于学生出现的问题找出原因和解决问题的方法 强调引导层动画实现的过程与方法，注重成功的要素。为解决学生在制作动画过程中出现的问题明确了方法 解决问题，强化引导线动画实现的技巧 引导学生观察思考，找到解决问题的方法。对于帧的操作，属于知识的迁移	5 分钟 4 分钟 3 分钟 2 分钟

续表

教学阶段	教师活动	学生活动	设计意图	时间安排
	环节二：合理设置属性窗口 1. 布置任务 任务二：完善动画，先调整飞机的运动方向，再调整飞机起飞后、转弯前和降落前的速度 思考题 （1）如何调整飞机的运动方向？ （2）如何控制飞机的速度？ 2. 讨论与交流 交流设置属性窗口 3. 小结 （1）简易：数值为正，表示运动加快；为负，表示运动减慢 （2）调整到路径：选中此项，使元件沿着轨迹运动的同时改变方向 （3）旋转：有四种选项，无、自动、顺时针、逆时针，根据情况选择	组员协作完成任务二及思考题 发表观点和看法 巩固记忆知识	了解属性窗口参数的设置，根据实际需求调整元件的运动方向及速度，使动画效果更科学、更合理 发现问题，找到解决问题的方法，并合理使用 梳理知识	5 分钟 3 分钟
	学生完善作品。预计效果见附录 3 教学过渡 未完成航模飞机动画的同学，继续完善，比如飞机升入高空后应注意的问题。完成后的同学挑战“综合实践”	完善作品 回答问题 尝试更换背景，并保存文件	引导学生在创作时，应该根据实际情况变换背景，通过添加空白关键帧实现，这是知识的正迁移	2 分钟
拓展提高	环节三：知识再实践 1. 布置任务 实战演练：打开“综合实践”文件夹，分别存放“情景描述”文件、Flash 源文件等资源，请你根据情景描述或自我进行创作，写出作品的创作意图。完成后填写自评表。文件名用姓名作品名保存 2. 指导学习 教师巡视做个别指导 提示：遇到问题可参考资料或请教教师。参考资料中的内容有：帧的操作、运动渐变动画等过程	个人选题，创作动画 运用知识，制作动画。遇到技术问题可以参考学习资料或请教老师、同学	在解决实际问题时，引导学生运用知识，对动画进行简单的规划，最终确定解决问题的思想和方法及技巧，发挥学生的想象力和创造力。关注全体学生，注重个体差异，有针对性地实施分层教学	10 分钟

续表

教学阶段	教师活动	学生活动	设计意图	时间安排
展示评价	环节四：应用初展示 请个别学生展示作品，交流作品的主题及创设意图等 作品预计效果见附录 5	观察屏幕，对每个作品进行简单的评价	通过展示作品，学生体验成功感，相互学习，能够对他人的作品进行简单评价	5 分钟
师生小结再现知识	1. 学生小结本课收获、体会 2. 通过本课的学习，初步尝试引导层动画制作的一般过程及技巧。虽然作品不是尽善尽美，但每个同学积极参与，体验了动画的魅力，希望同学们今后创作出较优秀的作品		构建知识体系	1 分钟
板书	第四课　使用引导线 （一）添加引导层，制作引导线 （1）单击 添加运动引导层 （2）锁定其他图层，在引导层中利用直线或铅笔等工具添加引导线 （3）在被引导层中，调整元件的位置 （二）合理设置属性窗口 合理设置简易、旋转及调整到路径等参数实现所需的动画效果			

附录 1：出现的问题及原因

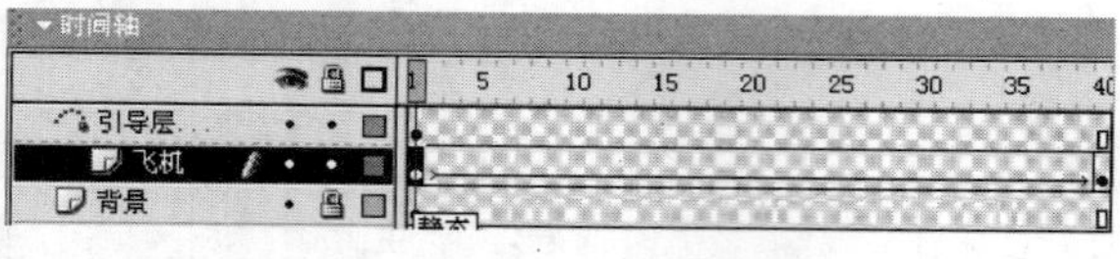

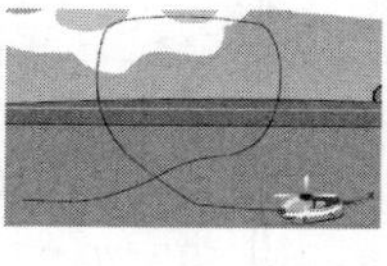

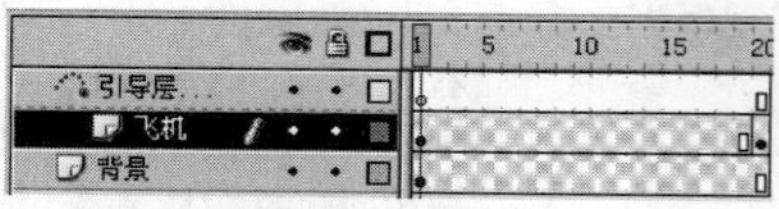

引导线没有放大引导层中

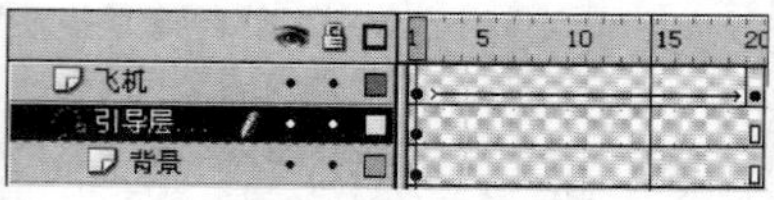

给背景层添加了引导层

元件的中心点没有与引导线对齐

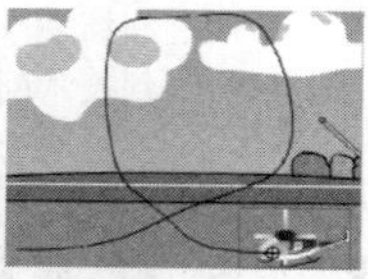

引导线出现间断

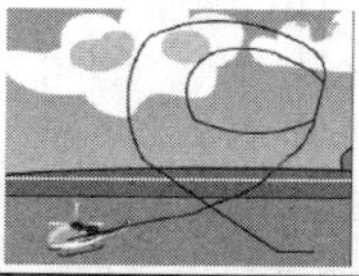

引导线中有封闭的图形(中间的环)

附录 2：时间轴面板的设计

附录 3：舞台效果

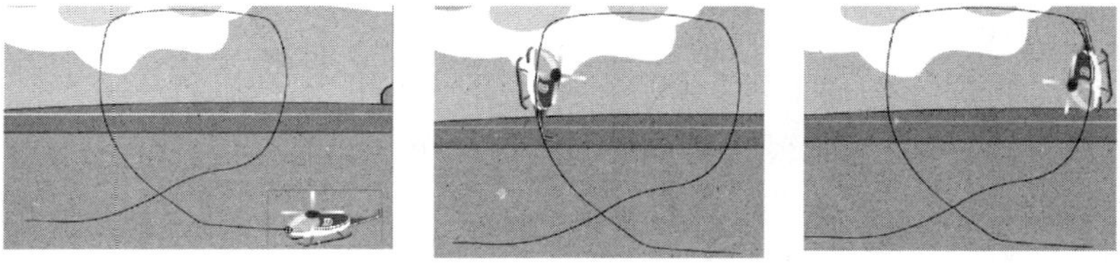

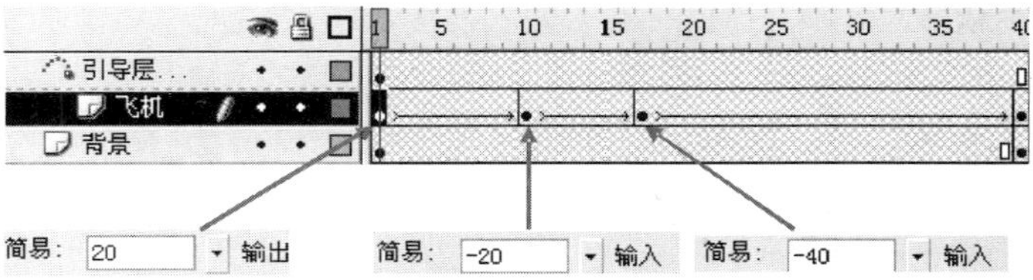

附录 4：情景描述

情景 1：荡秋千

丽丽小时候最爱荡秋千了，尤其是夏天，当美丽的蝴蝶从远处飞来，有时在她面前跳个舞，她可开心了。她每每想到这些快乐的事，所有的烦恼都忘掉了。

情景 2：滑雪嘉年华

A：冬季，鸟巢举办了一次“滑雪嘉年华”的活动，小红、小明去了，他们年龄较小，于是坐上了橡皮圈，当他们从高处滑下后，非常开心。(可以增加飞落的雪花)

B：李亮是个大学生，他想挑战高难度的赛道，于是他选择了比较陡的赛道，穿上了滑雪服，如果成功，可以奖励他一枚黄色的笑脸星。他跃跃欲试。

情景 3：外太空的梦

外太空一直是李想梦想的地方，他相信存在智能生物，他想象着那里也生活着外星人，每天他们也忙碌的工作着。他想象着他飞到了外星球，还跟外星人对话了。(或者是飞碟来到了地球)

情景 4：滑板障碍赛

羊村学校为了丰富学生的课外生活，开展了一次滑板障碍赛。洋洋报名参加了，他给大家表演了几个动作，受到了大家的热烈欢迎。

情景 5：聪明的刺猬

一天，小刺猬卡米拉来到了一个山坡上，望着山坡下那棵苹果树，她美滋滋地乐了，今天可有好吃的了，于是想了一个妙计：滚下山坡，之后身上就沾满了苹果，她开心极了。

情景 6：热气球旅行

企鹅笨笨一直在南极生活，他多想坐着热气球来一次环球旅行呀，他梦想着，走过了春、夏、秋、冬。外面的世界真精彩，他开心极了。

情景 7：海底世界

海底世界是那么的美妙，珊瑚岛、鱼儿、海藻等。鱼儿自由自在的游动，还有水泡不断地升起。

附录 5：作品预计效果

荡秋千

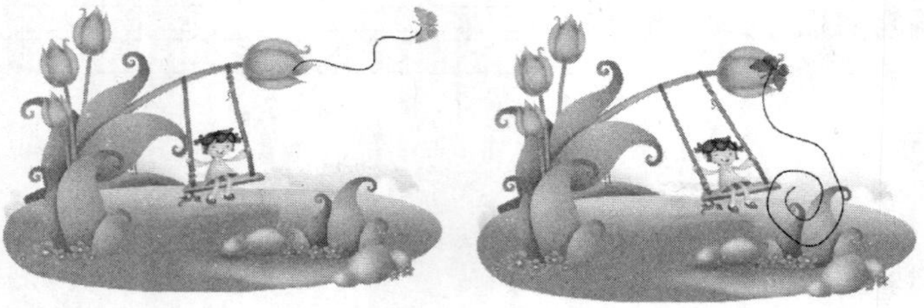

热气球旅行

附录 6：自评表

作品主题	完成方式	创设意图
	A. 独立完成 B. 在他人协作下完成	

图图的故事——争做交通安全小卫士 1

马 迪[①]

一、教学内容

本课选自浙江教育出版社出版的初中信息技术教材七年级上册第十三课太空生命的探索（二）——插入图表和多媒体对象，是在学生学会 PPT 模板、母版和版式、学会 Word 基本技能（如插入图片、文字排版等）基础上展开的。是对 PPT 技能知识的进

① 浙江省慈溪市慈溪实验中学．

一步学习。本课的三个知识点是：插入图表、插入声音、插入影片。鉴于学生生活经验和喜好，我把本课主题改为了图图的故事——争做交通安全小卫士 1。

二、教学对象

本课教学对象是初一学生。学生已经掌握了一定的 Word 技能，但是没有学过电子表格的制作。作为这阶段的学生想象力丰富、求知欲旺盛、对信息技术充满兴趣。

三、教学目标

1. 知识与技能

（1）能够在 PPT 中插入图表；

（2）能够在 PPT 中插入声音；

（3）能够在 PPT 中插入影片；

（4）能掌握美化图表和设置图表的方法；

（5）能够掌握设置声音选项的方法；

（6）能够掌握调节影片大小的方法。

2. 过程与方法

（1）能根据实际需要来设置声音和影片的播放；

（2）能根据实际需要美化图表。

3. 情感、态度和价值观

通过学习，了解交通安全知识、树立良好的交通意识和习惯。

四、教学重点与难点

1. 教学重点

插入图表、声音、影片。

2. 教学难点

插入图表和图表的美化。

五、教学方法

任务驱动、讨论法、自主探究。

六、教学过程

（一）情境导入，激发兴趣

师：王一同学是个动画迷，通过主题班会“我是小小交通安全宣传员”的学习，就用幻灯片制作了“图图的故事——争做交通安全小卫士 1”。让我们去看看这个故事吧！顺便给他的故事提点好意见！

［设计意图：从实际生活出发，联系学生的兴趣爱好，设计了动画故事。吸引学生的兴趣，从而导入新课。］

（二）深入情境，探究新知

1. 情境：交通这么拥挤，怎样才能让图图快点回到家呢?

教师带领学生欣赏幻灯片顺势提出以下问题。

问题：（1）你有什么好办法来解决交通拥挤呢?

（2）图图过马路应该走什么地方?

学生思考并回答，如可以叫交警来维持交通秩序或装红绿灯……图图应该走斑马线过马路。

教师总结肯定学生的回答。引导学生得出正确答案：紧急状态适合交警来维持，长久之计是安装红绿灯；行人过马路要走人行横道。

教师请学生打开“图图的故事——争做交通安全小卫士 1”幻灯片，使“交警叔叔”图片出现在十字路口合适位置。（提示：“图图的故事——争做交通安全小卫士 1”与“素材”都放在 E 盘下，其中“交警叔叔”图片放在“素材”文件夹中的“图片”文件夹内。）

学生打开“图图的故事——争做交通安全小卫士 1”幻灯片，思考并尝试操作。

教师引导学生联系 Word 中如何插入图片的方法进行知识迁移运用。

学生演示（边说边操作）。

教师肯定学生，总结补充注意事项。

[设计意图：设置联系学生生活经验的情境展开学习，有利于激发学生学习的兴趣，使学生主动积极的参与学习。利用 Word 中已学知识插入图片进行知识迁移学习，为下面的声音插入埋下伏笔。]

2. 情境：教师带领学生欣赏故事。

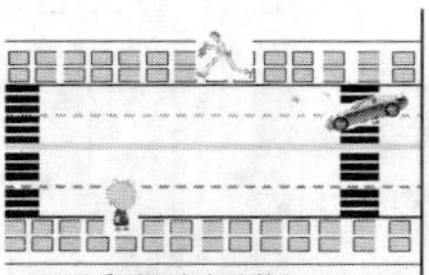
图图看到小汽车跳着舞开来了

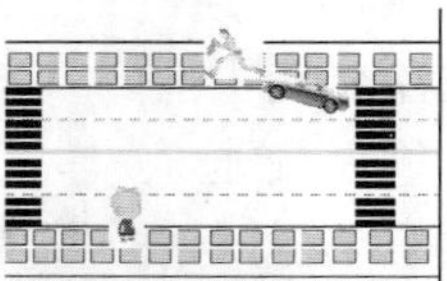
突然间汽车飞快地朝拎包叔叔开去

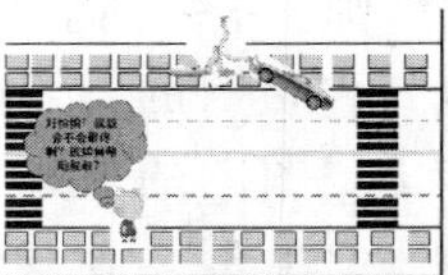
拎包的叔叔的头跟地面撞在一起了，马上流出了很多血

问题：（1）发生了什么事?

生：出车祸了。

（2）面对这样的情况，你可以做些什么?

学生联系实际生活经验和知识，回答（如可以打 110、120 等）。

教师：110警车和120救护车在执行任务时，跟其他车辆比有什么不同？

学生：会发出声音。

教师：播放110警车和120救护车声音。让学生感受它们执行任务时的氛围。

教师：让我们看看王一同学是怎么处理的，继续来看接下来的故事。

问题：（1）王一同学设置的环节中有没有听到110警车和120救护车的声音？

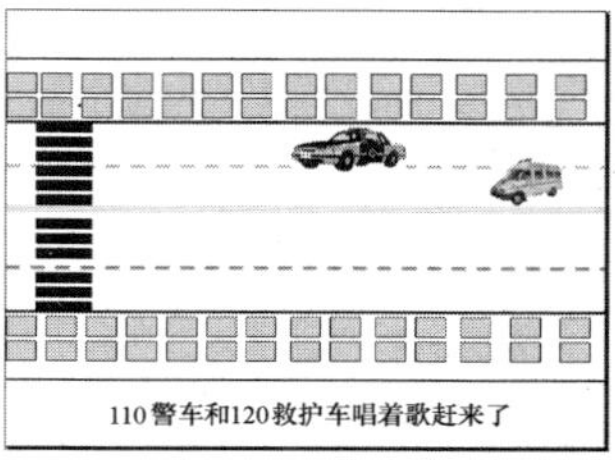

生：没有，只说唱着歌赶来了。

（2）你能帮助王一同学来完善作品吗？能在这张幻灯片中加入110警车和120救护车的声音吗？

学生尝试先加入110警车的声音。

教师请学生演示（边说边操作）。

学生：边说边操作。插入——影片和声音——文件中的声音，选择“110警车声”文件，出现对话框，按下自动按钮，声音就加入了。这时幻灯片上出现了“小喇叭”图标。

教师：肯定学生的操作，并提出以下问题：

问题：（1）怎样可以听到插入的110警车声音呢？

教师引导学生回忆如何知道王一同学没有插入声音来解决这个问题。

学生讨论、尝试后总结（双击“小喇叭”图标或幻灯片放映时才能听到）。

（2）插入声音时的两个按钮“自动”和“在单击时”有什么不同作用？

生：选择“自动”按钮播放时自动播放声音，而选择“在单击时”按钮播放时需单击“小喇叭”图标才播放声音。

（3）设置声音播放方式不符合自己想法，如何修改？

学生思考，尝试，演示。

（4）对于110警车声音和120救护车声音的设置，你认为选择什么按钮合适呢？为什么？

学生思考，回答（“自动”按钮，实际生活中就是这样的）。

教师总结插入声音注意事项。

学生完成110警车和120救护车声音的插入任务。

教师请学生演示成果。

学生展示成果。

[设计意图：联系生活，符合学生的认知发展水平。通过生活中所见所闻，来导入问题。让学生学会插入声音。在声音插入时，教师设置共同学习的对象有利于学生确定目标，有利于在插入其他声音时进行知识迁移，学会举一反三。]

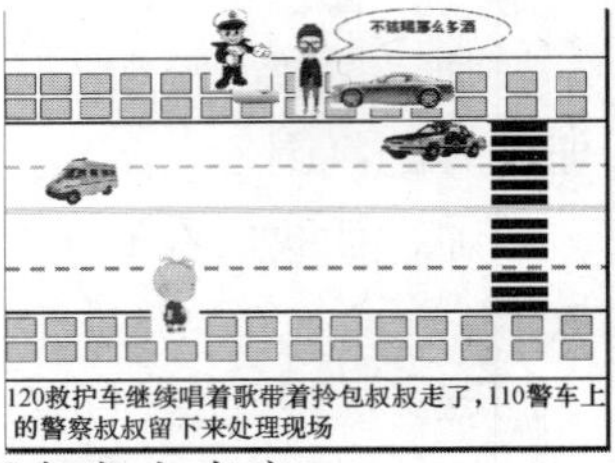

3. 情境：

问题：(1) 此张幻灯片中哪辆车还在发出声音？

生：120 救护车。

(2) 说一说：如何让 120 救护车发出声音？

学生说明插入声音的方法。

(3) 能否让前一张幻灯片的 120 救护车声延续播放到这一张幻灯片吗？

学生讨论或参考书本，进行尝试操作。

教师请操作成功的同学演示。

学生演示（边说边操作）。

未完成的同学继续完成，完成同学尝试思考下列问题。

(1) 插入声音时间太短，怎么办？

(2) 声音设置中还可以进行哪些设置？

教师请学生演示（边说边操作）。

[设计意图：学生通过知识迁移更好的巩固插入声音的操作，通过解决声音延续的问题，更好地了解声音设置的功能。了解酒后驾驶的危害性。]

4. 情境：回到家，图图问爸爸交通安全有哪些要注意的事项。

爸爸提议看看《上学路上》这个影片。结果，《上学路上》没放出来。

问题：(1) 你能把《上学路上》这个影片放到幻灯片 9 上吗？

学生尝试操作。

教师请学生演示（边说边操作）。

学生演示。

（2）你能让影片充满这个电视画面吗？

学生尝试操作，并演示。

［设计意图：让学生利用知识迁移学会影片的插入。为了解交通安全知识进行铺垫。］

教师和学生一起来欣赏《上学路上》影片。

［设计意图：了解交通安全知识，更好的遵守交通规则并保护好自己的人身安全。］

5. 情境：爸爸给图图看了这几年的交通事故情况。

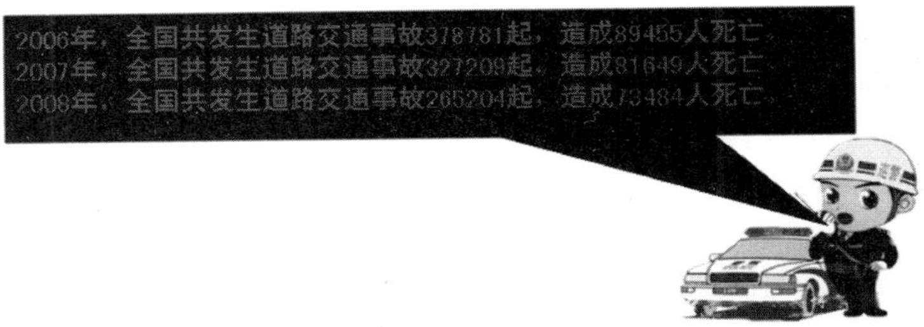

问题：图图还是幼儿园的小朋友，还不能很好的理解这些数据。你还有其他方式形象地来表示吗？

学生讨论，回答。

教师总结引出要制作图表。

师：“图表”这个功能在哪里？

引导学生联系图片、声音等插入的方法。

学生找一找，说一说。尝试操作。

教师请学生演示（边说边操作）。

学生演示（边说边操作）。

教师选取制作结果不同的同学，来演示过程。

师：为什么会出现不同的图表呢？

学生思考，回答。

教师总结，补充。

师：你能美化图表吗？

问题：（1）改变它的背景墙颜色？

学生讨论，尝试，演示。

（2）尝试改变图表类型为“三维簇状柱形图”。

学生讨论，尝试，演示。

拓展内容：你还能进行哪些美化？

学生展示，说明。

［设计意图：采用分层教学的方式，关注每个学生的差异性。通过学生的讨论、尝试、演示学会图表的插入和美化。］

师：最后我们来看看图图要告诉大家什么道理？

学生读一读，说一说。

[设计意图：加深学生了解交通安全知识，更好的遵守交通规则。]

七、课后反思

1. 情境贯穿这个教学过程

本堂课以“图图的故事——争做交通安全小卫士 1”为主线，符合学生的口味，在情境中学生乐于接受任务，有利于学生积极主动的来学习新知。

2. 突出学生主体地位

在教学过程中采用了自主探究、讨论、教师引导来让学生来建构自己的知识。根据学情，提出有效的问题来帮助学生获得新知。在尝试中，引导学生分析问题、解决问题。

3. 难点突破时间不够

本堂课是在他校借班上课的，在教学前学生还未学习过电子表格，所以根本不了解图表。只根据生活经验和原有的知识进行新知探究，对突破图表有一定的难度。鉴于上课实情，学生的打字速度差异，导致最后没有完成修改图表类型。

网络基本知识

赖春凤[①]

一、教学内容

本课是初中《信息技术》第二册第一章《网络基础及其应用》中第一节《网络基本知识》的内容。这一节理论性和技术性较强，内容也比较抽象。主要学习的是网络的基础知识和常见应用。而本课是本单元的第一课，主要是让学生理解网络的概念和作用，理解计算机网络的功能和分类并认识常见的联网设备。这对于激发学生的学习兴趣、拓展学生的眼界、培养学生的科学技术素养有着重要作用，为今后学生深入地理解网络技术的多样性和复杂性打下基础。

二、教学对象

现在初二的学生对于计算机网络基本上都有一定的认识，也掌握了一定程度的计算机及计算机网络的操作技巧，但是部分学生对于网络的概念和作用以及计算机网络的功能、分类还比较模糊，而对于常见的网络设备学生更是很少接触。针对这种情况，

① 广东省广州市西关培英中学.

教师就需要进行形象的讲解、多媒体的演示让学生对这些网络的基本知识有个比较清楚的认识和理解。

另外，有一部分学生可能已经掌握了基础的理论知识，而且求知欲比较强，他们会想了解很多关于网络的内容，因此，教师在教学过程中根据课本内容适当扩展开来，如加深计算机网络的概念理解，详细地解释什么是计算机网络，计算机网络是如何工作的。令学生在课本内容的基础上了解更多有关计算机网络的知识，另一方面由于学生的自学能力比较强，不同学生的认识程度有所不同，因此采取网页教学的形式，达到分层教学的目的。

三、教学目标

1. 知识与技能

（1）理解网络在人类社会中的重要作用；

（2）理解计算机网络的基本概念、分类和功能；

（3）认识常见的网络设备，了解它们的基本作用。

2. 过程与方法

（1）通过小组合作讨论，增加学生对网络的认识；

（2）通过自主探究、小组合作学习常见的网络设备，培养学生合作能力和分析总结的能力。

3. 情感、态度和价值观

通过师生、生生互动学习活动培养学生合作的意识和能力，培养学生积极向上的表达和交流信息的观念，并能认识到网络在人类生活、学习工作中的重大作用。

四、教学重点与难点

教学重点：网络的概念、作用、分类。

教学难点：网络的拓扑结构。

五、教学策略

1. 把教学内容以网页的形式向学生展示，在教学网站中包含教学内容知识点、课外知识、问题与讨论、学生反馈、学生讨论等几个方面。通过网络进行学习，达到自主学习、分层教学、师生互动的目的。

2. 利用提问方式引出各个内容要点。

3. 利用课件（画图）的方法，形象地说明网络的概念。

4. 利用随堂练习（课件形式）进行即时检测学生的知识掌握程度，让学生自行检测自主掌握。

5. 采用学生讨论的方式（在网站中采用论坛的形式，学生互相交流互相学习），增强对网络的概念、功能与应用的理解。

6. 让学生课后思考与考察，网络与实际生活的联系。

7. 在教学网站中采用电子邮件方式，让学生对课堂教学效果进行反馈。

六、教学媒体

（1）把双绞线、同轴电缆、网卡、集线器、交换机等设备以实物或者是实物照片的形式展示给学生。

（2）教师自制的多媒体课件，教学网站。

（3）上课环境为多媒体大屏幕环境。

七、教学过程

（一）导入

教师提出问题：（1）“网络”“Internet”这些名词，大家都不陌生，“上网”尤其是大家所喜欢的，那么你知道如何上网吗？上网一般做什么？（2）网络使我们的生活更加丰富多彩，那么你知道什么是网络？如何才能构成一个网络？

学生进行讨论，进行思考并回答。通过讨论学生知道如何上网，然后进入教学网站。

[设计意图：提出问题，让学生讨论，有意识地把学生对上网的兴趣，转移到对网络本身的兴趣上，引入新课。]

（二）引入

什么是网络，构成计算机网络的三要素之一的通信主体。探究讨论，师生互动。

1. 教师提出问题：我们知道，网络和计算机是密不可分的，没有计算机也就没有网络，什么是网络，构成网络至少需要几台计算机呢？

学生思考，浏览教学网站，找到答案。

[设计意图：1. 从简单问题着手，引起学生的兴趣，增强学生的自信心。2. 教师分析“网络的定义”。一般来说，组成网络的计算机可以分成两部分：服务器和工作站，所谓服务器是安装了网络操作系统（如 Windows NT、Windows 2000）的计算机，主要为其他计算机提供服务。所谓工作站是连接到服务器的计算机，享受服务器提供的服务，是服务器的“客人”，又称为“客户机”。分析关系图（图 1），揭示服务器、工作站和网络的关系。]

学生浏览网站，对网络的定义进行总结、归纳。

[设计意图：通过分析关系图（图 1），揭示服务器、

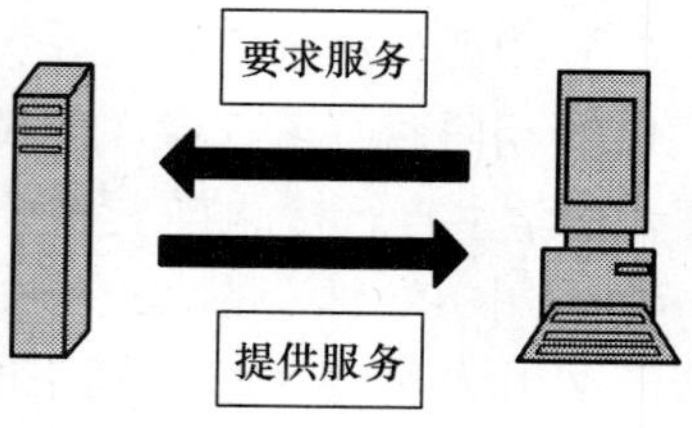

图 1

工作站和网络的关系。]

3. 教师提出问题2：根据以上分析，想一想我们机房里的56台计算机，哪个是服务器？哪些是工作站？

学生思考，回答问题（学生易把教师机误指为服务器，结合机房实例，使他们明白教师机和学生机的地位平等，都属于工作站；服务器，是网络的核心部分，如果它出了问题，就会影响整个网络的正常使用，所以是我们的重点保护对象，除了管理员，其他人不允许使用服务器。）

[设计意图：通过问题设置联系实际进一步加深理解服务器、工作站和网络的关系。]

4. 教师要求学生完成练习（随堂测试）“通信主体之间的关系”。

学生完成练习1（随堂测试）“通信主体之间的关系”。（图2）

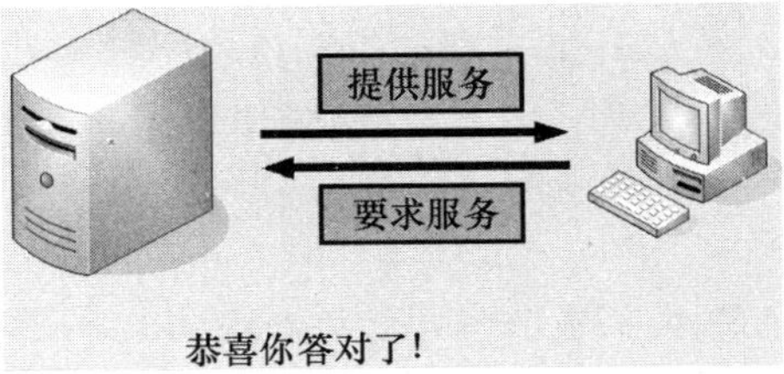

图2

[设计意图：通过练习巩固这一部分知识。]

（三）引入计算机网络三要素之一的通信设备

1. 教师提出问题：有了计算机，怎么把它们连接起来呢？（引导学生注意：教学网站中“课外知识”中对通信设备进行详细介绍，“问题与讨论”中进行分析。）

学生浏览教学网站，并进行讨论与分析。

[设计意图：通过教学网站了解相关理论知识。]

2. 教师大屏幕显示、实物展示，网站图形显示：

（1）计算机通过一块网络适配器（网卡）连接到网络上，最常见的网卡就是以太网卡。

（2）网卡通过RJ-45接头与双绞线相连接，连接到网络上。

（3）网络中的每台计算机都通过一根独立的双绞线连接到一个交换机上。交换机允许信号从网络中的任何一台计算机传播到任何其他计算机，任何一个连接都可以断开而不会影响其他计算机的正常使用。

（4）其他连接到网络的计算机的方法包括光缆、同轴电缆等传输介质，也可用网桥、网关等传输设备连接不同的网络，组成一个更大的网络。

活动：看谁连得快。

准备器材：若干块网卡、若干根带 RJ－45 接头的双绞线、两个交换机。

活动目的：用双绞线把网卡和交换机连接起来，从硬件上连成一个网络。

说明：把网卡和双绞线分成同样的四份，交换机二组共用一个；把全班同学分成四组，每组派两位代表上台完成，看哪个组完成的时间最短，质量最好为优胜。

学生进行分组活动。

[设计意图：通过观察实物与分组活动进一步掌握如何进行网络连接。]

（四）引入通信协议概念；讨论探究

1. 教师提出问题：假设现在我们邀请一些来自其他国家的中学生朋友来我们学校联欢，怎么才能和他们互相交流？

引导：（在教学网站的“问题与讨论”及“课外知识”中进行详细介绍。）

学生讨论：在现实生活中，通过写信可以和朋友联系；有了网络后，可以通过电子邮件和朋友联系，二者的功能相同，都可以实现通信。

[设计意图：以提出引出协议的概念和作用，使学生明白协议的重要性，即没有统一的协议（语言），计算机之间就无法进行通信。]

2. 教师动画演示：协议如何实现计算机之间的交流？（图 3）

（1）分组：把要传递的信息划分成较小的部分。

（2）发送：分别把分组转发到正确的目的地。

协议如何实现计算机之间的交流

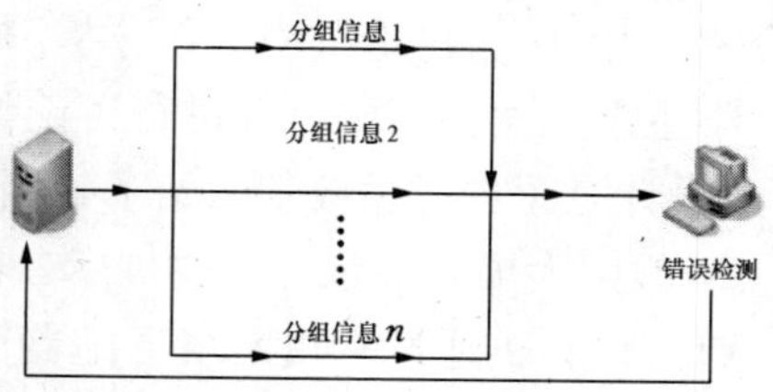

图 3

（3）组合：所有的分组全部到达目的计算机后，把分组重新组成原格式的完整的信息，如果发现某个分组有错，要求重发一次。

学生对照下表，讨论网络组成要素所起的作用（在网站“随堂测试”中完成练习 2)。

	普通信件	电子邮件
服务器	邮局	电子邮件服务器
工作站	写信的人	发邮件的计算机
通道	邮筒、邮车、邮递员	网卡、网线、交换机、路由器
协议	正确书写信封 贴邮票	IP：贴标签发送 TCP：分组、组合

恭喜你做对了！！！

[设计意图：通过动画演示说明协议如何实现计算机之间的交流。通过练习加深理解网络组成要素的作用。]

（五）网络的分类，局域网的三种拓扑结构

1. 教师提出问题：我们了解了关于网络的概念后，给合以上内容，同学们认为网络可以分为哪几类？根据什么来划分？

教师引导学生浏览教学网站。

学生进行讨论，并结合平时所见所闻，学习教学网站相关内容，得出结论。

[设计意图：让学生从理论上根据现实网络的情况进行归类。]

2. 教师展示课件。

分析拓扑结构的示意图，引导学生通过教学网站了解各拓扑结构的工作原理及各自的特点。

学生观察拓扑结构图，浏览教学网站，总结出各种拓扑结构的特点。（图 4）

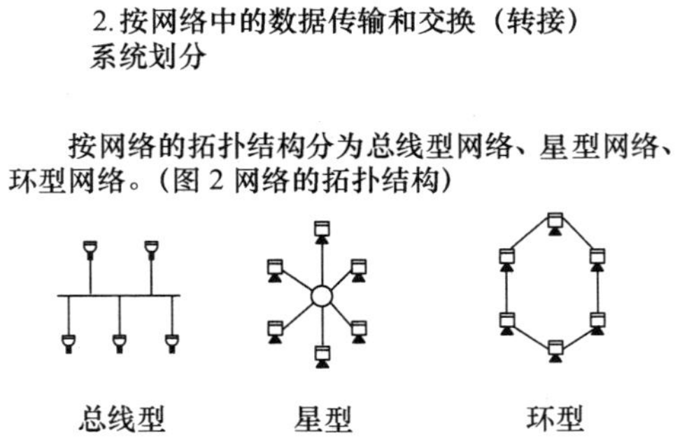

图 4

[设计意图：使学生认识三种拓扑结构，让学生能够根据实际分析局域网的拓扑结构。]

3. 教师提出课后作业，请分析电脑室里的局域网属于哪种拓扑结构。

学生完成课后作业。

（六）小结

教师提出问题：综合上面所学的知识，概括一下网络的定义？

完成总结性练习：请在下图（图 5）所示的课件中，把文字拖到相应的方框中（在网站"随堂测试"进行）。

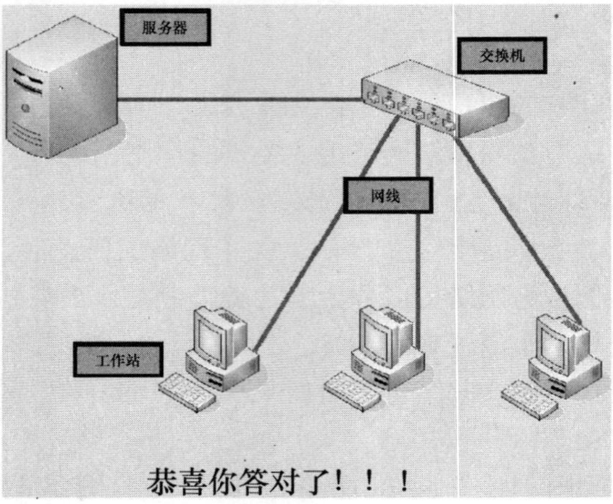

图 5

学生讨论并回答问题。完成课堂练习 3 "网络的基本组成"。

[设计意图：学生讨论，并参考课本上的定义，得出结论。通过练习进行概括总结。]

（七）问题与讨论

（在网站"问题与讨论"栏目及网站论坛中发布）

教师布置课后讨论，如：

1. 大家在上网的过程中，浏览得最多的是哪些类型的网站？你觉得网络在生活的地位重要吗？为什么？

2. 大家还知道哪些关于网络的新知识？

3. 大家认为用哪种方式上网最划算，为什么？

学生课后讨论，并可以网站上发布意见

[设计意图：通过课后问题讨论，学生进行网络知识的交流与扩充。]

八、教学评价

活动内容	完成度、正确率			
	正确地全部完成（打√）	全部完成但不完全正确		不能完成（打√）
		做对的部分	做错的部分	
练习1：通信主体之间的关系				
活动1：看谁连得快!				
练习2：网络组成要素的作用				
练习3：网络的基本组成				
你对本节课的内容还有哪些疑问				
你喜欢这样的课堂教学模式吗				

九、教学反思

本节课根据本校学生的特点开展，大部分学生并不满足于掌握课本里简单的理论知识，对课外扩展知识具有比较浓厚的兴趣，因此本课教学设置了比较多的课外扩展知识，同时考虑到学生的接受能力不一样，采用了网页教学，达到分层教学的目的。同时，以三个练习及一个活动的形式，充分发挥学生的主导地位，把枯燥的理论知识以生动的活动内容表现出来。

教学过程以学生自主及练习活动为主，教师只作引导、归纳等，引导学生主动思考，实现自主学习。教师有目的的布置任务，引导学生思考问题，培养学生学会全面的、综合的、深入的分析问题，从而有利于学生认识水平的升华。

通过教学评价表反馈，看出大部分学生都能掌握课堂上的知识，并且练习的完成率比较高，实践活动小组合作也比较好。并且大部分学生还是比较喜欢这种教学方式的。

我的表情我作主——文件的下载和压缩

霍文科①

一、教学内容

《文件的下载和压缩》选自浙教版《信息技术》（试用）第二册第七课。主要讲解从Web和Ftp网站下载文件及学会压缩软件

① 浙江省宁波市慈溪崇寿初级中学.

的简单使用和安装，本节内容在整本书中可以说起到承上启下的作用，因为它既是理论与实践的结合点，也是信息获取与信息加工的交叉点。通过本课学习为后面网站建设中素材的搜索获取起到铺垫作用。

二、教学对象

学生对文件的下载并不陌生，但对怎样使用下载工具更加快捷高效的下载了解的不多。只知解压不知压缩，对压缩文件中压缩空间、安全保护等特性也似懂非懂，总体来说，学生在本节课中不管是理论方面还是实践操作方面都有很大的提升空间。问题的关键是教学过程中教师如何吸引学生的注意力，提高教学的实效性。

三、教学重点与难点

教学重点：从 Web 网站和 Ftp 网站进行文件下载和压缩软件的使用。

教学难点：灵活应用下载工具进行文件下载。

四、教学目标

1. 知识与技能

学会从 Web 网站和 Ftp 网站下载文件，掌握压缩软件的简单使用，提高学生在网上收集、保存和整理信息的能力。

2. 过程和方法

通过任务的完成，学生们不仅学到本课知识，更重要的是体会到探索新知的过程和学习方法的培养，对今后的学习带来正迁移效应。

3. 情感、态度和价值观

在探究中激发求知欲，在任务驱动、小组探究、协作交流的过程中培养学生合作精神和质疑能力。增强自信力及自觉运用信息技术解决实际问题的意识。

五、教学过程

（一）创设情境，激趣导入

师：今天老师非常高兴地为同学们上课，所以特地准备了一份“礼物”要送给大家，大家想要吗？不劳而获可不是好汉，老师设计了一个“礼物攻略”游戏，只要你能闯过四关，礼物就是你的了，有没有信心？

[设计意图：通过礼物做牵引，设置悬念，为下载和解压缩礼物做知识铺垫，也为整堂课做了心理铺垫。学生兴趣盎然，好奇心十足，有急于探求新知的冲动。]

（二）任务驱动，层层攻关

教师对学生按异质方式进行分组。课件演示“礼物攻略”游戏以及要通过的关卡。

1. 第一关：神秘的礼物

闯关要求：输入网址 ftp：//192.168.0.2，尝试用两种以上的不同方法把“礼物 .rar”文件复制到自己的电脑“D：\我的表情我作主”文件夹。难度指数：*

以上文件复制方式在网络上非常常见，关键是学生经常忽视ftp：//协议的输入。

学生通过自主探索和小组交流尝试闯关。

师：同学们我们应该告诉网址用什么语言和网站进行交流啊？

生：Ftp。

学生交流反馈，并选择一位同学上台演示自己的复制经验。(选定目标双击后在弹出窗口选择保存、右击文件复制、右击文件复制到文件夹)

师：从网上复制“文件”（礼物）到自己电脑的过程我们称为什么呢？

生：下载。

[设计意图：教师通过巧妙引导，发挥语言魅力和导向作用，把网络“协议”和“语言”进行有机联系，方便学生区分 Ftp 网站和 Web 网站的概念，为下面的 Web 下载做好迁移和铺垫。课堂不能拘泥于教材，通过拓展让学生认识不同的下载方法，培养学生应用多元化操作的能力，并让学生充分展示不同的操作方法，在此基础上进行操作优化。]

2. 第二关：解铃还需系铃人

师：有同学发现礼物被施了魔法不能任意打开，这是一个什么文件这么神秘？

生：压缩文件，网上经常有这种类型的文件，尤其是这个图标特别醒目。

生：扩展名 .rar 就是压缩文件。

师：是啊，除了图标外，它的扩展名 .rar 更能说明它是压缩文件，既然礼物被施了魔法，怎么见它的庐山真面目呢？

自学提示

碰到困难时，老师为同学提供了几种求助方法：可以看书、和同学交流、自主探究、求助老师、查看学件“锦囊妙计”。学生综合应用求助方法操作解题。

[设计意图：学生的求知途径非常广泛，关键是教师的引导方法是否勾起学生自学的兴趣，而不是填鸭式的灌输，当学生疑难时适时给学生提供一条“希望大道”，无形激发学生学习斗志，

并扫清学习障碍，必将起到意想不到的学习效果。]

闯关要求：使用 WINRAR 压缩软件，尝试用两种以上的方法对“礼物.rar”进行解压。密码：rar；难度指数：* *

教师巡视学生的探索过程，并适时引导和帮助学生，对共性问题进行集中讲解。

师：谁愿意把自己的解压绝招和同学们分享。

学生小组交流，探索反馈，并请一位学生操作演示。

生：原来我们的礼物是 QQ 表情啊，真高兴！

师：同学们仔细观察一下，解压后产生的礼物文件夹和压缩文件有什么不同?

学生交谈、对比，查找知识点间的联系和区别，从而更好地发掘新知。

生：通过文件属性得知压缩文件比原文件容量小，而且可以通过设计密码起到保护作用。

[设计意图：原教材是最后讲解压缩软件的知识，为了串连“礼物攻略”游戏的全过程，我大胆处理教材，调整教材编排结构，而且拓展课本外的知识面，引入密码压缩和文件对比知识点，加深学生对压缩文件的感观认识。用 QQ 表情作礼物，拉近师生之间的距离，引起学生的兴趣，自然贴切。

3. 第三关：迅雷不及掩耳

师：QQ 表情非常有趣，就是少了点，在现实生活中，如果下载文件容量很大，网速慢，文件又多，那用上述普通下载的方法就不方便了，让老师为大家介绍一位新朋友叫“迅雷”，看它有哪些强劲的下载功能。

闯关要求：

1. 从 http：// 192.168.0.2 网站下载迅雷工具并安装。难度指数：* * *

有了 Ftp 网站的下载经验，学生通过比较、观察、知识迁移对 Web 网站下载不再陌生，学生自主完成闯关。

生：用迅雷下载果真有老师说的那么神奇吗？（学生窃窃私议，跃跃欲试）

师：我这儿有两个下载链接，我们以左右两个同学为一小组来验证到底普通下载和迅雷下载哪一个更快。看哪组同学最先得出结论，我们拭目以待。

生：预备—开始！

生：我们比较过了，用工具软件迅雷下载明显比普通下载快。

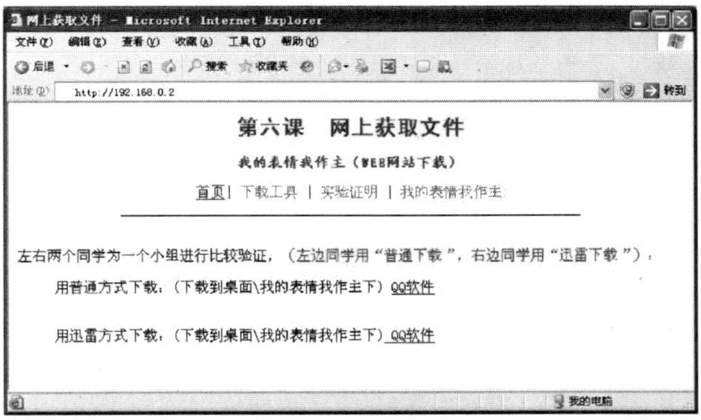

［设计意图：有体验才有疑问，有疑问才有实践，有实践才有发言权，让学生自己去发现问题、提出问题、解决问题，用实验证明自己的判断，更有说服力。］

师：请同学们参看课本，说一说除了迅雷这个下载工具外，你还认识哪些下载工具，说说它们有什么优点？

生：有网络快车、网络蚂蚁。

生：多连续、断点续传。

［设计意图：通过闯关游戏，使学生在分组竞争中，增强自信心和互助意识，并激发了自主学习的能力和解决问题的能力，使课堂成为研究性课堂。通过参看课本说一说“下载工具还有哪些优点”，意在让学生重塑课本的地位，学会总结交流，加深对使用工具下载的理解。］

（三）小组探究，协作升华

师：我的表情我作主，学了这么多下载本领，让我们一起来发挥一下它的综合作用，网站上还有很多 QQ 表情，让我们一起下载把这么多的礼物带回家吧！

师：为更好的发挥团队力量，让我们先来认识一下参赛各小组。各小组的组员要充分发挥团队合作精神、互帮互助，小组长要注意巡视，等全组完成后由组长举手报告老师，以便老师为本小组加分，老师祝每一位同学都得到心爱的表情礼物。

比赛要求：难度指数：* * * *

1. 在不同的网站下载自己所喜欢的 QQ 表情到新创建的“姓名＋的表情”（例：周杰伦的表情）文件夹内（注意下载时个别被压缩的表情文件）。

2. 对“姓名＋的表情”文件夹进行压缩。学生自己选择难易任务。

入门级：用普通方法直接压缩文件夹，不带密码。

高手级：带密码高级压缩，并创建自解压文件。

3. 把压缩的 QQ 表情文件上传到 Ftp 网站“我的表情我作主”文件夹。

师：其实成为高手也不是什么难事，请达到入门级的同学争取达到高手级水平。

学生小组协作交流，教师巡视并引导学生演示和归纳。

[设计意图：本环节是对上述闯关过程的综合回顾，意在培养学生学以致用的能力，通过综合练习，对学习知识的巩固起到推波助澜的作用。信息技术的学习技能是多元化的，每个学生又有许多复杂个性化的特点，包括学习兴趣、知识积蕴等许多个性差异，教学过程中充分发挥分层教学要求，通过小组合作、目标分层，化差异资源为教学资源，使不同学生得到不同程度的发展，在合作中都能完成任务。]

比赛角逐，欣赏交流，综合评价后，某小组合作最默契、完成任务最快、下载的 QQ 表情最丰富，被评为金牌小组。

师：老师有一份特别的奖品要送给这个组，是一个有更多 QQ 表情的网址。现在来采访一下金牌组长，你们小组为什么这么快完成任务，都用了哪些学习方法？

[设计意图：通过奖励机制，培养学生竞争意识和小组合作能力，又巧妙的把“更多 QQ 表情网址”作为奖品激励学生更好的学习，与课本主题丝丝相扣。]

（四）评价总结，知识延伸

师：通过今天的闯关经历，不知同学们对自己的学习成果满意吗？请对自己的学习进行评价和打分（pj. cixiedu. net）？想一想学了这节课你有哪些收获？

学生通过网站提交评价表并通过网页反馈全体同学的评价信息。

师：本节课我们学习了很多下载技巧和压缩本领，尤其对下载工具的超强下载能力记忆犹新，但它们的“多连续下载和断点续传”等优势我们还没有更加深入的理解，这就需要同学们在课后继续去挖掘、去证明。

[设计意图：经过本课学习，学生有了探索新知的能力和愿望，教师及时抓住这个契机，让学生在课后自己去探索“多连续下载和断点续传”的优势，鼓励学生主动去发现、去创造，为学生提供更广阔的自由发现空间。]

六、教学反思

整节课在一个个任务破解中展开，在教师的知识导构下学生们以“体验”为动力，以“探索”为过程，既经历了碰到难题时的困惑，又体验了解决问题的喜悦。

1. 主题式任务情境更有吸引力

本课自始自终以“礼物攻略”游戏为引线，将各个操作技术隐含在不同的任务情境中串连知识的全过程，在完成任务的同时学生们不知不觉地实现了知识的传递、迁移和融合，在感兴趣的任务情境中享受学习的快乐。

2. 层次化、多元化教学更有说服力

本课要求学生掌握的知识点比较多，对学生的要求比较高，由于学生本身的学习能力，动手能力等差异，我努力构建层次化的学习方式，力图让每个同学都能得到适度的发展，从小组合作到综合演练，从入门级到高手级的梯度目标，努力给学有余力的同学以发挥的空间。学习是多元化的行为，我还努力要求学生回答问题举一反三，让学生多角度分析、探索，争取同一问题多样化解题，把复杂问题层次化，多元操作最优化。

3. 探索发现自主式学习更有感召力

根据信息技术学科自身的特点及本课以实践占主导的教学安排，教学中我一改以往教师“讲解示范”学生“照本宣科”式没有激情的学习方法，在教学中以挖掘学生学习潜能，激发学生创新意识为目的，少一点“师范”多一些“探索”，不惜牺牲一点教学时间，引导学生用多样化的学习方法进行自主学习（看书、同学交流、求助老师、查看学件“锦囊妙计”），通过学习，体会探索新知的过程和学习方法的培养，这对学生今后的学习将带来正迁移效应。

我的作品我来秀——Word 作品评价

蒋风雷[①]

一、教材分析

本课的内容是 Word 作品评价，是苏科版信息技术教材（上册）第三章——设计应用文档的最后一部分内容。本课的主要内容是对所制作的 Word 作品进行评价和修改。在教学中结合学生的生活和学习创设一个有趣的主题活动“阿喜请帮忙”，引入了“阿喜”这个虚拟人物，并且贯穿整个教学过程，通过帮助“阿喜”解决一个个麻烦，很自然的把学生引入到评选和修改小报的知识点的学习中，让学生能够自己探究和领会评价作品的方法和巩固本章节所学的知识点，体会学习的乐趣。本课的难点设为学

① 江苏省宜兴市实验中学.

会多维度地、辩证地评价作品，这种辩证的观点也贯穿于教学的始终。

二、教学思路

这是我在评选骨干教师时借班上的一节课，初拿到开课的内容，我感觉比较茫然。首先，教材中这部分内容安排得比较多，需要自己制作表格和评价作品两部分内容，考虑到借班上课，学生情况不大了解，对学生之前制作作文选的情况和以前是否学习过制作表格的情况不甚了解。因此，经过反复思考和结合新课标的理念，在教学目标与要求基本不变的前提下，参考董媛老师的案例《开心帮帮忙》，根据学校实际对书中设置的探究活动进行调整。本课强调课程的综合性和实践性，将贴近学生生活的故事情节贯穿其中，以帮助“阿喜”解决一个个麻烦为主线，让学生经历作品的评价→修改→再评价的全过程，通过实践活动巩固知识、运用知识和合理评价作品。为了让学生真正成为课堂的主人，对学生修改后的作品我采取了“展示秀”的方式：学生每展示一件作品，平时成绩可加分，其他同学可以“挑刺”（主题、内容、版式布局、颜色、创意、技术方面的问题均可提出），如果台上同学被问题难倒，则“挑刺”者可加分。这样，学生的自评和互评就将这节课推向了一个又一个高潮，自然而然地达到突出重点，攻破难点的目的。同时最大程度的发挥出所有学生的学习积极性。

三、学生分析

本课教学的对象为初一的学生，在进行本课的学习之前，学生已有以下准备。

心理准备：有在网络环境下进行小组合作、探究式学习的经验。

能力准备：初步掌握了 Word 的基本操作、能对 Word 作品进行简单的改进。

通过具体的实例和教师的引导，能总结抽象的评价方法。

四、教学目标

（一）知识与技能

1. 了解评价 Word 作品的基本方法。

2. 能运用已掌握信息技术知识和技能，进一步完善电子小报。

（二）过程与方法

1. 通过学生之间的相互交流，增强鉴别和筛选信息的能力，从而更好的利用信息技术、提升信息素养。

2. 能正确客观的评价 Word 作品，运用所学知识合理的改进作品。

（三）情感、态度和价值观

1. 通过相互竞赛的方式进行“展示秀”，培养学生的组织协调能力，团结协作，相互学习的良性竞赛。

2. 通过对比评价改进前与改进后的作品，能体验改进作品的成就感，逐步形成良好的审美观。

五、教学重点与难点

教学重点：在信息技术研究性学习中，培养学生合作学习，彼此发现优点，取长补短，提高学习积极性。

教学难点：正确客观的评价作品，合理的改进作品。

六、教学方法

以任务驱动法为主，结合直观启发式教学。

七、教学准备

1. 多媒体教学网：实现局域屏幕广播、分组讨论、信息反馈。

2. 建立学习形式：合作学习小组，每组 4～6 人。

3. 建立学习资源：教师课前检查学生机，确保每台机器有相同的学生操作文件和学生作品评价标准。

4. 学件：教师自制学习型网站。

5. 制作奖牌：金太阳奖（最成功的团队）、金牛奖（最优秀的学生）、新星奖（进步最大的学生）。

八、教学过程

（一）创设情境

师：2010 年上海世博会即将开幕，宜兴团委举办了“精彩世博　文明先行”小报评选活动，阿喜也想一展身手，于是他找资料、拍照片、做小报，终于功夫不负有心人，他一口气制作了 5 个 Word 作品。然而，小麻烦却接踵而来……

学生露出好奇的表情，到底他遇到什么麻烦呢？

[设计意图：用贴近学生生活的故事创设情境，能更好地激发学生的学习兴趣，有利于教学活动的开展。]

（二）小报点评台（参与回答的小组可加分）

教师引导学生打开网页课件中的“小麻烦一”：阿喜递交了五份小报，团委书记却只接收了一份，其他四份全被退了回来，你能猜猜团委书记接收了哪一份吗？你能告诉阿喜为什么团委书记选这一份吗？

学生观看五份小报，并在网页课件“小报点评台”中给自己认为最好的一份小报投票。

教师展示投票结果。

师：投票结果最多的是选择了 1 号小报，看来同学们的想法和团委书记不谋而合。他收下的正是这份小报。那么我们一起来分析 1 号小报到底好在哪里呢？

师：小报的主题是什么？

生：精彩世博　文明先行。

师：主题是否明确，重点突出吗？内容和主题是不是相符呢？

生：明确、内容和主题相符。

师：小报图文并茂吗？版面设计合理吗？内容健康吗？文字是否清晰易读，有无科学性错误？

生：图文并茂，布局合理，内容积极健康，语言规范。

师：色彩运用得当，小报以什么颜色为主？

生：色彩和谐，主色调为绿色。

师：小报哪部分给你留下的印象最深刻？哪部分最有创意？

生：标题表达形式新颖，构思独特、巧妙，内容和版式设计有创意。

师：通过分析这个小报，老师想请一个同学告诉我，一个好的小报应该具有哪些基本条件？

生：图文并茂、色彩协调、主题明确、内容和版式设计有创意、技术运用适当。

师：我们要多方面的评价小报，小报的主题要明确健康，文章内容要与主题相符，文字内容通顺，没有错别字，版面整齐，搭配得当，色彩和谐，富有创意等。

［设计意图：教师不把评价小报的方法直接告诉学生，而是在教师的引导下让学生自己探究得出结论。］

（三）小报门诊部（参与发言的小组和具有创新精神的获得加分）

第一个小麻烦虽然解决了，但是阿喜还是很不高兴。为什么呢？打开网页课件中的“小麻烦二”。

小麻烦二：阿喜的其他四幅作品真的做的很差吗？就没有优点吗？请大家来帮他分析分析。

教师请各组选择相应的小报进行组内讨论和评价，学生打开网页课件“小报门诊部”填写评价表，各个组可以根据本组的情况自由选择标准评价表或创新评价表（可自己添加评价维度）。

学生组内讨论，打开网页课件中的“小报门诊部”，填写评价表。每组小组长总结本组同学的意见，准备发言。（时间约为 5 分钟）

第一组展示本队评价表，小组长发言：2 号作品颜色太杂乱，把主题都盖住了，版面设计不合理，但内容属于原创。

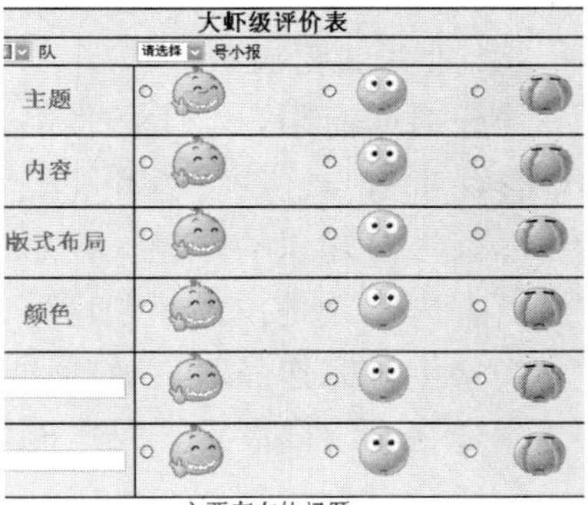

主要存在的问题

第二组展示本队评价表，小组长发言：3 号作品只有文字，缺少图片，版面不美观，主题不明确，有错别字，但是小报看得很清楚。

第三组展示本队评价表，小组长发言：4 号作品图片与文本的内容不符，文字颜色和背景颜色过于相近，色彩运用不得当，每一部分的风格不统一。

第四组展示本队评价表，小组长发言：5 号作品内容和主题不相符合，不能完整地表达主题思想，内容和版式设计很平淡，但标题设计有创意。

教师总结：任何事物都有好的一面和不好的一面，小报也不例外，因此我们看待事物应当从多个角度辩证的来看待。

［设计意图：这是对所学知识的运用，使学生充分体验评价小报的方法，同时也为后面修改小报作好铺垫，这样的活动形式，不但活跃了课堂气氛，又提高了学习效果。］

（四）小报创作厅

师：五份小报我们都分析完了，那同学们想不想帮阿喜改进一下小报呢？

生：想！

师：看到同学们都迫不及待的想操作了，不过在开始修改作品之前，老师还带来了几件优秀的作品，你们想看吗？

生：想！

教师：引导学生打开网页课件中的“优秀作品”，带领学生一起欣赏优秀作品，并作简要介绍。

师：欣赏完了优秀的作品，同学们肯定从中吸取了一些好的想法吧，老师相信你们能修改出理想的效果。

教师请组内学生对自己分析的小报进行修改，并通过预览来观察效果。组内每一位成员根据刚刚分析的情况来修改小报，修改好了后通过网页课件中的“小报创作室”上传自己的作品。(时间约为 10 分钟)

[设计意图：通过欣赏作秀的作品，开阔学生的视野，进一步明确任务，培养艺术情操，独特的小报修改增强了趣味性和弹性，激发了学生的表现欲和探究欲，同时又巩固了旧知，培养了学生的发现问题、分析问题和解决问题的能力。]

(五) 小报展示室

由于时间有限，学生的作品可能还不是很完善，但是每个同学的作品都有自己的特色和亮点。教师鼓励各小组上台介绍不同的作品，涉及知识的叙述、技术的运用等。同时其他同学对作品“挑刺”，内容或是技术问题均可。

当学生做完作品时，教师通过网页课件中的“小报展示室”，让学生先在小组内展示，每个同学自评（介绍作品中用到的核心技术，以及自己较满意之处等）作品，然后互评（作品中值得借鉴、学习的地方，或是“挑刺”）内容、技术方面的问题，最后在全班展示各组推出来的优秀作品。展示学生的作品包括展示其操作过程与最终成果，对于展示者来说，这是一种鼓励，对于其他同学来说，是树立一个目标，是一种鞭策。同时通过学生作品的展示，也让学生自主探究到的操作方法得到充分的分享和交流，从而实现学生的交流学习，也有利于学习重难点的突破。最后教师适时、适当的点评——首先是对作品中“亮点”的肯定；其次是指导。在学生上台演示作品的过程中，教师要引导全体学生发掘研究性学习成果中的“闪光点”，并予以赞赏；对“挑刺”同学提出的不同看法和创新之处，应积极鼓励和支持。

师生利用网页课件进行投票，共同评选最佳团队和队员，鼓励同学们多向他们学习。

[设计意图：通过作品的展示和评价，能加强学生间的合作、交流和竞争，能更好地激励学生，轻松建构知识结构。]

（六）课堂总结

小麻烦都解决了，“阿喜”特别感谢同学们帮他评价和修改了小报，还让他学会了评价小报方法。那么你们是不是也学会了评价小报的方法呢?

师生再次进行总结评价作品的方法。

［设计意图：集体回顾，知识强化。］

九、教学反思

本课从实际教学过程来看，课堂气氛很好。同学们争先恐后的对作品进行自评和互评。在教师适时地引导、提示下，相互学习、相互启发；利用所掌握的信息技术知识和技能，采用相互竞赛的方式进行课堂互动学习。整节课学生都能按照老师的要求积极参与到学习中去，能大胆的表述自己或者组内的观点，师生互动非常良好，课堂气氛融洽。在整个研究性学习过程中，教师采用了多元评价法，注重了“过程性评价”，对于学生得出的结论，首先肯定其积极的一面，给予鼓励性的评语，再针对其错误进行细致地分析，引导其走向合理的方向。对基础较好的学生，请他们展示作品，起到榜样的作用；同时更重视基础较差的学生，关注他们的点滴进步，以带动全班不同层次的学生共同发展。这样，不同层次的学生通过探索、比较，会在无形中学到许多知识和技能，从而提高了自己的自学能力、独立探索能力、动手实践能力，等等，对信息技术的兴趣也大大增加了。学生学到的不仅仅是某些特定的知识，更重要的是探究学习的思想方法，是把知识应用于实践的能力，并逐渐把这种能力内化为一种固有的品质，从而提升学生的信息素养，让信息技术更好地为学生今后的学习和生活服务。

我是小小魔法师

余蓓蕾[①]

一、教学内容

本课所采用的教材是浙江教育出版社义务教育实验教科书《信息技术》第八册下第九课的内容。其主要知识点是幻灯片里的自定义动画的使用。在前面的几节课里已经分别介绍了幻灯片的新建、插入、文本框的使用、图片的插入以及自选图形的使用，这节课的主要知识点是讲授自定义动画的使用。根据前几节课的授课情况来看，很多学生对于自定义动画有了一定的了解、

① 浙江省温州市第十七中学．

甚至已有初步的应用，但是却没有更深入的了解。学生处于半桶水的情况，如果采用传统授课方式，学生在听讲时往往难以集中注意力，也就难以达到预期的教学效果。所以根据教材和学生情况，如何吸引他们的注意力、激发其探究的主观积极性，并让他们深刻了解到自定义动画使用上的细节作用，是本节课的教学所要实现的教学之要。

二、教学目标

（一）知识与技能

1. 了解幻灯片自定义动画的作用。

2. 掌握设置幻灯片中图片、文字等多媒体元素动画效果的方法。

3. 能根据需要，调整动画的顺序。

4. 会设置启动动画的方式。

（二）过程与方法

1. 通过动画演示，了解幻灯片内自定义动画，感受“逐帧动画”的效果的神奇效果。

2. 通过任务驱动，掌握幻灯片内自定义动画的合理设置。

3. 通过对比讨论，体会动画设置的顺序和时间的作用。

（三）情感、态度和价值观

1. 通过童话故事的动画制作、引发学生对信息技术学习的兴趣。

2. 让学生在动画的设置过程中理解幻灯片中各元素的关系，学会树立全局观，增强学生的文化意识和审美情趣。

三、教学重点与难点

教学重点：自定义动画设置。

教学难点：根据不同的题材、对象设置合适的动画效果。

四、教学环境与素材

1. 没有设置自定义动画功能的包含“南瓜、马车、老鼠、仆人”图片幻灯片。

2. 迪斯尼乐园人物图片。

五、教学过程

益智游戏导入

师：老师昨天在网上发现一个迷宫游戏，觉得挺好玩，但是我走了好久才走出来，我现在想拿这个游戏来考考大家，看看你们是不是比我厉害，同时看看我们班谁可以最快走出来。

（在“画图”软件里提供迷宫图，学生可以直接用画笔尝试走出迷宫。）

生：老师，我走出来了。

师：这么快啊？我们来看一看，他是怎么走的，跟老师的走法是否一样——（展示学生所画的图，再调用展示课件）

师：大家看老师的迷宫图走的如何？那么，老师的迷宫上的箭头会动是怎么回事？

生：使用了动画功能。

[设计意图：用一张迷宫图，引出今天的教学内容：自定义动画，同时引起学生兴趣。用这一情境，同时抛出问题给学生，激发他们的探究意识、并让他们主动、积极地去思考问题。]

授新

（1）设置动画的效果。

师：不知道刚才有没有同学仔细观察了迷宫箭头的动画方式？是不是都是一样的？

生：有的是按箭头的方向运动；有的不是按箭头方向运动的……

师：好，大家都看得很认真，观察得也很仔细。那么是什么原因呢？

生：用了不同的动画效果。

师：很好，有人不仅知道是怎么回事，还说出了“动画效果”这个概念，那该如何设置才会出现动画的效果呢？现在我们请一位同学来试试看。

（教师让一名学生操作）

师：这位同学做得很好。他不仅使用了动画效果，还让图形按照箭头的方向进行运动。但是大家看看，如果我们在设置的时候，可以考虑到箭头这个图形的特点，设置动画的方向为箭头所指的方向是不是更好呢？好，那就请这位同学修改一下刚才动画效果的设置。

[设计意图：教师以引导为主，让学生自我探究、主动学习。同时深化动画效果的设置要符合图形本身的特点的思想。]

（2）动画播放后隐藏功能的使用。

师：不知道刚才同学们是否注意到：未进入迷宫前，我们的流氓小兔还很开心地在原地跳动，一进入黑暗的迷宫就只能看见箭头在导向，出了迷宫我们又看见了这只可爱的兔子。那现在问大家一个问题：这是怎么回事？

生：以前它暂时消失了，后来又出现了。

师：好，现在同学们可以思考两个问题：①最初的时候兔子是怎么消失的；②出了迷宫后兔子又是如何出现的？

提示：消失和出现都是一种动画效果，那么我们就在动画效果里寻求答案。

学生小组研究，给出研究结果。

师：这里其实是用了动画完毕后的隐藏功能，而且，不是暂时消失，而是真的消失了，后一个小兔，非前一个小兔也。这里其实用了两张图。

［设计意图：对于动画播放后隐藏这个功能，在幻灯片的使用中不多，极易被忽略。而这个功能有时候又可以起到一个很好的作用，此时在这里用形象的流氓兔提及，让学生印象深刻。发现动画隐藏功能有点难度，要做适当的引导。］

（3）改变对象的出现顺序和动画启动方式。

师：大家已经了解了动画的效果，那么我们看看，箭头为什么可以一个个按顺序出来？

生：设置了动画的出现顺序。

师：讲得非常对！我们在设置顺序的时候，发现旁边还有一个启动动画，下面还有一个时间，这两个又是起什么作用的呢？

生：可以设置时间和顺序。

师：这个设置时间和顺序有什么作用，有什么好处，你们研究后告诉我，好吗？

生：可以在设置好它的出现顺序后，给它设置一个出现的时间，对它进行定时，如此一来就可以让它自动播放，既不用按鼠标这么麻烦，又可以看见动画流畅播放，可谓是一举两得啊！

布置任务

师：现在，让我们来预览一下“动画效果”。小流氓兔从迷宫里出来后看到了什么？

生：是灰姑娘。

师：对，是我们美丽的辛德瑞拉（Cinderella）。小兔子迷宫的出口，正好是辛德瑞拉的家。今天晚上是王子举办舞会的日子，辛德瑞拉的姐姐们都去参加舞会了，她也想去，魔法师婆婆已经送了她一件华丽的晚礼服，但是，王子的城堡距离辛德瑞拉家有一段距离，我们的辛德瑞拉该怎么去呢？

生：老婆婆还送了她马车。

师：是吗？太好了。大家知道她的马车是哪来的吗？

生：用南瓜变的。

师：南瓜变的？不知道同学会不会这种法术呢？你们看，我这里已经准备了一个大南瓜，以及马车，大家说说，我们该怎么施展魔法，将南瓜变成马车？（提示：运用前面讲过的隐藏功能）

生：把南瓜隐藏掉，而出现马车的图片。

师：想法很好，那我们现在就来试试看，看看我们班这么多的小魔法师中，谁的魔法最高，可以变得既快又漂亮。

学生独立操作，然后请能够完成的学生介绍方法并演示。

学生边操作，并叙述操作步骤：设置南瓜图片为播放动画后隐藏，再设置马车出现。

任务拓展一

师：大家都变得很好，其实呢，马车有很多种，我们的辛德瑞拉既然打扮得如同公主，就应该有配得上公主装扮的马车。我这里有几辆马车，大家看看它应该是以怎样的顺序变化？

（展现课件里从南瓜到车的逐步变化图）

生：从小南瓜到车，从小马车到华丽的大马车。

师：我发现大家都很统一马车的变化过程，那么现在请你们来帮助老婆婆完成这一系列变化，好吗？

学生互帮互学完成任务。

[设计意图：此处以南瓜车的连续变化这一情境为依托，让学生在多次重复相同操作的练习中达到巩固动画效果的操作这一技能目标。]

学生的完成情况

这部分，学生基本能完成各环节的任务，但是学生在完成时间上差异颇大，而且就其所完成的动画来看，流畅性也有差异。在实际教学过程中，我给完成比较快的学生提出了新的任务，比如添加闪烁的星星，比如让整个动画过程呈现无鼠标控制的自动播放。这样既让学生展开联想，提高兴趣完善画面，也在无形中完成了动画的多种效果设置等知识的迁移和巩固。

任务拓展二

(4) 综合练习，知识点的巩固。

师：我们班的魔法师都很厉害呢，一下子就把南瓜变成了马车。马车不能没有车夫，我这里还有几只老鼠，谁可以把它变成车夫?

(教师请一个学生上来操作，边操作边让学生分析，并让其他学生开展讨论，这样的魔法过程是否流畅，怎样操作可以变得更好看。)

[设计意图：放手让学生尝试，让他们自己在讨论中享受探索成功的喜悦，同时巩固所学习的自定义动画的效果设置、顺序调整、启动方式以及时间的设置。]

当这个学生在操作的时候，让其他学生一起参与讨论，这样不仅仅可以是完成一个任务，更是就此任务对本节课的一些知识点做一个归纳，并就在学生操作中可能出现的一些问题提出疑问，让学生讨论解决。比如音效的设置，是否有必要，应该选择怎样的音效；图片出现的方式以什么样的动画效果为宜，以此让学生明白：我们应该根据不同的题材、不同的对象，来设置不同的、适宜的自定义动画效果。

作品展示

让学生分别展现自己的魔法过程，看看谁的法术最高明。

六、教学反思

学生在学习的时候，即使是在课堂之内，也不可能一直处于学习状态。所以一节课内如何引导学生去自觉的学习，主动的学习是每一节课的教学方案在设计之初必须要考虑的事。而这节课，我采用了以情境为主的教学方式，来引导学生学习。

1. 游戏情境的导入，引导学生的注意力。

学习的注意力，是一种学习者倾全力于学习的状态。学生是否集中和维持这种状态直接影响着其学习的效果。而教师能否抓好上课的开头，即在上课一开始就集中学生的注意力，把握学生注意，引起学生的兴趣和求知欲，对于一堂课的成功至关重要。本课的导入，采用一个走迷宫的益智游戏，看谁最快走出来，首先是诱发学生的互比之心，激发学生的兴趣，然后抛出问题来，让他们带着强烈的求知欲进入学习的情境之中。

2. 问题情境的设置，激发学生的求知欲。

以一定的情境导入，然后提出问题，让学生自己去探究，凸显出学生的主体地位。学习源自于疑问。结合课件，在导入中有目的性、针对性、启发性地提出疑问，引导学生时时处于主动学习、主动思维的状态，进行深层次的思考，让学生在疑问中探究，主动学到知识，开启智慧，激励学生的兴趣和探索精神，调动学生学习的主动性和积极性。同时采用小组合作的方式，培养学生的主体精神、参与意识、团队协作以及创造才能。

3. 故事情境的引入，提高学生的参与性。

从迷宫出来，竟然是灰姑娘的家。以学生熟悉的故事背景为情境，学生会不自觉地根据自己对该童话的理解去设置动画效果，从而让他们在无形达到根据题材设计效果的目的，而后在紧接着的巩固练习中再次指出，学生就印象深刻了。

本故事情境的设置最大的妙处就是让原本枯燥无味的电脑操作因为故事本身的情节而变得趣味盎然。即使是已经掌握该知识技能的学生也会因为要更好的设计自己的魔法而积极地参与到任务中来。

4. 形象图片的展示，触发视觉冲击。

《信息技术》课程最大的优点就是有丰富的信息对象。因此在制作课件时选材上切不可敷衍了事。当学生看到那个酷似南瓜的马车时，不用老师过多的言语他们已经有了跃跃欲试的冲动。形象图片的直观性，有时候会起到意想不到的效果，可以提高学习效率和学习积极性。

采用多种方式创设情境，能使学生在情境中展开思维，使学习变成一种自在、愉快的情感交流活动。提出有效的问题，创设问题的情境，引导学生的探索行为，使其知识、能力、智力、情感多方面得到发展，以使学生在课堂中得到和谐发展的整体效应。

然而，学生毕竟只是孩子，他们的探究活动有时候可能很幼稚，所以就需要老师做好引导工作。比如在四张马车的图变幻的过程中，需要注意的有四张图片的播放顺序、间隔时间、出现和隐藏等，有的学生就不能很全面地考虑到，此时就需要教师做好有效的引导，并通过拓展练习二来强化和巩固这一技能。

五月五，过端午——Photoshop 初体验

倪凌云①

一、教学内容

本课是省编教材的必修部分第六单元《图片的获取与加工》第 2 节“图片处理”中自编内容，在学习本课以前学生已系统地学习了图片的获取、图片的分类与格式、图片处理的几种常用软件和对单张图片处理的基本方法。Photoshop 作为最流行的图片处理软件不仅可以处理单张的图片，更可利用图层进行多张图片的组合，这不仅是技术层面的提升，更为学生提供了发挥自主性、创造力、展示自我的平台。本课是 Photoshop 的起始课，需要有一个精彩的开端，让学生有动机、有兴趣往下探究 Photoshop 世界的奥秘。

二、教学对象

学生已学习了一些简单的图片处理软件，如画图、ACDSee 等，会简单处理单张图片，但对用图层进行图片处理的思想和方法还不是很熟悉。图层是 Photoshop 的精髓，但概念比较抽象，学生理解上有一定的难度。

初一的学生已经开始从具体的形象思维向抽象逻辑思维过渡，但思维还常常与感性经验直接相联系，仍需具体的形象来支持。教师在教学过程中应从学生的兴趣入手，结合学生的生活经验，创设有效的教学情景，由简到繁，由易到难，循序渐进的设计教学任务。

三、教学目标

1. 知识技能

（1）了解 Photoshop 的功能，掌握 Photoshop 的启动，认识 Photoshop 窗口的组成；

（2）理解图层的概念、特点和作用，掌握图层的各种相关操作。

2. 过程与方法

（1）通过图片欣赏和对比，让学生感受 Photoshop 的功能；

（2）通过教师讲解、实物演示、拼装游戏等多种手段使学生理解和掌握图层的相关知识与操作；

（3）通过“端午卡片”的制作，缩短知识与应用的距离，体

---

① 江苏省锡山市高级中学实验学校.

现“学以致用”的理念。

3. 情感、态度和价值观

（1）通过作品对比和制作，引导学生养成合理选择、加工素材的好习惯，培养学生的信息选择、处理及信息合成能力；

（2）培养学生初步的审美情感，培养他们感受美、发现美、创造美的能力；

（3）激发学生不忘传统，继承和发扬中国传统文化的美好情感。

四、教学重点与难点

1. 教学重点

理解图层的概念、特点和作用；掌握图层的各种相关操作。

图 1

2. 教学难点

图片素材的合理选择与加工。

五、教学过程

（一）创设情境，揭示课题

师：同学们，这个星期四是农历五月初五，也就是传统的端午节。我们江南一带是如何过端午的呢？

这儿有两组关于端午的图片，你觉得哪一组更能吸引你？为什么？

总结：经过加工处理的图片，不仅更加美观，而且能更好的表现主题。

图片处理软件有很多，我们介绍其中的一种——Photoshop。该软件被广泛应用于照片处理、广告设计、网页制作等多个领域，是比较流行的图片处理软件。Photoshop 和其他图片处理软件相比有一个显著的特点，就是分层处理。

（教师打开 PPT 演示文稿，揭示课题。）

［设计意图：“兴趣是最好的老师。”有了兴趣，学生才爱学习，才能发挥巨大的学习潜能。本堂课我创设了“五月五，过端

午”这样的教学情景，使原本苍白的知识点一下子生动起来，极大地激发了学生的学习兴趣。]

（二）启动程序，认识界面

师：既然 Photoshop 有这么大的功效，大家肯定想试一试、用一用这一软件。

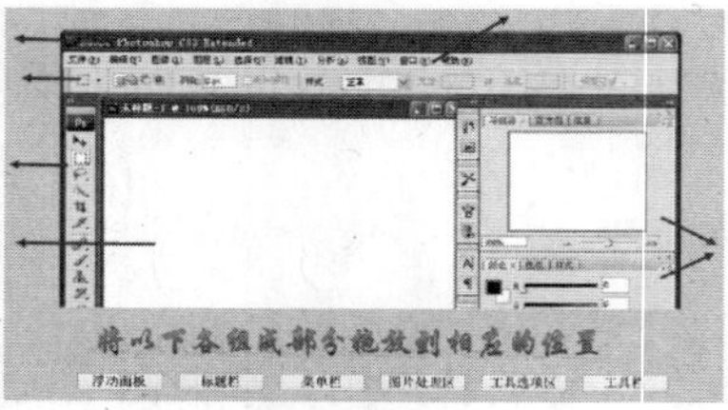

图 2

接下来请大家启动 Photoshop，并思考它的窗口界面同以前我们所学的其他软件的窗口界面的相同点与不同点。

通过“学习网站”中的 Flash 小游戏帮助学生回忆。

教师强调“浮动面板”的显示与隐藏，并进行快速演示。

[设计意图：在 Windows 操作系统中，所有的窗口都非常类似，这便为我们的对比教学提供了可能。在比较学习、知识迁徙过程中，不仅巩固了旧知，更突出强调了新知，也培养了学生在新情况下运用旧知举一反三的能力，为今后的终身学习奠定了基础。]

（三）概念学习，游戏激趣

师：认识了 PS 窗口后，有些同学一定要问图层是什么？为什么要使用图层呢？

1. 认识图层

图层就好像一张张透明的胶片。我们可以将复杂的图片进行分解，每一层上只放一个元素，最后合在一起便成了我们需要的效果。

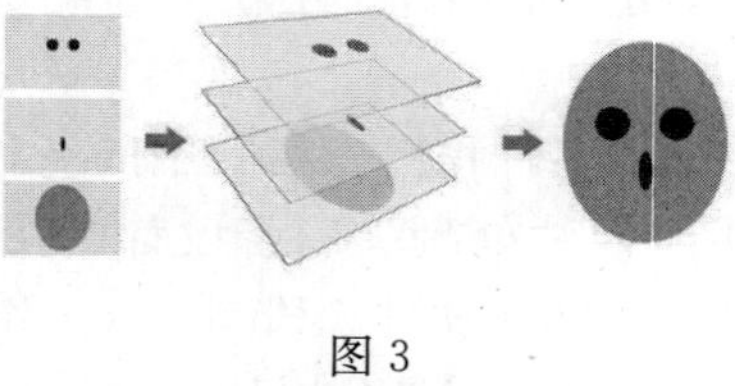

图 3

2. 图层的特点：顺序性、透明性与独立性

为了更好地说明问题，教师给出对应于上图的三张实物投影片让学生进行拼装，然后在 Photoshop 中打开图 1 中的第二组

“端午卡片”将鸭蛋和粽子的次序调换，让学生感受图层的顺序性与透明性。

当我们需要修改其中的一个元素，如眼睛，我们只需选出绘有眼睛的胶片，然后进行修改（教师演示为实物投影片中的眼睛绘制睫毛）。如果我们对“端午卡片”中的鸭蛋不满意，直接可以删除而不影响其他图层（教师演示）。最后师生共同归纳出图层独立性这一特点。

3. 游戏：拼装“鸭蛋娃娃”图 4 初始图片

说明：初始图片不同元素放置在不同的层上，对应的“图层面板”见图 6。

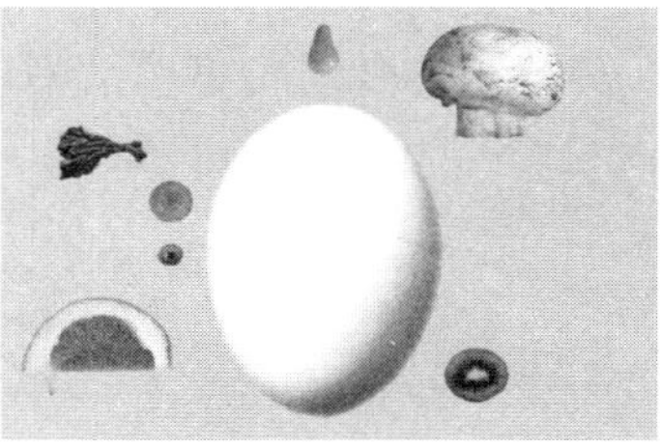

图 4

图 5

（1）游戏分析

哪些部分只需要移动？哪些部分需要复制？哪些部分复制后还要翻转？

“鸭蛋”应该位于哪些图层的上方？哪些图层的下方？

（2）学生练习

学生通过学习网站上的“在线帮助”（见图 7）学习拼装“鸭蛋娃娃”。教师加强巡视，提供咨询服务。

图 6

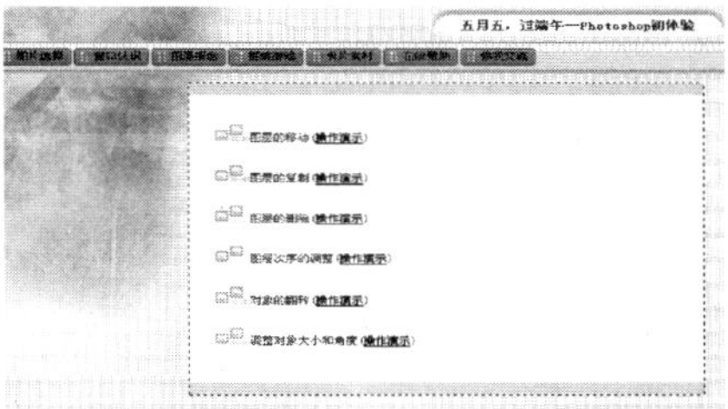

图 7

（3）典型问题分析

① 去除多余的图层：老师制作时不小心多复制了一层，请你

帮忙去除。

② 改变图层次序：在制作过程中，如果发现需要的图形被遮住了，怎么调整？

③ 图层的翻转：图层的复制非常简单，但制作眉毛时，复制完成后还要翻转，怎么办？

如果发现对象过大或过小的情况，我们可通过“编辑”菜单下的“自由变换”进行调整，在“自由变换”的状态下甚至可以旋转对象。最后，双击“确定”。

[设计意图：“授之以鱼，莫若授之以渔”，要培养学生的信息素养，就必须为他们提供各种自主探究的机会。为了给学生提供自我尝试、自我展现的空间，笔者利用ASP技术开发了一个信息技术学习网站。该网站除了以文字或动画的形式简单而清晰的表明了操作要点外，还开辟了“自由论坛”和“教师答疑”区，供师生们交流和讨论。]

图 8

（四）巩固提高，制作卡片

师：端午是我国的传统节日，过去往往被我们所遗忘，同样遗忘的还有这些传统节日背后深厚的民族文化底蕴。接下来请大家来设计一张端午节卡片，素材见学习网站的“卡片素材”。

1. 学生利用学习网站中的素材制作作品

在学生练习的同时，教师应加强巡视，参与学生交流，用关键性的语句，提示操作要点，并注意找出一些有代表性的作品以供后面的展示。

2. 作品的展示与评价

这时的评价更应以激励性评价为主，让学生在感受成功的喜悦中继续保持敢于探究的勇气、自主学习的热情，为软件的深入学习奠定基础作品评价。

3. 修改、完善

师：相信经过刚才的展示，大家肯定得到了不少启示。接下来，请同学们继续调整、设置自己的文章。

学生继续练习。

[设计意图：教学评价是教学活动的重要环节。通过学生与教师互动评价，让学生及时发现和认识自己的优点和不足，为下面的调整和完善，奠定了基础。同时通过评价过程中学生的讲述与演示，复习巩固了知识点，又使他们认识到只有使用恰当选择和加工素材才能实现增强图片的表现力。]

（五）归纳小结，提出期望

1. 学生谈收获

2. 教师提出期望

师：同学们，端午节不仅是游玩的假期，更是蕴涵历史文化的节日，希望大家都能真正体验到节日的文化，让我们古老的传统节日永葆生命力，代代传承。

[设计意图：通过学生的交流，对本堂课的知识点进行了盘点。最后的结束语再一次激发了学生不忘传统，继承和发扬中国传统文化的美好情感，使整堂课曲终而余韵未尽。]

六、教学反思

1. 创设了合适的情景

“情景教学”是中小学教学中常用的一种教学方法。其目的都是研究如何设计真实的、具体的教学情景，让学生通过参与真实的问题求解过程而获得更有效的学习。本堂课创设了“五月五，过端午”这一教学情景，整体说来，整堂课的情景设置还是比较成功的，教学始终在“端午”的这一氛围中进行着，不仅使学生理解了概念，掌握了操作技能，又有效激发了他们继承和发扬中国传统文化的美好情怀。

2. 教学环节设置合理

图层是 Photoshop 的精髓，也是教学中的难点，为了有效克服这一教学难点，笔者进行了精心设计：首先通过实物投影片和实例，帮助学生理解图层的概念和特点，接着通过拼装“鸭蛋娃娃”游戏，让学生掌握图层的各种相关操作。最后制作“端午卡片”环节为学生提供了一个自由的创作空间，既巩固图层操作又发挥了他们的自主性和创作力。设计环环相扣，自然而流畅。整个课堂气氛活跃，学生兴趣浓厚，创作热情高昂，体现了“在玩中学，做中学”的教学理念。

3. 任务设置富有挑战性

练习“端午卡片”的制作是本堂课的高潮与亮点。本环节充分激发了学生的学习兴趣，发挥了他们的想象力和创造性。学生亲临了这样一种真实的教学场景：海量图片资源的选择问题。首次领会到好的设计并不是简单的图片的堆砌，而需要我们的全盘规划与创意。

当然本节课还有不少不足之处，比如最后“卡片制作”环节时间不是很充裕，个别学生跟不上其他同学的学习节奏。如何更好的设置教学流程，更好的关注后进生，这需要我们更深入的研究与探讨。

因为有你更精彩——网站的发布与评价

张锦秋①

一、教学内容

本节“网站的发布与评价”是《初中信息技术》（下册）第11章的第3节，为本单元活动“设计主题网站”的最后一节课。在完成站点建立、相关网页制作和相关链接设置后才进入本课的学习，本课的主要内容包括了最终作品的检查测试、局域网内发布网站和开展作品评价三个环节，这些环节直接决定之前的作品是否能够被别人正常地阅读与浏览。与初中教材之前涉及的小报作品和多媒体作品的评价相比，站点的发布与评价是本节课的重点与难点，情感、态度和价值观的提升以及实际问题的解决则是本节课要着重关注的问题。

二、教学对象

目前的大多数初中学生在小学阶段已经学习过使用FrontPage制作网页（《小学信息技术》第五册），因此对于FrontPage基本操作具有一定基础。

初二学生正处于个性形成期，对别人的作品已经具备一定的审美情趣，往往对客观事物有自己的独特看法。引导学生客观、公正而又不缺乏创意地欣赏他人作品，用评价激励学生不断发展，不仅促进作者进步，也是对自身信息素养地进一步提升。

三、教学目标

1. 知识与技能

(1) 理解检查与检测网站的意义，掌握检测网站的基本方法。

---

① 江苏省南京工业大学附属中学五十中校区.

（2）了解站点发布的基础知识，掌握站点发布的基本操作。

（3）通过开展自评与互评，学会欣赏及评价他人的网站。

2. 过程与方法

（1）通过FrontPage视图和查看菜单的使用，了解网站检查、测试的一般方法。

（2）掌握站点发布的基本方法。

（3）通过网站评价，掌握网站评价的基本内容和方法，认识到对网站的评价不可能用统一标准，它需要多角度、多方面去考查。

3. 情感、态度和价值观

（1）培养学生对学习、对设计认真负责的态度和责任心，并养成良好的信息发布习惯。

（2）通过网站评价活动提高学生鉴赏能力，能够客观、公正并具有创意地评价网站，学会欣赏他人的作品，并从中提升自身信息素养水平。

4. 行为与创新

通过自主探究制定具有个性的网站的评价标准，树立正确评价网站的观点，注重科学思维的培养。

四、教学重点与难点

教学重点：掌握检查测试站点的基本方法，掌握站点的发布，学会欣赏和评价他人的站点。

教学难点：站点的发布，体会评价标准的形成过程。

五、教学策略

教学方法与手段：知识迁移、讨论法、教师引导讲授法、情境法。

教学准备：多媒体广播软件、自制评价系统平台、教学网站。

重难点解决办法：1. 检查测试站点的基本方法（情境——出门前整理）。

2. 掌握站点的发布（类比——开影展的过程）。

3. 评价标准的形成过程（讨论、归类、拟人）。

六、教学过程

教学环节	教师与学生活动	设计意图
情境导入	生活中，浏览内容丰富、形式多样的网站已经成为现代人不可或缺的阅读方式 在之前的学习中，我们已经制作完成了自己的网站。这样的网站可以直接放到网络上吗？在这之前要做哪些准备工作呢	揭示本节课主旨 设问存疑，导入新课

续表

教学环节	教师与学生活动	设计意图
新课讲授	环节一：网站检测——去繁就简 第一步：分析问题。在同学们的桌面上有一个简单网站，看看这个网站有没有问题 生：存在错别字、链接错误、有多余文件等问题 第二步：检测要点。网站在发布上传之前需要检测，就仿佛同学们每天上学出家门之前整理衣冠、清点书包一样 师：介绍检测网站的一般方法，操作演示删除冗余文件的操作步骤，对比删除文件前后文件夹的大小变换 第三步：着手修改 活动一：学生按照教材自学修改网站文字错误、链接错误、文件冗余等检测网站的基本方法	学生分析问题 错误原因进行分类 避免错误，加深对网站检测必要性的理解。 网站检测是教学的难点，教师的操作尽量地慢，讲解到位 指导学生学习教材，掌握基本方法
新课讲授	环节二：发布网站——展示自我 设问：完成检测的网站，如何让同学们都能看到 生活中其实存在很多类似的问题。有位酷爱摄影的同学，想让自己的作品被更多的人所欣赏，就想办个个人影展。开办影展的顺序是：①拍摄照片、整理次序；②展览地点、空间大小；③布置展览环境；④根据观众反响调整 其实建设网站的步骤与办影展是非常相似的：①准备与制作网页；②申请域名和网络空间；③上传网站；④更新修改。其中②③两步就是我们常说的“发布网站”。网站的发布就是把在本地硬盘中创建好的站点通过网络传送到 Web 服务器上。Web 服务器可以是互联网上的，也可以是局域网上的 活动二：以在局域网发布网站为例，感受网站发布的过程（查看“初二（＊）班网站发布情况统计表”，发布成功后表中相应位置会亮起彩灯，点击彩灯可访问相应网站） 小组合作：浏览自己和其他同组同学发布网站。如果还没发布成功，查一下还有哪些问题没有解决。同组同学讨论协作，共同进步	这是本节课难点，虽方法不完全相同，关键在于学生对发布过程的理解 理解发布网站的具体含义，了解具体步骤 学生不一定会立刻发布成功，鼓励学生相互请教，教师应适时分步加以引导和总结 鼓励同学间相互协作，利用教材自学、同学互助展开学习讨论
新课讲授	环节三：网站评价——赠人玫瑰 教师展示多个网站截图并设问：好网站应该是什么样 第一步：感性认识。学生结合实际，畅谈对网站的理解，教师及时记录同学们的各种观点 教师参与讨论，谈自己对好网站的理解——“好站如好人”	通过设问激发学生思考问题的兴趣 学会用清晰、流畅的语言将自己的观点与思想表达出来，教师点评闪光点及需要进一步完善的地方

续表

<table>
<tr><th>教学环节</th><th>教师与学生活动</th><th>设计意图</th></tr>
<tr><td rowspan="2">新课讲授</td><td>第二步：理性分析。以上都是一些比较零散而随意的感受，个人色彩比较明显。这些词语能给一个具体网站提供较为科学的评价吗
教师引导学生提炼关键词，梳理分类，导出网站评价大致范围标准，得出具有本班身特色的评价量规表
黑板板书：
<table>
<tr><td>主题</td><td>内容及主题</td><td>主题鲜明、积极
内容完整、有用、准确</td></tr>
<tr><td rowspan="3">界面</td><td>图片、文字、色彩、背景</td><td>图片、文字、色彩、背景配合恰当，没有错误，能增强网页的可欣赏性</td></tr>
<tr><td>首页设计</td><td>富有吸引力，突出重点内容</td></tr>
<tr><td>布局与版面</td><td>布局设计合理、美观，符合日常阅读习惯，有自己的风格</td></tr>
<tr><td rowspan="3">结构</td><td>导航</td><td>导航清楚且富有层次</td></tr>
<tr><td>链接</td><td>所有链接都有效</td></tr>
<tr><td>文件管理</td><td>文件名命名正确，文件存储有序</td></tr>
<tr><td>特色</td><td>风格与创意</td><td>独家、生动、雷同度低</td></tr>
<tr><td rowspan="2">维护</td><td>更新</td><td>更新及时，内容丰富</td></tr>
<tr><td>版权保护意识</td><td>信息来源可靠，出处明确</td></tr>
</table></td><td>通过与实际网站的比照，帮助学生建立网站评价标准的大致思考框架，明确解决新问题的方法，为最终导出学习内容积累素材</td></tr>
<tr><td>第三步：评价网站
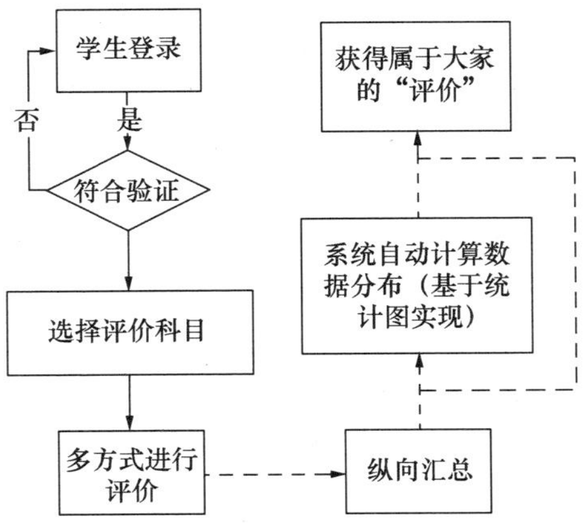
</td><td>学生根据黑板上总结出的评价表，对四组作品进行评价，并提出修改意见</td></tr>
</table>

续表

教学环节	教师与学生活动	设计意图
新课讲授	活动三：随机抽取每组一个作品代表本组参与网络评价，学生在自制的“网站评价系统”平台中评价他人作品并完善评价表 第四步：反馈结果 （展示：网站评价系统呈现评价统计总表） 反思 1：这样一张评价表是否可以评价所有类型网站 教师总结：评价对象不同，评价标准也不完全相同 反思 2：同一张评价表，为什么每位同学所打分值不同 教师总结：评价表虽然是一样的，但不同的人对相同对象的评价权重分配不同，从而也会形成不同的评价标准 反思 3：评价表是否仅仅是为别人打个分数？它有哪些作用 教师总结：评价表除了可以用来评价别人的网站，还可以作为我们自己制作网站时的参考目标	评价的标准和过程由学生自己来完成，加深理解，也更具有中学生的个性特征 引导学生多方位多角度地思考问题，以及对评价本身含义的思考
课堂小结	本节课同学们检测并发布了自己的网站（发布网站的一般过程），还总结制作出一张我们自己的网站评价表（展示评价表），了解到对网站的评价不能用统一标准，它需要多角度、多方面去考查。对个人而言，评价表不仅仅是评价别人的工具，更是自己奋斗的目标 今天的信息技术课，我们一起从对网站的感性认识开始，发展到网站评价的理性分析，学会了评价作品和制定评价标准的基本方法，不仅是信息技术的作品需要这样去评价与分析，这种发散性思维与系统性整理相统一的方法将会伴随我们一生	总结本节课主要内容 引导学生思考评价表的现实意义——不仅是评价他人的手段，更是完善自身的目标 科学的思维方法其根本是科学精神，人的发展重于技术

七、教学反思

“因为有你更精彩”，网络世界有了新成员的加入更精彩，现实的世界中别人对你中肯的评价让你更精彩，我们自己更是在对他人的欣赏与激励中不断提升自我而愈加精彩！

本节课在设计上主要突出以下几点：

1. 导入简洁。为了给评价环节留出更多的有效时间，用简单的一句话说明本节课的目的（发布网站），转而引入第一个问题“发布前要做什么”，进入环节一（网站检测）。

2. 事例类比贴近生活。采用一些学生容易理解的事例来说明本节课的知识点，以出门前整理衣冠说明网站检测的必要，以办影展的过程说明建设网站的基本步骤，以好公民的标准比喻好网站的必备条件，这些本来硬性的步骤或标准在学生的认知世界中转变成了做人做事的日常要求，便于记忆，更能明白其合理性和必要性，并能作出个性化的补充与完善，避免为技术而技术的学习倾向。

3. 易—中—难梯度任务设置。检测网站的环节设置了易—中—难三种难度的任务：删除冗余文件→修改错别字→检查设置链接。基本任务是完成冗余文件的删除，在网站评价完成后如时间充裕，可再根据实际情况对网站进行更新维护。

4. 科学思维的培养。在教材上是有成型而规范的《网站评价表》的，这节课调整了教学顺序，学生从无到有，从感性认识到理性思考，自己总结出了一张并非完美的《网站评价表》，接着再对教师提供的评价表发表了个人见解，最后反思这个成型的评价表的作用。这个总结与思考的过程我认为比制作评价表本身更具教育意义。

5. 纵向、3D 等统计图，多角度体现评价结果，课堂效果显著。

在设计思路上，主要突出“评价”：评什么与如何评。

设计之初，评价的目的究竟何在一直是困扰我的问题。在教材中，每一单元的结束都涉及评价，而现实的教学状况是，大多数信息技术教师因这一课时缺乏操作点而将教学内容以作品交流为重点加以突破，评价标准也是根据找来一张现成的评价表，让学生按照这个标准对别人或自己作品进行打分，达到自评、互评和师评的评价目的。这种处理方式有其可取之处，但也造成了评价的概念在学生脑海中就是打分的代名词，某种程度上限制了学生思维的个性化发展。

另一方面，评价作品所采用的评价表从何而来？从网上下载，书中摘录，还是东拼西凑而来？即便在课堂上采用准确权威的评价表，一节课上完，学生能记住其中的几条标准呢？一连串的问题摆在我的面前。

于是我转换角度，以自己的切身体会，重新审视学生个体形成评价标准的过程。作为一个网龄超过十年的老网民，我首先思考什么样的网站最吸引我，够得上“好”的标准。有了这样的感性认识，结合比较权威的评价标准，再梳理出评价表的基本结构。但这个表只有类别，没有权重，而权重恰恰是学生很难理解的，因为对于不同的人，不同类型的网站，评价的偏好和侧重都会不同，这就会涉及数据的采样分析。这样一来，45 分钟的课时容量难以承载这些对初中学生而言比较艰深的概念。为了处理好这一问题，我采用网络评价平台的统计功能，以形象化的统计图给学生以直观感性的认识，体会数据收集和处理的重要性。学生在初一时已经学习过 Excel 软件，能够很好地体会数据之间的关系，这时教师引入“权重”，能够激发他们再次完善评价表的兴趣，这种刻意的“遗憾”也会留给他们课后思考后再学习的空间。

Flash 引导层动画

李　蔷[①]

一、教学内容

以河北教育出版社出版的中学课本《信息技术》八年级第一单元第二课教学内容为依据。教学内容仍以教材为基础，但是不采用教材中“蝴蝶飞舞”的范例，而使用“骑车的曲线运动”来引入教学内容，用一个简单的例子完成最基本的引导层动画，再通过较复杂的例子让学生进行知识的巩固和扩展。

二、学情分析

学生前面已学习过 Flash 最基本动画原理，能制作出简单的逐帧动画和动作补间动画，并对帧、图层已有了初步了解，本节是在补间动画的基础上深入学习。但由于对信息技术课的重视程度不够，同时由于信息技术课本身的特点：课时少、周期长、学生易忘、操作性强，也给教学目标的实现造成了一定的困难。

三、教学目标

（一）知识与技能

1. 掌握和理解引导图层的含义。

2. 制作动作补间动画的基础上，学会并掌握运动引导图层的创建。

（二）过程与方法

通过动画的制作，培养学生的观察力、动手操作能力、综合运用能力。

（三）情感、态度和价值观

1. 通过实践操作和评价作品，培养学生欣赏作品的能力。

2. 通过学生的自主学习和小组互助学习，培养学生的自学能力和团队精神。

3. 激发学生的爱国主义热情，增强民族荣誉感和自豪感。

---

① 河北省廊坊市固安县第二中学．

四、教学重点与难点

（一）教学重点

轨迹动画的制作方法

（二）教学难点

1. 引导层与被引导层之间的位置关系。
2. 对象与引导线的吸附，需要反复练习，掌握吸附规律。
3. 封闭曲线运动中引导线的画法与技巧。

五、课时安排

一课时。

六、教学方法与教学策略

本节课是新授知识的操作课，我结合自主探究学习模式，以教师为主导，采用情境导入和任务驱动法，讲、演、练相结合的教学方法。

七、教学准备

计算机网络教室（一人一机）；多媒体网络教学系统；教学课件。

八、教学过程

教学步骤	教 师 活 动	学生活动	设计意图与媒体运用
创设情景 导入课题	导入课题 同学们，我们先来看两段视频文件 播放两段视频文件： 第一段视频描述的是 2010 年温哥华冬奥会我国 1500 米短道速滑选手夺冠的场景  第二段是 2009 年新中国成立 60 周年大庆空中大阅兵的精彩片段  那我们怎么用 Flash 模拟制作出这样的动画呢？这就是我们今天要学习的内容——引导层动画	学生观看播放的视频文件	联系生活中学生熟知的事件导入新课，激发学生的学习兴趣

续表

教学步骤	教 师 活 动	学生活动	设计意图与媒体运用
探索交流	介绍引导层概念 引导线，就是引导一个物体沿着不规则曲线运动的路径，一个最基本的引导线动画由两个图层组成：上面一层称为“引导层”，它的图层图标为  。下面一层称为“被引导层”，图层图标与普通图标一样为 。在普通图层上面创建引导层后，普通图层就会缩进成为被引导层 引导层用来放置引导线。引导线也就是元件的运动路径，可以使用铅笔、线条、椭圆和画笔等绘图工具进行绘制 （一）实例讲解：骑车的曲线运动 1. 启动 Flash——打开文件——骑车 . fla 2. 制作动作补间动画：两个关键帧，属性面板中补间选择“动作” 3. 制作运动引导层  （1）介绍三种插入引导层的方法 ①单击“添加运动引导层”按钮 ②选择“骑车”图层，然后选择“插入——运动引导层” ③右击“骑车”图层，然后从弹出菜单中选择“添加引导层” 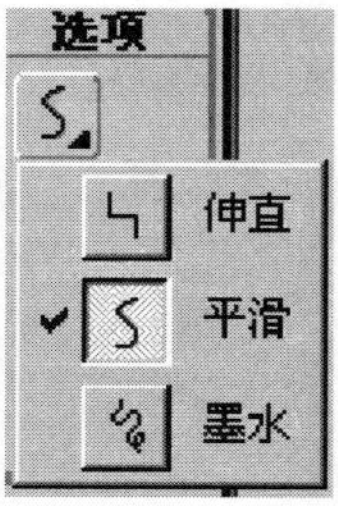 （2）选中引导层第一帧，使用“铅笔”工具，把选项调为“平滑”，（画好路径后，我们可以把引导层锁定）如图 （3）使用“选择工具”修改线条形状	学生选择一种方法插入引导层。也可以用另外两种方法	教师首先进行概念的讲解，使学生初步了解引导层与被引导层之间的位置关系

续表

<table>
<tr><th>教学步骤</th><th>教 师 活 动</th><th>学生活动</th><th>设计意图与媒体运用</th></tr>
<tr><td>发现新知</td><td>4. 切换到骑车图层：将元件吸附到引导线。将第 1 关键帧中的小人移至引导线的左端，将第 30 关键帧中的小人移至引导线的右端。保存文件
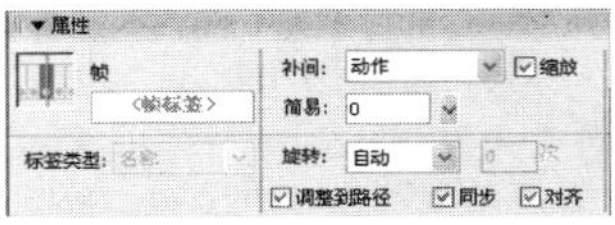

提示：属性面板勾选“调整到路径”“同步”、可使小人随着引导线的路径移动
提示：注意小人的注册点“⊕”要与引导线的两端对齐。要隐藏运动引导层和线条，以便在工作时只有对象的移动是可见的，可以单击运动引导层上的“眼睛”列。
教师小结：
<table>
<tr><td>引导层（在上）</td><td rowspan="4">对应</td><td>运动层（在下）</td></tr>
<tr><td>曲线—静止图像（1 个关键帧）</td><td>元件—创建运动动画（2 个关键帧）</td></tr>
<tr><td>起始端</td><td>第 1 个关键帧的元件中心点</td></tr>
<tr><td>终止端</td><td>第 2 个关键帧的元件中心点</td></tr>
</table>
</td><td>学生思考：引导线在播放时不可见，引导层永远放在被引导层的上一层，可以引导被引导层里的元件按一定路径运动</td><td>由最简单的引导层动画引入，符合学生的认知规律，容易激发学生的求知欲，增强学生学习的信心</td></tr>
<tr><td>任务导航

尝试操作</td><td>（二）小试牛刀：温哥华冬奥会周洋 1 500 米夺冠
设问：若要物体沿某一特定路径运动，就要找到起始和结束位置，我们能否在给出的这一椭圆封闭曲线上找出起始点呢
教师总结、引导：能否利用人眼睛的视觉差，在这一封闭曲线上做一些处理呢
引导：可否将这一封闭剪断一部分
制作运动引导层：
（1）单击“添加运动引导层”：在引导层上用椭圆工具 ○ 绘制一个椭圆，注意，填充色应该为空 ☒（可以把填充颜色删除）
（2）用橡皮工具 ◇ 轻轻的擦去一小段</td><td>闭合曲线的引导线动画的制作，学生通过教师出示的操作说明或帮助录像动手实践</td><td>设计不同层次的任务，供不同层次的学生模仿、操作，进一步理解引导线动画的制作过程</td></tr>
</table>

续表

<table>
<tr><th>教学步骤</th><th>教 师 活 动</th><th>学生活动</th><th>设计意图与媒体运用</th></tr>
<tr><td>任务导航

尝试操作</td><td>（3）把元件分别吸附在引导线的两端
（三）大显身手：2009 年 10 月 1 日，60 周年国庆节空中大阅兵
分析实例，提出新的任务：如何制作出多架飞机的飞行动画呢
提示：每个元件分别放在不同的图层，同时在动画中添加多个引导层，绘制多条引导线，使它们分别引导每一个的元件的运动就可以了。在教师的指导下学生自行作出动画效果。
最后时间轴如下图：
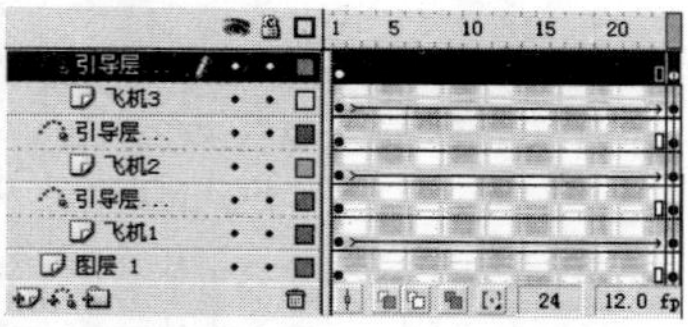
</td><td>以小组为单位让制作成功的学生代表演示制作过程，教师在旁边恰当指导，共同解决问题</td><td></td></tr>
<tr><td>展示评价</td><td>以小组为单位展示学生各个阶段的作品
<table>
<tr><th colspan="6">学生作品评价量化表</th></tr>
<tr><th rowspan="2">评价指标（分值）</th><th rowspan="2">具体指标</th><th colspan="3">量化等级分值</th><th rowspan="2">项目分</th></tr>
<tr><th>良好</th><th>基本</th><th>初级</th></tr>
<tr><td>技术表现</td><td>能较好地完成本节课的两项任务</td><td>5</td><td>3</td><td>2</td><td></td></tr>
<tr><td>合作表现</td><td>在制作过程中与其他同学互帮互助，确保顺利完成任务</td><td>5</td><td>3</td><td>2</td><td></td></tr>
<tr><td>语言表达</td><td>能用自己的语言有条理地去解释、表述所学知识</td><td>5</td><td>3</td><td>2</td><td></td></tr>
<tr><td>思维的条理性</td><td>能有条理地表达自己的意见，解决问题的过程清楚，做事有计划</td><td>5</td><td>3</td><td>2</td><td></td></tr>
<tr><td colspan="2">这节课我学会了什么</td><td colspan="4"></td></tr>
</table></td><td>学生通过屏幕广播的形式交流展示作品</td><td>积极评价引导，学会用欣赏的眼光去看待自己和同学的作品，培养情感、态度和价值观</td></tr>
</table>

续表

教学步骤	教 师 活 动	学生活动	设计意图与媒体运用
教师小结	制作引导层动画的过程：被引导层→添加“动作补间”→引导层→绘制引导线→对象吸附到引导线（引导层在被引导层的上方） 注意元件的注册点“⊕”要与引导线的两端对齐，另外引导线要连续，不能有间断的地方	总结、归纳	师生共同构建完整的知识体系

九、教学反思

（一）成功之处

1. 创设情境，激发学生的学习兴趣

兴趣是最好的老师。上课伊始，我通过播放学生熟知的两段视频文件，引入新课，极大地激发学生的学习欲望。

2. 任务驱动，分层次教学

课堂中的两个任务主要由学生独立完成，教师只提供了相应的视频帮助文件。当然，在制作过程中遇到困难，小组成员之间相互讨论，或者主动与教师交流。这样的分层次教学符合不同学生学习的需要。

3. 交流评价，促进学生发展

通过展示部分学生的作品，进行适当的点评，并且邀请部分学生进行演示和评价，使得学生们在评价中得到学习和提高。

（二）不足之处

有一部分学生没有把元件中心十字吸附在引导线上，导致动画制作失败。还有的同学引导线画的不连续或是有重复的地方，导致动画制作的不成功。说明学生对知识的细节掌握不够，所以在以后的课堂中应该加强学生对细节观察力和分析能力的锻炼。

用表格管理数据——建立工作表

严水冬①

一、指导思想与理论依据

中小学信息技术课程指导纲要指出，初中学生要学会使用与学习和实际生活直接相关的工具和软件。因此，本课的重点是让学生学会如何使用电子表格软件。

本课在教学策略上依据建构主义理论，通过教师创设的情

① 北京市海淀区北京理工大学附属中学.

景，让学生主动地探究和构建知识。在教师的引导下，学生通过电子表格的实例演示，认识到学习电子表格的重要性；通过教师引领和自主探究，使学生熟悉电子表格中相关术语的含义，得出建立工作表的一般步骤和美化工作表的一般要求，提高学生的分析能力和归纳能力；通过动手实践，掌握建立工作表并进行美化的操作方法，增强学生的实践能力。

二、教学背景分析

学习内容分析：初中信息技术课程的目标之一是让学生学会利用信息技术的常用工具和软件来解决学习与实际生活中的问题。电子表格是数据处理的主要工具之一，对学生的学习和生活有很重要的影响。而这部分学习内容比较抽象枯燥。因此，激发学生的学习兴趣就成了起始课非常重要的任务。根据给定的材料，建立合适的工作表是后续学习的基础，是数据处理和分析并得出结论的前提，也是学生学习电子表格必须具备的能力。因此，我认为本节课的学习内容有：

1. 启动 Excel 软件，认识 Excel 窗口，掌握常用术语。

2. 创建工作表的一般步骤：输入表头项目、输入和编辑数据、输入表格名称、美化工作表等。

3. 保存 Excel 文件。

学生情况分析：本节课是初一年级第二学期的内容，学生已经掌握了办公软件中 Word 和 PowerPoint 的基本操作，少数学生已经使用过电子表格软件，对软件环境较为熟悉。另外，学生已经逐步适应中学信息技术课堂的教学方法，初步具备了一定的自主学习能力和小组合作学习能力，初一学生求知欲强，乐于实践，这些都是课堂教学顺利高效进行的有利因素。但学生从图像处理过渡到电子表格往往有一定的心理落差，学习兴趣不高，学习效率低下。因此，如何激发学生兴趣、吸引学生的注意力，引导学生主动高效地学习是本节课要重点解决的问题。

教学方法：自主探究法，讲授法，任务驱动法，范例演示法。

教学资源：PPT 演示文档、电子表格案例。

技术准备：安装了 Microsoft Office 2003 的多媒体网络机房，电子教学系统。

三、教学目标

1. 知识与技能

(1) 认识 Excel 的窗口，掌握电子表格中常用术语的含义；

(2) 掌握使用 Excel 创建工作表的方法和一般步骤；

（3）学会合并及居中、设置边框、表格背景等美化工作表的方法。

2. 过程与方法

通过自主探究和协作学习，以及创建工作表的实践，归纳、总结创建工作表的方法和一般步骤，培养学生尝试、探索、归纳、总结的能力。

3. 情感、态度和价值观

（1）通过“对父母关心程度”的专题调查创设情境，引导学生学会关爱父母；

（2）培养学生从数据中提取有用信息，养成用数据说明问题并指导自己今后实践活动的习惯。

四、教学重点与难点

教学重点：创建工作表的方法和一般步骤：输入表头项目——输入数据——输入表格名称——表格名称跨列居中——设置边框、字体字型、表格背景等。

教学难点：按照一般的审美要求美化工作表，如设置合适的表格边框、字体字型等，特别要注意选择的表格背景颜色与表格内数据的颜色反差要大，使表格美观大方，并且容易看清楚数据内容。

五、教学过程

<table>
<tr><th>教学步骤</th><th>教 师 活 动</th><th>学生活动</th><th>设计意图</th></tr>
<tr>
<td>情境创设情境

引入课题</td>
<td>为准确了解班里同学对父母的关心程度，某班同学设计了一份问卷，在班里进行“对父母关心程度”的调查：
<table>
<tr><th>学号</th><th>姓名</th><th>性别</th><th>能否准确说出父母的生日</th></tr>
<tr><td></td><td></td><td></td><td>A. 能准确说出
B. 只能说出父亲（或母亲）的生日
C. 不知道</td></tr>
</table>
问卷调查结果如下：
<table>
<tr><td>A</td><td>A</td><td>B</td><td>B</td><td>C</td><td>C</td><td>A</td><td>C</td><td>C</td><td>A</td><td>A</td><td>B</td></tr>
<tr><td>A</td><td>C</td><td>A</td><td>B</td><td>C</td><td>C</td><td>B</td><td>A</td><td>B</td><td>A</td><td>C</td><td>A</td></tr>
<tr><td>C</td><td>A</td><td>A</td><td>A</td><td>C</td><td>B</td><td>A</td><td>B</td><td>C</td><td>A</td><td>B</td><td>B</td></tr>
<tr><td>A</td><td>C</td><td>C</td><td>A</td><td>C</td><td>A</td><td>C</td><td>C</td><td>A</td><td></td><td></td><td></td></tr>
</table>
问卷全部回收后，班长统计选择 A、B、C 各选项的人数，并计算各选项占总人数的百分比</td>
<td>1. 听教师讲解，在教师的引导下进入教学情境</td>
<td>1. 通过本例的讲解，使学生了解数据在分析问题、阐述观点时的重要性。同时，让学生明白表格和图表在管理数据、表达信息时的优点。激发学生的学习兴趣</td>
</tr>
</table>

续表

<table>
<tr><th>教学步骤</th><th>教　师　活　动</th><th>学生活动</th><th>设计意图</th></tr>
<tr>
<td>情境创设情境

引入课题</td>
<td>
提问：如果请你来统计问卷答案，你会用什么方法来完成统计工作（分类计数，画“正”字等）
统计结果如下：
<table>
<tr><th>选项</th><th>选择人数</th><th>占全部人数的百分比</th></tr>
<tr><td>A</td><td>19</td><td>42%</td></tr>
<tr><td>B</td><td>10</td><td>22%</td></tr>
<tr><td>C</td><td>16</td><td>36%</td></tr>
</table>
各选项所占比例用饼图表示如下：
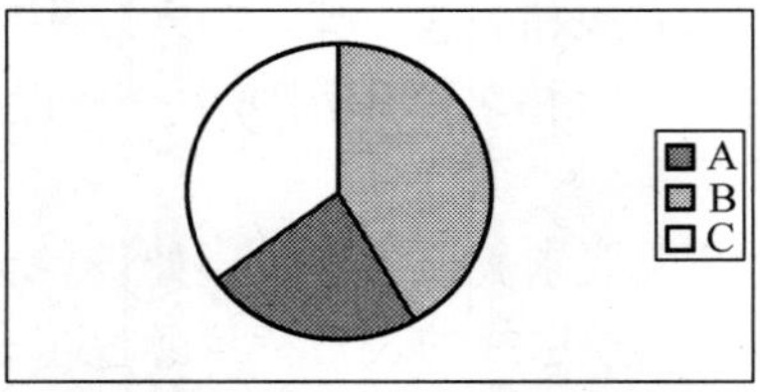

最后，根据上面的数据和图表，从该数据的统计结果中可以看出，大多数同学不够关心自己的父母
建议：我们应该更多地关心父母，为父母分担一些家务，让爱你的父母也能感受到你对他们的爱
通过上述例子，我们发现，从数据中我们不仅可以获得想要的结果，还可以指导我们的实践活动
为了更方便、更好地管理数据，随着计算机技术的发展，人们开发了各种软件来处理日常生活、学习和工作中遇到的各种数据。常见的软件有：
（1）Origin；（2）Matlab；（3）SPSS；（4）Excel
演示：用 Excel 处理“对父母关心程度”调查数据，突出 Excel 的优点——统计结果随数据的改变而自动更新
本学期我们将重点学习如何使用 Excel 电子表格软件来管理和处理数据。具体的学习目标如下：
（1）了解 Excel 软件的功能
（2）掌握使用 Excel 软件的操作方法
这也是我们学习任何一个软件都要重点关注的内容
</td>
<td>2. 学生回答使用的统计方法

3. 观看演示，思考与手工统计比较的优点和实现这些功能的方法
4. 明确学习目标和学习新知识时最关注的内容</td>
<td>2. 与使用电子表格软件进行统计作对比，做好铺垫工作

3. 通过演示，进一步激发学生学习 Excel 软件的兴趣

4. 目标引领</td>
</tr>
</table>

续表

<table>
<tr><th>教学步骤</th><th>教 师 活 动</th><th>学生活动</th><th>设计意图</th></tr>
<tr><td>教师引领

自主学习</td><td>首先，启动 Excel 软件：
——桌面快捷方式
——“开始/程序”菜单
然后，对照 Excel 软件的界面，阅读教材 P111 中“认识 Excel 窗口”部分的内容。思考并回答下列问题：
(1) 工作表与工作簿有什么区别
(2) 怎样表示一个单元格
(3) 什么是活动单元格
(4) 在一个工作簿中如何切换工作表
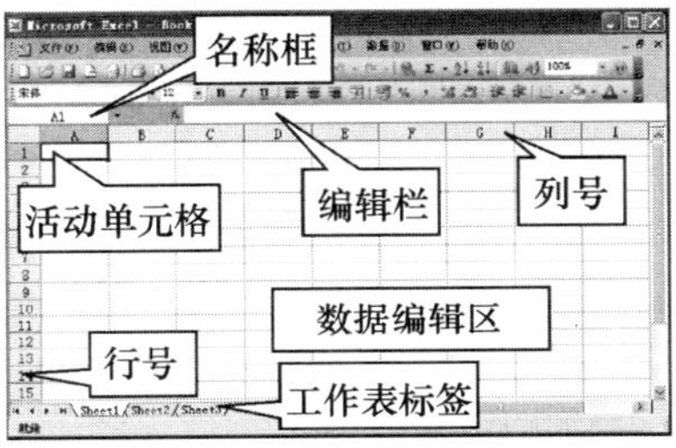</td><td>熟悉 Excel 软件的界面，掌握 Excel 软件中的常用术语</td><td>学生主动熟悉 Excel 软件界面，掌握常用术语。培养学生的自主学习能力</td></tr>
<tr><td>自主探究

创建表格</td><td>1. 提出问题
收集到的数据能不能直接用 Excel 软件来统计、分析？如果不能，那我们还需要对收集到的数据进行怎样的处理，才能用 Excel 软件进行统计、分析
引导学生回答：把数据放到 Excel 软件的工作表中，即输入数据，创建工作表
2. 布置任务，学生自主探究
(1) 将 Word 文档中的“某住户 2009 年各月用水量和用电量”数据输入到电子表格中，建立一个数据表，以备后面的学习中进行处理。表格样式如下：
某住户 2009 年各月用水量和用电量<table><tr><th>月份</th><th>用水量（吨）</th><th>用电量（度）</th></tr><tr><td></td><td></td><td></td></tr></table>(2) 时间有富余的同学可以尝试设置边框、设置字体字形、对齐方式和表格背景等美化工作表的操作
3. 师生总结归纳创建工作表的一般步骤
创建工作表的一般步骤：输入表头项目——输入数据——输入表格名称——美化工作表等</td><td>1. 学生思考回答问题

2. 回忆在 Word 和 Powerpoint 中编辑文字及表格的方法。思考创建工作表的一般步骤

3. 自主探究如何美化工作表</td><td>1. 明确用电子表格软件完成数据统计、分析的步骤，引入创建工作表任务
2. 引导学生将 Word 和 PPT 中学到的知识，迁移到新软件的学习中，强调知识建构的策略和知识迁移的作用
3. 培养学生的自主学习能力
4. 帮助学生整理知识点，形成知识脉络体系。使学生掌握创建工作表的一般步骤</td></tr>
</table>

续表

教学步骤	教师活动	学生活动	设计意图
教师讲解 完善作品	1. 展示学生作品，介绍输入数据的技巧 （1）数据太长，单元格中不能显示全部数据的处理 （2）使用填充柄，快速输入数据 （3）用复制、粘贴的方法可以将其他文件中的数据复制到电子表格的单元格中，或者将电子表格中的数据移到另外的单元格中 2. 输入表格名称并设置表格名称跨列居中 （1）在表格第一行前插入一空行 （2）在空行的第一个单元格中输入表格名称“某住户水电费统计表” （3）选定“A1：C1”单元格区域，单击格式工具栏中的“合并及居中”按钮 （4）再次单击“合并及居中”按钮将取消合并及居中功能 3. 设置边框、设置字体字形、对齐方式和表格背景 强调先选择需要设置边框的单元格区域。然后选择菜单栏中的“格式/单元格”命令，在弹出的“单元格格式对话框”中，选择“边框”选项卡设置边框；选择“字体”选项卡设置字体字形；选择“对齐”选项卡设置对齐方式；选择“图案”选项卡设置背景；选择“数字”选项卡设置数据格式 4. 保存 Excel 文件 5. 学生练习：设置边框、字体字形、对齐方式和表格背景	1. 对比教师展示的其他同学制作的工作表，反思自己的作品有哪些可改进之处 2. 回顾创建工作表的步骤及具体操作方法 3. 继续完善自己的作品	1. 使学生了解自己的作品有哪些不足 2. 使学生学会输入数据时遇到的常见问题的解决办法，掌握常用的输入数据的技巧，提高数据输入速度 3. 使学生学会美化工作表的操作方法。并运用所学方法完善自己的作品
交流小结 评价反馈	1. 展示学生作品，并对学生作品进行简单的小结评价 2. 结束语：今天这堂课，我们通过某住户用水量和用电量的数据学习了如何创建工作表。创建工作表的一般步骤是：输入表头项目——输入数据——输入表格名称——表格名称跨列居中——设置边框、字体字形、表格背景等。后面我们还将学习如何应用电子表格对数据进行处理、分析等内容。实际上我们对数据的处理，不仅是为了得到结论，更重要的是根据得到的结论，改进我们的实践活动，使我们的实践活动更加科学、有效	1. 通过教师点评，反思自己的作品有哪些可改进之处。学会如何评价作品 2. 回顾创建工作表的一般步骤及操作方法	1. 帮助学生学会评价，并进一步完善自己的作品 2. 帮助学生整理知识点，形成知识脉络体系。明确后续学习内容和目标

六、学习效果评价设计

评价标准：　　　　　　　　　　　　　　　　　总分：

序号	评价指标	具体要求	权重	得分
1	表头项目	表头项目输入正确，完全	10	
2	单元格数据	输入全部数据并没有错误	20	
3	表格名称	有确切的表格名称，并正确运用合并及居中	20	
4	美化工作表	设置表格边框、表格背景、对齐方式等	40	
5	学习态度	学习兴趣浓厚，态度认真，积极参与课堂活动，按老师要求完成学习任务	10	

七、课后反思

本课是Excel电子表格软件的起始课，而电子表格软件的学习相对其他内容来说比较枯燥，因此，本人选择了“对父母关心程度”问卷调查的数据统计、分析作为贯穿整个教学过程的案例。该案例非常贴近学生的实际生活，同时在课堂上可以渗透关爱教育。学生练习则选择了“某住户2009年各月用水量和用电量”记录表作为案例，通过该案例让学生学会创建工作表，同时也让学生学会关心家庭情况，了解家庭中能源和水资源消耗情况，从而树立节约能源、水资源的习惯。这两个案例对激发学生的学习兴趣，使学生在兴趣中掌握知识具有非常重要的作用，是本节课成功的基础。

本节课的教学思路清晰，从创设情境，引入课题到认识Excel窗口、创建工作表、美化工作表等，教学中各部分内容安排详略得当，重点突出。不足之处是在引入新课环节用时稍长，减少了学生练习的时间。

优化计算机

何　正[①]

一、教材内容

本节课是苏教版《初中信息技术》上册第二章第二节的内容，它将知识点分为“安装操作系统”“安装、卸载应用软件”“磁盘清理”“修补漏洞”“系统还原”五个部分。在前面学习内容中学生已实际接触过计算机，了解了计算机的基本组成，本节课在此基础上让学生通过实践操作来提高计算机的性能，实现计算机的优化。

① 江苏省无锡市雪浪中学.

二、教学对象

本课内容是针对城区初中一年级的学生，他们在小学时学过计算机的基础知识，具备了一定的上机操作能力，但考虑到学生个体间存在操作水平上的参差，我根据“组间同质，组内异质”的原则，对学生划分了小组，设立了小组长（小老师），以任务驱动为主线，通过小组合作的形式鼓励学生进行自主探究、合作探究。对于不同学生提出不同要求，因材施教。对于基础好的学生要求：

（1）能够安装操作系统及应用软件；

（2）能够利用系统自带的程序或专业软件“360 安全卫士”来优化系统（卸载应用软件、磁盘清理、修补漏洞、系统还原），处理计算机常见问题；

（3）能够发挥其“小老师”的作用，帮助小组内有困难的同学完成任务，共同协作与提高。

对于基础较薄弱的学生要求：

（1）能够了解安装操作系统的流程，学会应用软件的安装，并可以根据需要优化系统；

（2）能够在“小老师”的帮助下，或通过求助老师，在一定程度上达到学习目标。

三、教学目标

1. 知识与技能

（1）了解操作系统的安装流程；

（2）掌握应用软件的安装方法；

（3）能够针对计算机常见的问题，选择合适的方法优化系统。

2. 过程与方法

（1）借助“模拟安装操作系统”程序，了解操作系统的安装步骤；

（2）以任务驱动为载体，让学生自主探究安装应用软件的方法；

（3）结合生活中使用计算机时遇到的异常现象，学生通过合作探究，运用系统自带的程序或专业软件“360 安全卫士”优化计算机。

3. 情感、态度和价值观

（1）联系实际，让学生感受到学习是为生活服务的，学习内容紧贴实际生活；

（2）培养学生自主探究、合作互助、分析问题解决问题的能力。

四、教学重点与难点

教学重点：安装操作系统，优化计算机。

教学难点：应用所学知识维护计算机，处理计算机常见问题。

五、教学设想与教学策略

教学设想：本节课教学内容实践性比较强，我以《我的计算机我维护》为主题任务，与生活实际联系起来，采用“发现问题、寻找解决方法、解决问题”的流程进行教学，环环相扣，引导学生有序地解决问题，最终把本课知识建构到自己原有的知识系统中。

教学策略：(1) 通过列举平时在使用计算机时出现的异常引入课题，激发学生学习兴趣，推动学生探索知识的意向并转化为动力。(2) 由于真正安装操作系统的时间较长，给学生演示操作不现实，故借助模拟安装操作系统的程序进行演练（约 3 分钟），然后通过知识抢答的方式，一方面检验学生对知识的掌握程度；另一方面把学生上课的热情调动起来。(3) 本课中设有“创新维护”环节，体现分层教学，作为课堂任务的升华，达到能力的延伸。

六、教学资源

多媒体网络教室、模拟安装操作系统程序、奇虎 360 安全卫士、PPT 课件。

七、教学方法

本课以任务驱动为模式组织教学，采用实验与探索、个别指导、四人一组分小组合作等教学法。教师利用多媒体网络教学系统进行组织与参与整个过程，学生通过上机操作实践，结合具体任务进行探索和学习。

八、教学过程

（一）创设情景，激趣导入

师：同学们在使用计算机时有没有出现过异常现象？

（生答）师询问解决方法。（学生纷纷发言：有些问题未找到解决办法）

师：大家想不想靠自己来解决这些问题？今天我们就一起来学习如何优化计算机，相信通过大家的努力，一定可以实现自己的计算机自己维护的愿望。

师：我们知道一个完整的计算机系统是由硬件系统和软件系统两大部分组成（PPT：知识回顾），要优化计算机我们就从这两方面入手。这节课具体来实现优化软件系统。

[设计意图：从贴近学生生活问题入手，其中蕴涵与学习目标有关的问题悬念，激发学生学习兴趣和求知欲，揭示课题。]

（二）新课学习，操作实践

操作任务一：1. 操作系统的安装（模拟安装 XP 操作系统并进行知识抢答）

师：通过前面的学习大家知道操作系统属于系统软件，而且它是管理和控制计算机软、硬件的大管家，少了它计算机就无法工作，怎样安装操作系统呢？大家有没有安装操作系统的经历？（生答）我们通过一个模拟安装操作系统的小程序来练练手，请大家在操作过程中注意每一步的作用。

（安装过程中教师作适当要点提示及注意事项的提醒）

师：我们已经对安装操作系统的流程有了初步了解，现在老师要考考大家，请看大屏幕。

（进入抢答单元，对安装操作系统知识点作反馈，如下图所示）

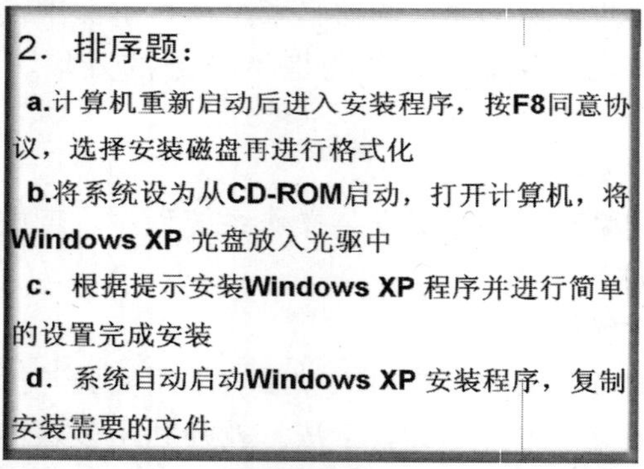

[设计意图：通过模拟安装 XP 操作系统了解相关知识形成印象，通过学生的抢答，进行知识梳理。]

2. 驱动程序的安装

师：成功安装操作系统后，计算机就可以工作了。老师现在有一个摄像头，想和远方的一位朋友视频，同学们可以帮我实现吗？（教师：请一位学生示范，他将摄像头与计算机相连接后，并未出现视频画面。问题产生后学生自主学习阅读课本第 29 页“学习实践”部分，找到原因与解决方法）

教师总结驱动程序的作用：当新购置外部设备后，发现它与计算机连接后无法工作时，需要安装驱动程序，因为计算机能识别它能做什么工作，只能通过安装驱动程序来使它们相互认识才能使用。

操作任务二：安装应用软件（自主探究）

师：操作系统和硬件驱动都安装好后我们根据可以需要安装各种应用软件，大家知道哪些应用软件可以保护我们的计算机不受侵害？（学生思考并举例回答：超级兔子、瑞星、360 安全卫士等）

师：我们以“360 安全卫士”为例让它来保护我们的电脑，它可以对计算机进行体检，检测计算机哪些方面需要治疗并帮助你对症治疗。接下来请同学们自己动手尝试安装，安装程序已经放在大家的桌面上，是一个名为 360safe. exe 的程序，在安装过程中做了哪些操作，把主要步骤填写在记录单上。

附：“记录单”

要求：安装 360 安全卫士到 D 盘，记录安装过程：

①双击 360safe. exe；②单击下一步；③单击______；

④选择目标文件夹：________，单击________；⑤单击________；⑥________；⑦________；⑧出现需要重新启动的提示，选择否。

[设计意图：这一环节通过学生自己探究去寻找安装应用软件的方法，然后归纳出安装步骤。]

操作任务三：优化系统（合作探究）

师：成功安装完 360 安全卫士后，会发现桌面上多了 360 安全卫士图标，双击将它打开，出现“360 安全卫士”窗口，现在它自动为你的计算机进行体检，大家面前的这台计算机健康指数是多少。

答：健康指数未到 100%，甚至低于 50%。

师：看来计算机很不健康，需要进行优化，提高它的免疫力。

同学们手中有一份“手拉手一起优化我们的计算机”求助单，是大家在使用计算机过程中遇到的问题，我们在帮这几位同学解决问题的同时，来优化自己面前的计算机。现在四个同学为一小组，由组长协调组员每人负责解决一个小问题，先给大家 30 秒的时间分工，在自己要解决的问题前打上勾。通过小组间的竞赛，比一比哪个小组配合最有默契效率最高，第一时间内解决求助单上的 4 个问题。大家可以借助课本、或是组内讨论、也可以问老师。做完的同学和组内其他成员交流一下方法，填写好求助单，检测计算机的健康指数。（后附求助单）

[设计意图：通过小组合作，将每个小组成员的积极性调动起来，培养学生的民主意识和合作意识，增强小组的集体荣誉

感；同时，通过同学分析问题解决问题及总结归纳能力。]

教师巡视、指导。检测知识点，学生演示并阐述：请 4～5 名学生演示并口述其操作过程，学生强化操作技能作情况反馈。师生共同评选出本次“最佳默契小组”“优化小能手”。

（三）拓展区

“创新维护”——软件升级、系统还原、账号保护

师：360 安全卫士除了可以查杀病毒 、清理系统垃圾、卸载软件、开机加速外还可以保护我们网银账户、游戏账号、QQ 账号，对软件进行升级等功能，XP 系统也自带了一些维护系统的程序，比如系统还原，它可以将系统还原到指定的状态，避免系统的安装。课后大家可以继续寻找更多维护我们计算机的方法！

[设计意图：创意维护的提出要求学生掌握举一反三的能力，提高学生的创造力，学生的探索欲、实践欲。]

（四）课堂小结与评价

最后用 2～3 分钟的时间让学生“连连看”对课堂内容进行回顾并填好“教学评价表”：

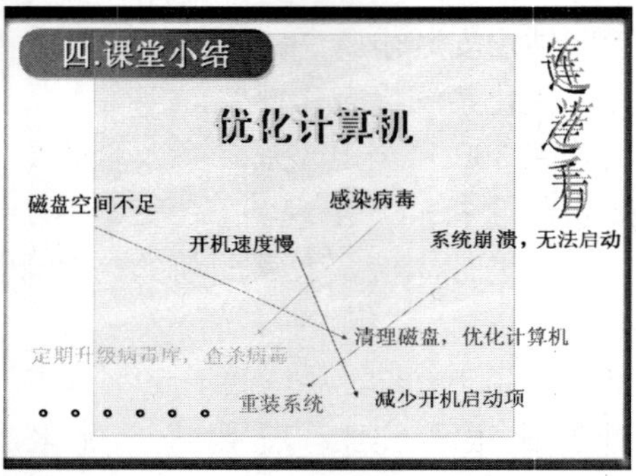

教学评价表

第　组		姓　名		完成情况		
评价要素		评价标准	自我评价			
			A（优秀）	B（良好）	C（及格）	D（不及格）
个人能力	安装操作系统	能理解操作系统的安装步骤及注意事项				
		能理解驱动程序的安装步骤				
	安装应用软件	能掌握应用软件的安装方法				

续表

<table>
<tr><td colspan="2">第 组</td><td>姓 名</td><td></td><td colspan="2">完成情况</td><td></td></tr>
<tr><td colspan="2" rowspan="2">评价要素</td><td rowspan="2">评价标准</td><td colspan="4">自我评价</td></tr>
<tr><td>A
（优秀）</td><td>B
（良好）</td><td>C
（及格）</td><td>D
（不及格）</td></tr>
<tr><td rowspan="4">个人能力</td><td rowspan="4">优化系统</td><td>能掌握应用软件的卸载方法</td><td></td><td></td><td></td><td></td></tr>
<tr><td>会利用“磁盘清理”功能释放磁盘空间</td><td></td><td></td><td></td><td></td></tr>
<tr><td>能理解系统更新的知识</td><td></td><td></td><td></td><td></td></tr>
<tr><td>能理解系统还原的知识</td><td></td><td></td><td></td><td></td></tr>
<tr><td>小组协作</td><td colspan="2">积极参与小组活动，能与其他成员互帮互学</td><td></td><td></td><td></td><td></td></tr>
</table>

附：“手拉手一起优化我们的计算机”求助单

1.（初一（1）班）我是计算机初学者，爱试用各种应用软件，现在我的计算机中有 16 种应用软件，可是其中一些软件我现在不需要了，想让它从计算机中消失，直接删除图标可以吗？我是菜鸟没敢弄，帮帮我吧！

解决办法：________________

[设计意图：让学生理解删除图标不等于卸载应用软件；学生学会用 4 种方法（自带卸载程序、安装目录中寻找卸载程序、使用“添加或删除程序”、用 360 安全卫士卸载）卸载应用软件。]

2.（初一（5）班）我喜欢上网冲浪，更着迷于网络游戏，像跑跑卡丁车、劲舞团、街头篮球都是我的最爱，但玩的时间久了我感觉计算机运行速度越来越慢，而且开机时间也越来越长，除了重装系统外，有没有好的优化计算机的策略，请赐教！

解决办法：________________

[设计意图：使学生学会利用系统自带的“磁盘清理”程序和 360 安全卫士清理垃圾功能、减少开机启动项提高计算机运行速度。]

3.（初一（2）班）我在使用电脑时有时一打开浏览器就频繁弹出广告，运行变慢，老师说可能遭遇恶意插件，怎么样才能恢复正常呢？希望得到你的帮助，更愿意和你成为朋友！

解决办法：________________

[设计意图：此现象在浏览网页时经常遇到，学生遭遇类似事件后，只会将网页关掉，所以延伸介绍 360 安全卫士中的“清

理恶意插件”功能。]

4.（初一（6）班）我的计算机每天都要受到很多次的计算机网络攻击。有时一两次，有时甚至多达六七次。它出现的是：“注意！你的计算机受到来自网络的攻击。”怎么办啊，也不知道是怎么回事，我急死了，哪位可以帮帮忙啊，谢谢了！

解决办法：________________________________

[设计意图：提醒学生，在安装完操作系统后，服务器上还没有打上各种补丁，存在各种漏洞，非常容易感染病毒和被入侵，需要进行系统更新或利用专门软件进行漏洞修补。]

九、教学反思

1. 从开始就抓住学生的兴趣，“情境”的创设符合学生的实际情况，与他们生活密切相关。学生一听说可以自己解决在使用计算机时遇到的问题后，积极性马上被调动起来，课堂气氛热烈而融洽。

2. 教学过程中，始终贯穿“学生为主体，教师为主导”的教学理念。巧妙设计求助单，把教学内容隐含在每个任务之中。对学生进行了分组后，每个小组成员完成任务单中的一部分，借助小组的力量互帮互助，共同提高，引入竞争机制，提高学生的学习兴趣。

3. 不足之处：对时间的把握没到位，本节课的知识点较多，学生操作实践部分时间较紧张，导致在“拓展区”部分学生没有动手操作的机会。

运动引导层动画

路宁宁①

一、教学内容

教材的第四章《动画制作》是围绕为“蜗牛寻找蓝天”为主题，引导学生学会制作动画短片。结合对教材内容的理解，我对教学内容进行了二次开发，做了如下处理：通过结合社会热点，联系现实生活，以“上海世博会”为主题，循序渐进的引出动画基础知识，引导学生初步学会设计动画的基本流程及制作简单动画，提升用动画呈现信息的能力。具体如下：

第一课时：动画原理、分类、格式、逐帧动画（主题：五星红旗随风飞扬，上海世博会标题动画）

第二课时：动作渐变动画（主题：海宝飞翔）

---

① 北京景山学校远洋分校.

第三课时：形状渐变动画（主题：由一滴海水变化成现在各种各样海宝形象）

第四课时：运动引导层动画（主题：海宝游览世博园）

本案例为第四课时“运动引导层动画”，通过这节课的学习，学生能了解运动引导层动画原理，主要学会添加及设置运动引导层。

二、学情分析

本节课是针对初中一年级下学期的学生设计的，他们已经学习了信息及信息技术的基础知识，具备搜索信息、探究学习和讨论交流的基本能力。并且，通过前一节课的学习，掌握了一些制作动画的基本操作，例如：新建元件、图片导入、补间动画、用工具绘制简单的图形。另外，对于 Flash 软件，有部分学生在课外兴趣班学过，这部分学生可能会感到学习内容简单、掌握速度较快，可以转化为教学资源，让他们帮助同学、演示讲解、总结归纳，带动他人共同进步。

三、教学目标

1. 知识与技能

（1）了解运动引导层动画原理。

（2）学会添加及设置运动引导层动画。

2. 过程与方法

（1）在教师的引导下，通过对动画源文件的分析，初步学会分析动画。

（2）通过自主探究学习，初步掌握引导线动画的制作过程。

3. 情感、态度和价值观

（1）体会运动引导层在动画制作中的作用。

（2）提升利用运动引导层动画呈现信息的能力，培养在现实生活中利用信息的能力。

四、教学重点与难点

教学重点：添加、设置运动引导层。

教学难点：绘制引导线，设置对象与引导线的吸附。

五、学习方式

自主探究、合作交流相结合的学习方式。

六、教学方法

探究、任务驱动、引导发现法。

七、媒体应用

计算机、Flash 8、Windows XP 系统、多媒体教室。

八、教学过程

教学环节	教学过程	教师活动	学生活动	设计意图
2分钟	（一）课前准备 播放《带你游世博之世博会各国家馆浏览》	组织	就坐观看	引导学生进入情境
创设情境，呈现任务 2分钟	（二）情景导入 我们知道上海世博会5月1日开幕，这是集中了世界上最先进的科技与文明的盛会。很多同学和爸爸妈妈都有去上海参观世博园的暑假计划。你们制定参观世博园的路线了吗？因为上海世博园分成A、B、C、D、E五个参观区，有大大小小共计154个展馆。我们的海宝已经开着小车按照自己制定的参观路线开始参观世博园了，不信，你看看  提问：用我们以前学过的知识能达到这个效果吗 讲解：可以使用动作补间动画，但是需要插入多个关键帧，很麻烦。今天，我们来学习一个更简便的方法来完成这个动画，这是使用运动引导层动画	展示 提问讲解	思考	在情境中导入新课，在复习旧知中，明确任务
自主探究，尝试任务 5分钟	（三）课堂教学 1. 探索新知 观察：D盘“海宝开车游览世博园.fla”源文件，你能分析一下，这个动画是由什么组成的。“演员”也就是元件是什么？图层是怎样的？时间轴是怎样设置的？你尝试做一下，如果遇到难题了，答案可以从学习网站中寻找或者问老师 教学过程监控：完成的同学请举起“电子手”为完成的同学在平时成绩上加1分	提问	探索实践	引导学生探究学习 及时评价，激励学生学习
分析任务，完善任务 12分钟	2. 分析新知 共同分析：动画有几个图层？每个图层有什么内容，这些图层与我们以前学过的普通图层有什么不同？哪位同学发现这个秘密了吗 请同学到讲台上分析各个图层的内容 讲解：这是一个运动引导层动画 一个最基本的引导线动画由两个图层组成：上面一层称为“引导层”，引导层内有什么内容	提问演示讲解	积极思考 回答问题	引导学生思考，引导学生掌握分析动画制作的方法

续表

教学环节	教学过程	教师活动	学生活动	设计意图
分析任务，完善任务 12分钟	(引导线) 下面一层称为“被引导层”，在普通图层上面创建引导层后，普通图层就会缩进成为被引导层。普通图层是一个包含运动渐变动画的图层 什么是运动引导层动画呢 使一个对象沿着一定的路线移动，这种动画形式就叫“引导线动画”。这是一种不规则的运动。 提问：怎样设置引导层 请一位同学回答 总结单击“添加运动引导层”按钮 提问：怎样绘制引导线 引导线是绘制在引导层中的，可以用铅笔、椭圆、直线自由绘制。引导线必须是一笔完成的，如果线有断点的话，就无法进行引导。并且引导线不能是闭合的，必须有两个断点，可以使用选定工具调整铅笔绘制出的线条。 绘制完引导线后，对象就会沿着引导线运动了吗? 提问：怎样使对象的运动中心点吸附到引导线上 总结：用鼠标指向中心点，并拖动中心点移动到引导线两端 教学过程监控：凡是回答问题的同学，在平时成绩上加1分	提问	思考实践	通过问题链，使学生深入思考引导线的设置，突破难点
创造动画，应用迁移 10分钟	3. 运用新知 没有完成“海宝开车游览世博园”的同学继续完成，先完成的同学可以帮助小组同学 教学过程监控：完成的同学请举起电子手 为首先完成的小组成员加1分 完成的同学根据素材库的内容进行创造。如：海宝在世博园的海陆空进行游览。请同学们欣赏优秀作品 评价标准： (1) 能根据素材设置引导线动画 (2) 能根据素材，综合运用引导线动画以及形状渐变动画、动作渐变动画等以前学过的知识进行设置 (3) 设置的动画美观并且有创造性	布置任务巡视指导	实践	准备充分的教学资料，引导学生将所学的知识技能在应用迁移中巩固提高

续表

<table>
<tr><th>教学环节</th><th>教学过程</th><th>教师活动</th><th>学生活动</th><th>设计意图</th></tr>
<tr><td>联系生活，拓展提高 5 分钟</td><td>4. 拓展提高 1：近大远小效果
同学们，为了使动画达到更加符合视觉的效果，你能作出这样的动画效果吗（近大远小效果）
总结：离我们越近，海宝越大；离我们越远，海宝越小
5. 拓展提高 2：透视效果
展示：多层对象在同一引导线中运动的示例，并且利用颜色透明度的设置来使海宝开车的效果更加合视觉效果（海宝在空中观看展览的透视效果）
制作步骤（详见教学网站）：使引导层下包含三个被引导图层。（1）在图层 1 上设置动作渐变动画。（2）把图层 1 的第一帧分别复制到图层 2 的第二帧和图层 3 的第三帧；把图层 1 的第二十五帧分别复制到图层 2 和图层 3 的第二十五帧。（3）分别设置图层 2 第二帧和图层 3 第三帧的海宝透明度为 30％和 15％</td><td>提问引导</td><td>思考实践</td><td>拓展，照顾不同层次的学生，达到分层教学的效果</td></tr>
<tr><td>总结评价，分层作业 6 分钟</td><td>（四）小结
谈谈这节课你的收获。填写自我评价表。并上交自我评价表
课堂实践自我评价表
日期＿＿＿＿＿ 班级＿＿＿ 姓名
<table><tr><td>学习快乐指数</td><td>✧ ✧ ✧ ✧ ✧</td></tr><tr><td>最大收获</td><td></td></tr><tr><td>有点吃力的内容</td><td></td></tr><tr><td>学习任务完成情况</td><td>✧ ✧ ✧ ✧ ✧</td></tr><tr><td>学习态度</td><td>♡ ♡ ♡ ♡ ♡</td></tr><tr><td>个人建议</td><td></td></tr></table>（说明：根据自己学习的实际情况，对学习快乐指数、学习任务完成情况、学习态度进行填色；对其他项目写下自己的想法）
（五）作业
思考：联系我们以前学过的知识，并根据生活经验，怎样使得海宝开车的效果更加符合视觉效果。我们下节课将继续探讨</td><td>总结归纳

布置作业</td><td>回忆疏理

记录思考</td><td>学生在反思中，进一步巩固所学知识

分层作业</td></tr>
</table>

九、教学反思

（一）关注教育专题与信息技术相结合

在信息技术教学中，教师教给学生的不仅仅是技能，而是一种将所学的知识技能用于获取信息，应用信息的能力，并且在潜移默化中渗透人文教育。因此，在这一单元的授课中，我选择了当前的热点主题：上海世博会。在潜移默化中，激发学生的爱国情感，促使学生关注这项盛事。事实也说明了这一主题的选择是正确的。学生们对这一单元的学习兴趣是空前的。

（二）自主探究，合作学习在信息技术课上的应用

在教学中，我反复向学生强调，在动画制作中，老师起的作用是“抛砖引玉”。我希望教给学生们的是分析动画的方法。遇到不懂的问题，可以借助丰富的教学网站，或是请教老师、同学，或是从网上来找到答案。很多学生通过网络来自学动画制作，这对于初一的学生来说，还是非常可贵的。

（三）注重及时的过程性评价和总结评价

及时的过程性评价和总结评价相结合，对于促进学生的进步是很有必要的。因此，我将多媒体中的“电子手”以及手中的记分册变成手中的“糖果”，促使着学生的前进。通过让学生填写自我评价表，使我能进一步了解学生学习的心理情况和实际掌握情况，为下一节课的学习做好准备。

最真实的你　我的中国——数据的分析

李念平[①]

一、教学内容分析

本课内容为重庆大学出版社《信息技术》八年级上册（第四版）第一章电子表格第四节“数据的分析”部分，是学生已经学习了 Excel 工作表创建、美化等基本操作以及数据计算后紧接着学习的内容，包括排序和筛选两种数据分析方法。分析数据，挖掘信息是信息社会需要的重要能力，所以本课内容亦是本章重点。本课在帮助学生再次理解数据与信息的关系、强化信息素养、提高分析问题解决问题能力方面有重要意义。

二、学生情况分析

思维情感方面：学生有对祖国的真挚感情基础，利用好可以避免数据分析过程的枯燥。初中生有好奇心、求知欲和表现欲，但自控力弱、注意力易分散。需要充分利用好有利的因素，注意

① 重庆市永川区永川中学校.

克服不利因素。

知识技能方面：学生已经学习了 Excel 工作表创建、美化等基本操作以及数据计算，对 Excel 操作并不陌生，但认知能力、思维能力、操作水平有个体差异。教学时要注意区别对待并充分利用教学平台、相邻互助和针对性指导实施分层教学。由于是首次接触数据分析，对于选择合适的分析方法从数据中获得需要信息的意识和习惯有待养成且有一定的难度，教学时需要强化和突破。

学习能力方面：由于日常教学均在学校信息技术课程平台（Moodle 搭建）中进行，学生已经会登录、浏览和下载学习资源、上传作业、进行在线测试等相关操作，尤其对操作有一定的观摩自学的能力。但学习能力有个体差异，对部分自主学习困难的同学要提供多方面的及时援助。

三、教学目标

维度	目标		范围	重要度	难度
知识与技能	排序	1. 知道功能、用途和方式	●	★☆☆☆☆	★☆☆☆☆
		2. 能够对相应数据区域数据按单、多关键字排序	●	★★★★★	★★★☆☆
		3. 了解排序的方向和字母、笔画特殊排序	◔	★★☆☆☆	★★★★☆
	自动筛选	4. 了解功能、用途	●	★☆☆☆☆	★★☆☆☆
		5. 能够按固定项、指定数量、自定义条件筛选	◕	★★★★★	★★★★☆
		6. 能够恢复筛选	●	★★★★★	★☆☆☆☆
		7. 掌握组合条件筛选	◔	★★☆☆☆	★★★★☆
过程与方法	通过相邻互助、自主学习过程培养学生自主学习意识和团队合作精神 通过数据分析体会数据与信息的关系，培养从数据中挖掘信息的意识，逐步提高信息素养 通过国情分析培养全面客观看待事物的方法，提高分析解决问题的能力		●	★★★★☆	★★★★☆
情感、态度和价值观	关注社会、了解国情、读懂中国、热爱中国		●	★★★★☆	★★★★☆

图示说明：◔ 少部分学生 ◒ 半数学生 ◕ 大部分学生 ● 全部学生

四、教学方法

自主学习与团队合作；过程评价与课程整合；任务驱动与分层施教；技术学习与情感渗透。

五、教学资源

多媒体网络教室、课程平台（集成国庆阅兵视频、在线测试题、例练文件、《国情备忘录》主题歌 MTV《给最真实的你》等教学资源）。

六、教学过程

（一）视频引入——共情

师：“上课前我们一起来重温一段精彩的视频。”

播放国庆阅兵视频。

学生：观看视频（如图 1 所示），为国庆阅兵盛况而震撼、感动。

图 1

师：看了国庆阅兵视频，作为中国人，同学们有何感受？

生：做中国人，真自豪！感受到了中国的强大……

师：是的，新中国成立 60 周年，特别是改革开放 30 周年来，中国发生了翻天覆地的变化，中国富强了！

[设计意图：兴趣是最好的老师，通过精彩的视频情景激趣，使学生自然投入学习氛围，既起到了组织教学的作用，又为接下来的学习打下情感基础。]

（二）设疑揭题——自然

师：老师还收集到一组权威的数据，请看！（用 Excel 打开并展示统计表，如下表）

2008 全球综合国力前 15 名统计表　社科院 2009 年 9 月 9 日研究报告

国 名	洲别	经济力	科技力	军事力	资源力	社会发展	政府调控	外交力	综合国力
美国	北美洲	2839	1846	2416	626	640	225	159	8750
加拿大	北美洲	828	239	185	579	461	202	115	2609
俄罗斯	欧洲	649	515	882	569	362	182	137	3296
中国	亚洲	1741	369	870	551	322	207	142	4200
巴西	南美洲	604	217	174	420	278	129	99	1921

师：世界综合国力前 15 位的国家有没有中国？

生：有！

师：中国综合国力排世界第几？能快速看出来吗？

有粗心的学生回答“第四”，但很快被其他学生否定了，学生吃力地观察比较着。

师：为什么大家很难快速看出中国综合国力位于世界第几？

学生思考回答，“因为数据是无序的”，“数据没按综合国力进行排序”。

师：是的，像这样无序的数据，是很难得到有用信息的，要清楚地显示各国的综合国力排列的先后必须对表中的数据进行排序处理。(语言强调并板书“数据　排序　信息”。)

[设计意图：设疑激趣、自然揭题。不同的素材印证相同的结论“中国富强了”，数据说话、信度更高，精准提问、环环相扣、巧妙设疑，既可加强学生的注意力，又可自然快速切入课题，从而进入学习状态。]

(三) 学法指导——分类

教师组织在线问卷调查：“用 Excel 对数据排序”，选项 1“会”，选项 2“会一点儿”，选项 3“不会”。

自主学习步骤： 1. 登录自主学习平台（桌面快捷方式）； 2. 学习资源区观摩无声动画“数据的排序”，注意文字说明（已会的同学可选）； 3. 学习资源区下载“练习文件”； 4. 打开练习文件； 5. 根据在线测试区第一组测试问题操作回答。提示：有困难可通过相邻同学或老师获得帮助。

图 2

学生参与问卷调查。

[设计意图：了解学情，便于分类指导。]

教师分别说明并投影展示自主学习步骤（如图 2）。

学生自主学习，完成［第一组］在线测试操作，测试题：

1. 按综合国力关键字降序排序，中国排列第（　）位。

A. 第四　　B. 第一　　C. 第三　　D. 第二

2. 数字的排序方式中降序和升序分别是指按（　　）规律进行排序的。

A. 由大到小　由小到大　　B. 由小到大　由大到小

C. 字母　笔画

3. “排序”对话框中“次要关键字”“第三关键字”下列说法最正确的是（　　）。

A. “主要关键字”“次要关键字”“第三关键字”必须选择相同的排序方式

B. 当主要关键字数据相同时，相同的数据将按“次要关键

字”排序，当次要关键字数据再相同时，相同的数据将按“第三关键字”排序

C. 排序只看主要关键字，其他的没实际意义

D. 一定要全部选择

4. 要集中查看亚洲国家的综合国力排序情况，主要关键字和次要关键字分别应该选择（　　）。

A. 洲别、综合国力　　B. 综合国力、亚洲

C. 亚洲、综合国力

5. 如果按洲别进行排序，默认依据（　　）排序？（选做）

A. 字母　　B. 笔画　　C. 自定义

教师巡视指导并了解学生情况，通过课程平台实时了解学生的回答情况。

[设计意图：正视学生个体差异，通过分类指导实施分层施教，使不同的学生有不同的发展；明确学习内容、学习途径和学习方式开展自主学习与相邻合作学习，变被动接受为主动学习，培养自学意识，锻炼学习能力。问题意图明确、层层递进，在线测试结果实时双向反馈，有助掌握学情、及时调整。]

（四）排序小结——精准

教师广播公布课程平台自动统计的练习成绩，对成绩优异者适当鼓励。请同学演示在线测试［第一组］试题操作 1、4、5，其中试题 5 需要打开“排序选项”对话框，作简要说明并鼓励学生尝试。通过启发或补充使学生的演示包括菜单排序和工具栏排序两种方法，并注意数据区域的选择。投影展示要点（如图 3）。

排序要点小结

1. 可实现根据所设关键字将数据的有序排列；
2. 通过数据菜单栏排序菜单项或常用工具栏升序、降序按钮操作；
3. 分升序和降序两种方式；
4. 数字按大小排序、字符默认按字母（汉字是拼音）排序，也可按笔画排序；
5. 排序要特别注意数据区域整体选择，不能包括合并单元格。

图 3

学生演示发言，回顾对比，取长补短，拓展提高。

[设计意图：及时反馈，适时激励，提高学习兴趣，保持注意力；参与演示、锻炼交流表达能力；精要的小结有利于知识的系统建构，突出重点，突破难点，强化目标达成。]

一位演示的学生修改了下载的练习数据，使中国的综合国力排列世界第一，引起学生哗然。教师肯定其良好愿望，指出祖国

的富强需要我们几代人共同不懈努力才能出现、提供假信息只能自欺欺人。学生欣然接受、恢复数据。“节外生枝”不但没有影响课堂教学，反倒增加了别样的趣味和意义。]

（五）筛选学习——迁移

师：如果只显示综合国力前 15 名中亚洲国家该怎么办？

学生思考，部分学生会想到按洲别排序，然后再删除其他洲所在的行，演示。

师：这样做虽达到了要求，但原始数据被丢失了，有没有一种办法既能达到要求，又不丢失原始数据？

学生短暂思考。

教师指出“Excel 筛选就能实现只显示满足条件的记录，隐藏不满足条件的记录的功能”，板书“筛选”，关于数据的筛选本节课要求大家仅掌握自动筛选，教师请学生按下列步骤自主学习，投影展示自主学习步骤，如图 4。

自主学习步骤：
1. 学习资源区观摩无声动画“数据的筛选”注意文字说明（可选）；
2. 在练习文件根据在线测试区第二组测试问题操作并回答。
提示：可通过相邻同学和老师获得帮助。

图 4

学生开展自主学习并参加在线测试区中第二组测试，试题如下：

1. 如果只显示综合国力前 15 名中亚洲国家该通过什么操作实现？

2. 如果只显示综合国力前五强应按什么方式筛选？

3. 如果只显示综合国力大于 3000 分的国家应按什么方式筛选？

4. 如果只显示综合国力大于 3000 分的亚洲国家应按什么条件筛选？（选做）

5. 综合国力大于 3000 分小于 5000 分的国家有几个？（选做）

教师巡视指导并了解学习情况，通过课程平台实时了解第二组测试学生的回答情况。

[设计意图：自主学习方法迁移有利于养成学生自主学习习惯；试题意图明确，有利于全面掌握基础知识形成基本技能；选做设计，分层要求。]

（六）筛选小结——精准

教师广播公布课程平台自动统计的第二组练习成绩，对成绩优异者适当鼓励。请同学演示在线测试第二组试题操作。通过启发或补充使学生掌握固定项、指定数量、自定义条件筛选和取消筛选方法，广播展示筛选要点如图 5。

筛选要点小结
1. 筛选可实现只显示满足条件的记录、隐藏不满足条件的记录从而获得想要的信息功能；
2. 通过数据菜单一自动筛选执行或撤销自动筛选；
3. 自动筛选可分为：固定项筛选、指定数量筛选、自定义条件筛选、组合条件筛选（选）；
4. 有多层标题时要注意数据区域的选择。

图 5

学生演示发言、对比回顾，取长补短、拓展提高。

[设计意图：及时反馈，适时激励，提高学生的学习兴趣、保持注意力；参与演示锻炼交流表达能力；精要的小结有利于知识的系统建构、突出重点、突破难点、强化目标达成；培养保护和恢复数据的意识和习惯。]

（七）综合应用——巩固

学生在练习文件中根据在线测试区第三组试题要求，综合运用排序和筛选两种方法对数据分析并回答。教师巡视指导并了解学生情况，通过课程平台实时了解第三组学生的回答情况。试题如下：

1. 根据问题，对练习文件“人口与社会”工作表进行排序或筛选分析，然后回答：

（1）中国人口数量世界排名第几？A. 第一　B. 第二

（2）城市人口比重前 20 个国家中有没有中国？

A. 有　B. 没有

（3）人均国民生产总值前 20 名中有没有中国？

A. 有　B. 没有

根据问题，对练习文件“人均国民总收入”工作表进行排序或筛选分析，然后回答：

（1）仅对各国家 2007 年人均总收入进行降序排列，中国大致排在什么位置？

A. 靠前　　B. 居中　　C. 靠后

（2）中国 2007 年人均总收入属于哪类国家，不足世界人均总收入的多少？

A. 低收入国家　1/3　　B. 中等收入国家　1/3

C. 中、低收入国家　1/3　　D. 高收入国家　1/2

学生按要求操作并回答在线测试问题。

教师广播公布课程平台自动统计的第三组练习成绩，对成绩优异者适当鼓励。请同学演示在线测试第三组第 2 题第（1）问操作，提醒注意选择区域。问“这一组数据说明了什么?”

学生思考并讨论发言、客观认识中国的发展水平。

［设计意图：与《历史与社会》学科中“直面中国人口、资源与环境问题”课程整合扩展知识、增加课堂信息量，试题包括了本课要点，既有巩固提高的作用，又有利于学生客观地看待中国的发展水平。］

（八）归纳总结——升华

教师板书课题“数据分析”，总结用排序和筛选对数据进行分析可以从一般数据中获得有用信息，强调操作要点，要求学生将练习文件上传“作业提交区”。

基本国情
一个走向富强的中国
一个负担沉重的中国
一个发展中的中国

图 6

教师结束语：“同学们，虽然改革开放三十年来，我国的综合国力得到了很大的提升，国际地位不断提高。但是我们必须清醒地看到，再大的总量除以 13 亿，都将变得微乎其微。任何成就都不能回避一个不争的事实，那就是……”广播展示图 6。“央视有部大型电视纪录片《国情备忘录》值得大家去网上看一看，它会给你最真实的中国……”，播放《国情备忘录》主题歌《给最真实的你》MTV，提示学生认真领会词曲意境。

学生欣赏、领会、感动。

［设计意图：梳理学习内容，升华感情，拓展延伸，激发继续学习意愿。］

七、教学反思

近年来国际社会“中国威胁论”余音未息，“中国责任论”又炮制出来；在国内，对国情的盲目乐观和悲观情绪随处可见。本课特将国情数据作为“数据的分析”教学素材，希望能使学生在分析数据的过程中了解真实国情，学习技术的同时增进对祖国的情感，以期取得更高的课堂效益。上完本课，我心情久久不能平静，除了真实国情的震撼，更多的是“教书育人”后的释怀。“有效课堂、教无止境”，只要充分发挥我们的智慧、创新地进行教学设计，学习将变得生动高效。本堂课让我体会最深的是以下三点：

1.“学生才是课堂的主角”。教师的作用主要体现在学生非智力因素的调控、学习情景的创设、学习资源的准备、学习活动的组织、学习评价的撑控、学习支架的搭建上。只有这样才能发挥学生的主动性、创造性，保持高度的求知欲，实现“多学少教”“不教而教”。

2. “情感是学习的纽带”。本课采取“技术学习、情感渗透”策略，紧紧抓住技术和情感两条主线贯穿始终，相辅相成。课堂真正成了师生情感与智慧相互交融、相互作用的过程，使课堂承载了更多的价值。

3. “有效课堂需要课程平台提供支撑”。本课采用 Moodle 搭建课程平台，充分利用了其在线测试插件进行了三组过程评价。既跳出了费时做秀的填表式过程评价模式，又真实、实时反馈了学习情况，有利于教师灵活调控课堂。课程平台还为自主学习、分层施教、资源下载和作业提交提供了方便。

高 中 教 案

循环结构——如何成为千万富翁

张 全[①]

一、教材分析

本节课是《算法与程序设计》第二章第三节第三课时的内容，在前两节课同学们已经学习了顺序语句和选择语句。本节课将学习一个常用而且重要的循环结构。在本节课中，将通过独特的案例来阐述循环结构的实现语句，并让学生进一步理解循环结构的格式、功能和基本思想。

二、学生分析

学生到现在已经学习了一段时间的程序设计，对可视化编程有了一定的了解，但前面只是学习了很简单的程序设计，对用计算机程序解决问题的优势可能还没有发现，部分同学认为有的问题还没有用笔算比较快。学生对程序设计的编程思想还不够理解。这种情况导致了一部分学生对本科目的学习兴趣在逐渐减弱。

三、教学目标

1. 知识与技能

（1）掌握循环结构的格式、功能。

（2）能够使用循环结构编写简单的程序解决具体问题。

（3）理解循环结构的执行过程。

---

① 安徽省蚌埠市蚌埠铁路中学.

2. 过程与方法

合理地选择好循环语句，掌握循环语句的使用方法以及循环语句的运行过程。

3. 情感、态度和价值观

培养学生的合作能力，思维能力，让学生理解用计算机程序解决问题的特点。

四、教学重点与难点

1. 教学重点

循环语句的格式与功能，能使用循环语句编写程序解决问题。

2. 教学难点

能使用循环语句编写程序解决具体的问题。

五、教学方法

在本节课的内容中，对于循环语句的格式、功能等采用教师讲解法；在教学中，为了让学生加深对循环语句的理解，采用任务驱动法；为了更好的完成任务，体验编程解决问题的乐趣，采用分组合作学习法。

六、教学过程

（一）情景创设

提出问题：假如你有了这样一个存钱计划：第一天存 1 分钱；第二天存 2 分钱；第三天存 4 分钱；第四天存 8 分钱，每一天存的钱都是前一天的 2 倍，那么这样一个月（按 30 天计算）共存多少钱?（可以多请几位学生回答。）

学生回答：有的说估计也就几十元，有的说还不够买个钱包呢，有的说 100 多元，当然也有极个别学生想到了最后一天存的钱应该是 229 分。

师：到底能存多少钱呢?（留个悬念）那么我们这节课将利用循环结构来编写一个程序计算到底存了多少钱。也许会成为千万富翁呢!（引起学生的兴趣。）

（二）开始新课

分析问题（教师讲解）：

假设 n 为天数，intsum 是一个累加变量，且初始值为 0，a 为每天应该存的钱，初始值为 0.5 分钱，从第一天开始每一天为 a＝a＊2，那么存入的钱的总和 intsum 的计算方法是：

第一天：n＝1，n≤30 条件成立，intsum＝intsum＋a 即 intsum＝0＋1(a＝1)；

第二天：n＝2，n≤30 条件成立，intsum＝intsum＋a 即 intsum=1+2(a=2)；

第三天：n=3，n≤30 条件成立，intsum=intsum+a 即 intsum=3+4（a=4）；

……

第 30 天：n=30，n≤30 条件成立，intsum=intsum+a 即 intsum=?(a=?)

第 31 天：

教师提问条件成立吗?

学生回答：不成立。

n=31，n≤30 条件不成立，退出循环。

每次都要重复执行 intsum=intsum+a 这个语句，

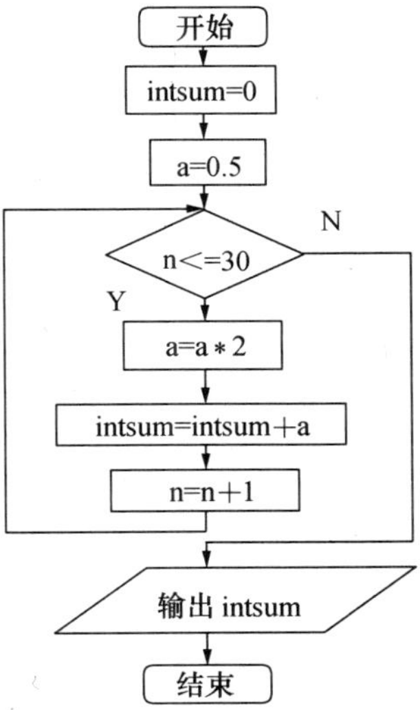

图 1

像这样就需要使用循环语句来实现。常用的循环语句是 For...Next 语句和 Do While...Loop 语句。

设计流程图，如图 1 所示：

（教师和学生一起交流讨论设计出流程图。）

设计程序界面（本程序界面简单，请学生独立设计。）

新建一个标准 Exe 工程，在 Form1 中添加一个命令按钮控件，并设置属性。

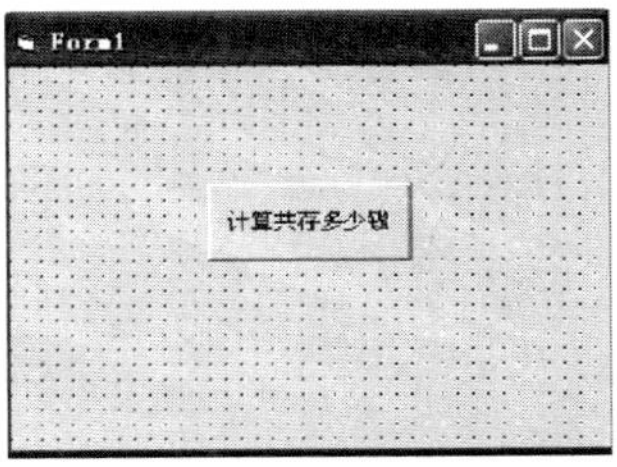

图 2

如图 2 所示：

编写程序代码：先让学生思考。

```
Private Sub Command1 _ Click ()
Dim n As Integer
Dim intsum As Single
Dim a As Single
intsum = 0
a = 0.5
For n = 1 To 30
a = a * 2
intsum = intsum + a
```

```
Next n
Print "30 天共存"; intsum; "分钱"
End Sub
```

教师讲解：在 For...Next 语句中，n 的初始值为 1（步长为 1），每执行一次循环，n 的值加 1，直到 n>30，退出循环。如果设置步长为 2，即 For n=1 to 30 step 2。

调试并运行程（注：程序结果为分，共计 1 000 多万元，如图 3 所示。）

图 3

学生看到共存了 1 000 多万元都比较吃惊，他们怀疑算错了，怎么可能有这么多。学生在下面议论较多。

任务 1：很多同学都没有想到能存 1 000 多万元，和多数同学的想象有天壤之别，也许还会有同学不相信。那么我们现在把程序改一改，让程序显示每一天存了多少钱，应该如何修改这个程序呢？

先请学生思考并上机修改程序，教师给予指导。

程序改好后，程序代码如下：

```
Private Sub Command1 _ Click ()
Dim n As Integer
Dim intsum As Single
Dim a As Single
intsum = 0
a = 0.5
For n = 1 To 30
a = a * 2
Print "第"; n; "天存"; a;
"分钱"
Next n
End Sub
```

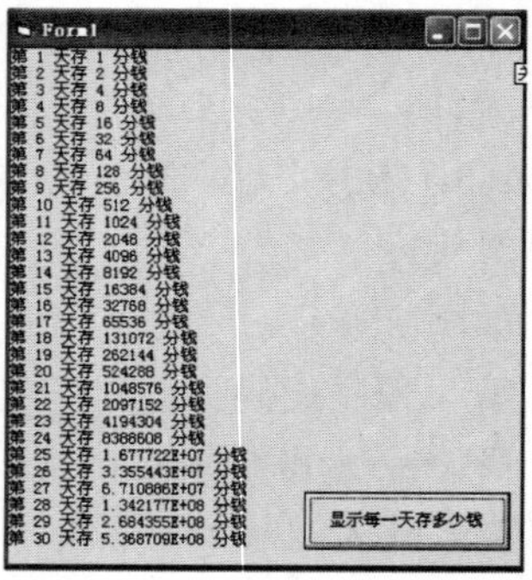

图 4

运行结果如图 4 所示：

通过上述程序的显示结果，同学们可以发现，最后三天的存钱数是 134 万多、268 万多、536 万多，从而知道了能存这么多钱的原因。同时通过上面的程序对循环语句也有了更深入的了解，也充分了解了循环语句是如何循环的。

任务 2：如果要计算多少天之后，存款能超过 100 000 元（即

10 000 000 分钱）该怎么办呢??（讲解：Do While 语句）

教师和同学们一起讨论并修改程序。程序代码如下：

```
Private Sub Command1 _ Click ()
Dim n As Integer
Dim intsum As Single
Dim a As Single
intsum = 0
a = 0. 5
n = 0
Do While intsum ≤ 10000000
n = n + 1
a = a * 2
intsum = intsum + a
Loop
Print "到第"; n; "天存款超过 10000000 分钱"
End Sub
```

运行结果如图 5 所示：

图 5

教师讲解：Do While 语句先判断是否满足 While 语句后面的条件表达式，如果满足，程序反复执行两者之间的语句，直到条件不再满足。

（三）教师小结

For... Next 语句和 Do While... Loop 语句在多数情况下是通用的，但是，For... Next 语句更适合于循环次数容易确定的情况，而 Do While... Loop 语句的使用则更灵活些。

（四）任务与作业

任务 3：两人一组，编程计算 1 到 100 之间所有偶数的和，提示 Step 值为 2。

学生上机完成课堂作业，教师给予指导。

课后作业：学生编程计算 100～200 之间不能被 3 整除的数。

七、教学反思

这个案例在教学中取得了很好的效果，因此我推荐本案例，并认为其有以下突出特点：

1. 本案例中教师首先提出的问题引起了学生的很大兴趣，那么在本节课开头就调动了学生学习的积极性和主动性。学生在听课过程中，始终是带着一种探究和好奇的态度去学习的，课堂气氛很好。

2. 本节课的三个程序，先是计算存钱总数，后显示每一天的存钱数，最后是按存钱数计算天数，环环相扣，循序渐进，有很强的连贯性。

3. 本节课的教学案例，让学生对循环语句了解的比较好，也能体会到 For... Next 语句和 Do While... Loop 语句的区别与联系，对于一些简单的循环语句，学生可以自己去编程解决，完成了本节课的教学目标。

4. 在上课开始提问题的时候，就有个别同学想到了第 30 天存了 229 分钱，这个问题也是数学中的等比数列问题。在高二数学中，也有一章内容是关于程序设计的。通过本节课的案例，使学生认识到信息技术与数学两个学科的整合。

5. 另外通过本案例，学生可以体会到小钱可以积累成巨大财富，同样的道理，知识也需要平时一点一滴的积累，只要肯努力，一定会取得成功的。

QQ 宠物由我设计——用计算机程序解决问题的过程

李楚如[①]

一、教材分析

(一) 本节课的地位与作用

1. 用计算机程序解决问题是信息社会的一种基本方法，编制计算机程序，就是针对具体问题，运用程序设计语言编制一个专门的计算机程序来求解问题。学生在经历“分析问题—设计算法—编写程序—调试运行—检测结果”的过程中了解用计算机程序解决问题的基本过程，培养学生分析问题、解决问题的能力并增强学生思维的严密性、条理性。

2. 本节是对用计算机程序解决问题的基本过程的入门介绍，是选修模块《算法与程序设计》的概述和引子。因此，能否通过学习本节课来激发学生对计算机程序设计的兴趣，将直接关系到选修模块《算法与程序设计》的顺利开设。

(二) 主要内容

粤教版《信息技术》(必修)《信息技术基础》第四章第一节

① 广东省汕头市第二中学.

第四部分，内容是“剖析编制计算机程序解决问题的过程”，通过实例操作与分析了解用计算机程序解决问题的基本过程。这个过程包含以下环节：分析问题，设计算法，编写程序，调试运行，检测结果。教材选用的加密、解密的实例比较专业，学生不太熟悉，而且加密、解密的程序代码的编写也稍显复杂。

（三）教学重点和难点

教学重点：了解用计算机程序解决问题的过程。

教学难点：培养学生对计算机程序的兴趣。

二、学生分析

1. 高中学生已具备了较丰富的计算机使用经验，但接触的多是文字处理、媒体表达等常用工具软件及网络应用等，对于计算机程序只有极少的学生接触过，许多学生只是听说，对于计算机程序的工作过程、设计过程知之甚少。

2. 高中学生大部分对“程序”具有好奇心及求知欲，急于看到自己的编程成果又畏惧程序设计中难以理解的程序代码。

3. 高中学生具有很强的逻辑思维能力，也掌握了较高的数学知识水平，对于初步了解计算机程序困难不是很大。

三、教学目标

1. 课程标准

初步掌握用计算机进行信息处理的几种基本方法，认识其工作过程与基本特征。

2. 知识与技能

（1）了解编制程序解决问题的基本过程。

（2）理解计算机程序代码的执行目的。

（3）初步学会修改简单的代码，完善程序。

3. 过程与方法

通过亲历“分析问题—设计算法—编写程序—调试运行—检测结果”的过程，了解用计算机程序解决问题的基本过程。

4. 情感、态度和价值观

培养学生进一步学习程序设计的兴趣

四、教学策略

（一）教学方法

讲授、探究、任务驱动相结合。

（二）教学手段

通过多媒体计算机网络进行实例演示，引导学生讨论、分析问题、教师讲授算法设计及代码编写，利用学习帮助网站为学生提供学习资源并指导学生完成课堂任务，通过教学评价网页展示学生作品并对作品进行即时评价。

五、设计思路

本课的设计注重趣味性，最大可能地使学生的对“程序”的好奇心和求知欲得到有效的引导与满足。以一个简单有趣的“QQ宠物”小程序作为课堂教学实例，使学生亲历用计算机程序解决问题的过程，设计“QQ宠物 2.0 版”和设计“QQ宠物 3.0 版”的分层次任务更好地培养学生的学习兴趣，学生在完成课堂任务的过程中再次经历“分析问题—设计算法—编写程序—调试运行—检测结果”的过程，更好地了解用计算机程序解决问题的过程。

六、教学资源

VB软件，演示用的“QQ宠物”程序、学生用的“QQ宠物测试版”程序，学习帮助网站、教学评价网页。

七、教学过程

教学阶段	教师活动	学生活动	设置意图	时间
创设情境，导入问题	1. 演示“QQ宠物”程序（见图1） 2. 讲述：如果要用计算机程序设计一个这样的游戏，该如何着手呢 3. 介绍用计算机程序解决问题的过程：分析问题—设计算法—编写程序—调试运行—检测结果	学生观看程序演示	吸引学生兴趣，设置问题，引入新课	3分钟
用计算机程序解决问题的过程	以设计简单的“QQ宠物”程序为例，与学生共同分析、体验用计算机程序解决问题的过程 教师提出问题：设计一个“QQ宠物”程序，在程序中可以让宠物吃饭、学习和睡觉，宠物在接收命令时有文字回应 1. 分析问题 引导学生讨论，分析该问题的需求情况和已知条件，判断解决问题的可能性和目标要求，以自己的语言提出问题的分析方案 该问题可简洁描述为：在程序界面上提供“吃饭”“学习”和“睡觉”三个按钮，当点击这三个不同的按钮时，计算机能提示不同的文字	讨论并回答 听讲和思考 思考并回答	以生动有趣的问题激发学生解决问题的欲望 通过师生互动分析使学生充分理解如何分析实际问题	17分钟

续表

教学阶段	教师活动	学生活动	设置意图	时间
用计算机程序解决问题的过程	2. 设计算法 教师引导学生用自然语言描述解决该问题的详细方法和步骤 3. 编写程序 教师演示在VB中建立三个命令按钮和一个标签，编写“吃饭”按钮中的程序代码，教师先录入代码的前半部分，学生口述后半部分代码 4. 调试运行 指导学生打开VB工程文件“QQ宠物测试版”，师生调试运行，引导学生发现问题解决问题，改正代码中的语法错误 让学生明白如果编写的程序与程序设计语言的语法规则不一致，程序会出错而中断运行。此时，可根据计算机提示的出错信息修改程序，重新调试运行 5. 检测结果 引导学生运行程序，检查程序功能是否符合设计要求，当达不到设计要求时，能够回头对程序进行修改完善程序功能 当学生完成上述五个环节的体验后，让学生将程序编译成可执行程序，得到“QQ宠物1.0版.exe”，体验成功 教师作简单的小结，布置课堂任务：根据新的问题需求，编写程序代码完善程序功能	学生调试程序，改正程序代码中的语法错误 学生检测结果，发现问题，并在代码窗口中的恰当位置加入“End”语句，完善程序功能	学生用自然语言描述算法，以便在编写程序时能更好地理解代码的意义 学生参与程序代码的编写，理解程序代码的执行目的 学生在实践操作中，了解调试运行的必要性 使学生了解如何根据问题需求检测结果，完善程序	
课堂任务	布置必做任务：现在大家已经拥有1.0版的QQ宠物了，但在1.0版中，QQ只有吃饭、学习、睡觉的机会，请为QQ增加一个新的按钮，让它还可以做别的事情，将1.0版的QQ宠物升级为2.0版的QQ宠物 要求学生在1.0版本的基础上重新分析问题、设计算法、修改程序代码，完善程序功能	学生经过分析问题—设计算法—修改程序代码—调试运行—检测结果，完成“QQ宠物2.0版”	学生在完成任务的过程中再次经历用计算机程序解决问题的过程，加深学生的理解，培养学生对计算机程序的兴趣	17分钟

续表

教学阶段	教师活动	学生活动	设置意图	时间
	布置选做任务：在2.0版的QQ宠物中只看到QQ的对话，看不到QQ的模样，请完善程序使QQ不再是“只闻其声不见其人”，将2.0版的QQ宠物升级为3.0版的QQ宠物 在完成课堂任务的过程中如果碰到困难可从“学习帮助网站”得到帮助（见图2）	学生借助“学习帮助”网页的帮助，了解相关代码的使用，完善程序功能，完成“QQ宠物3.0版”	这个任务为程度较高的学生而设计，激发学生探索应用计算机编程工具编制程序的兴趣	
作品展示及点评，学习效果自评	1. 演示几个学生完成的QQ宠物程序，提供评价参考标准并点评作品 2. 学生完成“学习效果评价”的调查问卷 （“学习评价网站”见图3）	观看作品，根据参考标准评价自己的作品 完成学习评价	使学生客观评价自己的作品，完善程序中的不足之处 通过调查问卷了解学生在本节课的学习情况	8分钟

八、教学反思

本节课中的课堂教学实例生动有趣且贴近学生生活，学生学习兴趣较高，在完成课堂必做任务的过程中，多数学生能够根据前面的程序代码编写新按钮的代码完成“QQ宠物2.0版”，亲身经历用计算机程序解决问题的过程，激发学生对计算机程序的兴趣，解决了教学的重点难点，课堂选做任务为学习能力较强的学生提供了继续探究的机会，更好地激发学生探索应用计算机编程工具编制程序的兴趣。

本节课的教学中，需根据学生具体情况灵活处理的教学阶段有：(1) 在“分析问题”阶段，教师需调动学生的积极性参与讨论；(2) 在学生完成“课堂任务”阶段，教师需适时且适当地引导学生；(3) 在“作品点评”阶段，教师需引导学生正确评价自己的作品，这几个阶段也是本人在实际教学中需努力完善之处。

九、教学评价

本节课的教学评价主要是对计算机程序解决问题的基本过程的理解程度进行测评。

1. 通过对学生的观察、激励、师生互动、上机操作等方式对学生进行表现性评价。

2. 通过教学评价网页展示学生作品，由学生参考评价标准对作品进行自评，教师点评典型作品（见附录1）。

3. 通过教学评价网页以问卷调查的方式对学生学习效果进行总结性评价（见附录二）。

附录 1：“QQ 宠物”作品评价参考标准

1. 作品提交时间。
2. 更改按钮“??”上显示的文字为描述其他功能的文字。
3. 点击不同按钮时能出现不同的符合情境的文字响应。
4. 连续点击同一按钮时能出现不同的符合情境的文字响应。
5. QQ 对话语言新颖有趣。
6. 点击不同按钮时能出现不同的符合情境的图片响应。

附录 2：学习效果评价表

请填写完成以下问答，以便老师了解大家的学习情况。（请在对应选项前打“√”）

1. 通过本节课的学习，你对程序设计感兴趣吗？（单选）

（　　）非常感兴趣　（　　）感兴趣　（　　）不感兴趣

2. 通过本节课的学习，你是否了解用计算机程序解决问题的五个过程？（单选）

（　　）是　（　　）否

3. 本节课中，你已经完成以下的哪些任务？（单选）

（　　）完成 QQ 宠物 1.0 版、2.0 版及 3.0 版。（做到这一点你真令老师佩服）

（　　）完成 QQ 宠物 1.0 版及 2.0 版。（做到这一点你真不错）

（　　）完成 QQ 宠物 1.0 版。（继续努力）

（　　）只改正了 QQ 宠物测试版中的语法错误。（要加油啊）

以下为教学资源的相关截图。

图 1：“QQ 宠物”程序

图 1－1

图 1－2

图 1－3

图 1－4

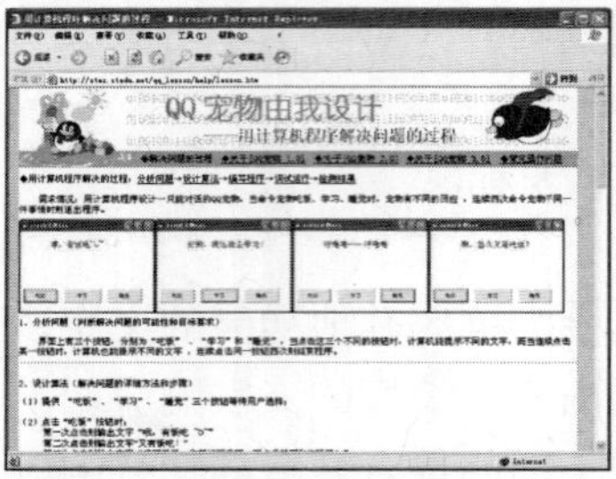

图 2　学习帮助网站

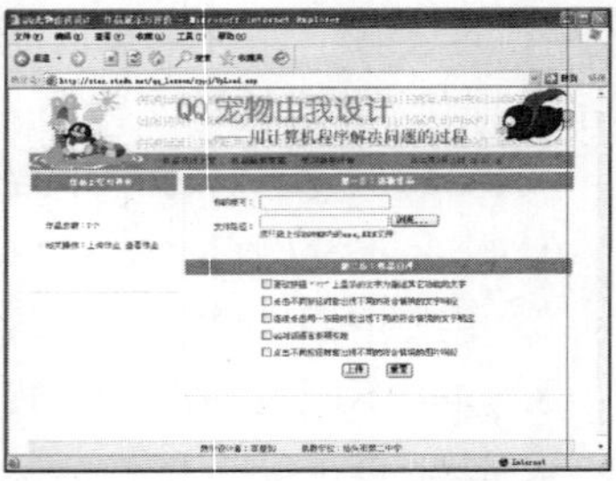

图 3　学习评价网站

动态网页的制作

郭　新[①]

一、教材分析

1. 本节的作用和地位

本节课是《网络技术应用》(选修 3) 第五章第四节的内容，也是高中阶段网络技术应用模块学习的最后部分。这部分内容包含了当今网络的一些前沿技术，技术含量较高，应用广泛，因此是整本教材的精华部分，具有极为重要的地位。对于高中学生来说，本节课的学习也是教材第五章的落脚点，对于动态网页制作起到升华的作用。

2. 本节主要内容

以制作“留言板”为课堂活动主线，穿插理论知识的讲解与分步操作的练习。讲、练相结合。理论知识的讲解包括：动态网页的生成过程、动态网页的概念及其主要特征、动态网页与静态网页的区别和基本判断方法；操作技能包括：使用表单制作页面的方法、修改表单域属性的方法、发布与浏览动态网页的方法。

二、学情分析

随着网络技术的迅猛发展，网络已经渗入到社会生活的各个角落，城市中的高中学生已经具有较为丰富的网络使用经历与经验，并且通过初中阶段和前面几节课的学习，学生对静态 html 网页的制作有了较深的印象与认识。而对于目前网络广泛采用的 ASP 等动态网页技术，以往的课程中都没有涉及，绝大多数学生都不了解，对于他们来讲，这部分内容是全新的，同时学生又具有强烈的好奇心和主动探究愿望。另外，高一学生已具有一定的分析与自主学习能力，这些都是学好本节课的有利因素。

三、教学目标

1. 知识与技能

(1) 初步了解基于 ASP 技术制作动态网页的过程。

① 北京市古城外国语学校.

（2）初步理解动态网页的概念与主要特点。

（3）学会使用表单制作页面的方法。

2. 过程与方法

通过完成制作留言板这个活动，使学生亲身经历制作动态网页的全过程，初步掌握利用 ASP 技术制作动态网页的基本方法，以及发布、浏览动态网页的方法。

3. 情感、态度和价值观

体验动态网页制作的全过程，并激发学生学习兴趣，并逐步培养学生分析问题、解决问题的能力。

四、教学重点与难点

本节课的教学重点是初步了解基于 ASP 技术生成动态网页的过程（主要是服务器端的工作流程），在此基础上，初步理解动态网页的概念与主要特点，最后落实到利用表单制作页面以及修改相关属性，发布与浏览动态网页。

1. 教学重点

（1）基于 ASP 技术生成动态网页的过程。

（2）动态网页的概念与主要特点。

（3）使用表单制作页面的方法。

2. 教学难点

（1）对动态网页生成过程的理解。

（2）动态网页与静态网页的区别和基本判别方法。

五、教学资源

Web 服务器、网络数据库、投影机、课堂辅学网站、演示文稿、多媒体教学管理系统。

六、教学过程

教学环节	教师活动	学生活动	设计理念
创设情境	提问 仔细观察下面两个网页：（1）课堂辅学网站的首页。（2）自己网站的首页。请分别说出它们是静态网页还是动态网页的？为什么  (1)  (2)	仔细观察，思考后，回答问题	抛出问题，制造悬念

续表

<table>
<tr><th>教学环节</th><th>教师活动</th><th>学生活动</th><th>设计理念</th></tr>
<tr><td></td><td>点评：两个都是静态的。网页上具有动态效果，并不能说明此网页就是“动态网页”
所谓“动态网页”主要是指其生成的过程是动态的</td><td></td><td></td></tr>
<tr><td>引入新课</td><td>那么“动态网页”到底什么样？又是如何产生的呢？如何初步判断哪些网页是动态生成的？</td><td>进一步思考</td><td>引发学生深层思考</td></tr>
<tr><td>讲授新课</td><td>展示：一个留言板的基本功能
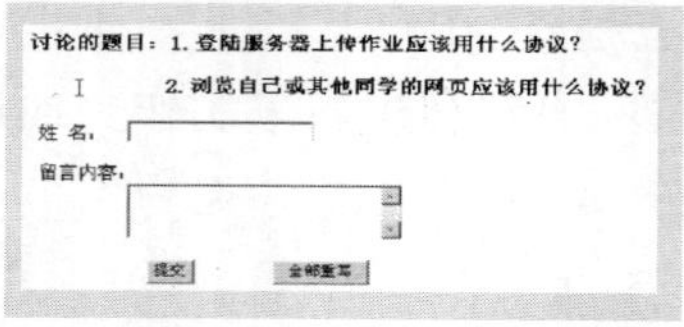

提问：填入的留言文字信息被保存在哪儿
点评：留言中的文字信息被保存到服务器端的一个数据库中
（一）动态网页的生成
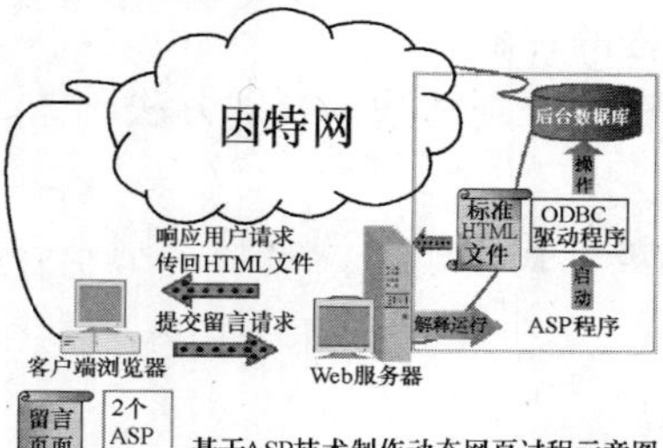

基于ASP技术制作动态网页过程示意图
讲授
1.“留言板”的工作流程
（1）在客户端填写留言，然后向 Web 服务器发出一个页面请求
（2）服务器在接到请求后，运行相应的 ASP 代码，执行指令
（3）启动相应的 ODBC 数据源驱动程序，实施对数据库的操作
（4）执行结果会动态生成一个 HTML 文件，传回客户端浏览器（在客户端浏览器上看到的网页就是一个动态生成的网页）
分析、布置任务</td><td>观看老师操作，了解网络中常用留言板的基本功能
思考，并回答问题
听讲并观看演示文稿，记住 Web 服务器端的工作流程（红色方框中的内容）</td><td>明确本节课任务的最后结果
这是第一个教学重点，重要的概念都在这里，故采用直接讲授的方法，配合演示文稿中的直观示意图，使学生容易理解</td></tr>
</table>

续表

教学环节	教师活动	学生活动	设计理念
	2. 制作“留言板”的具体任务 (1) 建立服务器端的数据库 (2) 设置服务器端的 ODBC 数据源 (3) 制作留言板的页面 (4) 编写 ASP 程序，对数据库进行存取操作 第一步建立数据库和第二步设置服务器端的 ODBC，教师已经在机房的服务器端做好了，也就是说实验环境已经搭建好了。那么，这节课大家接着完成后面两步骤即可	理解并记住要完成的具体任务	从理论讲解过渡到具体操作
实践操作	3. 实现“查看留言”功能 演示操作一： (1) 实现查看留言功能的具体操作 (2) 在浏览器的地址栏中输入形如 http://10.88.57.248/g6/g61 的地址，即可浏览自己的首页，并验证查看留言功能是否实现 教师巡视，个别辅导 4. 实现“写入留言”功能 演示操作二： (1) 使用表单制作留言板页面 (2) 通过 http://10.88.57.248/g6/g61 的形式浏览首页，检验写入留言功能是否实现 教师巡视，个别辅导 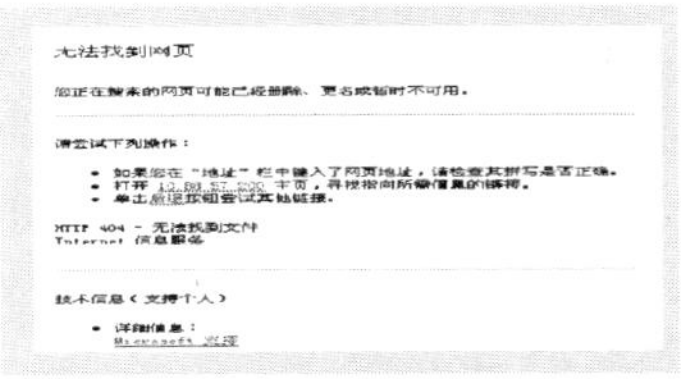 提问：有哪位同学知道上图问题究竟出在哪儿? 分析结果：未指定表单的处理程序，需要修改表单和表单域的相关属性 演示操作三： (1) 指定表单的处理程序	先听讲，在理解的基础上，模仿操作： (1) 访问课堂辅学网站 (2) 打开“记事本”程序，将网站中指定的 ASP 代码复制其中，然后保存在本地硬盘中，命名“显示.asp” (3) 建立主页与“显示.asp”的超级链接，保存主页 (4) 随后将主页和“显示.asp”这两个文件上传到服务器中，并浏览首页，验证“查看留言”功能是否实现 先听讲，在理解的基础上，模仿操作： (1) 建立新网页，并重命名为“留言.htm” (2) 插入表单及表单域，保存该网页文件	体验实现查看留言功能的过程。由于 ASP 脚本代码不要求学生掌握，所以直接提供。有兴趣和余力的学生可以看看这段 ASP 代码 学会发布并浏览动态网页的方法 使用表单制作留言页面相对比较容易，但留言功能无法实现，埋下伏笔，引出下一个教学重点

续表

教学环节	教师活动	学生活动	设计理念
	<form method＝“POST” action＝“写入.asp”> (2) 修改表单域属性 名称必须和数据库相应字段名称一致 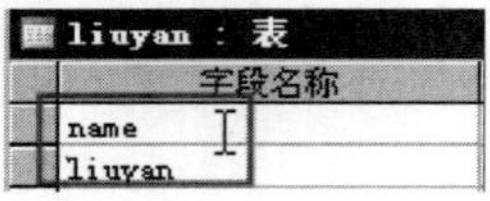   提问：在刚刚完成的任务当中，我们共看到的了 4 个网页，请分别说出哪些是静态的？哪些是动态的？  1  2  3  4 点评一： 第 1、第 3 是静态网页，第 2、第 4 是动态网页 点评二：动态网页与静态网页的本质区别：静态网页是确实保存在服务器上的文件，你编什么它就显示什么，不会有任何改变，且无后台数据库、不可交互。故为“静态”。而动态网页实际上并不是独立存在于服务器上的网页文件，只有当用户发出请求时，服务器才动态地生成一个完整的网页，不同用户在不同时间浏览到的页面内容是不同的，且以数据库技术为基础，故为“动态” 点评三：区分动态与静态网页的基本方法：第一看后缀名；第二看是否能与服务器发生交互行为	(3) 建立主页与“留言.htm”的链接 (4) 上传主页文件和“留言.htm”文件。并检验留言功能是否实现 提交留言后，都出现无法访问页面的情况 思考，举手回答问题 听讲，理解核心内容 先观察，在理解的基础上，模仿操作： (1) 设置表单域和表单属性 (2) 复制指定代码到记事本中，并保存为“写入.asp” (3) 上传主页、留言页面文件和“写入.asp”文件 (4) 用浏览器浏览，检测最后结果 不仅能够自己写入留言，而且能够看到所有同学的留言内容 操作成绩以成功留言为准 观察，思考，回答问题 举手发言，先自己小结动态网页与静态网页的本质区别 后由老师点评归纳 观看演示文稿，理解两者的区别	呈现错误，分析原因，加深印象 解决出现的问题，以此突破教学难点 鼓励学生 呼应前题，看看动态网页到底什么样 呼应前题，总结重点，突破难点 水到渠成。通过亲历制作动态网页的过程，体会并理解动态网页的主要特点

续表

教学环节	教师活动	学生活动	设计理念
	（二）动态网页的主要特点 1. 交互性强 2. 自动更新 3. 数据管理方便 4. 安全性强 随堂检测 课后作业 在今后使用网络时，多留心注意观察，进一步学习判别动态网页的方法	举手发言，说出初步判断动态网页的方法。后由老师点评 结合刚才完成的留言板制作任务，在老师提示下，讨论总结动态网页的主要特征。完成填空题 完成随堂测试： 访问课堂辅学网站，完成“综合测试”栏目中的“动态网页课堂练习”，将成绩填写在记分册上	及时反馈，掌握学生的学习效果

图像加工初体验

杜娟娟①

一、教材分析

图像加工内容取自中国教育科学出版社《信息技术》（必修）《信息技术基础》第五章。该部分知识点多，较零散，学生学习起来有一定的难度，因此在任务设计上要有新意。图像加工的第一节课，要把学生“领进门”，需要循序渐进，寻找一个突破口，设置情境，完成教学。

二、学情分析

高一年级的学生在必修课本中接触到图像加工的概念，绝大部分的学生对于 Photoshop 比较陌生，少部分学生在初中学习时曾经接触过，因此在技能操作和认知水平上出现了层次，因此要结合学生的实际水平，设置任务。

三、教学目标

1. 知识与技能

掌握各类软件进行图像加工的简单技术。

① 江苏省南京市南京一中．

2. 过程与方法

利用分组练习得出图像加工软件的多样性，同时将技术进行融入。

3. 情感、态度和价值观

明确图像加工时软件的不唯一性，以及图像加工的简单流程。

同时也渗透了版权和网络道德问题。

四、教学重点与难点

教学重点：创意组图及 Photoshop 中的简单图像加工技术。

教学难点：Photoshop 中简单图像加工。

五、教学过程

教师活动	学生活动	设计意图
（一）图片小故事 各位同学大家好，我是来自××中学的××老师，认识大家很高兴，初次见面，我给大家带来一个小故事，这个故事很特别…… 	看图读故事	利用徐冰《地书》中的新世界语，作为开场，很能吸引学生兴趣，同时也将图像加工引入进来
除文字以外，图像也是人们彼此交流信息、沟通思想的一种媒介。它可以跨越地区和文化，有时候比文字来得更加直观和形象（课件展示）     户外广告 图书封面 服装图案 图标 图像存在于我们生活的各个角落		让学生感受到图像无处不在
（二）创意组图 （任务布置） 小活动——创意组图。 利用已有知识，发挥想象力，将图中的一个或多个图像进行简单加工，使之具有特殊含义（构思设计） 	根据样图，描述构图的思想及方法	利用该任务，发散学生思维，同时体现图像的简单加工

续表

教师活动	学生活动	设计意图
教师板书展示样例，学生谈构思 样例：  （工具选择） 分组，利用不同软件进行“创意组图” （图像加工） 教师为了发散同学们的思维，分小组进行创意组图 （课件提供录像帮助）  第一组　第二组　第三组 教师巡视指导 （评价反馈） 展示三个作品，师生共同评价 生 1 作品：画图 生 2 作品：Word 生 3 作品：Photoshop	学生分组操 生 1 展示，描述 生 2 展示，描述 生 3 展示，描述	此处也就是图像加工中的构图设计环节 体现软件的不唯一性，因为可以处理图像的软件很多，不能局限于画图工具或 Photoshop 展示学生作品，师生互评的过程就是评价反馈环节
师：刚才大家在“创意组图”中已经体验了完整的图像加工过程 确定需求—构思设计—选择工具—图像加工—评价调整 可以发现，许多软件都可以进行图像加工，对于画图工具，Office 系列工具大家都比较熟悉了，Photoshop 相对来说比较陌生，今后我们会深入学习。接下来，我们先小试牛刀，揭开 Photoshop 的神秘面纱，感受一下其中最基本的功能		此处为课堂的“中场小结”阶段，由刚才的创意组图，可以体现完整的图像加工流程
（三）小试牛刀 教师打开 Photoshop，在 Photoshop 中对第三组任务进行简单操作，将其中的基本功能在操作中一一介绍 基本知识点 打开、保存、图层 移动、缩放、旋转 T 恤设计  教师巡视指导	学生根据教师所提供的素材进行图像加工，使其具有可读性 学生操作	学生对 Photoshop 不太熟悉，以演示法将其中的基本操作点展示

续表

教师活动	学生活动	设计意图
（四）结尾 展示学生作品 师生总结 1. 图像加工过程 确定需求—构思设计—选择工具—图像加工—评价调整 2. 加工工具的选择 根据实际需要选择合适的加工工具 没有最好的，只有最合适的 3. 课堂延伸 展示几幅技术性较强的 PS 作品，展现 Photoshop 的独特魅力 提出网络道德和版权问题 提交作业	教师提问 学生总结 提交图像作业	通过师生问答进行本课的第二次总结 明确本节课的目的： （1）图像加工的基本流程 （2）加工工具的不唯一性 （3）简单的图像加工技术

六、教学反思

图像加工部分的知识点较多、较零散，讲解起来有一定的难度。本节课是图像加工的第一节课，如何将学生很好的“领进门”是最关键的。根据课标中的理念，不是为讲软件而讲软件，要从需求出发，根据实际情况合理选择加工软件。教学共分为四个部分：图片小故事、创意组图、小试牛刀、结尾。

通过对整个教学过程的认真回顾，本课有以下几个设计亮点：

1. 创设图片故事情境开场

利用了徐冰《地书》中的故事作为开场，故事以图像的形式展开，更具有可读性，让学生眼前一亮地发现有些时候，图像比文字更具有可读性。通过这样的设计，很自然地将图像引入进来，激发了学生的学习兴趣。

2. 精彩的“创意组图”

摆脱了以往单一软件的讲解模式，利用“创意组图”环节，分组利用多软件共同实现。如画图、Word、Photoshop。强调加工图像时，不拘泥于某一种软件，合适就好。同时学生在组图的过程中，利用了软件中的各种功能，如复制、粘贴、旋转、缩放、填充等，这个过程就是一个图像加工的学习过程。最后的组图作品多种多样，有机器人、考拉熊、房屋等，学生创作热情高涨。评价作品时，发现 Word、画图等软件无法实现一些特殊功能，从而很自然的转切到 Photoshop 的学习。

3. Photoshop 设计 T 恤

教师讲解了必要的图像加工知识点，在设计课堂任务的时候，从学生生活出发，结合学生兴趣，进行了 T 恤设计环节，学生兴趣浓厚，能够在设计 T 恤的过程中，灵活运用所学到的知识点。

4. 精彩的总结

摆脱了教师总结的俗套，学生自我梳理知识点，总结图像加工的过程，再次提出在加工工具的选择上“没有最好的，只有最合适的”。并在课堂结尾处，加上了网络道德和版权的问题，对学生情感、态度和价值观也是一个很好的教育。

附教学截图：

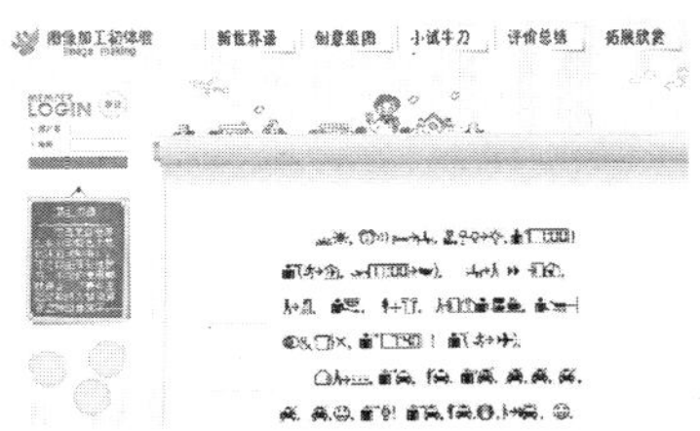

“新世界语” 环节

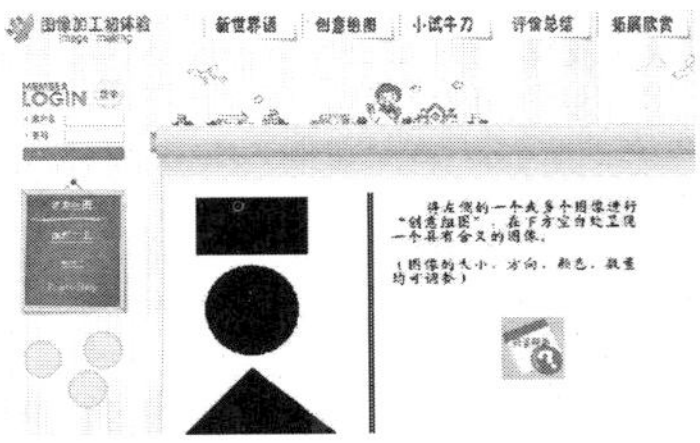

“创意组图” 环节

“小试牛刀” 环节

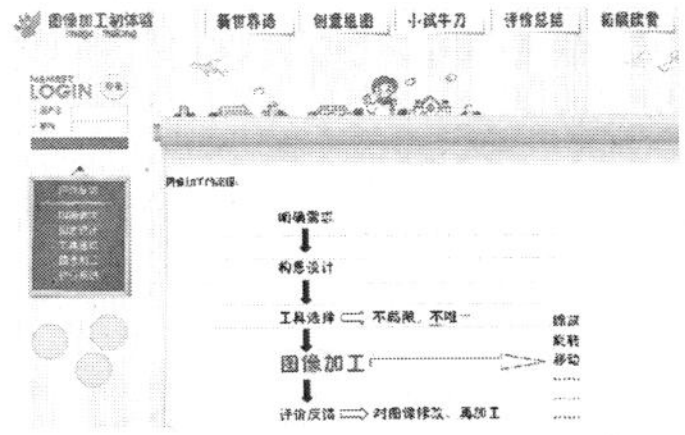

评价总结环节

计算机解决问题的过程

曹 健①

一、教学内容

本课内容为广东教育出版社《信息技术》（选修 1）《算法与程序设计》的第一节课，以往都是用 1 课时完成，使用书上的例题。但是学生会感觉好难。所以，这个学期我尝试用两课时完成，第一课时只是让学生去体验，感受程序“无处不在”，第二课时再用书上的例题，这样学生在有兴趣的前提下也能接触到更多的案例。

① 北京市丰台区丰台第二中学．

二、教学对象

柏拉图告诉我们，当我们非常狭隘地集中于回顾信息时，我们不过是创造了“模仿者”和“追随者”，而不是艺术家。以信息获得为主旨的教育创造了顺从和迟钝的学生。怀特海指出，“一个只了解信息的人是地球上最没用的人。”教育的一个任务是帮助学生更好地思考（和行动），而不是教他们思考什么。所以，要努力找到信息的关联和共鸣，让信息不再变得沉闷无趣。关联意味着我们意识到某一观点或主题与我们有关，或与我们密切之事物有关。通过上一个学期的学习，我发现学生乐于接受那些能够引起他们共鸣的任务，他们的学习积极性也大幅度提高。

三、设计思想

本节课是在建构理论指导下，采用“问题解决法”，学生学习的过程就是解决问题的过程，也是学习怎样解决问题的过程。学生在教师的恰当引领下，潜能慢慢地很好地被挖掘出来。这是《算法与程序设计》的第一节课，学生在熟悉的 PowerPoint 环境中第一次接触到程序代码，并体验到计算机解决问题的过程。希望学生能感受到“程序是无处不在”的。

四、教学目标

1. 知识与技能

（1）了解算法、编写程序和调试程序等概念。

（2）理解分析问题、设计算法、编写程序、调试程序这一用计算机解决问题的基本步骤，认识其在算法与程序设计中的作用。

2. 过程与方法

学生通过两种不同的方法，完成“单选题”的设计，体会算法的确定性和不唯一性；在这一过程中，体验计算机解决问题的一般过程。

3. 情感、态度和价值观

在新旧知识的过渡中，产生对新知识的渴望。

五、教学重点与难点

教学重点：计算机解决问题的基本步骤。

教学难点：程序代码的含义。

六、教学资源

用 VBA 实现“单项选择题”的演示文稿、教学网站。

七、教学过程

（一）问题提出

用 PPT 完成选择题的设计：

对于信息特征的理解，以下说法正确的是（　　）

A. 信息是可以共享的　B. 信息可以不依附于某种载体存在

C. 信息不具有时效性　D. 信息是固定不变的，不能被处理

要求：选择后，如果回答正确，就给出“你真是太棒了!”的提示；

如果回答错误，就给出“请再好好想一想!”的提示。

学生进行小组讨论。

教师在巡视过程中了解学生的想法。

学生分别尝试完成，并上传到 Ftp 上“第一课”文件夹中。

[设计意图：小组讨论的过程，恰好是用计算机解决问题过程的第一步：分析问题。学生在问题情境中，很自然地进入本课内容的学习。学生用已熟悉的 PowerPoint 解决问题，是带着轻松的心情进入学习的。]

（二）引出本节课题：计算机解决问题的过程

演示：一名学生完成的作品

一名学生叙述解决问题的步骤（在第一张幻灯片中输入题目内容，新建两张幻灯片，分别写有“你真是太棒了!”和“请再好好想一想”；之后，对 A、B、C、D 四个选项创建超级链接；最后，第二张和第三张幻灯片创建返回按钮，与第一张幻灯片创建超级链接。）

师：没完成的同学，听了这个叙述可不可以实现？

学生在两分钟之内继续完成，上传到 Ftp。

[设计意图：学生来描述解题的过程，实际上在引导学生用“自然语言”描述算法，为后面的学习做了很好的铺垫。这也正是计算机解决问题过程的第二步：设计算法。]

（三）算法的概念

师：我们到目前为止已经了解了书名中两个关键词中的一个：算法，简单地说就是解决问题的方法和步骤。大家刚刚之所以能够按照同学描述的过程继续完成，实际上体现了算法的一个特征，那就是：确定性。

教师演示学生的作品中有三张空的幻灯片，引起全体学生的注意。

演示作品的学生说出“两张空幻灯片”的设计意图：担心放映时，不小心就把答案露出来了。

教师肯定这种作法，表扬他的细心，已经为作品的应用做了考虑。

[设计意图：算法，这个多数人都会感觉深奥枯燥的概念，就这样呈现给了学生，学生不再像以往那样觉得它太难接受和理

解。随时捕捉学生课上的一些精彩瞬间，鼓励一些创新之举，他们慢慢地会养成深入思考的好习惯。

（四）教师展示作品，引发学生兴趣

教师打开事先设计好的演示文稿，并提问：大家发现了什么？

生：只有一张幻灯片，怎么可能呢？幻灯片里没有答案，不太可能实现！

教师放映幻灯片。

[设计意图：学生发现第二种方法的最特别的地方：一张幻灯片就实现了，看不到答案。从质疑中，引发后面的学习，兴趣大增。同时也指出算法的不唯一性。]

（五）教师演示实现过程

1. 添加控件工具箱

2. 添加控件

3. 设置属性，强调注意每个对象的名称属性

4. 编写程序代码

师：如果选中了第一个按钮 OptionButton1，那么让 Label1 上面显示“你真是太棒了！”

If OptionButton1. Enabled = True Then Label1. Caption = “你真是太棒了！”

师：代码输入的位置，强调针对的对象是什么？指出 Click 事件。

教师边输入代码，边问学生要改变 Label1 的什么属性？强调写法：对象名、属性名，可以在属性列表中改变，也可以在编写代码的过程中改变。

师：如果没选中，Enabled 的值会是什么？

生：False。

师：我们这里使用的是 VBA 语言，它和我们要学习的 VB 语言有相通之处，但也有不同，大家可以在教学网站的拓展知识中了解更多。

师：其他的程序代码，同学们是不是可以自己编写了？

学生独自完成后面代码的编写。可参考教学网站中的程序代码。

程序代码以图片的形式出现的教学网站中，这样学生可以作为参考，但是不能直接复制过来用，目的是希望学生们能练习代码的输入。教师巡视中发现有同学完成，提出思考要求：运行后，看看这个程序中有什么不足之处？

生：运行一次之后，答案会留在那里，最好看到答案后能删除。

教师再次演示自己设计的演示文稿，让学生找不同。

学生发现有一个“初始化”按钮。

师：大家想想，这个按钮的功能，你能用语言描述一下吗？改变哪一个对象的什么属性？

生：Label1 的 Caption 属性。

师：代码应该写在哪儿呢？

生：要加一个控件，双击。

教师表示肯定，并告诉学生要添加一个 CommandButton。作为提高任务让学有余力的学生完成。遇到问题，再引导学生尝试解决。

学生会遇到的问题：如何让 Label1 上的内容消失呢？

教师引导：Label1. Caption ＝“你真是太棒了！”（副板书）会在上面显示“你真是太棒了！”上面的内容消失也意味着，让 Label1 上面不显示任何内容。

[设计意图：不用过多强调概念，因为这毕竟是本学期的第一节课，更多的是感受。在一个个问题的追问过程中，学生们慢慢会养成思考的好习惯。鼓励学生独自思考后的见解，他们就会更加勇于尝试。]

（六）小结

通过上述的学习使我们知道，计算机是不会自己解决问题的，但它可以帮助人们解决问题。要想利用计算机解决问题，需要人们完成一系列的程序设计任务，把所要解决的问题转化为计算机程序，然后让计算机来执行这个程序，最终达到利用计算机解决问题的目的。这种解决问题的过程，一般分为下列几个步骤：具体问题→分析问题→设计算法→编写程序→调试程序→得到答案。

（七）作业

预习 P8～13 算法和算法的描述，回复博客“用 PPT 设计单选题”（30 字以上）。

（八）教学评价

1. 用超链完成单选题的设计，做完且正确的前五名学生，奖励一个贴画；在全班展示自己的作品并描述过程的学生，再奖励一个贴画；其他学生的课下检查，要有返回功能。

2. 用 VBA 完成，第一个做完且调试成功的学生，奖励两个贴画；前五名奖励一个贴画，其他学生作业传到 Ftp 上，课下检查。

八、教学反思

每年都有很多学生看到《算法与程序设计》的书名，就会觉得很难、很枯燥。所以，如何带学生轻松地进入本学期的学习，一直是我思考的问题。上学期期末参加《现代教育技术》培训，老师讲到了控件工具箱的使用，给了我灵感，当时写下：假期备课时考虑在课上应用。这样设计的目的是：让学生觉得程序是“无处不在”的。结果证明是成功的！有学生回家在 Word 中做了尝试，很多学生感觉程序代码的含义竟然也能猜出个大概，增强了信心，对本学期的学习有了更多期待。再有，课上的一步步追问，会渐渐培养学生深入思考每一个问题。他们喜欢质疑答案了，喜欢挑战未知了。我想，这是每一位老师想看到的。

学习的内容在学生中产生“共鸣”十分微妙。如果我们只是要求他们为了考试而记忆一些似是而非的事实，那么他们将会认识到，学校并不是能够找到真正营养的地方。有这样的时刻，当学生走进教室问：“老师，今天咱们要做些什么呢?”我是多么地开心！我慢慢地认识到：引起共鸣的来源是信息和它的具体呈现形式，比如：学生们用三张以上的幻灯片完成了一个单选题的设计，并为超链接花了不少心思；于是，当他们看到我只用一张幻灯片就完成了，而且在幻灯片中看不到答案，只有做了选择时才能看到答案，他们被“震撼”了，脱口而出“真是太神奇了！”有了共鸣就会有期待，而学生有期待地获得应该是每位老师所期盼的。

摘录几段这节课后的博客回复如下：

学生一：上周我们正式进入到了算法的学习，学了用 PPT 来设计单项选择题。用平常简单的 PPT 做很容易，没多长时间就完成了。接下来是用程序来设计单项选择，虽然做完了使用起来很简单，但是过程有点复杂。其中很多次，我都因为想快点做完，所以把代码的单词拼写错了。所以下次应该多多注意，注意单词拼写以及静下心来。我也用控件工具箱改变了字体，感觉挺好的。

学生二：这是我第一次学《算法与程序设计》，我使用 PPT 完成了单项选择题的设计已经没有问题了，可是用控件工具箱设计还是不熟练，不过值得庆幸的是我成功了，我很高兴！

学生三：这一学期我们即将学习关于编程的一些问题，我虽然对这些内容不是很感兴趣，但上完第一节课后，我觉得还是很有意思。当然学会了许多简单的编码。以前对别人做的链接总是很好奇，现在我也逐步学会了，感觉很好。

学生四：我们用几种不同的方法，最后用 PPT 完成了单项选择题的设计。这让我们眼界大开，知道电脑上并不是只有游戏才有意思，也给了我不少启发，让我了解到了许多编程必需的语言代码。受益颇多。

学生五：以前初中的时候计算机课上学过一些这方面的内容。这个学期再做的时候感觉很熟悉。让我知道除了用 VBA 可以设计程序以外，在 PPT、Word 等当中也同样可以设计程序。

学生六：这是我们开学的第一周，在第一节的信息课上我们第一次接触了《算法与程序设计》。一开始看这书名我是一头雾水，觉得一定很难吧！可是真正学习后才发现其实也没有想象的那么困难！用这种新方法设计单选题，既比超链接的方法简便快捷多了，还可避免很多麻烦的问题。如超链接会看到答案等……所以这个方法很实用！也让我对《算法与程序设计》产生了更多的兴趣！

使用网卡与双绞线进行双机互连实验教学

周 春[①]

一、教材分析

本节课的主要内容是教材的第一单元第一节，让学生动手架设一个最简单的局域网，从两台电脑互连开始。通过对网卡进行安装，动手制作网线，连接两台电脑成对等网，实现两台电脑间的数据传输等简单的事情做起，激发学生探秘网络、学习网络技术的爱好与热情。

二、学情分析

本课的教学对象为高二学生，都有使用网络的体验，具有搜索信息、正确选择、交换文件的能力，同时具有较强的逻辑思维、自制能力，以及一定的自学和动手能力。

三、教学目标

1. 知识技能

（1）了解网卡和网线等相关硬件知识以及性能参数。

（2）掌握用网卡和交叉线进行双机互连的基本步骤和操作注意点。

2. 过程与方法

（1）通过分组分工，各成员能完成网卡安装、网线制作、网络设置等操作任务。

（2）能够在小组成员之间建立起积极协作的关系，进一步提升合作学习的能力。

3. 情感、态度和价值观

（1）感受网络的神奇作用，激发出对网络技术的求知欲，参

① 南京市第十二中学．

与网络技术学习的态度。

（2）提高分组合作的能力，学生个人的动手能力，实验过程中的探索能力，强化实验过程的规范意识。

四、教学重点与难点

1. 教学重点

正确安装，连线，并且能准确快速设置网络。

2. 教学难点

网卡安装、网线制作等动手环节。

五、教学任务

1. 安装 10/100Mbps 自适应网卡。

2. 使用双绞线和 RJ－45 水晶头制作交叉线。

3. 组建双机互连对等网，实现数据传输

六、教学环境

网络实验教室，投影仪，小组为单位准备一定长度的双绞线和 RJ－45 水晶头若干，网线测线仪，专用的压法线钳，一块 10/100Mbps 自适应网卡，一台安装好网卡的电脑，一台没有安装好网卡的电脑。

七、教学过程

教学内容	教师活动	学生活动	设计目的
导入课题	人和人之间的交往需要交流，计算机之间信息也需要交流，大 S 和古天乐曾经演了一部很好看的电影，叫《保持通话》，今天我们一起来做一个实验，让你们身边的两台电脑也保持通话，在硬件上，把两台电脑相连，要用到网线和网卡，如果要让两台电脑保持通话，还要为它们配置软件，对两台电脑进行网络设置，为它们设置协议和 IP 地址，最终让两台电脑能通话成功。用网线和网卡把两台电脑连接起来也叫作双机互连	听讲，思考	创设情境，导入本实验的基本课题，明确实验目标
双机互连	双机互连需要两台电脑，大家桌面上的这台电脑缺少一块网卡，这是 1 号计算机，2 号计算机的网卡已经安装完好，今天我们实验的任务是给 1 号计算机安装一块网卡，做一根交叉线，连接两台计算机的网卡上的接口，然后进行网络协议和 IP 地址的设置，就可以开始实现数据的共享 一般步骤：（1）安装网卡；（2）制作网线；（3）网络设置；（4）数据传输	明确任务	任务驱动法，让学生再次明确实验的过程和要实现的目标

续表

教学内容	教师活动	学生活动	设计目的
讲解	请同学们一起打开老师发下的实验报告，我们来看一下有关实验基本步骤，首先我们来做一下选择题，复习一下与实验有关的一些知识点 （学生做完选择题后） 我们一起来看一下实验的过程：（教师带领学生一起往下看步骤） 这四个步骤里，由于网卡是第一次接触，下面我们简单地来看一下网卡在机箱里安插的位置，有没有同学愿意过来演示一下安装网卡？	做选择题，复习实验的相关知识点，熟悉实验步骤	为顺利做交叉线做复习准备，记忆一下线序的排列
教师演示	投影演示网卡安装过程并说明事项，提示学生按照教师提供的学案自己安装	观看、听讲	熟悉网卡的安装
实验开始	下面我们以小组为单位开始进行实验，组长对各位同学进行分工，做网线、装网卡、设置网络协议和 IP 地址必须由不同的同学操作，组长要观察每位组员的操作情况，完成小组实验过程记录表，并且在实验结束后交给老师，每位同学要完成实验报告，交给组长。实验过程要规范操作，尤其注意安全	加强自我安全意识	明确任务，注意安全，学会合作
探索过程	教师巡视，指导，随时指出每一组不规范和不正确的操作并加以指导	分工合作完成安装网卡、制作交叉线和网络设置，进行数据传输	学会自学探索
探索	1. 如果将一台电脑的 IP 地址设成 IP：192.168.1.1，子网掩码：255.255.255.0；另一台设 IP：192.168.1.2，子网掩码：255.255.255.0 2. 将子网掩码改为 260.260.260.0，能否成功？	尝试设置，看能不能实现互连	对 IP 地址进行探索，引出新知识点，启下
总结	今天我们有几个小组顺利完成了这个实验任务，也有几组同学在实验的过程中遇到了难题，离成功差了一步。课后我们要总结一下失败的原因，请组长在实验报告上能体现出来 有没有小组重新设置 IP 地址，并且能成功的？ 有没有小组将子网掩码改为 260.260.260.0？出现什么情况？	引导学生思考，回答	梳理本节课的学习内容，关注学生学习过程的评价，学会拓展思考

续表

教学内容	教师活动	学生活动	设计目的
总结	IP 地址有它的分配规则，这个内容我们在第二单元会专门带领大家学习 提问：如果有三台以上的电脑互连，可以使用什么方法 请各个小组讨论一下，可以通过网络查找相关资料，我们后面将会带领大家进行这方面的实验 今天的实验课就到此结束，每组成员请协助组长把实验器材回复到初始状态		

《网络技术应用》实验报告

班级____ 学号____ 姓名____ 日期____ 第__组组长____指导教师____

实验一　使用网卡与双绞线进行双机互连

实验任务：

1. 安装 10/100Mbps 自适应网卡

2. 使用双绞线和 RJ－45 水晶头制作交叉线

3. 组建双机互连对等网，实现数据传输

实验器材：以小组为单位准备好一定长度的双绞线和两个 RJ－45 水晶头，电缆测试仪，专用的压线钳，一块 10/100Mbps 自适应网卡，一台安装好网卡的计算机，一台没有安装好网卡的计算机。

注意事项

1. 安全最重要，必须在电源线断开的情况下进行开机箱操作

2. 网线的制作是实验里重要的一环，注意压线的方法

3. 网络设置时，两台计算机名要不同

实验准备：（请参加实验的学生填写）

1. 在拔插网卡等硬件设备时必须绝对注意安全第一，除电脑必须关机外，还要拔掉________线

A. 网线　B. 电源线　C. 鼠标线

2. 双机互连时连接两台计算机的网线是________（A. 交叉线　B. 直连线）

3. 交叉线一端为 T568A，线序为：白绿，绿，________，蓝，________，橙，白棕，________

4. 交叉线另一端为 T568B，线序为：白橙，橙，白绿，________，白蓝，绿，________，棕

实验过程和步骤操作：

（以下几个步骤需要组内同学分工合作，横线的地方要每一位同学观察填写）

<table>
<tr><th>实验内容</th><th>实验过程和步骤细化
（完成横线处的填空）</th><th>完成情况</th></tr>
<tr><td rowspan="4">1. 交叉线制作</td><td>一端 T568A 线序为：__________________</td><td rowspan="4"></td></tr>
<tr><td>另一端 T568B 线序为：__________________</td></tr>
<tr><td>使用测线仪，线路相通左右两灯同时亮，如 1 和____，2 和____，4 和____等两组灯是同时亮的</td></tr>
<tr><td>交叉线做好并测试后，将其两端分别连接到两台电脑的网卡接口上</td></tr>
<tr><td>2. 安装网卡</td><td>关闭 1 号计算机电源并拔掉______线
打开计算机机箱，在主板上为网卡找一个空闲的，设有中断地址的______插槽，将网卡对准槽口，垂直插入槽中
启动 1 号计算机，按提示安装网卡驱动程序</td><td></td></tr>
<tr><td rowspan="3">3. 网络设置</td><td>（1）查看 1 号计算机名和工作组名并作记录：不修改
计算机名__________ 工作组名__________</td><td rowspan="3"></td></tr>
<tr><td>（2）为 2 号计算机改名和工作组名：
计算机名__________ 工作组名__________
此时电脑提示你需要重启电脑，使改变生效</td></tr>
<tr><td>（3）设置两台计算机的 IP 地址和子网掩码
1 号计算机 IP 地址 192.168.0.1 和子网掩码__________
2 号计算机 IP 地址__________和子网掩码__________</td></tr>
<tr><td rowspan="2">4. 数据传输</td><td>任务一：将 2 号计算机 D 盘里的文件夹“MP3”复制到 1 号计算机的桌面
1. 将 2 号计算机 D 盘中的文件夹“MP3”设置成__________
2. 在 1 号计算机上双击“__________”，双击“整个网络”，双击“Microsoft Windows Network”，出现组 Workgroup，打开组“__________”，打开计算机名为__________的计算机，找到 MP3 文件夹，将其复制到桌面，完成数据的一次传输</td><td rowspan="2"></td></tr>
<tr><td>任务二：将 1 号计算机桌面上的文件夹“WinXP”复制到 2 号计算机的桌面上
1. 将 1 号计算机桌面上的文件夹“WinXP”设置成__________
2. 在 2 号计算机上双击“__________”，双击“整个网络”，双击“Microsoft Windows Network”，出现组 Workgroup，打开组“__________”，打开计算机名为__________的计算机，找到“WinXP”文件夹，将其复制到桌面，完成数据的一次传输</td></tr>
<tr><td rowspan="2">探索</td><td>（1）如果将一台电脑的 IP 地址设成 IP：192.168.1.1，子网掩码：255.255.255.0；另一台设为 IP：192.168.1.2；子网掩码：255.255.255.0，两台电脑能互相访问吗？能试着总结一下两台电脑 IP 地址的设定规律吗？</td><td rowspan="2"></td></tr>
<tr><td>（2）将每台电脑的子网掩码改成 260.260.260.0，会出现什么情况？</td></tr>
<tr><td>思考</td><td>如果有三台以上的电脑互连，可以使用什么方法？课后上网查找相关资料</td><td></td></tr>
</table>

八、教学反思

（一）课内容设计

内容处理上，我设计成了两节课，第一节课是把有关数据交换的方法等知识点讲完，把双绞线的做法让同学们先学会，这些需要为实验起辅助作用的事情都在第一节课中学完。第二节，由于有专门的实验室，所以我借鉴理化生实验的设计思路，放手让学生去操作，教师在整个实验过程中起一个指导作用，利用实验报告，让学生边填写边操作，由于我们这个年级的学生还没有发放教材，所以我做了实验的提示步骤，让学生能通过自学的方式完成实验。

（二）实验报告设计

由于是实验课，应该让学生充分锻炼动手能力，小组合作能力，为了防止一人做，多人看的情况发生，我设计的过程和步骤需要每位同学都参与进来，在其中我设了很多需要学生边做边填写的空格，引导学生进行实验。

让组长发挥作用，分工明确清楚，用表格的形式确定下来，并且由组长对每个实验过程作记录，设计了组长对组员的评价，以便教师能在实验后更好地了解实验的结果，知道哪些是实验中的难点和不易完成的步骤，进一步改进教学。

考虑到有的小组有可能提前完成任务，所以设计了探索环节，由于是第一节课，所以同学们对网络的知识知道得很少，这个探索任务，是初步接触 IP 地址，为后面 IP 地址的学习作一个启下的作用，激发学生的求知欲望，为后面的学习打下基础。

（三）需要说明的地方

只改一台计算机的计算机名和工作组名：由于改名要重启电脑才能生效，为了减少维护麻烦，让学生安装网卡的 1 号计算机是安装了保护卡的，所以我设计了只改 2 号机计算机名和工作组名。制作网线是比较烦琐的一个过程，怕有的组做不成功，所以我事先准备了五六根已经制作好的交叉线，备用。由于是第一次接触网络，所以这节课我设计成一节体验，很多专业的知识没有深入交待，让他们知道怎么做，会做，激发他们的入门兴趣。

在实验室里学生兴趣非常浓，在上节做网线的课上，可以说是我上得很开心的一节课，几乎每个学生都动手在做，所以我在第二节课的设计上，也是全部让学生探索体验。

由于时间紧张，这个实验室才建好 10 天左右，所以我也是在摸索着，在备课的过程中，得到我们区教研员等老师的许多指点，实验设计和教学过程也是一改再改，在此向他们表示感谢。

希望在将来能更好地利用这个实验室，为教学服务，所以希望各位老师能多提宝贵意见。

由于篇幅所限，此文略去以下资料。

1. 小组实验过程记录表；2. 学生实验后自我总结评价资料表；3. 组长对小组成员的评价；4. 实验过程和步骤提示资料。

体验技术形成过程、增强创新意识——IP 地址及其管理

赵雁军①

一、教材分析

IP 地址是计算机的网络身份证，是一台单机能上网的必要条件。而 IP 地址必须在子网掩码的配合下才能表明一台主机所在的子网与其他子网的关系，使网络正常工作，所以 IP 地址与子网掩码犹如一对形影不离的兄弟，联系异常紧密。在教材的安排上，这里一笔带过，同学们的疑问很多，所以这里适当多安排一些时间，深入一些讲解。

二、学情分析

学习第一章时，学生有很多机会上网享受网络冲浪带来的乐趣，学习效果不错；可进入第二章后，较多的理论学习使学生学习本模块的热情一点点减淡。

本节 IP 地址是一串没有特定意义的数字，又分成 A、B、C 三类，还有与之配套使用的子网掩码等，情况较为复杂，学生学习起来有一定困难。如果教师如果继续把理论照本宣科，课堂气氛沉闷，学习情绪低落。故教师采取的积极应对措施就是尽量举生活中的例子进行类比，把道理讲得尽量通俗易懂，再结合高二学生具备一定的对数字的理解分析能力，使课堂效率得以提高。

三、教学目标

1. 知识与技能

（1）掌握 IP 地址的概念、格式、分类。

（2）掌握子网掩码的作用，IP 地址的动、静态分配。

（3）了解 IP 地址的管理方式及 IP 地址资源的分配情况。

2. 过程与方法

学生探究知识的过程中，以 IP 的概念为主线，再逐步深入到与 IP 相关的理论知识的研究，如子网掩码、IP 地址的分配等，可谓由表及里，由浅及深。

3. 情态、态度和价值观

---

① 山西省运城市万荣中学.

（1）让学生在学习过程中克服畏难情绪，体会到学习理论的快乐，为以后学习理论知识找到合适的方法。

（2）让学生认识到 IP 地址资源的有限及分配的不平衡，体验科技落后的危机感，使同学们树立起为民族振兴、强大而学习的伟大理想。

四、教学重点与难点

教学重点

IP 地址的格式和分类，采用“扮演 IP 地址游戏、IP 地址分类接龙”的办法，让学生在有趣的活动参与下，加深印象强化记忆，为以后的自主思考并发现规律作好铺垫。

教学难点

一些重要的理论知识都用生活中具体事例进行类比的方法来分解难度，如 IP 地址的动态分配（每个家中的拨号上网）、子网掩码的作用（电话区号获取），听来生动有趣，使学生更易理解。

五、教学过程

引入：（配李连杰的黄飞鸿视频）前段时间有朋友找我帮忙，说他师傅是“宝芝林的黄飞鸿”。这段他师傅正在参加广东省十大杰出青年的评选，让我在这边帮他在网络为他师傅投票。我说没问题，只要牵扯到电脑方面的，这都是我的强项。我立刻拟订了几个方案：

方案一：我在办公室电脑这一个机子上不停的投票，投它十天十夜的。

方案二：机房可以上网，我在每个机子上投一票，60×4＝240 票。

方案三：我把这个投票信息通过 QQ 发到 QQ 群上面，让上面不同地方的朋友帮我投票。

方案四：我到我的家中，用电话拨号进行投票。

提问：请同学们帮我看看哪个方案可行？

学生经过思考后回答：方案三可行。但都还不是很肯定，只是觉得一、二、四不太可行。

[设计意图：首先，利用电影中大家非常喜欢的人物黄飞鸿，立即把学生注意力吸引住，营造了良好的上课氛围。]

在这里告诉同学们自己的亲身经历：我试着在办公室电脑上点一次可以，再点的话提示“您用的 IP 地址已经投过票了！”在机房用不同的电脑投票也是提示：“您用的 IP 地址已经投过票了！”在家中投一次也可以，但第二次也是提示：“您用的 IP 地址已经投过票了！”但当我再一次开机，又可以投一次。最后只好通过 QQ 群，让不同地方的朋友、同学帮忙投票。

提问：请同学们帮我分析一下，是什么限制了我的“作弊”方案？

前面三次提到 IP 地址，因此学生能迅速准确地说出答案“IP 地址”——本课的主题。

新授内容：

1. 什么是 IP 地址？

教师分析 IP 地址的概念：IP 地址是计算机的网络身份证，是一台单机能上网的必要条件。就像我们用的身份证一样，我们生活在社会体系中的人，必须有身份证才好管理、好组织。IP 地址也包含有全球可以唯一定位的信息。我们每一个身份证号码都可在全国户籍中心查到；同样，任何一个 IP 地址也可以在互联网地址分配机构（IANA ）找到相关信息。因为在你申请获取 IP 地址时，他们已经把你的基本信息备案了，这样就有了 IP 地址与基本信息的一一对应关系。

为了解决大家心中的疑惑，我们先分析一下我们学校的网络：如图 1：

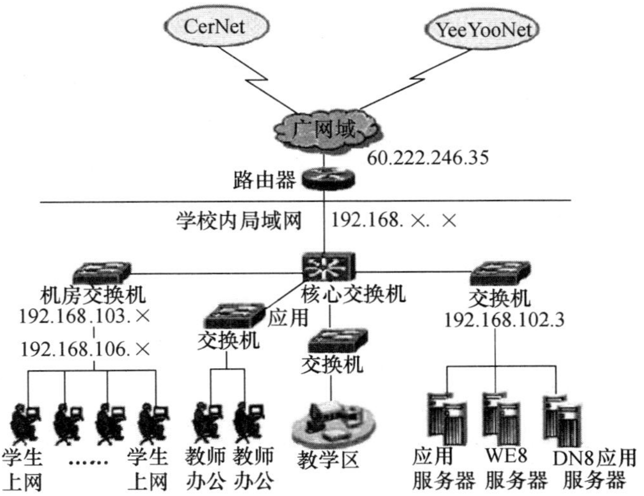

图 1

咱们所有校内局域网的电脑，它们用的都是一种特殊的 IP 地址（192. 168. ×. ×）。它们最后经过路由器这个“大门”，转换成在广域网上可用的 IP 地址（60. 222. 246. 35），当然这个 IP 地址是非常珍贵的，是咱们在网通公司申请分配的。

类比：这个很像咱们学校以前用的电话程控交换机，就是外面如果想打咱们机房的电话，必须先打总机 0359 - 4521662，然后再按 6699 分机号才可以打到机房里。当然你的 6699 直接对外是没法用的，也必须得通过电话程控交换机转换后才可以打出去。我们对外只显示 0359－4521662 这个号码。

提问：大家能看出来咱们学校这两种 IP 地址有什么不同吗？（带着问题往下看）

2. IP 地址的格式

每一种编码都有它的格式，每一种编码都是科学家、工程师智慧的结晶，我们有必要对它们进行分析，了解其中的原理，为我们以后在这方面的创新提供借鉴。

类别	表示形式	位数	意义
电话号码	03594521662	12 位数字组成	前 4 位表示区域；后 8 位表示某个具体的电话号码
身份证号码	142725197606150418	18 位数字组成	前 6 位为地址码，代表公民常住户所在市；第 7 至 14 位为出生日期；第 15 至 17 位为顺序码，第 18 位为校验码
学号	20062536	8 位数字组成	前 4 位表示入学起始时间；第 5、6 位表示所在班级
IP 地址	60.222.246.35	32 位二进制数	它也有表示区域的，但究竟哪几个数表示

IP 地址由 32 个二进制数组成，但是二进制格式使用（书写、记忆）麻烦。为了方便我们使用，我们都用十进制格式。展示同学们已经熟悉的 IP 设置图（图 2）：

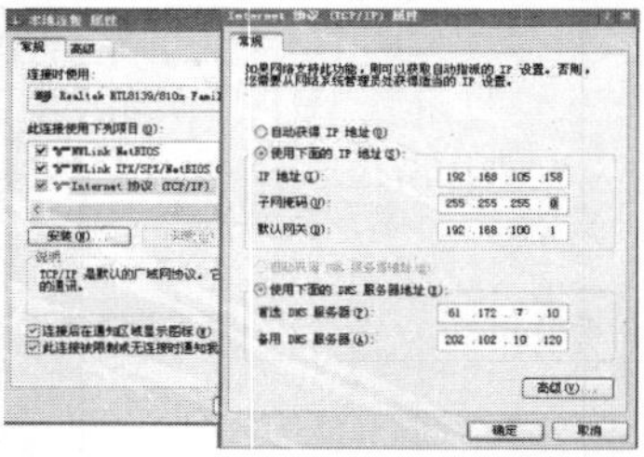

图 2

［通用格式］十进制格式（点分十进制）：我们将 32 个二进制数分成 4 组（每组 8 位［1 个字节］），并将每组转换成十进制数（0～255），且每组间用圆点来分隔。如图 3。

二进制格式	00111100	11011110	00011000	00100011
十进制格式	60	222	246	35

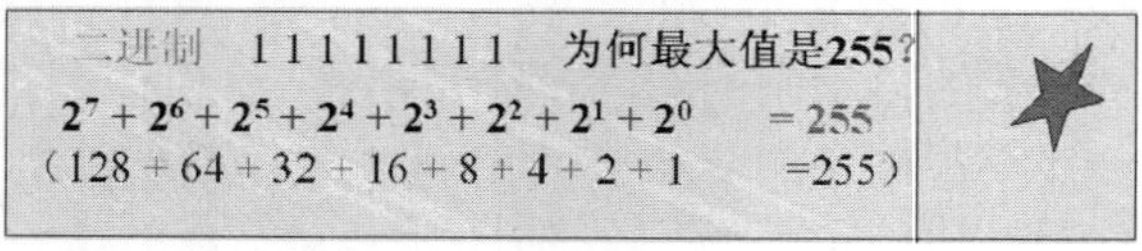

图 3

3. IP地址的分类

咱们看点背景资料：在IP地址分配初期，大约1946年左右，互联网地址分配机构（IANA）考虑到网络规模不同，并且为了更合理充分的利用IP地址，把IP地址分为A、B、C、D、E五类，我们平常接触的主要是A、B、C三类。（如图4所示）

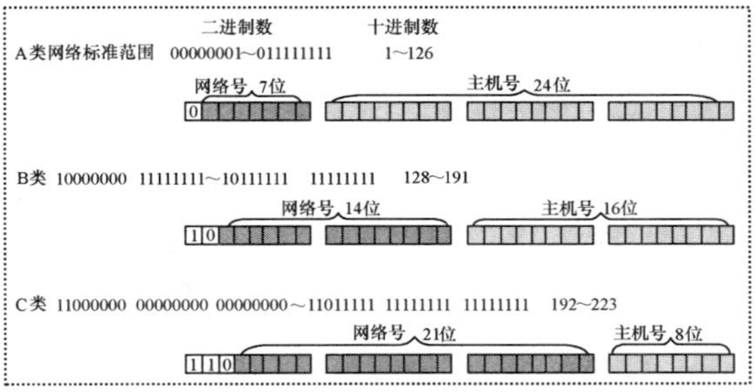

图4

我们可以考虑一下美国当时的特大公司、大学数量，可能就只有几十个吧，所以规定A类地址（1～126），如果当时公司数超过（1～126）的话，他们就要另想办法编排了。如（IBM、AT&T、麻省理工学院），每个网络可容纳1600万个主机节点。

给一些中小企业分配B类地址（128～191），B类地址可用作16 000个网络，每个网络可容纳65 000个主机节点。其他的分给C类地址（192～223）。

后来为了节约IP地址的使用，出现了私有地址，这些地址只能在机构、公司、网吧等内部使用，如：10.0.0.0～10.255.255.255（一个A类地址），172.16.0.0～172.31.255.255（16个连续的B类地址），192.168.0.0～192.168.255.255（256个连续的C类地址）。我们学校校内局域网用的就是其中之一，而外网（60.222.246.35）用的是哪一类呢？共同完成下表，感性了解IP。

单位名称	域名	IP地址	真实位置	A、B、C哪类网
山西省万荣中学	www.sxswrzx.cn	60.222.246.35	山西省运城市	
山西省康杰中学	www.kangjiezx.net	60.222.229.133	山西省运城市	
山西万荣政府网站	www.sxwanrong.gov.cn	122.70.145.28	北京市 铁通	
中国联通	www.chinaunicom.com.cn	123.125.96.216	北京市 联通	
清华大学	www.tsinghua.edu.cn	166.111.4.100	北京市 清华大学	
哈佛大学	www.harvard.edu	173.203.129.90	美国 得克萨斯州	
中国移动	www.chinamobile.com	218.206.191.72	北京市 移动	

学生活动——竞赛游戏：

（1）机房电脑编号是 1～60 号，平时我们讨论的小组是四个人一组，所以我们就让每一组四个人扮演一个 IP 地址。让每组同学们分工，小组内编号最小的是 IP 的第一段，依次往后增加。

当老师说 C 类时，扮演前三段网络号的同学迅速站起来，小组之间展开竞赛。

（2）“IP 分类接龙”游戏

电脑 1～3 号，为 A、B、C 三类，依次向后循环。开始后每个同学站起来报自己属于哪一分类，网络号第一段是多少到多少？网络号占几段？

哪个小组站的不齐或站的慢；或接龙慢的，就应有适当的“惩罚”：小组集体唱支歌或集体做俯卧撑。

4. 子网掩码

思考：当我们打个电话如 01062083114，03594521662 时，你能知道它们的含义吗？

我们可能很快地答出，010 和 0359 是区号，一个是北京的，一个是山西运城的，那是因为咱们对这些熟悉。但对一些不熟悉的人或是外国朋友，我们怎么告诉他哪个是区号、哪个是电话号呢？我们也可以这样告诉他：给每个电话号码再配一个号码（由 1 和 0 组成），把两个号码对齐，是 1 的部分就是区号，0 的部分是电话号。如图 5：

图 5

当然，有些同学说了，0359 代表的是山西运城市，又不能更精确的表示咱们万荣县！这个我们可以把下面这个数再加长点，就更精确了，如图 6：

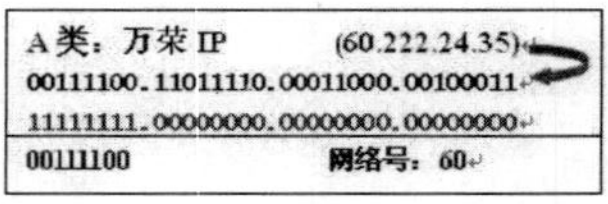

图 6

这样两个号码这样一比较就可以得出更精确的位置了。

IP 地址也电话号码的编码规则是一样的，只是比较抽象，更复杂些。每项技术都有它的相关联性，它都是在借鉴其他技术，改进创造出来的，而不是凭空产生的。所以我们通过了解电话号码的编码规则，可以更好的理解 IP 地址。

IP 地址也有表示区域的叫网络号，也有表示电话号的叫主机号。给电话号码配的这个由 1、0 组成的数码，在 IP 地址里叫子网掩码。如图 6。

5. IP 地址的动、静态分配

方案四中提到，我到我的家中用电话拨号进行投票，我每次开机都可以再投票。这是因为我们家中的拨号上网是动态分配 IP 的，只要大家一拨号，ISP 上网提供商就给你分配一个临时的 IP 地址，关机或断网后 IP 地址收回。每次拨号获取的 IP 地址可能都不同。

6. IP 地址的管理

互联网地址分配机构（IANA）负责全球 IP 地址与域名的管理。全球 IP 地址的分配是按照一种分级的方式管理的。（如图 7 所示）

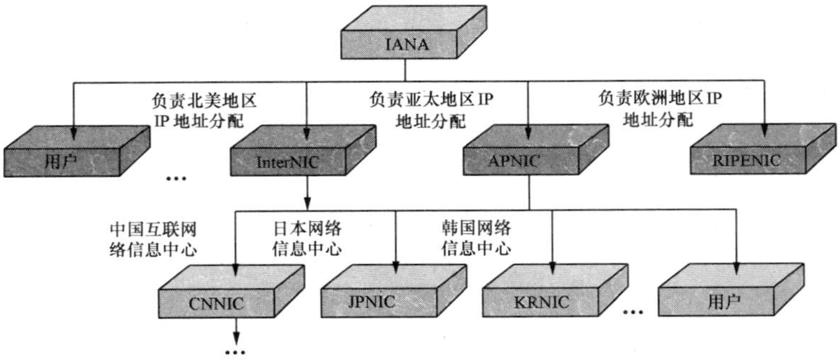

图 7　IP 地址分级管理图

7. IP 地址短缺问题及解决方案

（1）理论上说，IP 地址一共可以有 $256^4=4294967296$，即 42.9 亿个。

（2）IP 地址没有合理的分配给各个国家和地区。

（3）美国占有绝大多数 IP 地址。其中北美占有 3/4，约 30 亿个，而人口最多的亚洲只有不到 4 亿个，中国只有 3 000 万个，只相当于美国麻省理工学院的数量。地址不足，严重地制约了我国及其他国家互联网的应用和发展。“落后就挨打”，同学们一定要树立为民族强大而学习的决心！

（4）由于当前使用的 IPv4 采用 32 位的地址长度，只有大约 43 亿个地址，目前已使用 70%左右，但全球有 50 亿的人口，不久的将来 IPv4 定义的有限地址空间将被逐渐耗尽（估计在 2005～2010 年间将被分配完毕），形成 IP 地址短缺的局面。

（5）新兴的 IPv6 技术采用 128 位地址，2 的 128 次方形成了一个巨大的地址空间。如果说 IPv4 的地址总数为一小桶沙子的话，那么 IPv6 的地址总数就像是地球那么大的一桶沙子。采用 IPv6 地址后，未来的移动电话、冰箱等信息家电都可以拥有自己的 IP 地址了。

8. 小组总结发言

总结学校的网络结构，总结四种方案的不同。（都属 A、B、C 哪类网、投票过程的 IP 地址的变化过程。）

六、教学反思

1. 因为这是一节理论课，要让同学们一堂课听下来是很困难的，效果也不好。所以中间我们加了两个小游戏，让课堂教学有低潮、有高潮。

刚开始的导入，一下吸引同学们的注意力，可以看做是一个小的波峰。随着老师的分析讲解，同学们逐渐进入波谷。这时安排游戏，让同学们兴奋起来，达到一个最高峰，为后半节课作好调整。

2. 这节课中大量的应用了类比，效果是非常好的。

很多类比都是老师亲身经历的，所以同学们听起来也很有兴趣。并且这些例子与所讲内容都很相似，非常接近。同学们一类比就很容易的理解了新的技术。

3. 这节课中比较注重对技术产生原因的分析，让同学们设身处地的思考技术产生的过程。为同学们以后的思考问题、解决问题提供一种方法。增强同学们以后的创新意识！

网站 logo 设计——让网站先“生”夺人

韩春红[①]

一、教材分析

本节是以网站设计为工作任务，让学生通过完成网页制作的活动过程中，亲历利用信息技术加工信息和表达思想的过程与方法。

在网站制作中，一份详细的规划书有利于指导创作过程，而策划主题风格同样至关重要，它以显性的方式向人们展示了网站的主题、个性等，其中较为突出的是 logo 的设计，它是一个网站的“标志”，但可惜教材中对于这点并没有过多的介绍，因此，我从学生的实际水平和兴趣出发，将网页中所需图像素材的加工知识点单独提出，以 logo 制作为载体设计了 1 课时的教学内容，让学生整体感受网站中的 logo。在具体软件的选择上我放弃了功

① 天津市塘沽十三中．

能强大的 Photoshop 软件，因为其复杂的操作功能往往会将学生的关注点转移，甚至会让那些初次接触的学生产生畏难的情绪，目前存在大量的“功能专一、操作简单”的小软件，我通过筛选确定了两款：AAA logo 和 Photoimpact，通过它们的配合使用，学生通过简单的几步就可以制作出网站 logo，由此，不仅让学生比较容易产生成就感，从中对图像处理有初步的了解；而且也培养学生对功能软件的学习、应用与迁移能力，树立了技术不唯一，技术为主题表达服务的意识。

二、学情分析

高一年级的学生已掌握了电子报刊和演示文稿的加工与表达，在此基础上学习网页的加工与表达，会相对容易一些。另外，他们精力充沛，乐于接受新鲜事物，从思维发展上看，已经具备初步的逻辑思维能力，能进行独立思考和自学，可以有意识地尝试问题解决。

三、教学目标

基于以上的教材分析和学情分析，拟定三维教学目标如下：

1. 了解网站 logo 的元素构成，理解网站 logo 在网站中的作用。

2. 初步掌握使用 AAA logo 制作 logo 的方法，能使用 Photoimpact 软件中的文字工具，进行文字画廊中特殊效果的制作。

3. 通过自主探究，加深对网站 logo 设计与主题以及整体色彩基调的协调统一关系的认识。

教学重点：AAA logo 与 Photoimpact 两款软件的配合使用制作网站 logo。

教学难点：网站 logo 设计与网站主题以及整体色彩基调的协调统一。

四、教学策略

本节课教学内容来源于教材但深于教材，所以需要由教师准备教学支持网站和相关的教学素材。考虑到制作软件的具体情况和学生的认知规律，两款软件的学习方法都是学生在教师的“技术支持”栏目中相关教程的指导下，通过学生自主探究的形式来完成。

本节课主要通过让学生亲历一个完整的 logo 制作过程，给学生以具体的图像加工和完整 logo 的感性认识，完成简单模仿到自主创作的过程的转变。在此过程中，注重对学生进行“软件工程”思想的渗透并培养学生的运用信息技术解决实际问题的能力。教学过程中主要采用了任务驱动法、自主探究法、讲授法。

五、教学过程

（一）活动导入，引出学习任务

上课开始，教师和学生一起做一个小游戏，考考他们的眼力、记忆力。形式为快速播放几张著名网站截图，请学生说出网站名称、个数以及自己记住了几个网站。

（部分截图画面见下图）

生：有百度、新浪、腾讯 QQ、淘宝网……

师：你们都浏览过这些网站吗？你们如何知道网站名称的？

生：思考回答，指出网站上有一个网站名称标志。

教师总结：网站名称标志称为网站 logo，在网站的常规版式中，网站 logo 放在左上方，这个 logo 就像网站的名片让浏览者快速记住网站本身。

师：大家在生活中有没有见过类似的 logo？

生：思考并回答。

师：大家说得非常好，这些都是商标 logo，网站 logo 和现实生活中的商标 logo 一样，设计的目的也是唯一标识自己、宣传自己。今天我们就来学习如何设计制作网站 logo，让自己的网页也能先“生”夺人。（出示课题）

[设计意图：通过 Lanstar 教学广播播放著名网站截图构成的 ppt，吸引学生的注意力，在师生交流中引导学生重新认识早已熟悉的网站图像——网站标志 logo，明确 logo 的设计目的是唯一标识、宣传自己的一种形式，进而引出本节课的学习任务——设计制作网站 logo。]

（二）分析网站 logo 元素，制定 logo 评价标准

教师：展示经典网站 logo——新浪 logo 和百度 logo，以此为例分析网站 logo 的寓意。

生：思考并回答。

师：展示参考答案。新浪的 logo 底色为白色，英文名 sina 中的黑色 i 字母的点用表象性手法处理成一只眼睛使整个字母 i 像一个小火炬，传达了“世界在你眼中”的理念，激发了人们对网络世界的好奇。

“百度”二字源于诗句“众里寻他千百度”，象征百度对中文信息检索技术的执著追求；百度力争做到一百度，做到顶上开花的境界。而“熊掌”图标的想法来源于“猎人巡迹熊爪”的刺激，与百度的“分析搜索技术”非常相似，从而构成百度的搜索概念，也最终成为了百度的图标形象。

教师引导学生分析网站 logo 中应包含的基本元素，实现由个案到一般的知识梳理。

学生思考并回答。

师生总结

网站名称、域名（网址）：（中文 英文）文本——清楚易记 寓意：图像——精美、独特、有内涵 尺寸：一般建议为 120×90，但可以设计彰显个性的 logo（尺寸不严格固定，但要与整体构图协调） 色彩：体现网站主色彩基调——能够体现网站的风格

教师引导学生通过网站 logo 的基本元素及其寓意，进一步归纳一个好 logo 的标准。

师生总结

网站 logo 评价标准： 1. 清楚易记　2. 精美、独特、有内涵　3. 与网站的整体色彩基调一致　4. 体现网站的主题、风格

（三）尝试网站 logo 的初步制作

1. 浏览半成品的网站模板，初步规划网站 logo

师：大家都已经了解 logo 的构成元素以及制作标准，现在我们就来实践一下。为环保网站设计一个网站 logo。展示半成品环保网站及“网站 logo 规划”文件。

环保网站及“网站 logo 规划”文件截图如下：

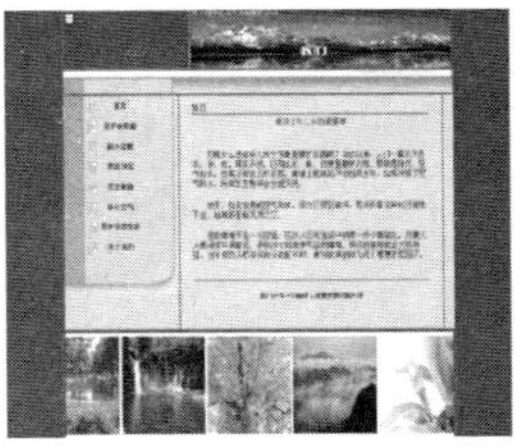

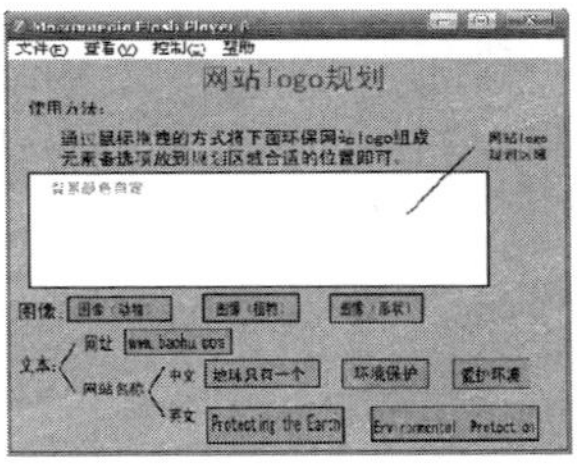

教师通过大屏幕展示思考问题：（1）网站的主题是什么？（2）网站中所用色彩有哪些？色彩基调是什么？（3）你想为网站设计什么样的网站 logo？让学生带着问题浏览网站。

学生浏览网站内容并思考，通过“网站 logo 规划”文件的帮助构造出网站 logo 的雏形。

教师巡视全班。选取典型学生设计进行广播。请学生说说他们的设计意图。通过师生互动交流过程，提醒学生关注网站 logo 设计中要参考评价标准。

学生修改完善自己的网站 logo 设计。

[设计意图：本环节中采用“网站 logo 规划”这个文件为依托，让学生先将 logo 的规划显性的呈现出来，符合学生的学习规律。其中，考虑到时间以及教学内容重心，我们在“网站 logo 规划”中将网站 logo 所需元素用对象的形式给出，学生只需选择、拖拽到合适的位置即可，学生可以直接通过组合的形式完成 logo 规划。同时鼓励学生，如果教师的参考不满足自己的想法，还可以自定方式呈现。]

2. 根据技术支持，自主探究制作网站的 logo 制作

师：设计草图完成以后就可以制作了，能够制作网站 logo 的软件很多，logo 就实质而言就是小的图像，只要是图像处理软件都可以胜任。今天我给大家推荐两款小软件 AAA logo 和 Photoimpact。AAA logo 有丰富的素材库供我们选择，但由于是英文汉化软件，不支持中文，我们可以将文字部分保留，将 logo 的其余部分设计好，通过 Photoimpact 软件的辅助后期添加。虽然这里涉及了两个软件，但它们操作并不困难，老师在教学网站上为大家提供了“技术支持”栏目。

学生浏览“技术支持”栏目进行自主探究学习。

学生依照相关教程的指导，完成半成品网站 logo 制作全过程。

教师巡视，进行个别指导。

[设计意图：本环节是本节课的重点内容。我们在考虑学生具体的学情和软件具体的情况下，设计出以学生的自主探究为主、以教师的“技术支持”及课堂辅导为辅的学习模式。由于 AAA logo 和 Photoimpact 两款软件比较简单，学生不仅能在“教程”的辅助下自己制作出网站 logo，而且还能培养学生对功能软件的自学能力，利于学生学习信心和解决问题意识的增强。

3. 上传 logo，整体感受效果，进行阶段小结

教师巡视全班，辅导学生。记录学生在两款软件中的共性问题及典型作品的学生座位号。随后通过 Lanstar 教学广播展示各个层面学生作品，肯定亮点，指出不足，解决技术问题。

学生观看教师演示后继续修改完善自己的作品，并将作品上传到教学网站中共享文件中与座位号对应的文件夹中。

教师浏览学生上传作品网站，有目的地选择几个学生作品，广播展示，让学生从感性认识上体会 logo 与网站的协调统一以及在呈现、增强表达上的作用。

学生观看教师的演示。

[设计意图：本环节通过学生问题作品的展示，进一步引导学生关注 logo 的技术表达效果呈现。尤其是借助上传 logo，使得学生的 logo 直观地呈现在网站中，更加立体、全面地向学生展示了 logo 与网站的协调、统一关系，让学生更为完整地认识到 logo 的设计应与网站整体风格相一致，从而突破了本节课的教学难点。]

（四）根据前期网站规划书，设计自己的网站 logo

1. 结合自己的网站规划书，思考设计自己网站 logo

师：通过前面的学习我们已经初步掌握了网站 logo 的制作，下面我们就结合自己的网站规划书，具体设计一下我们自己的网站 logo。

我们在制作时要时刻参考 logo 评价量规，关注用色与网站的整体风格的协调，要争取做到精美有内涵，甚至可以通过恰当的创意来彰显网站的个性。

学生借助“网站 logo 规划”程序进行初步规划，并通过软件进行技术实现。

教师巡视辅导、解答学生问题。

2. 作品交流展示

做好 logo 的学生将自己的作品上传到教学支持平台网站“作品展示”栏目中。

学生浏览班级学生作品，进行作品投票，发表评论。

教师根据投票结果，将得票数最高的作品进行展示，与学生一起分析作品亮点并参照评价标准进行简单评价。

（五）课堂总结

教师归纳梳理本节课的知识点。

学生聆听，思考。

教师展示网站 logo 制作流程，引领学生一起归纳一般图像处理的制作流程，帮助学生完成由具体到一般的归纳总结。

六、教学反思

本节课《网站 logo 设计》总体上完成了预定的教学目标，学生通过教师的适当讲解、教学支持网站的教程学会了 AAA

logo 和 Photoimpact 两款小巧软件，通过两款软件的配合使用，学生可以轻松地制作出各种网站 logo，达到了本节课的技术目标。但反思整节课，有几个问题比较突出，影响了本节课的教学效果。

1. 教学支持网站使用率低。学生对教师提供的教学支持网站关注少，遇到具体问题第一反应不是通过教学网站找到答案，也不向邻近的同学请教共同研究解决，而是直接举手等教师的帮助。教师在教学支持网站上所作软件辅导教程没有多少学生能够浏览，教师的预想目标没有实现。

2. 在学生作品的评价环节，处理不是很到位。学生通过两款软件的配合轻松地完成了网站 logo 的设计，在设计上学生现在还是以漂亮为主。教师在作品评价的时候应引导学生观察网站 logo 与所选主题整体网站之间的关系，让学生明白设计网站 logo 最终是要放在所选主题网站上使用的，网站 logo 应与网站在色彩、主题、风格等方面相一致。

3. 在结合自己前期的网站规划书，为自己的网站设计 logo 教学环节中，由于教学时间有限，学生不能充分地发挥自己的设计水平，学生的作品效果一般。

网站的发布与评价

李志江[①]

一、教学内容分析

本课内容选自《网络技术应用》（中国地图出版社）第四单元“建设网络家园”第五节的内容。它是学生在学习了建站规划、初建网站、网站优化、动态网页后编排的。这一节涉及网站的发布方式、动态域名、虚拟主机和网站宣传等方面的内容，这是让自己制作的网站进入互联网世界的有效途径。通过本课的学习，能够较全面掌握创建网站的基本思路、工作过程，能够根据主题选择恰当的技术表现相应的信息元素，全面提升信息技术应用水平和信息整合能力。

二、学生情况分析

高中二年级学生在学习本课之前，他们已经系统学习了网络探秘、加盟互联网、畅游互联网相关知识和技术，并学习了建站规划、初建网站、网站优化、动态网页。学生们能够在以上课程的学习中创作并规划自己的网页，形成一个独立于自己

① 河北省承德市围场县第一中学.

计算机系统环境的网页电子作品。但他们还不熟悉网站发布的相关知识和技术，还不能把自己的作品投入网络环境中进行交流与评价。

三、教学目标分析

目标的确定着眼于让学生亲历网站建设中网站发布的全过程，体验制作一个完整的网页后，学会采用合理的信息表达方式、传递信息，合作与交流，提升综合信息能力。

1. 知识与技能

（1）了解网站发布与管理的方法和过程。

（2）学会设计制作网站后，制定合理的标准，通过交流，对网站作品进行评价。

2. 过程与方法

（1）能通过网络（局域网或互联网）发布和管理网站。

（2）理解、学习制订评价量规。根据量规，对自己的作品和他人的作品进行客观评价，并予以反思、改进。

3. 情感、态度和价值观

（1）学会客观地评价自己与他人的作品，养成辩证的信息评价与认识观。

（2）通过网站的创作、交流与评价，提升综合信息能力，培养学生科学的工作方法。

（3）养成遵纪守法、积极健康地使用和建设网络的意识。

四、教学重点与难点

1. 教学重点

（1）学习通过网络（局域网或互联网）发布和管理网站的基本操作方法；

（2）通过网站的创作、交流与评价，提升综合信息能力，培养学生科学的工作方法。

2. 教学难点

（1）学习并使用发布和管理网站的相关技术发布网站；

（2）理解、学习制订评价量规，对自己的作品和他人的作品进行客观评价，并予以反思、改进。

五、教学策略

1. 针对本节课的教学内容，我采用了自主实践探究完成任务方式，利用教学网站进行学习和评测个人探究后的效果，然后小组合作交流完成任务的方式，互相交流提高，掌握所学知识，提高技能。充分利用教学网站的导向性作用和小组合作探究又不拘泥在教学网站提供的内容上，增强学生集体观念、共同进步。

2. 教学环境

硬件环境：多媒体教学机房、互联网环境；

软件环境：极域电子教室、教学网站、电子学习档案袋、在校园网站上为学生小组开辟网站空间和Ftp账号模拟互联网的网站发布环境。

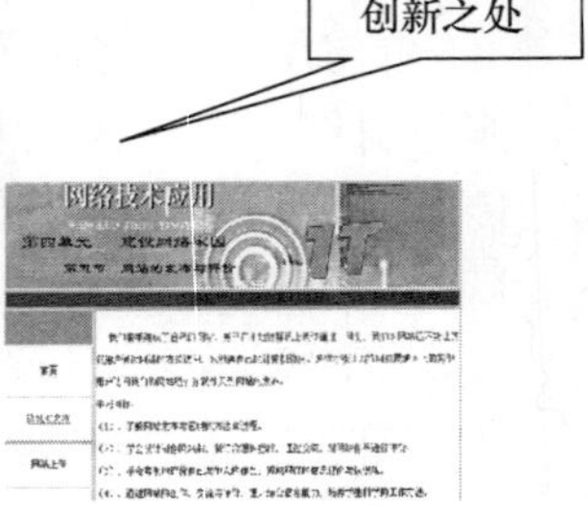

六、教学过程

1. 创设情景、提出问题、引入课题

教师利用极域电子教室“广播教学”功能进行演示，请同学们见证教师机的IP地址是：192.168.0.9，然后打开IE浏览器，在地址栏输入：192.168.0.9，打开了教学网站首页。

师：同学们，这是我做的教学网站，供大家使用学习，请在你的机器上输入我的机器IP地址看一看能否打开？并试一试你如何使用自己的IP发布自己的网站，供大家浏览？

学生亲身实践在自己的机器上打开了教学网站的首页。从网页上学生看到了本节课将要学习的内容——网站的发布与管理。

学生有意识地把自己机器的IP地址和同学的IP地址输入IE的地址栏，打开的确是无法正常显示的页面，同学们猜测到要想发布网站得先学习本节课的内容，同学们的学习兴趣有所提高。

学生们按照教师的要求去做后，发现了其中的问题是：用自己的IP和其他同学的IP均不能正常访问，同时对教学网站提供的内容产生兴趣，下意识从中找出原因来解决这个问题。

2. 学生活动、自主探究、掌握新知

师：大家请看教学网站主页，通过本节课的学习，同学们就可以把自己得意的网站发布到网上了，那么下面请同学们点击教学网站上的“网站的发布”链接，自主探究，学习实践网站发布页中的相关知识。并完成任务一：利用所学亲身实践发布自己的网站。

学生按照老师的要求，进入教学网站进行自主学习，研究教学网站上的相关知识并实践操作发布自己的网站。

在网站的发布页面里，分别设置：网站发布方式、知识解读、技术支持、拓展学习和小组网站链接的版块，提供给学生自主学习的环境，并检验学生们是否能够正确地发布了个人网站。只要正确发布网站，则在教学网站中点击其姓名就可链接到他的机器上，给学生互相访问带来方便，也可检验学生完成任务的情况。

3. 教师小结、巩固提高

师：经过大家自己的学习和实践，同学们完成了个人网站的发布，下面我们共同做一个小结：网站的发布就是将在硬盘上制作好的网站文件通过网络传送或移动存储设备复制到 Web 服务器上。使用位于局域网内的本地 Web 服务器通常的步骤为：

（1）安装 IIS 组件：把自己的机器配置成 www 服务器。

（2）配置 www 服务器。

① 使用 IIS 的默认站点发布网站；②添加新的 Web 站点发布网站。

（3）Web 站点属性页设置

① 设置默认文档；②设置主目录等。

详细的操作步骤和相关知识请参照教学网站。

4. 学生活动、小组探究、掌握新知

师：同学们经过自己的努力，亲身实践完成了任务一，较好地完成了网站的局域网络的发布，同学们可以点击教学网站上同学们的姓名即可打开他（她）的网站了。但这仅局限在机房的局域网络里，请同学们以小组为单位，进行下面的探究，互联网的上网站是如何发布和管理的，完成任务二：互联网网站发布总结，以定稿的形成发布到电子学习档案袋中。

学生利用教学网站上事先设计好的页面点击同学姓名的链接，打开他（她）的网站，进行浏览，互相交流发布心得。进而小组共同学习探讨互联网上发布网站的方式该是怎么样的。

学生在互相点击打开对方网站的同时，发现部分未正常显示的页面，进而寻求原因，共同解决，达到全部同学都能够正确设置网站。学会 IIS 的相关知识。小组探讨学习互联网网站的发布，共享学习心得，交流看法，总结扩展知识。

5. 教师小结、巩固提高

在互联网上发布网站，就要选择合适的网站空间。获得网站空间的方法有如下几种。

（1）申请免费空间；（2）租用虚拟主机；（3）租用专用服务器；（4）购买自己的服务器；（5）宽带用户利用自己的机器，借助于“花生壳”“每步”“麦秀空间”等。

大家在总结互联网发布网站的过程中，要总结每一种方式的优势是什么？不足之处是什么？适合什么样的人群？每种方式所采用的技术是什么？等等。请完善互联网发布的总结，参考教学网站和利用互联网。

6. 小组活动、探究新知、应用知识

师：同学们各小组间能够把互联网发布网站的知识总结得相当全面，并发表到电子学习档案袋里，小组间互相查阅借鉴，拓展知识体系。下面请大家点击教学网站上的“网站上传”页面，利用网页上的知识和我为每一小组提供的校园网站上的空间，把小组推选的一个网站上传到校园网上。进而通过校园网发布到互联网上。

学生对互联网上网站的发布兴趣较高，小组打开教学网站上的“网站上传”页面探索上传方法。

（1）利用 Ftp 软件进行上传。

（2）利用 Dreamweaver MX 的站点管理功能上传网站。

教学网站中讲述了两种方法的使用和操作步骤，学生在学会后，可通过计算机进行上传操作。

同学们都希望自己制作的作品能够上传到校园网上为大家开辟的空间，这样就可以发布到互联网上了，小组间进行了网站推选，并共同探索交流，把推选的网站分别利用两种方法之一，正确的上传到校园网络空间上，通过校园网络实现了小组网站的正确访问。同学们的学习兴趣高涨。

7. 交流评价、提出建议、完善作品

师：同学们积极主动的学习完成了局域网络内网站的发布，进而又实现了小组间校园网络上网站的发布，下面请大家点击教学网站上的“交流评价，提出建议”的链接，在这个环节里，我们将通过学生网站评价量规系统对小组上传的网站进行评价。最终分数最高的网站将作为我们的班级网站常驻校园网站上，并按照大家的期望进行修改、完善。

学生在小组实现了校园网站上正确发布了小组评选出的网站后，就可以通过校园网上的链接访问网站了。

学生们打开教学网站上的“交流评价，提出建议”的链接，查看网页上的学生网站评价量规表，从网站总体设计、网站信息结构、网站内容编辑等方面进行评价。查看评价量规后，进入学生网站评价量规系统，从以上几个方面进行打分，并在最后给出自己的看法。

学生们对网站的评价还集中于表面的页面美观上，通过学生网站评价量规表，使学生意识到评价网站需要从多个方面进行考虑。

学生们每对一个网站进行评价的同时还要给出自己的看法，从中可以得到许多不同的新颖建议，为共同的班级网站的规划、设计提供了基础。

8. 推广宣传、提升综合能力

师：我们利用教学网站上的评价系统进行汇总后，可以看到××小组获得了最高的评价分数，我们为他们鼓掌表示祝贺。同时我们也看到，大家对该小组提出了一些好的修改建议，下面我们分成两个大组：班级网站技术组和班级网站宣传组，分别完善作品和学习教学网站的推广宣传知识，然后派出代表总结你们的探究成果和心得。最终的班级网站将常驻校园网上。

通过评价系统，获得分数较好的小组受到了好评，学习兴趣较高。与第二、第三名的小组分担了班级网站的完善与开发。获第四至第六名小组承担了班级网站的宣传任务，继而分工明确，为了一个目标而进一步的学习。

班级网站技术组在原有网站的基础上互相交流合作整合资源。班级网站宣传组则进入教学网站的“推广宣传”的链接学习新的知识或到互联网上去搜索结果，全面的总结、交流完成后，各大组代表的演示、陈词使全班学生再一次感受到了网站开发的基本过程以及推广宣传网站的方式多种多样，不能局限于教材。

一个能代表大家观点的班级网站诞生了，学生们成就感很强。

在学生兴趣更浓的时候，给该班级分配了校园网的班级网站空间，学生积极性提高。按照具体的任务分工合作，互相交流看法，实现班级网站统一的风格，学生的集体意识加强。

9. 教师总结

我们已经了解了多种发布网站的方法，但还要考虑到每种发布方式的优点和不足，使其优点为我所用。一个网站从规划设计到制作发布，整个过程都是网站开发人员的主观活动。这样制作出来的网站是否受到浏览者的欢迎，还需要时间的检验。我们要及时听取浏览者的建议，更新改进我们的网站，才能使我们的网站越办越好。

七、教学反思

1. 网站的发布旨在教授学生能够通过网络（局域网和互联

网）发布和管理网站。为了提高学生的学习兴趣和操作技能。利用教学网站，自主探究、评价，学习局域网中网站的发布。利用学校校园网络小组合作交流、评价，学习互联网中网站的发布。

2. 网站的评价旨在教授学生根据评价量规，科学分析评价自己与他人的作品，并利用合理的信息表达方式表达、传递信息。为了让学生亲历网站的评价量规的制定、提升综合信息能力，利用自制网站评价系统，根据评价量规几个方面进行学生自评、互评、提出新的建议并整合，基本形成了一套新的评价方案，学生体验了开发制作一个完整项目的过程。

3. 在实际的教学中，学生对网站的发布兴趣较高，但发现问题后整合完善网站的时候，对网站开发的软件应用还不熟练，技能操作要耗费很多时间。在形成班级网站时，学生观点不容易达成一致，客观的进行评价电子作品意识有待加强。

信息的编程加工

张　鹏[①]

一、教学内容

本课是教育科学出版社出版的高中《信息技术基础》（必修）第三章“信息的编程加工和智能化加工”，第二课“信息的编程加工”。前两章学习了信息与信息技术和信息的获取，本章作为信息加工的开头，内容比较抽象、陌生，对学生来说有一定的难度。

信息的编程加工作为信息技术学科的核心内容，具有知识点多、学习难度大等特点。本节作为《算法与程序设计》（选修）的铺垫，要求学生简单了解程序设计的一般过程和方法，体验编程的乐趣，揭开程序设计的面纱。因此对具体内容不做过多的要求。

为了有效地降低学习门槛，将信息编程加工和智能化加工统一教学，我特意选择了具有两者特性的“机器人快车 RCJ 4.0”软件。该软件采用流程图＋命令模块编程模式，其特有的虚拟仿真环境能够实现所见即所得，可以编写灵活多样的仿真机器人足球比赛，如在单机模式和网络模式下的足球对抗赛。这样不仅实现了信息编程加工和智能化加工的完美统一，而且充分调动了学

① 新疆乌鲁木齐市新疆师范大学附属中学.

生的学习热情。

由于本课内容学习需要借助“机器人快车 RCJ 4.0”软件。为了提高课堂教学效率，降低操作难度，教师须利用课前 15 分钟对该软件环境、模块拖放、仿真运行等进行简单的讲解。

二、教学对象

高一学生通过小学和初中阶段的信息技术学习，虽然已经具备一定的信息素养，但各班级学生信息技术差异明显，尤其个别团场学生动手能力普遍较差。绝大多数学生只听过信息的编程加工，但从未真正接触过。因此，大部分学生对程序设计既兴奋又畏惧，兴奋的是第一次接触程序编程，畏惧的是感觉编程很神秘，学习起来没有把握。若教师无法将抽象的程序设计形象化，把这层神秘的面纱揭开，那么将极大降低学生对信息编程加工的学习兴趣，加重对编程的恐惧感。

三、教学目标

1. 知识与技能

（1）了解信息编程加工的一般过程。

（2）了解程序设计中算法、函数（子程序）和变量的概念。

（3）了解程序三大基本结构之“顺序结构”和“循环结构”的基本结构。

2. 过程与方法

（1）能够通过小组合作学习体验信息编程加工的一般过程。

（2）能够根据任务需求，实践、探究进攻机器人运动规律，发现问题并提出有效的意见和建议。

能够将理论和实践有效结合，通过理论理清设计思路，通过实践强化对理论的认知。

3. 情感、态度和价值观

（1）通过小组学习，与同学共同分享知识与情感。

（2）通过实践能够体验编程的快乐与痛苦，了解程序设计的价值。

四、教学过程

引入：同学们都玩过足球吗？

老师计划这两周在我们班进行班内“足球比赛”。不过需要说明的是，班内的足球比赛可不是在体育场上比，而是在计算机上踢球。

老师这有一款足球游戏，不过这个足球游戏与其他的足球游戏不同，比赛时不需要键盘或鼠标进行控制，而是需要你编写程序教足球机器人自己踢。

（一）分析问题：二对二足球机器人演示

这是一个编写好的二对二足球机器人演示程序，请同学们欣赏。在同学们欣赏的同时，请完成以下问题（分组讨论，四人一组）。

1. 谷歌地图将全世界都装入了计算机中，你想了解哪里只需要轻轻点击几下鼠标就可以了。那么，在足球机器人游戏中我们如何表示足球、机器人、球门的位置呢？

答：地球可以通过经纬度虚拟进入计算机中，地球上的每一个点可以通过坐标来唯一标识。同样的，足球机器人的场地和足球、机器人等也采用了数学坐标的方式表示（在程序设计中这称为事物的抽象过程）。如图 1 所示。

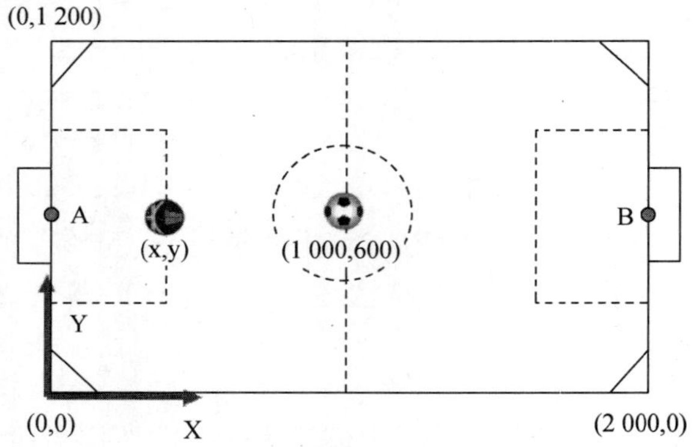

图 1　球场地图

知识提炼

事物的抽象：实际上就是通过数据抽象和数据建模，将生活中的事物用符号和数据表示，从而使计算机可以运算与处理。这是程序设计的前提。

（二）设计算法：机器人如何踢球

1. 机器人是如何实现踢球的？

答：首先，机器人要知道足球在什么地方（足球坐标）。

其次，机器人根据足球的坐标，向足球移动，实现踢球动作。

最后，重复前两步。这就是本题的解法（在程序设计中称为算法）。

2. 请同学们根据本任务算法，用线将图 2 中的命令连接起来。

使用流程图便于形象描述算法，理清程序思路。本题中使用了循环结构的流程图。

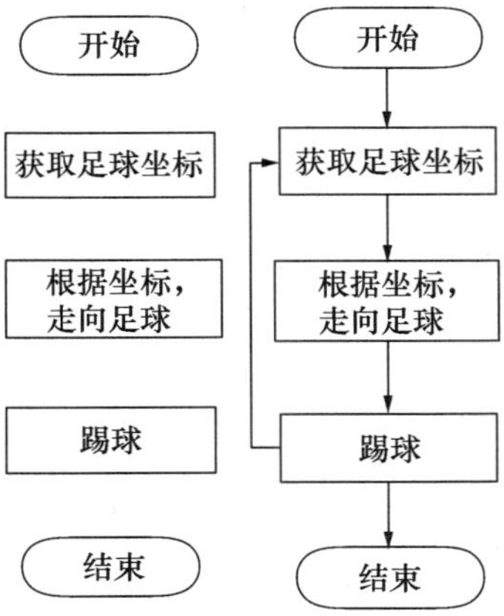

图 2　算法流程图

循环结构是程序的三大基本结构之一，特点是有重复被执行的命令。

3. 如果没有返回的流程线，机器人会如何运动？

答：机器人只会踢一次球，无法实现连续踢球。没有返回的流程线，本题的流程图就变成了顺序结构的流程图。

顺序结构是程序的三大基本结构之一，特点是命令模块一个接一个有序地执行，没有分支，也没有重复的结构。

知识提炼

算法：简而言之就是解决问题的方法与步骤。同一个问题往往有多个算法，就如同数学中的一题多解，每一种解法就是解决问题的一种算法，各种解法各有优劣，我们追求的就是最优算法。算法一旦确定，解决问题的方法和步骤就确定，因此它是程序设计的核心。

流程图：也称为程序框图，它是算法的一种图形化表示方法。

顺序结构：命令模块一个接一个有序地执行，没有分支，也没有重复的结构。

循环结构：能够使放入循环开始和结束标志之间的模块重复执行的结构，可以有效的简化程序。

（三）编写程序：修改进攻机器人

1. 寻找进攻机器人的问题

师：老师这里有一位同学编写的进攻机器人程序，但是好像有点问题。下面老师把这个程序和说明传给大家，请同学们帮老师找一找，到底哪里出了问题？（学生分组，动手操作）

（1）请仔细观察进攻机器人和足球的运动轨迹，请总结其运动特点。

答：机器人的运动轨迹随着足球的X坐标变化而变化，Y坐标始终不变。

程序流程图

（2）请根据流程图和模块说明，提出改进方案。

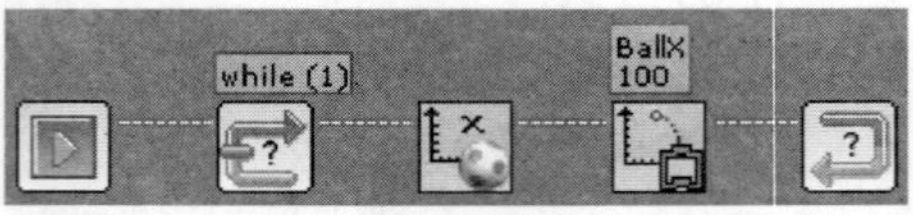

答：①在 3、4 之间插入（获得足球 Y 坐标模块）。

②修改（移动模块）坐标的设置为（X，Y）。

（四）调试程序：改进程序

现在按照分析的结果修改程序。插入获得足球 Y 坐标模块（在程序设计中称为子程序或函数），修改机器人移动函数的坐标，设置参数为（X，Y）。

进行仿真，还是无法实现目标。原因是什么？

1. 定义变量，存储实时数据。

虽然，插入函数（获得足球 Y 坐标模块）可以获得实时 Y 坐标值，但如果无法将实时的 Y 坐标值传递给函数（移动模块），还是无法实现程序目的。

在解数学题时，同学们经常用未知数（如 X，Y 等）带入函数中解题，本题我们也可以定义一个未知数（在程序设计中称为：变量）“BaY”，用来保存获得的实时足球 Y 坐标值。

设置过程见下图：

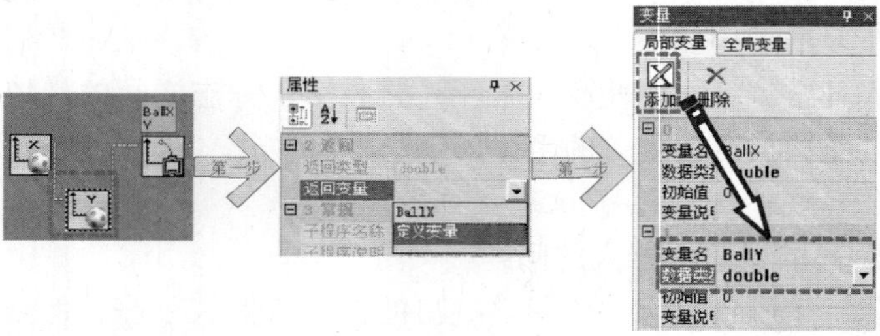

第一步：选中“球的 Y 坐标”模块　　第二步：“定义变量”　　第三步：添加变量修改“变量名”和“数据类型”

2. 使用变量，实现数据通信。

接下来，用保存实时足球 Y 坐标值的变量“BaY”来设置机器人移动模块的参数。

知识提炼

子程序：又称函数，是系统已定义好的具有一定功能的程序。用户可以通过定义变量保存其的返回值（获得机器人 Y 坐标函数）或设置参数（机器人移动函数）加以利用，有效提高程序设计效率。

变量：用于保存程序中的数据，实现函数之间的通信。用户可根据自己的需要定义“变量名”，所定义的变量必须与要保存数据的“数据类型”一致。

（五）课堂练习

基础题：请同学们动手修改进攻机器人程序。

思考题：如果将程序中的循环结构删除（如下图所示），请测试运行结果并分析现象。

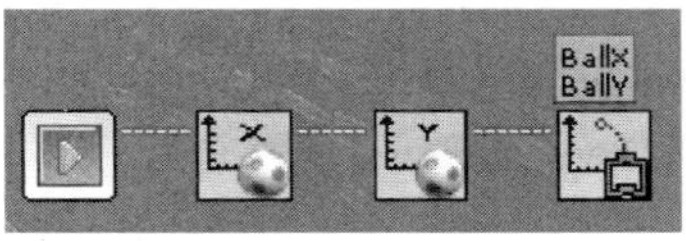

提高题：请你设计一个防守机器人的程序算法。

五、课堂小结

本节课我们简单了解了信息编程加工的一般过程，对程序设计中的一些新名词、新概念有了初步的认识，比如，算法、函数和变量等。实际上，在程序设计中大部分的概念都与数学有着千丝万缕的联系。在后面的学习中要注意知识的迁移和区分。

1. 信息编程加工的一般过程包括：

第一步：问题分析（包括数学抽象）

第二步：设计算法

第三步：编写程序

第四步：运行调试程序

另外，我们通过课堂练习又对程序的基本结构有所了解。所有的程序都是由“顺序结构”“选择结构”和“循环结构”这三种基本结构组成。

2. 程序的三种基本结构

顺序结构：命令模块一个接一个有序的执行，没有分支，也没有重复的结构。

循环结构：能够使放入循环开始和结束标志之间的模块重复执行的结构，可以有效地简化程序。

选择结构：通过条件判断来决定程序走向的结构，具体内容将在下节课学习。

六、教学反思

作为第一节信息的编程加工课，为了降低学习难度，通过模块化编程，结合虚拟仿真环境所特有的所见即所得的优点，有效地屏蔽了学生对程序代码理解的难度和恐惧感。兴趣是最好的老师。通过这种游戏性学习，充分激活学生的学习热情。不仅使教学直奔主题，而且让学生充分体验了编程的乐趣。同时，也为接下来的第三课《智能化信息加工》的教学工作做好了铺垫。

由于本课课时有限，而新知识、新概念比较多，同时，还需要学生具有一定的动手操作能力，因此，在演示操作时要慢一些、细一些，学生分组时要将动手能力强的学生分布到每个小组去。导学资料的内容中操作环节，需要详细一些。要求小组中先完成的同学去帮助本组其他同学，最后在评价时要强调只有组员全部完成的小组才算完成，才能以小组为单位进行评价，并且要充分地肯定每一个组员。

VFP 程序设计——Do While 循环

王立军[①]

一、学情分析及教材处理

在程序设计方面，学生的学习能力和接受能力差异较大，上这节课时我主要采用了分组学习结合课堂练习的方式来教学，在作业布置方面，我注意难易结合，根据学生学习成绩的不同层次，让学生做不同的题目，这样基础差的学生能顺利完成任务，好的学生也能从中找到乐趣。(体现了分层次教学的教育理念)

“循环结构”是吉林省职业高中计算机专业高考教材第四章第四节的内容，它是建立在学生已学习的顺序结构、分支的基础之上，为后续学习子程序和自定义函数做了铺垫。它在整个程序设计课中占有重要的地位。为此将本节课的重心放在如何引导学生明确程序设计的思想是什么，如何利用 Do While 语句解决实际问题的能力。

二、教学目标

1. 知识和技能

(1) 掌握 Do While 语句的格式和功能。

(2) 学会用 Do While 语句解决日常生活中实际问题。

2. 过程和方法

经历实践、分析、归纳，掌握 Do While 语句的格式和功能。

3. 情感、态度和价值观

(1) 运用半成品加工策略，完善程序，发展学生思维的逻辑

① 吉林省柳河县职教中心.

性及严谨的学习态度。

（2）通过学习，培养起学生的团队合作探究学习的良好习惯。

三、教学重点与难点

1. 教学重点

掌握 Do While 语句的格式和功能。

2. 教学难点

提高学生运用 Do While 语句解决实际问题的能力。

四、教学思路

程序设计是一门比较枯燥的课程，但是当你进入其中之后，你也会觉得其乐无穷，我的目的就是让学生能感受到其中的乐趣。所以我以实践的例子导入新课，引起学生的兴趣和思考。在讲语句的应用时细讲，让学生充分理解其中的原理，再通过举例举一反三，让学生熟悉的同时思考其中的一些重要的细节，最后在作业的布置上，设置等级式的题目让学生选择，保证每个学生都能完成任务，获得成就感。

本节课主要采用“精讲多练、小组互动、分层实施、机试为主”的教学模式，从而达到预期的教学目的。

五、教学过程

教学程序	教师活动	学生活动
创设情景 引入新课（5 分钟）	播放一段跑步的 Flash 动画，切入主题，引入循环结构（相同之处：重复） 每跑一圈 200 米，当没有超过 800 米时，重复再跑一圈，直到达到 800 米才停止。这种重复的过程就是我们今天要学的循环结构 循环结构就是重复执行某一过程的结构语句。但这种重复需要满足某一条件，当超出了条件的范围时就退出循环体	以动画导入以引起学生的兴趣，并帮助很好的理解循环结构的概念
教学过程 1（基础知识部分）（10 分钟）	1. 学生看流程图，理解什么是循环结构，分析解释 Do While 语句的格式、功能 （1）Do While 循环一般形式 Do While 条件表达式 循环体 End do （2）Do While 循环的功能：只要条件成立，重复执行循环体 2. 用投影仪展示 1＋2＋3＋4＋…＋100 程序清单，让学生对照程序清单上机调试并思考 程序清单：clear	根据语句的格式和功能，让学生试画该语句的流程图（教师指导） 学生思考，随后举手回答：sum＋i 中 sum 的作用是用于存储所求

续表

教学程序	教师活动	学生活动

	sum＝0
	i＝1
	do while i≤100
	  sum＝sum＋i
	  i＝i＋1
	end do
	？“1＋2＋3＋…＋100＝”，sum
	同学们，你们能找出程序清单中有哪些变量，并说明它的作用吗
		的和（中间结果及最终结果），i的作用是用来存储循环的值（即加数），同时控制循环执行的次数

	程序中的变量名可用其他的字母代替吗？你能找出在循环体（命令序列）中用于控制循环趋于结束的命令吗	学生回答：可以用其他字母代替，控制循环趋于结束的命令i＝i＋1
	好，请同学们独立思考此程序的循环次数	全班回答：100次
	如何通过上机操作验证其执行过程呢（学生分组讨论并上机操作验证） 很好（鼓掌，同学们再操作验证）	生1：只须将输出命令放到循环体中即可，即在“i＝i＋1”命令之后、“end do”之前插入“？ sum，i”命令（学生操作验证） 生2：因为一屏显示不下，我们看到的仅仅是最后的几次执行过程，对于以前的执行过程还是看不到，可将该题分段实施，即先求1＋2＋3＋…＋20的和
教学过程2（课堂练习部分）（8分钟）	3. 讨论以下任务的设计，并上机操作，教师参与到学生的活动中（分组教学和任务驱动教学相结合） 任务一：求2＋4＋6＋8＋…＋100的和 任务二：求1×2×3×4×5的积 不一会儿，各小组互动结束，请两个组进行了回答如下：	四人一个小组开始活动 小组甲：循环变量的初值为2，每循环一次循环变量增2即i=i＋2。

续表

教学程序	教师活动	学生活动
	(1) 任务一与例题之间的区别是 (2) 任务二与例题之间的区别是	小组乙：任务二在例题的基础上将“sum＝0”改为“sum＝1”，循环变量的终值为5即条件改为i≤5，然后是循环体中的“sum＝sum＋i”改为“sum＝sum＊i”。
教学过程3（讨论部分）（6分钟）	同学们，在刚才所做的程序中，你能找出其规律吗 全班交流 你们说得很好，尤其是循环变量的特点，它是我们进行循环结构程序设计的关键，也是一个难点，其理解的程度直接影响到我们程序设计成败。但注意的是有时也可能发生递减变化	生1：循环变量从所赋的初值到终值按照一定的差进行变化，如求1＋2＋3＋4＋…时，其差为“1”进行的，求1＋3＋5＋7＋…时其差为“2” 生2：（补充）循环变量在程序每执行一次时，就按照其连续相邻的两个值之间的差进行递增变化 生3：用来存储结果的变量sum，也有一定的特点，如在求和时要赋“0”，在求积时只能赋“1” ……
教学过程4（知识拓展）（8分钟）	做一做：1. 求1＋2＋3＋…＋n；（提示学生，n从键盘输入） 2. 每跑一圈200米，当没有超过800米时，重复再跑一圈，直到达到800米才停止 做完后并思考：与上述程序设计题有何区别？有何意义 通过设计题将实际问题引入课堂，使学生把刚学会的理论知识（循环程序的设计）运用到实际生活中，用来解决实际问题。启发引导学生程序设计在日常生活中的更多应用	过了一会儿，大多数学生做完了，但还有部分学生没有做完，就安排做完了的学生去指导未完成学生，帮助其操作，力争所有的学生有所获，有所得

续表

教学程序	教师活动	学生活动
小结（3分钟）	请同学们归纳本课的有关知识学习、实践操作心得、感受感想，等等	学生回答，老师适时引导
课后作业（3分钟）	1. $s=1\times2\times3\times4\times\cdots\times n$ 2. $s=1-1/2+1/3-1/4+1/5+\cdots+1/99-1/100$（提示：用什么方法可以在循环中轮换加减？） 3. 剧场要安排1000个座位，已知第一排有30个座位，以后每排增加2个座位。这1000个座位最多能排几排？最后剩余不够一排的座位有几个？如果按前边的排法把最后一排补齐，整个剧场共有多少个座位	通过设置三个级别的练习题让学生选择，很好地解决了学生的差异性，使差一点的学生能完成该内容的任务，好的学生能深入思考，从中得到学习的乐趣。

六、教学反思

对VFP程序设计的教学，不再是重结果，轻过程，而是要巧妙组织、精心安排、灵活设计，给学生以耳目一新的感觉，教学效果非常明显，主要体现在以下几个方面。

1. 关注程序设计的思维过程

本节的教学，我跳出了认知技能的框框，不把程序设计方法、操作技能形成作为唯一的目标，而更关注学生的学习过程。如教学时围绕Do While命令的使用为重点展开探索，通过相应的活动与任务提供自主学习的机会，让他们在相互交流、讨论中，明确程序设计的思维过程。

2. 激发学生的创新思维（本节最大亮点）

在程序设计过程中，组织学生不断发表自己的想法，通过引导，鼓励他们敢于争论，完成对知识的构建。学生的争论，也正是他们在积极地参与整个学习活动，是组织教学的精华所在，更挖掘出学生潜在的创造力，从而也带动了全班学生的积极参与。

3. 教学方法多样化，激发学生学习兴趣（本节另一亮点）

VFP课的教学具有很强的实践性，教师在课堂中采取灵活多样的方法，可充分调动学生学习的激情。“课机”结合法，如上述的示例部分。“任务驱动”如上述互动中的任务一、任务二。

4. 需进一步探索的问题

在程序设计教学时提倡“精讲多练、小组互动、分层实施、机试为主”的教学模式，保障学生在不同层面得到发展。但这对那些基础差的学生来说，对教师的组织能力、教材的驾驭能力提出了新要求，哪些是全班学生掌握的，哪些是部分学生掌握的。

这些问题需在下一段教学中进行探索。

甄别信息的方法

王 雳[1]

一、教学内容分析

第二单元的内容“有效获取信息”在本书中的地位十分重要，因为只有有效地获取到信息，才能谈得上以后的管理、加工与表达信息。可以说，这个单元是学习利用信息技术解决问题的一个开端，如果能在此阶段吸引学生，让学生产生继续学习的迫切愿望，对后续的学习十分有利。

本节课学生学习的主要内容有：

1. 正确认识信息技术飞速发展所带来的影响，体会信息甄别的必要性，了解信息价值判断的基本方法，学会鉴别和评价信息。

2. 提升自身信息道德，养成规范自身网络行为的习惯，负责任地使用网络。

二、学生情况分析

从心理特征来讲，今天的信息时代，高中学生求知欲强烈，对上网情有独钟，但缺乏批判性思维，存在简单的盲从现象，对于网上纷繁复杂的信息，他们几乎没有对其进行甄别的意识，因此非常有必要培养他们甄别信息的意识与能力。

从认知情况来说，在前面的学习活动中，学生们已经了解了获取信息的渠道，学习了利用互联网获取信息的方法，熟悉网络搜索引擎的使用，并能在网上找到一些问题的解决方案。但如何有效地获取到对自己有价值的信息并负责任地使用信息，他们缺乏深入地思考。

由此可见，这节课对学生们来说是十分有实际意义的。但是由于本课更多涉及的是学生的思维活动及意识的养成，而非具体的上机操作，如果教师一味讲大道理进行灌输，学生普遍会感觉乏味而丧失兴趣，所以适当地安排些案例和讨论来吸引学生是十分有必要的。

三、教学方法

1. 教师教法：任务驱动法、案例教学法、知识建构法。

2. 学生学法：自主探究学习法、知识建构法、练习法。

四、教学目标

知识与技能

① 北京理工大学附属中学.

（1）了解信息的鉴别与评价的重要性；

（2）掌握鉴别与评价信息的三个思考角度以及具体的方法；

（3）能够针对具体信息选择适合的方法进行分析和鉴别。

2. 过程与方法

在课堂上通过案例的分析与讨论，培养学生深入思考问题的能力，提高学生鉴别和评价信息的能力。

3. 情态、态度和价值观

培养学生良好的上网习惯，使学生在活动中理解、内化相关信息道德，树立网络交流中的安全意识，负责任地、安全地、健康地使用信息技术，逐渐形成与信息化社会相适应的价值观。

五、教学重点与难点

教学重点

1. 鉴别与评价信息的三个思考角度以及具体的方法。

2. 信息道德的讨论与内化。

教学难点

信息甄别方法在不同情境中的灵活应用，即能够针对具体信息选择适合的方法进行分析和鉴别。

六、教学过程

教学过程				
教学阶段	教师活动	学生活动	设计意图	时间安排
创设情境 导入新课	1. 引导学生回忆上节课内容，由上节课所掌握的搜索技巧引出问题：在搜索过程中有没有想到过网上获取到的信息都是真实的、都是有价值的吗 2. 通过观看“百度竞价风波”的视频，引出今天新课的主题——甄别信息的方法	回忆、回答 观看、思索	通过观看视频，让同学感受到连我们平日里应用最广泛的百度上也存在着大量虚假信息，引发学生思索，让学生产生想要学习甄别方法的愿望	4分钟
提出问题 分解问题	提问：面对信息超载和信息垃圾，我们应当如何对所获得的信息的价值进行鉴别和评价 引出用三个问题为线索来解决这个难题的思路	思考	这里学生肯定不好回答，教师可以把这个难题分解成三个问题，以这三个问题为线索来解决这个难题	1分钟

续表

教学阶段	教师活动	学生活动	设计意图	时间安排
师生互动　通过案例分析逐一解决问题	1. 通过案例分析来讲解第一个问题线索：这条信息是真实的吗 案例分析：各大论坛里几乎都有这个话题，微波炉竟然能给公交卡充值，不知是真是假？请同学们甄别一下 通过新华网的相关报道揭秘答案并演示一些上当受骗的网友的回帖，引导学生作出正确的判断，并通过这个例子和学生一同构建提高获取信息准确度的方法： （1）不要盲目相信得到的信息，在条件允许情况下，可以通过实际操作进行判断和验证 （2）向权威机构核实。存在疑问或影响重大的信息在应用前要向权威部门核实 （3）根据原有的经验判别。经验判断虽然不完全准确，但速度较快 （4）根据信息来源途径判别。一般来说，来自科研单位、大专院校、专业新闻媒体或者专业咨询机构的信息比较权威，可靠性较高 （5）多渠道的获取信息。将通过各种途径得到的信息加以比较和分析 2. 通过案例分析来讲解第二个问题线索：这条信息对我有用吗 先展示多条当时有关20世纪60年代大庆油田	思考、分析、回答 理解、记忆并和教师一同总结并构建鉴别信息真伪的方法 观看、思考、回答 理解、记忆	微波炉给公交卡充值这个例子很新颖，比较能吸引学生的兴趣，论坛的大量回帖的截图能帮助学生作出正确的判断，同学们在通过具体案例分析的过程中就能逐步完成知识的建构 在技术上，课件中应用了触发器这一技术，学生说出与哪条相关的内容，教师就可以帮助其归纳总结出相对应的方法，打破了先后顺序，这样可以更灵活地在基于学生思路的基础上来帮助学生完成知识的建构 日本人通过分析最早判断出大庆油田情况这个例子也十分吸引人，能够引发学生的思考，先问学生觉得有用吗，由于这些内容和学生日常学习生活距离较远，所以绝大多数学生都会回答没有什么用，再对比日本人当时的分析和产生的效果，总结出从信息的价值取向进行鉴别和分析的结论是件水到渠成的事	16分钟

续表

教学阶段	教师活动	学生活动	设计意图	时间安排
	的报道、图片，并提问：你觉得这些信息对你有用吗？再展示日本人从这些信息中分析到了什么，进而引出“对于不同的角色，他所需要获取的信息是不同的，只有满足自己需要的信息才是有价值的。信息的价值需要通过实际的需求来体现。同时，人们为判别信息是否真实可用，还可通过参考他人观点，结合观察的事实和推理过程，归纳结果，作出判断”这一结论 这是从信息的针对性进行鉴别和评价的 3. 第三个问题线索：我及时捕捉到需要的信息了吗 通过列举一些时效性很强的信息，如天气预报、活动通知等，让学生感受在获取这类信息时，要判定其时效性来确定信息的价值。然后得出结论，从信息的时效性也可以对信息进行鉴别和评价	理解、记忆	此问题相对比较简单，所以不用安排案例的分析，点到即可	
归纳小结 建构知识体系	小结：如何对信息的价值进行鉴别和评价 提问：还记得是哪三个问题线索吗 通过三个问题线索引出鉴别与评价信息的价值的三个思考角度 “信息是真实的吗”→准确度 “信息对我有用吗”→针对性 “及时捕捉到信息了吗”→时效性 信息的准确性、针对性、时效性就是信息价值论的核心内容	回忆、回答、总结、理解、记忆	这三个问题正好对应着鉴别与评价信息的三个主要思路，便于学生理解与记忆	2分钟

续表

教学阶段	教师活动	学生活动	设计意图	时间安排
学生实践 练习巩固 应用迁移	教师布置互动题目 案例一：中国移动10月回馈动感地带用户，10月7日前充100元话费，即可获赠200元话费。发信息人：7030286861。收信息日期：2009-10-10 分析：从信息的准确性判断：发信人不应该是7030286861，而应该为10086；充100赠送200，这么大的赠送比例，值得怀疑；应拨打中国移动客服电话10086进行查询 从信息的针对性判断：是否为移动动感地带用户 从信息的时效性判断：收信日期2009年10月10日，就算真有赠送也过期了 案例二：是真是假？互联网上有这样一条信息：在一家网站上，戴尔公司250 G大硬盘只卖55元，已经有一个消费者一口气买下了60个硬盘。面对这样的信息很多人都会很动心，也很怀疑，请同学们帮助大家甄别这条信息 分析：由于粗心，戴尔澳大利亚网站的员工将250G硬盘的运费（8.8澳元）写成了最终报价，致使大量客户以8.8澳元（约合55元人民币）的价格购买了250G的大硬盘，而实际上这款硬盘的价格应该是600澳元 最后强调“信息价值的鉴别和评价方法在不同情境中的灵活应用”这才是本节课的难点，需要同学们去理解、内化和提高	思考、讨论、回答 内化信息价值的鉴别和评价方法在不同情境中的灵活应用 思考、讨论、回答、上网验证 内化信息价值的鉴别和评价方法在不同情境中的变通和灵活应用	案例一意在让学生体验用三个问题为线索的思路来鉴别评价信息 很多同学都会在案例二上作出错误的判断，通过这个例子正好强调不要盲目地下结论，要运用逻辑推理和查阅等实际操作进行判断和验证	6分钟

续表

教学阶段	教师活动	学生活动	设计意图	时间安排
师生互动　信息道德讨论	引导：面对网络上如此多的虚假信息、不良信息该如何做？除了要提高自身防护意识，提高鉴别评价信息的能力，我们还能做些什么？由此引出是不是应该堵住源头，从我做起，规范自己的言行，不去发布、传播这些不良信息，为净化网络环境作出些努力呢？进而提出“在信息社会我们应该怎样遵守信息道德？”的问题，引发学生思索 通过展示“贴吧中不文明行为带来的危害”的视频以及“网络十大不文明行为”的图片，通过讨论，让学生认识到不文明行为的危害，提出同学们应该担负起维护信息道德的责任	思考 观看、思索	信息道德问题是本节课内容的升华，学生在前面的学习中意识到了鉴别和评价信息的重要性，正好利用这个时机对学生进行信息道德的教育，在安排中利用正反两面的对比，引发学生深入思索	10 分钟
课堂作业　交流点评	课堂作业： （1）结合今天的讲课内容，请你谈谈面对飞速发展的信息社会，你该怎样做 （2）阅读下面这些材料，从三个话题中任选一个，谈谈你从中得到了哪些启示（略，见学生作业）	完成作业	第 1 题实际上是对本节内容的总结，应从提高鉴别信息价值的能力和培养高尚信息道德两个方面进行分析；第 2 题是让同学们练习利用今天所学知识去解决实际问题	5 分钟
归纳总结思辨提升	通过分享学生对课堂作业第 1 题的见解，对本节课内容进行归纳总结：应从提高鉴别信息价值的能力和培养高尚信息道德两个方面提升自己	深化		1 分钟

七、学习效果评价

由于本节课涉及内容均为主观性问题，教师通过课后阅读学生作业，理解学生的体会、感悟，应更多地对学生的体会给予肯定，通过话语和学生交流，帮助学生树立正确地信息价值观。

八、教学反思

这节课对学生们来说是十分有实际意义的，但是由于本课更多涉及的是学生的思维活动及意识的养成，而非具体的上机操作，如果教师一味灌输大道理，学生普遍会感觉乏味而丧失兴趣，所以如何吸引学生的注意力是本节课的关键，能合理恰当地安排些吸引学生的元素，如：视频观看、案例分析以及讨论等是十分有必要的。我根据自己的设计意图，花费了大量时间，进行了素材的收集工作，从众多素材中精心筛选出 2 个视频和 4 个案例分析，这些内容贴近学生，特别能吸引学生的兴趣，让学生很好地完成对知识的掌握，我认为这是这节课设计的一大亮点。

另外，本节课的研究主题是如何鉴别和评价信息，这个题目太大，学生会感觉无从下手，所以我把这个大题目分解成 3 个小问题，便于学生理解和掌握，这也是本节课设计的一大亮点。

在技术层面，在课件应用了触发器，当学生说出与哪条相关的内容，教师就可以帮助其归纳总结出相对应的方法，打破了先后顺序，这样可更灵活地帮助学生完成知识的建构，充分体现了“学生主体，教师主导”这一新课程理念，也成为本节课设计的一个亮点。

信息的编程加工与表达

孙　菁[①]

一、教材分析

本节课是教育科学出版社，普通高中课程标准实验教材《信息技术基础》（必修）第三章的第二节，本节共 1 课时。

本章节的内容要求学生达到“了解”的水平。学生通过学习应该了解算法的基本含义及作用；了解编程加工的基本过程。

教材选用了“绘制函数图像”作为学习编程的例子，我认为不太符合我校学生的学习情况，因为绘制图像的代码复杂，并且需要一定的数学知识支撑，学生需要花时间和精力去了解计算机

① 江苏省南通市第一中学.

画图的方法，而大部分学生对这个并不感兴趣，因此教材缺乏吸引力，无法调动学生的学习积极性，学生容易对编程加工信息产生抵触情绪，本章节内容如果处理不好，势必对高二选修模块《算法与程序设计》产生负面的影响。

二、学生分析

初中教材中没有涉及程序设计的内容，相对于其他形式的信息加工、编程对学生来说似乎很遥远，学生有畏难的感觉。而本部分内容课标要求最多安排两课时，要在如此短的时间内让学生对编程有一定的了解，激发学生学习程序设计的兴趣，因此在进行教学设计时我考虑从学生的生活出发，选择一些有趣而简单的实例，让学生体验程序设计的过程，从而了解信息编程加工与表达的内涵。

三、教学目标

1. 知识与技能

（1）了解计算机也是有思维的，只不过这种思维是人所赋予的；

（2）掌握算法在信息编程加工中的重要性；

（3）体验一个完整的程序设计过程，掌握基本的语句的语法及功能；

（4）掌握编程加工信息的基本过程。

2. 过程与方法

（1）通过与生活密切相关的例子的导入，激发学生的学习兴趣和学习积极性；

（2）通过对问题的分析，了解编程加工的一般过程；

（3）通过学生自我探究，适当地在教师的引导讲解下，让学生掌握编程中算法实现的方法。

3. 情感、态度和价值观

（1）通过生活中实例，培养学生对编程加工的兴趣，并养成良好的思维习惯；

（2）在完成程序的过程中体验成功的快乐。

四、教学重点

让学生体验一个完整的程序设计过程，掌握基本的语句的语法及功能。

五、预习任务

1. 朗读并翻译以下英文语句：

If you can't try it yourself , then you can turn to your teacher. Else, you will lose the match.

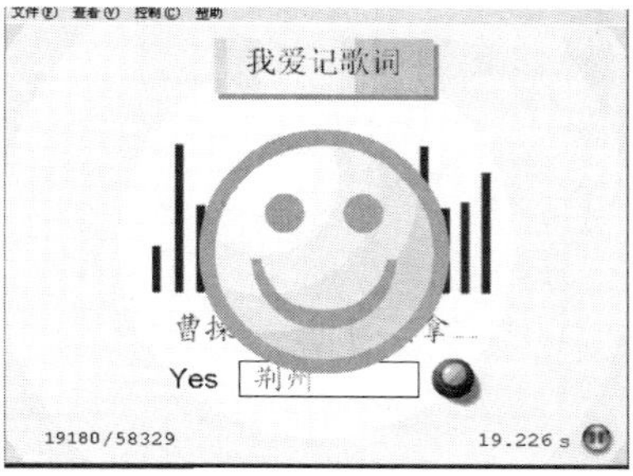

2. 生活中编程加工的例子

六、教学准备（下载素材）

七、教学过程

（一）引入课题

演示我爱记歌词程序

师：同学们想不想知道“蓝巨星”是怎么工作的呢？它其实就是做了个判断，判断你的输入正不正确，其实这样的例子在我们的生活中还有很多，比如上学路上看到的红绿灯、ATM柜员机、指纹考勤机、超市结款机、体重测试仪等都包含判断。（展示相关图片）

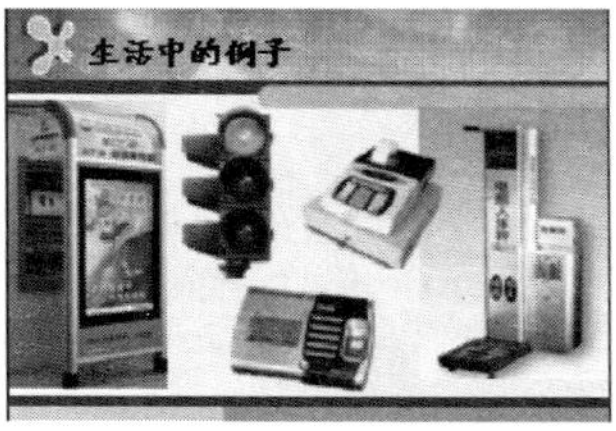

这些机器是不是都有思维呢？——（不是）——那它们的思维是从哪里来的？——（人赋予的）今天这节课我们也尝试给计算机赋予智能，让它学会判断。

师：我们知道体重过高或过低都会影响人体健康，而健康的体重可以避免多种慢性疾病发生。由于运动不足和膳食不平衡而引发的不健康的体重，已成为中国面临的一个严重的公共健康问题。从上面的实例中我挑选了体重测试仪，让它来为我们的健康把把关。

师：首先，我设计了一个界面，为什么这样设计呢？主要是因为计算机思维的过程和人是一致的。人的思维经历了3个过程。（展示人的思维过程，如右图所示）

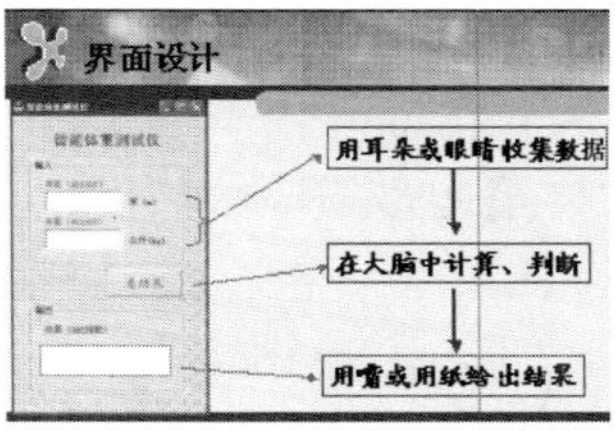

师：下面请同学们说说，哪些元素对应第一个过程……（提问）。“大脑”是怎么工作的呢？这里我们需要知道判别体型的方法。

（二）探究交流一

问题：告诉计算机我们的身高和体重，让计算机计算出我们的体重指数。

第一步：算法设计；

目前几种国际流行的肥胖测试方法：BMI（Body Mass Index）

体重指数 BMI＝$\frac{体重（公斤）}{身高×身高（米）}$	BMI 分类	中国参考标准
	标准	18.5≤BMI＜24

第二步：界面设计（用半成品加工法，给学生准备已经设计好界面的素材）；

第三步：编写代码（动起来）；

学生练习双击按钮，添加 Click 事件

```
Private Sub Command1 _ Click ()
Dim h As Single          '将变量 h 定义为实数，用来存放身高
Dim w As Single          '将变量 w 定义为实数，用来存放体重
Dim bmi As Single        '将变量 bmi 定义为实数，用来存放体重指数
Dim r As String          '将变量 r 定义为字符串，用来存放 bmi 分类类别
h= Val (Text1. Text)     '将文本框 text1 中的值赋给 h
w= Val (Text2. Text)     '将文本框 text2 中的值赋给 h
bmi =                    '计算 bmi 的值
label 7. caption = bmi   '将 bmi 的值赋给 label7，在标签 label7 中显示出来
End Sub
```

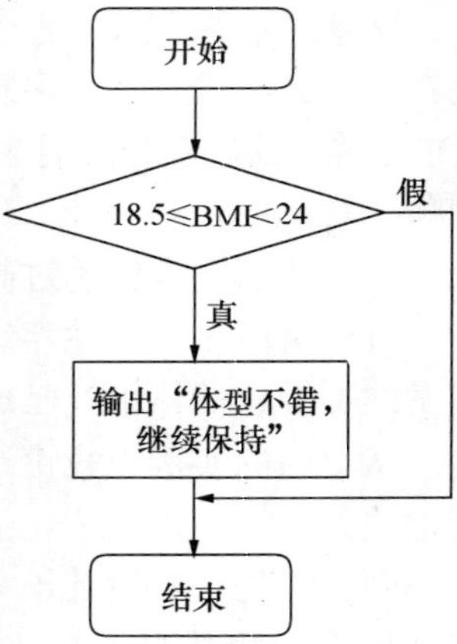

第四步：调试运行。

（三）探究交流二

问题：如果 18.5≤BMI＜24，计算机显示“你的体型很标准！”

师：刚才我们这个程序只能算出数，怎么样让它显示健康建

议，这个问题我给大家画了个流程图。

探究：和英文类比

（If you're happy，then clap your hands.）

知识点：If 条件 then 语句

功能：当条件成立时，则执行语句，条件不成立，则直接执行下一条语句。

师：下面我们来看一下 VB 里的语句格式。那是不是直接把流程图里的语句搬过来，计算机就可以执行了呢？这两种表达都是错误的，下面我们一一来分析。

思考：数学表达式 18.5≤BMI＜24，用逻辑表达式如何表达？

正解：if bmi≥18.5 and bmi＜24 then ……

程序分析

错误：1. 要将它赋给一个变量，然后输出来，2. 引用字符要用英文的双引号	刚才同学们录了语句，发现结果还是数字，为什么？
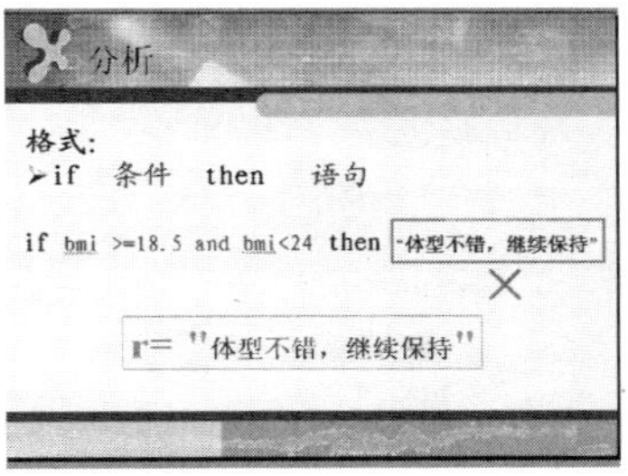	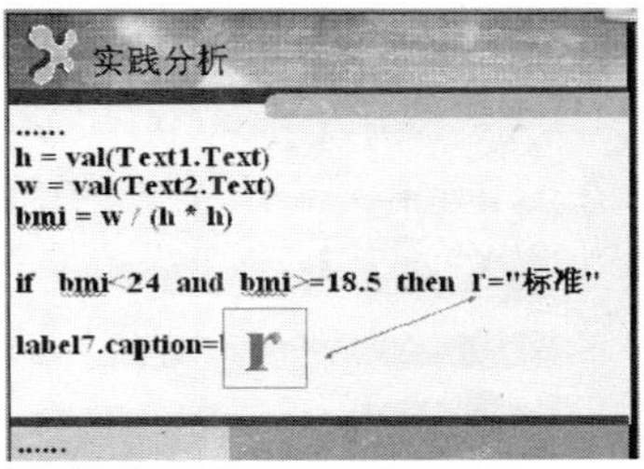

（四）探究交流三

探究：修改程序能够根据条件显示不同的结果，满足条件 18.5≤BMI＜24 的，显示“你的体型很标准”，不满足条件的显示“注意饮食，多运动！”

师：刚才我们只对范围内的人群给出建议，而范围外的没有做任何说明，要建议范围外的人群“注意健康饮食多运动”，我们先来看一下流程图。

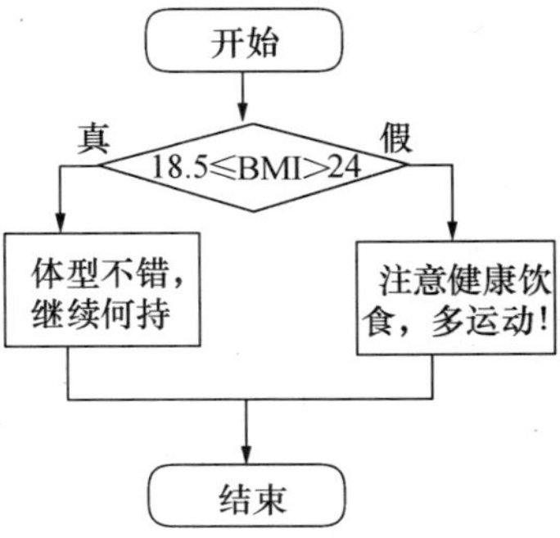

语法结构：

格式 1：If 条件 then 语句 1 else 语句 2

功能：当条件成立时，则执行语句 1，否则执行语句 2。

（五）调试运行，生成作品

（六）反思总结

今天我们学习了体重测试仪的制作，在此过程中我们熟悉了计算机是如何编程加工的，也学会了如何给计算机赋予智能，让计算机学会判断。判断我们使用的是 If 语句，If 语句有两种格式，这个语句只处理条件满足时的情况，而这个语句既处理条件满足情况也处理条件不满足的情况。另外我们还学习了如何写条件，如果在闭区间，用 and 连接；如果在开区间则用 or 连接；刚才我们看到的是数的判断，如果判别的是字符，那么字符要用引号，注意引号要用英文的引号。

通过刚才的练习同学们都测了自己的体重，课后我希望同学们能够把这个运算的方法告诉自己的家人，一起注意“均衡饮食、适量运动”，能够保持健康体重，享受美好的生活。

（七）分层训练

（自选下列任务，完成后生成作品，命名为“姓名 . exe”，并提交文件。）

任务一：猜价格（难度系数★★★）

练习要求：将 mp3 的价格设置为 160 元，如果猜低了，显示“猜低了，再试试!”；如果猜高了，显示“猜高了，再试试!”如果正好猜对，显示“你真是太聪明了!”

任务二：我爱记歌词（难度系数★★★）

练习要求：正确答案为 D，输入“D”或者“d”都应该显示“正确”。提示：引用字符应该用引号，如：“D”或“d”。

任务三：超市结款机（难度系数★★★★）

练习要求：超市苹果促销，单价为 3 元/斤，超过 10 斤，可以享受八折，每人限购 30 斤，输入商品重量，求出应付金额。

注意：（1）输入的商品重量为负数；（2）输出的金额应该保留两位小数。（提示：函数 round(b，2)）

任务四：求一元二次方程 g 的根。（难度系数★★★★★）

练习要求：（1）平方根用 sqr(d) 表示；（2）用消息框表示方程无解（MsgBox“方程无解!”）

提示：如果 b－4ac＜0，则输出“方程无实数根”，否则输出方程两实根。

（八）小结

随着时代的发展，我们的生活越来越离不开计算机，说到程序大家可能觉得很难，其实任何一个大的系统，它都是一个个的小程序组成的，今天通过体重测试仪的制作，我们初步学会了如何让计算机学会判断，其实编程加工并不难，在编程的时候，你只要考虑清楚自己是怎么样解决问题的，并设计好算法就可以了。我们高二的时候将有“算法与算法设计”的选修课，大家对编程加工感兴趣的话到时候可以选修这门课。

八、教学反思

本节课采用“任务驱动，学程导航”的教学范式，通过“自学，展示，检测”三大步骤完成教学活动。

首先，印发“学程导航”给学生进行预习；其次，在课堂上通过情景导入课题，本节课主要是通过目前流行的电视节目《我爱记歌词》引入，教学情景创设贴近学生日常生活、有趣味性，激发了学生学习程序设计的兴趣；接着通过介绍生活中的一些例子，说明程序设计与我们的生活密切联系，然后布置制作一个体重测试仪的任务，让学生体验程序设计的魅力，并提出“保持健康体重，享受美好生活”的理念，让学生学有所用；最后通过分层练习，巩固所学知识。

本节课创造性地使用了教材，设计了不同于教材的教学案例；教学设计环环相扣，层层深入，内容安排具有逻辑性，随着知识点的逐渐展开，学生所学到的知识也越来越丰富，课堂气氛活跃，在学习中学生一直保持较高的学习兴趣；分层练习的设计使学生的学习更加有效，学生在练习中体验了成功的快乐，学生拥有思维的时间和空间，可自主选择完成一定任务，师生、生生之间能够充分互动。最后所有学生都能够完成体验任务，绝大多数的学生能够完成拓展任务。本节课结束后，学生充分了解了程序设计与我们的生活的关系，对信息的编程加工产生了兴趣，为高二选修模块《算法与程序设计》的开设做了很好的铺垫。

本节课的不足之处首先是课堂活动主要是学生的自主探究＋教师的辅导来开展，学生的学习合作体现的不是很多，应该对如何加入小组合作做更多的思考；其次对学生的评价主要是知识点的评价，如何使评价更加客观合理还需再进行研究。

神奇的遮罩层

杜翠兰[①]

一、教学内容

教材上主要是以制作“心系奥运，放飞梦想”为主题的动画

① 福建省泉州市现代中学.

作品为主线贯穿整个 Flash 动画制作的教学，把动作补间、形状补间以及遮罩动画等概念全部融入到这个大的作品中，这样难免容易造成学生对各个概念的理解泛而不深，杂而不精。因此，在不背离教材要求掌握相关知识点的前提下，我对教材做了一定的调整——将遮罩效果的内容安排成一课时。遮罩是 Flash 动画设计三大基本功能（绘图和编辑图形、补间动画及遮罩）中重要出彩点，使用本节课的内容（遮罩）结合之前所学的补间动画，能制作出具有眩目神奇效果的动画作品。

二、教学对象

（1）本节课的教学对象是高一的学生，本校学生思维活跃，对信息技术课十分感兴趣。由于我校学生大部分来自城市，整体基础相对较好。在高一上学期《信息技术基础》（必修）中，学生对 Flash 的相关基础知识及补间动画已有初步接触。这学期在《多媒体技术应用》中再次接触到 Flash，对于我校的学生来说已不是零起点、零基础，再加上在前面课堂中我已帮助学生对 Flash 基础知识及补间动画进行了回顾及巩固，因此，学生对于 Flash 的基础知识及补间动画大都已较为熟练。

（2）由于学生已具备了一定的 Flash 操作能力，这就为本节课教师引导学生通过分析现成的动画实例建立起自己的设计思路并付诸于实践打下了基础。

三、教学目标

1. 知识与技能

（1）能理解遮罩层的概念及其原理；

（2）能将普通图层转换成遮罩层，并实现遮罩效果；

（3）能理解遮罩层与被遮罩层的关系。

2. 过程与方法

能从动画实例的分析中获取设计方法并建立起自己的设计思路，从而实现动画的制作。

3. 情感、态度和价值观

增强学生的分析能力，培养学生的探索能力和综合运用知识的能力。

四、教学重点与难点

教学重点：遮罩层的概念，遮罩层与被遮罩层的关系以及遮罩效果的制作方法。

教学难点：遮罩效果的分析及其制作方法。

五、教学准备

（1）自制教具，事先准备一块纸板，并将纸板中间挖一个适当大小的圆形窟窿；

（2）用屏幕录像专家做一个两张图片之间切换效果的视频教学辅助文件。

六、教学过程

环节一：创设情境，激发学习动机。（展示三个遮罩动画作品。）

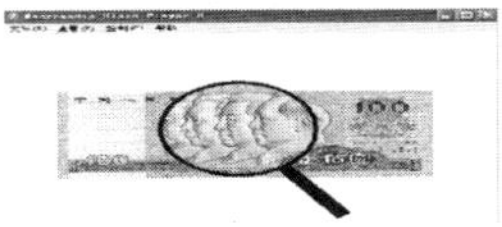

［设计意图］

（1）以美观又实用的动画效果吸引学生的注意力，激发学生参与、创作的热情。

（2）给学生一个直观的感受：三个作品都是透过“窗口”看下一图层的内容。从而自然而然可引出遮罩的概念。

环节二：实验演示，使抽象的“遮罩”概念具体化。

教材并没有对遮罩层的概念进行详细的解说，只演示在普通图层上单击鼠标右键，选择“遮罩”命令，从而完成遮罩效果，而直接对遮罩动画的定义为：“遮罩动画是指在遮罩层上绘制一个形状范围（遮色片），该图层下面的被遮罩图层上的内容只显示在该形状范围内。而超出形状范围的内容就无法显示。”如若只是照搬教材宣读给学生听，学生较难真正弄清楚什么是遮罩层，什么是遮罩动画。对遮罩概念没理解透彻，那么接下来遮罩动画效果的制作容易造成学生因不懂遮罩原理而照搬教师操作步骤、依葫芦画瓢的局面。因此，为帮助学生理解“遮罩”的含义，我事先准备一块跟教科书一般大小的纸板，并将纸板中间挖一个圆形窟窿。利用自制的教具和教科书（封面）模拟遮罩效果演示给学生看。

［设计意图：通过实验形象引入遮罩概念，使学生对抽象的“遮罩”概念有一个具体的认识，为后续环节中引导学生对遮罩层的应用打下基础。］

环节三：实例验证遮罩的原理

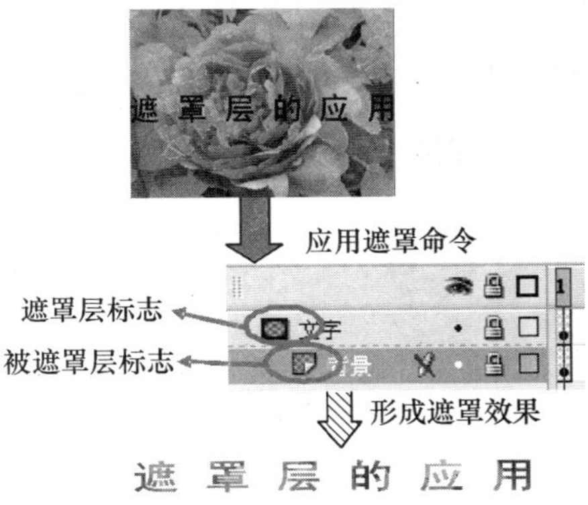

1. 静态遮罩

> 教师具体演示与操作，并着重引导学生观察：
> (1) 教师如何将普通图层转换成遮罩层
> (2)“遮罩层”和“被遮罩层”的标志
> (3) 比较文字图层作为普通图层和作为遮罩层两种不同情况下文字颜色的变化。通过观察，学生容易掌握普通图层与遮罩层的转换方式，并对遮罩效果有更进一步的理解：遮罩层上的形状（内容）镂空，被遮罩层的内容只显示在遮罩层被镂空的形状范围内。而超出形状范围的内容就无法显示

最后，教师帮助学生得出结论：应用遮罩效果后，由于遮罩层上的形状是被“镂空”的，因此最终显示出来的颜色是被遮罩层的颜色，与遮罩层的颜色无关。所以，可通过辨别色彩（或显示内容）的来源来确定哪一层为被遮罩层。

[设计意图：帮助学生理解遮罩在 Flash 中的初步应用，并学会通过已知实例来判断遮罩层与被遮罩层的设定，从而实现对教学重点的突破。]

2. 动态遮罩（从静态到动态，知识由浅入深，循序渐进，符合学生的认知规律）

> 引导学生分析：
> (1) 将与这首词含义相符的图片作为背景，衬托作品效果，使其不至于显得太单调。
> (2) 文字应该在什么层（遮罩层还是被遮罩层）自下而上运动？（由于上一实例已帮助学生总结出怎样判断遮罩层与被遮罩层的方法，故部分学生已学会分析判断）
> (3) 遮罩效果的形状应该是什么形状？与学生共同分析完后，教师开始进行操作演示。

设计教学“意外”。在演示过程中“忘记”把实心椭圆所在的普通图层设为“遮罩层”，并开始测试影片。（效果如下图）

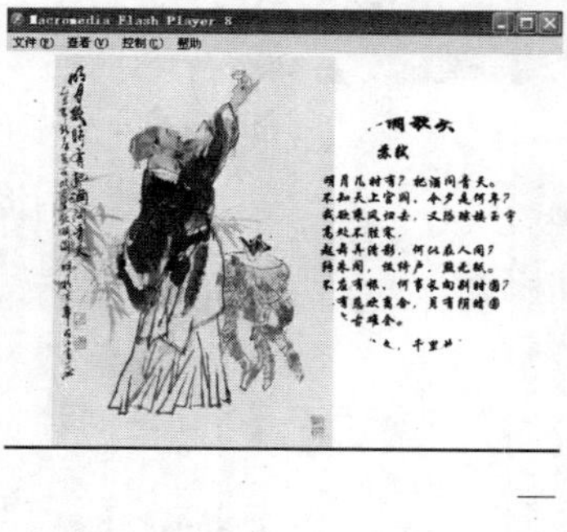

大家可观察到测试影片结果，“椭圆”并没有被“镂空”。此时请学生帮忙分析并找出演示不成功的原因。（部分学生已能很快看出问题所在，即没有把实心椭圆所在的图层转换成遮罩层，但仍有部分同学没能及时分析出原因，因此通过这个问题的探讨，可加深学生对如何将普通图层转换成遮罩层的记忆）

教师与学生共同解决完操作过程中出现的问题后，提出疑问：①如果想添加一个与被“镂空”的椭圆一样大小的椭圆“边框”来衬托遮罩效果，应该如何实现这样的效果？从而自然过渡到第四环节中任务一（图片滚动效果）边框处理的问题上。（解决方法：在遮罩层上方新建一个普通图层，将遮罩层中的形状复制到新建的这一图层中当前位置，并删掉填充颜色，只剩一个边框，因此播放影片时，普通图层的“边框”就能显示出来了）②既然被遮罩层可以是静态的（如第一个实例）也可以是动态的（如第二个实例），那么大家想一想，遮罩层除了是静态的情况，可不可以也有动态的情况？（以此自然过渡到对第四环节中任务二（放大镜）的分析）

[设计意图]

（1）以学生熟悉的诗词“水调歌头· 明月几时有”和具有相应含义的图片做素材，这样的情境更容易引起学生的注意力和激发学生的兴趣。

（2）通过让学生对比椭圆所在图层转换成“遮罩层”与没有转换成“遮罩层”而作为普通图层的情况，以此引导学生进一步明确认识到遮罩层与普通图层之间的区别，以加深学生对如何将普通图层转换成遮罩层的记忆。

（3）通过引导学生对实例进行分析，增强学生分析动画的能力，学会从现成的作品中获取设计方法。

环节四：思考与实践

承接环节三，在这一环节中我主要帮学生一起分析任务二（放大镜）的制作方法。任务一（图片滚动效果）较简单，类似于课堂中讲的第二个实例，简单提示即可。至于任务三（图片切换效果），对学生的综合知识水平要求相对较高，因此，我没有花时间统一在班上探讨，而是课前用屏幕录像专家做了一个两张图片之间切换效果的视频教学辅助文件供有需求的学生参考。

[设计意图：引导学生运用所学的综合知识，通过分析现成的动画实例建立起自己的设计思路，自行创作作品，不给学生依葫芦画瓢的机会。这样，学生在掌握了遮罩效果制作方法的同时也锻炼了自身的动手与探究能力。]

供选任务一（简单）：可爱的猫咪（图片滚动效果）

分析制作方法：

（1）在遮罩层中应该绘制什么形状的图形？

（2）提示学生在被遮罩层中放置连续的图片，图片大小的处理问题（如何设定成一样大小?），并对所有图片进行组合，对组合后的图片设定动作补间动画。

（3）提示学生为衬托遮罩效果，可以做一个与遮罩层"窗口"相符合的边框，并美化边框。

点击此处浏览动画效果

供选任务二（中等难度）：放大镜

分析制作方法：

（1）要实现放大效果，其实我们可以在遮罩层绘制一个什么样的图形?（实心圆）

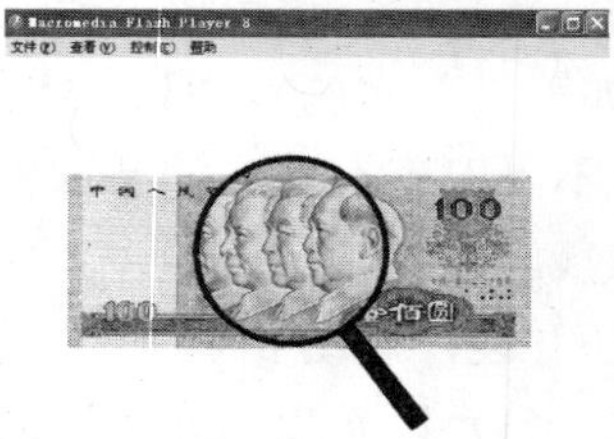

（2）被遮罩层上的内容是什么?（把需被放大的画面（人民币）作为被遮罩层）

（3）究竟是遮罩层还是被遮罩层在做从左到右的运动?（遮罩层的圆需做一个从左至右的动作补间动画）

（4）至此，我们已经完成了一个运动着的圆形遮罩，但被遮罩图层上的人民币只显示在圆形范围内，而超出圆形范围的内容就没有显示了。不过，通过观察动画实例，我们可以发现人民币其余地方的画面也应显示出来，不过比例要小一点，所以我们必须要添加一普通图层，这一普通图层位于遮罩层与被遮罩层的下面，将被遮罩层的画面复制后粘贴到这一普通图层，并用缩放工具适当改变图的大小。

（5）最后，为衬托遮罩效果，我们可以给"放大镜"添加上外框和手柄，让它和遮罩层的圆一起（同步）运动，就可以看到"放大镜"的效果了。

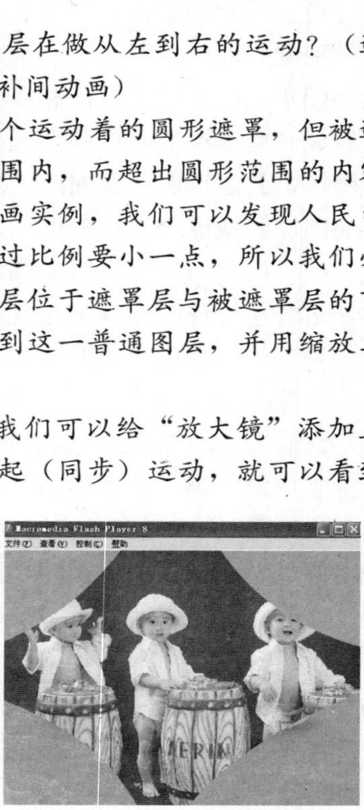

供选任务三（较难）：给宝宝的礼物（图片切换效果）

分析制作方法：

给学生提供了课前用屏幕录像专家做的一个两张图片之间切换效果的视频教学辅助文件供学

生参考。（按住 Ctrl 键并点击此处观看视频教学辅助文件）

环节五：评价反馈，提升经验

七、教学反思

（1）本堂课中，我的讲授主要抓住了重点、难点和关键点，并不时设置问题情境，引导学生独立思考，融会贯通地掌握知识和发展自身的能力，充分发挥了教师的引导作用，而不是把课堂完全交给学生，使学生陷入盲目探索状态而学不到系统的知识。

（2）任务设计兼顾学生兴趣以及学生个体能力的差异。在任务的构思方面我考虑了很长时间，到底什么样的遮罩动画才能引起学生的兴趣，并使学生主动想用自己的能力去挑战它，而不是为了完成老师布置的作业而被动地做作业？为了找到能符合"要求"的任务，我搜索了大量关于 Flash 遮罩效果的材料，另外还自己尝试了许多遮罩效果的做法，最终确定了这三个任务，应该说每个任务学生各有所爱 。此外，考虑到学生对知识、技能掌握的程度各不相同，我对三个任务在难度系数上进行划分，让学生能够根据个人喜好的同时也根据自己的实力来选择任务。相对来说，第三个任务对综合知识要求比较高，所以只有有着扎实功底的学生才能完成，但它对学生的吸引力却是最强的。有学生甚至课后特别找我研究该动画的源文件，他们也想用 Flash 做一本自己的相册。学生"主动"要求学习的热情给了我极大的鼓舞。我想，使学生在课堂上获得知识与能力的同时不断地提升对本学科的兴趣将是我今后努力探索的方向。

多重选择语句

李　蓓[①]

一、教学内容

本节课使用的教材是广东教育出版社出版《信息技术(选修 1)算法与程序设计》，第二章程序的选择结构，2.3.3 多重选择语句，本节课主要引导学生经历分析问题、设计算法、编写程序、调试程序等用计算机解决问题的过程。在应用教材的基础上又做了一些调整，通过教师设计"购物街—猜价格游戏"联系学生的实际生活和感兴趣的话题，使教学引入不再单一，学生在分析设计、编写程序实现游戏的过程中，主动思考问题，利用以前学习的知识，提出解决方法，通过单步执行程序体会利用 If 选择语句

① 北京市北京师范大学燕化附中．

解决问题带来的不便，引出处理多选一的情况使用多重选择语句，从而明确遇到多选一问题的解题思路。

二、教学对象

本课教学对象为高一年级学生。学生在多年的信息技术课程学习中，本学期第一次接触到程序设计。课程开设以来，学生已经基本掌握了使用计算机解决问题的步骤，对分析问题、设计算法能够熟练掌握，能够完成简单输入、计算、输出的顺序结构程序，前几节课已经学习了条件语句，对选择结构具有了一定的理解，能够编写简单的选择结构程序。针对学生基础相对薄弱，教材案例相对复杂，学生学习兴趣不浓厚的具体情况，本人选用了一个小游戏引入课题，激发学生能够解决问题的欲望，通过本例掌握多重选择语的用法。

三、教学目标

1. 知识与技能

（1）理解在什么情况下使用多重选择语句。

（2）掌握多重选择语句的语法格式、功能和执行过程。

（3）掌握多重选择语句表达式、表达式列表之间的关系及表达式列表的表示方法。

2. 过程与方法

（1）学会使用多重选择语句来实现选择控制结构，解决生活中的实际问题。

（2）掌握程序调试运行的方法。

（3）以游戏的方式引入课题，师生共同探究，引导学生体验应用信息技术解决实际问题的过程和方法。

3. 情感、态度和价值观

（1）在实践的过程中体验自主学习、合作学习的乐趣，培养学生的学习方法。

（2）通过解决生活中的事例，培养学生利用信息技术的相关知识解决实际问题的习惯与意识。

（3）以学生感兴趣的方式提出课后拓展课题，延续学生的学习热情。

四、教学重点与难点

1. 教学重点

（1）理解多重选择语句的格式与执行过程。

（2）灵活运用多重选择语句中表达式列表的三种表示方法。

2. 教学难点

（1）正确使用多重选择语句的格式。

（2）正确运用多重选择语句中表达式与表达式列表的表示方法。

五、教学设计

依据高中《信息技术》课程标准中提出“培养解决问题的能力，倡导运用信息技术进行创新实践活动”的理念。以学生为主体，结合生活中的小游戏，让学生在实践过程中体会已学知识 If 语句解决这类问题的不足，引出多重选择语句的用法，整个教学过程立足教材，又对教材教法作了适当调整，通过一个生活中的小游戏引入探究的问题，激发学生的学习兴趣和热情，通过组织学生分组讨论、发现问题，师生共同探究，学生操作实践，评价完善作品等方法，使学生在讨论、探究的过程中合作学习，共享学习成果，降低学习难度，将重点、难点一一化解，使学生具有能够独立编写简单程序解决实际问题的能力。使学生具有初步分析问题、设计算法、编写程序、调试程序的系统化编成意识。具体策略如下图所示：

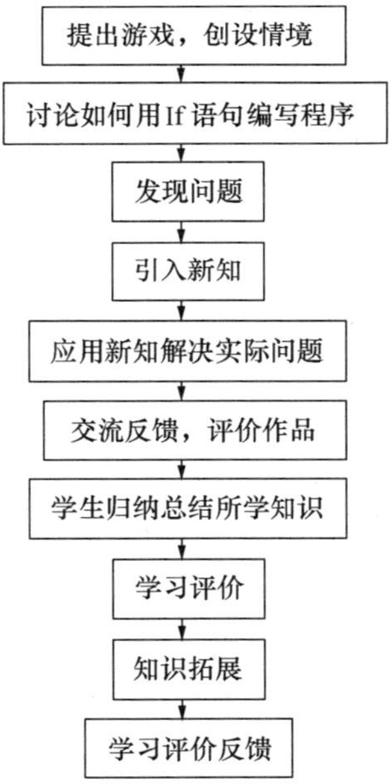

说明：

1. 以“猜价格游戏”引入，激发学生的学习兴趣，引发学生积极思考、运用已学过的 If 选择语句解决问题，并交流、讨论，发现问题。激发学生的求知欲和好胜心，为新知识的引入做好心理准备。

2. 课堂实例二的两个例子与学生的学习生活都有一定联系，一个是书上的实例，还有一个是学习成绩等级的评定，做到了既不脱离课本，又与学生实际相联系。使学生感到信息技术与学生的学习与生活密不可分，给自己带来方便。通过学生按各自的兴趣选择、设计、运行，了解学生的学习兴趣取向和知识的主动掌握的关系，为以后的教学策略的制定提供参考。

3. 课堂中的师生、生生交流评价及时反馈能够使教师了解学生对本节课知识的掌握情况，也能够使学生了解自己对知识的掌握情况。与以往的知识成果、结论性的评价方法相比较更加直观，及时地反映课堂的学习效果，更利于了解和掌控学生的学习能力和思维发展。

4. 课后拓展题以学生感兴趣的星座为例，与实际相结合，使学生的兴趣延伸至课后，又具有一定难度，能够培养学生勇于探索的精神和意识，活跃学生的思维，培养学生良好的学习品质。

六、教学准备

硬件：多媒体网络机房；软件：教学课件及联想传奇教学平台。

七、教学过程

教学环节	教师活动	学生活动	设计意图
创设情境引课	教师介绍“购物街—猜价格”的游戏规则，随后展示并介绍商品	观看大屏幕，了解游戏规则，参与猜价格游戏	通过小游戏引入课题，激发学生的学习兴趣和热情
	提出问题：如何用 If 语句实现这个游戏？	积极思考教师提出的问题，与相邻同学讨论。并回答问题	巩固所学知识
	在 VB 环境中单步执行用 If 语句编写的程序 引导学生找出 If 语句存在的问题 引出多重选择语句（select case 语句）	通过观察程序的单步执行过程，学生回答：If 语句过多程序运行效率降低	引导学生发现问题，从而激发学生的求知欲和好胜心
讲解新知	教师展示：select case 语句的基本格式，布置学生结合阅读教材 46 页内容。随后通过讲解“select”与“case”的英文解释帮助学生理解 select case 语句的基本格式	通过阅读、观察和听教师讲解	使学生形成对多重选择语句的基本格式的初步印象

续表

<table>
<tr><th>教学环节</th><th>教师活动</th><th>学生活动</th><th>设计意图</th></tr>
<tr><td rowspan="3"></td><td>布置学生阅读教材46页关于表达式与表达式列表的相关内容。讨论：
1. 表达式与表达式列表的表示方法
2. 在“猜价格”游戏中，表达式、表达式列表如何表示</td><td>学生阅读教材，分小组讨论</td><td rowspan="3">由于表达式和表达式列表在本课中是个重难点，因此为了加深学生的理解，教师采取：分组阅读讨论→教师引导→互动总结→实践应用，帮助学生理解难点</td></tr>
<tr><td>师生共同总结 select case 语句中表达式和表达式列表的表示方法</td><td>教师引导，师生共同探究表达式与表达式列表的表示方法，与教师互动总结</td></tr>
<tr><td>请一位学生回答如何使用 select case 语句编写“猜价格”游戏的程序
屏幕广播：select case 语句基本结构，学生回答问题后展示程序代码</td><td>学生对照基本格式使用 select case 语句编写的猜价格游戏</td></tr>
<tr><td rowspan="2">课堂实践一</td><td>布置学生使用 select case 语句完成“猜价格”游戏的程序并对程序进行调试。教师巡视指导</td><td>学生独立上机完成游戏程序并调试程序</td><td>了解学生对多重选择语句及相关内容的掌握情况</td></tr>
<tr><td>教师广播学生屏幕，展示学生作品，通过单步执行此程序，使学生体验 select case 语句的优点</td><td>学生演示单步执行程序的过程并发言：select case 语句能够更清楚地描述分支，并且执行了符合条件的语句后，不再对其他条件进行判断，与 If 语句相比，节省了判断其他条件的时间，程序的运行效率提高了</td><td>通过单步执行程序，使学生了解程序的运行过程，体会 select case 语句的执行过程</td></tr>
</table>

续表

教学环节	教师活动	学生活动	设计意图
阶段总结	教师引导学生总结多重选择语句的执行过程	学生归纳总结多重选择语句的执行过程	加深学生对多重选择语句的理解
课堂实践二	展示两道练习题：教材49页练习（3）和成绩分等级，学生任选一道题目上机编写程序，教师巡视指导	学生任选一题上机编写程序、调试程序并保存	加强学生对所学知识的理解。了解学生的学习兴趣取向，建立学习兴趣和所学知识的联系
	教师广播学生屏幕，展示交流作品，引导分析作品。教师总结编写字符型数据的程序时需要注意双引号不能省略，在学生演示程序时由于时间关系之测试一次，强调实际编写程序的过程中需要经过多次、全面的测试，才能够确保程序的正确	学生演示自己的作品 编写练习二的学生一边运行程序一边强调在编写字符分类程序时要注意双引号不能丢	教师展示并点评学生作品，培养学生发现解决问题的能力及严谨的科学态度
师生小结	小结： （1）多重选择语句的格式 （2）表达式列表的三种形式 （3）多重选择语句的执行过程 在处理多选一问题时，使用多重选择语句能够使程序更加直观，并能够提高程序的运行效率	在教师的引导下，学生回顾总结本节课所学内容，总结学习方法	完成知识体系的构建。培养良好的学习习惯
课堂评价	教师指导学生填写《课堂自我评价表》	填写《课堂自我评价表》	使学生能够正确地评估自己对知识的掌握程度
课后拓展	展示课后拓展题目：请编写一个程序，实现每输入一个生日，输出这个生日的所属星座 教师统计课堂自我评价结果	讨论如何实现星座分类程序	让学生体会多重选择语句的广泛应用，巩固知识，拓展能力

续表

教学环节	教师活动	学生活动	设计意图
课堂评价反馈	展示课堂自我评价统计表，分析学生的掌握情况，建议学生课后交流，鼓励学生课后与教师进行探究，给学生提供教师的联系方式	学生观看评价结果，记录教师的联系方式	使学生了解自己和其他同学的掌握情况
板书设计	2.3.3　多重选择语句 （1）多重选择语句的格式 （2）表达式列表的三种形式 （3）多重选择语句的执行过程		

八、教学反思

本节课课堂气氛活跃，学生表现出强烈的求知欲，能够独立完成课堂实践，通过课堂评价的统计结果看出，97％的学生对本节课的知识点已经掌握，教学目标达成。

我认为这节课有以下亮点：

1．以游戏引入，调动了学生学习的积极性和热情，使学生感受到学习的快乐。并以游戏布置课后拓展，使学生的学习热情延续到课后。

2．在提问如何使用所学知识解决“猜价格”游戏后，学生通过小组讨论、合作学习、自主探究等方式，有助于学生对重点和难点的理解，突出了学生的主体地位。

3．在设置课堂实践二的两个练习时，练习一是与学生学习相关的成绩分等级的例子，这个例子与学生实际学习相联系。练习二是教材中的字符分类例子，这个练习让学生在编程过程中体会字符型数据的应用，因此这一环节课堂实践的设置既全面又能够解决实际问题。

同时，这节课还存在一些不足：

在设置课堂实践二时，本人针对学生情况进行分层教学，设置了难易程度不同的两个练习，供学生自主选择，个别优秀学生感觉题目简单。因此在今后的教学中设置任务时，应该将任务更细化，逐渐增加难度，设置阶梯性的练习，使学生在选择练习时更具灵活性。

在小组讨论过程中，学生之间互动很好，小组讨论后，各组派代表发言。为了使教师与学生通过讨论将知识分析得更加透彻，今后可以尝试在讨论结束各组代表发言后，教师引导组内补充或小组间进行相互补充，以便教师更全面地掌握学生讨论的情况，并辅助教师及时调整后面的教学环节。

将“小球”运动到底——动画采集与制作

薛志峰[①]

课题	动画采集与制作	科目	信息技术—多媒体技术应用
教学目标	知识目标	1. 理解图层概念 2. 掌握补间动画的创建	
教学目标	技能培养	能够灵活运用 Flash 创建补间动画	
教学目标	德育目标	培养学生观察和思考能力，能够运用所学知识能够举一反三、灵活运用，促进学生学习动画热情	
教学内容	重点	教材第四章第一节《动画采集与制作》是多媒体技术应用中的重点也是考试的难点，本节共四个任务，课时安排建议用四课时完成本节内容。在学生理解了动画原理和掌握逐帧动画创建的基础上，本节课主讲补间动画的创建和图层的使用，使学生初步掌握补间动画制作技能	
教学内容	难点	图层的理解和补间动画的创建	
教学对象	本节课教学对象为高二下学期的学生，学生已具备一定电脑知识和操作技能，并学习了物体运动学方面的物理知识，但对于动画的原理和 Flash 软件比较陌生		
教学方法	教法	情景导入、演示法、启发法、任务驱动法	
教学方法	学法	讨论法、实践法	
教学设备	投影仪、多媒体网络教室		
教学资源	教学课件、视频、多媒体辅助教学软件		
互动设计	提问：我从讲台走到了教室中间，这个过程中我的什么发生了变化？ 思考与讨论：补间动画创建的基本步骤和注意事项		
课时安排	1 课时		

一、教学过程

课前准备：将全班按 8 人一组分为 8 个小组，并在每个组中分配组长。

（一）情景导入，激发兴趣

师：回顾前面课所学内容，我们学习了动画原理和帧的含

① 河南省洛阳市第一中学.

义，并学会了使用 Flash 制作逐帧动画。在 Flash 中还有一种补间动画，顾名思义，补间动画就是补充中间的动画效果，动画实现起来轻松许多。下面，先请大家注意观察，我做个示范以便大家理解补间动画的原理。

教师以讲台为出发点（起始位置），沿直线走到教室中间停下（结束位置）。

师：好，请大家告诉我，我刚才从哪儿走过来的?

生：讲台。

师：我现在站在教室中间停止不动，也就是我步行结束的位置就在这里——教室中间。请同学们思考一下，我从讲台走到了教室中间，这个过程中我的什么发生了变化?

生：位置（坐标）。

师：很好!“讲台”就好比在 Flash 中创建了首帧（起始帧）中对象的坐标，“教室中间”位置就好比在 Flash 中动画尾帧（结束帧）中对象的坐标，改变了首帧和尾帧中对象的坐标属性，从而产生了的两点间直线位移运动，这就是我们今天要学的补间动画。下面，我们从一个水平移动的小球动画制作来认识补间动画。

（二）展示动画，导入新课

首先教师展示一个水平从左往右移动的小球动画。接着教师演示创建该动画，让学生学着去创建该动画。教师下讲台查看学生制作情况会发现很多动画创建不成功的问题，常见的问题主要有：①所绘的小球没有转换为元件，直接创建补间动画；②只有第一个关键帧，没有创建结束帧或创建的不是关键帧而是延长帧；③没有改变结束帧中小球的位置，补间动画创建成功，但小球原地不动。

教师针对这些问题进行讲解并再一次演示创建该动画的操作过程。并分小组讨论，总结创建补间动画的步骤和需要注意的事项，最后由各组组长代表本组发言。

最后，教师通过大屏幕给出补间动画创建的步骤和条件。

1. 补间动画创建的四个关键步骤

（1）先把舞台上的对象转换为“元件”；

（2）设定起始帧、结束帧两个关键帧；

（3）改变两个关键帧中对象的属性，也就是设定动作渐变的动画方式；

（4）选中两帧之间任意位置，创建补间动画。

2. 补间动画创作的三个基本条件

（1）至少要有两个关键帧，即起始帧和结束帧；

（2）设定动作渐变的动画方式；

（3）在这两个关键帧中包含必要的实体对象、组合实体或文字。

活动一：让学生制作一个垂直方向上下移动的小球（通过小组合作的方式，完成该动画的创建）。

[设计意图：教师演示一遍动画的创建过程让学生学着制作，在此设下“陷阱”，学生在操作中会忽略或忘记一些细节，从而学生在创建该补间动画过程中会出现一些问题，然后教师有针对性地讲解普遍出现的问题从而引出补间动画创建步骤和基本条件以及注意事项，以加强学生对补间动画创建的理解。小球从水平移动到垂直上下运动，其动画原理和创建方法基本一样，但需要实现上下往返循环的移动效果，再插入一个关键帧改变小球的最后位置，考察灵活运用能力，使学生掌握补间动画创建的基本技能。]

（三）提出问题，引出“图层”

师：假设小球落到地面弹起，那么，这个地面（水平线）应该放在哪里？

学生思考

师：如果舞台上存在静止不动的对象或其他的运动对象，我们需要插入图层把不同的对象放在不同的层中，那图层的作用是什么呢？

教师先示范插入三个图层，分别在三个图层中画三个不同颜色的圆形、三角形、矩形（如下左图，预览帧内容）并重叠在一起，让学生观察层中对象的上下关系（如下右图），打比方说，图层就像透明塑料纸一样，在舞台上一层层地向上叠加，在每个图层上绘制和编辑对象在各自图层中都是独立存在而互不影响，二维平面中只存在谁在上层谁在下层的关系，且上层的对象会遮挡住下层的对象。

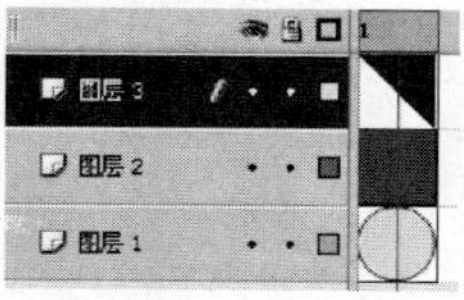

活动二：让学生制作一个垂直方向上下有弹跳动感的小球，要求小球在接触水平面时产生压扁效果。

教师演示插入图层添加一条直线作地面，提示小球在接触地面时使用任意变形工具改变小球形状从而产生挤压效果，提醒学生要思考小球由“接触地面→压扁→恢复原形”的过程需要插入几个关键帧来实现，最后使用“颜料桶工具”改变小球元件的填充色使之具有立体感。最终效果如下：

师：由此我们发现，物体的运动包括位置变化、大小变化等。所谓的补间动画，就是我们只需改变所创建的两关键帧中对象的属性（包括位置、形状、颜色、角度、透明度等），而这两个关键帧之间的中间渐变过程就由计算机来完成。

[设计意图：制作小球接触地面时的挤压效果，从挤压细节入手来认识补间动画的创建过程，加强学生对层、帧、任意变形等工具的理解与使用，学生能够彻底理解并掌握补间动画的制作技巧。]

（四）布置作业，提高练习

作业布置：添加图层制作小球阴影动画，提示学生设置关键帧之间的缓动值使运动更符合自由落体运动规律，给小球填充放射状颜色制作光源投射方向，以确定阴影动画轨迹，最终使小球弹跳动画效果更加逼真现实，效果如下：

[设计意图：本着因材施教的教育理念，对不同层次的学生要求也应不同，布置作业留给能力强的学生去探究创作，而对于能力较弱的学生而言，完成本节课中两个活动就可以说是非常成功。]

二、教学反思

第一个从左往右移动的小球动画，学生通过教师演示讲解和分小组活动实践，都能独立完成。在教师总结出补间动画创建的步骤和条件后，学生遵循创建步骤和条件，再通过“活动一”的实践练习便基本上理解并掌握了补间动画的创建方法，关键是“活动二”中引入了图层和添加关键帧制作小球的挤压效果操作对相当一部分学生来说有点难度，教师再次提示学生注意补间动画创建的步骤和条件，并反复演示、指导，最终能使学生彻底掌握该动画的创建方法从而完成“活动二”。至于最后使用“颜料桶工具”润色小球的立体感和设置缓动值使动画效果更加逼真的技巧，教师也可以放在下次课堂上点评作业时再讲解。本节课的主要目的是使学生能够掌握创建补间动画和通过改变两关键帧中对象的属性从而控制补间效果。

本节课主要考察了学生的观察思考能力和对 Flash 图层、关键帧、帧、空白关键帧和一些基本工具的使用。动画设计从简到易、从浅入深、循序渐进，从而使学生从生到熟、从熟到巧，活动设置步步为营，学生活动和作业看似大同小异，实是不同，在知识和制作难度上都在层层推进。从简单动画入手使不同层次学生都能独立完成从而增强自信心和学习兴趣，使学生经过从“发现问题—思考问题—动手实践—解决问题”这样的过程来强化动手实践能力，既培养了学生独立思考问题和解决问题的能力，最终达到由此及彼、触类旁通，真正理解和掌握动画制作技巧。

教师在讲授动画的制作过程中还要始终注重培养学生的创造性，注重训练学生的观察意识，培养观察兴趣和持久的观察力，使学生意识到对一个事物进行观察时，要明确观察什么，怎样观察，不仅可以增强学生对事物发展全过程的表达能力，更能激发学生的求知欲，更要使学生明白动画的制作不仅要熟练使用软件工具，还要具备一定的基础学科知识并发挥想象力才能创作出出色的动画效果。

计算机动画制作初步

王锦华[①]

一、教学内容

本课内容为教育科学出版社出版的《信息技术基础》第五章“多媒体信息加工”的“计算机动画制作初步”一节。目的是让学生掌握计算机动画的基本原理、移动动画与形状动画的区别，并会制作简单的动画，激起学生制作动画的兴趣，培养其多媒体信息加工工具的信息素养。

二、教学对象

由于学生绝大部分来自农村，家里有电脑或是用过电脑的很少，加上初中上的实践操作并不多，又由于平时他们对多媒体操作很少，再综合上一节课学生的学习情况（认识了 Flash 软件的界面和常用工具操作），所以本节课中开始仍采用老师以一简单例子讲授，然后学生自己动手操作，在掌握一种动画之后，让学生自己思考作出第二种动画。

① 山东省威海市乳山六中．

教学策略与手段：

在整个授课过程中要把握好课堂教学中的每一个环节，积极调动学生的学习兴趣，提高课堂教学效率。以教师、学生共同轮流演示讲授，提高课堂互动性，学生在教师引领下开展自主、合作学习。

三、教学资源

1. 硬件环境：网络机房；

2. 软件环境：多媒体网络教室、Flash MX 2004 软件；

3. 准备资源（学习内容）：准备好学生的学习材料（上机学案）、图片素材、七巧板的各种造型等（放在 Ftp 供学生下载）。

四、教学目标

1. 知识目标

（1）区分移动、形状渐变两种动画；

（2）掌握并会运用 Flash 中图层的知识。

2. 能力目标

（1）增强学生实践操作的能力和探究学习的能力；

（2）培养学生的合作学习能力、探究问题的兴趣与能力。

3. 情感、态度和价值观目标

（1）感受运用信息技术创造作品的乐趣；

（2）培养学生的鉴赏能力；

（3）激发学生进一步学好信息技术的热情。

五、教学重点与难点

教学重点

1. 形状渐变、运动渐变动画制作区别；

2. 两种动画效果的应用。

教学难点

动画制作软件的运用。

六、教学过程

（一）引入

欣赏动画作品《巴巴爸爸》片段

师：这是一部老师在童年时看过的动画片，里面的经典语是“可里可里可里巴巴变”。观看时注意思考：当巴巴爸爸喊“巴巴变”时和巴巴爸爸在逃跑时的动画有何不同？（从位置和形状两方面考虑）

生：当巴巴爸爸喊“巴巴变”时形状发生了改变，在逃跑时只是位置发生了改变。

（二）讲授新课

师：同学们刚才看的动画片中，就是我们本节课要学习的知识——移动动画与形状动画的制作。

二者的区别：

（1）动画只在位置、大小、颜色上发生了变化，这种本身形状不变，只是位置变化的动画叫做移动动画。

（2）本身既改变了位置，又在形状上发生改变的动画，叫做变形动画。

任务一：制作形状渐变的动画——正方形变圆形

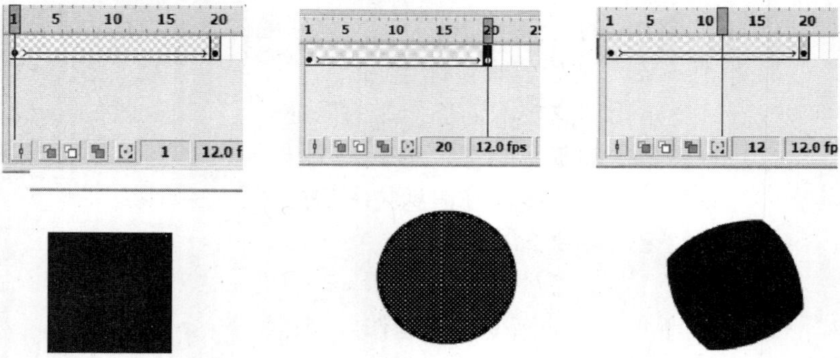

第一帧画面　　最后一帧画面　　中间过渡帧画面

教师讲解演示：

选中时间轴第一帧—在场景中绘制正方形（按 Shift 键）—在第二十帧插入关键帧—删除正方形—绘制圆形（按 Shift 键）—在属性面板中设置动画中间为“形状”（此时在第一帧和最后一帧出现箭头，背景为淡绿色，则说明动画做成功了）。

将补间动画归纳为三步：

（1）做第一帧的关键帧画面（正方形）；

（2）做最后一帧的关键帧画面（圆形）；

（3）中间设置补间动画（根据情况选择形状和移动）。

（学生练习，老师巡视、辅导）

任务二：巩固练习——利用七巧板造型做动画（各造型素材可到 Ftp 下载）

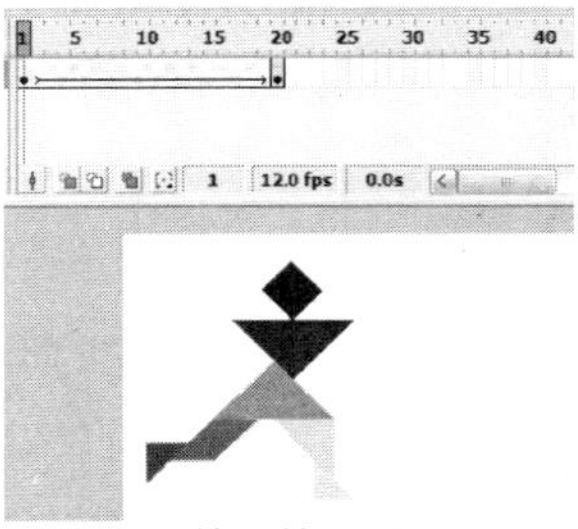

第一帧画面

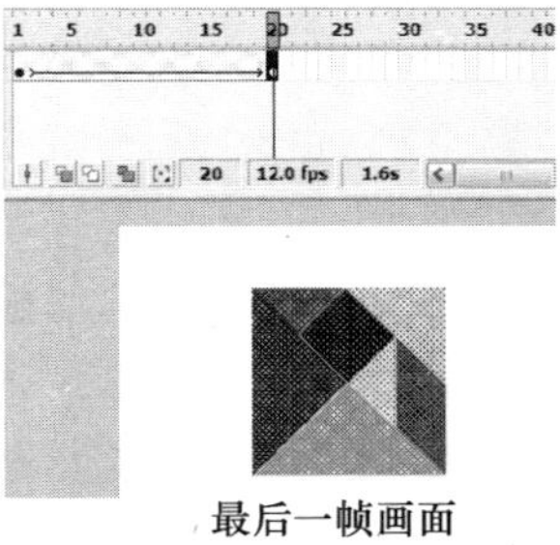

最后一帧画面

师：如果要从跑步状态变化为七巧板初始的形态，应该如何实现？下面再做一例，请同学们自己先完成，不明白再看学案上的步骤或问老师。

（学生练习，老师巡视、辅导）

师：很多学生完成了，哪位同学愿意上来给大家讲解演示？

（一学生讲解演示，老师稍作指导）

师：做得非常好，下面的同学如果做得不好的可再利用练习的时间修改。

刚才我看到有的同学在做最后一帧时，不是在该关键帧中将七个板块拼成七色板的初始图形，而是利用以前做过的七巧板图形直接复制过来，这种方法比较简便，说明该同学思维灵活。

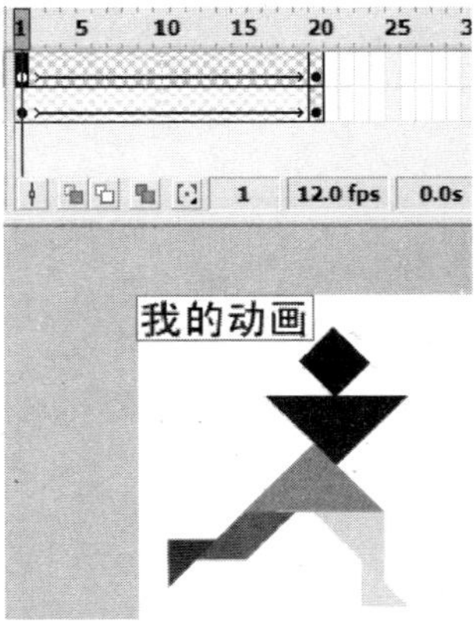

（学生有不同的做法一定要及时加以表扬，激发他们的思维风暴。）

动画制作完成后，可选择“控制→测试影片”，或者“Ctrl＋Enter”观看自己作的动画效果。

（学生参照学案独立完成，老师根据情况指导）

任务三：添加图层，完成移动动画

师：试着添加几个文字“我的动画”，如果也制作成动画，从左边移向右边，想想应该选择移动还是形状？

生：移动动画。

（学生练习完成）

师：测试影片能成功吗？

生：不能。

教师总结：为什么所做的动画不能测试成功呢？因为添加的文字和七巧板属于两个不同的独立元素，应该把它们放在不同的图层上才行。Flash 中图层和 Photoshop 中图层一样，用来放置需要处理的图像元素，通常每个图层放一个图像元素或一组类似的图像元素。刚才的文字移动动画就应该在另一图层上。

下面的时间请同学们修改刚才的作品，最终以自己姓名存盘，上传至 Ftp 下面。

任务四（选做）：制作如图所示的“小精灵张嘴吃豆”的动画（提示用到的工具：椭圆、选择、部分选择工具）

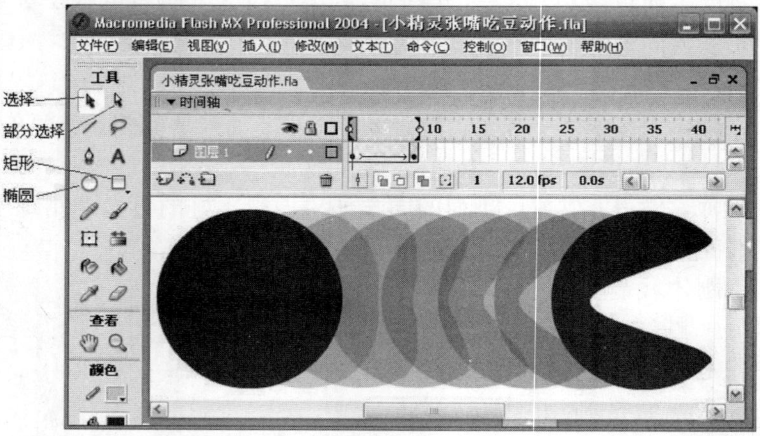

（三）作品点评

选择部分有代表性的作品进行展示，分别从动画创意、使用技术、动画效果等方面给予评价。充分肯定学生的创新精神、动画中使用的方法和技巧，对优秀作品给予表扬，对不足的作品给予鼓励。

将学生优秀作品通过学校网站对外展示。

（四）小结

本节课我们主要学习了移动动画与变形动画的制作，大家在制作的过程中要学会如何区别。注意创建动画的基本要领：做好第一帧和最后一帧的画面，中间过渡帧选择补间（形状和移动）。制作简单的动画并不难，但是要制作一个完整的动画并让它表达你的意思，就需要同学们课后多加学习动画制作的技巧。一部好的动画作品除了凝聚动画制作人员的辛苦汗水之外，还要有好的创意，希望同学们将来能在这一领域有所建树，为我们的国产动画事业多作贡献。

七、教学反思

本节课通过一则动画片导入极大地引起了学生学习的兴趣，所提问题自然轻松解决了。考虑学生学习的特点，先从一简单实例（正方形变圆形）入手，然后归纳出做渐变动画的三个基本要素，从而把问题简单化、规则化，再慢慢由简单到复杂，学习其他形状动画的制作。除了老师讲解演示外，第二个学习任务则让学生讲解演示，提高了课堂的互动性，调动了学生学习的积极性。在掌握了形状动画的制作之后移动动画制作自然迎刃而解，让学生自己操作便可，但又涉及另一个问题——Flash 中图层的运用，案例中不是把答案直接告诉学生，而是让他们先犯错误，然后针对错误找出出错原因，得到正确答案，这样学生理解问题更深刻。在作业设计中对于掌握一般的学生只需完成课堂中老师讲授的内容即可，另外为了避免有些学生“吃不饱”的问题，可让他们作出自己的动画作品。在作品评价阶段，通过找出一些典型作品让大家互评，更能激励学生学习的欲望及斗志。

教案中所用的作业任务也不是太复杂，来源于教材。我认为本节课的主要任务是培养学生基础的动画制作，提高此方面的信息素养，让学生对动画制作有个初步的认识，要想作出较好的动画作品，一节课恐怕远远不行。所以有此兴趣的同学可以参加学校组织的课余信息技术兴趣小组，在那里他们可以得到更大的学习发展空间。

本节课不足之处是时间较紧凑，教学任务重，所以学生练习的时间不多，部分学生没有完成自己的作品。

Flash 中的引导线动画

邢　波[1]

前期分析	教学内容	本课内容选自高中信息技术选修 2《多媒体技术应用》第三单元的第二节，本课重点介绍了引导层在实现曲线运动上的辅助作用。教材中对引导层动画的讲述不是很多，为了便于学生理解，我扩充了教材的内容，加入了对引导层、引导线的讲解
	学生情况	在本课之前，学生已经学习了逐帧动画、渐变动画的制作方法，掌握了沿直线运动的渐变动画实现技术。在此基础上，引导学生发现直线运动的局限性，进而引出曲线运动的普遍性，激发了学生学习引导线动画的积极性。这个过程符合学生的认知规律，学生学习起来有动力

① 北京市顺义区第二中学.

续表

	学习需求	由于学生有了一定的动画制作基础，掌握了逐帧动画和渐变动画的实现过程。在此基础上引入引导线动画，学生将有如下学习需求： (1) 引导线动画的制作过程 (2) 引导线、引导层、被引导层三者的关系 (3) 在出现问题时能够尝试寻找解决问题的方法
教学目标		知识与技能 (1) 认识引导线动画的作用及其应用 (2) 能够使用绘图工具绘制并调整引导线 (3) 熟悉引导线动画的制作步骤 过程与方法 (1) 在实践中体验引导线动画的制作，能够运用引导线和引导层实现简单的曲线运动效果 (2) 初步学会动画的调试，尝试自己解决动画中出现的问题 情感、态度和价值观 在实践中激发想象，拓展思维，并能正确定位，有勇气挑战自我
教学重点		引导线动画的实现
教学难点		引导线绘制、中心点贴合
教学方法		教法：引导、演示 学法：发现问题、解决问题、自主探究
教学环境		Windows XP 操作系统、Flash8 软件、局域网广播系统

教学过程

教学环节	教学内容	教师活动	学生活动	设计意图	时间
课前	视频广播	展示一段滑板运动视频，引发学生对滑板运动的认识	欣赏滑板表演	了解滑板运动	5分钟
复习知识提出问题	复习位置渐变动画的实现，提出曲线运动如何实现	课前我们看到的是一段滑板运动的表演，最近这段时间我们正在学习 Flash 动画制作，用我们所学的知识能模拟滑板运动的效果吗？教师带领学生复习直线运动渐变的实现过程 走直线是滑板运动的初级要求，现在加大难度，在公路上设置三个障碍，如何让滑板小人绕开障碍物行驶？	回答教师提问 学生说，教师操作	创设动画制作的学习环境 复习位置渐变的实现过程	2分钟

续表

教学环节	教学内容	教师活动	学生活动	设计意图	时间
引发思考 分析问题	运用已有动画知识实现曲线运动，发现其不足之处	预设学生的回答： 1. 在运动渐变过程中添加关键帧，绕开障碍物 教师演示操作过程，发现动画效果死板，不自然，运动路线不平滑 2. 采用逐帧动画，让滑板小人一点点的运动 教师演示操作过程，发现实现过程很烦琐，工作量大	学生思考解决问题的方法	提出问题，让学生思考解决问题的方法，教师随之加以实现，并观察实现的效果	3分钟
层层推进 解决问题	在上一个环节的基础上引发学生寻找新的解决方案，在层层推进中讲授新的知识	既要让动画效果自然，又不要烦琐的劳动，我们只能在运动渐变的基础上寻求其他的解决办法 教师设置以下问题： 1. 怎样让运动元件知道它要行驶的路线 ——引出曲线路径 2. 曲线路径画在哪里合适呢 ——引出运动引导层 3. 运动引导层加在哪里 ——引出引导层的位置 4. 观察运动元件能按照指定路径行驶吗 ——引出运动元件与引导线的贴合 5. 滑板小人的动画效果是否满意 勾选补间动画属性中的“调整到路径”选项，让动画更自然 像这样用曲线来引导元件运动的动画称为引导线动画，所画的曲线路径称为引导线。下面我们再来回顾一下引导线动画的实现过程： （1）实现元件的位置渐变 （2）在元件所在层上方添加引导层 （3）在引导层中绘制引导线 （4）元件中心点贴合引导线	学生思考并说出解决问题的可行方案，观察实现效果 梳理引导线动画的实现过程，加深印象	强迫学生思考，抓住学生思维的兴奋点，层层推进，让学生去尝试 点出本课课题，规范引导线动画的制作过程	10分钟

续表

教学环节	教学内容	教师活动	学生活动	设计意图	时间
动手实践 巩固理解	学生运用本课所学知识完成一个作品创作，将所学知识应用到实际需求中	明确作业要求： 运用本节课所学的引导线动画，结合所给素材或自己创作素材，完成一个动画作品 （1）内容积极向上 （2）有故事情节 （3）时间在二十帧以上 （4）必须用到引导层和引导线 明确作业评价标准 （具体内容详见后面的学习效果评价）	先看教师准备的范例作品 学生实践，完成作品创作	让学生在动手时间的过程中巩固本课所学知识与技能，并将所学应用到实践中	25分钟
共性问题答疑解惑	结合学生实践中出现的较多问题，进行集中讲解，解决学生的疑惑	教师引导学生从引导线动画的实现过程查找原因： （1）检查引导线、引导层的位置 （2）检查元件是否贴合到了引导线上 （3）检查同一条引导线是否有间断（可利用视图放大查看）	聆听老师答疑解惑	教师在巡视的过程中发现共性问题，及时中断学生实践，说清问题后再进行创作	2分钟
作品展示梳理小结	展示学生作品，肯定学习成果，巩固所学知识	选择几个学生提交的作品进行展示，肯定学生本节课的收获 结合幻灯片回顾本课所学知识： 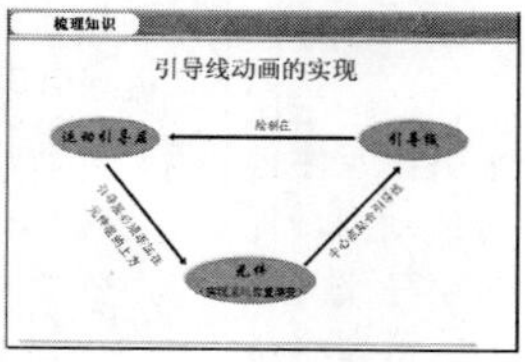 	观看演示的作品 梳理本课知识	通过展示，肯定学生的学习成果，给学生成就感 复习引导线动画的制作过程，加深学生的印象	3分钟

教学反思

我认为信息技术之所以与其他学科不同，主要在于信息技术的很多知识需要学生通过实践才能巩固与掌握，因此教师在课堂上必须给学生充分的时间去创作，而且在学生创作时尽量不去打扰学生的思路。

本课的教学模式采用的是建构主义理论指导下的层层推进式教学，通过教师引领学生发现问题，进而寻求解决问题的方法，在问题的解决中逐步渗透本课的知识点，进而激发了学生学习知识的欲望。我认为本课有以下设计亮点：

（1）创设情境自然，能够引发学生求知的欲望。

本课先从学生感兴趣的体育运动入手，复习并发现直线运动渐变动画的局限性，进而引出本课课题，为学生创建学习需求。

（2）强迫学生思考，抓住学生思维的兴奋点，层层推进，讲解新知。

本课提出曲线运动的问题后，教师先是让学生寻找解决问题的方法，进而发现已有知识的局限性。待学生意识到不得不学习新的知识后，把层层设问将引导线、引导层及其与运动元件的关系一一讲解清楚。抓住了学生思维的兴奋点，层层推进，引发了学生一步步的探究，符合了学生的认知规律。

（3）提供学习资源，让每个学生都有发展的空间。

由于学生的基础和能力不同，在学生创作时给出了一些学习素材，同时鼓励学生挑战自我，实现创意想法，给学生提供发展的空间。

本课的教学设计我已经在课堂上实施过了，发现效果很不错，学生上交的作品很有创意，但由于课堂时间有限，虽然给了学生 25 分钟的创作时间，但仍有很多学生的创意想法没有来得及实现。

学习效果评价

作业评价标准：

基本分内容								加分内容		
FLV文件	SWF文件	内容向上	引导层	引导线	画面连贯	动作协调	整体效果	有创意	运用本课以外的技术	实现多个元件的运动
★	★	★★	★	★	★★	★★	★★★	★★	★★	★★

谁的体型更“健康”？——数据透视表和表格数据的图形化及综合应用

王　玉[①]

一、教材分析

本课内容为教育科学出版社出版的普通高中信息技术（必

① 新疆乌鲁木齐市第八十中学．

修）《信息技术基础》教材第四章第二节的内容。包括数据透视表、表格数据图形化及其与《数学 1》（必修）3.2 函数模型及其应用知识的结合。

二、学情分析

知识基础：了解了公式计算、函数计算、自动计算、数据筛选、排序和分类汇总等表格数据工具。学习了《数学 1》（必修）3.2 函数模型及其应用，学习了用信息技术建立函数模型的相关知识 。

4.2 表格数据加工 谁的体型更“健康”？ 小组任务清单

任务序号 / 组别	任务 1	任务 2	任务 3	任务 4	任务 5
	数据透视表	数据透视表	图表向导	图表向导	方法迁移
A 组	组合 本班女同学不同身高的 BMI 均值，哪组的 BMI 均值更标准？ 显示相关数据	组合本班不同身高女生的体重平均值，哪组身高更接近标准体重？ 找出相关数据	根据任务 1 组合数据，选择合适图表类表达 .	根据任务 2 组合的数据作出本班女生身高体重 xy 散点图.	根据任务 4 图表，用趋势线找出本班女生身高体重函数模型。 用何种函数符合真实情况，请前后推移 100 单位，观察符合自然情况否。
B 组	组合 本班男同学不同身高的 BMI 均值，哪组的 BMI 均值更标准？ 显示相关数据	统计本班不同身高男生的体重平均值，哪组身高更接近标准体重？ 找出相关数据	根据任务 1 组合数据选择合适图表类型表达 .	根据任务 2 组合的数据作出本班男生身高体重 xy 散点图	根据任务 4 图表，用趋势线找出本班男生身高体重函数模型。 用何种函数符合真实情况，请前后推移 100 单位，观察符合自然情况否。
C 组	BMI 均值最标准的班是？	统计不同身高的体重平均值	根据任务 1 组合出的数据，选择合适图表类型 表达 .	根据任务 2 组合的数据作出身高体重 xy 散点图	根据任务 4 图表，用趋势线找出女生身高体重函数模型。 用何种函数符合真实情况，请前后推移 100 单位，观察符合自然情况否。
D 组	比较本班男女生 BMI 均值，哪个性别的 BMI 均值更标准？简单分析原因	统计不同身高男女生的体重平均值，哪组身高更接近标准体重？	根据任务 1 组合出的数据，选择合适图表类型 表达 .	根据任务 2 组合的数据选择合适图表类型并作图。	根据任务 4 图表，用趋势线找出男生身高体重函数模型。 用何种函数符合真实情况，请前后推移 100 单位，观察符合自然情况否。
E 组	比较年级男女生 BMI 均值，哪个性别的 BMI 均值更标准？简单分析原因	统计本班不同身高的体重平均值，哪组更接近标准体重？简单分析原因	根据任务 1 组合出的数据，选择合适图表类型表达。	根据任务 2 组合的数据作出本班身高体重 xy 散点图	根据任务 4 图表，用趋势线找出本班身高体重函数模型。 用何种函数符合真实情况，请前后推移 100 单位，观察符合自然情况否。

思维能力：具备一定的逻辑推理、分析问题、表达思想的能力。面临复杂任务需求，缺乏选择合适的表格工具解决问题的经验和能力。通过多次训练，能在组长领导下分析较复杂任务需求。

（一）小组自评、互评单（随堂完成）

组员机号				组长签名	×××		
演示小组	技术运用合理（20 分）	演示节奏清晰（20 分）	解决任务达到目标（20 分）	合作有序（20 分）	质疑问题的解决合理（10 分）	讲解清晰（10 分）	总分
A							
B							
C							
D							
E							

（二）个人课后自评表

姓名	×××		
内容	知识点	操作	感觉
透视表	□了解 □不清楚	□学会 □没掌握	□学的轻松愉快 □学的郁闷
图表特点	□了解 □不清楚		□学的轻松愉快 □学的郁闷
图表向导	□了解 □不清楚	□学会 □没掌握	□学的轻松愉快 □学的郁闷
趋势线	□了解 □不清楚	□学会 □没掌握	□学的轻松愉快 □学的郁闷
选择函数	□了解 □不清楚	□学会 □没掌握	□学的轻松愉快 □学的郁闷

情感态度：非常关注自己身边的感性的实际问题 。对这类问题容易产生兴趣，易激发学生的探索精神和钻研精神。热心本组活动，有集体荣誉感。能平等讨论、合作形成共识。

三、教学目标

1. 知识与技能

（1）了解数据透视表的特点及作用。

（2）了解常见图表类型的作用，会选择合适的图表类型。

（3）学会利用数据透视表组合的数据制作图表。

（4）学会利用图表趋势线选择函数模型。

2. 过程与方法

（1）通过透视表组合数据的过程，了解数据透视表操作方法。

（2）通过生成图表的过程，了解制作图表的方法。

（3）通过用图表趋势线选择函数模型的过程，了解图表工具选择函数模型的方法。

3. 情感、态度和价值观

（1）通过小组讨论与探索，促进合作能力，提升探究热情。

（2）关注表格数据处理与健康生活的联系，提高利用信息技术解决实际问题的热情。

四、教学重点与难点

教学重点：理解数据透视表及其作用；了解图表向导的用法。

教学难点：根据问题，用数据透视表组合数据；选择图表类型；选择符合实际的函数模型。

五、教学策略

教法：问题引导法、任务驱动法、演示法；学法：小组协作、自主学习等。

教学流程：“问题导入→旧知回顾→新知铺垫阶段一任务→演示分享→问题引领、技能铺垫→阶段二任务→演示分享→问题引领、演示分享→小结拓展”这条主线来开展教学活动。

六、教学环境与教学准备

投影仪、极域电子教室。

教学准备：

（1）合成的全年级数据表。（包含性别、班级、体重、身高、BMI）

（2）小组任务清单。（截图如右）

（3）小组评价表。课后自评。（截图如下）

（4）相关屏幕录像：透视表操作、透视表数据生成图表、趋势线筛选函数。

（5）教师演示文稿。

七、设计亮点

教材处理：将数据透视表与公式计算等六个内容有层次的分开，同表格图形化的内容有机整合。弥补了与公式计算等六个内容共存一课，课时紧张、各内容浅尝辄止的缺憾。避免与表格数据图形化的内容机械割裂。使生成的鲜活的数和“形”有机联系。让学生充分体会工具的妙用，激起学生发自内心的兴趣。任务亮点：（1）数据：学生真实数据。（2）阶段：先数后“形”，有机结合；学科跨越，迁移应用。

八、教学过程

教学环节	教师活动	学生活动	媒体活动	设计意图
问题导入1.5分钟	放映幻灯片 “好，一起来看常见的指标。”简介常见的体型健康衡量指标。“用BMI指标来测算自己是否标准。” “知道了自己标准与否，全年级男生BMI最标准的班是?”	观看后议论起来“体型怎么会健康?” 好奇关注 计算，得出结论。议论（心理活动：好奇，急于找到结果）	投影图片  投影常见体型指标。展示全年级的数据表	直观图片激发疑问 引出“体型标准”BMI指数（注意隐去学生姓名。维护学生自尊与隐私）

续表

教学环节	教师活动	学生活动	媒体活动	设计意图
旧知回顾2分钟	“用上节课学过的表格工具怎样解决这个问题?” “好，请通过连线题来虚拟解决。” 请学生发言 引导学生回答 “步骤复杂吗?”	思考 讨论 回答连线题（有个别学生操作尝试） （1）找出某班所有男生的数据用于筛选 （2）计算各班男生的 BMI 均值用自动计算 （3）比较几个班男生的 BMI 均值 用上节学过的方法操作太复杂，给的时间太短了	投影展示连线题 投影连线过程	旧知回顾 用连线方式在头脑中模拟解决，节省有限的课堂时间 发现不足、产生疑问
新知铺垫1.5分钟	“一起来看看好办法。” 快速演示生成透视表过程。同时介绍行区域、列区域、页面区域和数据区域及汇总方式 。“怎么样?效率高吗? 你们也来试试。” “请带着问题完成任务一、二。”	观看 听讲 （心理活动：惊奇 关注） 赞同，跃跃欲试 各组按照分发的小组任务准备	投影演示	技能铺垫 知识介绍 带着问题活动
阶段一任务8分钟	教师巡视。提示小组共同分析任务。互助操作慢的学生，建议使用录像辅助学习。针对各组不同情况点拨 。(自助录像用法；技能要点；知识要点）提示完成任务一、二的同学继续完成后继任务	小组共同分析 讨论、观看屏幕录像 操作 提交任务作业	投影 演示要求与评价表	任务技能点分别指向数据透视表的建立、字段组合。字段增减、数据区的设置

续表

教学环节	教师活动	学生活动	媒体活动	设计意图
演示分享5分钟	抽取二组汇报演示(注意知识点的覆盖面) 指定一个任务并要求解释为何这样操作并简析原因（演示中如有质疑，提示演示组代表回答，小组成员可以互助） 教师登记小组演示分数 针对问题快速点评 问“数据透视表处理怎样的数据有优势？它的特点是?”	代表演示指定的任务并解说 如：b组代表解说任务一，其他同学听讲 c组代表演示任务二，其他同学观摩。议论评价 小组填写评价表 答复杂的、处理步骤繁多、数据量大的。多角度直观“透视”	投影 学生演示 投影 任务单 投影展示 结论	分享交流，巩固数据透视表知识技能 分享经验、表达能力、团结合作小组自评与互评 强调透视表特点
问题引领 技能铺垫 3分钟	“比较一下，图表与数据表相比哪种看体质均值更方便?” “这说明图表比起数据表有何优势?” “你认为用哪种图表表达体质均值最为合适？为什么?” “请将三种图表类型与作用连线。” “怎样用数据表形成图表呢?”快速演示简介（或者让学生选择观看录像自学操作）。提示注意要选定对应的数据区	图表 直观 柱形图，体现了各班值的比较 思考回答 观看（或者自学操作方法）	投影 数据透视表截图和图表 投影全年级男生平均 BMI 的三种图 投影连线题 投影演示用数据透视表组合的数据生成柱形图的过程	图表的优势 常见图表作用 用连线方式在头脑中模拟解决，节省有限的课堂时间 图表向导的操作技能铺垫
阶段二任务8分钟	请各组完成任务三、四。评价、演示要求同前 教师巡视，提示各组互助操作慢的学生；提示观看辅助录像。针对各组不同情况点拨 提示完成任务四的同学继续完成任务五。回忆相关数学知识	小组探索、讨论、操作、填写评价表	投影 演示规则	任务设计指向： 熟悉图表向导，了解图表类型，会选择合适的 进一步熟悉图表。铺垫下一任务

续表

教学环节	教师活动	学生活动	媒体活动	设计意图
汇报展示5分钟	抽取二组演示（注意知识点的覆盖面），每组时间2分钟。 指定一个任务并要求解释为何这样操作（演示中如有学生质疑，提示演示组代表回答，演示小组成员可以互助） 提问“用 x，y 散点作图的数学依据是？”	代表解说演示，其他同学听讲观摩 小组内部议论评价。小组间互相评分（填写评价表） 演示并指出数学 x，y 坐标系作图原理	（投影 演示任务 与要求 ） 电子教室学生演示	分享交流，巩固知识、技能，分享经验与情感。小组自评与互评、表达能力、应急能力、回忆相关数学知识
问题引领2分钟 任务五4分钟 演示分享3分钟	“我们在数学课上学习了使用信息技术建立身高体重函数模型的方法。怎样用数据表的数据构建函数模型？” “让我们一起来研究一下，用图表趋势线是怎样挑选函数模型的？” 请参照操作录像，完成任务五 教师巡视，提示各组互助操作慢的学生；提示观看 录像。针对各组不同情况点拨。抽取一组展示。评价、演示要求同前	思考 回忆 观看幻灯片思考 小组探索、讨论、操作 其中一组展示任务五的完成过程，简述原因	投影要点 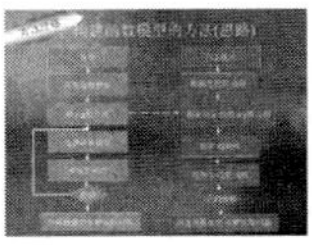 （投影 演示任务 与要求） 电子教室学生演示	相关数学知识迁移 迁移 技能再现与巩固
小结 拓展思考2分钟	归纳本课知识点 今天我们用表格工具求解数学模型的过程。如图所示 回忆表格工具的都起了哪些作用？试着归纳表格工具解决函数模型问题的思路（回收小组评价表）	聆听 观看 收集数据、作图、求解函数模型和选择函数模型 看板书 简述 上交小组评价表	（投影小结） 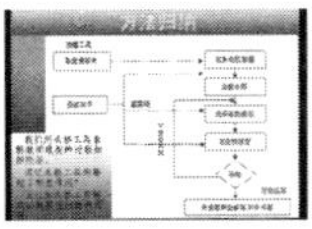 投影 、板书	梳理知识点 方法归纳、学科迁移、思路拓展 下节反馈各组总分

九、教学反思

任务分组多层设计照顾了不同层次的学生，使学生均有所得；课时仍紧张，评价、展示环节和提问还应再“浓缩”，提高课堂效率；学生很惊奇，“表格加工这么有意思，还可以用来处理数学模型”。教师很有成就感。设计基本实现意图；简析原因环节，应提供一些参考因素。

信息及其特征

谢全华①

这是高中必修《信息技术基础》的起始课。内容选自教育科学出版社教材。

一、教学目标

知识与技能：理解信息的基本含义；理解并能辨别信息的基本特征。

过程与方法：通过直接观察、案例分析讨论，增强分析问题的能力，提升创新能力。

情感、态度和价值观：深刻感受信息对人类社会的重要作用；激发对信息技术学科的求知欲；树立主动学习和使用信息技术、参与信息活动的意识。

二、教学内容与教学对象

教学内容：作为高中信息技术课的开篇，本课重点讲解了“丰富多彩的信息”“信息的一般特征”。引导学生对本学科研究的对象之一“信息”有一个比较深入的认识，让学生感受学科的价值，激发学生学习信息技术的兴趣和热情。

教学对象：高一学生性格渐趋稳重，逻辑思维趋于严密，对信息已经具备一定的感性认识，且具有一定的信息技术使用经验，但对相关概念缺乏系统的提炼和深入的理解。

三、教学重点与难点

本节课应该引导学生注意从日常学习、生活中发现问题，分析问题，归纳并提炼其中与信息相关的内容，通过亲身体验与理性建构相结合的方式，达到深入理解信息的基本含义及信息的一般特征的目的。

教学重点：信息的基本特征。

教学难点：信息的基本含义。

---

① 湖北省武汉市武昌实验中学 .

四、教学策略

1. 通过“撕纸”游戏，引入信息概念。

2. 通过师生讨论、分析、归纳，理解信息的基本含义。

3. 通过新鲜、精彩的案例，结合头脑风暴活动，让学生轻松理解信息的主要特征。

4. 采用分别学习、分类研究、分组讨论、分享成果的“四分”学习法，理解信息的基本特征。采用自然评价（掌声）、自由评价（网站实时投票）、自我评价（网站评测系统）“三自”评价法，对教学进行过程性评价。

五、教学过程

师：同学们好！从今天踏进校门的第一步，我就感受到空气的清新，树木的繁茂以及整洁的教室，还有你们的笑脸……信息如此平凡，信息如此奇妙。信息是什么？信息“长”啥样？今天我们就来研究一下。（板书：信息及其特征）

师：先让我们做个游戏。规则是，游戏开始后闭上眼睛；听老师指令，进行操作；不许说话，不许提问。每位同学的桌上都有两张纸，请先拿起一张。

师：首先，将纸对折；再对折；然后，将右上角撕掉，放在口袋里；旋转 180°；再将左上角撕掉，也放在口袋里。现在展开你们手上的纸，相互对比一下。是不是有多种结果？为什么？

生：老师提供的信息不够具体，导致结果很多。

师：同学们认为是老师提供的信息不充分，不确定因素太多，是吗？现在我们再做一次，这次可以随时提问。首先，将纸对折。

生：是横向对折还是纵向对折？开口朝上还是朝下？

师：横向对折；开口朝上。

师：再对折。

生：横向对折还是纵向对折？开口朝什么方向？

师：纵向对折；开口朝左。

师：将右上角撕掉，放在口袋里。

生：撕成什么形状？大小是多少？

师：大约 2 厘米的正方形。

师：旋转 180°，再将左上角撕掉，放在口袋里。

生：顺时针还是逆时针？撕成什么形状？大小是多少？

师：顺时针，大约 2 厘米的正方形。

师：请举起你们手上的纸，相互对比一下，这次大多数同学的结果是一样的。

师：从这个游戏中，我们体验到，信息的作用是什么？

生：是用来减少不确定性的。

师：很好。我们的结果和 60 年前美国数学家、信息论之父——香农的定义，如出一辙啊。（板书，信息是不确定性的减少——香农定义）同学们的归纳、分析非常棒。

[设计意图：通过两次游戏，让学生体验信息的作用是减少不确定性，从而加深对香农关于信息定义的理解。]

师：通过上面的游戏，我们发现信息的作用是？

生：减少不确定性。

师：信息究竟是什么？有人说，信息就是信息，不是物质也不是能量。是人类生存和发展的三大要素之一。（板书：信息的概念——维纳定义）我们不禁要问，信息到底是什么？（拿出准备好的一个苹果，问一名前排学生）

师：这是什么？

生：苹果。

师：根据什么？

生：通过观察物质的形状、颜色等。（另一学生补充）还有我们的经验。

师：（归纳）形状、颜色都是物质的属性。“这是苹果”，是物质属性的自我描述（本体论），也含有主体所感知的物质属性（认识论）。

师：能吃吗？学生拿在手上观察、感觉一下。

生：能，还没有变坏。

师：非常棒。这个苹果就奖励给你了，既有信息，还有营养。

（板书：信息是事物的运动状态及其状态变化的方式——钟义信定义）中国人的研究走在了世界的前面。

[设计意图：通过实物观察、分析、讨论，探讨信息的本质定义。]

师：从古自今，信息的定义上百种，每一种定义都试图从不同角度诠释信息的本质。不过，今天信息最重要的定义，应该来自于你们。能谈谈对信息的见解和认识吗？

学生打开学习网站，先领略信息学大师们的定义一、定义二等后，在信息的定义三里，提交对信息的理解和认识，同时，还能看到其他同学的看法和意见。选择一位自己比较欣赏的，投他（她）一票。（如下图所示）

师：经过同学们的推荐，信息的第四个定义是：……

大家是不是应该对自己选出的准信息学家给予掌声鼓励？为

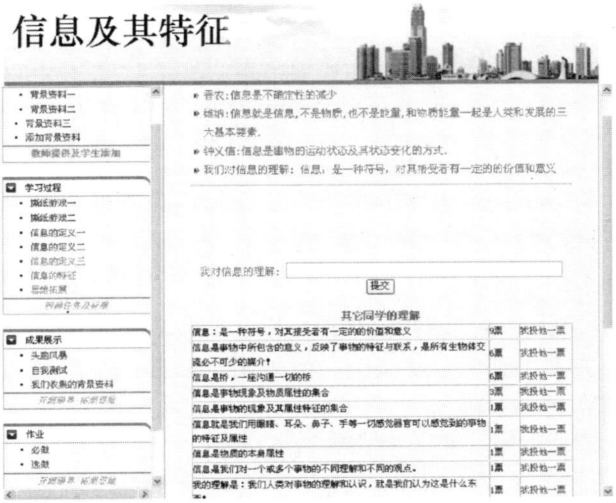

别人鼓掌的人也是在给自己的生命加油。

［设计意图：通过观察、分析、归纳，用自己的语言来解释信息，体现知识的内化过程。培养创新能力。通过学生互相评价，让学生学会欣赏别人。］

师：尽管信息千差万别，却都有一些共同的特征。谁来说说信息都有哪些特征？

生：载体依附性、价值性、时效性、共享性、可传递性等。

教师根据学生描述，板书：载体依附性、价值性、时效性、共享性、可传递性。

师：接下来，我们分五个组，通过“分别学习信息的某个特征，分类研究该特征的实际应用案例，然后头脑风暴，提出你对该信息特征应用的创意和设想，分组讨论并推选本组最优方案及方案陈述人，分享各组研究成果”的“四分”法来学习信息的特征。要求：

理解信息特征的描述；

领悟信息特征应用的案例。

学生按照分组，分别学习相应的信息的某个特征，分类研究网站上给出的该特征在现实生活中应用的某个案例，通过头脑风暴，思考自己对该特征应用的设想。

教师逐个了解学生对信息特征的理解以及对案例的把握，引导他们对信息特征的应用给出创意和设想。

师：下面，我们分组讨论。

学生：评选本组最优方案，提交。并推选本组最优方案陈述人。

师：接下来，请各组就方案做一分钟精彩的陈述，其他组共同分享他们探索的成果。

教师挑选一位学生，主持方案汇报。

生：（学生主持人）每个方案陈述一分钟。有请第一组同学。（掌声）

生：第一组同学丰富的想象力，让我们大开眼界。有请第二组同学。（掌声）

教师总结点评各组发言。

[设计意图：信息的特征比较多，如果由学生逐个研究，由于时间的关系，难免顾此失彼。而采用“四分法”学习，不失为一种兼顾高效的方法。]

师：阅读回答，信息都应该共享吗？

生：国家机密、个人隐私、带有知识产权的信息等不能共享。

教师阅读材料：国之利器不可予人。

生：信息是一种资源，重要资源要学会保护。

师：过期的信息都没有价值吗？

生：过期的信息在检索、分析、归纳等方面仍然具有价值。

师：信息，都是可信的吗？

生：信息有真有假，需要鉴别。

师：信息还有许多特征等待我们去了解，而信息的特征还有更多的意义等待我们去挖掘。

[设计意图：通过阅读、讨论，对信息的特征展开深入分析。同时，让学生掌握举一反三、主动探索信息其他特征的学习方法。]

师：下面，请选择教学网站中“课堂评测练习”，检验一下自己对信息及其特征的理解。可以反复做，直到满意为止。

[设计意图：评测的目的不是排名和分数，而是激发兴趣，引导提高。通过自我评测、自主纠正、自我完善这一个过程，体会和掌握学习知识的方法。]

课后作业

选择一种软件工具（如：Word，PPT 等）针对 2009 国庆阅兵就以下问题撰文：

（1）你感受到哪些信息？至少列出五个；（2）你感受到哪些信息技术？至少列出三个；

具体要求：

① 有封面页，标题“60 国庆感受”，作者及时间；正文字数

不少于 300 字；

② 保存文件名为：学号＋姓名＋信息及特征作业；

③ 以邮件附件形式发邮件给老师，邮件主题“×××的信息及特征作业”，其中×××为你的中文姓名。

作业评价标准：

感受的信息 35%；感受的信息技术 35%；技术呈现方式 20%；文件名及邮件 10%。

[设计意图：通过作业，学生感受到发展信息技术对中华民族的伟大复兴的意义；并测试学生对基本工具使用的熟练程度。]

结束语

同学们，今天的课到这里就要结束了。最后推荐给大家美国记者托马斯·弗里德曼写的一本书——《世界是平的》，他在书中告诉青年，信息时代历史的潮流已经将世界各地之间的隔阂消除殆尽，如果你不能赶上时代的潮流，你将会被历史所遗弃。

[设计意图：通过推荐名著，引导学生延伸阅读。同时，还要学会纵观世界，放眼未来。]

六、教学反思

信息及其特征，这节课理论性非常强。本节课，借用“撕纸游戏”，让学生体验到信息的作用，轻松化解难点，从而为整节课打下良好的基础。

采用“四分法”学习信息的特征，在强调了学生自主学习的基础上，鼓励个人自由创意，引导小组合作提高，最后全体快乐分享成果。这种方法对同质、量多的概念性的学习，不失为兼顾、高效的尝试。

本节课贯穿了“自然评价（掌声）、自由评价（投票）、自我评价（评测练习）”的“三自”评价法，多维度对学生的学习探索加以肯定，让学生在轻松、快乐的环境里学习和成长。

不足之处是，由于内容繁多，时间有限，无法对有些学生提出的精彩论断，给予及时评价，对于小组合作后的方案陈述，也难以做到逐个详尽的点评。

程序的选择结构

贾玉梅[①]

一、教学内容

本课是广东教育出版社高中信息技术选修教材《算法与程序

① 安徽省亳州市二中.

设计》第二章第三节内容，它建立在学生已学习的顺序结构的基础之上，为后续学习循环结构作了铺垫。VB 中 If 语句的选择结构对学生来说，并不难理解，特别是本节中用到的单词全是学生在英语中已学过的，所以我以一个例子来引入，并让英语中的 If 条件语句作引子，导入本节课的内容，本节课的重心放在如何引导学生明确程序设计的思想是什么，如何利用 If 语句解决实际问题的能力。

二、学情分析

我校高一年级学生在数学课本中的程序知识还没学，只在信息技术的课本里学了 VB 的数据类型、顺序结构程序设计，但知识结构还没形成，知识掌握的一般。因此，在教学设计中用了求方程解的程序，就是从学生的认知特点和学生已有的知识经验及能力水平出发，通过学生在数学课中已掌握的方法和步骤，自然的引导到计算机编程的方法和流程。这样更符合学生的认识特点，引入课题更加自然，说明问题更加清楚，同时简化了“算法”和简化了程序。

三、教学目标

1. 知识和技能

（1）掌握 If 语句的格式和功能。

（2）选择结构的流程图的画法。

（3）学会用 If 语句解决日常生活中实际问题。

2. 过程和方法

经历实践、分析、归纳，掌握 If 语句的格式和功能。

3. 情感、态度和价值观

（1）经历用计算机解决问题的过程，体验成功的快乐。

（2）在老师的指导下，与同学共同探究问题，让学生体验自主学习、协作学习的乐趣。

四、教学重点与难点

教学重点：掌握 If 语句的格式和功能

教学难点：提高学生运用 If 语句解决实际问题的能力。

五、教学资源

多媒体机房、广播系统、投影等设备，学生机应装 VB 软件，教师的课件及教学素材等资源。

六、教学过程

（一）创设情境，引入课题

师：同学们先来看一下这个小软件。

展示如下：

师：请同学们来试一下，分别单击以下两个按钮。

生 1：单击“高兴”。

生 2：单击“不高兴”。

师：现在用我们的语言来描述上面的情况。

生：如果“今天你高兴”，那么“你就笑”，如果“今天你不高兴”，那么“你就不笑”。

师：用英语说以上内容：

If you fell happy today then you will say smile else you will sad.

师：这个例子根据不同的条件，做不同的事情。我们用学过的流程图来表示上面的情况。

出示流程图，并且提示重要的部分：

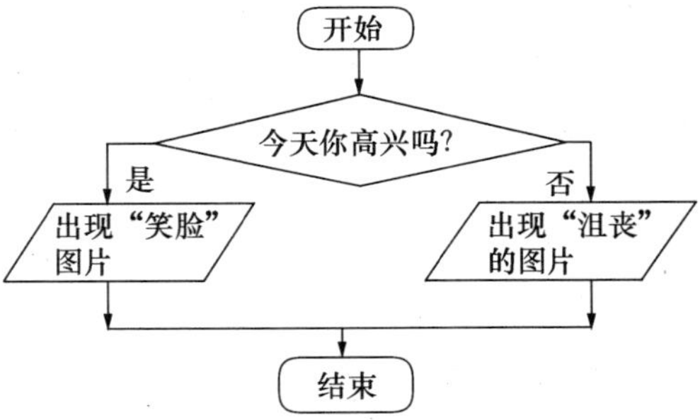

表示判断条件的图形是“菱形”，它有一个入口，两个出口，用菱形的三个角完成，第四个角不可以出现流程线。

板书：上面的流程图

在 VB 中我们能否根据不同的条件，执行不同的语句呢？这节课我们将学习的程序结构中的选择结构。就是解决这个问题的。

[设计意图：成功的教学不是强制，而在于激发学生的学习兴趣，从学生熟悉的事情着手，创设教学情境，有效地激发学生的学习兴趣。]

（二）合作探究

师：数学课中是如何解一元二次方程的？

学生总结出数学课中解一元二次方程的方法和步骤。

教师听学生的回答，了解学生对数学课中所学的解一元二次方程的方法和步骤掌握的如何。

1. 分析：根据题意先列出一元二次方程 $aX^2+bX+c=0$

（1）输入一元二次方程中的系数 a，b 和 c；

（2）计算判别式 D=b * b－4 * a * c；

（3）判断 D >0？如果 D⩾0 是对的，那么方程有两个解，求 X_1 和 X_2 的值，并且输出；如果 D<0，那么输出方程无解（教师启发：计算机如何判断方程是否有解呢?）

2. 设计算法（流程图）

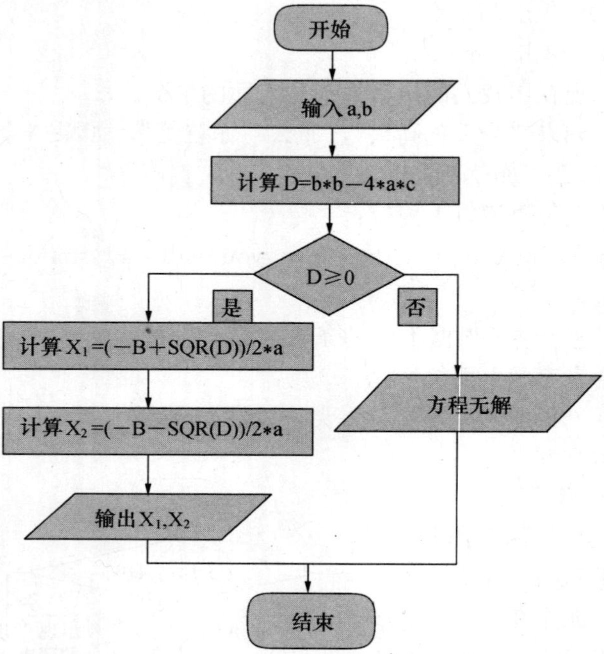

3. 编写程序

学生阅读课本 P43，做如下练习。

板书：

（1）关系表达式	（2）逻辑表达式
<，>，⩽，⩾， <>（不等于），=	not（非）　and（与）　or（或）
练习 1：	练习 2：
3=5 值 false 3>5 值 false 3⩽5 值 true 3⩾5 值 false	Not（true）=false Not（false）=ture (True) and (true) =true (False) and (false) =false 3>5 and 8>6 or not（ 3 * 2+5>10）值是：false

（三）选择结构

例 3：下面程序的结果是什么

练习 3：

```
private sub command1 _ click ()
a=5: b=6
if a+b>a * 2-b then c=5 else c=10
print "c="; c
end sub 运行结果：c=5
```

讲解：条件是 a+b>a * 2-b 即 11>4 值为真；程序执行 then 后的语句 c=5

教师提问以上三个练习，学生回答上面红色部分

（4）归纳总结

选择结构格式：

格式 1：	格式 2：

If 条件 then 语句组 1 [else 语句组 2]	If 条件 then
	语句组 1
	[else 语句组 2]
	end if

强调：

（1）条件是一个算术运算、关系运算、逻辑运算的混合运算，其值只有 true 和 false。

（2）条件值为真时，执行语句组 1；条件值为假时，执行语句组 2。

（3）else 部分被中括号括住表示它可以省略，省略时表示：条件值为假时不做任何工作。

师：据上面的提示，大家来说说一元二次方程的解根据 D 来判断的情况如何处理？

生：if D≥0 then print “有解” else print “无解”

4. 学生在 VB 程序中设计求一元二次方程的解的程序

（1）学生自主完成建立程序初始界面和设置对象属性

对象名	属性	值
command1	caption	求方程解

（2）编写代码：

```
Private sub command1 _ click ()
Dim a as single, b as single, c as single
```

```
Dim D as single, X1 as single, X2 as single
a=inputbox ("输入二次项系数 a=")
b=inputbox ("输入一次项系数 b=")
c=inputbox ("输入常数项 c=")
D=b*b-4*a*c
If D>=0 then
   X1=(-b+sqr(D))/2*a
   X2=(-b-sqr(D))/2*a
   Print "X1="; X1, "X2="; X2
Else
   Print "方程无解"
End if
End sub
```

(3) 调试运行程序

在这过程中，学生会出现很多错误。

讲解：当 a=1，b=1，c=−2 时 $D=b*b-4*a*c=9>0$，条件 $D\geqslant 0$ 值为真，程序执行 then 后的内容，故 $X_1=1$，$X_2=-2$再输出 $X_1=1$，$X_2=-2$；当 a=1，b=1，c=2 时 $D=b*b-4*a*c=-6<0$，条件 $D\geqslant 0$ 值为假，程序执行 else 后的内容，故输出“方程无解”。

（四）反馈结果

展示个别学生的程序，让学生一起来修改里面的错误，首先引导学生判断该程序对不对，运行程序即可；其次，若程序不对，引导学生分析此程序错在哪？为什么会错，这样的错误将导致什么样的结果？最后提出如何解决？以此帮助部分学生重新调整思路，便于更好地解决问题。

（五）小结

1. 选择结构格式（如上面）；

2. 选择结构功能是：当条件成立时，则执行语句组 1；条件不成立，则执行语句组 2。

3. 算术、关系、逻辑混合运算的计算

（六）练习巩固

练习：超市中购买苹果，若购买 2 千克以下，则 1.5 元/500 克，若购买 2 千克以上，则打 8 折，请设计一个程序，输入购买的斤数，输出应付款总额。

七、教学反思

本节课的教学我感到最为成功的地方是，以学生为本，紧扣课标，教材处理恰当，通过剖析程序让学生了解编程解决问题的方法和步骤，通过学生上机实践，亲身感受计算机编程解决问题的过程，通过学生感悟编程的过程，感受到编程就像跟计算机对话一样，通过运行配套光盘上的实用程序，使学生更深地感受到程序解决问题的魅力。

选择结构

张冬青①

一、教材分析

本节课是教育科学出版社出版的高级中学课程标准试验教科书《算法与程序设计》第二章第三节的内容。本节内容是在学生已经掌握顺序结构的基础之上进行的，在整个结构化的程序设计中起着承上启下的作用，是学生学习程序设计的一个关键点。

本节课通过具体问题的提出、分析到解决，使学生在此过程中学习、体会程序设计的基本思想和基本方法，理解选择结构的执行流程，能够根据具体问题写出正确的条件表达式，掌握 If 语句的语法格式并能够使用其灵活的进行程序设计，使用不同数据调试程序中各分支的正确性。本节内容将为后面的多分支选择结构和循环结构打好基础。

二、学情分析

本课的教学对象是高中学生，高中的学生已经具备一定的观察、分析和解决问题的能力；另外，我校是重点高中，学生数学知识扎实，部分学生能够根据问题建立分段函数，其他同学经过提示也能够理解；对于 If 语句，学生在英语中有过学习，因此对于其语法格式理解、记忆起来并不困难。构成本节课有难度的地方在于如何构建准确的条件表达式。

三、教学目标

1. 知识与技能

（1）掌握选择结构的功能及用途。

（2）掌握 If 语句的用法并能够运用以解决实际问题。

（3）能够主动发现问题，继而进行分析，建立合适的条件表达式。

（4）了解流程图的画法，知道其在解决实际问题的重要性，为以后学习打下基础。

---

① 内蒙古牙克石林业第一中学．

2. 过程与方法

(1) 问题导学，教学过程中教师不断提出待解决的问题，不断将学习内容引向深入。

(2) 学生经过主动思考，自主探究解决问题，对于难度较大的问题可让学生分组讨论。

(3) 导学过程中，教师在关键地方的启发非常重要，要了解学生，分析学生的思维特点，“启”在关键之处。

3. 情感、态度、价值观

(1) 通过对一个例题的不断完善，感受到程序设计是严谨的，程序设计过程中应考虑各种可能的情况并加以解决。

(2) 通过本节课提高学生发现问题的能力。

(3) 体会程序设计的基本思想和基本方法。

四、教学重点与难点

教学重点：掌握 If 语句的格式。

教学难点：根据问题，经过分析、建立条件表达式。

五、教学过程

1. 情境引课（提出问题）

师：咱们有很多同学都是住校的，平时你们怎样和父母联系？

学生的回答五花八门，有答用手机的，有答用公用电话的，也有答去“话吧”的……

教师及时地抓住这个话题：那么，看来有同学去过话吧，那话吧里的电话是怎样计费的呢？

部分学生茫然，有同学知道并回答：三分钟以内是 0.2 元，超过三分钟每分钟加 0.1 元。

师：非常好，基本正确。

教师出示事先准备好的话吧本地电话计费说明：按分钟收费；三分钟以内 0.2 元，超过三分钟每分钟加 0.1 元。

师：我们今天就来帮话吧的老板设计一个简单的话费计费程序。

2. 分析问题

师：假如你是话吧的老板，别人打完电话后你怎样计算话费呢？

学生经过简单分析就能得出结论：(1) 看电话上的计时器，确定打电话的用时；(2) 如果用时没超过 3 分钟，收费 0.2 元；(3) 若超过三分钟，则用公式 0.2+0.1(a−3) 进行收费计算。

师：OK，下面我们要解放人脑，把这个任务交给计算机去完成，由于计算机本身是不会思考的，所以我们需要把刚才的计算方法告诉计算机，站在计算机的角度，应该怎么解决这个问题呢?

学生分组讨论，讨论结束后，经提问，补充回答等，得出如下过程：

（1）获取时长→变量 t；

（2）如果 t≤3，则 pay＝0.2，输出 pay 的值；

（3）如果 t＞3，则 pay＝0.2＋0.1(a－3)，输出 pay 的值。

3. 利用计算机解决问题

师：过程我们已经分析过了，那么怎样把上面的过程让计算机看明白并如实执行呢？好，我们来看上面这个过程，这里面的赋值语句我们已经学习过了，第二步和第三步的判断很重要，计算机要根据我们提供的时长与 3 的“关系”（拉长、重音）来选择是否执行后面的语句，那么这个“关系”怎么写?

生：t≤3

师：那么怎么让计算机去执行这个判断呢?（设问）其实 VB 里面的语法格式有很多和英语中的语法格式是差不多的，看这个句子：If it rains，then there will be no party. 能明白是什么意思吗？谁给翻译一下?

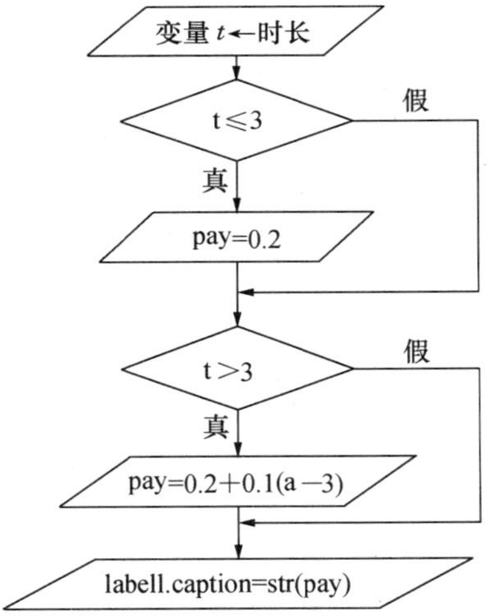

生：如果下雨，那么聚会取消。

师：这是不是一个判断？看看我们翻译的内容和过程中的第二步和第三步是多么相似啊，下面，请看上面的英文句子，你能把我们的过程用英语表述出来吗？用记事本写写看。

学生自行书写，教师用教师机查看学生屏幕，基本能写出如下的样子：

if t≤3，then pay＝0.2 ，label1. caption＝str(pay)

if t＞3，then pay＝0.2＋0.1（a－3），label1.caption＝str(pay)

师：这个代码稍显啰嗦了，显示输出的代码 label1.caption＝str(pay) 写了两次，可以放在最后吗？另外“,”在 VB 的语法规则里有其他的意义，在 VB 判断语句中是没有“,”的，请大家再修改一下。

学生修改为：

```
if  t≤3 then pay=0.2
if  t>3 then pay=0.2+0.1(a-3)
label1.caption=str(pay)
```

师：Very good，这就是 VB 中用以实现判断并根据判断结果进行选择的结构，我们管它叫选择结构，下面我们看能不能用流程图来表示上面的过程。

师生共同完成流程图，说明流程图特点及其在解决问题时的重要性。

教师简单讲解选择结构的功能和用途，强调判断结果为“假”时，程序的走向问题。

让学生自行完成本程序，教师巡视。

大部分学生能够较快的完成设计界面，设置属性，书写代码并最后完成。

师：这个程序还是有点啰嗦，变量 t 和 3 之间的关系判断执行了两次，看这个图，怎么把它再简化一下？（这个问题对于学生而言，难度比较大。）

教师提示：分析第二个判断流程中的 F 分支，可以看出该分支实际就是第一个判断中的 T 分支，故可以省略（擦除）；再看第二个分支的判断部分和 T 分支，等同于第一个判断＋F 分支，故也可以省略（擦除），剩下只需把第二个判断中的 T 分支中的语句移到第一个判断的 F 分支中即可。（此处需利用黑板）

学生讨论，经教师提示画出流程图，如右图所示。

师：那么这个用什么样的格式来告诉计算机呢？下面我把这种多分支选择结构的语法格式告诉大家，请修改自己的程序。出示语法格式：

```
If …… then
  语句 1
Else
  语句 2
Endif
```

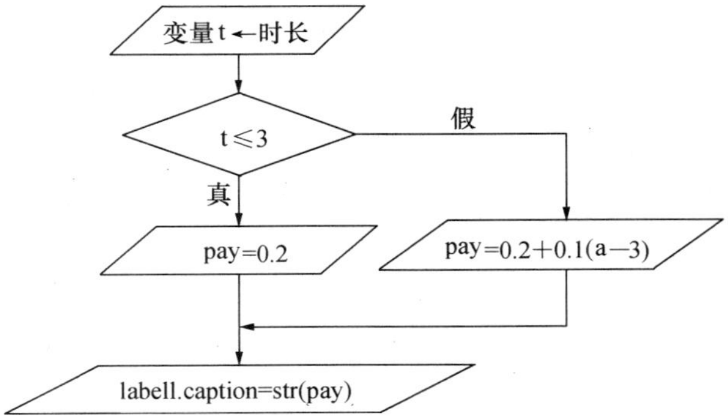

学生能够按照格式修改代码，有的完成快速的同学已经在开始运行了，教师提示用至少几个数字进行验证。

有同学发现新的问题：没有完成按照分钟计费的要求，如果输入的是小数比如4.5分钟，结果没按照5分钟计费。（学生能够自己发现问题了，意外的惊喜，本来想自己提示的。）

先表扬，然后让学生分析，提示学生以前用过的取整函数INT，有反应快的学生很快修改了自己的代码：

t=int(val （text1. text))+1

……

其他学生恍然大悟，都在忙着修改代码，这时课堂有点乱，不一会儿，又有学生发现新的问题：用以上代码进行计算如果正好是整数时间就要多交钱。

教师提醒：在哪儿多的？怎么解决？

生：t=int(val(text1. text)) +1，不管是不是整数都加1，这里有问题。

（分析出问题所在了）

师：我们需要什么时候加，什么时候不加？

生：小数时加，整数时不加。

师：怎么解决？

生：判断是不是小数，然后决定是不是加1，用If语句。

师：那么自己写代码。

学生不会写条件表达式，教师用下面的提示：（逆推法）

先画流程图，条件判断的菱形框内暂时空出。

师：选择结构要求我们针对同一个条件表达式用不同的数去测试有两个不同的结果，这里我们应该分别用整数和小数测试，使其结果不同，什么样的运算能够使整数和小数的运算结果不同呢？

师：刚才我们在哪儿出现的错误？

生：t=int(val(text1. text))+1

师：这里的计算对于整数而言是错误的，如果是小数就正确，找出问题的关键了吗？那么现在你能回答上面的那个问题了吗？(什么样的运算能够使整数和小数的运算结果不同呢？)

学生大部分能够想到这里应该使用取整运算。

师：那你再想一想，对于整数而言，取整前和取整后一样吗？小数呢？

生：整数取整前后相等，小数不相等。

师：小数取整前后不相等，程序选择“真”这个分支，进行时长加 1 运算，整数取整前后相等，程序选择“假”这个分支，不做运算，那这个菱形框内的条件表达式该怎么写啊？

学生顺利写出 int(t) 〈〉 t。

然后完善代码：略。

教师趁热打铁，提出新问题：如果编写一个判断奇偶的程序，条件怎么写？

教师提示：9 和 8 分别为奇数和偶数，9/2＝？8/2＝？

部分学生能够顺利写出：int(t/2) 〈〉 t/2

师：判断一个数是否能被 3 整除，条件怎么写？

学生纷纷举手……

练习：下面两道题的条件表达式将怎样书写

(1) 编程完成一个输入密码然后判断是否正确。

(2) 输入三角形三边的边长，判断能否构成三角形。

教师收取小组作业，让学生交流、判断表达式书写正确与否，此处略。

4. 小结：略

课后思考：本节例题中，如果输入负数进行运算会怎么样？怎么解决？(为多分支选择结构打下伏笔)

六、教学反思

1. 感觉满意的地方

(1) 我们一再强调“学生是主体，教师是主导”，那么怎样体现教师的主导和学生学习的主体作用呢？本节课我通过不断地提出问题来引导学生主动的分析，解决问题，潜移默化之下，学生能够自己发现问题，继而解决问题，学生成为了学习的主体。

(2) 利用英语中的 If 引导的状语从句进行知识迁移，构建新知，很快让学生理解 If 语句的格式，并通过对一道例题练习、加深对 If 语句的理解和运用。

(3) 利用新问题的出现引出本节难点：怎样写出正确的条件表达式，这里我采用逆向式的思维方式启发学生解决问题，这种方法是解决这类问题的常用方法。

2. 问题与不足

(1) 学生的小组合作意识不强。

(2) 时间安排比较紧张，学生练习的时间较短。

(3) 有些地方设计的不太好，上课时学生的思路有些跟不上，后来考虑了解决的办法但没有付诸实施以检验效果。

(4) 部分问题设计的不够明确，盼专家帮忙解决。

音频信息的采集与加工

陈淑彦[①]

一、教学内容

本课是教育科学出版社必修部分《信息技术基础》第五章第二节的内容，包括数字化视频的采集、基本加工和简单合成等教学内容。课程标准要求学生能够根据任务需求，选择恰当的工具软件处理多媒体信息，呈现主题，表达创意；而本节课中的音频的加工和采集也是第五章“多媒体信息加工”的重点及难点，也为选修模块多媒体技术应用作一个有益的铺垫。

二、教学对象

我校学生普遍喜欢听流行音乐，了解一些常见的音频文件，如 MP3 歌曲等，具有初步的音频欣赏经验，少数学生具有录歌的经验，对此有浓厚的兴趣。

对绝大多数学生来说，具体的实践操作部分可能会存在困难，不过本班有少部分学生是校园电视台成员，相对具有较好的基础，因此学生个体存在差异，教师需要实施分层教学。

为了更好的帮助学生学习，我专门建立了辅助学习网站，网站上有相关的软件使用教程、操作视频演示。除了学习网站，学生还可以跟随教师的讲解和示范进行学习，学习进度较快或较慢的学生，可以借助网站进行自主学习。

三、教学目标

1. 知识与技能

(1) 了解音频在传递信息等方面的丰富性和实用性。

① 江苏省常州市北郊中学.

（2）能够根据任务需求，选择恰当的工具采集和加工数字化视频，呈现主题，表达创意。

2. 过程与方法

（1）通过亲历音频信息的采集过程，掌握一种采集音频的方法。

（2）通过体验音频信息的加工过程，学会处理简单音频的基本方法，如剪切、合成、淡入淡出等。

3. 情感、态度和价值观

（1）通过学生体验完成作品的成就感，树立学习的信心。

（2）通过将知识应用到生活中，保持学生学习本课程的兴趣。

（3）通过创设情境，使学生关注生命的意义。

四、教学重点与难点

教学重点：音频信息的基本加工和合成。

教学难点：数字化音频的采集过程。

五、教学方法与手段

教学方法：任务驱动法，探究法。

教学手段：多媒体教室，投影屏幕。

六、教学准备

1. 准备关于音频的相关知识材料及素材。

2. 制作辅助学习网站。

七、教学过程

导入：播放玉树地震的感人视频（教师进行有选择的剪辑，着重体现亲情，许多父母失去了自己的孩子，同时也有许多孩子在瞬间成为了孤儿）。

教师引导学生通过直观的影像，感受生命的可贵，激发学生珍惜生命，关爱父母的情感状态。

[设计意图：近两年，学生轻生等极端行为时有听说，令人扼腕，由于独生子女的原因，部分学生在珍惜生命、家庭责任感等方面存在明显不足，希望通过刚刚发生的玉树地震中的感人场面，让学生感受生命的可贵，活着的意义，学会珍惜生命，关爱我们的父母。]

教师播放自己制作的音频《爸爸妈妈我想对你说》，教师引导学生分析这段音频中包含了哪些元素？学生认为包含了人声、背景音乐、淡入淡出效果，等等。

本课任务

完成音频作品，要求如下：

1. 主题：爸爸妈妈我想对你说。（形式不限，可以说话，可以唱歌，可以朗诵……）

2. 包含元素：你自己的声音、背景音乐。

3. 整体和谐、统一。

[设计意图：提出总体学习任务，并给出清楚明确的要求，提高学生的学习效率。同时也给学生发挥的空间，满足其个性需要。]

教师引导学生分析，为了完成这个任务，我们需要做哪些工作？

1. 采集自己的声音并保存；

2. 选择音频制作工具；

3. 选择背景音乐；

4. 加工制作。

[设计意图：学生不应该只是在教师的提示下，机械的重复各种操作，更为重要的是，通过他们自己的主动思考，在学会知识的同时，提高分析问题、解决问题的能力。与此同时，这个环节也是对本节课的整体规划。]

1. 采集声音

课前要求每位同学准备好对爸爸妈妈要说的话，主要有两种形式，大多数学生选择了第一种，说心里话，只有两位同学选择了唱歌（可能是当着同学的面，有点害羞）

（1）说心里话：如：走了那么多年我才深深知道，最爱我的人是您，把无数的感激化作无数的祝福，默默为你祈祷，祝您身体健康！

您的爱使我感到自己是世上最幸福的小孩！妈妈，我想对您说我永远爱您。

（2）唱歌：烛光里的妈妈。学生课前浏览过关于音频采集的知识以及音频采集质量的评价量规表，可以了解到常见的数字化音频采集方式包括以下三种：

① 计算机上的软件录制声音；

② 带有录音功能的 MP3 进行录音；

③ 专业的录音设备进行录音。

请学生结合自己的实际情况分组进行音频采集（按照学生的实际情况进行分组，建议基础较好的同学选择第三种方式，熟悉计算机录音软件的同

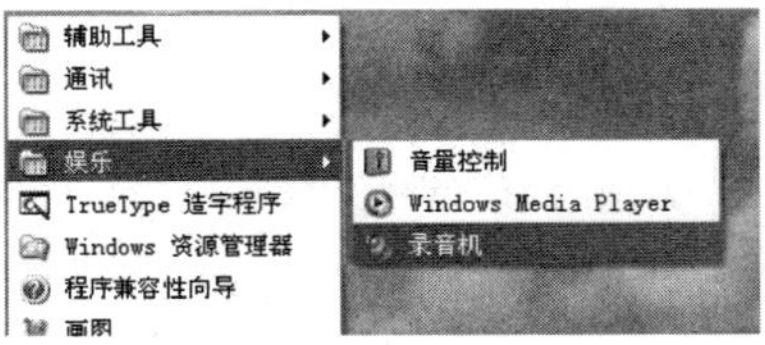

学可以选择第一种，有带有录音功能的 MP3 的同学可以选择第二种方式，教师不做明确规定只是给出建议，学生可以自主选择)。

[设计意图：由于录音设备如话筒等设备的有限，采取分小组合作的形式，另外音频采集的过程是本节课的难点，采用小组合作的方式，也可以根据学生能力和知识储备的不同，互帮互助来化解这个难点，更好的促进他们学习的热情。]

教师演示第一种音频采集方法，学生按小组进行声音的采集，并注意保存，教师巡视，给予指导。

上传各小组的音频文件到学习网站，并填写必要的说明文字，如采用何种方式采集等。

[设计意图：通过上传音频文件到学习网站，为下面学生对所有音频进行比较评价提供了可能。]

2. 评价音频

各小组登录学习网站欣赏本组及其他小组的音频作品，联系各组采用的音频采集方式，对照评价量规表，给各小组进行评价。

教师引导学生比较各种音频采集方式的效果。

评价过程中出现了以下两种情况：

(1) 采用专业采集设备的小组录制的音频反而没有其他小组的效果好。

(2) 同一小组之间各成员的音频效果存在差异。

处理方式：

(1) 引导学生认识采集方式固然重要，但是在录制过程中的方法和技巧也不容忽视。

(2) 课前文字材料的准备，语言的优美，语言表达的能力都将影响音频的最终效果，要注重平时的积累，提高自己的综合素质。

[设计意图：通过让学生亲身投入到音频的评价过程中去，进一步激发他们的创作欲望，同时通过比较各种音频采集方式的效果，让学生正确认识工具的选择，不要盲目推崇工具。首先应是方便、有效，工具始终是为我们服务的，更重要的是我们的思想，我们的态度，我们的方法。]

3. 拓展学习

学生登录学习网站，学习如何让采集的音频质量更高。

(1) 欣赏高质量的音频采集素材，有高标准才有高质量。

(2) 我们该如何做才能尽可能提高音频采集的质量。

[设计意图：及时根据学生暴露出来的问题，给予知识性帮助，让学生知道，高质量的音频采集效果是怎样的，我们在可能的范围内，尽量做到最好。这个环节主要是为学生以后的后续学习提供支持，本节课不再重新采集音频。]

4. 学生通过学习网站，自主学习各种音频加工工具的介绍，基本的使用方法，各自的优缺点等，要求学生根据自己的实际情况，选择其中一种加工工具，为音频的加工做好准备。

[设计意图：通过这个环节的设计，顺利的过渡到下一个知识点的学习。]

师：刚才同学们通过自己的努力完成了声音的采集，大家可以把它和老师的音频进行对比，打开音频加工工具，导入音频文件。

课前学生已经了解了音频制作的常见工具，并结合自己的实际情况选择了其中一种作为自己的加工工具，并对它进行了进一步的学习，主要包括 cooledit，goldwave，premere 等等。

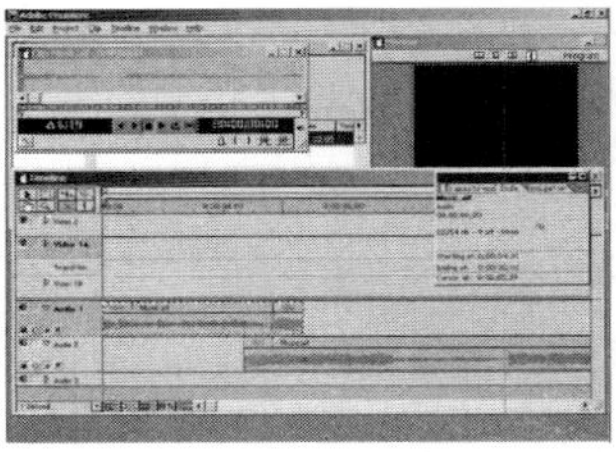

有一位学生选择了 premiere，因为他在学校电视台利用 premiere 剪辑视频，习惯了这个软件。

处理方式：不强求学生都使用 cooledit，出现其他选择更好，可以将最终完成的音频作品效果以及使用的难易进行比较。

[设计意图：允许学生的个性发挥，保持他们的学习热情。同时借此了解不同加工工具的特点。]

结合我们的任务，引导学生分析，我们目前遇到的困难：

（1）我们需要制作的是每个人对自己的父母所说的话，但是由于设备和时间的限制，各小组成员的音频是连在一起的，需要分开。

（2）由于录制设备的限制，及操作方法上的失误，有的学生可能会出现声音过小、过大或杂音较大等问题，有没有什么补救的方法，可以改善音频质量？

（3）如何将人声和背景音乐更好地融合。

[设计意图：学生不应该只是一味地模仿，更重要的是自己的主动思考，在学会知识的同时，提高分析问题、解决问题的能力]。

登录学习网站，进行知识点学习，教师提供了文字、图片及操作视频：

（1）如何根据需要剪切或删除不需要的内容。

(2) 对所录的声音进行适当的增益或衰减调整。

(3) 如何增加相应的效果，如淡入淡出、自动降噪等。

(4) 背景音乐的添加及调整。

(5) 保存的方法。

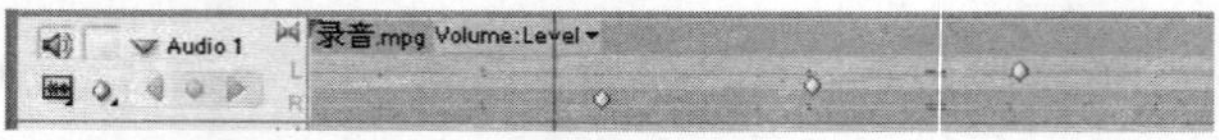

教师进行简单的示范演示，打开音频文件——去除不需要的内容——提高音量——增加淡入淡出效果——添加背景音乐——保存；学生操作实践，教师巡视，总结学生在操作过程中普遍存在的困难，进行及时的全体指导和个别辅导。

添加背景音乐时，需要调整到多音轨状态，部分学生出现了困难。

处理方式：对于普遍存在的困难，进行了全体的教学演示，个别学生出现的困难要求学生之间进行互助，或给予单独的指导。

[设计意图：照顾不同层次学生的学习情况，给予他们更多的时间进行实践操作，对他们碰到问题进行必要的指导。]

学生加工音频，将它和背景音乐合成，并保存；上传自己的音频作品到学习网站；对照音频加工的评价量规表，学生对上传的所有音频作品进行评价（包括教师自己制作的给学生欣赏的那个作品）。

部分学生作品评价比教师作品高，有的是确实质量较高，但也有部分是同学故意而为。

处理方式：对于优秀的作品，及时肯定，青出蓝而胜于蓝。对于部分随意评价的学生，及时指出其不正确的行为，使其意识到不可以滥用自己的权利，尊重评价的意义。

[设计意图：通过把教师的作品和学生的作品放在一起，让他们进行评价，营造一种民主宽松的课堂气氛，保持学生的学习兴趣。]

学生自我检测并评价，如：我了解了常用的音频采集和加工工具；我掌握一种采集音频的方法；我会加工制作简单的音频作品；形成文字提交到学习网站，和音频文件放在一起。

教师总结本节课所学内容，建议学生把这个作品作为礼物送给自己的爸爸妈妈，他们是最值得感谢的人。

课后评价：教师对每一位学生提交的音频作品及课堂收获，进行点评，不是简单地说好或不好，而是给予肯定的同时，指出存在的不足，需要加强学习的方面，帮助学生更好地明确这部分知识的学习目标。

[设计意图：通过这种方法让学生自己对学习进行梳理，巩固所学，同时为教师的课后评价提供了可观察的依据。]

八、教学反思

本课中，教师的作用是引领、帮助和指导，主要以学生的探究和实践为主，虽然学生加工的音频还很粗糙，但是就整个学习过程而言，学生能够掌握一种采集音频的方法，能够对音频进行初步的加工和合成，亲自体验了音频加工的基本过程，学会了欣赏和评价音频作品……总体来说有如下成功之处：

1. 以学生为主体

(1) 给学生做的时间，提高他们的实践能力。尽可能多的给学生自己操作的时间，减少教师讲解演示。

(2) 给学生想象的空间，提高他们的创造能力。音频作品的具体内容、表现方式、背景音乐、合成方式，给学生充分的自由，发挥他们的创造力。

(3) 给学生提供丰富的学习资源。如课前发放的学习材料和课中学习网站。

2. 情境的创设

通过播放玉树地震的感人视频，引起学生注意，随后通过教师自制的一段音频作品，进一步激发学生的创作动机，帮助学生直观的感受音频作品由哪些部分组成，既融入了本节课所要学习的相关知识，又激发了学生珍惜生命，关爱父母的情感状态，最后以将作品送给父母作为结束，首尾呼应。

3. 评价策略的选择

主要包括学生的自评互评、教师的课后评价，不是为了选拔和甄别，而是为了促进学生更好地掌握知识和提高可持续的学习能力。

不足之处：

1. 由于时间关系，本节课的后面评价部分未来得及充分的展开，包括对音频加工工具、对最终的音频作品的评价。

2. 在小组合作采集音频时，教师应该加强引导，使学习的效率得到提高，对于有特别要求的同学应该给予满足，比如有学生提出来，她不好意思在这么多人面前唱歌，应该照顾到学生的个体差异。

音频采集质量评价量规表

评价项目		评价标准		
声音	失真	□基本不失真	□有一点失真	□失真很严重
	噪音	□基本无噪音	□有一点噪音	□噪音很严重
	音量	□正好	□过大	□过小
	自然	□很自然	□有一点紧张	□非常紧张
是否达到预期效果		□非常好	□基本达到	□没有达到
改进意见				

音频加工质量评价量规表

评价项目		评价标准		
背景音乐	音量	□正好	□太吵	□太小
	整体	□和谐	□一般	□不好
其他效果，如淡入淡出		□使用恰当	□一般	□不好
是否达到预期效果		□非常好	□基本达到	□没有达到
改进意见				

用 VB 实现指针时钟的制作

杜飞雪①

一、教学内容

我校信息技术选修《算法和程序设计》采用上海科技教育出版社的教材，在程序设计语言学习的部分，大部分结合教材的实例。许多学生在课程阶段调查中提到程序设计的学习“令思维得到了锻炼”，也“巩固了数学的学习”并有不少学生提出“希望以后老师能多教一些更实用的程序”，使“课堂可以更加贴近生活一些”。就是在这样的背景下，在高二的下学期，科组向学校争取，把课时由每周一节改为每周两节的连堂课，把年级的学生分为 A、B 级，一半学生上半学期完成教学，另一半的学生下半学期上课。同时备课组对算法的部分进行了调整，改成一些综合应用的实例，把算法的思想嵌入到这些实例中去。而指针时钟的制作就是其中的一个例子。本课的难点就是如何用解析法推导出指针坐标的计算公式。在课堂教学中，可以先与学生共同利用所学过的数学知识，推导出指针坐标的计算通式，然后点出这样一个过程实际上就是解析法的思想。让学生经历问题分析——算法设

① 广东省广州市广雅中学.

计——代码编写——测试和维护的几个阶段。

二、教学对象

本课的教学对象为高二下学期的学生，在高二上学期，学生在《算法和程序设计》课中已经学习了程序设计基础的部分。而本学期还学习了坐标的设置，并能使用画点、画圆、画线等相关的语句绘制函数图形和相关的图形。他们已经学习了算法的相关知识、三角函数的有关知识。虽然学生还没有学习极坐标的有关知识，但他们完全可以利用所学过的数学的知识对指针时针的坐标进行推导计算。但对于部分数学基础差的学生而言，公式的推导还存在一定的难度，为此教师在课前准备了一个学案，里面包括指针时针制作的流程图，指针坐标计算公式的推导过程，及指针端点的坐标的计算通式，使数学基础差的学生也可以套用公式，完成软件的制作。

三、教学目标

1. 知识与技能

(1) 理解解析法的概念。

(2) 理解时钟指针坐标的计算过程。

(3) 掌握画线、画点、画圆的语句。

(4) 学会计时器控件的使用。

2. 过程与方法

(1) 经历使用解析法求解指针坐标的过程。

(2) 掌握算法分析的过程和方法并能使用这种方法来解决实际问题。

3. 情感、态度和价值观

(1) 通过编写一些与日常生活相关的小程序，进一步激发学生对程序设计的兴趣。

(2) 把数学中三角函数的知识应用到程序设计中，进一步体会数学在程序设计中的重要作用。

四、教学重点与难点

教学重点

(1) 利用解析法推导指针坐标的计算公式。

(2) 指针时钟制作的过程。

教学难点：利用解析法推导出指针坐标的计算公式。

五、教学策略

指针时钟，学生刚接触的时候感觉很难，无从入手，因而，必须采用分解难点、由简入繁，逐步递进的方式进行。在进行问题分析的时候首先是使用结构化的思想，把问题采用置顶向下，逐步细分的方法。因而在教学的过程中，分三步进行：（1）数字时钟的制作；（2）钟面的绘制；（3）指针的绘制。

六、教学过程

<table>
<tr><th>教学环节</th><th>教师活动</th><th>学生活动</th><th>设计意图</th></tr>
<tr><td>激情引趣</td><td>教师展示数字时钟及两种不同的指针时钟

</td><td>学生观赏、思考时钟为什么能动</td><td>激发学生的求知欲</td></tr>
<tr><td>问题分析，并进行概要设计</td><td>师生共同分析指针时钟实现的基本原理
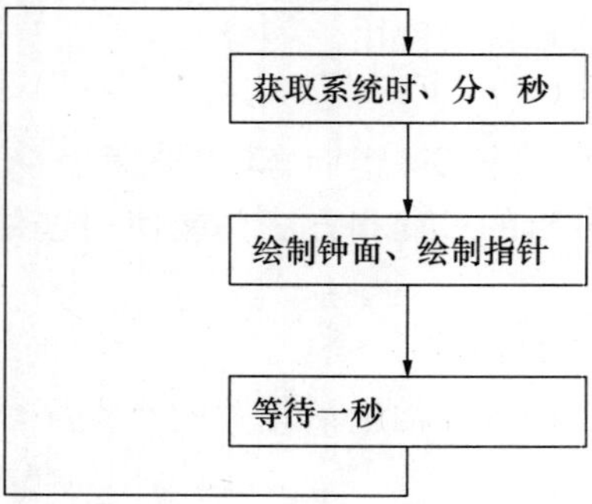
</td><td></td><td>由此引出了相关的问题，即如何实现等待一秒的问题，引出计时器控件的使用</td></tr>
<tr><td rowspan="2">任务一：数字时钟的制作</td><td>教师讲解计时器控件的使用：
Enabled 属性
Interval 属性</td><td>学生听讲</td><td rowspan="2">学生通过数字时钟的制作，学习计时器控件的使用及学会获取系统时间</td></tr>
<tr><td>教师巡视辅导，及时解决学生出现的问题</td><td>学生制作数字时钟</td></tr>
<tr><td>任务二：指针时钟的制作任务的分解</td><td colspan="2">分析问题，并把时钟的制作细化为以下几个小问题：
（1）定义坐标系
（2）钟面的绘制
（3）获取系统时间并计算指针的端点坐标
（4）绘制指针</td><td>师生共同分析细化时钟的实现，令学生进一步理解程序结构化的思想</td></tr>
</table>

续表

<table>
<tr><th>教学环节</th><th>教师活动</th><th>学生活动</th><th>设计意图</th></tr>
<tr><td>定义坐标系</td><td colspan="2">自定义坐标系，使钟的中心点为坐标原点</td><td></td></tr>
<tr><td rowspan="2">1. 圆点指针时钟钟面的制作</td><td colspan="2">师生共同分析钟面上点的坐标
结论：
钟面实际上就是一个圆，也就是 2π，钟面分为 60 份，也就是说以 $2\times\pi/60$ 即 $\pi/30$ 等分角
画圆点指针时钟钟面实际上就是每 $\pi/30$ 画一个点，点的坐标为
$x=\rho\cos(i*\pi/30)$
$y=\rho\sin(i*\pi/30)$</td><td>师生共同探讨钟面点的本质。学生通过问题的分析，进一步理解三角函数的计算</td></tr>
<tr><td>教师巡视解答</td><td>学生完成钟面的绘制。提高任务：完成的同学思考如何优化钟面的效果</td><td>学生通过程序的编写进一步理解三角函数在实际中的应用，并巩固循环语句及分支语句的使用</td></tr>
<tr><td rowspan="3">2. 用解析法求解指针另一个端点的坐标（由于此部分的内容对数学基础差的学生而言，有一定的难度，因而提供的学案包含了完整的推导过程）</td><td>提出假设，提示学生分析：设秒针从零点开始转动的角度为 θ，它与零度的夹角为 α</td><td>学生分析第一象限的情况：
$\alpha=\pi/2-\theta$
而在第四象限中有
$\alpha+\theta=\pi/2+2\pi$</td><td rowspan="2">指针坐标的计算是一个难点。时钟中指针的转动是由 90 度开始顺时针转动，而在数学的三角函数中的角度则为与零度之间的夹角，因而必须找出它们之间的关系</td></tr>
<tr><td colspan="2">同理分析二、三象限，可以得到这样的结论
对于任意的 α 和 θ 有这样的关系：
$\alpha=2k\pi+pi/2-\theta$（$k=0$ 或者 1）
又因为
设 α 为任意角，终边相同的角的同一三角函数的值相等：
$\sin(2k\pi+\alpha)=\sin\alpha$
$\cos(2k\pi+\alpha)=\cos\alpha$
设 s 为秒数，则可以得到秒针另一点 x，y 坐标的计算公式：
$\theta=s*pi/30$
$X=\rho\cos(pi/2-\theta)$
$y=\rho\sin(pi/2-\theta)$</td></tr>
<tr><td>教师加以总结，指出刚才推导求解指针坐标的过程实际上采用的就是常用的算法——解析法</td><td>学生听讲，并同时阅读课本 P117 页，领会解析法的概念</td><td>顺理成章地得到解析法的概念</td></tr>
</table>

续表

教学环节	教师活动	学生活动	设计意图
3. 指针的绘制	巡视指导	学生进行代码的编写，完成秒针的绘制，并在此基础上分析，绘制出分针和时针	学生通过练习，进一步理解算法的思想
总结	总结分析学生制作过程中存在的问题。并对本课加以总结	学生听讲	把学生存在的问题集中讲解，使学生能够及时得以纠正
提高任务：完成的学生制作带刻度的钟面 拓展和思考：如何利用计时器控件实现计时器或是倒计时器的制作	巡视指导	学生修改完善指针时钟的制作	拓展和思考提出了新的与学生生活相关的问题，供学有余力的学生思考和解决

七、教学反思

本课让学生充分利用已有的数学知识，对具体的问题进行分析，解决生活中的一些实际问题。本课取得了较好的效果，学生普遍兴趣浓厚。

学生制作过程中存在的问题：

（1）部分数学基础差的学生对于指针端点坐标的计算并没有真正领会，制作的过程中，仅仅通过套公式的方式实现程序。

（2）部分学生在时针的计算时，忽略了每小时时针转动的角度是 $2\pi/12$，因而 h 小时转动的角度 θ = h * pi/6，因而造成了错误。

（3）窗体比例不当，造成时钟不是圆形而是椭圆形。

想唱就唱——使用 PPT 制作点歌系统

张　妍[①]

<table>
<tr><td rowspan="3">前期分析</td><td>教学内容</td><td>本案选自广东版高中教材必修部分，是第三章第三节“多媒体信息的加工与表达”的学习内容。本节主要讲述了如何利用恰当的工具软件处理和加工各种信息对象，并根据任务需求集成多媒体作品。教材设置的部分教学内容学生应该在小学和初中就有所掌握，没有必要再在高中来做重复性的讲授，所以我将教材内容进行了修改和拓展。主要让学生通过学习对声音的加工和处理来集成作品</td></tr>
<tr><td>学生情况</td><td>1. 学生在学习过程中，经常问到在 PPT 中如何处理声音的有关知识，对声音信息的加工处理存在着一定的兴趣与需求
2. 在本案例教学之前，绝大多数学生已在义务教育九年级学习过使用 Windows 录音机对声音进行简单的加工处理，知道如何在 PPT 中插入声音等简单操作，但还存在一少部分“零”基础的学生
3. 通过调查得知班里很多学生喜欢流行歌曲，还有一部分学生因热衷于演唱去过 KTV 并且接触过那里的点歌系统</td></tr>
<tr><td>学习需求</td><td>根据课程标准，课程设计让学生以小组为单位，在已掌握的 PPT 基础操作之上，运用本次教学内容所涉及的声音的加工、声音在 PPT 中的设置以及通过文字动画效果和排练计时的操作实现声音与文字的同步，制作完成一个点歌系统</td></tr>
<tr><td rowspan="3">教学目标</td><td>知识与技能</td><td>1. 掌握在 PPT 中对声音进行加工处理的操作
2. 能够使用 Goldwave 声音编辑软件，对声音进行简单的节选和格式转换</td></tr>
<tr><td>过程与方法</td><td>1. 学会将技术操作应用于实际问题的解决方法，做到学有所用
2. 通过协作完成多个学习任务的方式，来驱动学生制作方法的学习，培养学生自主学习和协作学习的能力</td></tr>
<tr><td>情感态度价值观</td><td>通过点歌系统的制作过程，培养学生欣赏与审美的能力</td></tr>
<tr><td colspan="2">重点难点</td><td>1. 通过按钮控制声音的停止和播放，实现系统试听功能
2. 利用文字动画效果的设置和排练计时的操作解决声音和文字的同步问题</td></tr>
<tr><td colspan="2">教学教法</td><td>教学策略贯穿整个教学过程的始末
1. 为突出学生的主体地位，课前编写学案，依托学案为载体指导学生自主学习
2. 上课一开始设置激情引趣环节，激发出学生动手去做的欲望
3. 在教学过程中以任务驱动的方式刺激学生不断地思考
4. 对于学生能够自己完成的任务放手让他们去做，培养其自主学习的能力
5. 通过直观教学、演示讲解的方法突破教学的重、难点
6. 结束时设置自我展示环节，让学生有成就感</td></tr>
</table>

① 北京市通州区运河中学．

续表

教学过程				
教学环节	教学内容	教师活动	学生活动	设计意图
课前准备	1. 前一节学生下载了自己喜欢的歌曲，建好了歌库 2. 利用课余时间下载 LRC 格式歌词 3. 课前十分钟将学案下发给学生		阅读学案	了解本节课的教学任务
10 分钟激情引趣	认识点歌系统 KTV 点歌系统操作：首先在前台界面通过选择条件查询到自己想唱的歌曲，然后进入播放页面演唱歌曲 封面的设计——任务一  制作目录页 	提问：大家都喜欢流行歌曲吗？喜欢唱吗？去过 KTV 吗？接触过 KTV 里的点歌系统吗 创设问题情境：能不能制作一个自己的点歌系统，只把自己喜欢的歌放进去，这样不必费时费力查询，就可以尽情唱个够 展示：一个已经制作好的点歌系统，并播放学生唱一首歌	激情回答 初识点歌系统	通过此环节让学生对点歌系统有一个初步认识并激发他们动手操作的愿望
第一节课 35 分钟制作点歌系统的封面和目录页	实现功能：①索引；②试听；③选歌 索引功能：把歌库里的歌曲用歌名制作成索引目录。——任务二 选歌功能：插入“选定”按钮，通过设置超级链接实现跳	布置任务一 完成点歌系统封面的制作 引导：只需要通过插入图片和题目文字，设置一些简单的动画就可以完成 教师巡视、个别指导 介绍：目录页三大功能	小组讨论完成封面的制作 通过插入文本框输入歌曲题目完成索引目录的制作	多个任务的驱动使得教学环节紧凑；教学内容充实；不断促使学生思考

续表

教学环节	教学内容	教师活动	学生活动	设计意图
	转到相应歌曲的播放页面功能。(此功能的实现需要等播放系统所有歌曲播放页面制作完成才能进行) 试听功能：点击 按钮可以试听每个歌曲的高潮部分，为选定歌曲提供方便 首先，节选出歌曲的高潮部分 ——任务三 利用 GoleWave 软件对声音进行加工和处理 遗留问题——其实还需利用软件将声音转换成 wav 格式，但先不安排学生去做 其次，体现试听功能。——任务四 设置问题 将节选好的所有声音全部插进去 ↓ 发现问题 声音混合播放 ↓ 解决问题 利用按钮控制声音的播放 按钮只能控制 wav 格式声音的播放	演示功能 布置任务三 学生自学学案的内容，利用 Goldwave 节选出需要的部分 巡视、个别指导 布置任务四 设置按钮控制声音的停止和播放 创设问题情境：先将节选好的歌曲全部插入到目录页，尝试一下不进行任何设置，通过单击自动插入的喇叭图标是否能达到试听功能 演示操作 实现利用动作按钮控制声音的播放和停止解决声音混播的问题	参考学案内容将任务三自学完成。并到台前演示节选声音的操作 完成任务四 尝试实现功能 发现混播情况。思考如何解决问题 发现只有 wav 格式的声音才可以被动作按钮控制。完成声音格式转换的操作	自学能力的培养 通过遗留问题突破教学重、难点 通过设置问题→发现问题→解决问题环节引起学生好奇心，使他们有强烈的自主探究的欲望 通过演示操作突破教学重难点，并解开遗留问题的迷雾
第二节课35分钟制作播放页面	歌曲 MTV 播放页面的制作——任务五 操作要点： 1. 如果想要准确的把握时间，需要知道每一句歌词的播放时间，只要到网上下载 LRC 格式的歌词即可 2. 每一句歌词放置到一张幻灯片上，并重复放置两份，一份不设置动画直接同画面一起出来，为的是让演唱者看清	打开之作好的系统播放页面 演示操作	观看老师制作好的播放页面，小组研讨如何完成 由小组三个人分别完成三首歌的播放部分	通过演示突破教学重难点 分工合作让学生感受集体力量，体现个人能力

续表

教学环节	教学内容	教师活动	学生活动	设计意图
	歌词；一份设置不同颜色，通过设置动画效果带领演唱者演唱 3. 动画效果设置实现文字与声音的同步——计时功能 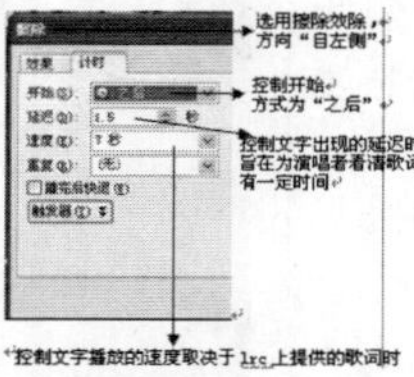 4. 利用排练计时功能，实现幻灯片自动播放，在排练操作过程中通过控制播放时间使同步更加精确（利用排练计时播放幻灯片如果速度过慢，处理方法见学案） 涉及的其他操作： （1）擦除文字特效的动画设置 （2）设置声音停止在最后一张幻灯片之后 （3）每一句歌词的背景设计 （4）幻灯片切换效果的设置 完善点歌系统——任务六 设置超级链接，使系统幻灯片之间实现自由跳转，如完成目录页的选歌功能即“选定”按钮与对应歌曲播放演示文稿之间的跳转、每一首歌曲播放完毕的最后一张幻灯片与目录页之间的跳转	提示 声音文字同步的实现需要耐心，要通过边放映边调整文字动画中的计时，使之与声音达到同步 讲授 排练计时：以排练方式运行幻灯片放映，可以根据每页歌词的时间安排放映节奏，从而不但实现幻灯片自动播放还可以使同步更加精确 PPT 中排练计时功能 演示操作	观看老师演示过程，抓住操作要点 具体操作由组员参照学案自主完成 小组合作完善点歌系统	培养学生的耐心 培养自主探究能力 与初中超链接知识衔接
10 分钟评价点歌系统	让学生用自己制作的点歌系统来演唱	总结	展示作品、评价作品	为学生搭建自我展示的平台首尾呼应

教学反思

本次教学由于课题的选择以学生兴趣为出发点，所以学生学习兴趣浓厚，学习态度积极，整个课堂有着良好的学习氛围。并且通过多个任务的设置，使得整个教学环节紧凑、内容充实。但同时也会发现学生对以前所学习的PPT基础操作有些生疏了，所以老师要时时关注学生的表现，一旦发生问题，要及时处理，不要延误整个作品的制作进度。由于时间有限，所以一部分学生对于声音在PPT中的动画设置以及声音与文字的同步控制把握得不太好，发生了很多问题，所以还要把学生分工细化，充分发挥出集体的力量。

音频的数字化与处理

陈文翀①

一、指导思想与理论依据

把抽象的概念具体化和形象化，是每一门学科都适合的一种概念教学的方法。对于信息技术课程而言，具体化和形象化的体现则是把概念教学与软件操作和应用有机结合在一起。

在课程中，教师向学生抛出新概念、新理论的同时。要给予必要的引导作用，营造探究的课堂气氛，激发学生的探究兴趣，鼓励学生积极地、主动地去开展分析、综合、比较等思维活动。而这些思维活动需要建立在学生的实际操作与数据对比过程中，需要充分发挥学生的自我主体性参与学习，亲身体验概念知识的意义建构。

二、教学内容

本节内容选自浙江教育出版社《信息技术基础》必修模块第一章第二节信息编码中多媒体信息编码的音频数字化部分和第三章第三节中多媒体信息处理的声音处理部分。考虑到这两小节在内容上有共同主题——数字化音频，因此合并在一个课时内。根据课程标准，本节课要求学生了解音频数字化的简单原理，掌握计算数字化音频文件的存储空间。重点让学生理解音频的采样频率与量化位数等属性与音频文件之间的联系。

目前，初中已普及信息技术课程，学生对于计算机中常见音频已经比较熟悉，但还不具备一定的音频编辑软件操作基础；且大部分学生并不了解与音频相关的一些基本概念，物理学上也没接触到声波的相关概念；因此对于采样频率与量化位数对音频文

① 浙江省温州市第二中学黄龙校区.

件存储容量的影响一概不知。这些概念必须在课程内得到体现。

三、教学目标

1. 知识与技能

(1) 掌握基本的音频编辑方法。

(2) 学会根据具体实例，分析音频的基本属性（采样频率、量化位数）的方法。

(3) 掌握音频存储容量的计算方法。

2. 过程与方法

能通过音频编辑解决生活、学习中的问题，能针对实际问题确定获取音频的类型。

3. 情感、态度和价值观

(1) 体验数字化音频在日常生活中的应用，感受音频编辑的魅力。

(2) 逐步养成自主参与课堂教学的习惯。

四、教学重点与难点

教学重点：音频采样频率与量化位数与音频存储容量之间的正比关系，计算音频存储容量的大小。

教学难点：数字化音频的两大概念——采样频率与量化位数。

五、教学过程

1. 音频的数字化（5 分钟）

师：音频的数字化模拟是一个将声波的振幅和波长进行数字化的过程。

波长＝1/频率，我们把频率数字化为采样频率。

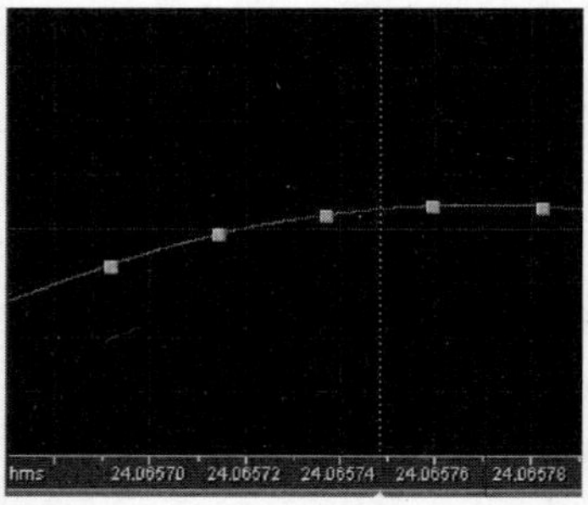

采样频率即一秒钟内波形被采样的次数，表示了波形被等分的份数。采样频率越高，数字化声音的保真度也越高，要求的存储量也越大。(Hz)

每一个点代表一个采样点，而图中显示每两个采样点之间时间间隔约为 0.000022 秒，即采样频率为 1/0.000022＝45 000 Hz，而该音频实际采样频率为 44.1 kHz。

我们把振幅数字化为量化位数。

采样位数是指采样点的量化精度，是表示每个采样波形垂直等分份数所需的二进制的位数。(bit)

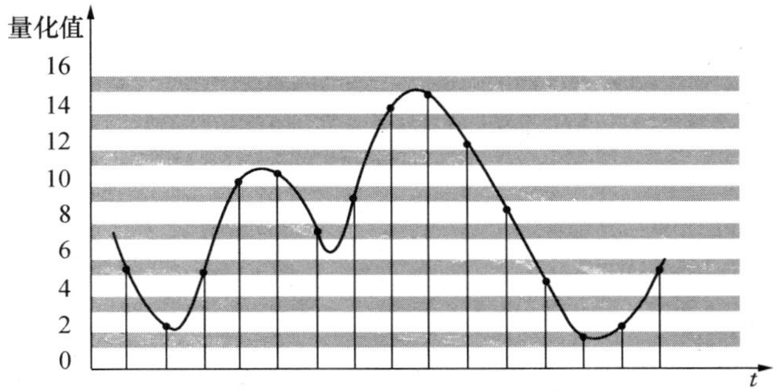

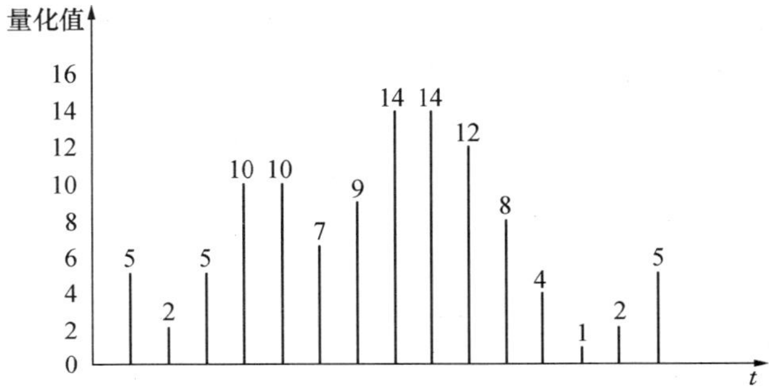

每个采样点离中心轴的幅度值进行数字化，如图所示，最高采样点量化值为 14，而根据二进制的特征，$2^n=16$，n=4，即将该音频量化为 16 等份，所以量化位数也为 16。

[设计意图：通过教师讲授的方法，先引出音频编码中最重要的两个概念——采样频率和量化位数，并结合图片更容易理解，而不是枯燥地识记它们的定义；但由于高一学生物理学上并没有接触过声波的相关概念，所以此方面理解程度要求不能过高，重点要求能识别与区别采样频率与量化位数的单位。]

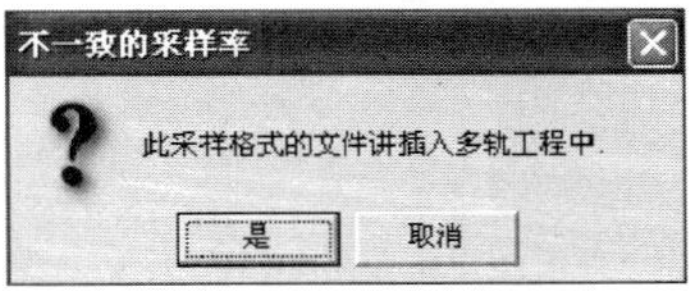

2. 音频的采样频率与量化位数（25 分钟）

学生根据教师提供的音频素材，《大话西游》中“only you”的两个片段，也模仿进行音频的合成。在向 CoolEdit 软件导入第一个音频片段以后，再导入第二个却出现错误。

教师引导学生根据错误窗口的提示，分析错误原因。学生找到原因：采样频率不一样。

[设计意图：这里教师故意设置陷阱，给学生的两段采样频率不一的音频，而在合成过程中采样频率不一的音频是无法同时导入的。目的在于加深学生对采样频率的印象，同时为下面讲解采样频率与量化位数对音频文件的影响作好铺垫。另外，也培养

了学生学会观察提示窗口，提高自主思考能力。]

实验活动一：音频参数的观察

学生根据教师的提示，打开 CoolEdit，菜单插入→音频文件→“大话西游 1. wav”在导入音频窗口仔细观察该音频的具体属性，并在实验报告的表格中填写相关数据。

依此类推观察“大话西游 2. wav”的具体属性。

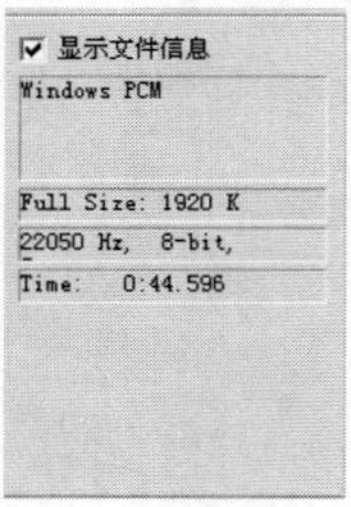

大话西游 1

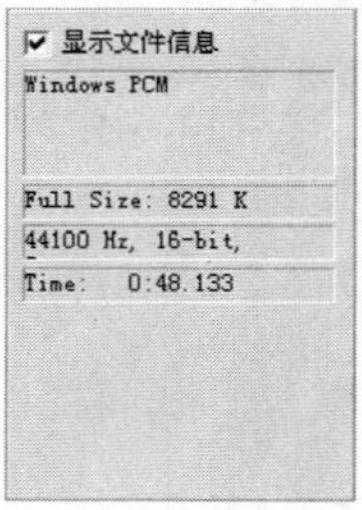

大话西游 2

实验报告：

音频名	采样频率	量化位数
大话西游 1	22.05 kHz	8bit
大话西游 2	44.1 kHz	16bit

实验活动二：采样频率的修改

教师引导：因为采样频率不一，无法进行音频合并，需要修改某一音频文件的采样频率。

学生使用 CoolEdit 工具，并根据实验报告中提示的步骤，导入“大话西游 2. wav”，菜单文件→混缩另存为 ACM 波形；并点击“选项”按钮，在弹出窗口中选择 22.05kHz，16 位，立体声。另存为新的《大话西游 2－1》音频，再观察新音频文件的大小并记录在实验报告中。

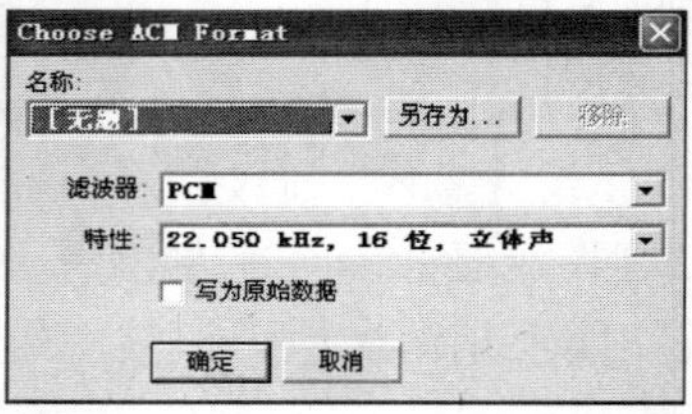

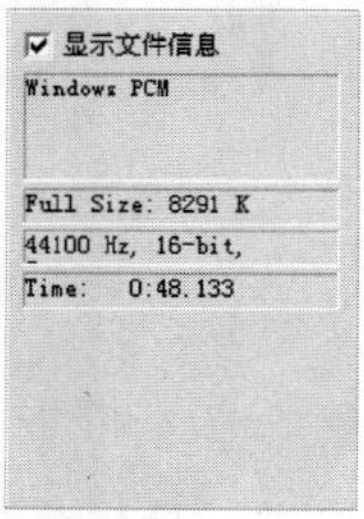

《大话西游 2》

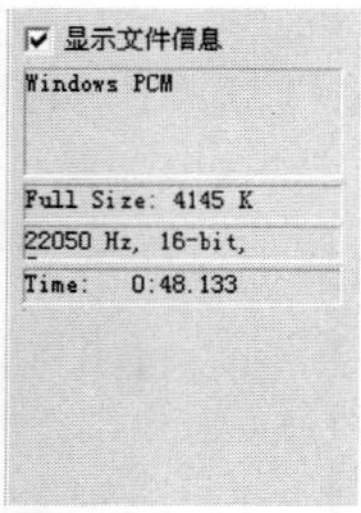

《大话西游 2－1》

师：原来音频的容量大小是新音频的几倍？

生：2 倍。

师：原来音频的采样频率又是新音频的几倍？

生：2 倍。

探讨问题：通过这个实验，发现了什么？音频的采样频率大小和音频文件大小存在什么关系？正比还是反比关系？最后得出基本结论：正比关系。

实验报告：

音频名	采样频率	量化位数	声道	文件大小
《大话西游 2》	44.1kHz	16bit	立体声	8M
《大话西游 2－1》	22.05kHz	16bit	立体声	4M

实验活动三：量化位数修改

师：采样频率与音频文件大小存在正比关系，那量化位数与它又是什么关系呢？

学生使用 CoolEdit 工具，并根据实验报告中所提示的具体步骤，在“大话西游 2－1.wav”的基础上，菜单文件→混缩另存为 ACM 波形；并点击“选项”按钮，在弹出窗口中选择 22.05kHz，8 位，立体声。另存为新的《大话西游 2－2》音频，再观察新音频文件的大小并记录在实验报告中。

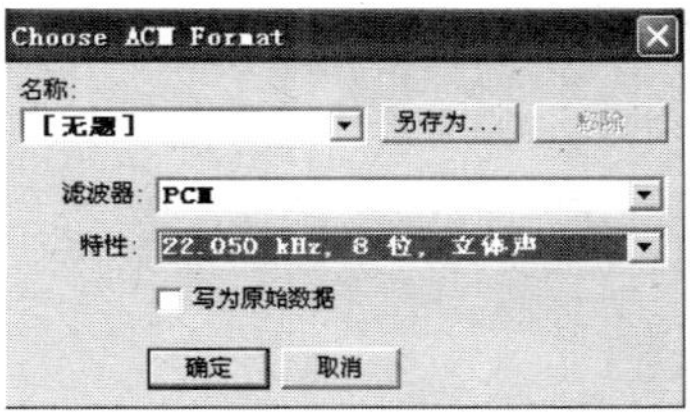

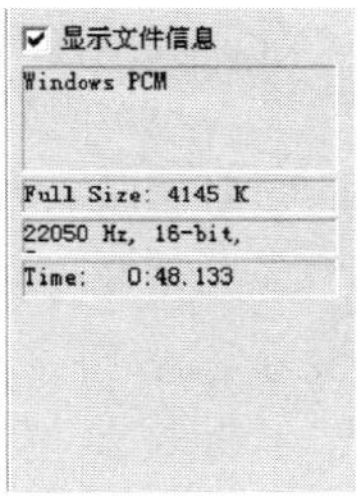

大话西游 2－1

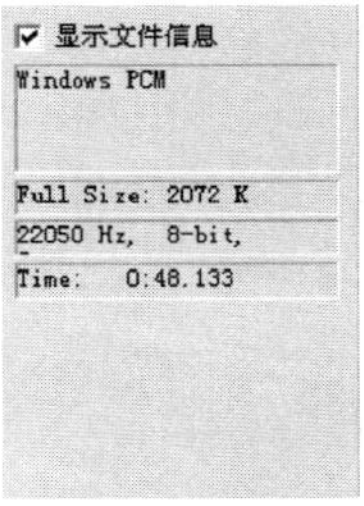

大话西游 2－2

师：原来音频的容量大小是新音频的几倍？

生：2 倍。

师：原来音频的量化位数又是新音频的几倍？

生：2 倍。

探讨问题：通过这个实验，发现了什么？音频的量化位数大小和音频文件大小存在什么关系？正比还是反比关系？最后得出基本结论：正比关系。

实验报告：

音频名	采样频率	量化位数	声道	文件大小
大话西游 2－1	22.05 kHz	16bit	立体声	4 M
大话西游 2－2	22.05 kHz	8bit	立体声	2 M

[设计意图：上述两个环节都发挥学生的自主性，通过实验的方式，观察音频采样频率和量化位数修改前后文件大小上的变化，发现两者之间的关系。在这一过程中，教师只是在一旁辅助，主要的实验工作全部由学生完成。实验步骤教师在报告中提示给学生，但学生需要把具体的实验数据填写在报告中，培养了学生严谨的科学态度。最后在教师的引导下，根据实验结果，学生得出结论，激发了学生的积极性。

3. 归纳总结

教师归纳：音频的采样频率和量化位数对音频存储容量有影响，它们之间均成正比关系。如果使用公式计算音频的大小的话，声音文件大小＝声道数×时间×（采样频率×采样位数）/8，单位字节。运用该公式时需要注意的几个问题，声道数分单声道和立体声两种，分别值为 1 和 2；时间要转换为秒单位；该公式仅局限于 wav 格式的音频文件。

学生活动：将修改过采样频率的《大话西游 2》音频文件与《大话西游 1》音频文件合并成一个文件；观察文件大小，并听声音的音质。

学生活动：将刚刚合并出来的文件混缩另存时，选择 MP3 格式保存。尝试听一听音质和 wav 格式有否区别。

教师引导：将音频由 wav 格式压缩为 MP3 后，发现听觉上几乎没有差别，当然听觉比较好的人能听出细微的差别，但这不影响音频总体音质，但音频文件呢？wav 格式与 MP3 相比如何？

学生观察：MP3 小很多。

教师总结：因此在获取高音质的时候，例如 CD 中往往采用 wav 格式，采样频率达到 44.1kHz。但需要传输更快的音频时，例如制作网页时，往往采用压缩格式。

[设计意图：学生经过实验活动，获取解决日常生活问题的能力。通过具体实例的比较，了解 MP3 是 wav 格式的一种压缩格式，存储容量上大大降低。既拓展了知识面，又能很快就了解 CD 中音频的采样频率，而在网页中应该广泛采用 MP3 格式，为以后网页设计课程做好音频处理的知识准备。]

六、教学反思

在信息技术实际教学中，不可能每一个名词概念均有相应的直观过程可观察与利用，这就要求教师能够在长期的教学工作中不断发现发明，不断探索和总结。学生的探究过程最终目的是为了理论知识的理解而服务的，所以给学生设置的探究要使其简单、明了、形象直接地说明问题，更重要的一点要求是科学、完整、准确地体现概念的真实含义。

信息技术的概念直观教学主要依靠学生的操作过程与对比过程，利用学生的操作，使抽象、复杂、深奥的概念变得具体、形象、简单。看得见、摸得着、听得懂，进而理论联系实际，学生较易理解。有了对比，即有了数据可查，使学生对概念的记忆比较深刻不易遗忘，当需要这部分知识再现时，可通过联想的途径得到回忆。

概念理性较强，枯燥无味，学生既无兴趣，也不愿识别，好的教学过程——直观教学恰如其分地将概念形象化、具体化，提高学生的学习兴趣。概念的直观化，加强了学生对理论知识的理解能力，进而间接地提高了他们在实际中综合运用概念去解决实际问题的能力。

在直观教学实际操作中，要注意这样两个问题。学生在综述概念时，对某一问题产生争论时，教师不应当明确地判断对错，也不要指出问题所在，而应是让学生尝试多次实验对比，通过观察、分析、比较，看看自己的实验数据与他人的区别，看看自己的操作过程与他人的区别，让学生充分发表意见，最终达成一致。另外，由于学生初涉新概念时，目的不明确，教师要给予充分全面地引导，例如给予必要的步骤提示，给予完整的素材，给予必要的数据结果等，让学生的注意力集中在要观察的事物对象上，才能真正理解所需要掌握的概念。

试 题 集 锦

小 学 试 题

2009年佛山市南海区小学信息技术毕业考查笔试样题及参考答案

一、单选题（**共**25**小题，每小题**2**分，共**50**分**）

1. 小明到电脑城买了键盘、鼠标、主机，请问小明还缺哪个设备才能组成一台完整的电脑（　　）。

A. 音箱　　B. 打印机　　C. 显示器　　D. 摄像头

2. 我们对图片  进行水平翻转后得出的效果是（　　）。

A. 　　B. 

C. 　　D. 

3. 小明的电脑经常中病毒，以下哪条是能最有效防范病毒的合理建议（　　）。

A. 少上网，甚至不上网

B. 爱护电脑，保持电脑清洁

C. 不把电脑借给他人使用，减少病毒感染机会

D. 安装杀毒软件，并定期升级杀毒

4. 右图是小明用 Word 制作的爱心宣传卡，其图片所设置的文字“环绕方式”是（　　）。

A. 紧密型

B. 四周型

C. 浮于文字上方

D. 衬于文字下方

5. 右图所示的程序包含的程序结构是（　　）。

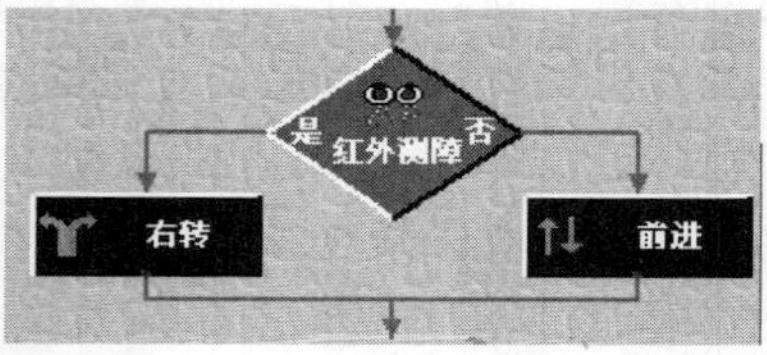

A. 顺序结构

B. 选择结构

C. 循环结构

D. 判断结构

6. 小东准备制作一个“节能环保”的主题网站，呼吁人们节约资源，保护环境，以下哪个软件最适合（　　）。

A. PowerPoint　　B. FrontPage

C. Word　　D. Excel

7. 小东可以在以下哪种视图模式下创建站点导航结构(　　)。

A. 报表　B. 链接　C. 文件夹　D. 导航视图

8. 要隐藏右图的“文件列表”，可以单击工具栏中的（　　）按钮。

A. 　B. 

C. 　D. 

9. 小东要在网站各个页面的横幅下添加滚动字幕，可以利用 FrontPage 中的（　　）实现共享。

A. 共享导航栏　B. 共享边框

C. 共享主题　D. 共享样式

10. 小东要在网页中插入节能环保宣传短片，以下哪个操作可以帮他实现（　　）。

A. 插入→高级→插件　　B. 插入→组件

C. 网页属性→插件　　D. 格式→插件

11. 小东刚插入的宣传短片，要切换到 FrontPage 中的（　　）模式下才可播放。

A. 普通　　B. 预览

C. HTML　　D. 播放

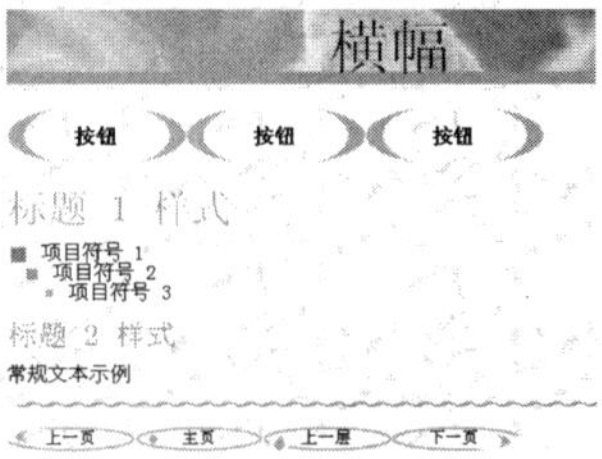

12. 小东为网站设置了右图所示的网页样式，他是通过（　　）方式设置的。

A. 网页属性　　B. 主题风格

C. 动态效果　　D. 网页背景

13. 小东要给网站添加绿色的“背景”迎合环保的主题，下列的哪个步骤能够实现（　　）。

A. 格式→背景　　B. 插入→背景

C. 文件→背景　　D. 视图→背景

14. 小明想建设个人网站展示自己，在 Frontpage 中以下哪个步骤可以新建站点（　　）。

A. 文件→新建→站点

B. 编辑→新建→站点

C. 文件→插入→站点

D. 文件→站点

15. 在新建站点对话框中选择（　　）可以帮助小明方便建立个人网站。

A. 个人站点　　B. 空站点

C. 项目站点　　D. 导入站点

16. 小明要在主页中把文字和图片上下分隔开来，则可以插入（　　）实现。

A. 水平线　　B. 导航栏

C. 共享边框　　D. 网页主题

17. “小明地盘”是小明个人网站的个性化名称，把它添加到（　　）中最适合。

A. 网页导航　　B. 网页横幅

C. 网页背景　　D. 页面设置

18. 小明把日记添加到网页上，但换行时发现文字行距太大，按（　　）键可以缩小换行间距。

A. Delete＋Enter　　B. Alt＋Enter

C. Shift ＋ Enter　　D. Ctrl＋Enter

19. 小明在制作个人相册时，总不能把照片摆放整齐，以下哪个网页元素可以帮他解决（　　）。

A. 组件　　B. 水平线

C. 换行符　　D. 表格

20. 小明要把表格中第一行的背景设置为绿色，则可以通过设置（　　）实现。

A. 表格属性　　B. 网页属性

C. 单元格属性　　D. 字体属性

21. 小明要在个人网站中建立与“百度”网站的连接，则可以添加（　　）实现。

A. 超级链接　　B. 万能连接

C. FTP 连接　　D. 插件连接

22. 以下哪个操作可以给小明的网页添加悬停按钮（　　）。

A. 插入→高级→悬停按钮

B. 格式→组件→悬停按钮

C. 格式→悬停按钮

D. 插入→组件→悬停按钮

23. FrontPage 会将放置文本后的图片保存为（　　）格式。

A. jpeg　　B. bmp

C. gif　　D. txt

24. 以下哪个操作可以给网页添加“网页过渡效果”（　　）。

A. 格式→网页过渡　　B. 插入→网页过渡

C. 格式→动态过渡　　D. 插入→动态过渡

25. 小东的主题网站经过前期的规划、制作、完善过程后，最后要（　　）才能在互联网上访问。

A. 发布　B. 注册　C. 付费　D. 联网

二、判断题（共 10 小题，每小题 2 分，共 20 分）

1. 小明可以利用电子邮件的附件功能把所制作的环保宣传电子作品发送给同学。（　　）

2. 我们可以对插入到幻灯片中的图片设置自定义动画，让图片动起来。（　　）

3. 超级链接可以把书签与目标内容链接起来。（　　）

4. 我们只可以在网页的上方位置添加导航栏。（　　）

5. FrontPage 中对文字和图片的操作方法与在 Word 中的方

法完全不同。 （ ）

6. 我们可以对 Word 中的表格进行合并和拆分，但 FrontPage 中的表格不可以。 （ ）

7. 小东先在“单元格属性”中把第一行设置为“红色”背景，再到“表格属性”中设置“绿色”背景，则第一行的背景颜色为“绿色”。 （ ）

8. Mid 格式音乐是很好的背景音乐文件，其音质好，播放速度也快。 （ ）

9. 网页元素一般包括文本、图片、动画、视频，但表格、水平线、悬停按钮并不属于网页元素。 （ ）

10. 要把尺寸为 200×200 的图片设置为 150×150 尺寸的缩略图，则“自动缩略图”设置不起作用。 （ ）

三、填空题（共 6 小题，每小题 3 分，共 18 分）

1. 小东要为“节能环保”主题网站搜索相关资料，请你给他推荐一个搜索引擎（写出网址）______________。

2. 登录中国知识产权网（http：//www.cnipr.com），看到的第一个页面我们称做网站的________________。

3. 要实现网页中的图片从顶部飞出，可以给图片添加__________效果。

4. 小东准备把收集到的 5 张环保图片放到网页上交替显示，则可以利用______________实现图片的过渡效果。

5. 要实现鼠标字幕跟随效果，可以修改网页中的____________源代码实现。

6. 将程序补充完成，让小海龟画出右侧的图形 repeat ________（fd 20 rt 90 fd 20 lt 90）。

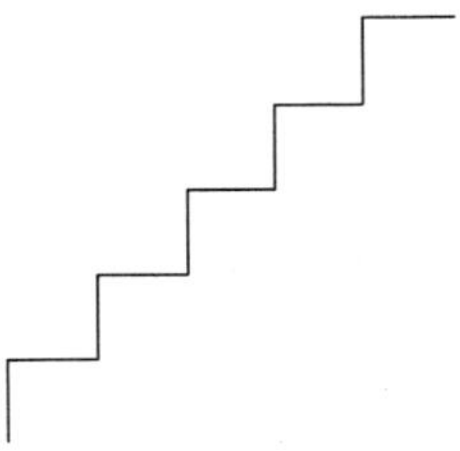

四、简答题（分析题目提供的背景材料，用简洁的文字回答问题。共 2 小题，每小题 6 分，共 12 分）

1. 小星是个科学爱好者，近年来台风给人们造成了严重损失，因此小星想研究关于“如何有效防治台风”。目前他所收集到的资料还不够，需要到网上查找相关的知识。如果换作是你，你该怎么样利用网络找到相关资料，请你叙述出到网上查找相关资料的一般过程。

2. 快要小学毕业了，小南准备建一个班级网站，一方面展示本班同学的风采，同时为毕业后网上交流提供方便。如果你是小南，你准备设计哪些网站栏目呢？试列举出三个栏目，并说说用什么方式为这些栏目收集素材？收集哪些素材？

参考答案

一、单选题（每题2分，共50分）

1	2	3	4	5	6	7	8	9	10
C	D	D	D	B	B	D	A	A	A
11	12	13	14	15	16	17	18	19	20
B	B	A	A	A	A	B	C	D	C
21	22	23	24	25					
A	D	C	A	A					

二、判断题（每题2分，共20分）

1	2	3	4	5	6	7	8	9	10
√	√	√	×	×	×	×	√	×	√

三、填空题（每题3分，共18分）

1. 搜索引擎的网站都可以　　2. 主页

3. 动态 html 效果　　4. 横幅广告管理器

5. html　　6. 5

四、简答题（每题6分，共12分）

1.【评分标准】

叙述出如何利用网络搜索资料的得2分，能描述出查找相关资料的一般过程的得4分。

2.【评分标准】

(1) 能列举出网站栏目的，一个栏目1分。

(2) 描述出收集栏目素材方式的2分。

(3) 写出素材类型的2分。

初　中　试　题

2009年无锡市初中信息技术毕业考查模拟试卷及参考答案

模拟测试一

（满分为100分，考试时间为40分钟）

一、单选题（15×2分=30分）

1. 我们常说“耳听为虚，眼见为实”，这体现了信息的什么特征。（　　）

A. 共享性　　B. 失真性

C. 传递性　　D. 其他三项都对

2. 下图是小明同学在Google搜索引擎中，利用关键字“清华大学”进行搜索后得到的结果，他单击搜索结果中的“网页快

照”项，将会看到什么？（　　）

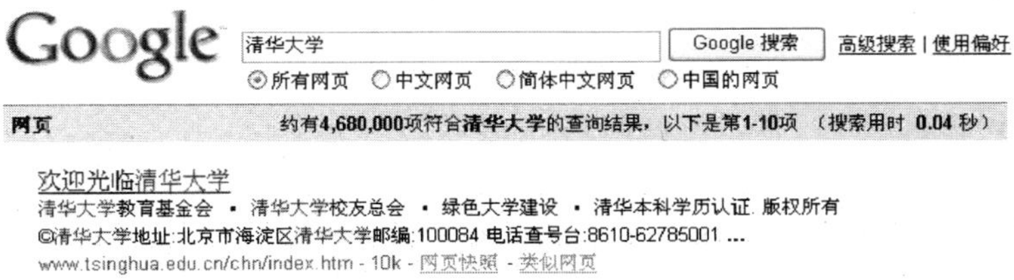

A. 相应网站的实际网页

B. 名为“网页快照”网页

C. 与摄影快照相关的网页

D. Google 将相应网页编入索引时的页面

3. 划分计算机发展四个时代的主要依据是（　　）。

A. 价格　　B. 体积

C. 存储容量　　D. 电子元器件

4. 下列关于计算机软件版权的叙述，错误的是（　　）。

A. 制作盗版软件是一种违法行为

B. 传播朋友单机版正版软件的注册码

C. 未经软件著作人的同意，复制其软件的行为是侵权行为

D. 计算机软件是享有著作保护权的作品

5. 在 Word 中，下列有关文档分页的叙述，错误的是（　　）。

A. 当文档内容满一页后会自动换下一页

B. 可以通过插入分页符强制分页

C. 分页符标志着前一页的结束，新一页的开始

D. 插入的分页符可以删除，也可以打印出来

6. 下列哪个不是调查问卷收集数据过程的步骤（　　）。

A. 安装数据库软件

B. 整理调查问卷、采集数据

C. 制作、复印调查表，开展调查活动

D. 确定调查目的、对象、范围、形式、填表说明、要求……

7. 在多媒体课件中，课件能够根据用户答题情况给予正确或错误的回复，这突出显示了多媒体技术的（　　）。

A. 多样性　　B. 数字性　　C. 集成性　　D. 交互性

8. 小明想将一张旧照片保存到电脑里，他应该采取的正确步骤是（　　）。

① 连接好扫描仪

② 保存到指定的文件夹

③ 通过扫描仪相关软件转换为数码格式

④ 将照片正面朝下放入扫描仪

A. ①④③②　B. ①③④②　C. ①④②③　D. ④①②③

9.“录音机”中关于“与文件混音（M）”命令，下列说法中错误的是（　　）。

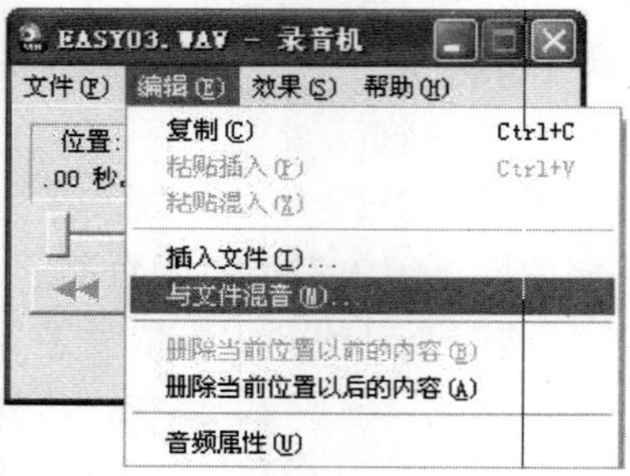

A. 反复使用该命令可将多个声音混合在一起

B. 混音时一次只能混合两个声音

C. 利用该命令可作出配乐诗朗诵的效果

D. 混音后的文件的长度一定会改变

10. 下列属于视频压缩标准的是（　　）。

A. JPEG　B. MPEG　C. MP3　D. WAV

11. 在 Flash 8 时间轴上用小黑点表示的帧是（　　）。

A. 关键帧　B. 空白帧　C. 过渡帧　D. 空白关键帧

12. 多媒体作品开发过程中首先要进行的是（　　）。

A. 作品的集成　B. 需求分析

C. 素材的采集和加工　D. 规划设计

13. 将演示文稿转化为网页，下列哪个说法是错误的？（　　）

A. 可以将整个演示文稿的内容发布到网页

B. 只能将整个演示文稿的内容发布到网页

C. 通过“发布”功能，系统开始将演示文稿转化为网页文件

D. 网页生成后，可以发布到校园网或班级网主页，供更多人浏览

14. 信息技术老师给了小明一个 IP 地址 192.168.9.*57，其中“*”位置的数字有些模糊，那么“*”位置的数字可能是（　　）。

A. 2　B. 1　C. 4　D. 3

15. 小周在进行题为“中朝关系”研究性学习过程中，可在互联网上利用什么与他人进行讨论、交流？（　　）

① E-mail（电子邮件） ② BBS（电子公告栏） ③ QQ ④ 博客（Weblog）

A. ①③④　B. ②③④　C. ③④　D. ①②③④

二、文字录入题（1×5 分=5 分）

请在 5 分钟内完成输入：

盼望着，盼望着，东风来了，春天（Spring）的脚步近了。

一切都像刚睡醒的样子，欣欣然张开了眼。山朗润起来了，水涨起来了。

小草偷偷从土里钻出来，嫩嫩的，绿绿的。

三、网络操作题（1×10 分=10 分）

1. 访问网站“www. baidu. com”，并将其添加到收藏夹。

2. 输入关键字“mp3 手机”进行搜索。

四、Word 操作题（1×20 分=20 分）

打开文件“满江红 . doc”，完成下列操作：

1. 从标题“满江红”开始到“摘自《宋词精选》”结束之间的所有段落设置左、右缩进各 5 个字符。

2. 将满江红宋词下面的正文第一个段落的首字“在”放入横排文本框。文本框大小设置高度为 2、宽度为 1. 5，填充色为浅青绿色，线色为粉红色，虚实线为实线，线宽为 1. 5 磅，环绕方式为四周型。

五、Excel 操作题（1×20 分=20 分）

打开名为 Excel01 的工作薄文件，完成下列操作：

1. 合并 A1：F1 单元格并居中对齐，对 2 行 A 列至 27 行 F 列区域设置行高为 22，列宽为 13。

2. 将自 8 行至 27 行的 F 列以公式“单价×数量”形式填上数据，并为“合计”栏（F2：F27）设置浅黄色底纹。

六、Flash 操作题（1×15 分=15 分）

打开文件“flash1. flc”，完成下列操作：

1. 将文档的尺寸设为（450×400）（像素）、背景颜色设为黑色、帧频为 24fps。

2. 在图层［图层 1］第 40 帧插入关键帧 。

3. 在图层［图层 1］第 1—40 帧间插入动画补间。

模拟测试二

（满分为 100 分，考试时间为 40 分钟）

一、单选题（15×2 分=30 分）

1. 下列不属于信息的是（　　）。

A. 报上登载的举办商品展销会的消息

B. 电视中的计算机产品广告

C. 计算机

D. 各班各科成绩

2. 小明同学想在网上欣赏周杰伦的《七里香》这首歌，请你为小明挑选一个最佳的搜索方案（　　）。

A. 在百度的歌曲搜索中输入关键字“七里香 周杰伦”

B. 在百度的网页搜索中输入关键字“七里香 周杰伦 歌曲”

C. 在谷歌的网页搜索中输入关键字“七里香”

D. 在谷歌的网页搜索中输入关键字“七里香 歌曲”

3. 下列哪项包括输入和输出设备？（　　）

A. 鼠标、绘图仪　　B. 打印机、U 盘

C. 显示器、ROM　　D. CPU、键盘

4. 常用的杀毒软件有（　　）。

A. PhotoShop、金山毒霸、暴风影音

B. 瑞星、会声会影、优化大师

C. 诺顿、江民、千千静听

D. 卡巴斯基、金山毒霸、360 杀毒

5. 进入 Word 后，打开了一个已有文档 w1. doc，又进行了“新建”操作，以下说法正确的是（　　）。

A. 新建文档被打开，但 w1. doc 被关闭

B. w1. doc 和新建文档均处于打开状态

C. “新建”操作失败，w1. doc 文档也被关闭

D. “新建”操作失败，w1. doc 文档仍处于打开状态

6. 下列哪个不是调查问卷的一般类型？（　　）

A. 访问式问卷　　B. 开放式问卷

C. 封闭式问卷　　D. 综合式问卷

7. 以下属于多媒体技术应用的有哪些？（　　）

①远程教育　②美容院在计算机上模拟美容后的效果

③电脑设计的建筑外观效果图　④房地产开发商制作的小区微缩景观模型

A. ①②③　　B. ①②　　C. ②③④　　D. 全部

8. 小明用数码相机拍了一张照片（如图一），后来他通过图片处理软件对图片进行了处理，使得图片变得清晰和明亮了（如图二），他可能采取了哪些操作？（　　）

A. 对于图片进行了旋转和放大

B. 对于图片进行了羽化、浮雕、合成的操作

C. 对于图片进行了色彩的调整

图一

图二

D. 对于图片的亮度、对比度进行了调整

9. 在多媒体作品中，声音被广泛应用于解说、背景音乐、旁白、特殊音频等方面，这些声音素材的获取途径主要有（　　）。

A. 网上下载　　B. 直接录制

C. 从 CD 或 VCD 上截取　　D. 其他三项均可

10. 有一段 AVI 的视频片断，如果想把它转换为 MPG 的格式，以下哪个软件不能实现?（　　）

A. 会声会影　　B. 豪杰视频通

C. 视频转换大师　　D. 暴风影音

11. 以下最适合在互联网中传输的动画类型是（　　）。

A. AVI　　B. FLC　　C. MPG　　D. SWF

12. 要在演示文稿中新增一张幻灯片，错误的方法是(　　)。

A. 执行“插入”菜单的“新幻灯片”命令

B. 使用快捷菜单

C. 单击“格式”工具栏的“新幻灯片”按钮

D. 使用“文件”菜单的“新建”命令

13. 如果要从第三张幻灯片跳转到第八张幻灯片，需要在第三张幻灯片上进行什么设置?（　　）

A. 自定义动画　　B. 幻灯片切换

C. 预设动画　　D. 超级链接

14. 下面常用工具栏中哪个选项可以回到当前默认首页?（　　）

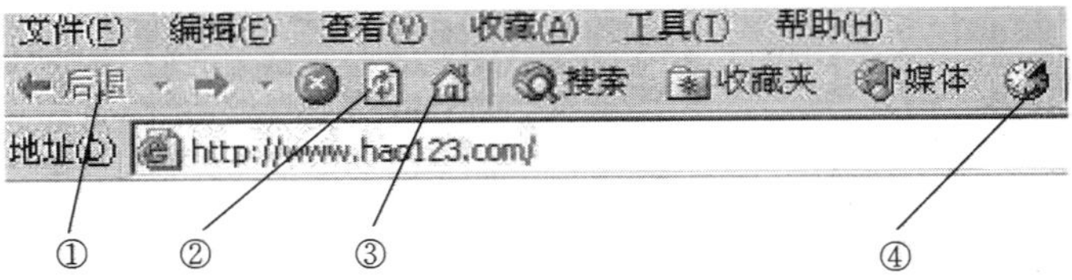

A. ②　　B. ①　　C. ④　　D. ③

15. 某同学想知道“地球自转方向”，通过网上搜索查询得出两种不同的答案，一是顺时针旋转，二是逆时针旋转，面对这种情况，怎样判断哪种结果是否正确比较好?（　　）

A. 查找的是否专业的、权威的、可信度高的网络科学数据库

B. 查询的结果多少而定，得出相同的结论多的就是正确的

C. 网站界面设计的是否美观，界面设计好的数据比较准备

D. 看查找的速度如何，速度快的网站比较准确

二、文字录入题（1×5 分=5 分）

请在 5 分钟内完成输入：

春天像刚落地的娃娃（Baby），从头到脚都是新的，它生长着。

春天像活泼的小姑娘，花枝招展的，笑着，走着。

春天像健壮的青年，有铁一般的胳膊和腰腿，领着我们上前去。

三、网络操作题（1×10 分=10 分）

1. 访问网站“www. china7. net”，并将其添加到收藏夹。

2. 将航天员翟志刚的图片保存到 D 盘根目录下。

四、Word 操作题（1×20 分=20 分）

打开文件“我秀我今日 . doc”，完成下列操作：

1. 将标题设置成艺术字，样式为第四行第二列，字体为华文行楷，40 号字，文字环绕方式为上下型环绕，并置于正文上面。

2. 修改页面设置，将纸型设置成 16 开（18. 4 * 26 厘米），上、下、左、右页边距均设置成 2cm。

五、Excel 操作题（1×20 分=20 分）

打开名为 Excel02 的工作薄文件，完成下列操作：

1. 设置表格（A1：E20）所有单元格为水平居中对齐，并按“总分”从低到高排序。

2. 将第 1 行的行高改为 25，为表格（A1：E20）设置红色双线外框线。

六、Flash 操作题（1×15 分=15 分）

打开文件“Flash2. flc”，完成下列操作：

1. 将 Flash 文档的“文字”图层删除，并将文档背景颜色设为鲜绿色（＃00FF00）。

2. 在“甲壳虫”图层第 1 - 15 帧和第 15 - 30 帧间插入动画补间、使它生成一段完整的动画。

模拟测试三

（满分为 100 分，考试时间为 40 分钟）

一、单选题（15×2 分=30 分）

1. 信息技术的核心技术是（　　）。

A. 微电子技术　　　　B. 通信技术

C. 计算机技术　　　　D. 传感技术

2. 小蒋在网上看到自己喜欢的图片，想将其下载到自己的电脑里，应进行的操作是（　　）。

A. 单击鼠标

B. 右键后选择“图片另存为……”

C. 鼠标指向该图片

D. 双击鼠标

3. 下面的说法中，正确的是（　　）。

A. 一个完整的计算机系统由硬件系统和软件系统组成

B. 计算机区别于其他计算工具最主要的特点是能存储程序和数据

C. 电源关闭后，ROM 中的信息会丢失

D. 1 MB 可以换算为 1 024 B

4. 计算机病毒具有很大的破坏性，下列说法中错误的是（　　）。

A. 计算机病毒发作时可能删除磁盘数据

B. 计算机病毒发作时可能修改文件

C. 计算机病毒发作时可能占用内存空间

D. 计算机病毒发作时可能引起 CPU 烧毁

5. 在 Word 中，如果不小心删除了部分文本内容，立即恢复的操作是（　　）。

A. 在文档中重新输入

B. 单击“工具”菜单中的“修订”命令

C. 单击常用工具栏上的 

D. 单击常用工具栏上的 

6. 在 Excel2003 中，鼠标的这个形状 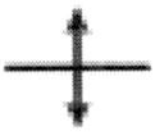 和以下哪项有关？（　　）

A. 填充　　B. 移动　　C. 行高　　D. 列宽

7. 多媒体的英文名称是（　　）。

A. Medium　　B. MPC

C. Multimedia　　D. Media

8. 利用图像编辑软件可以对图像进行各种编辑，下列说法中错误的是（　　）。

A. 可以对图像进行旋转、剪裁和拼接，组成一幅新的图像

B. 可以调整图像的色彩和对比度，使图片得到美化

C. 可以对图像进行羽化、浮雕等特效处理

D. 不能对有划痕的图像进行加工修改，以去除划痕

9. 观察下图，以下说法错误的是（　　）。

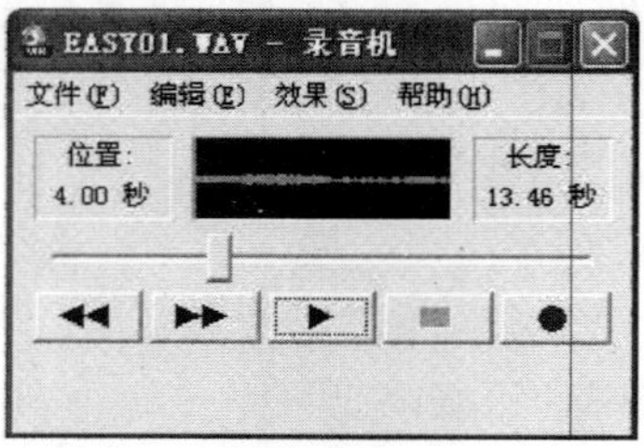

A. 当前声音的文件名为"EASY01. WAV"

B. 处于"停止"状态

C. 声音文件的总长度为 13.46s，当前停止在 4s 的位置

D. 正在录音

10. 李明从网上下载了一些有关中秋节的资料，准备做一个演示文稿，他在 D 盘上建立"音乐""图片""视频""文本"四个文件夹，想将下载的文件按类型进行分类存放，以下文件应放入"视频"文件夹的是（　　）。

① 中秋歌月 . swf　② 中秋食俗 . rm　③ 中秋习俗 . txt　④ 中秋趣谈 . doc　⑤ 中秋传说 . avi　⑥ 明月几时有 . mid　⑦ 嫦娥奔月 . jpg　⑧ 中秋月圆 . gif　⑨ 朱元璋与月饼起义 . mpg

A. ⑤⑥⑨　　B. ②⑤⑨　　C. ②⑥⑨　　D. ①②⑥

11. 下面这组图片是在 Flash 制作的"运动中豹子"的截图，仔细观察后并回答问题：在 Flash 中，一般我们把下图这种动画的制作方法称为（　　）。

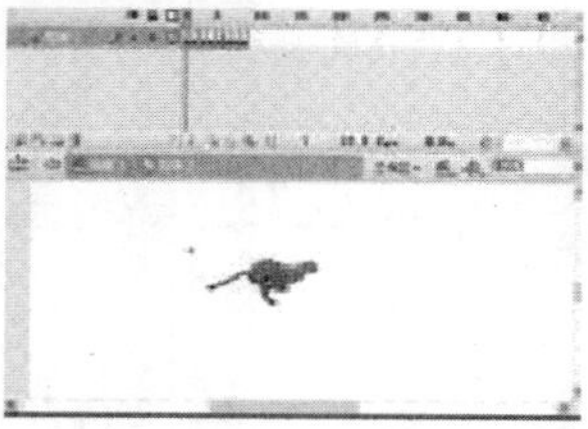
第 1 帧

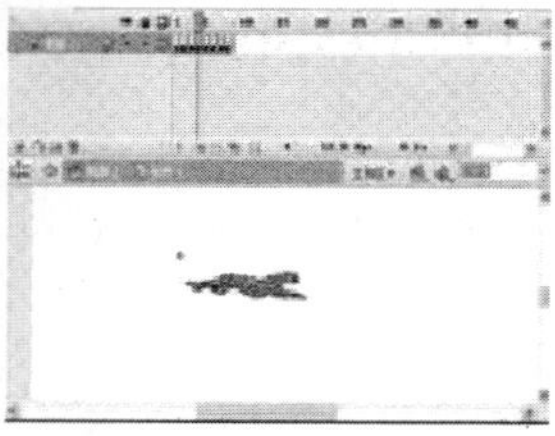
第 4 帧

A. 形状补间动画　　B. 移动补间动画

C. 遮罩动画　　D. 逐帧动画

12. 在 PowerPoint2003 中关于插入声音的描述，正确的是（　　）。

A. 在幻灯片中插入的声音不能循环播放

B. 在幻灯片中插入的声音可才循环播放

C. 在幻灯片放映的时候，声音图标不能隐藏

D. 在 PowerPoint2003 中，只能插入 wav 格式的音频文件

13. 如果要从一个幻灯片淡入到下一个幻灯片，应使用“幻灯片放映”菜单的什么命令进行设置？（　　）

A. 动作设置　　B. 预设动画

C. 幻灯片切换　　D. 自定义动画

14. 王彬列出自己经常用计算机做的事情，其中不属于网络资源共享的是（　　）。

A. 在网上听在线歌曲　　B. 下载软件

C. 在网上查阅新闻　　D. 用本地打印机打印文稿

15. 小青在使用 QQ 和 Email 的过程中，发现它们有一些共同之处，下面选项中错误的是（　　）。

A. 都有账号（或用户名）　　B. 都可以实时语音视频交流

C. 都可以传递图片信息　　D. 都可以用文字交流

二、文字录入题（1×5 分=5 分）

请在 5 分钟内完成输入：

桃树、杏树、梨树，你不让我，我不让你，都开满了花（Flower）赶趟儿。红的像火，粉的像霞，白的像雪。花里带着甜味儿；闭了眼，树上仿佛已经满是桃儿、杏儿、梨儿。

三、网络操作题（1×10 分=10 分）

1. 访问网站“www.google.com”，并将其设为浏览器的主页。

2. 将网页中 Google 标志的图片保存到 D 盘根目录下。

四、Word 操作题（1×20 分=20 分）

打开文件“妈妈的生日 .doc”，完成下列操作：

1. 将正文的第二段落中从“妈妈下班回家后……”开始的内容分到下一段。

2. 设置页眉页脚，页眉内容为“中学生优秀作文选”，页脚内容为插入页码。

五、Excel 操作题（1×20 分=20 分）

打开名为 Excel03 的工作薄文件，完成下列操作：

1. 利用公式计算该表格中的各项数据并填入相应的单元格内。

2. 将第 1 行的行高设为 20，为表格（A2：L11）设置红色双线外框线。

六、Flash 操作题（1×15 分=15 分）

打开文件“Flash3. flc”，完成下列操作：

1. 将 Flash 文档中的“文字”图层删除。

2. 在图层“太阳”第 1—40 帧间插入动画补间，使它生成一段太阳运转的动画。

模拟测试一答案

一、单选题

1. D 2. B 3. D 4. B 5. D 6. A 7. D 8. A 9. D 10. B 11. A 12. B 13. B 14. B 15. D

二～六、略

模拟测试二答案

一、单选题

1. C 2. A 3. A 4. D 5. B 6. A 7. A 8. D 9. D 10. D 11. D 12. C 13. D 14. D 15. D

二～六、略

模拟测试三答案

一、单选题

1. C 2. B 3. A 4. A 5. B 6. B 7. D 8. C 9. D 10. B 11. D 12. B 13. C 14. B 15. C 16. D 17. D 18. A 19. C 20. C 21. D 22. D 23. C 24. D 25. D

二～六、略

2009 年天津市北辰区初中信息技术水平测试笔试试卷

一、选择题（每空 1 分，共 30 分）

1. 微型计算机中，中央处理器的简称为（　　）。

A. 主机　　B. MPU　　C. CPU　　D. ALU

2. 下列与计算机病毒有关的叙述中，正确的是（　　）。

A. 传播计算机病毒不是犯罪

B. 计算机病毒只能通过网络传播

C. 已被感染过的计算机具有对该病毒的免疫性

D. 计算机病毒是一个特殊的程序

3. 使用 Word 中的页面设置功能可以实现的操作是（　　）。

A. 改变纸张大小　　B. 文字格式修饰

C. 段落格式修饰　　D. 插入表格

4. 下面关于格式刷工具叙述不正确的是（　　）。

A. 单击或双击“格式刷”工具按钮可以完成一次或多次格式复制

B. “格式刷”工具可以用来复制段落格式

C. “格式刷”工具可以用来复制文字格式

D. “格式刷”工具可以用来复制文字

5. 在 Word 中，（　　）可以达到下图的文字环绕图片效果？

A. 先插入图片再录入文字

B. 插入图片并设置图片环绕方式

C. 将图片作为水印插入

D. 必须借助其他工具软件

6. 给 Word 文档添加图片，可以通过（　　）来实现。

A. 插入图片/剪贴画

B. 插入/图片/来自文件

C. 使用剪贴板将图片粘贴到 Word 文档中

D. 以上均可以

7. 我们完成一个电子作品的过程通常是（　　）。

A. 制作作品→整理素材→修改作品→提交作品

B. 制作作品→策划主题与内容→修改作品→发布交流→上网搜索

C. 策划主题与内容→制作作品→润色作品→修改与完善→交流与评价

D. 交流评价→策划主题与内容→制作作品→发布作品

8. 下面哪个文件是视频文件（　　）。

A. file. wav　　B. file. mp3　　C. file. avi　　D. file. jpg

9. 复制和粘贴对应的快捷键分别是（　　）

A. Ctrl＋V，Ctrl＋C　　B. Ctrl＋C，Ctrl＋V

C. Ctrl＋C，Ctrl＋X　　D. Ctrl＋V，Ctrl＋X

10. 保存 PowerPoint 演示文稿的磁盘文件扩展名一般是（　　）。

A. . DOC　　B. . XLS　　C. . PPT　　D. . TXT

11. 在 PowerPoint 中可以插入的内容有（　　）。

A. 文字、图表、图像　　B. 声音、电影

C. 幻灯片、超级链接　　D. 以上均可以

12. PowerPoint 中，要想每一张幻灯片上显示同样的内容，可以通过（　　）设置该内容。

A. 版式　　B. 模版　　C. 母版　　D. 幻灯片

13. 在 PhotoShop 中，利用椭圆形选区工具，按住（　　）键，再拖动鼠标可建立一个圆形选区。

A. Ctrl　　B. Shift　　C. Alt　　D. Backspace

14. PhotoShop 中的魔术棒工具是利用（　　）来制作选区的。

A. 图像的颜色　　B. 图像的形状

C. 图像的亮度　　D. 图像的大小

15. PhotoShop 中使用印章根据去除图像部分内容时，需要按住（　　）键定义采样点。

A. Alt　　B. Shift　　C. Ctrl　　D. Tab

16. 下图显示了南京市 2007 年 11 月 20～25 日气温情况：

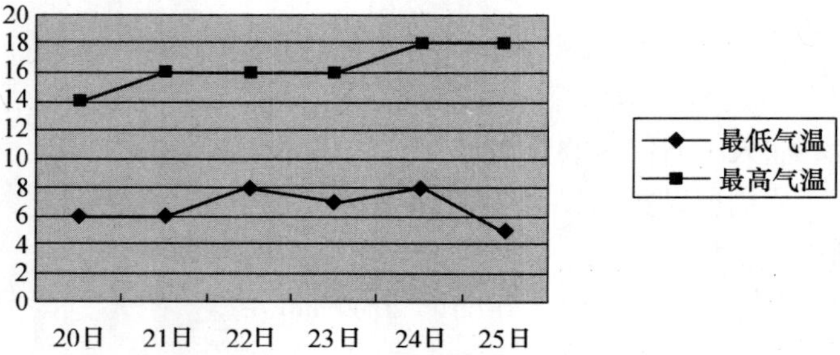

(1) 请问图中的图表类型（　　）

A. 柱形图　　B. 饼图　　C. 气泡图　　D. 折线图

(2) 在这 6 天中最高气温和最低气温之差为（　　）

A. 13 ℃　　B. 12 ℃　　C. 10 ℃　　D. 14 ℃

17. 对于 Excel 中筛选后没有出现的记录，下面说法正确的是（　　）。

A. 这些记录被删除　　B. 这些记录不显示

C. 这些记录被清除　　D. 这些记录被另存

18. 在 Excel 中，下面关于分类汇总的叙述错误的是(　　)。

A. 分类汇总前必须按关键字段排序数据库

B. 分类汇总的关键字段只能是一个字段

C. 分类汇总可以被删除，但删除汇总后排序操作不能撤销

D. 汇总方式只能是求和

19. 在 Internet 中，通常由两位字母的地址域名来代表计算机所在的国家和地区，其中（　　）代表中国大陆地区。

A. .cn　　B. .tw　　C. hk　　D. jp

20. 知识产权已越来越受到人们的重视。某同学在网上下载了一个免费的正版的学习资料后，觉得这个软件非常有价值。就修改了其中的一部分代码，并向其他同学销售。就这一事件，下

列说法，正确的是（　　）。

A. 因为这是一款免费软件，该同学的做法合法的。

B. 该同学下载使用该软件是合法的，修改软件后并销售时必需事先向有关部门申请新的版权才可以。

C. 该同学下载使用该软件是合法的，但修改的做法是非法的。

D. 因为该软件是有版权的，任何人使用前，都必需先征得版权人的许可才合法。

21. 发送一封电子邮件除了包括信的内容、信的主题以外，还应包括（　　）

A. 收信人所在地区的邮政编码

B. 收信人的电子邮箱地址

C. 发信人的电话号码

D. 电子邮件到达所经过的路径

22. 小龙用 Google 在互联网上搜索苏轼的《水调歌头》，使搜索结果最有效的关键字是（　　）。

A. 苏轼　　B. 宋词

C. 苏轼 水调歌头　　D. 水调歌头

23. 如果想保存你感兴趣的网页地址，可以使用 IE 浏览器中的（　　）。

A. “历史”按钮　　B. “收藏”菜单

C. “搜索”按钮　　D. “编辑”菜单

24. 如果想保存网页上的一张图片，其正确的操作是(　　)。

A. 单击“文件”菜单，选择“另存为……”命令

B. 右击该图片，在弹出的快捷菜单中选择“图片另存为……”命令

C. 单击该图片，选择“图片另存为……”命令

D. 直接拖曳图片到收藏夹中

25. 在 DreamWeaver 中以下说法错误的有（　　）

A. 随着单元格内容的增加，表格的行高也会自动改变。

B. 一个网页中可以插入一个或多个表格。

C. 网页的版面布局只能通过表格来实现。

D. 表格可以插入在网页中的任何地方。

26. 在 DreamWeaver 网页属性对话框中，可以设置（　　）提高网页的整体效果。

A. 背景图像　　B. 背景颜色

C. 链接颜色　　D. 以上均可以

27. 能在不同中文输入法之间进行切换的组合键是（　　）。

A. Ctrl＋空格　　B. Alt＋Shift

C. Shift＋空格　　D. Ctrl＋Shift

28. 在 DreamWeaver 中调整文字颜色可以使用（　　）。

A. 对象面板　　B. 工具栏

C. 窗口菜单　　D. 属性面板

29. 若屏幕上同时显示多个窗口，可以根据窗口中（　　）栏的特殊颜色来判断它是否是当前活动窗口。

A. 菜单　　B. 符号　　C. 状态　　D. 标题

二、判断题（**每题** 2 **分，共** 20 **分**）

1. 信息无处不在，充斥着我们的生活，影响着我们的决策，因此可以说所有信息都是有价值的，对我们都是有用处的。（　　）

2. 计算机断电后，内存中的信息将会全部丢失。（　　）

3. 电子板报的版面设计通常可以通过插入表格、分栏和文本框等方法实现。（　　）

4. 在 PowerPoint 中可以插入超级链接，但在 Word 中不可以。（　　）

5. 在 PhotoShop 中使用图层功能可以很方便地修改图像，使图像编辑更加灵活，创建各种图像特效更容易，从而制作出栩栩如生的画面。（　　）

6. 在 Excel 中，可以计算最小值的函数是 Max。（　　）

7. 要使用电子邮件服务，必须先申请一个电子信箱，才能收发邮件。（　　）

8. Modem（调制解调器）是局域网中必不可少的连接设备。（　　）

9. 在 Excel 中“清除”与“删除”命令没有任何区别。（　　）

10. 在制作网页过程中需要的图片、动画和声音文件等都需要保存在站点中，否则会影响网页在浏览器中的正常显示。（　　）

三、填空题（**每空** 2 **分，共** 20 **分**）

1. 完整的计算机系统通常分为两类，即硬件系统和____________。

2. 计算机内部信息的表示采用____________进制。

3. 视频是由一系列静止的图像组成，每一幅图像称为是一____________。

4. 在打印设置中的 A4，B5 代表__________。

5. 在 PowerPoint 中，可以通过____________功能实现幻灯片出场的不同换页方式。

6. 我们在电脑上看到的缤纷图像其实都是由许多小点构成，我们称之为__________，他们都有各自的色彩，若干个这样的“小点”组合便成了一幅完整的图像。

7. 在 Excel 中输入公式需用____________开头。

8. 用 IE 浏览器浏览网页时，当鼠标移动到某一位置时，鼠标指针变成“小手”，说明该位置有______________。

9. 计算机网络按照所覆盖的地理范围分类，可以分为广域网和______________。

10. 在 DreamWeaver 中，当表格的边框宽度设置为数值________________时，边框为虚线，浏览器中将显示为无边框表格。

四、连线题（每题 5 分，共 10 分）

1. 请将以下设备用连线方式进行输入和输出设备的分类。(5 分)

键盘	
音箱	
鼠标	输入设备
打印机	
扫描仪	
显示器	
麦克风	输出设备
手写板	
摄像头	

2. 下面是我们常用的一些按钮，请用连线方式将其功能与按钮进行连接。(5 分)

新建文档 

撤销 

复制 

保存 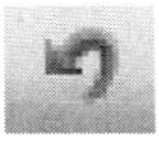

插入表格 

五、操作描述题（10 分）

观察下图并回答以下问题：

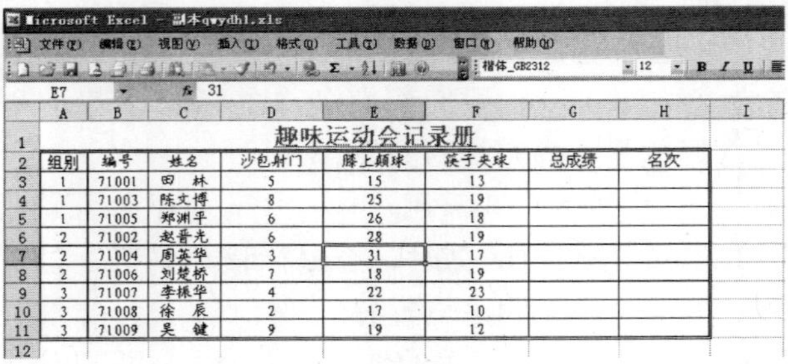

	A	B	C	D	E	F	G	H	I
1	趣味运动会记录册								
2	组别	编号	姓名	沙包射门	膝上颠球	筷子夹球	总成绩	名次	
3	1	71001	田　林	5	15	13			
4	1	71003	陈文博	8	25	19			
5	1	71005	郑渊平	6	26	18			
6	2	71002	赵晋光	6	28	19			
7	2	71004	周英华	3	31	17			
8	2	71006	刘楚桥	7	18	19			
9	3	71007	李振华	4	22	23			
10	3	71008	徐　辰	2	17	10			
11	3	71009	吴　键	9	19	12			
12									

① 图中的活动单元格的名称是：

② 写出 G3 单元格中的计算公式：

③ 如何快速地求出各位同学的总成绩？请简要叙述操作步骤。

六、论述题（10 分）

请回想一下，你在七年级信息技术课中学到了些什么，你怎么认为学习信息技术的意义及将来的发展，写下来（不少于 50 字）。

高　中　试　题

2009 年湖北省秋季高一年级信息技术期末考试试题

一、选择题（**每题** 3 **分，共** 60 **分**）

1. 下列关于信息的说法，不正确的是（　　）。

A. 信息是一种重要的资源

B. 电视机、电话机、声波、光波都是信息

C. 信息是我们行动决策的重要依据

D. 同一种信息可以用多种形式来表示

2. 人们常说，构成世界的三大要素是（　　）。

A. 物质、能量、知识　　B. 精神、物质、知识

C. 财富、能量、知识　　D. 物质、能量、信息

3. 计算机中信息存储的基本单位是（　　）。

A. 字　　B. 二进制的位

C. 字节　　D. 字长

4.《笑傲江湖》中令狐冲学到的各派剑法不在书上，而在思过崖山洞的墙上，墙上记载各派剑法说明信息具有（　　）。

A. 价值性　　　　　　　　　B. 载体依附性

C. 时效性　　　　　　　　　D. 客观性

5. 我们通常所说的“IT”是（　　）的简称。

A. 信息技术　B. 互联网　C. 计算机　D. 手机

6. 小宇对电脑说“请关机”，电脑马上执行了关机命令，这主要应用了人工智能中的（　　）。

A. 字符识别技术　　　　　　B. 图像识别技术

C. 语音识别技术　　　　　　D. 指纹识别技术

7. 关于信息技术的发展趋势，下列说法不正确的是（　　）。

A. 越来越友好的人机界面

B. 越来越个性化的功能设计

C. 越来越高的性能价格比

D. 越来越复杂的操作步骤

8. 一位同学打算从襄樊到武汉，他通过网络查找相关信息后，决定乘坐 D5202 次列车到武汉，其中“打算从襄樊到武汉”这个环节属于信息获取一般过程中的（　　）。

A. 定位需求信息

B. 选择信息来源

C. 确定信息获取方法，获取信息

D. 评价信息

9. 在下列软件中，常用的网页浏览软件是（　　）。

A. Word　　　　　　　　　B. WPS

C. Internet Explore　　　　D. Flash

10. URL 地址中的 http 是指（　　）。

A. 文件传输协议　　　　　　B. 超文本传输协议

C. 计算机主机名　　　　　　D. TCP/IP 协议

11. 关于网络搜索引擎，下列叙述正确的是（　　）。

A. 只能按关键词进行查询

B. 只能按分类目录进行查询

C. 既能按关键词查询，又能按分类目录查询

D. 既不能按关键词查询，又不能按分类目录查询

12. 在“百度视频搜索”中搜索王菲的《水调歌头》MTV，下列选项中最有效的关键词（　　）。

A. 王菲　　　　　　　　　B. 水调歌头

C. MTV　　　　　　　　　D. 王菲　水调歌头

13. 以下关于下载网页信息的说法中，不正确的是（　　）。

A. 使用“选定”→“复制”→“粘贴”，可将网页内容保存

在一个新文件中

B. 在网页中的图片上右击，在弹出的菜单中选择“图片另存为”，可将图片保存到本地计算机中

C. 使用文件菜单中的“另存为”命令，可保存当前的网页

D. 网页只能以 html 的形式保存下来

14. 在下列设备中，属于计算机输出设备的是（　　）。

A. 显示器　　B. 键盘　　C. 鼠标　　D. 麦克风

15. 如果你只需要保存一个软件序列号，使用方便且占用空间小的软件是（　　）。

A. Word　　B. WPS　　C. 记事本　　D. Flash

16. 下列文件中，属于声音文件的是（　　）。

A. 我的中国心 . mp3　　B. 我的中国心 . bmp

C. 我的中国心 . doc　　D. 我的中国心 . jpg

17. 在某些特定场合，文字信息的形象化表达更直观、更清晰。比如体育赛事中使用如右图的表达方式，这属于（　　）。

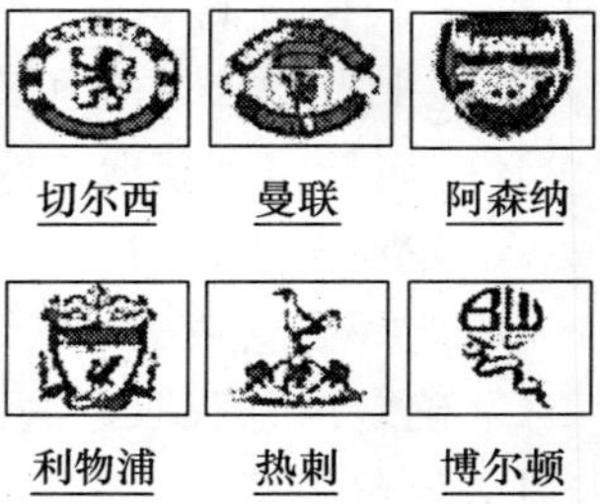

A. 结构图表达

B. 流程图表达

C. 图形化表达

D. 表格化表达

18. 如下表，某校高一年级同学“健康情况调查表”中的数据是按（　　）进行排序的。

姓名	性别	身高/m	体重/kg
王韦	男	1.80	65
张莉	女	1.75	62
于国防	男	1.70	66
马婷婷	女	1.64	52

A. 性别　　B. 体重　　C. 身高升序　D. 身高降序

19. 在 Excel 中，为了比较几个数据在其形成的总和中所占百分比，适宜采用的图表类型（　　）。

A. 柱形图　　B. 饼图　　C. 折线图　　D. 条形图

20. 下列关于互联网的说法正确的是（　　）。

A. 互联网上病毒泛滥，垃圾信息成堆，可见互联网毫无利用价值

B. 互联网上既有健康信息，又有不良信息，青少年应合理

地、健康地使用网络

C. 互联网不能给学生带来学习上的帮助

D. 互联网给青少年带来了不良影响，青少年不应该接触互联网

二、填空题（**每空** 2 **分，共** 10 **分**）

21. 气象台 2010 年 1 月 10 日发布道路结冰黄色预警信号：预计未来 12 小时全市多数地方可能出现对交通有影响的道路结冰，提醒过往车辆注意防范，以减少交通事故发生。以上消息体现了信息的多个特征，其信息的价值性主要体现在____________________，信息的时效性主要体现在______________________。

22. 在字处理软件中，文字的修饰效果有“加粗”“倾斜”“加下划线”等。请你在下图所示“学生证”中找到标号所对应的文字修饰效果，然后填在对应空格中：

① ____________________

② ____________________

③ ____________________

三、判断题（**每题** 2 **分，共** 10 **分**）

23. 在互联网中，不需要什么策略和技巧就可以准确迅速地找到需要的信息。（　　）

24. 信息数字化后，易于存储、传播，但不利于加工、处理。（　　）

25. 获取信息的渠道一般有两类，即直接获取信息和间接获取信息。（　　）

26. 小明把自己买的正版软件放在网上供别人下载，这种行为是合法的。（　　）

27. 1997 年 5 月，“深蓝”战胜了国际象棋大师卡斯帕罗夫，这说明电脑完全可以取代人。（　　）

四、综合题（28 **题每空** 2 **分共** 12 **分**，29 **题** 8 **分**）

28. 一家商场使用电子表格记录销售情况，下图为表格中的一部分。

	A	B	C	D	E
1	5月份电视机销售情况				
2	品牌	型号	单价	销售量	销售额
3	A牌	25寸	￥1 780.00	12	￥21 360.00
4	A牌	34寸	￥2 980.00	30	￥89 400.00
5	A牌	42寸	￥4 500.00	26	￥117 000.00
6	B牌	25寸	￥1 890.00	69	￥130 410.00
7	B牌	34寸	￥3 150.00	36	￥113 400.00
8	C牌	34寸	￥2 560.00	15	￥38 400.00
9	C牌	42寸	￥4 290.00	33	￥141 570.00
10	合计			221	￥651 540.00

（1）该表的单元格中有不同的数据类型。如单元格A3的数据类型是文本，单元格C3的数据类型是（　　）单元格D3的数据类型是（　　）（选项：文本、数值、日期、货币）

（2）计算销售额，可在单元格E3中输入公式“＝C3＊D3”，并对E4：E9进行自动填充，请推断单元格E7中使用的公式是（　　）。

（3）单元格E10中使用的公式是（　　）。

（4）假设C牌34寸彩电的单价上涨100元，则需要编辑的单元格是C8，编辑该单元格后，（　　）和（　　）单元格的值会自动变化 。

29. 结合实例，谈谈使用报纸和互联网在获取信息方面的优点与不足。(至少从2个方面分析)

2009年江苏省普通高中信息技术学业水平测试

一、单项选择题

1. 关于信息技术的下列说法中，正确的是（　　）。

A. 信息技术是最近发明的技术

B. 自从有了计算机和网络才有了信息技术

C. 自从有了人类就有了信息技术

D. 自从有了电话、广播、电视才有了信息技术

2. 用浏览器浏览网页，在地址栏输入网址时，通常可以省略的是（　　）。

A. http：//　　　　B. ftp：//

C. www.　　　　D. http：//www.

3. 用客户端电子邮件收发软件接收电子邮件时使用的协议是（　　）。

A. TCP/IP　　B. POP3　　C. ASP　　D. HTTP

4. 在用 Outlook Express 发电子邮件时，下列说法正确的是（　　）。

A. 不能回复电子邮件

B. 一定要填写收件人的电子邮箱地址

C. 电子邮件一定要有主题

D. 电子邮件只能发送给一个人

5. 从覆盖范围上讲，互联网属于（　　）。

A. 校园网　　B. 局域网　　C. 广域网　　D. 星型网

6. 计算机网络最基本的功能之一是（　　）。

A. 资源共享　　B. 计算机通信

C. 实现分布控制和处理　　D. 电子商务

7. 当有朋友给我发送邮件而我当时没在线，那么已发送的电子邮件将会（　　）。

A. 退回给发信人　　B. 保存在服务器上

C. 因为超过时间，无法打开　　D. 该邮件被丢掉并永远不再发送

8. Outlook Express 收件箱中，邮件左边带有“回形针”的图标表示（　　）。

A. 该邮件尚未被阅读　　B. 该邮件已经阅读过

C. 该邮件带有附件　　D. 该邮件是转发的邮件

9. 某计算机配置为：Intel 奔腾 42.8 GHz/512 MB/80 GB/50X/15′，硬盘容量参数是（　　）。

A. Intel 奔腾 42.8 GHz　　B. 512 MB

C. 80 GB　　D. 50 X

10. 下列选项中，哪个不是通用资源定位符（URL）的组成部分？（　　）

A. 传输协议　　B. 主机名

C. 文件名　　D. 用户名

11. 在数字音频信息获取与处理过程中，下述顺序哪个是正确的？（　　）

A. A/D 变换、采样、压缩、存储、解压缩、D/A 变换

B. 采样、压缩、A/D 变换、存储、解压缩、D/A 变换

C. 采样、A/D 变换、压缩、存储、解压缩、D/A 变换

D. 采样、D/A 变换、压缩、存储、解压缩、A/D 变换

12. 在进行自动分类汇总之前，必须对数据进行（　　）。

A. 格式化　　B. 筛选　　C. 排序　　D. 函数运算

13. 用 PhotoShop 软件处理图片时，姚小云想在图片上添加

一行文字，应使用的工具按钮是（　　）。

A. 　　B. 　　C. 　　D. 

14. 关于信息集成工具，下面说法中正确的是（　　）。

A. Access 是基于图标的工具

B. Flash 是基于时间的工具

C. PowerPoint 是基于时间的工具

D. WPS 是基于图标的工具

15. 保存 1 000 张分辨率为 1 024×768，量化位数为 8 位的图像，所需空间大小约是（　　）。

A. 380 MB　　B. 96 MB　　C. 768 MB　　D. 6 144 MB

16. 下列说法中，错误的是（　　）。

A. 图像都是由一些排列成行列的点（像素）组成的。通常称为位图或点阵图

B. 图形是使用计算机绘制的画面，也称矢量图

C. 图像的最大优点是容易进行移动、缩放、旋转和扭曲等变换而不易失真

D. Office 中插入的剪贴画放大后仍然清晰无失真

17. 用 PowerPoint 制作的演示文稿中，可以出现的对象（　　）。

A. 只能是文字

B. 只能是文字或图片

C. 可以是文字、图片、声音或视频，但不可以是 Flash 动画

D. 既可以是文字、图片、声音或视频，也可以是 Flash 动画

18. 下列软件中，适合多媒体集成的工具软件是（　　）。

A. PowerPoint、FrontPage

B. PhotoShop、Flash

C. Cool Edit Pro、PowerPoint

D. 3ds Max、PhotoShop

19. 与人类自然语言和数学语言最为接近的计算机程序设计语言是（　　）。

A. 低级语言　　B. 高级语言

C. 汇编语言　　D. 机器语言

20. 如果在 FrontPage 或 DreamWeaver 中分别进行网页制作，在下列操作方法中，哪一项操作是不可行的？（　　）

A. 在表格的单元格内再插入了另外一个表格

B. 将表格的背景设置成图片，同时还将此表格背景设置另一种颜色

C. 将表格中的 4 个单元格设置成了 4 种不同的背景颜色

D. 将表格的背景设置成图片，同时将表格的边框粗细设为 0

21. 下列选项中全部为视频文件格式的是（　　）。

A. WMA、MPG、AVI　　B. DAT、WAV、WMA

C. AVI、DAT、WMA　　D. AVI、MPG、WMV

22. 小林想在 Excel 中输入一组等比数列数据，下列操作方法中最快捷的是（　　）。

A. 数据→排序　　B. 编辑→填充

C. 插入→列　　D. 格式→自动套用格式

23. 在 Excel 的 D5 单元格中输入“1/2”并回车，则默认状态下该单元格显示（　　）。

A. 1/2　　B. 0.5　　C. 1 月 2 日　D. 0.50

24. 某 Excel 工作表中，存放了商品的销售统计，想利用“筛选”功能，把销售量不低于 5 000 以及销售量低于 2 000 的商品全部选出来，筛选的条件应该是（　　）。

A. “大于 5 000”与“小于 2 000”

B. “大于或等于 5 000”与“小于 2 000”

C. “大于或等于 5 000”或“小于 2 000”

D. “大于 5 000”或“小于或等于 2 000”

25. 利用 Excel 电子表格存储学生信息，为了输入诸如“008104”格式的学号信息，单元格的属性需要设置成（　　）。

A. 数值　　B. 文本　　C. 特殊　　D. 常规

26. 以下哪个数字图像文件所占的存储空间最大？（　　）

A. 320×240 像素的 24 位位图

B. 640×480 像素的 256 色位图

C. 1 024×768 像素的单色位图

D. 640×480 像素的 16 色位图

27. 为了提高信息存储、处理和传输效率，一般要对数字化了的多媒体信息进行什么处理？（　　）

A. 采样　　B. 量化　　C. 压缩　　D. 解压缩

28. “几何专家”是一个几何动态作图与定理自动证明软件，主要用于（　　）。

A. 智能代理　B. 机器翻译　C. 机器证明　D. 模式识别

29. 下列 HTML 代码中，哪个描述的是电子信箱地址链接（　　）。

A. a href=“wj@163. htm”

B. a href=〈file：///C：/wj@163. jpg〉

C. a href=〈mailto：wj@163. com〉

D. 〈p>wj@163. com</p〉

30. 有关使用 Word、PowerPoint 等软件制作的作品，下列说法中正确的是（　　）。

A. 无法通过格式转换在网上发布

B. 通过“另存为 Web”转换为网页的格式，可以以 html 格式在网上发布

C. 必须用网页软件重新制作后才能在网上发布

D. 只能在本机上发布

31. 张莉同学制作了一张贺卡，在通常情况下，将文件保存后占用空间较小的是（　　）。

A. . psd　　B. . bmp　　C. . jpg　　D. . tif

32. 以下能发布网站的软件有（　　）。

A. Access　　B. Excel　　C. Word　　D. IIS

33. 学期结束前，学校要求各班上报符合条件的优秀学生名单，班主任请你根据条件在学校数据库中找出本班相关学生，比较好的方法是（　　）。

A. 在学校数据库中，逐条检查记录，逐条比对条件，最后列出名单

B. 在学校数据库中，筛选选出本班数据，再根据要求筛选出相关同学

C. 在学校数据库中，选筛选出符合条件的相关人员

D. 在学校数据库中先筛选出本班数据，再逐条比对条件，找出相关人员

34. 将学生成绩表存放到数据库中时，某个同学的所有数据放于一行称为一条____，所有同学的姓名置于一列称为______（　　）。

A. 字段　记录　　　　B. 表　记录

C. 记录　字段　　　　D. 记录　表

35. 小陈在某希望小学任教，条件很艰苦，至今还没有通电，他要对学生成绩进行管理工作最可行的方法是（　　）。

A. 用电子表格处理

B. 用 FOX 数据库进行管理

C. 手绘表格手工计算

D. 用数字化平台的成绩管理模块处理

36. 构建关系数据库的基本过程是（　　）。

①编辑、使用数据库；②建立关系数据模型；③数据分析；

④创建数据库结构

A. ③②④①　　B. ③④②①

C. ①②③④　　D. ④③②①

37. 小明在电子表格中输入日期，可结果显示的是若干个“#”号。这种情况可以有多种解决方法。下列选项中，不可行的是（　　）。

A. 修改单元格高度　　B. 修改日期列的宽度

C. 修改单元格格式　　D. 重新输入

38. 某学校使用数据库来管理学生信息，其中“学生成绩表”应选取（　　）作为关键字段。

A. 学科名　　B. 学号　　C. 姓名　　D. 性别

39. 信息技术课上，老师要求各学习小组成员互评所完成的电子报刊，各小组成员之间进行作品交流的便捷方法是（　　）。

A. 用U盘相互拷贝作品

B. 在教师机设置一个共享文件夹，把自己小组完成的作品存放到共享文件夹中

C. 请老师把所有作品发布到校园网站上

D. 提交作业集中到教师机查看

40. 关于Access数据库及其组成，下列说法中不正确的是（　　）。

A. Access是一种结构化的信息存储和表达方式

B. Access数据库属于层次模型的数据库

C. Access数据库中表的每一行称为一条记录

D. Access数据库中表的每一条记录由若干个字段值构成

41. 要将某软件产品的序列号保存在一个文件中，使用下面软件保存所产生的文件最小的是（　　）。

A. Flash　　B. PowerPoint

C. PhotoShop　　D. 记事本

42. 在信息资源管理过程中，数据库的管理有着独特的作用。下列不属于数据库管理的优点的是（　　）。

A. 可实时、分布式处理

B. 操作简单、速度快、效率高

C. 以文件和文件夹为信息单位

D. 可多人异地共享使用

43. 目前使用计算机防病毒软件（　　）。

A. 能防止任何一种计算机病毒

B. 能清除任何一种计算机病毒

C. 计算机就不会感染计算机病毒

D. 能防止和清除很多计算机病毒

44. 为了保证电脑上的数据安全，不合理的做法有（　　）。

A. 安装杀毒软件与防火墙并及时更新

B. 发送重要数据前，先对数据文件加密处理

C. 及时对电脑上的重要数据备份

D. 安装并启用尽可能多的杀毒软件与防火墙

45. IP 电话、电报和专线电话分别使用的交换技术是(　　)。

A. 报文交换技术、分组交换技术和电路交换技术

B. 电路交换技术、分组交换技术和报文交换技术

C. 电路交换技术、报文交换技术和分组交换技术

D. 分组交换技术、报文交换技术和电路交换技术

46. 互联网使用的互联协议是（　　）。

A. IPX 协议　　B. IP 协议

C. AppleTalk 协议　　D. NetBEUI 协议

47. 动态网页的工作流程包括：①用户向服务器提交任务请求；②服务器生成 html 文件；③服务器传送 html 文件给用户端；④服务器接收请求。动态网页的工作流程正确顺序的是（　　）。

A. ①②③④　　B. ①④②③

C. ①③④②　　D. ①③④②

48. 下列不属于网络操作系统的是（　　）。

A. Windows 2008 Server　　B. Linux

C. Unix　　D. IIS

49. 在网站开发时，为了保证网站页面风格的一致，最好采用（　　）。

A. 外联式样式表　　B. 内联式样式表

C. 嵌入式样式表　　D. JavaScript

50. TCP/IP 协议将整个通信功能划分为四个层次，处于最底层的是（　　）。

A. 数据链路层　　B. 网络接口层

C. 物理层　　D. 网络层

51. 将三台分别含有一块网卡的计算机组成小型局域网，其中一台计算机作为代理服务器，另两台计算机作为工作站，并通过 ADSL 方式接入互联网，还需要购置的设备是（　　）。

A. 一块网卡、一台交换机

B. 一台交换机、一个 ADSL Modem

C. 一块网卡、制作好的双绞线若干

D. 一块网卡、一个 ADSL Modem、一台交换机，制作好的双绞线若干

52. 通过 QQ 聊天软件进行语音聊天，该程序对应于 OSI 参考模型中的（　　）。

A. 表示层　　B. 应用层　　C. 会话层　　D. 传输层

53. 某网站首页地址是"www. yzcx. gov/index. asp"，下列说法中正确的是（　　）。

A. 该网站的域名由政府进行统一管理

B. 该网站的域名一经申请永久有效

C. 根据域名判断该网站可能是一个教育机构的网站

D. 该网站的域名是"yzcx. gov"

54. OSI 参考模型工作时（　　）。

A. 发送方从下层向上层传输数据，每经过一层都增加协议控制信息

B. 接收方从下层向上层传输数据，每经过一层都去掉协议控制信息

C. 发送方从上层向下层传输数据，每经过一层都去掉协议控制信息

D. 接收方从上层向下层传输数据，每经过一层都增加协议控制信息

55. 下列属于 C 类 IP 地址的是（　　）。

A. 130. 34. 4. 5　　B. 200. 10. 2. 1

C. 127. 0. 0. 1　　D. 10. 10. 46. 128

56. 清华大学计算机科学系的一台主机域名为 www. cs. tsinghuA. edu. cn，www 是（　　）。

A. 代表计算机科学系　　B. 机构名

C. 网络名　　D. 地区域或行业名

57. 网页设计中，下面关于 ASP 的表述中，错误的是(　　)。

A. ASP 是动态服务器页面的英文缩写

B. ASP 程序中可以包含纯文本、HTML 标记以及脚本语言

C. ASP 是一种客户端的嵌入式脚本语言

D. ASP 程序可以用任何文本编辑器打开

58. 对于网络协议的下列说法中，正确的是（　　）。

A. WWW 浏览器使用的应用协议是 IPX/SPX

B. TCP/IP 协议就是指传输控制协议

C. Internet 最基本的网络协议是 TCP/IP 协议

D. 没有网络协议，互联网也能可靠地传输数据

59. 关于框架网页，下列叙述中正确的是（　　）。

A. 框架就是表格

B. 框架就是表单

C. 框架网页内各个框架都是一个独立的网页

D. 框架区域的大小不可以调整

60. 关于防火墙的下列叙述中，错误的是（　　）。

A. 防火墙控制着访问网络某些方面的权限，只允许特许用户进出网络

B. 防火墙可以提高网络的安全性

C. 防火墙必须是一些硬件设备

D. 防火墙可以是纯软件的

61. 通常所说的 ADSL 是指（　　）。

A. 一种宽带网络接入方式　　B. 计算机五大部件之一

C. 网络服务商　　D. 网页制作软件

62. 互联网应用飞速发展，人们可利用手机（进行）上网、看电视或进行卫星导航。这些功能都用到了（　　）。

A. 网格计算技术　　B. 虚拟现实技术

C. 无线网络技术　　D. 智能家电技术

63. 下列不属于 Flash 中的元件有（　　）。

A. 图形　　B. 按钮

C. 音频　　D. 影片剪辑

64. 关于静态网页和动态网页说法正确的是（　　）。

A. 静态网页中就是不包含动画的网页

B. 静态网页和动态网页都是信息的发布形式

C. 动态网页中没有图片

D. 动态网页就是包含动画的网页

65. 关系数据库是以（　　）为基本结构而形成的数据集合。

A. 数据表　　B. 关系模型

C. 数据模型　　D. 关系代数

66. 可以检索多个搜索引擎，扩大检索范围的搜索引擎属于（　　）。

A. 元搜索　　B. 全文搜索

C. 垂直搜索　　D. 目录索引类搜索

二、多项选择题

1. 刘老师将教学资料分门别类地存放在自己的博客上，便于班级的所有学生课后复习巩固。这个实例体现了信息特征

的（　　）。

A. 载体依附性　　B. 价值性

C. 共享性　　D. 时效性

2. 刘伟同学要送一份电子贺卡给朋友，在搜索引擎中输入搜索条件：贺卡＋友情 同学。该条件的含义是（　　）。

A. 查找有关“友情”的贺卡

B. 查找有关“同学”的贺卡

C. 查找有关“友情”并且是“同学”的贺卡

D. 查找有关“友情”但不包含“同学”的贺卡

3. 在使用浏览器浏览网页时，能浏览刚才访问过的页面的操作有（　　）。

A. 打开地址栏的下拉列表，然后选择一个页面

B. 单击工具栏上的“历史”按钮，然后选择一个页面

C. 单击工具栏上的“后退”按钮

D. 在“查看”菜单中选择“刷新”命令

4. 在浏览网页时，如果想把整个页面保存到本地硬盘，较好的方法有（　　）。

A. 全选这段信息，另存到本地硬盘

B. 文字、图片分开来保存，文字复制，图片另存到本地硬盘

C. 在窗口菜单中选择“文件/另存为”，保存为 mht 格式的 Web 档案文件

D. 在窗口菜单中选择“文件/另存为”，保存为 html 格式的网页文件

5. 在 IE 浏览器地址栏中输入的下列地址中，正确的有（　　）。

A. D：\h1. htm　　B. http：//www. sjtu. js. cn

C. 202. 36. 78. 9　　D. http：\\202. 36

6. 希望能在自己的电脑上快速链接到平时喜欢上的网站，不恰当的做法有（　　）。

A. 将这些网站的地址用文档的形式存放在 D 盘中

B. 将这些网站的地址按类别分别存放到浏览器的收藏夹中

C. 将这些网站始终打开在自己的浏览器窗口中

D. 将这些网站的地址存放在电子信箱中

7. 收藏夹中存放的网址过多的时候，常见的整理操作有（　　）。

A. 删除多余的现在已经不用的网址

B. 单击“整理”按钮，创建文件夹，然后按类别将网址添加

到不同的文件夹

C. 删除多余网址的和现在已经不用的文件夹

D. 单击“自动更新”按钮

8. 下列计算机软件中属于大众化信息加工软件的有（　　）。

A. 金山快译　　B. PhotoShop

C. Word　　D. VB

9. 小王通过网络下载工具下载了多部高清电影并且用移动硬盘拷贝给了好友，试分析小王的行为与下列哪些多媒体技术支撑有关？（　　）。

A. 高速计算机处理技术　　B. 高效率压缩技术

C. 高速网络传输技术　　D. 高容量存储技术

10. 关于专家系统的下列说法中正确的有（　　）。

A. 专家系统就是一个具有智能特点的计算机程序

B. 专家系统可以用来辅助或代替领域专家解决实际问题

C. 专家系统能够在特定的领域内模仿人类专家思维来求解复杂问题

D. 专家系统是人工智能的重要分支之一

11. 你想要和远方的朋友即时通信，下列软件中可以选用的有（　　）。

A. QQ　　B. E-mail　　C. MSN　　D. WPS

12. 下列属于计算机高级程序设计语言的有（　　）。

A. C＋＋　　B. VB　　C. Pascal　　D. Excel

13. 关于图层，下列说法中正确的有（　　）。

A. 图层是图像合成中经常使用的一种技术

B. 图层相当于一个透明的容器，用来放置图像元素

C. 为了方便处理，通常每个图层放一个图像元素或一组类似的图像元素

D. PhotoShop 和 Windows 自带的画图软件都具有图层的功能

14. 通过网站发布信息的方式有（　　）。

A. 在局域网中通过共享网站的文件让其他用户浏览网页

B. 使用 Personal Web Server 把计算机设置成个人服务器发布网站

C. 使用 FrontPage 提供的发布站点功能发布网站

D. 在互联网上向 ISP 申请免费或者付费的网站空间，然后上传网站

15. 需要在局域网内发布信息，可以选择的方式有（　　）。

A. 将涉及的文件夹设置为“共享”

B. 利用 IIS 将网站在本机发布

C. 在局域网服务器申请专门的网站空间存放信息

D. 将资料拷贝到局域网的 FTP 服务器

16. 图像处理软件是用来对图像进行各种编辑的，下列叙述中正确的有（　　）。

A. 用 PhotoShop，可以通过调整图像的不透明度来产生图像的淡化效果

B. 用 PhotoShop，可以通过椭圆选择工具从原图像中选择出椭圆形图像来

C. 用画图或 PhotoShop，都可以对图像进行旋转编辑

D. 在画图软件中，可以通过任意形状裁剪工具从原图像中裁剪出椭圆形图像来

17. 学校要建立学生成长记录档案袋信息系统，用以记录每个学生每个阶段取得的成绩，并可进行统计分析。你认为建立这样的信息系统，可以采取的技术有（　　）。

A. PhotoShop　　　　B. Access

C. Excel　　　　D. 数据库与编程技术的结合

18. 关于对数据的排序，以下说法中正确的有（　　）。

A. 在 Word 中可以插入表格，Word 提供了对表格中数据进行排序的功能

B. 在 PowerPoint 中也可以插入表格，并且提供了对表格中数据进行排序的功能

C. 利用 Excel 电子表格软件可以很方便地进行排序，还提供了自定义排序的功能

D. 用编程来解决排序问题也是一种常用的方法

19. 上课的时候，小王同学想在自己的机器上（student1）访问教师机（teacher）里的网页素材，下列方法可行的是（　　）。

A. 直接在 student1 上打开“我的电脑”就可以访问教师机里的网页素材

B. 打开“网上邻居”找出 teacher，访问其中的网页素材

C. 右击“网上邻居”，选择查找计算机“teacher”，访问 teacher 中的网页素材

D. 单击“开始”按钮，选择“搜索”菜单，打开“搜索”窗口，搜索“teacher”，访问 teacher 中的网页素材

20. 下列关于数据库的说法正确的是（　　）。

A. 在同一个时间内，一个数据库只能有一个人使用

B. 在一个数据表中修改了某条记录后，其后的查询结果将随之改变

C. 数据库可以通过网络来查询

D. 数据表中同一个字段内的数据类型是相同的

21. 在本机上设置共享文件夹的操作中，下列操作不是必须的有（　　）。

A. 选定要设置共享的文件夹

B. 在“共享”标签下，设置“用户数限制”

C. 在“共享”标签下，选定“共享此文件夹”

D. 在“共享”标签下，重新命名该文件夹在网络上的共享名

22. 在浏览网络的过程中，我们经常将一些自己喜欢的网址收藏到收藏夹中。下列操作在浏览器收藏夹中可以实现的是（　　）。

A. 创建文件夹　　　　B. 删除网址

C. 重命名　　　　D. 改变属性

23. 小华的爷爷喜欢上网听京剧，可总是记不住自己经常访问的几个京剧网站的网址。小华可以帮助爷爷解决这个问题的措施有（　　）。

A. 将所需网址都设置为浏览器主页

B. 将所需网址记录在文本文件中，使用时打开查看

C. 将所需网址添加到“收藏夹”中

D. 将所需网址的快捷方式放在桌面上

24. 在 Windows 操作中，有关“撤销”命令功能的说法中，错误的有（　　）。

A. 就是恢复“回收站”中的所有内容

B. 撤销刚才所做的所有操作

C. 取消本次操作，关闭窗口

D. 撤销最近一次的操作

25. 可以打开资源管理器的途径有（　　）。

A. 右击“我的电脑”　　　　B. 右击“开始”按钮

C. 右击“网上邻居”　　　　D. 单击“控制面板”

26. 与国外同学或朋友交流沟通时，以下方式中经济省钱的有（　　）。

A. MSN 或 QQ　　　　B. E-mail

C. 网络 IP 电话　　　　D. 国际长途电话

27. 下列关于 ASP 的叙述，正确的是（　　）。

A. ASP 是动态网页编程技术

B. ASP 需要在服务器端专门配置运行环境才能运行

C. 在客户端浏览 ASP 网页时看到的是 ASP 源代码

D. ASP 客户端向服务器发出访问动态页面的请求，服务器响应客户端的请求，把处理的结果返还到客户端

28. 某中学要建立一个计算机房，机房中所有计算机组成一个局域网，并通过代理服务器接入互联网，代理服务器的 IP 地址不可能的是（　　）。

A. 172.28.284.12　　B. 192.168.126.26

C. 127.0.0.1　　D. 255.255.255.0

29. 下面是关于 IP 地址及域名的关系的描述，错误的是（　　）。

A. IP 与域名是一一对应的关系

B. 一个 IP 地址可以有多个域名

C. 有的网页规定要输入域名地址，有的网页规定要输入 IP 地址

D. 一个域名可以有多个 IP 地址

30. 下列可能是计算机感染病毒迹象的有（　　）。

A. 设备有异常现象，如显示怪字符，磁盘读不出

B. 在没有操作的情况下，磁盘自动读写

C. 装入程序的时间比平时长，运行异常

D. 按下主机开关后电源信号指示灯不亮，计算机不启动

31. 以下关于 DNS 说法不正确的是（　　）。

A. DNS 是邮件服务系统的简称

B. DNS 简称为域名解析系统

C. DNS 按分层管理，com 是顶级域名，表示中国公司

D. 后缀为 .gov 的网站，表明它是一个政府组织

32. 互联网的隐蔽性使得网络欺骗、诈骗及盗窃的案件屡见报端，为了保护好个人隐私，需要做到（　　）。

A. 在电脑中安装防火墙和杀毒软件并及时升级

B. 要传送敏感数据时，为了不泄密，要选择加密发送

C. 在公共场所上网时要及时清除上网记录

D. 对网友要真诚相待，没必要隐藏个人真实信息

33. 计算机病毒的危害巨大，不但会造成计算机资源的损失和破坏，还会造成资源和财富的巨大浪费，甚至有可能造成社会性的灾难。预防病毒需要（　　）。

A. 定期做好重要资料的备份，以免造成重大损失

B. 在使用即时通信工具的时候，不随意接收对方发来的文件

C. 接收到来历不明的邮件时，不随意打开其中给出的链接以及附件

D. 不轻易使用U盘的自动运行功能

34. 下列示意图中，表示总线型网络的拓扑结构是（　　）。

A. 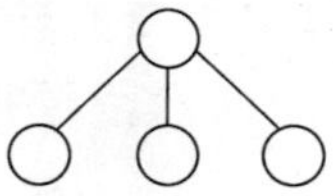

B. 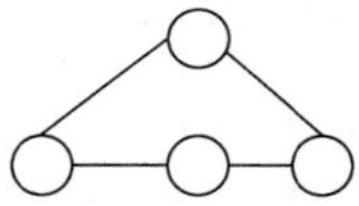

C. 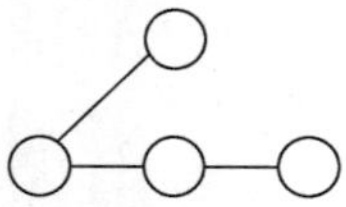

D. 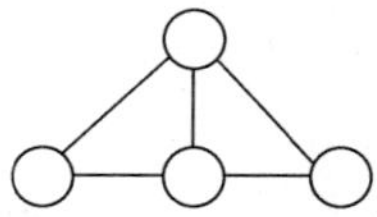

2009年河南省普通高中信息技术学业水平测试综合测试题（节录）

试卷之二

一、单选题（总分：30分）

1. 如果E-mail地址是“beijing123@gmail. com. cn”，那么用该邮箱地址发信的范围是（　　）。

A. 只能是北京　　B. 只能是中国

C. 只能是教育部门　　D. 可以是全世界

2. 下列属于信息的是（　　）。

A. 电脑　　B. VCD光盘

C. 报纸　　D. CCTV1播出的新闻

3. 良好的习惯可以帮助我们有效地保护信息资源，下列行为中，不属于良好习惯是（　　）。

A. 对数据定期进行备份

B. 及时安装计算机系统的补丁程序

C. 安装正版杀毒软件并定期升级

D. 不管是哪个网站，只要找到比较有趣的程序就下载运行

4. 下列关于计算机软件版权的说法，正确的是（　　）。

A. 计算机软件受法律保护是多余的

B. 正版软件太贵，软件能复制就不必购买

C. 受法律保护的计算机软件不能随便复制

D. 正版软件只要能解密就能随便复制

5. 下列数值最小的是（　　）。

A. $(15)_{10}$　B. $(1110)_2$　C. $(1010)_2$　D. $(1001)_2$

6. 关于BBS以下说法错误的是（　　）。

A. BBS是电子公告牌

B. 在BBS中可以发帖提出一些问题

C. 在BBS中可以回帖帮助别人解决问题

D. 使用BBS必须所有人要同时在线

7. 下列采用计算机人工智能技术，进行信息加工的技术中，没有使用到“模式识别”技术的是（　　）。

A. 语音输入法　　B. 手写输入法

C. 指纹识别　　D. 机器翻译

8. 下列数值最小的是（　　）。

A. （1100）2　　B. （12）10　　C. （11）10　　D. （1101）2

9. 关于博客，以下描述不正确的是（　　）。

A. 博客是网络日志

B. 人们可以在自己的博客中记录每天发生的事情

C. 人们可以在自己的博客中对感兴趣的问题发表看法

D. 博客中的内容只有自己可以看到，别人都看不到

10. 在日常生活中，我们经常需要使用数据库来处理事情，许多的管理系统都是建立在数据库的基础上的，下列关于数据库管理优势的描述中，不正确的一种是（　　）。

A. 数据库管理操作方便、快捷，数据维护简单、安全

B. 数据共享应用好，对于数据可以进行集中管理，可以通过网络等各种技术，使数据能够共享，提高数据的使用效率

C. 检索统计准确，效率高，速度快

D. 能够存储大量的数据，不但可以存储文字，还可以存储图像、声音、视频等多媒体信息，数据库的缺点是耗费空间

11. 下列选项中，通常不用于存储文字信息的文件类型是（　　）。

A. PDF　　B. DOC　　C. TXT　　D. MIDI

12. 下列关于TXT文件的说法正确的是（　　）。

A. 只能被“记事本”程序打开

C. 可以被“写字板”程序打开

C. 不能用Word或者WPS等处理软件编辑

D. “记事本”程序中可以向TXT文件中插入图片

13. 学校要对各班卫生、守纪情况等评比数据进行公示，在以下的方式中，你认为哪一种最为形象直观，可以一目了然？（　　）

A. 图表　　B. 表格　　C. 文章报导　D. 广播

14. 某日，赵某来到一台取款机上准备取款。他看见取款机上贴有“系统故障，请与 137 * * * * * * * * 联系”的字条，于是按照号码拨通了这个电话。这时，电话里传来“系统故障，请按照以下操作将资金转移到 * * * * * * 账户……”，小刘说：“这是一条欺诈信息，因为系统故障没有必要要求客户转移资金”；小王说：“既然是系统故障，也就不能转移资金，所以这是一条欺诈信息”；小张说：“既然有银行人员的操作提示，可以试一试”。说法错误的人是（　　）。

A. 小张　　B. 小刘和小张

C. 小王和小张　　D. 小刘和小王

15. 数据库管理系统是专门用于（　　）的软件。

A. 文字处理　　B. 数据管理

C. 网上浏览　　D. 幻灯片制作

二、判断题（总分：10 分）

1. 调制解调器可以把数字信号转换为模拟信号，也可以把模拟信号转换为数字信号。

2. 在局域网中，我们只能共享软件，而不能共享硬件。

3. 统一资源定位器（网页地址）的英文缩写为 URL。

4. 数据表中的一行是一个字段；表中的每一列对应表中的一个记录。

5. “计算机辅助教学”的常用英文缩写是“CAD”。

三、操作题（总分：20 分）

1. 打开“考生文件夹 \ 772 \ ”文件夹中的文件“房贷期限 . doc”进行以下操作并保存。

（1）将标题设置为黑体、二号字，并居中对齐；

（2）插入艺术字“房贷期限延至 30 年”，选择第 5 行第 4 列的式样，将版式设为“上下型”文字环绕；

（3）将正文第 1 段和第 2 段设置为楷体 _ GB2312、小四号字，首行缩进 2 个字符，行距设置为“最小值 25 磅”；

（4）将表格的标题“个人住房贷款 5 至 30 年月均还款金额表”设为居中；

（5）保存文档并关闭应用程序。

2. 打开“考生文件夹 \ 837 \ ”文件夹中的文件“卫生情况 . xls”进行以下操作并保存。

（1）利用求和函数计算各班的卫生得分；

（2）以表中“卫生得分”一列的数据为数据区域创建簇状柱

形统计图，并作为其中的对象插入到 Sheet1 中；

(3) 将页面的方向设为纵向，上、下、左、右页边距设为 3，页眉和页脚边距设为 3；

(4) 保存文件；

(5) 将文件以原文件名另存为在“考生文件夹 \ SaveAs \ ”文件夹下。(“SaveAs”文件夹如不存在请考生自建)

试卷之三

一、单选题（总分：30 分）

1. 王斌同学在进行资源管理时，将下列文件分类为：

liangzhu. mp3、index. htm、神舟六号 . bmp、chair. exe

南海惊涛 . jpg、新课程 . txt、还原精灵 . rar

① 图形、图像文件：南海惊涛 . jpg　② 压缩文件：还原精灵 . rar

③ 声音文件：liangzhu. mp3　④ 文本（网页）文件：index. htm、新课程 . txt

他的分类中（　　）是错的或者是不完整的。

A. ①　　B. ②　　C. ③　　D. ④

2. 电子邮件的地址一般由用户账号和邮件服务器域名组成，这两部分中间用（　　）符号隔开。

A. ＃　　B. @　　C. $　　D. &

3. 下列哪种行为不属于计算机犯罪？（　　）

A. 利用计算机网络窃取学校服务器的信息资源

B. 私自删除同学计算机内重要数据

C. 攻击图书馆的网络服务器

D. 在自己的计算机上运行病毒演示程序，观察病毒发作现象

4. 在树形目录结构中，不允许两个文件名相同主要指的是（　　）。

A. 不同磁盘的不同目录下

B. 不同的磁盘的同一个目录下

C. 同一个磁盘的不同目录下

D. 同一个磁盘的同一个目录下

5. MSN 的功能与以下哪款软件功能差不多（　　）。

A. QQ　　B. IE

C. Outlook Express　　D. PhotoShop

6. 下列数值最大的是（　　）。

A. (110)2　B. (101)2　C. (8)10　D. (111)2

7. 在 Excel 的一个工作表中，A1 和 B1 单元格里的数值分别为 6 和 3，如果在 C1 单元格的编辑栏中输入"＝A1 * B1"并回车，则在 C1 单元格显示的内容是（　　）。

A. 18　B. A1 * B1　C. 63　D. 9

8. 在 Excel 中进行数值分析的时候，要使用函数，下列关于函数的叙述中正确的是（　　）。

A. Average 函数可以求出所选择区域数据的个数

B. Sum 函数可以求出所选择区域数据的和

C. Count 函数可以将所选区域的数据按照降序排列

D. Max 函数是求所选区域的数据的最小值

9. 下面不属于数据库管理的软件是（　　）。

A. Microsoft Access　B. Visual Foxpro

C. FoxBASE＋　D. Microsoft Outlook

10. 下列关于数据的说法错误的是（　　）。

A. 数据指存储在某一介质上可以加以鉴别的符号资料

B. 数据是事物特性的反映和描述

C. 数据只能是数字

D. 数据是承载信息的物理符号

11. 李华同学所在的小组准备出一期关于"嫦娥一号"卫星的黑板报，他们可以通过哪些途径获得相关素材？以下选项中最正确的是（　　）。

①咨询相关专家　②上互联网　③查阅相关报刊杂志　④参观航天展

A. ①②③　B. ①②④　C. ②③④　D. ①②③④

12. 学校食堂利用计算机数据库系统管理学生的用膳情况，学生可随时在任何一部饭卡机上查询自己的饭卡数额，这种功能体现了数据库系统具有（　　）的优越性。

A. 数据共享　B. 数据大量存储

C. 计算快捷　D. 操作简单

13. 下列行为中，不正当的是（　　）。

A. 安装正版软件　B. 参加反盗版公益活动

C. 购买正版 CD　D. 未征得同意私自使用他人资源

14. FTP 指的是（　　）。

A. 超文本传输协议　B. 新闻组传输协议

C. 文件传输协议　D. 电子邮件协议

15. 关于互联网上软件的下载，下列说法有错的是（　　）。

A. 互联网上有很多网站提供软件下载

B. 可以通过单击软件链接，在弹出的窗口选“保存”来下载软件

C. 可以通过下载工具软件（如：网际快车）来下载软件

D. 可以通过保存含有软件链接的网页来下载软件

二、判断题（总分：10 分）

1. 矢量图形放大若干倍后，还是清晰无失真。（ ）

2. 数据是指存储在某一介质上可以加以鉴别的符号资料，这些介质可以是纸、磁盘、磁带、光盘。（ ）

3. 我们用 VB 编写的程序能编译成可以脱离 VB 环境直接执行的 EXE 文件。（ ）

4. 计算机中的声音文件不可以被编辑。（ ）

5. 访问互联网时，要保存网页中的一幅图片，一般可以在图片上右击鼠标，在弹出的菜单中，选择“图片另存为”选项。（ ）

三、操作题（总分：20 分，）

1. 打开“考生文件夹\307\”文件夹中的文件“荷塘月色.doc”进行以下操作并保存。

（1）在标题与正文之间插入文字“朱自清”，并将文字设置为四号字，倾斜、右对齐；

（2）将正文文字设置为楷体_GB2312、深蓝，并将正文最后一个段落设置为“首行缩进 2 个字符”，行距设为“最小值 20 磅”；

（3）将图片的文字环绕方式设为“上下型环绕”；

（4）将全文分为两栏；

（5）保存文档并关闭应用程序。

2. 打开“考生文件夹\842\”文件夹中的文件“借阅情况统计.xls”进行以下操作并保存。

（1）将标题字体设为楷体_GB2312，字号为 20，颜色为绿色；

（2）将单元格区域 B3：L12 中数据的字体设为宋体、字号为 10、加粗；

（3）设置第 3 行到 12 行的行高为 15；

（4）保存文件；

（5）将文件以文件名“高一学生借阅情况统计.xls”另存为在“考生文件夹\SaveAs\”文件夹中。（“SaveAs”文件夹如不存在请考生自建）

试卷之四

一、单选题（总分：30 分）

1. 在 Excel 单元格中输入公式时，编辑栏上的对勾"√"按钮表示（　　）操作。

A. 取消　　B. 确认

C. 函数向导　　D. 拼写检查

2. 对于下面二进制数与十进制数的大小关系，成立的是（　　）。

A. (1111)2＞(16)10

B. (1111)2＝(15)10

C. (1111)2＞(15)10

D. (1111)2＝(16)10

3. 在已打开的一个 Word 文档窗口中，再新建一个文档。前一文档窗口将会（　　）。

A. 自动关闭　　B. 变为非活动窗口

C. 自动删除　　D. 不可以这样操作

4. 搜索引擎按工作方式主要划分为全文搜索引擎和目录搜索引擎，下列选项中，全部都是全文搜索引擎网站的是（　　）。

A. 新浪和百度　　B. 搜狐和 Google

C. 百度和 Google　　D. 网易和新浪

5. 在 Internet 中电子公告板的缩写是（　　）。

A. FTP　　B. WWW

C. BBS　　D. E-mail

6. 下列数值最小的是（　　）。

A. (1100)2　　B. (12)10

C. (11)10　　D. (1101)2

7. 下列行为符合网络道德规范的是（　　）。

A. 聊天时对网友反唇相讥，任意谩骂

B. 将病毒放在自己的网站上

C. 帮助网友解密正版杀毒软件，延长使用期

D. 对论坛上别人的合理求助，给予帮助

8. 用数据库方法来管理数据的系统是（　　）。

A. DOS 系统　　B. 信息系统

C. 数据库系统　　D. 数据库管理系统

9. 在 Excel 操作过程中，当鼠标的形状为空心十字时，你可以用它（　　）。

A. 拖动选择某些单元格

B. 选择某张工作表

C. 选择某个菜单项或图标按钮

D. 拖动填充某些单元格

10. 在 Windows 系统中，需要查找近一个月内创建的所有文件，可以采用（　　）。

A. 按名称查找　　B. 按位置查找

C. 按日期查找　　D. 按高级查找

11. 多媒体电脑能够处理文字、声音、图像等信息，主要是因为这些信息都已被（　　）。

A. 智能化　　B. 数字化

C. 网络化　　D. 虚拟化

12. 要从网上下载容量较大的文件，如整部电影的视频文件，一般情况下使用（　　）进行下载，下载效率会更高。

A. 浏览器自身的“另存为”菜单选项

B. 单击鼠标右键，选择“另存为”选项

C. 迅雷

D. WinZip 工具软件

13.《冰河世纪 3》是一部非常精彩的动画电影，若要在网上观看这部电影，则读取的视频格式不可能是（　　）。

A. binghe. avi　　B. binghe. rm

C. binghe. rmvb　　D. binghe. jpg

14. 如果要在百度中搜索关于中国火山的一些资料信息，最好输入（　　）。

A. 中国　火山　　B. 中国——火山

C. 中国/火山　　D. 中国 * 火山

15. 如果要在百度中搜索“牡丹”的图片，最合理的方法是（　　）。

A. 输入“牡丹”搜索

B. 输入“牡丹 图片”搜索

C. 选“网页”分类后，输入“牡丹”搜索

D. 选“图片”分类后，输入“牡丹”搜索

二、判断题（总分：10 分）

1. ISP 是指互联网服务提供商，例如：中国电信。（　　）

2. 利用计算机网络，可以实现用低廉的价钱打长途电话。（　　）

3. gif 图像文件可以是动画。（　　）

4. 多媒体技术使计算机具有综合处理声音、文字、图像和视

频的能力。（ ）

5. IP 电话主要是利用互联网进行语音传输。（ ）

三、操作题（总分：20 分）

1. 打开“考生文件夹 \ 774 \ ”文件夹中的文件“国歌 . doc”进行以下操作并保存。

（1）将歌名以外的所有文字设为居中、褐色，并将歌名下的作词、作曲两行文字设为“楷体 _ GB2312”；

（2）将除歌名以外的所有段落的行间距设为“3 倍行距”；

（3）在歌名后面插入“考生文件夹 \ 774 \ ”文件夹中的图片“guoge. jpg”，并设置图片大小为高 2 cm，宽 2. 14 cm，环绕方式为“紧密形”，去掉锁定纵横比；

（4）将全文分为两栏；

（5）保存文档并关闭应用程序。

2. 打开“考生文件夹 \ 839 \ ”文件夹中的文件“高一学年卫生情况统计表 . xls”进行以下操作并保存。

（1）用函数计算各周的卫生平均分；

（2）将单元格 B11 至 E11 的格式设置为数值型、保留 1 位小数（请使用 Excel 默认的负数（N）格式）；

（3）将单元格 A11 至 E11 的内容设置为水平居中显示；

（4）保存文件；

（5）将文件以原文件名另存为在“考生文件夹 \ SaveAs \ ”文件夹中。（“SaveAs”文件夹如不存在请考生自建）

试卷之五

一、单选题（总分：30 分）

1. 下列关于数据的理解，不正确的是（ ）。

A. 数据是指存储在一定的介质上可以加以鉴别的符号资料，这些介质可以是纸、磁盘和光盘等

B. 数据的内容是事物特性的反映和描述，如对学生的描述为学号、姓名、性别、身高和特长

C. 数据特指表格中的数字

D. 数据是信息的载体

2. 下列现象中，计算机感染了病毒可能性最大的是（ ）。

A. 音箱的音量降低

B. 显示器亮度变暗

C. 计算机不断自动重复启动

D. 数分钟内计算机自动启动屏幕保护程序

3. 下列文件名能表示扩展名为“.exe”的所有文件的是（　　）。

A. &.exe　　B. *.exe　　C. !.exe　　D. ?.exe

4. 设置 Outlook Express 时，SMTP 服务是指（　　）。

A. 发送邮件服务　　B. 接收邮件服务

C. Web 服务　　D. 域名服务

5. 关于 BBS 以下说法错误的是（　　）。

A. BBS 是电子公告牌

B. 在 BBS 中可以发帖提出一些问题

C. 在 BBS 中可以回帖帮助别人解决问题

D. 使用 BBS 必须所有人要同时在线

6. 下列数值最小的是（　　）。

A. (15)10　　B. (1110)2

C. (1010)2　　D. (1001)2

7. 秦始皇统一六国后，就在全国统一了文字和度量衡，目的是促使信息表达的（　　）。

A. 自由化　　B. 通俗化　　C. 数字化　　D. 规范化

8. 下面（　　）输入法和其他三种不是一类。

A. 双拼输入法　　B. 全拼输入法

C. 微软拼音输入法　　D. 五笔输入法

9. 下面“健康情况调查表”中的数据是按（　　）排序的。

A. 视力　　B. 身高升序

C. 身高降序　　D. 体重

10. 数据管理的目的是指（　　）。

A. 筛选出有价值的信息　　B. 实现数据共享

C. 为人们的行动和决策提供依据　D. 以上皆是

11. 国际上普遍采用的美国标准信息交换码是（　　）。

A. 拼音码　　B. 五笔码

C. GB2312 码　　D. ASCII 码

12. 申请完一个免费电子邮箱后，下列说法正确的是（　　）。

A. 立刻就可使用了

B. 要过一天后才可使用

C. 要过一星期才可使用

D. 要过一个月后才可使用

13. 下列不属于信息的是（　　）。

A. 电视新闻报道　　B. 天气预报

C. 电视机　　D. 市场行情

14. 在网络上搜索相关信息，如果要缩小搜索范围，可以采用（　　）。

A. 改变关键词

B. 用含糊的关键词

C. 尽量少用通配符与含糊词

D. 用近义词代替关键词

15. “fox@public.tpj.tj.com”是一个 E-mail 地址，其中“fox”代表（　　）。

A. 数据库语言　　B. E-mail 服务器域名

C. 用户的账号名　　D. 用户主机名

二、判断题（总分：10 分）

1. Windows 中的“录音机”可以把话筒输入的声音转化为数字信息。（　　）

2. IE 浏览器的工具栏中，工具按钮永远都是灰色且不可用的。（　　）

3. 数据管理是指对数据进行组织、存储、维护、查询和统计等活动。（　　）

4. 网络博客的主要功能之一就是写网络日志。（　　）

5. wav、mp3、mp4 格式的文件都可以记录视频内容。（　　）

三、操作题（总分：20 分）

1. 打开“考生文件夹\309\”文件夹中的文件“雨霖铃.doc”进行以下操作并保存。

(1) 将全文文字设置为隶书，四号字，颜色为深红，且将全文所有段落设置为首行缩进 5 字符，行距均设为 2 倍行距；

(2) 将图片大小改为高 5 cm，宽 6.3 cm，并去掉锁定纵横比；

(3) 将文本框的线条颜色设为青色，线型设为 2.25 磅；

(4) 将文档的纸型设置为 16 开，页面的上下边距设置为 3 cm，左右边距设为 2.5 cm；

(5) 保存文档并关闭应用程序。

试卷之六

一、单选题（总分：30 分）

1. 一个电子邮件地址的通用格式是（　　）。

A. 账号名@服务器域名　　B. 服务器域名@账号名

C. 账号名#服务器域名　　D. 服务器域名#账号名

2. 在互联网上常用的浏览器软件是（　　）。

A. Word　　B. Excel

C. IE　　D. FoxPro

3. Windows 系统中文件的（　　）属性使得文件内容不可改变。

A. 隐藏　　B. 只读　　C. 存档　　D. 系统

4. 下列叙述中不正确的是（　　）。

A. 微电子技术是现代信息技术的基石

B. 信息是一成不变的东西

C. 信息是一种可利用的资源，具有一定的使用价值

D. 信息可以在时间和空间上传递

5. MSN 的功能与以下哪款软件功能差不多（　　）。

A. QQ　　B. IE

C. Outlook Express　　D. PhotoShop

6. 下列数值最大的是（　　）。

A. (110)2　　B. (101)2

C. (8)10　　D. (111)2

7. 小张想查找计算机中的声音文件时，应查找的文件类型为（　　）。

A. .jpg　　B. .wav　　C. .txt　　D. .htm

8. 在计算机中安装查、杀病毒软件的目的是（　　）。

A. 防止他人拷贝软件

B. 阻止他人使用计算机

C. 防止计算机感染病毒

D. 阻止他人窃取计算机文件

9. 下面哪种不是计算机上使用的汉字编码（　　）。

A. 字型码　　B. 外码　　C. 内码　　D. 条形码

10. 在 C 盘中有两个文件夹：“C：\ test”和“C：\ student”。选定“C：\ student”中的文件“name. txt”，并按鼠标左键拖动该文件到“C：\ test”中，则结果是（　　）。

A. 移动该文件　　B. 复制该文件

C. 删除该文件　　D. 无任何变化

11. 在 IE 浏览器中，如果要保存一个网址，可以使用（　　）。

A. 历史　　B. 搜索　　C. 收藏　　D. 转移

12. 某小组的同学制作了一个以“我爱我校”为主题的网站，将进行网站的发布供他人欣赏，下面选项中不属于发布的

是（　　）。

A. 在本机上发布　　B. 在网上邻居中发布

C. 保存到电子邮箱中　　D. 在互联网上发布

13. Word 中，（　　）方式使得显示效果与打印结果相同。

A. Web 版式视图　　B. 大纲视图

C. 页面视图　　D. 普通视图

14. 如果只要保存网页中的一幅图片，应该（　　）。

A. 单击 IE 文件菜单，选择“另存为”选项

B. 单击 IE 文件菜单，选择“导入和导出”选项

C. 在图片上用鼠标右击，打开图片快捷菜单，选择“图片另存为”选项

D. 单击 IE 中的收藏菜单

15. 下列文件类型中，可以用“记事本”应用程序正确打开的是（　　）。

A. 文本文件（. txt）　　B. Word 文挡（. doc）

C. 电子书文件（. pdf）　　D. 位图文件（. bmp）

二、判断题（总分：10 分）

1. 用 WinZip 压缩图片时，图像的颜色必定会发生变化。（　　）

2. Windows 的媒体播放机不可以播放扩展名为 . avi 文件。（　　）

3. 用光纤只能连接广域网，不能连接局域网。（　　）

4. 网络博客就是网络博士。（　　）

5. 纯文本就是多媒体信息。（　　）

三、操作题（总分：20 分）

1. 打开“考生文件夹\770\”文件夹中的文件“致橡树 . doc”进行以下操作并保存。

（1）将标题“致橡树”文字效果设为礼花绽放，并将第二行作者的名字设为右对齐；

（2）将最后一行文字设置为隶书、四号字，颜色为“褐色”，且段落左缩进 2 个字符；

（3）将文档的纸型设置为 16 开，页面的上下左右边距均设置为 2 厘米，应用于“整篇文档”；

（4）保存文档并关闭应用程序。

2. 打开“考生文件夹\842\”文件夹中的文件“借阅情况统计 . xls”进行以下操作并保存。

（1）将标题字体设为楷体 _ GB2312，字号为 20，颜色为

绿色；

（2）将单元格区域 B3：L12 中数据的字体设为宋体、字号为 10、加粗；

（3）设置第 3 行到 12 行的行高为 15；

（4）保存文件；

（5）将文件以文件名“高一学生借阅情况统计 .xls”另存为在“考生文件夹 \ SaveAs \ ”文件夹中。（“SaveAs”文件夹如不存在请考生自建）

试卷之八

一、单选题（总分：30 分）

1. 以下哪种说法是正确的（　　）。

A. 一个数据库中只能有一张表

B. 一个数据库中可以有多张表，但表和表之间没有任何联系

C. 一个数据库中可以有多张表，但表和表之间是有联系的

D. 在一张表中，一行数据代表事物的一个特征

2. 如果电子邮件到达时，你的计算机没有开启，电子邮件将会（　　）。

A. 永远不再发送

B. 需要对方再次发送

C. 保存在服务商的主机上

D. 退回发信人

3. 通常认为人类经历的五次信息技术革命依次为：语言的产生和应用；文字的发明和使用；（　　）；电报、电话、电视及其他通信技术的发明和应用；电子计算机和现代通信技术的应用。

A. 火的使用

B. 指南针的发明和应用

C. 造纸术和印刷术的发明和应用

D. 蒸汽机的发明和应用

4. 下列（　　）不是维护互联网安全的措施。

A. 加强密码的管理

B. 安装防火墙

C. 过滤不健康网

D. 从声誉差的站点下载软件

5. 使用 QQ 时，必须要有一个（　　）。

A. QQ 号　　　　B. E-mail 地址

C. 固定 IP 地址　　　　D. 银行账户

6. 下列数值最小的是（　　）。

A. (1100)2　B. (12)10　C. (11)10　D. (1101)2

7. 你如果在网上看到自己喜欢的图片，想将其下载到自己的电脑里，下列哪种操作能实现图片的下载？（　　）

A. 直接在图片单击鼠标左键

B. 在图片上单击鼠标右键，选择“图片另存为…”选项

C. 双击鼠标

D. 按鼠标中间键

8. 下列行为违反《计算机软件保护条例》的是（　　）。

A. 把正版软件任意复制给他人使用

B. 自己编写的软件授权给他人使用

C. 使用从软件供应商处购买的财务软件

D. 使用从互联网上下载的共享软件

9. 在写邮件时，在收件人对话框的“收件人”栏中（　　）。

A. 只能输入一个人的收件地址

B. 只能输入多个人的收件地址

C. 既可以输入一个人的收件地址又可以输入多个人的收件地址

D. 只能输入收件人的姓名

10. 目前，计算机病毒主要通过（　　）传播。

A. 网络　B. 光驱　C. 打印机　D. 扫描仪

11. 下列不是数据管理目的的是（　　）。

A. 筛选出有价值的信息

B. 实现数据的共享

C. 有效地为人们的行动和决策提供依据

D. 保证计算机系统安全

12. 互联网起源于美国，最初的骨干网是（　　）。

A. ARPANET　B. ChinaNET

C. ChinaGBN　D. CERNET

13. 大写字母 C 的 ASCII 码值为 67，则大写字母 A 的 ASCII 码值为（　　）。

A. 69　B. 68　C. 65　D. 63

14. 在 Windows 系统中若要同时选择多个不相邻的文件，可以使用（　　）键配合选择。

A. Shift　B. Alt　C. Ctrl　D. Tab

15. 用（　　）软件可以进行电子邮件的收发。

A. Outlook Express　B. FrontPage

C. 记事本　　　　　　　　D. 画图

二、判断题（总分：10 分）

1. 要收发电子邮件，首先必须拥有电子邮箱。　（　　）

2. Sound.jpg 是一个声音文件。　（　　）

3. 电子邮件地址由三部分构成：账号名，@符号，服务器域名。　（　　）

4. 同等条件下，使用 IP 电话比使用传统电话贵。　（　　）

5. 如果电子邮件到达时，你的计算机没有开启，电子邮件将会退回发信人。　（　　）

三、操作题（总分：20 分）

1. 打开“考生文件夹\772\”文件夹中的文件“房贷期限.doc”进行以下操作并保存。

（1）将标题设置为黑体、二号字，并居中对齐；

（2）插入艺术字“房贷期限延至 30 年”，选择第 5 行第 4 列的式样，将版式设为“上下型”文字环绕；

（3）将正文第 1 段和第 2 段设置为楷体_GB2312、小四号字，首行缩进 2 个字符，行距设置为“最小值 25 磅”；

（4）将表格的标题“个人住房贷款 5 至 30 年月均还款金额表”设为居中；

（5）保存文档并关闭应用程序。

2. 打开“考生文件夹\839\”文件夹中的文件“高一学年卫生情况统计表.xls”进行以下操作并保存。

（1）用函数计算各周的卫生平均分；

（2）将单元格 B11 至 E11 的格式设置为数值型、保留 1 位小数（请使用 Excel 默认的负数（N）格式）；

（3）将单元格 A11 至 E11 的内容设置为水平居中显示；

（4）保存文件；

（5）将文件以原文件名另存为在“考生文件夹\SaveAs\”文件夹中。（“SaveAs”文件夹如不存在请考生自建）

试卷之九

一、单选题（总分：30 分）

1. 小明的电脑感染了病毒，小王从小明的电脑中复制了一些文件到自己的电脑中，结果小王的电脑也感染上了同种病毒，这说明病毒具有（　　）。

A. 破坏性　　B. 传染性　　C. 爆发性　　D. 寄生性

2. 下列属于操作系统软件的是（　　）。

A. PhotoShop　　B. Office 2003

C. Windows 2000　　D. Flash

3. 下列不是数据库管理系统的功能的是（　　）。

A. 为用户建立，使用，维护和管理数据库提供方便

B. 方便地对数据进行修改、更新、插入和删除等操作

C. 预防和查杀计算机系统中的病毒

D. 对数据进行分类，查找，统计，输入和输出等操作

4. E-mail 的中文意思是（　　）。

A. 电子公告牌　　B. 电子邮件

C. 搜索引擎　　D. 远程控制

5. MSN 的功能与以下哪款软件功能差不多（　　）。

A. QQ　　B. IE

C. Outlook Express　　D. PhotoShop

6. 下列数值最小的是（　　）。

A. (15)10　　B. (1110)2　C. (1010)2　D. (1001)2

7. 古人将文字、符号刻在龟甲上以传后人，这主要体现了信息特征中的（　　）。

A. 载体依附性　　B. 时效性

C. 真伪性　　D. 可加工性

8. 在获取信息的过程中，首先要做的是（　　）。

A. 保存信息　　B. 确定信息来源

C. 确定信息需求　　D. 采集信息

9. 采集信息之前必须先确定哪里有所需要的信息，即确定信息来源。概括起来信息来源可以分四大类：纸质媒介、电子媒介、人和（　　）。

A. 事物　　B. 网络

C. 专业人员　　D. 动物

10. 下列不属于信息采集工具的是（　　）。

A. 电视机　　B. 扫描仪　　C. 摄像机　　D. 照相机

11. 在 Excel 中，当我们在单元格 F3 中输入公式“＝SUM(F1：F2，F4：F6，C3：E3)”，如果将它复制到 G3 中去，那么 G3 中的内容将是（　　）。

A. ＝SUM(F1：F2，F4：F6，C3：E3)

B. ＝SUM(G1：G2，G4：G6，D3：F3)

C. ＝SUM(G3：G4，G6：G8，D5：F5)

D. ＝SUM(G2：G3，G5：G7，D4：F4)

12. 制作电子报刊的步骤有：①设计版面；②收集与选择素

材；③确定主题；④评价修改；⑤制作作品。一般情况下，较合理的流程顺序是（　　）。

A. ③①②⑤④　　B. ①③②⑤④

C. ③②①⑤④　　D. ③⑤①②④

13. 从古到今，人类共经历了五次信息技术的重大发展历程，当前正处于哪一阶段？（　　）

A. 文字的发明和使用

B. 电报、电话及其他通信技术的应用

C. 语言的产生和应用

D. 电子计算机和现代通信技术的应用

14. 使用 Web 方式（直接在网站上）收发电子邮件时，以下描述错误的是（　　）。

A. 不用设置 SMTP 服务域名

B. 不用设置 POP3 服务域名

C. 不用输入账号和密码登录

D. 可以在附件中插入图片文件

15. 小张对着电脑说“关机”，电脑马上执行了关机命令，这其中主要应用了人工智能中的（　　）。

A. 字符识别技术　　B. 语音识别技术

C. 图像识别技术　　D. 指纹识别技术

二、判断题（总分：10 分）

1. 多媒体技术的集成性包括媒体的集成和设备的集成。（　　）

2. 记录在光盘、硬盘、U 盘等中的数据属于数字信息。（　　）

3. BMP 格式的图像要转换成 JPG 格式的图像，只要修改它的扩展名就可以了。例如把 ABC. bmp 改成 ABC. jpg。（　　）

4. 利用软件窃取网站管理员密码，这样的行为符合《计算机信息系统安全保护条例》。（　　）

5. 同一内容的图像，如果分别用不同格式的文件来存储，最后文件的大小是一样的。（　　）

三、操作题（总分：20 分）

1. 打开“考生文件夹\309\”文件夹中的文件“雨霖铃 .doc”进行以下操作并保存。

（1）将全文文字设置为隶书，四号字，颜色为深红，且将全文所有段落设置为首行缩进 5 字符，行距均设为 2 倍行距；

（2）将图片大小改为高 5 cm，宽 6.3 cm，并去掉锁定纵横比；

（3）将文本框的线条颜色设为青色，线型设为 2.25 磅；

（4）将文档的纸型设置为 16 开，页面的上下边距设置为 3 cm，左右边距设为 2.5 cm；

（5）保存文档并关闭应用程序。

2. 打开"考生文件夹＼846＼"文件夹中的文件"高一学生借阅情况统计.xls"，进行以下操作并保存。

（1）将标题行行高设为 24，"班级编号"所在行行高设为 18；

（2）将单元格区域 B2：L2 中的字体颜色设为黄色，该区域填充底纹颜色为蓝色（颜色列表中第 2 行第 6 列的颜色）；

（3）将"天文类"列中大于 10 的数据用红色粗体表示（使用条件格式的方法来操作）；

（4）将工作表的视图显示比例设为"125％"；

（5）保存文件并关闭应用程序。

试卷之十

一、单选题（总分：30 分）

1. 下列都是声音文件的后缀名，除了（　　）。

A. MID　　B. WAV　　C. MPG　　D. MP3

2. 为了防止信息被别人窃取，小王为自己使用的计算机设置了开机密码。在下列选项中，最安全的密码是（　　）。

A. 1234　　B. X9＃op65

C. cg78　　D. aaa

3. 文本信息加工是最基本也是最常用的一种信息加工类型，下列不属于文本信息加工的是（　　）。

A. 制作课程表　　B. 制作一份电子报刊

C. 对视频进行处理　　D. 写一篇社会实践调查报告

4. 博客（BLOG）是（　　）。

A. 网络新闻　　B. 网络人

C. 网络日志　　D. 网络游客

5. 使用 QQ 时，必须要有一个（　　）。

A. QQ 号　　B. E-mail 地址

C. 固定 IP 地址　　D. 银行账户

6. 下列数值最大的是（　　）。

A. $(110)_2$　　B. $(101)_2$　　C. $(8)_{10}$　　D. $(111)_2$

7. 在我国古代，人们常用"学富五车"来形容一个人博学，这是因为那时的书是以笨重的竹简、木简为载体的。这体现了信息的（　　）。

A. 载体依附性 B. 共享性　　C. 时效性　　D. 传递性

8. 目前数据管理技术的发展处在（　　）阶段。

A. 数据库管理系统阶段　　B. 人工管理阶段

C. 文件系统阶段　　D. 多媒体阶段

9. 当你复制网页中的信息到程序“记事本”中时，只有（　　）信息可以粘贴过去。

A. 文字　　B. 图形图像

C. 表格　　D. 文字和文字格式

10. 下列说法正确的是（　　）。

A. 不管哪种信息资源管理方法，其目的都是为了提高信息资源的利用效益。

B. 网络信息资源的最佳组织方式是主题树方式与超媒体方式相结合。

C. 用手工管理方式来管理信息资源具有直观性强、存取方便等特点。

D. 每个人对信息的实际需求和使用目的都是相同的。

11. 下列关于 E-mail 的使用正确的是（　　）。

A. 要给朋友发邮件，必须使用 http 协议登录自己邮件所在的网站

B. 一位朋友的 E-mail 地址是 163. com@xiaohua

C. 在给朋友发送邮件时，需要接收邮件的人和发送邮件的人同时在线

D. 发送邮件时，可以使用附件的方式来发送图片、音频、视频等各种类型的文件

12. 如果试图用 Windows 附件中的“画图”软件来强制打开一个后缀是 doc 格式的文件，会（　　）。

A. 只能显示其中的图片

B. 可以完整显示所有内容，也能修改内容

C. 不能正常打开

D. 可以完整显示所有内容，但不能修改内容

13. 如果 E-mail 地址是“beijing123@gmail. com. cn”，那么用该邮箱地址发信的范围是（　　）。

A. 只能是北京　　B. 只能是中国

C. 只能是教育部门　　D. 可以是全世界

14. 设置 Outlook Express 时，SMTP 服务是指（　　）。

A. 发送邮件服务　　B. 接收邮件服务

C. Web 服务　　　　　　　　D. 域名服务

15. 小明用 WinHex 软件观察到“A”的内码是 41（十进制 65），则那么当他将“41”修改为“43”（十进制的 67）时，显示的字符是（　　）。

A. A　　　B. B　　　C. C　　　D. D

二、判断题（总分：10 分）

1. 在电脑上安装防、杀病毒软件并定期升级病毒库是防止电脑病毒的有效方式之一。（　　）

2. 学校组织义务植树活动。同学们通过网上搜索，获得了“3 月 12 日是植树节”“三四月份植树最有利于树苗的生长”等信息，从而确定了植树的日期。这件事说明信息具有共享性和价值性。（　　）

3. 数据的内容是事物特性的反映和描述，例如：对学生的描述：学号、姓名、性别、成绩、电话等。（　　）

4. 所有的声音信号均需要转化为模拟信息才能被计算机处理。（　　）

5. 多媒体技术具有多样性、集成性和交互性等特征。（　　）

三、操作题（总分：20 分）

1. 打开“考生文件夹 \ 774 \ ”文件夹中的文件“国歌 . doc”进行以下操作并保存。

（1）将歌名以外的所有文字设为居中、褐色，并将歌名下的作词、作曲两行文字设为“楷体 _ GB2312”；

（2）将除歌名以外的所有段落的行间距设为“3 倍行距”；

（3）在歌名后面插入“考生文件夹 \ 774 \ ”文件夹中的图片“guoge. jpg”，并设置图片大小为高 2 cm，宽 2. 14 cm，环绕方式为“紧密形”，去掉锁定纵横比；

（4）将全文分为两栏；

（5）保存文档并关闭应用程序。

2. 打开“考生文件夹 \ 837 \ ”文件夹中的文件“卫生情况 . xls”进行以下操作并保存。

（1）利用求和函数计算各班的卫生得分；

（2）以表中“卫生得分”一列的数据为数据区域创建簇状柱形统计图，并作为其中的对象插入到 Sheet1 中；

（3）将页面的方向设为纵向，上、下、左、右页边距设为 3，页眉和页脚边距设为 3；

（4）保存文件；

（5）将文件以原文件名另存为在“考生文件夹 \ SaveAs \ ”

文件夹下。（“SaveAs”文件夹如不存在请考生自建）

2009 年上海市信息科技学科高中学业水平等级考试样题

必修模块

1. 在电脑商店中，某台电脑的配置说明为：“CPU P4 3.0 GHz”，其中“3.0 GHz”指的是（　　）。

A. CPU 的主频　　B. 网络传输速率

C. 硬盘的存储容量　　D. CPU 的编号

2. 以下关于计算机的叙述中正确的是（　　）。

A. 主频是衡量 CPU 处理速度的重要指标

B. 计算机体积越大，其功能就越强

C. 两个显示器屏幕大小相同，则它们的分辨率必定相同

D. 一张光盘的存储量，必定大于一个硬盘的存储量

3. 以下关于硬盘的叙述中，最合理的是（　　）。

A. 硬盘上的数据有可能会因为各种原因丢失，因此需要定期备份

B. 硬盘上的数据永远不会丢失

C. 只要防止误操作，就能防止硬盘上数据丢失

D. 只要不受病毒感染，硬盘上的数据就是安全的

4. 以下不是按计算机网络覆盖范围划分的网络分类是（　　）。

A. 星型网　　B. 局域网

C. 城域网　　D. 广域网

5. 人们经常要从互联网下载文件。若要下载一个 4.68MB 的文件，下载速度为 4KB/s，那么下载这个文件需要大约（　　）。

A. 20 分钟　　B. 20 秒

C. 2 分钟　　D. 2 秒

选学模块 1　算法与程序设计

1. 下列关于算法的叙述中错误的是（　　）。

A. 算法必须在计算机上用某种语言实现

B. 算法必须有输出

C. 算法不一定有输入

D. 算法必须在有限步执行后能结束

2. 下列描述算法的流程图符号中属于判断框符号的是（　　）。

A. 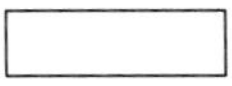　　B. 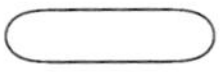

C. 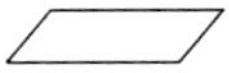　　D. 

3. 小王同学星期天的计划是：“如果下雨，就在家复习；如果不下雨，就出去郊游”。用算法描述这一计划，合适的算法结构是（　　）。

A. 顺序模式　B. 选择模式

C. 循环模式　D. 树型模式

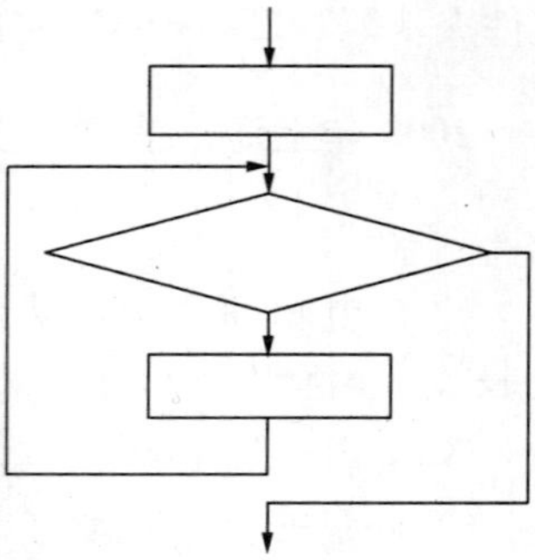

4. 右侧流程图中，循环条件为：i<=5，循环体为 s=s+i，i=i+1，要使循环体执行5次，循环变量i的初值应该是（　　）。

A. 1　　B. 0

C. 5　　D. 4

5. 流程图填空：要计算 1+2+3+…+100 的和，以下流程图中应填写的语句是（　　）。

A. s←s+i　　B. s←s+100

C. s←s+1　　D. s←100

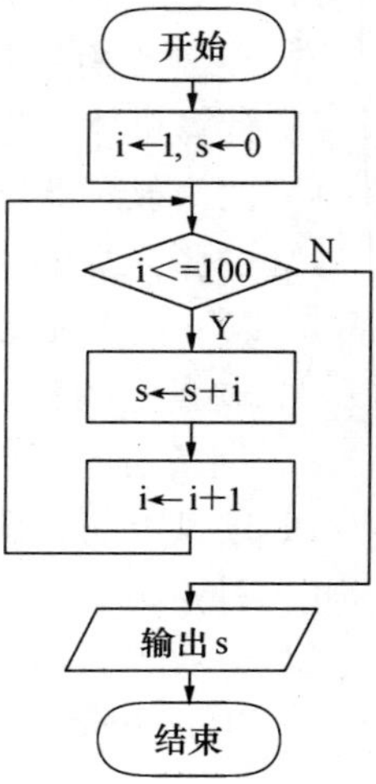

选学模块2　设计与创作

（平面作品创作略）

动画作品创作：

学校里开展了“讲文明、树新风”的宣传活动，小明决定创作一个动画作品来宣传自己的想法，他看到公园里有游客随处乱扔垃圾，就以“乱扔垃圾”为自己作品的主题制作动画作品，创意如下：

作品名称：大嘴春游记

创意描述：大嘴是一个贪吃的垃圾桶，什么东西都往嘴里放，一天，它高高兴兴去春游，它走过公园里的草地，草地上的垃圾都成了它的美食，苹果核、废纸、塑料袋、烟头等，慢慢地大嘴感到不舒服了，脸色不断变化，身体不断膨胀，最后随着一声爆炸，大嘴消失了。

1. 小明使用工具绘制了一个圆形，如图所示：

要去除红色的边缘，一下操作中正确的是（　　）。

A. 用选择工具点选红色边缘，然后按 Delete 键

B. 用橡皮擦工具擦除红色边缘

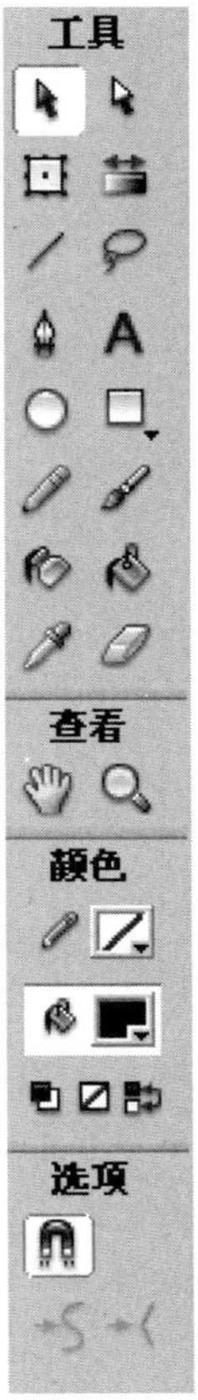

C. 用选择工具 点选红色边缘，然后设置笔触颜色与填充颜色相同

D. 单击“颜色”工具中的没有颜色按钮

2. 为了调整“大嘴”在背景中的位置，需要选中它，下列操作不正确的是（　　）。

A. 使用“选择工具”单击蓝色区域，然后按住 Shift 键再单击黑色的眼睛

B. 使用“选择工具”在工作区里拖动画出一个矩形区域，该区域包括整个“大嘴”的形象，如图所示

C. 使用“套索工具” 选择“大嘴”图形的边缘

D. 单击“选择工具”后，按 Ctrl＋A 的快捷键

3. 小明要在片首和片尾处打出主题词，最合适的是（　　）。

A. 片首为“大嘴春游记”，片尾为“爱护环境，请勿乱扔垃圾！”

B. 片首为“谁害了大嘴”，片尾为“爱护树木”

C. 片首为“爱护公物人人有责”，片尾为“爱护环境，勿乱扔垃圾！”

D. 片首为“迎世博”，片尾为“爱惜粮食”

4. 要制作一个“大嘴”走过草地的动画，可是设置了动作补间动画以后时间轴上显示的却是虚线，可能的原因是（　　）。

A. 没有将帧元素设置为元件

B. 起始帧和终止帧相隔太远了

C. 应该使用形状补间动画

D. 起始帧和终止帧相隔太近了

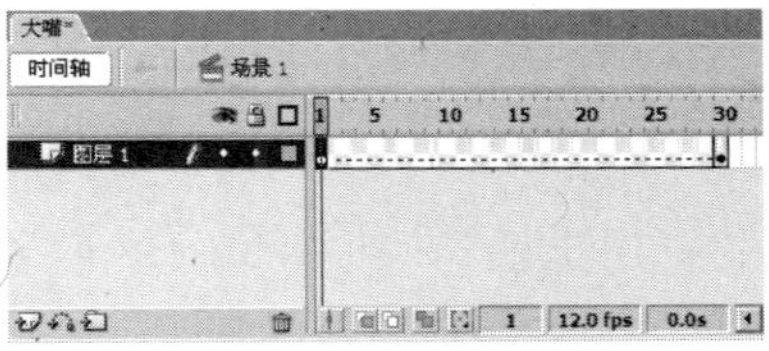

5. 为了给动画设置一个草地的背景，小明在场景中插入草地的图片，调整完尺寸以后发现原先制作的大嘴图片看不见了，如下图所示，可能的原因是（　　）。

A. 草地图片太大了，以至于大嘴的图片被挤出了工作区域

B. 草地图片覆盖在大嘴图片上面了

C. 一个帧里只能放一个图像所以大嘴图片被草地图片替代掉了

D. 大嘴图片被隐藏了

6. 针对第 5 题中出现的问题，小明尝试采取各种办法，使让大嘴出现在草地上，以下方法中，不可行的是（　　）。

A. 新建一个图层一图层 2，将草地图片剪切粘贴到图层 2，并将图层 2 置于图层 1 的下方

B. 缩小草地图片的尺寸，腾出空间，将大嘴图片放入工作区

C. 鼠标右键单击草地图片，在快捷菜单里选择“排列”→“移至底层”选项

D. 删除原先的大嘴图形，然后再重新从库里选择大嘴图形放置在草地图片上面

选学模块 3　数据管理

1. Access 数据库的数据模型是（　　）。

A. 网状模型　B. 关系模型　C. 层次模型　D. 面向对象模型

2. Access 中主键的标志是（　　）。

A. 　B. 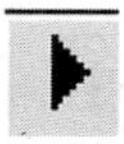　C. 　D. 

3. 下图是一个用 Access 软件创建的数据表，表中的字段数是（　　）。

A. 3　B. 4　C. 7　D. 12

4. 要建立一个“中小学信息技术大赛”数据库应用系统，它有三个实体及其属性：其中一个选手可以制作多个参赛作品，一个学校可以有多名参赛选手。以下 E－R 图为完整 E－R 中的一部分，其中，正确的 E－R 图是（　　）。

篮球队成员 : 表

编号	姓名	年龄	身高
001	高洲	17	1.81
002	李小明	16	1.78
003	张龙	16	1.82
		0	0

记录: 3 共有记录数: 3

实体名	属　　性
参赛选手	选手编号、姓名、性别 、电子邮箱
参赛学校	学校名称、联系电话、地址、作品编号
参赛作品	作品编号、作品名称、作品类别

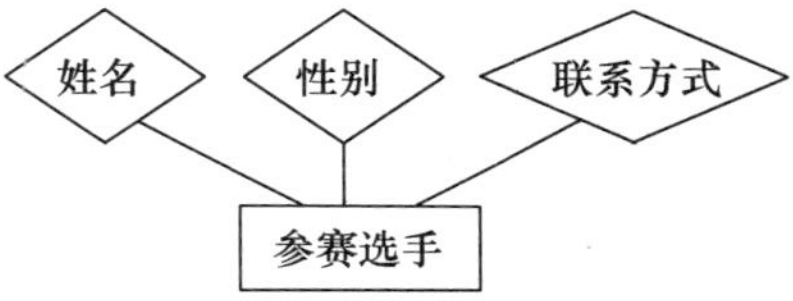

A

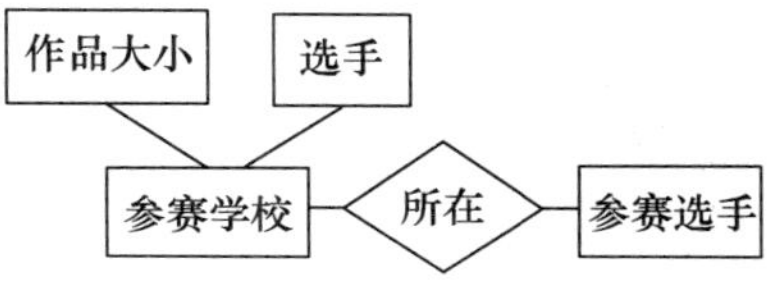

B

C

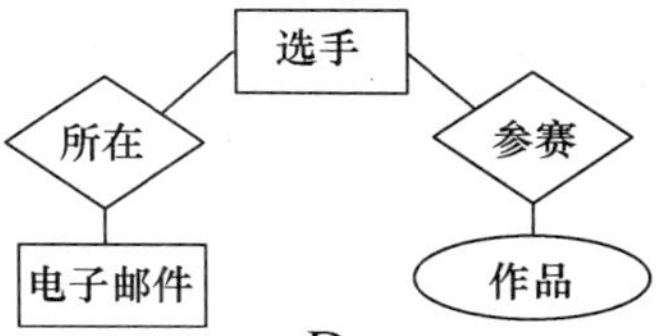

D

5.

姓名	借书证号	班级
赵明	10001	高一（1）班
王小东	20002	高二（3）班
张亮	10002	高一（1）班
赵明	20001	高二（3）班
……		

在上述关系数据表，表中的列称为（　　），行称为（　　），这个表中的关键字最好定为（　　）。

A. 字段　记录　借书证号　　B. 记录　字段　借书证号

C. 字段　记录　姓名　　　　D. 记录　字段　姓名

2009 年长沙市普通高中信息技术学业水平考查试卷

时间：60 分钟　满分：100 分

说明：本卷考查内容包括必修模块《信息技术基础》和选修模块《算法与程序设计》《多媒体技术应用》《网络技术应用》，共四个模块。其中必修模块为必做，共 26 小题，计 60 分；选修模块由考生自选一个模块，共 14 小题，40 分。请在选择模块前打勾，只能选做一个模块，多选无效，并将答案写在答题纸上。

第一部分　必修模块

《信息技术基础》

一、单项选择题（每小题 2 分，16 小题，共 32 分）

1. “你有一个苹果，我有一个苹果，彼此交换一下，我们仍然只有一个苹果；但你有一种思想，我有一种思想，彼此交换，我们就有了两种思想，甚至更多。”这话说明了信息的什么特征？（　　）

A. 依附性　　B. 共享性　　C. 价值性　　D. 时效性

2. 为了测试汽车安全气囊的安全性，利用计算机来演示汽车碰撞的全过程，结果“驾驶员”被碰得头破血流。这是信息技术在哪方面的应用？（　　）

A. 虚拟现实技术　　B. 存储技术

C. 识别技术　　D. 通信技术

3. 李波要做一个有关“日全食”的网页，他可以通过哪些途径获得相关素材？（　　）

①上互联网　②收看相关电视　③上图书馆查阅相关资料　④采访地理老师

A. ①②③　　B. ①②④　　C. ②③④　　D. ①②③④

4. 下列有关计算机病毒的叙述中，不正确的是哪一项？（　　）

A. 制造、散布计算机病毒是犯罪行为

B. 计算机病毒不能破坏计算机硬件

C. 计算机病毒具有传染性

D. 计算机病毒不会传染到操作者

5. 用计算机解决问题时，首先应该确定程序“做什么”，然后再确定程序“如何做”。请问“如何做”是属于用计算机解决问题的哪一个步骤？（　　）

A. 分析问题　B. 设计算法　C. 编写程序　D. 调试程序

6. 在主题网站的制作过程中，要实现网页之间的链接，需要使用（　　）。

A. 动画效果　B. 翻页功能　C. 超级链接　D. 播放器

7. 给朋友发送电子邮件，必须知道对方的（　　）。

A. 家庭住址　　　　B. 电话号码

C. 真实姓名　　　　D. E-mail 地址

8. 需要制作电子报刊，以下软件中你觉得哪项比较合适？（　　）

A. Word、PowerPoint　　B. Word、写字板

C. Word、记事本　　　　D. 写字板、记事本

9. 小王从网上下载了一幅图片，但图片被放大后却变模糊了，这图片是（　　）。

A. 位图　　B. 矢量图　　C. 图表　　D. 数据流

10. 以下不是图形图像格式的是（　　）。

A. .mpg　　B. .jpg　　C. .psd　　D. .bmp

11. 在一个数据库中，对所有符合条件的记录进行搜索，称为（　　）。

A. 排序　　B. 统计　　C. 查询　　D. 编辑

12. 在 Excel 中，图表类型有很多种，以下哪种不是常用的图表类型？（　　）

A. 柱形图　　B. 气泡图　　C. 折线图　　D. 饼图

13. 利用计算机进行信息资源管理，可分为文件管理方式和（　　）方式两种。

A. 磁盘管理　　　　B. 人工管理

C. 编程练习　　　　D. 数据库管理

14. 在 Word 中，对所编辑文档内容进行复制的快捷键是（　　）。

A. Ctrl＋A　　B. Ctrl＋V　　C. Alt＋A　　D. Ctrl＋C

15. 下列可以用来采集图像信息的设备是（　　）。

①照相机　②数码摄像机　③录音机　④打印机

A. ①③　　B. ②③　　C. ③④　　D. ①②

16. 目录检索也称为（　　），是互联网上最早提供 WWW 资源查询的服务。

A. 分类检索　　　　B. 关键词检索

C. 全文检索　　　　D. 文献检索

二、判断题（每小题 1 分，8 小题，共 8 分）

1. 信息无处不在，一幅图片、一个微笑都属于信息。（　　）

2. WWW 是万维网的英文缩写，是信息存储和信息检索最

大的资源。 （ ）

3. 在电子邮件中只能发送文本而不能发送图片。 （ ）

4. 通常将文件先压缩再进行在线传输，是因为文件越小，传输时间越短。 （ ）

5. 网页中我们只可以插入图片和音频文件，不能插入视频文件。 （ ）

6. 小明把自己买的正版软件放在网上供别人下载，这种行为是合法的。 （ ）

7. 在同一搜索引擎中，使用的关键词越具体，搜索的结果就越精确。 （ ）

8. 动画的形成利用了人的视觉暂留现象。 （ ）

三、应用题（每题 10 分，2 小题，共 20 分）

1. 小雪为了实现自己在中国人民大学学习的梦想，她给该校的自主招生领导写了一封求学自荐信（信的部分内容如左图），并通过电子邮件将自荐信发给中国人民大学自主招生的老师，内容及界面如下：

尊敬的中国人民大学自主招生领导（A）：

您好！我是×校高三学生（B）小雪。我希望通过贵校的自主招生来实现我在中国人民大学学习的梦想，感谢您在百忙中抽出时间审阅我的申请材料（C）。

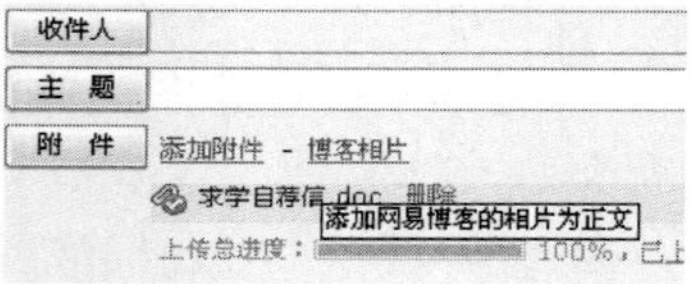

（1）在左图中，____使用了 **B** 的文字效果，____使用了 U 的文字效果，____使用了 *I* 的文字效果。（填标号）

（2）右图是小雪要发出的邮件，从图中可以看出，她在邮件中添加了____。

（3）中国人民大学自主招生的老师在 www.163.com 网站上申请了用户名为 zyf 的电子信箱，则右图中收件人完整的 E-mail 地址是____。

2. 通过制作网页来表达一个主题，需要完成一个含有图片和动画的网页。

（1）要把杂志上某张图片做数字化处理，并以文件 p01.jpg 存放在计算机中。现有如下设备：A. 打印机；B. 传真机；C. 复印机；D. 扫描仪，她可以使用的一种设备是____。

（2）计算机内安装有如下常用软件：A. Flash；B. Excel；C. PowerPoint；D. PhotoShop；E. MovieMaker，处理数据可用的软件是____，处理图片可用的软件是____，制作动画可用的软件是____，制作幻灯片可用的软件是____。

第二部分　选修模块

《算法与程序设计》

一、单项选择题（每小题 2 分，8 小题，共 16 分）

1. 下列哪一项不是程序设计语言（　　）。

A. Basic　　B. C＋＋　　C. Word　　D. Pasical

2. 下列描述算法的流程图符号中属于开始、结束框符号的是（　　）。

A.  B. 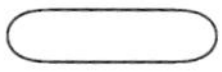 C. 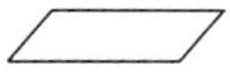 D. 

3. 以下哪组语句可以实现交换变量 A 与 B 的值（　　）。

A. A＝B：B＝C：C＝A　　B. C＝A：A＝B：B＝C

C. A＝B：B＝A　　D. C＝A：B＝A：B＝C

4. 算法描述有多种表达方法，下面哪些方法不可以描述“闰年问题”的算法（　　）。

A. 自然语言　　B. 数学语言

C. 伪代码　　D. 流程图

5. 下列选项中属合法变量名的是（　　）。

A. if　　B. zongfen　　C. 8－a　　D. a＃2

6. 早期的程序设计语言是由“0”“1”这样的二进制代码指令组表示的，称为（　　）。

A. 汇编语言　　B. 高级语言

C. 机器语言　　D. 编辑语言

7. 以下不属于程序设计基本结构的是（　　）。

A. 顺序结构　　B. 选择结构

C. 递进结构　　D. 循环结构

8. 在 Visual Basic 中，用于定义变量的语句是（　　）。

A. Rem　　B. End　　C. Dim　　D. Loop

二、判断题（每小题 1 分，4 小题，共 4 分）

1. 函数 Val(x) 的功能是将字符串转换为数值。（　　）

2. Visual Basic 中所有对象都具有同样的属性。（　　）

3. 采用函数或过程创建一个独立的功能单元，有利于实现模块化程序设计。（　　）

4. 结构化程序设计的基本思路：自顶向下，逐步求精。（　　）

三、应用题（每题 10 分，2 小题，共 20 分）

1. 阅读程序代码并填空。

（1）本程序中，变量 a. b 的数据类型都是______。

```
Rem VB 代码
'A
Dim a As Integer
'B
Dim b As Integer
'C
a = Val(InputBox("输入 a"))  'D
b = Val(InputBox("输入 b"))  'E
a = a + b
'F
b = b - 5
'G
Print a, b
'H
```

（2）以上代码中，表示输出语句的是第______行。

（3）本程序中，代码 a＝a＋b 的含义是______。（请选择：A. 把 a 的值赋给 a＋b；B. 把 a 加 b 的和赋给 a）

（4）若输入的两个数分别是 10 和 20，则程序执行完毕后，变量 a 的值是______，变量 b 的值是______。

2. 写出以下程序运行结果。

```
Private Sub Form _ Click（）
Dim N As Single，S As Single
  N=InputBox（"请输入 N 的值:"，"输入"）
  S=1
  If N<6 Then S=S * N
  Print S
End Sub
```

当 N＝5 时，运行的结果是______；

当 N＝8 时，运行的结果是______。

《多媒体技术应用》

一、单项选择题（每小题 2 分，8 小题，共 16 分）

1. 以下不属于多媒体计算机常用的图像输入设备是（　　）。

A. 数码摄像机　　B. 扫描仪

C. 绘图仪　　D. 数码照相机

2. 制作多媒体作品的过程中，收集不同媒体类型的素材需要不同的设备和技术手段，下面哪种方式可以得到动画素材？（　　）

A. 字处理软件　　B. 声卡剪辑

C. 专用绘图软件　　D. 视频卡采集

3. 下面不属于多媒体技术的主要特征的是（　　）。

A. 普遍性　　B. 交互性

C. 可集成性　　D. 超媒体的信息组织形式

4. 学校"校园文化艺术节"要组织一个配音比赛，现在需要你准备几段视频素材，你会利用以下哪个计算机软件把视频片段截取出来？（　　）

A. Winamp　　B. ACDSee

C. 绘声绘影　　　　　　　　D. Cool Edit Pro

5. 数字图像有位图和矢量图两种，比较位图和矢量图，可以看出（　　）。

A. 对于复杂图形，位图比矢量图的绘制速度快

B. 位图与矢量图占用的空间相同

C. 矢量图变形、缩放不影响图像的显示质量

D. 矢量图色彩丰富，存储空间大

6. Flash 不能导出的媒体类型有（　　）。

A. 视频　　B. 矢量动画　C. 位图　　D. mp3 文件

7. 在 PhotoShop 中，要将一幅图像的一部分去掉，就选用（　　）。

A. 钢笔工具　　　　　　　B. 渐变工具

C. 图章工具　　　　　　　D. 裁切工具

8. 下列属于动画文件格式的是（　　）。

A. . bmp　　B. . txt　　C. . jpg　　D. . swf

二、判断题（每小题 1 分，4 小题，共 4 分）

1. 一个多媒体作品必须有文字、动画和声音信息。（　　）

2. JPEG 是一种压缩的静止图像，MPEG 标准适用于动态图像。（　　）

3. 在音频数字化处理技术中，一般要涉及对声音的采样、量化和编码。（　　）

4. 图像素材的获取可以用画图程序获得、采用拷贝屏幕形式直接抓取、用扫描仪或视频图像抓取设备从照片等获取、也可购买现成的图片库。（　　）

三、应用题（每空 2 分，10 空，共 20 分）

某环保协会想利用信息技术进行以“珍惜水资源”为主题的宣传活动。

1. 为了录制宣传口号，小王将话筒接到电脑上用系统自带的______进行录音，录制的文件类型为______，为了减少数据量，他把声音文件压缩成______格式。由此可见，声音的数字化过程通过______与______完成。小王要截取光盘中的一段视频，可利用视频播放软件______进行截取，还要利用视频编辑软件______加上片头。

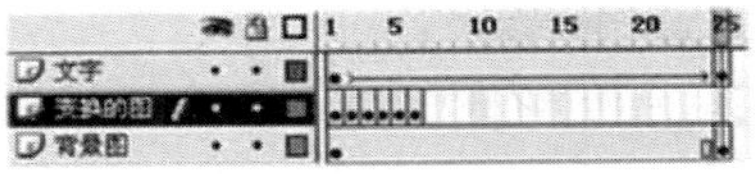

2. 小何创作 Flash 动画，其时间轴如右图所示，这段动画共有______个图层和______帧，要把一个音乐文件作为背景音乐，应先将音乐文件导入到______。

《网络技术应用》

一、单项选择题（每小题 2 分，8 小题，共 16 分）

1. 以下设置密码的方式中哪种更加安全？（　　）

A. 用自己的生日作为密码

B. 全部用英文字母作为密码

C. 用大小写字母、标点、数字以及控制符组成密码

D. 用汉语拼音作为密码

2. 下列 IP 地址书写正确的是（　　）。

A. 192.16.9.268　　B. 192，168，222，1

C. 166 163 268 8　　D. 192.168.2.22

3. 当你在网上下载软件时，你享受的网络服务类型是(　　)。

A. 文件传输　　B. 远程登录

C. 信息浏览　　D. 即时短信

4. 互联网最常用的通信协议是（　　）。

A. BBS　　B. ISDN　　C. TCP/IP　　D. PPP

5. 建立主题网站的顺序是（　　）。

A. 规划→设计→实现→发布管理

B. 设计→规划→实现→发布管理

C. 规划→实现→设计→发布管理

D. 设计→实现→规划→发布管理

6. 小青在使用 QQ 和 E-mail 时，发现它们有一些共同处，下面选项中错误的是（　　）。

A. 都可以用文字交流　　B. 都可以传递图片信息

C. 都可以实时语音视频交流　　D. 都有账号（或用户）名

7. 个人用户拨号上网需要计算机、电话线、用户账号和口令，以及（　　）。

A. 调制解调器　　B. 录像机

C. 投影仪　　D. 交换机

8. 在互联网上计算机之间相互传递信息，它们之间必须具有相同的（　　）。

A. 网络协议　　B. 域名

C. WWW　　D. IP 地址

二、判断题（每小题 1 分，4 小题，共 4 分）

1. 在网页制作中，合理、恰当地运用表格可以为网页的布局及美化起重要作用。（　　）

2. 上网时，输入 IP 地址不可以打开网页。（　　）

3. 在网上听在线歌曲、下载软件、查阅新闻都属于网络资源共享。 (　　)

4. HTML 语言中不可以嵌入如 ASP、Java 等编程语言。 (　　)

三、应用题（每空 2 分，10 空，共 20 分）

1. 一公司职员将办公室的 4 台电脑组成了如右图的网络。

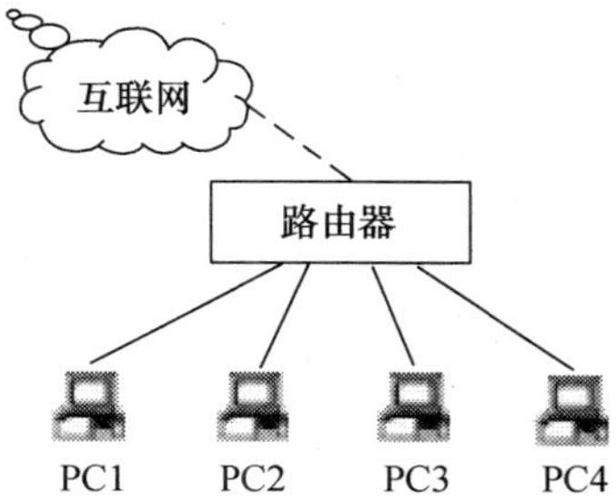

(1) 从地理覆盖范围来看，计算机网络分为__、城域网和__，他组建的网络属于__。

(2) 从拓扑结构看，计算机网络分为总线型、__和__，他组建的网络是__。

(3) 从图中可以看出接入互联网中充当网关的设备是__。

2. 长沙地铁即将破土动工修建，某校五位同学准备搭建一个网站来宣传报道地铁修建情况和长沙未来几年的交通状况，为市民的出行提供便利。

(1) 请你为他们确定一个具体明确的网站主题：__（用一句话写出来）。

(2) 他们将做好的网站发布在小明的计算机上供别人浏览，小明的计算机充当的是__。（请选择：A. 服务器；B. 客户机）

(3) 网站制作的阶段一般有：A. 制作实现网站；B. 发布管理网站；C. 规划设计网站，请用序号排出正确顺序：__。

2009 年黑龙江省普通高中信息技术学业水平考试技术试卷

第一部分　必修试题

一、单项选择题（本题 10 小题，每小题 1 分。共 10 分）

1. 萧伯纳说：“你有一个思想，我有一个思想，彼此交换，我们就都有了两个思想，甚至更多。”这句话主要体现了信息的(　　)。

A. 普通性　　B. 依附性

C. 共享性　　D. 时效性

2. 关于信息，以下说法中不正确的是(　　)。

A. 信息是事物运动的状态与方式

B. 信息对于所有人具有同等价值

C. 信息必须依附于某种载体

D. 信息是区别于物质与能量的第三类资源

3. 关于网络安全，下列说法不正确的是（　　）。

A. 只要安装了杀毒软件，就不会感染病毒

B. 为防止黑客入侵，应安装防火墙软件

C. 应设置安全密码，提高安全性

D. 不应随意访问来历不明的网站

4. 分析近年来某地气温的变化趋势，下列图表中适合的是（　　）。

A. 面积图　　B. 圆环图　　C. 饼图　　D. 折线图

5. 参加高考的学生进入考场时，需要通过指纹核实身份，这应用了（　　）。

A. 模式识别技术　　B. 机器翻译技术

C. 智能代理技术　　D. 手写输入技术

6. 张燕从网上下载了歌曲《青花瓷》，其文件的扩展名可能为（　　）。

A. .mp3　　B. .xls　　C. .jpg　　D. .doc

7. 关系型数据库由若干个二维表组成，表中每一列称为（　　）。

A. 记录　　B. 字段

C. 主关键字　　D. 关联字段

8. 利用计算机编程解决问题的步骤，按顺序排列合理的是（　　）。

①分析问题　②编写程序　③设计算法　④调试运行

A. ①②③④　　B. ①③②④

C. ②③④①　　D. ②①③④

9. 学生会拟向同学发出主题为“心系灾区，珍爱生命”的捐资助学倡议，下列方式中可以选用的是（　　）。

①演讲　②张贴海报　③浏览网页　④网站公告

A. ①②③④　　B. ②③④

C. ①②④　　D. ①③④

10. 下列软件本身不支持网络断点续传的是（　　）。

A. 网络蚂蚁　　B. IE 浏览器

C. 网际快车　　D. 迅雷

二、综合题（15 分）

11. 为纪念改革开放 30 周年，学校拟组织一次改革开放成果作品展。现需提交一份电子作品，请完成如下规划工作：

（1）（5 分）确定作品名称、主要内容、作品形式、创作工具、发布方式，并将答案填入相应的位置。

作品名称					
主要内容					
作品形式		创作工具		发布方式	

（2）（5 分）根据信息需求确定信息来源、选择信息获取方法，并将答案填入相应的位置。

信息需求	改革开放成果			
信息来源		报　纸		
获取方法	网络检索		访　谈	

（3）（5 分）针对作品所需素材，进行信息资源管理规划，画出文件存储结构示意图。

第二部分　选修试题

（考生在四个模块中选答一个模块的试题，25 分）

《算法与程序设计》

一、单项选择题（本题 10 小题。每小题 1 分，共 10 分）

1. 程序的基本结构有顺序结构、选择结构和（　　）。

A. 模块结构　　B. 循环结构

C. 分支结构　　D. 线性结构

2. 下列不属于程序设计语言的是（　　）。

A. 机器语言　　B. 自然语言

C. 高级语言　　D. 汇编语言

3. 下列关于算法的叙述不正确的是（　　）。

A. 算法是解决问题的有限步骤

B. 算法的描述方法主要有自然语言、流程图和伪代码

C. 解决同一问题的算法只有一种

D. 一个好的算法应具有可读性

4. 在 VB 中，下列语句可以定义一个整型变量的是（　　）。

A. Dim A As Date　　B. Dim High As Single

C. Dim Stu As String　　D. Dim Sum As Integer

5. 在 VB 中，下列变量名合法的是（　　）。

A. S2　　B. 2S　　C. Dim　　D. As

6. 在 VB 中，下列语句可以定义常量 Pi 的是（　　）。

A. Const Pi＝3. 1415926　　B. Const Pi

C. Dim Pi＝3. 1415926　　D. Pi＝3. 1415926

7. 在 VB 中，能够在运行模式下输入数据的是（　　）。

A. 标签　　　　B. 文本框

C. 单选按钮　　　　D. 图片框

8. 在 VB 中，表达式（8＋2000）/2＋ABS(8－2000)/2 的值是（　　）。

A. 2008　　B. 8　　C. 2000　　D. 1992

9. 编程求解 1000 以内的所有素数，下列算法中最适用的是（　　）。

A. 二分法　　　　B. 穷举法

C. 解析法　　　　D. 冒泡排序法

10. 在面向对象程序设计中，下列关于对象的说法错误的是（　　）。

A. 对象的属性用代码表示

B. 对象都具有属性

C. 对象都有行为

D. 对象都具有唯一可识别的标识

二、综合题（15 分）

11. 张健想要设计一个程序，用来计算三角形、长方形、圆形、圆环形的面积。请你帮他完成如下工作：

(1)（5 分）根据模块乙程序设计思想，画出该程序的模块结构图。

(2)（5 分）任选其中一种图形，画出求其面积的算法流程图。

(3)（5 分）写出（2）中算法的程序代码。

《多媒体技术应用》

一、单项选择题（本题 10 小题。每小题 1 分。共 10 分）

1. 以下不属于多媒体技术特征的是（　　）。

A. 集成性　　　　B. 交互性

C. 抽象性　　　　D. 数字化

2. 张老师制作多媒体课件时需要用到教材上的一幅插图，下列设备中能将图片输入到计算机中的是（　　）。

A. 扫描仪　　　　B. 录音机

C. 绘图仪　　　　D. 打印机

3. 酷爱音乐的李华准备制作个人音乐专辑，为获得较好的音质，他应选择的采集参数是（　　）。

A. 采样频率：22.05 kHz，量化位数：16 位

B. 采样频率：44.1 kHz，量化位数：16 位

C. 采样频率：44.1 kHz. 量化位数：8 位

D. 采样频率：22.05 kHz，量化位数：8 位

4. 下列属于虚拟现实基本特征的是（　　）。

A. 抽象性　　B. 非线性

C. 沉浸感　　D. 单一性

5. 关于点阵图（位图）和矢量图，下列说法错误的是（　　）。

A. 点阵图（位图）是由像素点组成的

B. 矢量图的清晰度与分辨率有关

C. 点阵图（位图）适合于表现具有大量细节、色彩丰富的图像

D. 矢量图放大后不失真

6. 利用 Authorware 集成多媒体作品时，用于导入图片的图标是（　　）。

A. 等待图标　　B. 显示图标

C. 移动图标　　D. 擦除图标

7. 下列四种文件格式中，既可以存储静态图像，又可以存储动画的文件格式是（　　）。

A. GIF　　B. JPG　　C. SWF　　D. BMP

8. 同样 1 分钞声音乐，分别利用下列四种文件格式存储，所需存储空间最小的是（　　）。

A. CD　　B. WAV　　C. MP3　　D. MIDI

9. 要把声音信号存储到计算机中，必须把波形信号转换成（　　）。

A. 模拟信号　　B. 数字信号

C. 控制信号　　D. 通信信号

10. 一张 256MB 的数码相机存储卡，理论上能存储分辨率为 800×600 像素的 24 位彩色照片的数量是（　　）。

A. $(256\times1\,024\times1\,024)/(800\times600\times24/8)$ 张

B. $(256\times1\,000\times1\,000)/(800\times600\times24/8)$ 张

C. $(256\times1\,000\times1\,000)/(800\times600\times24)$ 张

D. $(256\times1\,024\times1\,024)/(800\times600\times24)$ 张

二、综合题（15 分）

11. 难忘的军训生活给我们留下了美好的回忆，现需制作一份反映军训生活的电子作品，请完成如下工作：

(1)（5 分）写出作品名称，画出作品的内容结构图。

(2)（5 分）根据信息加工需求，选择合适的软件工具，填入

相应位置。

加工需求	选用的软件工具
图像加工	
声音加工	
视频加工	
动画加工	
作品集成	

(3)(5分)画出作品封面的布局设计图(至少包含三条信息),并标明信息的呈现方式。

《网络技术应用》

一、单项选择题(本题10小题,每小题1分,共10分)

1. 按网络规模划分,学校微机室的网络一般属于(　　)。

A. 广域网　B. 城域网　C. 局域网　D. 互联网

2. IP电话采用的数据交换技术是(　　)。

A. 线路交换　B. 分组交换

C. 报文交换　D. 帧中继

3. OSI模型的最高层是(　　)。

A. 物理层　B. 应用层　C. 传输层　D. 网络层

4. 互联网中最基本的网络通信协议是(　　)。

A. HTTP　B. UDP　C. PTP　D. TCP/IP

5. 以下IP地址正确的是(　　)。

A. 192.168.11.101　B. 192.168.101

C. 192.168.11.268　D. 192:168:11:101

6. 小明想将家里的电脑接入互联网,下列部门中能够为他提供接入服务的是(　　)。

A. 中国电信　B. 百度

C. 腾讯　D. 雅虎中国

7. 域名 www.tsinghua.edu.cn 中的 edu 表示(　　)。

A. 政府机构　B. 商业机构

C. 教育机构　D. 网络机构

8. 以下技术中不适合编制动态内容网页的是(　　)。

A. ASP　B. HTML　C. PHP　D. JSP

9. 发布网站时,以下不适合作为网站首页文件名的是(　　)。

A. index.htm　B. 首页.htm

C. defauh. asp　　　　　　D. default. htm

10. 以下搜索引擎中，没有自己的数据库，而是借助其他搜索引擎完成搜索任务的是（　　）。

A. 元搜索引擎　　　　　　B. 目录搜索引擎

C. 全文搜索引擎　　　　　D. 分类搜索引擎

二、综合题（15 分）

11. 某单位新购进 5 台电脑，准备组建一个星形拓扑结构的小型局域网。

（1）（5 分）在相应位置上画出该局域网的拓扑结构图。

（2）（5 分）为组建此局域网，除计算机（含网卡）外，还需要购买哪些设备？将答案填入相应位置。

设备名称			RJ45 连接器（水晶头）
数　量			

（3）（5 分）此局域网组建成功后，如果单位申请将其接入互联网，那么该单位用户可以使用互联网的哪些服务（至少列举出 5 种服务）？将答案写在相应位置上。

《数据管理技术》

一、单项选择题（本题 10 小题，每小题 1 分。共 10 分）

1. 在关系数据库中，下列说法不正确的是（　　）。

A. 数据库由若干二维表构成

B. 表中不允许有完全相同的记录行

C. 同一表中允许有相同的字段

D. 表之间通过关联关键字段建立联系

2. 不同用户可以同时访问数据库中的同一数据，说明数据库中的数据具有（　　）。

A. 整体性　　B. 共享性　　C. 独立性　　D. 安全性

3. 在 E—R 图中，表示实体的属性需使用带有属性名的（　　）。

A. 矩形框　　　　　　B. 椭圆形框

C. 菱形框　　　　　　D. 三角形框

4. 学校开设信息技术选修课，要求每名学生从四个选修模块中选学一个模块，在此实例中，模块课程和学生之间的关系类型属于（　　）。

A. 一对一　　B. 一对四　　C. 多对多　　D. 一对多

5. 在 SQL 语言中，用于数据查询的语句是（　　）。

A. DELETE　　B. SELECT

C. INSERT　　D. UPDATE

6. Access 属于（　　）。

A. 数据库管理系统　　B. 数据库应用系统

C. 数据库系统　　D. 数据库查询系统

7. Access 中，用于存放出生年月信息的字段的数据类型通常是（　　）。

A. 货币　　B. 是/否

C. 日期/时间　　D. OLE 对象

8. 数据库系统中常用的数据模型包括（　　）。

A. 关系模型、层次模型、网状模型

B. 树状模型、层次模型、网状模型

C. 关系模型、概念模型、层次模型

D. 关系模型、层次模型、概念模型

9. 在关系数据库中，若一个表中的所有字段都是不可分的基本数据项，则该表符合（　　）。

A. 第一范式　B. 第二范式　C. 第三范式　D. 第四范式

10. 关于数据库操作，以下说法错误的是（　　）。

A. 排序会改变数据原来的存放次序

B. 筛选可以跨多个表进行

C. 查询不会改变原基础表的内容

D. 筛选可以将符合条件的记录显示出来

二、综合题（15 分）

11. 学校对学生进行综合素质评价，需要统计学生获奖情况。其中学生信息包括：学籍号、姓名、性别、班级；奖励信息包括：奖励名称、奖励时间、颁奖部门。

(1)（5 分）分析并写出上述实例中包含的实体及其属性，填入相应位置。

实　体	属　　性

(2)（5 分）建立数据库的概念模型，并用 E—R 图表示。

(3)（5 分）根据 E—R 图，设计数据库结构。写出各表的字段名称、数据类型，并标出主关键字段。

2009年9月普通高等学校招生浙江省统一考试
信息技术试题（节录）

本试题卷分第Ⅰ卷和第Ⅱ卷两部分。全卷共16页，第Ⅰ卷1至6页，第Ⅱ卷7至16页。满分100分，考试时间90分钟。

第Ⅰ卷　必考模块（共55分）

一、选择题（本大题17小题，每小题2分。共34分。在每小题给出的四个选项中，只有一个是符合题目要求的）

1. 小孙将杂志上刊登的一篇文章扫描后，通过OCR软件和文字处理软件处理，保存在计算机中。对此处理过程及所获取的信息，下列叙述正确的是（　　）。

A. 计算机中的信息可以复制，因此只有计算机中的信息才具有共享性

B. 信息可以通过多种技术手段进行加工和处理

C. 文章保存到计算机后，由于载体发生改变，信息也会随之发生改变

D. 可以将扫描后获得的稿件以自己的名义向其他杂志重新投稿

2. 下列关于信息技术的描述，正确的是（　　）。

A. 信息技术就是计算机技术

B. 远古时代没有信息技术

C. 信息技术能帮助我们完成任何工作

D. 现代信息技术快速地改变着社会的经济结构、生产方式和生活方式

3. 超市收银员用条形码阅读器对商品上的条形码进行扫描，以获取相应的信息。这个扫描过程一般被称为（　　）。

A. 信息的编码　　B. 信息的采集

C. 信息的发布　　D. 信息的表达

4. 用UltraEdit软件观察到“学”字的内码为D1A7H，其对应的二进制编码是（　　）。

A. 11010001　　B. 1010000110100010

C. 11000110　　D. 1101000110100111

5. 某研究成果可以实现将播音内容自动转换成文字，这种类似“听写机”的系统被电视台、广播电台等单位广泛应用。该成果主要应用了人工智能中的（　　）。

A. 手写文字识别技术　　B. 光学字符识别技术

C. 语音识别技术　　D. 机器翻译技术

6. 下列能将 CD 中的歌曲转换成 mp3 格式的软件是（　　）。

A. Windows Media Player　　B. Word

C. FrontPage　　D. PhotoShop

7. 用 Windows 附件中的“画图”程序绘制图像，保存时可选择不同的保存类型（如第 7 题图所示），则使用图像数据压缩技术的类型是（　　）。

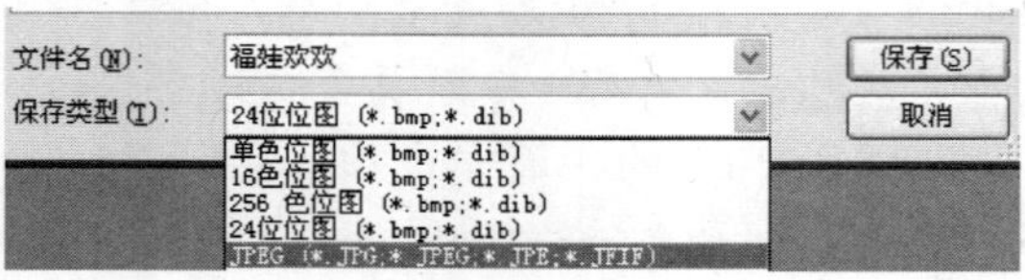

第 7 题图

A. 16 色位图　　B. 256 色位图

C. JPEG　　D. 24 位位图

8. 目前移动通信运营商大力宣传 3G 手机，这里“3G”指的是（　　）。

A. 手机中存储卡的存储容量为 3 GB

B. 手机能够收发的短信容量为 3 GB

C. 第三代移动通信技术

D. 第三代手机制造技术

9. 下列行为最有可能导致计算机信息安全问题的是（　　）。

A. 设置较复杂密码且定期更新

B. 及时安装系统补丁

C. 经常清除 IE 浏览器的插件

D. 打开陌生网友留言中链接的网页

10. 有一张青花瓷图片如第 10 题-1 图所示，小洪对该图片分别进行了调整亮度、调整对比度、图像旋转和图像裁剪四种操作，得到第 10 题-2 图所示的四张图片。则所得到的四张图片中，只进行过调整亮度或对比度操作的是（　　）。

第 10 题-1 图

A. 图 A 和图 B

B. 图 A 和图 C

C. 图 B 和图 C

D. 图 A 和图 D

11. 某音频文件，属性如第 11 题图所示，下列对该音频文件的描述正确的是(　　)。

A. 该音频的采样频率是 22 050 kHz

图A

图B

图C

图D

第 10 题-2 图

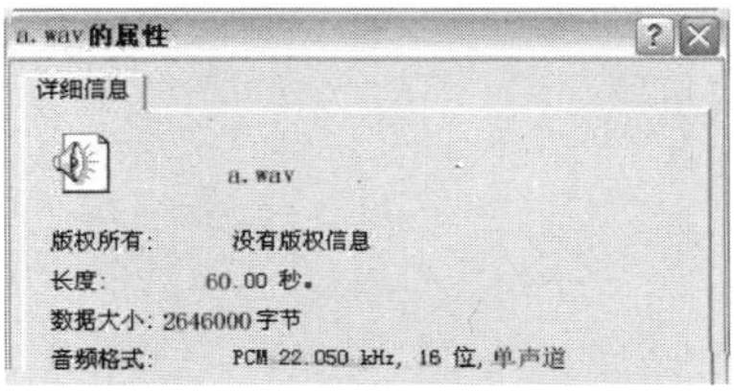

第 11 题图

B. 该音频文件的存储容量约为 2.52 KB

C. 该音频是双声道立体声的

D. 该音频文件属于 wav 格式

12. 对于数据库和数据表，下列描述正确的是（　　）。

A. 数据表中记录数是有限的

B. 一个数据库只能包含一张数据表

C. 数据表不可以被重新命名

D. 数据表可以是一维的，也可以是二维的

13. 小李准备制作一个网站，在素材收集阶段，下列做法比较恰当的是（　　）。

① 将各类素材按类型分别存放在不同的文件夹中

② 为便于识别素材，将网上下载的素材文件重新命名

③ 对图片素材根据需要进行裁剪、压缩等处理

④ 网上信息是公开发布的，不存在版权问题，所有素材都可以被随意下载和使用

A. ①②③　　　　B. ①②④

C. ①③④　　　　D. ②③④

14. 一个摸球游戏的流程图如第 14 题图所示（红球总数和绿球总数均大于 0）。游戏结束时，S 位所代表的是（　　）。

A. 摸到的绿球数

B. 摸到的红球数

C. 未摸到的绿球数

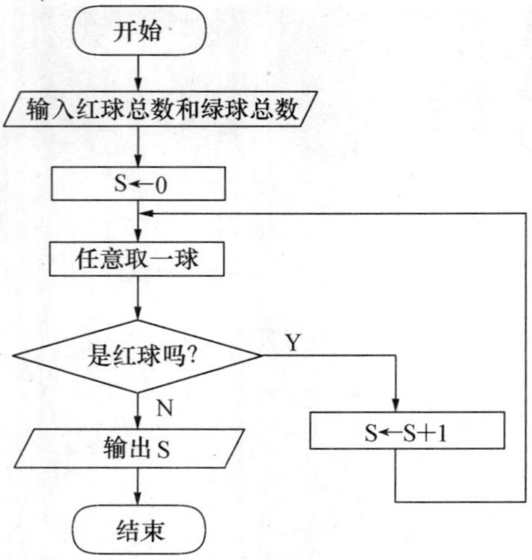

第 14 题图

D. 未摸到的红球数

15. 暑假期间，小江意外收到一条手机短信，称他被中央电视台某节目组抽为幸运用户，获得了高额奖金及奖品若干，但要先交税及手续费。让他汇款到某一指定账号。下列对此类信息的评价及处理恰当的是（　　）。

A. 信息可信度高，可以直接将钱汇到指定账号

B. 信息可信度较高，与短信发送者核实后再汇钱

C. 信息可信度较低，但机会难得，先汇钱过去试试运气

D. 信息可信度低，可通过中央电视台官方渠道核实或举报

16. 有一种利用打孔透光原理设计的简易身份识别卡：每张卡在规定位置上有一排预打孔位，读卡器根据透光检测判断哪些孔位已打孔，哪些未打孔，从而识别出卡的编码。如果要设计一种供 1 000 人使用的身份卡，则卡上的预打孔位至少需要（　　）。

A. 5 个　　　　B. 7 个

C. 9 个　　　　D. 10 个

17. 小金在 IE 浏览器的“整理收藏夹”对话框中（如第 17 题图所示），进行了如下操作：

① 单击“创建文件夹”按钮，并输入文件夹名“新闻”

② 将“新华网”拖曳至“新闻”文件夹中

③ 单击“电台指南”

④ 单击“删除”按钮，并确认

完成上述操作后，第 17 题图右侧框中文件夹和网页链接的

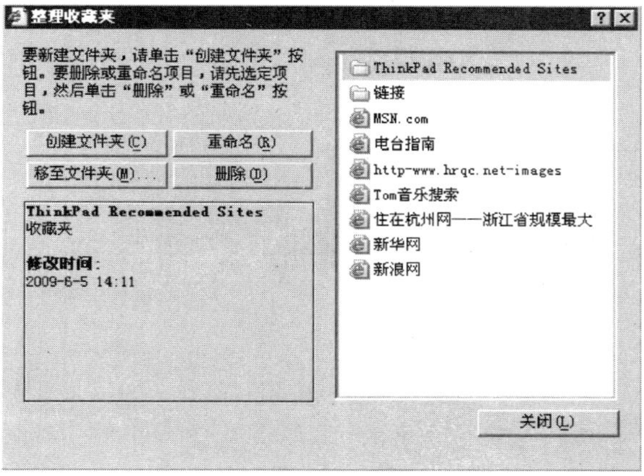

第 17 题图

数目分别为（　　）。

A. 2，5　　B. 3，5　　C. 2，6　　D. 3，6

二、综合题（本大题 3 小题，其中第 18 小题 6 分，第 19 小题 8 分，第 20 小题 7 分，共 21 分）

18. 小李要用 Word 软件制作一份“西湖十景”的图文介绍。请回答下列问题：

（1）为获取某旅游论坛中关于“西湖十景”的资料，小李注册了账号并登录，然后在论坛中搜索相关信息；再次登录时，小李补充了部分个人信息。已知该论坛利用数据库管理各类信息，则上述过程中，系统对数据表采取的主要操作分别是（填：添加记录/删除记录/查询记录/修改记录）：

小李所做的操作	系统对数据表采取的主要操作
注册账号	①
搜索信息	②
补充个人信息	③

（2）如第 18 题-1 图所示，小李要下载网页上方标题文字“三潭印月”后的背景图片，在图片上右击后将出现第 18 题-2 图中的菜单________（填：A/B）。

（3）制作 Word 文档时，小李发现文档中所有应为句号处均为符号“|”，可以使用________（填：修订/替换/拼写和语法检查）功能将所有“|”快速改为“。”。

（4）如第 18 题-3 图所示。小李对插图“三潭印月”设置了____________（填：上下型/紧密型/嵌入型）文字环绕方式。

19. 小李是个篮球迷，他关注中国男篮的每一场比赛，并

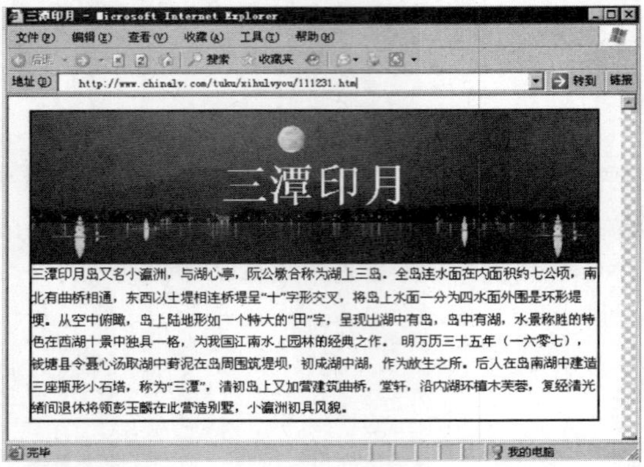

第 18 题- 1 图

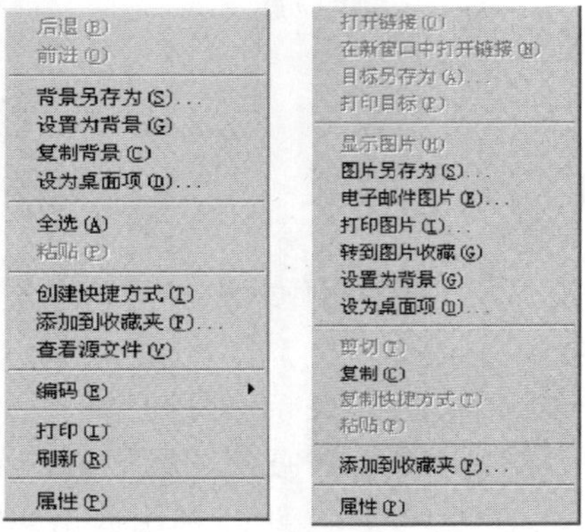

A B

第 18 题- 2 图

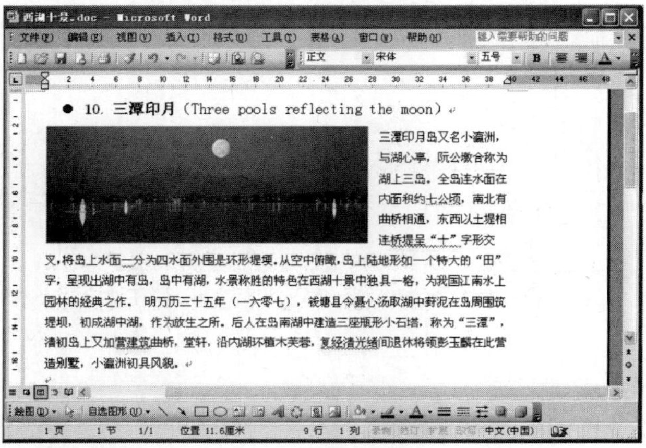

第 18 题- 3 图

在赛后利用 Excel 软件对中国男篮的技术数据进行分析，第 19

题-1图是中国男篮某场比赛的技术统计表。请回答下列问题：

E3 =D3/C3

	A	B	C	D	E	F	G	H	I	J	K	L	M	N	O	P
1	中国男篮技术统计															
2	球员	位置	二分投篮次数	二分投篮命中	二分投篮命中率	三分投篮次数	三分投篮命中	三分投篮命中率	罚篮得分	篮板	助攻	抢断	盖帽	失误	犯规	得分
3	刘炜	后卫	9	1	11.11%	3	1	33.33%	3	3	2	0	0	3	1	
4	孙悦	后卫	8	3	37.50%	5	2		0	1	2	1	1	1	3	
5	姚明	中锋	10	3	30.00%	3	1		6	10	1	0	3	1	4	
6	易建联	前锋	13	4	30.77%	4	0		1	3	0	0	0	2	3	
7	朱芳雨	前锋	6	4	66.67%	3	3		0	8	2	0	0	0	2	
8	陈江华	后卫	3	1	33.33%	0	0		0	2	2	1	0	3	1	
9	王治郅	中锋	9	4	44.44%	3	0		0	5	1	0	2	1	1	
10	王仕鹏	后卫	1	0	0.00%	0	0		2	1	1	0	0	3	1	
11	李楠	前锋	5	2	40.00%	3	2		0	0	0	0	0	1	2	
12	张庆鹏	后卫	4	1	25.00%	3	1		2	2	1	0	0	2	1	
13	杜锋	前锋	0	0	#DIV/0!	0	0		0	0	0	0	0	1	1	
14	王磊	前锋	0	0	#DIV/0!	0	0		0	2	0	0	0	0	0	

第 19 题-1 图

（1）计算“二分投篮命中率”时，先求出 E3 单元格的值，然后自动填充至 E14 单元格，发现 E13 和 E14 单元格中显示“＃DIV/O!”（如第 19 题-1 图所示），其原因为________________。

（2）计算各球员“得分”时（球员得分由三部分组成：二分投篮得分、三分投篮得分和罚篮得分），先在 P3 单元格中输入公式____________，然后利用自动填充功能完成其余单元格的计算。

第 19 题-2 图

（3）若按球员位置对表中数据区域 A2：P14 进行降序排序，当球员位置相同时得分高的在前，则在第 19 题-2 图所示的“排序”对话框中，“主要关键字”应为____________；“次要关键字”应为________________，且为____________________（填：升序/降序）。

（4）如第 19 题-3 图所示。小李利用数据区域 A2：A3 和 J2：O3 制作了一张姚明的“技术统计”图表；若将姚明的“技术

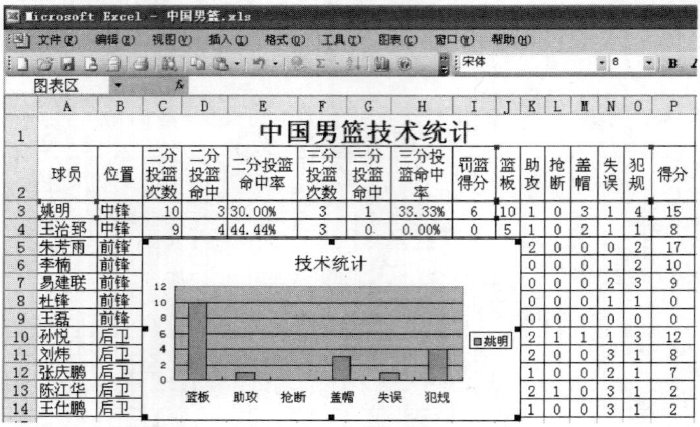

	A	B	C	D	E	F	G	H	I	J	K	L	M	N	O	P
1	中国男篮技术统计															
2	球员	位置	二分投篮次数	二分投篮命中	二分投篮命中率	三分投篮次数	三分投篮命中	三分投篮命中率	罚篮得分	篮板	助攻	抢断	盖帽	失误	犯规	得分
3	姚明	中锋	10	3	30.00%	3	1	33.33%	6	10	1	0	3	1	4	15
4	王治郅	中锋	9	4	44.44%	3	0	0.00%	0	5	1	0	2	1	1	8
5	朱芳雨	前锋									2	0	0	0	2	17
6	李楠	前锋									0	0	0	1	2	10
7	易建联	前锋									0	0	0	2	3	9
8	杜锋	前锋									0	0	0	1	1	0
9	王磊	前锋									0	0	0	0	0	0
10	孙悦	后卫									2	1	1	1	3	12
11	刘炜	后卫									2	0	0	3	1	8
12	张庆鹏	后卫									1	0	0	2	1	7
13	陈江华	后卫									2	1	0	3	1	2
14	王仕鹏	后卫									1	0	0	3	1	2

第 19 题-3 图

统计”图表改成中锋球员的“技术统计”图表，可通过如第 19 题-4图所示菜单中的________命令来增加王治郅的相应数据：__________（填数据区域）。

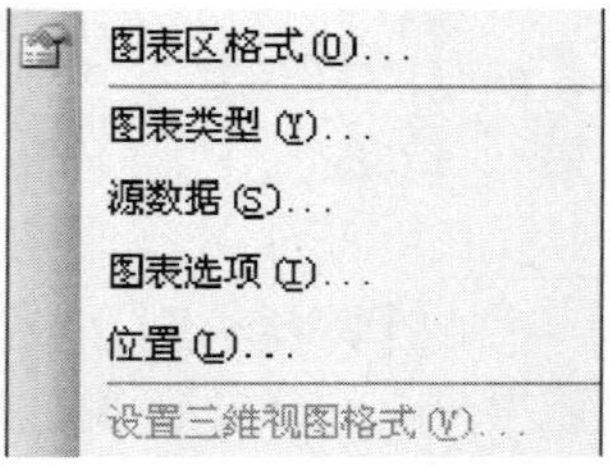

第 19 题-4 图

20. 小李围绕主题“中学生饮食与健康”使用 FrontPage 软件制作一个网站。请回答下列问题：

(1) 确定网站主题后，制作网站还需经历以下阶段：

①网页制作　②素材收集整理　③网站策划构思　④调试发布

正确的顺序是________（填序号）。

第 20 题-1 图

(2) 小李从网上获取了一张图片素材（第 20 题-1 图），其左上和右下有白色网址，可在图像处理软件中用第 20 题-2 图中的______________（填数字）工具，将其处理成第 20 题－3 图所示结果。

(3) 调试网页时，小李将如第 20 题-4 图所示的网站首页作了修改，效果如第 20 题-5 图所示，他在__________（填：表格/单元格）属性对话框中调整了_____________（填：单元格边距/单元格间距）的值。

(4) 如第 20 题-5 图所示，网站首页左下角有一盏灯的图片，浏览时这盏灯闪烁发亮。由此可知制作时采用的是第 20 题-6 图

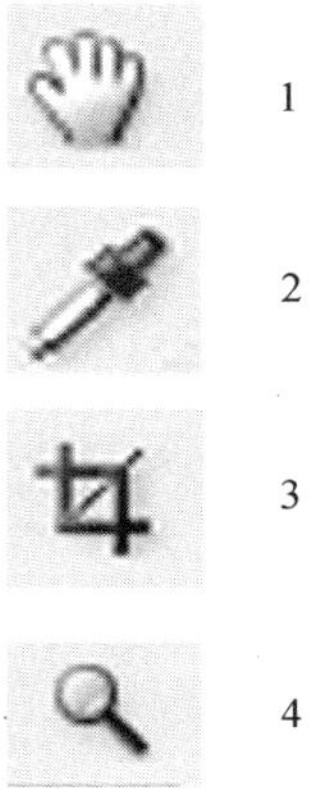

第 20 题- 2 图

第 20 题- 3 图

中的图片________（填文件名）。

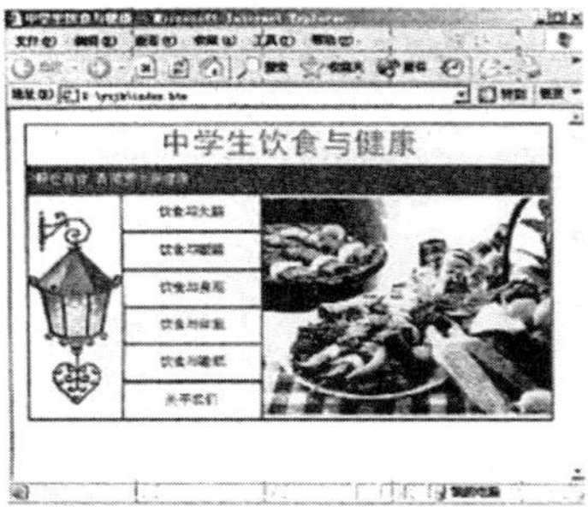

第 20 题- 4 图

第 20 题- 5 图

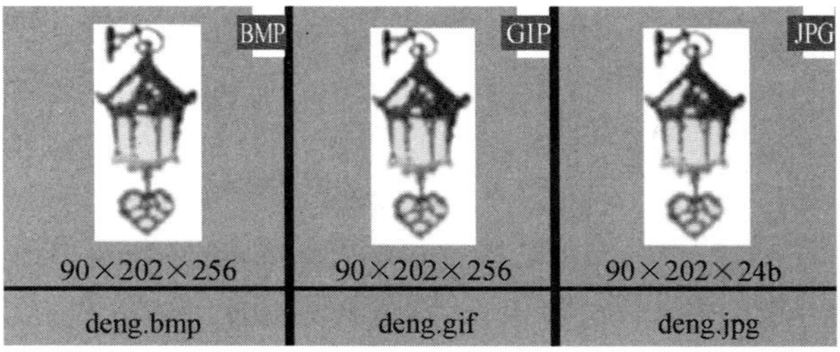

第 20 题- 6 图

（5）如第 20 题- 5 图所示，标题“中学生饮食与健康”下方有一行从右向左滚动的文字“五谷杂粮壮身体青菜萝卜保健康”，这是通过__________实现的（写出一种实现方法）。

第Ⅱ卷　选考模块（共 45 分）

考生在《算法与程序设计》和《多媒体技术应用》两个模块中任选一个作答。

A. 算法与程序设计

一、选择题（本大题 13 小题，每小题 2 分，共 26 分。在每小题给出的四个选项中，只有一个是符合题目要求的）

1. 小张用计算机解决数制转换问题时经历了若干阶段，其中算法设计属于（　　）。

A. “分析问题确定要用计算机做什么”阶段

B. “寻找解决问题的途径和方法”阶段

C. “用计算机进行处理”阶段

D. “运行调试”阶段

2. 在 VB 中，小王使用变量 E－mail 存储电子邮箱地址，该变量的数据类型应定义为（　　）。

A. Boolean　　B. String　　C. Integer　　D. Double

3. 下列 VB 程序段中实现“计数”功能的语句是（　　）。

```
s=0
n=0
x=Rnd
Do While n<100
   s=s+x
   n=n+1
   x=Rnd
Loop
p=s/n
```

A. x=Rnd　　B. s=s+x　C. n=n+1　D. p=s/n

4. 将数学表达式 $\frac{\ln x}{(a)+(b)}$ 写成 VB 表达式，正确的是(　　)。

A. log(x)/(a+b)　　　　B. log(x)/a+b

C. ln(x)/(a+b)　　　　D. ln(x)/a+b

5. 有如下 VB 程序段：

```
  For i=1 To 1000
  a=Int(Rnd * 100+1)
  b=Int(Rnd * 100+1)
  x=a+b
  y=a-b
  c=Sqr（x）
  d=Sqr（y）
Next i
```

第 5 题图

调试时出现如第 5 题图所示的错误提示，产生此错误的语句是（　　）。

A. x=a+b　　　　　　B. y=a−b

C. c=Sqr(x)　　　　　D. d=Sqr(y)

6. 已知整型变量 X 的位为−3，则 VB 表达式 Int(x/2) 的值是（　　）。

A. −2　　　B. 0　　　C. −1　　　D. 2

7. 在 VB 窗体中有一个对象，该对象的属性窗口如第 7 题图所示。下列说法中不正确的是（　　）。

A. Interval 为属性名

B. 1680 为属性值

C. 该对象的名称为 Timer1

D. 根据“Timer1 Timer”可判断窗体名为 Timer

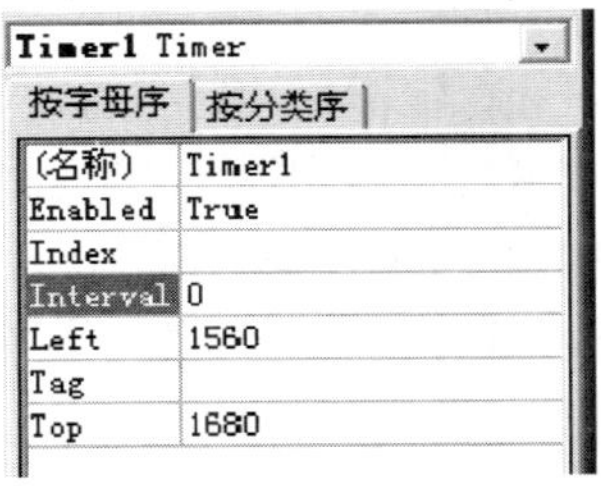

第 7 题图

8. “如果 a，b 中任意一个为 0，那么 y=y+1”。能实现该功能的 VB 语句是（　　）。

A. If a=0 And b=0 Then y=y+1

B. If a * b=0 Then y=y+1

C. If a=0，b=0 Then y=y+1

D. If a，b=0 Then y=y+1

9. 下列 VB 语句中，正确的是（　　）。

A. x=｜x−y｜

B. loop=y+1

C. If 5>8x>0 Then s=y

D. a(i)=a(i)+a(i+1)

10. 下列 VB 函数中，与 Chr 函效作用相反的是（　　）。

A. Len　　　B. Val　　　C. Str.　　　D. Asc

11. 文本框对象 Text1 的 Text 属性值发生改变时，会驱动以下事件处理过程

Private Sub Text1 _ Change（　　）。

If Len（Text1. Text < 10）Then Text1. Text = Text1. Texl+ “1”

End Sub

该过程体现的算法思想是（　　）。

A. 排序　　　B. 递归　　　C. 查找　　　D. 枚举

12. 下表记录了 6 个数据的排序过程。分析表中数据可知，

该排序采用的算法与排序方式分别为（　　）。

原始数据	65	57	59	44	45	69
第 1 遍	44	65	57	59	45	69
第 2 遍	44	45	55	57	59	69
第 3 遍	44	45	57	65	59	69
…	…	…	…	…	…	…

A. 冒泡排序，降序　　B. 选择排序，降序

C. 冒泡排序，升序　　D. 选择排序，升序

13. 小王用天平称量的过程如下：先放置 100 g 砝码，砝码偏重；再将砝码改为 50 g，砝码偏轻；又将砝码改为 70 g，……通过这种策略，小王很快完成物品称重工作。此过程借鉴的算法是（　　）。

A. 排序　　B. 顺序查找　C. 对分查找　D. 累加

二、综合题（本大题 5 小题，其中第 14 题 4 分，第 15 题 5 分，第 16 题 2 分，第 17 题 4 分，第 18 题 4 分，共 19 分）

14. 下列 VB 程序运行时，在文本框 Text1 中输入数据 6，在文本框 Text2 中输入数据 9，单击命令按钮 Command1 后，文本框 Text1 中显示的内容是（1），文本框 Text2 中显示的内容是（2）。

```
Private Sub Command1 _ Click ()
    DimaAs Integer, b As Integer
    a=Val (Text1. Text)
    b=Val (Text2. Text)
    a=a * b
    b=a/b
    a=a/b
    Text. Text=Str (a)
    Text2. Text=Str (b)
End Sub
```

15. 某工厂工人的奖金（计件部分）计算方法如下：每个工人的奖金基数为 800 元；月生产量基数为 500 件，每超出 1 件奖励 5 元；每月不合格产品数为 0，则奖励 200 元，否则每件不合格产品扣 5 元。根据上述描述设计一个算法，输入工人的月生产量（m）和每月不合格产品数（n），输出工人的奖金（s），算法流程图如第 15 题图所示。请回答下列问题：

（1）流程图粗线框部分的内容应改为＿＿＿＿＿＿。

（2）实现流程图虚线框部分功能的 VB 语句为＿＿＿＿＿＿。

16. 下列 VB 程序运行时，在文本框 Text1 中输入"flash"，单击命令按钮 Command1 后，文本框 Text2 中显示的内容是__________。

```
Private Sub Command1_Click ()
    Dim i As Integer, n As Integer
    Dim s1 As String, s2 As String, c As String
    s1=Text1. Text
    s2= ""
    n=Len (s1)
    For i=1 To n
      c=Mid (s1, i, 1)
      s2=c+s2
    Next i
    Text2. Text=s2
End Sub
```

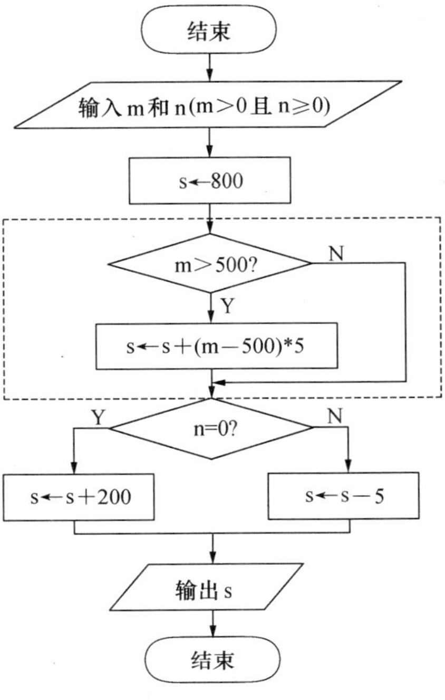

第 15 题图

17. 某电视台的直播节目结束后，主持人从参与短信投票的观众中抽取若干名幸运观众。假设共有 500 名观众参与短信投票，抽奖程序的部分 VB 代码如下，程序运行时界面如第 17 题图所示。主持人在文本框 Text1 中输入幸运观众数量后，单击"开始"按钮 Command1，在列表框 List1 中显示幸运观众的手机号码。请在画线处填入合适的代码。

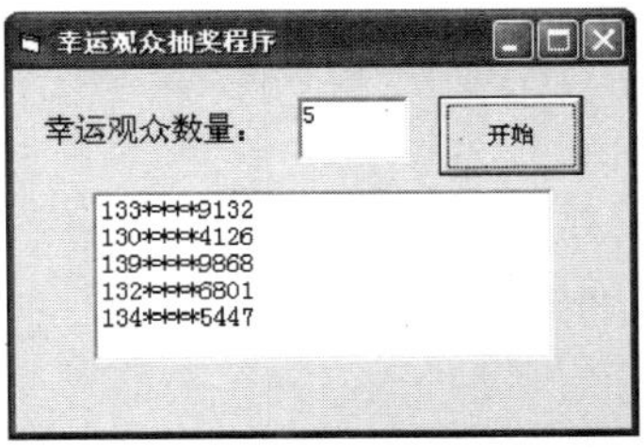

第 17 题图

```
Dim a (1 To 500) As String  '参与短信投票观众的手机号码
'Form_load 过程用于将参与短信投票观众的手机号码存放到数组 a 中
Private Sub Form_Load ()
  '该过程代码略
```

```
End Sub
Private Sub Command1 _ Click ()
  Dim n As Integer      '幸运观众的数量
  Dim t As Integer      '幸运观众的序号
  Dim i As Integer
  Randomize
    (1)
List1. Clear
For i=1 To n
    t = Int (Rnd * 500) +1
    DO While   (2)   =True
      t=Int(Rnd * 500)+1
    Loop
    List1. Addltem Mid(a(t), 1, 3)+ "* * * * +Mid(a
(t), 8, 4)
  Next i
End Sub
'check 函数用于判断随机产生的幸运观众的序号是否重复
Private Function check (t As Integer) As Boolean
'函数值为 True 表示序号重复
'该函数代码略
  End Function
```

18. 某木材加工厂需要把购入的木料切割成长度为 3 米和 7 米两种规格的线材。现要求编写 VB 程序（运行界面如第 18 题图所示），实现如下功能：在文本框 Text1 中输入木料长度，单击“计算”按钮 Command1，计算出一种废料长度最小的切割方案，在文本框 Text2 和文本框 Text3 中分别输出该切割方案所得 3 米和 7 米两种规格线材的数量。按此要求编写的程序如下，但加框处代码有错，请改正。

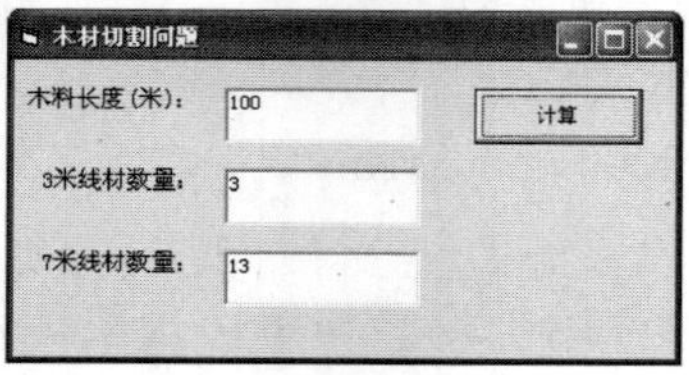

第 18 题图

```
Private Sub Command1 _ Click ()
Dim length As Single         '木料长度
```

```
    Dim min As Single            '最小废料长度
    Dim x As Integer             '3 米规格线材数量
    Dim y As Integer             '7 米规格线材数量
    Dim f As Single              '废料长度
    Dim a As Integer             '废料最少的切割方案所得 3 米规
格线材数量
    Dim b As Integer             '废料最少的切割方案所得 7 米规
格线材数量
    length=Val(Text1.Text)
    min = length
    For x=0 To length \ 3
        y= (length-3 * x) \ 7
        [f=3 * x+7 * y]                                    (1)
        If f<min Then
          min=f
        a=x
        [y=b]                                              (2)
      End If
      Next x
      Text2.Text=Str(a)
      Text3.Text=Str(b)
    End Sub
```

多媒体资源索引

高中优质课视频①

一 等 奖

1. 崔月梅．动画制作之遮罩层的妙用．甘肃省临夏州永靖县水乡中学

2. 杨冬宁．数据的分析与处理．贵阳实验三中

3. 沈雪琳．迎国庆传笑脸送祝福．重庆清华中学

① 本部分获奖视频目录来自中国教育技术协会信息技术教育专业委员会主办的 2009 年“长虹电视杯”全国普通高中信息技术优质课展评活动，详情请查阅本年鉴第五部分或案例大赛网 case. ictedu. cn。

4. 韩冰．网海拾珍——网络搜索技巧．长春市十一高中
5. 陈淑彦．网上获取信息的策略．江苏省常州市北郊中学
6. 兰 颖．信息交流．江苏省徐州高级中学
7. 史钋镭．奇妙的数字音乐．江苏省南京外国语学校
8. 杜红梅．信息及其特征．石嘴山市光明中学
9. 李 凌．文本信息的结构化和形象化．银川六中
10. 韩冬兵．走进人工智能．北师大实验中学
11. 刘玉玲．探讨信息管理．北京市第 109 中学
12. 李东玲．用解析法设计程序．北京市延庆五中
13. 黄丽娜．计算机的秘密——程序．沈阳市第五中学
14. 郑凌云．计数循环（第一课时）．绵阳南山中学
15. 赵 敏．探索人工智能的奥秘．成都七中
16. 刘海武．网络信息检索的方法与技巧．江西省新余市新钢中学
17. 崔媛媛．声音的录入与编辑．石家庄市第二十七中学
18. 徐晓琼．信息及其特征．安徽省淮北市实验高级中学
19. 刘利红．加密解密技术与个人密码的设定．三亚一中
20. 刘 勤．图像的合成．云南师大五华实验中学
21. 胡 彬．动画的制作与表达．昆明第十二中学
22. 傅君．网上生活．天津二中
23. 孙云超．编制计算机程序解决问题．广东省中山纪念中学
24. 杨溢．用穷举法设计程序．佛山市第三中学
25. 钱晓峰．选择排序算法．浙江省金华第一中学
26. 邹慧．声音素材的编辑与制作．浙江省温州市龙湾中学
27. 张新华．信息的编程加工和智能化加工．乌鲁木齐市高级中学
28. 关小梅．打字测试软件的制作．兵团二中
29. 李静．用智能工具处理问题．陕西省西安市 89 中学
30. 刘涛．循环的嵌套．长沙长郡中学
31. 骆慧英．数字化图像的设计和加工．山东省济宁市金乡第一中学
32. 谢全华．信息及其特征表示．湖北省武昌实验中学

二 等 奖

1. 庞天祥．文件和文件夹管理．甘肃省兰州市第二十七中学
2. 文仪．Flash 动画制作初步．凯里市教研室

3. 赵立冬．路径动画制作——探秘日全食．重庆第二外国语学校

4. 张学明．我的电子记账本．重庆市万州高级中学

5. 赵新荣．猜数——算法与程序设计．吉林省永吉县实验高中

6. 赵 丽．获取网络信息的策略与技巧．北票市尹湛纳希高级中学

7. 廖林春．文件的复制、移动和删除．内江六中

8. 吴婷婷．PhotoShop 制作风格化边框．江西九江市第三中学

9. 段宪立．获取网络信息的策略与技巧．秦皇岛市第二中学

10. 程晨．编制计算机程序解决问题．安徽省合肥九中

11. 胡利红．利用数据库管理大量信息．琼海市加积中学

12. 王立民．感受多媒体．天津市武清区杨村一中

13. 王震．初识算法与程序设计．浙江省缙云中学

14. 张提升．数字化音频的简单加工．昌吉市外国语学校

15. 职新燕．数字化图像的采集与加工．石河子高级中学

16. 郑玉．网络信息的下载与整合初步．宜章县一中

三 等 奖

1. 詹丛桔．Excel 公式与函数．张掖市张掖中学

2. 杨新莲．Windows 的文件和文件夹管理．甘肃省民勤县第一中学

3. 张雪梅．图文混排．甘肃省武威市民勤四中

4. 李丽霞．《信息及其特征》第一节．六盘水市一中

5. 刘丽琼．信息技术及其影响．铜仁一中

6. 肖杨．获取网络信息的策略与技巧．涪陵实验中学

7. 张俊玲．图形图像的加工．四川外语学院附属外国语学校

8. 王学祥．信息的活水源头——网上获取信息．吉林省吉林市第一中学校

9. 梁冬香．可视化编程的概念与方法（第二课时）．吉林省舒兰市第一中学

10. 封丽君．PS 抠图——换脸．吉林省吉化一中

11. 胡 林．我们都是 PS 魔法师——体验图像加工的魅力．江苏省盐城市文峰中学

12. 徐 峥．探寻程序设计的奥秘．江苏省邗江中学

13. 涂凯琳．Do 循环语句．吴忠回中

14. 周吉萍．体验程序的作用及其编制环境．吴忠高级中学
15. 辛艳红．跳动的音符——音频的加工．宁夏贺兰一中
16. 李卓．初识人工智能——结缘机器人．北京市景山学校
17. 魏伟．图片信息的加工表达．北京市第六十六中学
18. 王巧雁．图像的加工处理．辽宁省沈阳市第四中学
19. 康乃伦．多媒体作品的制作．辽宁省铁岭市清河高中
20. 周娜新．日新月异的信息技术．辽宁省营口市高级中学
21. 巫晓俊．文字信息的美化．宜宾一中
22. 辜鸿鹍．下载网上信息．四川师大附中
23. 庞 敏．随机函数．绵阳南山中学
24. 蒋运明．信息的发布与交流．井冈山学校
25. 郑剑英．制作电子相册．江西省新余市第一中学
26. 黄宝琴．网络信息检索．抚州三中
27. 李翠红．影像素材处理．承德市第二中学
28. 马俊强．初识人工智能．承德市第一中学
29. 骆青．表格信息图形化．衡水中学
30. 储东辉．表格信息的加工与表达．安徽省马鞍山市第二十二中学
31. 苏科．信息安全与维护．安徽省铜陵市第三中学
32. 陈亮．用智能工具处理信息．安徽省安庆市怀宁县新安中学
33. 卢裕满．动画制作实战．海南中学
34. 孙杰．递归函数．海口一中
35. 周开梅．巧用 for 循环打印字符图形．昆明第三中学
36. 高 艳．图像框的使用．曲靖一中
37. 施云霞．初识 VB 程序设计．楚雄市紫溪中学
38. 刘慧．认识 IP 地址．天津市第四中学
39. 杨珺．图像处理——我做数码修片师．天津市第一中学
40. 李月．搜索引擎及获取信息进阶．天津市南仓中学
41. 麦志媚．世界是平的——信息技术及其影响．广东省东莞中学
42. 陈浩川．视频信息的加工．广东仲元中学
43. 李琰．自我 show 出来——PhotoShop 图层．杭州第九中学
44. 潘晓峰．文化衫－图片素材合成处理．浙江师范大学附属中学
45. 马芳．信息的编程加工．昌吉州第一中学

46. 吴丽娜．音频信息的采集和简单加工．克拉玛依市六中

47. 高莉．信息编码．乌鲁木齐市 12 中

48. 谭中豪．日新月异的信息技术．兵团二中

49. 别春玲．信息的智能化加工．兵团二中

50. 王燕．信息获取的一般过程．石河子市第一中学

51. 闫骏．编制计算机程序解决问题．陕西省兴平市秦岭中学

52. 杨锦．获取网络的信息和技巧．常德市二中

53. 张葵．信息的鉴别与评价．株洲市一中

54. 王志强．使用 if 语句制作体型测试器．长沙雅礼中学

学 科 动 态

会议和交流活动

2009年全国信息技术课程教学案例大赛

中国教育技术协会信息技术教育专业委员会2009年全国信息技术课程教学案例大赛于4月30日截至，大赛共征集到有效教学案例679份，同比去年增加9份，其中，高中组256份，初中组197份，小学组227份。参赛教师覆盖全国29个省市区，参赛教师和覆盖省份均创新高。

经大赛评委认真、严格评审，共评出获奖教案306份，其中，高中组109份（一等奖17份、二等奖53份、三等奖39份），初中组96份（一等奖15份、二等奖49份、三等奖32份），小学组101份（一等奖17份、二等奖48份、三等奖36份）。获奖名单详见附件。

另外，大赛还评选出优秀组织奖9个：北京市东城区教育信息中心赵祎；北京市顺义区教研考试中心信息技术教研室刘遵义、刘秀旺、张建忠；北京市西城教育研修学院朱慧；大连教育学院张扬；大连甘井子区教师进修学校王宁；抚顺市教师进修学院计算机研训部卢美英；哈尔滨市南岗区教师进修学校张凤英；重庆忠县教育科学研究所吴才春；云南省楚雄州武定县教育局武建宏。

评审经过了预审（形式审查）、初审、复审、终审等多个阶段，评审结果尽量做到公平、公正、透明、权威。所有获奖教案及点评意见可在案例大赛网站（case. ictedu. cn）查询、下载。

评审结果于2009年5月31日至6月19日在信息技术课程网（www. ictedu. cn）和案例大赛网站上公示。

附件：

高中组一等奖名单

姓　名	课　　名	单　　位
陈文翀	抽象概念操作化，促进学生有效参与	浙江省温州市第二高级中学
巫雪琴	数字化图像的加工与合成	江苏省句容高级中学

续表

姓 名	课 名	单 位
张婵清	走进“约翰·库缇斯”——日常文本信息的加工与表达	广东省汕头市澄海中学
房 静	组建小型对等网	南京市行知实验中学
陈利丽	数据库查询	重庆市江津区聚奎中学
韩素梅	你的经济，危机吗？——for 循环结构	山东省日照第三中学
劳彬文	学校校徽的绘制	广东省云浮市邓发纪念中学
邢 波	Do 循环语句	北京市顺义区第二中学
马 芳	信息的编程加工——利用 VB 绘制函数图	新疆昌吉州第一中学
刘雪岩	网站的规划	北京市首都师范大学附属密云中学
孟玲玲	for 循环结构与问题解决	天津市第四十一中学
王雅珺	引导线动画——“嫦娥奔月”	新疆生产建设兵团第二中学
刘 强	逻辑之旅	四川省成都市树德中学
夏燕萍	网页中的图像信息加工	江苏无锡市第一中学
朱卡加	循环结构 for 语句	浙江省建德市寿昌中学
刘 强	表格数据加工的多元性	山东省济南市长清第一中学
宋婵婵	二维动画制作	浙江省苍南县灵溪第二高级中学

高中组二等奖名单

姓 名	课 名	单 位
周 春	CSS 层叠样式表	江苏省南京市三十九中学
张良环	多重循环	广东省潮州市饶平县贡天职业技术学校
全明亮	信息加工概述	海南省海口市第一中学白水塘路
马喜音	Flash 遮罩效果	浙江省绍兴市嵊州爱德外国语学校
展慧玲	PowerPoint 2000 动画与音乐设置	山东省济南师范学校
赵传奇	网络数据库的信息检索	山东省兖州市第一中学
王晓凤	走进文件世界	山东文登新一中
王 芹	体验网络获取信息的一般过程	山东省青岛市胶州二中
张 波	获取网络信息的策略和技巧	陕西省商洛中学
刘艾珍	《随心而飞——Flash 中引导层的作用》	广东省广州市第四十四中学
曹 健	程序的循环结构	北京市丰台第二中学
陈 星	《如何将计算机接入互联网》	海南省屯昌县红旗中学
李志江	网络安全	河北省承德市围场县第一中学
刘 美	信息的发布与交流	山东省肥城市泰西中学
崔红霞	表格信息的加工与表达	山西省太原市第二中学校

续表

姓名	课名	单位
羊芸篔	“Hello VB!”	云南昆明师大五华实验中学
胡琰	应用结构化查询语言——单表查询 SELECT 语句	北京市中国建筑材料科学研究院附属中学
秦吉远	插入排序算法（VB6.0）	江苏省徐州市铜山县棠张高级中学
柳春艳	获取信息的渠道	天津市大港第一中学
余军	信息资源管理（一）	浙江省温州中学
余军	Flash 动画制作（一）	浙江省温州中学
舒薇	图像处理	重庆求精中学
李莉	信息的鉴别与评价	山西省太原市第十五中学
金巍	组建局域网	北京平谷中学
邢海燕	共享上网	北京市平谷中学
翟亚兵	认识数据库管理	江苏省盐城市伍佑中学
张晓慧	可视化编程的概念	北京市顺义区第九中学
程亚涛	用解析法设计程序	北京市顺义区牛栏山一中
张琳	分支结构	北京市顺义区第九中学
林佳荣	巧用 Access 查询，管理我的 QQ	北京市顺义区杨镇一中
马芳	信息集成	新疆昌吉州第一中学信息技术组
雷晖	“看我七十二变”——变形过渡动画制作	四川省成都市第八中学
李楠	制作音乐动画	天津市海河中学
王雅珺	信息及其特征	新疆生产建设兵团第二中学
付晓妮	数据恢复及备份	重庆市西南师范大学附属中学
代彦	文件在磁盘上的组织结构和文件的查找	四川省宜宾市第一中学校
应晓勇	枚举算法的应用——我来破解密码	浙江省缙云中学
黎烁瑾	音频简单加工——制作手机铃声	北京师范大学第三附属中学
赵峰	构图基本原则	北京石油附中
骆丽璇	让网页动起来——动态 HTML	广东省佛山市南海区桂城中学
程树新	精彩电子相册，展示青春风采	天津市咸水沽第一中学
庞松霞	网页特效	天津市咸水沽第一中学
姜红君	数字化图像的采集与加工	山东省威海市荣成市第六中学
张元	难忘的 2008——图像的合成与加工	黑龙江省齐齐哈尔市第一中学校
张建	无所不在的信息	天津市梅江中学
张渤	搜索引擎	山东省淄博市桓台第一中学
商国华	在线交流——聊天与网络游戏的利与弊	辽宁省抚顺市第二中学

续表

姓 名	课 名	单 位
李向葵	信息获取综合活动——夸夸我的家乡	黑龙江省牡丹江市第二高级中学
王 鹏	互联网信息检索	四川省成都市双流县中学
陆洪霞	利用数据库管理大量信息——体验、认识数据库管理	江苏省无锡市江阴市第一中学
罗 亮	Do While 循环	浙江省杭州市萧山中学
陈淑彦	网络通信的工作原理	江苏省常州市北郊中学
杜翠兰	应用 Excel 分析调查数据	福建省泉州市现代中学信息技术中心

高中组三等奖名单

姓 名	课 名	单 位
孙丽萍	创作电子作品（第 1 学时）	天津市南开大学附中
应晓勇	我来制作找不同	浙江省缙云中学
方会权	计算机硬件系统	重庆市忠县三汇中学
田晓多	PhotoShop 基本操作之选区工具的使用	四川师范大学附属中学
高则浩	多重循环之图形输出	江苏省徐州市邳州市炮车中学
杨春霞	信息的集成——用 FrontPage 制作网站	山东省临邑县第一中学
戴 茂	计算机病毒	重庆市四川外语学院附属外国语学校
沈海英	电子邮件——收发电子邮件	山东省沂南第一中学
庄申利	网上资源检索——搜索引擎	山东省沂南第一中学
张 扬	设计规划信息集成作品	福建省泉州市第一中学
管红红	青少年网瘾调查的数据分析和研究报告	河北省石家庄市幼儿师范学校
陈晓红	复习课：数据库信息资源管理	江苏省江阴高级中学
任飞燕	信息作品的制作——来自“家乡”的主页	江西省抚州市第一中学
陈正伟	解析算法及程序实现	浙江省德清县第三中学
许继慧	信息价值的判断	河南省洛阳市第八中学
于春杰	体验网上数据库	沈阳市第二十中学
蒲 旭	遮罩动画	四川省成都树德中学
张兆龙	Visual FoxPro 简单记录查询表单中的按钮编程	新疆生产建设兵团二中
巫晓俊	文件的查找	四川省宜宾市第一中学校
徐 建	制作地球围绕太阳转动的路径动画	重庆市綦江中学

续表

姓　名	课　　名	单　　位
张青松	DIY 个性字帖	四川省成都市第二十中学校
金丽娜	在 PhotoShop 中用路径描边效果制作邮票	新疆昌吉州第一中学
周其方	用 Word 制作印章	四川省成都航天中学
於瑞丰	IP 地址及其管理	江苏省江阴长泾中学
庄秋香	实现简单的动态 HTML 效果	福建省泉州市第九中学
堵景梅	门票的设计——PhotoShop 的图像加工与处理	北京市东方职业学校
魏春艳	认识两个新朋友（图片框与计时器的使用）	辽宁省抚顺市第十二中学
刘　恒	字符、段落的格式化	山东省济南市济南师范学校
姜言文	数据信息的初步加工	黑龙江省牡丹江市第二高级中学
张　鹏	网络会议	山东省青岛市胶州市第四中学
徐伟伟	制作网页的一般方法	山东省青岛市胶州市第四中学
张军爱	PhotoShop 图层教学案例	浙江省临安市临安中学
张少燕	文件及其类型	海南省定安中学高中部
余晓珺	揭开计算机解决问题的面纱——程序设计初步	江苏省南京市第一中学
王　珏	利用 AutoCAD 设计飞镖盘作品	湖南省隆回职业中专
徐卫平	多媒体技术在社会生活中的应用	浙江省丽水市景宁中学
陈　敏	演绎运动的精彩——Flash 对象移动动画案例	浙江省温州中学
曹建香	枚举算法的程序实现	浙江省丽水市教育局教研室
邓素春	IP 地址与域名	天津市大港第三中学

初中组一等奖名单

姓　名	课　　名	单　　位
邓　慧	数据的处理——你的睡眠充足吗	北京市卫国中学
赵　祎	生活中的分支结构	北京市东城区教育信息中心
唐付燕	计算机硬件的认识和安装	新疆昌吉州呼图壁县第二中学
骆凌云	段落排版	北京市顺义区第十中学
张光伟	数据的分析	北京市牛栏山一中实验学校
杜晓梅	演示文稿中的超级链接	北京市顺义区第二中学
王海艳	自定义动画——制作电子贺卡	北京市顺义区杨镇二中
蒋国政	画龙点睛	浙江省衢州市东港学校
徐　珍	网络的普及于青少年成长利弊谈	浙江省衢州市柯城区石梁镇初中
张玲玲	Excel——数据的管理	北京市海淀区定慧西里 17 号六一中学

续表

姓 名	课 名	单 位
倪春燕	算算自己的开支	四川省成都市第二十中学
刘 倩	小小胸卡 个性飞扬——Word 的综合运用	浙江省慈溪市掌起初级中学
陆海峰	程序设计——循环结构	浙江省嘉兴市三水湾中学
王文燕	Excel 中数据的运算	江苏省镇江市第四中学
高晓蓉	信息的搜索	四川省成都市第八中学

初中组二等奖名单

姓 名	课 名	单 位
张 国	节水倡议，网络签名——互联网的使用	湖北省黄冈市黄州中学
陈建红	设计封面	浙江省丽水市莲都区碧湖中学
张延军	网页动态效果——制作滚动字幕和交互按钮	重庆市育才中学
石 沙	图文混排	北京教育学院宣武分院二部
费 敏	数据的图形表示	重庆市沙坪坝实验中学
袁会鹏	Internet 基础知识	山东省济南市历城区王舍人实验中学
穆 颖	使用超链接	北京市高家园中学
刘 明	我为世博添光彩	上海市陆行中学南校
彭晓慧	编排目录	浙江省衢州市柯城区兴华中学
焦永亮	信息压缩	山西省晋中市榆次区什贴中心校
张 炯	在 Excel 中进行数据计算	宁夏银川市唐徕回民中学西校区
张 双	编排目录	浙江省衢州市柯城区兴华中学
叶俊生	制作海报主体	安徽省铜陵市第十一中学
徐 洋	声音的获取	江苏省扬州教育学院附属中学
尚永涛	文字校对	浙江省衢州市柯城区兴华中学
李荣芝	元旦电子贺卡的制作	江苏省邳州市炮车中学
李 静	统一风格	新疆巴州二中微机室
王兆艳	幻灯片中创建超链接	新疆昌吉州呼图壁县第二中学
李艳芹	完善“顺义游”导报	北京市顺义区第五中学
张学慧	自选图形的应用	北京市顺义区第二中学
林鸿富	用 Adobe Audition 3.0 加工音频信息	海南省海口市琼山华侨中学
杨俊洁	精致的版面——图形的设置与链接文本框	新疆石河子师范学校
高 莲	Excel 数据的运算	江苏省江阴市利港中学
王丽丽	左揽全局，右观细节	上海市世界外国语中学

续表

姓名	课名	单位
刘颖	火箭升空——按钮制作应用	黑龙江省哈尔滨市第124中学
沈睿杰	民乐采风	哈尔滨市第二十中学校
满晓虹	凝结震撼的瞬间	黑龙江省哈尔滨市南岗区六九联中
张秀凤	校园体育节海报	黑龙江省哈尔滨市第三十七中学
张冬梅	信息与信息技术	哈尔滨市第五十四中学
韩庆辉	学做魔术师	黑龙江省哈尔滨市第三十七中学
宋瑶	学做魔术师——ACDSEE编辑模式的使用	黑龙江省哈尔滨市第69中学宣化分校
赵玉杰	动作补间的综合应用	北京市第三十五中学
刘红霞	新手入门——创建网页	新疆克拉玛依市独山子第一中学
黄蜀燕	计算机操作系统	四川省成都市第二十中学校
陈荞	信息的搜索	四川省成都市三原外国语学校
王宁	网上交流共享资源	辽宁省大连市甘井子区教师进修学校
范晶	程序的选择结构	北京市朝阳区陈经纶中学帝景分校
陈玉兰	Excel公式和函数的应用	甘肃省兰州市外国语学校
赵雪梅	应用表格布局简单网页结构	江苏省南京二十九中致远中学
张丽	Flash中的引导线动画	新疆昌吉州呼图壁县第二中学
何赛平	《网络基础及其应用》专题复习	广东省广州市天河区长兴中学
贾利红	数据的分类汇总	山西省太原市第十六中学校
李秀丽	徐徐展开的画卷	河北省迁安市迁安镇第一初级中学
李茜	地铁窗外的公益广告动画——Flash逐帧动画制作	北京市上庄第二中学
郑瑜	用Ulead Gif Animator制作班级网站横幅	海南省海口市第十中学
李红	飘落的竹叶——引导线动画	辽宁省大连市甘井子区博伦中学
王涵钰	灵活跳转的网页	辽宁省大连市甘井子区鉴开中学
沈美花	给幻灯片设置动画效果	江苏省苏州市苏州工业园区唯亭学校
罗珺	制作逐帧动画	昆明市师大五华实验中学

初中组三等奖名单

姓名	课名	单位
廖艳艳	五环旗下	新疆巴州博湖县博湖中学
李英侠	制作简单的幻灯片	黑龙江省大庆市万宝学校
范丽琼	制作演示文稿	新疆巴州尉犁县实验中学
吴霞	文本框的使用	江西省萍乡市第四中学
刘朝晖	个性化桌面设置	四川省内江市威远县第一初级中学

续表

姓 名	课 名	单 位
张翔宇	制作逐帧动画	甘肃省白银市平川区大水头学校
王 会	计算机病毒	重庆市合川区土场中学
王 静	开启建设网站的大门——创建站点	山东聊城莘县棉纺织厂学校
邓宏旺	生活中处处有信息	海南省儋州市第二中学
颜昌培	用“我的电脑”管理文件	贵州省天柱县邦洞镇中学
马帅磊	逐帧动画原理及制作	北京市朝阳区金盏中学
李 莹	设置动画效果	黑龙江省哈尔滨市第 17 中学
王 磊	网络搜天下	哈尔滨市征仪路学校
赵坚白	文件查找	四川省泸州市龙马潭区石洞中学
王海燕	数据计算	山东省临清市先锋中学
郭慧星	录制配乐诗歌朗诵	湖南省衡阳市成章实验中学
翁 沁	舞动的青春—多媒体作品的完善与评价	广西柳州市第十三中学
姚 露	Flash《引导动画》	新疆省乌鲁木齐市兵团二中初中部
卢文超	信息与信息技术	重庆江北区观音桥实验中学
党 斌	资源管理器	陕西省西安市高新第一中学
闫继明	动感地带——PowerPoint 中幻灯片切换与动画设置	天津市大港区五中
贺 娟	文件与文件夹	陕西咸阳陕广学校
杜 巍	变魔术——创建形状渐变动画	辽宁省抚顺市第八中学校
吕红涛	制作 Flash 动画之逐帧动画	山东省淄博市博山区第七中学
陈 璐	让电脑帮助自己	四川省成都市第二十中学校
宣国庆	生成家长会请柬	安徽省合肥市庐阳中学
陈小勇	美化封面	浙江省丽水市莲都区天宁中学
宋咏梅	图表的制作	辽宁省大连市第七十八中学
秦海涛	初识博客	四川省成都市第二十中学校
刘青梅	Flash 的引导层	广东省佛山市顺德区南江中学
闫丽媛	体验操作系统的管理能力	云南省楚雄州武定县田心中学
余 晖	计算机数据安全	四川师范大学附属实验学校初中部

小学组一等奖名单

姓 名	课 名	单 位
李毓嘉	顽皮的曲线	广东省广州市荔湾区康有为纪念小学
李 红 叶 玲	画正多角星	北京市东城区灯市口小学
李鸿娟	变化的曲线	北京市西城区玉桃园小学

续表

姓　名	课　　名	单　　位
李　伟	拼装图形	四川省成都市蒲江县甘溪九年制学校
辛光辉	小海龟的故事	山东省烟台市莱阳市盛隆小学
郑京晶	我的七彩琴	北京市东城区北新桥小学
金慧莉	小水滴的旅行回顾	北京市东城区西中街小学
王　冉	迷宫探险	北京市东城区美术馆后街小学
王振华	我的海底乐园	浙江省杭州市学军小学
洪优萍	创意信纸秀	杭州市江干区九堡中心小学
武红静	制作知识卡片	北京市顺义区特殊教育学校
方　明	机器人的眼睛	北京市东城区史家小学分校
沈　耘	有趣的小鱼——直线和曲线	北京市海淀区中关村第二小学
杨玉贤	“神来之笔”原来如此简单	云南省楚雄开发区实验小学
韩　莹	图形的选定和移动	北京农大附小
黄华文	传递文明，共建和谐——在演示文稿中插入艺术字和图片	广东省东莞市石龙镇爱联学校
武　健	光电传感器的使用——机器人聪明吗?	北京东城区东四九条小学

小学组二等奖名单

姓　名	课　　名	单　　位
张小珍	小猴哭了，又笑了	江苏省南京市镇江路小学
丛　琳	关键字查询	山东省烟台市牟平区实验小学
方彩蕊	在幻灯片中制作表格	浙江省苍南县龙港镇第四辅导中心小学
胡　君	小猴历险记	四川省成都市锦江区沙河堡小学
白　珊	变化的圆	北京市西城区三里河三小
吕　琳	变脸游戏	北京市西城区中古友谊小学
刘　迪	设计卡通标志牌	北京市西城区西师附小
陈长鑫	发送电子邮件	北京市西城区自忠小学
杨　菡	橡皮与填充工具	成都市锦江区江家堰小学
彭真学	小小鼠标作用大	四川省成都市浣花小学
蔡　青	鼠标操作——有趣的小游戏	北京市北京大学附属小学
袁晓蜜	Flash 图层动画	天津市塘沽区上海道小学
张　翼	圣火传递小记者——编辑句子	北京市东城区府学小学
陶　静	制作动态表情	北京市东城区帽儿胡同小学
佟燕文	学古诗做动画	北京市东城区和平里第九小学
赵　瑛	秋天的大树	北京市东城区分司厅小学
孟博宁	预言笔记本的故事	北京市东城区史家小学分校

续表

姓　名	课　　名	单　　位
黄　旭	美化文章	江苏省宜兴市陶城实验小学
张文龙	成长纪念册——插入图片	北京海淀中关村三小
任　辉	文本框的应用	北京大学附属小学
王玉英	夸夸我家乡（一）——确定主题，搜索素材	北京市顺义区牛栏山中心小学校
崔宏伟	表格的规划与创建	北京市顺义区沿河中心小学校
单海霞	十指合唱英文儿歌	北京市顺义区光明小学
李海锋	演示文稿的文字说明	北京市顺义区仇家店中心小学校
黄秋凤	美丽的外衣——填充效果的实现	北京市顺义区东风小学
刘　娟	制作作品创作说明—抓屏键的使用	北京市宣武区右安门内大街26号
张红梅	查找资料	福建省泉州市丰泽区第二中心小学
李　敏	彩色橡皮的妙用	北京市海淀区中关村第二小学
阳晓艳	创作新图画	四川省成都市龙泉外国语实验学校小学部
贾　京	汉字输入有新招	北京教育学院石景山分院
马　江	美化幻灯片	四川省成都市龙泉驿区十陵第四小学校
姜　平	我是谁	辽宁省大连市普兰店市元台镇中心小学
路宁宁	设置图片的自定义动画	北京景山学校远洋分校
金翠萃	描绘美丽的大自然	成都市龙泉外国语实验学校小学部
陈　江	创意新年贺卡制作	四川省成都市泡桐树小学
何立新	寓言故事——自选图形	北京大学燕东园北大附小
陈紫凌	与计算机交朋友	广东省广州市天河区沐陂小学
陈紫凌	智能ABC（标准）词组输入技巧	广东省广州市天河区沐陂小学
王延晖	漂亮的文字	北京市宣武区上斜街小学
李　岩	上下排键指法	北京大学附属小学
余建云	五彩缤纷的世界——“颜色填充工具”的运用	广东省江门市紫沙小学
王　苓	翱翔的飞机	天津市塘沽区渤油一小
张景文	浪漫旅途——如何在幻灯片作品中插入声音	辽宁省大连市甘井子区东华小学
张荣齐	神秘的邮包	辽宁省大连市甘井子区宇峰小学
李　虹	寻找幸福	辽宁省大连市甘井子区盐岛小学
王　琦	让图画五彩缤纷	四川省成都市狮马路小学
俞　虬	配角色 演故事	浙江省杭州市萧山区江寺小学
徐雪华	电子贺卡传祝福	广东省中山市杨仙逸小学体育路学校

小学组三等奖名单

姓 名	课 名	单 位
张颜红	发送电子邮件	北京市西城区银河小学
陈 凡	图形变变变——图块的翻转与扭曲	四川省成都市锦江区琉璃中心校
刘芳菲	画方形和圆形	四川省成都市金沙小学
李永恒	计算机时装秀——设置个性化桌面	北京市朝阳区芳草地国际学校
彭 霞	巧画长方形和圆形	四川省大邑县董场镇龙凤小学校
陶家聪	用艺术字美化标题	四川省成都市龙泉驿区洛带小学
朱 敏	赏画填色	云南省昆明市五华区红旗小学
从 婕	按“关键词”搜索	北京市东城区曙光小学
刘冠廷	探寻网上的国粹	北京市东城区史家胡同小学
毛春雨	制作电子相册	北京市东城区特殊教育学校
杨 洋	自选图形的设置	北京市东城区特殊教育学校
吕 强	奇妙的 Word 画图工具	四川省都江堰市石羊小学
王文静	神七问天——插入文件中的图片	中国人民大学附属小学
王 颖	美化演示文稿	北京市顺义区天竺中心小学
王丽娜	图片在演示文稿中的应用	北京市顺义区西辛小学
梁彩凤	《走进花博会》——插入图片	北京市顺义区杨镇中心小学
钟秋群	让文字变漂亮	广东省清远市高新区龙塘镇中心小学
刘培忠	到画王家做客	天津市大港区栖凤小学
牟丽芳	我的机器人	广东省广州市萝岗区萝峰小学
宋世红	在幻灯片中插入图片	北京市中国人民大学附属小学
夏茜红	在文章中插入图片	四川省成都市龙泉航天小学
李培雯	巧画对称图形	四川省成都市青羊区北较场西路1号
张晓君	给文件安个家	四川省成都市龙泉驿区十陵第四小学
宋发科	我们的风采	瓦房店市国税希望小学
徐晶波	朋友来信了	大连市金州区二十里育贤小学
温丽翠	绘制自己的“城堡”	大连市旅顺口区登峰小学
王 辉	我是小小设计师	北京市海淀区西山小学
李 虹	制作表格	辽宁省大连市甘井子区盐岛小学
汪海涛	电子邮件的秘密	辽宁省庄河市光明山镇中心小学
刘梅英	电子邮件的秘密	大连庄河市新华街道暖水小学
张 晶	我是谁？（计算机组成）	山西省太原市杏花岭区五一路小学
刘 学	绘图工具栏	北京大学附属小学

续表

姓 名	课 名	单 位
曹景超	《远方的朋友，请到我们侨乡来做客》——打扮演示文稿	广东省江门市实验小学
常 松	古老的计时工具	辽宁省大连市甘井子区新甘井子小学
徐 冬	五花八门的钟表	辽宁省大连市第19中学附属小学
李文明	上交作品——发送电子邮件	云南省楚雄州武定县白路乡小学

第三届中日教育技术学研究与发展论坛暨中国教育技术协会信息技术教育专业委员会第五届学术年会

时间：2009年8月7～9日

地点：东北师范大学

参加人员：中日两国的200余位专家学者及研究生、教育管理人员、中小学校长和教师

会议内容：本届会议主题为“信息技术教育与学校文化变革”。与会人员就教育技术学理论、信息技术课程、信息技术教学应用、教师教育信息化等方面问题，进行了充分的研讨。16位一流的中日教育技术学专家做了精彩的大会报告，另有49位报告者进行了分组交流。会议还组织了专题研讨等。本届会议主要特点为范围广泛、层次多样、参与面大，学术表现为系统性突出、实践取向明显、研究精细度高，有力地推动了中日两国教育技术学研究与发展的交流。

长虹电视杯2009年全国普通高中信息技术优质课展评活动

时间：2009年11月5～7日

地点：四川省绵阳市南山中学

参加人员：来自全国23个省市区的300余名中小学教师和各省、市、自治区的教研员、特级教师和专家

活动内容：2009年11月5～7日，由中国教育技术协会信息技术教育专业委员会主办，四川省教育科学研究所承办，绵阳市教育科学研究所、绵阳南山中学协办的2009年全国普通高中信息技术优质课展评在绵阳市南山中学隆重举行。11月6日上午8时，展评活动开幕式在南山中学隆重举行，中国教育技术协会信息技术教育专业委员会主任委员、南京师范大学教授、博士生导师、2009年全国普通高中信息技术优质课展评活动总负责人李艺，四川省教育科学研究所副所长石建，绵阳市教育局副局长李

太政，绵阳南山中学校长、党总支书记吴明禹、绵阳市电教馆、绵阳市教育信息中心、绵阳市教育局基教科等单位领导及评委、参赛教师、观摩教师等 300 余人参加了开幕式。选手分为六个组在南山中学开设的六个全新机房中进行现场课，48 名选手以抽签为序，先后展示自己的课堂风采。展评过程严密有序，评审公平、公正、公开。11 月 6 日晚，全体评委经过打分和评议，共评出了 32 个一等奖、16 个二等奖。11 月 7 日上午，在南山中学举行了本次展评活动的专家讲座、点评与颁奖程序。评委专家就本次展评活动情况与参赛选手进行了深入细致的点评与交流，充分肯定了参赛选手在学习、实践新课标方面所做的努力和取得的成就，并对课堂的成功与不足作了细致的分析与探讨。李艺教授针对参赛选手在这次信息技术展评活动中的表现，为广大信息技术教师今后的课堂教学精要地提炼出了 36 字诀：提升素养汲取他人精心设计；内容丰富完成任务余音绕梁；兴趣盎然手脑并用充实体验。点评环节之后，举行了展评闭幕式，并在南山中学科技楼五楼会议室举行了颁奖仪式，李艺主任、李太政副局长、吴明禹校长、绵阳教科所曹五四所长、长虹技术中心于舰主任为获奖选手颁奖。

本次评比是高中信息技术新课程实验实施以来，规模最大、参加省市最多的一次高中信息技术活动，各省市教研员都非常重视，派出了最优秀的选手参加比赛。因此，本次活动呈现几大特色：一是现场展评的教师个人素质都比较高，无论是教学语言、操作技能，还是课堂调控水平都比较出色，有的女教师朗诵水平不亚于播音员。二是教学内容丰富而精彩，高中信息技术 6 个模块都有选手选用，同一个教室内几乎没有内容相同的课，一天听 8 节课也不会觉得很累。三是新课程理念日益深入人心，几乎每节课都会体现合作、探究、自主学习等新课程所倡导的教学方式，每节课的情景导入都是精心设计的。四是教材的地位逐渐受到重视，不同于以往的公开课活动中，几乎少有教师让学生看书的，本次活动有不少教师在课前让学生先翻阅一下教材，或在课堂上让学生利用教材辅助学习，教材不再是可有可无的了，终于逐渐回归到本来应有的地位。当然，从本次活动中，也可看出当前高中信息技术教学中存在的问题还不少，主要表现在：合作学习开展时合而不作的现象还是不少，探究学习开展时探而不究的情形也时有发生，情景创设引人入胜而后续教学却乏善可陈，教学节奏该快不快该慢不慢，课程标准仅仅是纸上谈兵在教学中形同虚设等，这些问题也是新课程实验过程中的疑难问题，需要专家们和广大信息技术教育工作者在今后不断研究改进。

全国高校教育技术协作工作委员会第六届年会

时间：2009 年 11 月 20～22 日

地点：广东商学院

参与人员：来自全国 20 多所高校的教育技术研究和工作人员

会议内容：2009 年 11 月 20～22 日在广州召开了全国高等学校教育技术协作工作委员会第六届年会暨学术交流会。本届年会暨学术交流会的主题是：运用现代教育技术，促进高校教学质量提升。本次会议在教育技术研究与应用发展的新形势下，总结我国高校教育技术最新的研究成果和实践经验，探讨教育技术理论和应用的前沿问题，并就高校教育技术发展的现状与发展趋势展开讨论与交流。会议由大会特邀报告（学术报告）、专题研讨会、工作坊以及论坛交流等环节组成。

中国教育技术协会 2009 年年会

时间：2009 年 12 月 4～6 日

地点：福建省福州市梅峰宾馆多功能报告厅

参与人员：来自全国 31 个省、市、自治区的各高校、中小学校、教育技术设备企业的领导、专家、学者、教师等 500 多人。

会议内容：中国教育技术协会 2009 年年会由中国教育技术协会主办，福建省广播电视大学和福建省电化教育馆协办。大会首先由福建省广播电视大学领导致欢迎辞，接着于云秀会长就 2009 年协会工作和 2010 年协会工作进行了总结和规划。随后，中国教育技术协会 2009 年年会专项颁奖仪式正式开始。年会以“促进教育技术在日常教学中的应用”为主题，进行了高校中专论文、中小学论文、教学案例、教育主题网站、教育叙事报告、信息化课程设计包、PPT 和云计算辅助教学八个主题征集和评奖。

重大课题介绍

信息科学课程化研究

2009 年 7 月长春工业大学信息传播工程学院李赫博士申报的“信息科学课程化研究”课题获“十一五”全国教育科学规划立项

（课题级别：国家青年基金课题）。该课题主要研究内容如下：

第一，信息科学本体论及其学科体系研究。我国当前中小学生信息技术课程难以适应新的需求，尤其体现为信息科学教育内容未能有效地融入到基础教育课程中，从而限制并阻碍了学生信息素养的发展与提升。信息素养的培养必须以具体的信息科学教育内容为其载体和实现手段。通过对信息科学本体论及其学科体系的研究，为“课程化”的第一步即从科学知识向学科知识的转化做好铺垫准备。

第二，信息科学课程化的内容体系框架研究。归纳和提炼与基础教育相适应的信息科学教育内容，构建信息科学课程化的内容和体系，完成从科学知识向学科知识的转化。提出以信息教育为指向、以具体的信息科学教育内容为手段的信息素养培养研究。打破当前以信息技术为其学科背景所造成的信息素养培养与认识上的偏差和局限性，为培养符合未来社会发展需要的学生信息素养奠定基础。

第三，信息科学课程化的课程设计与教材开发。本课题开展信息技术课程基础研究与原理研究，探求信息技术课程研制方法。信息科学课程化首先就是要在信息技术课程中建立课程研究科学化的概念，即要用信息科学的思路来设计信息技术课程。通过课程设计形成信息科学课程方案，纵向考虑小、初、高课程内容的螺旋上升结构，横向考虑课程内容在基本概念与原理、一般应用、问题解决的贯通。

第四，基于行动研究的信息科学课程化教学实验与分析。选取若干横向与纵向交叉点进行教学实验。通过教学实验完成从学科知识到学生知识的转化。通过实验前后测问卷的对比、课堂观察、座谈等方法获得信息科学课程知识转化过程中，师生的认知与情绪变化信息，对“课程化内容体系”进行检验，论证其可行性，同时对信息科学课程方案进行修改和完善。

第五，信息科学课程化实施的有效策略研究。通过实证研究，揭示当前信息技术教育的现状和问题，论证与检验信息科学课程化的必要性与可行性。在此基础之上，提出信息科学课程化的实施方式和有效策略，为信息技术课程改革向纵深发展提供依据。

该课题研究思路和方法：本研究基本遵循从理论到实践再到理论的研究思路。在基本理论问题研究的基础上，开展实证研究，对理论假设进行检验。根据反馈信息的分析与基础理论研究结果，构建立足于时代背景的信息科学课程化的内容与策略。研究设计如下：

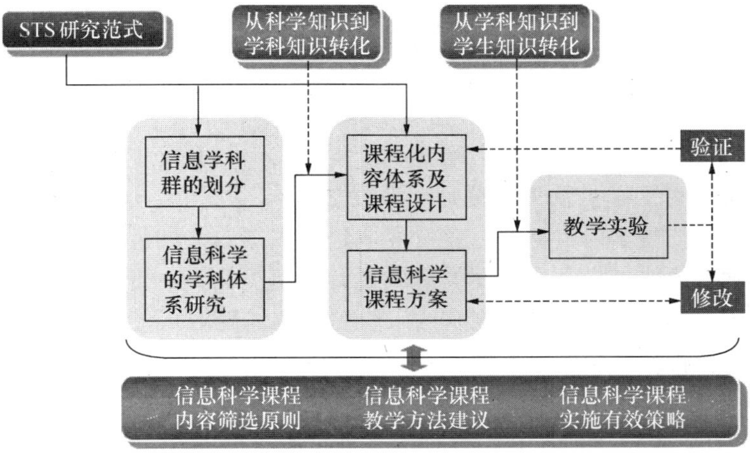

本研究包含理论研究与实证研究，主要通过文献研究、实验研究、调查研究、行动研究等方法进行：

（1）文献研究主要是就信息科学本体论相关内容进行梳理和把握；

（2）在教学实验阶段，进行现场教学与课堂观察，对教学效果进行跟踪评价；对于信息科学课程化实施中的问题与成效等方面内容，同教师、学生及有关人员进行问卷调查、访谈、座谈；

（3）信息科学课程化的研究尚属前沿，需要研究者同一线教师合作，一起展开行动研究，构成“科研—教学—科研”的良性循环。

网络教研催生教师专业发展场域的实证研究

2009 年 7 月南京师范大学信息技术教育研究室钟柏昌博士申报的“网络教研催生教师专业发展场域的实证研究”课题获“十一五”全国教育科学规划立项（课题级别：教育部青年专项课题）。该课题主要研究内容如下：

第一，教师专业发展现状与需求分析。重点调研当前中小学教师专业发展的主要途径、方法、模式，教师专业发展的需求与建议，教师在专业发展过程中遇到的主要困惑与问题等。通过现状调研，可以分析出教师专业发展的需要和支持条件，这决定了教师专业发展场域的基本定位。

第二，网络教研现状与问题分析。重点调研当前网络教研受欢迎的主要模式、特征，网络教研对教师专业发展的支持关系，教师参与网络教研的动机，网络教研存在的质量问题等。通过现状调研，分析网络教研催生教师专业发展场域的有利因素、现实障碍和改进策略。

第三，教师专业发展场域的内涵、结构、功能研究：①关于内涵的研究。教师专业发展共同体表面上是成员及其属性的集合，但实质上是成员间关系和活动规则的集合，即教师专业发展场域；而且，这些关系和规则不是通过行政命令促成的科层结构，而是由成员通过社会构建逐步生成的，具有自主性。这一内涵从空间维度上说明了教师专业发展不单纯是个人的专业发展，更重要的是群体自觉的专业发展，是类主体的共同诉求；从时间维度上说明了教师专业发展场域具有自组织能力，否则，当缺少紧密关系和广为认同的规则约束时，共同体随时可能因某位知名专家或行政力量的退出而名存实亡，当前一些网络教研组织的兴衰便是佐证。②关于结构的研究，可从三个层面加以观察。A. 知晓网络：网络中节点对于其他节点所拥有的知识、技能的了解程度——专业知识在共同体内传播的前提；B. 沟通网络：网络中节点之间相互咨询、交流信息的状况——反映了节点之间的信任关系，使专业知识传播成为可能；C. 知识网络：对节点的专业发展有确实价值的知识传递网络——反映共同体的知识共享、传播、创新能力。此三类网络具有递进关系，知晓网络是沟通网络的基础，而知识网络则反映了共同体内部知识的实际流动、传播的状况；在教师专业发展场域形成的不同阶段，三种网络在理论上还会呈现出不同的结构特征。③关于功能的研究。首先可以从场域所具有的“在场”功能出发加以研究，这种功能给予教师以“在场”的感受，融入其中可以看到自我并得到支持与尊重；其次，还必须借助布迪厄的惯习（habitus）概念。场域决定了其中的行动者的认知模式，构成了行动者心理上的惯习；惯习是一种生成性结构，是“外在性的内在化”。长期以来，教师闭目塞听，缺乏话语权和专业支持等，形成了独学而无友，凭个体经验学习和工作的状态。换言之，这样的教师生活于一种孤立的工作场域，它所形成的惯习将教师牢牢固定在一个螺丝钉的角色和行为模式上。教师专业发展场域则可以帮助参与其中的教师塑造新的惯习，一旦新的惯习形成，则必然改变教师的职业生涯（职业态度、工作方式、交往习惯、认知模式等），教师职业生涯的改变也意味着教师专业发展不再是教师的一种工作任务，而是融入教师日常工作中的一种生活状态。

第四，催生教师专业发展场域的网络教研模式研究。即如何构建适切的网络教研活动催生教师专业发展场域：①从基本特征看，教师专业发展场域的内涵提醒人们，构建一个有效的教师专业发展场域，不是看哪些人（专家、领导）参与了网络教研，而是看哪些人的参与真正加强了共同体的关系空间。②从要素结构看，有效的网络教研模式必须有不同文化资本的成员参与，实现不同智慧的碰撞与交流，但是，要确保交流的正常进行，还必须构建平等的教研文化。例如，大学与中小学属于生产不同文化资本的不同场域，大学研究人员和中小学教师因为文化资本上的差异，在网络教研过程中会非常自然地对“意义”之界定产生分歧和冲突，如果中小学教师倾向于将大学研究人员视为“专家”，而非讨论、对话的“诤友”，大学人员也习惯以“专家”自居，便会导致有效沟通的缺失，阻碍真正伙伴关系的形成。③从运作模式看，一方面，教师专业发展场域的关系网络可能需要经历“离散状态→星形网络→密集网络”的发展过程，即成熟的教师专业发展场域有中心，但绝不能唯中心（只有一个中心节点或少数几个中心节点）；另一方面，应建立内在的激励机制，这种激励区别于行政机构对教研行为的物质奖励，主要体现在网络教研活动本身应该有相应的教研成果的产出，例如，大路论坛构建的“1＋1＋X”网络教研模式，针对每一个教学问题的研究最终都要求撰写论文并推荐杂志发表。论文发表既是对教师专业发展成绩的一种公开认可，又是教师晋职需要和自我实现需求的一种直接满足，更是对教师专业发展的一种正式赋权，可以激发和维持教师参与网络教研的潜力和动力。

该课题研究思路和方法：本课题整体研究思路：以促进教师专业发展为目标导向，以实证研究为基本方法，以“形”“神”结合为研究原则（即以网络教研模式为“形”，以教师专业发展场域为“神”）。

主要涉及的研究方法如下：调查研究（含问卷调查、人物访谈、现场考察）、文献研究、个案研究、行动研究、概念建模、社会网络分析。基本研究流程及各环节主要使用的研究方法如下：

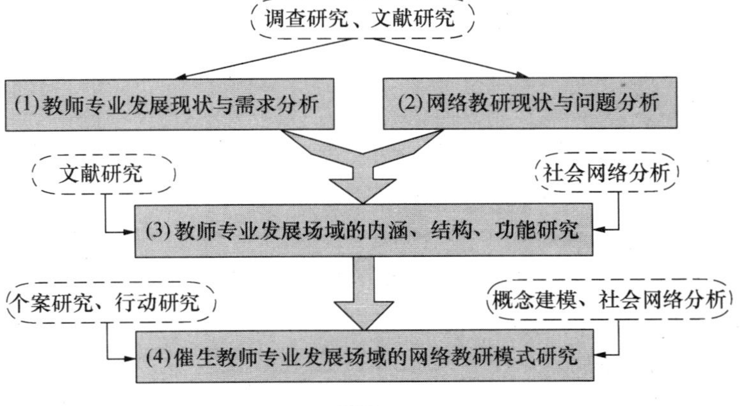

教师继续教育

云南省普通高中新课程信息技术学科教材培训

2009 年 8 月 16～24 日，云南省普通高中新课程信息技术学科在云南师范大学进行了必修模块的教材培训，由于在云南省各州市使用的信息技术教材有三个不同的版本，根据教育厅和各出版社的要求，分别举办了浙江教育出版社、广东教育出版社和教育科学出版社三场培训，来自 16 个市州的 733 名高中信息技术教师参加了培训。教育部高中信息技术学科课标研制组组长、南京师大李艺教授对高中信息技术课程标准做了深入浅出的解读，并结合具体案例对教材教法进行了细致的分析，受到了培训教师的热烈欢迎。华南师范大学徐福荫教授和穆肃教授、上海闸北区教研室陈越老师、浙江师范大学附中李永前老师、广东肇庆教研室主任黄国洪老师等多位来自全国各地的知名专家也分别作了精彩的讲座。海南省海口市教培院的徐强老师与培训老师一同分享了他们在实践新课程中的感悟、遇到的问题及解决对策等，最后省信息技术教研员与参培教师进行了云南省高中新课程实施的互动交流研讨，培训取得了良好的效果。

在交流研讨的过程中，反映出了一些问题，现针对培训提出以下几点意见和建议：

（1）对于高中新课程改革实验的实施，很多教师对为什么要进行课程改革、新课程的核心理念和价值是什么等问题认识不深刻。对于信息技术这样长期不受重视的弱势学科，教学条件差、教师负担重、待遇低，教师还普遍缺乏职业认同感、教育理想和教师责任感。在日常教学中，很多教师没有认清自身存在的问题和不足，一味地抱怨学科地位低、不受重视，而把希望寄托在信息技术进入高考或会考等外部环境的改善上。思想是行动的指南，如果不解决思想问题，新课程实施的效果会大打折扣，“穿新鞋走老路”现象也就不可避免。因此，明确教育价值、树立教育理想和培养教育责任是今后一段时间教研工作的重点，只有通过自身的努力才能解决信息技术学科面临的问题；不管外部环境如何，信息技术教师都应该追求自己的教育理想和价值并获得成功的快乐；即使作为非高考科目，信息技术在培养学生创新精神和综合能力方面，具有独特的、无法取代的价值。

树立正确的教育价值观，才能为实施高中信息技术新课程打下坚实的思想基础。

(2) 由于省级培训时间短，如果培训内容面面俱到，参培教师难免会走马观花，抓不住重点。因此，省级培训在内容安排上建议进一步加强针对性。现场课、录像课和现场说课等，是课程理念在教学实践环节的具体体现，是最容易被教师接受，最受一线教师欢迎的培训模式之一，针对教学实践的交流研讨能让教师充分学习领会他人经验，启发自身深入思考，如徐福荫教授播放的两节录像课引发了广大参培教师的思考；让参培教师广泛参与、积极思考，更好地领会新课程思想，教育科学出版社的培训效果就很好，讲课教师在培训的各个环节都安排了互动研讨环节，实现了课标专家与一线教师、教材编者与一线教师、优秀教师与一线教师及教师间的互动研讨，激发深入思考。有的讲课教师培训内容欠规范，没有按照事先要求安排培训内容，建议在以后的培训活动中，采取相关措施加强对培训内容规范性要求。

(3) 信息技术教师主要由计算机教师直接转行而来，他们在高校接受的是计算机技术方面的教育，具备的是计算机知识、计算机软硬件的使用等计算机技术素养。信息技术课程需要教师具备信息处理能力、信息交流能力、信息问题解决能力、信息判断能力等信息素养。显然，大多数信息技术教师并不具备这方面的知识和能力。新课程信息技术教师的培训内容不应只包括通识培训、课程标准解读和教材培训，还应该加入提升教师本身信息素养的内容。不然会造成教师个人素养的先天不足，在课堂教学中会显现出无法设计出具有一定内涵和深度的信息活动，只能进行照本宣科式的讲授。因此，建议根据教师的年龄、学历层次、所在地区等不同的条件，依据学科特点，针对性地开展专业技术培训。

山东省高中信息技术学科远程研修

一、基本情况描述

全省 2 925 名高中信息技术教师、62 名指导教师，参加了为期 10 天的高中信息技术学科的远程研修。在这次研修中，信息技术学科体现了课程标准的要求，突出了学科特点，贴近了高中信息技术教学的实际，突出了问题解决的针对性，引领了高中信息技术教学。研修期间，先后组织了两次在线研讨，生成了大量的课程资源。在研修中，学员发表文章 3 341 篇，提交作业25 786 篇，发表评论 265 520 条，人均发表作业 8.82 篇，评论 9 078 条，指导教师点评 40 365 条，推荐文章 2 291 篇，课程团队专家推荐文章 361 篇。被专家和指导教师推荐量列全部 15 个学科前茅，一定程度上展现了信息技术教师的风采。

二、研修成效

1. 研修收获。本次实际参加培训高中信息技术教师 2 896 人，占总数 2 925 人的 99.01%，居 15 个学科第四位；研修合格人数为 2 574 人，研修合格率为 88.00%，在 15 个学科中居第七位。

根据问卷调查，可以看出学员普遍对本次研修总体感到比较满意，认为收获非常大的学员占 31.43%，认为收获比较大的占 47.73%，研修效果的总满意率为 97.73%。

“视频传播、作业深化、资料拓展、专家引领、多向研讨”，学、研、思、用相结合，成为深受大多数学员喜欢的研修方式。问卷调查结果显示，研修期间，每天坚持学习 6～8 小时的占 45.58%，有 22.53%的学员每天坚持学习在 8 小时以上，居 15 个学科的第二位，足以看出学员精力的投入程度，而且直至暑期远程研修结束很久之后，还有不少的学员在线。事实表明，研修极大唤醒了高中信息技术教师的学习激情，唤醒了广大教师的责任感和使命感，激发了教师的学习意识、问题意识和研究意识，远程研修极大改变了广大教师的学习、工作方式。观看视频、研究拓展材料、开展网上研讨、线上线下交流，成为研修期间学习的主要方式，研修已成为生活中的一部分，明显地在改变着广大教师的精神状态。

2. 课程资源。本次信息技术研修的课程资源主要涉及视频课程、作业、拓展性资源、课程简报，以及课程专家、指导教师解疑答疑和在线研讨的生成性资源。大多学员认为，信息技术课程资源紧扣模块内容，切中教学实际，关注了教师所需，这些重要的课程资源无疑起到了思想启蒙、开阔视野、加深理解、反思提高的作用。学员对课程资源的内容和视频课程的制作质量比较满意。

3. 引领作用。指导教师在本次研修中发挥了重要的组织、督促、指导的作用，通过作业的批阅和点评，通过班级简报等多种形式的创新，积极组织学员的学习和在线研讨，及时、即时地对学员的学习状态进行适时、适当评价，传递了新课程的基本理念，交流了观点，基本达成了组织者、参与者、指导者、帮助者的角色定位。学员对大多数的指导教师的辛苦工作、指导水平感到敬佩和满意。调查显示，指导教师点评 40 365 条，推荐学员作业（文章）2 291篇，对指导教师团队的综合满意率97.37%。课程专家承担了开发课程资源、引领学员思想、解答学员困惑、唤醒学习激情的重任。在研修期间，高中信息技术课程专家团队发表高质量、针对性强的评论639条，推荐学员文章361篇，及时引导学员的学习与思考。调查显示，97.05%的学员对信息技术课程专家团队的工作表示满意。

4. 组织管理。学科课程专家团队、指导教师团队，在各地市教育主管部门的积极支持和大力配合下，通过对作业的批阅、推荐和点评，课程简报的及时反馈，评选学员之星、班级之星和指导教师之星，推荐班级简报等多种方式，对课程研修加强了有效地指导、组织和管理，为研修创设了良好的环境，确保了研修的质量。学员对学科的组织和管理工作比较满意。

5. 交流研讨。双向和多向的互动交流和研讨，是远程研修的重要方式，也是深化学习内容、检测学习所得、提升认识水平和运用能力的不可或缺的关键环节，是有异于一般培训的特色所在。在调查中发现，在线研讨、学员网上互动交流、校内同伴研讨，特别是专家和指导教师网上的点评指导，均成为深受学员喜爱的基本学习方式。

6. 作业质量。通过座谈了解，大多数学员对作业的设置感到满意，问题具有明确的导向性，有高度，有思维含量，大多能切中教学实际和模块的要害，具有较强的针对性和启发性。学员都能按时完成作业，多数经过了认真的思考和对教学的反思，不少教师还经过了同伴间的互助研讨，部分学员的质量较高，基本能达到专业设置的目的。不少教师结合自己所学、所思、所感、所悟，写出了不少高质量的文章，比较充分地展示了研修中的所学、所得、所思、所悟。

三、问题与建议

1. 课程资源需进一步优化。学员对信息技术学科的课程资源的视频内容比较满意，但与其他学科相比有较大差距，比满意度最高的综合实践和政治学科低近4个百分点，占15个学科中的第15位；在视频课程制作质量方面，满意度仅为79.44%，与满意度最高的政治、数学相比，低近8个百分点，居15个学科第14位。建议信息技术课程专家团队在课程资源的开发和整合方面，进一步贴合教学实际，贴近教师的认知和接受水平，适当关注学科前沿，增强课程资源的前瞻性，进一步提高视频课程的制作质量，发挥对学员的引领和指导作用。

2. 进一步注重指导教师团队建设。数据表明，各地市指导教师的服务意识、组织管理水平和指导能力有较为明显的差距，指导教师之间存在严重的不平衡现象。在 62 名信息技术指导教师中，还有 18 人不合格，占总数的 29.03%。不少的指导教师应付工作、不负责任、发表评论全靠复制粘贴、点评内容毫无意义和价值、回避教师提出的问题等，还有不少无作为现象。

3. 学员积极性有待进一步激发。学员的学习状态、学习时间、学习方式需进一步优化，部分学员对校内同伴研讨、网上交流、文章撰写等重视不够，还存在复制粘贴评论、发表抄袭之作、发人请帖、挣关注度的现象。

建议课程专家团队积极发挥思想启蒙、专业引领、课程开发、组织管理、行为引导的作用，研究、总结问题，提出跟进和完善措施，不断将信息技术课程研修推向新的层次，提高到新的水平，为全省新课程的深入扎实推进、为加快教师专业发展进程作出应有的努力。

中国港台地区及国外信息技术教育发展动态

在信息技术日新月异，信息资源纷繁复杂的现代社会中，教育教学方式发生了深刻的变化，加强信息技术教育已经成为各个国家的共识。本文主要介绍了中国港澳台地区及海外信息技术教育发展动态，并进行中外比较，找到优势和差距，为我国更加顺利地开展信息技术教育提供一点思路。

中国港台地区信息技术教育发展动态

香港特别行政区

近些年来，香港特区政府特别重视资讯科技教育的推进，从宏观上制订了一系列的战略计划。继 1998 年推出的“与时并进——善用资讯科技学习五年策略”和 2004 年推出的“善用资讯科技，开拓教学新世纪”三年发展计划之后，香港特区教育局于 2008 年推出了“适时适用科技，学教效能兼备”策略文件，并具体提出了六个工作建议：①提供一个以课程为本的教学单元资料库并建设合适的数码资源；②继续提高教师运用资讯科技教学的能力；③协助学校制订和推行校本资讯科技教育发展计划；④协助学校维持资讯科技设施的效能；⑤加强对学校与教师的技术支援；⑥提升家长的资讯素养及协助他们在家中指导子女使用资讯科技。1998～2007 年，特区政府共投入 71.503 亿元，推行前两个资讯科技教育策略。其中，18.019 亿元属于经常开支，并以现金津贴形式发给学校，为学校提供服务，包括为教师及学校领导提供专业发展课程；其余的经费用以推行一些特别的资讯科技教育计划。[①]

香港特区政府还特别关注教学资源库的建设。2008 年 4 月，香港教育局推出了“学校资讯科技教育发展”网站，该网站包括资源套、工具、学校计划书、学校示例、学校支援、参考资料等，为协助教师在适当的时候使用适当的科技进行适当的工作，香港教育局正在发展一个有规划、以课程为本的网上学与教资源库（http：//www.hkedcity.net/edb/teachingresources/home.php）。该资源库正由科目专家整理，第一期（2008/09 至 2010/11 学年）将发展小学至六年级的中文、英文、数学及常识科；第二期（2010/11 至 2012/13 学年）将接着发展中学一年级至三年级的中文、英文、数学及科学科。

此外，香港特区政府特别强调学校要成功地把资讯科技融入学与教，并提出资讯科技教育校本计划的重要性，认为校本计划可以推动学校文化的改变，进而促进学校管理层、教师和技术支援人员之间协作力量的建立。

台湾地区

我国台湾地区教育主管部门于 2008 年 1 月 24 日公布了新修订的“普通高级中学课程纲要”，并计划从 2009 年 8 月 1 日起由高中一年级开始逐年实施。此次台湾地区新的高中课程纲要给予资讯科课程应有的重视，资讯科由一直以来的选修改为了必修。新修订的高中资讯科课程纲要包括必修“资讯科技概论”与选修“资讯科学”两个科目。“资讯科技概论”属于必修“生活领域”，分为 2 学分与 4 学分的学习内容。学习主题包括资讯科学导论、计算机硬件、计算机软件、计算机网络、计算机解决问题、资讯科技与人类社会的关系等，旨在培养学生资讯科学基础知识，发展学生的逻辑思维及解决问题能力。选修“资讯科学”中可选授的内容包括“基础程序设计”1～2 学分、“进阶程序设计”2 学分及“资讯科学与应用专题”1～4 学分，旨在为学生提供深入探索资讯科学相关领域的机会，培养学生综合运用资讯科技工具解

① 唐科莉．香港资讯科技教育的推进策略及启示［J］．中小学信息技术教育，2010(3)．

决问题的能力。①

近些年来，台湾地区更加重视资讯素养与伦理教育。例如，台北市教育局积极推动资讯素养与伦理计划，从教材编写、教师研习进修到实施奖励制度，通过多元策略的倡导，希望提高全市小学教师对资讯素养与伦理的教学意愿，落实学生相关能力的培养。2005 年，台北市教育局编写高中版“资讯素养与伦理”教材，2006 年成立小学版“资讯素养与伦理”教材编辑小组，同时发行中学版教材，免费提供给各校教学使用，并将教材上传至台北市益教网，提供浏览者下载。除了将该教材提供给资讯教师进行计算机课教学外，也希望非资讯教师能将其融入在所教课程中进行教学，培养学生正确的资讯网络使用行为与态度，减少网络对学生的负面影响。2009 年 8 月完成该教材的再次修编。此外，台北市教育局培训台北市小学约 1/3 的教师，相信可以提升教师对本教材的了解，进而融入课程中实施教学，培养学生对网络应用的正确观念。②

国外信息技术教育发展动态

英　国

英国是一个非常重视信息与通信技术（Information and Communications Technology，ICT）教育的国家。

近些年来，在 ICT 课程发展方面，主要针对中学阶段和小学阶段进行课程改革，修订了相应的课程标准。

2007 年，英国重新修订了国家课程标准，公布了新的中学 ICT 课程方案，并于 2008 年 9 月开始实施。新中学 ICT 课程在教学目标方面，提出初中阶段学生需要以下 ICT 技能与方法：信息获取、发展思维、信息交流、评价。在教学内容的选择和组织方面，不同学校可自主选择课程教学单元和每一节课的具体内容，灵活性大。在教与学的过程方面，采用多样化的教学方式来支持不同教学目标的达成。在教学评价方面，评价贯穿于整个教与学的过程，并处处以学生为中心。目前英国正在推行以上机考试的形式来进行初中结束时的全国统考，统考题目是开放性的，

① 陈晓慧，刘向永. 台湾地区新高中资讯课程评介 [J]. 中学信息技术教育，2009(9).

② 赖清国，韩长泽. 台北市小学资讯素养与伦理教材编写及推动概述 [J]. 中国信息技术教育，2009(11)：93－95.

考查学生对 ICT 的应用能力，而非对 ICT 知识、技能本身的掌握。①

英国小学阶段的课程改革也在逐步推进，2009 年，英国资格认证与课程设置发展总署制定并公布了小学阶段的课程改革方案，并于 2010 年启动了新课程的相关培训，宣布在 2011 年 9 月开始正式实施新课程方案，确立了 ICT 课程的核心地位。在新课程方案中，小学生 ICT 能力应达到的目标主要包含两个方面：ICT 的基本知识与技能目标和 ICT 在其他学习领域应用目标。②

在英国的基础教育中，不仅把 ICT 作为需要学习的课程内容，而且特别注重 ICT 与中小学各学习科目的整合，这已成为当代英国中学教学改革的重要趋势之一。

在 ICT 教育与课程整合方面，英国教育通信与技术署于 2006 年 7 月提出“数字化学习辅助资料的质量原则”。其中提出的 16 条质量原则分为核心教学原则和核心设计原则两组，前者主要指成功学习产生的过程和条件，后者指资源设计、可靠性和互用性等项目。这些质量原则从目标、内容、评估、实现途径和支持条件四个方面进行了质量规定。③

在教师培训方面，英国将教师的 ICT 知识、能力培训放在战略高度，采取职前培训、职中培训等一系列有效措施。同时，苏格兰等地区还制定出针对不同教师的培训标准，对一般教师、负责信息技术教育工作的教师、校长等都提出了具体的要求。④此外，英国通过“合格教师资格（QTS）”标准既规范了职前教师教育，又保证了教师专业化。2007 年“合格教师资格”标准做了重新修订。

此外，在 ICT 教育投资方面，高度重视国内教育信息化发展规划与投资，形成一套较为科学完善的投资发展体系。2007 年 10 月，英国教育大臣 Jim Knight MP 宣布，英国政府将在 2008～2011 三年间共投资 219 亿英镑用于学校校园及 ICT 建设，这项投资将使英国境内数千所学校得以重建或改造，其中 8.37 亿将用

① 关伟. 英国初中信息技术课程教学解析［J］. 现代教育技术，2009(8)：39－42.

② 徐继红. 英国小学 ICT 新课程改革解读［J］. 中国信息技术教育，2010(9).

③ 钱旭升. ICT 的有效运用——英国数字化学习辅助资料的质量原则体系及其借鉴价值. 比较教育研究，2009(7)．

④ 占强运. 国外信息技术教育发展浅析及思考［J］. 中国信息技术教育，2010(5).

于学校教育信息通信技术领域的进一步发展与提升。[①]这笔资金投入，将按照不同投资属性、通过不同项目经英国地方政府发放到各个学校手中。2008～2009 年度经过重新整合，政府的投资项目确立为学校发展资助、下拨公式资金及利用技术资助三项。自 2008 年 4 月起，英国政府将本国 ICT 资助项目相应划分为收益类资助与资本类资助两类。为规范资金使用，英国政府规定资本类资助金只能用于投资固定资产或长期性资产的支出，需当期支付的费用如技术支持服务、软件订阅等必须通过收益类资助金支付。受助学校需要详细了解各种投资补助的不同属性、方向及使用规定，避免违规使用，如学校的宽带费用、资源订阅费等就不能使用资本类资助金支付，必须在学校发展资助或其他收益类资助项目内开支。[②]

美　国

美国中小学信息教育改革新动向主要表现为：

在政策层面上，奥巴马在 2009 年 2 月 17 日签署了《2009 美国复苏与再投资法案》，即经济刺激方案，将信息技术视为 21 世纪基础设施的关键组成部分，力图通过构建 21 世纪教室和普及宽带加大中小学信息教育改革的步伐。[③]

在信息化基础设施建设层面上，不断降低生机比，提升学校联网率，增加资金投入。2005 年 97%的公立学校使用宽带与互联网连接；2008 年 6 月 16 日的"学区生机比"统计数据显示，全美所有学区中，183 个学区的生机比低于 3.3∶1，50 个学区的生机比介于 3.3∶1 与 4.3∶1 之间，12 个学区的生机比高于 4.3∶1；2009 年奥巴马的新经济刺激方案中对教育技术提供的复苏基金为 10 亿美元，该基金将"通过技术提升教育计划"支持州、学区和学校将技术整合到课程中以改善教学。

在信息教育课程方面上，开发了 K－12 信息教育课程标准，充实课程内容，改变课程实施方式。2007 年 6 月美国国际教育技术协会发布了《美国国家学生教育技术标准》第二版，在多个维

① Teachernet. Capital Investment for Schools 2008－11. [DB/OL]. 〈http：//www. teachernet. gov. uk/management/resourcesfinanceandbuilding/capitalinvestment〉.

② 马元丽，费龙．英国 2008～2011 学校 ICT 投资规划与指导分析 [J]. 现代教育技术，2009(5).

③ National Association of R EALTOR S. American R ecovery and R einvestment Act of 2009 [DB/OL]. http：//www. realtor. org/government _ affairs/gapublic/American _ recovery _ reinvestment _ act _ home.

度重新定义了学生的教育技术能力标准，列举了大量的针对性活动，并突出了“创意识与变革精神”的培养。此外，2003年美国计算机协会教育董事会大学预备委员会专门工作组发表了《K－12计算机学模型课程：计算机协会K－12专门工作组课程委员会终结报告》，提出了一个系统的计算机科学课程模型，为美国中小学学生能连贯地学习系统的计算机课程提供了一套解决方案。2006年又进行了第二版的修订。

在信息教育教学方式方面上，改革趋向是由直接式教学向建构式教学转变，大力发展网络教学。根据北美在线教学协会公布的第五次年度报告调查结果，至2007年9月为止，全美有42个州提供K－12在线教学服务，每年使用网络教学系统的中小学学生人数显著增加。2005～2006学年K－12网络学习者已达70万人。[①]目前，美国部分州中小学在线教学发展动向主要体现为：提倡全时在线教学，对学生修完课程的要求以及对网络课程的开发与管理。

在信息教育教师培养方面上，注重教师终生专业发展与培养，将信息技术应用能力列入教师资格审查标准之中。教师终生专业发展与培养模式分为三个维度：职前培养；利用工作坊、研习课程和短期课程进行培训；开展长期的专业发展规划，对教师进行持续的教育和技术支持。截至2008年4月，美国已有25个州采用全美教师教育认证委员会技术教育教师培养方案。相关研究也显示美国有1/3州的学校将技术训练列为师资任职资格的一部分。[②]

在信息技术与课程整合方面上，由专业组织或机构提出标准体系，提供案例，进行培训，然后由教师根据自己的实际教学情况进行整合和创新。[③]但是，据美国《教育媒体与技术》发布的2004年教育技术报告，信息技术对于绝大多数教师来说，只是用来作为查询资料准备教案，或是与同事和家长沟通以及保存管理记录的工具(前者属于课前应用，后者属于课后应用)，很少将信息技术直接应用于或整合于课堂教学。从他们最常用的两类整合方式看，显然还停留在比较低的层次。[④]另人们担心的是，据美国一项对教育者、家长和学生的最新调查显示：与几年前相比，学生更加愿意用一

① K－12 Online Learning：A Survey of U. S. School District Administrators，2007[DB/OL]. http：//www. library. gsu. edu/news.

② 刘彦尊，李雅君．美国中小学信息教育改革的新动向［J］．中国教育信息化，2009(24)：15－19.

③ 吴华，马东艳．美国信息技术与数学课程整合的研究与启示［J］. 电化教育研究，2008(4).

④ 何克抗. 对美国信息技术与课程整合理论的分析思考和新整合理论的建构［J］. 中国电化教育，2008(7).

些个人技术工具来学习专题内容、与同学合作及完成作业，然而，学校通常要求他们关机，不让他们接触课外学习所需的数字化资源。这份名为《对国家研究计划畅所欲言》的调查报告建议，应该让学生在决定新技术如何促进学习的过程中发挥一个更加正式的作用。①

印　度

印度 NECRT（全国教育研究与培训委员会）2000 年 11 月发布了《学校信息技术课程指南和大纲》（以下简称《纲要》），从基本概念和操作、社会和道德、IT 工具、交流工具、技术研究工具、问题解决工具六个层面对课程教学目标进行了详细说明。《纲要》并没有具体规定中小学信息技术课程的内容，但是在具体教学中，必须紧紧围绕教学目标的要求设计和选择相应的教学内容。课程教学评价方案紧紧围绕教学目标和教学内容进行制定。可见，印度初中信息技术教育课程的教学目标、教学内容和教学评价具有整体性和一致性。②此外，《纲要》中还对教师的信息技术方面的能力提出了具体的要求。

日　本

在政策扶持方面，日本政府于 2007 年 5 月出台了增强信息通信国际竞争力的一揽子政策——ICT 国际竞争力强化计划。该计划包括：七大基础项目和 8 个个别项目。该计划将 2007 和 2008 年度定为“ICT 国际竞争力强化年度”，通过政策资源的集中和选择，加强产学官合作等举措，在 2011 年日本完全数字化元年到来之前，实现增强国际竞争力的目标。③

在课程发展方面，2008 年 12 月 22 日，日本文部科学省公布了新的《学习指导要领》，将于 2013 年开始实施。其中，对高中信息学科进行了修改。现行的高中信息学科必修模块“信息 A”“信息 B”“信息 C”修改为“社会与信息”和“信息科学”，学生在其中选一个模块进行学习。其中“社会与信息”的内容包括“信息的运用和表现”“信息通信网络与传播”“信息社会的课题

① 唐科莉. 调查显示：学校阻碍了学生信息技术的应用［J］. 基础教育参考，2009(7).

② 谭敬德，谭光运. 中印初中信息技术教育课程之比较［J］. 中国教育信息化，2009(24)：22-25.

③ 王挺. 日本增强 ICT 国际竞争力的新政策［J］. 全国科技经济瞭望，2008(2).

与信息伦理道德”“构建理想的信息社会”4个部分。“信息科学”的内容包括“计算机和信息通信网络”“解决问题和运用计算机”“信息的管理和问题解决”及“信息技术的发展和信息伦理”4个部分。[①]

在教师培训方面，日本将提高在职教师计算机运用能力和信息教育指导能力作为教师研修的重要内容：一方面对具有10～20年教龄的教师进行计算机基础知识、技能的培训；另一方面根据学校特点培养一批信息教育的专家型教师。[②]

韩　　国

在推动ICT教育的进程中，韩国政府尤其重视中小学的ICT教育，并将其分为素养教育和活用教育两方面，还将ICT教育作为小学一年级的必修课程，并建立一套ICT认证制度来进行学生知识水平的考核。

在硬件基础设施方面，韩国中小学硬件基础设施建设比较完备。到2003年时，在校学生的人均电脑拥有量是每5.8个学生有一台电脑，每所少于36个班级的学校都有一间电脑室，而多于36个班级的学校则有两间，且66.8%的学校的电脑都已连上网络。2004年7月13日提出的中小学网络家庭学习系统可以使学习者在系统中学习自己所定制的课程，在学习过程中可以向网上教师和网上辅导员寻求免费帮助，同时，网上教师和网上辅导员也将学习结果反馈给学习者，使学习者能够升级。[③]2006年12月，该系统获得了首届“教科文组织哈马德国王奖”。

在教师培训方面，2007年，韩国整体设计了教师ICT课程的培训内容，包括信息社会、信息设备、信息加工、信息处理等四部分，旨在提高教师计算机基本操作能力，提高教师利用ICT获取信息与管理信息的能力，提高教师利用ICT创造信息与交流信息的能力，提升教师在课堂教学中应用ICT的能力水平。[④]并且，韩国政府推出了“教师信息素养认证体系”，积极开展ICT教育应用竞赛。在竞赛中表现突出的教师将获得各种荣誉，包括政府机构颁发的奖励、职位晋升、获得海外培训基

① 黄松爱．日本高中信息课程的新变化［J］．中国信息技术教育，2009(13)．

② 占强运．国外信息技术教育发展浅析及思考［J］．中国信息技术教育，2010(5)．

③ 陆瑜．韩国ICT教育计划［J］．中国远程教育，2007(7)．

④ 杨茂庆．韩国基于教师专业发展的ICT课程研究［J］．大理学院学报，2010(3)．

金等。[①]

在家长培训方面，每年都有 800 所学校对学生家长进行基本的信息技能培训，并将学校及教师主页提供给家长，作为学习、交流的平台。[②]对家长进行培训有助于构建健康的网络文化，解决诸如网络暴力、色情等问题。

新加坡

新加坡是世界上少数几个拥有国家教育信息化规划并涉及所有学校的国家之一，在 2010 年 3 月发布的《2009～2010 年度全球信息技术报告》中，新加坡的排名由去年的第四位晋升为第二位。

新加坡教育信息化整体规划的指导思想是：教育应该不断地预测未来社会的需求，并为满足这些需求而努力。未来社会所需的技能焦点将集中在思考、学习以及交流等方面，基于 IT 的教和学是年轻一代获得上述技能的关键途径。[③]

继教育信息化第一期规划（Masterplan Ⅰ：1997～2002）和教育信息化第二期规划（Masterplan Ⅱ：2003～2007）之后，2008 年 8 月 5 日，新加坡又制定了教育信息化第三期规划（Masterplan Ⅲ：2009～2014）。第三期规划旨在通过将信息技术融入教育过程的核心，寻找信息技术应用的突破口。预期目标有四个：让学生具备自我管理学习的能力；教师能根据每个学生的最佳学习方式调整学习内容设计；促进学生深入钻研和超前学习；实现随时随地的学习。实现这些目标的总体战略有四个：（1）通过加强信息技术与课程、教学和评估的整合，提高学习效果，培养“21 世纪技能”；（2）强调教师能力和技能的提高，为教师规划不同的职业发展之路；（3）促进最佳实践和成功创新经验的共享；（4）改善学校信息化条件，为第三期规划的实施提供支持。[④]

此外，新加坡非常重视教师的职业发展，认为要将职业发展落实到实践当中，学校要为教师提供信息化教学环境，要培训一批信息技术“专家型教师”。

---

①② 邹菊梅，赵瑛. 韩国中小学 ICT 教育的现状及其启示 [J]. 中国电化教育，2003(4).

③ 张永军. 新加坡智慧国计划对我国基础教育信息化的启示 [J]. 中国电化教育，2008(8).

④ 唐科莉. 新加坡教育信息化第三期规划的目标与战略 [J]. 基础教育参考，2009(4).

对中国信息技术教育发展的启示

综观各国各地区信息技术教育发展动态，可以发现，虽然各个国家的国情不同，但其信息技术教育的本质是一致的，那就是全面提高全民的信息素养。而这些国家和地区信息技术教育发展方面的新举措，从不同层面反映了开展信息技术教育的理念、措施和方法，我们可以取其精华，去其糟粕，促进我国信息技术教育在未来10年中的蓬勃发展。

在信息技术课程设置方面，发达国家从幼儿园、小学就进行信息技术教育，并且在小学阶段开设信息技术必修课程，对中小学信息技术课进行价值定位，着眼于学生的发展，反映信息技术课程的工具性与教育性。① 日本等一些国家开始尝试将高中信息学科分为必修模块和选修模块，提供了选修的弹性。而我国早在2003年就将高中信息技术课程分为必修与选修两个部分，共六个模块，每个模块2学分。

在课程标准制定方面，英国于2009年制定并公布的小学阶段的ICT课程改革方案给我们很大启示。提示我们，义务教育阶段的课程标准的重构迫在眉睫。我国目前义务教育阶段没有国家统一制定的信息技术课程标准，这使得我国中小学的信息技术教学处于无序状态，因此义务教育阶段的课程标准的制定为当务之急。

在课程内容方面，各国普遍重视信息道德的培养。英国课程中将信息道德培养渗透到“信息交流”部分，日本现行信息技术课程改革的重点在于寻求道德培养与知识点的学习一体化，力图形成一种“人类、人生”的教育。我国台湾地区更加重视资讯素养与伦理教育，台北市教育局编写了高中版和小学版的《资讯素养与伦理》教材，免费提供给各校教学使用，并将教材上传至台北市益教网，提供浏览者下载。而我国大陆信息技术课程中将信息道德的培养单列出来，也体现了对信息道德的重视。我国可以借鉴日本的做法，一方面可以研制专门的信息技术道德教育教材，一方面可以将信息道德教育分散到各个知识点，提醒学生每时每刻都要注意信息道德，甚至可以借助其他科目教师的力量，在各个学科范围内渗透信息道德教育。

在信息技术与课程整合方面，英国的改革值得我们学习。英国小学的ICT与课程整合，重点是突出学生在课程学习中对ICT

① 董京峰. 发达国家中小学信息技术教育对我国的启示［J］. 中小学电教，2006(09).

知识与技能的应用，强调对“学”的支持。此外，英国的信息技术课程整合更注重实践性。例如，新课程方案明确规定通过跨学科的联合学习实现课程整合目标，且在各学习领域中详细规定了ICT能力发展目标与ICT应用目标，增强了信息技术与课程整合的可操作性，这一点对我国的信息技术与课程整合有借鉴意义。[①]此外，我国的信息技术与课程整合注重在课上整合，而美国则注重课前与课后的整合，我国可以在做好课上整合工作的同时，寻找课前与课后整合的最佳做法。

在信息技术课程评价方面，要建立灵活多样的评价方式，注重过程性评价与总结性评价相结合，注重笔试和上机考试的均衡，注意在考试题目中设置开放性任务，情境化表达考试题目。

在教师培训方面，各国高度重视。韩国的做法值得我们借鉴。一方面我们要整体设计教师ICT课程的培训内容；另一方面要推出“教师信息素养认证体系”，积极开展各类ICT教育应用竞赛；再一方面，要推出各种鼓励政策，将教师的信息素养与各种晋升、深造机会等相结合。此外，联合国教科文组织（UNESCO）于2008年发布了《信息与传播技术教师能力标准》，为我国制定科学的教师信息技术应用能力标准提供了思路。

此外，我国还要加大在信息技术教育上的投资力度，注意资金的合理分配，制定政策以避免资金的挪用和浪费。还要加快建设数字化教育资源，为学生的自主学习和协作学习创造良好的信息技术教育环境，全面提升学生的信息素养。

各地教研工作巡礼

2009年是信息技术课程发展硕果累累的一年，各省市区在新课程理念的指导下，结合本地情况，因地制宜地组织开展了一系列的教师培训和教研活动，取得了令人瞩目的成果。本部分遴选了5省3市的教研工作总结，均具有一定的代表性，以飨读者。

2009年浙江省中小学信息技术学科教研工作报告

魏雄鹰

（浙江省教育厅教研室高中部）

2009年中小学信息技术教研工作围绕省教研室总的工作思路

① 徐继红．英国小学ICT新课程改革解读［J］．中国信息技术教育，2010(9)．

"创新教研工作机制、提升研究服务水平、谋求科学和谐发展"，着重在服务基层、研究疑难问题、提升教研水平等方面作了努力。在各级教研员和广大教师的支持配合下，在深化高中新课程实验、提升中小学信息技术教学研究水平、支持薄弱地区教育等方面发挥了应有的作用。

一、中小学信息技术教研工作综述

1. 深化高中信息技术新课程实验，及时开展难点热点问题研讨

我省高中新课程实验进入第四年，逐步进入深化改革阶段。高中信息技术课程改革经历了研究、紧张、忙乱、有序的一系列过程，课改的重点从宣传发动到了深入课堂教学的各个细节。教研工作重心也逐渐转入了研究课改内涵的阶段，新课程实验从理念走向现实。在省高中新课程实验学科教学指导委员会各成员的辛勤工作下，在全省高中信息技术教师的共同努力下，2009 年浙江省高中信息技术新课程实验工作进展平稳而有序。

（1）修订完善了《浙江省高中信息技术新课程实验实施指导意见》和《浙江省高中信息技术学科教学指导意见》。2009 年 4 月 28 日在杭州召开了浙江省普通高中新课程实验工作专业指导委员会工作会议，会议重点是讨论如何减轻高一学生的课业负担。高中新课程实验三年下来，一个突出的问题是学生的负担比较重，尤其是高一学生，从初中到高中的课程变化太大，感觉负担一下子变得很重，因此各学科教学指导委员会成员在会上讨论了减负思路：一是减少已开设科目，二是减少模块内容。信息技术学科主要以减少模块内容，理清"学科教学指导意见"中的"基本要求"和"发展要求"为主。在此基础上，着重对高中信息技术课程中的三个模块："信息技术基础""算法与程序设计""多媒体技术基础"的教学要求进行了重新梳理，进一步明确了"基本要求"和"发展要求"，使教学指导意见更加完善和具有针对性。新修订的"实施指导意见""教学指导意见"已于 2009 年秋季开始实行。

（2）随着广大教师对新课程、新教材的理解不断加深，实践中遇到的问题和困惑也不断增多，为此，浙江省课改办从 2009 年开始组织了新一轮基础教育课程改革"疑难问题"研训活动。2009 年 7 月 12～14 日，伴着盛夏的滚滚热浪，浙江省高中信息技术新课程"疑难问题"专题研训活动在杭州市省委党校文欣大厦顺利开幕，近 200 名来自全省各地的教研员、骨干教师参加了活动。

本次研训活动旨在帮助一线教师提升解决课程改革中疑难问题的能力，推动高中信息技术新课程实验的深入实施。活动内容紧紧围绕“基于课程标准和教学指导意见的高中信息技术课程实施，重点在于如何理解和把握教材”这一主题，以“信息技术基础”“多媒体技术应用”“算法与程序设计”三个模块教学为载体，从授课计划的制订和实施到教研组活动的开展，从对教材处理的思考到实际教学中遇到的困难及解决策略，在各个方面为广大教师提供了研讨和交流的平台。

本次活动内容丰富，形式多样。2009 年 7 月 12 日上午，在杭州市教研员郑子罕老师的主持下，浙教版高中信息技术教材编写与参与者李永前、林斌等老师从宏观的角度分析专题介绍了教材处理的一般方法，提出在日常教学中，要以课程标准为指导，以学科指导意见为抓手，把握好方向，要围绕以学生为主体的理念，以技术为平台，激发学生兴趣，更好地做一个课堂教学的设计者。教师代表楼美霞、朱金福等 6 位老师关于“信奉而不唯是”“遵循而有所立”的教材观及提出的“如何提高学生的学习兴趣”“如何通过巧妙的试题来平衡理想与现实之间的矛盾”等专题发言引起了老师们的共鸣，激起一阵阵热烈的掌声。

12 日下午，在主持人——绍兴市教研员王勇军老师妙语连珠的串联下，5 位县（市）级教研员代表论述精彩，广大教师提问踊跃，省市教研员作答耐心而细致、深刻而亲切，会场上激情涌动，碰撞出一朵朵理性而又严密的火花，演绎了一幕信息技术研讨活动的精彩华章。

13 日上午，南京师范大学教授兼博士生导师、国家教育部普通高中技术课标组组长顾建军教授作了《国际技术课程的发展与中国技术课程的现状》的专题报告，报告内容丰富又含有新意，发言精辟又不失风趣，观点阐述深入浅出又饱含技术含量，折服了会场内的所有教师。

13 日下午，浙江省高中信息技术学科教学指导委员会成员孙立文、谢敏海、李永前三位老师分别就“信息技术基础”“算法与程序设计”“多媒体技术应用”作了教学指导意见的修改说明以及实施中的问题探讨，为大家指明方向，理清思路。

本次研训活动策划周密，安排紧凑，既能促使广大教师真正思考在实施新课程教学中面临的问题与困难，又为今后进一步落实新课程理念及探讨高中信息技术教学的研究途径指明了方向，促进了高中新课程改革更高效、更顺利的实施。参加本次研训会的老师感触多，收获丰厚。

(3) 2009年浙江省高中信息技术课堂教学评比活动于2009年4月22～24日在丽水缙云举办，全省各地市及省直的12位优秀教师上了12节各具特色、各具风采的课，来自全省各地的300余位教师观摩了本次活动。

本次评比选用浙江教育出版社出版的《高中信息技术》选修1——算法与程序设计、选修2——多媒体技术应用两个模块中的内容，由选手自行在规定章节中选上1课时，重在考查教师对新课程理念的认识，对新课程教材及教学内容的理解和把握，以及对教学资源的有效利用和课堂驾驭等方面能力。

本次活动是我省举行的第四届高中信息技术课堂教学评比活动，与前三届活动相比，本届参赛选手更注重新课程理念与常规教学的有机结合，既有分组协作、合作探究、问题解决等新型教学方式的应用，也有讲练结合、板书作业的合理分配。参赛选手以不同的教学设计和呈现方式，充分展示了自身优势，突出了新课程新的教学理念，紧密联系学生生活，紧扣教材的基本要求，以深入浅出的教学方法，调动了学生积极主动参与的积极性，充分体现了学生主体教师主导的基本理念，给人以耳目一新的感觉。

本次活动采用主会场上课，分会场视频转播的形式。评委及观摩教师都在分会场参加活动，这样可以最大程度地保证上课教师和学生不受干扰。为了进一步加强活动的展示、交流、研讨氛围，在活动过程中，采用了评委阶段性评课、观摩现场短信评课等形式。每半天安排一位评委进行现场点评，宁波市教研室的王劲松、绍兴市教研院的王勇军、温州教研院的蒋莘、金华市教研室的吴跃胜4位教研员即时发表了听课感想，对12节课分别作了精彩点评。通过短信平台，观摩教师可以实时对上课教师进行短信点评，也可以实时发表观摩感想，使活动现场始终充满了交流研讨的和谐气氛。

(4) 协助省考试院开展信息技术高考研究。从2010年开始，浙江高中信息技术高考将有新的改变，从单纯的纸笔测试向上机操作和纸笔测试相结合的形式改变。我们组织高中信息技术学科教学指导委员会成员、各地高中信息技术骨干教师共同协助省考试院进行高中信息技术高考新考试说明的制定工作，从考试形式、考试内容、考试要求、试卷结构、试题形式等多方面入手，高质量地拿出考试说明初稿，为信息技术高考平稳有序的改革作准备。

(5) 积极开展教学调研，指导一线教学工作。调研工作是教研工作的基础，今年高中信息技术共开展了四次教学调研，具体情况如下表所示：

时间	学校	内　容
2009 年 2 月 23～24 日	景宁中学	听课 4 节，教研组座谈会 1 次，教师个别交流 4 次，学生座谈会 1 次（10 人）
2009 年 2 月 25 日	丽水中学	听课 2 节，教师座谈会 1 次
2009 年 2 月 26 日	湖州二中	听课 2 节，教师座谈会 1 次
2009 年 10 月 12～13 日	温岭中学	听课 8 节，教研组座谈会 2 次（18 人），学生座谈会 1 次（约 46 人次）
2009 年 10 月 14～15 日	黄岩二高	听课 5 节，教研组座谈会 1 次（8 人），学生座谈会 1 次（约 32 人）
2009 年 11 月 24 日	桐庐中学	听课 4 节，教师座谈会 1 次，学生座谈会 1 次（16 人）

（6）在会考工作方面，为了保证今年信息技术会考工作的顺利完成，在四月份与杭师大信息学院共同举办了一期会考系统培训班，专门针对去年未能参加培训的学校和新办学校进行了会考系统培训，有些去年参加过培训的学校也积极的继续参加，最终全省参加培训的教师突破了 200 人。6 月份正式会考和 9 月份补考期间，在省会考办、杭师大信息学院、全省普通高中信息技术教师的共同努力下，顺利地完成了今年的信息技术会考。

2. 积极开展信息技术学科教学规范和疑难问题研究

（1）信息技术学科教学规范继 2008 年形成初稿后，今年在调研、征求各方意见的基础上，将小学和初中信息技术的“教学建议”文档进行了统整，形成了《浙江省信息技术学科教学建议》，并正式下发到各市、县及有关学校，在全省形成了一股研究信息技术课堂教学规范的热潮。广大教师积极开展研究，并形成了多份具有地方特色的教学规范实施方案。

（2）2009 年 10 月 19～21 日，浙江省教育厅教研室义务教育信息技术新课程“疑难问题”专题研训活动在绍兴县柯桥实验小学开幕，250 多名来自全省各地的教研员、骨干教师参加了活动。本次研训活动旨在通过对信息技术学业评价疑难问题的探讨，推动中小学信息技术新课程实验的深入实施，为广大教师提供了研讨和交流的平台。

本次活动在省、市、县各级教研员的精心策划下，内容丰富，形式多样。

20 日上午，浙江省教育考试院李金波博士对全省各地市信息技术教研员、信息技术骨干教师进行了"试卷的设计及质量评价方法"的初级培训。从测量学的角度，采用理论结合实例的方法进行了深入浅出的讲授，涉及了试卷好坏的评价、项目反应理论、试卷难度和区分度的设计、知识性考试和能力性考试分析等内容。尤其让人印象深刻的是：李金波博士把如何进行试卷的实战分析做了详实的介绍，向与会人员推荐了目前对试卷质量评价实用、有效的SPSS软件，并紧密结合当前教育教学实例进行了长达一个小时的介绍。使大多数原先在该领域处于真空状态的老师，对如何看待一份试卷的质量有了全新的认识，为自己今后在从事有效试卷设计与评价的探索活动奠定了一定的理论基础。虽然整个培训的时间有限，但对全省信息技术骨干教师在试卷设计及质量评价观念上变革将具有巨大的启迪引导作用。

20日下午，浙江省教育厅基础教育处方红峰处长作题为《为生存而学习——国际学生评价计划（PISA）简介》的专题讲座。从PISA概况、PISA发展的背景、PISA的关键能力框架、PISA评价结构和测试工具设计、PISA对评价改革的启示五个方面来讲述。让大家对国际学生评价项目（PISA）有了接触，了解到PISA其他国际性评价有着显著的不同：第一，主要关注学生是否准备好去应对未来的挑战，他们是否具有有效地分析、推理与交流自己的思想观点及终身学习的能力；第二，强调通过在真实生活情景中，考查学生运用知识和思维能力的表现，来反映学生掌握关键能力的状态；第三，通过搜集各国学校教育、家庭、社会等方面的背景信息，运用评价框架对测试所取得的结果进行详细的解释，为各个国家和地区制定更加行之有效的教育政策提供依据。PISA有一个显著的特征，就是关注学生终身发展，更多着眼于学生未来发展所需要知识和能力的应用水平，因此，PISA在评价过程中特别强调真实情景、知识运用、思维能力，不去测试那些死记硬背知识，那是没有意义的。因此，评价改革应当改变过于关注学生掌握教科书知识内容的倾向，将关注点应落在关注未来发展潜能、兼顾考察现实水平这一层面上。

接着在宁波市教研员王劲松妙语连珠的主持下，5位一线教师阐述了他们自己学校的学业评价方案，5位教师论述精彩，在场教师提问踊跃。

21日上午，绍兴县实验小学的张君良老师展示了一堂利用过程性评价系统进行教学实践的观摩课。接着5位县（市）级教研员代表分别作了关于解决疑难问题学生评价测试的现实方案和思考的报告。在主持人——绍兴市教研员王勇军老师诙谐幽默的串联中，大会报告精彩纷呈，与会者提问踊跃，各教研员作答耐心细致，会场上激情涌动，碰撞出一朵朵理性而又严密的火花，演绎了一幕信息技术研讨活动的精彩华章。

本次专题培训中，两位专家理论与实践相结合，从新课程实施的疑难问题出发，用精辟的语言，生动的案例，作了极其详实又具实践意义的讲座，使学员们再次领略了新课程改革进一步深入的思潮与先进的教育理念，并萌发了许多新思路。5 位教研员和 5 位教师的经验介绍、张老师执教的信息技术教学评价研讨课，给学员们提供了教研与培训的有效经验，获得与会教师的一致好评。研训活动本着从教师的实际需求和发展愿望出发，从研讨教育教学的具体问题出发，将新课程教师培训工作推向深入，活动不仅提升了学员们的教学理念，增强了信息技术教师的信心，也进一步推动了我省义务教育阶段新课程的实施。

3. 携手农村，关注薄弱，充分发挥“农远工程”影响力

(1) 小学信息技术“携手农村”课堂教学研讨活动。

农村小学信息技术教育的硬件投入已经逐渐加大，提高农村小学信息技术教师的师资水平成为当前最主要的问题。由浙江省教研室主办的“携手农村”课堂教学研讨活动，利用发达地区优势教师资源，通过课堂教学实践以及优秀教师的成长经历介绍，为农村教师提供学习和交流的机会，并为他们指明发展的方向。

2009 年小学信息技术“携手农村”课堂教学研讨活动于 9 月 22 日在武义实验小学举行，省教研室初小幼教部主任滕春友、金华市教育局教研室主任王荣文、武义县教育局副局长高江洪等领导出席了开幕式，来自金华各县（市、区）的 150 多位教师参加了活动。

9 月 22 日上午，杭州求是教育集团邱伟刚、长兴实验小学李华、武义实验小学廖旭辉三位教师上了三节精彩而平实的公开课。邱伟刚老师上的是六年级上册第 5 课“软硬兼施”、李华老师上的是五年级下册第 8 课“修改动画”、廖旭辉老师上的是四年级上册第 8 课“名片 DIY”。9 月 22 日下午，三位上课教师先结合自己的成长经历作了主题发言，随后杭州市普通教育研究室的李伟老师对三节课作了精彩点评。

通过本次活动，以优秀教师携手年轻农村教师共同研讨课堂教学的方法，将发达地区的优秀资源，以及对课堂教学和信息技术学科的深度理解，面对面传授给农村教师，使城乡信息技术教师能携手共进，共同提高我省的小学信息技术教学水平。

（2）启动第二轮“农远工程”信息技术学科资源建设项目。

2009年5月11～12日，浙江省“农村远程教育工程”光盘使用研讨会在嵊泗召开，来自全省各地的40余位代表参加了会议。本次会议代表汇集了小学语文、数学、英语、科学、音乐、美术、体育、信息技术、思想品德等学科骨干教师及教研员，语文、英语学科还进行了送教活动，与嵊泗当地教师进行了交流研讨。

第一轮“农村远程教育工程”光盘拍摄工作始于2004年，作为“省长工程”的一个重要组成部分，全省共拍摄了200多节课，为光盘拍摄提供帮助和服务的教师多达500多位，历经5年时间，现在已告一段落。本次会议既是对前一阶段工作的总结，也是为今后继续做好“农远工程”、充分发挥光盘的作用、提高广大教师的教育教学水平打下新的基础。省教研室柯孔标副主任、舟山教研中心周主任、嵊泗教研中心倪主任等出席了会议，省教研室喻伯军老师作了光盘拍摄情况总结，滕春友老师对今后的工作作了部署，要求大家今后能进一步研究光盘的使用，将光盘充分利用起来。

浙江省第二轮农村中小学现代远程教育工程的资源建设从2009年开始实施，这一期工程将历时三年，省政府每年投入1亿元。农远工程教育教学资源建设立足于服务课程改革和教学模式转换，主要通过运用远程教育手段，在促进城乡教育均衡发展，提升我省中小学办学水平上发挥出更大作用。第二轮农远工程资源建设根据学校硬件配备和网络传输环境情况分为三个部分，分别是安装在综合多媒体教室电脑上的“新课程学科多媒体素材资源库”；用于光盘放像点的优秀素质教育类及学科示范教学类光盘；运用“浙江教育资源网”这一网络平台组织各类适合于网络传播的学科素材资源、教育教学研究资源、教师培训资源。

第二轮农远工程软件建设涉及小学初中所有学科，主要有各科专题讲座、专家报告、优秀课堂教学录像、教学设计、多媒体教案以及教学资源库等内容。农远工程主要由省教育技术中心负责，由于涉及较多的学科教学内容，省教研室义务教育段的教研员也都分配了不少任务。为了配合农远二期工程建设，全省定了165所农远工程主播学校，将承担大部分的课堂教学录像拍摄和资源建设任务。

今年小学信息技术学科完成了5节录像课的拍摄，其中杭州市承担了3节课，温州市承担了2节课，具体情况见下表：

课题	形式	授课及点评教师	单位
三年级上册第4课计算器帮你忙	完整课加点评10分钟	方晨	杭州市茅以升实验学校
		王卫东	杭州市江干区教师进修学校
三年级上册第9课花香满园	完整课加点评10分钟	傅海鳄	杭州市天长小学
		章迎华	杭州市上城区教育学院
五年级上册第4课采集生活点滴	完整课加点评10分钟	王晓欢	温州实验小学
		蒋莘	温州教研室
五年级上册第7课展示真我风采	完整课加点评10分钟	徐娅娅	温州南浦小学
		蒋莘	温州教研室
五年级上册第11课精彩屏保设计	完整课加点评10分钟	邱伟刚	杭州市求是教育集团
		邵云江	杭州西湖区教师进修学校

4. 加强课程教材研究，不断提高和完善教材品质

从2007年秋季开始，浙江省中小学生的书本费全部由政府买单了，国家课标教材费由中央财政出，地方教材与配套教学用书的费用由地方财政出。浙江省小学和初中信息技术教材在2008年完成“瘦身”工作后，全部被纳入了循环使用的教材品种，如何应对这一新形势成了一个新课题。为了比较全面地了解教材循环使用后的教学现状，了解教材循环给教学带来的影响，研究新形势下的信息技术教学策略，2009年10月在义务教育阶段的疑难问题研训活动上组织部分教师进行了讨论，2009年12月组织部分教研员和教材作者赴绍兴上虞、诸暨进行了实地调研，通过听课、学校领导访谈、教师座谈、学生和教师问卷等形式，全面了解信息技术教材循环使用后的情况。为今后教材修订提供了参考，也为将来教研活动的开展更有针对性打下了基础。

由于2008年小学和初中信息技术教材瘦身工作比较仓促，今年组织了教材作者广泛征求意见，进行认真校读，8本《小学信息技术》教材、5本《初中信息技术》教材都及时更新和完善，不断提高质量。针对高中配套的教学用书使用已有3年，亟需完善和调研的状况，及时组织力量对3本《高中信息技术学生活动手册》进行修订完善，不断提高教学用书的适用性。

5. 浙江省教育学会中小学信息技术教育分会工作

(1) 2009年7月11日，浙江省教育学会中小学信息技术教育分会换届会议在杭州召开。浙江省教育厅教研室副主任柯孔标、浙江省教育技术中心副主任徐飞、浙江大学软件学院院长陈纯、浙江大学教育技术研究所所长张剑平等领导和专家出席了会

议。柯孔标副主任对浙江省教育学会中小学信息教育分会几年来的工作评价很高，认为学会工作为我省中小学信息技术教育的高速发展功不可没，同时对今后学会工作提出了进一步的要求。徐飞副主任代表我省新成立的浙江省教育技术中心对会议的召开表示祝贺，并提出今后省教育技术中心与学会的关系将会更加密切。

浙江省教育学会中小学信息技术分会第二届理事会会长陈纯教授作了第二届理事会工作报告，他回顾了 2004 年以来，理事会在开展各种形式的教科研活动、积极支持与配合上级学会工作、认真做好组织管理工作等方面所做的工作。他在报告中指出，第二届理事会在浙江省教育学会和浙江省教育厅教研室的直接领导下，在省教育厅基教处、电教馆、装备处等相关部门的关怀下，在各地教研部门和广大教师的大力支持下，以建设和谐社会和科学发展观为指导，以“积极、稳步、有效地实施新一轮基础教育课程改革”为主线，在提升我省中小学信息技术教育水平、支持薄弱地区教育以及提高广大教师的教学业务素质等方面作出了较大的贡献。在总结了第二届理事会所取得的成果和经验后，对今后工作提出了建议，指出学会要在理顺各方关系，进一步发挥群众学术团体的作用等方面还需要不断探索和研究。

本次会议选举产生了第三届理事会、常务理事会，选出了以张剑平为会长的新一届理事会领导机构。并在新会长的主持下，召开了第三届常务理事会第一次会议，讨论了今后的工作原则和思路。

(2) 2009 年 9 月 24 日下午，浙江省教育学会在杭州召开了学会工作会议，来自各市教育学会分会、分会会长和秘书长 40 余人出席了会议。会议由省教育学会林正范副会长主持，张绪培会长首先讲话，他分析了我省当前的教育形势和面临的问题，对学会工作提出了几点要求，对今后工作提出了研究方向。随后，杭州市教育学会、宁波市教育学会、实验学校分会、小学数学分会在会上分别介绍了学会工作经验和体会。最后，朱永祥秘书长就省教育学会加强各分会管理工作的几份文件作了说明，对下半年学会工作作了布置。从本届理事会开始，省教育学会建立了会长联系制度，各副会长分别联系几个下属分会，以加强对分会的管理。中小学信息技术教育分会的联系副会长是省教研室主任刘宝剑。

二、教研工作成效、进展和体会

1. 高中信息技术新课程实验从理念走向实效，学科建设研究

逐渐深入

2009 年，高中新课程实验进入第四年，随着第一次新课程高考的顺利完成，显示着我省高中新课程实验取得了阶段性成果。信息技术学科这几年连续开展培训、竞赛等活动，教师对新课程理念的理解逐渐明晰，课堂教学水平也逐渐提高。随着学科建设研究的氛围的浓厚，越来越多的学校和教师开始将眼光转向切实提高课堂教学效率、提高自身学科底蕴等方向上来。先进教研组评比在多数地区都已开展，校本教研和区域合作教研形式越来越多样。

2. 农村信息技术教育水平逐渐提高，城乡差距逐渐缩小

“携手农村”“农远工程”“领雁工程”等一系列面向广大农村学校和教师的活动的开展，正逐步提高农村信息技术教师的教学业务水平，城乡教师教学的差距在缩小。每年的“携手行动”都会给参与活动的教师以很大的启发和触动，今年第一次针对小学信息技术教师举办了“携手农村”活动以后，有许多教师发表了感言，他们认为无论是来自城市还是农村的展示课，执教教师都有自己独到的教学方法和丰富的教学经验，在三维教学目标的设计与达成、学生思维能力的培养、教学过程中教育功能的体现、情境的创设与任务的设计等方面都有重要展示，尤其是执教教师与大家分享了自己在成长道路上的一些体会和心得，可以大大增强与会教师对做好信息技术教学的信心。

3. 通过省际交流，取长补短，不断提高浙江信息技术教学水平

“长虹电视”杯 2009 年全国普通高中优质课展评活动于 11 月 6～7 日在四川省绵阳南山中学举行，本次活动由中国教育技术协会信息技术教育专业委员会主办，四川省教育科学研究所承办，绵阳市教育科学研究所、绵阳南山中学协办，来自全国各省市的高中信息技术教研员和教师 300 余人参加了活动。其中，浙江省有 30 余名代表参加了活动。

本次展评活动经过光盘预选和现场展评二个阶段，各省在 9 月份先选送 5 节录像课光盘参加预选，专家组从中挑选 48 位教师参加现场评比，角逐一、二等奖，未被选上的课成为三等奖。11 月 6 日，来自各省市的 48 位优秀高中信息技术教师在绵阳南山中学的 6 个计算机教室进行现场优质课展评，课程内容涉及了高中信息技术课程标准中规定的 6 个模块。本次评比的评委由各省市高中信息技术教研员、特级教师及高师院校专家组成，30 位评委分布在 6 个比赛机房中。经过一天紧张激烈而又不失和谐的比

赛，11月6日晚，全体评委经过打分和评议，共评出了32个一等奖、16个二等奖。浙江省参加现场展评有三位选手，分别是金华一中的钱晓锋、温州龙湾中学的邹慧、缙云中学的王震，三位选手扎实的教学基本功、精彩的教学设计、出色的现场发挥，博得了评委和观摩教师的好评，最后钱晓锋和邹慧都获得了一等奖，王震获得了二等奖，另外两位通过光盘送评的教师——浙师大附中的潘晓锋、杭九中的李琰都获得了三等奖。

本次评比是高中信息技术新课程实验实施以来，规模最大、参加省市最多的一次高中信息技术活动，各省市教研员都非常重视，派出了最优秀的选手参加比赛。因此，本次活动呈现几大特色：一是现场展评的教师个人素质都比较高，无论是教学语言、操作技能，还是课堂调控水平都比较出色，有的女教师朗诵水平不亚于播音员。二是教学内容丰富而精彩，高中信息技术6个模块都有选手选用，同一个教室内几乎没有内容相同的课，一天听8节课也不会觉得很累。三是新课程理念日益深入人心，几乎每节课都会体现合作、探究、自主学习等新课程所倡导的教学方式，每节课的情景导入都是精心设计的。四是教材的地位逐渐受到重视，不同于以往的公开课活动中，几乎少有教师让学生看书的，本次活动有不少教师或在课前让学生先翻阅一下教材，或在课堂上让学生利用教材辅助学习，教材不再是可有可无的了，终于逐渐回归到本来应有的地位。

与上一届比赛相比，各省间的实力差距正在缩小。虽然本次活动我省参赛选手和评委的表现都很不错，但同时也要看到不足，发现差距，努力学习兄弟省市的优点、亮点，不断提高我省的信息技术教学水平。

2009年度海南省中小学信息技术教研工作小结——从课堂教学入手　深化信息技术课程教学改革

段　青

（海南省教研培训院）

一、基本情况

与2008年相比，2009年全省中小学信息技术课程开设、教师数量和教师职称方面变化不大。

1. 课程开设

据统计，2009年全省高中学校信息技术课程的开设率达到100％，城乡初中开设率达到90％以上，城乡小学开课率达到50％以上。

2. 教师数量

据不完全统计，全省小学专兼职信息技术教师约 400 余人，初中信息技术教师约 400 人，高中信息技术教师约 300 人，中小学信息技术教师专兼职总数约 1 000 人。

3. 教师职称

据不完全统计，全省教师的职称以一级、二级的居多，高级教师职称的教师所占比例微乎其微，高级教师和一级教师总量约 1/4。

二、教研活动

2009 年是海南省进入高中新课程的第五年，教师培训的重心和方式由讲座式集中培训转向以教研活动带动引领教师培训提高。

1. 以中心组活动为龙头开展教研活动

根据信息技术课堂教学中教师亟需解决的共性问题，围绕课堂教学有效性专题、以同课异构形式和以薄弱地区教师教学帮扶议题这两大内容，依托学科中心组、面向基层学校，开展一系列教研活动。

(1)“同课异构”中心组活动。

以“同课异构”为组织方式，共举行了一次省高中信息技术、一次省初中信息技术学科的中心组活动。每一次活动均采用提前招募上课教师、组织现场听课和评课、网上在线研讨的流程方式进行。邀请现场分别由两位教师同上一节课，然后针对两节课，邀请中心组教师作特约点评，同时请参加现场观摩的教师即兴发表听课感想，然后将上课教师的教学设计、教学课件和视频录像放到学科网站上，组织教师在网上进行在线研讨，使更多没有到现场的教师分享“同课异构”活动。

(2) 组织优秀教师送教下乡。

以同上一节课的形式，组织优秀教师送教下乡。我们特指定本年度高中信息技术教学评比一等奖获得者到边远地区送教，根据该校教学进度上课与当地信息技术教师同上一节课，邀请中心组教师现场点评，课后将上课录像放在网上，供更多教师学习讨论。

2. 以教学评比带动教师参与教研

教学评比活动是最受教师欢迎的一种教研活动形式，举办两年一度的教学评比旨在引导教师跳出无反思的、习以为常的工作状态，钻研教材、吃透教材、创造性地使用教材，有效的组织教学，研究如何使学生在课堂上主动探究，合作学习，创新课堂教学的新方法。10月下旬在五指山市举行两年一度的高中信息技术课堂教学评比观摩活动。采取自主选择课题、现场上课、课后说课、专家点评、网上互动研讨的评比方式进行。要求评委针对选手的讲课在网上作出书面点评，总结和发掘优秀课的经验，并将现场活动在网络上延伸，让更多教师分享精彩课堂，参与教研活动。

3. 以教学论文评比促进教师教学反思

“学而不思则惘，思而不学则怠”，教师参与教学研究的基础是反思总结。教师在实际的教学工作中会积累很多实践经验，如果没有及时进行总结，也只能是经验而已，久而久之，随着时间的推移不知不觉地流失。因此把在教学中的零散、点滴的工作体会、以及反思之后所产生的新的想法与感受及时进行总结，以文章的形式写下来，既可以使实践经验上升为理性认识，又可以促进教师的进一步思考。2009 年我们组织教师总结教学经验，撰写教科研论文，与别人交流自己的教研成果，对提高课堂教学效益和推进新课程改革起着积极作用。

三、基础会考

2009 年是我省进入高中基础会考的第四年，考试形式和内容范围没有太多变化，只是在选修模块的试题命题上，更加强调同质，以保证选考不同模块的考生的公平。

2009 年湖南省信息技术学科年度报告——加强调查与研究，服务信息技术新课程

朱 唯

（湖南省教研室）

为了确保信息技术新课程的稳步推进，湖南省教科院基教所信息技术室在 2009 年紧紧围绕新课程改革的主题，开展了一系列教学研究活动，有力地在实践层面推动了信息技术学科的教学与研究，不断促进着教师的专业化成长，切实提高信息技术课堂教学质量。

一、湖南省普通高中信息技术新课程实验情况调查

1. 调研概况

为了深入了解高中新课程实验一年多来的教学实际情况，根据省教育厅统一安排，2009 年 3～4 月省教育科学研究院基础教育研究所组织 15 个学科教研员，对长沙、娄底、衡阳和张家界四个地区进行了实地调研。我们采用听取汇报、随堂听课、与教师座谈、发放问卷等形式，从课程执行、学科教学、教学管理、校本教研和教学资源利用五个方面，对高中信息技术学科教学情况进行了定性与定量相结合的调研。此次调研活动中，我们共走

访了省级示范性高中 4 所，市级示范性高中 4 所，普通高中 4 所，听取各级汇报 16 次，听课 20 节，召开 4 次教师座谈会，与来自 30 余所学校的 42 位教师进行了交流，回收教师问卷 22 份。

根据现场听课、与教师座谈和回收调查问卷分析，我们对我省高中信息技术新课程实验基本情况有了初步了解。

2. 现状与分析

(1) 开设课程情况

根据《湖南省普通高中课程方案》文件要求，从 2007 年秋季开始，我省普通高中必须开设信息技术必修模块和选修模块，学生至少完成 72 课时的信息技术课学习，方能获得毕业所需的 4 个学分。

① 课程计划执行。从总体上看，课程计划的执行情况不容乐观。在参与座谈和问卷调查的样本学校中，只有 39％的高中能基本按照《湖南省普通高中课程方案》的要求，开设信息技术必修模块和至少一个选修模块，保证 72 课时的教学内容。其中，省级示范性高中和发达地区（省会城市）高中基本能按照课程计划开课，而欠发达地区和农村高中普遍只开 36 课时。针对课时得不到保障的现象，46％的教师认为主要原因是为高考学科让路，33％的教师把原因归结为计算机设备的缺乏。

② 教学内容。根据《湖南省普通高中课程方案》文件要求，高中信息技术课除了开设必修模块外，还要开设 5 个选修模块供学生选择。目前，除我省极个别高中能开出 1～2 个选修模块外，大部分普通高中无法开出选修模块，其中主要的原因是课时不够、师资水平达不到开课要求、机房设备不能满足开课需要、选修模块难度大等。

③ 机房、师资条件。在参与调研的学校中，高中每个年级平均有 14.9 个平行班，2.41 个专职教师，1.58 个可用计算机房，机房的建设时间为 2003 年左右。由于学校机房设备起始配置较低，质量相对较差，正常损耗较严重。有 76％的教师反映计算机数量不够、配置低，直接影响课堂教学。如某省级示范性高中名义上配置了 400 台计算机，但实际可用的只有 80 台。在我们所听 20 堂信息技术课中，有 4 堂课由于缺乏计算机设备改在普通教室上课。张家界民族中学至今没有配置教学机房，信息技术课全部在普通教室里纸上谈兵。

信息技术课师资条件有了较大改善，基本能满足教学需要。但信息技术课教师往往还要兼顾学校机房维护、学生信息管理、校园网络管理等多项工作，任务繁杂，工作压力大。由于不带毕业班、没有机会担任班主任，在职称评定、争先评优和工资待遇等方面，信息技术课教师与主课教师存在很大差距，直接影响到任课教师的工作积极性。如娄底市至今没有一名信息技术教师评上了高级职称。

（2）学科教学

① 对新课程理念的理解与认识。从座谈和问卷调查数据分析中我们发现，高中信息技术教师多为年轻教师，能较快接受新课程新理念，基本都参加过各级培训活动，有40%的教师表示理解并认同新课程理念，92%的教师在课堂教学中，能根据教学需要运用自主探究、合作学习等教学策略开展教学，积极投入课改实验。

在调研中我们还发现，由于信息技术课开设时间不长，且随着信息技术的发展，教学内容变化较快，课堂教学对软硬件条件依赖较大，没有形成稳定的课程理念和课程体系，软件操作培训思想根深蒂固，因此，尚有50%以上的教师对新课程标准在理解上存在困惑，在教学实践环节存在困难。

② 课堂教学。在这次调研活动中，不少学校、教师用示范课的标准来组织和准备课堂教学，不能完全反映真实的课堂教学情况。即使在这种条件下，在我们所听20堂信息技术课中，能基本做到教学内容恰当、教学逻辑清晰，层次分明，体现教师主导作用和学生主体地位，符合新课程理念要求的只有两堂，还有两堂课则完全成了“放羊”课。信息技术课堂教学中存在的主要问题有：

（a）认识不到位。教师对新课程理念与学科课程标准的理解与把握不到位。课堂教学还是以讲知识、讲操作为主，对学生引导不够，具体表现为，教师在讲台上讲得口干唇燥，学生在台下不闻不问，我行我素的现象比较普遍。

（b）教学设计能力不强。教师在教学内容选择、组织安排上，不能脱离传统的软件步骤模式。新课程突出了信息素养和能力的培养，淡化了软件操作培训，教师很不适应。表现为教师不能根据教学实际合理选择教学内容，教学逻辑线索不清晰，任务设置缺乏层次性关联性，教学评价不到位，一堂课下来，教学效果不明显，教学目标难以实现。

（c）教学技能有待提高。与传统学科相比，信息技术课教师在教学能力和组织技巧上存在一定差距。在有效调动学生积极性，引导学生开展自主性学习能力等方面尤为欠缺。具体表现为师生互动少，课堂气氛比较沉闷。

（3）教学评价

新课程实验要求评价方式和评价主体的多元化。从对教师的访谈和问卷调查数据中来看，信息技术课教师不再单纯用分数或一次考试来衡量学生的学习情况，虽然评价方式的变革尚处于摸索尝试中，但对学生评价的方式已初步呈现出终结性评价与过程性评价相结合，笔试与机试、开卷与闭卷相结合的趋势，体现出评价方式在开放性、人性化和合理性方面的可喜变化。

（4）教材使用

通过国家教育部审查的5套《高中信息技术》教材有4套在我省使用。通过调查发现，教师对教材的满意度比较低，80%的被调查教师对教材不满意。对必修教材的意见存在分化的现象，发达地区教师认为教材太浅，很多内容在义务教育阶段都学习过，而欠发达地区由于学生信息技术能力相对较低，教师认为教材难度大，内容多。对选修教材的意见较为集中，突出反映难度大。对于必修教材的使用，81%的教师能够以教材为线索，根据实际需要对教学内容进行适当调整。对于选修教材的使用，教师按照教材上、根据课程标准上、根据学生需要自行组织教学内容的模式各占30%左右。

在教学过程中，基本不看教材、偶尔参考教材和上课时看教材的学生分别占40%、40%和20%左右，体现出教材的可读性和参考性不强。教材的配套光盘可用性更低，对学生几乎没有什么价值。

（5）教学管理与教学研究

各校的教学管理与教学研究情况存在一定差异。相对于其他学科，除了上好课外，信息技术课教师还需要承担一些维护、支持保障工作，教学管理相对宽松，不少学校甚至将信息技术课教师列为管理人员。由于信息技术课教师人数较少，在示范性高中，或较大规模的学校，或学校领导对信息技术学科比较重视的学校，一般都能成立单独的信息技术教研组。但是在一些信息技术教师人数比较少的学校，如有的学校只有1～2位信息技术教师，教研组是与其他学科合在一起的，教研活动很难得到保证，同伴互助变成了个人自助，教师的成长比较缓慢。

对校本教研重视的学校，教师间互相探讨、交流的氛围好，特别是在一些成立了信息技术教研组的学校，一般都能做到平时定期进行集体备课、讨论交流教学方案、教学设计等活动，教研氛围比较浓厚。新教师通过听老教师和其他学科优秀教师的课，学习教学方法和经验，得以快速成长。

在参与调查的教师中，只有55%的教师经常参与集体备课，平均每月听课3.3节，参与校内集体研讨1.7次，每年参与校外教研活动0.5次。由于办学经费紧张，信息技术教师很少有机会参加市、省级的教学研讨交流活动。

（6）学生对信息技术课堂的态度和看法

所有参与调研的教师均认为学生喜欢上信息技术课的最主要原因不是出于对课程价值的认同和喜爱，而是由于平时学习紧张，上信息技术课可以上网放松一下，能起到调剂作用。学生不重视信息技术课的主要原因也是认为这门课不高考，对自己没有什么价值。

（7）信息技术教师存在的困惑

① 职业困惑。在参与座谈的教师中，有73%的教师认为学校对这门课的态度是“可有可无，能不开就不开”。在当前最让教师困惑的选项中，50%的教师选择了“学校、学生、家长不重视”，30%的教师选择了“教学条件差”，还有部分教师选择了“事情杂，不能安心教学”。由于信息技术课教师在工资待遇、晋升机会等方面，与其他学科存在较大差距，教师普遍对职业前途没有信心。

② 教学困惑。与原来的信息技术课程比，高一信息技术课程课时没有变化，但课程内容更新量大，涉及的范围更广，教师感到教学上最大的困惑是如何理解和把握课程标准的基本要求和如何将先进的理念贯彻到课堂教学中。

3. 反思与建议

在调研过程中，一方面我们无时无刻地为新课程带来教育理念、教学思想、教学方法的变革而欢欣；另一方面又实实在在地感到现实问题的严峻。

信息技术学科存在的种种问题与现象，追本溯源，根源在于功利至上的教育体制如何与新课程理念思想兼容。“分数”“高考”是“王道”，能力、素养只是“水中月”“镜中花”。学校、家长、学生不重视信息技术学科是因为这个学科不高考。教学水平提不高是因为没有人重视。教学设备得不到补充和更新是不能为高考产生明显效益，信息技术教师也不能以高考成绩作为晋升的基石。这就是信息技术教师既不被重视，自身也不重视这门课的根源。

但如果将信息技术课纳入高考，这些问题都可以迎刃而解吗？信息技术课程发展，一定要走高考之路吗？换个思考问题的方式，如果不高考了，我们的教师还会教书吗？学生学得苦，教师教得累，学校压力大，家长负担重，换来的分数是我们的唯一追求吗？

按计划经济的模式运作的教育体制培养出来的学生，却要面对市场经济的挑战。显然，教育问题的根源不仅在于学校、教师，还在于整个社会。抛开现实谈理想是空中楼阁，只顾眼前利益而放弃理想更会耽误几代人。

高中新课程改革是一项关系到千家万户，长期而又艰巨的系统工程。为了解决新课程实验中存在的问题，建议做好以下工作：

(1) 进一步解放思想，加大宣传力度，广泛开展“教育本质”社会大讨论活动，树立正确的教育观和人才观，逐步改变教育过分功利化现状，营造良好的教育环境，弱化成绩、升学率对学校、教师的考核评价的指导作用，引导教师积极思考探索教育的本质和价值。

(2) 加强教育行政监督，规范办学行为，清理教材教辅市场。教育行政要加强对学校办学行为的督察和管理，确保国家课程计划的执行，保障学生的身体健康。对教材和教辅资料实行审查准入制度，严格限制教材教辅定价，杜绝购销环节中的腐败现象，减轻学生负担。合理分配和利用优质教育资源，严格限制异地招生行为。

(3) 积极开展新课程课堂教学研究，提高教育教学质量。课堂教学是实施新课程的关键，课堂教学质量的高低直接影响着教育教学的质量。因此我们要积极开展教学研究，向课堂要质量、要效益。

(4) 加强校本教研，促进教师的专业成长。建立以校为本的教学研究制度，以课程实施推进中的各种实际问题为研究对象，以解决问题为研究目的，理论结合实际，培养教师用研究者的眼光审视、分析和解决教学中的问题，促进教师的专业成长。

(5) 建立、完善新课程研究的网络平台，实现优质教学资源共建共享，促进新课程的研究与交流。

(6) 加大教育投入，改善办学条件，落实教师待遇。

二、课题研究成果显著

我市承担的省级规划课题《基于互联网的教育资源开发与应用模式研究》通过近 5 年的研究与实验，在理论基础、设计思路、平台建设、实践应用四个层面取得了较为完整的研究成果，并取得了良好的社会效益。课题已于今年 8 月份顺利结题，并受到结题鉴定专家的好评。

1. 主要研究成果

(1) 从理论层面提出教育资源建设要关注教育资源的应用特性

① 教育资源应用要向深层次发展

教育是一门科学，更是一门艺术。教学过程体现更多的是一种思想、一种技巧和一种创新。因此，教育资源的应用除了应该具备“表象”的功能外，还应该向更深层次发展，体现为思想的碰撞、技艺的交流和灵感的再现。教师从教育资源体系中获得的不仅是课件、素材和试题，还应该是源源不断地分享新思路、新技巧和新想法，并能有效地应用到实际工作中，提高教学水平。

② 深层次应用要求教育资源应具备相应的特性。教育资源要实现深层次应用，应该具备以下应用特性：

多样性。教学既有共性的规律，也有个性的特点。没有一个或几个模式、方法能够适应所有的教学过程。教师对教育资源的需要是多元化的，也就决定了教育资源必须具有多样性的特点，多样化教育资源应该产生于丰富多彩的教学实践，而不是仅仅由一些专门机构来生产。

时效性。教学是一个动态的过程，新课程强调以人为本，社会在发展，教育理念在更新，学生在变化，教学方式方法也在变化。因此，教育资源应该具有很强的时效性，能很好地反映社会环境的发展、教学对象的变化和教学行为的改善。

有序性。资源并不等于信息的堆积，只有经过合理规划，带有多种分类属性，有序的信息才具备资源价值。

共享性。由于数字化教育资源具备低成本的复制传输特点，教育资源的共享更能实现其价值的最大化，从而促进教育资源的有效应用。

生成性。传统的教育资源在应用过程中，其本身并不会发生变化，其价值也不会改变。而网络化和数字化的教育资源，能够随着应用的不断深入以及应用面的不断扩展而发生变化，其价值也会不断增加。使用者对资源的应用过程中，通过参考、借鉴、引用，并参与网络研讨、评论、修改，能进一步丰富资源的内涵和使用价值。伴随着应用的生成性是现代信息技术条件下，教育资源有别于传统资源的重要特性。

(2) 提出了“建用结合，以人为本”的教育资源体系构建思路

教育资源建设是个系统工程。教育资源建设要突出以应用为导向，充分体现教育资源的应用特性，关键在于如何吸引更多的

建设参与者、实现更有效的共享和更深层次的应用。解决这些问题的根源在于如何协调“建”和“用”的关系。

根据对教育资源应用特性研究分析的结果，课题组得出了“建用结合、以人为本”的教育资源体系构建思路。主要包含以下几个方面：

① 资源建设应该以应用为导向，而有效的应用反过来能促进良好建设氛围的形成。建设为应用，应用促建设。

② 教育资源不能与生产者和应用者割裂开，教育资源建设还应该包含产生教育资源体系的培养和构建。

③ 人是教育资源建设与应用的主体。一个灵活的互动网络平台、一个稳定的建设与应用群体和一套合理的管理激励机制共同组成以人为本的教育资源体系。

④ 在这个体系中，每位参与者的贡献都能得到认可和鼓励，每位参与者都有展示自我的机会，每位参与者都能得到他人的帮助，每位参与者都能不断成长。真正体现“人人为我，我为人人”的时代精神。

（3）探索并构建了“行政主导、专家引领、教研管理、教师参与、技术支撑、机制保障”的资源建设与应用模式

为了使资源建设迈向优质、原创、深层次应用和可持续发展，构建一套行之有效的资源建设模式与合理的应用机制是关键。通过五年多的研究与实践，课题组探索并构建了一套以“行政主导、专家引领、教研管理、教师参与、技术支撑、机制保障”的资源建设与应用模式，如图 1 所示。

图 1　资源建设与应用模式

① 坚持“行政主导”，保证资源建设公益性、社会性的正确方向。资源建设是一个周期长、规模大且牵涉到多个层面的系统

工程。在资源建设过程中，我们充分发挥省教育厅的统筹规划和组织协调优势，成立专门的组织管理机构（资源建设工作领导小组），对全省的资源建设工作进行统一领导、规划、协调和管理，让资源建设能有效地为我省基础教育课程改革服务，保证资源建设公益性、社会性的正确方向。

② 建立"专家引领"的研究模式和"教研员负责制"管理模式。只有在先进教学理论和理念的指导下，教育教学资源的建设才会更加规范，更具有权威性和指导性。为此，我们建立了专家组引领的研究模式，成立由省级教研员、兼职教研员、教研专家库、课程专家组成的指导小组，运用新理念和新知识指导教学资源建设发展方向，大力推进优质资源的共建共享。

为了充分发挥教研员在资源建设中的积极作用，我们还建立了以"教研员负责制"的管理模式。这种管理模式的优势在于：首先，由教研员主导并宏观管理相应学科的资源建设，根据学科的特点，采用科学的方法与态度，及时提出学科资源开发的方向和内容，有计划、有步骤地推进学科教育教学资源建设。其次，教研员作为学科资源建设的组织者和管理者，可以将网络教研与资源建设相结合，依托资源建设与应用平台开展各种形式的教研活动，如教研信息发布、网络集体备课、在线业务指导、资源征集评选、资源应用培训等，促进教师的专业发展和教学效果的提升，实现资源建设与教师专业能力的协同发展。最后，教研员可根据需要，定期组织资源建设经验交流会，为资源建设骨干教师提供相互交流和学习的机会，努力提高资源的质量与效能，促进学科资源的持续优化和应用推广。

③ 吸引广大教师、学校积极参与，促进资源有效利用，实现"走进课堂、面向师生、服务教学、支持课改"的目标。教育资源建设不仅是一项技术性和研究性工作，也是一项需要结合学科教学实践的工作。要以"走进课堂、面向师生、服务教学、支持课改"为导向，按照"统筹规划、分工合作、共建共享"的原则，通过有效地激励管理机制，吸引广大教师积极参与，发动教育技术实力强和条件成熟的学校结合自身教学特色和优势，有针对性地申报成为教学资源建设"基地校"。

通过这些手段，建立并科学管理一支既有扎实学科教学功底又熟练掌握现代信息技术的教师资源开发队伍，充分调动并长久保持其参与资源建设的积极性，使其发挥出良好的示范引领和榜样辐射效应，为教育资源建设的长期发展打下良好的基础。

④ 采用先进的信息技术，构建区域性教育资源共建共享支撑

平台。信息技术的发展，让信息低成本、大范围、高速度地传播成为可能。要实现区域教育资源共建共享，必须搭建一个高效率的技术支撑平台。

⑤ 建立资源建设的激励机制，保障教育资源的长期发展。激励机制是激发广大学校和教师参与资源建设的动机，是调动其积极性和创造性的重要手段和方法。为了营造重视资源建设、广泛参与资源建设的氛围，我们建立了完善的资源建设激励机制，通过多种途径对在资源建设中作出突出成绩的市州、学校、教师给予激励和支持。

（4）搭建了全省统一的资源建设与应用平台，营造实用、便捷、多层次的资源建设与应用环境

根据研究的初步成果，我们组织力量设计并开发了“湖南省基础教育教学研究资源网”（www. 3633. com. cn）。该平台的突出特点体现为建立在积分机制上的会员体系、建立在角色分配上的管理制度、建立在多维属性上的资源结构和实现了教育资源的自动聚合筛选功能。

① 会员积分体系。会员体系分为游客、普通会员、认证会员。认证会员必须得到身份鉴别和认定。会员在网上的活动均用积分形式体现出来。即可以通过贡献来获取积分，也可以在获取的过程中消费积分。

② 多维度的资源属性结构。构建多维度教育资源结构，除了包含传统的学科属性、类型属性、学段属性外，还增加了资源的评价属性、主题属性、所有属性等多种属性，并通过多媒体技术实现多个属性的组合筛选，增强了资源的有序性，极大地提高了资源应用效率，如图 2 所示。

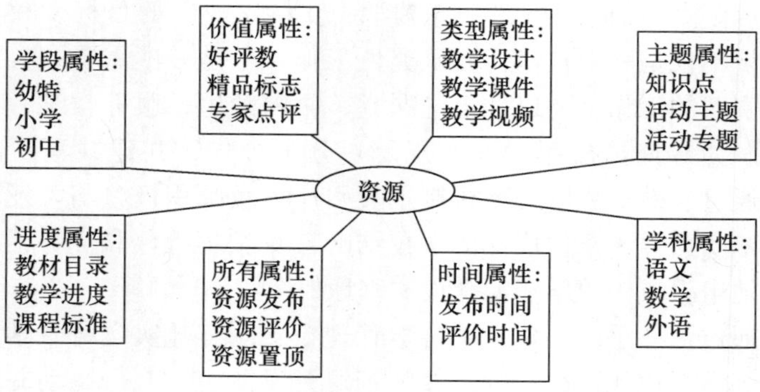

图 2　多维度的资源属性结构

③ 角色分配管理。通过与实际工作环境相适应的角色设置，实现了资源所有权与管理权的分离，既符合实际需要，又保证了

系统安全和管理权限的灵活配置，最大限度地发挥了角色分配管理的优势，如图 3 所示。

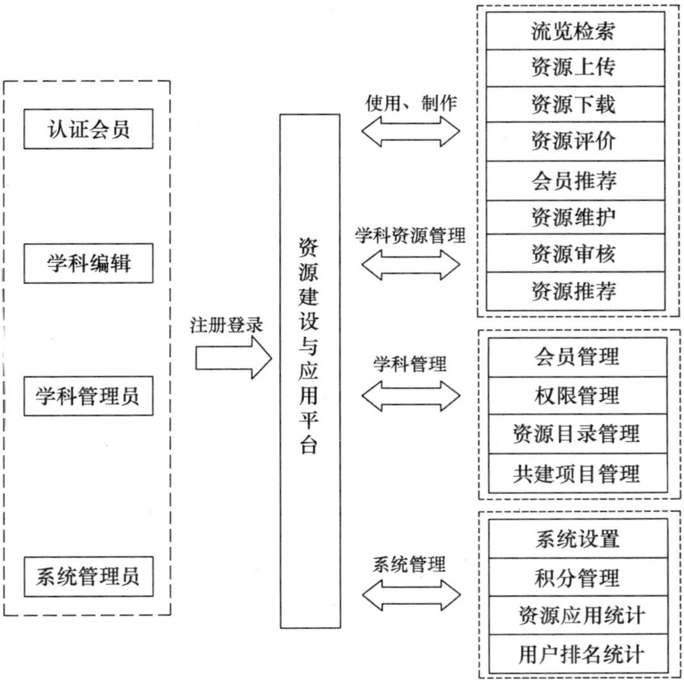

图 3　角色管理机制

2. 取得的社会效益

湖南省基础教育教学资源建设与应用平台自 2007 年 9 月试运行以来，截至 2009 年 12 月底，据不完全统计，网站总点击数已达 225 万次，注册会员 15 085 名，在全省中小学教师群体中具有较高的知名度和广泛的影响力。南雅中学熊小强老师在全省信息技术教学研讨会上介绍教学心得时说："每当上新课的时候，我都会上湖南基础教育新课程教学资源网，看看有没有新资源、新想法，能帮助我提高教学水平，减轻工作负担。"

通过学科资源开发与应用交流，促进了一批一线优秀学科教师迅速成长，通过学科骨干教师在资源建设中"做中学"，不仅开发了一大批优质网络教学资源，而且还使其掌握先进的教育理念与方法，促进了自身学科教学与信息技术的深层次有效整合，优化了课堂教学结构，提高了课堂教学效率和教学质量。从教师参加国家级和省级教育技术应用竞赛成绩来看，相当一部分资源建设骨干教师在一系列精品课例、课程整合大赛、教学论文与教学设计评比等活动中脱颖而出，成绩斐然，成为了本地区和本校的教育信息化应用能手。

“湖南省基础教育教学研究资源网”将成为宣扬新课程思想理念、服务新课程改革的全省基础教育工作者的“思想阵地和精神家园”。

3. 有待进一步研究的问题

基于互联网的中小学教育资源组织开发与应用不仅涉及高中、初中、小学、幼教各个学段，还涉及语文、数学、外语、幼特等 30 多个学科门类，研究面广，内容多，难度大，鉴于研究经费不足，研究人员能力有限，还有一些问题值得我们在今后做进一步研究和探索：

（1）“行政主导、专家引领、教研管理、教师参与、技术支撑、机制保障”的资源建设与应用模式的有效性尚有待进一步验证。

（2）在构建区域性教育资源平台过程中，如何协调省、市、县、校四级关系，发挥资源建设最大效益。

（3）如何实现区域性教育资源建设与校本教研的有效整合，实现双向互赢。

（4）对教育资源应用行为的研究有待进一步深化。

（5）针对学生学习资源的研究与开发有待进一步深入。

三、学科常规教研工作规范、有序

1. 高中新课程培训务实求新

2009 年是我省普通高中新课程实验的第 3 年，继续加强教师培训和教学研究，全面推动高中信息技术新课程教学实践，成为本年度我们的中心工作之一。

7 月 8～11 日和 7 月 12～15 日，在省教育厅的统一部署和安排下，我们参与并组织了“湖南省普通高中新课程信息技术学科省级培训”工作，针对必修模块和选修模块认真组织了培训活动。这已经是我省新课程实施以来组织的第三次省级培训，参与培训的教师来自全省 14 个市（州）高一、高二年级的信息技术教师。

本次培训活动中，我们科学合理地设计各单元培训内容，将“教师观念更新、课标及新教材学习与教学案例研究、教学实践经验介绍”紧密结合起来，将“专家讲座与教师讨论、交流互动”紧密结合，努力提高培训的针对性和实效性。

我们不仅邀请了南京师范大学教育科学学院张义兵教授、黑龙江省实验中学高级教师曹红霞等全国知名专家和教师，从培训师资上确保培训工作的质量。同时，省信息技术教研员朱唯老师做了题为《新课程理念下的课堂教学》专题讲座，众多省内一线教师进行了现场教学和案例分析，从实践层面就新课程标准的理解与把握、新教材的使用与处理、教学难点突破等问题，与教师们进行了面对面的交流，收到了良好的效果。如长沙南雅中学熊小强老师的《数据信息的加工》、株洲市一中张葵老师的《信息的鉴别与评价》、湘潭韶山学校郑志平老师的《网络信息的下载》、常德市二中杨锦老师的《获取网络信息的策略和技巧》、长沙十二中罗旋老师的《Flash 动画制作》、湘潭县一中许俊文老师的《图像信息的加工》、株洲市第四中学李国华老师的《用解析法编写程序》、常德市第七中学杨芳的《人工智能之初体验》等。

我们还努力创新培训模式，专门利用一个单元的时间，安排了“同备一堂课”内容，要求参与培训的教师以小组为单元，自选课题，共同设计、讨论出一份教学案例，并充分借助“湖南省基础教育教学研究资源网”进行共享与交流，从而切实提高培训的实效。

2. 学科教学论文评比严把质量关

为了总结和推广课改经验，促进教师教育教学水平的提高，我们每年都组织了全省中小学信息技术教学论文评比活动，并要求各市（州）送交的论文必须经过严格优选。由于坚持宁缺毋滥的原则，对论文质量严格把关，参评论文的质量逐年提高。教师们大都能从教学实践出发，深入剖析教学中实际问题，总结教学经验、发现并提炼教学规律，使得论文参考和借鉴的价值大大增加。本次活动共收到参评论文 86 篇，共评出一等奖 15 篇，二等奖 31 篇，三等奖 34 篇。

3. 网络教学案例大赛全面铺开

为了充分发挥“湖南省基础教育教学研究资源网”引领学科教学和促进教师专业成长的作用，在 2008 年试点的基础上，我们于 2009 年 5 月全面启动了全省首届中小学“同备一堂课，服务新课程”教学设计网络大赛。本次大赛全程免费，且涵盖了基础教育阶段全部（26 个）学科，上传的参赛教学案例总计 2 518 个，经过筛选、入围、评委评分三个阶段的评选，共评出 1 234 个获奖案例，所有资料供全省教师免费下载使用，极大地充实和丰富了各学科的教学资源，有效地实现了教学资源共享。信息技术学科在 2008 年高中学段试点的基础上，义务教育信息技术教师也参与进来，本次大赛共收到信息技术参赛案例 160 个，其中获奖案例 78 个。

4. 积极参与全国的学科教研活动

2009 年 11 月 6～7 日，中国教育技术协会信息技术教育专业委员会主办的“2009 年全国普通高中信息技术优质课展评活动”在四川省绵阳市南山中学举行。这是第二次全国性的高中信息技术优质课展评活动，各地选送的高中信息技术优质课先通过报送录像课的方式参加初评，初评共评选出 48 节课，在现场进行了展评，共有来自全国 23 个省、直辖市、自治区的 300 余名高中信息技术教师、教研员现场观摩。展评课结束后，天津市教研员高淑印老师和辽宁省教研员高国军老师作了总体点评，南京师范大学新闻与传播学院副院长、中国教育技术协会信息技术教育专业委员会主任李艺教授对本次活动作了总结，充分肯定了展评课所取得的成绩，并对课堂教学中存在的不足进行了细致分析。李艺教授提出 36 字诀“提升素养汲取他人精心设计，内容丰富完成任务余音绕梁，兴趣盎然手脑并用充实体验”，鞭策高中信息技术教师不断提高课堂教学品质。

本次活动我省共有两堂课参加现场展评，长沙市长郡中学刘涛老师讲授的《循环的嵌套》，以新颖的设计、扎实的功底、出色的表现获得专家和教师的一致好评，荣获全国一等奖，郴州宜章县一中郑玉老师的《网络信息的下载与整合》荣获全国二等奖。

2009 年甘肃网络与信息中心工作总结

时　霞　冯　继

（甘肃省教科所信息中心）

一、指导思想

2009 年，围绕年初制定的工作目标，团结一心，精心部署，狠抓工作落实；不断完善基础设施，提高服务水平，教育信息化各项工作取得了全面进步。这一年，紧紧围绕本所工作要点，积极开展信息技术教学应用、课题研究、成果评选等多项工作，切实抓好信息技术的普及与提高工作，进行信息技术和学科课程整合的研究与实践，有效地进行资源建设，并配合我所开展了多项课题研究工作。

二、主要工作

1. 搭建甘肃基础教育网络教研平台，实施远程研修项目

为了进一步推进素质教育，有效实施基础教育新课程，切实发挥教研工作在基础教育领域中的研究、指导、服务和评价等功能作用，经过认真策划，我中心研发了甘肃省基础教育网络教研平台，组织实施了 2009 年暑期甘肃省义务教育骨干教师国家级

远程集中研修工作，这是我省创新中小学教师新课程培训模式、内容和方式的一次新的尝试，是深化课改，促进教师专业发展，全面提升我省基础教育学科教学环节对新课程的实施能力，深入开展面向一线的教研活动，充分利用网络技术低成本、高效率的特点，开辟网络教研新途径，推动课程改革纵深发展，对提高教学质量，促进教师专业发展，切实推进素质教育和新课程改革，形成学校创新文化具有不可替代的积极作用。

2009 年 11 月，对暑期研修活动中涌现出的一批优秀作业、班级简报和课程简报进行精选与编辑，由兰州大学正式出版《教师成长》一书，本书作为一本教学参考书，受到广大教师的一致好评。

2. 以新课程改革为契机，努力提高我省教师信息技术素养

与各学科紧密配合，利用学科教培活动、信息技术教师教研活动，积极宣传新课程改革的相关精神，学习、研究现代教育技术在学科教学和课堂教学中的应用，尤其着力研究信息技术与学科课程的整合。

遴选 2008 年“甘肃省首届多媒体课件评选”活动中获奖作品 1 000 余例编辑出版了《甘肃省中小学优秀多媒体教学课件 1 000例》，并由飞天电子音像出版社正式出版。这些优秀的多媒体教学课件，充分展示各教学单位的教学多媒体课件成果，探讨和交流多媒体课件制作经验，推动我省教育资源建设和教学信息化进程为我省教学提供帮助与指导。

3. 举办“甘肃省首届高中信息技术优质课展评”活动

为配合中国教育技术协会信息技术专业委员会 2009 年全国高中信息技术优质课展评活动，组织举办了 2009 年“甘肃省首届高中信息技术优质课展评”活动。共征集到有效课例 111 例，评选出一等奖 42 名，二等奖 64 名，报送国家 5 名。此次展评活动，得到广大信息技术专职教师的积极响应，充分展示了我省信息技术一线教师教学风采，活动取得圆满成功。同时，这些录像课又是不可多得的信息技术教学资源，将为我省信息技术教学提供帮助和指导。

4. 信息技术学科交流研究活动

我中心于今年 8 月份应邀选派我所信息技术兼职教研员，参加在长春召开的第三届中日教育技术学研究与发展论坛暨中国教育技术协会信息技术教育专业委员会第五届学术年会。此次会议主题为“信息技术教育与学校文化变革”。会上近 20 位中日两国顶尖级教育技术学者将同与会人员共同分享他们的最新研究成果。此次会议，拓宽了我省与全国信息技术学术交流的渠道，学习了最新的信息技术教学研究成果。

2009 年 11 月，参加全国高中信息技术优质课展评活动举行，我省共选派了 5 名教师参加此次展评活动，我省共有 1 名教师获得一等奖，1 名教师获得二等奖，3 名教师获得三等奖。本次信息技术优质课展评活动中，研讨新课程理念下的高中信息技术课程改革的教学实施策略，为推进信息技术教学又好又快发展打下了坚定的基础。

另外，我省教研员还参加了“甘肃省义务教育新课程学科教育教学支持平台建设”项目研究目标之一的“甘肃省义务教育信息技术教学指导意见”“甘肃省义务教育信息技术教学评价指导意见”的编审和审查工作。

5. 参与“中国改善教育评价和质量”中英合作项目

本项目是中央教育科学研究所与英国布里斯托大学教育学院联合实施的“中国改善教育评价和质量”项目，是个中英合作项目，为期三年（2008～2010），项目引进国际先进的“学校效能增值”评价方法和理念，测量处于不同发展条件的学校和学生的进步幅度，有助于转变传统的以分数为中心的单一尺度评价，科学、客观和全面地对学校和学生进行评价，实施此项目可从中学习“多层模型分析技术”，与英方在增值评价领域开展学术交流与合作。

我省将武威市区及所辖区县全部普通高中 29 所列入项目学校，2009 年 5 月我中心对学校的高三学生通过问卷进行了基本情况调研，并对数据进行修缮后上报中央教科所，此项目还未结题。

6. 筹备第二期义务教育学科教学网络教研工作

为了规范和加强教研工作，提升教研工作质量，在成功总结 2009 年暑期甘肃省义务教育骨干教师国家级远程集中研修工作的基础上，我中心积极筹备组织我省第二期义务教育学科教学网络教研国家级远程集中研修工作，争取年底之前下发通知，组织完成报名工作。

2009 年云南省中小学信息技术学科工作总结

吴　凝

（云南省教科院）

一、主要工作

2009 年云南省进入普通高中新课程改革实验，以新课程作为契机，从制定学科教学指导意见、教师培训、基层听课调研、课堂教学研讨活动和编写信息技术学科学业水平考试标准五个方面做了以下工作：

1. 制定普通高中信息技术学科教学指导意见

云南省高中新课程改革实验信息技术学科使用了粤教版、浙教版和教科版三个版本的教材，依据《课程标准》和三套教材，我们制定了云南省普通高中信息技术学科三个模块的教学指导意见，包括“信息技术基础”“网络技术应用”和“多媒体技术应用”，为教师的教学活动给出具体的教学目标和教学建议。

2. 举办了云南省普通高中新课程信息技术学科教材培训

2009年8月16～24日，云南省普通高中新课程信息技术学科教材培训在云南师范大学进行，由于在我省各州市使用的信息技术教材有三个不同的版本，根据教育厅和各出版社的要求，分别举办了浙江教育出版社、广东教育出版社和教育科学出版社三场培训，来自16个市州的733名高中信息技术教师参加了培训。教育部高中信息技术学科课标研制组组长、南京师大李艺教授对高中信息技术课程标准做了深入浅出的解读，并结合具体案例对教材教法进行了细致的分析，受到了培训教师的热烈欢迎。华南师范大学徐福荫教授和穆肃教授，上海闸北区教研室陈越老师，浙江师范大学附中李永前老师，广东肇庆教研室主任黄国洪老师等多位来自全国各地的知名专家也分别作了精彩的讲座。海南省海口市教培院的徐强老师与培训老师一同分享了他们在实践新课程中的感悟、遇到的问题及解决对策等，最后省信息技术教研员与参培教师进行了云南省高中新课程实施的互动交流研讨，培训取得了良好的效果。

3. 进行高中新课程改革教学调研活动

为了进一步了解我省高中学校进入新课程实验后教学情况，我深入昆明、楚雄、大理3个州市7个县区的14所学校进行调研工作，听课98节，通过听课、座谈、与教师交流等方式完成了调研任务，掌握了学校的基本情况和教学的主要进展，及时给出教学建议，并向上级部门反馈。

4. 举办了云南省第四届高中信息技术课堂教学评比观摩活动

为推进我省高中信息技术课堂教学改革，研究新课程背景下高中信息技术课堂教学的目标、内容、教学方式的变革，提高高中信息技术课堂教学效率，提升我省高中信息技术教师业务素质和教学能力，2009年9月16～18日在昆明市第一中学举办了云南省第四届高中信息技术课堂教学观摩评选活动，来自各州市、直属学校选送的23名教师参加评比，40多名高中信息技术教师到场观摩。经过评委们认真评审，评出一等奖9名，二等奖14名。23节参赛课，反映了我省近年来高中信息技术教师的教学水平，教师队伍年轻，平均年龄只有29.5岁，教师教学素质较强，有一定的教学设计和能力，发现了一批有潜力的教师；有部分教师的教学设计很有特色，能挖掘教材内容的内在联系，强调培养学生利用信息技术解决实际问题的能力，关注全体学生，充分利用课程资源，使不同层次的学生信息应用能力得到提高。

5. 组织编写《2010年新课程云南省高中信息技术学业水平考试标准》

2010年5月云南省已顺利完成我省进入高中新课程实验后的第一次信息技术学业水平考试，考试采用无纸化考试方式。

二、启动我省初中信息技术学业水平考试的准备工作

2009年云南省教育厅颁布了《关于初中教育评价制度改革的意见》文件，在初中学生学业水平考试方案中首次将初中信息技术学科列入了考试科目，考试采用无纸化考试方式，这对推动我省初中信息技术学科的教学将起到积极的作用。目前正在进行相关的准备工作。

三、举办2009年秋新纲要云南省中小学信息技术新教材教师培训班

为了让我省中小学信息技术教师了解信息技术课程改革的目标、内容及评价，转变教学观念，增强课程改革的使命感和责任感，配合新编写的新纲要信息技术实验教材，省教科院与云南人民出版社在前四轮培训的基础上，今年7月在大理学院举办2009年新纲要小学、初中信息技术教材培训，本次培训分两期完成。16个州市近260人参加了培训。苗逢春博士为参培教师做了“中小学信息技术教学建议”的主题报告，从信息技术教师的专业需求出发，在我省8位中小学骨干教师信息技术教师的引领下，参培教师在专业技能技巧、教学方法的改进方面得到了提高，并体验到了有效的教学设计带来良好的教学效果。培训过程中学员精神饱满，积极参与，学习热情很高，每位参培教师在培训期间完成了一件自己的作品，培训的收效甚好。

四、组队参加“2009年全国普通高中信息技术优质课展评”活动取得好成绩

为研讨新课程理念下的高中信息技术课程改革的教学实施策略，促进高中信息技术新课程建设和教学实践的深入发展，中国教育技术协会信息技术教育专业委员会举办了2009年全国普通高中信息技术优质课展评活动，本次活动共分两个阶段进行，第一阶段是教学录像评比；第二阶段是在教学录像评比的基础上筛选优秀教师参加现场展评。在我省组织的第四届高中信息技术教学课堂观摩评选活动基础上我们选送了 5 节课参加教学录像评比，其中两节课被选出参加现场展评，云南师大五华实验中学刘勤老师和昆明第十二中学胡彬老师于 11 月 5～7 日参加了在四川省绵阳市南山中学举行 2009 年全国普通高中信息技术优质课展评活动。共有来自全国 21 个省市区 48 名教师们展示课堂教学风采，各省市区教研人员、参评课教师和观摩教师 300 余人参加了活动。刘勤老师和胡彬老师在展评活动中表现突出，都获一等奖，得到了评委的好评，认为云南参赛课教师素质好，教学风格很有个性，语言能力很好，能较好地将新课程理念渗透到教学中，三维教学目标能得到很好落实。昆明第三中学周开梅老师、曲靖一中高艳老师和楚雄市紫溪中学施云霞老师在此次活动中获三等奖。这是云南省首次参加全国高中信息技术优质课展评活动，展示了云南省高中信息技术教师较强的实力。

云南省中小学信息技术课程开设情况

学段	开课年级	评价方式
小学	三年级至六年级（昆明市一年级至六年级）	
初中	初一年级 初二年级	2011 年开始初中学业水平考试（无纸化考试）
高中	高一年级 高二年级	2004 年起开始高中信息技术会考（无纸化考试）；2010 年更改为高中信息技术学业水平考试（无纸化考试）

2009 年重庆市信息技术学科工作总结

李晓平

（重庆市教育科学研究院信息技术教育中心）

2009 年重庆市的信息技术的工作主要围绕以下几个方面开展：

一、研究工作

参与了教育部全国“十一五”全国教育技术研究重点课题“基础教育信息化的区域推进策略研究”课题的研究工作。参与了全国教育科学“十一五”规划课题“重庆市中小学教研信息化建设的现状与对策研究”课题的研究工作。

二、教研工作情况

1. 组织了重庆市信息学奥林匹克代表队的选拔及参赛工作

共选拔出了 6 名选手（叶丹（女）——巴蜀中学、陈怡（女）——重庆八中、严松柏 ——重庆一中、朱旭东 ——巴蜀中学、吕润东——重庆八中、程龙举——巴蜀中学），7 月在北京举行的 2009 年全国青少年信息学奥林匹克竞赛中，重庆代表队共获得银牌 1 块，铜牌 5 块，所有选手均获得奖牌。

2. 组织了全国青少年信息学奥林匹克联赛工作

我市的信息学竞赛是与全国青少年信息学（计算机）奥林匹克联赛同步进行的，其竞赛的目的在于发现和培养一批计算机优秀人才，通过联赛和选拔赛选出 5 名优秀选手代表我市参加明年的全国信息学（计算机）奥林匹克竞赛。2009 年的全国青少年信息学奥林匹克竞赛已落下了帷幕，竞赛工作取得了不错的成绩。

全市共有 20 几所中学的 2 000 多名学生参加了本次竞赛的初赛。在全市老师和同学们的共同努力下，本次竞赛取得了良好的成绩。有 40 人获得全国一等奖，23 人获二等奖。

3. 举行“重庆市高中信息技术优质课比赛”

为了迎接 2009 年的全国高中信息技术优质课比赛，推动我市基础教育课程改革和素质教育的进一步实施，促进教师教学方式和学生学习方式的转变，培养一批能胜任新课程的骨干教师，于 2008 年 12 月～2009 年 4 月举行“重庆市高中信息技术优质课比赛”。决赛已于 2009 年 4 月 13～15 日在巴南区清华中学举行。全市共有 43 名教师参加了本次优质课比赛，其中进入决赛的教师有 16 名。比赛结束后，我们进行了赛课点评，得到了与会教师们的好评，听课教师们普遍感到收获很大。本次赛课共评出一等奖 8 名（分别来自第二外国语学校、万州高级中学、涪陵实验中学、清华中学、外语学校、求精中学、江津聚奎中学和重庆一中），二等奖 12 名，三等奖 23 名。从赛课中我们发现，区县中学体现出了他们强大的赛课实力，从而也说明了我们区县的教研员具有较高指导水平。2009 年重庆市高中优质课比赛于 4 月 15 日圆满结束。

4. 参加全国的高中优质课录像选拔赛

通过全市赛课，我们推选出了赛课前 5 名的教师参加全国的高中优质课录像选拔赛，由于我们老师的水平较高，组委会经过认真评选，推出了我市的 3 名（一般省市只有 2 名）选手参加了全国的现场赛课。在全国的优质课比赛中，我市清华中学的沈雪琳获得了一等奖；万州实验中学的张学明老师由于所讲知识拓展了教材内容，而被一些保守的教研员评判到了二等奖，经过组委会的录像认证，专家认为确实是一堂好课，虽然在尊重评委的原则上，没有改判等级，但作为本次的赛课活动的优秀课例，刻入了光盘。这次活动值得反思的是，第二外国语学校的优质课所选内容太难，由于学生基础较差，没能较好的完成教学内容，因而只获得了二等奖。

5. 组织了重庆市中小学信息技术的论文评比活动

本次活动收到论文 260 篇，根据教师们所撰写的论文质量，共评出一等奖 4 篇，二等奖 49 篇，三等奖 185 篇。

6. 参加“重庆市高级教研骨干”研修班的学习

2009 年 10 月 23 日～11 月 1 日，我市的市级教研员参加了教科院在大连举办的为期一周的“重庆市高级教研骨干”研修班的学习。

7. 组织了“网络环境下的中小学信息技术课程·教材·教法”讲座

2009 年 12 月 18 日我市组织了“网络环境下的中小学信息技术课程·教材·教法”讲座。会上上海师范大学的黎加厚教授对我们所编写的《中学信息技术》教材给予了高度评价，他说是他所看过的教材中最好的一套。

2009 年北京市信息技术学科工作总结

王振强

（北京市教育科学研究院基础教育教学研究中心）

一、上半年工作要点

1. 高中课改

（1）深入高中课改样本校进行调研，开展教研活动，总结高中课改两年情况。

（2）3 月下旬，组织一次与高中选修课程相关的知识讲座。

（3）继续推进校际教研联合体教研形式，与北京八中、实验中学、北京二中等校进行校际联合教研专项活动。4 月在宣武、丰台试点跨区联合教研。5 月，组织朝阳研究课。

（4）4 月 24～26 日，修订高中课改学科教学指导意见和高中会考说明。

（5）5 月，为高中全市统一会考做前期调研。

（6）6 月前，根据领导要求完成《信息技术学科高中新课程教学案例集》的编辑出版。

（7）7 月，高一新教师培训（待定）。

（8）7 月，征集高中教学案例，准备参加全国评比。

2. 义教课改

（1）义务教育教学质量监控评价工作。

① 2 月底前完成测试框架。

② 3 月底完成预测试命题。

③ 4 月完成预测试。

④ 5 月下旬完成正式测试命题。

⑤ 6 月底进行正式测试。

⑥ 7 月中完成阅卷。

⑦ 2009 年年底前完成数据分析。

⑧ 2010 年上半年完成报告。

（2）完成教学设计征集评选。

① 3 月 20 日前各区上报教学设计（录像课）光盘。

② 5 月 19～22 日，教学设计终评。

（3）专项活动

① 3 月 19 日，小学信息技术与学科教学整合研讨会（朝阳实验小学）。

② 小学各科教学追踪与调研。3 月 26 日，通州张家湾小学；4 月 2 日，通州实验小学。

③ 4 月或 5 月，房山、怀柔区小学研究课。

（4）5 月底编辑义务教育课程改革学科案例分析书籍。

3. 德育实效性研究

（1）3 月底，完成“社会大课堂”教学实验基地（首都图书馆）教学活动案例。

（2）6 月底前，完成德育课例推荐评审。

（3）7 月前，组织一次学生实践活动。

4. 教师基本功展示

（1）2 月 24 日，全市小学基本功教育与心理学通识培训。

（2）3 月 24～26 日，全市展示活动内容要求研讨会，制定展示活动细则，命制样题。

（3）5 月 29 日，针对教师问题组织一次网上答疑培训。

（4）6 月初，全市小学教师基本功展示活动研讨会。

5. 教学论文、教学设计及录像课评选

（1）3 月 3～4 日集中进行优秀课例评审。

（2）4 月，教师针对学科特点进行教学研究，完成教学论文评选。

6. 信息学奥林匹克竞赛组织工作

（1）与北京市科协合作，组织 2009 年全国信息学奥林匹克竞赛北京参赛队伍选拔、培训。

（2）筹办 2009 年全国信息学奥林匹克竞赛。8 月初协助市科协、80 中举办赛事。

7. 其他工作

（1）3 月 3～4 日，教研员会。

（2）3 月 9～11 日，门头沟教学视导。

（3）4 月 13～15 日，房山教学视导。

二、下半年工作总结

1. 高中课改

（1）参加全国高中信息技术优秀课展评。

为研讨新课程理念下的高中信息技术课程改革的教学实施策略，展示全国各地优秀教师的课堂教学风采，促进高中信息技术新课程建设和教学实践的深入发展，中国教育技术协会信息技术教育专业委员会于 2009 年 11 月 6 日在四川省绵阳市举办了全国普通高中信息技术优质课展评活动。北京教科院基教研中心技术教研室推荐指导北师大实验中学韩冬兵、北京 109 中学刘玉玲、延庆五中李东玲三位教师作为北京市教师代表参加了现场展示，三名教师全部获得一等奖。

（2）高中教学评价研究。

应市教委、市考试院的要求，本室组织部分区县教研员和骨干教师进行了高中信息技术学科学业水平考试前期准备工作。10 月中旬，联合考试院会考办、教研中心教育测量评价研究室，赴江西南昌、江苏南京对高中信息技术学科会考工作进行了考察；11 月对全市高中信息技术开课以及教学条件进行了问卷调查；目前正在研制高中新课程信息技术学科全市统一会考方案。

2. 义教课改

（1）义务教育教学质量监控评价工作。

按照中心统一要求，9 月底前完成了数据分析收集整理，启动了质性研究、教学叙事和教学个案研究；10 月份完成了学生报告单的设计；11 月份完成了教师调查问卷报告，12 月正在进行区县报告以及总报告的撰写工作。

（2）11 月份完成了教学设计评比总结，在全市范围内对优秀教学设计进行了宣讲。

（3）完成了对平谷、大兴、通州、密云等区县的集体和专项视导，撰写了视导报告。

(4) 9 月初，在通州教师研修学院和西城区教师研修学院举办了北京版小学、初中教材培训活动，基教研中心组织北京版教材主编和主要作者为通州区小学信息技术学科教师分析教材、介绍信息技术学科教学发展，指导教学应用软件使用方法，共 100 余位教师参加培训。

(5) 11 月，组织教材编写组成员，对北京版小学、初中教材进行了修订。

(6) 11 月、12 月在平谷、西城、石景山组织小学、初中信息技术研究课活动。

3. 德育实效性研究

(1) 10 月底前，完成了信息技术学科德育课例推荐评审。

(2) 10 月份，参与“社会大课堂”教学实验基地（首都图书馆）教学资源及课程设计。寒假前还将组织一次学生实践活动。

4. 教师基本功展示

9 月份进行了全市小学基本功展示活动命题、制卷等各项准备工作，并于 10 月 11 日和 17 日进行了笔试、操作、说课等各个环节的展示。其后完成了后续的阅卷工作，评选结果已交上级审阅。

5. 信息学奥林匹克竞赛组织工作

北京队在 2009 年全国信息学奥林匹克竞赛中共获得金牌 2 枚、银牌 2 枚、铜牌 3 枚。另外一名选手在第 21 届国际信息学奥林匹克竞赛中获得金牌，创近年最好成绩。教研室组织全市相关人员进行了总结。11 月，完成了 2009 年全国信息学奥林匹克竞赛分区联赛的组织、阅卷与评奖等工作。2010 年北京队队员的选拔与培训工作正在进行当中。

6. 其他工作

(1) 9 月，信息技术与学科整合电子绘画板实验项目在东城区北京二中分校举办项目研讨会。会上项目主要负责人介绍了本学期项目研究工作计划，布置了项目研究具体工作。会上还就电子画板的具体应用问题进行培训。

(2) 11 月 11 日，北京教科院基教研中心技术教研室与首都师范大学信息工程学院联合举办的信息技术学科高中新课程 Java 语言教学培训班正式开课。此次培训班针对高中信息技术新课程算法与程序设计模块中的 Java 语言教学，共设 32 课时，旨在解决教学中的技术与教学方法问题。来自全市各区县的 60 余位教师参加培训。

(3) 9 月，组织了信息技术学科教研工作网络研讨会。全市各区县中小学信息技术学科专职教研员 40 余人参加会议。会议上介绍了本学期信息技术学科工作思路、教研工作整体安排，以及小学教师基本功展示活动相关事宜。各区县教研员还就教研工作中的具体问题进行了研讨。本次会议采用网络方式进行，区县教研员避免了路途劳顿，节省了时间和精力，提高了工作效率。这种会议方式为基层工作提供了方便，也在探索新型教研方式上进行了尝试。

2009年天津市中小学信息技术学科教研工作总结

高淑印

（天津市中小学教育教学研究室）

根据《天津市教研室2009年教研工作要点》工作部署，教育信息中心立足于中小学信息技术课程的教学研究与指导，加强教研信息化建设，为教育教学工作提供教育技术支持与服务，在提高教研信息化水平方面发挥了重要作用。

一、教材建设工作

我市于2008年8月启动了高中《信息技术基础》《多媒体技术应用》《网络技术应用》三个模块教材的集中修订工作，至2009年6月，已经完成3个模块学生用书、教师用书及学生用书配套光盘的修订工作。并于2009年9月启动了高中《算法与程序设计》《数据管理技术》《人工智能初步》三个模块的学生用书、教师用书及学生用书配套光盘的修订工作，同时完善高中信息技术教材配套网站，及时更新网站内容。认真做好教材使用培训的相关工作。

为加强教材建设，满足课改实验省区对高中信息技术教材学生配套手册的需求，经中国地图出版社与我市领导协商，由我市教育信息中心组织人员编写《高中信息技术课程实践与反馈》学生手册。

二、积极开展教学研究，精心组织高中信息技术优质课评比活动

教研活动坚持以课堂教学为重心，在日常教研活动中推进课改进程。为及时了解教学现状，定期参加区县组织的区域性教研活动，把课程实施中的交流反馈和与教学实践同步的培训紧密结合，及时解决广大教师在课程实施中遇到的困难，在交流与研讨中逐渐探索出切实可行的新课程教学模式与教学方法，从而提高教学质量。

为进一步贯彻落实教育部高中信息技术课程标准要求，提高我市高中信息技术课程的教学质量，培养信息技术学科骨干教师，积极推进高中信息技术课程改革，天津市教育学会中小学信息技术教育专业委员会和天津市教研室教育信息中心联合举办了“2009 年天津市高中信息技术学科优质课评选活动”。通过组织优质课评选活动，为教师搭建相互观摩学习的平台，着力提高教学质量。经过认真筹划、精心设计、巧妙安排，我市 2009 年高中信息技术学科优质课评选活动全面推开，从 3 月份报名到复赛结束历时 8 个月。最终评出一等奖 17 个，二等奖 25 个，三等奖 34 个，一等奖中又遴选出 5 名选手参加了 10 月底中国教育技术协会信息技术教育专业委员会主办的 2009 年全国高中信息技术优质课展评活动。天津二中傅君老师的《网上生活》获全国一等奖，武清区杨村一中王立民获全国二等奖，天津一中杨珺、天津四中刘慧、南仓中学李月老师的课分别获得全国三等奖，充分展示了我市信息技术教师的教学风采和高中信息技术教育教学的水平。

三、认真搞好信息技术课改阶段性总结工作

在全市的统一安排和部署下，天津市初中课程改革总结推动大会系列活动——课堂教学专场于 3 月 19 日，在天津一中召开。五十一中信息技术教师王丽娜作了《制作简单动画》展示课，王丽娜老师这节课曾代表我市参加 2008 年全国义务教育信息技术优质课展评活动，并获得大赛一等奖。来自全市 21 个区县近百名教师参加了此次活动，市教研室李金龙副主任也莅临听课指导。

认真落实全市关于高中课改总结工作的要求，一方面积极筹备高中信息技术课改总结成果集的结集工作，组织区县教研员和部分骨干教师梳理典型案例，研讨成果内容与呈现形式，力争以高质量的内容展示我市高中信息技术课改的成果。另一方面，精心组织了三场课改总结系列活动，第一场是 12 月 9 日召开的高中课改专题交流专场，本学科原有 7 项课改专题，其中 4 项获天津市教委二等奖励资助，3 项获天津市教委二等奖励资助，获奖专题均在本场交流会上做主题发言，为本学科开展课改专题起到积极的示范作用。第二场是 12 月 23 日召开高中课改课堂教学交流专场，曾经在本学期取得全国或市级优质课奖项的 7 位教师现场交流自己的教学设计、展示课堂精彩片段，会场气氛异常热烈。第三场于 1 月 20 日召开的是高中信息技术学科课改总结大会，南开区教研员魏玲代表区县做课改总结汇报，四中刘姝弘老师做《信息技术课堂有效教学策略的实践研究》汇报，开发区国际学校孙菲老师从课程资源开发角度介绍了《MOODLE 在信息技术课程中的应用研究》，特级教师耀华中学陈晓明副校长做《信息技术教育将走向何方》专题讲座，引发大家对课程的发展进行深层次思考，最后市教研室高中信息技术教研员高淑印做全市高中信息技术课程改革三年总结。此次课改总结系列活动，通过对三年来我市高中信息技术课改工作的回顾，发现了大量成功的教学案例与典型经验做法，当然也正视存在的问题，并提出了相应的对策，对于提高我市高中信息技术教育教学工作具有重要的意义。

四、积极开展教学调研工作

根据全市工作统一安排，加强对农村地区和基础薄弱学校的教学与指导，本学期参加了普育学校和瑞景中学的调研活动。根据调研中发现的问题，利用学科优势，市教研室教育信息中心尝试与瑞景中学、红桥区教育中心信息技术学科建立了网络教研协作平台，关注青年教师的发展，通过网络及时了解教师的教学现状，进行针对性的教学指导，切实发挥教学调研的作用。

总结以上工作，尽管取得了一些成绩，但我们也清醒地认识到，还存在着问题与不足，今后我们要进一步深入课堂教学进行研究与指导，加强教育科研课题的研究，促进教师的专业化成长，锐意进取，不断创新，努力把天津市中小学信息技术课程教学与教研工作做得更好！

中学名校、名师

经各省级教研室推荐，共评选出 2009 年优秀教研组学校 6 所，信息技术课程年度人物 6 人，排名均不分先后，特此表示祝贺。

优秀教研组

云南省昆明市第一中学

1. 教研组简介

昆明市第一中学信息技术教研组是一支年轻而富有活力、锐意进取的团队，现有教师 9 人。教研组除了承担学校信息技术、通用技术两门课程教学任务外，同时还承担了学校现代教育技术设备设施的管理与维护工作，学校教育信息化建设、服务保障等各项工作和信息学奥林匹克联赛、科技创新大赛、机器人竞赛、电脑作品竞赛等课外兴趣活动辅导工作。

2005 年以来，全组教师在国家级、省级刊物上发表论文、课件作品 10 余篇。承担一个“九五”课题获省级一等奖，承担的一个“十五”课题分别获省级、国家级专项课题研究一等奖。2009 年进入课改以来，教研组多次承担省市教师培训示范课、观摩课教学及说课任务，两位教师参加省市课赛均获一等奖，一位教师被聘为市本学科课改专家组成员，两位教师参与省会考、学业水平考试征题、命题工作，参与省学业水平考试标准与说明编写工作。近年来，辅导学生参加各类竞赛获省级奖励 100 余人，获全国一、二、三等奖 10 余人。在学校服务工作方面，9 人在年度履职考核中获学校“先进教育工作者”荣誉。

全组教师信奉集体利益大于个人利益，集体荣誉大于个人荣誉，集体的智慧大于个人的智慧，在教学上共同探讨，工作上坦诚合作，精益求精，以集体的进步引领个人的成长。

2. 所获荣誉

2008 年季新文、杨蓉、秦泰、魏凌霄论文发表于《课程教材教学研究》。

2008 年吴昌斌老师在云南省中学优秀教学课件评选活动中获二等奖。

2008 年秦泰老师参加昆明市高中信息技术课堂教学比赛获一等奖。

2009 年秦泰老师参加云南省高中信息技术课堂教学比赛获一等奖。

2009 年杨蓉老师参加昆明市高中新课程课堂教学竞赛荣获第一名。

2008～2010 年教师辅导学生参加各类竞赛全国二等奖 2 人、三等奖 2 人、全省一等奖 8 人、二等奖 8 人、三等奖 32 人。

浙江省绍兴县柯桥中学

1. 教研组简介

（1）教研组基本建设情况。

● 教研组日常开展的 4 个“一”活动。

① 每年组织一次集体活动。形式不限，已经开展的有“包饺子”“国庆赏菊”“游杨梅山”等活动。

② 每月一次教研活动。活动主要包含教学资源建设、备课组活动汇报、教学经验交流等内容。

③ 每人提供一个理念、理论、策略或方法等。每位教师可以通过各种渠道收集教学理念、理论、策略和方法，然后在教研活动向大家作讲解。

④ 每学期推出一位老师开设典型课例。通过典型课例的听、议，全组老师的教学设计、课堂教学能力都得到了提高。

● 备课组建设。开展选修课活动，建立了黄芳老师为备课组长的“算法与程序设计”备课组和高华良老师为组长的“多媒体技术应用”备课组。备课组开展两周一次的备课活动，着重于制定后期的教学策略、教学手段和方法，并确定课堂教学的框架，同时调整每位老师的教学进度。

（2）教研组教师专业素养提升工作介绍。

① 尽心点评，提高课堂效益。在典型课例听、议的基础上，配合学校教务处要求的青年教师汇报课、首席教师展示课的制度，精心组织教师对课堂教学涉及的教学设计、课堂学生组织、课堂机智、课堂语言组织等方面展开交流。课堂教学能力得到 2007 年浙江省新课程调研组专家的一致好评。

② 难点研讨，突破教学瓶颈。为了解决教学中共性的难点，组织大家在每学期初期和中期开展难点研讨会，主要围绕“学”

的难点开展“教”的策略讨论。例如，如何理解和落实新课程的“新”，如何提高学生对于课程关注的持续性等问题。经过大家的努力，新课程实验顺利而高效地得到了落实。2007年省教育厅组织专家组对柯桥中学信息技术新课程实施进行调研，对于老师们的教学实践、研究意识和能力、课堂教学模式的改革，专家组的专家和省教研员给予了较高的评价。省教研员魏老师在她的工作博客中这样写道：“柯桥中学是一所省一级重点中学，生源情况并不都是一流的，然而在近几年的信息学竞赛中，成绩斐然。教研组长吴建锋在竞赛和课题研究方面都很不错，他所带的信息技术教师团队的特色就比较鲜明，二位开课教师的教学设计在小组合作和过程性评价方面进行了探索，课后座谈交流时，他们也着重于教学研究方面情况介绍，看得出教师的研究意识都比较强。”

③ 专题讲座，引领专业发展。在教研组长带头下，组织开展了“如何创设有效的情景”“评价的多元化和过程性”“如何开展原创试题的命题”等专题讲座，帮助年轻教师的专业发展。

④ 引导参与，促成青年成长。正如学生需要通过实践来内化知识，老师也需要通过多方位的活动参与来提升自身素质。为此，教研组结合学校工作特点，根据各位老师的特长，引导他们参与各种教学活动，期望他们在实践中积累，在实践中成长。程序设计基础好的鼓励他们去奥赛辅导，并从方法、资料、学生组织等方面提供支持；多媒体技术强的鼓励其开展学生电脑作品的辅导；同时鼓励每位老师在课堂教学上闯出自己的特色。

2. 所获荣誉

（1）集体荣誉。

绍兴市信息技术教育先进集体；

绍兴市先进教研组；

绍兴市青年文明号；

绍兴县先进教研组；

绍兴县青年文明号。

（2）教研组教师获得的主要荣誉和成绩

全国优秀指导教师1人，浙江省优秀指导教师1人，绍兴市优秀指导教师3人。

浙江省教坛新秀1人，绍兴市学科带头人1人，绍兴县学科带头人2人，绍兴县教坛新秀1人。

浙江省优质课一等奖1人，绍兴市优质课一等奖1人，绍兴县优质课一等奖4人。

共参与7本书的编写，参与5个课题研究，主持1个课题研究，发表和获奖文章一共45篇。

高中信息学奥赛学校获全国优秀学校（全国57所）。成绩名列浙江省前茅，其中2002～2007年全省第二。1人入选国家集训队冬令营，4人获全国总决赛和夏令营银牌，2人获铜牌。1人获亚太地区金牌，4人获铜牌。51人获全国联赛一等奖。19名学生通过奥赛保送重点大学（其中北大2人，清华1人）。学生电脑作品全国三等奖4个，浙江省一等奖2个，二等奖7个，三等奖11个。

重庆市巴蜀中学

1. 教研组简介

教研组成员共16人，其中高级职称6人，中级职称4人。全体成员具有强烈的团队意识和集体荣誉感，能团结合作，坦诚交流，无私互助，顾全大局，具有较强的向心力、凝聚力，氛围和谐。

在教学教研方面，积极开展了各种形式的校本教研活动，根据学生实际情况结合教材，将最新的IT知识与应用形式传授给学生，积极开展信息技术教学改革，注重新老师资培养；积极开展课题研究，在研的国家级子课题达两个。在一年一度的校级论文大赛中年年被评为优秀。

制订了促进教研组全体成员专业化成长的制度计划，根据教师爱好，选定一个或多个方向纵深发展，并定期在全组交流学习体会，积极认真学习新知识、掌握新技术，不断更新知识技能结构。

教研组主持开展了丰富多彩的学生活动，如信息学奥赛、创新大赛、电脑作品制作大赛、NOC、明天小小科学家、科技模型大赛，校园电视台等。充分发挥信息技术学科优势，促进学生全面发展。通过这些活动，贯彻了学校的素质教育理念，锻炼了教师，培养了学生创新能力。

2. 所获荣誉

（1）各级刊物发表论文12篇，全国一等奖1篇；参与编写出版《机器人通用技术教材》《高中信息技术》《初中信息技术》《云服务应用直通车》等教材。

（2）2008年荣获“重庆市先进教研组”称号。

（3）参与全国课题子课题2个。

（4）在全国信息学奥林匹克竞赛中，三年共培养全国联赛一等奖共55人，进入NOI共9人，高居重庆榜首。

(5) 在全国创新大赛中，一人获“专项奖”，一人获“三等奖”，17 人获省一等奖；一人获全国青少年未来杯创意设计大赛二等奖；一人获“明天小小科学家”全国三等奖；在 IROC（国际机器人奥林匹克竞赛）2008 中，获全国冠军、国际银牌，2009 年电脑制作机器人灭火项目获全国第五名，省级比赛的机器人各项目中表现优异，2010 年共有 11 人获一等奖；在全国 NOC 活动与中小学电脑制作大赛活动中获全国一等奖 7 人，省级一等奖近 100 人。

北京市北京大学附属中学

1. 教研组简介

北京大学附属中学信息技术教研组是一个充满活力、有开拓精神、尊重学生发展个性的教研组。组内共有教师四名，实验员一名。其中特级教师一名，高级教师两名，一级教师一名，形成了良好的教师梯队。教师们互相帮助、互相探讨，有着良好的交流和发展模式，取得了优秀成绩。

一直以来，在特级教师李冬梅老师的影响和带领下，教研组非常重视理论学习与教学实践紧密结合。在新课程正在酝酿的过程中，李冬梅老师已经身先士卒，积极研究新课程的教学理念、探索新课程的教学模式和教学案例。在她的影响下，教研组从 2003 年开始试验高中信息技术新课程，对新课程的教学环境、课堂教学模式、评价方式等进行了全方面的实验研究，老师们在抓好课堂教学的同时积极探索每一个模块和环节的教学方法、做好每一个作业的教学评价，通过课堂教学、课内作业、课后评价几个环节牢牢把握培养学生信息能力、信息素养和信息道德。信息技术课不仅生动有趣、知识和技术丰富，还让学生各方面的能力得到提高，信息技术课成了全校开课年级学生最喜爱的课程，很多学生的课堂作品在海淀区的比赛中获奖。在教学过程中，老师们的教学能力也逐步提高，李冬梅老师在国内核心期刊的文章篇篇都是教学心得的总结和升华，其他几位老师也在海淀区、北京市、全国的比赛中获得了好成绩。经过 8 年的实践，总结出一套独特完整的、包括五大子模式（教学环境子模式、创新教学设计与策略子模式、课堂组织子模式、教学评价子模式、教学资源开发子模式）的高中信息技术新课程教学模式，并在全国部分地区和学校试用，效果良好。

教研组不仅在校内发挥着优秀的作用，也开展了多种活动与其他省市和其他学校的教师进行交流。近些年来，多次指导了来自新疆少数民族地区的教师和来自首都师范大学的实习生，多次参与全国信息技术优质课的观摩活动，并多次承担了海淀区和北京市的公开课。受到影响的老师越来越多，前来参观和交流的老师们经常光顾，也给本组老师们的教育教学带来了新的启示。

2. 所获荣誉

2007 年

李冬梅　指导的学生任东昊作品《NeoDrawer 3.0》获第八届全国中小学电脑作品活动程序设计一等奖（第一名）、第八届全国中小学电脑制作活动指导教师奖、论文《高中信息技术新课标的教学实践研究》获北京市 2007 年信息技术学科教学论文评比活动一等奖。

毛华均　海淀区中小学生信息学奥林匹克比赛优秀辅导教师、指导作品《上学路上》获第八届全国中小学电脑制作活动高中组二等奖、《变迁》获第八届北京市中小学师生电脑作品评选活动高中组动画一等奖、在第八届“广茂达杯”中国智能机器人大赛机器人论文竞赛中指导学生荣获一等奖、在第八届“广茂达杯”中国智能机器人大赛机器人足球比赛 2VS2（中学组）中指导学生荣获三等奖。

刘宝艳　海淀区 2007 年“初中教师教学基本功展示活动”全能项一等奖、说课一等奖，笔试二等奖。

席岩　北京大学附属中学优秀教师。

2008 年

李冬梅　2008 年北京市青少年信息学奥林匹克提高组优秀教练员、2008 全国义务教育信息技术优质课展评指导教师奖、北京大学附属中学优秀教师。

毛华均　海淀区中小学“信息学奥林匹克”优秀辅导教师、2008 年海淀区中学教师教学基本功比赛教学设计二等奖、指导作品《九零后》获第九届北京市中小学师生电脑作品评选活动高中组艺术设计一等奖。

刘宝艳　北京市 2007 年初中新课程教师教学基本功展示活动一等奖、2008 年全国义务教育信息技术优质课展评二等奖。

2009 年

李冬梅　论文《信息概念及其本质特征研究》获北京市 2007 年信息技术学科教学论文评比活动一等奖、第十届全国中小学电脑制作活动指导教师奖、北京大学附属中学优秀教师。

李冬梅　在《中小学信息技术教育》杂志“名师讲坛”发表论文 11 篇。

李冬梅、李萍、刘宝艳　海淀区初中信息技术课程学生作品评比活动优秀指导奖。

毛华均　2008～2009 学年第二学期海淀区中学教师教学基本功比赛中荣获解题能力一等奖、板书设计二等奖、在 2009 年海淀区高中教师教学基本功验收活动中获教学语言一等奖、板书绘画二等奖、综合二等奖、教学设计二等奖。

刘宝艳　北京市 2009 年信息技术学科优秀教学课例评比二等奖。

海南省海南中学

1. 教研组简介

信息技术教研组现有 19 位教师，均为大学本科学历、计算机科学与技术或者教育技术专业毕业，主要负责全校初高中信息技术、通用技术教学教研工作、信息学竞赛辅导教学等，负责学校现代教育技术管理工作，其中从事高中信息技术教学 8 位老师。

进入高中新课程改革以来，教研组严格按照高中新课程方案，开好必修课和选修课，开设好校本课程，开足课时；积极开展课堂教学教研，致力于提高教学质量，在学校教学评估检查中，学科满意率多年位居学校先列；信息技术课程提升了学生信息素养，在网络环境下选课、网络环境下学业管理、研究性学习、学科学习探究研究展示报告起到积极促进作用，为高中新课程学习提供技术支撑；积极参加省高中信息技术教研活动，多位教师课堂教学和教学设计与案例评比获奖，取得优异的教研成果，加强学科评价研究与实践，并积累了丰富经验与取得优异成果，开展考试命题研究，信息技术基础会考取得优异成绩，年青教师经过几年磨练，有了很大进步，特别是驾御课堂能力有很大的提高；教师积极指导学生参加各级竞赛，成绩斐然，特别是信息学奥赛成绩优异，曾经获得全国一等奖 1 人，二等奖多人。同时，教研组还协助学校各有关部门做到各项教育、教学活动，较好地完成了教学教研任务，取得了较好成绩。

2. 所获荣誉

王连诚老师被授予高中信息技术省级中学骨干教师，被授予“全省电化教育优秀工作者”称号；岳水平老师获 2008 年省普通高中信息技术教师说课评比活动一等奖；卢裕满老师获 2009 年省普通高中信息技术教师课堂教学评比活动一等奖；林满玉、郑文云老师 2008 年、2009 年被授予省信息学竞赛优秀指导教师。

天津市河西区教育中心信息技术部

1. 教研组简介

河西教育信息技术部是集网络中心、信息中心、电教中心、科研、培训于一体的综合性部门，承担全区的网络及门户网站运维工作，信息技术学科教学研究工作。利用先进的现代化教育技术提高课堂效率，提升教师综合信息素养，利用丰富的教学资源促进学生对信息技术的兴趣。在教学方面，我们利用多媒体、网络技术实现高质量教学资源、信息资源和智力资源的共享与传播，通过名师博客、网上论坛实现网络教研，进行专题研讨，促进了高水平的互动，形成了开放、高效的教学模式，有效地培养了教师的信息素养以及问题的解决能力和创新能力。在科研方面，利用互联网促进科研资源和设备的共享，加快科研信息传播，促进校际学术交流，开展网上合作研究，课题成果公报，并且利用网络促进最新科研成果向教学领域的转化，从而大大提高科研的创新水平和辐射力。同时，参与全国、市级教师评价和学生评价课题，建成教师以及学生管理电子档案基本平台框架。

2. 所获荣誉

获第十七届全国“六一”国际儿童节威盛中国芯计算机表演赛天津分赛区优秀组织奖，获 2008 年天津市中学信息技术与课程整合优秀课评比优秀组织奖，天津市“第九届中小学电脑制作活动”和“第六届中小学信息技术创新与实践活动”优秀组织奖，全国少儿计算机考试优秀组织培训机构奖。李伟老师获得天津市河西区五一劳动奖章。孟广学、郭志玥老师被评为 2008 年度天津市信息技术工作先进个人。

年　度　人　物

郭　暄

从教 21 年，从事计算机专业课教学 11 年，从事中小学信息技术教研工作 10 年，不论在哪个岗位上，都能一如既往地认真履行职责。

2001 年，通过公开竞聘考核进入昆明市教研室，任中小学信息技术教研员，2004 年 10 月评为中学高级教师。2003 年被聘为云南省中小学信息技术教育专业委员会理事、云南省会考教师专家组成员；2009 年被聘为云南省普通高中新课改工作学科专家指导组成员、昆明市普通高中新课改工作信息技术学科专家指导组成员。

担任计算机专业课教师期间，多次获校“青年教师教书育人大奖赛”一等奖；2000 年被评为昆明市首届中职学校骨干教师。

2001 年起成为信息技术教研员，在工作中：

（1）坚持不懈地做好昆明市中小学信息技术学科专题教研活动，并创新性地开展工作。除了每个学年都要组织的各学段常规教研活动外，能结合教师的切实需求，开展有针对性的培训活动，教研活动高质高效，受到广大中小学信息技术教师的好评。

（2）注重对青年信息技术教师的培养和指导。在工作中，有计划、有目的地抓典型，开展多种形式的活动，促进了信息技术教师的成长。经常在课前与教师们集体备课，在课后进行讲评，探讨教学得失。通过多年的努力，目前，昆明市的大多数青年信息技术教师都能够胜任信息技术教学工作，教学质量得到提高，为深入推进课改提供了保障。从 2003 年开始，每两年组织一次昆明市中小学信息技术教师的教学竞赛活动。与参加省级和全国竞赛的教师共同备课、讨论、完善教学设计，不懈的努力有了丰厚的回报。近年来，昆明市信息技术教师参加省级、全国竞赛，均取得了优异的成绩。

（3）多次参与省级初、高中教师教材培训，主讲“教材分析与教法建议”等专题。

近年来，撰写并发表的教育研究文章主要有 5 篇：

（1）《简析“程序设计方法”模块中需掌握的算法》，《课程教材教学研究》2005 年第 40 期；

（2）《昆明市部分中等职业学校师资队伍现状调查》，《课程教材教学研究》2008 年第 5 期；

（3）《研究性学习中关于问题的确定与教学反思》，《课程教材教学研究》2006 年第 35 期；

（4）《选修模块“多媒体技术应用”教学建议》，《昆明教育研究》（课改专号）2010 年第 1 期；

（5）《在探索中收获，在回顾中反思》，《昆明教育研究》（课改专号）2010 年第 2 期。

近年来，参编的中职教材及经云南省中小学教材审定委员会审定的信息技术教材主要有 11 册：

（1）2008 年，参编中等职业学校计算机专业教材《易语言程序设计基础教程》（任副主编），外语教学与研究出版社；

（2）2004 年，参编《云南省普通高中会考考试说明 · 信息技术》，云南教育出版社；

（3）2006年，参编《新纲要云南省实验教材·信息技术》（七年级第10册），云南人民出版社；

（4）2006年，参编《新纲要云南省实验教材·信息技术》（八年级第11册），云南人民出版社；

（5）2005～2006年，参编《云南省普通高级中学实验教材·信息技术基础（必修）》，云南人民出版社；

（6）2006年，参编《云南省普通高级中学实验教材·数据管理技术（选修）》，云南人民出版社；

（7）2006年，参编《云南省普通高级中学实验教材·算法与程序设计（选修）》，云南人民出版社；

（8）2006年，参编《云南省普通高级中学实验教材·多媒体技术应用（选修）》，云南人民出版社；

（9）2006年，参编《云南省普通高级中学实验教材·网络技术应用（选修）》，云南人民出版社；

（10）2006年，参编《云南省普通高级中学实验教材·人工智能初步（选修）》，云南人民出版社；

（11）2008年，参编《云南省实验教材·信息技术》（七年级第1册），云南人民出版社。

撰写的结题报告、调研方案和实施方案主要有4个：

（1）《昆明市中等职业学校"双师型"师资队伍建设的问题与对策研究》结题报告（课题第二负责人，结题报告第一执笔人）；

（2）昆明市幼儿园小学低年级信息技术课程开设实施方案（试行）（征求意见稿）；

（3）昆明市网上阅卷系统建设调研报告；

（4）昆明市网上阅卷系统建设实施方案。

孙立文

中学高级教师，2002年评为浙江省特级教师，现任浙江省台州中学科研处主任，任教高中信息技术课。社会兼职：浙江省教育学会信息技术教育专业委员会副会长，浙江省普通高中新课程实验工作专业指导委员会信息技术学科组成员，浙江省第五届中小学教材审查委员会学科委员。

长期以来从事中学信息技术教学、学校教育科研管理、现代教育技术实验学校建设等工作，多次在全国相关会议上交流发言，多次在浙江省高中信息技术骨干教师新课程培训会上作辅导讲座。2006 年主持完成全国教育科学“十五”规划教育部重点课题《信息技术与研究性学习课程整合的理论与实践》的研究工作，获浙江省教育科学优秀成果二等奖，2003 年主持完成《普通高中信息技术与学科课程整合的探讨与实践》课题的研究工作，获浙江省人民政府第二届基础教育教学成果一等奖。现承担省规划专项课题《数字化校园应用平台建设的研究》的研究工作。

近年撰写的教育研究论文《“科、技兴校”现代学校发展的新探索》《信息技术与学科课程整合的类型与模式》《信息技术课程与研究性学习课程联结的新整合探讨》等 10 多篇在全国核心刊物《教育研究》《中国电化教育》《上海教育科研》《电化教育研究》等上面发表。代表性著作《新课程·新整合·新探索——信息技术与研究性学习课程整合探索》由浙江大学出版社出版。

治教格言：堂堂正正做人，踏踏实实工作，快快乐乐生活。

刘雅林

博士研究生，重庆八中现代教育技术中心主任。多年来以信息技术教育、科技教育为抓手，培养学生的创新意识与实践能力，在推进学生素质教育方面作出重要贡献，在国际国内各种比赛中取得了较好的成绩：个人辅导的学生近 5 年在各种国际大赛获 1 金 2 铜，在国内大赛中获 11 金 13 银 21 铜，在市内各级大赛共获 128 项一等奖，并辅导出了 7 名科技创新市长奖、6 名提名奖。

负责的团队中，2 次入选国家队，团体成绩 2 次获全国第一名，1 次获全国第 2 名；13 次团体成绩居全市第一。

主编和参编了 52 本教材和书籍，发表 28 篇论文（其中核心期刊 9 篇），研究成果 3 项被评为全国一等奖，4 项被评为全市一等奖；3 次被评为全国“先进”或“优秀”个人，27 次被市教委、市科协等单位表彰为“先进个人”。

（1）2007 年被评为“教育部教育信息化专家组”成员；

（2）2008 年获全国“十佳科技辅导员”奖；

（3）2008 年获全国“优秀机器人教练”奖；

（4）2008 年获全国“优秀电教工作者”奖；

（5）2008 年获“重庆市首届中小学学科带头人”称号；

（6）3 次获全国论文大赛一等奖；

（7）连续 4 届获市教委主办的全市“教育技术科研成果”一等奖；

（8）3 次获市论文大赛一等奖；

（9）27 次被市教委、市科协等单位表彰为“先进个人”；

（10）辅导出 7 名学生获“科技创新市长奖”，6 名提名奖（省部级奖励，全市最好成绩）；

（11）2009 年辅导出学生参加“2009 年机器人世界杯足球赛”获金牌 1 枚（为本届中国队最好成绩）；

（12）2007 年辅导出学生参加亚洲机器人赛获 2 枚铜牌；

（13）辅导学生参加全国各级比赛（奥赛、科技创新赛等教育部认可的比赛）获 6 金 12 银 21 铜；

（14）辅导出 128 名学生获全市各级比赛（信息学奥赛、科技创新赛、机器人赛等市教委认可的比赛）一等奖。

马丽红

北京市大兴区教师进修学校中学教研室信息技术学科教研组长。2010 年 4 月被评为北京市特级教师。是北京市信息技术学科带头人，北京市“高中新课程实施指导专家组”成员，北京市教育科学研究院兼职教研员。参与编写《北京市普通高中新课程信息技术学科教学指导意见和模块学习要求》《北京市信息技术学科高中会考说明》等北京市教委文件；参与编写和出版现行北京市信息技术教材、教师用书和学科书籍 11 部；发表教学光盘 4 张；多篇论文获市级一等奖，教学设计、课例发表或获奖；参与 4 项教育部和北京市重大课题研究工作并取得成果；在北京市初高中学科教师培训活动中担任主讲教师进行辅导讲座 10 余场；指导全区学科教师在北京市大型活动中多次获一等奖；深入中学做辅导讲座 10 余场。

吴海青

自 2001 年起担任海口市第一中学电教组教研组长，2003 年取得中学一级教师职务。在近 15 年的教学生涯中，担任过初、高中信息技术学科教学、初高中信息学奥赛辅导、各级各类中学生计算机竞赛辅导，指导组内青年教师参加省、市各种教学观摩课、研讨课和调教课。

工作业绩：

（1）2008 年被认定为中学信息技术学科 2008～2012 年度海南省省级骨干教师。

（2）2007 年被学校评为优秀教师。

（3）2009 年第四届“凤凰杯”课堂教学大赛课堂教学二等

奖，《课后反思》获反思文章一等奖。

（4）指导青年教师王锡君在2007年全国普通高中信息技术优质课展评中荣获二等奖，指导青年教师谢小鸿在2008年全国义务教育阶段信息技术优质课展评中荣获一等奖，指导青年教师孙杰在2009年全国普通高中信息技术优质课评选中荣获三等奖，指导青年教师吴洁玲在2009年海南省普通高中信息技术优质课评选中荣获二等奖。指导本校教师参加近两届的海南省信息技术教师说课评比一等奖3人，二等奖1人，三等奖1人。

（5）现被聘为海南省基础教育信息技术学科中心教研组（高中组）成员。曾被聘为海南省2008～2012年度省级小学骨干教师选拔培训班指导教师。曾任或继任海口市教育信息化专家指导小组成员、海口市计算机教育研究会理事、海南省计算机学会会员、海南省信息学奥赛委员会理事。

（6）教学设计《用解析法解决问题》在2008年海南省“教科杯”信息技术教学设计评选活动中荣获一等奖。

（7）论文《初探促进高中生积极学习的有效课堂策略》获2009年海南省教学论文评比一等奖。2008～2009年编写及修订新版的海南省初中信息技术教材。

（8）指导学生参加信息学奥赛，荣获初中组省二等奖4人次，高中组二等奖2人次，初高中组三等奖约20多人次。指导学生参加青少年科技创新大赛、电脑制作大赛，在省、市获奖多次。

（9）承担2010年6月结题的2项省、市级“十一五”规划课题，已完成一项软件开发，多个教学案例的设计和总结等。

孟广学

自2004年担任天津市河西区信息技术学科教研员的工作，组织了多种形式的教学研究活动，加强教师之间的交流研讨，如新教材分析、优秀教学案例评析、观看专家讲座录像、组织区级研究课、学生作品评价方式研讨、骨干教师教学案例交流等。通过这些活动促进了各校一线教师之间的交流，实现了优秀教学资源的共享，也为河西区信息技术学科教师的发展搭建了平台。

组织指导河西区教师积极参加市级、国家级活动，取得优秀成绩。指导梁音老师在2007年全国高中信息技术优质课展评中获二等奖，孟玲玲老师在2008年全国义务教育信息技术优质课展评中获二等奖，刘慧老师在2009年全国高中信息技术优质课展评中获三等奖。在2010年天津市初中信息技术优质课比赛活动中，指导7名教师参赛，获一等奖6名，二等奖1名。

在工作中，注重教育理论与教学实践的学习与研究。2007 年 8 月参加教育部基础教育课程教材发展中心远程研修办公室主办的“普通高中新课程远程研究项目”中，被聘为高中信息技术学科视频课程开发组成员。撰写论文《学生成长电子档案系统开发的探索与实践》获 2008 年天津市中小学现代教育技术论文评比二等奖；获天津市中小学第十二届教研教改成果二等奖；并被认定为天津市基础教育教学成果。被评为 2008 年度天津市信息技术工作先进个人。

大　事　记

2009年信息技术教育大事记

1. 2009年5月31日，中国教育技术协会信息技术教育专业委员会2009年全国信息技术课程教学案例大赛评审结果公布。

2. 2009年8月7～9日，第三届中日教育技术学研究与发展论坛暨中国教育技术协会信息技术教育专业委员会第五届学术年会在东北师范大学召开。

3. 2009年8月，云南省举办了普通高中新课程信息技术学科教材培训。

4. 2009年11月5～7日，长虹电视杯2009年全国普通高中信息技术优质课展评活动在四川省绵阳市南山中学举行。

5. 2009年11月20～22日，全国高校教育技术协作工作委员会第六届年会在广东商学院召开。

6. 2009年12月4～6日，中国教育技术协会2009年年会在福建省福州市召开。

7. 在江苏省委省政府的大力支持下，龙芯CPU产业化基地江苏中科龙芯梦兰有限公司获得了国家自主创新产品龙芯计算机政府首购项目，于2009年12月22日与江苏省政府签订了项目合同，并在同年年底将龙芯计算机部署于苏北、苏中各中小学，部署过程中还对各学校使用龙芯电脑的教师进行集中培训和一对一培训，预计2010年秋季开始用龙芯计算机进行计算机信息技术课的教学。龙芯计算机搭载了具有自主知识产权的龙芯CPU和国产Linux操作系统，政府大规模采购龙芯计算机进入教育领域，是振兴民族信息产业的重要举措。

论著索引

著 作 索 引

本部分收录了 2008 年和 2009 年的部分著作。

1. R·A·瑞，J·V·邓普西，王为杰．教学设计和技术的趋势与问题．2 版．上海：华东师范大学出版社，2008.

内容简介：对教学设计和技术（IDT）领域作了一个清晰的描绘，覆盖了本领域的最新趋势——知识管理、学习科学、基于网络的教学、可重用的学习对象等。还清楚地描述了本领域的历史、现在和将来及其心理学基础，极好地阐述了该领域的总体概况。各章中所涉及的趋势都是由该领域领军人物所撰写，信息呈现方式便于学生理解。

2. 董玉琦，黄宇星．信息技术课程与教学．北京电子工业出版社，2009.

内容简介：该书为普通高等教育"十一五"国家级规划教材。分为三部分共 9 章。第一部分理论篇，由第 1～第 4 章构成，主要介绍信息技术课程的发展历程、国际比较和我国当前信息技术课程的目标体系和内容构成。第二部分实践篇，由第 5～第 7 章构成，主要从实践视角出发介绍了信息技术课程的教学设计、教学评价，以及从教师专业发展视角剖析了信息技术课程教师的专业素养。第三部分资源篇，由第 8 章和第 9 章构成，主要从资源的角度介绍了信息技术课程教学的典型案例和信息技术课程研究。

3. 顾小清，祝智庭．信息技术与课程整合教程．上海：华东师范大学出版社，2008.

内容简介：在积累了丰富的教学研究和教学经验的基础上，以整合的教学设计来讲授信息技术与课程整合的理念、方法、原则。每一章节分别设计了释义、示范、探究、实践和反思等专题，以释义和示范来阐释相关的理论及此理论指导下的实践；以探究和实践来实现"做中学"，其中的探究环节，可以帮助学习者从探究开始模拟地"做"。为了支持学习过程中的示范、探究及实践等环节，该书除了文字内容外，还专为教学的开展提供配套的光盘资源和学习支持网站。

4. 何克抗．信息技术与课程深层次整合理论．北京：北京师范大学出版社，2008.

内容简介：该书是何克抗教授经过长期地教改实践、深刻思考、理论探索的一项成果。作者认为，实施信息技术与课程整合的教学设计方法应当采用“学教并重”教学设计。书中对这种教学设计的步骤、方法及通过这种教学设计所形成的信息技术与课程整合的教学模式（包括课内整合模式与课外整合模式）都作了详细介绍，这些都是作者本人长期实践经验的总结。尤其值得注意的是，书中引用的大多数案例都是作者的试验学校教师在教改实践中积累的，因此具有针对性与实用性。

5. 黄宇星．信息技术微格教学．厦门：厦门大学出版社，2008.

内容简介：力图结合当前信息技术教育新课程改革的现状，采用了中学信息技术新课程改革的一些典型课例，作为该书编写的案例。该书可作为高等师范院校计算机（师范类）专业、信息技术教育专业和各级教育学院的微格教学培训教材或参考书，也可作为中学信息技术教师的继续教育用书和教学参考书。

6. 蒋丽清，薛辉．信息技术与语文课程的整合：以文化变革为视角．上海：上海社会科学院出版社，2008.

内容简介：从整合基础论、课程要素论、语文内容论、学生发展论与和谐统一论等方面，分别对信息技术与语文课程的整合作了理论的梳理与分析，透析了整合的内在构造与文化生成，作了整体性框架的建构，初步形成了三维一体的基本理论框架、整合范式及实践模式。附录中的 18 个案例，典型、精当，对理论框架和整合范式作了最好的验证和回应。

7. 雷体南，叶良明．信息技术教学论．北京：北京大学出版社，2009.

内容简介：第一，紧扣“新课标”。针对信息技术课程“新课标”并结合目前中小学信息技术课程开设情况而编写，教材内容紧扣“新课标”。在内容的组织上采用“理论方法为主、教学实践为线、侧重能力培养”的原则，立足于“易学、易用”的编写策略；第二，实用性强。编写人员都是各高校从事信息技术教学论课程教学的主讲老师，在编写过程中，将理论、方法与技术并重，循序渐进地介绍信息技术课程教学与学习过程中的问题及问题解决的模型与方法，将实际教学中的问题和经验充分反映出来，能理论联系实际，可操作性强；第三，具有启发性。所有案例均来自中小学信息技术课程的教学实例，理论清晰易懂，例证生动可信，能引导学生正确、高效地掌握中小学信息技术课程教学的思路与方法；第四，内容新颖全面。注重信息技术课程教学的新思想、新方法，选题适当、结构完整、层次分明，能从多维视觉纵观信息技术课程的教与学问题，内容覆盖广，问题的分析具有一定的深度。

8. 李鸣华．人工智能及其教育应用．北京：科学出版社，2008.

内容简介：从理论和实践应用两个层面对人工智能在教育领域的应用展开研究。首先，从理论层面，剖析机器学习、人工神经网络、推理、问题求解策略及专家系统对教育教学中的个性化学习、逻辑思维能力及信息素养等方面的作用与影响；其次，从实践应用层面，对人工智能技术在智能授导系统、机器人教学及教育游戏等方面的具体应用进行深入探讨。

9. 李欣．虚拟现实及其教育应用．北京：科学出版社，2008.

内容简介：主要阐述虚拟现实技术的基本概念、基本技术和基本方法，对虚拟现实在教育理念、教学方法、教学手段及教学设计诸方面的渗透及影响进行探讨，并从理论、技术和实践应用诸多层面，对教育应用系统开发所涉及的学习理论、开发路线、系统构架及具体实现方法展开重点研究。具体内容包括虚拟现实硬件设备及其相关技术、典型的虚拟环境建模和开发工具软件、虚拟现实与教育结合的理论基础、适于教育应用的虚拟环境开发工具、虚拟现实环境下的教与学、系统设计与实现的关键技术等。本书所提供的基于虚拟现实技术的各类虚拟学习环境开发案例，均以教育教学应用为背景，涉及教学一线和技术开发人员都关心的问题。

10. 李豫颖．信息技术教学论．厦门：厦门大学出版社，2008.

内容简介：立足计算机教育及信息类教育专业职前教师的需要，突出信息技术教师素质培养和专业发展，具有理论性、实践性、基础性与时代性。在研究和继承国内外信息技术教育教学经验的基础上，借鉴其他学科相关的课程论、教学论、学习论及现代教学理论，融合新课程改革、信息化教育及国际先进的英特尔未来教育模式，尝试构建信息技术教学论体系，探讨和论述信息技术教学论相关的主要内容，为信息技术教学论的发展起到一定的推动作用。全书共 11 章，主要包括：信息技术教学论的研究对象、逻辑体系、基本特点及国内外信息技术教育现状、发展及反思；我国信息技术课程教学任务、目标与内容；信息技术教学过程、教学模式、教学设计、教学方法、教学原则、教学组织形式、教学评价；信息技术学科知识的教学、信息技术教学工作；信息技术教育资源的设计与开发；信息技术教育实习、教师专业发展与教育研究等。

11. 倪华，张文杰．信息技术与学科教学整合．北京：中国水利水电出版社，2009.

内容简介：力图以信息化教学设计与实践为主线，将信息技术与课程整合的教学问题融入到一系列学习活动中，让学生在学习活动中经历学习、体验、实践及反思等过程，加深对信息技术与课程整合的认识与体会，并强调学生参与教学活动、评价活动，强调合作学习以及学生独立思考与自我反思的能力。希望通过这些多种形式的学习活动，使学习者既能掌握信息技术与课程整合的理论，又能领悟其内涵。考虑到当前信息技术与学科教学整合的实际需要，本教材重点介绍了基于课堂教学的信息技术与学科教学的整合问题。

12. 钱旭升．信息技术课程实施的文化取向研究．北京：教育科学出版社，2009.

内容简介：以“信息技术课程实施中存在的问题”为核心问题，通过对问题的广泛调查和深入研究，结合课堂实录的分析，将其主要原因归结为技术取向。为有效解决这一现存问题，从多角度论证了信息技术课程实施文化取向存在的必要性，并借鉴文化学的研究思路，以课程实施要素为基础，架构信息技术课程实施文化取向的基本框架，尝试在信息技术课程实施的文化蕴义的表达以及学生弱势身份的现实转化途径的探索方面作出创新。

13. 邱玉辉，周安平．中小学信息技术创新与实践活动学习指导：主题网站（页）设计．重庆：西南师范大学出版社，2008.

内容简介：中小学信息技术创新与实践活动是由教育部关心下一代工作委员会、中国发明协会联合主办的一个综合性赛事，也是国家知识产权局、教育部基础教育司、教育部师范教育司、教育部职业教育与成人教育司、中央电化教育馆、中央教育科学研究所和教育部教学仪器研究所支持的一项实施“科教兴国”战略和“人才强国”战略的活动。该活动以培养青少年的“自主创新”能力和普及“知识产权”意识为主题，引领科技与精神文明交融的发展方向，推动我国信息技术教育的普及，促进青少年课外文化科技创新活动的开展，受到广大师生的欢迎。本书分为4个单元共11章，分别介绍了主题网站（页）设计基础知识、主题网站（页）创作流程、网页制作技法讲解、主题网站设计作品赏析等。

14. 史可卿．现代信息技术在教学中的应用研究：多媒体课堂教学应用研究．北京：中央广播电视大学出版社，2009.

内容简介：理论与实践紧密结合，探讨了在信息化时代多媒体技术在教学过程中的应用，并提出了“和谐展示”这个恰当的概念。书中涉及的多媒体超链接技术，为多媒体网络在中学教学中个性化、自主化、交互化的实践提供了借鉴的平台，使学生自主学习、持续发展的构想得以实现，书中收录了几十位一线老师在教学实践中使用多媒体教学的论文和案例，他们的真知灼见，发人深省，书中提出的先进教育理念和一些学校教学改革的成功经验将会产生深远的影响。

15. 孙祯祥．无障碍网络教育环境的构建．北京：科学出版社，2008.

内容简介：对教育信息化中的主要平台——网络教育环境的无障碍建设问题进行了比较详尽的阐述。内容兼顾了理论、技术与应用等多个层次，涉及网络教育环境构建、评价和应用等多方面的实践问题。具体包括教育信息化与无障碍网络教育环境构建之间的关系、无障碍与各种先进教育理念之间的关系、无障碍网络教育环境与各种弱势群体间的关系、网络教育环境的现状与存在的问题、无障碍教育网站的设计与开发、无障碍教育网站的评价、无障碍教育网站的维护与更新等。

16. 汪长喜．信息技术与信息学竞赛．北京：清华大学出版社，2008.

内容简介：针对中学生最关心的信息学问题，从试题题型、测试重点、复习策略、应试技巧和全国历届初（复）赛试题等各个方面作了介绍。具体来说，主要包括信息技术和信息学基础模块、程序设计语言 Pascal 模块、算法与程序设计模块、历届全国信息学奥林匹克联赛初赛试题及解答、历届全国信息学奥林匹克联赛复赛试题及算法分析和程序等内容。

17. 邬家炜．21 世纪信息技术教育师范教材·信息技术教学论．广州：华南理工大学出版社，2008.

内容简介：全书涵盖了信息技术教学论的各个方面，结合新课程理念、方法、信息技术新课程标准、教科书及教学设计等方面，阐述了中学信息技术新课程在整个教育、教学活动中的地位和作用、教学的目的和任务、教学规律和教学过程、教学原则和教学方法、教学内容和组织形式等。

18. 夏洪文．多媒体系统及其教育应用．北京：科学出版社，2008.

内容简介：本书共分8章，内容主要包括多媒体、位图、矢量图、图像、图形、MIDI、图像文件的格式、信息压缩与解压和超文本与超媒体等基本概念与知识，以及数字音频的获取与处理、数字图像的处理、多媒体开发环境、多媒体开发工具、音频卡、视频卡等多媒体方面的知识，每章均配有思考题以供学生检验学习效果。

19. 肖友荣，郑全军．信息技术课程教学教法．北京：中国科学技术出版社，2008.

内容简介：系统而全面地介绍了信息技术教育概述、信息技术课程目标和特点、信息技术课程内容体系及教材、信息技术教师素养、信息技术教学设计、信息技术课程教学方法与原则、信息技术课程的教学工作、信息技术课程对学生能力的培养、信息技术教学评价、信息技术与其他课程整合的相关知识。内容条理清楚，应用性、实践性强。

20. 熊才平．信息技术环境下的教育资源城乡共享．北京：科学出版社，2008.

内容简介：提出通过网络来解决这一问题，是信息时代研究教育公平问题的新途径、新方法和新思维，符合信息时代教育变革的发展规律，切合我国国情。采用实证研究的方法证明了城乡学生可以利用 Moodle 网络教学平台、Delight IP5.0 远程交互式教学平台、网络视频会议系统、即时通信软件和教育 Blog 等网络平台开展研究性学习，从而实现优质教育资源城乡共享。

21. 叶丽新．信息技术与写作教学整合研究．南昌：江西人民出版社，2008.

内容简介：本书立足“从坚持写作的本真意义立场关注信息技术与写作教学整合”这一基本原则，探讨了以下几个方面的问题：国际视野中的信息技术与写作教学整合研究；“信息技术与写作教学整合”研究立场的选择；信息技术于“写什么”的影响与意义；信息技术于“怎么写”的影响与意义；信息技术于写作评价的影响与意义；信息技术与写作教学整合的发展空间；信息技术与写作教学整合理论基础的类型及运用；信息技术与写作教学整合设计框架与样例。

22. 詹青龙．信息技术教师培训：理论与应用．北京：教育科学出版社，2009.

内容简介：以信息技术新课程改革为背景，从理论和实践层面对信息技术教师培训展开深入、系统的研究。评述国内外信息技术教师培训的相关研究状况和研究成果，指出信息技术教师培训研究的新路向；解读我国信息技术教师培训的现状，揭示培训效果不佳的原因，给出新的培训思维框架；诠释信息技术教师培训的理论基础构成以及支持性理论对信息技术教师培训的指导意义；设计新的信息技术教师培训结构，架构导入革新思想的实施策略，阐明设计方法，佐以丰富的案例资源，理论提升和实践探索有机交融。

23. 张桂英，王翠茹，金涛，粟思科．信息素养教育．北京：清华大学出版社，2009.

内容简介：按照现代信息素养教育理论体系，全面介绍信息素养教育所涉及的信息意识、信息能力、信息应用、信息道德等知识。全书共分为 15 章，内容包括信息与社会、信息与多媒体、数字媒体信息基础、数字办公系统应用、图形图像处理系统应用、数字音频系统应用、数字视频系统应用、电脑动画与制作、计算机网络基础、Internet 与信息服务、网站建设与信息发布、网络媒体简介、网络信息安全、计算机病毒与防范、信息检索与利用。

24. 张剑平．管理信息系统及其教育应用．北京：科学出版社，2008.

内容简介：主要阐释管理信息系统、决策支持系统和智能管理信息系统的基本概念、方法和技术，并对管理信息系统在教育教学管理领域的应用问题进行探讨。具体内容包括管理信息系统的运行环境、管理信息系统的规划与开发、管理信息系统的管理与评价、管理信息系统对决策的支持、智能管理信息系统等。所提供的案例均以教育教学管理为背景，在内容上兼顾理论、技术与应用等多个方面，涉及教育教学管理与技术人员都关心的问题。

25. 张倩苇．信息时代的技术与课程发展．广州：广东高等教育出版社，2009.

内容简介：从历史考察中梳理了不同技术时代的技术对课程理论和课程实践影响的脉络及其内在逻辑，提出了技术促进课程发展的分析框架，从课程目标、课程内容、课程实施、课程评价、课程管理等几个方面，揭示信息时代的技术对课程影响的不同表现形式和基本特征。通过国际比较研究和典型案例的分析，提出了教育技术促进我国课程发展的政策性建议。

26. 章苏静．数字化教学资源管理．北京：科学出版社，2008.

内容简介：主要对数字化教学资源管理的基本概念、基本方法与技术进行阐释与探讨，内容包括数字化教学资源管理概述、数字化教学资源管理的理论基础、硬件教学资源管理、软件教学资源管理、系统集成环境的管理、项目管理在数字化教学资源管理中的应用以及数字化教学资源评价与管理技术等。

27. 钟柏昌，李维明，李艺．书写智慧共同成长——全国信息技术课程教学案例大赛优秀作品与点评（高中分册）．北京：北京师范大学出版社，2009.

内容简介：全国信息技术课程教学案例大赛（以下简称“大赛”）是由中国教育技术协会信息技术教育专业委员会（以下简称“专委会”）主办、南京师范大学教育技术学系承办的一项全国性赛事，以追求权威、公正、透明为办赛宗旨。大赛得到了众多信息技术课程与教学专家、教研员的鼎力支持，并获得广泛好评，在中小学信息技术教育界产生了较大影响。本书共分 5 章，主要收录了 2009 年度大赛中高中学段的优秀作品并给予了点评，包括信息技术基础、算法与程序设计、多媒体技术应用、网络技术应用等。该书可供各大专院校作为教材使用，也可供从事相关工作的人员作为参考用书使用。

28. 钟柏昌，王振强，李艺．书写智慧共同成长——全国信息技术课程教学案例大赛优秀作品与点评（义务教育分册）．北京：北京师范大学出版社，2009.

内容简介：本书分为两篇共 11 章，主要收录了全国信息技术课程教学案例大赛中小学和初中两个学段的优秀作品并给予了点评。其中，小学组包括图像加工、图文加工、动画制作、程序设计与机器人、计算机操作基础等模块；初中组包括图文加工、数据加工、计算机与网络、程序设计、动画制作、网站制作等模块。

29. 周跃良．信息化环境中的教师专业发展．北京：科学出版社，2008.

内容简介：针对目前教师专业发展中主要以个体方式来设计和实施的现状，提出了一些基于信息技术环境和条件的教师群体专业发展的模式和方法。全书共 9 章，不仅对目前的教师专业发展理论进行了述评，介绍了教师群体专业发展的各种网络支持工具，而且比较详细地介绍了设计和开发教师专业发展支持系统的思想、方法及其实践应用，提出了很多新的理念和具体方法，其中的案例也有很好的借鉴意义。

30. 祝智庭，李文昊．新编信息技术教学论．上海：华东师范大学出版社，2008.

内容简介：参考国内外信息技术课程与教学的最新研究成果，由意义与发展、知识体系、课程体系、教学设计、教学实施、教学研究和教师专业发展七部分组成。每一部分都贯穿基于任务学习和体验学习的理念，穿插大量实践活动、案例分析和自我评价。并在附录中提供了某师范大学试用本教材真实开展任务学习的过程记录和学生作业范例。

论 文 索 引

信息技术课程研究

1. 本刊编辑部．为了更好地前行——信息技术教育发展现状综述［J］．中小学信息技术教育，2009(12)．

2. 毕景刚，赵梦笔．从教师视角看我国信息技术课程目标的定位［J］．教育探索，2009(3)．

3. 曹献平．实践 历练 成长——小学信息技术课程理念与实践发展冲突之我见［J］．中国信息技术教育，2009(11)．

4. 陈梅，李龙．关于信息技术教师能力培养的思考［J］．中国电化教育，2009(4)．

5. 陈晓慧，刘向永．台湾地区新高中资讯课程评价［J］．中国信息技术教育，2009(9)．

6. 陈延光．课程的价值取向问题分析［J］．中国信息技术教育，2009(15)．

7. 邓轶．中小学信息技术教育之路［J］．现代教育技术，2009(13)．

8. 费海明．“小团体”滚出“高效率”——记一个区域的信息技术教研方式变革历程［J］．中小学信息技术教育，2009(9)．

9. 关伟．英国初中信息技术课程教学解析［J］．中小学信息技术教育，2009(8)．

10. 胡运震．中小学信息技术教育的现状及对策［J］．中国教育信息化，2009(22)．

11. 黄松爱．日本高中信息课程的新变化［J］．中国信息技术教育，2009(13)．

12. 郎冠明．透视“被尴尬”——信息技术教学困惑（二）［J］．中国信息技术教育，2009(21)．

13. 郎冠明．透视“被尴尬”——信息技术教学困惑（一）

[J]．中国信息技术教育，2009(19)．

14. 黎霞．信息技术教育发展的路径依赖因素分析研究[J]．软件导刊·教育技术，2009(8)．

15. 李赫，董玉琦，李兴保．聚焦信息技术课程实施与信息技术教师成长——中国教育技术协会信息技术教育专业委员会第四届学术年会综述［J］．中小学信息技术教育，2009(1)．

16. 李岩，解月光．信息技术教师专业发展中的教师信念重建［J］．现代教育技术，2009(12)．

17. 李艺．信息技术课程十年回顾：成长的快乐［J］．中小学信息技术教育，2009(4)．

18. 练玉娟．高中《动画制作》校本课程开发［J］．中国信息技术教育，2009(23)．

19. 梁银英，米维娜，王海燕．基于学生视角的高中信息技术新课程实施分析——来自宁波市普通高中的调查［J］．中国教育信息化，2009(22)．

20. 刘彦尊，李雅君．美国中小学信息教育改革的新动向［J］．中国教育信息化，2009(24)．

21. 刘永福，张成英．边远地区农村中小学信息技术教师幸福指数的调查——以青海省民和县农村中小学教师为个案研究［J］．中国远程教育，2009(4)．

22. 吕炳群．信息技术“自助餐式”校本课程的开发与研究［J］．中国信息技术教育，2009(20)．

23. 马金良．也谈信息技术课程中德育的渗透［J］．中国信息技术教育，2009(4)．

24. 马静．信息技术教师实践共同体活动过程模型初探[J]．中国信息技术教育，2009(17)．

25. 齐颖．信息技术教师网络实训平台建设［J］．中国成人教育，2009(19)．

26. 钱松岭，董玉琦．美国计算机协会 K－12 阶段计算机科学课程模型述评［J］．中国信息技术教育，2009(15)．

27. 钱晓菁．反思信息技术教育［J］．中国信息技术教育，2009(4)．

28. 钱旭升．信息技术课程实施中学生交互体系的构建[J]．电化教育研究，2009(10)．

29. 任海涛．英国新中学信息通信技术（ICT）课程述评［J］．中国信息技术教育，2009(11)．

30. 沙凤林．文化教育视域中的信息技术教育［J］．中国信

息技术教育，2009(20)．

31. 孙莉．廊坊市高中《信息技术》学科教师现状调查与分析［J］．中国信息技术教育，2009(4)．

32. 孙众，吴敏华，徐克强．教师专业能力持续性发展的“区域性合作型”研究［J］．中国电化教育，2009(11)．

33. 谭敬德，谭光运．中印初中信息技术教育课程之比较［J］．中国教育信息化，2009(24)．

34. 王广新，马洪波．中小学信息技术教师职业压力的调查与分析［J］．中国成人教育，2009(13)．

35. 王海燕，常会玲．高中信息技术教师教学反思的现状与思考［J］．中国电化教育，2009(10)．

36. 王虹丽．对信息技术课程价值的认识［J］．中国信息技术教育，2009(15)．

37. 王吉庆．义务教育阶段信息技术课程亟须更新《纲要》［J］．中小学信息技术教育，2009(1)．

38. 王俊英，彭立．中小学信息技术教师在学校教育中应具备的素质［J］．软件导刊・教育技术，2009(12)．

39. 王敏军．教研相伴且行且思——记我的一次基于课题研究的教研活动经历［J］．中小学信息技术教育，2009(4)．

40. 王秋爽，董玉琦．义务教育阶段信息技术课程现状调查与分析——对吉林省长春市某区的个案研究［J］．中小学信息技术教育，2009(1)．

41. 王荣良，李树培．信息技术课程情感态度价值观辨析［J］．中国信息技术教育，2009(1)．

42. 王荣良，李树培．信息技术课程情感态度价值观目标的难为与能为［J］．中国电化教育，2009(3)．

43. 王荣良，李树培．信息技术情感目标：我们的使命、选择与行动［J］．中国信息技术教育，2009(11)．

44. 王兆凯．新课改与小学信息技术教学［J］．新课程研究（基础教育），2009(1)．

45. 肖焕之．义务教育信息技术课程标准再思考［J］．中小学信息技术教育，2009(4)．

46. 肖焕之．走出义务教育阶段信息技术课程认识的误区［J］．中小学信息技术教育，2009(1)．

47. 谢香芽．信息技术新课程标准的理解与实施［J］．新课程学习，2009(9)．

48. 许之民、许之安．新课改背景下信息技术教师角色的重定位［J］. 现代教育技术，2009(4).

49. 赵春声. 信息技术隐性课程的开发与利用［J］. 教学与管理，2009(10).

50. 赵丹丹，王基一. 当前高中信息技术选修课程实施现状分析及改进策略［J］. 中国教育信息化，2009(22).

51. 赵苗苗，胡卫星. 基于公司商业培训模式的中小学信息技术教育进展状况及启示［J］. 中国信息技术教育，2009(7).

52. 郑燕玉. 浅谈信息技术课践行生命化教育［J］. 教育信息技术，2009(6).

53. 周爱清. 素质教育观下信息技术教育特征与教学策略［J］. 中国信息技术教育，2009(20).

54. 周国喜. 提高信息技术教师专业素质的基本途径［J］. 教育信息技术，2009(12).

55. 周清松. 推进云南省边远地区信息技术教育［J］. 中小学信息技术教育，2009(10).

信息技术教材研究

1. 本刊编辑部. 台北市小学资讯素养与伦理教材编写及推动概述［J］. 中国信息技术教育，2009(11).

2. 郭芳，慈黎利，宗世哲. 义务教育阶段信息技术教材的现状与设计［J］. 中小学信息技术教育，2009(1).

3. 胡金艳，张丽莉. 现有信息技术教材对欠发达地区的不适应性探究［J］. 软件导刊·教育技术，2009(4) 下半月.

4. 黄应会. 对小学信息技术教材基础知识模块编写的分析与思考［J］. 中国信息技术教育，2009(3).

5. 黄应会. 新课程改革挑战教材配套资源开发［J］. 中小学信息技术教育，2009(7).

6. 姜霞. 对信息技术教材二次开发的几点建议［J］. 中国教育技术装备，2009(29).

7. 李梅、胡继强. 云时代的中小学信息技术教材建设［J］. 中小学电教，2009(6).

8. 李卿. 网游进教材之我见［J］. 中小学信息技术教育，2009(12).

9. 林众. 年龄特征是信息技术教材编写的重要依据［J］. 课程·教材·教法，2009(9).

10. 吴丽华. 中学信息技术教材教法课程教学改革研究［J］. 中国科技信息，2009(15).

11. 杨炼．韩国ICT教育发展对我国中小学信息技术教材开发的启示［J］．中国教育技术装备，2009(26)．

12. 岳俊华．高中信息技术教材的开发与应用［J］．中小学教育，2009(12)．

信息技术教学研究

1. 安然．角色扮演——小学信息技术课堂的有效教学探析［J］．中国信息技术教育，2009(10)．

2. 蔡海斌．浅谈渔农村初中信息技术的分层教学［J］．中国信息技术教育，2009(17)．

3. 蔡萍莉．达不到预设结果的课堂也精彩［J］．中国信息技术教育，2009(13)．

4. 曹书成．任务驱动教学法的实施策略［J］．中小学信息技术教育，2009(1)．

5. 曹振雄．如何开展信息技术课的实践操作［J］．现代教育技术，2009(13)．

6. 陈梦斯．在信息技术教学中培养学生的创新思维能力［J］．教育信息技术，2009(3)．

7. 陈敏．探索博客在信息技术教学中的应用［J］．中国信息技术教育，2009(8)．

8. 陈三林．小学信息技术课中操作任务设计的研究［J］．中国信息技术教育，2009(4)．

9. 陈世勇．任务驱动 分层分组 有效快乐——新课程背景下信息技术课程教学模式浅析［J］．中国信息技术教育，2009(18)．

10. 陈笑玲．高中信息技术异步分层教学的实践与思考［J］．中国电化教育，2009(5)．

11. 陈正石．直面信息技术课堂的问题行为［J］．中国信息技术教育，2009(23)．

12. 邓其畅．渗透学习策略有妙招［J］．中小学信息技术教育，2009(7)．

13. 丁革建，曾棕根，杨双丽，张晓燕．信息技术课堂教学中的学生元认知能力培养［J］．中国电化教育，2009(10)．

14. 丁红．让生活融入信息技术课堂［J］．中国信息技术教育，2009(10)．

15. 董德隆，王守春．中学生信息技术道德教育初探［J］．中国信息技术教育，2009(6)．

16. 董福生．未成曲调先有情——谈计算机课堂的导入策略［J］．中国电化教育，2009(2)．

17. 杜飞雪．高中《多媒体技术应用》教学中学生创新能力的培养［J］．教育信息技术，2009(6)．

18. 杜为锋．何不给游戏一个更“磊落”的空间——记信息技术课堂“游戏问题”小插曲［J］．中国信息技术教育，2009(21)．

19. 方顾．如何开展信息技术服务性学习［J］．中国信息技术教育，2009(13)．

20. 方立群，朱宝仪．信息技术课堂上的“键盘事故”——学生心理因素对课堂纪律的影响与对策［J］．中国信息技术教育，2009(23)．

21. 方琴．信息技术教学中主题探究活动的思考与实践［J］．中国电化教育，2009(4)．

22. 费海明．课堂调控令教学“起死回生”［J］．中小学信息技术教育，2009(1)．

23. 高建君．眼界 学科素养的灵魂——对开阔信息技术学科眼界的思考［J］．中小学信息技术教育，2009(5)．

24. 郭凤广．信息技术课堂教学失效现象聚焦及成因解析［J］．中小学信息技术教育，2009(5)．

25. 郭艳丽．开发视觉/空间智能的信息技术教学模式探讨［J］．电化教育研究，2009(1)．

26. 何剑，何蕾．群体动力学在欠发达地区信息技术课中的运用——以广东省普宁市实验中学为例［J］．现代教育技术，2009(1)．

27. 胡国华．生成性教学，彰显信息技术课堂生命力［J］．中国信息技术教育，2009(15)．

28. 胡水星．信息技术课程网络化“协作——探究”教学模式研究［J］．教育信息技术，2009(6)．

29. 黄晓哲，刘其亮．浅谈课题模式在信息技术中的应用［J］．中国教育信息化，2009(22)．

30. 黄转群．在程序设计教学中引入能动模式，提高课堂教学有效性［J］．中国信息技术教育，2009(24)．

31. 江平．众人拾柴火焰高——“好看簿”上的备课故事［J］．中小学信息技术教育，2009(6)．

32. 蒋虹．对新课标下信息技术学科备课的几点思考［J］．中小学信息技术教育，2009(1)．

33. 蒋小东．多元智能教学策略在信息技术课堂上的初探［J］．中国信息技术教育，2009(14)．

34. 金敏．在信息技术教学中融入人文内涵——记我的一次教研经历［J］．中国信息技术教育，2009(1)．

35. 金荣泽．农村小学信息技术教师的惑与思［J］．中小学信息技术教育，2009(12)．

36. 金哲安．新课改下的初中信息技术课的教学［J］．中国信息技术教育，2009(16)．

37. 孔祥兴．体验新课程 综合优化高中信息技术课堂教学［J］．中国教育信息化，2009(16)．

38. 邝宇新．高中信息技术教学中如何促进学生的有效学习［J］．教育信息技术，2009(2)．

39. 赖春华．巧搭情境桥，轻驾信息课——浅谈信息技术课堂的情境创设［J］．中国信息技术教育，2009(3)．

40. 郎冠明．透视——信息技术教学困惑（三）［J］．中国信息技术教育，2009(23)．

41. 李冬梅．让信息技术课堂成为创新的沃土（上）——如何培养学生的观察力与想象力［J］．中小学信息技术教育，2009(11)．

42. 李冬梅．让信息技术课堂成为创新的沃土（下）——自信心和意志力的培养［J］．中小学信息技术教育，2009(12)．

43. 李冬梅．如何讲好《信息技术及其应用》［J］．中小学信息技术教育，2009(2)．

44. 李冬梅．如何在信息技术课上开展合作学习［J］．中小学信息技术教育，2009(10)．

45. 李冬梅．信息技术教学的关键环节之二——课堂教学的组织与引导（上），2009(4)．

46. 李冬梅．信息技术教学的关键环节之一——教学设计［J］．中小学信息技术教育，2009(3)．

47. 李冬梅．信息技术教学的关键环节之二——课堂教学的组织与引导（下）［J］．中小学信息技术教育，2009(5)．

48. 李辉波．利用学案构建信息技术课堂的自主学习模式［J］．中国信息技术教育，2009(12)．

49. 李锦良．从陶宏开整治网瘾谈当今中小学信息技术教学的侧重点［J］．中国信息技术教育，2009(10)．

50. 李瑞亭，张平英．合作学习在小学信息技术教学中的应用［J］．中国信息技术教育，2009(3)．

51. 李慎东．游戏程序加工在教学中的实现［J］．中小学信

息技术教育，2009(4)．

52. 李伟东．建立小型实验室——中学信息技术课程之“做中学”[J]．中国信息技术教育，2009(13)．

53. 李玉玲．浅谈总任务下的信息技术分层教学[J]．中国信息技术教育，2009(18)．

54. 李远航，秦丹．利用STAD策略优化教学——以《图文混排》为例[J]．中小学信息技术教育，2009(3)．

55. 李政淼．谨防信息技术课堂教学四条“歧路”[J]．中小学信息技术教育，2009(11)．

56. 李子运，陈剑俊．《信息技术》教学设计与实践探索——基于“合作型任务驱动”教学设计模式的尝试[J]．现代教育技术，2009(2)．

57. 廖丽．基于“学习共同体”的综合活动在信息技术课中的应用[J]．教育信息技术，2009(6)．

58. 林大锋．一花独放不是春，百花争艳春更浓——信息技术课堂中的差异化教学策略[J]．中国信息技术教育，2009(16)．

59. 林铭．任务驱动教学模式中的协作知识建构[J]．中国信息技术教育，2009(1)．

60. 林淑芳．信息技术课教学过程中学生自主参与能力的培养[J]．教育信息技术，2009(6)．

61. 林伟和．新课改下的初中信息技术课堂教学[J]．教育信息技术，2009(6)．

62. 刘超．信息技术课“说什么”与“怎么说”之我所见[J]．中小学信息技术教育，2009(1)．

63. 刘俊玉．信息技术学科分层教学的理论与实践[J]．中国信息技术教育，2009(13)．

64. 刘倩．转轴拨弦三两声，未成曲调先有情——谈信息技术课堂导入与情境创设[J]．中国信息技术教育，2009(13)．

65. 刘琼．初中信息技术课堂有效教学的思考[J]．中国电化教育，2009(3)．

66. 刘赵民．高中信息技术课立交桥教学模式的探究[J]．中国信息技术教育，2009(18)．

67. 刘自红，解月光，钟永江，王柏松．《信息及其特征》教学设计比较研究[J]．中国信息技术教育，2009(23)．

68. 卢金燕．“七环节”教学法打造信息技术课堂教学新模式[J]．中国信息技术教育，2009(24)．

69. 卢尚建．信息技术背景下有效教学的特征及其策略[J]．

电化教育研究，2009(12)．

70. 陆英．信息技术课堂教学的几点再思考［J］．中国信息技术教育，2009(19)．

71. 马芳．关注信息技术课堂管理细节［J］．中国信息技术教育，2009(21)．

72. 马会梅，杨建朝．现代信息技术教学的发展特征研究［J］．中小学信息技术教育，2009(4)．

73. 马慧，叶飞．WebQuest 教学设计之探究［J］．中小学信息技术教育，2009(1)．

74. 马淑华．兴趣引导与科学管理并举——高中信息技术教学方法的探究［J］．中国信息技术教育，2009(6)．

75. 马秀芳．初中信息技术课的游戏设计［J］．中国信息技术教育，2009(7)．

76. 毛卫平．信息技术课堂中有效教学情境的创设［J］．中国信息技术教育，2009(23)．

77. 毛永峰．信息技术网络教学课合作学习策略浅谈［J］．中国信息技术教育，2009(18)．

78. 苗逢春．“任务驱动”怎样做到“辨证施治”——对信息技术教学“任务驱动”模式的理解和应用［J］．基础教育课程，2009(5)．

79. 莫雪芬．新课程理念下的小学信息技术课堂教学［J］．教育信息技术，2009(1)．

80. 欧阳聪华．让“节外生枝”引领“满园春色”［J］．教育信息技术，2009(1)．

81. 欧云．能力培养要从细微处着手——由一堂信息技术课引发的思考［J］．中国信息技术教育，2009(7)．

82. 彭景．基于项目的学习在信息技术教学中的应用——以《我的中国自助游》为例［J］．中小学信息技术教育，2009(4)．

83. 钱春平．构建有效信息技术课堂——市小学信息技术课堂教学研讨活动有感［J］．中国信息技术教育，2009(22)．

84. 钱世伟．让学生收获有思想的信息技术——有感于《我为神七飞天做小报》教学设计［J］．中小学信息技术教育，2009(7).

85. 秦红斌．概念资源图在信息技术教学中的实践探究［J］．中国信息技术教育，2009(5)．

86. 秦晓静．留白 让课堂更精彩——谈小学信息技术教学留白艺术［J］．中小学信息技术教育，2009(6)．

87. 秦晓静．小学信息技术课堂教学中的精讲多练［J］．中小学信息技术教育，2009(10)．

88. 任满琴．信息技术课堂有效提问的设计［J］．中小学信息技术教育，2009(5)．

89. 宋伟娜．过程启发式教学法在信息技术课程中的应用与思考［J］．中国电化教育，2009(4)．

90. 苏梅．信息技术教学中核心问题的设计原则［J］．中国电化教育，2009(5)．

91. 孙德宝．搬家搬出来的教学模式［J］．中国信息技术教育，2009(13)．

92. 孙惠国．信息技术教学中非智力因素的培养策略［J］．中国信息技术教育，2009(3)．

93. 孙艳秋．例谈信息技术教学中的情感教育［J］．中国电化教育，2009(10)．

94. 汤小姗．浅谈初中信息技术课的“自助式”教学［J］．中国信息技术教育，2009(7)．

95. 田立霞，张玉翠．新课标下的高中信息技术教学［J］．教学研究，2009(3)．

96. 汪志平．从新课标视角再论任务驱动式教学［J］．中小学信息技术教育，2009(7)．

97. 王爱胜，中德吉．以建设的观点发展实验课［J］．中国信息技术教育，2009(21)．

98. 王高．小学信息技术学科表现性学习策略的研究［J］．中国信息技术教育，2009(14)．

99. 王金霞．信息技术课的“有效备课”［J］．中国信息技术教育，2009(12)．

100. 王俊策．信息技术课中电子作业收发方法的优化［J］．中国信息技术教育，2009(10)．

101. 王力．信息技术复习：从技术方法中渗透生活智慧［J］．中小学信息技术教育，2009(1)．

102. 王佩．智能机器人的教学探索［J］．中国电化教育，2009(2)．

103. 王荣良，李树培．信息技术课程情感目标的教学准备策略［J］．中国信息技术教育，2009(3)．

104. 王荣良，李树培．信息技术课程情感目标的课堂教学策略［J］．中国信息技术教育，2009(5)．

105. 王睿．浅谈如何提高信息技术理论学习成效［J］．中国信息技术教育，2009(16).

106. 王贤灿．心理学知识在信息技术课堂的应用［J］．教育信息技术，2009(9).

107. 王晓燕．谁说女子不如男——浅谈信息技术教学中提高女生学习兴趣的教学方法［J］．中小学信息技术教育，2009(7).

108. 王秀荣，孙良林，冯旭鹏．竞赛式教学法在中小学信息技术教学中的应用——以“Word 文本处理”课堂教学为例[J]．现代教育技术，2009(9).

109. 王振宏．信息技术教学设计中的问题分析［J］．中国信息技术教育，2009(17).

110. 王志忠．“支架式教学”在信息技术教学中的应用研究［J］．中小学信息技术教育，2009(7).

111. 王佐军．“双手”打造信息技术高效课堂——谈信息技术课堂有效管理策略［J］．中国信息技术教育，2009(18).

112. 魏宁．信息技术课：来点哲理好不好［J］．中小学信息技术教育，2009(9).

113. 魏小山．“斐波那契”狂想——信息技术校本课程的一次创意尝试［J］．中国信息技术教育，2009(5).

114. 邬彤．基于项目的学习在信息技术教学中的应用［J］．中国电化教育，2009(6).

115. 邬彤．研究性学习在信息技术教学中的探索［J］．中国信息技术教育，2009(9).

116. 吴春玲．自主探究构建有效信息技术课堂——《写信交流》教学例谈［J］．中小学信息技术教育，2009(7).

117. 吴迪．运用“任务驱动”理论，建立新的信息技术课程教学模式［J］．教育信息技术，2009(7).

118. 吴忠良．新课改背景下中小学课堂教学目标编写中的问题、原因与对策［J］．现代教育技术，2009(1).

119. 相礼，陈越．新课改下关于课堂教学有效性的思考［J］．中国信息技术教育，2009(12).

120. 肖凤霞．教学双赢［J］．中小学信息技术教育，2009(7).

121. 肖年志．绩效最大化：合作学习的必然选择——信息技术课堂有效合作策略探析［J］．中国信息技术教育，2009(9).

122. 肖若全．信息技术教学：“技能”向“素养”转变[J]．中小学信息技术教育，2009(7).

123. 肖伟东．浅探信息技术的课堂管理问题与解决策略［J］．中国信息技术教育，2009(16).

124. 熊开武．刍议新课标下小学信息技术教学的创新［J］．中国信息技术教育，2009(8)．

125. 徐建刚．信息技术理论课的有效教学策略探究［J］．中国信息技术教育，2009(12)．

126. 许云峰，张利波．信息技术课堂任务的有效设计——以Excel教学内容为例［J］．中小学信息技术教育，2009(6)．

127. 严惠娥．信息技术教学中生成性资源开发的探索［J］．中国信息技术教育，2009(10)．

128. 杨飞．谈小学信息技术课堂的有效练习［J］．中国信息技术教育，2009(14)．

129. 杨玲．如何修炼有效的信息技术课堂［J］．中小学信息技术教育，2009(5)．

130. 杨玲．信息技术背景下有效教学的特征及其策略［J］．中国电化教育，2009(6)．

131. 杨梅．三"心"二"艺"VS三"心"二"异"——高中信息技术教学问题解决之探讨［J］．中小学信息技术教育，2009(7)．

132. 杨南昌．面向课堂情境的设计研究实践框架［J］．中国电化教育，2009(1)．

133. 杨振宇．浅谈信息技术教学中培养学生的自主学习能力［J］．中国信息技术教育，2009(24)．

134. 叶天萍．在信息科技课程中培养学生的自主学习能力［J］．中小学信息技术教育，2009(7)．

135. 于莲花．信息技术实验课教学的地位与作用［J］．中国信息技术教育，2009(21)．

136. 俞燕丽．透视优质课谈教师备课［J］．中小学信息技术教育，2009(4)．

137. 张秉英．我的课改实践之旅［J］．中国信息技术教育，2009(5)．

138. 张春风．优化信息技术课堂教学的有效策略［J］．教育信息技术，2009(7)．

139. 张峰．基于XML的中学机房作业管理系统［J］．中小学信息技术教育，2009(10)．

140. 张红波，赵文强．基于中学信息技术课的协作学习模式的应用研究［J］．现代教育技术，2009(9)．

141. 张红波．基于任务驱动的协作学习活动的研究与实践［J］．中国电化教育，2009(12)．

142. 张宏．新课程教学目标的准确定位［J］．中国信息技术教育，2009(3)．

143. 张金平．农村中学信息技术课堂教学的优化策略［J］．中国信息技术教育，2009(6)．

144. 张丽霞．“信息技术”课程教学中挑起“认知失衡”的策略［J］．电化教育研究，2009(5)．

145. 张群．信息技术课中学生学习差异归因及教学对策［J］．中国信息技术教育，2009(5)．

146. 张婷，李红波，张仙．渗透性德育在初中信息技术教学中的调查研究［J］．中国电化教育，2009(1)．

147. 张小芬．构建和谐的信息技术课堂——小学信息课管理和教学有效性的探究［J］．中国信息技术教育，2009(16)．

148. 张永芬．初中信息技术探究式教学的策略研究［J］．中国信息技术教育，2009(6)．

149. 张云．高中信息技术教学现状与对策初探［J］．中国信息技术教育，2009(8)．

150. 郑超华．只闻其声 不见其人——新课程信息技术合作走班教学初探［J］．中国信息技术教育，2009(4)．

151. 钟柏昌，徐劲梅，李艺．书写智慧共同成长——2009年全国信息技术课程教学案例大赛综述［J］．中小学信息技术教育，2009(11)．

152. 钟秋群．“玩转”信息技术课［J］．中小学信息技术教育，2009(7)．

153. 仲伟权．信息技术教学中人文教育不可偏废［J］．中小学信息技术教育，2009(11)．

154. 周爱清．信息技术教学中如何引导学生探究［J］．中小学信息技术教育，2009(12)．

155. 周玳珈．一次分层教学实验的设计与实践［J］．中国信息技术教育，2009(17)．

156. 周慧敏．如何培养学生的自主学习能力［J］．中小学信息技术教育，2009(9)．

157. 周鹏，刘世清，杨杨．娱教技术及其在中学信息技术课程教学中运用的初探［J］．现代教育技术，2009(3)．

158. 周卫．探究 实践 领悟——提升学生信息能力的三部曲［J］．中小学信息技术教育，2009(11)．

159. 周卫．信息技术教学情境创设的忧与思［J］．中国信息技术教育，2009(13)．

160. 朱雪峰．小学信息技术差异性教学的实施策略［J］．中小学信息技术教育，2009(3)．

161. 朱艳．让有效教学落实到信息技术课堂中［J］．中小学信息技术教育，2009(5)．

162. 朱云燕．信息技术合作学习教学模式探讨［J］．中国信息技术教育，2009(12)．

信息技术评价研究

1. 曹林男，王问洋，金慧莉，沙有威，高淑印．如何对信息技术课堂教学进行评估（一）［J］．中国信息技术教育，2009(1)．

2. 陈夫义，徐强，史弘文，王超．"非主流"学科赴高考（二）——敢问信息技术课程路在何方［J］．中国信息技术教育，2009(15)．

3. 陈嵘．浅谈初中信息技术学生评价标准［J］．中国信息技术教育，2009(8)．

4. 初晓婧．对英国 A - Level 课程试卷及评分标准的分析与借鉴［J］．中小学信息技术教育，2009(1)．

5. 方其桂．浅谈新课程理念下信息技术考试命题［J］．中国信息技术教育，2009(11)．

6. 冯士海，于学凤．新课程背景下的高中信息技术课堂教学［J］．中国信息技术教育，2009(17)．

7. 郭艳丽．信息技术课中作品评价法的使用［J］．中国电化教育，2009(6)．

8. 胡秀琴，涂涛，黄振余．"非主流"学科赴高考（三）——敢问信息技术课程路在何方［J］．中国信息技术教育，2009(17)．

9. 李冬梅．什么样的信息技术课是好课［J］．中小学信息技术教育，2009(9)．

10. 李冬梅．信息技术教学的关键环节之三——教学评价［J］．中小学信息技术教育，2009(6)．

11. 李武学．提高信息技术教学评价实效的四种方法［J］．中小学信息技术教育，2009(10)．

12. 李艺，陈雅蓉，夏燕萍．信息技术课程题库建设方法研究［J］．中国信息技术教育，2009(15)．

13. 刘向永，董玉琦．高中信息技术教学方法的评析与应用策略［J］．现代教育技术，2009(2)．

14. 马能旺．浅议初中信息技术课堂教学评价［J］．中国信

息技术教育，2009(12)．

15. 秦吉远．苏北地区农村高中信息技术课程评价方法研究［J］．中小学信息技术教育，2009(11)．

16. 孙萍．高中信息技术学科发展性评价维度探究［J］．教育信息技术，2009(9)．

17. 王国顺．“小设置 大作用”之网页作品教学评价设计［J］．中国信息技术教育，2009(14)．

18. 王荣良，李树培．信息技术课程情感目标的教学评价的问题及策略［J］．中国信息技术教育，2009(7)．

19. 王问洋，曹林男，武健，梁锦明．如何对信息技术课堂教学进行评估（二）［J］．中国信息技术教育，2009(3)．

20. 王问洋，高淑印，徐强．如何评估一个区域的信息技术教育教学工作［J］．中国信息技术教育，2009(7)．

21. 郤云江，潘瑛璐．我们真的了解“待评生”吗——利用Moodle提高“待评生”作品评价等级的实践［J］．中小学信息技术教育，2009(5)．

22. 徐强，李冬梅，王问洋，毛澄洁．如何对一所学校的信息技术教育教学工作进行评估［J］．中国信息技术教育，2009(5)．

23. 许军．信息技术课程教学质量与评价的探究［J］．中国信息技术教育，2009(22)．

24. 杨彬．农村初中信息技术课教学评价的探索［J］．中国教育信息化，2009(16)．

25. 杨伟，李妮，张丽，倪震祥，吴海青．“非主流”学科赴高考（一）——敢问信息技术课程路在何方［J］．中国信息技术教育，2009(13)．

26. 袁红新．江苏启东：区域推进信息技术过程性评价［J］．中小学信息技术教育，2009(10)．

27. 曾伟锋．基于学习过程的学生作品交流评价［J］．中国信息技术教育，2009(20)．

28. 张明华．新课程下高中信息技术学科学习评价的研究［J］．教育信息技术，2009(6)．

29. 张向东．初中信息技术课教学效果的评测［J］．中国信息技术教育，2009(9)．

30. 张钰，朱彩兰．信息技术课程考试命题问题例谈［J］．中小学信息技术教育，2009(5)．

31. 郑仁凯，郑雅芬．在信息技术教育中建立“快”“乐”评价体系［J］．中国信息技术教育，2009(11)．

32. 周旭初．建立数字化成长档案留下学生发展的足迹[J]．中小学信息技术教育，2009(3) 上半月．

33. 朱虹．巧用评价量规达成三维目标——中小学信息技术教学评价量规构建例析 [J]．中国信息技术教育，2009(11)．

34. 朱虹．信息技术协作学习模式的学习评价体系构建策略 [J]．中国信息技术教育，2009(12)．

信息技术与课程整合研究

1. 柴琅琅，赵呈领．Diigo 在高中英语写作教学中的应用 [J]．中国信息技术教育，2009(13)．

2. 陈纯．用电子地图辅助“确定位置”的教学 [J]．中小学信息技术教育，2009(6)．

3. 陈凯，陈博，陆真．基于 Wikipedia 的资源型化学教与学 [J]．中国电化教育，2009(1)．

4. 陈新民．ICT 在英国中学历史教学中运用的理念与实践 [J]．中国电化教育，2009(10)．

5. 陈艳霞．信息技术在幼儿英语活动中的应用和误区 [J]．教育信息技术，2009(2)．

6. 丁建军，钟永江．信息技术与高中化学实验整合点的诊断及解决方法 [J]．中国信息技术教育，2009(9)．

7. 董前荣．信息技术与中学化学教学的整合研究 [J]．中小学信息技术教育，2009(2)．

8. 傅骞，韩政清．中小学英语自适应阅读系统初步研究 [J]．中国电化教育，2009(1)．

9. 高义栋，缪静霞，霍丽荣．从三维动画课程网站个案解析云计算在教学中的实际应用 [J]．电化教育研究，2009(12)．

10. 高义栋，杨小飞．“Google 云”实现学生电子作品的展示与互评 [J]．现代教育技术，2009(10)．

11. 郭丽文．关于信息技术在教学中应用实效的思考 [J]．中小学信息技术教育，2009(1)．

12. 韩小伟，王爱俊．课程整合诊断书 [J]．中国信息技术教育，2009(19)．

13. 何克抗．对国内外信息技术与课程整合途径与方法的比较分析 [J]．中国电化教育，2009(9)．

14. 何颖．SURF 支持下的小学语文“动物情”主题阅读课教学设计 [J]．中小学信息技术教育，2009(4)．

15. 黄德群．十年来我国信息技术与课程整合研究的回顾与反思［J］．电化教育研究，2009(8)．

16. 贾雪梅．信息技术在数学课堂教学中的有效应用［J］．教育信息技术，2009(3)．

17. 蒋鸣和．超越技术“整合”走出“七年之痒”［J］．中小学信息技术教育，2009(2)．

18. 靳瑞芳，胡兆玮．语文教学与信息技术整合的目标何在［J］．中小学信息技术教育，2009(10)．

19. 康世刚．信息技术与高师“数学教育学”课程整合的实践探索［J］．电化教育研究，2009(5)．

20. 赖婷瑶．数学课堂 Wiki 携手 Z+Z［J］．中国信息技术教育，2009(15)．

21. 李允．信息技术与课程整合的课堂教学问题析解［J］．中国教育学刊，2009(9)．

22. 李忠．Z+Z 智能教育平台在中学数学教学中的应用［J］．中小学信息技术教育，2009(3)．

23. 刘富逵，王卫军．概念图教学应用效果的调查分析［J］．远程教育杂志，2009(17)．

24. 刘卫平．在教学中提高信息技术应用创新的有效性［J］．中国信息技术教育，2009(9)．

25. 陆琪，杨明辉．合理使用白板技术有效提升课堂效率［J］．中小学信息技术教育，2009(5)．

26. 马兰，唐玉霞（译）．《信息与传播技术教师能力标准》概览——政策框架、能力标准模块和执行指南［J］．远程教育杂志，2009(2)．

27. 欧友湘．信息技术与英语课程整合中存在问题及对策［J］．教育信息技术，2009(1)．

28. 潘国新．信息技术演绎灵动体验——例谈信息技术与小学《品德与社会》的有效整合［J］．中小学信息技术教育，2009(5)．

29. 潘敬贞，杨晓宏．信息技术与初中数学教学整合的现状调查——以兰州市城关区为例［J］．中小学信息技术教育，2009(3).

30. 祁玉娟，杨世伟．基于 Web2.0 的生物资源库设计研究［J］．中国电化教育，2009(6)．

31. 乔骁杰．维基平台在中学德育中的应用研究［J］．中国信息技术教育，2009(16)．

32. 沙景荣，姚勇伟，王艳艳．信息技术支持中小学课堂教学的作用到底是什么 [J]. 中国电化教育，2009(9).

33. 邵瑜. 信息技术支持语文学科教与学的研究 [J]. 电化教育研究，2009(5).

34. 沈建山，刘东. 基于信息技术环境下的小学德育创新机制研究 [J]. 中小学信息技术教育，2009(9).

35. 沈雪明. 对信息技术与学科整合的思考与认识 [J]. 中国信息技术教育，2009(15).

36. 石义堂. 关于深化信息技术与语文课程整合的几点思考 [J]. 电化教育研究，2009(6).

37. 孙月圣. 从课程整合概念的分化说开去 [J]. 中小学信息技术教育，2009(3).

38. 孙月圣. 信息技术与课程整合的误区与对策分析 [J]. 中国成人教育，2009(18).

39. 唐彩斌、彭翕成. 基于超级画板的小学数学教学实践研究 [J]. 中国电化教育，2009(11).

40. 王树声. 信息技术在地理教学中的最优化应用 [J]. 中小学信息技术教育，2009(2).

41. 王亚伟. 用 5W/5E 模式进行课程整合设计 [J]. 中国信息技术教育，2009(9).

42. 王映雪、肖映铭. 信息技术与课程整合教学中的交互研究 [J]. 教育信息技术，2009(3).

43. 王佑镁. 影响信息技术与课程整合效能的教师个人变项分析 [J]. 开放教育研究，2009(6).

44. 吴伟民，李婷. 关于信息技术与小学语文课程整合的思考 [J]. 电化教育研究，2009(9).

45. 谢忠新. 基于系统视角的学校信息技术与课程整合 EIPO 评价模型 [J]. 中国电化教育，2009(5).

46. 谢忠新. 学校信息技术与课程整合的影响因素与推进策略 [J]. 现代教育技术，2009(9).

47. 严光壁，黄宇星. 思维导图在支架式教学中的运用探究 [J]. 教育信息技术，2009(12).

48. 叶波. 信息技术与课程整合的误区及对策 [J]. 中小学信息技术教育，2009(5).

49. 叶良明，靳跃. “主导—主体—主线”教学模式的构建与实践 [J]. 中国电化教育，2009(3).

50. 余扬，李献业，董双威，李庆辉. 新课程理念下的信息技术与初中几何整合模式研究 [J]. 中国信息技术教育，2009(5).

51. 张程程，袁华莉．利用概念图辅助英语课堂教学［J］．中国信息技术教育，2009(9)．

52. 张瑾．利用多媒体技术革新习作教学［J］．中小学信息技术教育，2009(4)．

53. 张立波．中学思想政治课与信息技术整合的教学改革新探［J］．教育信息技术，2009(8)．

54. 张立霞．信息技术与物理课程的优化整合［J］．中小学信息技术教育，2009(10)．

55. 张敏．交互式电子白板在教学中的优势和误区——以英语课堂应用为例［J］．中国信息技术教育，2009(21)．

56. 张文兰，焦伟婷，刘斌．基于教育生态学基本规律分析信息技术与课程整合［J］．现代教育技术，2009(11)．

57. 张亚媚，钟绍春，钟永江，徐彤，孙欢．语文说明文教学支持平台的设计及应用［J］．中国电化教育，2009(2)．

58. 张阳，袁华莉，杨现民．运用协同阅读工具提升语文教学——SURF 工具的教学实践应用与反思［J］．中国信息技术教育，2009(19)．

59. 张渝江（译）．利用移动技术促进学习——一份来自国外的研究报告［J］．中国信息技术教育，2009(17)．

60. 赵红．网络环境下小学数学课堂教学的有效性探索[J]．教育信息技术，2009(1)．

61. 赵华．基于 Web2.0 的高中地理课程资源的创新应用［J］．教育信息技术，2009(9)．

62. 郑兰琴，张进宝，陈鹏，张璐，尹东梁．基于 Multi-point 技术支持的课堂互动教学平台 MouseMischief 的应用研究［J］．中国电化教育，2009(10)．

63. 钟莲花．在协作式教学模式中整合信息技术［J］．中国信息技术教育，2009(21)．

64. 周菊芳，徐玲芳，蒋晨．信息技术与幼儿园教学整合策略的研究［J］．中国信息技术教育，2009(10)．

65. 周娟，郭莉．信息技术与课程整合阶段公开课成本分析［J］．现代教育技术，2009(5)．

66. 周伟．Google 服务在教育教学中的应用［J］．中国信息技术教育，2009(11)．

67. 朱向军，谢同祥．学用 会用 用好 用足——从教育信息化应用层次看课程整合的发展趋势［J］．中小学信息技术教育，2009(10)．

68. 朱永海．论信息技术与课程有效整合的三个层次 [J]．中国远程教育，2009(3)．

69. 朱永海．信息技术与课程整合之时空追问 [J]．电化教育研究，2009(1)．

70. 庄秀丽，张春雷．Web2.0 技术学习的作用研究 [J]．中国远程教育，2009(11)．